TAXNET
세무/회계 전문 재경비즈니스 포털 서비스

건설 업무 흐름에 맞게

세무, 회계, 법무 이슈를 다룬 건설업 필독서

건설업 세무와 회계

제 2 판

강상원 · 조상연 공저

조세통람

제 2 판 머리말

문명은 밀어붙여서 만들어지는가?

'Civil Engineering' — 직역하면 '문명을 위한 공학'이다.
여기서 'Civil'은 '시민의', '공공의', '문명의'라는 의미를 지닌다.
이는 곧 군사용(Military)이 아닌, 인간 사회를 위한 기술이라는 뜻이다.

그렇다면 왜 이 'Civil Engineering'이 한국어로는 '토목공학(土木工學)'
이라 번역되었을까? 이 용어는 19세기 말 개화기 일본에서 처음
번역되었는데, '토(土)'는 땅을, '목(木)'은 구조물(기둥, 건물)을 뜻하며,
이 둘의 조합은 '대지 위에 구조물을 세우는 기술'을 상징적으로 표현한 것이다.

그러나 'Civil'을 '토목'이라 옮긴 선택은 단순한 언어 번역을 넘어, 이후 이 개념을 어떻게 인식하고 다루는지에까지 지속적이고 구조적인 영향을 미쳤다. '문명을 위한 공공기술'이라는 본래의 의미는 흐려지고, '흙과 나무를 다루는 거친 기술'이라는 이미지가 남았다. 우리는 여전히 토목이나 건설업 종사자에 대해 원초적이고 투박하며, 밀어붙이는 방식의 인상을 갖고 있는 것은 아닌지 돌아볼 필요가 있다.

그렇다면 이 인상은 단순한 번역의 문제만 있었을까? 아니면 우리가 문제를 다루는 방식, 판단하고 책임지는 방식에서 비롯된 결과일까?

악법도 법인가, 잘못된 판단도 판단인가?

사회과학은 자연과학과 다르다. 자연과학은 실험과 반복을 통해 보편적 인과를 추론하며, 결과를 유보하거나 연기할 수 있다. 그러나 사회과학, 특히 법학은 실시간으로 결정을 내려야 하는 결정의 과학이다.

재판에서 판사는 “모르겠다”고 판단을 유예할 수 없다. 입증책임이 있는 자가 증명하지 못하면 패소하고, 증명하면 승소한다. 이 단순한 구조 안에 법학의 실천성과 사회적 책임 윤리가 존재한다. 판단은 멈출 수 없고, 결정은 유예될 수 없다. 이 지점에서 입증책임은 단순한 소송기술이 아니라, 문명을 움직이는 절차적 엔진이 된다.

그렇다면 “악법도 법인가?”, “잘못된 판단도 존중되어야 하는가?”라는 질문 앞에서 우리는 어떻게 답해야 하는가? 판단을 유예할 수 없다는 현실은, 완전하지 않더라도 결정을 내리고 앞으로 나아가는 것, 그것이 우리가 쌓아온 진보의 방식이다. 즉, 우리가 완전하지 않기 때문에 악법도 법이고, 이후에 참조할 수 있기 때문에 잘못된 판단도 판단이 된다.

같은 것은 같게, 다른 것은 다르게, 선택은 어디에?

“같은 것은 같게, 다른 것은 다르게.” 이 원칙은 판례이론에서 형평과 정의의 기초이며, 실무적 판단에서 비교의 기준을 정립하는 핵심 원칙이다. 하지만 납세의무자는 항상 같은 기준과 같은 판단을 해야만 하는가? 문명도 완벽하지 않고, 사회과학도 완전하지 않다. 그 안에서 납세의무자에게만 절대적인 일관성을 요구할 수는 없다. 중요한 것은 ‘일관성’ 그 자체가 아니라, 선택의 ‘이유’와 ‘합리성’이다. 그리고 ‘이유’와 ‘합리성’은 법전이 아니라 산업 현실에서 출발해야 한다. 건설이라는 산업의 구조, 프로젝트의 흐름, 계약의 특수성, 현장의 공정 사정이 곧 입증의 기반이 되는 것이다.

문명은 완벽해서 진보하는 것이 아니라, 불완전함 속에서도 책임 있게 판단하고 나아갈 때 진보한다. 계약 해석, 부가가치세의 공급시기, 세법의 적용 시점, 공사비 배분, 지출결의, 도급과 외주의 경계, 기성기준과 준공기준의 선택 등 모든 의사결정의 갈림길에는 법과 세무의 교차점이 있다. 그리고 이 모든 결정은 궁극적으로 한두 사람의 판단에 의해 좌우된다. 건설회사의 세무 이슈 하나, 시행사 간의 계약 문구 하나, 조합의 결의서 한 장이 수백억 원 규모의 프로젝트와 수천 명의 생계, 도시의 미래에 영향을 미친다. 인류의

Preface

중요한 사업이 한두 사람의 실무적 판단에 따라 중단되거나 왜곡될 수 있다는 점에서, 이들은 단순한 개인이 아니라 공적 책임을 위임받은 문명의 대리자라 할 수 있다. 문명이 그러하듯이, 이들 대리자 역시 자신의 불완전함을 인식하고 책임감을 갖추어야 한다.

실용적 참고서가 되어야 한다!

건설산업은 우리나라 GDP의 약 15%를 차지하고, 국민 총고용의 10% 이상을 담당하고 있다. 도시재생, 인프라 확충, 주택정책, 국토균형발전 등 거의 모든 사회기반은 건설을 통해 실현된다. 그러나 산업의 규모와 중요성에 비해 건설 회계와 세무는 고도로 복잡하고 특수하며, 실무상 오류도 빈번하다. 원가 중심의 프로젝트 회계, 선투입 후수익의 현금흐름, 부가가치세 공급시기, 공사손실충당금, 도급과 하도급 구조의 법률적 모호성 등은 타 업종과 본질적으로 다른 대응을 요구한다.

이번 개정판은 실무상 반복되는 쟁점을 중심으로 최근 법령, 예규, 판례를 반영하였고, 실수하기 쉬운 판단지점을 명확히 정리하였다. 세무조사 대응포인트, 건설회계 흐름도 함께 수록하여 현장 실무자들이 직접 판단하고 대응할 수 있도록 구성하였다. 그러나 이 책은 절대로 '바이블'이 되어서는 안 된다. 정답을 제시하는 해설서가 아니라, 실무자의 판단을 돕기 위한 작은 도구여야 한다. 문명은 해석의 다양성과 선택의 책임 위에 서 있으며, 법도 악법일 수 있고, 판단도 틀린 판단일 수 있으며 우리 모두는 완벽하지 않다. 이 책은 그 판단이 더 분명하고 책임 있게 이루어지도록 돕는 실용적 참고서에 머물러야 한다.

2025년 여름

강상원 세무사

초판 머리말

서울에서 제기된 조세소송을 국가의 입장에서 방어하는 서울지방국세청 송무국에는 사실상 우리나라에서 문제되는 모든 쟁점의 소송들이 머물러 있었다고 해도 과언이 아닙니다. 저는 이곳에서 4년간 송무3과장으로 근무하며 항시 계속되어 있던 400여 건의 조세소송을 검토하였고, 단순히 세법 교과서 목차 순서대로가 아니라 "산업별 · 쟁점별"로 해당 분야의 전문가와 함께 세법상 이슈를 정리하면 더할 나위 없이 실용적인 실무 매뉴얼이 될 수 있겠다는 생각을 자연스럽게 하고 있었습니다.

작년 가을 나의 영원한 소울메이트 강상원 세무사가 건설업에 관한 세무 · 법무 · 회계를 아우르는 실무서의 공동 집필을 제안했을 때 조금도 망설이지 않고 즉시 이를 승낙한 것도 이러한 문제 의식의 발로였습니다. 즉, 전통적인 기존 세법 실무서들의 편제처럼 세법의 강학상 순서에 각 건설업의 이슈를 그때그때 단편적으로 맞추어 배치하는 것이 아니라, 아예 건설업의 업무 흐름을 전면에 내세워 건설의 각 단계를 해설하고, 여기에서 발생할 수 있는 세무 이슈들을 선제적으로 짚어주는 혁신적인 방식을 사용하였습니다. 이로써 건설업의 실무자들은 건설업 관련 세무 이슈가 발생했을 때 먼저 법령 및 해설서 등 건설업 관련 문헌을 찾아본 후에 다시 불친절하고 방대한 세법 문헌을 뒤져 이러한 이슈가 세법상 어느 부분에서 어떻게 다루어지는지를 일일이 따로 검토해야 하는 수고를 줄일 수 있으며, 나아가 자신이 담당하고 있는 업무에서 발생할 수 있는 세무상 리스크를 미리 검토하고 준비할 수 있는 여유도 가질 수도 있을 것입니다.

이렇게 말씀드리니, 별것 아닌 평범한 저술을 지나치게 과장하고 있는 것은 아닌지 걱정도 됩니다. 이 책에서 발견되는 미흡한 점은 모두 저의 게으름과 섬세하지 못한 작업에 비롯된 것이니 가차없이 꾸짖어 주시기 바라며, 언젠가 이렇게 미진한 점들을 개선할 수 있는 기회가 다시 주어질 수 있기를 바랍니다. 마지막으로 이 책이 나올 때까지 한결같은 응원을 보내준 사랑하는 가족들, 법무법인 대륙아주의 선후배 및 동료 여러분, 그리고 세법 실무가로서의 역량을 키워주셨던 서울지방국세청 송무국의 소중한 인연들에게 무한한 감사의 말씀을 전합니다. 감사합니다.

2022년 6월의 어느 날

조상연 변호사

문과와 이과가 대화화기 어려움을 빗댄 말들이 많이 있다. '문과감성' 또는 '이과스러운 이야기' 같은 말은 주변에서 자주 들린다. '정의'라는 말을 듣고 'justice'를 떠올리면 문과, 'definition'을 떠올리면 이과라는 우스갯소리도 있다. 문과와 이과가 대화하기 어려운 이유는 서로의 전문 분야가 너무나 대단할 뿐만 아니라, 문제에 대한 접근방법도 다르기 때문이다.

이 책 '건설업 세무와 회계'가 직면한 문제도 이와 같았다. 건설과 토목은 역사와 전통이 있는 이과의 한 분야이고, 법률과 회계, 또 법과 회계의 결합이라고 볼 수 있는 세무는 만만치 않은 문과의 한 분야이다.
건설회사에서 실무를 접한 세무사, 국세청에서 소송을 진행한 변호사, 금융회사에서 개발사업을 담당한 회계사가 모여 시간과 노력을 들여야 했고, 무엇보다 건설업을 존중하는 전문가라야 했다.

회계가 경영자와 투자자의 언어라고 한다면, 세무는 실무사와 실무자 간의 언어이다. 부디 회계와 세무라는 언어로 쓰인 본 서적이 필요한 모든 지식을 담는 데 부족하였다 하더라도 건설업에 대한 존중과 세무에 대한 애정이 드러나기를 바란다.

본 서적의 발간을 위해 힘써주신 대우건설 황원상 팀장님, 김백중 부장님, 제로투엔종합건설건축사사무소의 임지환 설계사님 김승환 이사님, ㈜조세통람사의 여러 임직원과 류현수 팀장님, 이인아 차장님께 깊이 감사드린다.

테헤란로 사무실에서

강상원 세무사, 이서진 회계사

Contents

제1장 개발사업의 이해

제2장 개발사업의 주체

제2절 주택건설사업자 • 92

제3절 부동산개발업자 • 97

제3장 개발사업의 용어

제1절 주택개요 • 104

제2절 개발개요 • 114

Contents

제4장 건설업과 법무

Contents

제9절 국가를 당사자로 하는 계약에 관한 법률 • 262

제5장 건설업과 회계

제1절 건설업 회계 • 276

제2절 기업회계기준 • 279

제3절 건설업의 수익인식 • 314

제4절 비용인식 • 324

Contents

제6장 건설업과 부가가치세

Contents

제7장 건설업과 법인세

제1절 법인세 일반 • 548

제2절 법인세 계산구조 • 565

제3절 손익귀속시기 • 619

Contents

Contents

Contents

제12장 공동도급

제13장 지주공동사업

제1절 지주공동사업의 의미 · 906

제2절 지주공동사업의 과세문제 · 917

제14장 조합사업

제1절 조합의 종류 · 930

제2절 재건축조합사업 · 939

Contents

Contents

제3절 PFV에 대한 조세특례 • 1089

제4절 PFV의 과세쟁점 • 1098

제5절 PFV이관과 폐지 • 1111

Tip List

제1장 개발사업의 이해

제2장 개발사업의 주체

제3장 개발사업의 용어

제4장 건설업과 법무

Tip List

제5장 건설업과 회계

제6장 건설업과 부가가치세

제7장 건설업과 법인세

Tip List

제8장 건설업과 원천세

제9장 건설업과 취득세

제10장 건설업과 지방세

제11장 단순도급

제12장 공동도급

제13장 지주공동사업

제14장 조합사업

제15장 주택법상 조합과 리모델링사업

제16장 프로젝트금융투자회사(PFV)사업

건설업

세무와 회계

제 1 장

개발사업의 이해

제 1 장 개 발 사 업 의 이 해

제 1 절

시공과 시행

① 개요

부동산개발사업은 많은 이해관계자가 있다. 대표적으로 시행사, 시공사, 신탁사, 증권회사, 은행 등이 직접적인 관계자가 된다. 개발사업이 성공하면 이해관계자들은 모두가 자신의 몫을 가져간다. 개발사업이 성공하면 은행, 신탁사, 증권회사부터 자금을 회수하고, 시공사가 다음이며, 시행사가 마지막으로 자금을 회수하게 된다. 즉, 시행사가 개발이익을 독점하고 다른 관계자는 상대적으로 정해진 금액만 회수한다. 반대로 사업이 실패하면 시행사부터 순서대로 망한다. 즉, 은행이 제일 마지막에 망한다. 때문에 저축은행의 부도사태✎는 저축은행뿐만 아니라 시공사 및 시행사 등 산업관계자가 모두 타격을 입은 것이므로 매우 심각한 상황이라고 짐작할 수 있다. 이는 PF(프로젝트 파이낸싱)가 담보가 없는 대출이기 때문이다. 담보가 없으므로 상황이 나쁘면 절반의 채권도 건질 수 없는 것이다. 따라서 시행사의 사업성은 시공사와 대주단의 사업성에 직접적인 영향을 미친다.

이 중 개발사업의 양대축은 시행사와 시공사라고 할 수 있다.

✎ 과거 2011년 저축은행사태가 있었으며, 당시 규모는 4조3000억원이었다. 2021년 현재는 7조원에 육박한다. 한국경제 2021.08.03. "부동산 PF대출 '7조'…10년前 저축은행 사태보다 훨씬 늘었다."

② 시공과 시행

1) 시공과 시행은 다르다.

IMF외환위기 전에는 종합건설업체가 시행과 시공을 겸업하였으나, 외환위기 이후

기업의 재무 건전성 제고, 리스크 관리 등 부동산 시장의 변화에 적응하기 위해 건설업자들이 모기업에서 개발사업 부문을 분리하여 시행사를 설립하고 이를 통해 개발사업을 추진하게 되면서부터 시행사가 출현하였다. 이후 시공을 제외한 기획, 부지 매입과 인·허가 및 취득은 시행사, 분양업무 등은 분양대행사가 하는 형태로 분업화되었다.

시행사는 토지를 매입하고 부동산을 개발하여 공급(분양 등)하는 사업주체로서 매매업에 속한다. 비교하여 시공사는 시행사와 도급계약을 체결하고 시행사가 주문한 건물을 지어주고 대가를 받는 자로 건설업에 속한다. 따라서 양자 간의 특징이 두드러지게 구분된다.

우리가 잘 알고 있는 시행사와 시공사의 대표를 살펴보면 두 사업의 특징을 짐작할 수 있다.

구분	시행사 대표	시공사 대표
사진		
이름	도널드 트럼프(미국의 대통령)	이명박(한국의 전 대통령)
기업명	트럼프컴퍼니	현대건설
핵심역량	잘 골라야 살아남는다.	잘 알아야 계약을 따낸다.
유행어	You are Fired!	내가 해봐서 아는데!

(1) 우리나라는 건설회사가 개발회사보다 크지만, 다른 나라는 개발회사가 시공사보다 크다.

(2) 시행사는 투자하는 회사이다. 즉, 땅을 잘 고르고, 시공사를 잘 선정하여 고객에게 판매하여 투자수익('시행이익'이라 함)을 얻는다. 도널드 트럼프는 여러 번 파산을 경험하였다. 그의 유행어는 그냥 나온 것이 아니다.

(3) 시공사는 전문가이다. 전문지식과 경험을 파는 회사이다. 발주처가 "턴키공사 해봤냐?"고 물으면 당연히 시공사는 "내가 해봐서 아는데!"라고 하며 썰을 풀게 될 것이다. 그의 유행어 역시 그냥 나온 것이 아니다. 턴키란 키를 돌리면 돌아가는 공장을 만들어 준다는 뜻으로 설계, 시공, 시운전까지 모두 시공사가 책임지는 공사방식이다.

(4) 시공과 시행이 리스크에 비해 많은 수익을 얻는지는 이견이 있을 수 있지만, 한국과 미국에서 대통령을 배출한 것으로 보아 정치권력과 매우 긴밀한 관계가 있는 듯하다.

2) 시공과 시행은 긴밀하다.

그러나 시공사와 시행사는 엄격히 구분되지 않는다. 전혀 다른 두 사업이지만 아래처럼 떼려야 뗄 수 없는 관계가 있다.

(1) 시공사의 본업은 도급사업(다른 사람의 건물을 지어주는 사업)이다. 그러나 시행사업이 아예 없는 것은 아니며, 더 정확히 말하면 시공사의 부업(자체사업)이 시행사의 본업보다 규모가 크다.✎ 뿐만 아니라 시공사는 자금조달 및 리스크 단절을 위하여 별도의 SPC(시행사)를 설립하여 개발사업을 진행한다.

✎ 우리나라는 IMF이후 시행과 시공이 분리되었지만 아직 다른 선진국과 달리 대형시행사(일본의 미쓰이 부동산그룹, 중국의 헝다그룹 등)가 등장하였다고 보기는 어렵다. 즉, 우리나라에서 시행사업은 아직 성장중인 산업이라고 할 수 있다.

(2) 시행사는 투자수익을 예측하기 위하여 사업성 검토를 한다. 그러나 시공사도 사업성 검토를 한다. 분양사업에서 시행사의 사업성이 보장되지 않으면 시공사의 공사비도 회수하기 어렵기 때문이다. 이는 증권회사 등도 마찬가지다. 즉, 이해관계인 모두는 시행사의 사업성에 대하여 지대한 관심을 가지게 되며, 마치 사업 주체인 듯 사업에 뛰어 들게 된다.

(3) 양자 모두 남의 돈으로 하는 사업이다. 시행사업은 금융권의 투자금과 수분양자의 분양대금으로 토지비 또는 공사비를 지급한다. 건설업은 발주처(시행사 등)가 선지급한 선급금으로 하도급대금 및 인건비를 지급한다. "개발산업은 유동성이 중요하다."는 말은 자금흐름이 사업성에서 큰 비중을 차지한다는 것을 알려준다. 또한 남의 돈으로 하는 사업이다 보니, 사업의 성공 여부가 단순한 손익문제에 그치지 않고 민사 또는 형사문제로 이어진다. 그래서 개발업자를 "교도소 담장 위를 걷는 자"라고 표현하기도 한다.

❸ 시행사

시행이란 토지를 물색하여 그중 마음에 드는 사업부지를 매입하고 사업을 위한 인허가를 진행하며, 시공사를 선정하여 공사도급계약을 체결하고, 모델하우스(M/H)를 짓고 분양 광고를 하고 분양을 하며, 분양 대금과 수분양자를 관리하고 시공사에게 공사대금을 주며, 건물을 완성시켜 사용 승인을 받고 수분양자를 입주시키는 일까지 사업 전반을 이끌어가는 일을 말하며, 이러한 일을 자신의 이름과 책임으로 행하는 사람 또는 회사를 시행자 또는 시행사라고 한다.

사전적인 의미 및 법률적인 의미는 이후 각 장에서 살펴볼 것인바, 이 장에서는 시공사와 시행사의 대강을 설명하고자 한다. 일부 선입견이나 일반화하는 오류가 있을 수 있다. 사견으로 선입견은 오해와 편견일 수 있으나 많은 사람에게 받아들여졌다는 점에서 대강을 이해하는 좋은 수단이 된다. 잘못된 선입견은 경험과 학습으로 적절히 수정 · 보완하면 될 문제이다.

1) 시행사는 부동산개발의 주체, "디벨로퍼(Developer)"라고 불린다.

시행사는 건물을 올리기 때문에 빌드디벨로퍼라고 부른다. 비교하여 땅에 길과 공원을 만들어 토지를 분양하는 개발업자를 랜드디벨로퍼라고 부른다. 도시개발업과 택지개발업이 랜드디벨로퍼의 영역이다. 일반적으로 랜드디벨로퍼는 공기업(LH 등)의 비중이 크고, 빌드디벨로퍼는 민간의 비중이 크다.

2) 부동산상품을 기획하고, 자금을 조달하고, 인 · 허가를 받는다.

인 · 허가 과정 상의 뇌물, 분양대금을 횡령하는 비리도 있을 수 있다.

3) 시행사가 얻는 수익은 아파트의 경우 분양대금의 7~10% 정도다.

1,000억원대 개발사업을 하면 한번에 70억~100억원을 손에 쥘 수 있다. 오피스텔은 12~14%, 상가는 15~20%를 평균 개발수익으로 잡는다. 때문에 시행사업은 마약과 같은 중독성도 있다.

❹ 시공사

시공사는 시행사와 공사도급계약에 의해 공사만 수행하는 회사로써, 시공사 또는 시공자라고 한다.

1) 개발사업의 사실상 주체이다.

시행사는 주로 소수의 인력으로 구성된다. 또한 자금면에서 영세하고 기업의 신용도가 낮다. 따라서 종래 사업기획과 부지매입, 시공, 분양 등 부동산개발의 전(全)분야를 전담하면서 쌓아 온 시공사의 브랜드 가치가 자금조달이나 분양 성공 등에서 중요한 역할을 하게 된다. 또한, 금융기관은 프로젝트 파이낸싱 여부를 결정함에 있어 수익성 평가 외에 시공사의 지급보증 등 채권확보가 용이한 방법을 선호하고 있어서 시행사가 시공사에 의존하는 사업구조를 띤다.

2) 경기변동에 민감하다.

건설업은 일반 경제활동과 밀접하게 연관되어 있어 산업구조, 경제환경의 변화와 정부의 정책, 건축 순환주기 등 복합적인 요인에 의하여 변동한다. 또한, 건설업은 국가의 기반시설 건립을 담당하고 있는 산업으로 전체 수주물량에서 관급공사가 차지하는 비중이 매우 높아 정부의 개발계획 또는 주택보급정책 등에 크게 영향을 받는다.

건설업은 시장구조면에서 주문생산적 기업, 즉 수주산업이다. 건설사업자는 발주처나 건축주로부터 주문을 받아 생산활동에 착수하고, 구조물 · 건축물 등을 완성하여 인도하게 된다. 따라서 제조업의 경우와 같이 규격화 · 제품화한 시장생산, 예정생산이란 있을 수 없으며, 재고품이 허용되지 않는 등 기업운영상 탄력성이 없다. 또한 발주처 등의 움직임에 크게 좌우될 수밖에 없는데, 그 발주처란 정부 · 지방자치단체 · 국공영기업체 등의 공공기관으로부터 민간기업체나 개인에 이르기까지 다양하다. 건설업이 정치 · 경제적인 영향을 가장 민감하게 받는 것은 이와 같은 특징 때문이다.

3) 선급금이 필수적이다.

공사도급계약에서 지급되는 선금은 자금 사정이 좋지 않은 수급인으로 하여금 자재확보, 노임 지급 등에 어려움이 없이 공사를 원활하게 진행할 수 있도록 하기 위하여, 도급인이 장차 지급할 공사대금을 수급인에게 미리 지급하여 주는 선급공사대금이다. 발주처 등이 선급금을 지급하는 이유는 수주받은 건설사가 건설공사를 수행하는 데 필요한 제조비용을 선급하여 지원하는 성격을 갖고 있다. 이런 이유로 공사도급계약에서 선급금의 지급이 일반화되어 있다.

4) 공사뿐만 아니라 인허가 분양 등 모든 일을 한다.

건설공사는 오랜 시간이 필요하며, 선분양이란 현재 존재하지 않는 부동산을 판매하는 것이므로 참여자의 신뢰가 매우 중요하다. 따라서 영세하거나 규모가 작은 사업체는 존중받기 어렵고 상대적으로 규모가 큰 개발사업의 주체(즉, 건설사)의 역할이 커지게 된다. 예를 들어 2018년 청약 과열 분위기 속에 일부 분양대행사가 인기 아파트의 선착순 분양 과정에서 불공정 행위로 잡음을 일으키자 국토부는 분양대행업무의 주체를 '건설업 등록사업자'로 제한하도록 주택 공급에 관한 규칙을 개정하였다. 이는 건설사가 분양대행사보다 더 분양업무에 전문성이 있어서라기보다는, 덩치가 크고 존재감이 있기 때문에 이후에 책임을 묻기 쉽기 때문일 것이다. 따라서 건설사는 자의든 타의든 개발사업의 다른 분야로 영역을 넓혀가게 된다.

분양대행사는 그동안 건설사 위탁을 받아 아파트 모델하우스 등에서 텔레마케팅, 도우미 운영, 청약 안내, 계약자 관리 등 분양 실무를 진행하면서 대부분 건설업 면허 없이 업무를 수행했다. 분양대행업(분양마케팅업)이 정식 건설업종으로 분류돼 있지 않고, 이에 따라 별도 설립 요건도 없었다. 현재는 주택법을 개정해 분양업무 대행사 자격 기준을 건설업자 외에 주택건설 등록사업자와 정비사업 전문관리업자, 부동산 디벨로퍼협회에 등록한 개발회사 등으로 확대하였다(주택법 §54의 2). 참고로 건설업 면허를 따기 위해 자본금 5억원과 건설기술자 5명 이상이 필요하지만, 주택건설 등록업자는 자본금이 3억원, 기술자는 1명으로 건설업자보다 문턱이 낮다.

5) 진행률을 조작하여 매출액을 부풀린다.

예정원가는 설계, 생산, 구매계획(자재 및 외주) 등 다양한 요소를 결합하여 산정되므로 통상 회사의 추정에 의존할 수밖에 없다. 특히 수주산업은 장기간 공사를 진행하면서 다양한 환경변화에 노출된다. 따라서 원자재가격변동, 공정변경 등에 대해 경험을 가지고 있는 회사가 합리적으로 적시에 추정을 수행해야 한다. 다만, 회사가 상황에 따라 이를 조정하는 것이 가능하고, 또 경험부족 등으로 대규모 프로젝트의 경우에는 회사가 합리적으로 추정할 수 있는 역량이 부족하다는 것에 문제가 있다. 또한, 외부감사인의 경우에는 산업에 대한 이해 부족, 회사가 제시한 자료의 부족 및 예정원가 추정의 복잡성 등으로 인해 감사 절차에 한계가 있을 수밖에 없다.

6) 하도급에 대한 의존도가 높다.

건설업은 다양한 자재와 여러 분야의 전문인력을 사용하여 복잡, 다양한 기술에 의해 제품을 생산하는 종합산업으로 각 분야마다 다종의 전문공사로 구분되어 하도급 전문회사들이 공사를 주로 수행하고 원청사는 공사관리 및 자금관리를 주로 한다. 생산의 기본구조가 복합적이기 때문에 하도급에 대한 의존도가 높다. 건설사업자가 자체적으로 모든 생산수단과 노동력을 상시적으로 갖출 수가 없으므로 전문기술이나 기능 · 장비 · 노동력 등을 외부의 협력업체나 하도급업체에 의존하고 있다. 건설업을 종합산업 또는 종합가공업이라고 하는 이유도 여기에 있다. 건설사업자가 공사를 수주하면 철강재나 시멘트 등의 자재는 제조업자로부터 조달하고, 조적 · 미장 · 철근 · 설비 · 수도공사 등은 각각의 전문건설사업자에게 시공하게 하며, 노무자는 노동조합이나 인력공급업자로부터 알선받아 고용한다. 건설사업자는 이러한 요소들을 유기적으로 결합시키고 관리하여 하나의 시설물을 완성시키는 것이다. 또한 고정자산에 투입되는 설비투자의 비중이 낮고 공사의 시공에 있어 철강이나 화학 등의 장치산업과 달리 노동력에 의존하는 비중이 높기 때문에 건설업을 노동집약형 산업이라고 한다.

7) 원가를 공개하지 않는다.

생산대상이 특수성 · 개별성을 가지고 있으므로, 원가표준을 설정하기가 매우 어려운 업종이다. 건설업은 그 생산대상이 공사의 종류 · 내용 · 규모 · 지역 · 공사기간 등에 따라 각기 서로 다른 개별주문생산 · 단품생산에 의존하므로 제조업의 경우와 같은 일정한 원가표준의 설정이 어렵다. 용도별 · 규모별 · 구조별로 다종다양할 뿐만 아니라 같은 용도, 같은 규모, 같은 구조의 건설물이라 할지라도 건설장소의 지반, 인접지의 조건, 공기(工期), 계절여건 등에 따라 공사비가 다르기 때문에 개별 공사단위별로 산정할 수밖에 없다.

원가면에서 볼 때 간접비용의 비율이 균일하지 않다. 즉, 제조업의 경우 생산비용이 고정적 · 일률적으로 지출되므로 간접비도 비교적 일률적인 예측이 가능하나 건설업에 있어서는 개별 공사마다 그 내용과 조건이 서로 다르므로 직접비(재료비 · 노무비 · 외주비 · 경비)에 대한 간접비의 비율도 균일하지 않다.

❺ 자체사업과 도급사업

1) 개발사업의 위치와 거래구조

자체사업이든 도급사업이든 건설활동인 점에서는 일치한다. 비교하여 개발사업(직접 건설공사를 수행하지 않는 시행사업을 말한다)은 개발업자(발주자)가 건설회사에 도급을 주어 완성한 건물을 매각(분양)하는 사업으로 건설업으로 보기보다는 부동산매매업에 해당한다. 단순 시행사업의 사업 주체인 시행사는 시행이익만 귀속하게 된다.

2) 자체사업 위치와 거래구조

자체사업은 건설회사가 토지를 직접 매입하여 자체적으로 시공하여 판매 가능한 목적물을 완성한 후, 그 목적물을 직접 판매 공급(분양)하는 모든 사업으로 자영공사업 또는 건설회사의 자체사업이라고 부른다. 자체사업에서 건설회사는 사업주 또는 시행사의 지위도 가지고 있으므로 시행이익과 시공이익이 모두 건설회사에 귀속된다.

3) 도급사업의 위치와 거래구조

비교하여 도급공사는 건설회사가 별도의 발주처로부터 건설공사를 완성하고 그 대가를 지급받는 방식의 사업을 말한다. 도급사업에서 건설회사는 시공이익만 귀속한다.

본 서에서는 상기 3가지 사업의 유형을 다루고자 한다. 본 서의 사례에서 건설회사 ㈜이앤씨는 아래와 같이 3가지 사업을 영위한다. 모두 대지면적은 10,000㎡이고 ㎡당 대지가격은 300만원으로 가정한다. 또한 ㎡당 직접공사비는 200만원으로 가정한다. 취득세등 토지취득의 부대비용은 토지비의 10%이고, 분양가격은 ㎡당 1천만원(VAT제외)으로 하고, 토지와 건물의 분양가액비율은 7 : 3으로 가정한다. 이렇게 가정할 경우 사업성은 오로지 용적률과 부가가치세에 의하여 결정된다.

사례번호	사례1	사례2	사례3
PJ명	공동주택 개발사업 (단순시행)	주상복합 개발사업 (자체사업)	오피스텔 개발사업 (단순도급)
대지위치	맥문동 123-1 외	천문동 123-2 외	원추리 123-3 외
용도지구	제3종 일반주거지역	준주거지역	일반상업지역
대지면적(㎡)	10,000	10,000	10,000
용적률	200%	500%	700%
시행자	㈜이앤씨	㈜이앤씨	㈜피에프브이
시공자	㈜종합건설	㈜이앤씨	㈜이앤씨

용적률이란 대지면적에 대한 건축물 바닥의 면적 합계, 2층 이상의 건축물일 경우에는 각 층의 연면적의 합계의 비율을 말한다. 연면적은 지하 부분을 제외한 건축물의 바닥면적을 기준으로 계산하고 기둥이나 외벽의 중심선으로 둘러싸인 면적을 말한다. 용적률은 건축법에서 정한 최대한도 범위 내에서 해당 지자체가 조례로 세부 기준을 정하고 있다. 예를 들어 대지면적 100평에 용적률이 300%인 5층짜리 건물을 짓는다면 1~5층의 바닥면적을 합친 건물 연면적이 300평이 된다.

제 2 절

사업성검토

① 개요

사업성 검토서의 영문약자는 F/S(Feasibility Study)이다. 재무제표의 F/S(Financial Statements)와 겹친다. 실제 사업성 검토서는 재무상태표와 손익계산서를 합쳐서 현금흐름의 관점으로 기술하고 있다는 점을 본다면, 두 F/S는 매우 유사한 면이 있다.

세무나 회계, 법률도 전문분야지만, 부동산개발과 건설, 설계 또한 전문분야이다. 다른 분야의 전문가가 개발사업에 접근하기가 어려운 것은 사업의 전체를 보기 어렵기 때문이다. 단편적인 쟁점을 다루다 보니 쟁점 앞뒤에 있는 다루지 못한 쟁점에 대한 막연한 두려움이 생긴다. 개발사업은 처음부터 끝(exit)을 예정하고 진행하는 사업이다. 사업의 전체모습을 파악하는 것이 무엇보다 중요하고 이는 사업성검토서에 잘 나타난다. 사업성 검토는 단순히 빠른 판단을 위해서 대강 해보는 사업성검토(이를 '초기 사업성검토'라고 한다)와 초기 사업성검토 결과 개발이익이 일정수준 이상이 되면, 보다 정밀한 사업성검토를 진행하게 된다. 일반적으로 초기 사업성검토의 개발이익이 10% 이상이 되어야 본격적인 사업성검토를 진행하게 된다. 이는 초기 사업성검토에 포함되지 않는 토지매매계약을 위한 협상 과정에서의 토지대 인상, 지반상태 및 민원, 인허가에 소요되는 비용, 분양촉진비, 추가홍보비 등의 변수가 있기 때문이다.

② 초기사업성검토

사업성 검토는 법률적인 용어도 아니고 학문적인 용어도 아니다. 따라서 정형화된 방법이 있는 검토서가 아니다.

초기 사업성 검토는 토지매입에 대한 의사결정을 위한 검토이다. 사업성이 있는 평당 토지대를 구하는 것을 목적으로 하고, 사업 부지가 이보다 저렴하면 본격적인 사업성 검토를 하게 된다.

예를 들어 사업 부지가 1,000평인 경우 토지대가 평당 2,000만원이고, 공사비가 평당 500만원일 때 주변 아파트 분양가가 평당 3,000만원인 경우 초기 사업성 검토는 아래처럼 진행된다.

용적률은 해당 지자체의 조례를 확인해야 하지만 2종 일반주거지역인 경우 대략 200%라고 보자. 지상 건축 연면적은 2,000평(사업부지면적×용적률)이다. 지하층 건축 연면적은 지하주차장을 얼마나 확보하느냐에 따라 다르겠지만 통상 지상층 연면적의 25~30%이다. 여기서는 30%로 가정하자. 이 경우 지하층 연면적은 600평이 되고 전체 연면적은 2,600평이 된다.

평당 공사비는 전체 연면적이 클수록, 지하층 연면적이 많을수록 저렴해진다. 지하층의 공사비가 지상층의 공사비보다 저렴하고, 연면적이 클수록 일의 효율성이 커지기 때문이다. 물론 시공사의 공사비는 실제 공사물량이나 마감수준 또는 물가수준, 물가인상 등에 따라 차이가 있겠지만 편의상 평당 공사비를 500만원으로 가정하자. 개발사업의 경험으로 보아 평당 공사비의 65%를 간접비로 가정해 본다.

아파트의 경우 전체 연면적에서 공급면적(전용면적+주거공용면적)만 분양가를 받을 수 있다. 상가나 오피스텔은 "주택공급에 관한 규칙"의 적용을 받지 않기 때문에 분양면적이나 계약면적에 평당 단가를 곱한 금액이 분양가가 된다(건분법 제9조 제1항 제3호). 통상 전체 연면적의 80% 정도를 공급면적으로 보자.

이 경우 총 분양수입은 480억원(1,000평×200%×80%×3,000만원)이다. 개발이익이 10%는 되어야 다른 변수를 감당할 수 있으므로 분양원가의 한도액은 432억원(480억원×90%)이 된다.

연면적 평당 공사비 500만원 및 간접비 325만원이므로 토지비를 제외한 분양원가는 214.5억원(825만원×2,600평)이고 토지비로 지급할 수 있는 금액의 한도는 217.5억원(432억원-214.5억원)이며 사업부지 면적이 1,000평이므로 평당토지가격은 2,175만원이 나온다. 이 금액이 시행자가 토지소유자들에게 제시할 수 있는 최고금액이 된다. 따라서 평단가 2,000만원인 본 사례는 사업성이 있다.

초기 사업성검토는 정확한 값을 찾는 것이 아니라 신속한 결론에 도달하는 것을 목표로 한다. 검토주체의 경험과 노하우에 따라 다양한 모형이 있을 수 있다. 초기 사업성검토는 공사비, 토지대, 분양가, 용적률만 사용하였다. 따라서 이 4가지가 사업의 성패를 가늠하는 가장 중요한 항목이라는 의미가 된다. 초기 사업성검토에서 사업성이 있다고 추산되는 경우 시행사는 본격적인 사업성 검토서를 작성하고, 사업에 뛰어들게 된다.

❸ 사업성검토서

사업성검토서는 위의 초기 사업성검토의 개별숫자를 구체적으로 확인하여 작성하는 표이다. 매우 복잡하지만 기본적으로 대상 사업의 현금흐름을 항목별로 구분한 표이다. 사업성검토서의 현금흐름을 손익계산서와 재무상태표로 나누어 구분해 볼 수 있다. 아래는 서울시 주상복합(36층, 4개동, 2020년 준공) 사업의 사업성검토서를 손익계산서 과목과 재무상태표 과목으로 나누어 구분해 본 표이다.

(단위 : 백만원)

구 분		현금흐름	분양가 대비비율	손익계산서 과목	재무상태표 과목
유입	EQUITY	11,750	2%		11,750
	PF	128,000	26%		128,000
	매출부가세	8,917	2%		8,917
	공제부가세	4,283	1%		4,283
	분양가	484,425	100%	484,425	
	소계	637,375	132%	484,425	152,950
유출	공사비	171,716	35%	171,716	
	토지비	123,257	25%	123,257	
	사업비	52,842	11%	52,842	
	판관비	31,605	7%	31,605	
	금융비	14,388	3%	14,388	
	EQUITY	11,750	2%		11,750
	PF	128,000	26%		128,000
	매출부가세	8,917	2%		8,917
	매입부가세	6,379	1%		6,379
	소계	548,854	113%	393,808	155,046
NET		88,521	18%	90,617	− 2,096

상기 사업성검토서는 과거 실제사업의 사업성검토서를 요약한 것으로 대표성이 있거나 전형적인 프로젝트는 아닐 것이다. 그러나 여기에서 다음과 같은 특징을 쉽게 추측할 수 있다.

① 부가가치세를 자금흐름의 측면에서 바라본다. 즉 부가가치세 환급금은 사업 관련 현금흐름에 포함된다. 같은 관점으로 신탁계약시 시행사의 부가가치세 환급금도

신탁재산에 포함된다.

② 117억으로 4,844억짜리 사업을 할 수 있다. 즉, 개발사업은 레버리지가 매우 큰 사업이다. 이는 부동산을 취득할 때 차입자금(PF차입금)을 조달하기 때문이기도 하지만 근본적으로는 우리나라가 선분양제도를 취하고 있기 때문이다.

③ PF차입금이 크다고 하지만 분양가의 26%에 불과하다. 선분양제도에서 자금의 조달은 수분양자의 분양대금이 대부분을 차지한다.

④ EQUITY(에쿼티)는 시행사의 자본금을 의미한다. 사업주체가 사업이 종료될 때까지 회수할 수 없는 자금이며, 이는 토지비의 계약금에 상당하는 금액(즉, 토지비의 10% 정도)이다.

⑤ 유출되는 매입부가세(거래징수 당하는 부가세)와 유입되는 매입부가세(매입세액공제 되는 부가세)의 차이를 보면 면세비율이 33%인 것처럼 보인다. 그러나 이는 부가가치세법상 안분비율과 아무런 상관이 없다. 실제 해당 사업의 면세비율은 99%였다.

⑥ 대차대조표 항목 중 고정자산이 없다. 일부 특수한 상황(설계프로그램 등 무형자산 및 자회사 지분증권 등 투자자산)을 제외하면 고정자산이 없거나 중요하지 않은 경우가 많다.

⑦ 법인세가 고려되지 않는다. 이는 세전이익이 더 중요하거나 법인세의 세율이 사실상 단일세율이므로 세후 이익의 구분은 큰 의미가 없을 수 있기 때문일 것이다. 그러나 사업성검토서에 등장하지 않는 항목은 상대적으로 고민하지 않게되므로, 법인세법상 쟁점을 소홀히 다루어지는 경향이 있다.

❹ 사업성검토 사례

1) 사업개요

사례의 사업개요는 아래처럼 가정한다.

공동주택 분양사업(자체사업)					
사업개요	대지위치	맥문동 123-1번지	용적률	200%
	대지면적	3,306㎡ (1,000평)	건폐율	15%
	용도지구	제2종 일반주거지역	지상층 연면적	6,612㎡(2,000평)
	구조	철근콘크리트조	지하주차장면적	1,983㎡(600평)
	세대수	공동주택 60세대, 근생 1호	연면적총계	8,595㎡(2,600평)
	착공일	20×1.01.01.	사용검사일	20×2.12.31.

건폐율이란 대지면적에 대한 1층의 건축면적 비율을 말하며, 1층의 바닥면적을 대지면적으로 나누어 표시한다. 건폐율은 지면의 공간을 규제할 목적으로 존재하는 개념으로 지면상에 최소한의 공지를 확보하게 함으로써 건축물의 밀집을 방지하고 일광, 채광, 통풍 등을 양호하게 하여 화재 또는 비상시 피난 등에 필요한 공간을 확보하기 위함이다. 용적률은 입체적인 건축밀도의 개념이기 때문에 건축물의 높이가 높을수록 용적률은 늘어나지만 건폐율은 변하지 않는다.

① 대지란 건물을 지을 수 있는 땅을 말한다.

② 대지면적은 건축물에 부속되는 대지의 면적을 말한다.

③ 주택공급면적은 주택의 전용면적과 공용면적 합계이다.

④ 건축연면적은 위 주택공급면적, 지하주차장 면적과 상가공급 면적의 합계를 말한다. 지상층 연면적은 대지면적에 용적률을 곱한 20,000㎡이다.

⑤ 용적률이란 대지 1㎡당 건물을 신축하는 건축배율이다(지하층은 제외).

⑥ 건폐율이란 대지 1㎡당 건물의 바닥면적이 차지하는 비율이다.

⑦ 건축물구조란 대표적으로 벽식, 벽돌식, 철골식, 철근콘크리트식 등으로 나누어지며, 아파트의 경우 대부분 철근콘크리트 구조가 차지한다.

건설 Tip 철근콘크리트구조

철근과 콘크리트는 건설업에서 가장 자주 사용되는 두 가지 재료이다. 자주 사용한다는 것은 장점이 많다는 것인데, 두 재료는 상호 보완적이면서도 열팽창계수가 같다. 그래서 함께 사용해도 문제가 없다. 만일 열팽창계수가 달랐다면 계절에 따라 균열이 발생하기 때문에 함께 이용할 수가 없을 것이다. 이 때문에 철근콘크리트가 건설공학에서 가지는 의미는 매우 크다. 콘크리트는 높은 압축강도를 가진 반면, 인장력(引張力)이 작아 균열을 일으켜 파괴된다. 따라서 높은 인장 강도를 가진 철근으로 보강함으로써, 콘크리트에 균열이 발생한 후에도 충분한 변형성능과 내력(耐力)이 확보되도록 한 재료가 철근콘크리트이다.

가는 철근만 있으면 압축에 대해 간단히 구부러지지만, 콘크리트 속에 묻혀 있으면 그런 염려가 없다. 철근과 콘크리트는 열팽창계수가 같아 부착력이 좋고, 공기 중에서 녹이 잘 스는 철근을 콘크리트의 알칼리성이 방지하는 등 여러 가지로 상호보완적인 구조재이다.

콘크리트는 시멘트가 물과 반응하여 굳어지는 수화반응(水和反應)을 이용하여 골재(骨材)를 시멘트풀(시멘트를 물로 개어 풀처럼 만든 것)로 둘러싸서 다진 것이다. 즉, 시멘트에 모래, 자갈, 물을 섞은 것이 콘크리트다. 시멘트가 처음 사용된 때는 철기국가인 로마 시대이지만 철근콘크리트가 등장한 것은 19세기이다. 철근콘크리트라고 부르기도 민망한 철사콘크리트(?)는 1867년 프랑스의 정원사 모니에가 화분으로 만들면서 특허로 출원되었다. 이후 독일 건축기사인 구스타브 아돌프 와이즈가 모니에의 특허를 200만 마르크에 구매하면서 비로소 철근콘크리트가 등장하게 된다. 즉, 철근과 콘크리트를 함께 사용해도 된다는 것을 알아차리는데 2,000년이 걸렸다. 그야말로 우연히 얻어걸린 인류의 보물이라고 할 수 있다. 철근콘크리트가 가지는 혁신성은 재무 분야에서도 잘 드러난다. 바로 내용연수라는 개념을 만나기 때문이다. 철근콘크리트구조의 내용연수는 콘크리트구조보다 2배나 긴 40년이다. 세법상 가장 긴 내용연수를 철근콘크리트가 차지하고 있다.

레미콘은 더 이후에 등장한다. 시멘트에 모래, 자갈, 물의 배합을 일정하게 하기 위하여 미리 만들어 놓은 콘크리트가 레미콘(Ready-mixed Concrete)이다.

레미콘은 1903년 독일의 마겐스에 의해 최초로 제조되었으며, 미국은 1913년에 레미콘을 덤프트럭으로 최초로 운반하여 사용하였다. 일본은 1949년에 레미콘을 도입하여 이 무렵 '레미콘'이라는 어휘를 만들었고, 우리나라에는 1965년 7월에 최초의 레미콘 공장이 건설되었다.

본 사업성 검토서는 아래와 같다. 이후에서는 항목별로 살펴보고자 한다.

구 분		금액(천원)	비율	비 고
유입	아파트	48,000,000	94.12%	공급면적 1,600평×3천만원
	근생시설	1,200,000	2.35%	계약면적 30평×4천만원
	발코니	1,800,000	3.53%	세대수×3천만원
	소계	51,000,000	100.00%	
유출	용지비	20,000,000	39.22%	대지면적 1,000평×2천만원
	본공사비	13,000,000	25.49%	연면적 2,600평×5백만원
	설계비	1,000,000	1.96%	전체 연면적당 일정금액
유출	감리비	1,000,000	1.96%	전체 연면적당 일정금액
	옵션공사	1,800,000	3.53%	세대당 단가로 산정
	철거비	500,000	0.98%	대지면적당 일정금액
	인입공사비	900,000	1.76%	전체 연면적당 일정금액
	각종부담금	10,000	0.02%	건축연면적당 단가로 산정
	중개사비	100,000	0.20%	토지매입비의 일정비율
	법무사비	100,000	0.20%	토지매입비의 일정비율
	취득세_승계	929,200	1.82%	토지매입비의 일정비율(부대비용 포함)
	취득세_원시	679,716	1.33%	건축공사비의 일정비율(부대비용 포함)
	보유세	200,000	0.39%	토지기준시가의 일정비율
	사업성 검토	100,000	0.20%	사업비의 일정비율
	취급수수료	200,000	0.39%	대출규모의 일정비율
	회계사비_자금조달	200,000	0.39%	대출규모의 일정비율
	M/H건립비	100,000	0.20%	M/H 면적당 일정금액
	M/H설치비	20,000	0.04%	M/H 면적당 일정금액
	M/H철거비	20,000	0.04%	M/H 면적당 일정금액

구 분		금액(천원)	비율	비 고
	M/H임차료	1,500,000	2.94%	M/H 면적당 일정금액
	분양대행용역	1,200,000	2.35%	분양가의 일정금액
	이자비용	1,800,000	3.53%	대출규모의 일정비율
	불공제부가세	482,015	0.95%	공통매입세액 안분비율
	기타 판관비	59,069	0.12%	
	소계	45,900,000	90.00%	
순이익		5,100,000	10.00%	

2) 공급면적

사례의 공급면적은 아래처럼 가정한다. 흔히 전용면적 84㎡를 34평형이라고 하고, 59㎡를 24평형이라고 한다. 평형은 전용면적이 아니라 공급면적으로 계산한다. 1㎡ = 0.3025평이므로 사례의 공급면적 5,290㎡는 1,600평이고, 계약면적 8,595㎡는 2,600평으로 사업성 검토서와 같다.

(단위 : ㎡, 세대)

구분	세대/호	전용면적(㎡)	공급면적(㎡)	계약면적(㎡)
24평형	30	60	70	110
30평형	20	80	100	160
36평형	10	100	119	200
근생시설	1	50		95
발코니	60			
소계		4,400	5,290	8,595

① 호수, 가구수, 세대수는 모두 건물의 각 부분을 세는 단위이다. 관련법령은 건축물대장의 기재 및 관리 등에 관한 규칙이며 해당 세대수 등은 건축물대장에 표시된다.

건설 Tip 세대, 가구, 호

세대 : 건축법시행령 별표1에 따른 공동주택용도가 공동주택(아파트, 연립주택, 다세대주택)에서 독립된 주거생활을 할 수 있는 각 부분을 세는 단위

가구 : 건축법시행령 별표1에 따른 단독주택(단독주택, 다가구주택, 다중주택, 공관)인 일반건축물의 각 부분을 세는 단위

호 : 집합건축물(용도가 주택이 아닌 1종 및 2종 근린생활시설, 업무시설 등으로, 구분 소유가 가능한 건축물)에서 1동의 건물을 여러 개의 구분된 부분으로 사용할 수 있을 때, 각 부분을 세는 단위

② 전용면적 85㎡ 이하인 주택은 국민주택이라고 하며 부가가치세가 면세(조특법 §106)된다. 특히, 전용면적 60㎡ 이하인 주택은 2014.12.31.까지 취득하는 경우 지방세특례제한법에 의한 취득세를 면제(지특법 제33조)하였다.

③ 근린생활시설이란 아파트 주민의 생활편의시설로 사업자가 분양하는 생활편의 시설을 말한다. 주로 단지 내 상가를 말한다. 비교하여 부대복리시설이란 주택과 관련되어 건설되는 시설로서 주택에 부수되는 건축물에 해당한다. 주로 놀이터, 어린이집, 운동시설 등을 말한다.

④ 보통 국민주택을 34평형~36평형이라고 부른다. 이 때 평형은 전용면적 기준이 아니라 공급면적을 기준으로 계산한다. 즉, 전용면적 85㎡은 주거공용면적(2세대 이상 공동으로 사용하는 계단, 복도, 현관, 엘리베이터의 면적)이 약 30㎡정도 되므로, 공급면적은 115㎡이고 이를 평수로 환산(1평= 3.305785㎡)하면 34평형이라고 부르는 것이다. 이처럼 분양가격과 관련한 면적은 전용면적이 아니라 공급면적을 사용한다.

⑤ 기타공용면적이란 지하주차장, 관리사무소, 어린이집등의 면적을 말하고 공급면적과 기타공용면적을 합하여 계약면적이라고 한다. 아파트는 주택법에 따라 공급면적을 기준으로 분양가격을 산정하고 오피스텔 및 상가는 건축법에 따라 계약면적을 기준으로 분양가격을 산정한다.

3) 주택 분양가격결정

주택법 제15조에 의하여 사업계획승인 받은 주택 중 분양가상한제 적용대상 주택은 같은 법 제38조의 2에 의하여 공동주택 분양가격 산정 등에 관한 규칙을 적용하여 산출된 분양가격을 분양가심사위원회의 심사를 거쳐 승인받아 결정한다. 주택등의 분양가격은 부가가치세를 제외하고 법인세법 제15조 및 같은 법 시행령 제11조의 수입금액과 부가가치세법 제29조의 과세표준이 된다.

주택법 제15조에 의하여 사업계획승인 받은 주택 중 분양가상한제 적용대상 외 주택의 공급가격은 주택건설업자가 사업성 및 분양성을 참작하여 자율적으로 결정한다. 사례는 주택의 경우 공급면적당 3천만원에 분양하며, 근생시설은 계약면적당 4천만원에 분양한다. 또한 발코니는 전 세대(60세대)가 모두 확장하는 것으로 하였으며, 발코니확장 공급가액은 계약당 3천원으로 가정한다. 분양가액 및 발코니공급가액에서 부가가치세는 제외한 것으로 가정한다.

구분	수량단위	수량	단가(천원)	금액(천원)
아파트	공급면적(평)	1,600	30,000	48,000,000
근생시설	계약면적(평)	30	40,000	1,200,000
발코니	세대수	60	30,000	1,800,000
소계				51,000,000

분양가액에서 토지와 건물의 비율에 따라 매출부가세가 결정된다. 토지와 건물의 가액 비율은 주택공급에 관한 규칙을 따르거나, 부가가치세 산정용 감정평가에 의하여 결정되는 경우가 많다. 토지와 건물의 가액은 분양계약서에 구분하여 기재된다.

분양가액에서 토지가격을 반드시 산출해야 하는데, 그 방법으로는 ① 토지가격을 취득가액 기준으로 하는 계산방법, ② 단지 내 상가와 유사한 인근상가의 토지가액(감정가액)을 기준으로 하는 계산방법, ③ 회사가 자율적으로 시장수요에 의한 가격을 결정하는 임의결정방법 등이 있다. 부가가치세법 시행령 제64조 제1항 제2호에서 토지와 건물 등 중 어느 하나 또는 모두의 기준시가가 없는 경우로서 감정평가가액이 있는 경우에는 그 가액에 비례하여 안분계산한 금액이 부가가치세법 제29조의 "대통령령으로 정하는 바에 따라 안분계산한 금액"이 된다. 또한 준공예정건물은 기준시가가 없는 경우에 해당할 것이므로 부가가치세 산정용 감정평가서에 따르는 경우가 많다.

일반적으로 감정평가서는 토지와 건물을 구분하고 있지 않으며, 주택을 제외한 건물은 부가가치세가 제외되어 있는 경우가 대부분이다. 주택의 경우 대부분 최종소비자로서 부가가치세의 환급대상이 아니므로 부가세를 포함하여 평가하는 것으로 여겨지나, 이것은 절대적인 것이 아니고 평가목적, 평가조건 등에 따라 달라질 수 있으며 담보나 경매, 보상의 경우는 부가세 과세대상이 아니므로 부가가치세를 제외하는 것이 타당할 것이다. 따라서 부가가치세 산정용 감정평가서가 필요한 경우 목적을 밝혀 "부가가치세법상 토지, 건물 가격배분을 위한 감정평가"를 받아야 하며 토지와 건물의 가액 및 건물분 부가가치세가 구분기재된 (양도나 담보목적 감정평가서가 아닌) 별도의 감정평가서가 필요하다.

여기서 주의할 점은 취득가격 또는 감정가액을 기준으로 계상하든지, 회사가 임의로 결정하는 방법으로 하든지 간에 분양계약서상에서 반드시 명기하여 실거래가격으로 인정받아야 한다는 점이다.

 실지거래가격

세법은 실지거래가격을 존중한다. 그러나 최근 부가가치세법 등에서 세법상기준으로 안분한 금액과 30% 이상 차이가 나는 경우 실지거래가액을 부인(부가가치세법 제29조)하거나, 실지거래가액이 불분명한 것으로 본다(소득세법 제100조). 법개정을 관련하여 살펴보면 2019.1.1. 이후부터 "납세자가 실지거래가액으로 구분한 가액이 기준시가 등에 따른 안분가액과 30% 이상 차이가 나는 경우" 납세자가 구분한 실질거래가액을 인정하지 않고 있다. 실무상 많이 발생하는 경우로서, 부가가치세가 면세되는 토지(제26조 제14호)와 과세되는 건물이나 그 밖의 구축물을 함께 거래하는 경우, 전체 공급가액을 어떻게 안분할 것인지를 정하는 규정이다. 이때 당사자들이 계약서에 명확히 토지와 건물 가격을 구분하여 적는 경우 이는 '실지거래가액'으로서 그대로 각각의 공급가액이 되어야 하는 것이 원칙이지만, 실제 과세실무상으로는 당사자들이 아무리 계약서에 분명하게 토지와 건물 가격을 구분하여 적었다고 하더라도 이 가격들의 상대적 비율이 적정하지 않다고 판단하는 경우에는 단서 규정을 적용하는 경우가 많다. 물론 이러한 과세실무가 제9항의 문언에 부합하는 것인지에 관하여는 논의의 여지가 많다. 특히 개발사업에서 토지와 멸실예정건물을 취득할 때 멸실할 건물은 재산적 가치가 있는 재화라고 하기 어려운 경우가 있으므로, 건물분 부가세가 발생하는 경우 매도자는 해당 부가세를 납부하지만, 매수자는 토지관련 매입세액으로 공제받지 못하기 때문에 비판이 제기된다.

따라서 2022.1.1. 이후부터는 "다른 법령에서 정하는 바에 따라 가액을 구분한 경우" 및 "건물이 있는 토지를 취득하여 건물을 철거하고 토지만 사용하는 경우"에는 납세자가 구분한 실질거래가액을 인정하고 있다. 판단컨대 해당 조문은 지극히 행정편의적인 개정과 재개정을 거쳐서 결과적으로 2019년 이전보다 못한 사업환경을 만들었다고 여겨진다.

부가가치세법 제29조【과세표준】⑨ 사업자가 토지와 그 토지에 정착된 건물 또는 구축물 등을 함께 공급하는 경우에는 건물 또는 구축물 등의 실지거래가액을 공급가액으로 한다. 다만, 다음 각 호의 어느 하나에 해당하는 경우에는 **대통령령으로 정하는 바에 따라 안분계산한 금액을 공급가액으로 한다.** (2018.12.31. 단서개정)

1. 실지거래가액 중 토지의 가액과 건물 또는 구축물 등의 가액의 구분이 불분명한 경우(2018.12.31. 신설)
2. 사업자가 실지거래가액으로 구분한 토지와 건물 또는 구축물 등의 가액이 **대통령령으로 정하는 바에 따라 안분계산한 금액과 100분의 30 이상 차이**가 있는 경우(2018.12.31. 신설)

소득세법 제100조【양도차익의 산정】② 제1항을 적용할 때 양도가액 또는 취득가액을 실지거래가액에 따라 산정하는 경우로서 토지와 건물 등을 함께 취득하거나 양도한 경우에는 이를 각각 구분하여 기장하되 토지와 건물 등의 가액 구분이 불분명할 때에는 취득 또는 양도 당시의 기준시가 등을 고려하여 대통령령으로 정하는 바에 따라 안분계산(按分計算)한다. 이 경우 공통되는 취득가액과 양도비용은 해당 자산의 가액에 비례하여 안분계산한다.

③ 제2항을 적용할 때 토지와 건물 등을 함께 취득하거나 양도한 경우로서 그 토지와 건물 등을 구분 기장한 가액이 같은 항에 따라 **안분계산한가액과 100분의 30 이상 차이가 있는 경우에는 토지와 건물 등의 가액 구분이 불분명한 때**로 본다.

건설 Tip 분양가상한제란?

① 2007년 9월 이전에는 공공택지를 분양받아 사업하는 주택건설사업을 제외한 민간토지개발 주택건설 사업자에 대한 주택분양가(건설공급금액)에 대해서는 관계법령 등에 제한을 받지 않고 주택건설사가 자율적으로 산정한 분양가격을 받을 수 있도록 되어 있었다. 따라서 주택분양가는 주택건설사업자가 받고자 산출결정된 분양가격으로 주택분양가를 산정하면 되었으나, 실무적으로 지방자치단체 등 인허가 관계기관에서는 주택건설사업자의 주택건설분양승인신청시 분양가에 대하여 분양가격 조정요구 행정조정 사항으로 사실상 간접적으로 분양가 규제 등을 받고 있었다.

② 2007년 9월부터 공공택지에만 적용되었던 분양가상한제가 지정지역[구 주택법시행령 제61조(분양가상한제 적용 지역의 지정기준 등)제1항 제1호 : 직전3개월 주택가격상승률이 물가상승률의 2배 초과한 지역]의 민간택지에도 확대 적용됨에 따라 공공택지뿐만 아니라 민간택지도 국토교통부 장관이 고시한 가격으로 산출한 금액으로 주택을 공급하도록 하였다.

③ 2019년 8월부터 민간택지 분양가상한제를 골자로 한 새로운 규제가 발표되었다. 분양가상한제 적용지역의 지정기준을 바꾸는 주택법 시행령 개정을 통해 분양가 상한제 적용을 강화하는 내용이 담겼다. 특히 지정 필수조건을 분양가상한제 적용지역으로 지정하는 날이 속하는 달의 바로 전달부터 소급하여 3개월간 주택 매매가격 상승률이 '소비자물가 상승률의 2배'를 초과해야 한다는 요건을 '투기과열지구'로 변경하는 방안이 적용되었다. 특히 재건축 · 재개발 사업의 경우 분양가상한제 적용 시점을 관리처분계획인가 시점에서 '최초 입주자모집승인 신청한 단지'로 규제 수위를 높였다. 2007년 9월 민간택지 분양가상한제를 전국에 동시 적용했던 과거와 달리, 투기과열지구 등 규제지역에 한정하였다.

건설 Tip 분양가상한제 적용주택

사업주체가 일반인에게 공급하는 공동주택 중 다음의 어느 하나에 해당하는 지역에서 공급하는 주택의 경우에는 「공동주택 분양가격의 산정 등에 관한 규칙」에 따라 산정되는 분양가격 이하로 공급하여야 한다. 「공동주택 분양가격의 산정 등에 관한 규칙」에 따른 분양가격은 ① 택지비와 ② 건축비로 구성(토지임대부 분양주택의 경우에는 건축비만 해당)된다.

분양가상한제 적용주택	분양가상한제 적용제외 주택
▶ 공공택지 ▶ 공공택지 외의 택지에서 주택가격 상승 우려가 있어 국토교통부장관이 주거정책심의위원회 심의를 거쳐 지정하는 지역	▶ 도시형 생활주택 ▶ 경제자유구역에서 건설 · 공급하는 공동주택으로서 경제자유구역위원회에서 외자유치 촉진과 관련이 있다고 인정하여 분양가격 제한을 적용하지 않기로 심의 · 의결한 경우 ▶ 관광특구에서 건설 · 공급하는 공동주택으로서 해당 건축물의 층수가 50층 이상이거나 높이가 150m 이상인 경우 ▶ 한국토지주택공사 또는 지방공사가 다음의 정비사업의 시행자(「도시 및 주거환경정비법」 제2조 제8호 및 「빈집 및 소규모주택 정비에 관한 특례법」 제2조 제5호에 따른 사업시행자를 말함)로 참여하는 등 「주택법 시행령」 제58조의4 제1항에 따른 공공성 요건을 충족하는 경우로서 해당 사업에서 건설 · 공급하는 주택 ① 「도시 및 주거환경정비법」 제2조 제2호에 따른 정비사업으로서 면적, 세대수 등이 「주택법 시행령」 제58조의4 제2항에 해당되는 사업

분양가상한제 적용주택	분양가상한제 적용제외 주택
	② 「빈집 및 소규모주택 정비에 관한 특례법」 제2조 제3호에 따른 소규모주택 정비사업 ▶ 「도시 및 주거환경정비법」 제2조 제2호 나목 후단에 따른 공공재개발사업에서 건설 · 공급하는 주택 ▶ 「도시재생 활성화 및 지원에 관한 특별법」에 따른 주거재생혁신지구에서 시행하는 혁신지구재생사업 중 「주택법 시행령」 제58조의 4 제3항의 사업에서 건설 · 공급하는 주택

4) 분양가상한제의 경우

분양가격은 건축비와 토지비의 합산으로 산정된다. 「공동주택 분양가격의 산정등에 관한 규칙」에 의하여 주택 분양가 건축비를 계산하는데 기본형건축비는 입주자모집 승인 신청일에 가장 가까운 시점에 국토교통부장관이 고시한 분양가상한제 적용주택 건축비로 산정한다. 국토교통부장관은 공동주택 건설공사비지수와 이를 반영한 기본형건축비를 매년 3월 1일과 9월 15일 기준으로 고시한다(공동주택 분양가격의 산정 등에 관한 규칙 제7조 제3항). 건축비 가산항목은 「공동주택 분양가격의 산정등에 관한 규칙」 제14조 제2항 및 「공동주택 분양가격의 산정등에 관한 규칙」(별표 1의 3)에서는 구조형식(예를 들면 철근콘크리트 라멘구조는 5% 가산), 주택품질향상(예를 들면 주택성능등급에 따라 1~4% 가산)등을 고려하여 산정한다.

5) 매출부가세

주택을 분양함에 따라 발생되는 분양수입금액의 내역은 주택의 토지가격과 건물가격으로 크게 두 가지로 구분된다. 토지는 국민주택규모와 관계없이 부가가치세가 면세이므로 과세표준 계산시 제외하며, 건물가격만 과세표준을 계산한다. 사례 1에서는 국민주택규모(전용면적 85㎡)인 건물은 부가가치세 과세대상이 아니므로 주택의 매출부가세는 없다.

그러나 만일 국민주택규모를 초과하는 주택이 있는 경우 주택분양수입금액은 반드시 토지 · 건물가격으로 구분하여야 한다. 또한 미분양등으로 분양가격을 할인할 경우에는 분양가격 할인비율로 건축비를 할인하여 건축비를 재산정하는 이 경우 결과적으로 부가가치세 안분비율이 달라지게 되고 과거에 신고한 부가가치세의 안분정산 문제가 발생하게 된다. 따라서 토지와 건축비를 동일한 비율로 할인하여 과면세비율(공급가액비율)이 일정하게 유지되도록 하는 것이 바람직하다.

사례에서 분양가액의 30%를 토지가액으로 가정할 경우 매출부가세는 발코니와 상가(근린생활시설)의 건물분에서만 발생하므로 사례의 매출부가세는 아래와 같다.

구분	세대/호	전용면적(㎡)	공급면적(㎡)	분양가	토지가	건물가	건물VAT
24평형	30	60	70	19,050,750,000	5,715,225,000	13,335,525,000	
30평형	20	80	100	18,150,000,000	5,445,000,000	12,705,000,000	
36평형	10	100	119	10,799,250,000	3,239,775,000	7,559,475,000	755,947,500
근생시설	1	50		1,200,000,000	360,000,000	840,000,000	84,000,000
발코니	60			1,800,000,000	-	1,800,000,000	180,000,000
소계		4,400	5,290	51,000,000,000	14,760,000,000	36,240,000,000	1,019,947,500

① **건축비 부분** : 국민주택은 전용면적 85㎡ 이하이므로 조세특례제한법 제106조에 의하여 부가가치세가 면제된다. 단, 상가의 건축비에 대하여서는 10%의 매출부가세가 발생한다.

② **토지비 부분** : 각 주택에 부수되는 토지 및 상가에 부속하는 토지는 부가가치를 창출하는 생산적 요소가 아니므로 부가가치세가 면세된다.

③ 주택분양수입금액 및 상가분양수입금액은 부가가치세법상 부가가치세 과세표준 및 법인세법상 법인의 수입금액으로 계상하여야 한다. 총 분양가에서 부가가치세 매출세액을 제외한 금액이 사례에서 ㈜이앤씨가 계상할 수입금액이 된다.

건설 Tip 분양공급 내역

주택공급에관한규칙 제59조에 의하여 주택건설사업자는 공급받는 자와 다음의 각 호에 내용을 공급계약서에 명기하여야 한다.

① 입주예정일
② 연대보증인 또는 주택도시보증공사의 분양보증내용
③ 호당 또는 세대당 공급면적(공동주택일 경우 전용면적 · 주거공용면적 및 기타 공용면적으로 구분) 및 대지면적
④ 입주금과 그 납부시기
⑤ 연체료의 산정 및 납부시기
⑥ 지체상금의 산정 및 지급방법
⑦ 해약조건
⑧ 계약취소에 관한 사항

6) 분양대금

① **계약금** : 분양받은 자가 입금하는 계약금 주택공급에관한규칙 제60조 제2항에 의하여 계약금은 청약금을 포함하여 20%를 받을 수 있다(부가가치세법상 재화의 공급시기에 해당됨).

② **중도금** : 분양받은 자가 입금하는 중도금 주택공급에관한규칙 제60조 제2항 및 제4항 제3호 나목에 의하여 공급가격의 60%를 받을 수 있으나, 건축공정이 전체공사비의 50% 이상이 투입되거나, 동별 건축공정이 30% 이상 되었을 때의 기준으로 그 전후 각 2회에 걸쳐서 분할하여 받아야 한다(부가가치세법상 재화의 공급시기에 해당됨).

③ **잔금** : 사용검사일 이후 주택공급에관한규칙 제60조 제4항 제4호에 의하여 사용검사일 이후. 다만, 임시사용승인을 얻어 입주하는 경우에는 전체 입주금의 10% 내 해당하는 금액을 제외한 잔금은 입주일에, 전체 입주금의 10%에 해당하는 잔금은 사용검사일 이후에 받을 수 있다.

④ **기타** : 청약저축에 의한 주택공급 시 청약저축자에 대하여는 주택공급에관한규칙 제60조 제5항에 의하여 청약금을 받을 수 없다.

건설 Tip **분양대금 납입조건**

분양률을 향상시키기 위하여 시행사는 다양한 유인책을 제시하기도 한다. 대표적으로 아래와 같은 분양대금 납입조건이 있다.

① 중도금 무이자 : 중도금에 대하여 금융기관의 대여를 받아서 시행사가 그 대여금에 대한 이자를 부담한다.

② 중도금 이자 후불제 : 분양성이 양호한 경우에 사용한다. 대출 받은 중도금의 이자를 입주전까지 시행사가 납입하고 입주시 시행사가 납입한 중도금의 이자분을 수분양자가 시행사에 납입한다.

③ 중도금 융자 알선 : 중도금의 대출을 알선하고 시행사 또는 시공사가 동 대출금에 대한 지급 보증을 하는 방식으로 진행한다.

④ 계약금 비율의 조정 : 통상 계약금은 분양총액의 20% 선에서 책정이 가능하지만 수분양자의 초기 자금의 부담을 축소하기 위하여 계약금을 2회 분납, 또는 10% 로 축소하는 방법을 사용한다.

7) 건축비의 사업성 검토

건설회사는 직접 건설공사를 수행할 수 있고 다른 건설회사에 도급을 주어 건설공사를 진행할 수도 있다. 두 가지 유형은 시공이익의 귀속에 따라 사업성에 영향을 미치게 된다. 건설회사가 직접공사하는 자체사업은 시공이익이 사업성검토서상 이익으로 흡수될 것이므로 차이가 발생한다.

사례의 사업은 단순시행사업으로 진행할 경우 도급공사비는 130억원(VAT 제외)으로 가정하였다. 시공사는 국민주택규모 이하의 공사비에 대하여 계산서(면세용역)를 발행하고, 국민주택규모 초과분 공사 및 상가공사에 대해서는 세금계산서(과세용역)를 발행하게 될 것이다. 이 경우 시행사가 수취한 세금계산서는 안분 없이 전체 공제처리 된다(설계용역도 국민주택건설용역으로 보고 있는바 설계비의 경우에도 같다). 소형주택과 대형주택 및 상가의 평당 공사단가가 동일하다는 가정은 없다고 할 것이다. 따라서 계약당사자는 공사금액을 개별적으로 협의하여 정할 수도 있다. 만일 공사단가가 같다면 전체연면적(사례의 계약면적과 동일)대비 면적비율에 따라 아래처럼 산출할 수 있을 것이다.

구분	세대/호	전용면적(㎡)	공급면적(㎡)	계약면적(㎡)	총면적(㎡)	면적비율
24평형	30	60	70	110	3,300	38.39%
30평형	20	80	100	160	3,200	37.23%
36평형	10	100	119	200	2,000	23.27%
근생시설	1	50		95	95	1.11%
소계		4,400	5,290	8,595	8,595	100.00%

- **도급금액** : 26,000평 × 5백만원 = 130억원
- **과세분 도급금액** : 130억원 × 24.38% = 3,169,400천원
- **과세분 매출부가세** : 3,169,400천원 × 10% = 316,940천원

8) 시공사의 사업수지

시공사와 도급공사하는 경우 통상 공사비는 공사원가에 시공사 마진 10~15%를 붙이는 선에서 결정되며 사업의 규모, 공사비의 지급조건, 시공사의 정책 등에 따라 마진율은 조정이 가능하고, 공사비는 계약시의 방식에 따라 일괄도급(본공사뿐만 아니라 부수공사 및 분양업무등을 포함)을 하는 경우도 있고 단순 도급으로 진행하는 경우도 있으므로 시행사와 시공사가 협의를 통해 결정하게 된다.

① 직접공사비 : 건축, 전기, 설비, 토목 등의 공사비
② 간접공사비 : 공통비, 산재비, 민원 처리비 등

건설원가는 크게 4가지(재료비, 노무비, 외주비, 경비)로 구분한다. 이를 줄여 "재 · 노 · 외 · 경"이라고 부르기도 한다. 다음은 ㎡당 공사비에 주택규모(국민주택규모 이하, 초과)별의 공사항목별 공사지출 구성비율을 곱하여 산출된 공사항목별 지출표이다.

사례에서 ㈜이앤씨와 도급계약한 시공사 ㈜종합건설의 마진이 없다고 가정하여 공사원가가 공급가액도 130억원이라고 가정하면 ㈜종합건설은 원가구성은 아래처럼 가정할 수 있다.

■ 주택규모에 대한 공사항목별 지출표 ■

(단위 : 천원)

구 분		국민주택규모 이하		국민주택규모 초과 및 상가		계
		공사비	VAT	공사비	VAT	
공사원가	재료비	2,500,000	250,000	900,000	90,000	3,740,000
	노무비	2,500,000	250,000	900,000	N/A	3,650,000
	외주비	2,500,000	N/A	900,000	90,000	3,490,000
	경 비	1,347,540	134,754	152,460	15,246	1,650,000
	계	8,847,540	634,754	2,852,460	195,246	12,530,000
매입세액공제						195,246
직접비 순액		8,847,540	634,754	2,852,460	0	12,334,754

① 재료비 지출시 조세특례제한법상 건설자재비는 부가가치세 면세대상이 아니므로 지출금액의 10%를 부가가치세로 부담한다.

② 노무비는 부가가치세 과세대상이 아니다. 따라서 부가가치세 부담은 발생하지 않는다.

③ 외주공사비의 경우, 국민주택규모 이하 건설용역은 조세특례제한법상 부가가치세가 면제되나 국민주택규모 초과 건설용역은 부가가치세가 과세된다. 따라서 국민주택 초과용역(외주비)에 대하여 사업자는 10%의 부가가치세를 부담하나, 국민주택분(면세아파트)의 용역(외주공사비)에 대해서는 원칙적으로 부가가치세를 부담하지 않는다.

이때 ㈜종합건설의 공급가액 130억인 매입거래와 공급가액이 130억인 매출거래가 생기게 되는데 부가가치세 불공제로 인하여 뜻하지 않은 적자를 보게 된다. 때문에 불공제되는 부가가치세 634,754천원을 고려하여 도급공사계약을 하는 관행이 있는데 이를 건설업의 매입세관행이라고 한다.

건설 Tip 건설업의 매입세 관행

동일한 물량의 자재가 소요되는 건설공사라 하더라도 면세용역(국민주택 건설용역)의 원가와 과세용역(일반주택 및 상가 건설용역)의 원가는 차이가 있다. 바로 부가가치세가 불공제되는 매입세액 때문이다. 이에 따라 원청사 등은 면세도급금액을 산정할 때 외주업체의 불공제 매입세액만큼 계약금액을 올려주는 관행이 있다. 이를 건설업의 매입세관행이라고 한다.

영세한 외주업체가 부가가치세 불공제를 고려하지 않고 도급금액을 제시하는 경우 손실이 발생하기 때문에 발주처 또는 원청사 등이 영세한 외주업체를 배려하여 외주업체가 누락한 공사원가만큼 계약금액을 올려주는 것이다. 이를 협력업체의 '매입세'라고 한다.

9) 용지비

시행자의 토지가격 구성은 토지매입금액과 기타 제세금의 합계액으로 계상한다. 매매금액, 취득세, 기타 제세금, 소유권이전 비용 등의 직접비와 토지매입에 부수적으로 발생되는 간접비성 비용으로써 기부채납토지, 지장물철거비, 소개수수료 등 토지이용에 간접비 지출 일체를 말한다. 토지비는 매입세액불공제를 고려하여 선급금 부동산을 거처 재료용지로 취합되고, 착공 이후에는 진행율에 따라 용지비로 투입된다. 따라서 재료용지가 있으면 단순도급사업이 아니라는 점을 알수 있고, 용지비가 있으면 착공하였다는 점도 알 수 있다.

회계 Tip 선급금_부동산 계정

용지매입을 위한 계약금 중도금 등 단순사전지출은 선급금으로 처리하며, 차입원가를 자본화하지 않는다. 이후 착공시점에 토지원가로 대체하게 되는데 실질적 소유권 획득 시점(잔금청산, 등기, 사용개시 중 빠른 날)에 용지는 재고자산으로 취득원가총액으로 인식하며, 토지매입금액에 대하여 본계정("재료-용지")대체일과 착공일자 중 늦은 날부터 차입원가를 자본화할 수 있다. 토지매입지출에 대한 차입원가자본화하는 경우에는 "미완성공사" 계정에 직접 가산한다. 선급금 부동산 계정은 재고자산(주로 토지)을 매입하는 단계에서만 등장하며 유형자산인 경우 아래 건설중인자산 계정을 사용한다.

10) 설계비

설계비용은 설계사무소와 협의하여 실제비용으로 산출한다. "건축사용역의 범위와 대가 기준"이라는 것이 있으나 실제 이를 통해 책정되는 경우는 별로 없다. 건축물의 수준에 따라 설계비는 다양하나 보통 아파트인 경우 평당 5~10만원 수준으로 결정된다. 설계비는 국민주택건설용역에 해당하므로 외주비 등과 마찬가지로 국민주택이하분에 대해서는 면세가 적용된다.

설계비는 설계사와 협의하여 조정할 수 있으나, 보통 아래와 같이 지급한다. 지급시기는 당사자의 사정에 따라 달리 정할 수 있다.

① 설계 계약시 25%

② 허가 접수시 25%

③ 착공 신고전 25%

④ 공사완료 후 사용검사 신청시 25%

11) 감리비(건축, 소방, 전기, 정보통신)

건축감리는 인허가권자인 지방자치단체에서 입찰로 이뤄지며, 상주감리비의 경우 지역에 따른 비용차가 심하므로 시장조사가 필요하다. 감리비는 국민주택건설용역에 해당하지 않으므로 국민주택규모에 불구하고 면세가 적용되지 않는다.

주택 건설사업계획을 승인 받은 후, 7일 이내에 감리자 지정권자는 감리자 모집공고를 실시하여 감리자를 지정하여야 하고, 감리계약은 착공전에 체결하며 감리비는 통상 분기별로 지급한다. 지급시기는 당사자의 사정에 따라 달리 정할 수 있다.

12) 미술장식품

문화예술진흥법 제9조에 따라 건축 비용의 일정 비율에 해당하는 금액만큼 회화 · 조각 · 공예 등 미술장식을 설치하여야 한다.

• 산식 : 건축연면적(지상층) × 표준건축비(국토교통부 고시) × 적용률(광역시를 제외한 지역은 표준건축비의 95%) × 비율(지자체 조례) 0.2%

13) 금융비용(PF이자, PF수수료, 지급보증료)의 사업성검토

사업자가 Project Financing 이용시 부담하는 수수료 및 이자비용을 말한다. 사업의 상황에 따라 지급보증이 필요한 경우 금융기관의 지급보증 비용을 포함한다.

건설 Tip **PF와 브릿지론**

PF는 특정 프로젝트로부터 발생할 미래의 현금흐름과 프로젝트 자체의 자산가치를 기초로 하여 대출채권을 상환받기로 약정하고 프로젝트 시행에 필요한 자금을 제공하는 금융 기법으로 시공사의 지급보증 및 신용보강(책임준공 등)을 전제로 진행하게 된다.

개발사업은 주로 외부로부터 조달한 타인자본으로 이루어지는데 부동산 PF대출은 크게 '브릿지론(Bridge loan)'과 '본PF'로 나눌 수 있다. PF와 브릿지론 외에도 시공사의 대여금을 이용하기도 한다. 시공사는 시공권 확보를 위해 시행사에게 자금을 대여하기도 하는데, 제3자의 개입이 없고, 금융기관보다 금리가 낮다. 또한 대여금 변제 일정에 차질이 빚어져도 시공사와 협의가 가능하다는 장점이 있다.

1. Equity(자기자본)

시행사가 개발사업추진을 위하여 자기자본을 투입하는 것을 말한다. 보통, 토지비의 최소10%를 시행사가 Equity로 투입하는 경우에, 금융기관 및 시공사가 해당 시행사와 사업을 추진할 수가 있다. 이 Equity는 사업완료(준공 및 입주) 이후에 시행사가 PF대출기관에 대출원리금 상환완료 및 시공사에 공사비를 지급완료한 다음에 시행이익과 함께 회수된다. 왜냐하면 시행사의 Equity(자기자본)가 들어가야 이 시행사가 사업추진에 대한 진정성이 있으며, 사업을 준공까지 안정적으로 끌고 갈 수 있다고 시공사와 PF대출기관이 판단하기 때문이다. 보통 사업시행자가 이 Equity를 자기자본으로 조달하나, 서울 및 수도권의 사업부지는 토지비가 상당하여, 시행사가 보통 토지비의 10%에 상응하는 토지비 계약금을 자기자본만으로 조달하기가 버거운 것이 현실이다.

이런 경우 시행사는 지분투자자를 모집하거나 금융기관으로부터 자기자본투자형식으로 투자를 받는 등 Equity차입금을 융통하여 이들과 사업이익을 공유하는 경우가 많다.

2. 브릿지론(Bridge loan)

토지매매과정에서 중도금 또는 잔금을 지급하기 위하여, 토지확보 및 사업인허가가 종료되지 않은 상태에서 실행되는 대출을 말한다. 즉, 브릿지론이라는 말 그대로, 본 프로젝트금융(본PF) 실행전에 토지주의 요구등으로 추가계약금(상기Equity 투입하여 시행사가 토지매매계약성립을 위해 토지주에게 계약체결시 지급한 약 10%의 계약금외에, 토지주가 추가적으로 요구하는 계약금), 중도금 또는 잔금 및 초기 사업경비(설계비 등 용역비)를 지급하기 위하여, 중간다리 연계(브릿지)역할을 할 대출을 받게되고, 이를 브릿지론이라고 칭한다. 이 브릿지론은 향후개발사업의 현금흐름이 아닌 본 프로젝트금융(본PF)으로 상환된다. 따라서 상환위험이 상대적으로 높은 편이며, 덜 보수적인 상호저축은행이나 여신전문금융회사 등이 취급한다. 보통 브릿지론의 단계에서는 시공사가 선정되지 않는다.

3. 본프로젝트금융(본PF)

실무상 본프로젝트금융(본PF)이라 하는 기한부대출(Term loan)은 토지소유권취득 및 사업인허가완료 이후부터 사업착공시점까지 실행되는 프로젝트금융으로 주로 기존연계대출(bridge loan)의 상환 및 사업비 등의 필요자금조달을 위한 금융이다.

본PF 단계에서는 인허가가 완료되고 시공사가 선정되어, 해당 시공사가 책임준공, 채무인수등의 신용보강을 하게 되므로, 브릿지론보다 저금리로 대출이 가능하다.

본PF의 가장 큰 특징은 개발사업의 착공부터 준공 및 입주기간까지를 대출기간으로 하는 장기대출이라는 점이다(대출만기가 입주기간 이후에 도래한다).

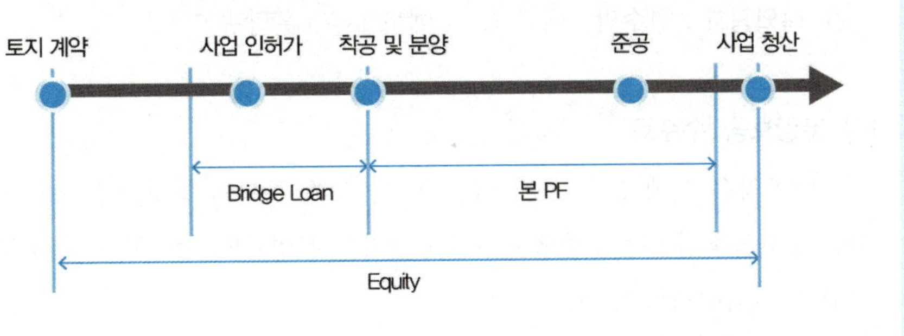

14) M/H(Model House)관련 비용

① M/H 부지 임차료 결정요인

부지임차료는 부지의 면적 및 위치에 따라 크게 좌우되며 임대기간(분양률에 따라 유동적임)을 고려하여야 한다.

② M/H 건립비

단위 공급면적의 종류에 따라 건립면적을 결정한다. 분양계약 전의 모델하우스 건립관련비용(특정 분양계약과 직접 관련된 경우에 한하며 회사홍보목적 등으로 상설로 운영되는 경우는 제외됨)은 공사계약 전 지출로서, 개별적으로 식별이 가능하며 신뢰성 있게 측정될 수 있고 계약의 체결가능성이 매우 높은 경우 선급공사원가로 계상하며, 당해 공사를 착수한 후 공사원가로 대체하도록 규정하고 있다(일반기준 16장 문단 16.38 및 부록 실16.26).

③ M/H 운영비

내방객을 위한 기업업무추진비 및 판촉물 경비를 말한다. 예상분양률에 따라 운영계획을 작성하여야 한다.

15) 광고선전비

일반 분양자에게 공급하기 위한 주택공급 광고비(신문, 방송, 기타 인쇄물 등)를 말한다. 광고, 선전비는 특정 프로젝트의 분양성과 사업외형에 따라 결정되며 통상 분양수입액의 1~2% 선에서 결정이 된다.

① **인쇄광고** : 카탈로그, 전단(신문간지 등), D.M, 각종 양식

② **매체광고** : 예비광고(신문, TV, 라디오), 본광고(신문, TV, 라디오), 기업홍보(신문, TV, 라디오)

③ **옥외광고** : 현수막, 배너광고, 에드벌룬, 옥탑광고

16) 분양보증 수수료

분양계약을 이행할 수 없게 되는 경우, 당해 주택의 분양이행 또는 납부한 입주금의 환급이행을 책임지는 보증으로 보증채권자를 분양계약자로 하고 주 채무자를 당해 주택사업의 사업주체로 한다.

① **보증금액** : 입주금 전액(상가 제외)

② **보증기간** : 입주자 모집 공고일 ~ 사용검사일

③ **보증수수료** : 대한주택보증주식회사에서 피평가자의 재무상태 및 경영능력에 따라 신용등급을 달리 규정하고 있다.

④ 총 분양대금 × 보증요율 × 공기 / 12

17) 인허가승인 조건부 부담금

주택건설사업을 진행하기 위해서는 지방자치단체장, 공공단체장, 행정기관 등에서 여러 가지 부담금의 납부 또는 설치 등을 요구하게 되는데, 이러한 요구에 의하여 부담금을 납부 또는 설치하는 조건에 의하여 사업승인을 얻는 경우가 대부분이다.

따라서 건설사업시 부담하는 각종 부담금은 공사원가계정에 처리하여야 하며 그 내역은 다음과 같다. 다만, 여기서 유의할 점은 사업자가 부담할 부담금 중 학교용지부담금은 착공이 되어도 분양 및 미분양에 따라 부과되므로 유의하기 바라며, 각종 부담금 중에 환수되는 부담금 등이 있는데, 이 경우 실무자는 공사원가에서 차감시켜야 하며 취득세 과세표준에서도 제외하여야 한다.

① **상, 하수도 부담금**(하수도법 §61)

상수도법 및 하수도법에 따라 원인자부담금의 형태로 부과하는 금액이며 부담금에 대한 세부적인 기준은 각 지자체에 따라 조례에 의해 결정한다.

② **광역 교통시설 부담금**(대도시권광역교통관리에관한특별법 §11)

대도시권의 교통 문제를 효율적으로 대처하기 위하여 부과되는 것으로 주거용 건물에 부과되며 대도시권으로 정해진 곳에만 부과된다.

③ **과밀 부담금**

수도권에 과도하게 집중된 인구 및 산업의 적정 배치를 유도하여 수도권의 질서 있는 정비와 균형있는 발전을 도모하기 위한 부담금이다. 신축면적에서 일정면적(주차장면적 및 기초공제면적)을 차감한 면적에 해당하는 표준건축비의 5~10%를 부담한다.

④ **학교용지부담금**(학교용지확보등에관한특례법 §5)

개발사업(100가구 규모 이상의 주택건설용 토지를 조성하거나 공동주택을 건설하는 사업)에 대하여 시도지사 등이 학교용지를 확보하거나 학교용지를 확보할 수 없는 경우 가까운 곳에 있는 학교를 증축하기 위하여 시행자에게 징수하는 경비로 분양가격의 0.8~1.4%를 부과한다.

부담금 내역	관계법률
학교용지부담금	학교용지확보등에관한특례법 §5
지방자치단체의 공공시설분담금	지방자치법 §138
하수도원인자부담금	하수도법 §32
광역교통시설부담금	대도시권광역교통관리에관한특별법 §11
도시개발구역 밖의 도시개발시설부담금	도시개발법 §58
원인자부담금	도시공원및녹지등에관한법률 §39
교통유발부담금	도시교통정비촉진법 §36
수도권과밀부담금	수도권정비계획법 §12

법률 Tip **부담금의 성격**

부담금이란 중앙행정기관의 장, 지방자치단체의 장, 행정권한을 위탁받은 공공단체 또는 법인의 장 등 법률에 따라 금전적 부담의 부과권한을 부여받은 자가 분담금, 부과금, 기여금, 그 밖의 명칭에도 불구하고 재화 또는 용역의 제공과 관계없이 특정 공익사업과 관련하여 법률에서 정하는 바에 따라 부과하는 조세 외의 금전지급의무(특정한 의무이행을 담보하기 위한 예치금 또는 보증금의 성격을 가진 것은 제외한다)를 말한다(부담금관리 기본법 제2조). 「부담금관리 기본법」은 종전에 각 개별법률에 근거하여 설치 · 운영되어 온 각종 부담금의 신설을 억제하고, 그 관리 · 운용의 공정성과 투명성을 제고하기 위하여 부담금의 설치 · 관리 및 운용에 관한 기본적인 사항을 규정한 법률로서 2002년 1월부터 시행 중이다.

부담금의 종류는 「수도권정비계획법」에 의한 과밀부담금, 「농지법」에 의한 농지보전부담금, 「개발이익환수에 관한 법률」에 의한 개발부담금, 「자연환경보전법」에 의한 생태계보전협력금, 「도시교통정비촉진법」에 의한 교통유발부담금, 「산지관리법」에 의한 대체산림자원조성비, 「수도법」에 의한 원인자부담금, 「하수도법」에 의한 원인자부담금 등이 있다.

이러한 부담금은 그 종류 및 부과시기에 따라 취득세 과세표준에 포함되는 것으로 해석되는 것과 포함되지 않는 것이 있다. 대표적으로 하수처리시설부담금, 상하수도원인자 부담금, 광역교통시설부담금, 기반시설부담금 등은 취득세 과세표준에 포함되며, 토지취득 후 부과되는 개발부담금은 포함되지 않는다.

부담금은 그 종류에 따라 각각 성격이 다른 만큼 납세자 입장에서는 유사한 성격의 강제적 징수금인 부담금들을 어떤 기준으로 분류하여야 할지 판단하기 어려운 경우들이 많고, 과세관청이나 대법원의 해석이 달라지는 사례들도 있어 특히 취득세 과세표준 신고 시 납세자에게 어려움을 주는 항목 중에 하나이다.

18) 미술장식품비

문화예술 진흥법 및 동법 시행령에 따라 지자체별로 조례로 미술장식품비의 규정을 두고 있다. 연면적이 10,000㎡ 이상인 공동주택, 제1종 및 제2종 근린생활시설, 문화 및 집회시설 중 공연장, 집회장 및 관람장, 판매 및 영업 시설, 의료 시설중 병원, 업무시설, 숙박 시설, 위락시설인 경우 건축비용의 0.1 ~ 0.7%(공동주택인 경우) 이하의 범위에서 지차체의 조례로 범위를 정하고 있다.

19) 보존등기비

소유자의 신청에 의하여 최초로 행하여지는 소유권에 관한 등기에 들어가는 비용으로 보존등기 취득세 3.16%(국민주택의 경우에는 2.96%, 농특세 및 지방교육세 포함) 및 수입인지 및 수수료등을 합하여 산정한다.

20) 매입부가세

사업자가 과세사업과 면세사업 등을 겸업하는 경우에 과세사업과 면세사업 등에 관련된 매입세액의 계산은 실지귀속에 따라 하되, 실지귀속을 구분할 수 없는 매입세액(이하 "공통매입세액"이라 한다)은 공급가액비율 등에 따라 안분계산한다. 일반적으로 건축관련비용은 예정면적비율로, 기타비용은 공급가액비율로 안분계산한다. 뿐만 아니라 토지관련 매입세액은 전체 불공제되며, 공사비 및 설계비는 국민주택규모의 면적비율에 따라 세금계산서와 계산서를 수취하며, 국민주택초과분은 세금계산서를 수취하므로 전체공제가 된다.

따라서 안분비율은 최소한 4개(전체공제, 전체불공제, 면적비율, 분양가액비율)이 등장하게 된다.

구분	금액(천원)	매입VAT(원)	불공제VAT(원)	불공제 비고
용지비	20,000,000	100,000,000	100,000,000	토지매입
본공사비	13,000,000	316,870,273		전체공제
설계비	1,000,000	24,374,636		전체공제
감리비	1,000,000	100,000,000	75,625,364	면적비율
옵션공사	1,800,000	180,000,000		전체공제
철거비	500,000	50,000,000	50,000,000	토지매입
인입공사비	900,000	90,000,000	68,062,827	면적비율
각종부담금	10,000			
중개사비	100,000	10,000,000	10,000,000	토지매입
법무사비	100,000	10,000,000	10,000,000	토지매입
취득세_승계	920,000			
취득세_원시	638,636			
보유세	200,000			

구분	금액(천원)	매입VAT(원)	불공제VAT(원)	불공제 비고
사업성 검토	100,000	10,000,000	10,000,000	토지매입
회계사비_자금조달	200,000	20,000,000	12,000,000	조달비율
M/H건립비	200,000	20,000,000	15,125,073	면적비율
M/H설치비	100,000	10,000,000	8,000,103	가액비율
M/H철거비	20,000	2,000,000	1,600,021	가액비율
M/H임차료	20,000	2,000,000	1,600,021	가액비율
분양대행용역	1,500,000	150,000,000	120,001,544	가액비율
취급수수료	1,200,000			
이자비용	1,800,000			
불공제부가세	482,015			
기타판관비	109,349			
소계	45,900,000	1,095,244,910	482,014,952	

① 사례에서는 취득한 대지에 10억원에 해당하는 과세건물이 있었고, 건물분 부가세 1억원을 불공제하는 것으로 가정하였다. 이후 부가가치세에서 상세히 다루기로 한다.

② 국민주택초과주택(일반주택)에 대한 세금계산서는 공제대상이고, 국민주택에 대한 계산서는 부가세를 거래징수당하지 않았으므로 공제나 불공제의 대상이 아닌 것이다.

③ M/H의 경우 건설원가의 성격과 판매비의 성격을 모두 가지고 있다. 따라서 안분비율을 정할 때 이견이 많이 있다. 유권해석은 모델하우스 설치와 모델하우스를 설치하기 위한 토지의 임차료에 대하여, 면적비율을 적용하는 것으로 해석하고 있다(서면3팀-3334, 2007.12.14.). M/H 관련 비용 중 앞 두 가지를 제외하면 더 예정가액비율을 적용하는 것이 타당하다고 여겨진다.

④ 면세면적비율 : 사례의 면적 면세비율은 24평형과 30평형의 비율인 75.63%가 된다.

구분	세대/호	전용면적(㎡)	공급면적(㎡)	계약면적(㎡)	총면적(㎡)	면적비율
24평형	30	60	70	110	3,300	38.39%
30평형	20	80	100	160	3,200	37.23%
36평형	10	100	119	200	2,000	23.27%
근생시설	1	50		95	95	1.11%
발코니	60					
소계		4,400	5,290	8,595	8,595	100.00%

⑤ 면세가액비율 : 사례의 가액 면세비율은 토지가 전체와 24평형과 30평형의 건물가의 비율인 80.00%가 된다.

구분	세대/호	전용면적(㎡)	공급면적(㎡)	분양가	토지가	건물가	면세가액비율
24평형	30	60	70	19,050,750,000	5,715,225,000	13,335,525,000	100.00%
30평형	20	80	100	18,150,000,000	5,445,000,000	12,705,000,000	100.00%
36평형	10	100	119	10,799,250,000	3,239,775,000	7,559,475,000	30.00%
근생시설	1	50		1,200,000,000	360,000,000	840,000,000	30.00%
발코니	60			1,800,000,000	-	1,800,000,000	0.00%
소계		4,400	5,290	51,000,000,000	14,760,000,000	36,240,000,000	80.00%

건설 Tip 이 책에서 사용하는 사례

본서에서는 건설회사(㈜이앤씨)의 아래 3개의 PJ를 사례로 사용한다. 대지면적은 모두 10,000㎡이다. ㎡당 대지가격은 3,000천원이고 취득세등 부대비용은 토지비의 10%로 가정하여 모든 PJ의 용지비는 33,000,000천원이 된다. 용적률에 따라 지상층연면적(대지면적×용적률)이 결정되고, 지하층연면적은 지상층연면적의 30%로 가정하였다. 지상층연면적과 지하층연면적의 합을 건축연면적이라고 하고 이는 분양계약의 계약면적 및 도급계약의 연면적과 일치한다.

구분	사례1 : 단순시행사업	사례2 : 자체개발사업	사례3 : 단순도급사업
PJ명	공동주택 개발사업	주상복합 개발사업	오피스텔 개발사업
대지위치	맥문동 123-1 외	천문동 123-2 외	원추리 123-3 외
용도지구	제3종 일반주거지역	준주거지역	일반상업지역
대지면적	10,000	10,000	10,000
용적률	200%	500%	700%
연면적_지상	20,000	50,000	70,000
연면적_지하	6,000	15,000	21,000
연면적_총	26,000	65,000	91,000

다만, 주택의 분양매출은 공급면적을 기준으로 산정되는 바, 공급면적을 확정할 필요가 있다. 분양하는 물건의 전용면적 등은 아래 4가지 상품만 있는 것으로 가정한다.

구분	전용면적	공급면적	계약면적	평형
국민주택	72.00	100.00	150.00	30.25
일반주택	96.00	130.00	200.00	39.33
오피스텔	50.00	70.00	100.00	30.25
근린생활시설		500.00	500.00	

각 PJ의 분양하는 세대수 또는 호수는 아래와 같다.

구분	사례1 : 단순시행사업	사례2 : 자체개발사업	사례3 : 단순도급사업
국민	170	200	
초과		100	
오피			900
근생	1	30	2

공급가액은 주택공급에 관한 규칙에 불구하고 공급면적(㎡)당 10,000천원(VAT 제외)으로 하고 분양가격에서 토지의 비율을 70%로 가정하여 분양하는 국민주택의 ㎡당 토지가격은 7,000천원이고 ㎡당 건물가격은 3,000천원이 된다. 국민주택이 아닌 경우(즉, 일반주택 및 오피스텔, 상가) 매출부가세는 ㎡당 300천원이 된다.

이 경우 매출각 PJ의 순 매출액(VAT 제외)는 아래와 같이 결정된다. 단 사례3은 ㈜이앤씨의 단순도급사업으로 시행매출 및 시행이익은 ㈜이앤씨의 발주처 및 시행사인 ㈜피에프브이에 귀속하게 되므로 사례3의 분양가순액은 ㈜이앤씨의 매출이 아니다. ㈜이앤씨의 매출액은 아래 공사비에 해당하는 금액이 되어야 하므로 밑에서 다루기로 한다.

구분	사례1 : 단순시행사업	사례2 : 자체개발사업	사례3 : 단순도급사업
분양가_국민	170,000,000	200,000,000	㈜이앤씨 무관
분양가_일반	–	130,000,000	
분양가_오피	–	–	
분양가_상가	5,150,000	150,000,000	
분양가_VAT	150,000	8,400,000	
분양가_순액	175,000,000	480,000,000	

건축연면적당 직접공사비는 ㎡당 2,000천원으로 가정한다. 직접공사비(연면적 X 2000천원)는 아래와 같다. 사례2의 자체사업의 경우 시공사마진(10%)을 차감한 원가 117,000,000천원으로 가정한다. 또한 사례3의 단순도급사업의 경우 직접공사비는 ㈜피에프브이의 직접공사비이므로 ㈜이앤씨 입장에서는 도급액이 될 것이다.

구분	사례1 : 단순시행사업	사례2 : 자체개발사업	사례3 : 단순도급사업
계약면적_총	26,000	65,000	91,000
직접공사비	52,000,000	117,000,000	182,000,000

사례2의 직접공사비 = 건축연면적 65,000㎡ X 도급공사단가 2,000천원 X 원가율 90%

이하 본서의 설명에 참조하기 바란다.

건설업 세무와 회계

건설업

세무와 회계

제 2 장

개발사업의 주체

들어가며

시행사는 개발사업의 주인이 되는 자이다. 주인이라 함은 제일 마지막에 이익을 가져간다는 뜻과 같다. 즉, 은행 등 대주단이 먼저 돈을 가져가고, 다음으로 건설회사 및 용역회사 등이 돈을 가져간다. 이후 남는 돈이 있으면 시행사의 몫이 생긴다. 적어도 개념상으로는 시행사가 사업의 모든 리스크를 진다. 그러나 현실에서는 시공사 등이 신용공여등으로 사업리스크의 많은 부분을 부담한다. 개발사업의 주체는 아래처럼 다양하다.

1. **주택법상 주택사업의 시행자** : 주택조합, 주택건설사업자
2. **도정법상 도시정비사업의 시행자** : 재개발조합, 재건축조합
3. **건축법상 건축주** : 건축주, 종합건설업자
4. **부동산개발업법상 시행자** : 부동산개발사업자

건축주란 건축물의 건축 · 대수선 · 용도변경, 건축설비의 설치 또는 공작물의 축조(이하 "건축물의 건축등"이라 한다)에 관한 공사를 발주하거나 현장 관리인을 두어 스스로 그 공사를 하는 자를 말한다(건축법 §2 ① 12호).

구분	종합건설회사	주택건설사업자	부동산개발사업자
법률	건설산업기본법 (국토교통부장관)	주택법 (국토교통부장관)	부동산개발업법 (국토교통부장관)
대상	공사예정금액 5천만원 이상	주택 20세대 이상, 대지 1만㎡ 이상	건물 연면적 3,000㎡ (자가사용은 제외)
요건	자본금 5억(개인 10억), 면적기준 없음, 기술자 6명	자본금 3억(개인 6억), 사무실 33㎡, 기술자 1명	자본금 5억(개인 10억), 사무실 33㎡ 부동산개발 전문 인력 2명
제제	5년 이하 징역, 5천만원 이하 벌금	등록취소, 영업정지	3년 이하 징역, 5천만원 이하 벌금
비고	종합건설사는 보통 주택건설사업자면허도 있다.	조합 또는 고용주는 등록사업자와 공동으로 사업을 수행할 수 있다.	자기소유 토지를 개발하여 타인에게 판매 · 임대하고자 하는 경우 등록사업자와 공동으로 개발할 수 있다.

종합건설회사는 종합적인 계획, 관리 및 조정을 하면서 시설물의 시공하는 건설공사를 수행한다. 일반적으로 원청사가 종합건설회사이다. 비교하여 전문건설(예전에 단종건설)은 시설물의 일부 또는 전부 공사에 관한 건설공사를 수행한다. 일반적으로 하청사가 전문건설회사이다. 종합건설은 토목, 건축, 토목건축 등 다양하다. 상기표의 기준자본금 5억(10억)은 토목공사업의 기준자본금이다.

일반적으로 종합건설회사는 주택건설사업자 등록증이 있다. 따라서 직접 시행과 시공을 할 수 있다. 주택건설사업자도 요건과 실적을 구비하면 직접 시공할 수 있다(주택법 §7). 요건과 실적이 까다롭고 층수(5층)제한 등이 있어 건설회사는 주택건설사업자가 되지만. 주택건설사업자가 당연히 건설면허가 있는 경우는 드물고, 건설사에 도급을 주어 건설공사를 진행하게 된다.

주택법에 따른 등록사업자는 주택사업을 영위하는 경우에 한하여 부동산개발업자 등록대상에서 면제한다. 따라서 주택건설등록사업자(시공사 등)와 공동으로 사업을 수행할 수 있다.

제 1 절

건설회사

❶ 건설업의 의의

1) 한국표준산업분류표

한국표준산업분류표상 건설업이란 계약 또는 자기계정에 의하여 지반조성을 위한 발파 · 시굴 · 굴착 · 정지 등의 지반공사, 건설용지에 각종 건물 및 구축물을 신축 및 설치, 증축 · 재축 · 개축 · 수리 및 보수 · 해체 등을 수행하는 산업활동으로서 임시건물, 조립식 건물 및 구축물을 설치하는 활동도 포함하며, 직접 건설활동을 수행하지 않더라도 건설공사에 대한 총괄적인 책임을 지면서 건설공사 분야별로 도급 또는 하도급을 주어 전체적으로 건설공사를 관리하는 경우에도 건설활동으로 본다.

비교하여 직접 건설활동을 수행하지 않고 전체 공사를 건설업자에게 일괄 도급하여 건축물 또는 부동산(농지, 공장용지 등)을 개발하고 매매, 임대, 분양하는 경우에는 부동산 개발 및 공급업으로 본다. 아울러, 구입한 부동산을 임대하거나 또는 운영하지 않고 재판매하는 경우에도 부동산 개발 및 공급업으로 본다.

2) 건설산업기본법

건설산업기본법에서 규정하는 건설업이란 토목공사, 건축공사, 산업설비공사, 조경공사, 환경시설공사, 그 밖에 시설물을 설치 · 유지 · 보수하는 공사 및 기계설비나 그 밖의 구조물의 설치 및 해체공사 등 건설공사를 하는 사업으로 규정하면서, 전기공사, 정보통신공사, 소방시설공사, 문화재수리공사를 하는 사업을 제외한다(건산법 §2).

건설업은 종합적인 계획, 관리 및 조정을 하면서 시설물을 시공하는 종합건설업과 시설물의 일부 또는 전문 분야에 관한 건설공사를 하는 전문건설업(예전 단종)으로 크게 두 가지로 구분한다. 종합건설회사는 건축공사업, 토목공사업, 토목건축공사업, 산업화경설비공사업, 조공경사업이 포함되고 대한건설협회에 등록관리한다. 전문건설업에는 실내건축공사업, 토공사업, 미장방수공사업, 도장공사업, 조경식재공사업, 조경시설공사업, 지붕판금 · 건축물조립공사업 등이 포함되고 대한전문건설협회에서 등록한다. 경미한 공사 종합공사의 경우 공사예정금액 5천만원 미만, 전문공사업은 공사예정금액 1천만원 미만은 건설면허 없이 시공이 가능하다.

3) 회계 · 세무상 건설업 구분

건설업의 구분에 관하여 법인세법이나 조세특례제한법, 그리고 부가가치세법은 별도의 정의를 하지 않고, 통계청장이 고시하는 한국표준산업분류에 따르도록 하고 있다(법인령 §11 1호, 조특법 §2 ③, 부가령 §4). 또한 일반기업회계기준은 건설업에 관한 별도 정의 규정을 두고 있지 않고 있다. 따라서 건설산업기본법에서 제외하고 있는 전기공사, 정보통신공사, 소방시설공사, 문화재수리공사를 하는 사업을 포함한다.

그러나 표준산업분류표상 부동산 개발 및 공급업에 해당하는 ① 전체 공사를 건설업자에게 일괄 도급하여 건축물 또는 부동산(농지, 공장용지 등)을 개발하고 매매, 임대, 분양하는 경우 및 ② 구입한 부동산을 임대하거나 또는 운영하지 않고 재판매하는 경우에는 건설업에 해당하지 아니한다(서면2팀-836 2007.5.3.). 따라서, 일반적인 시행사의 경우 직접공사를 하기보다는 시공사를 선정하여 건축물등에 대하여 도급을 주고 분양하는 형태가 대부분이므로, '부동산 개발 및 공급업'으로 분류한다.

❷ 건설회사의 등록의무

건설업을 하려는 자는 대통령령으로 정하는 업종별로 국토교통부장관에게 등록을 하여야 한다. 다만, 대통령령으로 정하는 경미한 건설공사를 업으로 하려는 경우에는 등록을 하지 아니하고 건설업을 할 수 있다(건설산업기본법 §9 ①1). 이를 위반한 자는 5년 이하의 징역 또는 5천만원 이하의 벌금에 처한다(건설산업기본법 §95의 2).

건설 Tip　영업정지와 경미한 공사

건설산업기본법 제9조 제1항의 단서에서 "다만 대통령령이 정하는 경미한 건설공사를 업으로 하는 경우에는 등록을 하지 아니하여도 된다"라고 규정하고 있다. 이에 따라 영업정지 기간 중 경미한 공사(종합건설의 경우 1건 공사의 공사예정금액이 5,000만원 미만인 공사, 전문건설의 경우 1,500만원 미만인 공사)를 할 수 있는지 여부가의문시 된다.

건설산업기본법이 일정한 기술능력 · 자본금 · 시설 및 장비를 갖춘 업체에 한하여 건설업 등록을 허용하고 있는 취지는, 자격 요건을 갖추지 못한 자에게는 건설공사와 관련된 영업을 금지하여 건설공사의 적정한 시공을 담보함으로써 부실공사를 방지하고 국민의 건강과 생명, 재산을 보호하려는 데에 목적이 있는 것이고, 나아가 동법이 건설업 등록요건에 미달하여 영업정지처분을 받은 건설업자에게 영업정지기간 중에 영업을 금지하는 조항을 둔 것 역시 건설업 등록제도의 실효성을 확보하기 위한 것이다.

이와 같은 건설업 등록제도와 영업정지처분을 받은 건설업자의 업무범위 등에 관한 법령의 규정 형식, 내용 및 그 취지와 함께, 건설산업기본법 제9조 제1항 단서가 경미한 건설공사를 업으로 하려는 경우 등록의무를 면제하는 이유는 국민의 건강과 생명, 재산에 미치는 영향이 상대적으로 작은 경미한 건설공사만을 업으로 하는 경우에 관해서까지 법으로 엄격한 자격요건을 규정하여 관리할 필요가 없기 때문일 뿐이고, 경미한 건설공사도 여전히 건설업자의 영업 범위나 대상에 속한다고 볼 수 있는 점 등을 종합하여 보면, 건설업의 영업정지처분을 받은 건설업자는 영업정지기간 동안 구 건설산업기본법 제14조 제1항이 정한 예외적인 사유에 해당하지 아니하는 이상 건설업을 영위할 수 없다고 보아야 하고, 영업정지처분에 의하여 금지되는 건설업 영업에는 경미한 건설공사도 포함된다고 해석함이 타당하다(대법원 2015.4.23. 선고 2013두12386 판결).

❸ 건설관련 법령과 용어

건설회사는 사업활동을 수행하는 과정에서 건설산업기본법뿐만 아니라 다양한 법률의 적용을 받고 있다. 각 법률상 용어는 대략 아래와 같다. 모든 발주자가 시행사라고 할 수는 없다. 예를 들어 직접 사용하기 위하여 자기건물을 신축하는 경우 발주자라고 할 수는 있어도 시행사라고 할 수는 없을 것이다. 대략적인 구분이 아래와 같다는 것이다.

관련 법률	시행사	종합건설회사	전문건설회사
건산법	발주자	수급인(원도급자)	하수급인(하도급자)
하도급법	발주자	원사업자	수급사업자
건축법	건축주	공사시공자	(좌동)
주택법	사업주체	(상동)	(좌동)
도시정비법	사업시행자	(상동)	(좌동)
부동산개발업법	부동산개발업자	건설사업자	(좌동)
보험료징수법	발주자	원수급인	하수급인

건산법(약칭) : 건설산업기본법
하도급법(약칭) : 하도급거래의 공정화에 관한 법률
도시정비법(약칭) : 도시 및 주거환경정비법
부동산개발업법(약칭) : 부동산개발업의 관리 및 육성에 관한 법률
보험료징수법(약칭) : 고용보험 및 산업재해보상보험의 보험료징수 등에 관한 법률

① 건설업은 종합공사를 시공하는 업종과 전문공사를 시공하는 업종으로 구분되며, 각 업종의 구체적인 종류와 업무범위에는 차이가 있다(건산법 §8).

② 종합공사란 종합적인 계획, 관리 및 조정을 하면서 시설물을 시공하는 건설공사를 말한다(건산법 §2 6호).

③ 전문공사란 시설물의 일부 또는 전문분야에 관한 건설공사를 말한다(건산법 §2 6호).

④ 도급계약이란 원도급계약, 하도급계약, 위탁계약 등 기타 명칭에 관계없이 건설공사를 완성할 것을 약정하고, 상대방이 그 공사의 결과에 대하여 대가를 지급할 것을 약정하는 계약을 말한다(건산법 §2 11호).

⑤ 하도급계약이란 도급받는 건설공사의 전부 또는 일부를 다시 도급하기 위하여 수급인(발주자로부터 도급을 받은 자)이 제3자와 체결하는 계약을 말한다.

⑥ 발주자란 건설공사를 건설업자에게 도급하는 자를 말한다. 다만, 수급인으로서 도급받은 건설공사를 하도급 하는 자를 제외한다(건산법 §2 10호).

⑦ 수급인이란 발주자로부터 건설공사를 도급 받은 건설업자를 말하고, 하도급의 경우 하도급하는 건설업자를 포함한다(건산법 §2조 13호).

⑧ 원사업자란 중소기업자가 아닌 사업자 또는 연간매출액이 큰 중소기업자가 다른 중소기업자에게 제조등의 위탁을 한 자를 말한다(하도급법 §2 ②).

⑨ 수급사업자란 원사업자로부터 건설공사의 위탁을 받은 중소기업자를 말한다(하도급법 §2 ③).

⑩ 하도급거래란 원사업자가 수급사업자에게 건설위탁을 하거나 원사업자가 다른 사업자로부터 건설위탁을 받은 것을 수급사업자에게 다시 위탁한 경우, 그 위탁을 받은 수급사업자가 위탁받은 것을 시공하여 원사업자에게 인도하고 그 대가를 받는 행위를 말한다(하도급법 §2 ①).

❹ 도급공사와 자영공사

건설회사의 사업활동은 크게 ① 도급공사 건설업과 ② 자영공사 건설업(건설회사의 자체 공사라고 부르기도 한다)으로 구성되어 있다.

1) 도급공사

도급공사란 건설회사가 발주자와 계약하여 건설공사를 수행하고 공사대금을 지급받는 방식의 사업을 말한다.

2) 자영공사(또는 자체공사)

자영공사란 건설화가 토지를 취득하여 직접 공사를 하여 판매하는 방식의 사업을 말한다.

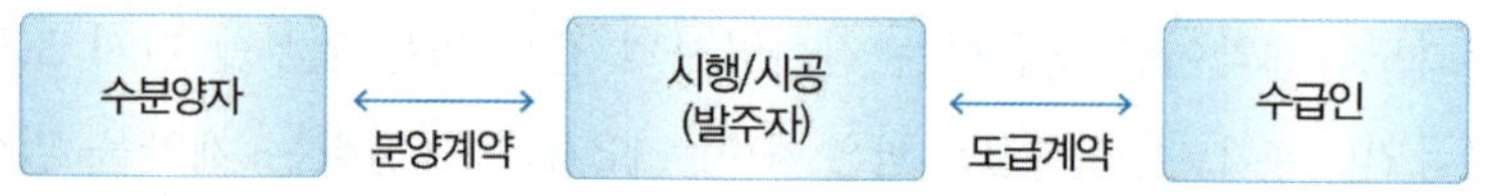

❺ 결산재무제표의 중요성

건설회사의 결산 재무제표는 단순한 과거거래의 기록을 넘어 미래영업(수주)에 매우 중요한 의미를 갖는다. 특히 유동성 분류 및 계정과목별 분류는 건설회사의 시공능력 평가 및 적격심사, 실질자본금 평가 등에 직접적인 영향을 미친다.

1) 시공능력 평가

시공능력평가제도란 건설업체의 시공능력을 공사실적, 경영상태, 기술능력, 신인도 등을 종합적으로 평가하여 금액으로 환산한 뒤, 이를 공시하는 제도로 매년 7월 말께 발표된다. 발주자가 적정한 건설업체를 선정할 수 있게 하려는 취지이다. 발주자는 이를 기준으로 입찰 참가를 제한할 수 있고 조달청에서는 등급별 유자격자명부, 도급하한제 근거로 활용한다. 시공능력평가액을 기준으로 건설사의 순위를 정한 것을 '시공능력평가

순위', '시공순위(옛 도급순위)'라 한다(건설산업기본법 제23조 및 규칙 제22조~제25조).

건설 Tip **시공능력평가와 건설기술관리비**

건설업에서 건설기술개발비라 하면 재료, 제품, 기계장치 또는 공정을 개선하거나 새로운 생산방법을 탐구하기 위한 기술개발비, 기술정보비 등의 비용으로서 건설산업기본법 시행규칙 제22조에 따라 건설기술개발 투자비로 인정하는 제비용을 말한다.

건설산업기본법에서 건설기술개발비를 규정하는 이유는 건설업의 기술개발과 고급인력을 확충하고 나아가서는 건전한 건설기술을 습득하여 보다 나은 건설시공을 하도록 하기 위한 목적이라 할 수 있다. 그리하여 이러한 건설기술개발비를 많은 건설회사에게 시공능력평가시 더 많은 점수를 부여하고 있다.

2016년부터 건설기술개발투자액을 과대계상하는 것을 방지하기 위해 조세특례제한법 제10조에 따라 세액공제를 받기 위해 제출한 같은 법 시행규칙 별지 제3호 서식에 따른 해당 연도의 연구 · 인력개발비 발생명세상의 금액 중 건설업에 실제 사용된 금액을 건설기술개발비로 보도록 개정하였다.

2) PQ자격심사

PQ(Pre-Qualification)입찰참가자격 사전심사제도란 정부에서 업체의 부실공사를 사전에 방지하기 위해 입찰 전 업체가 공사에 참여할 만한 자격이 있는지를 사전에 심사하는 제도이다. PQ심사를 통과하지 못했거나 평점점수가 낮을 경우에는 입찰에서 탈락하게 된다.

3) 실질자본심사

건설업체의 재무제표를 이용하는 기관 중에 국토교통부장관(시도지사, 시군구청장 또는 대한건설협회장 등 심사자)이 있다. 이들은 건설업체가 건설산업기본법상 '건설회사로서의 기본요건인 등록기준 중 자본금'을 면허 등록, 갱신, 추가 또는 상시 충족하고 있는지에 대한 검증절차로 건설업체의 재무제표를 이용하고 있다. 다만, 기업회계기준에 따라 작성된 재무제표를 별도의 '필터장치'를 통해 건설업종에 고유한 순자산 즉 건설업 실질자본을 산출하여 그 건설업 실질자본으로 '건설업 등록기준'의 준수 여부를 확인하게 되며, 그 필터장치가 건설업관리규정이고 나아가 건설업체 기업진단지침이다. 건설회사 기업진단팀에 의한 기업진단 업무의 경우, 건설산업기본법에 의한 건설회사를 대상으로 한다. 따라서 전기공사 및 정보통신공사 등은 대상이 아니다.

⑥ 건축허가

건축허가란 건축물을 신축하거나 증축할 때 및 용도를 변경할 때 관할 시 군청의 심의를 거쳐서 허가를 받는다(건축법 제11조). 건축법에서는 업무 절차행위허가를 건축허가로 칭한다. 건축허가를 받은 경우 허가서 발부일로부터 1년 이내 공사에 착공하여야 한다. 만일 정당한 사유로 인하여 못했을 경우 1년 착공기간 연장이 가능하다.

비교하여 건축신고는 건축허가의 대상이라 하더라도 그 용도 및 규모가 주위환경이나 미관에 지장이 없다고 인정되는 경우 건축조례로 정한바에 따라 신고하면 허가를 받은 것으로 본다(건축법 제14조). 예를 들어 바닥면적 합계 85제곱미터 이내의 개축이나 국토의 계획및이용에 관한법률에 따른 관리지역, 농림지역, 자연보조지역에서 연면적 200제곱미터 미만이고 3층 미만의 건축믈의 신축, 연면적 100제곱미터 이하인 건축물, 건축법 제23조 제4항에 따른 표준설계도서에 따라 건축하는 건축물이 그 대상이다.

건축허가는 시장 · 군수 등의 행정관청이 건축행정상 목적을 수행하기 위하여 행정관청의 허가 없이는 건축행위를 하여서는 안 된다는 상대적 금지를 관계 법규에 적합한 일정한 경우에 해제함으로써 일정한 건축행위를 하도록 회복시켜 주는 행정처분일 뿐, 허가받은 자에게 새로운 권리나 능력을 부여하는 것이 아니다(대법원 2009. 3. 12. 선고 2006다28454 판결).

건축허가서는 허가된 건물에 관한 실체적 권리의 득실변경의 공시방법이 아니며 그 추정력도 없으므로 건축허가서에 건축주로 기재된 자가 그 소유권을 취득하는 것은 아니고, 건축중인 건물의 소유자와 건축허가의 건축주가 반드시 일치하여야 하는 것도 아니다.

건축중인 건물의 양수인은 건축공사 진행에 필요한 행정관청에의 신고 등을 하고 공사를 계속하기 위해 건축주 명의를 변경할 필요가 있고, 준공검사 후 건축물관리대장에 소유자로 등록하여 양수인 명의로 소유권보존등기를 신청하기 위해서도 건축주 명의를 변경할 필요가 있다. 따라서, 건축중인 건물을 양도한 자가 건축주명의변경에 동의하지 아니한 경우 건축중인 건물의 양수인이 양도인을 상대로 건축주명의변경절차의 이행을 구할 판결을 받을 필요가 있다.

건설 Tip 건축허가 받은 경우 착공신고 해야 하는지

건축허가를 받거나 신고를 한 건축물의 공사를 착수하려는 건축주는 착공신고서 등 관련 서류를 첨부해 허가권자에게 제출해야 한다.

착공신고 절차 및 첨부서류 : 허가를 받거나 신고를 한 건축물의 공사를 착수하려는 건축주는 착공신고서(전자문서로 된 신고서를 포함)에 다음의 서류 및 도서를 첨부해서 허가권자에게 제출해야 한다.

1. 건축관계자 상호간의 계약서 사본(해당 사항이 있는 경우로 한정)
2. 설계도서
3. 감리 계약서(해당 사항이 있는 경우에 한함)

위 규정에 따라 공사계획을 신고하거나 변경신고를 하는 경우 해당 공사감리자(공사감리자를 지정한 경우만 해당)와 공사시공자가 신고서에 함께 서명해야 한다. 또한, 착공허가를 받은 건축물의 건축주가 위 신고를 할 때에는 「건축법」 제15조 제2항에 따른 각 계약서의 사본을 첨부해야 한다. 이를 위반해서 신고 또는 신청을 하지 않거나 거짓으로 신고하거나 신청하면 5천만원 이하의 벌금에 처해진다.

7 착공의 의의

착공신고란 건축허가를 받거나 신고를 한 건축물의 공사를 착수하려는 건축주는 국토교통부령으로 정하는 바에 따라 허가권자에게 공사계획을 신고하여야 한다. 다만, 「건축물관리법」 제30조에 따라 건축물의 해체 허가를 받거나 신고할 때 착공 예정일을 기재한 경우에는 그러하지 아니하다.

첫 삽질을 시작하는 착공은 사업전체에서 매우 중요한 의미(선분양하는 분양사업의 경우 착공시점 즈음에 분양하게 된다)를 가지고 있고, 세법적으로도 중요한 시점이 된다. 착공은 법인세(업무무관부동산, 건설자금이자), 부가세(토지관련매입세액), 취득세(중과세), 재산세(분리과세), 종부세(별도합산) 등 많은 세목에서 중요한 기준점이 되기 때문이다.

1) 세법상 등장하는 착공

법인세법시행규칙 제26조【업무와관련이없는부동산등의범위】③ 영 제49조 제1항 제1호의 규정을 적용함에 있어서 다음 각 호의 1에 해당하는 경우에는 당해 부동산을 업무에 직접 사용한 것으로 본다. 1. 토지를 취득하여 업무용으로 사용하기 위하여 건설에 **착공**한 경우(착공일이 불분명한 경우에는 착공신고서 제출일을 기준으로 한다). 다만, 천재지변 · 민원의 발생 기타 정당한 사유없이 건설을 중단한 경우에는 중단한 기간 동안 업무에 사용하지 아니한 것으로 본다.

법인세법기본통칙 28–52…1【건설자금이자의계산】5. 영 제52조 제6항 제1호에서 토지가 "사업에 사용되기 시작한 날"이라 함은 공장 등의 건설에 **착공**한 날 또는 당해 사업용 토지로 업무에 직접 사용한 날을 말한다.

소득세법집행기준104의 3-168의 14-12【건축허가를받았으나건설에착공하지못한경우】 건축허가를 신청하여 허가를 받았으나 관련법령에 의하여 건설에 **착공**하지 못한 경우에는 그 허가일부터 제한된 기간은 정당한 사유로 인하여 사업에 사용하지 아니하는 기간으로 보아 비사업용토지 해당 여부를 판정하는 것이며, 건설경기의 침체와 경기불황을 이유로 착공하지 못한 경우에는 건축법에 따른 건축허가 제한으로 볼 수 없다.

지방세법 제13조【과밀억제권역안취득등중과】 3. 고급주택 : 주거용 건축물 또는 그 부속토지의 면적과 가액이 대통령령으로 정하는 기준을 초과하거나 해당 건축물에 67제곱미터 이상의 수영장 등 대통령령으로 정하는 부대시설을 설치한 주거용 건축물과 그 부속토지. 다만, 주거용 건축물을 취득한 날부터 60일[상속으로 인한 경우는 상속개시일이 속하는 달의 말일부터, 실종으로 인한 경우는 실종선고일이 속하는 달의 말일부터 각각 6개월(납세자가 외국에 주소를 둔 경우에는 각각 9개월)] 이내에 주거용이 아닌 용도로 사용하거나 고급주택이 아닌 용도로 사용하기 위하여 용도변경공사를 **착공**하는 경우는 제외한다.

지방세법시행령 제26조【대도시법인중과세의예외】 3. 「해외건설촉진법」에 따라 신고된 해외건설업(해당 연도에 해외건설 실적이 있는 경우로서 해외건설에 직접 사용하는 사무실용 부동산만 해당한다) 및 「주택법」 제4조에 따라 국토교통부에 등록된 주택건설사업(주택건설용으로 취득한 후 3년 이내에 주택건설에 **착공**하는 부동산만 해당한다.

지방세법시행령 제102조【분리과세대상토지의범위】 ⑦ 법 제106조 제1항 제3호 사목에서 "대통령령으로 정하는 토지"란 다음 각 호에서 정하는 토지(법 제106조 제1항 제3호 다목에 따른 토지는 제외한다)를 말한다. 다만 제9호 및 제11호에 따른 토지 중 취득일로부터 5년이 지난 토지로서 용지조성사업 또는 건축을 **착공**하지 아니한 토지는 제외한다.

지방세법시행령 제103조【건축물의범위등】 ① 제101조 제1항에 따른 건축물의 범위에는 다음 각 호의 건축물을 포함한다. 3. 「건축법」에 따른 건축허가를 받거나 건축신고를 한 건축물로서 같은 법에 따른 공사계획을 신고하고 공사에 **착수**한 건축물

2) 착공으로 보는 공사단계

일반적으로 착공시기는 터파기 공사를 시작한 시점을 의미한다. 단순한 형질변경공사는 건축공사의 사전단계에 불과하므로 착공으로 보지 않는다. 이러한 관점은 세법뿐만 아니라 건설산업에서도 받아들여지는 일반적인 관점이다.

대법원2018두38468, 2018.05.31. : 사회통념상 특정 토지에 건물을 신축하기 위한 공사에 "착공"하였다고 인정하기 위해서는 기존 건물의 철거나 착공신고서를 제출하는 것만으로 부족하고, 실질적인 공사의 실행이라 볼 수 있는 행위로서 최소한 정도로 부지를 파내는 정도의 굴착공사나 터파기공사에 착수하는 경우에 비로소 공사에 "착공"하였다고 볼 수 있음.

착공(commencement of work, 着工) : 공사 시공자가 공사에 착수하는 것을 말하며, 토목이나 건축에서는 일반적으로 터파기 공사에 착수하는 것을 말한다(토목용어사전, 1997.2.1., 토목관련용어편찬위원회).

3) 터파기공사와 규준틀설치공사

문제는 터파기공사는 다른 공사없이 그냥 시작할 수 있는 작업이 아니라는 점이다. 아무런 준비없이 터를 파면 흙이 무너질 것이다. 당연히 흙막이공사를 먼저 하여야 한다. 흙막이공사를 하려면 공사할 곳을 표시하여야 할 것이다. 이것이 규준틀 설치공사(흙막이 작업을 위하여 철제 가이드빔을 설치하는 공사)이다.

최근 대법원판례(대법원2017두49942, 2017.08.31. 외 다수)는 착공의 시기를 터파기 공사 시점에서 규준틀설치공사시점으로 앞당겼다. 해당 판례는 종부세에 관한 판결이었으나 다른 세법에서 법리를 달리할 것은 아니므로 여러 세법에서 의미를 가진다.

대법원2017두49942, 2017.8.31. : 별도합산과세대상인 '건축 중인 건축물'에서 '건축 중'이라 함은 과세기준일 현재 공사에 착수한 경우를 말하는 것이고, 흙막이 작업의 필수적 전제가 되는 규준틀 설치 작업이 과세기준일 이전에 실시되어 이를 기초로 터파기 등 과정을 거쳐 완공된 것이므로 규준틀 설치 작업시점에 이미 굴착이나 축조 등의 공사에 착수한 것으로 보아야 함.

대법원2016두58406, 2017.3.15. : 구 지방세법 시행령 제103조 제1항에서 정한 '건축 중인 건축물'의 의미(=과세기준일 현재 건축공사에 착수하여 건축을 하고 있는 건축물) / 터파기 등 건물을 신축하기 위한 공사에 착수한 경우보다 앞서 건물의 신축에 필수적으로 전제되는 작업을 하여 신축공사를 실질적으로 실행한 것으로 볼 수 있는 경우, 이미 공사에 착수한 것으로 보는지 여부(적극)

대법원 판결문은 규준틀설치공사 후 2개월 내에 터파기공사를 한 경우 "정상적으로 흙막이 작업이 이루어졌다"고 보았다. 절대적인 기간일 수는 없겠지만 6월 1일 이후부터 7월 31일 이전에 터파기 공사를 한 경우 규준틀설치공사의 시점이 6월 1일(재산세 과세기준일) 이전일 가능성이 농후해진다. 규준틀설치공사가 6월 1일 이전인 경우 "건축 중인 건축물(과세기준일 현재 건축공사에 착수하여 건축을 하고 있는 건축물)"에 해당하게 되고, 재산세 종합합산과세대상에서 제외되어 종부세 세부담이 줄어들게 된다.

❽ 준공의 의의

준공이란 건설의 전체 공사과정이 완료된 것을 말하고, 준공검사란 건축물의 건축 또는 공작물의 설치, 토지의 형질 변경, 토석의 채취를 위한 개발행위를 허가받은 사람이 그 개발행위를 마친 후에 받는 검사를 말한다.

「국토의 계획 및 이용에 관한 법률」 제62조는 건축물의 건축 또는 공작물의 설치, 토지의 형질 변경, 토석의 채취에 대한 개발행위허가를 받은 자는 그 개발행위를 마치면 특별시장 · 광역시장 · 특별자치시장 · 특별자치도지사 · 시장 또는 군수의 준공검사를 받아야 한다고 규정하고 있다. 단, 건축물의 건축 또는 공작물의 설치에 대하여 건축법 제22조에 따른 건축물의 사용승인을 받은 경우에는 그러하지 아니한다.

이 준공검사를 받아야 하는 자는 당해 개발행위를 완료한 때에는 지체없이 개발행위준공검사신청서에 준공사진, 지적측량성과도, 관계행정기관의 장과 협의에 필요한 서류를 첨부하여 특별시장 · 광역시장 · 특별자치시장 · 특별자치도지사 · 시장 또는 군수에게 제출하여야 한다(국토의 계획 및 이용에 관한 법률 시행규칙 제11조 제2항).

비교하여 사용승인이란 법령 등에 의해 규제를 받고 있는 토지나 건물 등의 사용을 특히 인정하는 것, 혹은 신축된 건물이 건축 기준법 등에 적합하다는 것을 확인하여 사용을 인정하는 것을 말한다.

세법에서 준공이란 취득한 날, 취득관련 거래가 종료한 날, 용역제공 완료일, 사용가능한 날의 의미를 가지고 있다.

1) 세법에 등장하는 준공

법인세법시행령 제52조【건설자금에충당한차입금의이자의범위】⑥ 제2항 본문 및 제5항 후단에서 "**준공**된 날"이라 함은 다음 각 호의 어느 하나에 해당하는 날로 한다.

1. 토지를 매입하는 경우에는 그 대금을 청산한 날. 다만, 그 대금을 청산하기 전에 당해 토지를 사업에 사용하는 경우에는 그 사업에 사용되기 시작한 날
2. 건축물의 경우에는 「소득세법 시행령」 제162조의 규정에 의한 취득일 또는 당해 건설의 목적물이 그 목적에 실제로 사용되기 시작한 날(이하 이 항에서 "사용개시일"이라 한다) 중 빠른 날 (2005.2.19. 법명개정) 부칙
3. 그 밖의 사업용 유형자산 및 무형자산의 경우에는 사용개시일 (2019.2.12. 개정) 부칙

소득세법시행규칙 제40조【**준공**된날의의의】 영 제75조 제2항 본문에서 "기획재정부령이 정하는 건설이 **준공**된 날"이라 함은 건축물의 경우에는 영 제162조의 규정에 의한 취득일

또는 해당 건설의 목적물이 그 목적에 실제로 사용되기 시작한 날(이하 이 조에서 "사용개시일"이라 한다) 중 빠른 날을 말하며, 토지와 건축물을 제외한 기타 사업용고정자산에 대하여는 사용개시일을 말한다.

법인세법시행령 제52조【건설자금에충당한차입금의이자의범위】② 특정차입금에 대한 지급이자등은 건설 등이 **준공**된 날까지 이를 자본적지출로 하여 그 원본에 가산한다. 다만, 특정차입금의 일시예금에서 생기는 수입이자는 원본에 가산하는 자본적지출금액에서 차감한다. (2010.12.30. 개정) 부칙

⑤ 특정차입금 중 해당 건설 등이 **준공**된 후에 남은 차입금에 대한 이자는 각 사업연도의 손금으로 한다. 이 경우 건설 등의 **준공**일은 당해 건설 등의 목적물이 전부 **준공**된 날로 한다. (2010.12.30. 개정) 부칙

법인세법기본통칙 28-52…2【고정자산매입대금의지급지연에따른지급이자처리】고정자산을 매입함에 있어서 매입가격을 결정한 후 그 대금 중 일부잔금의 지급지연으로 그 금액이 실질적으로 소비대차로 전환된 경우에 지급하는 이자는 영 제52조 제2항의 "건설 등이 **준공**된 날"까지의 기간중에는 건설자금이자로 보고, 건설 등이 **준공**된 날 이후의 이자는 이를 각 사업연도의 소득금액계산상 손금에 산입한다.

부가가치세법 기본통칙 16-29-3【지급시기를정하지아니한통상적인건설용역의공급시기】건설용역을 공급함에 있어 건설공사기간에 대한 약정만 체결하고 대금지급기일에 관한 약정이 없는 경우의 공급시기는 다음 각호와 같다. (98.8.1. 개정) 부칙

1. 해당 건설공사에 대한 건설용역의 제공이 완료되는 때. 다만, 해당 건설용역 제공의 완료 여부가 불분명한 경우에는 **준공**검사일 (2011.2.1. 개정) 부칙
2. 해당 건설공사의 일부분을 완성하여 사용하는 경우에는 해당 부분에 대한 건설용역의 제공이 완료되는 때. 다만, 해당 건설용역 제공의 완료 여부가 불분명한 경우에는 그 부분에 대한 **준공**검사일 (2011.2.1. 개정) 부칙

부가가치세법 집행기준15-28-3【중간지급조건부계약의변경에따른공급시기사례】③ 중간지급조건부로 제공하는 건설용역이 조기 **준공**으로 인하여 계약금 지급일부터 **준공**예정일까지의 기간이 6월 미만이 된 경우 이미 발행한 세금계산서는 적법하며, 나머지 용역대가는 **준공**일을 공급시기로 본다.

부가가치세법 집행기준16-29-1【완성도기준지급조건부용역의공급시기사례】① 완성도기준지급조건부로 건설용역을 공급함에 있어 당사자의 약정에 의하여 **준공**검사일 이후 잔금을 받기로 한 경우 해당 잔금에 대한 공급시기는 건설용역의 제공이 완료되는 때로 한다.

지방세법시행령 제20조【취득의시기등】⑧ 관계 법령에 따라 매립·간척 등으로 토지를 원시취득하는 경우에는 공사**준공**인가일을 취득일로 본다. 다만, 공사**준공**인가일 전에 사용승낙·허가를 받거나 사실상 사용하는 경우에는 사용승낙일·허가일 또는 사실상 사용일 중 빠른 날을 취득일로 본다.

지방세법시행령 제102조【분리과세대상토지의범위】 ⑦ 법 제106조 제1항 제3호 사목에서 "대통령령으로 정하는 토지"란 다음 각 호에서 정하는 토지(법 제106조 제1항 제3호 다목에 따른 토지는 제외한다)를 말한다. 다만 제9호 및 제11호에 따른 토지 중 취득일로부터 5년이 지난 토지로서 용지조성사업 또는 건축을 착공하지 아니한 토지는 제외한다. (2017.12.29. 신설) 부칙

1. 「공유수면 관리 및 매립에 관한 법률」에 따라 매립하거나 간척한 토지로서 공사**준공**인가일(공사**준공**인가일 전에 사용승낙이나 허가를 받은 경우에는 사용승낙일 또는 허가일을 말한다)부터 4년이 지나지 아니한 토지

지방세특례제한법 제31조의 2【준공후미분양주택에대한감면】 ① 「주택법」 제54조 제1항에 따른 사업주체가 분양하는 다음 각 호의 요건을 모두 갖춘 주택(이하 이 조에서 "**준공** 후 미분양 주택"이라 한다)을 2016년 12월 31일까지 최초로 취득하는 경우 취득세의 100분의 25를 경감한다.

1. 「주택법」 제49조 또는 「건축법」 제22조에 따른 사용검사 또는 임시사용승인을 받은 후에도 분양되지 아니한 주택일 것 (2016.1.19. 개정) 부칙
2. 「주택법」에 따른 입주자 모집공고에 공시된 분양가격이 6억원 이하이며, 전용면적이 149제곱미터 이하의 주택(주거용 건축물 및 그 부속토지를 포함한다)으로서 실제 입주한 사실이 없을 것
3. 2011년 12월 31일까지 임대차계약을 체결하고 2년 이상 임대하였을 것

조세특례제한법 제25조【특정시설투자등에대한세액공제】 ⑦ 제1항 제4호에 해당하는 시설을 취득하여 소득세 또는 법인세를 공제받은 자가 해당 자산의 **준공**일 또는 구입일부터 5년 이내에 그 자산을 다른 목적에 전용한 경우에는 전용한 날이 속하는 과세연도의 과세표준 신고를 할 때 그 자산에 대한세액공제액 상당액에 대통령령으로 정하는 바에 따라 계산한 이자 상당 가산액을 가산하여 소득세 또는 법인세로 납부하여야 하며, 해당 세액은 「소득세법」 제76조 또는 「법인세법」 제64조에 따라 납부하여야 할 세액으로 본다. (2018.12.24. 개정) 부칙

인지세법기본통칙 3-2…20【공사도급실적증명원등】 단순히 사실을 증명하기 위한 공사도급실적증명 · 공사기성고증명 · 공사착공계 · 공사**준공**계 · **준공**검사원 등은 과세문서에 해당되지 아니한다.

2) 준공일에 벌어지는 사건 들

건설회사의 재고자산이란 준공 이전에는 "미완성공사" 준공 이후에는 "완성공사"를 사용한다. 준공일은 건설자금이자 자본화 중단시점이 된다. 회계상 준공일은 사용할 수 있는 날이 되므로 장부가액이 고정(확정)되고, 감가상각이 시작되는 날이 된다.

건물을 원시취득하는 시점이다. 따라서 준공 전에 잔금을 완납하였다고 하더라도 취득

으로 볼 수 없다. 또한 원시취득하였으므로 보존등기하여야 하고, 취득세를 신고납부하여야 한다. 준공일 이후부터 건물분 재산세가 과세된다.

준공일까지는 발주처 및 하도급업자 간 세금계산서 발행을 모두 종결하여야 한다. 용역의 공급시기는 역무가 제공되거나 재화 · 시설물 또는 권리가 사용되는 때로 한다(부가가치세법 §9 ②). 잔금에 대한 공급시기는 원칙적으로 공사완료일이나 공사완료일이 불분명한 경우 사용승인일이 된다. 따라서 준공일 이후에 대금을 지급받기로 한 경우에도 준공일이 공급시기가 된다. 다만, 준공일 이후에도 예외적으로 세금계산서를 발행할 수 있다. 그러나 세금계산서발행사유의 입증책임이란 사실관계가 애매한 경우 납세의무자가 진다는 뜻이다. 단순히 자료를 제출한다고 입증책임이 면해지는 것이 아니다. 과세관청이 제시한 자료보다 압도적으로 명확히 입증될 때 겨우 세무 리스크가 제거된다고 할 수 있다.

제 2 절

주택건설사업자

❶ 개요

주택건설사업의 종류는 크게 주택사업자의 분양사업, 무주택자의 조합결성에 의한 조합주택사업, 도시재개발에 의한 재개발주택사업, 노후 · 불량주택을 철거하고 새로이 건축하는 재건축주택사업, 노후 · 불량주택 밀집지역의 주거환경개선을 위한 주거환경개선사업 등 5가지로 구분할 수 있다(주택법 및 도시정비법).

구 분	내 역
분양목적의 주택건설	주택건설사업자가(민영사업자) 판매를 목적으로 불특정다수인에게 공급할 주택을 건설하는 것을 말한다.
주택조합의 건설	많은 수의 구성원이 주택을 마련하거나 리모델링하기 위하여 주택조합을 설립하여 동 조합이 건설하는 주택
재건축정비사업	노후 · 불량한 주택을 철거하고 그 철거한 대지 위에 주택을 건설하는 사업
재개발정비사업	노후 · 불량주택 밀집지역의 주거환경개선을 위하여 주택을 건설하는 사업
주거환경개선사업	도시저소득주민이 집단으로 거주하는 지역으로서 정비기반시설 열악 및 노후불량주택 밀집지역으로서 주거환경을 개선하기 위해 주택을 건설하는 사업

주택건설사업의 주체는 공공기관단체인 한국토지주택공사, 지방자치단체 및 민간기업인 등록사업자와 주택법에 의한 주택조합, 도시정비법에 의한 정비사업조합 등이 있다.

구 분		내 역
공공단체	한국토지주택공사, 국가 · 지방자치단체 등	
민간기업	등록업자(주택건설사업자)	주택법 제9조의 규정에 의하여 등록한 사업자(연간 단독주택의 경우는 20호, 공동주택의 경우는 20세대 이상 주택 건립해야 함)
주택조합	직장주택조합 지역주택조합 리모델링주택조합	• 주택법에 의하여 설립인가받은 조합 • 주택법에 의하여 설립인가받은 조합 • 주택법에 의하여 설립인가받은 조합
정비사업조합	재건축정비사업조합 재개발정비사업조합	• 도시및주거환경정비법에 의하여 설립인가받은 조합 • 도시및주거환경정비법에 의하여 설립인가받은 조합

이하에서는 주택건설사업자란 토지를 매입하여 불특정다수인에게 주택을 신축하여 판매하는 사업을 영위하는 자를 말한다. 일반적으로 민간사업자가 건설하는 주택은 민간주택이라 하며, 정부나 지방자치단체 또는 한국토지주택공사 등이 건설하는 주택은 공공주택이라고 한다.

❷ 주택건설사업자의 등록의무

연간 단독주택 20호 · 공동주택 20세대 · 도시형 생활주택 30세대 이상의 주택건설사업을 시행하고자 하는 자 또는 연간 1만제곱미터 이상의 대지조성사업을 시행하고자 하는 자는 주택법 제4조에 의하여 일정요건을 갖추어 국토교통부장관에게 등록하여야 한다. 만약 국토교통부장관에게 등록하지 않고 주택사업을 영위하는 자는 주택법 제102조에 의하여 2년 이하의 징역 또는 2천만원 이하의 벌금에 처하게 되는 불이익을 받으며, 사업계획승인을 받지 아니하고 사업을 시행하는 자는 그 위반행위로 얻은 이익의 100분의 50에 해당하는 금액이 2천만원을 초과하는 경우 2년 이하의 징역 또는 그 이익의 2배에 해당하는 금액 이하의 벌금에 처한다.

단, 국가 · 지방자치단체 · 한국토지주택공사 · 지방공사 · 공익법인 · 주택조합(등록사업자와 공동으로 주택건설사업을 하는 경우) · 근로자를 고용하는 자(등록사업자와 공동으로 주택건설사업 시행하는 경우)는 주택건설사업자 등록을 하지 않아도 된다.

③ 등록사업자의 시공여부

주택건설사업자는 주택법에 의하여 주거생활에 필요한 주택을 공급하기 위해 등록한 사업자이며 이는 주택사업자의 위치를 확보하는 것이지 주택건축물을 시공할 수 있는 자격요건을 갖춘 것은 아니다. 따라서 주택공급을 하기 위한 건축물 시공은 건설산업기본법에 의하여 별도로 건설업 등록을 하여야 한다. 다만, 주택법 제7조에 따라 소정의 요건을 갖춘 자는 일정규모의 주택건설공사를 제한적으로 시공할 수 있다.

건설 Tip **등록사업자의 시공**

주택건설공사는 「건설산업기본법」상의 건설공사에 해당하므로 동법에 의한 건설업자가 시공하여야 한다. 등록사업자가 「건설산업기본법」에 의한 건설업자인 때에는 직접 주택건설공사를 시공할 수 있지만, 건설업자가 아닌 때에는 직접 주택건설공사를 시공할 수 없으므로 건설업자에게 도급을 주어야 한다. 그러나 「주택법」에서는 건실한 등록사업자의 경우에는 건설업자가 아니라도 직접 주택건설공사를 시공할 수 있는 예외를 인정하고 있다.

등록사업자가 사업계획승인 또는 「건축법」에 따른 건축허가를 받아 분양 또는 임대를 목적으로 주택을 건설하는 경우로서 그 기술능력 · 주택건설실적 · 주택규모 등이 다음 기준에 해당하는 경우에는 「건설산업기본법」 제9조의 건설업자로 보며, 그 등록사업자는 주택건설공사를 직접 시공할 수 있다(법 §7 ①, 영 §17 ①).

① 자본금 5억원(개인인 경우에는 자산평가액 10억원) 이상

② 건축분야 및 토목분야기술자 3인 이상. 이 경우 건축기사 및 토목분야기술자 각 1인이 포함되어야 한다.

③ 최근 5년간의 주택건설실적 100호 또는 100세대 이상

건설업자로 간주되는 등록사업자가 직접 시공할 수 있는 주택의 규모는 5개층(각 층 거실의 바닥면적 300㎡ 이내마다 1개소 이상의 직통계단을 설치한 경우에는 6층) 이하로 한다. 다만, 6층 이상의 아파트를 건설한 실적이 있거나 최근 3년간 300세대 이상의 공동주택을 건설한 실적이 있는 등록사업자는 6층 이상의 주택을 건설할 수 있다(영 §13 ②).

그러나 다음의 어느 하나에 해당하는 등록사업자는 주택으로 쓰는 층수가 6개층 이상인 주택을 건설할 수 있다(영 §13 ③).

① 주택으로 쓰는 층수가 6개층 이상인 아파트를 건설한 실적이 있는 자

② 최근 3년간 300세대 이상의 공동주택을 건설한 실적이 있는 자

즉, 주택으로 쓰는 층수가 6개층 이상인 아파트를 건설한 실적이 있는 자 또는 최근 3년간 300세대 이상의 공동주택을 건설한 실적이 있는 자는 주택으로 쓰는 층수가 6개 층 이상인 주택을 건설할 수 있다.

④ 등록사업자의 실적제출 등

등록사업자는 전년도의 영업실적과 해당 연도의 영업계획 및 기술인력 보유현황을 매년 1월 10일까지 각 실적접수업무수탁기관(대한주택건설협회와 한국주택협회)에 제출하여야 하며, 실적접수업무수탁기관은 사업자의 실적을 종합하여 매년 1월 말까지 국토교통부장관에게 보고하여야 한다.

⑤ 주택건설사업 사업계획승인

단독주택 30호 · 공동주택 30세대 · 도시형 생활주택 30세대 이상의 주택건설사업을 시행하고자 하는 자는 시 · 도지사의 승인을 받아야 하며(주택법 제15조 제1항), 본 사업승인에 따라 주택건설사업을 시행할 수 있다.

주택법은 쾌적한 주거생활에 필요한 주택의 건설 · 공급 · 관리와 이를 위한 자금의 조달 · 운용 등에 관한 사항을 정함으로써 국민의 주거안정과 주거수준의 향상에 이바지함에 있고, 주택건설사업계획은 주택이라는 물적계획과 사업시행자라는 인적요인과 주거환경의 개선이라는 사회적 요구에 대한 복합된 계획이라고 볼 수 있다. 따라서 사업계획승인권자(국토교통부장관)는 주택사업자의 주택건설계획이 법의 제정목적에 상반되는 경우에는 승인신청을 불허하거나 조정을 권고할 수 있다.

⑥ 사용검사

주택법 제15조의 규정에 의한 사업계획승인을 얻어 시행한 주택건설사업 또는 대지조성사업을 완료한 경우에는 건설되거나 조성된 주택 · 부대시설 · 복리시설 및 대지에 대하여 국토교통부령이 정하는 바에 따라 사용검사를 받아야 한다. 다만, 사업계획승인조건의 미이행 등 특별한 사유가 있어 사업을 완료하지 못하고 있는 경우에는 완공된 주택에 대하여 동별로 사용검사를 받을 수 있다(주택법 제49조 제1항, 주택법시행령 제54조).

세무 Tip 주택건설사업자와 비교과세

2009.12.31. 소득세법 개정 시 주택신축판매업을 건설업으로 본다는 규정을 삭제하였으며, 따라서 현행 소득세법에서 직접 건설 활동을 수행하지 않고 전체 공사를 건설업자에게 일괄 도급을 주어 신축하여 판매하는 경우는 한국산업표준분류에 따라 부동산 개발 및 공급업으로 보아야 한다. 다만, 2009.12.31. 소득세법 개정 시 소득세법 시행령 제122조 부동산매매업자에 대한 세액계산의 특례에서 한국표준산업분류에 따른 주거용 건물 개발 및 공급업(구입한 주거용 건물을 재판매하는 경우는 제외한다. 이하 "주거용 건물 개발 및 공급업"

이라 한다)은 부동산매매업에서 제외한다는 규정을 신설하였으며, 이에 따라 주택신축판매업은 종전과 마찬가지로 부동산매매업에 대한 비교과세 및 토지 등 매매차익예정신고 규정을 적용받지 않는다.

이와 관련하여, 조세제한특례법 제7조 제1항은 '건설업'을 영위하는 중소기업의 경우에는 일정한 특별세액감면을 규정하고 있었는데, 판례는 '아파트 건설업'이란 주거용 아파트를 "직접 건설"하는 산업활동이라는 전제 하에, 아파트 신축공사 중 대부분의 공사를 다른 업체에 도급 주고 자신은 잡공사 등만을 수행한 경우, 해당 업체는 그 아파트를 "직접 건설"하였다고 볼 수는 없고, '부동산 공급업'을 영위한 것뿐이라면서, 해당 업체의 세액감면 주장을 배척하였다(대법원 2009.8.20. 선고 2007두8843 판결).

소득세법시행령 제122조【부동산매매업자에 대한 세액계산의 특례】 ① 법 제64조 제1항 각 호 외의 부분에서 "대통령령으로 정하는 부동산매매업"이란 한국표준산업분류에 따른 비주거용 건물건설업(건물을 자영건설하여 판매하는 경우만 해당한다)과 부동산 개발 및 공급업을 말한다. 다만, 한국표준산업분류에 따른 주거용 건물 개발 및 공급업(구입한 주거용 건물을 재판매하는 경우는 제외한다. 이하 "주거용 건물 개발 및 공급업"이라 한다)은 제외한다.

구통칙 19-5에 따른 주택신축판매업의 범위

① 1동의 주택을 신축하여 판매하여도 건설업으로 본다.
② 건설업자에 도급을 주어서 주택을 신축하여 판매하여도 건설업으로 본다.
③ 종전부터 소유하던 자기의 토지 위에 주택을 신축하여 주택과 함께 토지를 판매하는 경우 그 토지의 양도로 인한 소득은 건설업의 소득으로 본다. 다만, 토지의 면적이 영 제32조 제2항의 규정에 의한 면적을 초과하는 부분에 대하여는 건설업으로 보지 아니한다.
④ 시공 중인 주택을 양도하는 경우에는 그 주택의 시공 정도가 건축법에 의한 건축물에 해당되는 때에는 건설업으로 본다.
⑤ 신축한 주택이 판매되지 아니하여 판매될 때까지 일시적으로 일부 또는 전부를 임대한 후 판매하는 경우에도 당해 주택의 판매사업은 건설업으로 본다.

제 3 절

부동산개발업자

❶ 개요

부동산개발업은 일정규모 이상의 토지를 택지, 공장용지, 상업용지 등으로 조성하거나 토지에 건축물을 건축, 대수선하여 해당 부동산을 판매, 임대(공급)하는 업종이다. 부동산을 개발하여 분양하거나 임대하는 과정에는 시행사와 시공사가 있으며, 일반적으로 시행은 개발업이고 시공은 건설업이라 할 수 있다.

건축물의 연면적이 2,000제곱미터(또는 연간 5,000제곱미터) 이상이거나 토지의 면적이 3,000제곱미터(또는 연간 10,000제곱미터) 이상인 경우를 말한다.

부동산개발업법은 영세하고 전문성 부족한 개발업자가 난립하여 허위 · 과장 광고등을 통하여 소비자의 피해가 발생하거나, 분양 후 소비자에 대한 법적책임을 지우기 위해서 도입되었다.

❷ 부동산개발업자의 등록의무

예를 들어 골프장 또는 콘도미니엄 등 비주거용건물을 개발하여 그 이용권을 공급하는 경우라면 개발 규모에 따라 부동산개발업을 등록하여야 한다. 단, 주택법 제9조에 따라 등록한 주택건설사업자 또는 대지조성사업자가 주택건설사업 또는 대지조성사업을 하는 경우에 한하여 부동산개발업 등록의 예외로 인정된다. 따라서, 주택건설사업자 또는 대지조성사업자가 주택건설사업 또는 대지조성사업 외의 상가 등 다른 부동산개발 사업을 하고자 하는 경우에는 부동산개발업 등록을 하여야 한다. 다만, 타인에게 공급할 목적이 아니라 본인이 직접 사용하기 위하여 부동산을 개발하는 경우에는 부동산개발업

등록대상이 아니다.

✎ 부동산개발업 등록사업자가 주택법에 따른 주택건설사업 또는 대지조성사업을 하기 위해서는 주택법에 따른 주택건설사업자 또는 대지조성사업자로 별도로 등록을 하여야 한다.

단, 토지소유자는 등록사업자와 공동으로 부동산개발을 할 수 있다(부동산개발업법 §4 ④). 공동으로 부동산개발을 하려는 토지소유자와 등록사업자는 개발된 부동산의 사용·처분, 수익의 분배✎, 사업비의 부담, 사업기간, 그 밖에 사업추진상의 각종 책임 등에 관하여 협약을 체결하여야 한다(영 §7 ②).

✎ 수익분배에 관하여 등록사업자(주로 건설회사)의 최소비율이 있는 것은 아니며, 많은 경우 시행이익은 토지소유자가 오로지 한다. 즉 손익분배비율이 없는 경우가 더 많고 반드시 세법상 공동사업에 해당하는 것은 아니다. 즉, 등록사업자도 허위·과장광고 및 분양 후 소비자에 대한 법적책임을 지라는 의미로 세법과 달리 손익분배가 핵심사항이 아닌 것이다.

법률 Tip 부동산개발업법 제3조 [부동산개발업의 등록 대상 등]

③ 법 제4조 제1항 제5호에서 "다른 법률에 따라 해당 부동산개발을 시행할 수 있는 자로서 대통령령으로 정하는 자"란 다음 각 호의 어느 하나에 해당하는 자를 말한다. 다만, 해당 법률에서 정하고 있는 부동산개발에 한정한다.

1. 「기업도시개발 특별법」, 「도시개발법」, 「산업입지 및 개발에 관한 법률」, 「물류시설의 개발 및 운영에 관한 법률」, 그 밖에 다른 법률에 따라 시행자로 지정받은 자
2. 「도시 및 주거환경정비법」에 따라 정비사업을 시행할 수 있는 자
3. 「주택법」 제4조에 따른 등록을 하지 아니하는 주택건설사업 또는 대지조성사업의 시행자로서 다음 각 목의 어느 하나에 해당하는 규모의 주택건설사업 또는 대지조성사업을 시행할 수 있는 자
   가. 주택건설사업 : 단독주택 20호 또는 공동주택 20세대 미만(「주택법 시행령」 제10조 제1항에 따른 도시형 생활주택의 경우와 같은 조 제2항 제1호의 경우에는 30세대 미만)
   나. 대지조성사업 : 토지의 면적이 1만 제곱미터 미만

❸ 부동산개발업의 등록요건(영 §4)

구 분		등록요건
자본금	법인	자본금 3억원 이상
	개인	영업용 자산평가액 6억원 이상
부동산개발 전문인력✎		상근 2명 이상
시설		사무실 확보

✎ 부동산개발 전문인력은 부동산개발업 등록 전에 자격을 갖춘 교육기관이 실시하는 부동산개발에 관한 교육과정을 이수하도록 하고 있다(2008.11.18. 시행).

부동산개발업 등록을 위해서는 상근하는 부동산개발 전문인력을 확보하여야 하나, PFV 등 특수목적법인의 경우 이를 충족할 수 없는 구조이므로 등록요건을 별도로 설정하고 있다. 특수목적법인을 등록대상으로 하고, 자산관리회사 등이 부동산개발 전문인력 · 시설 등의 요건을 갖추어야 한다.

부동산투자회사법에 따른 위탁관리부동산투자회사, 기업구조정부동산투자회사 및 자본시장과금융투자업에관한 법률에 따른 부동산집합투자기구 중 투자회사, 구 법인세법 및 조세특례제한법에 따른 프로젝트금융투자회사(PFV)를 말한다.

구 분	등록요건
자본금	자본금 5억원 이상
부동산개발 전문인력	상근 5명 이상
시설	사무실 확보

부동산개발 전문인력은 부동산개발업 등록 전에 자격을 갖춘 교육기관이 실시하는 부동산개발에 관한 교육과정을 이수하도록 하고 있다(2008.11.18. 시행).

❹ 등록사업자의 보고의무

소비자, 투자자 등이 등록사업자의 사업실적 정보 등을 활용할 수 있도록 등록사업자의 사업실적 보고 등을 의무화하고 있다. 등록사업자는 사업실적을 매년 4월 10일 (등록사업자가 개인인 경우 6월 10일)까지 등록업무수탁기관(한국부동산개발협회)에 보고하고 등록등업무수탁기관은 4월 30일까지(등록사업자가 개인인 경우 6월 30일)까지 시 · 도지사에게 보고하여야 한다.

자본금, 임원, 전문인력 등 등록요건 변경시에는 사유발생일로부터 30일 이내에 보고하여야 한다. 시 · 도지사는 등록사업자의 자본금, 사업실적 등의 정보와 부동산개발에 필요한 정보 등을 종합적으로 관리하여 소비자, 관련기관 등에게 제공한다.

❺ 등록사업자의 금지행위

개발업등록을 하지 아니하고 등록사업자임을 표시 또는 광고허가 등록사업자로 오인될 우려가 있는 표시광고행위는 금지된다(3년 이하의 징역 또는 5천만원이하의 벌금).

등록사업자의 부동산개발에 관한 표시광고 시 소비자 보호를 위하여 필요한 사항의 표시광고를 의무화하였다. 위반 시에는 시정조치, 영업정지, 3천만원 이하의 과태료, 시정조치 불이행시 형벌이 따른다.

광고에 표시할 사항은 아래와 같다.

① 등록사업자의 상호, 명칭, 등록번호, 주된 영업소 소재지

② 토지소유자가 등록사업자와 공동으로 개발하는 경우 등록사업 추진여부, 사업주체에 관한 사항

③ 부동산개발에 필요한 인허가에 관한 사항

❻ 30세대 미만의 도시형 생활주택의 경우

주택법 제9조에 따른 등록을 하지 않은 주택건설사업자가 도시형 생활주택을 건설할 경우, 부동산개발업 등록 대상 여부가 문제시 될 수 있다. 2011.8.19.「부동산개발업법 시행령」 제3조의 개정으로「주택법 시행령」 제3조 제1항에 따른 도시형 생활주택의 경우와 같은 조 제2항 제1호의 경우 30세대 미만의 주택건설사업은 부동산개발업 등록 의무가 없다.

건설업 세무와 회계

세무·회계 지식서비스 분야의 선두주자 조세통람

국내 재경실무분야를 선도하는 No 1. Knowledge Provider

건설업

세무와 회계

제 3 장

개발사업의 용어

제 3 장 개 발 사 업 의 용 어

제 1 절

주택개요

1 주택의 정의

일반적으로 주택이라 함은 인간이 삶을 영위하기 위한 목적으로 만든 상시 주거용 건물로서 건축된 구조물을 말한다. 따라서 사람이 거주하는 건축구조물이라 할지라도 계속 머물러 살 수 있는 건축구조물이 아닌 임시막사, 임시가설가옥 등은 주택이 될 수 없으며, 사람이 거주하는 인공적 자연물도 주택이 될 수 없다.

현행 주택법에서는 주택(§2 1호)과 준주택(동조 4호)에 대해 규정하고 있으며, 이에 따르면 주택은 '세대의 구성원이 장기간 독립된 주거생활을 할 수 있는 구조로 된 건축물의 전부 또는 일부 및 그 부속토지를 말하며, 단독주택과 공동주택으로 구분한다.'라고 정의하고 있으며, 준주택은 '주택 외의 건축물과 그 부속토지로서 주거시설로 이용가능한 시설 등을 말한다.'라고 정의하고 있다✎. 준주택은 고령화 및 1~2인 가구 증가 등 변화된 주택수요 여건에 대응하여 주택으로 분류되지 않으면서 주거용으로 활용이 가능한 주거시설의 공급을 활성화하기 위해서 2010년부터 주택법에서 도입하였다.

✎ 따라서 준주택(고시원, 기숙사, 오피스텔 등)은 주택이 아니다. 출입구 · 취사시설 · 욕실이 각 세대별로 갖추어진 경우 소득세법상 주택으로 볼 수 있다(2024년도 개정).

소득세법은 제88조 제7호에서 주택을 정의하고 있다. 이는 소득세 제3장 거주자의 양도소득에 대한 납세의무의(§88~§118의 8)에 해당하므로 소득세법상 주택은 지극히 양도소득세에 포인트가 있다고 할 수있다. 2023년 해당주택의 개념을 아래처럼 개정하였다. 개정된 내용에 따라 고시원, 생활형숙박시설, 기숙사, 모텔 등이 출입구, 취사시설, 욕실이 세대별로 별도 설치되어 있으면 실제 주거용으로 사용하는 경우 주택에 해당하게 된다. 따라서 주택수에 포함될 수 있으며, 이는 1세대1주택 비과세 및 다주택자중과세

등에 적지 않은 영향을 끼칠것으로 여겨진다. 본 저서는 개인의 양도소득세를 다루지 않는 바 참조만 하기 바란다.

개정 전	개정 후(2024.1.1. 이후 양도분부터 적용)
공부상 용도에 상관없이 사실상 주거로 사용하는 건물	공부상의 용도구분과 관계없이 세대의 구성원이 독립된 주거생활을 할 수 있는 구조로서 출입구 · 취사시설 · 욕실이 각 세대별로 갖추어 사실상 주거용으로 사용하는 건물

Chapter 03

❷ 주택의 종류

주택은 단독주택과 공동주택으로 구분되며(법 §2 1호), 단독주택의 종류에는 단독주택 · 다가구주택 · 다중주택 등이 있으며(영 §2), 공동주택의 종류에는 아파트 · 연립주택 · 다세대주택 등이 있다(영 §3).

준주택의 종류로는 기숙사 · 다중생활시설 · 노인복지주택 · 오피스텔 등이 있다(영 §4).

1) 단독주택

'단독주택'이란 1세대가 하나의 건축물 안에서 독립된 주거생활을 할 수 있는 구조로 된 주택을 말하며(법 §2 2호), 원칙적으로 하나의 건축물 내에 2세대 이상 독립된 주거구획이 없어야 하며, 2세대 이상의 독립된 소유권으로 구분될 수 없는 주택을 말한다.

단독주택의 종류별 범위는 다음 표와 같다(건축령 별표 1 1호).

단독주택 ✎	단독주택	일반적인 의미의 단독주택[가정어린이집 · 공동생활가정 · 지역아동센터 및 노인복지시설(노인복지주택은 제외한다)을 포함]
	다중주택	1개동의 주택으로 쓰이는 바닥면적이 330㎡ 이하이고, 3층(지하층은 제외) 이하의 주택으로서 학생, 직장인 등 다수인이 장기간 거주할 수 있는 구조로 되어 있는 주택(각 실별로 욕실은 설치할 수 있으나, 취사시설은 설치하지 않는 것)을 말함
	다가구주택	1개동의 주택으로 쓰이는 바닥면적이 660㎡(부설주차장 면적은 제외) 이하이고, 3층(지하층은 제외) 이하의 주택으로서 19세대 이하가 거주할 수 있는 주택을 말함(단, 1층의 전부 또는 일부를 필로티구조로 하여 주차장으로 사용하고 나머지 부분을 주택 외의 용도로 쓰는 경우에는 해당 층을 주택의 층수에서 제외)

✎ 다중주택과 다가구주택은 넓은 의미에서 단독주택의 범위에 해당되나, 단독주택의 주거개념이 일부 변한 주택이다.

2) 공동주택

'공동주택'이란 건축물의 벽 · 복도 · 계단이나 그 밖의 설비 등의 전부 또는 일부를 공동으로 사용하는 각 세대가 하나의 건축물 안에서 각각 독립된 주거생활을 할 수 있는 구조로 된 주택을 말하며(법 §2 3호), 공동주택의 종류별 범위는 다음 표와 같다(건축령 별표 1 2호).

<table>
<tr><td rowspan="4">공동주택</td><td rowspan="2">아파트</td><td rowspan="2">아파트</td><td colspan="2">저층아파트(5층 이하)</td></tr>
<tr><td>고층아파트
(5층 초과)</td><td>• 고층아파트(6~10층)
• 중고층아파트(11~20층)
• 초고층아파트(21층 이상)</td></tr>
<tr><td>연립주택</td><td colspan="3">4층 이하의 주택으로 쓰는 1개동의 바닥면적이 660㎡를 초과하는 주택 (지하주차장 면적 제외)</td></tr>
<tr><td>다세대주택</td><td colspan="3">4층 이하의 1개 동의 건축연면적 660㎡ 이하의 주택(지하주차장 면적 제외)</td></tr>
</table>

① 현행 분양가상한제 적용주택 건축비 산정 시 층수에 대하여 기본형 건축비를 달리 산정하고 있으며, 국민주택규모(85㎡) 이하일 경우와 국민주택규모 초과일 경우에도 달리 산정하고 있다.

② 공동주택의 층수를 산정함에 있어서 지하층은 제외하고, 아파트, 연립주택의 경우 1층 전부를 필로티 구조로 하여 주차장으로 사용하는 경우에는 필로티 부분을 층수에서 제외하고, 다세대주택의 경우 1층의 전부 또는 일부를 필로티 구조로 하여 주차장으로 사용하고 나머지 부분을 주택 외의 용도로 쓰는 경우에는 해당 층을 주택의 층수에서 제외한다.

'필로티'란 건축물의 1층을 기둥만 건설하여 건물을 지상으로부터 격리시킨 공간을 말한다. 주로 보행자 이동통로, 주차시설, 휴게실 등 다양한 용도로 활용하고 있다.

③ 아파트의 층수별 명칭은 주택분양가상한제에서 규정한 층수를 기준으로 한다.

3) 준주택

준주택은 주택 외의 건축물과 그 부속토지로서 주거시설로 이용 가능한 시설을 말한다(주택법 §2 제호). 중요한 것은 준주택은 주택이 아니라는 점이다. 준주택은 고령화 및 1 ~ 2인 가구 증가 등 변화된 주택수요 여건에 대응하여 주택으로 분류되지 않으면서 주거용으로 활용이 가능한 주거시설의 공급을 활성화하기 위해서 2010년 7월 「주택법」 개정에 따라 최초로 정의되었다. 민간임대주택에 관한 특별법에서 준주택은 전용면적이 85제곱미터 이하이고, 상하수도 시설이 갖추어진 전용 입식 부엌, 전용 수세식 화장실 및 목욕시설을 갖춘 오피스텔만을 말한다.

준주택의 종류별 범위는 다음 표와 같다(건축령 별표 1 2호 외).

준주택	기숙사	학교 또는 공장 등의 학생 또는 종업원 등을 위하여 쓰는 것으로서 1개동의 공동취사시설 이용 세대 수가 전체의 50퍼센트 이상인 것(교육기본법에 따른 학생복지주택을 포함한다)
	다중생활시설	다중이용업 중 국토교통부장관이 고시하는 기준에 적합한 고시원업의 시설로서 같은 건축물에 해당 용도로 쓰는 바닥면적의 합계가 500제곱미터 미만인 것
	노인복지주택	노인복지시설 중 노인복지법에 따른 노인복지주택
	오피스텔	업무를 주로 하며, 분양하거나 임대하는 구획 중 일부 구획에서 숙식을 할 수 있도록 한 건축물로서 국토교통부장관이 고시하는 기준에 적합한 것

4) 다가구주택과 다세대주택의 차이점

다가구주택과 다세대주택의 구분은 여러 사람이 거주하고 있는 주택의 개념은 같으나 주택보유형태를 단독주택 개념 또는 공동주택의 개념으로 구분하여 판단한다. 즉, 단가구주택은 1인이 소유하므로 분양(나누어 양도한다는 뜻)이 불가능하고 임대목적으로 이용되고, 다세대주택은 세대별로 소유하므로 분양목적(판매목적)으로 이용된다.

주택명	종 류	비 고	분 양	건축조건
다가구주택	단독주택	3층 이하	불 가	별다른 조건 없음
다세대주택	공동주택	4층 이하	가 능	지하층 설치, 인접대지경계선 1m 이상

세무 Tip **세법상 다가구주택**

19세대 이하가 거주하는 주택 중 공동주택에 해당되지 않는 주택으로서 주택으로 쓰는 층수(지하층 제외)는 3층 이하여야 한다. 다만, 1층 전부를 필로티구조로 하여 주차장으로 사용되는 필로티부분은 층수에서 제외하며, 1개동의 주택으로 쓰는 바닥면적(지하주차장면적 제외)의 합계가 660㎡ 이하라야 한다(건축령 별표 1 1호 다목). 이 경우 한 가구가 독립하여 거주할 수 있도록 구획된 부분을 각각 하나의 주택으로 본다. 다만, 해당 다가구주택을 구획된 부분별로 양도하지 아니하고 하나의 매매단위로 하여 양도하는 경우에는 그 전체를 하나의 주택으로 본다(소득령 §155 ⑮).

이러한 다가구주택의 경우 소위 '1세대 1주택' 양도소득세 비과세 규정의 혜택을 받지 못하며, 과세관청 및 법원은 이러한 다가구주택의 요건을 엄격하게 해석하고 있다는 점을 유의해야 한다. 특히 옥탑방 등 "증축 부분"이 있는 건물을 양도하는 경우 여전히 다가구주택의 요건을 충족하는지 여부를 신중하게 검토할 필요가 있다.

예컨대 지상 3층 건물의 소유자가 '옥탑방'을 만들어 이를 물건 보관 용도로 사용한 경우, 해당 옥탑방에 전기, 수도, 난방 설비가 갖추어져 있는 등 이를 주거용으로 사용하기에 적합한 상태였다고 인정된다면 이는 '주택으로 쓰는 층수'가 4개층이 되어 "단독주택"인 다가구주택으로 인정될 수 없고, 따라서 이 건물을 양도한 경우에도 위 비과세 규정이 적용될 수 없는 것이다(서울행정법원 2020.10.27. 선고 2020구단56479 판결). 이러한 "증축 부분"이 불법건축물로서 철거의 대상이 된다고 하더라도 마찬가지로, 여전히 이는 4층 이상의 건물로서 다가구주택이라고 볼 수 없다(서울행정법원 2020.5.27. 선고 2020구단53524 판결).

구 분	면적범위	내 역	비 고
지방세법	전용면적기준	• 1가구가 독립하여 구분사용할 수 있도록 분리된 부분을 1구의 주택으로 본다. • 취득세 과세 – 공동주택의 범위에 다가구주택 포함. • 재산세 적용 – 공동주택으로서 세대별 가액기준	• 지령 §28 · 112 • 지령 §28 • 지령 §112
소득세법	전용면적기준	• 개별분양하지 않고 임대해 주고 살다가 일괄양도시(하나의 매매단위)에는 1세대1주택으로 양도소득세 비과세	• 소령 §155 ⑮

5) 도시형 생활주택

도시형 생활주택은 주로 1~2인 가구의 주택수요를 흡수하기 위한 소형주택이다. 고급 중대형 아파트 공급이 신축 주택의 주류를 이루다 보니 가격이 저렴한 소형주택의 공급이 절대적으로 부족해졌기 때문이다. 정부는 도시형 생활주택 공급을 활성화시키기 위해 각종 건축기준을 크게 완화시켰다. 분양가 상한제도 배제된다.

300세대 미만의 국민주택규모에 해당하는 주택으로서 다음의 주택을 말한다(법 §2 20호, 영 §10).

구 분	내 역
원룸형 주택	• 세대별로 독립된 주거가 가능하도록 욕실, 부엌을 설치할 것 • 욕실 및 보일러실을 제외한 부분을 하나의 공간으로 구성할 것 • 세대별 주거전용면적은 50제곱미터 이하일 것 • 지하층에는 세대를 설치하지 아니할 것
단지형 연립주택	• 원룸형 주택이 아닌 연립주택. 다만, 건축위원회의 심의를 받은 경우에는 주택으로 쓰는 층수를 5개층까지 건축할 수 있다.
단지형 다세대주택	• 원룸형 주택이 아닌 다세대주택. 다만, 건축위원회의 심의를 받은 경우에는 주택으로 쓰는 층수를 5개층까지 건축할 수 있다.

다만, 하나의 건축물에 도시형 생활주택과 그 밖의 주택을 함께 건축할 수 없다. 다만, 다음의 경우는 예외로 한다(주택법 §36 ②, 영 §10 ②).

① 원룸형 주택과 주거전용면적이 85㎡를 초과하는 주택 1세대를 함께 건축하는 경우

② 준주거지역 또는 상업지역에서 원룸형 주택과 도시형 생활주택 외의 주택을 함께

건축하는 경우

하나의 건축물에는 단지형 연립주택 또는 단지형 다세대주택과 원룸형 주택을 함께 건축할 수 없다(영 §10 ③).

Chapter 03

❸ 세법상 주택구분

주택에 관련된 법규의 규정된 주택용어는 크게 다음과 같이 3가지로 구분된다.

① 주택공급제도(주택공급에 관한 규칙)상의 용어정의

② 주택법상 주택건설규모에 관한 용어정의

③ 세법상의 주택과세에 따른 용어정의

주택공급제도상의 용어✎는 국민주택과 민영주택으로 구분한다. 국민주택이란 국가·지방자치단체의 재정 또는 주택도시기금으로부터 자금을 지원받아 건설한 주택으로서 주거용도만으로 쓰이는 면적이 1호 또는 1세대당 전용면적 85㎡ 이하의 주택과 국가·지방자치단체·한국토지주택공사 또는 지방공기업법 제49조의 규정에 의하여 주택사업을 목적으로 설립된 지방공사가 건설하는 주택을 말한다(법 §2 5호). 민영주택이란 국민주택을 제외한 주택을 말한다(법 §2 7호).

✎ '공급'이라 함은 주택법 제16조에 의하여 30세대 이상의 주택 및 복리시설을 분양 또는 임대하는 것을 말한다.

세무 Tip 국민국민주택규모가 왜 85㎡인지?

국민주택규모가 왜 85㎡인지에 대해서는 의견이 분분하다. 박정희 전 대통령 생가 규모에서 따왔다는 설도 자주 언급되지만, 1인당 최소 주거면적을 5평으로 가구원수를 5명으로 계산했다는 주장이 가장 설득력이 있다. 우리나라 국민 1명이 인간답게 살기 위해 필요한 면적이 5평이고, 당시 가구당 평균 인원 5명을 곱해 25평을 산출했하고 85㎡는 25평을 미터법으로 환산했을 때 도출된 82.6㎡에서 소수점을 없애고 반올림을 한 결과로 전해진다. 유래가 불분명하다는 것은 국민주택규모를 외국의 주택법이나 세법을 차용한 것이 아니라는 것을 시사해 준다. 미국은 부가가치세가 없고, 유럽연합 중 10개국 정도가 주택의 공급에 관하여 표준세율(Standard rate)보다 낮은 경감세율(Reduced rate)을 채택하거나, 면세제도를 적용하고 있다. 즉, 주택을 규모에 따라 과세주택과 면세주택으로 구분하여 운영하는 것은 보편적인 일이 아니며, 이로 인하여 발생하는 부가가치세 안분문제 역시 전세계적으로 보편적인 과세문제라고 볼 수 없다. 참고로 그리스는 표준세율 외에 면세제도를 동시에 채택하고 있으며, 면세임에도 전단계세액공제가 허용되어 영세율과 같은 효과가 있다. 몰타는 주택공급에 대하여 전부 면세제도를, 포르투칼은 표준세율 20%보다 훨씬 낮은 5%세율과 면세제도를 동시에 채택하고 있고, 스웨덴은 표준세율과 면세제도를 공시에 채택하고 있다. 영국은 15%의 표준세율외에 주택신축 하는 경우 0%(비주거용 건물을 주거용건물로 용도변경하는 경우 0%, 부동산을 다른 거주용건물로 용도변경하는 경우 5%)의 세율을 적용하고 있다(국민주택공급및건설용역에 대한 부가가치세 영세율 적용에 관한 연구, 노기원 외 3명, 한국건설관리학회 논문집 제1권 제2호 2010년 3월, 64페이지).

주택법상 국민주택규모에 관한 구분은 주거전용면적 기준으로 하며 수도권정비계획법의 수도권지역은 전용면적 85제곱미터와 수도권정비계획법의 수도권지역 외는 100제곱미터 이하 주택을 국민주택규모로 규정하고 있다(법 §2 6호).

구 분	내 역	기 준
국민주택	수도권정비계획법 규정에 의한 수도권지역 : 1호 또는 1세대	주거 전용면적 85제곱미터(25.71평)
	수도권정비계획법 규정에 의한 수도권을 제외한 읍 또는 면지역(도시지역 제외) : 1호 또는 1세대	주거 전용면적 100제곱미터(30.25평)

비교하여 세법상의 주택용어는 크게 서민주택, 국민주택, 리모델링주택, 국민주택 초과, 고가주택, 기타의 주택 등으로 구분하여 정의하고 있으며, 이 용어의 정의 · 원천은 주택의 크기 및 용도에 따라서 분류된다. 따라서 각 세법에서는 주택의 크기 및 용도에 따라 지방세 · 부가가치세 · 양도소득세에 대하여 과세 및 면세 또는 중과세 등을 적용하고 있으며, 주택의 용어와 관련된 세법은 지방세특례제한법(서민주택의 취득세 면제 · 감면), 조세특례제한법(국민주택에 대한 부가가치세면세 · 과세 및 양도소득세 면제 · 감면), 소득세법(1세대1주택, 고가주택, 기타의 주택 등 양도소득세과세 및 비과세범위)에서 규정하고 있다.

1) 서민주택 : 전용면적 40제곱미터 이하

상시 거주할 목적으로 서민주택을 취득할 경우 2027.12.31.까지 취득세를 면제한다.✎ 여기서 서민주택이라 함은 연면적 또는 전용면적이 40제곱미터 이하인 주거용 건축물 및 그 부속토지로서 취득가액이 1억원 미만인 주택을 말한다(지특법 §33 ②, 동령 §15 ②).

✎ 상속 증여로 인한 취득 및 원시취득을 제외한다. 취득일로부터 3개월내 상시거주를 시작하지 않거나 상시거주를 시작한 날부터 2년간 상시거주하지 않는 경우 등에는 면제된 취득세를 추징한다.

2) 서민주택 : 전용면적 60제곱미터 이하

주택건설사업자가 공동주택을 분양할 목적으로 건축한 전용면적 60제곱미터 이하인 5세대 이상의 공동주택과 그 공동주택을 건축한 후 미분양 등의 사유로 지방세특례제한법 제31조에 따른 임대용으로 전환하는 경우 그 공동주택에 대하여는 2014.12.31.까지 취득세를 면제한다(지특법 §33 ①).

3) 전용면적 85제곱미터 이하인 주택 : 국민주택

국민주택(전용면적 85제곱미터 이하) 및 그 주택의 건설용역에 대하여 부가가치세를 면제한다(조특법 §106).

주택용어	내 역	과 · 면세	근거법령
국민주택	전용면적 85㎡(25.71평) 이하의 상시 주거용 주택	부가가치세 면제	조세특례제한법 §106 ① 4호, 동령 §106 ④
국민주택 규모 초과	전용면적 85㎡(25.71평) 초과의 상시 주거용 주택	부가가치세 과세	부가가치세법 §11 ①

건설산업기본법, 전기공사업법, 소방법, 정보통신공사업법, 주택법, 하수도법 및 가축분뇨의관리및이용에관한법률에 의하여 등록을 한 자가 공급하는 주택건설용역(외주공사계약분)에 대하여서 부가가치세를 면제한다. 또한 건축사법, 전력기술관리법, 소방시설공사업법, 기술사법 및 엔지니어링산업 진흥법에 따라 등록 또는 신고를 한 자가 공급하는 건설용역도 부가가치세를 면제한다.

점포가 설치되어 있는 주택의 경우 점포 이외의 주거전용 부분의 면적이 85㎡ 이하일 경우 그 주거전용 면적에 한하여 국민주택으로 본다.

4) 리모델링주택

주택법 · 도시정비법 및 건축법에 의하여 주택을 리모델링한 주택(다음의 ①, ②에 해당하는 용역)으로서 당해 리모델링하기 전에 국민주택규모(전용면적 85㎡)인 경우의 주택으로서 리모델링 후 기존주택면적의 130% 이하의 리모델링주택은 부가가치세를 면제한다(조특령 §106 ⑤).

당초면적	증축규모		비 고
국민주택규모 이하인 경우에 한함	국민주택규모 이하 증축	–	부가가치세 면제
	국민주택규모 초과 증축	기존 주택규모의 130% 이하 증축시	부가가치세 면제
		기존 주택규모의 130% 초과 증축시	부가가치세 과세

① 건설산업기본법, 전기공사업법, 소방시설공사업법, 정보통신공사업법, 주택법, 하수도법 및 가축분뇨의관리및이용에관한법률에 의하여 등록을 한 자가 공급하는 주택건설용역(외주공사계약분)

② 건축사법에 의하여 등록을 한 자가 공급하는 설계용역

5) 고가주택 : 실지거래가액 12억원 초과

주택 및 이에 딸린 토지의 양도당시의 실지거래가액의 합계액(1주택 및 이에 딸린 토지의 일부를 양도하거나 일부가 타인 소유인 경우에는 실지거래가액 합계액에 양도하는 부분의 면적이 전체주택면적에서 차지하는 비율을 나누어 계산한 금액)이 12억원을 초과하는 것을 말한다(소령 §156 ①). 고가주택은 기존 9억원에서 12억원으로 개정하였다. 개정규정은 2021년 12월 8일 이후 양도하는 경우부터 적용한다.

6) 고급주택 : 시가표준액 9억원 초과 등

주거용 건축물과 그 부속토지 또는 공동주택과 그 부속토지는 취득당시의 시가표준액이 9억원을 초과하는 경우에만 취득세 중과대상에 해당된다(지령 §28 ④). 2020.12.31. 시행령 개정시 고급주택으로 보는 주거용 건축물과 그 부속토지의 기준에서 건축물의 가액이 9천만원을 초과할 것의 요건을 폐지하고, 취득 당시의 시가표준액을 6억원에서 9억원으로 상향 조정하였다. 동 개정규정은 2021.1.1. 이후 납세의무가 성립하는 분부터 적용하되, 2020.12.31. 이전에 취득 당시 건축물의 가액이 9천만원 이하인 주거용 건축물과 그 부속토지에 대한 매매계약(분양계약을 포함함)을 체결하고 계약금을 지급한 사실이 증명서류에 의하여 확인되는 경우에는 같은 개정규정에도 불구하고 종전의 규정에 따른다.

구 분	내 역
단독주택	• 1구의 건축물의 연면적(주차장면적은 제외)이 331제곱미터(약 100평)를 초과하는 주거용 건축물과 그 부속토지 • 1구의 건축물의 대지면적이 662제곱미터(약 200평)를 초과하는 주거용 건축물과 그 부속토지
단독주택 공통	• 1구의 건축물에 엘리베이터(적재하중 200킬로그램 이하의 소형엘리베이터는 제외), 에스컬레이터 또는 67제곱미터 이상의 풀장 중 1개 이상의 시설이 설치된 주거용 건축물(공동주택 제외)과 그 부속토지
공동주택	• 1구의 건축물의 연면적(공용면적을 제외)이 245제곱미터(복층형의 경우 274제곱미터)를 초과하는 공동주택과 그 부속토지 ※ 여러 가구가 한 건물에 거주할 수 있도록 건축된 다가구용주택을 포함하되, 이 경우 한 가구가 독립하여 거주할 수 있도록 구획된 부분은 각각 1구로 본다.

7) 농어촌주택

수도권정비계획법에 따른 수도권 밖의 지역 중 읍지역(도시지역 안의 지역은 제외) 또는 면지역에 소재하는 주택(이하 "농어촌주택"이라 한다)과 그 밖의 주택을 국내에 각각 1개씩 소유하고 있는 1세대가 일반주택을 양도하는 경우에는 국내에 1개의 주택을 소유하고 있는 것으로 보아 1세대1주택의 적용을 받는다. 다만, 귀농주택에 대해서는 그 주택을 취득한 날부터 5년 이내에 일반주택을 양도하는 경우에 한정하여 적용한다(소득령 §155 ⑦).

구 분		내 역
농어촌주택	이농주택	• 영농 또는 영어에 종사하던 자가 전업으로 인하여 다른 시 · 구 · 읍 · 면으로 전출함으로써 거주자 및 그 배우자와 생계를 같이하는 가족 전부 또는 일부가 거주하지 못하게 되는 주택으로서 이농인이 소유하고 있는 주택으로서 5년 이상 거주한 사실이 있는 주택
	귀농주택	• 영농 또는 영어의 목적으로 취득한 주택(1,000제곱미터 이상의 농지를 소유하는 자가 해당 농지의 소재에 있는 주택을 취득하는 주택, 1,000제곱미터 이상의 농지를 소유하기 전 1년 이내에 해당 농지소재지에 있는 주택을 취득하는 것일 것, 어업인이 취득하는 것일 것) 중 대지면적 660제곱미터 이내이며, 고가주택에 해당하지 않는 경우
	상속주택	• 피상속인이 취득 후 5년 이상 거주한 주택으로서 상속받은 주택

건설 Tip 전용면적, 공급면적, 분양면적이란?

① **전용면적** : 공동주택의 경우 외벽의 내부선을 기준으로 한 면적, 즉 안목치수를 이용한 면적을 말한다(즉, 1세대가 전용하는 면적임). 발코니는 서비스면적이므로 전용면적에 포함되지 않는다. 서비스면적이란 외부와 접하는 앞, 뒤 발코니처럼 전용면적 외에 별도로 덧붙여 주는 면적을 말한다. 이 면적은 용적률, 전용면적, 공용면적, 계약면적, 분양면적 등 어디에도 포함되어 있지 않는 면적이어서 서비스면적이라고 부른다. 건물 등기부등본에는 건물의 면적 표기 부분에 전용면적만을 표기하고 있다. 비교하의 단독주택의 전용면적은 벽, 기둥 등 중심선에 둘러싸인 부분을 기준으로 하여 산정한다.

② **공급면적** : 전용면적과 주거공용면적의 합계를 말하며, 보통 33평형 아파트라고 하면 공급면적이 33평 이상이고 34평 미만이라는 뜻이다. 주거공용면적이란 복도, 계단, 현관 등 공동주택의 지상층에 있는 공용면적을 말한다(주택칙 §2 ② 2호 가목).

③ **분양면적** : 전용면적과 주거공용면적 및 기타공용면적까지의 합계면적을 말한다. 기타공용면적이란 주거공용면적을 제외한 지하층, 관리사무소 등 그 밖의 공용면적을 말한다(주택칙 §2 ② 2호 나목).

④ **계약면적** : 분양면적과 지하주차장면적의 합계면적을 말한다.

제 2 절

개발개요

1 선분양

도시화와 산업화 및 핵가족화가 급속도로 추진되면서 주택의 수요가 폭발함에 따라 주택가격이 상승하자 정부에서 주택 200만 호 건설계획을 수립하게 되었다. 하지만 건설업체의 자재수급과 자금조달엔 한계가 있었기 때문에 이를 해소하기 위하여 선분양제도를 도입하여 건설업체의 자금조달의 부담 및 금리부담을 경감시켜줌과 동시에 입주자에게는 분양계약 이행을 보장하는 보증 제도를 도입하여 문제의 해결을 도모하였다.

선분양제도란 착공과 동시에 주택을 분양할 수 있도록 하는 제도(즉, 모집공고를 내고 분양자를 먼저 모은 뒤, 이들이 낸 분양대금으로 아파트를 지어 완공하고 잔금 납입과 함께 입주가 이뤄지는 형태)로 1978.9.5. 주택공급에 관한 규칙이 개정되면서 시행되었다(그 이전에는 건축공정이 20% 이상일 때 분양할 수 있었다). 한국, 호주 등 극히 일부 국가만 선분양제도를 채택하고 있다.

1) 신탁사업의 활성화

영세한 시행사가 타인자본을 조달하여 부동산개발사업의 주체가 되는바 PJ와 시행사의 도산위험을 절연하기 위하여 담보신탁과 토지신탁이 활용된다.

2) 시공사의 신용공여

영세한 시행사의 PF이자율을 줄이기 위하여 시공사가 각종 신용공여를 제공한다. 채무인수, 책임준공, 책임분양 등 이 대표적인데 이는 보증채무와 유사한바 대위변제발생시 비용불인정의 이슈를 발생시킨다.

3) 주택보증과 입주자모집

선분양하는 경우 주택보증을 받은 시행자만이 입주자를 모집할 수 있다. 시행자가 입주자로부터 받는 입주금은 청약금, 계약금, 중도금 및 잔금으로 구분하며 청약금은 주택 가격의 10퍼센트, 계약금은 청약금을 포함하여 주택가격의 20퍼센트, 중도금은 주택 가격의 60퍼센트의 범위 안에서 받을 수 있다. 근거법은 주택공급에 관한 규칙이다.

4) 분양보증이란?

분양보증이란 사업주체가 파산 등의 사유로 분양계약을 이행할 수 없게 되는 경우, 당해 주택의 분양계약의 이행 또는 납부한 입주금의 환급을 이행하는 책임을 지는 보증을 말한다. 1993.4.23. 주택건설촉진법 제47조의 6에 근거 주택공제조합이 탄생하게 되었고, IMF로 인해 유동성 위기에 처했으나, 정부, 금융기관 및 주택건설업체가 공동으로 출자하여 1999.6.1. 대한주택보증㈜로 사명을 바꾸었다. 분양보증은 주택법에 의거 대한주택보증㈜가 그 업무를 전담하고 있다. 보증 기간은 보증서의 발급일로부터 건물의 사용 승인일까지이며, 보증금액은 입주자로부터 받은 분양대금 전액으로 한다. 보증요율은 사업주체의 신용등급에 따라 0.34~0.44%로 다양하다. 2003.7.부터 주상복합주택분양보증 상품이 도입되었다. 보증대상은 사업계획승인이나 건축허가를 받은 주상복합 건축물로서 주택연면적 비율이 건축물 전체 연면적의 80% 이상인 건축물의 주택, 오피스텔 및 복리시설의 분양계약자이다.

5) 굿모닝시티 사기분양사태

주택공급에 관한 규칙은 주택에만 적용되어 왔으며 상가나 오피스텔은 대상으로 하지 않았다. 동대문굿모닝시티는 상가 쇼핑몰 건물로 2001년 분양을 시작하여 2003년 부도를 맞았다. 이에 대한 대책으로 건축물의 분양에 관한 법률(건분법)이 2005년 04월 제정되어 일정 규모 이상의 오피스텔과 상가는 분양보증 또는 분양관리신탁을 하여야 한다. 분양관리신탁은 굿모닝시티사태로 도입된 새로운 신탁상품이며, 수분양자의 보호 측면에는 분양관리신탁보다 분양보증이 더 우월하다는 의견이 있다.

❷ 후분양

최근 후분양제도를 선택하는 PJ가 등장하고 있다. 주된 이유는 분양 시(착공 시점)부터 입주 시(준공 시점)까지 발생하는 부동산 가격의 상승이익을 시행자가 독점하기 위한 것이다. 우리나라 주택시장에서 분양가는 시행자가 임의로 정할 수 없으며, 분양 후 2년은 부동산 가격이 급상승하는 시기이다. 선분양제도하에서 급상승하는 부동산 가격은 일반 분양자에게 귀속된다. 후분양제를 선택하는 경우 시세 상승은 조합원 프리미엄으로 귀속될 것이다. 따라서 조합원이 자금에 여유가 있고, 부동산 가격 상승이 확실시되는 경우 굳이 선분양제도를 고집할 이유가 없다. 이에 따라 최근 강남 · 반포 일대의 도시정비사업에서 후분양이 등장하였다.

우리나라에서 후분양제도의 등장은 지극히 사업적인 이유로 보인다. 그러나 바탕에는 선분양제도의 단점이 계속 지적되어 왔다. 분양 시장을 이해하기 위해서는 선분양제도의 문제점도 짚고 넘어가야 한다.

선분양제	후분양제
수분양자는 견본주택(모델하우스)을 보고 계약하는 제도(날림시공문제가 발생할 수 있다)	수분양자는 최소한 골조가 완성된 상태에서 계약하는 제도(아파트 동간 배치, 주차장 배치, 채광 등은 확인할 수 있다)
수분양자는 살지도 않는 아파트에 중도금을 넣고, 거기에 이자까지 부담한다.	시행사는 공사비를 자체 조달해야 하고, 이 경우 은행으로부터 사업비 대출을 더 받아야 하는데, 그만큼 이자 부담이 늘어난다.
분양가는 '미래 가치'를 반영한다며 비싸게 책정된다.	준공 즈음 분양하므로 '현재 가치'를 반영하여 책정된다.

❸ 책임준공

국내의 부동산 PF(Project Financing) 사업은 시공사의 신용공여를 토대로 진행된다. 시공사는 시행사의 대출원리금 채무를 담보하기 위하여 금융기관에 직접 지급보증이나 채무인수를 부담하기도 하고, 아예 시행권을 인수해서 사업을 완성할 것을 약속하기도 한다. 이러한 시공사의 신용공여 또는 담보제공 방식의 대표적인 사례가 바로 '책임준공의무'이다.

책임준공의무란 시행사가 부도가 나더라도 시공사가 예정된 공사 기간 내에 건축물을 준공할 것을 부담하는 의무를 말한다. 완공보증이라고도 불린다. 시공사는 분양률이 저조해지거나 시행사가 공사비를 지급하지 않을 경우 공사를 중단하거나 포기할 유인이 생기며, 이 경우 프로젝트 자체의 진행이 불가능해진다. 따라서 금융기관은 시공사로 하여금 책임준공의무를 요구하게 되고, 실무상 '책임준공확약'이라는 별도의 약정을 체결하는 경우가 많다. 일단 건물이 준공되면 어떻게든 현금화가 가능하고 시공사를 포함한 PJ 참여자들의 투자금액을 회수할 여지가 생기기 때문이다.

통상적인 신용공여방식과 달리 책임준공의무는 시공사의 행위를 요구한다. 금융기관으로서는 현실적인 대출원리금상환을 위해서는 책임준공의무 위반에 따른 손해배상책임을 구하게 되며, 이 손해배상책임을 시공사의 보증책임과 동일한 성격으로 보아야 하는지 해석상 다툼의 여지가 있다.

책임준공의무의 성격과 범위를 구체적으로 다룬 판례가 많지 않으나 주의적인 판례(대법원 2015.10.29. 선고 2014다75349)가 있어 소개한다.

- 시행사의 설계변경등 공기연장에 관한 약정을 고려하였을 때, 시공사는 공기내 미완료책임은 없고 공사중단에 따른 책임만 있다.
- 책임준공약정에 따른 손해배상채권은 기업구조조정촉진법상 신용공여에 해당한다.
- 신용공여에 해당하므로 시공사 워크아웃 시 신용공여액을 신고하지 않은 손해배상채권도 소멸하거나 행사가 유예된다.

책임준공의무나 그 위반으로 인한 손해배상책임 모두 실질적으로 대출원리금상환을 담보하는 성격을 가지고 있으며, 사업약정 당사자들의 인식과 의사도 이와 다르지 않다. 기업구조조정촉진법에 열거된 '신용공여' 조항에 책임준공의무가 명시적으로 들어간 것은 아니지만, 금융기관에 손실을 초래할 수 있는 거래로서 구별될 이유가 없다.

본래 준공의무는 건설공사의 도급인과 수급인의 관계에서 수급인이 도급인에게 부담하는 계약상 의무이나, 우리나라와 같이 시행, 시공이 분리되고 시행사의 자력이 현저히 부족한 상태에서 금융기관이 시행사만을 신뢰하고 자금을 대출해 주기 어렵기 때문에 시공사에게도 대출과 관련된 책임을 요구하고 있는 것이다.

특이한 점은 대출금의 상환약정을 요구하고 있는 것이 아니라 '준공의무'를 부담시키고 있는데, 그 이유는 건물이 준공되면 일부 대출금 회수가 가능하고, 그 대출금은 시공사의 공사대금 채권에 앞서 충당하는 것으로 약정되어 있는 경우가 많기 때문이다.

책임준공 의무의 내용과 유형은 법률에서 정하고 있는 것이 아니기 때문에 원칙적으로 당사자 사이에 약정이나 사업 특성, 그리고 성공 가능성에 따라 그 내용이 조금씩 변형되어 이용되고 있다. 따라서 책임준공이라는 의미로 어떠한 법률 효과가 나타난다고 단정지을 수 없는 부분이고, 구체적인 법률 효과는 책임준공 약정에서 상세히 정하여야 한다.

유사한 약정으로는 PJ 차질이 우려되는 경우 시행사가 시공사에게 사업시행권을 양도하기로 하는 약정이 있다. 사업시행권 양도는 책임준공과 더불어 시행사의 채무불이행시 담보권의 역할을 하고 있다.

④ 개발사업

국가 또는 지방자치단체로부터 인가 · 허가 · 면허 등을 받거나 신고하고 시행하는 택지 및 주택개발사업(택지개발사업, 토지형질변경사업, 주택건설사업, 대지조성사업), 공장용지개발사업(국가산업단지개발사업, 일반산업단지개발사업, 도시첨단산업단지개발사업, 농공단지조성사업, 공장신설, 공장증설사업), 관광단지개발사업, 복합용지개발사업(지역개발사업, 특정지역지정개발사업, 지역종합개발지구 지정개발사업), 농어촌개발사업(농업생산기반정비사업, 농어촌생활환경정비사업, 농어촌관광휴양자원개발사업, 한계농지 등의 정비사업), 초지조성사업, 산림자원개발사업(산림자원조성사업, 도시림조성사업), 상가 · 주상복합 · 복합개발사업, 도시 및 주거환경정비사업(주거환경개선사업, 주택재개발사업, 주택재건축사업), 빈집 및 소규모주택 정비에 관한 특례법(자율주택정비사업, 가로주택정비사업, 소규모재건축사업), 도시개발사업(주거, 상업 등의 단지조성사업 또는 시가지 조성사업, 도시재정비촉진사업), 신탁개발사업(국유지신탁개발, 공유지 신탁개발, 신탁에 의한 산업단지 개발사업, 신탁에 의한 도시개발사업)이 있다.

1) 택지개발사업

주택건설에 필요한 택지를 대량으로 개발하기 위해 택지개발촉진법에 따라 시행하는 사업을 말한다. 국가, 지방자치단체, 한국토지주택공사, 지방공사 또는 공공시행자와 주택법에 의한 등록업자가 택지개발사업을 목적으로 공동으로 출자하여 설립한 법인 중에서 건설교통부장관이 지정하는 자가 택지개발계획을 작성하여 건설교통부장관의 승인을 얻어 시행하는 개발사업이다.

택지개발사업은 개발할 토지를 토지 소유자한테 전량 매입하여 계획대로 개발하여 주택건설사업자 등에게 공급하는 방법으로 대단위 택지개발을 단기간에 완성할 수 있는 개발방식의 사업이다. 토지소유자한테 토지를 매입할 때 협의 매수가 안되면 사업시행자는 토지 수용권을 행사할 수 있다.

이 때문에 토지소유자와 사업시행자간에 갈등이 생긴다. 토지소유자는 보상액을 더 요구하고 사업시행자는 사업이 지연되는 문제가 있다. 토지자원의 공공성 내지 사회성을 실현시킬 수 있는 방법이나 사권침해의 소지도 있다. 개발한 택지는 주택건설사업자 등에게 분양하며, 1980년 12월 31일에 법을 제정하여 시행한 택지개발방식으로 그동안 주택건설에 크게 기여한 사업방식이다.

2) 주택건설사업

주택법이 정하는 절차에 따라 주택건설사업자들이 건설하는 사업을 말한다. 사업주체는 주택건설사업계획승인을 얻어 사업을 시행하는 자로 국가, 지방자치단체, 한국토지주택공사, 지방공사, 국토교통부장관에게 등록한 주택건설사업자 등이 있다. 이와 같이 주택건설은 공공과 민간이 나누어 하고 있으나, 실제 건설량은 민간부분이 월등히 많다. 그동안 택지개발은 공공부문이 주택건설은 민간이 하는 역할분담 구조를 지탱해 왔기 때문이다.

민간은 ① 자본금 3억원(개인은 자산평가액 6억원) 이상, ② 건축분야기술자 1인 이상, ③ 사업의 수행에 필요한 사무장비를 갖출 수 있는 사무실면적을 구비한 후 국토교통부장관에게 주택건설사업자로 등록한 후 주택을 건설할 수 있다.

단독주택은 20호, 공동주택은 20세대 이상 건설하려면 반드시 주택건설사업자로 등록해야 한다. 국가, 지방자치단체, 지방공사, 주택건설사업을 목적으로 설립한 공익법인, 주택조합, 근로자를 고용하는 자는 등록하지 않아도 당연히 주택사업 주체가 된다. 토지소유자나 주택조합은 등록사업자와 공동으로 주택을 건설할 수 있으며, 공동사업주체가 될 수 있다.

민간 주택건설사업자는 사업계획승인신청서를 작성하여 시도지사의 승인을 얻어야 하며, 공공부문사업자는 국토교통부장관의 승인을 얻어야 한다. 시도지사가 사업계획을 승인할 때에는 건축법의 건축허가 등 25개 법률이 정하는 인허가 등을 받은 것으로 간주하여 사업을 원활하게 진항할 수 있도록 다른 법률에 정하는 인허가를 의제하고 있다.

사업계획을 승인받은 주택건설사업자 중에서 일정한 자격을 갖추면 직접 시공도 할 수 있다. 사업주체는 법이 정하는 주택건설기준에 따라 건설해야 하며, 도로 및 상하수도, 전기, 통신, 가스, 난방시설 등의 간선시설을 설치해야 하고, 사업을 완료하면 사용검사를 받아야 하며, 건설한 주택의 성능등급을 인정받아 입주자 모집공고 안에 표시해야 하는 등 규제를 받아야 한다.

3) 대지조성사업

주택법에 근거하여 시행하는 사업으로 주택단지를 조성하기 위하여 시행하는 사업이다. 1만 제곱미터 이상의 대지조성사업을 시행하는 경우에는 주택법에 따라 사업계획승인을 받아야 한다. 주택사업자들은 대지조성과 아파트건축을 동시에 하므로 따로 대지조성사업을 하는 사례는 희소하다. 종전의 주택건설촉진법에서 규정한 것을 주택법에 그대로 승계시킨 제도이다.

4) 도시개발사업

도시개발사업은 계획적인 도시개발이 필요한 지역에 주거, 상업, 산업, 유통, 정보통신, 생태, 문화, 보건 및 복지 등의 기능이 있는 단지 또는 시가지를 조성하기 위해 「도시개발법」에 따라 시행하는 사업을 말한다.

도시개발사업은 주택용지 및 공장용지 등의 높아진 수요와 복합적인 기능을 하는 도시를 종합적 · 체계적으로 개발할 필요성에 대응하기 위해, 종전의 「도시계획법」의 도시개발사업부문(일단의 주택지조성사업, 일단의 공업용지조성사업, 대지조성사업)과 「토지구획정리사업법」을 통합하여 2000년 7월 「도시개발법」을 제정하여 최초로 도입되었다.

도시개발사업은 사업시행자가 도시개발구역의 토지 등을 수용 및 사용하거나, 환지방식으로 시행할 수 있으며 이를 혼용하는 방식으로도 시행 가능하다. 도시개발사업 시행에 드는 비용은 규정에 따라 일부를 국고에서 보조하거나 융자할 수 있으며 시행자가 행정청일 경우 전액을 보조하거나 융자할 수 있다. 지방자치단체가 도시개발사업을 촉진하고 도시계획시설의 설치를 지원하는 데 드는 비용은 도시개발특별회계를 재원으로 한다. 특별회계는 일반회계 전입금, 정부 보조금, 도시개발채권 발행 조성 자금, 수익금 및 집행 잔액, 부과 · 징수된 과태료, 시 · 도에 귀속되는 과밀부담금 일부, 해당 지자체에 귀속되는 개발부담금 일부, 수익금, 재산세징수액 중 일부, 차입금, 해당 특별회계자금의 융자회수금 · 이자수입금 및 그 밖의 수익금 등으로 마련한다.

토지구획정리사업은 「(구)토지구획정리사업법」에 의해 환지방식으로 시행되는 계획적인 택지화 사업을 말한다. 토지구획정리사업은 신시가지와 기성시가지 모두에서 시행 가능 및 기반시설 등을 일제히 정비할 수 있으며, 사업을 위한 토지를 토지소유자들이 현물로 출자하였기 때문에 토지매입비를 절감할 수 있다는 점에서 효율적 · 경제적인 개발이 가능한 장점이 있다. 그러나 사업지구에만 집중된 계획으로서 전체적인 도시공간에 대한 고려 부족, 사업기간의 장기화, 개발 이익의 사유화 등 다수의 문제점도 존재하였다. 이에 2000년 7월 「토지구획정리사업법」의 폐지와 동시에 「도시개발법」이 제정되면서, 토지구획정리사업은 「도시개발법」에 의한 환지방식으로 시행하는 도시개발사업으로 편입되었다.

건설 Tip 도시개발구역 대상지역 기준

1. **도시지역**
   가. 주거지역 및 상업지역 : 10,000㎡ 이상
   나. 공업지역 : 30,000㎡ 이상
   다. 자연녹지지역 : 10,000㎡ 이상
   라. 생산녹지지역 : 10,000㎡ 이상(생산녹지지역이 도시개발구역 면적 30% 이하인 경우)

2. **도시지역 외의 지역** : 300,000㎡ 이상(다만, 공동주택 중 아파트 또는 연립주택의 건설계획이 포함되는 경우에 도시개발구역에 초등학교용지를 확보하거나, 규정 도로 또는 주 · 보조간선도로와 연결되거나 4차로 이상의 도로를 설치하는 때에는 100,000㎡ 이상)

3. **자연녹지지역, 생산녹지지역 및 도시지역 외의 지역** : 광역도시계획 또는 도시 · 군기본계획에 의하여 개발이 가능한 지역에서만 국토교통부장관이 정하는 기준에 따라 지정

4. **광역도시계획 및 도시 · 군기본계획이 수립되지 않은 지역** : 자연녹지지역 및 계획관리지역에 한하여 지정가능

5. **지정권자가 계획적인 도시개발이 필요하다고 인정하는 다음의 경우** : 규모의 제한 없이 지정 가능
   가. 취락지구 또는 개발진흥지구
   나. 지구단위계획구역
   다. 국토교통부장관이 국가균형발전을 위하여 관계 중앙행정기관의 장과 협의하여 도시개발구역으로 지정하고자 하는 지역(자연환경보전지역은 제외)

건설업

세무와 회계

제 4 장

건설업과 법무

제1절 건설관련 법령

제2절 건축법

제3절 주택법

제4절 국토의 계획 및 이용에 관한 법률

제5절 도시개발법

제6절 도시 및 주거환경정비법

제7절 건설산업기본법

제8절 하도급거래 공정화에 관한 법률

제9절 국가를 당사자로 하는 계약에 관한 법률

제 4 장 건 설 업 과 법 무

제 1 절

건설관련 법령

1 개요

건설업은 건설 관련 법령 등에 따른 각종 규제를 받으며 사업을 영위한다.

주요법령은 건축법과 주택법, 건설산업기본법과 하도급거래법, 국가계약법, 부동산공법(국토계획법, 도시개발법, 도정법), 신탁법 등이 있다.

각 법률은 개별 법률보다 각 법률 간의 관계가 더 중요하다. 예를 들어 건축법과 주택법은 아래와 같이 적용대상의 차이를 파악하여야 한다.

구 분	건축법	주택법
건축대상	단독주택 : 29호 이하 공동주택 : 29세대 이하	단독주택 : 30호 이상 공동주택 : 30세대 이상
건축주	개인 또는 법인	주택건설등록사업자 등
착공전	건축허가	사업계획승인
완공전 입주	사용승인	사용검사
분양기준	개별분양	주택공급규칙상의 분양절차 · 기준 적용
입주자보호	임의	분양보증, 저당권설정제한
부대시설	임의	관리사무소, 놀이터, 경로당 등 세대규모에 따라 의무설치
유지보수	임의	관리주체

또한 개별 조문보다 법령의 체계를 파악하는 것이 중요하다. 법령의 종류가 방대하기 때문에 어떤 법률에서 다루고 있는지를 알아야 내용을 파악할 수 있기 때문이다.

❷ 주요법령의 체계

1) 건축법과 주택법

건축법	• 건축법 적용 범위 • 건축허가 및 신청 • 건축착공신고 및 착공 • 건축준공 · 감리 • 건축물의 유지관리 • 건축물의 구조 • 건축물의 대지
주택법	• 주택건설사업자 • 주택조합 • 사업계획의 승인 • 주택의 건설 • 주택의 공급 • 리모델링

2) 국토계획법과 도시개발법 및 도시및주거환경정비법

국토의 계획 및 이용에 관한 법률	• 계획부분 – 광역도시계획 – 도시군기본계획 – 도시군관리계획(용도지역, 용도지구, 용도구역, 기반시설, 도시개발정비사업, 지구단위계획) – 지형도면 작성교체 • 이용부문 – 개발행위허가 – 개발밀도관리구역 – 기반시설부담구역

<table>
<tr><td>도시개발법</td><td>• 수용방식
– 개발계획수립
– 도시개발구역지정
– 시행자 지정
– 실시계획 인가고시
– 착수
– 준공검사
– 공사완료 공고

• 환지방식
– 개발계획 수립
– 도시개발구역 지정
– 시행자지정
– 실시계획인가고시
– 환지계획인가
– 착수
– 환지예정지지정
– 준공검사
– 공사완료공고
– 환지처분공고
– 환지등기</td></tr>
<tr><td>도시및주거환경
정비법</td><td>• 기본방친수립
• 기본계획수립
• 안전진단실시(재건축)
• 정비계획수립
• 정비구역지정
• 사업시행자
• 사업시행계획 인가고시
• 분양신청
• 관리처분계획 인가고시
• 사업시행(철거)
• 준공인가 및 공사완료 고시
• 소유권이전고시</td></tr>
</table>

3) 건설산업기본법과 하도급법 및 국가계약법

건설산업기본법	• 건설공사의 주체 • 건설업종류와 등록 • 시공능력평가 • 건설공사의 도급계약원칙 • 하도급의 제한 • 건설기술자 배치 및 시공관리 • 하도급대금의 지급 • 건설공사 시공자의 제한 • 건설근로자 퇴직공제제도
하도급거래 공정화에 관한 법률	• 원사업자의 의무사항 • 원사업자의 금지사항 • 발주자의 의무사항 • 수급사업자의 의무 및 준수사항 • 법위반에 대한 제재고발
국가를 당사자로 하는 계약에 관한 법률	• 국가계약(지방계약) • 계약자유의 원칙 • 신의성실의 원칙 • 사전변경의 원칙과 권리남용금지원칙 • 계약에 관한 민법상 일반적 원칙 • 공공재생산 및 공공복리 추구 • 공동도급 • 2인 이상의 수급인이 당해 계약을 공동으로 수행하기 위하여 잠정적으로 결성한 수급체와 체결하는 계약 • 도급유형(공동이행 / 분담이행 / 주계약자관리방식) • 지역의무공동도급 • 지역제한 • 지역업체 시공참여 가점제

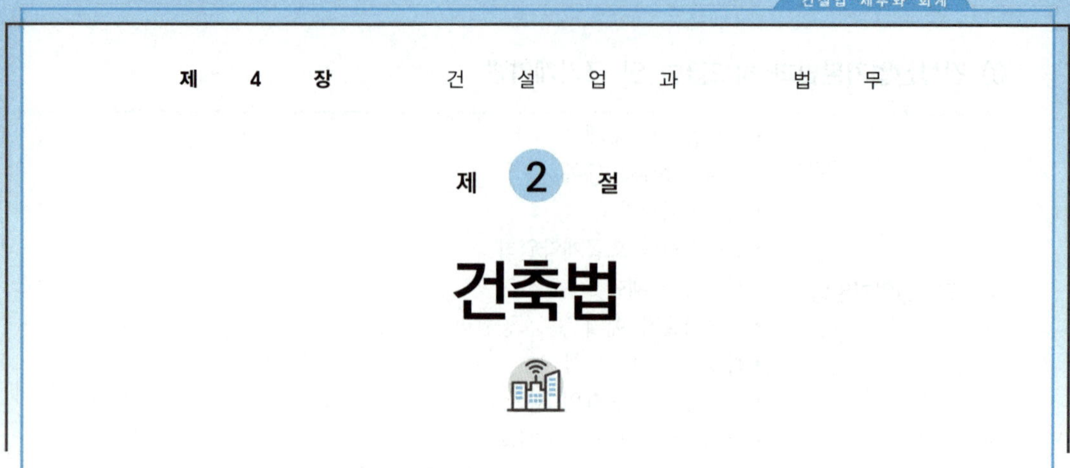

제 4 장 건설업과 법무

제 2 절 건축법

❶ 건축법의 체계

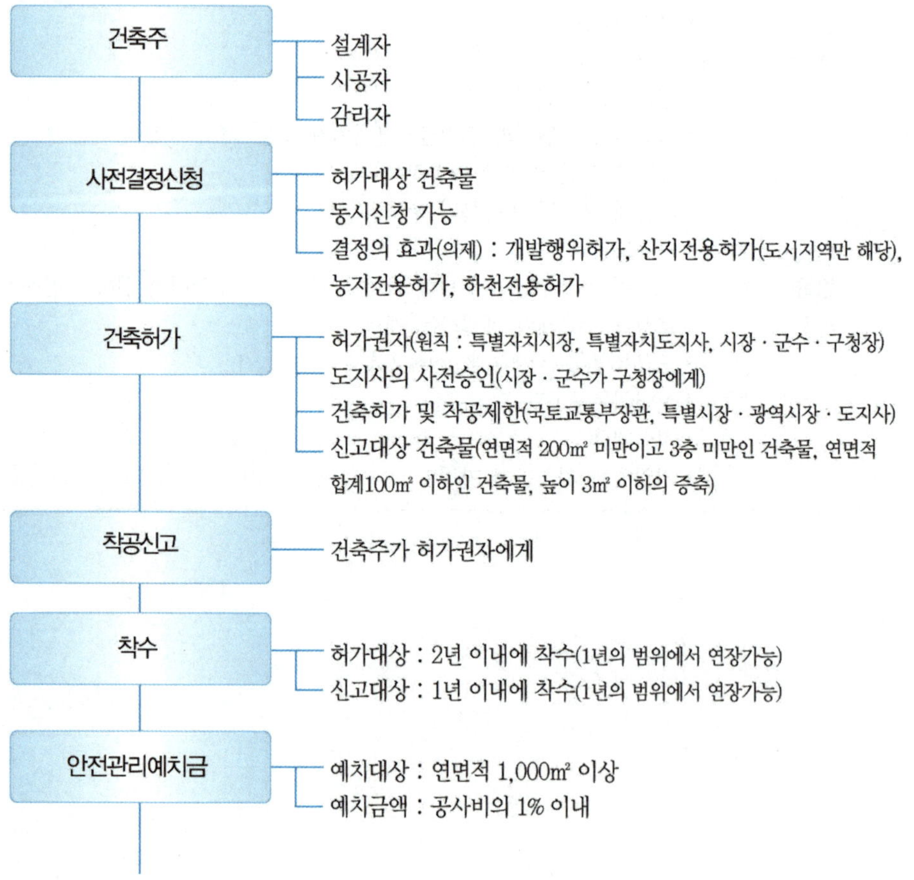

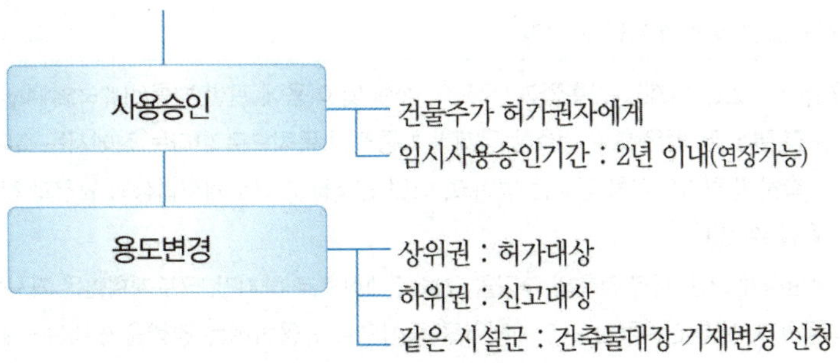

Chapter 04

❷ 건축법의 목적 및 특징

건축법은 건축물의 대지 · 구조 · 설비 기준 및 용도 등을 정하여 건축물의 안전 · 기능 · 환경 및 미관을 향상시킴으로써 공공복리의 증진에 이바지하는 것을 목적으로 한다(건축법 §1).

1) 헌법과의 마찰

건축법은 목적부분에서 안전을 가장 최우선의 공익으로 놓고, 그 이후 기능, 환경, 미관 등을 건축법의 제정목적으로 정하고 있다. 환경, 미관, 기능 등을 목적으로 국민의 기본권을 광범위하게 제한하는 조항을 두는 것이므로 건축허가가 거부된 경우 거부처분의 위법성을 판단할 때 해석의 기초가 된다.

2) 건축경찰법

건축법은 건축물로부터 오는 위험을 방지한다는 의미에서 건축경찰법이다. 건축경찰법은 건축물로부터 발생하는 위험을 막기 위해 위험방지요건을 정하고 건축물을 건축하는 단계에서 이를 강제하는 법을 말한다. 그 한도에서 토지소유자는 비록 자신의 땅이라 해도 건축물을 마음대로 짓지 못하므로 토지사용권에 제약을 받게 된다.

건축경찰법이라는 용어는 실정법상의 개념이 아니라 학문상의 개념이며, 이 기능을 주로 담당하는 실정법이 건축법이다.

건축법과 국토계획법의 관계

현재 건축물을 규율하고 있는 법제는 건축법과 「국토의 계획 및 이용에 관한 법률(이하 국토계획법)」을 양대 축으로 구성되고 운영된다. 두 법은 모두 건축물 통제를 최종적인 목적으로 한다는 점에서는 같다. 건축법과 국토계획법은 건축물의 허가요건을 정하는 법이고, 어떤 건축물도 국토계획법상의 요건과 건축법상의 요건에 반하여 건축될 수 없다.
건축법은 지역과 무관하게 모든 개별 건축의 과정을 규율의 대상으로 하지만, 국토계획법은 거시적인 도시관리에 관심을 집중하고 개별 건축물들도 도시지역을 중심으로 규율하려는 경향을 띤다(국토계획법 §56).

건축법과 국토계획법은 그 규율의 '목적'에서 큰 차이를 보인다. 건축법은 건축물로부터 발생하는 위험을 방지하는 것을 그 주된 목적으로 하므로 개별 건축물이 '안전'하게 건축되어 위험이 발생하지 않도록 하는 것을 그 건축법의 목적으로 한다. 이에 비해 국토계획법은 거시적으로, 건축물이 도시전체의 기능을 고려할 때 어떻게 건축되는 것이 토지를 합리적으로 이용하는 것인지에 관심을 둔다. 따라서 난개발 문제는 국토계획법적 쟁점에 해당한다. 그러나 개별 건축물에 붕괴위험이 있는지, 방화벽을 잘 갖추고 있는지 하는 문제는 국토계획법의 관심사가 아니다.

이와 같은 목적의 차이를 전제로 양법이 결정적으로 차이를 보이는 것은 그 규율방식(規律方式)이다. 우선 건축법은 위험방지라는 목적을 달성하기 위하여 철저히 개별 건축물 단위로 요건을 정한다. 예컨대 피난계단의 요건이 충족되었는가, 승강기를 설치해야 하는 층수 이상인가 하는 점은 개별 건축물별로 평가해야 한다. 이에 비해 건축물과 도시기능의 유기적 관련성을 중시하는 국토계획법은 토지, 즉, 건축물의 대지를 기준으로 건축물을 규율하는 방식을 사용한다. 그래서 국토계획법이 정하는 건폐율, 용적률, 건축물의 허용용도 등의 허가요건은 건축물이 들어서게 될 대지가 먼저 정해져야 그 다음에 판단될 수 있는 요소들이다.

건축법은 택지(또는 대지)가 이미 주어진 것으로 전제하고 개별 건축물을 겨냥해서 그 허가요건에 대해서만 관심을 기울인다. 이에 반해 국토계획법은 건축물이 건축될 토지 자체에 대해서도 관심을 기울이는데, 토지를 합리적으로 사용한다는 것은 당해 토지상에 과연 건축물이 들어서도 좋은가(건축허용성)의 문제와 연결되어 있다. 따라서 국토계획법은 건축물의 건축단계 이전에 이미 토지에 대한 개발가능성을 결정하는 기능을 담당하게 되고 이 점에서 건축법보다 관심범위가 넓다. 국토계획법에서 이러한 기능을 담당하는 것이 바로 개발행위허가, 그중에서도 더 구체적으로는 토지형질변경허가제도이다(동법 §56).

❸ 건축허가

건축물을 건축 또는 대수선하고자 하는 자는 특별자치시장 · 특별자치도지사 또는 시장 군수 구청장의 허가를 받아야 한다(건축법 §11 ①). 건축물을 건축하거나 대수선하려는 자는 시장 · 군수 · 구청장의 허가를 받아야 한다. 다만, 다음의 용도 및 규모의 건축물을 특별시나 광역시에 건축하려면 특별시장이나 광역시장의 허가를 받아야 한다✎(법 §11 ①).

✎ 다만, 공장, 창고 및 지방건축위원회의 심의를 거친 건축물(초고층 건축물은 제외)의 건축은 제외한다(동령 §8 ①).

㉮ 21층 이상

㉯ 연면적 합계 100,000㎡ 이상

㉰ 연면적 3/10 이상 증축으로 인해 "①, ②" 사항이 되는 경우

건축허가는 행정청이 건축행정상 목적에서 허가신청자에게 부과한, "행정청의 허가 없이 건축행위를 하여서는 안 된다"는 일반적 · 상대적 금지를 관계 법규에 따라 해제하여 줌으로써, 일정한 건축행위의 자유를 회복시켜주는 행정처분이다. 따라서 건축허가는 강학상 경찰허가에 속한다. 경찰허가란 경찰목적을 위한 어떤 행위의 일반적인 금지를 특정한 경우에 해제하여 적법하게 일정한 행위를 할 수 있게 하는 행정행위로서 영업허가 · 건축허가와 같은 것이 그 예이다. 이것은 일반적 금지의 해제이고, 새로운 권리를 설정하는 행위가 아닌 점에서 특허와 다르며, 허가를 해야 할 것인가의 여부는 경찰관청의 자유재량에 속하는 것이 아니고 경찰상의 장해가 없는 한 허가를 하여야 할 의무를 진다(기속행위).

"건축"이란 건축물을 신축 · 증축 · 개축 · 재축하거나 건축물을 이전하는 것을 말한다(법 §2 ① 8호).

구 분	비 고
신 축	"신축"이란 건축물이 없는 대지(기존건축물이 철거되거나 멸실된 대지를 포함)에 새로이 건축물을 축조하는 것(부속건축물만 있는 대지에 새로 주된 건축물을 축조하는 것을 포함하되, 개축 또는 재축하는 것은 제외)을 말한다(영 §2 1호).
증 축	"증축"이란 기존건축물이 있는 대지에서 건축물의 건축면적 · 연면적 · 층수 또는 높이를 늘리는 것을 말한다.
개 축	"개축"이란 기존건축물의 전부 또는 일부(내력벽 · 기둥 · 보 · 지붕틀 중 3 이상 포함)를 철거하고 그 대지 안에 종전과 동일한 규모의 범위 안에서 건축물을 다시 축조하는 것을 말한다.
재 축	"재축"이란 건축물이 천재지변 기타 재해에 의하여 멸실된 경우에 그 대지 안에 종전과 동일한 규모의 범위 안에서 다시 축조하는 것을 말한다.
이 전	"이전"이란 건축물의 주요구조부를 해체하지 아니하고 같은 대지의 다른 위치로 옮기는 것을 말한다.

건설 Tip **개축과 재축**

개축과 재축은 모두 동일한 규모범위 안에서 다시 축조하는 행위이다. 규모를 초과하면 신축행위로 본다. 개축은 인위적으로 철거하고 다시 축조하는 자의행위이고, 재축은 천재지변 등의 재해로 인해 축조하는 타의행위를 말한다.

"대수선"이란 건축물의 기둥, 보, 내력벽, 주계단 등의 구조나 외부 형태를 수선·변경하거나 증설하는 것을 말하며(법 §2 ① 9호), 다음의 어느 하나에 해당하는 것으로서 증축·개축 또는 재축에 해당하지 아니하는 것을 말한다.

대수선에 해당하는 내용	
① 내력벽	증설·해체하거나 그 벽면적을 30㎡ 이상 수선·변경
② 기둥, 보, 지붕틀	증설·해체하거나 각각 3개 이상 수선·변경
③ 방화벽, 방화구획을 위한 바닥 및 벽	증설·해체하거나 수선·변경하는 것
④ 주계단, 피난계단, 특별피난계단	증설·해체하거나 수선·변경하는 것
⑤ 미관지구 안의 건축물	외부 형태(담장 포함)를 변경하는 것
⑥ 다가구주택의 가구 간 경계벽 및 다세대 주택의 세대 간 경계벽	증설·해체하거나 수선·변경하는 것

건설 Tip 손쉬운 리모델링

"리모델링"이란 건축물의 노후화를 억제하거나 기능 향상 등을 위하여 대수선하거나 일부 증축하는 행위를 말한다(법 §2 ① 10호). 예를 들어 배관공사 및 난방공사는 기능향상을 위한 대수선에 해당하고 복도식을 계산식으로 바꾸는 것은 주거공간확대를 위한 용도변경을 말한다.

대부분의 오래된 아파트들이 도시 및 주거환경정비법에 따른 재건축사업으로 정비되는 것에 대해 그 대안으로 제시된 것이 리모델링의 활성화이다. 리모델링이 쉬운 구조의 공동주택의 건축을 촉진하기 위하여 공동주택을 법정요건을 만족한 구조로 하여 건축허가를 신청하면 용적률, 건축물 높이제한 등에 대해 완화가 가능하도록 정하고 있다(건축법 §8 및 동령 §6의 5).

건설 Tip 사전결정 신청

건축허가 대상 건축물을 건축하려는 자는 건축허가를 신청하기 전에 허가권자에게 그 건축물의 건축에 관한 다음 각 호의 사항에 대한 사전결정을 신청할 수 있다. 이때 건축위원회의 심의와 교통영향평가서의 검토를 동시에 신청할 수 있다.

허가권자는 소규모 환경영향평가 대상사업인 경우에는 환경부장관과 협의를 하여야 한다. 허가권자는 사전결정신청을 받으면 입지, 규모, 용도 등을 사전결정한 후 신청자에게 알려야 한다.

사전결정신청자는 사전결정을 통지받은 날부터 2년 이내에 제11조에 따른 건축허가를 신청하여야 하며, 이 기간에 건축허가를 신청하지 아니하면 사전결정의 효력이 상실된다.

건설 Tip 대지소유권의 확보

건축허가를 받으려는 자는 해당대지의 소유권을 확보하여야 한다. 다만 다음의 경우에는 대지의 소유권을 확보하지 않아도 된다(건축법 §11 ⑪).

1. 건축주가 대지의 소유권을 확보하지 못하였으나 그 대지를 사용할 수 있는 권원을 확보한 경우. 다만, 분양을 목적으로 하는 공동주택은 제외한다.

2. 건축주가 건축물의 노후화 또는 구조안전 문제 등 대통령령으로 정하는 사유로 건축물을 신축 · 개축 · 재축 및 리모델링을 하기 위하여 건축물 및 해당 대지의 공유자 수의 100분의 80 이상의 동의를 얻고 동의한 공유자의 지분 합계가 전체 지분의 100분의 80 이상인 경우
3. 건축주가 제1항에 따른 건축허가를 받아 주택과 주택 외의 시설을 동일 건축물로 건축하기 위하여 「주택법」 제21조를 준용한 대지 소유 등의 권리 관계를 증명한 경우. 다만, 「주택법」 제15조 제1항 각 호 외의 부분 본문에 따른 대통령령으로 정하는 호수 이상으로 건설 · 공급하는 경우에 한정한다.
4. 건축하려는 대지에 포함된 국유지 또는 공유지에 대하여 허가권자가 해당 토지의 관리청이 해당 토지를 건축주에게 매각하거나 양여할 것을 확인한 경우
5. 건축주가 집합건물의 공용부분을 변경하기 위하여 「집합건물의 소유 및 관리에 관한 법률」 제15조 제1항에 따른 결의가 있었음을 증명한 경우

④ 건축신고

다음 중 어느 하나에 해당하는 경우에는 미리 특별자치시장 · 특별자치도지사 또는 시장 · 군수 · 구청장에게 국토교통부령으로 정하는 바에 따라 신고를 하면 건축허가를 받은 것으로 본다(법 §14 ①).

㉮ 바닥면적의 합계가 85제곱미터 이내의 증축 · 개축 또는 재축. 다만, 3층 이상 건축물인 경우에는 증축 · 개축 또는 재축하려는 부분의 바닥면적의 합계가 건축물 연면적의 10분의 1 이내인 경우로 한정한다.

㉯ 국토계획법에 따른 관리지역, 농림지역 또는 자연환경보전지역에서 연면적이 200제곱미터 미만이고 3층 미만인 건축물의 건축. 다만, 지구단위계획구역이나 방재시구 등 재해취약지역은 제외한다.

㉰ 주요구조부에 해체가 없는 다음의 대수선
- 내력벽의 면적을 30제곱미터 이상 수선
- 기둥, 보, 지붕틀을 각 3개 이상 수선
- 방화벽, 방화구획을 위한 바닥 · 벽의 수선
- 주계단 · 피난계단 · 특별피난계단의 수선

㉱ 소규모 건축물로서 다음의 건축물의 건축
- 연면적의 합계가 100제곱미터 이하인 건축물
- 건축물의 높이를 3미터 이하의 범위에서 증축하는 건축물
- 표준설계도서에 따라 건축하는 건축물로서 그 용도 및 규모가 주위환경이나 미관에 지장이 없다고 인정하여 건축조례로 정하는 건축물

- 국토계획법에 따른 공업지역, 지구단위계획구역(산업 · 유통형만 해당), 산업단지에서 건축하는 2층 이하인 건축물로서 연면적 합계 500제곱미터 이하인 공장
- 농업이나 수산업을 경영하기 위하여 읍 · 면지역에서 건축하는 연면적 200제곱미터 이하의 창고 및 연면적 400제곱미터 이하의 축사 · 작물재배사(作物栽培舍), 종묘배양시설, 화초 및 분재 등의 온실

법률 Tip 허가와 신고

'허가'란 법령에 의하여 일반적으로 금지된 행위를 특정한 경우에 해제하여 적법하게 행할 수 있게 하는 행정처분(원칙적 금지, 예외적 허용)을 말한다. 비교하여 '신고'란 사인이 공법적 효과의 발생을 목적으로 행정주체에 대하여 일정한 사항에 대하여 통지하는 것을 말한다. 이러한 '신고'는 이것이 적법한 요건을 갖춘 것이기만 하면 행정청의 수리처분 등 별단의 조치를 기다릴 필요 없이 곧바로 그 효력을 발생하고, 따라서 이를 '반려'하는 행정청의 행위 역시 신고자의 법률상 지위에 직접적인 법률적 변동을 일으키는 '행정처분'이라고 할 수도 없다.

예컨대 건축법상 '신고' 사항에 불과한 소규모 건축물을 건축하고자 하는 자는 적법한 요건을 갖춘 신고만 하면 행정청의 수리 처분 등 별다른 조치를 기다릴 필요없이 건축을 할 수 있으므로, 위 건축신고에 대한 행정청의 반려 조치는 국민의 구체적인 권리의무에 직접 변동을 초래하는 것을 내용으로 하는 행정처분이라고 볼 수 없다(대법원 2000.9.5. 선고 99두8800 판결).

건설 Tip 옹벽 등의 공작물에 대한 건축법 준용

다음의 공작물을 축조(건축물과 분리하여 축조하는 것)하고자 하는 경우 특별자치시장 · 특별자치도지사 또는 시장 · 군수 · 구청장에게 신고를 하여야 한다(영 §118).

대 상	범 위
① 옹벽 · 담장	높이 2m를 넘는 것
② 광고탑 · 광고판	높이 4m를 넘는 것
③ 굴뚝 · 장식탑 · 기념탑 ④ 골프연습장 등의 운동시설을 위한 철탑 ⑤ 주거지역 · 상업지역 안에 설치하는 통신용 철탑	높이 6m를 넘는 것
⑥ 고가수조	높이 8m를 넘는 것
⑦ 기계식 주차장 및 철골 조립식 주차장으로서 외벽이 없는 것(바닥면이 조립식이 아닌 것 포함) ※위험방지를 위한 난간높이 제외	높이 8m 이하인 것
⑧ 지하대피호	바닥면적 30㎡를 넘는 것
⑨ 제조시설 · 저장시설(시멘트 저장용 사일로를 포함) · 유희시설 ⑩ 건축물 구조에 심대한 영향을 줄 수 있는 중량물	건축조례로 정하는 것

❺ 건축주와 건축관계자(법 §15)

건축관계자는 건축물이 설계도서에 따라 이 법과 이 법에 따른 명령이나 처분, 그 밖의 관계 법령에 맞게 건축되도록 업무를 성실히 수행하여야 하며, 서로 위법하거나 부당한 일을 하도록 강요하거나 이와 관련하여 어떠한 불이익도 주어서는 아니 된다.

건축관계자 간의 책임에 관한 내용과 그 범위는 이 법에서 규정한 것 외에는 건축주와 설계자, 건축주와 공사시공자, 건축주와 공사감리자 간의 계약으로 정한다.

국토교통부장관은 제2항에 따른 계약의 체결에 필요한 표준계약서를 작성하여 보급하고 활용하게 하거나 「건축사법」 제31조에 따른 건축사협회(이하 "건축사협회"라 한다), 「건설산업기본법」 제50조에 따른 건설사업자단체로 하여금 표준계약서를 작성하여 보급하고 활용하게 할 수 있다.

① 건축주

"건축주"란 건축물의 건축 · 대수선 · 용도변경, 건축설비의 설치 또는 공작물의 축조(이하 "건축물의 건축 등"이라 한다)에 관한 공사를 발주하거나 현장 관리인을 두어 스스로 그 공사를 하는 자를 말한다(법 §2 ① 12호).

② 공사시공자

"공사시공자"란 건설산업기본법 제2조 제4호에 따른 건설공사를 하는 자를 말한다(법 §2 ① 16호).

③ 설계자

"설계자"란 자기의 책임(보조자의 도움을 받는 경우를 포함)으로 설계도서를 작성하고 그 설계도서에서 의도하는 바를 해설하며, 지도하고 자문에 응하는 자를 말하며(법 §2 ① 13호), "설계도서"란 건축물의 건축 등에 관한 공사용 도면, 구조 계산서, 시방서(示方書), 그 밖에 다음의 서류를 말한다(법 §2 ① 14호).

④ 공사감리자

"공사감리자"란 자기의 책임(보조자의 도움을 받는 경우를 포함)으로 이 법으로 정하는 바에 따라 건축물, 건축설비 또는 공작물이 설계도서의 내용대로 시공되는지를 확인하고, 품질관리 · 공사관리 · 안전관리 등에 대하여 지도 · 감독하는 자를 말한다(법 §2 ① 15호).

⑤ 관계전문기술자

"관계전문기술자"란 건축물의 구조 · 설비 등 건축물과 관련된 전문기술자격을 보유하고 설계와 공사감리에 참여하여 설계자 및 공사감리자와 협력하는 자를 말한다(법 §2 ① 17호).

6 설계와 감리

1) 건축물의 설계

건축물은 반드시 건축사가 설계해야 하며 그 대상은 다음과 같다(법 §23 ①).

'설계'는 자기 책임 아래(보조자의 도움을 받는 경우를 포함함) 건축물의 건축 · 대수선 · 용도변경 · 리모델링 · 건축설비 설치 또는 공작물 축조를 위한 다음의 행위를 말한다(건축사법 §2).

① 건축물, 건축설비, 공작물 및 공간환경을 조사하고 건축 등을 기획하는 행위

② 도면, 구조계획서, 공사 설계설명서 등 공사에 필요한 서류(설계도서)를 작성하는 행위

③ 설계도서에서 의도한 바를 해설 · 조언하는 행위

구 분	건축사가 설계해야 하는 건축물	예 외
대상 건축물	• 건축허가대상 건축물 • 건축신고대상 건축물 • 리모델링을 하는 건축물	• 바닥면적의 합계가 85㎡ 미만의 증축 · 개축 또는 재축 • 연면적 200㎡ 미만이고 3층 미만인 건축물의 대수선 • 읍 · 면지역에서 건축하는 건축물 중 연면적이 200제곱미터 이하인 창고 및 농막과 연면적 400제곱미터 이하인 축사, 작물재배사, 종묘배양시설, 화초 및 분재 등의 온실 • 다음에 해당하는 가설건축물로서 조례로 정하는 가설건축물 – 공사에 필요한 범위의 가설 건축물 – 전시를 위한 견본주택이나 그 밖에 이와 비슷한 것 – 조립식 구조로 된 경비용 가설 건축물로서 연면적이 10㎡ 미만 – 재해발생지역의 일시사용을 위한 가설 건축물 등

2) 건축물의 공사감리

'공사감리'는 자기의 책임(보조자의 도움을 받는 경우를 포함한다)으로 「건축법」으로 정하는 바에 따라 건축물 · 건축설비 또는 공작물이 설계도서의 내용대로 시공되는지를 확인하고, 품질관리 · 공사관리 · 안전관리 등에 대해 지도 · 감독하는 것을 말한다(법 §2 ①, 건축사법 §2).

「건축법」에서는 건축물의 안전과 질적 향상을 도모하기 위해 건축사 등 전문인력으로 하여금 건축물의 시공과정을 지도 · 감독하게 하는 감리를 강제하고 있다. 이는 전문인의 책임과 보증하에 공사를 진행시켜 위법건축물이 건축되는 것을 방지하려는 것이다. 즉 건축에 관한 전문지식을 가진 감리자로 하여금 건축주를 대신해 공사과정에서의 잘잘못을 가려내게 함으로써 부실공사를 줄이려는 것이다.

건축주는 건축물을 건축하거나 리모델링하는 경우에는 다음의 구분에 따라 공사감리자를 지정해서 공사감리를 하게 해야 한다(법 §25 ①, 영 §19 ① · ②, 건축사법 §4 ②).

① **다음에 해당하는 경우 : 건축사**
   ㉠ 건축허가대상 건축물을 건축하는 경우
   ㉡ 사용승인을 받은 후 15년 이상이 된 건축물을 리모델링하는 경우

② **다중이용 건축물을 건축하는 경우 :** 「건설기술 진흥법」에 따른 건설기술용역업자 또는 건축사(「건설기술 진흥법 시행령」 제60조에 따라 건설사업관리기술인을 배치하는 경우에 한함). 이 경우 감리원의 배치기준 및 감리대가는 「건설기술 진흥법」에서 정하는 바에 따른다.

다중이용 건축물이란 16층 이상인 모든 건축물과 바닥면적 합계가 5,000㎡ 이상인 문화 및 집회시설(동물원 및 식물원은 제외), 종교시설, 판매시설, 여객용시설, 종합병원, 관광숙박시설을 말한다.

이 경우 공사시공자 본인 및 「독점규제 및 공정거래에 관한 법률」 제2조에 따른 계열회사를 공사감리자로 지정하면 안 된다(법 §25 ①, 영 §19 ①).

공사감리자를 지정하지 않고 건축물의 공사를 하게 하거나, 공사시공자 본인 및 계열회사를 공사감리자로 지정한 자는 2년 이하의 징역 또는 1억원 이하의 벌금에 처해진다(법 §110).

7 착공신고 및 안전관리예치금

1) 착공신고(법 §21 ①)

대 상	건축허가를 받거나 신고를 한 건축물(제외, 건축물의 철거를 신고할 때에 착공예정일을 기재한 경우)
신청자	공사를 착수하고자 하는 건축주가 허가권자에게 신청
시 기	공사착수 전

공사계획을 신고하거나 변경신고하는 경우 해당 공사감리자와 공사시공자가 그 신고서에 함께 서명하여야 한다(단, 공사감리자를 지정한 경우에 한한다).

2) 안전관리예치금(법 §13)

① 공사현장의 미관개선 및 안전관리 등 필요한 조치

건축허가를 받은 자는 건축물의 건축공사를 중단하고 장기간 공사현장을 방치할 경우에는 공사현장의 미관개선 및 안전관리 등 필요한 조치를 취하여야 한다.

② 안전관리예치금의 예치 및 반환

허가권자는 연면적이 1천㎡ 이상으로써 지방자치단체의 조례로 정하는 건축물에 대하여는 착공신고를 하는 건축주(대한토지주택공사, 또는 지방공기업법에 의하여 건축사업을 수행하기 위하여 설립된 지방공사 제외)에게 장기간 건축물의 공사현장이 방치되는 것에 대비하여 미리 미관개선 및 안전관리에 필요한 비용(이하 '예치금'이라 한다)을 건축공사비의 1% 범위 안에서 예치하게 할 수 있다. 허가권자가 예치금을 반환하는 때에는 대통령령이 정하는 이율로 산정한 이자를 포함하여 반환하여야 한다.

③ 안전관리예치금 예외대상

주택도시기금법에 따른 주택도시보증공사가 분양보증을 한 건축물 또는 건축물의 분양에 관한 법률 규정에 의한 분양보증 또는 신탁계약을 체결한 건축물을 제외한다.

8 건축물의 사용승인(법 §22)

1) 사용승인의 의의

사용승인은 허가권자가 건축물의 공사가 허가받거나 신고한 내용대로 시공되었는지 여부를 확인한 후 건축물의 사용을 허용하는 것을 말한다. 건축주는 건축허가를 받거나 건축신고를 하고 건축한 건축물을 사용하고자 할 때에는 미리 사용승인을 받아야 한다. 허가권자는 사용승인절차를 통해 당초 건축허가를 받거나 건축신고를 한 내용이 제대로 이행되었는지 여부를 확인한다.

당초에는 일반적인 용례에 따라 '준공검사'라고 했는데, 규제완화의 일환으로 1992. 6.1. '사용검사'로 바뀌었다가, 1996.1.1. 현재와 같이 '사용승인'으로 바뀌었다. 이는 '검사'를 하기 위한 절차가 아니라, 건축물의 사용을 허용하기 위한 절차라는 점을 강조하기 위한 것이다.✎

✎ 사용검사는 주택법에서 등장한다.

chapter 04

■ 대상 건축물 및 신청자 ■

사용승인 신청대상	신청자
건축허가를 받은 건축물의 공사완료 후	건축주
건축신고를 한 건축물의 공사완료 후	
건축허가를 받은 가설건축물의 공사완료 후	

2) 사용승인 신청

건축주는 공사감리자가 작성한 감리완료 보고서(공사감리자를 지정한 경우에 한함)와 공사완료도서를 첨부하여 허가권자에게 사용승인을 신청하여야 한다. 사용승인은 건축물이 건축허가 또는 건축신고 내용대로 건축행정목적에 적합하게 건축되었는지 여부를 확인함으로써 건축물을 사용할 수 있게 하는 확인행위이다. 따라서 건축물이 허가내용 또는 신고내용대로 시공된 경우에는 특별한 사정이 없는 한 사용승인을 거부할 수 없는바, 이 점에서 사용승인은 기속행위이다.

하나의 대지에 둘 이상의 건축물을 건축하는 경우 동별 공사를 완료한 후 그 건축물을 사용하려는 때에도 사용승인을 신청할 수 있다(법 §22 ①). 이는 건축공사가 완료된 부분을 전체 건축공사가 완료되기 전에 사용할 수 있게 하려는 것인바, 「주택법」 제29조 제1항의 '분할 사용검사'나 '동별 사용검사'와 동일한 취지라 할 것이다.

사용승인을 받기 위한 '건축물의 완공'은 소유권의 대상이 될 수 있는 독립한 부동산이 되었을 때, 즉 지붕과 주벽을 갖추고 토지에 정착한 1개의 건축물이 된 것만으로는 부족하고, 나아가 건축허가를 받거나 건축신고를 한 설계도서대로 건축해서 현실적으로 그 건축물 본래의 용도에 따른 사용 · 수익이 가능할 정도로 완성된 것을 의미한다(대법원

1986.2.25. 선고 84도1326 판결.).

사용승인은 건축주가 신청한다. 대개의 경우 사용승인신청은 건축사가 하고 있지만 이는 건축주와 건축사 간의 계약상의 문제이고, 사용승인을 받아야 할 책임은 어디까지나 건축주에게 있다(대법원 1997.7.22. 선고 96도2422 판결.).

3) 사용승인서 교부

허가권자는 사용승인신청을 받은 날부터 7일 이내에 다음 사항에 대한 현장검사를 실시하고, 현장검사에 합격된 건축물에 대해서는 사용승인서(별지 제18호 서식)를 내주어야 한다. 그러나 건축조례로 정하는 건축물✎ 은 사용승인을 위한 현장검사를 실시하지 않고 사용승인서를 내줄 수 있다(법 §22 ②, 칙 §16 ③).

✎ 「서울특별시 건축조례」 제18조(건축물의 사용승인) 법 제22조 제2항 단서에 따라 사용승인을 위한 검사를 실시하지 아니하고 사용승인서를 교부할 수 있는 건축물은 연면적의 합계가 2천제곱미터를 초과하는 건축물로 한다. 다만, 허가권자가 사용승인을 위한 검사가 필요하다고 인정하는 경우에는 사용검사를 실시하고 사용승인서를 교부하여야 한다.

① 사용승인을 신청한 건축물이 「건축법」에 따라 허가받거나 신고한 설계도서대로 시공되었는지의 여부

② 공사감리완료보고서 · 공사완료도서 등의 서류 및 도서가 적합하게 작성되었는지의 여부

공무원은 수중 · 지하 또는 구조물의 내부 등 시공 후 매몰된 부분의 검사는 공사감독관의 감독조서를 근거로 검사를 행하면 되고, 이를 실제로 검사하지 않은 채 현장검사조서를 작성하더라도 허위공문서작성죄의 죄책을 지지 않는다. 그러나 매몰된 부분의 공사가 완성되지 않은 것을 알면서도 현장검사조서를 작성한 경우에는 허위공문서작성죄의 죄책을 면하지 못한다.

법률 Tip 사용승인과 보존등기

사용승인이 있으면 시장 · 군수 또는 구청장은 건축물대장을 작성하는데, 이 건축물대장에 터잡아 건물의 등기부(표제부)가 작성된다. 즉, 부동산등기부는 '권리관계'에 관하여는 해당 기재사항에 법률상 추정력이 인정되지만, '건물의 현황'과 관련하여서는 건축물대장의 기재를 더 근본적인 자료로 볼 것이다. 「부동산등기법」 제65조 제1호에 따르면 건물의 소유권보존등기는 원칙적으로 건축물대장에 최초의 소유자로 등록되어 있는 자가 신청하는데, 특별한 사정이 없는 한 사용승인을 받은 건축주가 건축물대장에 최초의 소유자로 기재된다.

4) 건축물의 임시 사용승인(사용승인서 교부 전에 임시 사용하는 것)

임시사용승인은 공사가 완료된 부분이 건폐율, 용적률, 설비, 피난 · 방화 등의 기준에 적합한 경우 사용승인서를 교부받기 전에 임시로 사용할 수 있게 하는 것을 말한다(법 §22 ③).

건축주가 사용승인서를 교부받기 전에 공사가 완료된 부분에 대한 임시사용승인을 받고자 하는 때에는 허가권자에게 별지 제17호 서식의 임시사용승인신청서를 제출(전자문서에 의한 제출을 포함함)해야 한다(영 §17 ②, 칙 §17 ①). 임시사용승인을 받지 않고 공사가 완료된 부분을 사용한 건축주와 공사시공자는 2년 이하의 징역 또는 1,000만원 이하의 벌금에 처한다(법 §110).

구분	내용
신 청	• 건축주는 임시 사용승인 신청서를 허가권자에게 제출 • 허가권자는 신청을 받은 날로부터 7일 이내에 교부
조 건	• 건축물 및 대지가 관계 법령에 적법할 것 • 식수 등 조경에 필요한 조치를 하기에 부적합한 시기는 허가권자가 지정하는 시기까지 식수 등 조경에 필요한 조치를 할 것을 조건으로 할 수 있음
기 간	2년 이내(단, 허가권자는 대형 건축물, 암반공사 기간이 장기간인 건축물에 대하여 기간을 연장할 수 있다)

법률 Tip 사용승인에 관한 행정소송

일반적으로 사용승인의 취소나 무효 확인을 구하는 소송은 건축주 외의 이해관계인이 제기하게 될 것이다. 사용승인이 인접주택 소유자의 권리를 침해하는 것을 정당화하지는 않지만, 건축물의 이격거리를 지키지 못하고 건축과정에서 인접주택 소유자에게 피해를 입혔더라도 그러한 손해는 금전적인 배상으로 회복될 수 있고, 일조권의 침해 등 생활환경상의 이익침해는 실제로 건축물의 전부 또는 일부가 철거되어야 회복되거나 보호받을 수 있는데, 사용승인이 취소된다고 해서 반드시 그 건축물이 철거되는 것은 아니므로 인접주택 소유자는 그 건물에 대한 사용승인의 취소 또는 무효확인을 구할 법률상 이익이 없다(대법원 2007. 4.26. 선고 2006두18409 판결 등). 이격거리(離隔距離) 미준수를 이유로 한 사용승인취소소송, 일조권침해를 이유로 한 사용승인취소소송 등이 이에 해당한다.

판례는 「주택법」에 따라 건설한 아파트의 입주자나 입주예정자는 사용검사의 무효확인 또는 취소를 구할 법률상 이익이 없다고 보는바, 이는 「건축법」에 따라 건설한 공동주택에 대한 사용승인의 경우에도 마찬가지일 것이다.

종전에 대법원은 직접 민사소송으로 목적을 달성할 수 있는 경우에는 행정처분의 무효확인을 구하는 소송을 인정하지 않았다. 그래서 건축물의 소유자가 아닌 자가 사용승인을 받아 건축물을 사용 · 수익하는 경우에도 사용승인의 무효확인을 구하는 것이 허용되지 않았다. 그러나 최근 대법원은 판례를 변경해 직접 민사소송으로 목적을 달성할 수 있는 경우에도 행정처분의 무효확인을 구하는 소송을 인정하였다.✎ 따라서 이러한 경우에도 사용승인무효확인소송을 제기할 수 있다. 「행정소송법」상 부작위를 구하는 청구는 인정되지 않으므로 신축건축물의 사용승인을 하면 안된다는 청구는 각하대상이 된다.

✎ 대법원 2008.3.20. 선고 2007두6342 전원합의체 판결.

세무 Tip 사용승인일은 건물취득일

「지방세법 시행령」 제20조 제6항에 따르면 건축물을 건축해서 취득하는 경우에는 사용승인서를 내주는 날(임시사용승인을 받은 경우에는 그 임시사용승인일, 사용승인서 또는 임시사용승인서를 받을 수 없는 건축물의 경우에는 사실상 사용이 가능한 날)과 사실상의 사용일 중 빠른 날을 취득일로 본다.

⑨ 용도변경

사용승인을 받은 건축물의 용도를 변경하려는 자는 국토교통부령으로 정하는 바에 따라 특별자치시장 · 특별자치도지사 또는 시장 · 군수 · 구청장의 허가를 받거나 신고를 하여야 한다(건축법 제19조).

1) 용도변경의 취지

건축물의 용도변경은 건축행위 개념에는 해당하지 않으나 기존 건축물의 중요한 요소를 변경하는 것이며 실제로는 '새로운 용도'의 건축물을 만들어 내는 것이라는 점에서 신축과 유사한 효과를 갖는다. 또한 일정한 건축허가 요건은 건축물의 용도를 기준으로 변화하므로, 용도가 변경되는 경우 기존 건축물이 허가받을 당시의 요건들과는 다른 추가적인 허가 요건들이 필요해질 수 있다. 따라서 용도변경을 허용하는 절차에서는 마치 새로운 용도의 건축물을 처음 건축하는 것처럼, 새로운 용도를 기준으로 모든 허가 요건이 다시 심사되어야 한다.

개정전에는 용도변경은 신고의 대상인 용도변경, 건축물 기재내용 변경만을 신청하면 되는 용도변경, 아무런 제한 없이 건축주가 자유롭게 할 수 있는 용도변경으로 나뉘었다.

그러나 용도변경에 있어서는 먼저 국토계획법의 관점에서 허용되는 것인가를 살펴보아야 하며, 건축법적 관점에서 새로운 용도의 건축물이 추가로 갖추어야 할 위험 방지요건이 있는 가를 판단하여야 한다. 이러한 성질 탓에 신고 또는 건축물 기재내용 변경의 신청으로 용도변경을 허용하는 것은 위와 같은 검토사항을 충분히 검토하지 않은 것이라는 지적이 있었다. 이 문제는 용도변경을 허가의 대상으로 지정하는 법 개정으로 입법적으로 해결되었다.

2) 용도변경의 종류

① 허가 대상 : 시설군에 속하는 건축물의 용도를 상위군에 해당하는 용도로 변경하는 경우

② 신고 대상 : 시설군에 속하는 건축물의 용도를 하위군에 해당하는 용도로 변경하는 경우

③ 기재변경 대상 : 시설군 중 같은 시설군 안에서 용도를 변경하는 경우

<table>
<tr><th>시설군</th><th>세부용도</th><th>허가/신고</th><th>사용승인</th><th>건축사설계</th></tr>
<tr><td>자동차관련 시설군</td><td>자동차관련 시설</td><td rowspan="9">허가대상
신고대상</td><td rowspan="9">허가 또는
신고 대상
중에서 100㎡
이상인
용도변경</td><td rowspan="9">허가대상 중에서
500㎡ 이상인
용도변경</td></tr>
<tr><td>산업등의 시설군</td><td>공장
창고시설
위험물저장및처리시설
자원순환관련시설
운수시설
묘지관련시설
장례시설</td></tr>
<tr><td>전기통신시설군</td><td>방송통신시설
발전시설</td></tr>
<tr><td>문화 및 집회시설군</td><td>종교시설
관광휴게시설
위락시설
문화및집회시설</td></tr>
<tr><td>영업시설군</td><td>운동시설
숙박시설
판매시설
다중생활시설</td></tr>
<tr><td>교육 및 복지시설군</td><td>노유자시설
교육연구시설
수련시설
야영장시설
의료시설</td></tr>
<tr><td>근린생활시설군</td><td>제1종 및 제2종
근린생활시설</td></tr>
<tr><td>주거업무시설군</td><td>단독주택
공동주택
업무시설
교정및군사시설</td></tr>
<tr><td>그 밖의 시설군</td><td>동물 및 식물 관련시설</td></tr>
</table>

⑩ 건축물대장

1) 건축물대장의 뜻

건축법에 의해 건축허가를 받은 건축물은 행정감독의 대상이 되며, 그 완공과 더불어 건축물과 관련된 각종의 기록을 행정청이 관리해야 한다. 이러한 목적으로 건축물 및 그 대지에 관한 현황을 기재하는 공적 장부가 바로 건축물대장이다. 건축물대장작성의 주된 목적은 건설법상의 각종 책임을 확정하고, 건축물에 대한 감독권을 유지하기 위한 것이다. 건축법도 이러한 점을 고려하여 허가권자에게 건축물의 소유 · 이용상태를 확인하거나 건축정책의 기초자료로 활용하기 위하여 건축물대장을 작성할 의무를 부과하고 있다(건축법 §38 ① 본문).

2) 건축물대장의 작성시점

건축물대장이 작성되는 시점은 사용승인서가 신청되는 시점이며, 그 근거자료도 역시 사용승인시 제출된 서류이다(건축법 §38 ① 1호 및 건축물대장규칙 §5 ①). 건축물대장이 작성되어야 하는 경우는 건축법상 사용승인서가 교부된 경우(건축법 §38 ① 1호), 건축법 이외의 허가절차를 통해 공사가 완료된 경우(동항 2호), 기타 대통령령이 정하는 경우로서 집합건물 가옥대장의 신규등록 등의 경우가 있다(동법 영 §25 각 호).

3) 건축물대장의 법적성격

건축물대장은 건축물의 현황 등을 기재하는 공적 문서에 불과하다(건축물대장의 확인적 효력). 따라서 건축물대장이 존재하지 않거나 현황과 다른 기재가 존재한다고 하여도 기존의 권리의무에 변동을 주지 않는다. 건축물대장발급 자체에 대해서는 행정청이 거부할 수 없는 것이 원칙이지만, 건축물대장의 내용을 변경해 주도록 요청할 수 없는 것이 원칙이다. 또한 건축물이 철거 또는 멸실된 경우에 행정청은 대장과 실질을 일치시키기 위해 건축물대장을 직권으로 말소할 수 있다.

⑪ 대지와 도로

1) 대지

"대지"란 공간정보의 구축 및 관리 등에 관한 법률(약칭 : 공간정보관리법)에 따라 각 필지로 나눈 토지를 말한다(즉, 하나의 필지는 하나의 대지). 다만, 둘 이상의 필지를 하나의 대지로 하거나, 하나 이상의 필지의 일부를 하나의 대지로 할 수 있다(법 §2 ① 1호).

■ 둘 이상의 필지를 하나의 대지로 할 수 있는 토지의 범위 ■

관련 법령	내 역	비 고
건축법	• 하나의 건축물을 두 필지 이상에 걸쳐 건축하는 경우 • 도로의 지표 아래에 건축하는 건축물의 경우에는 특별시장 · 광역시장 · 특별자치시장 · 특별자치도지사 · 시장 · 군수 · 구청장이 그 건축물이 건축되는 토지로 정하는 토지 • 사용승인을 신청하는 때에 둘 이상의 필지를 하나의 필지로 합필할 것을 조건으로 하여 건축허가를 하는 경우	토지의 소유권이 다른 경우는 제외
공간정보관리법	• 합병이 불가능한 필지의 토지 – 각 필지의 지번부여지역이 서로 다른 경우 – 각 필지의 도면의 축적이 다른 경우 – 상호 인접하고 있는 필지로서 각 필지의 지반이 연속되지 아니한 경우	토지의 소유권 및 소유권 외의 권리 관계가 다른 경우는 제외
국토계획법	• 도시 · 군계획시설에 해당하는 건축물이 설치되는 일단의 토지	
주택법	• 사업계획승인을 받아 주택과 그 부대 · 복리시설을 건축하는 주택단지	

2) 도로

"도로"란 보행과 자동차 통행이 가능한 너비 4미터 이상의 도로(지형적으로 자동차 통행이 불가능한 경우와 막다른 도로의 경우에는 대통령령으로 정하는 구조와 너비의 도로)로서 다음의 어느 하나에 해당하는 도로나 그 예정도로를 말한다(법 §2 ① 11호).

㉮ 국토계획법, 도로법, 사도법, 그 밖의 관계법령에 따라 신설 또는 변경에 관한 고시가 된 도로

㉯ 건축허가 또는 신고 시에 특별시장 · 광역시장 · 특별자치시장 · 도지사 · 특별자치도지사(이하 "시 · 도지사"라 한다) 또는 시장 · 군수 · 구청장(자치구의 구청장을 말한다. 이하 같다)이 위치를 지정하여 공고한 도로

3) 접도의무와 공개공지

건축물의 대지는 2m 이상이 도로에 접하여야 한다. 연면적 합계가 2,000㎡(공장의 경우에는 3,000㎡) 이상인 건축물(축사, 작물재배사는 제외)의 경우에는 6m 이상의 도로에 4m 이상 접해야 한다.

200㎡ 이상인 대지에 건축을 하려는 건축주는 대지에 조경이나 그 밖에 필요한 조치를 하여야 한다.

일반주거지역, 준주거지역, 상업지역, 준공업지역에서 바닥면적의 합계가 5,000㎡ 이상인 문화 및 집회시설, 종교시설, 판매시설(농수산물유통시설은 제외), 운수시설(여객용 시설만 해당), 업무시설, 숙박시설은 일반이 사용할 수 있도록 대통령령으로 정하는 기준에 따라 소규모 휴식시설 등의 공개 공지(空地 : 공터) 또는 공개 공간(이하 "공개공지등"이라 한다)을 설치하여야 한다. 공개공지등을 설치하는 경우에는 건폐율(§55), 용적률(§56), 높이제한(§60)을 대통령령으로 정하는 바에 따라 완화하여 적용할 수 있다.

⑫ 건축물의 구조 및 설비

1) 건축물

"건축물"이란 토지에 정착하는 공작물 중 지붕과 기둥 또는 벽이 있는 것과 건축물에 이에 딸린 시설물(담장, 대문 등), 지하 또는 고가의 공작물에 설치하는 점포 · 차고 · 창고 · 공연장 · 사무소, 그밖에 대통령령으로 정하는 것을 말한다(법 §2 ① 2호).

2) 부속건축물

"부속건축물"이란 같은 대지에서 주된 건축물과 분리된 부속용도의 건축물로서 주된 건축물을 이용 또는 관리하는 데에 필요한 건축물을 말한다(영 §2 12호).

3) 부속용도

"부속용도"란 건축물의 주된 용도의 기능에 필수적인 용도로서 다음의 어느 하나에 해당하는 용도를 말한다(영 §2 12호).

㉮ 건축물의 설비, 대피, 위생, 그밖에 이와 비슷한 시설의 용도

㉯ 사무, 작업, 집회, 물품저장, 주차, 그밖에 이와 비슷한 시설의 용도

㉰ 구내식당 · 직장보육시설 · 구내운동시설 등 종업원 후생복리시설, 구내소각시설, 그밖에 이와 비슷한 시설의 용도

㉣ 관계법령에서 주된 용도의 부수시설로 설치할 수 있게 규정하고 있는 시설의 용도

4) 지하층

"지하층"이란 건축물의 바닥이 지표면 아래에 있는 층으로서 바닥에서 지표면까지 평균 높이가 해당 층 높이의 1/2 이상인 것을 말한다(법 §2 ① 5호). 이때 지표면은 각 층의 주위가 접하는 각 지표면 부분의 높이를 그 지표면 부분의 수평거리에 따라 가중평균한 높이의 수평면을 지표면으로 산정한다(영 §119 ① 10호).

Chapter 04

5) 건축물의 구조

① 거실

"거실"이란 건축물 안에서 거주, 집무, 작업, 집회, 오락 등의 용도로 사용되는 방을 말한다(법 §2 ① 18호). 거실은 장시간 지속적으로 머무는 것으로서 위생, 방화 및 피난 등 관련법의 규제를 받는다.

② 발코니

"발코니"란 건축물의 내부와 외부를 연결하는 완충공간으로서 전망이나 휴식 등의 목적으로 건축물 외벽에 접하여 부가적으로 설치되는 공간을 말한다. 이 경우 주택에 설치되는 발코니로서 국토교통부장관이 정하는 기준에 적합한 발코니는 필요에 따라 거실 · 침실 · 창고 등의 용도로 사용할 수 있다(건축령 §2 14호). 주택의 발코니는 「발코니등의 구조변경 절차 및 설치기준」에 따라 발코니를 설치할 수 있고 확장할 수 도 있다. 그러나 주택 이외의 경우에는 「오피스텔 건축기준」 및 「주택외건축물의 발코니 설치기준」에 따라 발코니를 설치할 수 있다. 발코니 확장의 문제는 발코니 설치의 문제와 별개로 오피스텔의 경우 2024년부터 발코니 확장이 허용되었다(오피스텔건축기준 §2 1호 삭제).

세무 Tip **발코니의 과세문제**

부가가치세법상 부수공급은 본공급과 동일하게 처리하도록 인정하고 있지만 실무상 부수공급이 인정되는 사례는 별로 없다. 따라서 사례 및 판결에 의하여 명확히 부수로 보는 것을 제외하고는 별도의 공급으로 보아야 한다. 시행사가 수분양자에게 공급하는 발코니 확장 용역의 특징은 아래와 같다.

① 시행사는 주택공급승인을 신청할 때 발코니 확장 금액을 분양가와 별도로 제출해야 한다(발코니 등의 구조변경절차 및 설치기준 §7조 ①).

② 사업계획승인 시(기본형과 확정형 모두) 평면도를 제출한다(발코니 등의 구조변경절차 및 설치기준 §7 ①).

③ 분양안내책자상 기본형만 나타난다.

④ 수분양자와 발코니공사계약 시 계약주체는 시행사이나 시공사도 함께 날인한다.
⑤ 공사 마무리는 아파트 준공과 동시에 시공 완료하는 것으로 한다.
⑥ 모델하우스에 시공된 제품으로 시공한다.
⑦ 발코니공사와 주택분양은 별도의 계약서에 의하며 대금도 분리하여 수금한다. 하물며 발코니계약일자랑 분양계약일자는 보통 다르다.

시행사가 수분양자에게 공급하는 발코니가 부가가치세 과세대상이라는 점은 이제 쟁점의 여지가 없다. LH공사의 특정 PJ에서는 발코니계약서를 별도로 작성하지 않고, 수분양자가 선택도 하지 못하는 경우였음에도 불구하고 대법원에서 부수용역으로 인정받지 못하였다. 또한 시행사가 수분양자에게 별도계약으로 발코니를 공급하는 경우 시공사의 발코니공사용역은 주택의 부수용역으로 볼 수 없다(부가-778, 2011.7.19. 외 다수)고 해석하고 있다.

한편, 구 조세특례제한법에서는 일정한 기간 중에 취득한 신축주택의 경우 그 양도소득세를 면제하여 주되, '전용면적'이 165㎡ 이상인 '고급주택'에 대해서는 예외로 하는 규정이 있었다. 이때 발코니 면적이 이러한 전용면적 산정에 포함되어야 하는지 문제되었으나, 대법원은 발코니 면적이 소위 '커튼월 공법'에 의하여 처음부터 내부공간으로 사용된 사정이 있더라도, 이러한 발코니 면적은 전용면적에서 제외하는 '비과세관행'이 존재하며, 따라서 발코니 면적을 포함하는 경우 165㎡ 이상이 되더라도 이를 과세할 수 없다고 판시하였다(대법원 2010.10.14. 선고 2008두15565 판결).

③ 주요구조부

"주요구조부"란 내력벽, 기둥, 바닥, 보, 지붕틀 및 주계단을 말한다. 다만, 사이 기둥, 최하층 바닥, 작은 보, 차양, 옥외 계단, 그밖에 이와 유사한 것으로 건축물의 구조상 중요하지 아니한 부분은 제외한다(법 §2 ① 7호).

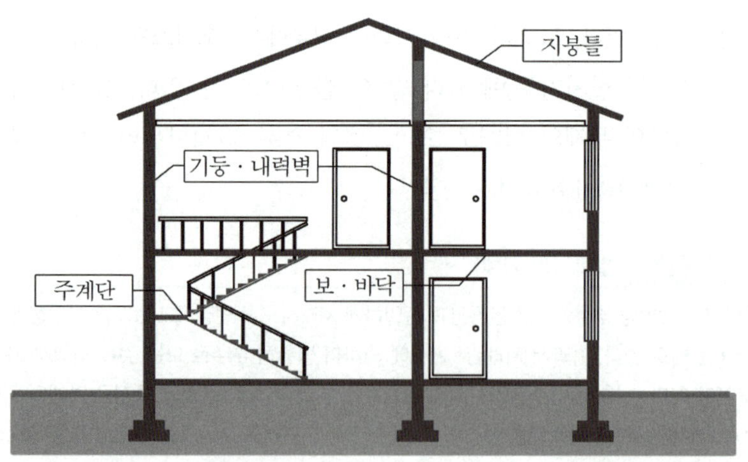

세무 Tip 취득세 과세대상 대수선

지방세법 제104조 제10호 및 동법 시행령 제76조에서 건축법상의 대수선과 승강기 등 건축물에 부수되는 시설물의 1종 이상을 설치하거나 수선하는 것은 "개수"에 의한 취득으로 보아 취득세를 과세하도록 규정하고 있고, 동법시행령 제82조의 3에서 취득세의 과세표준이 되는 취득가격은 과세대상 물건의 취득시기를 기준으로 그 이전에 당해 물건을 취득하기 위하여 거래상대방 또는 제3자에게 지급하였거나 지급하여야 할 일체의 비용(직접 · 간접비용)으로 규정하고 있다. 지방세법상 대수선 등 '개수'에 해당하는 공사가 이루어졌다면 당해 건축물의 '개수'에 해당하는 공사비는 법인의 회계처리에 관계없이 취득세 과세표준에 포함하는 것이 타당하다(세정-477, 2006.2.3.). 간혹 임차인이 비용을 부담하여 대수선공사 등을 하는 경우가 있다. 이 경우 취득세 납세의무자에 대한 혼선이 있을 수 있다.

「지방세법」 제105조 제1항에서 취득세는 부동산 등의 그 취득자에게 부과한다고 규정하고 있고, 제4항에서 건축물을 건축한 것에 있어서 당해 건축물 중 조작 기타 부대설비에 속하는 부분으로서 그 주체구조부와 일체가 되어 건축물로서의 효용가치를 이루고 있는 것에 대하여는 주체구조부 취득자 이외의 자가 가설한 경우에도 주체구조부의 취득자가 함께 취득한 것으로 간주한다고 규정하고 있으며, 같은 법 시행령 제73조 제4항에서 건축허가를 받지 아니하고 건축하는 건축물에 있어서는 그 사실상의 사용일을 취득일로 본다고 규정하고 있는바, 대수선공사로 취득한 건축물의 취득세 납세의무자는 대수선 공사로 취득한 건축물을 취득할 당시의 기존 건축물의 소유자라 할 것이다.

④ 건축설비

"건축설비"란 건축물에 설치하는 전기 · 전화 설비, 초고속 정보통신 설비, 지능형 홈네트워크 설비, 가스 · 급수 · 배수 · 배수 · 환기 · 난방 · 소화 · 배연 및 오물처리의 설비, 굴뚝, 승강기, 피뢰침, 국기 게양대, 공동시청 안테나, 유선방송 수신시설, 우편함, 저수조, 그 밖에 국토교통부령으로 정하는 설비를 말한다(법 §2 ① 4호).

⑬ 건폐율 · 용적률

1) 건폐율

"건폐율"이란 대지면적에 대한 건축면적(대지에 둘 이상의 건축물이 있는 경우에는 이들 건축면적의 합계로 한다)의 비율을 말한다(법 §55). 즉, 건축물의 바닥면적을 말한다.

$$\left(\frac{\text{건축면적}}{\text{대지면적}}\right) \times 100 = \text{건폐율}(\%)$$

건축면적은 건축물의 외벽(외벽이 없는 경우에는 외곽 부분의 기둥을 말한다)의 중심선으로 둘러싸인 부분의 수평투영면적으로 한다.

세무 Tip 건폐율과 부수토지

위 건폐율은 법인세법상 토지 양도소득 과세대상의 범위와 소득세법상 양도소득세 과세대상에 해당되는 기준(주택의 부수되는 토지의 범위에 해당 여부 : 도시지역 안의 건축면적 5배, 도시지역 밖의 토지 10배)을 말한다.

- 대지면적과 건물이 정착한 면적(건축면적)은 건축법시행령 제119조에서 정한 바에 의한다.
- 건축면적 5배(도시지역 밖의 토지는 10배)를 초과하는 대지면적을 계산함에 있어서 건축법시행령 제119조 제1항 제1호 단서에 규정하는 건축선과 도로와의 사이에 면적은 없는 것으로 본다(소득세법기본통칙 19-6).

2019.7.25. 세법개정으로 1세대1주택 비과세 적용대상 부수토지의 범위를 조정하였다. 수도권도시지역 안의 부수토지의 범위를 기존 5배에서 3배로 축소하게 된다. 해당개정은 2022년부터 적용된다.

구분		현 행	개 정
수도권 도시지역	주거 · 상업 · 공업지역	주택정착면적의 5배	주택정착면적의 3배
	녹지지역	주택정착면적의 5배	(좌 동)

2) 용도지역별 건폐율

용도지역에서 건폐율의 최대한도는 관할 구역의 면적과 인구 규모, 용도지역의 특성 등을 고려하여 다음의 범위에서 특별시 · 광역시 · 특별자치시 · 특별자치도 · 시 또는 군의 조례로 정한다(국토계획법 §77 ①).

(단위 : %)

주거지역			상업지역				공업지역			녹지지역			관리지역			농림지역	자연환경
전용	일반	준	근린	유통	일반	중심	전용	일반	준	보전	자연	생산	계획	생산	보전		
70			90				70			20			40	20			

3) 용적률

"용적률"이란 대지면적에 대한 건축물의 연면적(대지에 둘 이상의 건축물이 있는 경우에는 이들 연면적의 합계로 한다)의 비율을 말한다(법 §56). 법적용적률은 건축물을 신축하기 위한 법적규제용적률 산정방식이다.

연면적이란 건축물 각 층의 바닥면적의 합계로 한다. 바닥면적이란 건축물의 각 층 또는 그 일부로서 벽, 기둥, 그 밖에 이와 비슷한 구획의 중심선으로 둘러싸인 부분의 수평투영면적으로 한다.

$$\text{법적용적률} : \frac{\text{지상층연면적}}{\text{대지면적}} \times 100\%$$

바닥면적에서 산입하지 아니하는 것	용적률 산정시 연면적에서 제외하는 것
필로티 : 주차에 전용하는 경우와 공중의 통행, 차량의 통행, 공동주택의 경우에는 바닥면적에 산입하지 아니한다. 승강기탑, 계단탑, 장식탑, 다락[층고가 1.5m(경사진 지붕인 경우에는 1.8m) 이하인 것만 해당] 공동주택으로서 지상층에 설치한 기계실, 전기실, 어린이 놀이터, 조경시설 및 생활폐기물 보관시설의 면적 건축물의 리모델링하는 경우로서 마감재 등을 설치하는 부분	지하층의 면적 지상층의 주차용 면적(부속용도인 경우) 초고층건축물 과 준초고층건축물에서 설치하는 피난안전 구역의 면적 건물의 경사지붕 아래에 설치하는 대피공간의 면적

고층건축물이란 층수가 30층 이상이거나 높이가 120m 이상인 건축물을 말한다(건축법 §2 ① 19호). 초고층건축물은 높이 200m 이상 또는 50층 이상인 건축물을 말한다. 준초고층 건축물이란 고층건물 중 초고층 건축물이 아닌 것을 말한다(건축령 §2 15호 및 15호의 2).

분양용적률은 주택법상 공급면적. 즉 주택의 분양가격 산정방식이다.

$$\text{분양용적률} : \frac{\text{전용면적} + \text{지상층에 있는 주거공용면적}}{\text{대지면적}} \times 100\%$$

4) 용도지역별 용적률

용도지역에서 용적률의 최대한도는 관할 구역의 면적과 인구 규모, 용도지역의 특성 등을 고려하여 다음의 범위에서 특별시 · 광역시 · 특별자치시 · 특별자치도 · 시 또는 군의 조례로 정한다(국토계획법 §78 ①).

주거지역			상업지역				공업지역			녹지지역			관리지역			농림지역	자연환경
전용	일반	준	근린	유통	일반	중심	전용	일반	준	보전	자연	생산	계획	생산	보전		
500% 이하			1,500% 이하				400% 이하			100% 이하			100% 이하	80% 이하			

건설 Tip **건폐율 용적률의 최대한도**

원칙 : 국토의계획 및 이용에관한법률이 정하고 있는 건폐율과 용적률을 적용한다.

예외 : 건축법에서 완화 또는 강화 규정을 두는 경우에는 건축법규정에 의한다.

제 4 장 건 설 업 과 법 무
제 3 절
주택법

❶ 주택법 체계도

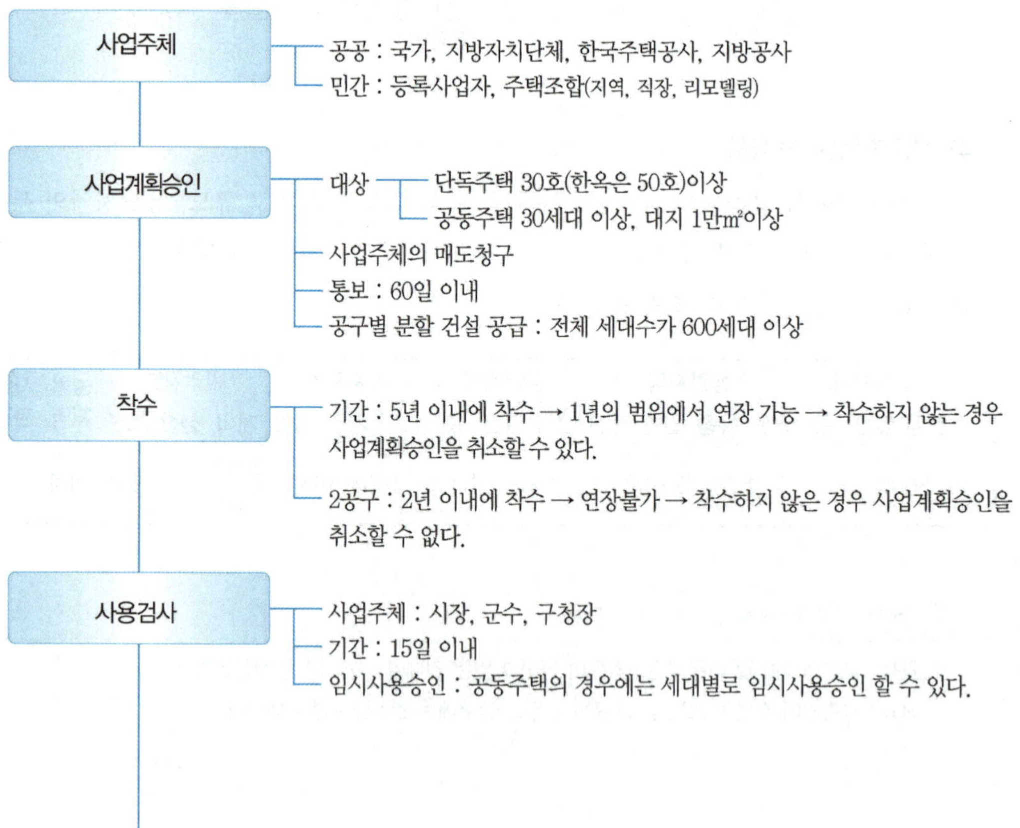
사업주체
공공 : 국가, 지방자치단체, 한국주택공사, 지방공사
민간 : 등록사업자, 주택조합(지역, 직장, 리모델링)
사업계획승인
대상
단독주택 30호(한옥은 50호)이상
공동주택 30세대 이상, 대지 1만㎡이상
사업주체의 매도청구
통보 : 60일 이내
공구별 분할 건설 공급 : 전체 세대수가 600세대 이상
착수
기간 : 5년 이내에 착수 → 1년의 범위에서 연장 가능 → 착수하지 않는 경우 사업계획승인을 취소할 수 있다.
2공구 : 2년 이내에 착수 → 연장불가 → 착수하지 않은 경우 사업계획승인을 취소할 수 없다.
사용검사
사업주체 : 시장, 군수, 구청장
기간 : 15일 이내
임시사용승인 : 공동주택의 경우에는 세대별로 임시사용승인 할 수 있다.

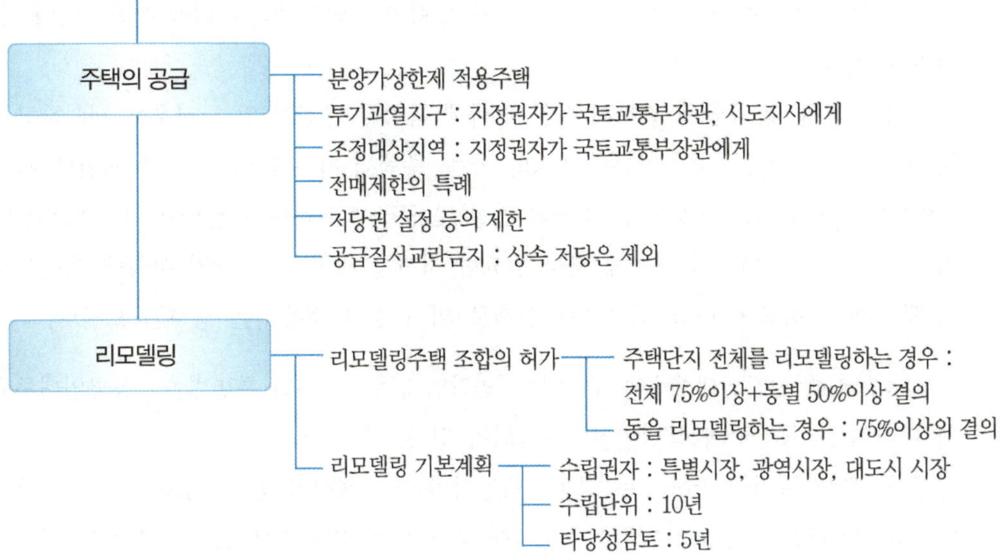

Chapter 04

② 주택법의 목적 및 특징

「주택법」은 쾌적하고 살기 좋은 주거환경 조성에 필요한 주택의 건설 · 공급 및 주택시장의 관리 등에 관한 사항을 정함으로써 국민의 주거안정과 주거수준의 향상에 이바지함을 목적으로 한다.

1963년 저소득국민에게 싼 값으로 주택을 임대 또는 분양하기 위하여 「공영주택법」이 제정되었다.

1972년 제정된 「주택건설촉진법」의 입법목적은 무주택자를 위한 주택의 대량 건설 및 공급이었는데, 이는 주택난을 해소하려는 당시 주택정책의 목표가 반영된 것이다.

1977년 「주택건설촉진법」이 전부개정될 때에 '국민의 주거수준 향상'이 입법목적에 추가되기는 하였지만, 주택정책의 중점은 여전히 주택난 해소에 있었다.

2003년 「주택건설촉진법」이 전부개정되어 「주택법」으로 바뀔 때에 입법목적이 '쾌적한 주거생활에 필요한 주택의 건설 · 공급'으로 바뀌었는데, 이는 주택정책의 목표가 '양적인 주택의 공급'에서 '질적인 주거수준의 향상'으로 바뀐 것을 반영한 것이다.

2016년 「주거급여법」·「주택도시기금법」·「주거기본법」 및 「공동주택관리법」이 제정되고, 「임대주택법」 및 「공공주택건설 등에 관한 특별법」이 전부개정됨에 따라 「주택법」이 전부개정되었다. 이때 입법목적에서 국민주택기금에 관한 사항이 빠지고, 주택시장의 관리에 관한 사항이 추가되었다.

「주택법」에서는 주택의 건설 · 공급 및 리모델링과 주택시장의 관리에 관한 사항을 규정하고 있다.

주택의 건설 및 공급에 관하여 다른 법률에 특별한 규정이 있는 경우를 제외하고는 「주택법」에서 정하는 바에 따른다(법 §3). 이는 「주택법」이 주택의 건설 및 공급에 관한 일반법임을 나타내는 규정이다. 주택의 건설 및 공급에 관하여 규정하고 있는 대부분의 법률에서는 해당 법률의 내용에 따라 필요한 사항을 정한 후 나머지 사항에 대하여는 「주택법」에 의하도록 하고 있으므로 실제로 이 규정이 적용되는 경우는 드물다.

임대주택 중 민간임대주택에 대하여는 「민간임대주택에 관한 특별법」이, 공공임대주택에 대하여는 「공공주택 특별법」이 제정되어 있다.

공동주택의 관리에 관하여는 「공동주택관리법」이 규정하고 있다. 당초에는 「공동주택관리령」(대통령령)으로 공동주택을 관리하여 오다가 2003년 주요내용을 「주택법」으로 격상시켰는데, 공동주택의 관리를 둘러싼 분쟁이 늘어나고 그 내용도 복잡하게 됨에 따라 공동주택의 관리에 관한 사항을 아예 「공동주택관리법」으로 독립시켰다.

주택의 임차인 보호와 관하여는 「민법」의 특별법으로 「주택임대차 보호법」이 제정되어 있다.

주거복지 증진과 도시재생 활성화를 지원하기 위한 자금을 확보 · 공급하기 위하여 「주택도시기금법」에 따라 주택도시기금이 설치되어 있다.

③ 용어의 정의

1) 주택의 구분

「주택법」상의 '주택'은 세대(世帶)의 구성원이 장기간 독립된 주거생활을 할 수 있는 구조로 된 건축물의 전부 또는 일부 및 그 부속토지를 말한다(법 §2 1호).

「민법」에서는 토지와 건물을 별개의 부동산으로 취급하고 있지만, 「주택법」상의 '주택'은 주거용 '건축물' 자체와 그 '부속토지'를 아우르는 개념이다.

「주택법」상의 주택은 단독주택과 공동주택으로 구분된다(법 §2 1호). 이는 건축법에서 주택을 다양하게 구분한 것과 비교된다.

<table>
<tr><th>주택법</th><th>건축법</th></tr>
<tr><td rowspan="3">단독주택</td><td>단독주택</td></tr>
<tr><td>다중주택</td></tr>
<tr><td>다가구주택</td></tr>
<tr><td rowspan="3">공동주택</td><td>아파트</td></tr>
<tr><td>연립주택</td></tr>
<tr><td>다세대주택</td></tr>
<tr><td rowspan="4">준주택
(주택법상 주택이 아님)</td><td>기숙사</td></tr>
<tr><td>다중생활시설</td></tr>
<tr><td>노인복지주택</td></tr>
<tr><td>오피스텔</td></tr>
</table>

Chapter 04

① 「주택법」상의 '단독주택'은 1세대가 하나의 건축물에서 독립된 주거생활을 할 수 있는 구조로 된 주택을 말한다(법 §2 2호). 단독주택의 종류와 범위는 다음과 같다(영 §2, 「건축법 시행령」 별표 1 1호). 이는 「건축법 시행령」 별표 1 제1호의 단독주택(단독주택, 다중주택, 다가구주택, 공관) 중 공관(公館)을 제외한 것이다.

② 「주택법」상의 '공동주택'은 건축물의 벽 · 복도 · 계단이나 그 밖의 설비 등의 전부 또는 일부를 공동으로 사용하는 각 세대가 하나의 건축물에서 각각 독립된 주거생활을 할 수 있는 구조로 된 주택을 말한다(법 §2 3호).

③ 공동주택의 종류와 범위는 다음과 같다(영 §3 ①, 건축령 별표 1). 이는 「건축법 시행령」 별표 1 제2호의 공동주택(아파트, 연립주택, 다세대주택, 기숙사) 중 기숙사를 제외한 것인데, 「주택법」에서는 기숙사를 따로 '준주택'으로 분류하고 있다.

④ 「건축법 시행령」 별표 1에는 단독주택과 공동주택을 구분하는 기준이 명시되어 있지 않다. 「주택법」에서는 일견 '각 세대가 독립된 주거생활을 할 수 있는 구조인지 여부'에 따라 단독주택과 공동주택으로 구분하고 있는 것으로 보인다. 그러나 다가구주택의 경우 19세대가 함께 생활할 수 있는데도 단독주택으로 구분하고 있는 점으로 보아, 실제로 어느 주택이 단독주택과 공동주택 중 어디에 해당하는지는 「집합건물의 소유 및 관리에 관한 법률」 제2조 제1호의 구분소유권(區分所有權)의 목적이 되는 건물(구분건물)인지 여부에 의해 판단하게 될 것이다. 즉, 단독으로 소유하는 다가구주택은 주택법상 단독주택으로, 소유자가 다수인 다세대주택은 주택법상공동주택으로 구분한 것으로 '각 세대가 독립된 주거생활을 할 수 있는 구조'는 단독주택과 공동주택을 구분하는 절대적인 기준이 아닌 것으로 여겨진다.

④ 민법상 물건의 정의는 '유체물 및 전기 기타 관리할 수 있는 자연력'(민법 §98)으로서, 이 물건의 범주 안에 들어가는 것들 중, 토지 및 그 정착물을 부동산(민법 §99 ①)이라 하여 토지와 정착물로 나뉘는 것과 비교하여, 세법은 토지, 건물, 주택으로 나뉜다고 할 수 있다. 또 부동산등기법은 토지, 건물, 구분건물(집합건물)로 나누고 있다. 물론 집합건물도 토지의 등기부가 있지만, 구분건물에 「집합건물의 소유 및 관리에 관한 법률」 제2조 제6호의 대지사용권(垈地使用權)으로서 건물과 분리하여 처분할 수 없는 것("대지권"이라 한다)이 있는 경우에는 등기관은 건물의 등기고록 표제부에 소재와 지번 등 기록하여야 할 사항 외에 1동 건물의 등기기록의 표제부에 대지권의 목적인 토지의 표시에 관한 사항을 기록하고 전유부분의 등기기록의 표제부에는 대지권의 표시에 관한 사항을 기록하여야 한다(부동산등기법 §40 ③). 토지 등기부에는 대지권인 뜻을 등기하고 이 후 모든 등기는 건물등기부에만 하는 것을 원칙으로하며 그 효력이 토지에 미친다(처분의 일체성). 따라서 특별한 사정이 없는 한 토지와 건물의 소유자가 달라질 수 없다.

▪ 구분건물의 건물 등기부 등본 ▪

구분		집합건물(구분등기)	
1동건물 표제부		1동의 건물표시	소재, 지번, 건물번호(제000동), 종류, 구조, 각층 면적
		대지권의 목적인 토지의 표시	토지의 일련번호, 토지의 소재, 지번, 지목, 면적
전유부분	표제부	전유부분의 건물의 표시	건물번호(제000호), 구조, 면적(전용면적)
		대지권의 표시	토지의 일련번호, 대지권의 종류, 대지권비율
	갑구	소유권 이외에 관한 사항 : 소유권, 소유권이전, 소유권이전 가등기, 소유권에 대한 가압류, 가처분, 압류	
	을구	소유권 이외에 관한 사항 : 지상권, 지역권, 전세권, 저당권, 임차권, 이들 권리에 대한 가압류, 가처분, 압류, 가등기	

2) 국민주택과 국민주택규모

「주택법」상의 '국민주택'은 다음의 주택으로서 '국민주택규모' 이하인 주택을 말한다(법 §2 5호).

① 국가 · 지방자치단체, 한국토지주택공사 또는 주택사업을 목적으로 설립된 지방공사가 건설하는 주택

② 국가 · 지방자치단체의 재정 또는 「주택도시기금법」에 따른 주택도시기금으로부터 자금을 지원받아 건설되거나 개량되는 주택

「주택법」상의 '국민주택규모'는 주거의 용도로만 쓰이는 면적(주거전용면적)이 1호(戶) 또는 1세대당 85㎡ 이하(비수도권의 도시지역이 아닌 읍 · 면 지역은 100㎡ 이하)인 주택을 말한다(법 §2 6호).

건설 Tip 주거전용면적 산정방법(주택법 §2 6호, 동칙 §2)

① 단독주택 : 바닥면적에서 다음의 면적을 제외한 면적
  ㉠ 지하실의 면적(거실로 사용되는 면적은 제외)
  ㉡ 본 건축물과 분리된 창고 · 차고 및 화장실의 면적
  ㉢ 2세대 이상이 공동으로 사용하는 부분 중 복도 · 계단 · 현관 등 다가구주택의 지상층에 있는 공용면적
② 공동주택 : 외벽의 내부선을 기준으로 산정한 면적. 다만, 2세대 이상이 공동으로 사용하는 부분 중 다음의 공용면적은 제외하며, 이 경우 바닥면적에서 주거전용면적을 제외하고 남는 외벽면적은 공용면적에 가산한다.
  ㉠ 복도 · 계단 · 현관 등 공동주택의 지상층에 있는 공용면적
  ㉡ ㉠의 공용면적을 제외한 지하층 · 관리사무소 등 그 밖의 공용면적

3) 세대구분형 공동주택(사업계획승인을 받아 건설하는 공동주택)

공동주택의 주택 내부 공간의 일부를 세대별로 구분하여 생활이 가능한 구조로 하되, 그 구분된 공간의 일부를 구분소유할 수 없는 주택으로서 세대별로 구분된 각각의 공간의 주거전용면적 합계가 해당 주택단지 전체 주거전용면적 합계의 3분의 1을 넘지 않는 것

4) 도시형 생활주택

"도시형 생활주택"이란 도시지역에 건설하는 300세대 미만의 국민주택규모에 해당하는 주택으로서 다음의 주택을 말한다.

(1) 원룸형 주택

가. 세대별 주거전용면적은 50제곱미터 이하일 것
나. 세대별로 독립된 주거가 가능하도록 욕실 및 부엌을 설치할 것
다. 주거전용면적이 30제곱미터 이상인 경우에는 두 개의 공간으로 구성할 수 있다.
라. 지하층에는 세대를 설치하지 아니할 것

(2) 단지형 연립주택, 단지형 다세대주택

건축위원회의 심의를 받는 경우에는 5개 층까지 건축할 수 있다.

(3) 공동건축

다음의 경우에는 도시형 생활주택과 그밖의 주택을 함께 건축할 수 있다.

① 원룸형 주택과 주거전용면적이 85제곱미터를 초과하는 주택 1세대를 함께 건축하는 경우

② 준주거지역 또는 상업지역에서는 원룸형 주택과 도시형 생활주택 외의 주택을 함께 건축하는 경우

(4) 하나의 건축물에는 단지형 연립주택 또는 단지형 다세대주택과 원룸형 주택을 함께 건축할 수 없다.

5) 리모델링

건축물의 노후화 억제 또는 기능 향상 등을 위한 대수선(10년 경과) 또는 증축(15년 경과)하는 행위를 말한다.

주거전용면적 30%(전용면적이 85제곱미터 미만인 경우에는 40%) 이내에서 기존세대수의 15% 이내의 세대수를 증가하는 증축을 할 수 있다.

기존 층수가 14층 이하인 경우에는 2개층까지, 15층 이상인 경우에는 3개층까지 수직증축할 수 있다.

6) 공공택지

「주택법」상의 '공공택지'는 다음의 공공사업에 의해 개발 · 조성되는 공동주택이 건설되는 용지를 말한다(법 §2 24호). 공공택지에 건설하는 주택에 대해서는 「주택법」 제57조(주택의 분양가격 제한 등), 제64조(주택의 전매행위 제한 등) 등의 규제가 가해진다.

가. 국가 · 지방자치단체 · 한국토지주택공사 또는 지방공사인 사업주체가 시행하는 국민주택건설사업 또는 이를 위한 대지조성사업

나. 「택지개발촉진법」에 따른 택지개발사업. 다만, 등록사업자가 동법 제7조 제1항 제4호에 따라 공공시행자와 공동으로 택지개발사업을 시행하면서 공공시행자가 수용한 토지의 일부를 택지로 활용하는 경우는 제외한다.

다. 「산업입지 및 개발에 관한 법률」에 따른 산업단지개발사업

라. 「공공주택 특별법」에 따른 공공주택지구조성사업

마. 「민간임대주택에 관한 특별법」에 따른 공공지원민간임대주택 공급촉진지구 조성사업(공공주택사업자가 수용 또는 사용의 방식으로 시행하는 사업에 한함)

바. 「도시개발법」에 따른 도시개발사업(국가 · 지방자치단체 · 공공기관 · 정부출연기관 또는 지방공사인 시행자가 수용 또는 사용의 방식으로 시행하는 사업과 혼용방식 중 수용 또는 사용의 방식이 적용되는 구역에서 시행하는 사업에 한함)

사. 「경제자유구역의 지정 및 운영에 관한 특별법」에 따른 경제자유구역개발사업(수용 또는 사용의 방식으로 시행하는 사업과 혼용방식 중 수용 또는 사용의 방식이 적용되는 구역에서 시행하는 사업에 한함)

아. 「혁신도시 조성 및 발전에 관한 특별법」에 따른 혁신도시개발사업

자. 「신행정수도 후속대책을 위한 연기 · 공주지역 행정중심복합도시 건설을 위한 특별법」에 따른 행정중심복합도시 건설사업

Chapter 04

7) 부대시설

"부대시설"이란 주택에 딸린 주차장, 관리사무소, 담장 및 주택단지 안의 도로, 경비실, 자전거보관소, 소방시설, 냉난방공급시설(지역난방공급시설은 제외), 방법시설을 말한다.

8) 복리시설

"복리시설"이란 주택단지의 입주자 등의 생활복리를 위한 어린이놀이터, 근린생활시설, 유치원, 주민운동시설 및 경로당 등 공동시설을 말한다.

9) 간선시설

도로 · 상하수도 · 전기시설 · 가스시설 · 통신시설 및 지역난방시설 등 주택단지 안의 기간시설을 그 주택단지 밖에 있는 같은 종류의 기간시설에 연결시키는 시설을 말한다. 다만, 가스시설 · 통신시설 및 지역난방시설의 경우에는 주택단지 안의 기간시설을 포함한다.

10) 공구

"공구"란 하나의 주택단지에서 착공신고 및 사용검사를 별도로 수행할 수 있는 구역을 말한다. 공구별 세대수는 300세대 이상(전체 세대수는 600세대 이상)이고, 공구간 경계는 6m 이상이어야 한다.

④ 사업주체

주택건설사업계획 또는 대지조성사업계획의 승인을 받아 그 사업을 시행하는 ① 국가 · 지방자치단체, ② 한국토지주택공사 또는 지방공사, ③ 주택건설사업자 또는 대지조성사업자를 말한다.

1) 등록대상

다음의 주택건설사업이나 대지조성사업을 시행하려는 자는 국토교통부장관에게 등록하여야 한다(법 §4 ①, 영 §14 ① · ②).

① 다음의 주택을 건설하는 주택건설사업

㉠ 연간 20호 이상의 단독주택

㉡ 연간 20세대(도시형 생활주택을 건설하는 경우와 원룸형 주택과 주거전용면적이 85㎡를 초과하는 주택 1세대를 함께 건축하는 경우에는 30세대) 이상의 공동주택

② 연간 1만㎡ 이상의 대지조성사업

여기의 주택건설사업자 등록을 하여야 하는 경우는 '연간 20호 이상의 단독주택'과 '연간 20세대 이상의 공동주택' 중 어느 한 가지 기준 이상으로 주택건설사업을 시행하고자 하는 경우를 가리키며, '단독주택과 공동주택'을 합하여 연간 20호 또는 20세대 이상의 주택건설사업을 시행하고자 하는 경우를 가리키는 것은 아니다.

다음의 사업주체는 등록을 하지 아니하고 주택건설사업이나 대지조성사업을 시행할 수 있다(법 §4 ①).

① 국가, 지방자치단체, 한국토지주택공사, 지방공사는 제외

② 주택건설사업을 목적으로 설립된 공익법인

③ 등록사업자와 공동으로 주택건설사업을 하는 주택조합

④ 등록사업자와 공동으로 주택건설사업을 시행하는 고용자

등록을 하지 아니하거나, 거짓이나 그 밖의 부정한 방법으로 등록을 하고 주택건설사업이나 대지조성사업을 영위한 자는 2년 이하의 징역 또는 2,000만원 이하의 벌금에 처한다(법 §102 1호).

2) 등록기준

주택건설사업 또는 대지조성사업의 등록을 하려는 자는 다음의 요건을 갖추어야 한다. 이 경우 하나의 사업자가 주택건설사업과 대지조성사업을 함께 할 때에는 다음 ①과 ③의 기준은 중복하여 적용하지 아니한다(법 §4 ②, 영 §10 ③).

① 자본금 3억원(개인인 경우에는 자산평가액 6억원) 이상

② 다음의 기술인력

㉠ 주택건설사업의 경우에는 건축분야기술자 1인 이상

㉡ 대지조성사업의 경우에는 토목분야기술자 1인 이상

③ 사업의 수행에 필요한 사무장비를 갖출 수 있는 면적의 사무실

다음 경우에는 자본금 · 기술인력 또는 사무실 면적을 위의 기준에 포함하여 산정한다(영 §14 ④).

①「건설산업기본법」 제9조에 따라 등록한 건축공사업자 또는 토목건축공사업자가 등록을 하려는 경우 : 이미 보유하고 있는 자본금 · 기술인력 및 사무실 면적

②「부동산투자회사법」 제2조 제1호 나목에 따른 위탁관리 부동산투자회사가 주택건설사업의 등록을 하려는 경우 : 해당 부동산투자회사가 자산의 투자 · 운용업무를 위탁한 자산관리회사가 보유하고 있는 기술인력 및 사무실 면적

건설 Tip **주택상환사채의 발행**

주택상환사채란 한국토지주택공사와 주택건설등록사업자가 주택건설에 필요한 자금을 마련하기 위해 발행하는 채권으로 일정기간이 지나면 주택으로 상환 받을 수 있는 기명식 보증사채를 말한다.

주택상환사채를 발행할 수 있는 등록사업자는 자본금 · 자산평가액 및 기술인력 등이 다음의 기준에 맞고 금융기관 또는 대한주택보증주식회사의 보증을 받은 경우에만 주택상환사채를 발행할 수 있다.

① 법인으로서 자본금이 5억원 이상

② 건설산업기본법에 의한 건설업 등록을 하였거나 등록사업자

③ 최근 3년간 연평균 주택건설실적이 300세대 이상

등록사업

등록사업자의 등록이 말소된 경우에도 주택상환사채의 효력에는 영향을 미치지 아니한다. 주택상환사채는 부득이한 사유가 없는 경우 양도하거나 중도에 해약할 수 없다. 주택상환사채의 상환기간은 3년(발행일로부터 주택의 공급계약체결일까지의 기간을 말한다)을 초과할 수 없다. 발행기관, 발행금액, 발행 조건, 상환의 시기와 절차 등이 명시되어 있어야 한다. 주택상환사채를 발행하려는 자는 대통령령으로 정하는 바에 따라 주택상환사채발행계획을 수립하여 국토해양부장관의 승인을 받아야 한다.

❺ 주택조합

주택조합✎ 은 "많은 수의 구성원이 법 제15조에 따른 사업계획의 승인을 받아 주택을 마련하거나 법 제66조에 따라 리모델링하기 위하여 결성하는 지역주택조합, 직장주택조합, 리모델링주택조합"을 의미한다(법 §2 11호). 직장주택조합은 "같은 직장의 근로자가 주택을 마련하기 위하여 설립한 조합"을 의미하고(법 §2 11호 나목), 리모델링주택조합은 "공동주택의 소유자가 그 주택을 리모델링하기 위하여 설립한 조합"을 의미한다(법 §2 11호 다목). 구 주택법은 지역주택조합을 "같은 특별시 · 광역시 · 특별자치도 · 시 또는 군에 거주하는 주민이 주택을 마련하기 위하여 설립한 조합"으로 정의하였으나, 주택법이 2013.5.22. 법률 제11794호로 개정되면서 인접한 특별시, 광역시 및 특별자치도 등을 하나로 묶는 방식으로 정의가 변경 되었다(법 §2 11호 가목).

✎ 주택조합은 민법상 조합이 아니라 비법인사단이다. 따라서 민법상 사단법인에 관한 규정 중 법인격을 전제로 하는 것을 제외하고는 모두 주택조합에 준용된다.

한편 재개발정비사업조합, 재건축정비사업조합, 도시환경정비사업조합 등도 주택 마련을 목적으로 하는 주택조합의 하나이기는 하나, 위 세 조합에 대해서는 '도시 및 주거환경정비법'(이하 '도시정비법'이라 한다)이 우선 적용된다.

1) 주택조합의 설립절차(지장 · 군수 · 구청장 인가)

주택조합을 설립하려는 경우에는 관할 특별자치시장, 특별자치도지사, 시장 · 군수 · 구청장(구청장은 자치구의 구청장을 말하며, 이하 '시장 · 군수 · 구청장'이라 한다)의 인가를 받아야 하고(법 §11 ① 1문), 인가받은 내용을 변경하거나 주택조합을 해산하려는 경우에도 마찬가지이다(법 §11 ① 2문). 한편 국민주택을 공급받기 위하여 직장주택조합을 설립하려는 자는 관할 시장 · 군수 · 구청장에게 신고하여야 하며, 신고한 내용을 변경하거나 직장주택조합을 해산하려는 경우에도 또한 같다(법 §11 ⑤).

① **지역주택조합 · 직장주택조합** : 주택건설대지의 80% 이상에 해당하는 토지의 사용권을 확보하고 주택건설대지의 15% 이상에 해당하는 토지의 소유권을 확보하여야 한다.

② **리모델링주택조합**✎

✎ 리모델링의 허가를 신청하기 위해서는 동의율을 확보한 경우 리모델링 결의를 한 리모델링주택조합은 리모델링 결의에 찬성하지 아니한 자의 주택 및 토지에 대하여 매도청구할 수 있다.

주택단지 전체를 리모델링하려는 경우 : 주택단지 전체의 3분의 2 이상과 동별 과반수 결의 동을 리모델링하려는 경우 : 3분의 2 이상의 결의

경과연수를 증명하는 서류 : 대수선인 리모델링은 10년, 증축의 리모델링은 15년 이상이 경과하였음을 입증하는 서류를 첨부하여야 한다.

주택조합(리모델링주택조합 제외)은 그 구성원을 위하여 건설하는 주택을 그 조합원에게 우선 공급할 수 있으며, 국민주택을 공급받기 위한 직장주택조합에 대하여는 사업주체가 국민주택을 그 직장주택조합원에게 우선 공급할 수 있다(법 §11 ⑥).

Chapter 04

2) 총회의 출석요건

① 조합규약의 변경, ② 작금의 차입과 그 방법 · 이자율 및 상환방법, ③ 예산으로 정한 사항 외에 조합원에게 부담이 될 계약의 체결, ④ 업무대행자의 선정 · 변경 및 업무대행계약의 체결, ⑤ 시공자의 선정 · 변경 및 공사계약의 체결, ⑥ 조합임원의 선임 및 해임, ⑦ 사업비의 조합원별 분담명세에 관한 사항, ⑧ 조합해산의 결의 및 해산시 회계보고를 의결하는 총회의 경우에는 조합원의 100분의 20 이상이 직접 출석하여야 한다.

주택조합(리모델링주택조합은 제외)은 주택건설예정세대수(임대주택으로 건설 · 공급하는 세대수는 제외)의 50% 이상의 조합원으로 구성하되, 조합원은 20명 이상이어야 한다.

3) 조합원의 교체 및 신규가입

지역주택조합 또는 직장주택조합은 다음의 하나에 해당하는 경우에는 조합원을 교체하거나 신규로 가입하게 할 수 있다.

- 시장 · 군수 · 구청장으로부터 추가모집승인을 받은 경우
- 조합원이 사망한 경우
- 조합원의 탈퇴 등으로 조합원의 수가 주택건설 예정 세대수의 50% 미만이 되는 경우

조합원으로 추가모집 하거나 충원되는 자가 조합원의 자격요건을 갖추었는지를 판단할 때에는 조합설립인가 신청일을 기준으로 판단한다.

4) 조합원의 모집

지역주택조합과 직장주택조합의 설립인가를 받기 위하여 조합원을 모집하려는 자는 해당 주택건설대지의 50% 이상에 해당하는 토지의 사용승인권원을 확보하여 시장 · 군수 · 구청장에게 신고하고, 공개모집의 방법으로 조합원을 모집하여야 한다.

단, 조합원의 사망 · 자격상실 · 탈퇴 등으로 결원을 충원하거나 미달돼 조합원을 재모집하는 경우에는 신고하지 아니하고 선착순의 방법으로 모집할 수 있다.

추가모집의 승인과 조합원 추가모집에 따른 주택조합의 변경인가신청은 사업계획승인 신청일까지 하여야 한다.

5) 사업계획승인신청

주택조합은 설립인가를 받은 날부터 2년 이내에 법 제15조에 따른 사업계획승인(시행령 제27조 제1항 제2호에 따른 사업계획승인 대상이 아닌 리모델링인 경우에는 법 제66조 제2항에 따른 허가를 말한다)을 신청하여야 한다(영 §23 ①).

건설 Tip **업무대행, 공동사업시행을 하는 등록사업자의 책임**

주택조합(리모델링주택조합은 제외) 및 그 조합의 구성원(주택조합의 발기인 포함)은 조합원 가입 알선 등 주택조합의 업무를 ① 법 제5조 제2항에 따른 공동사업주체인 등록사업자나 ② 법 제4조에 따른 등록사업자, ③ 공인중개사법 제9조에 따른 중개업자, ④ 도시정비법 제69조에 따른 정비사업전문관리업자, ⑤ 부동산개발업의 관리 및 육성에 관한 법률 제4조에 따른 등록사업자, ⑥ 자본시장과 금융투자업에 관한 법률에 따른 신탁업자 또는 ⑦ 그 밖에 다른 법률에 따라 등록한 자로서 대통령령으로 정하는 자에게만 대행하도록 하여야 한다(법 §11 ⑧).

이에 따라 주택조합의 업무를 대행하는 자는 거짓 또는 과장 등의 방법으로 주택조합의 가입을 알선하여서는 아니 된다(법 §11 ⑨).

법 제5조 제2항에 따라 주택조합과 등록사업자가 공동으로 사업을 시행하면서 시공할 경우, 등록사업자는 시공자로서의 책임뿐만 아니라 자신의 귀책사유로 사업 추진이 불가능하게 되거나 지연됨으로 인하여 조합원에게 입힌 손해를 배상할 책임이 있다(법 §11 ④).

❻ 사업계획승인

1) 사업계획승인대상

① 단독주택 : 30호(한옥은 50호) 이상

② 공동주택 : 30세대 이상

③ 대지조성사업자 : 1만㎡ 이상

2) 사업계획승인(승인 여부는 60일 이내 통보)

(1) 원칙 : 시 · 도지사 또는 대도시 시장, 시장 · 군수

① 시 · 도지사 또는 대도시 시장 : 대지면적이 10만㎡ 이상인 경우

② 특별시장 · 광역시장 · 특별자치도지사 · 시장 · 군수 : 대지면적이 10만㎡ 미만인 경우

(2) 예외 : 국토교통부장관

① 국가 · 한국토지주택공사가 시행하는 경우

② 330만㎡ 이상의 규모로 택지개발촉진법에 의한 택지개발사업 또는 도시개발법에 의한 도시개발사업을 추진하는 지역중 국토교통부장관이 지정 · 고시하는 지역 안에서 사업을 시행하는 경우

③ 수도권 · 광역시 지역의 긴급한 주택난 해소가 필요하거나 지역균형개발 또는 광역적 차원의 조성이 필요하여 국토교통부장관이 지정 · 고시하는 지역안에서 사업을 시행하는 경우

3) 사업계획의 변경

다음에 해당하는 경우 국가, 지자체, 한국토지주택공사, 지방공사는 변경승인을 받지 않아도 된다. 즉, 민간은 경미한 사항도 승인받아야 한다.

① 총사업비 20% 범위에서의 사업비 증감, 다만, 국민주택을 건설하는 경우로서 지원받는 주택도시기금이 증가되는 경우에는 변경승인을 받아야 한다.

② 대지면적의 20% 범위에서의 면적 증감

③ 건축물의 설계와 용도별 위치를 변경하지 아니하는 범위에서의 건축물의 배치조정 및 주택단지 안 도로의 선형변경

4) 착공기간

사업계획승인을 받은 날로부터 5년(1년의 범위에서 연장가능) 이내에 공사를 시작하여야 한다. 착공의무를 위반한 경우에는 사업계획승인을 취소할 수 있다.

최초 공사를 진행하는 공구 외의 공구(2공구)는 착공신고일로부터 2년 이내에 공사를 시작하여야 한다. 착공의무를 위반한 경우에도 상법계획 승인을 취소할 수 없다.

사업계획승인권자는 착공신고를 받은 날로부터 20일 이내에 신고수리 여부를 신고인에게 통지하여야 한다.

5) 사업주체의 매도청구

사업계획승인을 받은 사업주체는 다음 각 호에 따라 해당 주택건설대지 중 사용할 수 있는 권원을 확보하지 못한 대지(건축물을 포함한다)의 소유자에게 그 대지를 시가(市價)로 매도할 것을 청구할 수 있다. 이 경우 매도청구 대상이 되는 대지의 소유자와 매도청구를 하기 전에 3개월 이상 협의를 하여야 한다(주택법 §22).

① **주택건설대지면적의 95퍼센트 이상의 사용권원을 확보한 경우** : 사용권원을 확보하지 못한 대지의 모든 소유자에게 매도청구 가능

② **주택건설대지면적의 95퍼센트 미만의 사용권원을 확보한 경우** : 사용권원을 확보하지 못한 대지의 소유자 중 지구단위계획구역 결정고시일 10년 이전에 해당 대지의 소유권을 취득하여 계속 보유하고 있는 자(대지의 소유기간을 산정할 때 대지소유자가 직계존속 · 직계비속 및 배우자로부터 상속받아 소유권을 취득한 경우에는 피상속인의 소유기간을 합산한다)를 제외한 소유자에게 매도청구 가능

7 주택의 공급

1) 입주자모집공고

사업주체(공공주택사업자는 제외한다)가 입주자를 모집하려는 경우 시장 · 군수 · 구청장에게 승인(복리시설의 경우에는 신고)을 받아야 한다.

2) 분양가상한제 적용주택

(1) 적용대상

사업추제가 공급하는 공동주택 중 다음에 해당하는 지역에서 공급하는 주택

① 공공택지

② 공공택지 외의 택지에서 주택가격 상승 우려가 있어 국토교통부장관이 주거정책심의위원회 심의를 거처 지정하는 지역

(2) 적용제외대상

다음에 해당하는 경우에는 분양가상한제를 적용하지 아니한다.

① 도시형 생활주택

② 경제자유구역(경제자유구역위원회에서 결정한 경우)에서 건설 · 공급하는 공동주택

③ 관광특구에서 50층 이상 또는 높이가 150m인 공동주택

④ 한국토지주택공사 또는 지방공사가 소규모 주택정비사업 등의 시행자로 참여하는 등 공공성 요건(한국토지주택공사 또는 지방공사가 사업의 시행자로 참여할 것 및 주택의 전체 세대수의 10% 이상을 임대주택으로 건설 · 공급할 것)을 충족하는 경우로서 해당 사업에서 건설 · 공급하는 주택

(3) 분양가격

택지비와 건축비로 구성되며, 구체적인 명세 등은 국토교통부장관이 정한다.

(4) 분양가격 공시의무

① 공공택지 : 사업주체

② 공공택지 외의 택지 : 시장 · 군수 · 구청장

(5) 분양가상한제 적용지역

국토교통부장관은 법 제57조 제1항 제2호에 따라 주택가격상승률이 물가상승률보다 현저히 높은 지역으로서 그 지역의 주택가격 · 주택거래 등과 지역 주택시장 여건 등을 고려하였을 때 주택가격이 급등하거나 급등할 우려가 있는 지역 중 대통령령으로 정하는 기준을 충족하는 지역은 주거정책심의위원회 심의를 거쳐 분양가상한제 적용지역으로 지정할 수 있다(법 §58 ①).

① 직전월부터 소급하여 12개월간의 아파트 분양가격 상승률이 물가상승률의 2배를 초과하는 지역

② 직전월부터 소급하여 3개월간 주택매매거래량이 전년동기대비 20% 이상 증가한 지역

③ 직전월부터 소급하여 주택공급이 있었던 2개월 동안 해당지역에서 공급되는 주택의 월평균 청약경쟁률이 모두 5대 1을 초과하였거나 해당지역에서 공급되는 국민주택규모 주택의 월평균 청약경쟁률이 모두 10대 1을 초과하는 지역

(6) 저당권 설정제한

사업주체는 주택건설사업에 의하여 건설된 주택 및 대지에 대하여는 입주자 모집공고 승인 신청일(주택조합의 경우에는 사업계획승인 신청일을 말한다) 이후부터 입주예정자가 그 주택 및 대지의 소유권이전등기를 신청할 수 있는 날(사업주체가 입주예정자에게 통보한 입주가능일. 법 §61 ②) 이후 60일까지의 기간 동안 입주예정자의 동의 없이 해당 주택 및 대지에 저당권 또는 가등기담보권 등 담보물권을 설정하는 행위, 해당 주택 및 대지에 전세권 · 지상권 또는 등기되는 부동산임차권을 설정하는 행위, 해당 주택 및 대지를

매매 또는 증여 등의 방법으로 처분하는 행위를 하여서는 아니 된다. 다만, 그 주택의 건설을 촉진하기 위하여 대통령령으로 정하는 경우(영 §71)에는 그러하지 아니하다(법 §61 ①).

위와 같은 저당권설정 등의 제한을 할 때 사업주체는 해당 주택 또는 대지가 입주예정자의 동의 없이는 양도하거나 제한물권을 설정하거나 압류 · 가압류 · 가처분 등의 목적물이 될 수 없는 재산임을 소유권등기에 부기등기하여야 한다. 다만, 사업주체가 국가 · 지방자치단체 및 한국토지주택공사 등 공공기관이거나 해당 대지가 사업주체의 소유가 아닌 경우 등 대통령령으로 정하는 경우에는 그러하지 아니하다(법 §61 ③).

부기등기는 주택건설대지에 대하여는 입주자 모집공고 승인 신청(주택건설대지 중 주택조합이 사업계획승인 신청일까지 소유권을 확보하지 못한 부분이 있는 경우에는 그 부분에 대한 소유권이전등기를 말한다)과 동시에 하여야 하고, 건설된 주택에 대하여는 소유권보존등기와 동시에 하여야 한다(법 §61 ④). 부기등기에는 명시할 사항은 아래와 같다(영 §72 ①).

❽ 투기과열지구

국토교통부장관 또는 시 · 도지사는 주택가격의 안정을 위하여 필요한 경우에는 주거정책심의위원회(시 · 도지사의 경우에는 주거기본법 제9조에 따른 시 · 도 주거정책심의위원회를 말한다)의 심의를 거쳐 일정한 지역을 투기과열지구로 지정하거나 이를 해제할 수 있다. 이 경우 투기과열지구의 지정은 그 지정 목적을 달성할 수 있는 최소한의 범위로 한다(법 §63 ①). 국토교통부장관 또는 시 · 도지사는 투기과열지구를 지정하였을 때에는 지체 없이 이를 공고하고, 국토교통부장관은 그 투기과열지구를 관할하는 시장 · 군수 · 구청장에게, 특별시장, 광역시장 또는 도지사는 그 투기과열지구를 관할하는 시장, 군수 또는 구청장에게 각각 공고 내용을 통보하여야 한다. 이 경우 시장 · 군수 · 구청장은 사업주체로 하여금 입주자 모집공고 시 해당 주택건설 지역이 투기과열지구에 포함된 사실을 공고하게 하여야 한다. 투기과열지구 지정을 해제하는 경우에도 또한 같다(법 §63 ③). 국토교통부장관이 투기과열지구를 지정하거나 해제할 경우에는 시 · 도지사의 의견을 들어야 하며, 시 · 도지사가 투기과열지구를 지정하거나 해제할 경우에는 국토교통부장관과 협의하여야 한다(법 §63 ⑤).

투기과열지구는 해당 지역의 주택가격상승률이 물가상승률보다 현저히 높은 지역으로서 그 지역의 청약경쟁률 · 주택가격 · 주택보급률 및 주택공급계획 등과 지역 주택시장 여건 등을 고려하였을 때 주택에 대한 투기가 성행하고 있거나 성행할 우려가 있는 지역

중 국토교통부령으로 정하는 기준을 충족하는 곳이어야 한다(법 §63 ②). 국토교통부장관 또는 시 · 도지사는 투기과열지구에서 위 지정 사유가 없어졌다고 인정하는 경우에는 지체 없이 투기과열지구 지정을 해제하여야 한다(법 §63 ④).

국토교통부장관은 1년마다 주거정책심의위원회의 회의를 소집하여 투기과열지구로 지정된 지역별로 해당 지역의 주택가격 안정 여건의 변화 등을 고려하여 투기과열지구 지정의 유지 여부를 재검토하여야 한다. 이 경우 재검토 결과 투기과열지구 지정의 해제가 필요하다고 인정되는 경우에는 지체 없이 투기과열지구 지정을 해제하고 이를 공고하여야 한다(법 §63 ⑥). 투기과열지구로 지정된 지역의 시 · 도지사, 시장, 군수 또는 구청장은 투기과열지구 지정 후 해당 지역의 주택가격이 안정되는 등 지정 사유가 없어졌다고 인정되는 경우에는 국토교통부장관 또는 시 · 도지사에게 투기과열지구 지정의 해제를 요청할 수 있다(법 §63 ⑦). 투기과열지구 지정의 해제를 요청받은 국토교통부장관 또는 시 · 도지사는 요청받은 날부터 40일 이내에 주거정책심의위원회의 심의를 거쳐 투기과열지구 지정의 해제 여부를 결정하여 그 투기과열지구를 관할하는 지방자치단체의 장에게 심의결과를 통보하여야 한다(법 §63 ⑧). 국토교통부장관 또는 시 · 도지사는 심의결과 투기과열지구에서 그 지정 사유가 없어졌다고 인정될 때에는 지체 없이 투기과열지구 지정을 해제하고 이를 공고하여야 한다(법 §63 ⑨).

⑨ 조정대상지역

"조정대상지역"이란 다음의 어느 하나에 해당하는 지역의 경우 주택정책심의위원회(시 · 도지사의 경우에는 시 · 도 주택정책심의위원회)의 심의를 거쳐 지정하는 지역을 말한다(주택법 §63의 2 ① 및 주택칙 §25의 2).

1) 과열지역(주택가격, 청약경쟁률, 분양권 전매량 및 주택보급률 등을 고려하였을 때 주택 분양 등이 과열되어 있거나 과열될 우려가 있는 지역)

직전월(조정대상지역으로 지정하는 날이 속하는 달의 바로 전 달을 말함. 이하 같음)부터 소급하여 3개월간의 해당 지역 주택가격상승률이 해당 지역이 포함된 시 · 도 소비자물가상승률의 1.3배를 초과한 지역으로서 다음 각 목의 어느 하나에 해당하는 지역을 말한다.

① 직전월부터 소급하여 주택공급이 있었던 2개월 동안 해당 지역에서 공급되는 주택의 월평균 청약경쟁률이 모두 5대 1을 초과하였거나 국민주택규모 주택의 월평균 청약경쟁률이 모두 10대 1을 초과한 지역

② 직전월부터 소급하여 3개월간의 분양권(주택의 입주자로 선정된 지위를 말함. 이하 같음) 전매거래량이 전년 동기 대비 30퍼센트 이상 증가한 지역

2) 위축지역(주택가격, 주택거래량, 미분양주택의 수 및 주택보급률 등을 고려하여 주택의 분양 · 매매 등 거래가 위축되어 있거나 위축될 우려가 있는 지역)

직전월부터 소급하여 6개월간의 평균 주택가격상승률이 마이너스 1.0퍼센트 이하인 지역으로서 다음 각 목의 어느 하나에 해당하는 지역을 말한다.

① 직전월부터 소급하여 3개월 연속 주택매매거래량이 전년 동기 대비 20퍼센트 이상 감소한 지역

② 직전월부터 소급하여 3개월간의 평균 미분양주택(주택법 제15조 제1항에 따른 사업계획승인을 받아 입주자를 모집을 하였으나 입주자가 선정되지 아니한 주택을 말함)의 수가 전년 동기 대비 2배 이상인 지역

③ 시 · 도별 주택보급률 또는 자가주택비율이 전국 평균을 초과하는 지역

3) 지정의 효력

조정대상지역으로 지정되면 주택담보대출이 어려워지고, 취득세, 양도세 등의 세금부담이 높아지며, 청약자격 및 분양권전매등의 강화된 규제가 적용되기 때문에 거래가 어려워진다.

① 주택법 제64조에 따른 분양권 전매제한

② 소득세법 제104조에 따른 양도소득세 중과

③ 지방세법 제13조의 2에 따른 주택취득세 중과

⑩ 리모델링

1) 리모델링의 개념 및 범위

"리모델링"이란 건축물의 노후화 억제 또는 기능 향상 등을 위한 다음의 어느 하나에 해당하는 행위를 말한다(주택법 §2 25호 및 주택령 §13).

1. 대수선(大修繕)
2. 사용검사일(주택단지 안의 공동주택 전부에 대하여 임시사용승인을 받은 경우에는 그 임시사용승인일) 또는 사용승인일부터 15년[15년 이상 20년 미만의 연수 중 특별시 · 광역시 · 특별자

치시 · 도 또는 특별자치도(이하 "시 · 도"라 함)의 조례로 정하는 경우에는 그 연수]이 지난 공동주택을 각 세대의 주거전용면적(건축물대장 중 집합건축물대장의 전유부분의 면적을 말함)의 30% 이내(세대의 주거전용면적이 85㎡ 미만인 경우에는 40% 이내)에서 증축하는 행위. 이 경우 공동주택의 기능 향상 등을 위해 공용부분에 대하여도 별도로 증축할 수 있음

3. 위 2.에 따른 각 세대의 증축 가능 면적을 합산한 면적의 범위에서 기존 세대수의 15% 이내에서 세대수를 증가하는 증축 행위(이하 "세대수 증가형 리모델링"이라 함). 다만, 수직으로 증축하는 행위(이하 "수직증축형 리모델링"이라 함)는 다음 요건을 모두 충족하는 경우만 해당함

① 최대 3개층 이하로서 다음의 범위에서 증축할 것

구 분	범 위
• 수직증축형 리모델링의 대상이 되는 기존 건축물의 층수가 15층 이상인 경우	3개 층
• 수직증축형 리모델링의 대상이 되는 기존 건축물의 층수가 14층 이하인 경우	2개 층

② 수직증축형 리모델링의 대상이 되는 기존 건축물의 신축 당시 구조도를 보유하고 있을 것

2) 리모델링의 허가

공동주택(부대시설과 복리시설을 포함)의 입주자 · 사용자 또는 관리주체가 공동주택을 리모델링하려면 허가와 관련된 면적, 세대수 또는 입주자 등의 동의 비율에 관하여 「주택법 시행령」 별표 4에 따른 기준 및 절차 등에 따라 시장 · 군수 · 구청장의 허가를 받아야 한다(주택법 §66 ① 및 주택령 §75 ①).

3) 증축형 리모델링의 안전진단

증축형 리모델링을 하려는 자는 시장 · 군수 · 구청장에게 안전진단을 요청해야 하며, 안전진단을 요청받은 시장 · 군수 · 구청장은 해당 건축물의 증축 가능 여부의 확인 등을 위해 안전진단을 실시해야 한다(주택법 §68 ①).

4) 리모델링 기본계획

특별시장 · 광역시장 및 대도시의 시장은 관할구역에 대하여 리모델링 기본계획을 10년 단위로 수립해야 하며, 5년마다 리모델링 기본계획의 타당성 여부를 검토하여 그 결과를 리모델링 기본계획에 반영해야 한다(주택법 §71 ① · §73 ②).

건설 Tip **부동산거래신고에 관한 법률**

부동산거래신고제는 2006년부터 시행됐지만 토지 · 주택의 분양계약, 상가 및 토지의 분양권 매매 등은 거래 신고 대상에서 제외돼 허위 계약서가 성행하는 등 다양한 문제가 발생하였다. 이에 종전에 부동산 거래 신고와 관련된 내용을 규정하던 부동산거래신고법, 외국인토지법, 국토계획법에 담긴 내용을 하나의 법률로 통합하여 부동산 거래신고 등에 관한 법률이 2016.1.19. 제정되었으며, 2017.1.20.부터 시행되었다.

매도인과 매수인은 매매계약의 체결일 60일 이내 매매대상 부동산 소재지의 관할 시장 · 군수 또는 구청장에게 신고하거나 국토교통부 부동산거래관리시스템 통해 부동산거래 신고를 하여야 한다. 부동산 중개업체를 통해 매매계약을 체결한 경우에는 부동산 중개업체가 신고를 하여야 한다.

"부동산 거래 신고제도"란 부동산 또는 부동산을 취득할 수 있는 권리의 매매계약을 체결한 경우 실거래가격보다 낮게 계약서를 작성하는 이중계약의 관행을 없애고 부동산 거래를 투명하게 하기 위해 실제 거래가격 등 일정한 사항을 신고하게 하는 제도를 말한다. 다음의 어느 하나에 해당하는 사람은 부동산 매매계약을 체결한 후 부동산거래계약 신고서를 부동산 소재지의 관할 시장 · 군수 또는 구청장에게 제출해 신고하거나 국토교통부 부동산거래관리시스템을 통해 신고하여야 한다. 부동산 거래 신고는 거래계약의 체결일부터 60일 이내에 하여야 한다.

- 직거래인 경우 : 매수인 및 매도인(공동으로 신고)
- 중개거래인 경우 : 부동산 매매계약을 중개하고 계약서를 작성 · 교부한 중개업자

제 4 절

국토의 계획 및 이용에 관한 법률

(약칭 : 국토계획법)

❶ 국토의 계획 및 이용에 관한 법률 체계도

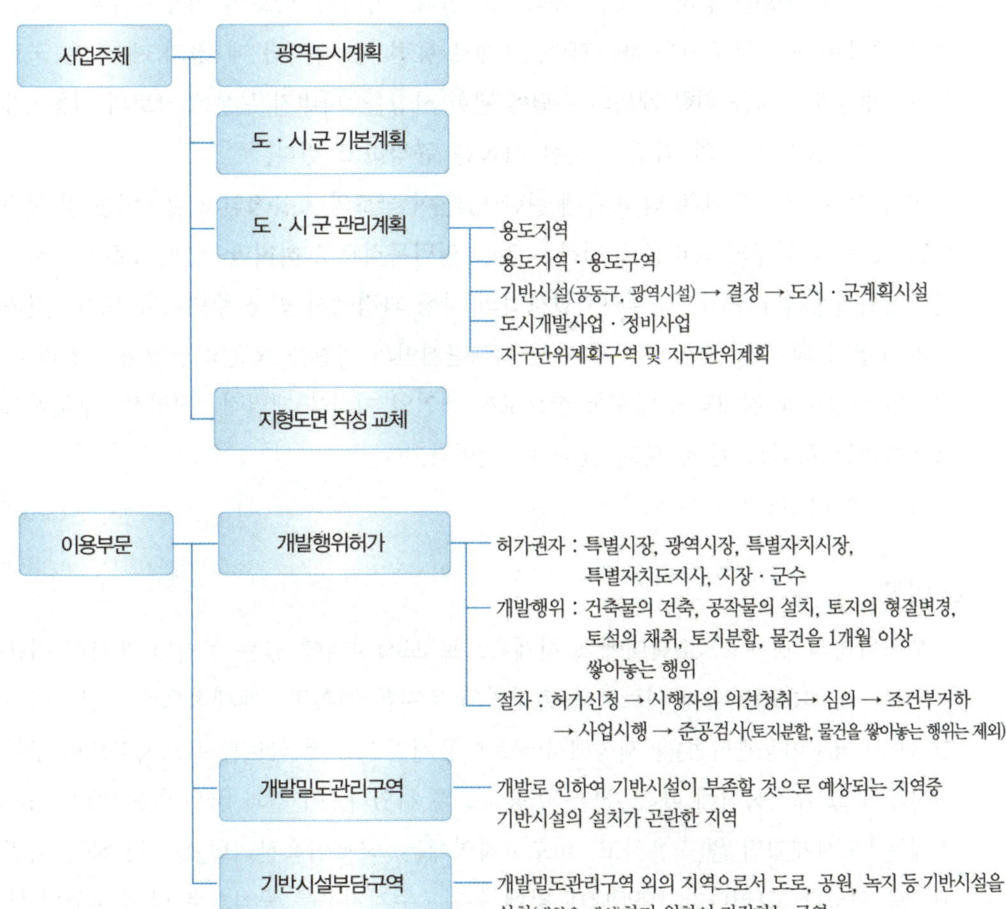

❷ 목적 및 연혁

1) 목적

「국토의 계획 및 이용에 관한 법률」✎ 은 국토의 이용·개발과 보전을 위한 계획의 수립 및 집행 등에 필요한 사항을 정해 공공복리를 증진시키고 국민의 삶의 질을 향상시키는 것을 목적으로 한다(법 §1).

✎ 당초 건설교통부의 원안에는 법률의 명칭이 「국토이용 및 도시계획에 관한 법률」로 되어 있었다. 그러나 "도시계획"은 "국토이용"을 위한 수단의 하나에 불과하여 "국토이용"과 "도시계획"을 동일한 선상에 두는 발상은 논리적으로 문제가 있다고 보았다. 그래서 법제처 심사과정에서 법률의 명칭이 「국토이용 및 계획에 관한 법률」로 바뀌었다. 그 후 국회 건설교통위원회의 심의과정에서 "선계획 – 후개발"이라는 입법취지를 살린다는 뜻에서 법률의 명칭이 현재와 같은 「국토의 계획 및 이용에 관한 법률」로 바뀌었다.

「국토의 계획 및 이용에 관한 법률」의 궁극적인 목적은 공공복리의 증진과 국민의 삶의 질 향상인데, 이를 위해 국토의 이용·개발과 보전을 위한 계획의 수립 및 집행 등에 필요한 사항을 정하는 것을 목적으로 한다. 여기의 '국토의 이용·개발과 보전을 위한 계획'은 시·군계획을 가리킨다. 대체로 동법 제2장부터 제4장과 제9장은 국토의 이용·개발과 보전을 위한 계획의 수립에 관한 사항을, 나머지 부분은 국토의 이용·개발과 보전을 위한 계획의 집행에 관한 사항을 규정하고 있다.

이와 같이 「국토의 계획 및 이용에 관한 법률」이 국토의 효율적인 개발·이용 및 보전을 도모함으로써 공공의 복리를 증진하는 것을 입법목적으로 하지만, 한편으로는 도시·군관리계획결정이나 도시·군계획시설사업의 시행 과정에서 인근 주민이나 토지·건축물 등의 소유자 및 그에 관한 권리를 가진 이해관계인의 의견을 적절히 반영해서 권리 또는 이익이 부당하게 침해되지 않도록 함으로써 개인의 이익을 개별적·직접적·구체적으로 보호하려는 목적도 함께 갖고 있다 할 것이다.✎

✎ 대법원 2013.11.28. 선고 2011두11334 판결

2) 연혁

우리나라의 경우 1930년대에 도시계획으로 도시지역에 있는 토지의 계획적 이용을 도모했는데, 1970년대에 이르러 농촌지역의 토지를 계획적·체계적으로 개발·이용하기 위해 「국토이용관리법」을 제정해서 국토이용계획으로 전 국토를 용도지역으로 구분·지정해서 그 지정목적에 따라 개발·이용하도록 하였다. 이 결과 국토이용체계가 도시지역에는 「도시계획법」을 적용하고, 비도시지역에는 「국토이용관리법」을 적용하는 이원적 체계로 되었다. 그러다가 1990년대 말에 용인·수지지구를 중심으로 한 수도권의 난개

발이 사회적 문제로 대두됨에 따라 비도시지역에 대해서도 도시계획기법을 적용해서 국토의 계획적 · 체계적인 이용을 도모함으로써 난개발을 방지하고 환경친화적인 국토이용체계를 구축해야 한다는 논의가 있었다. 이에 2002.2.4.「도시계획법」과「국토이용관리법」을 통합한「국토의 계획 및 이용에 관한 법률」이 제정되어 2003.1.1 시행되었다.

2003.1.1.부터 시행된 국토계획법은 과거 국토이용관리법과 도시계획법을 각각 폐지하고 신설된 법으로서 이 법은 국토의 이용 · 개발 및 보전을 위한 계획의 수립 및 집행 등에 관하여 필요한 사항을 정함으로써 공공복리의 증진과 국민의 삶의 질을 향상하는 데 목적을 두고 있다. 그러나 법이 신설된 근본취지는 토지이용에 관한 기본계획 속에서 토지의 효율적인 관리 및 토지사용자의 기반시설부담, 종분류에 따른 개발행위제한 등 무분별한 토지사용을 억제하고 토지사용자에 대한 비용부담의 법적근거를 두어 토지사용, 즉 개발행위에 대한 체계적인 도시계획을 유도하는 데 그 목적을 두고 있다.

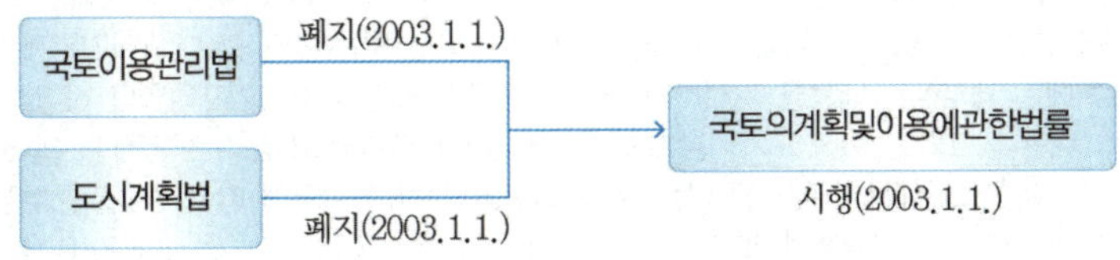

③ 국토의 계획_기본계획

1) 광역도시계획

광역도시계획은 둘 이상의 특별시 · 광역시 · 특별자치시 · 특별자치도 · 시 또는 군의 공간구조와 기능을 상호 연계시켜 환경을 보전하며 광역시설을 체계적으로 정비하기 위해 수립하는데, 그 목적은 하나의 지방자치단체 단독으로는 해결하기 곤란한 광역교통 · 환경 등의 광역도시문제를 해결하는 데에 있다.

광역도시계획은 광역계획권의 장기발전방향을 제시하는 것에 불과하므로 일반 국민에게 직접적인 구속력을 가지거나 권리 · 의무를 발생시키지 않는다.

광역도시계획이 수립되어 있는 지역에 대해 수립하는 도시 · 군기본계획은 그 광역도시계획에 부합되어야 하며, 도시 · 군기본계획의 내용이 광역도시계획의 내용과 다른 때에는 광역도시계획의 내용이 우선한다. 도시 · 군관리계획 또한 광역도시계획에 부합되어야 한다(법 §4 ③, §25 ①). 이는 광역도시계획이 도시 · 군기본계획 및 도시 · 군관리계획의 상위계획임을 의미한다.

2) 도시 · 군기본계획

도시 · 군기본계획은 특별시 · 광역시 · 특별자치시 · 특별자치도 · 시 또는 군의 관할 구역에 대해 기본적인 공간구조와 장기발전방향을 제시하는 종합계획으로서 도시 · 군관리계획 수립의 지침이 되는 계획을 말한다(법 §2 3호). 다만, 행정구역에 따라 도시 · 군기본계획의 명칭을 달리하는바, 특별시 · 광역시 · 특별자치시 · 특별자치도 또는 시의 경우에는 '도시기본계획', 군의 경우에는 '군기본계획'으로 한다(법 §4 ① · ②).

도시 · 군기본계획은 국토종합계획을 기본으로 해당 지역의 장기적인 발전방향과 미래상을 제시하는 계획이며, 지역 전체를 대상으로 장래의 바람직한 발전상을 나타내는 거시적 계획이다. 도시 · 군기본계획은 도시 · 군관리계획 수립의 지침이 되는 것에 불과해 일반 국민에게 직접적인 구속력을 가지거나 권리 · 의무를 발생시키지 않는다.✎

✎ 도시기본계획은 도시의 기본적인 공간구조와 장기발전방향을 제시하는 종합계획으로서 그 계획에는 토지이용계획, 환경계획, 공원녹지계획 등 장래의 도시개발의 일반적인 방향이 제시되지만, 그 계획은 도시계획입안의 지침이 되는 것에 불과하여 일반 국민에 대한 직접적인 구속력은 없는 것이므로, 도시기본계획을 입안함에 있어 토지이용계획에는 세부적인 내용을 기재하지 아니하고 다소 포괄적으로 기재하였다 하더라도 기본구상도상에 분명하게 그 내용을 표시한 이상 도시기본계획으로서 입안된 것이라고 봄이 상당하고, 또 공청회 등 절차에서 다른 자료에 의하여 그 내용이 제시된 다음 관계 법령이 정하는 절차에 따라 건설교통부장관의 승인을 받아 공람공고까지 되었다면 도시기본계획으로서 적법한 효력이 있는 것이다(대법원 2002.10.11. 선고 2000두8226 판결).

❹ 국토의 계획_관리계획

1) 도시 · 군관리계획

"도시 · 군관리계획"이란 특별시 · 광역시 · 특별자치시 · 특별자치도 · 시 또는 군의 개발 · 정비 및 보전을 위하여 수립하는 토지이용 · 교통 · 환경 · 경관 · 안전 · 산업 · 정보통신 · 보건 · 후생 · 안보 · 문화 등에 관한 다음의 계획을 말한다. 도시 · 군관리계획은 도시형성과 관련된 여러 가지 요인을 충분히 고려해 해당 지역의 토지를 그 기능과 적성에 따라 가장 적합하게 이용하고 각종 기반시설을 합리적으로 배치함으로써 그 지역을 계획적으로 정비 · 개발하기 위한 계획이다. 도시 · 군관리계획은 특정 지역의 정비 · 개발에 관한 계획 중에서 가장 핵심이 된다.

도시 · 군관리계획은 도시 · 군기본계획과 광역도시계획과는 달리 관계 행정기관은 물론 일반 국민에게 직접적인 구속력을 가진다.

- 용도지역 · 용도지구의 지정 또는 변경에 관한 계획
- 구역(개발제한 · 도시자연공원 · 시가화조정 · 수산자원보호구역)의 지정 또는 변경에 관한 계획
- 기반시설의 설치 · 정비 또는 개량에 관한 계획
- 도시개발사업 또는 정비사업에 관한 계획
- 지구단위계획구역의 지정 또는 변경에 관한 계획과 지구단위계획
- 입지규제최소구역의 지정 또는 변경에 관한 계획과 입지규제최소구역계획

2) 용도지역

용도지역은 토지의 이용 및 건축물의 용도, 건폐율(건축법 제55조의 건폐율을 말함), 용적률(건축법 제56조의 용적률을 말함), 높이 등을 제한함으로써 토지를 경제적 · 효율적으로 이용하고 공공복리의 증진을 도모하기 위해 서로 중복되지 않게 도시 · 군관리계획으로 결정하는 지역을 말한다(법 §2 15호). 즉, 그 특성에 따른 용도를 부여하고 그 토지에 건축할 건축물의 용도 · 높이 · 밀도 등을 규제함으로써 도시기능을 증진시키고 양호한 도시환경을 조성하기 위해 지정한다.

■ 용도지역 구분 ■

용도지역	지 역	세분류
도시지역	주거지역[1]	전용주거지역, 일반주거지역, 준주거지역
	상업지역[2]	중심상업지역, 일반상업지역, 유통상업지역, 근린상업지역
	공업지역[3]	전용공업지역, 일반공업지역, 준공업지역
	녹지지역[4]	보전녹지지역, 생산녹지지역, 자연녹지지역
관리지역		보전관리지역
		생산관리지역
		계획관리지역
농림지역		
자연환경보전지역		

[1] 거주의 안녕과 건전한 생활환경의 보호를 위하여 필요한 지역

[2] 상업 그밖에 업무의 편익증진을 위하여 필요한 지역

[3] 공업의 편익증진을 위하여 필요한 지역

[4] 자연환경 · 농지 및 산림의 보호, 보건위생, 보안과 도시의 무질서한 확산을 방지하기 위하여 녹지의 보전이 필요한 지역

■ 도시지역의 세분 ■

구분	세분	내용
주거지역 (6개)	전용주거지역 (양호)	제1종 전용주거지역 : 단독주택 중심
		제2종 전용주거지역 : 공동주택 중심
	일반주거지역 (편리)	제1종 일반주거지역 : 저층주택 중심
		제2종 일반주거지역 : 중층주택 중심
		제3종 일반주거지역 : 중 · 고층주택 중심
	준주거지역	주거기능을 주로 하면서 상업 · 업무 기능의 보완
상업지역 (4개)	중심상업지역	도심 · 부도심의 업무 및 상업기능의 확충
	일반상업지역	일반적인 상업 및 업무기능 증진
	근린상업지역	근린지역에서의 일용품 및 서비스 공급
	유통상업지역	도시 내 지역 간의 유통기능 증진
공업지역 (3개)	전용공업지역	주로 중화학공업 · 공해성공업 등 수용
	일반공업지역	환경을 저해하지 아니하는 공업의 배치
	준공업지역	경공업 기타 공업을 수용하면서 주거 · 상업 · 업무기능의 보완
녹지지역 (3개)	보전녹지지역	도시의 자연환경 · 경관 · 산림 및 녹지의 보전
	생산녹지지역	주로 농업적 생산을 위한 개발의 유보
	자연녹지지역	녹지공간의 보전을 해하지 아니하는 범위 안에서 불가피한 경우 제한적인 개발이 필요한 지역

건설 Tip 용도지역의 건축제한

제2종 전용주거지역(공동주택, 양호한주거환경) : 단독주택, 공동주택, 제1종 근린생활시설(대통령령), 제2종 근린생활시설 중 공조집회장(조례)을 건축할 수 있다

제1종 일반주거지역(저층주택, 편리한 주거환경) : 단독주택, 공동주택(아파트제외), 제1종 근린생활시설, 교육연구시설중 유치원, 초등학교, 중학교, 고등학교, 노유자시설(대통령령) 및 제2종 근린생활시설(단란주점 및 안마시술소 제외), 문화 및 집회시설(공연장 및 관람장은 제외), 업무시설 중 오피스텔(3,000㎡ 미만인 것), 자동차 관련시설중 주차장 및 세차장(조례)을 지을 수 있다.

제2종 일반주거지역(중층주택, 편리한 주거환경) : 단독주택, 공동주택, 제1종 근린생활시설, 종교시설, 교육연구시설 중 유치원, 초등학교, 중학교, 고등학교, 노유자시설(대통령령) 및 제2종 근린생활시설(단란주점 및 안마시술소는 제외), 문화 및 집회시설(관람장은 제외), 의료시설(격리병원은 제외), 업무시설 중 오피스텔, 금융업소, 사무소 및 공공업무시설(3,000㎡ 미만인 것), 주유소, 석유판매소, 액화가스 취급소 · 판매소, 자동차 관련시설 중 차고 및 주기장과 주차장 및 세차장(조례)을 지을 수 있다.

제3종 일반주거지역(중 · 고층주택, 편리한 주거환경) : 단독주택, 공동주택, 제1종 근린생활시설, 종교시설, 교육연구시설 중 유치원, 초등학교, 중학교, 고등학교, 노유자시설(대통령령) 및 제2종 근린생활시설(단란주점 및 안마시술소는 제외), 문화 및 집회시설(관람장은 제외), 의료시설(격리병원은 제외), 업무시설(3,000㎡ 미만인 것), 주유소, 석유판매소, 액화가스 취급소 · 판매소, 자동차 관련시설 중 차고 및 주기장과 주차장 및 세차장(조례)을

지을 수 있다.
요약하면 아파트를 건축할 수 있는 지역은 제2종 주거전용지역, 제2종 일반주거지역, 제3종 일반주거지역, 준주거지역, 준공업지역이다.

용도지역	지 역	세분류	건폐율 최대한도	용적률 최대한도
도시지역	주거지역	제1종 전용주거지역	50%	100%
		제2종 전용주거지역	50%	150%
		제1종 일반주거지역	60%	200%
		제2종 일반주거지역	60%	250%
		제3종 일반주거지역	50%	300%
		준 주거지역	70%	500%
	상업지역	중심상업지역	90%	1,500%
		일반상업지역	80%	1,300%
		유통상업지역	80%	1,100%
		근린상업지역	70%	900%
	공업지역	전용공업지역	70%	300%
		일반공업지역	70%	350%
		준공업지역	70%	400%
	녹지지역	보전녹지지역	20%	80%
		생산녹지지역	20%	100%
		자연녹지지역	20%	100%
관리지역		보전관리지역	20%	80%
		생산관리지역	20%	80%
		계획관리지역	20%	100%
농림지역			20%	80%
자연환경보전지역			20%	80%

3) 용도지구

용도지구는 토지의 이용 및 건축물의 용도 · 건폐율 · 용적률 · 높이 등에 대한 용도지역의 제한을 강화하거나 완화해 적용함으로써 용도지역의 기능을 증진시키고 경관 · 안전 등을 도모하기 위해 도시 · 군관리계획으로 결정하는 지역을 말한다(법 §2 16호).

용도지구는 건축물의 용도, 건폐율 · 용적률 및 높이 등을 규제하는 건축제한을 목적으로 한다는 점에서는 용도지역과 본질적으로 동일하다고 할 수 있다. 다만, 용도지역이 상대적으로 넓은 지역을 대상으로 토지의 평면적인 이용방향을 정하는 데에 반해, 용도지구는 상대적으로 좁은 지역을 대상으로 건축물의 형태 · 배치 · 구조 · 밀도 등에 관한 입체적인 기준을 정하는 점에서 차이가 있다.

국토교통부장관, 시 · 도지사 또는 대도시 시장은 토지의 이용 및 건축물의 용도 · 용적률 · 건폐율 또는 높이 등을 제한함으로써 용도지역의 기능증진, 미관 · 기능 · 경관 · 안전 등을 도모하기 위하여 지정할 수 있다. 다음 어느 하나에 해당하는 용도지구의 지정 또는 변경을 도시 · 군관리계획으로 결정한다(법 §37 ①).

용도지구는 소규모 지역에 대해 필요에 따라 지정되는 것이므로 모든 토지가 용도지구로 지정되는 것은 아니며, 하나의 토지에 대해 하나의 용도지구만 지정되어야 하는 것도 아니다. 용도지구의 성격상 서로 양립할 수 없는 용도지구가 아닌 한 하나의 토지에 둘 이상의 용도지구를 중복해서 지정할 수 있다.

그리고 용도지구는 용도지역의 기능을 보완하기 위한 것이므로 용도지역과 중복되어 지정되는데, 용도지구의 성격에 따라 특정한 용도지구를 지정할 수 있는 용도지역이 제한되기도 한다.

지 구	내 용
경관지구	경관의 보전 · 관리 및 형성을 위하여 필요한 지구
보호지구	문화재, 주요 시설물 및 문화적 · 생태적으로 보호가치가 큰 지역의 보호와 보존을 위하여 필요한 지구
복합용도지구	지역의 토지이용상황, 개발수요 및 주변여건 등을 고려하여 효율적이고 복합적인 토지이용을 도모하기 위하여 특정시설의 입지를 완화할 필요가 있는 지구
개발진흥지구	주거기능 · 상업기능 · 공업기능 · 유통물류기능 · 관광기능 · 휴양기능 등을 집중적으로 개발 · 정비할 필요가 있는 지구
고도지구	쾌적한 환경조성 및 토지의 효율적 이용을 위하여 건축물 높이의 최고한도를 규제할 필요가 있는 지구
취락지구	녹지지역 · 관리지역 · 농림지역 · 자연환경보전지역 · 개발제한구역 또는 도시자연공원구역의 취락을 정비하기 위한 지구
방재지구	풍수해, 산사태, 지반의 붕괴, 그 밖의 재해를 예방하기 위하여 필요한 지구
방화지구	화재의 위험을 예방하기 위하여 필요한 지구
특정용도 제한지구	주거 및 교육환경 보호나 청소년 보호등의 목적으로 오염물질 배출시설, 청소년 유해시설 등 특정 시설의 입지를 제한할 필요가 있는 지구

용도지구에서의 건축물이나 그 밖의 시설의 용도 · 종류 및 규모 등의 제한에 관한 사항은 이 법 또는 다른 법률에 특별한 규정이 있는 경우 외에는 이 법 시행령으로 정하는 기준에 따라 특별시 · 광역시 · 특별자치시 · 특별자치도 · 시 또는 군의 조례로 정할 수 있다. 이 경우 건축물이나 그 밖의 시설의 용도 · 종류 및 규모 등의 제한은 해당 용도지구

의 지정목적에 적합해야 한다(법 §76 ②·③).

용도지구에서의 건축제한은 원칙적으로 도시·군계획조례에 따르고 예외적으로 이법 또는 다른 법률에 따르게 된다. 요약하면 아래와 같다.

용도지구	세구분(대통령령)	건축제한
경관지구	자연경관지구	조례로 정한다.
	시가지경관지구	조례로 정한다.
	특화경관지구	조례로 정한다.
보호지구	역사문화환경보호지구	조례로 정한다.
	중요시설물보호지구	조례로 정한다.
	생태계보호지구	조례로 정한다.
복합용도지구		• 일반주거지역인 경우 : 안마시술소, 관람장, 공장, 위험물 저장 및 처리시설, 동물 및 식물관련시설, 장례시설은 건축할 수 없다. • 일반공업지역인 경우 : 아파트, 단란주점 및 안마시술소, 노유자시설은 건축할 수 없다. • 계획관리지역인 경우 : 판매시설, 유원시설업의 시설은 건축할 수 있다.
개발진흥지구	주거개발진흥지구	지구단위계획 또는 관계법률에 따른 개발계획에 위반하여 건축물을 건축할 수 없다. 다만, 지구단위계획 또는 관계법률에 따른 계발계획을 수립하지 아니하는 개발진흥지구에서는 개발진흥지구의 지정목적범위에서 해당용도 지역에서 허용되는 건축물을 건축할 수 있다.
	산업유통개발진흥지구	
	관광휴양개발진흥지구	
	복합개발진흥지구	
	특정개발진흥지구	
고도지구		도시군관리계획으로 정하는 높이를 초과하여 건축물을 건축할 수 없다. ※조례로 정할 수 없다.
취락지구	자연취락지구	4층 이하의 단독주택, 제1종 근린생활시설, 제2종 근린생활시설(휴게음식점, 일반음식점, 단란주점, 안마시술소는 제외), 운동시설, 동물 및 식물관련 시설, 국방군사시설, 창고(농업임업축산업수산업만 허용), 방송통신시설, 발전시설을 건축할 수 있다. ※ 법령으로 정한다.
	집단취락지구	개발제한구역의 지정 및 관리에 관한 특별조치법령이 정하는 바에 따른다. ※ 법령으로 정한다.
방재지구	시가지방재지구	조례로 정한다.
	자연방재지구	조례로 정한다.
방화지구		조례로 정한다.
특정용도제한지구		조례로 정한다.

4) 용도구역

용도구역은 토지의 이용 및 건축물의 용도 · 건폐율 · 용적률 · 높이 등에 대한 용도지역 및 용도지구의 제한을 강화하거나 완화해서 따로 정함으로써 시가지의 무질서한 확산 방지, 계획적이고 단계적인 토지이용의 도모, 토지이용의 종합적 조정 · 관리 등을 위해 도시 · 군관리계획으로 결정하는 지역을 말한다(법 §2 17호).

용도구역에서는 도시주변의 개발을 제한하거나 도시의 무질서한 시가화를 방지하는 등의 특별한 목적을 달성하기 위해 각종의 토지이용행위를 규제한다. 용도지역과 용도지구가 건축행위를 주된 규제대상으로 하는데 비해, 용도구역은 건축행위 외에 토석채취 · 토지형질변경 · 토지분할 등과 같은 토지이용행위까지 규제대상으로 하고 있다.

용도구역은 필요에 따라 지정되는데, 각 용도구역의 지정목적이 전혀 다르므로 용도구역 상호간은 중복 지정되지 않는다.

"용도구역"이라 함은 용도지역 및 용도지구의 제한을 보다 더욱 강화 또는 완화하여 따로 정함으로써 도시 및 시가지의 무질서한 확산방지, 계획적이고 단계적인 토지이용의 도모 등을 위하여 국토교통부장관이 도시 · 군관리계획으로 결정하는 지역을 말한다.

■ 지정권자 및 지정 목적 ■

구 역	지정목적	지정권자
개발제한 구 역	도시의 무질서한 확산을 방지하고 도시주변의 자연환경을 보전하여 도시민의 건전한 생활환경을 확보하기 위하여 도시의 개발을 제한할 필요가 있거나, 국방부장관의 요청이 있어 보안상 도시의 개발을 제한할 필요가 있다고 인정되는 경우	국토교통부장관
도시자연 공원구역	도시의 자연환경 및 경관을 보호하고 도시인에게 건전한 여가 · 휴식공간을 제공하기 위하여 도시지역 안의 식생이 양호한 산지의 개발을 제한할 필요가 있다고 인정하는 경우	시 · 도지사, 대도시 시장
시 가 화 조정구역	• 직접 또는 관계 행정기관의 장의 요청을 받아 도시지역과 그 주변지역의 무질서한 시가화를 방지하고 계획적 · 단계적인 개발을 도모하기 위함. • 5년 이상 20년 이내 기간 동안 시가화를 유보할 필요가 있다고 인정되는 경우에는 시가화조정구역의 지정 또는 변경을 도시관리계획으로 결정할 수 있다. 시가화 유보 기간이 만료된 날의 다음날부터 그 효력을 상실. 이 경우 그 사실을 고시하여야 한다.	시 · 도지사 (국가계획과 연계하여 지정할 필요가 있다고 인정되는 경우에는 국토교통부장관)

구 역	지정목적	지정권자
수산자원 보호구역	수산자원의 보호 · 육성을 위하여 필요한 공유수면이나 그에 인접된 토지에 대한 수산자원보호구역의 지정 또는 변경을 도시관리계획으로 결정할 수 있다. 행위제한은 수산자원관리법에 따른다.	해양수산부장관
입지규제 최소구역✎	국토교통부장관은 도시지역에서 복합적인 토지이용을 증진시켜 도시 정비를 촉진하고 지역 거점을 육성할 필요가 있다고 인정되면 다음 어느 하나에 해당하는 지역과 그 주변지역의 전부 또는 일부를 입지규제최소구역으로 지정할 수 있다.	도시 · 군관리계획 결정권자

✎ 입지규제최소구역은 도시지역에서 복합적인 토지이용을 증진시켜 도시 정비를 촉진하고 지역 거점을 육성하기 위해 지정하는 용도구역이다. 입지규제최소구역은 과거에는 중심지였으나 지금은 쇠락한 주거지역 · 역세권 등을 활성화하기 위해 지정되는데, 입지규제최소구역으로 지정되면 건폐율 · 용적률 · 높이, 건축기준 등에 대한 특례가 적용된다.

Chapter 04

5 도시 · 군계획 시설사업

1) 기반시설

도로 · 하천 · 공원 · 상하수도 · 학교 · 시장 등의 시설은 도시의 형성이나 시민의 생활에 있어서 필수적이며, 그 입지나 규모에 따라 그 시설이 위치한 지역은 물론 도시 전체의 기능과 발전방향에 많은 영향을 미친다. 또한 이러한 시설은 공공성이 강하므로 민간이 이러한 시설을 합리적으로 설치할 것으로 기대하기 어렵고, 그 설치를 민간의 자율에 맡겨 둘 수도 없다. 그러므로 건전한 지역발전을 위해서는 이러한 시설의 종류 · 입지 및 규모에 대한 기준을 미리 정해 두고 일정한 절차에 따라 계획적으로 배치할 수 있게 해야 한다. 「국토의 계획 및 이용에 관한 법률」에서는 이러한 시설을 따로 기반시설로 구분해서 그 입지와 규모에 관한 기준을 정하고 있다.✎

✎ 기반시설은 원칙적으로 도시 · 군관리계획결정을 거쳐 설치하는데, 기반시설 중 도시 · 군관리계획으로 결정된 시설을 도시 · 군계획시설이라고 한다(법 §2 7호). 이 도시 · 군관리계획결정을 '도시 · 군계획시설결정'이라고 한다. 다만, 일부 기반시설은 예외적으로 도시 · 군계획시설결정을 거치지 않고 설치할 수 있는데, 이 경우에는 이 법을 적용받지 않게 된다.

기반시설은 다음의 시설을 말한다(법 §2 6호, 영 §2 ①).

1. **교통시설** : 도로, 철도, 항만, 공항, 주차장, 자동차정류장, 궤도, 차량검사 및 면허시설
2. **공간시설** : 광장, 공원, 녹지, 유원지, 공공공지
3. **유통 · 공급시설** : 유통업무설비, 수도 · 전기 · 가스 · 열공급설비, 방송 · 통신시설, 공동구, 시장, 유류저장 및 송유설비

4. **공공 · 문화체육시설** : 학교, 공공청사, 문화시설, 공공필요성이 인정되는 체육시설, 연구시설, 사회복지시설, 공공직업훈련시설, 청소년수련시설
5. **방재시설** : 하천, 유수지(遊水池), 저수지, 방화설비, 방풍설비, 방수설비, 사방설비, 방조설비
6. **보건위생시설** : 장사시설, 도축장, 종합의료시설
7. **환경기초시설** : 하수도, 폐기물처리 및 재활용시설, 빗물저장 및 이용시설, 수질오염방지시설, 폐차장

2) 광역시설

기반시설 중 광역적인 정비 체계가 필요한 다음의 시설을 말한다.

- **2 이상의 특별시 · 광역시 · 특별자치시 · 특별자치도 · 시 또는 군의 관할구역에 걸치는 시설** : 도로, 철도, 운하, 광장, 녹지, 수도 · 전기 · 가스 · 열공급설비, 방송 · 통신시설, 공동구, 유류저장 및 송유설비, 하천 · 하수도(하수도 종말처리시설을 제외한다)
- **2 이상의 특별시 · 광역시 · 특별자치시 · 특별자치도 · 시 또는 군이 공동으로 이용하는 시설** : 항만, 공항, 자동차정류장, 공원, 유원지, 유통업무설비, 운동장, 문화시설, 체육시설, 사회복지시설, 공공직업훈련시설, 청소년수련시설, 유수지, 화장시설, 봉안시설, 공동묘지, 도축장, 하수도(하수도 종말처리시설에 한한다), 폐기물처리시설, 수질오염방지시설, 폐차장

광역시설의 설치 및 관리는 도시 · 군계획시설의 설치 · 관리에 관한 규정을 따른다. 다만, 관계 특별시장 · 광역시장 · 특별자치시장 · 특별자치도지사 · 시장 또는 군수는 협약을 체결하거나 협의회를 구성하여 광역시설을 설치 · 관리할 수 있다. 국가계획으로 설치하는 광역시설은 다른 법률에 따라 설립된 법인이 설치 · 관리할 수 있다.

3) 공동구

"공동구"란 지하매설물(전기 · 가스 · 수도 등의 공급설비, 통신시설, 하수도시설 등)을 공동수용함으로써 미관의 개선, 도로 구조의 보전 및 교통의 원활한 소통을 기하기 위하여 지하에 설치하는 시설물을 말한다.

다음에 해당하는 지역 · 지구 · 구역 등이 200만㎡를 초과하는 경우 해당 지역에서 개발사업을 시행하는 사업시행자는 공동구를 설치하여야 한다(법 §44 ①, 영 §35의 2 ① · ②).

① 「도시개발법」 제2조 제1항에 따른 도시개발구역
② 「택지개발촉진법」 제2조 제3호에 따른 택지개발지구
③ 「경제자유구역법」 제2조 제1호에 따른 경제자유구역
④ 「도시 및 주거환경정비법」 제2조 제1호에 따른 정비구역
⑤ 「공공주택 특별법」 제2조 제2호에 따른 공공주택지구
⑥ 「도청이전을 위한 도시건설 및 지원에 관한 특별법」 제2조 제3호에 따른 도청이전신도시

Chapter 04

공동구의 설치(개량하는 경우를 포함한다)에 필요한 비용은 이 법 또는 다른 법률에 특별한 규정이 있는 경우를 제외하고는 공동구 점용예정자와 사업시행자가 부담하여야 한다(법 §44 ④). 공동구 점용예정자와 사업시행자가 공동구 설치비용을 부담하는 경우 국가, 특별시장 · 광역시장 · 특별자치시장 · 특별자치도지사 · 시장 또는 군수는 공동구의 원활한 설치를 위하여 그 비용의 일부를 보조 또는 융자할 수 있다(법 §44 ⑥).

4) 도시 · 군계획시설사업

"도시 · 군계획시설사업"이란 도시계획시설을 설치 · 정비 또는 개량하는 사업을 말한다. 도시 · 군계획시설은 도시 · 군계획시설사업으로 설치한다. 그러나 도시 · 군계획시설의 설치에 관해 다른 법률에서 따로 규정하고 있는 경우에는 그 법률이 정하는 바에 따라 설치할 수 있다.

❻ 지구단위계획

"지구단위계획"이란 도시 · 군계획 수립대상 지역 안의 일부에 대하여 토지이용을 합리화하고 그 기능을 증진시키며 미관을 개선하고 양호한 환경을 확보하며, 당해 지역을 체계적 · 계획적으로 관리하기 위하여 수립하는 도시 · 군관리계획을 말한다(법 §2 5호).

용도지역이나 용도지구에서의 건축규제는 해당 용도지역이나 용도지구 전체에 대해 일률적으로 적용되므로 용도지역이나 용도지구만 지정하고 구체적인 토지이용계획을 수립하지 않은 채 곧바로 「건축법」에 따라 개별 건축행위를 규제하는 경우에는 서로 조화를 이루지 못하는 건축물이 난립하거나 그 토지의 특성으로 보아 바람직하지 않은 건축물이 건축되는 사례를 피할 수 없게 된다. 해당 용도지역이나 용도지구에서의 용도 · 높이 · 건폐율 · 용적률 등의 건축기준에 적합하기만 하면, 그 용도지역이나 용도지구 전체의

차원에서 볼 때 부적합한 건축물의 건축을 허용할 수밖에 없기 때문이다. 이를 시정하기 위해 소규모 지역에 대해 구체적인 토지이용계획을 수립한 후 이에 따라 건축규제를 하려는 것이 지구단위계획이다. 용도지역제가 그 지역 전체를 대상으로 주로 평면적인 계획에 의해 일률적으로 건축규제를 하는데 반해, 지구단위계획에서는 각 필지를 대상으로 입체적으로 건축에 관한 구체적인 지침을 제시한다.

■ 법률규정의 완화적용 ■

도시지역내의 지역	• 건축제한의 완화 • 건폐율의 완화 : 150% • 용적률의 완화 : 200% • 건축물 높이제한 : 120% 이내에서 완화할 수 있다. • 주차장설치기준 : 100%까지 완화할 수 있다. • 채광 등의 확보를 위한 건축물의 높이제한 : 200% 이내에서 완화(지구단위계획구역 내 준주거지역)할 수 있다.
도시지역외의 지역	• 건축제한의 완화 • 건폐율의 완화 : 150% • 용적률의 완화 : 200% ※ 개발진흥지구(계획관리지역에 지정된 경우에는 제외)에 지정된 지구단위계획구역에 대하여는 아파트 및 연립주택은 허용되지 않는다.

❼ 개발행위 허가

1) 개요

다음에 해당하는 개발행위(이하 "개발행위"라 한다)를 하려는 자는 특별시장 · 광역시장 · 특별자치시장 · 특별자치도지사 · 시장 또는 군수의 허가(이하 "개발행위허가"라 한다)를 받아야 한다. 다만, 도시 · 군계획사업(다른 법률에 따라 도시 · 군계획사업을 의제한 사업을 포함한다)에 의한 행위는 그러하지 아니하다(국토계획법 §56).

① 건축물의 건축 또는 공작물의 설치

② 토지의 형질 변경(경작을 위한 경우로서 대통령령으로 정하는 토지의 형질 변경은 제외한다)

③ 토석의 채취

④ 토지 분할(건축물이 있는 대지의 분할은 제외한다)

⑤ 녹지지역 · 관리지역 또는 자연환경보전지역에 물건을 1개월 이상 쌓아놓는 행위

토지의 형질변경이란 절토 · 성토 · 정지 · 포장 등의 방법으로 토지의 형상을 변경하는 행위와 공유수면의 매립행위를 말한다. 다만, 경작을 위한 토지의 형질변경은 제외한다. 경작을 위한 토지형질변경이란 조성이 완료된 농지에서 농작물 재배, 농지의 지력 증진 및 생산성 향상을 위한 객토나 정지작업, 양수 · 배수시설 설치를 위한 토지의 형질변경을 말한다. 그러나 ① 인접토지의 관개 · 배수 및 농작업에 영향을 미치는 경우, ② 재활용 골재, 사업장 폐토양, 무기성 오니 등 수질오염 또는 토질오염의 우려가 있는 토사 등을 사용하여 성토하는 경우(다만, 「농지법 시행령」 제3조의 2 제2호에 따른 성토는 제외한다), ③ 지목의 변경을 수반하는 경우(전 · 답 · 과 상호간의 변경은 제외)는 개발행위허가를 받아야 한다. 또한 옹벽 설치(시행령 제53조에 따라 허가를 받지 않아도 되는 옹벽 설치는 제외한다) 또는 2m 이상의 성토나 절토를 하고자 하는 때에는 개발행위허가를 받아야 한다. 다만, 절토 · 성토에 대해서는 2미터 이내의 범위에서 특별시 · 광역시 · 특별자치시 · 특별자치도 · 시 또는 군의 도시 · 군계획조례로 따로 정할 수 있다.

Chapter 04

2) 개발행위허가의 성격

개발행위허가는 허가기준 및 금지요건이 불확정개념으로 규정된 부분이 많아 그 요건에 해당하는지 여부는 행정청의 재량판단의 영역에 속한다. 그러므로 그에 대한 사법심사는 행정청의 공익판단에 관한 재량의 여지를 감안하여 원칙적으로 재량권의 일탈이나 남용이 있는지 여부만을 대상으로 하고, 사실오인과 비례 · 평등의 원칙 위반 여부 등이 그 판단 기준이 된다고 할 것이다(대법원 2017.3.15. 선고 2016두55490 판결). 그리고 처분이 재량권을 일탈 · 남용하였다는 사정은 그 처분의 효력을 다투는 자가 주장 · 증명하여야 한다(대법원 2021.3.25. 선고 2020두51280 판결).

법률 Tip **건축허가와 개발행위허가의 관계**

건축허가는 그 신청이 관계법규에서 정한 제한에 배치되는지의 여부에 대한 심사를 거부할 수 없고, 심사결과 그 신청이 법정요건에 합치하는 경우에는 특별한 사정이 없는 한 이를 허가하여야 하며, 공익상 필요가 없음에도 불구하고 요건을 갖춘 자에 대한 허가를 관계법령에서 정하는 제한사유 이외의 사유를 들어 거부할 수는 없다(대법원 1995.6.13. 선고 94다56883 판결). 따라서 건축허가를 하면서 일정 토지를 기부채납하도록 하는 내용의 허가조건은 부관을 붙일 수 없는 기속행위 내지 기속적 재량행위인 건축허가에 붙인 부담이거나 또는 법령상 아무런 근거가 없는 부관이어서 무효이다(대법원 1995.6.13. 선고 94다56883 판결). 그러나 토지의 형질변경을 수반하는 건축허가는 재량행위에 속한다(대법원 2005.7.14. 선고 판결). 건축물의 건축이 국토계획법상 개발행위에 해당할 경우 그에 대한 건축허가를 하는 허가권자는 건축허가에 배치 · 저촉되는 관계 법령상 제한 사유의 하나로 국토계획법령의 개발행위허가기준을 확인하여야 하므로, 국토계획법상 건축물의 건축에 관한 개발행위허가가 의제되는 건축허가신청이 국토계획법령이 정한 개발행위허가

기준에 부합하지 아니하면 허가권자로서는 이를 거부할 수 있다고 보아야 하고, 이는 건축법 제16조 제3항에 의하여 개발행위허가의 변경이 의제되는 건축허가사항의 변경허가에서도 마찬가지라고 할 것이다(대법원 2016.8.24. 선고 2016두35762 판결). 국토계획법이 정한 일정한 용도지역 안에서 토지의 형질변경행위를 수반하는 건축신고의 수리는 건축법상 건축신고와 국토계획법상 개발행위허가의 성질을 아울러 갖게 되므로, 국토계획법상의 개발행위허가를 받은 것으로 의제되는 건축신고가 국토계획법령이 정하는 개발행위허가기준을 갖추지 못한 경우 행정청으로서는 이를 이유로 그 수리를 거부할 수 있다(대법원 2011.1.20. 선고 2010두14954 전원합의체 판결, 대법원 2017.10.26. 선고 2017두50188 판결 등 참조).

3) 허가를 받지 않고 할 수 있는 행위

(가) 도시 · 군계획사업에 의한 개발행위

도시 · 군계획사업에 의한 개발행위와 택지개발사업 · 산업단지개발사업 등 도시 · 군계획사업을 의제하는 개발행위 개발행위허가도 제외한다.

(나) 재해복구 또는 재난수습을 위한 응급조치

재해복구 또는 재난수습을 위한 응급조치를 위한 행위는 1개월 이내에 신고하여야 한다. 응급조치의 시기는 재난이 발생하였거나 발생한 이후를 말한다. 응급조치는 ① 건축물 또는 공작물의 보수 · 보강 및 이에 수반되는 임시조치(단, 건축법에 따라 허가 또는 신고 대상인 행위는 제외), ② 재난을 발생시킬 수 있는 위험의 제거, ③ 「재난 및 안전관리 기본법」 제37조에 따른 응급조치(행정기관에 한함) 및 그에 협조하는 행위를 말한다. 응급조치를 완료한 날로부터 1개월 이내에 신고하여야 한다. 다만, 응급조치가 1개월 이상의 소요기간이 예상될 경우 응급조치를 시작한 날로부터 1개월 이내에 신고하여야 한다.

(다) 신고대상 건축물의 개축 · 증축 · 재축 등

건축법에 의하여 신고하고 설치할 수 있는 건축물의 개축 · 증축 또는 재축과 이에 필요한 범위 안에서의 토지의 형질변경은 개발행위허가에서 제외된다. 다만, 도시 · 군계획시설사업이 시행되지 아니하고 있는 도시 · 군계획시설부지인 경우에 한한다.

(라) 경미한 행위

경미한 행위는 개발행위허가에서 제외된다. 다만, 그 범위에서 도시 · 군계획조례로 따로 정하는 경우에는 그에 따른다(영 §53).

구 분	경미한 행위
건축물의 건축	건축법 제11조 제1항에 따른 건축허가 또는 같은 법 제14조 제1항에 따른 건축신고 및 같은 법 제20조 제1항에 따른 가설건축물의 허가 또는 같은 조 제3항에 따른 가설건축물의 축조신고 대상에 해당하지 아니하는 건축물의 건축
공작물의 설치	① 도시지역 또는 지구단위계획구역에서 무게가 50톤 이하, 부피가 50세제곱미터 이하, 수평투영면적이 50제곱미터 이하인 공작물의 설치(건축법 시행령 제118조 제1항 각 호의 어느 하나에 해당하는 공작물의 설치를 제외) ② 도시지역 · 자연환경보전지역 및 지구단위계획구역 외의 지역에서 무게가 150톤 이하, 부피가 150세제곱미터 이하, 수평투영면적이 150제곱미터 이하인 공작물의 설치(건축법 시행령 제118조 제1항 각호의 어느 하나에 해당하는 공작물의 설치를 제외) ③ 녹지지역 · 관리지역 또는 농림지역안에서의 농림어업용 비닐하우스[비닐하우스안에 설치하는 육상어류양식장(「양식산업발전법」 제43조에 따른 육상해수양식업과 육상 등 내수양식업을 위해 설치한 양식장을 말한다)을 제외]의 설치
토지의 형질변경	• 높이 50센티미터 이내 또는 깊이 50센티미터 이내의 절토 · 성토 · 정지 등(포장을 제외하며, 주거지역 · 상업지역 및 공업지역외의 지역에서는 지목변경을 수반하지 아니하는 경우에 한함) • 도시지역 · 자연환경보전지역 및 지구단위계획구역 외의 지역에서 면적이 660제곱미터 이하인 토지에 대한 지목변경을 수반하지 아니하는 절토 · 성토 · 정지 · 포장 등(토지의 형질변경 면적은 형질변경이 이루어지는 당해 필지의 총면적을 말함. 이하 같음) • 조성이 완료된 기존 대지에 건축물이나 그 밖의 공작물을 설치하기 위한 토지의 형질변경(절토 및 성토는 제외한다). 이 경우 조성이 완료된 기존 대지란 다음 각 목의 어느 하나에 해당하는 토지로서 도로 · 상하수도 등 기반시설의 설치가 완료되어 해당 대지에 절토나 성토행위가 없이 건축물 등을 건축할 수 있는 상태로 조성되어 있는 대지를 의미한다. 다만, 시행령 제57조 제2항에 따라 용도변경을 하지 아니하도록 조건을 붙인 건축물이 건축된 대지(건축물이 멸실된 대지를 포함한다)에 다른 용도의 건축물(시행령 제57조 제1항 제1호의 2 다목부터 마목에 따라 건축할 수 있는 건축물은 제외한다)을 건축하고자 할 경우에는 기존 대지로 보지 아니한다. ① 도시개발사업 · 택지개발사업 등 관계 법률에 의하여 조성된 대지 ② 지목이 대 · 공장용지 · 학교용지 · 주차장 · 주유소용지 · 창고용지인 대지 ③ 관계 법률에 따라 적법하게 건축된 건축물이 있는 대지(건축물이 멸실된 경우를 포함) 다만, 축사 등 농지전용허가를 받지 아니하고 건축된 건축물은 제외 • 국가 또는 지방자치단체가 공익상의 필요에 의하여 직접 시행하는 사업을 위한 토지의 형질변경
토석채취	① 도시지역 또는 지구단위계획구역에서 채취면적이 25제곱미터 이하인 토지에서의 부피 50세제곱미터 이하의 토석채취 ② 도시지역 · 자연환경보전지역 및 지구단위계획구역외의 지역에서 채취면적이 250제곱미터 이하인 토지에서의 부피 500세제곱미터 이하의 토석채취

구 분	경미한 행위
토지분할	① 사도법에 의한 사도개설허가를 받은 토지의 분할 ② 토지의 일부를 공공용지 또는 공용지로 하기 위한 토지의 분할 ③ 행정재산중 용도폐지되는 부분의 분할 또는 일반재산을 매각 · 교환 또는 양여하기 위한 분할 ④ 토지의 일부가 도시 · 군계획시설로 지형도면고시가 된 당해 토지의 분할 ⑤ 너비 5미터 이하로 이미 분할된 토지의 건축법 제57조 제1항의 규정에 의한 분할제한면적 이상으로의 분할
물건적치	① 녹지지역 또는 지구단위계획구역에서 물건을 쌓아놓는 면적이 25제곱미터 이하인 토지에 전체무게 50톤 이하, 전체부피 50세제곱미터 이하로 물건을 쌓아놓는 행위 ② 관리지역(지구단위계획구역으로 지정된 지역을 제외)에서 물건을 쌓아놓는 면적이 250제곱미터 이하인 토지에 전체무게 500톤 이하, 전체부피 500세제곱미터 이하로 물건을 쌓아놓는 행위

4) 개발행위허가의 절차

(1) 허가기간

특별시장 · 광역시장 · 특별자치시장 · 특별자치도지사 · 시장 또는 군수는 제1항에 따른 개발행위허가의 신청에 대하여 특별한 사유가 없으면 15일 이내에 허가 또는 불허가의 처분을 하여야 한다(법 §57 ②). 다만, 도시계획위원회의 심의를 거쳐야 하거나 관계 행정기관의 장과 협의를 하여야 하는 경우에는 심의 또는 협의기간을 제외한다(영 §54 ①).

(2) 허가통지

특별시장 · 광역시장 · 특별자치시장 · 특별자치도지사 · 시장 또는 군수는 허가 또는 불허가의 처분을 할 때에는 지체 없이 그 신청인에게 허가내용이나 불허가처분의 사유를 서면 또는 국토이용정보체계를 통하여 알려야 한다(법 §57 ③).

개발행위허가는 허가신청(신청인), 허가기준 검토(허가권자), 의견청취 및 협의(허가권자), 처분(허가권자), 준공검사(허가권자)의 절차에 따른다.

■ 개발행위허가 절차 ■

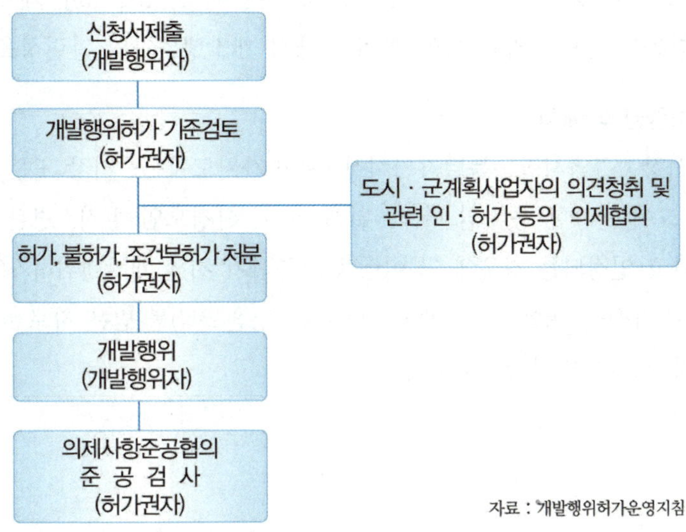

자료 : 개발행위허가운영지침

(3) 조건부허가

특별시장 · 광역시장 · 특별자치시장 · 특별자치도지사 · 시장 또는 군수는 개발행위허가를 하는 경우에는 그 개발행위에 따른 기반시설의 설치 또는 그에 필요한 용지의 확보, 위해 방지, 환경오염 방지, 경관, 조경 등에 관한 조치를 할 것을 조건으로 개발행위허가를 할 수 있다(법 §57 ④). 조건부 허가가 필요한 경우는 ① 공익상 또는 이해관계인의 보호를 위하여 필요하다고 인정될 경우, ② 당해 행위로 인하여 주변의 환경오염방지 또는 위험예방의 조치가 필요한 경우, ③ 당해 행위로 인하여 경관 · 미관 등이 손상될 우려가 있거나 조경 등 조치가 필요한 경우, ④ 역사 · 문화 · 향토적 가치가 있거나 원형보전의 필요가 있을 경우, ⑤ 재해 취약성분석결과 폭우재해 1등급지역 또는 「자연재해대책법」에 따른 풍수해 저감종합계획의 위험지구 등 관계법령의 규정에 따라 재해관련 지역 · 지구로 지정되거나 계획이 수립되어 재해예방의 조치가 필요한 경우, ⑥ 관계법령의 규정에 의하여 공공시설 등이 행정청에 귀속되거나 공공시설의 설치가 필요한 경우, ⑦ 도시 · 군계획 및 성장관리방안의 목적에 부합하기 위한 조치가 필요한 경우, ⑧ 그 밖에 시 · 군의 정비 및 관리에 필요하다고 인정되는 경우, ⑨ 지방도시계획위원회 심의 조건 및 조언사항 반영을 위한 경우 등이다(개발행위허가운영지침 2-1-7). 특별시장 · 광역시장 · 특별자치시장 · 특별자치도지사 · 시장 또는 군수는 개발행위허가에 조건을 붙이려는 때에는 미리 개발행위허가를 신청한 자의 의견을 들어야 한다(영 §54 ②). 다만,

기반시설부담계획에 따라 기반시설의 설치 또는 부담을 조건으로 하는 경우에는 의견을 듣지 않고 조건을 붙일 수 있다[개발행위허가운영지침 2-1-7-(3)]. 개발행위허가에 조건을 부과하더라도 개발행위의 이익 범위 내에서 개발행위와의 관련성을 고려하여야 한다.

(4) 이행보증금의 예치

특별시장 · 광역시장 · 특별자치시장 · 특별자치도지사 · 시장 또는 군수는 기반시설의 설치나 그에 필요한 용지의 확보, 위해 방지, 환경오염 방지, 경관, 조경 등을 위하여 필요하다고 인정되는 경우에 그 이행을 보증하기 위해 개발행위허가(다른 법률에 따라 개발행위허가가 의제되는 협의를 거친 인가 · 허가 · 승인 등을 포함)를 받은 자로 하여금 이행보증금을 예치하게 할 수 있다(법 §60 ①).

제 4 장 건설업과 법무

제 5 절 도시개발법

1 도시개발법 체계도

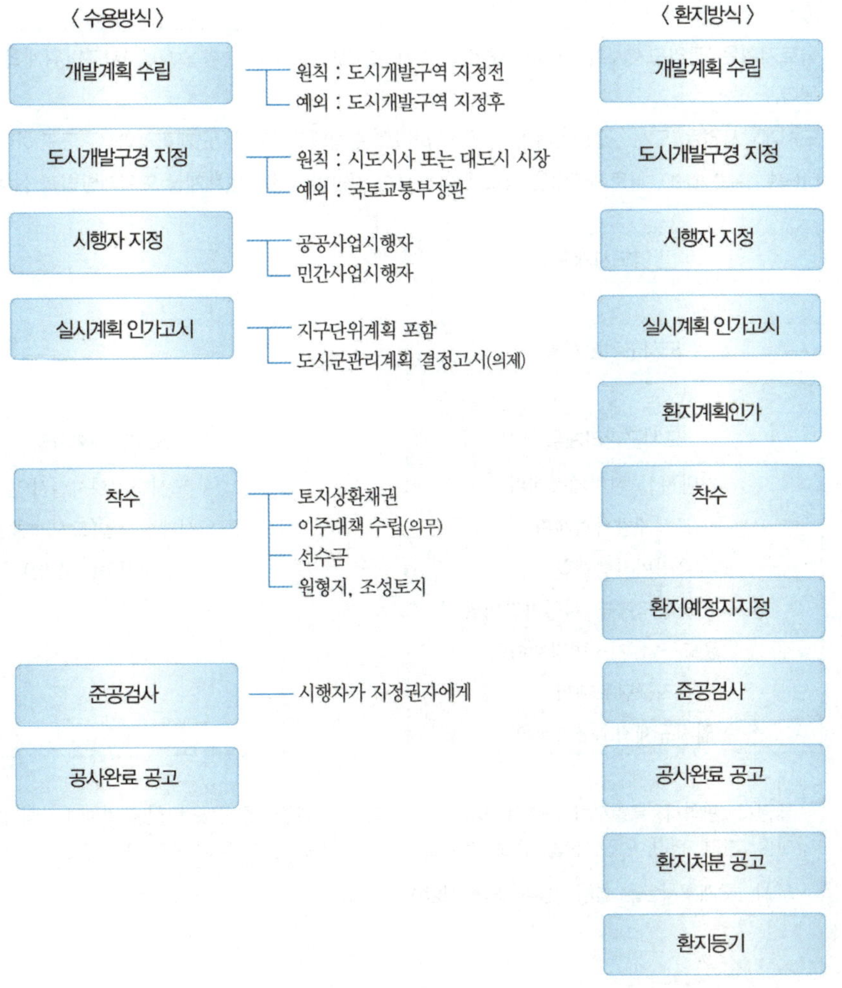

❷ 도시개발사업의 개요

1) 도시개발사업의 뜻

도시개발사업이란 '도시개발구역에서 주거, 상업, 산업, 유통, 정보통신, 생태, 문화, 보건 및 복지 등의 기능이 있는 단지 또는 시가지를 조성하기 위하여 시행하는 사업'을 말한다(법 §2 ① 2호). 도시개발법은 '단지' 또는 '시가지'에 관한 정의규정을 두고 있지 않으나, 구 도시계획법상 '단지' 또는 '시가지'란 도시계획사업으로 조정하는 주택지, 시가지, 공장용지의 단지와 시가지를 지칭하는 것이었다. 사전적 의미로 '단지'란 '주택지, 공장지, 시가지를 계획적 · 집단적으로 만들어 놓은 곳'이고, '시가지'란 '도시에서 주택이나 상점 등이 번화하게 늘어서 있는 지역'이다.

법률 Tip 국토계획법과 도시개발법

국토계획은 '광역도시계획', '도시 · 군계획 (도시 · 군기본계획, 도시 · 군관리계획)', '지구단위계획'으로 구분된다.

도시개발사업은 '도시 · 군관리계획[1]' 중의 하나로 수립되고, '도시 · 군계획사업[2]' 중의 하나로 시행된다(국토계획법 제2조). 국토계획법은 국토계획에 관한 일반법이면서 법체계상 도시개발법의 상위법이다.

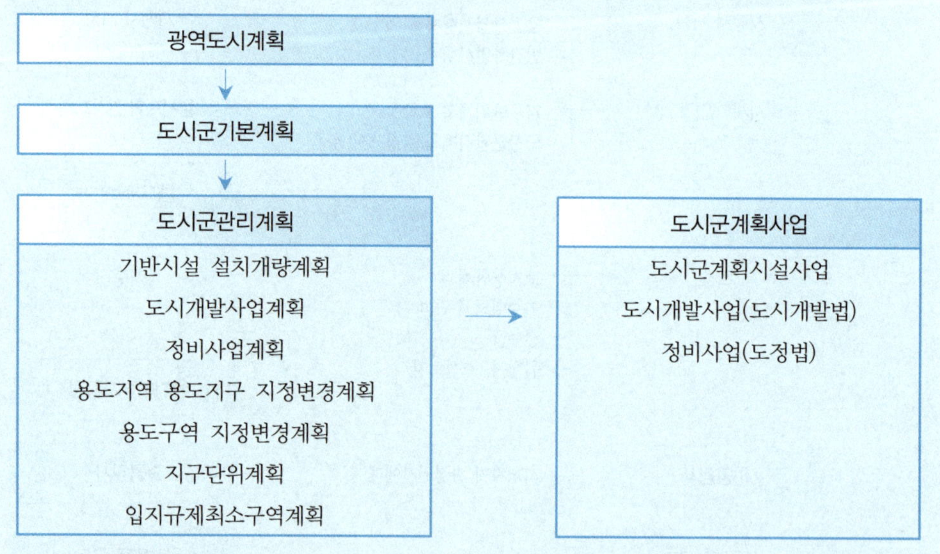

[1] 특별시 · 광역시 · 특별자치시 · 특별자치도 · 시 또는 군의 개발 · 정비 및 보전을 위하여 수립하는 토지 이용, 교통, 환경, 경관, 안전, 산업, 정보통신, 보건, 복지, 안보, 문화 등에 관한 계획

[2] 도시 · 군계획시설을 설치 · 정비 또는 개량하는 사업

2) 도시개발법의 제정

도시개발법은 법률 제6242호로 2000.1.28. 제정되어 같은 해 7.1.부터 시행되었다. 도시개발법이 제정되기 전의 도시개발은 주택단지개발, 산업단지개발등과 같은 단일목적의 개발방식으로 추진되어 신도시의 개발 등 복합적 기능을 갖는 도시를 종합적 · 체계적으로 개발하는 데는 한계가 있었다. 이에 종전의 도시계획법(2003.1.1. 폐지)의 도시계획사업(주택지조성사업, 공업용지조성사업, 시가지조성사업)에 관한 부분과 토지구획정리사업법(2000.7.1. 폐지)을 통합 · 보완하여 도시개발에 관한 기본법으로서 제정되었다. 도시개발법은 종합적 · 체계적인 도시개발을 위한 법적 기반을 마련하는 한편, 도시개발에 대한 민간부문의 참여를 활성화함으로써 다양한 형태의 도시개발이 가능하도록 하려는 데 제정 이유가 있다.

Chapter 04

3) 도시개발법의 개정

도시개발법은 제정 이후 12차 차례 개정(타법개정을 제외, 전면개정 1회, 일부개정 11회)되었다. 그간의 개정이유 및 주요골자를 보면 '도시개발사업의 효율적 추진'(1차 개정), '토지소유자의 동의절차 간소화 및 동의요건을 완화'(2차 개정), '도시개발사업의 시행자에게 개발계획의 변경 요청권 부여'(3차 개정), '자치구 아닌 구가 설치된 인구 50만 이상의 대도시 시장에게 도시개발구역 지정권한 부여'(4차 개정), '도시개발사업 추진절차를 간소화 및 지방자치단체의 자율성 강화'(5차 개정), '결합개발제도의 도입'(6차 개정), '부동산개발업자의 도시개발사업 시행 허용 등 민간의 도시개발 진입규제 완화'(7차 개정), '공공시행자가 시행하는 도시개발사업의 일부를 주택건설사업자 등으로 하여금 대행할 수 있도록 함'(11차 개정)과 같이 민간의 도시개발사업 참여를 확대하는 등으로 도시개발사업을 활성화하는 한편 도시개발사업의 효율성을 제고하는 데 주된 이유가 있었다.

❸ 도시개발사업의 계획

1) 개발계획의 수립

지정권자는 도시개발구역을 지정하려면 해당 도시개발구역에 대한 도시개발사업의 계획(이하 "개발계획"이라 함)을 수립해야 한다(도시개발법 §4 ① 본문).

다만, 개발계획을 공모하거나 다음의 지역에 도시개발구역을 지정할 때에는 도시개발구역을 지정한 후에 개발계획을 수립할 수 있다(도시개발법 §4 ① 단서 및 동령 §6 ①).

① 자연녹지지역

② 생산녹지지역

③ 도시지역 외의 지역

④ 국토교통부장관이 국가균형발전을 위해 관계 중앙행정기관의 장과 협의하여 도시개발구역으로 지정하려는 지역(자연환경보전지역은 제외)

⑤ 해당 도시개발구역에 포함되는 주거지역 · 상업지역 · 공업지역의 면적의 합계가 전체 도시개발구역 지정 면적의 30/100 이하인 지역

2) 개발계획안의 공모

지정권자는 창의적이고 효율적인 도시개발사업을 추진하기 위해 필요한 경우에는 개발계획안을 공모하여 선정된 안을 개발계획에 반영할 수 있다. 이 경우 선정된 개발계획안의 응모자가 도시개발사업의 시행자의 자격 요건을 갖춘 자인 경우에는 해당 응모자를 우선하여 시행자로 지정할 수 있다(도시개발법 §4 ②).

3) 환지방식에 따른 동의

지정권자는 환지(換地) 방식의 도시개발사업에 대한 개발계획을 수립하려면 환지 방식이 적용되는 지역의 토지면적의 2/3 이상에 해당하는 토지 소유자와 그 지역의 토지 소유자 총수의 1/2 이상의 동의를 받아야 한다. 환지 방식으로 시행하기 위해 개발계획을 변경(경미한 사항의 변경은 제외)하려는 경우에도 또한 같다(도시개발법 §4 ④).

다만, 지정권자가 도시개발사업을 환지 방식으로 시행하려고 개발계획을 수립하거나 변경할 때에 도시개발사업의 시행자가 국가나 지방자치단체에 해당하는 자이면 토지 소유자의 동의를 받을 필요가 없다(도시개발법 §4 ⑤).

지정권자가 도시개발사업의 전부를 환지 방식으로 시행하려고 개발계획을 수립하거나 변경할 때에 도시개발사업의 시행자가 도시개발을 위해 설립한 '조합'에 해당하는 경우로서 조합이 성립된 후 총회에서 도시개발구역의 토지면적의 3분의 2 이상에 해당하는 조합원과 그 지역의 조합원 총수의 2분의 1 이상의 찬성으로 수립 또는 변경을 의결한 개발계획을 지정권자에게 제출한 경우에는 토지 소유자의 동의를 받은 것으로 본다(도시개발법 §4 ⑥).

❹ 도시개발구역의 지정

1) 지정권자

"도시개발구역"이란 도시개발사업을 시행하기 위해 지정 · 고시된 구역을 말한다(도시개발법 §2 ① 1호).

지정권자 구분	내용
시 · 도지사 또는 대도시 시장이 지정	• 특별시장 · 광역시장 · 특별자치시장 · 도지사 · 특별자치도지사(이하 "시 · 도지사"라 함) 또는 「지방자치법」 제175조에 따른 서울특별시 · 광역시 및 특별자치시를 제외한 인구 50만 이상의 대도시의 시장(이하 "대도시 시장"이라 함)은 계획적인 도시개발이 필요하다고 인정되는 때에는 도시개발구역을 지정할 수 있다(도시개발법 §3 ①).
시 · 도지사 또는 대도시 시장이 협의해 지정	• 도시개발사업이 필요하다고 인정되는 지역이 둘 이상의 특별시 · 광역시 · 특별자치시 · 도 · 특별자치도(이하 "시 · 도"라 함) 또는 「지방자치법」 제175조에 따른 서울특별시 · 광역시 및 특별자치시를 제외한 인구 50만 이상의 대도시(이하 "대도시"라 함)의 행정구역에 걸치는 경우에는 관계 시 · 도지사 또는 대도시 시장이 협의해 도시개발구역을 지정할 자를 정한다(도시개발법 §3 ②).
국토교통부장관이 지정	• 예외적으로 다음의 어느 하나에 해당하면 국토교통부장관이 도시개발구역을 지정할 수 있다(도시개발법 §3 ③ 및 동령 §4). ▶ 국가가 도시개발사업을 실시할 필요가 있는 경우 ▶ 관계 중앙행정기관의 장이 요청하는 경우 ▶ 공공기관의 장 또는 정부출연기관의 장이 30만㎡ 이상으로서 국가계획과 밀접한 관련이 있는 도시개발구역의 지정을 제안하는 경우 ▶ 위의 시 · 도지사 또는 대도시 시장 간에 협의가 성립되지 않는 경우 ▶ 천재지변, 그 밖의 사유로 인하여 도시개발사업을 긴급하게 할 필요가 있는 경우

2) 지정요청

시장(대도시 시장 제외) · 군수 또는 구청장(자치구의 구청장을 말함)은 시 · 군 · 구도시계획위원회에 자문을 한 후 시 · 도지사에게 도시개발구역의 지정을 요청할 수 있다. 다만, 지구단위계획구역에서 이미 결정된 지구단위계획에 따라 도시개발사업을 시행하기 위해 도시개발구역의 지정을 요청하는 경우에는 시 · 군 · 구도시계획위원회에 자문을 하지 않을 수 있다(도시개발법 §3 ④ 및 동령 §5).

3) 법적성격

도시개발구역의 지정 요청은 행정처분이 아니므로, 지정 요청이 위법함을 이유로 행정쟁송의 방법으로 취소를 구할 수 없다.

4) 지정규모

도시개발구역으로 지정할 수 있는 대상 지역 및 규모는 다음과 같다(도시개발령 §2 ① 및 동칙 §2).

구 분	내 용
도시지역	• 주거지역 및 상업지역 : 1만㎡ 이상 • 공업지역 : 3만㎡ 이상 • 자연녹지지역 : 1만㎡ 이상 • 생산녹지지역(생산녹지지역이 도시개발구역 지정면적의 30/100 이하인 경우만 해당) : 1만㎡ 이상
도시지역 외의지역	• 30만㎡ 이상. • 다만, 「건축법 시행령」 별표 1 제2호의 공동주택 중 아파트 또는 연립주택의 건설계획이 포함되는 경우로서 다음 요건을 모두 갖춘 경우에는 10만㎡ 이상 ① 도시개발구역에 초등학교용지를 확보(도시개발구역 내 또는 도시개발구역으로부터 통학이 가능한 거리에 학생을 수용할 수 있는 초등학교가 있는 경우를 포함)하여 관할 교육청과 협의한 경우 ② 도시개발구역에서 「도로법」 제12조부터 제15조까지에 해당하는 도로 또는 「도시계획시설의 결정 · 구조 및 설치기준에 관한 규칙」 제9조 제3호 가목 및 나목에 해당하는 도로와 연결되거나 4차로 이상의 도로를 설치하는 경우

다만, 다음의 어느 하나에 해당하는 지역으로서 도시개발구역 지정권자가 계획적인 도시개발이 필요하다고 인정하는 지역에 대하여는 위의 규모 제한을 적용하지 않는다(도시개발법령 §2 ③).

① 취락지구 또는 개발진흥지구로 지정된 지역

② 지구단위계획구역으로 지정된 지역

③ 국토교통부장관이 국가균형발전을 위해 관계 중앙행정기관의 장과 협의해 도시개발구역으로 지정하려는 지역(「국토의 계획 및 이용에 관한 법률」에 따른 자연환경보전지역 제외)

5) 지정절차

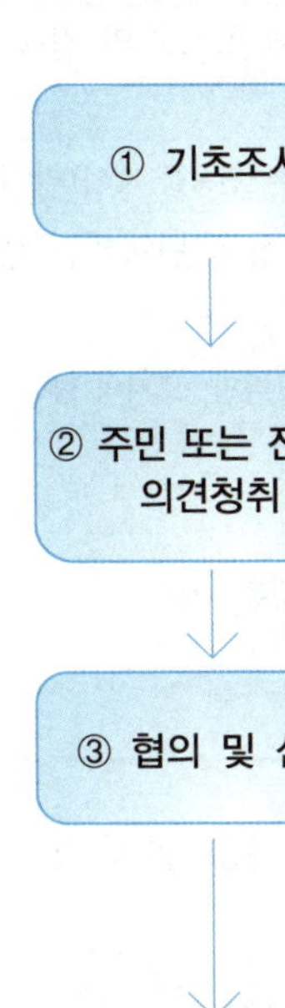

- 도시개발사업의 시행자나 시행자가 되려는 자는 도시개발구역을 지정하거나 도시개발구역의 지정을 요청 또는 제안하려고 할 때에는 도시개발구역으로 지정될 구역의 토지, 건축물, 공작물, 주거 및 생활실태, 주택수요, 그 밖에 필요한 사항에 관하여 조사하거나 측량할 수 있음(도시개발법 §6 ①)

- 공람이나 공청회를 통하여 주민이나 관계 전문가 등으로부터 의견을 들어야 하며, 공람이나 공청회에서 제시된 의견이 타당하다고 인정되면 이를 반영(도시개발법 §7 ①)

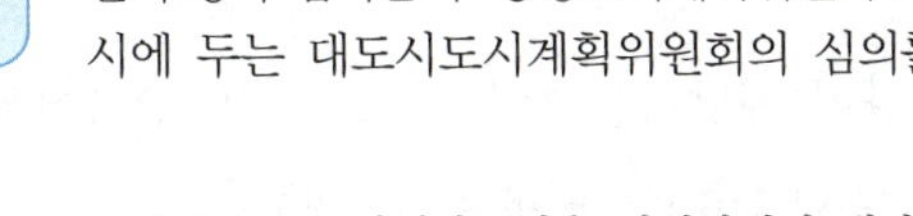

- 지정권자는 도시개발구역을 지정하거나 개발계획을 수립하려면 관계 행정기관의 장과 협의한 후 중앙도시계획위원회 또는 시·도도시계획위원회나 대도시에 두는 대도시도시계획위원회의 심의를 거쳐야 함(도시개발법 §8 ①)

④ 지정 및 변경 고시

- 지정권자는 도시개발구역을 지정하거나 개발계획을 수립한 경우에는 이를 관보나 공보에 고시하고, 대도시 시장인 지정권자는 관계 서류를 일반에게 공람시켜야 하며, 대도시 시장이 아닌 지정권자는 해당 도시개발구역을 관할하는 시장(대도시 시장 제외)·군수 또는 구청장에게 관계 서류의 사본을 보내야 하며, 지정권자인 특별자치도지사와 관계 서류를 송부받은 시장(대도시 시장 제외)·군수 또는 구청장은 해당 관계 서류를 일반인에게 공람(도시개발법 §9 ①)

6) 도시개발구역지정의 효과

도시개발구역이 지정·고시된 경우 해당 도시개발구역은 「국토의 계획 및 이용에 관한 법률」에 따른 도시지역과 「국토의 계획 및 이용에 관한 법률」 제51조 제1항에 따른 지구단위계획구역으로 결정되어 고시된 것으로 본다. 다만, 「국토의 계획 및 이용에 관한 법률」 제51조 제3항에 따른 지구단위계획구역 및 같은 법 제37조 제1항 제6호에 따른 취락지구로 지정된 지역인 경우에는 그렇지 않는다(도시개발법 §9 ② 및 동령 §15 ⑤).

7) 도시개발구역에서의 행위제한

도시개발구역지정에 관한 주민 등의 의견청취를 위한 공고가 있는 지역 및 도시개발구역에서 다음의 행위를 하려는 자는 특별시장·광역시장·특별자치도지사·시장 또는 군수의 허가를 받아야 한다(도시개발법 §9 ⑤ 및 동령 제16 ①).

구 분	내 용
건축물의 건축 등	•「건축법」 제2조 제1항 제2호에 따른 건축물(가설건축물 포함)의 건축, 대수선(大修繕) 또는 용도 변경
공작물의 설치	• 인공을 가하여 제작한 시설물(건축법 §2 ① 2호에 따른 건축물 제외)의 설치
토지의 형질변경	• 절토 · 성토 · 정지 · 포장 등의 방법으로 토지의 형상을 변경하는 행위, 토지의 굴착 또는 공유수면의 매립
토석의 채취	• 흙 · 모래 · 자갈 · 바위 등의 토석을 채취하는 행위(다만, 토지의 형질 변경을 목적으로 하는 것은 위 3.에 따름)
토지분할	–
물건을 쌓아놓는 행위	• 옮기기 쉽지 않은 물건을 1개월 이상 쌓아놓는 행위
죽목(竹木)의 벌채 및 식재(植栽)	–

다만, 다음의 어느 하나에 해당하는 행위는 도시개발구역에서 허가를 받지 않고 할 수 있다(도시개발법 §9 ⑥, 동령 §16 ③ 및 동칙 §12 참조).

① 재해 복구 또는 재난 수습에 필요한 응급조치를 위해 하는 행위

② 다음의 어느 하나에 해당하는 행위로서 「국토의 계획 및 이용에 관한 법률」 제56조에 따른 개발행위허가의 대상이 아닌 것

- ▶ 농림수산물의 생산에 직접 이용되는 간이공작물(비닐하우스, 양잠장, 고추, 잎담배, 김 등 농림수산물의 건조장, 버섯 재배사, 종묘배양장, 퇴비장, 탈곡장 등)의 설치
- ▶ 경작을 위한 토지의 형질변경
- ▶ 도시개발구역의 개발에 지장을 주지 않고 자연경관을 훼손하지 않는 범위에서의 토석채취
- ▶ 도시개발구역에 남겨두기로 결정된 대지에서 물건을 쌓아놓는 행위
- ▶ 관상용 죽목의 임시 식재(경작지에서의 임시 식재는 제외)

8) 도시개발구역 지정의 해제

도시개발구역의 지정은 다음의 어느 하나에 해당하는 날의 다음 날에 해제된 것으로 본다(도시개발법 §10 ①).

① 도시개발구역이 지정 · 고시된 날부터 3년이 되는 날까지 실시계획의 인가를 신청하지 않는 경우에는 그 3년이 되는 날

② 도시개발사업의 공사 완료(환지 방식에 따른 사업인 경우에는 그 환지처분)의 공고일. 다만, 도시개발구역을 지정한 후 개발계획을 수립하는 경우에는 다음의 어느 하나

에 규정된 날의 다음 날에 도시개발구역의 지정이 해제된 것으로 본다(도시개발법 §10 ② 및 동령 §17 ②).

③ 도시개발구역이 지정 · 고시된 날부터 2년이 되는 날까지 개발계획을 수립 · 고시하지 않는 경우에는 그 2년이 되는 날(다만, 도시개발구역의 면적이 330만㎡ 이상인 경우에는 5년)

④ 개발계획을 수립 · 고시한 날부터 3년이 되는 날까지 실시계획 인가를 신청하지 않는 경우에는 그 3년이 되는 날(다만, 도시개발구역의 면적이 330만㎡ 이상인 경우에는 5년)

❺ 도시개발사업의 시행자

1) 시행자의 지정

도시개발사업의 시행자(이하 "시행자"라 함)는 다음의 자 중에서 지정권자(「도시개발법」 제3조에 따라 도시개발구역을 지정하는 자, 이하 "지정권자"라 함)가 지정한다(도시개발법 §11 ① 본문 및 동령 §18 ① 참조).

1. 국가나 지방자치단체
2. 한국토지주택공사, 한국수자원공사, 한국농어촌공사, 한국관광공사, 한국철도공사 등의 공공기관
3. 다음의 정부출연기관 : 한국철도시설공단(역세권개발사업을 시행하는 경우만 해당) 및 제주국제자유도시개발센터(제주특별자치도에서 개발사업을 하는 경우만 해당)
4. 「지방공기업법」에 따라 설립된 지방공사
5. 도시개발구역의 토지 소유자(「공유수면 관리 및 매립에 관한 법률」에 따라 면허를 받은 자를 해당 공유수면을 소유한 자로 보고 그 공유수면을 토지로 보며, 수용 또는 사용 방식의 경우에는 도시개발구역의 국공유지를 제외한 토지면적의 2/3 이상을 소유한 자)
6. 도시개발구역의 토지 소유자(「공유수면 관리 및 매립에 관한 법률」에 따라 면허를 받은 자를 해당 공유수면을 소유한 자로 보고 그 공유수면을 토지로 봄)가 도시개발을 위해 설립한 조합(도시개발사업의 전부를 환지 방식으로 시행하는 경우에만 해당하며, 이하 "조합"이라 함)
7. 과밀억제권역에서 수도권 외의 지역으로 이전하는 법인 중 과밀억제권역의 사업기간 등 「도시개발법 시행령」 제18조 제3항의 요건에 해당하는 법인
8. 「주택법」 제4조에 따라 등록한 자 중 도시개발사업을 시행할 능력이 있다고 인정되는 자로서 「도시개발법 시행령」 제18조 제4항의 요건에 해당하는 자(「주택법」에 따른

주택단지와 그에 수반되는 기반시설을 조성하는 경우에만 해당)

9. 「건설산업기본법」에 따른 토목공사업 또는 토목건축공사업의 면허를 받는 등 개발계획에 맞게 도시개발사업을 시행할 능력이 있다고 인정되는 자로서 「도시개발법 시행령」 제18조 제5항의 요건에 해당하는 자
10. 「부동산개발업의 관리 및 육성에 관한 법률」 제4조 제1항에 따라 등록한 부동산개발업자로서 「도시개발법 시행령」 제18조 제6항의 요건에 해당하는 자
11. 「부동산투자회사법」에 따라 설립된 자기관리부동산투자회사 또는 위탁관리부동산투자회사로서 「도시개발법 시행령」 제18조 제7항의 요건에 해당하는 자
12. 위에 해당하는 자(위 6.에 따른 조합은 제외)가 도시개발사업을 시행할 목적으로 출자에 참여해 설립한 법인으로서 「도시개발법 시행령」 제18조 제8항의 요건에 해당하는 법인

2) 도시개발구역 전부를 환지방식으로 시행하는 경우의 시행자

다만, 도시개발구역의 전부를 환지 방식으로 시행하는 경우에는 위 5.의 토지 소유자나 6.의 조합을 시행자로 지정한다(「도시개발법」 제11조 제1항 단서).

3) 시행자의 변경

지정권자는 다음의 어느 하나에 해당하는 경우에는 시행자를 변경할 수 있다(도시개발법 §11 ⑧ 동령 §24).

① 도시개발사업에 관한 실시계획의 인가를 받은 후 2년 이내에 사업을 착수하지 않는 경우
② 행정처분으로 시행자의 지정이나 실시계획의 인가가 취소된 경우
③ 시행자의 부도 · 파산, 그 밖에 이와 유사한 사유로 도시개발사업의 목적을 달성하기 어렵다고 인정되는 경우
④ 위 도시개발구역 전부를 환지방식으로 시행하는 경우의 시행자로 지정된 자가 도시개발구역 지정의 고시일부터 1년(다만, 지정권자가 실시계획의 인가신청기간의 연장이 불가피하다고 인정해 6개월의 범위에서 연장한 경우에는 그 연장된 기간) 이내에 도시개발사업에 관한 실시계획의 인가를 신청하지 않는 경우

건설 Tip 도시개발사업의 대행 및 위탁

도시개발사업의 대행 : 공공시행자는 도시개발사업을 효율적으로 시행하기 위하여 필요한 경우에는 설계 · 분양 등 도시개발사업의 일부를 주택법 제4조에 따른 주택건설사업자 등으로 하여금 대행하게 할 수 있다(법 §11 ⑪).

도시개발사업의 위탁 : 공공시행자는 도시개발사업을 효율적으로 시행하기 위하여 필요한 경우에는 설계 · 분양 등 도시개발사업의 일부를 주택법 제4조에 따른 주택건설사업자 등으로 하여금 대행하게 할 수 있다(법 §11 ⑪).

토지매수업무 등의 위탁시행 : 시행자는 도시개발사업을 위한 기초조사, 토지 매수 업무, 손실보상 업무, 주민 이주대책 사업 등을 관할 지방자치단체, 대통령령으로 정하는 공공기관 · 정부출연기관 · 정부출자기관 또는 지방공사에 위탁할 수 있다. 다만, 정부출자기관에 주민 이주대책 사업을 위탁하는 경우에는 이주대책의 수립 · 실시 또는 이주정착금의 지급, 그 밖에 보상과 관련된 부대업무만을 위탁할 수 있다(법 §12 ②).

신탁계약에 의한 사업시행 : 민간시행자는 지정권자의 승인을 받아 신탁업자(「자본시장과 금융투자업에 관한 법률」에 따른 신탁업자 중 「주식회사 등의 외부감사에 관한 법률」 제4조에 따른 외부감사의 대상이 되는 자)와 신탁계약을 체결하여 도시개발사업을 시행할 수 있다(법 §12 ④, 동령 §28 ③).

법률 Tip 신탁계약시 시행자의 지위

신탁개발의 경우 신탁업자가 도시개발사업의 시행자의 지위를 취득하는지 여부가 문제될 수 있다. 이와 관련하여 국토교통부는 "「도시개발법」 제12조 제4항은 시행자가 필요한 경우 신탁계약을 체결하여 사업을 시행할 수 있도록 근거를 부여한 것으로(신탁회사가 신탁계약을 통해 도시개발사업을 시행할 수 있도록 정한 규정이 아님), 동 조항에 따라 신탁계약을 체결하여 지정권자의 승인을 받더라도 시행자가 변경되는 것은 아닙니다. 따라서, 위와 같은 경우 신탁회사가 시행자의 지위로서 도시개발업을 시행하는 것은 가능하지 않으며 시행자 지정 또는 변경은 「도시개발법」 제11조 및 시행령 제18조 등 정해진 절차에 따라 지정권자의 시행자 지정 절차가 필요함을 알려드립니다."(도시재생과–767, 2012.5.9)라고 회신한 바 있다.

4) 도시개발조합의 설립

(1) 조합의 설립인가

조합을 설립하려면 도시개발구역의 토지 소유자 7명 이상이 정관을 작성하여 지정권자에게 조합 설립의 인가를 받아야 한다(도시개발법 §13 ①).

조합이 인가를 받은 사항을 변경하려는 경우에도 지정권자로부터 변경인가를 받아야 한다. 다만, 경미한 사항을 변경하려는 경우에는 신고만 하면 된다(도시개발법 §13 ②).

(2) 설립인가 신청 시 동의

조합 설립의 인가를 신청하려면 해당 도시개발구역의 토지면적의 2/3 이상에 해당하는 토지 소유자와 그 구역의 토지 소유자 총수의 1/2 이상의 동의를 받아야 한다(도시개발법 §13 ③).

(3) 조합의 성립

조합의 설립인가를 받은 조합의 대표자는 설립인가를 받은 날부터 30일 이내에 주된 사무소의 소재지에서 설립등기를 해야 하며, 그 주된 사무소의 소재지에서 등기를 하면 조합이 성립한다(도시개발법 §15 ② 및 동령 §32 ①).

조합은 법인으로 하며, 조합에는 조합장 1명과 이사, 감사를 둔다. 조합의 임원은 그 조합의 다른 임원이나 직원을 겸할 수 없다(도시개발법 §15 ①, §14 ② 및 동령 §33 ①).

다음의 어느 하나에 해당하는 자는 조합의 임원이 될 수 없다. 만약 조합의 임원으로 된 자가 다음의 어느 하나에 해당하게 된 경우에는 그 다음 날부터 임원의 자격을 상실한다(도시개발법 §14 ③ · ④).

1. 피성년후견인, 피한정후견인 또는 미성년자
2. 파산선고를 받은 자로서 복권되지 않은 자
3. 금고 이상의 형을 선고받고 그 집행이 끝나거나 집행을 받지 않기로 확정된 후 2년이 지나지 않은 자 또는 그 형의 집행유예 기간 중에 있는 자

(4) 조합원 및 조합원의 권리

조합의 조합원은 도시개발구역의 토지 소유자로 한다(도시개발법 §14 ①).

조합원은 다음의 권리 및 의무를 갖는다(도시개발령 §32 ②).

- 보유토지의 면적과 관계없는 평등한 의결권(다만, 다른 조합원으로부터 해당 도시개발구역에 그가 가지고 있는 토지 소유권 전부를 이전 받은 조합원은 정관으로 정하는 바에 따라 본래의 의결권과는 별도로 그 토지 소유권을 이전한 조합원의 의결권을 승계)
- 정관에서 정한 조합의 운영 및 도시개발사업의 시행에 필요한 경비의 부담
- 그 밖에 정관에서 정하는 권리 및 의무

(5) 조합원의 경비부담

조합은 그 사업에 필요한 비용을 조성하기 위해 정관으로 정하는 바에 따라 조합원에게 경비를 부과 · 징수할 수 있으며, 부과금의 금액은 도시개발구역의 토지의 위치, 지목(地

目), 면적, 이용 상황, 환경, 그 밖의 사항을 종합적으로 고려하여 정한다(도시개발법 §16 ①·②).

(6) 총회와 대의원회

의결권을 가진 조합원의 수가 50인 이상인 조합은 총회의 권한을 대행하기 위해 대의원회를 둘 수 있다(도시개발령 §36 ①).

Chapter 04

6 실시계획

1) 실시계획의 작성

도시개발사업의 시행자는 도시개발사업에 관한 실시계획(이하 "실시계획"이라 함)을 작성해야 한다. 이 경우 실시계획에는 지구단위계획이 포함되어야 한다(도시개발법 §17 ①).

시행자(지정권자가 시행자인 경우는 제외)는 작성된 실시계획에 관하여 지정권자(「도시개발법」 제3조에 따라 도시개발구역을 지정하는 자, 이하 "지정권자"라 함)의 인가를 받아야 하며, 지정권자가 실시계획을 작성하거나 인가하는 경우 국토교통부장관이 지정권자이면 특별시장·광역시장·도지사·특별자치도지사(이하 "시·도지사"라 함) 또는 대도시 시장의 의견을, 시·도지사가 지정권자이면 시장(대도시 시장 제외)·군수 또는 구청장의 의견을 미리 들어야 한다(도시개발법 §17 ②·③).

실시계획에는 사업 시행에 필요한 설계 도서, 자금 계획, 시행 기간, 그 밖의 서류를 명시하거나 첨부해야 한다(도시개발법 §17 ⑤).

2) 실시계획의 고시

지정권자가 실시계획을 작성하거나 인가한 경우에는 이를 관보나 공보에 고시하고 시행자에게 관계 서류의 사본을 송부하며, 대도시 시장인 지정권자는 일반에게 관계 서류를 공람시켜야 하고, 대도시 시장이 아닌 지정권자는 해당 도시개발구역을 관할하는 시장(대도시 시장 제외)·군수 또는 구청장에게 관계 서류의 사본을 보내야 한다(도시개발법 §18 ① 전단).

이 경우 지정권자인 특별자치도지사와 본문에 따라 관계 서류를 받은 시장(대도시 시장 제외)·군수 또는 구청장은 이를 일반인에게 공람시켜야 한다(도시개발법 §18 ① 후단).

실시계획을 고시한 경우 그 고시된 내용 중 국토의 계획 및 이용에 관한 법률에 따라 도시·군관리계획(지구단위계획을 포함한다. 이하 같다)으로 결정하여야 하는 사항은 같은 법에 따른 도시 · 군관리계획이 결정되어 고시된 것으로 간주된다. 이 경우 종전에 도시 · 군관리계획으로 결정된 사항 중 고시 내용에 저촉되는 사항은 고시된 내용으로 변경된 것으로 본다(법 §18 ②).

3) 도시개발사업에 관한 공사의 감리

지정권자는 실시계획을 인가하였을 때에는 「건설기술 진흥법」에 따른 건설엔지니어링 사업자를 도시개발사업의 공사에 대한 감리를 할 자로 지정하고 지도 · 감독해야 한다(도시개발법 §20 ① 본문).

⑦ 수용방식

도시개발사업은 시행자가 도시개발구역의 토지등을 ① 수용 또는 사용하는 방식이나 ② 환지 방식 또는 ③ 이를 혼용하는 방식으로 시행할 수 있다(도시개발법 §21 ①).

1) 토지등의 사용 · 수용

시행자는 도시개발사업에 필요한 토지등을 수용하거나 사용할 수 있다. 다만, 민간시행자는 사업대상 토지면적의 2/3 이상에 해당하는 토지를 소유하고 토지 소유자 총수의 1/2 이상에 해당하는 자의 동의를 받아야 한다(도시개발법 §22 ①).

2) 토지상환채권의 발행

시행자는 토지 소유자가 원하면 토지등의 매수 대금의 일부를 지급하기 위해 사업시행으로 조성된 토지 · 건축물로 상환하는 채권(이하 "토지상환채권"이라 함)을 발행할 수 있다(도시개발법 §23 ① 본문).

토지상환채권의 발행규모는 그 토지상환채권으로 상환할 토지 · 건축물이 해당 도시개발사업으로 조성되는 분양토지 또는 분양건축물 면적의 1/2을 초과하지 않도록 해야 한다(도시개발령 §45).

3) 이주대책의 수립

시행자는 「공익사업을 위한 토지 등의 취득 및 보상에 관한 법률」로 정하는 바에 따라 도시개발사업의 시행에 필요한 토지등의 제공으로 생활의 근거를 상실하게 되는 자에 관한 이주대책 등을 수립 · 시행해야 한다(도시개발법 §24).

4) 선수금의 수취

시행자는 조성토지등과 도시개발사업으로 조성되지 않은 상태의 토지(이하 "원형지"라 함)를 공급받거나 이용하려는 자로부터 해당 대금의 전부 또는 일부를 미리 받을 수 있다. 이 경우 시행자는 지정권자의 승인을 받아야 한다(도시개발법 §25 참조).

5) 원형지의 공급과 개발

시행자는 도시를 자연친화적으로 개발하거나 복합적 · 입체적으로 개발하기 위해 필요한 경우에는 미리 지정권자의 승인을 받아 다음의 해당하는 자에게 원형지를 공급하여 개발하게 할 수 있다. 이 경우 공급될 수 있는 원형지의 면적은 도시개발구역 전체 토지 면적의 1/3 이내로 한정한다(도시개발법 §25의 2 ①).

① 국가 또는 지방자치단체

② 공공기관

③ 지방공사

④ 「도시개발법」 제11조 제1항 제1호 또는 제2호에 따른 시행자가 복합개발 등을 위하여 실시한 공모에서 선정된 자

6) 조성토지등의 공급 계획 및 공급방법

시행자(지정권자가 시행자인 경우는 제외)는 조성토지등을 공급하려고 할 때에는 조성토지등의 공급 계획을 작성하거나 변경하여 지정권자에게 제출해야 한다. 이 경우 행정청이 아닌 시행자는 시장(대도시 시장 제외) · 군수 또는 구청장을 거쳐 제출해야 한다(도시개발법 §26 ①).

조성토지등의 공급은 경쟁입찰의 방법에 따르지만, ① 국민주택규모 이하의 주택건설용지, ② 공공택지, ③ 330㎡ 이하의 단독주택용지 및 공장용지 중 어느 하나에 해당하는 토지는 추첨방법으로 분양할 수 있다(도시개발령 §57 · ③ 및 동칙 §23 ①).

위에도 불구하고 시행자는 학교용지, 공공청사용지 등 일반에게 분양할 수 없는 공공용지, 임대주택 건설용지, 토지상환채권에 의하여 토지를 상환하는 경우, 경쟁입찰 또는 추첨의 결과 2회 이상 유찰된 경우 등의 사유가 있으면 수의계약의 방법으로 조성토지등을 공급할 수 있다(도시개발령 §57 ⑤).

⑧ 환지방식

환지란 대지로서 효용증진과 공공시설의 정비를 위하여 토지 소유자의 동의 하에 사업 시행 전에 존재하던 권리관계에 변동을 가하지 않고, 각 토지의 위치, 지적, 토지이용상황 및 환경을 고려하여 사업 시행 후 새로이 조성된 대지에 기존의 권리를 이전하는 행위를 의미한다.

도시개발법은 '계획적이고 체계적인 도시개발 등 집단적인 조성과 공급이 필요한 경우'에 수용 또는 사용방식으로 사업시행을 함을 원칙으로 하고(법 §21 ③, 동령 §43 ① 2호), '대지로서의 효용증진과 공공시설의 정비를 위하여 토지의 교환 · 분합, 그 밖의 구획변경, 지목 또는 형질의 변경이나 공공시설의 설치 · 변경이 필요한 경우' 또는 '도시개발사업을 시행하는 지역의 지가가 인근의 다른 지역에 비하여 현저히 높아 수용 또는 사용방식으로 시행하는 것이 어려운 경우'에 환지방식으로 사업시행을 함을 원칙으로 정하고 있다(법 §21 ③, 동령 §43 ① 1호).

법률 Tip **환지의 방식**

실무상 종전 토지와 같은 위치로 환지 받는 것을 '제자리 환지', 종전 토지에서 벗어난 위치로 환지를 지정하는 것을 '다른 자리 환지', '비환지(飛換地)' 또는 '전지환지', 개발된 토지와 함께 신축건축물을 환지로 지정하는 것을 '입체환지', 종전 토지 · 건축물과 조성토지 등을 가격 평가하여 환지 지정을 하는 것을 '평가식 환지', 종전 토지의 면적에 따라 환지 지정을 하는 것을 '면적식 환지'라고 한다. 그리고 권리면적보다 환지면적이 적은 것을 '감환지'(청산금 교부대상), 반대로 환지면적이 권리면적보다 것을 '증환지'(청산금 징수대상), 환지면적과 권리면적이 동일한 경우를 '적응환지'라 한다.

도시개발법은 환지의 방식에 대하여 다음과 같이 구분하고 있다(시행규칙 제27조 제2항).

- **평면 환지** : 환지 전 토지에 대한 권리를 도시개발사업으로 조성되는 토지에 이전하는 방식
- **입체 환지** : 법 제32조에 따라 환지 전 토지나 건축물(무허가 건축물은 제외한다)에 대한 권리를 도시개발사업으로 건설되는 구분건축물에 이전하는 방식

환지처분의 효과로서 환지는 그 환지처분 공고일 익일부터 이를 종전의 토지로 보게 되므로 종전의 토지소유자는 "환지 등기가 없어도" 그날부터 종전 토지에 대한 소유권을 상실함과 동시에 새로 부여된 환지의 소유권을 취득한다(대법원 1983.12.27. 선고 81다1039 판결 등).

■ 도시개발사업 시행방식 개관 ■

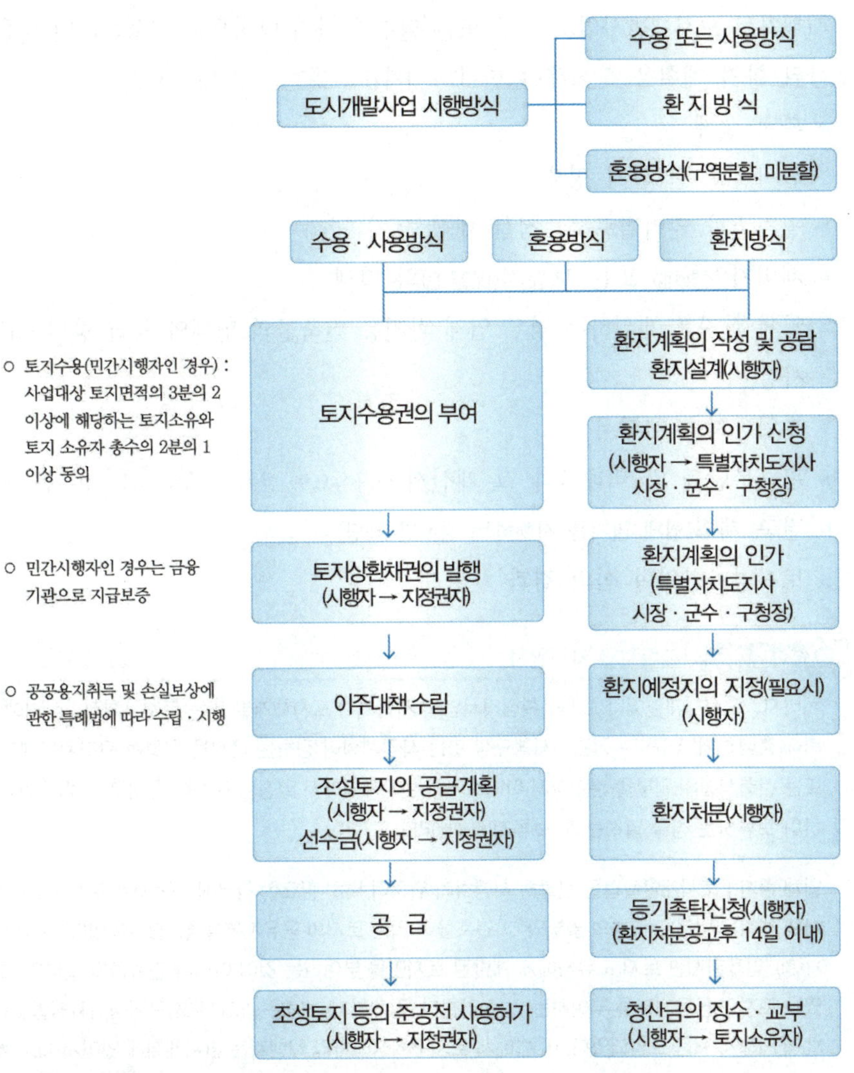

국토교통부, 도시개발법령 관련 주요 질의 · 회신 사례집, 2018년

1) 환지계획의 작성

시행자는 도시개발사업의 전부 또는 일부를 환지 방식으로 시행하려면 다음의 사항이 포함된 환지 계획을 작성해야 한다(도시개발법 §28 ① 및 동칙 §26 ③).

- ▶ 환지 설계
- ▶ 필지별로 된 환지 명세
- ▶ 필지별과 권리별로 된 청산 대상 토지 명세
- ▶ 체비지(替費地) 또는 보류지(保留地)의 명세
- ▶ 입체 환지를 계획하는 경우 입체 환지용 건축물의 명세와 공급 방법 · 규모에 관한 사항
- ▶ 수입 · 지출 계획서
- ▶ 평균부담률 및 비례율과 그 계산서(평가식으로 환지 설계를 하는 경우만 해당)
- ▶ 건축 계획(입체 환지를 시행하는 경우만 해당)
- ▶ 토지평가협의회 심의 결과

건설 Tip **체비지와 입체환지**

체비지 : 도시재개발이나 토지구획정리사업의 시행자가 도시재개발 또는 토지구획정리사업에 필요한 경비에 충당하거나 규약 · 정관 · 시행규정 또는 사업계획이 정하는 목적을 위하여 관리처분계획에서 대지 또는 건축시설의 일부를 분양하지 아니하거나 환지계획에서 일정한 토지를 환지로 정하지 아니하고 제외하여 보류하는 땅을 말하는데, 보류지(保留地)라고도 한다.

입체 환지 : 도시개발사업을 원활히 시행하기 위하여 특히 필요한 경우에 시행자는 토지 또는 건축물 소유자의 신청을 받아 건축물의 일부와 그 건축물이 있는 토지의 공유지분을 부여할 수 있다(「도시개발법」 제32조 제1항). 입체환지란 토지 소유자에게 개발된 토지만을 부여하는 것이 아니라 건축물의 일부와 그 건축물이 있는 토지의 공유지분을 부여하는 것을 말한다. 입체환지 개념은 과거 「토지구획정리사업법」(2000.1.28. 폐지)에 의해서 처음 도입되었다. 이 법에서 토지구획정리사업 시행자는 환지계획에 있어서 과소(寡少)필지가 발생하지 않도록 하기 위하여 필요시 토지소유자의 동의를 얻어 환지의 목적인 토지 대신에 시행자가 처분할 권한을 갖는 건축물의 일부와 그 건축물이 있는 토지의 공유지분을 줄 수 있도록 환지계획을 작성할 수 있게 하였다. 이후 「도시개발법」에 의해 입체환지의 범위가 확장되어, 도시개발사업 시행자는 도시개발사업을 원활히 시행하기 위하여 필요한 경우 입체환지를 포함하는 환지계획을 작성할 수 있게 되었다.

2) 토지 등의 평가

시행자는 환지 방식이 적용되는 도시개발구역에 있는 조성토지등의 가격을 평가할 때에는 토지평가협의회의 심의를 거쳐 결정하되, 그에 앞서 감정평가업자가 평가하게 해야 한다(도시개발법 §28 ③ 및 동령 §59).

3) 환지계획의 인가

행정청이 아닌 시행자가 환지 계획을 작성한 경우에는 특별자치도지사 · 시장 · 군수 또는 구청장의 인가를 받아야 한다(도시개발법 §29 ①).

4) 환지예정지의 지정

시행자는 도시개발사업의 시행을 위해 필요하면 도시개발구역의 토지에 대하여 환지 예정지를 지정할 수 있다. 이 경우 종전의 토지에 대한 임차권, 지상권, 그 밖에 사용하거나 수익할 권리(이하 "임차권등"이라 함)를 가진 자(이하 "임차권자등"이라 함)가 있으면 해당 환지 예정지에 대하여 해당 권리의 목적인 토지 또는 그 부분을 아울러 지정해야 한다(도시개발법 §35 ①).

Chapter 04

■ 환지 예정지 지정의 효과 ■

구 분	내 용
종전 토지에 대한 사용 · 수익권의 이동	• 환지 예정지가 지정되면 종전의 토지의 소유자와 임차권자등은 환지 예정지 지정의 효력발생일부터 환지처분이 공고되는 날까지 환지 예정지나 해당 부분에 대하여 종전과 같은 내용의 권리를 행사할 수 있으며 종전의 토지는 사용하거나 수익할 수 없다(도시개발법 §36 ①).
사용 · 수익의 정지	• 시행자는 환지 예정지를 지정한 경우에 해당 토지를 사용하거나 수익하는 데에 장애가 될 물건이 그 토지에 있거나 그 밖에 특별한 사유가 있으면 그 토지의 사용 또는 수익을 시작할 날을 따로 정할 수 있다(도시개발법 §36 ②). • 환지 예정지 지정의 효력이 발생하거나 그 토지의 사용 또는 수익을 시작하는 경우에 해당 환지 예정지의 종전의 소유자 또는 임차권자등은 위의 환지 예정지 지정의 효력발생일부터 환지처분이 공고되는 날까지 또는 토지의 사용 또는 수익을 시작할 날부터 환지처분의 공고가 있는 기간에 이를 사용하거나 수익할 수 없으며 그 토지를 환지예정지로 지정받은 자의 권리의 행사를 방해할 수 없다(도시개발법 §36 ③).
체비지의 사용 · 수익 및 처분	• 시행자는 체비지의 용도로 환지 예정지가 지정된 경우에는 도시개발사업에 드는 비용을 충당하기 위해 이를 사용 또는 수익하게 하거나 처분할 수 있다(도시개발법 §36 ④).
권리의 조정	• 임차권 등의 목적인 토지에 관하여 환지 예정지가 지정된 경우 당사자는 임대료, 지료, 사용료 등의 증감청구를 할 수 있으며, 증감청구를 받은 상대방은 권리를 포기하거나 계약을 해지하여 그 의무를 면할 수 있다(도시개발법 §36 ④, §48 및 §49 준용).

5) 환지처분

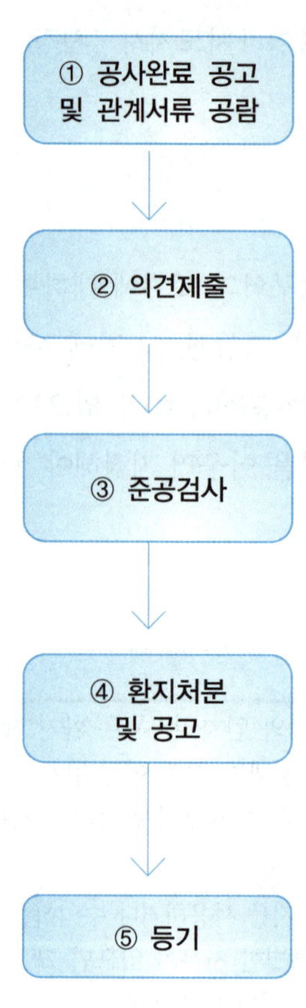

- 시행자는 환지 방식으로 도시개발사업에 관한 공사를 끝낸 경우에는 지체 없이 이를 공고하고 공사 관계 서류를 일반인에게 공람시켜야 한다(도시개발법 §40 ①).
- 도시개발구역의 토지 소유자나 이해관계인은 공람 기간에 시행자에게 의견서를 제출할 수 있으며, 의견서를 받은 시행자는 공사 결과와 실시계획 내용에 맞는지를 확인해 필요한 조치를 해야 한다(도시개발법 §40 ②).
- 시행자는 공람 기간에 의견서의 제출이 없거나 제출된 의견서에 따라 필요한 조치를 한 경우에는 지정권자에 따른 준공검사를 신청하거나 도시개발사업의 공사를 끝내야 한다(도시개발법 §40 ③).
- 시행자는 지정권자에 따른 준공검사를 받은 경우(지정권자가 시행자인 경우에는 공사 완료 공고가 있는 때)에는 60일 이내에 환지처분을 해야 한다(도시개발법 §40 ④ 및 동령 §65).
- 시행자는 환지처분을 하려는 경우에는 환지 계획에서 정한 사항을 토지 소유자에게 알리고 이를 공고해야 한다(도시개발법 §40 ⑤).
- 시행자는 환지처분이 공고되면 공고 후 14일 이내에 관할 등기소에 이를 알리고 토지와 건축물에 관한 등기를 촉탁하거나 신청해야 한다(도시개발법 §43 ①).

■ 환지처분의 효과 ■

구 분	내 용
권리의 이전	• 환지 계획에서 정해진 환지는 그 환지처분이 공고된 날의 다음 날부터 종전의 토지로 보며, 환지 계획에서 환지를 정하지 않은 종전의 토지에 있던 권리는 그 환지처분이 공고된 날이 끝나는 때에 소멸한다(도시개발법 §42 ①). • 다만, 위의 경우 행정상 처분이나 재판상의 처분으로서 종전의 토지에 전속하는 것에 관하여는 영향을 미치지 않는다(도시개발법 §42 ②). • 도시개발구역의 토지에 대한 지역권(地役權)은 종전의 토지에 존속한다. 다만, 도시개발사업의 시행으로 행사할 이익이 없어진 지역권은 환지처분이 공고된 날이 끝나는 때에 소멸한다(도시개발법 §42 ③).
토지공유지분의 취득	• 환지 계획에 따라 환지처분을 받은 자는 환지처분이 공고된 날의 다음 날에 환지 계획으로 정하는 바에 따라 건축물의 일부와 해당 건축물이 있는 토지의 공유지분을 취득한다. 이 경우 종전의 토지에 대한 저당권은 환지처분이 공고된 날의 다음 날부터 해당 건축물의 일부와 해당 건축물이 있는 토지의 공유지분에 존재하는 것으로 본다(도시개발법 §42 ④).

구 분	내 용
체비지, 보류지의 취득	• 체비지는 시행자가, 보류지는 환지 계획에서 정한 자가 각각 환지처분이 공고된 날의 다음 날에 해당 소유권을 취득한다. 다만, 이미 처분된 체비지는 그 체비지를 매입한 자가 소유권 이전 등기를 마친 때에 소유권을 취득한다(도시개발법 §42 ⑤).
청산금의 확정	• 청산금은 환지처분이 공고된 날의 다음 날에 확정된다(도시개발법 §42 ⑥).

Chapter 04

⑨ 도시개발채권

1) 발행 및 승인권자

도시개발사업 또는 도시 · 군계획시설사업에 필요한 자금을 조달하기 위해 발행하는 도시개발채권은 특별시 · 광역시 · 도 · 특별자치도의 조례로 정하는 바에 따라 시 · 도지사가 발행한다(도시개발법 §62 ① 및 동령 §82 ①).

2) 상환기간 및 채권의 소멸시효

도시개발채권의 상환은 5년부터 10년까지의 범위에서 지방자치단체의 조례로 정한다(도시개발령 §83 ③).

도시개발채권의 소멸시효는 상환일부터 기산(起算)하여 원금은 5년, 이자는 2년으로 한다(도시개발법 §62 ③).

3) 매입의무

① 수용 또는 사용방식으로 시행하는 공공사업시행자와 공사의 도급계약을 체결하는 자, ② ①의 시행자 외에 도시개발사업을 시행하는 자, ③ 토지의 형질변경허가를 받은 자는 도시개발채권을 매입해야 한다(도시개발법 §63 ① 및 동령 §84 ①).

제 4 장 건 설 업 과 법 무

제 6 절

도시 및 주거환경정비법

❶ 도시 및 주거환경정비법 체계도

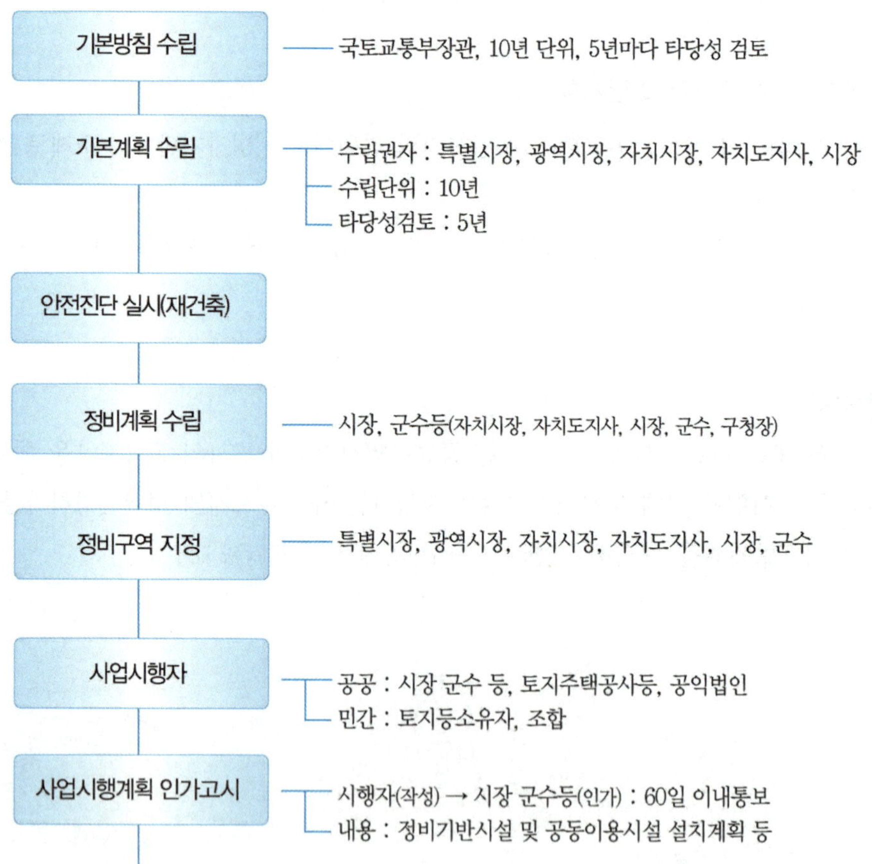

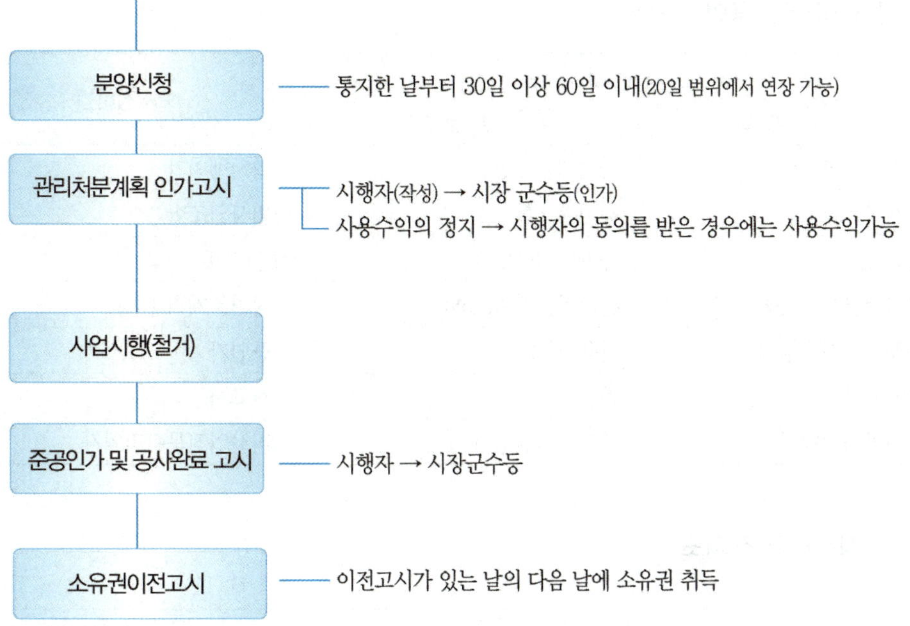

❷ 목적 및 절차

1) 도시정비법의 목적

이 법은 도시기능의 회복이 필요하거나 주거환경이 불량한 지역을 계획적으로 정비하고 노후 · 불량건축물을 효율적으로 개량하기 위하여 필요한 사항을 규정함으로써 도시환경을 개선하고 주거생활의 질을 높이는 데 이바지함을 목적으로 한다(도정법 §1).

도시정비법은 비도시계획사업으로 민간주도로 이루어졌던 재건축사업✎을 재개발사업과 같이 도시계획사업의 영역으로 포함하여, 법적 절차와 공공의 개입 내지 공공성을 대폭 강화하였다[국토의 계획 및 이용에 관한 법률(이하 '국토계획법'이라고 한다) 제2조 제11호)].

✎ 「재건축사업」은 원래 1989년 구 「주택건설촉진법」의 일부 개정으로 재건축조합이 주택조합의 일종으로 편입되면서 구 주택건설촉진법의 적용을 받는 사업이었는데, 당시 구 주택건설촉진법상 재건축사업은 한편으로는 도시의 문제지역을 정비하는 기능을 담당하였지만, 다른 한편 아파트소유자의 개발이익을 위한 수단으로 활용되어 사회적인 문제를 야기하였고, 1990년 중반을 넘으면서 재건축사업은 부동산시장을 과열시키는 주요 원인으로 지목받기까지 하였다. 결국 2003.7.1.부터 시행된 도시정비법이 종래 구 주택건설촉진법과 구 도시재개발법으로 나뉘어 진행되던 재건축 · 재개발사업을 하나의 법률로 통합하면서, '도시관리계획'의 일종인 재개발계획 및 이에 기초한 재개발사업(도시계획사업)의 주된 골격에 재건축사업을 포섭하는 방식을 취하였는데, 이로 인하여 도시정비법의 제정과 더불어 주택재건축사업은 종래 재개발사업에 적용되던 각종의 강력한 공법적 통제수단에 직면하게 되었다. 즉 재건축정비사업 역시 '도시관리계획'으로 편입되는 등 공공개발사업으로서의 성질을 부여받게 되었다.

2) 각 정비사업 용어의 통일

구 법		도시정비법
재 개 발	재 건 축	
사업시행인가	사업계획승인	사업시행인가
재개발조합	재건축조합	정비사업조합
정관(법인)	규약(비법인사단)	정관(법인)
관리처분계획(인가)	관리처분계획(임의)	관리처분계획(인가)
준공 및 사용검사	사용검사	준공인가
분양처분	없음	이전고시
재개발컨설팅사	재건축컨설팅사	정비사업전문관리업자

3) 각 정비사업 절차도

※ 주거환경개선사업의 경우 조합설립, 관리처분계획 절차가 없음

③ 용어의 정의

1) 정비구역

"정비구역"이라 함은 정비사업을 계획적으로 시행하기 위하여 법 제16조의 규정에 의하여 지정 · 고시된 구역을 말한다(법 제2조 제1호). 따라서 정비구역은 '정비사업을 시행하기 위해 대상구역을 확정하는 범위 또는 지역'이라고 할 수 있는데 정비구역의 지정은 정비사업의 대상으로 갈라놓은 범위 또는 지역을 지정절차에 따라 고시하는 행위 즉 대상지역을 확정하는 행위를 말한다.

정비구역 지정 · 고시로 인하여 조합원이 될 수 있는 자의 범위가 구체적으로 정하여지고(법 제2조 제9호, 제39조 제1항), 사업대상지 면적 등이 확정되며, 정비기반시설의 규모 등이 정하여지는 반면, 정비구역 안에서 건축물의 건축, 공작물의 설치, 토지의 형질변경, 토석의 채취, 토지분할, 물건을 쌓아놓는 행위 등을 하고자 하는 자는 시장 · 군수의 허가를 받아야 하는 등 재산권 행사에 제한이 따르게 된다(법 제19조). 나아가 정비구역 지정 · 고시는 후속 행정처분인 사업시행계획, 관리처분계획의 논리적 전제가 될 뿐만 아니라 법적 토대가 되고, 조합설립이 가능해진다.

이와 관련하여 대법원은 "주택재개발사업 등 도시 및 주거환경정비법상의 각종 정비사업에 관하여 그 조합설립추진위원회가 구성되려면 그 전제로 '토지등소유자'의 범위가 확정될 필요가 있고, 또 '토지등소유자'의 범위를 확정하기 위하여는 특별시장 · 광역시장 또는 도지사에 의한 정비구역의 지정 및 고시가 선행되어야 한다. 정비구역이 지정되지 아니한 상태에서 일부 주민이 임의로 획정한 구역을 기준으로 구성된 조합설립추진위원회가 시장 · 군수의 승인을 얻어 설립될 수 있다고 한다면, 정비사업에 관한 제반 법률관계가 불명확 · 불안정하게 되어 정비사업의 추진이 전반적으로 혼란에 빠지고 그 구역 안에 토지 등을 소유하는 사람의 법적 지위가 부당한 영향을 받을 현저한 우려가 있다. 따라서 그와 같이 정비구역의 지정 및 고시 없이 행하여지는 시장 · 군수의 재개발조합설립추진위원회 설립승인은 도시 및 주거환경정비법의 규정 및 조합설립추진위원회제도의 취지에 반하여 허용될 수 없고, 그와 같은 하자는 중대할 뿐만 아니라 객관적으로 명백하다고 할 것이다(대법원 2009. 10. 29. 선고 2009두12297 판결)."라고 판단한 바 있고, 나아가 "행정청의 주택재개발정비사업 조합설립추진위원회 설립승인처분이 정비구역의 지정 · 고시 전에 정비예정지역에 의하여 확정된 토지등소유자의 과반수 동의를 얻어 구성된 추진위원회에 대하여 이루어진 것이라고 하더라도, 그 하자가 중대하거나 명백하다고 할 수 없다(대법원 2010. 9. 30. 선고 2010두9358 판결)."라고 판단한 바 있다.

한편, 「도시정비법」상 재건축 · 재개발구역을 의미하는 "정비구역"과 구별되는 개념으로 "재정비촉진구역"이 있는데, 이는 「도시재정비특별법」에 의하여 도시의 낙후된 지역에 대한 주거환경개선과 기반시설의 확충 및 도시기능의 회복을 광역적으로 계획하고 체계적이고 효율적으로 추진하기 위하여 지정된 "재정비촉진지구"안에서 시행되는 개별 사업인 '재건축 · 재개발구역'을 의미한다.

2) 정비사업

"정비사업"이란 도시정비법에서 정한 절차에 따라 도시기능을 회복하기 위하여 정비구역에서 정비기반시설을 정비하거나 주택 등 건축물을 개량 또는 건설하는 다음 각 목의 사업을 말한다(법 제2조 제2호).

① **주거환경개선사업** : 도시저소득 주민이 집단거주하는 지역으로서 정비기반시설이 극히 열악하고 노후 · 불량건축물이 과도하게 밀집한 지역의 주거환경을 개선하거나 단독주택 및 다세대주택이 밀집한 지역에서 정비기반시설과 공동이용시설 확충을 통하여 주거환경을 보전 · 정비 · 개량하기 위한 사업

② **재개발사업** : 정비기반시설이 열악하고 노후 · 불량건축물이 밀집한 지역에서 주거환경을 개선하거나 상업지역 · 공업지역 등에서 도시기능의 회복 및 상권활성화 등을 위하여 도시환경을 개선하기 위한 사업

③ **재건축사업** : 정비기반시설은 양호하나 노후 · 불량건축물에 해당하는 공동주택이 밀집한 지역에서 주거환경을 개선하기 위한 사업

법 제2조 제2호는 정비사업의 종류를 다양화하고 각각의 개념을 명확히 하기 위해 법률에 명시한 것이다. 도시정비법은 주거환경정비사업의 대상지 구분을 종전 주택의 유형을 기준으로 결정하지 않고, 이를 다양화해 주택의 수준(노후 · 불량도), 기반시설의 수준뿐만 아니라 주민소득수준도 고려의 대상으로 하고 있다.

한편, 도시정비법은 종래의 복잡한 정비사업 유형을 간소화하기 위해 전면개정을 통하여 사업내용이나 방식이 유사한 사업을 통합하였다. 즉, 주거환경개선사업과 주거환경관리사업은 사업방식이 동일하고 대상지역도 일부 중첩되므로 '주거환경개선사업'으로 통합하고, 주택재개발사업과 도시환경정비사업은 복합개발을 통한 다양한 도시기능의 회복을 위하여 '재개발사업'으로 통합하였다. 아울러 종전의 주택재건축사업 중 정비구역 외에서 시행되는 소규모재건축사업은 「빈집 및 소규모주택 정비에 관한 특례법」으로 이관하고, 정비구역에서 시행되는 주택재건축사업만 '재건축사업'으로 명칭을 변경하였다.

이러한 정비사업은 국토계획법상 일종의 '도시계획사업'인데(국토계획법 제2조 제11호), 「도시정비법」에 근거하여 정비구역 지정 및 사업계획승인 등이 이루어진다. 구체적으로 정비사업의 절차는 정비사업의 기본적인 계획이 이루어지는 기본계획 수립 및 구역지정 등을 하는 '사업의 계획단계'와 조합설립 및 사업시행인가, 관리처분계획인가 등을 받아 이에 따른 공사 등 집행행위를 하는 '사업의 시행단계', 이전고시와 청산금 징수, 등기, 조합해산 및 청산으로 사업을 종료하는 '사업의 완료단계' 등 3단계로 구분되어 추진된다.

3) 주거환경개선사업

도시저소득 주민이 집단거주하는 지역으로서 정비기반시설이 극히 열악하고 노후 · 불량건축물이 과도하게 밀집한 지역의 주거환경을 개선하거나 단독주택 및 다세대주택이 밀집한 지역에서 정비기반시설과 공동이용시설 확충을 통하여 주거환경을 보전 · 정비 · 개량하기 위한 사업을 말한다. 이러한 개정 도시정비법상 주거환경개선사업은 종전 도시정비법상 주거환경개선사업과 주거환경관리사업의 정의를 통합한 것이다.

종전 도시정비법상 주거환경개선사업은 도시의 저소득 주민이 집단으로 거주하는 지역으로서 도로 · 상하수도 · 공원 · 공용주차장 · 공동구 등 정비기반시설이 극히 열악하고 주택 등 건축물이 극히 불량하여 주거환경개선 정비구역으로 지정된 지역에서 기반시설을 정비하고 주택 개량 및 주거환경을 개선하기 위하여 공공기관에서 시행하는 사업을 의미하였다. 한편 종전 도시정비법상 주거환경관리사업은 단독주택 및 다세대주택 등이 밀집한 지역에서 정비기반시설과 공동이용시설의 확충을 통하여 주거환경을 보선 · 정비 · 개량하기 위하여 시행하는 사업을 의미하였다. 이는 구 도시정비법이 2012. 2. 1. 법률 제11293호로 일부개정되면서 신설된 내용이다. 즉 지방자치단체 등이 정비기반시설 및 공동이용시설을 설치하고 토지등 소유자가 스스로 주택을 보전 · 정비 · 개량하는 주거환경관리사업 방식을 새로이 도입한 것이다.

개정 도시정비법은 종전의 주거환경관리사업을 주거환경개선사업으로 통폐합하여, 주거환경개선사업으로 편입시켰다.

4) 재개발사업

정비기반시설이 열악하고 노후 · 불량건축물이 밀집한 지역에서 주거환경을 개선하거나 상업지역 · 공업지역 등에서 도시기능의 회복 및 상권활성화 등을 위하여 도시환경을 개선하기 위한 사업을 말한다. 이러한 개정 도시정비법상 재개발사업은 종전 도시정비법상 주택재개발사업과 도시환경정비사업의 정의를 통합한 것이다.

종전 도시정비법상 주택재개발사업은 도로 · 상하수도 · 공원 · 공용주차장 등 기반시설이 열악하고 노후 · 불량 건축물이 밀집한 지역에서 주거환경을 개선하기 위하여 시행하는 사업으로 사업방식에 따라 철거재개발, 수복재개발, 보존재개발, 개량재개발, 순환재개발로 구분할 수 있다. 도시정비법이 제정되기 이전에 도시재개발법에 의하여 시행중인 주택재개발사업은 도시정비법에 의한 주택재개발사업으로 본다. 주택재건축사업과 구별하는 기준은 대상지역의 기반시설 수준으로 정비기반시설이 열악한지 아니면 양호한지의 여부라고 할 수 있다.

이와 관련하여, 헌법재판소는 도시정비법이 제정되기 이전 「구 도시재개발법상 도시재개발사업 및 조합의 법적 성질」과 관련하여, "도시재개발사업은 인구 및 산업의 과도한 도시집중과 건축물의 불량 · 노후화 및 공공시설의 부족으로 인한 도시문제를 해결함과 동시에 도시의 건전한 발전과 공공복리의 증진에 기여하기 위한 도시계획사업이다. 재개발조합은 공공사업인 재개발사업을 시행하기 위한 한정된 목적을 수행하는 비영리 · 공익법인이다(헌법재판소 1997.4.24. 96헌가3, 96헌바70 전원재판부 결정)."라고 판시한 바 있다.

한편, 종전 도시정비법상 도시환경정비사업은 상업지역 · 공업지역 등으로서 토지의 효율적 이용과 도심 또는 부도심 등 도시기능의 회복이나 상권활성화 등이 필요한 지역에서 도시환경을 개선하기 위하여 시행하는 사업을 의미하였다. 도시환경정비사업은 종래 도시재개발법상에서 도심재개발사업, 공장재개발사업으로 구분하여 시행되어 왔으나 제정 도시정비법에서는 이를 통합하여 도시환경정비사업으로 칭한 것이며, 개념은 도시재개발법과 동일한 것이다.

종전 도시정비법상 주택재개발사업은 주로 주거지역에서, 도시환경정비사업은 주로 상업지역에서 시행되었다. 그런데 주택재개발구역 중 일부는 주거지역 외에 상업지역도 혼재되어 있음에도 불구하고 주택재개발사업은 공동주택 위주로 건설 · 공급하도록 하였는바, 주거 · 상업이 융합된 복합개발에 한계가 있었다. 이에 따라 주택재개발구역에서도 주택 및 복리시설 외에 다양한 건축물을 공급하도록 허용함으로써 도시기능의 회복을 강화하고 제한된 토지를 합리적으로 이용할 수 있도록 두 사업을 통합한 것이다.

5) 재건축사업

정비기반시설은 양호하나 노후 · 불량건축물에 해당하는 공동주택이 밀집한 지역에서 주거환경을 개선하기 위한 사업을 말한다.

도시정비법 제정 당시에는 도로 등 기반시설은 양호하나 주택 등 건축물이 노후 · 불량한 경우 당해 노후 · 불량 건축물을 철거하고, 그 부지 위에 새로운 주택을 건설하기 위하여 주택재건축 정비구역으로 지정된 지역 및 구역 외에서 시행하는 사업으로 대상에 따라 공동주택재건축사업과 단독주택지재건축사업으로 구분되었다. 그런데 단독주택지재건축사업은 2012. 7. 31. 도시정비법 시행령 개정으로 폐지되었고, 정비구역이 아닌 지역에서 시행되는 공동주택재건축사업은 2018. 2. 9. 시행된 「빈집 및 소규모주택 정비에 관한 특례법」으로 이관됨에 따라, 개정 도시정비법에는 정비구역에서 시행되는 공동주택재건축사업만이 해당하게 되었다.

한편, 도시정비비법 제정 이전에는 구 「주택건설촉진법」(1987. 12. 4. 개정)과 「집합건물법」에 따라 주택재건축사업이 시행되어 왔으며, 제정 도시정비법은 종전의 위 법률에 따라 시행중인 재건축사업을 도시정비법에 의한 주택재건축사업으로 본다고 규정하였다. 종전의 주택재건축사업과 주택재개발사업을 구별하는 기준은 대상지역의 정비기반시설 수준으로 정비기반시설이 양호하다는 점과 정비구역이 아닌 구역에서도 재건축사업을 시행할 수 있다는 점이었다.

그리고, 도시정비법상 '재건축'은 ① 「건축법」상의 멸실신고 후 다시 짓는 신축(재건축), ② 「전통시장 및 상점가 육성을 위한 특별법」에 의한 시장정비사업, ③ 주택의 수선 · 개량에 중점을 두는 주거환경개선사업, ④ 기존 주택의 철거가 수반된다는 점에서 일반적으로 나대지에 건설하는 지역 · 직장 조합주택 및 일반주택 건설사업과 차이가 있으므로 구별하여 사용하여야 할 것이다. 그 중 도시정비법상 '재건축'과 건축법상 '신축'에는 다음과 같은 본질적인 차이점이 있으므로 주의를 요한다.

구 분	재 건 축	신 축
근거법률	도시정비법	건축법
인허가	사업시행인가	건축허가
주민동의	75% 이상	80%
안전진단	통과	무관
중소형 평형 의무비율	도시정비법 적용	미적용
소형주택	도시정비법 적용	미적용
사업절차	정비계획 수립 및 정비구역 지정 고시 → 조합설립추진위원회 설립 → 조합설립 → 사업시행인가 → 관리처분계획인가 → 착공 → 입주	건축심의 → 건축허가 → 착공 → 입주

6) 노후 · 불량건축물

"노후 · 불량건축물"은 대상지역의 건축물 수준을 나타내는 것으로서 도시정비법에서는 정비사업을 시행하기 위한 정비구역 지정에 있어서 중요한 요건 중 하나에 해당된다. 특히 재개발보다는 재건축사업과 관련하여 구역지정 및 안전진단의 대상기준이 되므로 개념을 어떻게 정의하느냐에 따라 사업에 중대한 영향을 미친다.

본조에서 정하고 있는 노후 · 불량건축물의 판정기준은 주로 해당 지역 건축물의 물리적 상태를 중심으로 하고 있을 뿐, 해당 지역에 살아가는 주민의 사회 · 경제적, 문화적 요소를 고려하고 있지 않다는 것에 문제점이 있다.

즉 이러한 기준에만 의할 경우 원주민들의 주거실태와 경제적 능력, 주거비 부담능력 등이 종합적으로 고려되지 않게 되어 개발 후 입주시 원주민들의 재정착률이 낮아지는 원인을 제공하게 되는바, 이는 도시정비법이 목적으로 하고 있는 '원주민들의 주거환경 개선을 통한 삶의 질 향상'과는 동떨어진 결과를 초래할 수 있게 하는 것이다.

구체적으로 "노후 · 불량건축물"은 다음의 어느 하나에 해당하는 건축물을 말한다(법 제2조 제3호, 시행령 제2조).

① 건축물이 훼손되거나 일부가 멸실되어 붕괴 그 밖의 안전사고의 우려가 있는 건축물

② 내진성능이 확보되지 아니한 건축물 중 중대한 기능적 결함 또는 부실 설계 · 시공으로 구조적 결함 등이 있는 건축물로서 대통령령으로 정하는 건축물

③ 다음의 요건을 모두 충족하는 건축물로서 대통령령으로 정하는 바에 따라 특별시 · 광역시 · 특별자치시 · 도 · 특별자치도 또는 「지방자치법」 제175조에 따른 서울특별시 · 광역시 및 특별자치시를 제외한 인구 50만 이상 대도시(이하 "대도시"라 한다)의 조례(이하 "시 · 도조례"라 한다)로 정하는 건축물

㉠ 주변 토지의 이용 상황 등에 비추어 주거환경이 불량한 곳에 위치할 것

㉡ 건축물을 철거하고 새로운 건축물을 건설하는 경우 건설에 드는 비용과 비교하여 효용의 현저한 증가가 예상될 것

ⓐ 「건축법」 제57조 제1항에 따라 해당 지방자치단체의 조례로 정하는 면적에 미치지 못하거나 「국토의 계획 및 이용에 관한 법률」 제2조 제7호에 따른 도시 · 군계획시설(이하 "도시 · 군계획시설"이라 한다) 등의 설치로 인하여 효용을 다할 수 없게 된 대지에 있는 건축물

ⓑ 공장의 매연 · 소음 등으로 인하여 위해를 초래할 우려가 있는 지역에 있는 건축물

ⓒ 해당 건축물을 준공일 기준으로 40년까지 사용하기 위하여 보수 · 보강하는 데 드는 비용이 철거 후 새로운 건축물을 건설하는 데 드는 비용보다 클 것으로 예상되는 건축물

④ 도시미관을 저해하거나 노후화된 건축물로서 대통령령으로 정하는 바에 따라 시 · 도 조례로 정하는 건축물

㉠ 준공된 후 20년 이상 30년 이하의 범위에서 시 · 도조례로 정하는 기간이 지난 건축물

㉡ 「국토의 계획 및 이용에 관한 법률」 제19조 제1항 제8호에 따른 도시 · 군기본계획의 경관에 관한 사항에 어긋나는 건축물

Chapter 04

7) 정비기반시설

"정비기반시설"이라 함은 도로 · 상하수도 · 공원 · 공용주차장 · 공동구(「국토의 계획 및 이용에 관한 법률」 제2조 제9호에 따른 공동구를 말한다. 이하 같다), 그 밖에 주민의 생활에 필요한 열 · 가스 등의 공급시설로서 대통령령으로 정하는 시설을 말한다(법 제2조 제4호, 시행령 제3조). 여기에서의 정비기반시설은 국토계획법상 도시계획시설로 결정하여 설치할 수 있는 도로 · 상하수도 · 공원 등 도시형성에 필요한 시설과 주민의 생활에 있어 필수적인 시설이 이에 해당되고, 이러한 시설은 공공성이 강해 모두 공공의 지원대상이 된다.

① 녹지

② 하천

③ 공공공지

④ 광장

⑤ 소방용수시설

⑥ 비상대피시설

⑦ 가스공급시설

⑧ 지역난방시설

⑨ 주거환경개선사업을 위하여 지정 · 고시된 정비구역에 설치하는 공동이용시설로서 법 제52조에 따른 사업시행계획서(이하 "사업시행계획서"라 한다)에 해당 특별자치시장 · 특별자치도지사 · 시장 · 군수 또는 자치구의 구청장(이하 "시장 · 군수등"이라 한다)이 관리하는 것으로 포함된 시설

8) 공동이용시설

"공동이용시설"이란 주민이 공동으로 사용하는 놀이터 · 마을회관 · 공동작업장, 그 밖에 대통령령으로 정하는 시설을 말한다(법 제2조 제5호, 법 시행령 제4조).

① 공동으로 사용하는 구판장 · 세탁장 · 화장실 및 수도
② 탁아소 · 어린이집 · 경로당 등 노유자시설
③ 그밖에 위 ① 및 ②의 시설과 유사한 용도의 시설로서 시 · 도 조례로 정하는 시설

9) 대지

"대지"라 함은 정비사업으로 조성된 토지를 말한다(법 제2조 제6호).

10) 주택단지

"주택단지"라 함은 주택 및 부대시설 · 복리시설을 건설하거나 대지로 조성되는 일단의 토지로서 다음 각 목의 어느 하나에 해당하는 일단의 토지를 말한다(법 제2조 제7호).

① 「주택법」 제15조에 따른 사업계획승인을 받아 주택 및 부대시설 · 복리시설을 건설한 일단의 토지
② 가목에 따른 일단의 토지 중 「국토의 계획 및 이용에 관한 법률」 제2조 제7호에 따른 도시 · 군계획시설(이하 "도시 · 군계획시설"이라 한다)인 도로나 그 밖에 이와 유사한 시설로 분리되어 따로 관리되고 있는 각각의 토지
③ 가목에 따른 일단의 토지 둘 이상이 공동으로 관리되고 있는 경우 그 전체 토지
④ 제67조에 따라 분할된 토지 또는 분할되어 나가는 토지
⑤ 「건축법」 제11조에 따라 건축허가를 받아 아파트 또는 연립주택을 건설한 일단의 토지

도시정비법상 "주택단지"의 개념은 주택법상 "주택단지"의 개념과 구별되고, 도시정비법상 주택단지의 개념을 명문으로 정의하고 있는 이유는 정비사업의 대상으로 지정되는 단지의 범위를 명확히 확정함으로써 재건축사업 등의 범위를 결정하고, 사업초기단계에서 조합설립을 위한 동의율을 결정하는 중요한 전제가 되기 때문이다. 실제 대부분 재건축사업은 기존에 형성되어 있는 주택단지를 기준으로 정비구역이 지정되나, 하나의 주택단지 내에서 재건축을 분리하여 추진하려는 경우와 별개의 주택단지로 건설되었지만 기반시설 및 단지 통합관리 등의 이용상황에 비추어 하나의 사업으로 추진하려는 경우에 하나의 주택단지인지 여부가 중요한 쟁점이 된다. 여기서 유의할 점은 도시정비법상

주택단지는 재건축정비사업의 대상지(철거될 사업부지)로서의 주택단지를 의미한다는 점이다.

대법원은 구 주택건설촉진법상 재건축사업에서의 「하나의 주택단지인지 여부의 판단 기준」과 관련하여, "당해 주택의 건설사업 또는 당해 주택이 건립된 부지의 대지조성사업을 할 당시 하나의 사업계획으로 승인받아 주택이 건설되거나 대지가 조성되었는지의 여부에 있는 것으로 해석된다(대법원 2005. 6. 24. 선고 2003다55455 판결)."라고 판시한 바 있다.

한편, 도시정비법이 제정 시행된 이후에도 여전히 도시정비법상 하나의 주택단지 판단 기준과 관련하여 실무상 대립이 있었는데, 대법원은 「구 도시정비법상 하나의 주택단지에 해당하는지 여부의 결정 기준」과 관련하여, "구 도시 및 주거환경정비법(2007. 12. 21. 법률 제8785호로 개정되기 전의 것) 제2조 제7호, 구 도시 및 주거환경정비법 시행령(2008. 12. 17. 대통령령 제21171호로 개정되기 전의 것) 제5조 제1호 등 관련 규정을 종합하여 보면, 구 도시 및 주거환경정비법상 하나의 주택단지에 해당하는지 여부는 당해 주택의 건설사업 또는 당해 주택이 건립된 부지의 대지조성사업을 할 당시 하나의 사업계획으로 승인받아 주택이 건설되거나 대지가 조성되었는지 여부에 의해 결정된다(대법원 2010. 4. 8. 선고 2009다10881 판결)."라고 최초로 판단하였다.

11) 사업시행자

"사업시행자"라 함은 정비사업을 시행하는 자를 말한다(법 제2조 제8호).

도시정비법상 사업시행자로서의 조합은 「주택법」상 '지역주택조합', '직장주택조합'과 「전통시장 및 상점가 육성을 위한 특별법」상 '시장정비사업조합'과 「주택법」상 '리모델링 주택조합'과 구별되는 개념이다.

12) 토지등소유자

도시정비법상 "토지등소유자"는 정비사업을 시행하기 위한 조합설립추진위원회(비법인사단)의 구성원, 조합(법인)의 구성원 내지 단체(비법인사단)의 구성원이 될 수 있는 자격자를 말하고, 토지등소유자의 자격요건을 규정한 것은 조합원(구성원) 자격의 근거가 되므로 그 개념을 명확히 하는 것이 매우 중요하다.

특히 재개발사업의 경우 종래의 도시재개발법과 마찬가지로 구역 내 토지등소유자는 그 동의여부에 상관없이(강제가입제) 조합원 자격을 얻게 되지만, 재건축사업의 조합원

자격은 조합설립에 동의한 자를 조합원으로 하므로 차이가 있다.

구체적으로 "토지등소유자"라 함은 다음의 자를 말한다(법 제2조 제9호).

① 주거환경개선사업 및 재개발사업의 경우에는 정비구역에 위치한 토지 또는 건축물의 소유자 또는 그 지상권자. 여기에서는 토지만 소유한 자, 건축물만 소유한 자 또는 지상권자 모두 '토지등 소유자'에 해당한다.

② 재건축사업의 경우에는 정비구역에 위치한 건축물 및 그 부속토지의 소유자. 다만, 여기에서는 '건축물 및 그 부속토지'를 가지고 있는 자를 '토지등 소유자'로 하고 있으므로 건축물만 소유하거나 토지만을 소유한 경우 '토지등 소유자'에 해당하지 않는다.

여기에서 정비사업을 시행하기 위한 조합의 구성원이 될 수 있는 자격자를 지칭하는 "토지등 소유자"에 무허가건축물 소유자도 포함될 수 있는지 여부가 문제되는데, 대법원은 「구 도시 및 주거환경정비법 제2조 제9호 가목, 제19조 제1항에 의하여 소유자에게 조합원의 자격이 부여되는 '건축물'에 무허가건축물이 포함되는지 여부」가 문제된 사안에서, "구 도시 및 주거환경정비법(2007. 12. 21. 법률 제8785호로 개정되기 전의 것) 제2조 제9호 가목 및 제19조 제1항은 정비구역 안에 위치한 토지 또는 건축물의 소유자 또는 그 지상권자는 재개발조합의 조합원이 된다는 취지로 규정하고 있는바, 무허가건축물은 원칙적으로 관계 법령에 의하여 철거되어야 할 것인데도 그 소유자에게 조합원 자격을 부여하여 결과적으로 재개발사업의 시행으로 인한 이익을 향유하게 하는 것은 위법행위를 한 자가 이익을 받는 결과가 되어 허용될 수 없는 점, 재개발사업의 원활한 시행을 위하여는 정비구역 안의 무분별한 무허가주택의 난립을 규제할 현실적 필요성이 적지 않은 점 등 여러 사정을 고려하여 볼 때, 구 도시 및 주거환경정비법 제2조 제9호 (가)목 및 제19조 제1항에 의하여 소유자에게 조합원의 자격이 부여되는 건축물이라 함은 원칙적으로 적법한 건축물을 의미하고 무허가건축물은 이에 포함되지 않는다고 보아야 할 것이다. 다만, 이와 같은 법리에 의하여 토지등 소유자의 적법한 동의 등을 거쳐 설립된 재개발조합이 각자의 사정 내지는 필요에 따라 일정한 범위 내에서 무허가건축물 소유자에게 조합원 자격을 부여하도록 정관으로 정하는 것까지 금지되는 것은 아니다(대법원 2009. 9. 24. 자 2009마168,169 결정, 1999. 7. 27. 선고 97누4975 판결 등 참조)."라고 판단한 바 있다.

❹ 도시주거정비 기본계획

1) 도시 · 주거환경정비 기본방침

국토교통부장관은 도시 및 주거환경을 개선하기 위해 10년마다 기본방침을 정하고, 5년마다 타당성을 검토하여 그 결과를 기본방침에 반영해야 한다(「도시 및 주거환경정비법」 제3조).

2) 도시 · 주거환경정비기본계획의 수립

특별시장 · 광역시장 · 특별자치시장 · 특별자치도지사 또는 시장은 관할 구역에 대하여 도시 · 주거환경정비기본계획(이하 "기본계획"이라 함)을 10년 단위로 수립해야 한다(「도시 및 주거환경정비법」 제4조 제1항 본문).

특별시장 · 광역시장 · 특별자치시장 · 특별자치도지사 또는 시장(이하 "기본계획의 수립권자"라 함)은 기본계획에 대하여 5년마다 타당성 여부를 검토하여 그 결과를 기본계획에 반영해야 한다(「도시 및 주거환경정비법」 제4조 제2항).

3) 기본계획 수립절차

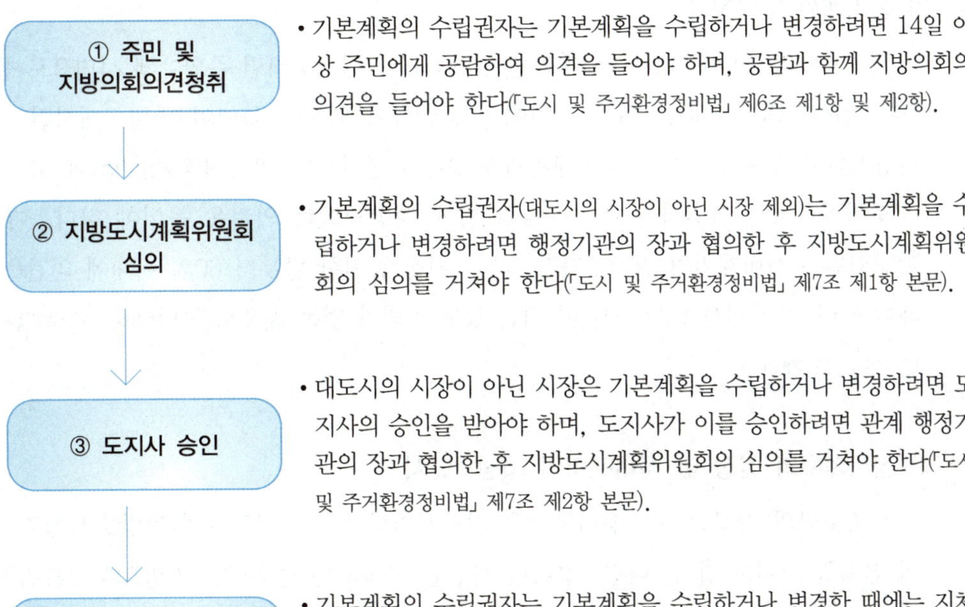

- 기본계획의 수립권자는 기본계획을 수립하거나 변경하려면 14일 이상 주민에게 공람하여 의견을 들어야 하며, 공람과 함께 지방의회의 의견을 들어야 한다(「도시 및 주거환경정비법」 제6조 제1항 및 제2항).
- 기본계획의 수립권자(대도시의 시장이 아닌 시장 제외)는 기본계획을 수립하거나 변경하려면 행정기관의 장과 협의한 후 지방도시계획위원회의 심의를 거쳐야 한다(「도시 및 주거환경정비법」 제7조 제1항 본문).
- 대도시의 시장이 아닌 시장은 기본계획을 수립하거나 변경하려면 도지사의 승인을 받아야 하며, 도지사가 이를 승인하려면 관계 행정기관의 장과 협의한 후 지방도시계획위원회의 심의를 거쳐야 한다(「도시 및 주거환경정비법」 제7조 제2항 본문).
- 기본계획의 수립권자는 기본계획을 수립하거나 변경한 때에는 지체 없이 이를 해당 지방자치단체의 공보에 고시하고 일반인이 열람할 수 있도록 해야 한다(「도시 및 주거환경정비법」 제7조 제3항).

⑤ 정비사업 및 정비구역의 지정

1) 정비계획 및 정비구역 지정권자

특별시장 · 광역시장 · 특별자치시장 · 특별자치도지사 · 시장 또는 군수(광역시의 군수는 제외, 이하 "정비구역의 지정권자"라 함)는 기본계획에 적합한 범위에서 노후 · 불량건축물이 밀집하는 등 일정 요건에 해당하는 구역에 대하여 정비계획을 결정하여 정비구역을 지정(변경지정을 포함)할 수 있다(「도시 및 주거환경정비법」 제8조 제1항).

2) 정비계획의 입안

정비구역의 지정권자는 정비구역 지정을 위해 직접 정비계획을 입안할 수 있다. 자치구의 구청장 또는 광역시의 군수는 정비계획을 입안하여 특별시장 · 광역시장에게 정비구역 지정을 신청해야 하며, 이 경우 지방의회의 의견을 첨부해야 한다(「도시 및 주거환경정비법」 제8조 제4항 및 제5항).

토지소유자는 정비계획의 입안권자에게 정비계획의 입안을 제안할 수 있다(「도시 및 주거환경정비법」 제14조 제1항).

3) 정비계획 입안절차

정비계획의 입안권자는 정비계획을 입안하거나 변경하려면 주민에게 서면으로 통보한 후 주민설명회 및 30일 이상 주민에게 공람하여 의견을 들어야 하며, 제시된 의견이 타당하다고 인정되면 이를 정비계획에 반영해야 한다(「도시 및 주거환경정비법」 제15조 제1항).

정비계획의 입안권자는 주민공람과 함께 지방의회의 의견을 들어야 한다. 이 경우 지방의회는 정비계획의 입안권자가 정비계획을 통지한 날부터 60일 이내에 의견을 제시해야 하며, 의견제시 없이 60일이 지난 경우 이의가 없는 것으로 본다(「도시 및 주거환경정비법」 제15조 제2항).

4) 정비계획의 결정 및 정비구역의 지정 · 고시

정비구역의 지정권자는 정비구역을 지정하거나 변경지정하려면 지방도시계획위원회의 심의를 거쳐야 한다. 다만, 경미한 사항을 변경하는 경우에는 지방도시계획위원회의 심의를 거치지 않을 수 있다(「도시 및 주거환경정비법」 제16조 제1항).

정비구역의 지정권자는 정비구역을 지정(변경지정을 포함)하거나 정비계획을 결정(변경결정을 포함)한 때에는 정비계획을 포함한 정비구역 지정의 내용을 해당 지방자치단체의 공보에 고시해야 하며(이 경우 지형도면 고시 등에 있어서는 「토지이용규제 기본법」 제8조에 따름), 이를 지정 · 고시한 때에는 국토교통부장관에게 그 지정의 내용을 보고하고, 관계 서류를 일반인이 열람할 수 있도록 해야 한다(「도시 및 주거환경정비법」 제16조 제2항 및 제3항).

5) 정비구역 지정 · 고시의 효력

정비구역의 지정 · 고시가 있는 경우 해당 정비구역 및 정비계획 중 「국토의 계획 및 이용에 관한 법률」 제52조 제1항 각 호에 해당하는 사항은 지구단위계획구역 및 지구단위계획으로 결정 · 고시된 것으로 본다(「도시 및 주거환경정비법」 제17조 제1항).

또한 「국토의 계획 및 이용에 관한 법률」에 따른 지구단위계획구역에 대하여 「도시 및 주거환경정비법」 제9조 제1항 각 호의 사항을 모두 포함한 지구단위계획을 결정 · 고시(변경 결정 · 고시하는 경우를 포함)하는 경우 해당 지구단위계획구역은 정비구역으로 지정 · 고시된 것으로 본다(「도시 및 주거환경정비법」 제17조 제2항).

6) 행위제한 및 기득권의 보호

정비구역에서 건축물의 건축, 공작물의 설치, 토지의 형질변경, 토석의 채취, 토지분할, 물건을 쌓아 놓는 행위, 죽목의 벌채 및 식재 등의 행위를 하려는 자는 시장 · 군수등의 허가를 받아야 한다. 허가받은 사항을 변경하려는 때에도 또한 같다(「도시 및 주거환경정비법」 제19조 제1항 및 「도시 및 주거환경정비법 시행령」 제15조 제1항).

다만, 재해복구 또는 재난수습에 필요한 응급조치를 위한 행위 등의 경우에는 허가를 받지 않고 할 수 있다(「도시 및 주거환경정비법」 제19조 제2항).

허가를 받아야 하는 행위로서 정비구역의 지정 및 고시 당시 이미 관계 법령에 따라 행위허가를 받았거나 허가를 받을 필요가 없는 행위에 관하여 그 공사 또는 사업에 착수한 자는 정비구역이 지정 · 고시된 날부터 30일 이내에 그 공사 또는 사업의 진행상황과 시행계획을 첨부하여 관할 시장 · 군수등에게 신고한 후 이를 계속 시행할 수 있다(「도시 및 주거환경정비법」 제19조 제3항 및 「도시 및 주거환경정비법 시행령」 제15조 제4항).

7) 정비구역의 해제

정비구역의 지정권자는 다음의 어느 하나에 해당하는 경우에는 정비예정구역 또는 정비구역(이하 "정비구역등"이라 함)을 해제해야 한다(「도시 및 주거환경정비법」 제20조 제1항).

정비예정구역에 대하여 기본계획에서 정한 정비구역 지정 예정일부터 3년이 되는 날까지 특별자치시장, 특별자치도지사, 시장 또는 군수가 정비구역을 지정하지 않거나 구청

장등이 정비구역의 지정을 신청하지 않는 경우

재개발사업 · 재건축사업(조합이 시행하는 경우만 해당)이 다음의 어느 하나에 해당하는 경우

- 토지등소유자가 정비구역으로 지정 · 고시된 날부터 2년이 되는 날까지 조합설립추진위원회(이하 "추진위원회"라 함)의 승인을 신청하지 않는 경우
- 토지등소유자가 정비구역으로 지정 · 고시된 날부터 3년이 되는 날까지 조합설립인가를 신청하지 않는 경우(추진위원회를 구성하지 않는 경우만 해당)
- 추진위원회가 추진위원회 승인일부터 2년이 되는 날까지 조합설립인가를 신청하지 않는 경우
- 조합이 조합설립인가를 받은 날부터 3년이 되는 날까지 사업시행계획인가를 신청하지 않는 경우

토지등소유자가 시행하는 재개발사업으로서 토지등소유자가 정비구역으로 지정 · 고시된 날부터 5년이 되는 날까지 사업시행계획인가를 신청하지 않는 경우

6 사업시행방법

1) 정비사업의 개념

"정비사업"이란 「도시 및 주거환경정비법」에서 정한 절차에 따라 도시기능을 회복하기 위해 정비구역에서 정비기반시설을 정비하거나 주택 등 건축물을 개량 또는 건설하는 다음의 사업을 말한다(「도시 및 주거환경정비법」 제2조 제2호).

"정비기반시설"이란 도로 · 상하수도 · 구거(溝渠 : 도랑) · 공원 · 공용주차장 · 공동구(「국토의 계획 및 이용에 관한 법률」 제2조 제9호에 따른 공동구를 말함), 그 밖에 주민의 생활에 필요한 열 · 가스 등의 공급시설로서 「도시 및 주거환경정비법 시행령」 제3조에서 정하는 시설을 말한다(「도시 및 주거환경정비법」 제2조 제4호).

구 분	내용
주거환경개선사업	• 도시저소득 주민이 집단거주하는 지역으로서 정비기반시설이 극히 열악하고 노후 · 불량건축물이 과도하게 밀집한 지역의 주거환경을 개선하거나 단독주택 및 다세대주택이 밀집한 지역에서 정비기반시설과 공동이용시설(주민이 공동으로 사용하는 놀이터 · 마을회관 · 공동작업장, 그 밖에 「도시 및 주거환경정비법 시행령」 제4조에서 정하는 시설) 확충을 통하여 주거환경을 보전 · 정비 · 개량하기 위한 사업

구 분	내용
재개발사업	• 정비기반시설이 열악하고 노후 · 불량건축물이 밀집한 지역에서 주거환경을 개선하거나 상업지역 · 공업지역 등에서 도시기능의 회복 및 상권활성화 등을 위해 도시환경을 개선하기 위한 사업(이 경우 특정한 요건을 모두 갖추어 시행하는 재개발사업을 "공공재개발사업"이라 함)
재건축사업	• 정비기반시설은 양호하나 노후 · 불량건축물에 해당하는 공동주택이 밀집한 지역에서 주거환경을 개선하기 위한 사업(이 경우 특정한 요건을 모두 갖추어 시행하는 재건축사업을 "공공재건축사업"이라 함)

Chapter 04

2) 정비사업의 시행방법

정비사업의 시행방법은 다음과 같다(「도시 및 주거환경정비법」 제23조).

구 분	시행방법
주거환경 개선사업	• 자력개량방법 : 사업시행자가 정비구역에서 정비기반시설 및 공동이용시설을 새로 설치하거나 확대하고 토지등소유자가 스스로 주택을 보전 · 정비하거나 개량하는 방법 • 수용방법 : 사업시행자가 정비구역의 전부 또는 일부를 수용하여 주택을 건설한 후 토지등소유자에게 우선 공급하거나 대지를 토지등소유자[1] 또는 토지등소유자 외의 자에게 공급하는 방법 • 환지방법 : 사업시행자가 환지로 공급하는 방법 • 관리처분방법 : 사업시행자가 정비구역에서 인가받은 관리처분계획에 따라 주택 및 부대시설 · 복리시설[2]을 건설하여 공급하는 방법
재개발사업	• 정비구역에서 인가받은 관리처분계획에 따라 건축물을 건설하여 공급하거나 환지로 공급하는 방법
재건축사업	• 정비구역에서 인가받은 관리처분계획에 따라 주택, 부대시설 · 복리시설 및 오피스텔(「건축법」 제2조 제2항에 따른 오피스텔을 말함)을 건설하여 공급하는 방법(다만, 주택단지에 있지 않는 건축물의 경우에는 지형여건 · 주변의 환경으로 보아 사업 시행상 불가피한 경우로서 정비구역으로 보는 사업만 해당) • 오피스텔을 건설하여 공급하는 경우에는 「국토의 계획 및 이용에 관한 법률」에 따른 준주거지역 및 상업지역에서만 건설할 수 있다. 이 경우 오피스텔의 연면적은 전체 건축물 연면적의 30/100 이하이어야 한다.

[1] "토지등 소유자"란 주거환경개선사업 및 재개발사업의 경우에는 정비구역에 위치한 토지 또는 건축물의 소유자 또는 그 지상권자, 재건축사업의 경우에는 정비구역에 위치한 건축물 및 그 부속토지의 소유자를 말한다(「도시 및 주거환경정비법」 제2조 제9호).

[2] "복리시설"이란 주택단지의 입주자 등의 생활복리를 위한 어린이놀이터, 근린생활시설, 유치원, 주민운동시설 및 경로당, 그 밖에 공동시설을 말한다(국가법령정보센터, 법령정의사전).

3) 정비사업의 시행자

구 분	시행자
주거환경 개선사업	• 자력개량방법 : 특별자치시장 · 특별자치도지사 · 시장 · 군수 · 자치구의 구청장(이하 "시장 · 군수등"이라 함)이 직접 시행하되, 토지주택공사등을 사업시행자로 지정해 시행하게 하려는 경우에는 공람공고일 현재 토지등소유자의 과반수의 동의를 받아야 함(「도시 및 주거환경정비법」 제24조 제1항). • 수용방법, 환지방법 및 관리처분방법 : 시장 · 군수등이 직접 시행하거나 다음에서 정한 자에게 시행하게 할 수 있음(「도시 및 주거환경정비법」 제24조 제2항). 1. 시장 · 군수등이 한국토지주택공사 또는 「지방공기업법」에 따라 주택사업을 수행하기 위하여 설립된 지방공사(이하 "토지주택공사등"이라 함)나 주거환경개선사업을 시행하기 위해 국가, 지방자치단체, 토지주택공사등 또는 공공기관이 총지분의 50/100을 초과하는 출자로 설립한 법인 중 어느 하나에 해당하는 자를 사업시행자로 지정하는 경우 2. 시장 · 군수등이 위 1.에 해당하는 자와 건설업자 또는 건설업자로 보는 등록사업자 중 어느 하나에 해당하는 자를 공동시행자로 지정하는 경우
재개발사업	• 조합이 시행하거나 조합이 조합원의 과반수의 동의를 받아 시장 · 군수등, 토지주택공사등, 건설업자, 등록사업자 또는 「자본시장과 금융투자업에 관한 법률」 제8조 제7항에 따른 신탁업자(이하 "신탁업자"라 함), 한국부동산원과 공동으로 시행하는 방법(「도시 및 주거환경정비법」 제25조 제1항 제1호 및 「도시 및 주거환경정비법 시행령」 제19조). • 토지등소유자가 20인 미만인 경우에는 토지등소유자가 시행하거나 토지등소유자가 토지등소유자의 과반수의 동의를 받아 시장 · 군수등, 토지주택공사등, 건설업자, 등록사업자 또는 신탁업자, 한국부동산원과 공동으로 시행하는 방법(「도시 및 주거환경정비법」 제25조 제1항 제2호 및 「도시 및 주거환경정비법 시행령」 제19조).
재건축사업	• 재건축사업은 조합이 시행하거나 조합이 조합원의 과반수의 동의를 받아 시장 · 군수등, 토지주택공사등, 건설업자 또는 등록사업자와 공동으로 시행할 수 있음(「도시 및 주거환경정비법」 제25조 제2항).

4) 계약의 방법 및 시공자 선정

추진위원장 또는 사업시행자(청산인을 포함)는 계약(공사, 용역, 물품구매 및 제조 등을 포함)을 체결하려면 일반경쟁에 부쳐야 한다. 다만, 계약규모, 재난의 발생 등의 사유가 있는 경우에는 입찰 참가자를 지명(指名)하여 경쟁에 부치거나 수의계약(隨意契約)으로 할 수 있다(「도시 및 주거환경정비법」 제29조 제1항).

조합은 조합설립인가를 받은 후 조합총회에서 경쟁입찰 또는 수의계약(2회 이상 경쟁입찰이 유찰된 경우만 해당)의 방법으로 건설업자 또는 등록사업자를 시공자로 선정해야 한다(「도시 및 주거환경정비법」 제29조 제4항 본문).

다만, 100인 이하의 정비사업은 조합총회에서 정관으로 정하는 바에 따라 선정할 수 있다(「도시 및 주거환경정비법」 제29조 제4항 단서 및 「도시 및 주거환경정비법 시행령」 제24조 제3항).

❼ 조합의 설립

1) 조합설립추진위원회의 구성 · 승인

조합을 설립하려는 경우에는 정비구역 지정 · 고시 후 ① 추진위원회 위원장(이하 "추진위원장"이라 함)을 포함한 5명 이상의 추진위원회 위원(이하 "추진위원"이라 함)과 ② 운영규정에 대하여 토지등소유자 과반수의 동의를 받아 조합설립을 위한 추진위원회를 구성하여 시장 · 군수등의 승인을 받아야 한다(「도시 및 주거환경정비법」 제31조 제1항).

2) 조합설립 인가

시장 · 군수등, 토지주택공사등 또는 지정개발자가 아닌 자가 정비사업을 시행하려는 경우에는 토지등소유자로 구성된 조합을 설립해야 한다(「도시 및 주거환경정비법」 제35조 제1항 본문).

재개발사업 및 재건축사업의 경우 다음의 구분에 따른 동의를 받아야 한다(「도시 및 주거환경정비법」 제35조 제2항, 제3항 및 제4항).

구 분	동의 요건
재개발사업	• 재개발사업의 추진위원회(추진위원회를 구성하지 않는 경우에는 토지등소유자를 말함)가 조합을 설립하려면 토지등소유자의 3/4 이상 및 토지면적의 1/2 이상의 토지소유자의 동의를 받아 시장 · 군수등의 인가를 받아야 함
재건축사업	• 주택단지에서 시행하는 경우 : 재건축사업의 추진위원회(추진위원회를 구성하지 않는 경우에는 토지등소유자)가 조합을 설립하려면 주택단지의 공동주택의 각 동(복리시설의 경우 주택단지의 복리시설 전체를 하나의 동으로 봄)별 구분소유자의 과반수 동의(공동주택의 각 동별 구분소유자가 5 이하인 경우는 제외)와 주택단지의 전체 구분소유자의 3/4 이상 및 토지면적의 3/4 이상의 토지소유자의 동의를 받아 사장 · 군수등의 인가를 받아야 함 • 주택단지가 아닌 지역에서 시행하는 경우 : 주택단지가 아닌 지역이 정비구역에 포함된 때에는 주택단지가 아닌 지역의 토지 또는 건축물 소유자의 3/4 이상 및 토지면적의 2/3 이상의 토지소유자의 동의를 받아야 함

3) 조합의 성립

조합은 법인으로 한다. 조합은 조합설립인가를 받은 날부터 30일 이내에 주된 사무소의 소재지에서 등기하는 때에 성립하며, 명칭에 "정비사업조합"이라는 문자를 사용해야 한다(「도시 및 주거환경정비법」 제38조).

임원, 조합총회등의 구성

조합의 임원, 직무, 조합총회, 대의원회 및 주민대표회의의 구성에 관한 사항은 다음과 같다(「도시 및 주거환경정비법」 제41조, 제42조, 제44조, 제46조 및 제47조 참조).

구 분	비 고
임원	• 임원은 조합장 1명, 이사, 감사를 둠 • 임원의 임기는 3년 이하의 범위에서 정관으로 정하되, 연임 가능
임원의 직무	• 조합장은 조합을 대표하고 그 사무를 총괄하며, 총회 또는 대의원회의 의장이 됨 • 조합장이 대의원회의 의장이 되는 경우에는 대의원으로 봄 • 조합장 또는 이사가 자기를 위해 조합과 계약이나 소송을 할 때에는 감사가 조합을 대표 • 조합임원은 같은 목적의 정비사업을 하는 다른 조합의 임원 또는 직원을 겸할 수 없음
조합총회	• 조합에는 조합원으로 구성되는 총회를 두며, 총회는 조합장이 직권으로 소집하거나 조합원 1/5 이상(정관의 기재사항 중 조합임원의 권리 · 의무 · 보수 · 선임방법 · 변경 및 해임에 관한 사항을 변경하기 위한 총회의 경우는 10분의 1 이상) 또는 대의원 2/3 이상의 요구로 조합장이 소집
대의원회	• 조합원 수가 100명 이상인 조합은 대의원회를 두어야 함 • 대의원회는 조합원의 1/10 이상으로 구성함(다만, 조합원의 1/10이 100명을 넘는 경우에는 조합원의 1/10의 범위에서 100명 이상으로 구성 가능) • 조합장이 아닌 조합임원은 대의원이 될 수 없음
주민대표회의	• 토지등소유자가 시장 · 군수등 또는 토지주택공사등의 사업시행을 원하는 경우에는 정비구역 지정 · 고시 후 주민대표회의를 구성해야 함 • 주민대표회의는 위원장을 포함하여 5명 이상 25명 이하로 구성

8 사업시행계획 등

1) 사업시행계획인가

사업시행자(공동시행의 경우를 포함하되, 사업시행자가 시장 · 군수등인 경우는 제외)는 정비사업을 시행하려는 경우에는 사업시행계획서에 정관등의 서류를 첨부하여 시장 · 군수등에게 제출하고 사업시행계획인가를 받아야 한다(「도시 및 주거환경정비법」 제50조 제1항 본문).

시장·군수등은 특별한 사유가 없으면 사업시행계획서의 제출이 있은 날부터 60일 이내에 인가 여부를 결정해 사업시행자에게 통보해야 한다(「도시 및 주거환경정비법」 제50조 제4항).

사업시행자(시장·군수등 또는 토지주택공사등은 제외)는 사업시행계획인가를 신청하기 전에 미리 총회의결을 거쳐야 하며, 인가받은 사항을 변경하거나 정비사업을 중지 또는 폐지하려는 경우에도 또한 같다(「도시 및 주거환경정비법」 제50조 제5항 본문).

토지등소유자가 재개발사업을 시행하려면 사업시행계획인가 신청 전에 사업시행계획서에 대해 토지등소유자의 3/4 이상 및 토지면적의 1/2 이상의 토지소유자의 동의를 받아야 한다. 다만, 인가받은 사항을 변경하려는 경우에는 규약으로 정하는 바에 따라 토지등소유자의 과반수의 동의를 받아야 한다(「도시 및 주거환경정비법」 제50조 제6항 본문).

지정개발자가 정비사업을 시행하려면 사업시행계획인가를 신청하기 전에 토지등소유자의 과반수의 동의 및 토지면적의 1/2 이상의 토지소유자의 동의를 받아야 한다(「도시 및 주거환경정비법」 제50조 제7항 본문).

시장·군수등은 사업시행계획인가(시장·군수등이 사업시행계획서를 작성한 경우를 포함)를 하거나 정비사업을 변경·중지 또는 폐지하려면 그 내용을 해당 지방자치단체의 공보에 고시해야 한다(「도시 및 주거환경정비법」 제50조 제9항 본문).

2) 사업시행계획 인가 시 협의사항

시장·군수등은 사업시행계획인가(시장·군수등이 사업시행계획서를 작성한 경우 포함)를 하려는 경우 정비구역부터 200m 이내에 교육시설이 설치되어 있는 때에는 해당 지방자치단체의 교육감 또는 교육장과 협의해야 하며, 인가받은 사항을 변경하는 경우에도 또한 같다(「도시 및 주거환경정비법」 제57조 제5항).

3) 관계 서류의 공람과 의견청취

시장·군수등은 사업시행계획인가를 하거나 사업시행계획서를 작성하려는 경우에는 관계 서류의 사본을 14일 이상 일반인이 공람할 수 있게 해야 한다(「도시 및 주거환경정비법」 제56조 제1항 본문).

토지등소유자 또는 조합원, 그 밖에 정비사업과 관련하여 이해관계를 가지는 자는 위 공람기간 이내에 시장·군수등에게 서면으로 의견을 제출할 수 있다(「도시 및 주거환경정비법」 제56조 제2항).

4) 지정개발자의 정비사업비의 예치

시장 · 군수등은 재개발사업의 사업시행계획인가를 하는 경우 해당 정비사업의 사업시행자가 지정개발자(지정개발자가 토지등소유자인 경우만 해당)인 때에는 정비사업비의 20/100의 범위에서 시 · 도조례로 정하는 금액을 예치하게 할 수 있다(「도시 및 주거환경정비법」 제60조 제1항).

5) 정비사업 시행을 위한 조치 등

(1) 임시거주시설 · 임시상가의 설치

사업시행자는 주거환경개선사업 및 재개발사업의 시행으로 철거되는 주택의 소유자 또는 세입자에게 해당 정비구역 안과 밖에 위치한 임대주택 등의 시설에 임시로 거주하게 하거나 주택자금의 융자를 알선하는 등 임시거주에 상응하는 조치를 해야 한다(「도시 및 주거환경정비법」 제61조 제1항).

(2) 임시거주시설 · 임시상가의 설치에 따른 손실보상

사업시행자는 이에 따라 공공단체(지방자치단체 제외) 또는 개인의 시설이나 토지를 일시 사용함으로써 손실을 입은 자가 있는 경우에는 손실을 보상해야 하며, 손실을 보상하는 경우에는 손실을 입은 자와 협의해야 한다(「도시 및 주거환경정비법」 제62조 제1항).

9 관리처분계획

1) 분양통지 및 공고

사업시행자는 사업시행계획인가의 고시가 있은 날(사업시행계획인가 이후 시공자를 선정한 경우에는 시공자와 계약을 체결한 날)부터 120일 이내에 일정사항을 토지등소유자에게 통지하고, 분양의 대상이 되는 대지 또는 건축물의 내역 등을 해당 지역에서 발간되는 일간신문에 공고해야 한다. 다만, 토지등소유자 1인이 시행하는 재개발사업의 경우에는 그렇지 않다(「도시 및 주거환경정비법」 제72조 제1항).

2) 분양신청

분양신청기간은 통지한 날부터 30일 이상 60일 이내로 해야 한다. 다만, 사업시행자는 관리처분계획의 수립에 지장이 없다고 판단하는 경우에는 분양신청기간을 20일 범위에서 한 차례만 연장할 수 있다(「도시 및 주거환경정비법」 제72조 제2항).

3) 손실보상에 관한 협의

사업시행자는 관리처분계획이 인가 · 고시된 다음 날부터 90일 이내에 토지, 건축물 또는 그 밖의 권리의 손실보상에 관한 협의를 해야 한다(「도시 및 주거환경정비법」 제73조 제1항 본문).

사업시행자는 위 협의가 성립되지 않으면 그 기간의 만료일 다음 날부터 60일 이내에 수용재결을 신청하거나 매도청구소송을 제기해야 한다(「도시 및 주거환경정비법」 제73조 제2항).

4) 관리처분계획 수립 및 인가

사업시행자는 분양신청기간이 종료된 때에는 분양신청의 현황을 기초로 관리처분계획을 수립하여 시장 · 군수등의 인가를 받아야 하며, 관리처분계획을 변경 · 중지 또는 폐지하려는 경우에도 또한 같다(「도시 및 주거환경정비법」 제74조 제1항 본문).

사업시행자는 위의 관리처분계획인가를 신청하기 전에 관계 서류의 사본을 30일 이상 토지등 소유자에게 공람하게 하고 의견을 들어야 한다(「도시 및 주거환경정비법」 제78조 제1항 본문).

5) 관리처분계획에 따른 처분 등

정비사업의 시행으로 조성된 대지 및 건축물은 관리처분계획에 따라 처분 또는 관리해야 하며, 사업시행자는 정비사업의 시행으로 건설된 건축물을 인가받은 관리처분계획에 따라 토지등 소유자에게 공급해야 한다(「도시 및 주거환경정비법」 제79조 제1항 및 제2항).

건설 Tip 주택의 공급기준

- 1세대 또는 1명이 하나 이상의 주택 또는 토지를 소유한 경우 1주택을 공급하고, 같은 세대에 속하지 않는 2명 이상이 1주택 또는 1토지를 공유한 경우에는 1주택만 공급한다(「도시 및 주거환경정비법」 제76조 제1항 제6호).
- 위 기준에 불구하고 다음의 경우에는 다음의 방법에 따라 주택을 공급할 수 있다(「도시 및 주거환경정비법」 제76조 제1항 제7호).
  - ▶ 2명 이상이 1토지를 공유한 경우로서 시 · 도조례로 주택공급을 따로 정하고 있는 경우에는 시 · 도조례로 정하는 바에 따라 주택을 공급할 수 있다.
  - ▶ 다음 어느 하나에 해당하는 토지등소유자에게는 소유한 주택 수만큼 공급할 수 있다.
    1) 과밀억제권역에 위치하지 않은 재건축사업의 토지등소유자(다만, 투기과열지구 또는 「주택법」 제63조의2 제1항 제1호에 따라 지정된 조정대상지역에서 최초 사업시행계획인가를 신청하는 재건축사업의 토지등소유자는 제외)
    2) 근로자(공무원인 근로자를 포함) 숙소, 기숙사 용도로 주택을 소유하고 있는 토지등소유자

3) 국가, 지방자치단체 및 토지주택공사등

4) 공공기관지방이전 및 혁신도시 활성화를 위한 시책 등에 따라 이전하는 공공기관이 소유한 주택을 양수한 자

▶ 분양대상자별 종전의 토지 또는 건축물 명세 및 사업시행계획인가 고시가 있은 날을 기준으로 한 가격의 범위 또는 종전 주택의 주거전용면적의 범위에서 2주택을 공급할 수 있고, 이 중 1주택은 주거전용면적을 60㎡ 이하로 한다. 다만, 60㎡ 이하로 공급받은 1주택은 이전고시일 다음 날부터 3년이 지나기 전에는 주택을 전매(매매 · 증여나 그 밖에 권리의 변동을 수반하는 모든 행위를 포함하되 상속의 경우는 제외)하거나 전매를 알선할 수 없다.

▶ 과밀억제권역에 위치한 재건축사업의 경우에는 토지등소유자가 소유한 주택수의 범위에서 3주택까지 공급할 수 있다. 다만, 투기과열지구 또는 「주택법」 제63조의2 제1항 제1호에 따라 지정된 조정대상지역에서 사업시행계획인가(최초 사업시행계획인가를 말함)를 신청하는 재건축사업의 경우에는 그렇지 않다.

6) 건축물 등의 사용 · 수익의 중지 및 철거

종전의 토지 또는 건축물의 소유자 · 지상권자 · 전세권자 · 임차권자 등 권리자는 관리처분계획인가의 고시가 있은 때에는 이전고시가 있는 날까지 종전의 토지 또는 건축물을 사용하거나 수익할 수 없다(「도시 및 주거환경정비법」 제81조 제1항 본문).

사업시행자는 관리처분계획인가를 받은 후 기존의 건축물을 철거해야 한다(「도시 및 주거환경정비법」 제81조 제2항).

⑩ 공사완료

1) 준공인가

시장 · 군수등이 아닌 사업시행자가 정비사업 공사를 완료한 때에는 시장 · 군수등의 준공인가를 받아야 한다(「도시 및 주거환경정비법」 제83조 제1항).

준공인가신청을 받은 시장 · 군수등은 지체 없이 준공검사를 실시해야 한다. 이 경우 시장 · 군수등은 효율적인 준공검사를 위해 필요한 때에는 관계 행정기관 · 공공기관 · 연구기관, 그 밖의 전문기관 또는 단체에게 준공검사의 실시를 의뢰할 수 있다(「도시 및 주거환경정비법」 제83조 제2항).

2) 공사완료고시

시장 · 군수등은 준공검사를 실시한 결과 정비사업이 인가받은 사업시행계획대로 완료되었다고 인정되는 때에는 준공인가를 하고 공사의 완료를 해당 지방자치단체의 공보에 고시해야 한다(「도시 및 주거환경정비법」 제83조 제3항).

시장 · 군수등은 직접 시행하는 정비사업에 관한 공사가 완료된 때에는 그 완료를 해당 지방자치단체의 공보에 고시해야 한다(「도시 및 주거환경정비법」 제83조 제4항).

3) 소유권의 이전 및 이전고시

사업시행자는 공사완료고시가 있은 때에는 지체 없이 대지확정측량을 하고 토지의 분할절차를 거쳐 관리처분계획에서 정한 사항을 분양받을 자에게 통지하고 대지 또는 건축물의 소유권을 이전해야 한다(「도시 및 주거환경정비법」 제86조 제1항 본문).

사업시행자는 대지 및 건축물의 소유권을 이전하려면 그 내용을 해당 지방자치단체의 공보에 고시한 후 시장 · 군수등에게 보고해야 한다. 이 경우 대지 또는 건축물을 분양받을 자는 고시가 있은 날의 다음 날에 그 대지 또는 건축물의 소유권을 취득한다(「도시 및 주거환경정비법」 제86조 제2항).

4) 이전등기

사업시행자는 이전고시가 있은 때에는 지체 없이 대지 및 건축물에 관한 등기를 지방법원지원 또는 등기소에 촉탁 또는 신청해야 한다(「도시 및 주거환경정비법」 제88조 제1항).

5) 청산금

대지 또는 건축물을 분양받은 자가 종전에 소유하고 있던 토지 또는 건축물의 가격과 분양받은 대지 또는 건축물의 가격 사이에 차이가 있는 경우 사업시행자는 이전고시가 있은 후에 그 차액에 상당하는 청산금을 분양받은 자로부터 징수하거나 분양받은 자에게 지급해야 한다(「도시 및 주거환경정비법」 제89조 제1항).

시장 · 군수등인 사업시행자는 청산금을 납부할 자가 이를 납부하지 않는 경우 지방세 체납처분의 예에 따라 징수할 수 있으며, 시장 · 군수등이 아닌 사업시행자는 시장 · 군수등에게 청산금의 징수를 위탁할 수 있다(「도시 및 주거환경정비법」 제90조 제1항).

청산금을 지급받을 권리 또는 이를 징수할 권리는 이전고시일의 다음 날부터 5년간 행사하지 않으면 소멸한다(「도시 및 주거환경정비법」 제90조 제3항).

제 7 절

건설산업기본법

❶ 목적

건설공사의 조사 · 설계 · 시공 · 감리 · 유지관리 · 기술관리 등에 관한 기본적인 사항과 건설업등록 및 건설공사의 도급 등에 관하여 필요한 사항을 규정함으로써 건설공사의 적정한 시공과 건설산업의 건전한 발전을 도모함을 목적으로 한다.

❷ 범위

구 분	내 역
1. 건설산업	건설업과 건설용역업
2. 건설업	건설공사를 수행하는 업
3. 건설용역업	건설공사에 관한 조사 · 설계 · 감리 · 사업관리 · 유지관리 등 건설공사와 관련된 용역을 수행하는 업

❸ 건설공사

건설공사라 함은 토목공사 · 건축공사 · 산업설비공사 · 조경공사 및 환경시설공사, 시설물을 설치 · 유지 · 보수하는 공사(시설물 설치를 위한 부지조성공사 포함) 및 기계설비나 기타 구조물의 설치 및 해체공사 등을 말한다. 다만, 전기공사 · 정보통신공사 · 소방시설공사 · 문화재수리공사는 이 법에 의한 건설공사에 포함되지 아니하며 건설산업기본법이 적용되지 않는다.

4 건설업의 종류

① 종합공사 : 종합적인 계획 · 관리 및 조정하에 시설물을 시공하는 건설공사

종합건설업종 : 토목공사업, 건축공사업, 토목건축공사업, 산업 · 환경설비공사업, 조경공사업

② 전문공사 : 시설물의 일부 또는 전문분야에 관한 건설공사

전문건설업종 : 실내건축공사업, 토공사업, 미장 · 방수 · 조적공사업, 석공사업, 도장공사업, 비계 · 구조물해체공사업, 금속구조물 · 창호공사업, 지붕판금 · 건축물조립공사업, 철근 · 콘크리트공사업, 기계설비공사업, 상 · 하수도설비공사업, 보링 · 그라우팅공사업, 철도 · 궤도공사업, 포장공사업, 수중공사업, 조경식재공사업, 조경시설물설치공사업, 강구조물공사업, 철강재설치공사업, 삭도설치공사업, 준설공사업, 승강기설치공사업, 가스시설시공업, 난방시공업, 시설물유지관리업

Chapter 04

5 건설업의 등록

건설업을 영위하고자 하는 자는 일반건설업은 국토교통부장관에게, 전문건설업은 도지사에게 업종별 등록을 하여야 건설업을 수행할 수 있으며, 일반건설업과 전문건설업의 등록기준은 건설산업기본법 시행령 별표 2에 의하여 분류하고 있다.

1) 종합공사를 시공하는 업종의 등록기준(2023.5.9.)

건설업종	자본금	
가. 토목공사업	법인	5억원 이상
	개인	10억원 이상
나. 건축공사업	법인	3억 5천만원 이상
	개인	7억원 이상
다. 토목건축공사업	법인	8억 5천만원 이상
	개인	17억원 이상
라. 산업 · 환경설비공사업	법인	8억 5천만원 이상
	개인	17억원 이상
마. 조경공사업	법인	5억원 이상
	개인	10억원 이상

토목건축공사업은 「건설산업기본법」 제8조 제1항 제1호에 따라 등록되는 종합건설업의 대표 업종이다. 이 업종은 토목공사와 건축공사를 단일 면허로 모두 수행할 수 있는 업종으로, 대부분의 공공 및 민간 건설공사에 참여 가능하다. 흔히 현대건설, 대우건설, 삼성물산, DL이앤씨 등을 1군 건설사(반적으로 '시공능력평가 상위 건설사'가 토목건축공사업면허를 보유하고 있다.

"조경공사"란 조경을 위한 식재, 조경시설물의 설치 및 조경포장의 공사 등을 업으로 하는 업종으로서, 일반적인 토목, 건축, 조경, 전기 등의 요소가 복합적으로 포함되는 공사를 의미한다. 따라서, 조경공사업은 토목 · 건축 · 조경 등 여러 전문공사를 통합 수행하므로 종합건설업에 해당한다.

2) 전문공사를 시공하는 업종의 업무분야별 등록기준(2023.5.9.)

건설업종	자본금	
가. 지반조성 · 포장공사업	법인 및 개인	1억 5천만원 이상
나. 실내건축공사업	법인 및 개인	1억 5천만원 이상
다. 금속 · 창호 · 지붕 · 건축물조립공사업	법인 및 개인	1억 5천만원 이상
라. 도장 · 습식 · 방수 · 석공사업	법인 및 개인	1억 5천만원 이상
마. 조경식재 · 시설물공사업	법인 및 개인	1억 5천만원 이상
바. 철근 · 콘크리트공사업	법인 및 개인	1억 5천만원 이상
사. 구조물해체 · 비계공사업	법인 및 개인	1억 5천만원 이상
아. 상 · 하수도설비공사업	법인 및 개인	1억 5천만원 이상
자. 철도 · 궤도공사업	법인	1억 5천만원 이상
	개인	3억원 이상
차. 철강구조물공사업	법인	1억 5천만원 이상
	개인	3억원 이상
카. 수중 · 준설공사업	법인 및 개인	1억 5천만원 이상
타. 승강기 · 삭도공사업	법인 및 개인	1억 5천만원 이상
파. 기계설비 · 가스공사업	법인 및 개인	1억 5천만원 이상
거. 시설물유지관리업	법인 및 개인	2억원 이상

3) 기술능력, 시설장비 및 자본금

① 기술인력에 해당하는 사람은 상시 근무하는 사람이어야 하며, 「국가기술자격법」에 따라 그 자격이 정지된 사람과 「건설기술 진흥법」에 따라 업무정지처분을 받은 건설기술인은 제외한다.

② 위 표의 장비는 자기소유로 등록한 것이어야 하고, 위 표의 장비 중 「철도안전법」 제26조에 따른 형식승인, 같은 법 제38조의 12에 따른 정밀안전진단, 「건설기계관리법」 제13조 제1항에 따른 검사 또는 「선박안전법」 제7조부터 제10조까지의 규정에 따른 검사의 대상이 되는 장비는 해당 법령에서 정하는 형식승인, 정밀안전진단 또는 검사를 마친 장비여야 한다. 다만, 난방공사(제3종)의 경우에는 임차한 장비로 갈음할 수 있다.

③ 주식회사 외의 법인인 경우에는 출자금을 자본금으로 한다.

④ 자본금이 총자산에서 총부채를 뺀 금액보다 큰 때에는 총자산에서 총부채를 뺀 금액을 자본금으로 한다. 이 경우 총자산과 총부채의 산정은 「주식회사 등의 외부

감사에 관한 법률」 제5조에 따른 회계처리기준에 따른다.

4) 건설업 등록 제외

① 경미한 건설공사를 업으로 하는 자

㉮ 종합공사 : 1건 공사의 공사예정금액이 5천만원 미만인 건설공사

㉯ 전문공사 : 1건 공사의 공사예정금액이 1천 5백만원 미만인 건설공사. 다만, 가스시설공사, 철강재설치공사 및 강구조물공사, 삭도설치공사, 승강기설치공사, 철도 · 궤도공사, 난방공사는 공사금액에 관계없이 해당업종 등록자가 수행

㉰ 조립 · 해체하여 이동이 용이한 기계설비 등을 제작 · 공급하는 자가 직접 설치하는 공사

② 국가 · 지방자치단체의 출자법인 및 비영리법인에 대한 등록제한

국가 또는 지방자치단체가 자본금의 100분의 50 이상을 출자한 법인과 비영리법인은 다른 법령에 특별한 규정이 있는 경우를 제외하고는 종합건설업 또는 전문건설업의 등록을 신청할 수 없다.

건설 Tip 건설업의 실질자본금 심사

건설산업기본법 제49조는 건설사업자의 실태조사 등을 규정하고 있다. 해당 규정은 부실한 건설업자가 부실공사를 하는 것을 방지하기 위한 것으로 국토교통부장관은 연 1회 이상 건설사업자의 경영실태 조사를 실행하거나, 지방자치단체의 장의 책임 아래 조사를 실행하여 그 결과를 보고하도록 요구하도록 규정하고 있다. 과거에는 건설업 등록사항을 3년마다 판단해야 하는 주기적 신고제도가 있었으나 2018년 2월 4일부터는 주기적 신고제도가 폐지되어 매년 점검하는 강화된 현 제도로 운용되고 있다. 현 실태조사 방식에서 건설업자는 실질자본금을 충족해야 하고 그렇지 못한 경우에는 영업정지 등에 처해질 수 있다.

1. 건설업 등록기준

건설산업기본법 제13조 동 법 시행령 별표 2에 따르면 건설업을 등록하기 위해서는 4가지의 조건을 충족해야 한다.

1) 기술능력

기술자격취득자는 상시 근무하는 사람을 말하며 국가기술자격법에 따라 그 자격이 정지된 사람과 건설기술진흥법에 따라 업무정지처분을 받은 건설기술인은 제외한다. 건설업체에서는 건설기술인에 대해 기술자 자격증을 제출받아 확인 후 근로계약 체결 및 고용보험 등 4대보험에 가입하여야 하고, 실제 근무를 전제로 하므로 근로계약을 체결 후 급여 지급 및 원천징수를 이행하는 등 관련 업무를 수행해야 한다. 세무사무실에서는 원천징수이행확인서 및 4대보험 서류를 통해 기술자 보유 여부의 적정성을 판단하여 관리해줘야 한다.

2) 자본금

(1) 건설업 면허유지 자본금

건설업 면허유지를 위해 지켜야하는 자본금은 순자산가액을 말하고 주식회사 외의 법인의 경우에는 출자금을 말한다. 만일 자본금이 총자산에서 총부채를 차감한 금액보다 큰 때에는 총자산에서 총부채를 뺀 순자산가액을 말한다. 즉, 총자산에서 총부채를 차감한 순자산 가액은 실질이어야 하고 건설업 면허유지를 위한 기준자본금 이상이 되어야 한다.

(2) 자본금의 적격요건

건설업 업종별로 납입된 자본금과 실질자본금을 상시 확인하여 충족하는 것을 말한다.

① 신설법인 : 실질자본금 심사시 신설법인이란 법인설립등기일부터 건설업 등록신청 접수일까지 90일 미경과이고 별도의 영업실적이 없는 법인을 말한다. 건설업체 기업 진단지침에 따라 기업진단된 재무제표로 적격여부를 확인해야 한다. 신설법인의 경우 진단 기준일 전후 30일 이상의 은행평균잔고증명서, 임차보증금, 출자예치금, 임차보증금, 비품 등을 확인하여 실질자본금을 산정한다.

② 기존법인 : 기존법인의 경우 재무관리상태진단보고서를 제출한 경우와 그 외의 경우로 구분된다. 12월 말 결산법인이 예금 잔액을 확인하는 경우 12월 31일자를 포함한 전후 기준 중 유리한 평균잔액을 적용하되 다음 해 2월 말일까지 인출된 금액이 있을 시 관리관청에서 소명을 요구하므로 주의가 필요하다. 재무관리상태진단보고서를 제출한 경우 진단된 실질자본금을 확인하되 예금 등의 금융상품이 존재할 경우 건설업등록신청을 심사하는 시점까지 그 금액의 계속 보유 여부를 확인해야 한다. 다만, 경영활동에 의한 인출은 인정한다. 그 외의 경우에는 회계감사를 받은 재무제표, 세무서에 신고된 재무제표, 기업진단을 받은 재무제표 등을 기준으로 실질자본금을 확인하여야 한다.

(3) 자본금 중복인정 특례

① 최초 1회 특례 : 보유 중 업종의 최저 자본금기준(둘 이상인 경우 최대자본금 기준)의 50%를 한도로 1회에 한해 등록하고자 하는 최저 자본금기준의 1/2에 해당하는 자본금을 충족한 것으로 인정한다. 예를 들어 1.5억원의 자본금 업체가 1.5억의 신규면허를 취득할 경우 0.75억의 자본금을 추가할 시 인정한다.

② 15년 이상 장기 건설업자 특례 : 15년 이상 건설업을 영위하고 최근 10년간 영업정지 등의 처분을 받지 아니한 건설업자의 경우 다른 업종의 건설업 등록을 추가 신청하는 경우 등록하려는 최저 자본금의 1/2에 해당하는 자본금을 이미 갖춘 것으로 인정받을 수 있다.

③ 폐업시 중복인정 특례 : 2개 업종을 보유한 건설업자가 그중 1개를 폐업한 후 폐업한 업종을 다시 등록하는 경우 6개월을 초과하는 경우에만 가능하고, 특례를 인정받은 업종을 폐업한 후 다시 동일 업종을 등록하는 것은 불가능하다. 또한, 1개의 업종 보유자가 추가등록을 통해 특례를 인정받은 후 기존업종을 폐업할 시에는 추가등록 업종이 건설업등록기준을 충족하도록 보완해야 하고 2개 이상 업종을 보유한 자가 특례를 인정받은 후 기존업종을 폐업할 경우 폐업하는 업종의 등록기준 등에 따라 자본금 등 보완 여부를 판단해야 한다.

3) 시설 · 장비 중 사무실 : 사무실은 업무시설 등 건축법 등에 적합한 건물이어야 하고 단독주택 등 주거용 건물, 축사, 퇴비사, 온실, 저장고, 그 밖에 사무실로 이용하기 부적합한 건물을 제외한다. 또한, 무허가건물, 가설건축물은 사무실로 인정되지 아니하고 건설업 영위를 위한 용도로 구분 사용되어야 한다. 그 밖의 시설 및 장비는 각종 공부와 임대차계약서를 통해 실질적으로 사용 가능하면 된다.

4) 보증가능금액확인서 등 : 건설공제조합, 전문건설공제조합, 대한설비건설공제조합 및 서울보증보험주식회사 등 지정된 기관에서 발급받을 수 있다. 상속, 합병, 양수도 등의 이전이 발생하는 경우 종전 보증가능금액확인서는 상속인 등에게 포함되는 것으로 볼 수 있다.

2. 실질자본금 미달시 처벌기준

부실 건설업체를 퇴출하기 위해 건설회사의 실질자본금의 적합여부를 확인하기 위한 목적으로 국토교통부의 책임아래 종합건설업은 건설협회에 전문건설업은 지방자치단체에 위탁하여 실질자본금에 미달되는지를 수시 확인한다. 실질자본금에 미달된 업체는 다음의 과정을 거쳐 처벌받게 된다.

1) 부적격업체 명단 지방자치단체 통보

국토교통부는 부적격 여부에 대한 서면심사 완료 후 해당업체 명단을 지방자치단체에 통보한다.

2) 영업정치 처분대상 당사자에 통보

해당 건설업체에 10~20일 정도 기간을 주고 소명자료 제출기회를 부여한다. 소명자료가 적격으로 판단되면 해당 건설회사는 영업정지 처분대상에서 제외된다(건설업 관리규정 제8장 6호 가. 참고).

3) 청문절차 진행

청문회에 참석하면 청문 위반 동기, 내용 등에 관한 질문과 답변을 기록하여 참석자의 서명을 받는데 참석자는 회사 대표 또는 임직원인 그 대리인으로 한정되며, 청문을 연기하고자 하면 2회까지 연기가 가능하다. 2개 이상의 건설업종을 보유한 회사는 위반행위 별로 해당 업종에 한하며, 일부 업종만 자본금 미달인 경우에는 회사가 선택하여 일부 업종만 처분을 받게 할 수 있다. 또한, 무혐의를 입증하기 위해 결산일 기준 진단보고서를 제출한 경우에는 구제하고 영업정지 처분을 감경받기 위해 현재 시점의 진단보고서를 제출한 경우에는 영업정지 6개월에서 아래의 감경사유를 적용하여 최대 2개월 15일 감경한다.

감경사유	기간	비고
위반행위 이후 시정완료	1개월	사전 감경
최근 3개년 이내 제재처분을 받지 않은 경우	1개월	사전 감경
영업정지 처분이후 건설업교육 8시간 이상 이수한 경우	15일	사후 감경

4) 영업정지 처분 확정통보

우편통보, 교부와 지자체 홈페이지에도 공고한다. 지자체에서 제재대상자, 처분의 내용, 근거, 사유 등을 건설산업종합정보망에 게재한다. 그러나 자본금 미달로 최근 3년 이내에 제재처분을 받은 사실이 있는 경우 영업정지가 아니라 등록말소 처분을 받는다.

5) 자본금 미달사항 보완

영업정지 처분을 받은 해당 건설회사는 영업정지 처분종료일 기준으로 하는 적격인 기업진단보고서를 종료일로부터 30일 이내 지자체에 제출하여 확인을 받아 등록말소처분을 피할 수 있다.

3. 진단기준일 및 개념

면허를 갖는 건설업체의 경우 진단기준일 재무제표로 진단시행일에 실질자본금을 갖추었는지를 점검 및 진단하여 기업진단 제출기관에 제출한다. 이 경우 각 계정과목별로 실질자산, 부실자산, 겸업자산으로 분류한다.

1) 진단기준일 : 신규등록(설립등기일), 기존법인(등록신청일이 속하는 달의 직전월 마지막 날), 추가 면허 등록(면허 신청 직전월 말일) 사업의 양수도, 분할, 분할합병, 자본금 변경시(양수도계약일, 분할 등기일, 변경 등기일), 실태조사 목적(공문을 통한 진단기준일), 개인사업자(명시적 규정 없음, 사업자등록일 또는 사업개시일 등 실제 사업영위일을 진단기준일로 설정)

2) 신설법인(개인사업자)은 법인설립등기일(사업개시일) 이후 20일 이후에 기업진단을 받아야 한다.

3) 제출기관 : 일반건설업은 건설협회 시,도지회, 전문건설업 : 시,군 구청(전문건설협회 시 · 도지회)

4) 부실자산 : 건설업체가 보유한 법적 또는 실질적으로 소유하지 않는 자산

5) 겸업자산 : 건설업체가 보유한 부실자산은 아니지만 건설업과 무관한 자산

3. 계정과목별 구체적 지침

건설업체의 진단기준일 재무제표의 순자산가액(총자산에서 총부채를 차감한 가액)을 기준으로 자산에서 다음의 계정과목 중 부실자산 및 겸업자산을 차감하여 실질자본금을 계산한다.

1) 현금(건설업 기업진단지침 제14조)

현금은 전도금과 현금성자산을 포함하며 예금을 제외한다. 현금은 현금실사와 현금출납장 등을 통해 확인한 금액만 인정하되 재무제표의 자본총계의 1%를 초과하는 현금은 부실자산으로 본다.

2) 예금(건설업 기업진단지침 제15조)

계속법인의 예금은 진단기준일을 포함한 30일 동안의 은행거래실적 평균잔액으로 평가한다. 30일 판단은 진단기준일 전후이므로 진단기준일 포함 앞뒤로 유리하게 판단하며 진단기준일 잔액을 초과할 수 없다. 만일, 진단기준일 현재 보유 실질자산을 예금으로 회수하거나 실질자산 취득 및 실질부채를 상환하는 경우 가감하여 은행거래실적 평균잔액을 계산할 수 있다.

사업연도 말 즈음 실질자본금을 충족하기 위하여 일시적으로 유가증권을 매입하는 형식을 취하는 것은, 부실자산으로 처리되므로 주의를 요구한다. 예를 들어 11월 초에 국민주택채권, 양도성예금증서를 매입 후 다음 해 2월 정도에 환매하는 방식을 실무에서 활용하는 경우가 있는데 이는 감독기관에서 재무제표 점검 후 1순위로 부실채권으로 판단하니 주의해야 한다. 또한, 진단기준일 이후 2개월 내 급격한 예금의 인출도 부실자산으로 처리될 수 있으니 원인 없는 예금인출이 되지 않도록 관리해야 한다. 신설법인의 경우 은행거래실적 평균잔액의 평가기간은 진단기준일부터 진단일 전일까지로 하되 진단기준일인 설립등기일은 법인통장이 없으므로 발기인 통장잔액을 확인하고 발기인이 자본금을 그대로 법인통장으로 이체하였는지를 확인한다.

3) 유가증권(건설업 기업진단지침 제16조)

유가증권은 보유기간과 목적에 따라 단기매매증권, 매도가능증권, 만기보유증권 및 지분법적용투자주식으로 구분되는 지분증권과 채무증권으로 구분된다. 실질자산으로 인정되는 유가증권은 특정 건설사업의 수행을 위하여 계약상 취득하는 특수목적법인의 지분증권[SPC(유동화전문회사), PFV(프로젝트금융투자회사)], 공제조합 출자금, 한국금융투자협회 회원사로부터 발급받은 잔고증명서를 제출한 유가증권이다. 특수목적법인의 지분증권은 취득원가로 평가하고 공제조합 출자금과 한국금융투자협회 유가증권은 진단기준일 현재 시가로 평가한다.

4) 매출채권과 미수금 등의 평가(건설업 기업진단지침 제17조)

매출채권(공사미수금과 분양미수금)은 계약서, 세금계산서 등에 의해 산정한다. 진행기준에 의한 매출채권

은 진행율이 적정한지를 따져야 하고 발생일로부터 2년상 경과한 매출채권 등은 부실자산으로 본다. 다만, 국가 등으로부터 받는 채권은 실질자산이고 법원판결에 의한 자산은 담보가 있고 회수가 가능한 경우에는 실질자산, 담보제공이 없는 자산은 부실자산으로 본다. 또한, 건물(부속토지 포함)으로 회수한 경우에는 그 건물은 취득한날로부터 2년간 실질자산으로 본다.

5) 재고자산(건설업 기업진단지침 제18조)

재고자산은 취득원가로 평가하되 시가가 하락한 경우에는 시가에 의한다. 원자재 등 재고자산은 보유기간이 1년 이내이고 실사 등에 의해 사업관련 자산임이 명백한 것에 한해 실질자산으로 보되 나머지 대부분은 부실자산으로 본다. 다만, 조경공사업이자 조경식재시설물공사업을 위한 수목자산, 주택, 상가 등은 진단사업과 연관성이 있고 판매용을 위한 신축용 자산은 보유기간에 관계없이 실질자산으로 본다.

6) 가지급금 및 대여금 등(건설업 기업진단지침 제19조)

가지급금 및 대여금 등은 별다른 소명절차 없이 부실자산으로 본다. 다만, 종업원 주택자금과 우리사주조합에 대한 대여금은 실재성이 확인되고 사회통념에 비추어 합리적인 경우에 한하여 실질자본으로 인정할 수 있다.

[예규 국토해양부 2011.9.26.] 질의 : 건설업에서 수주목적 공사이행지출금의 실질자산 인정여부 회신 : 공사이행을 위해 제공한 공사이행지출금은 겸업자산으로 분류

7) 선급금 등(건설업 기업진단지침 제20조)

공사 원재료 등을 매입하기 위해 선 지급한 금액으로 선급금 발생당시 계약서, 금융자료 등 증빙자료와 진단일 현재 계약이행 여부를 검토하여 실재성을 확인한 경우 선급금은 실질자산으로 본다. 다만, 1년 초과 장기선급금, 실재하지 않는 계약, 계약이 해제된 선급금 등은 부실자산으로 본다.

8) 보증금/선납세금/선급비용(건설업 기업진단지침 제21조)

① 보증금 : 임차보증금은 임대차계약서, 확정일자, 금융자료, 임대인 세무신고서 등에 의해 평가한다. 거래의 실재성이 없다고 인정되거나 임차목적물이 부동산(리스보증금 제외)이 아닌 경우, 임차부동산이 본점, 지점 또는 사업장 소재지 및 그 인접 지역이 아니거나 임직원용 주택인 경우에는 부실자산으로 판단한다. 또한, 임차보증금이 시가보다 과다한 경우 그 초과금액에 대해서도 부실자산으로 판단한다.

② 선납세금/선급비용 : 선납세금과 선급비용은 소모성 경비이므로 부실자산으로 처리한다. 다만, 법인세나 부가가치세 대급금의 경우 환급통지결정문이나 실제 환급이 완료된게 확인된 경우만 실질자본금으로 인정한다.

9) 투자자산 등(건설업 기업진단지침 제22조)

투자자산과 기타의 비유동자산은 겸업자산으로 본다.

10) 유형자산과 무형자산(건설업 기업진단지침 제23~24조)

① 유형자산 : 유형자산은 소유권 및 자산의 실재성 및 건설업과의 관련성을 종합하여 실질자산 여부를 판단한다. 등기,등록이 필요한 자산의 경우 실질적 소유권을 증빙하지 못하면 부실자산으로 처리된다. 주거용 건물, 비업무용토지, 타인에게 임대 또는 운휴 중 자산, 투자목적 유형자산, 계약일로부터

1년이 초과되었으나 소명이 불가능한 건설중인 자산 등은 겸업자산 또는 부실자산으로 본다. 유형자산의 감가상각은 회사에서 정한 방법에 의해 감가상각한 경우 인정하되 진단기준일까지 월할상각하여 반영한다. 다만, 감가상각이 안되었을 경우에는 진단기준일까지 정액법으로 감가상각비를 계상하여야 한다.

② 무형자산 : 무형자산은 진단 대상 사업과 직접 관련하여 취득한 사용수익기부자산과 산업재산권의 경우 실질자산으로 본다. 그 외의 무형자산은 부실자산으로 본다.

4. 주의사례

1) 신설법인 주의사항

신설법인이란 법인설립등기일부터 건설업 등록신청 접수일까지 90일이 경과하지 아니하고 별도의 영업실적이 없는 법인을 말한다. 신설법인의 경우 설립등기일로부터 20일 경과 후 실질자본금이 해당 면허 기준자본금 이상이 되었을 때 신청이 가능하다. 발기인대표 통장에서 인출한 후 법인통장으로 이체하지 아니하면 예금평잔이 부족할 수 있다. 이런 경우에는 기존법인의 실질자본금 진단으로 전환하여 직전월의 말일자 재무제표로 진단하여야 할 수 있다.

① 신설법인은 설립등기 후 발기인 통장에 들어있는 자본금 예치액을 법인 사업자등록증 발급 후 통장 개설시까지 유지한다.

② 신설법인은 통장개설 후 즉시 발기인 통장에서 법인통장으로 이체한다. 이 경우 진단기준일인 법인설립등기일 현재의 발기인대표 통장금액이 예금잔액에 해당하고 발기인대표 통장금액에서부터 법인통장 이체금액까지를 계속 법인에서 보유한 것으로 보아 예금평균 잔액금액에 반영하여 산정한다.

③ 신설법인의 경우 기업진단을 받을 시점까지는 영업실적이 있어서는 적용 불가하므로 주의를 요한다.

2) 양도성 예금증서 주의

자산 중 기타 제예금 중 양도성 예금증서가 등장하는 경우가 있다. 가지급금을 제거하기 위하여 컨설팅업체를 통하여 양도성 예금증서(CD)를 구입 후 기타 제예금으로 계상하였고 진단이후에 가지급금으로 계상하는 경우가 흔히 있다. 이때에는 가지급금은 인정이자를 계상하여 미수수익으로 계상되어 있는 경우가 많다. 양도성 예금증서는 실질자본금 검토에서 부실자산으로 취급되는 1순위 인데 컨설팅사는 이런 리스크를 알려주지 않는 경우가 많다.

3) 예금 평잔 주의

예금은 결산기말을 기준으로 하여 전후 30일(최대 60일)의 평균잔액이 결산기말에 계상된 예금잔액보다 같거나 많을 것을 요구한다. 예를 들어 결산기말 계상 예금액이 4억이라면 11월 1일부터 12월 31일까지 평균금액 또는 12월 31일부터 다음해 1월 31일까지의 평균 금액을 산정하여 결산기말 금액과 비교하여 미달할 경우 평균잔액을 실질자본금에 반영한다.

① 결산기말 재무제표, 특히 재무상태표는 결산기말인 12월31일 잔액이 중요하다. 결산기말 재무상태표상 금액은 재무비율에 따른 입찰, 실질자본금, 대출을 위한 신용평가, 입찰을 위한 신용평가 등 모든 부분에 관여하는 가장 중요한 날이다.

② 실질자본금을 최대화하기 위해서는 결산기말 예금잔액대비 예금평잔을 높여야 하며 이는 결산기말 30일 이전부터 예금을 넉넉히 보유하거나 결산기말 이후 30일 이상 예금을 넉넉하게 보유하여 결산기말 예금보다 예금평잔이 적어지는 경우를 막아야 한다.

③ 입찰을 위해서도 공사미수금보다는 공사미지급금이 더 적어야 하고 같은 값이면 공사미수금을 수금

하여 공사미지급을 갚아야 유동비율과 부채비율을 더 좋게 만들 수 있다. 또한, 대기업과 연관된 거래를 위해서라면 신용평가 점수, 특히 영업활동에 관한 현금흐름을 좋게 만들어야 하며 이 경우에는 외상매출금은 적극적으로 회수해야 하고 외상매입금은 적절히 유지하여야 신용평가 점수를 높게하여 영업력을 높일 수 있다.

④ 건설업 영위를 위해서는 당해연도 11월부터 항시 업체의 상황을 체크하여야 한다.

4) 투자부동산 및 대여금의 위험성

대물변제로 취득한 부동산의 경우 그 취득일로부터 2년간 실질자산으로 인정되나 경과하여 부동산을 임대하는 경우에는 겸업자산에 해당되어 실질자산으로 인정받지 못한다. 업무와 관련한 대여금이라 하더라도 현해 기준에서는 대여금은 부실자산으로 보아 실질자본금에서 제외되어야 한다. 대여금의 경우 시행사 공사 관련 대여인 경우 청문절차에서 대여금 관련 계약서, 시공계약서 및 특수조건, 신탁에서 대여금 우선변제 등 관련서류를 제출하고 업무관련성을 부각하여 실질자산으로 인정받도록 노력하여야 한다.

5. 실질자본금 심사 당부

1) 신설법인일 경우 해당면허의 기준자본금을 확인하여 기준자본금 이상의 자본금을 출자하여 설립하도록 상담하고 발기인대표가 확인한 자본금은 신설법인이 사업자등록 및 법인통장 개설 후 꼭 이관하도록 유도하여 실질자본금 이상을 유지해야 한다. 아울러 90일 이내 기업진단 실시 전까지 영업실적이 없도록 안내해야 하고 기장업체가 아닌 다른 세무사, 회계사 등을 통해 기업진단을 받아 면허를 받을 수 있도록 지원해야 한다.

2) 면허를 받은 건설업체의 경우 결산기말에 재무상태표가 중요한 점을 상기하여 11월초부터 예금 평균잔액 유지를 상담하고 12월말 예금잔액보다 결산기말 전후 30일(최대 60일)간 예금 평균잔액이 상회할 수 있도록 적극적으로 상담해야 한다.

3) 실질자본금 부족을 이유로 청문절차 등 진행시에도 업무와 관련한 서류 등을 최대한 준비하여 직접 방문하는 등 적극적으로 대응한다면 긍정적인 효과가 있을 수 있으므로 담당자에게 적극적으로 설명할 필요가 있다.

4) 입찰을 생명으로 하는 건설업체의 특성상 12월말 재무상태표상 잔액을 미리 예측하여 유동비율, 부채비율을 잘 유지하여 최적의 입찰 재무평점을 받을 수 있도록 하여야 한다.

5) 대기업을 발주처로 하고 있는 건설업체의 경우 신용평가가 중요하므로 대표이사의 과점 지분유지 및 신용도를 높일 수 있는 방안을 제고하고 현금흐름, 특히 영업현금흐름을 흑자로 유지하여 건실성을 유지하도록 하여야 한다.

출처 : 건설업체 실질자본금 적용사례고찰. 이석정세무사. 세무사전문분야포럼 2기

❻ 건설업자 영업범위 제한

1) 종합공사 시공업자

종합공사 시공업자가 전문공사만을 도급받으려는 경우에는 그 전문공사 시공업 등록을 하여야 한다. 다만, 이미 도급받아 시공하였거나 시공 중인 공사의 부대공사로서

성질상 전문공사에 해당하는 공사를 도급받는 경우와 발주자가 공사의 품질이나 시공의 능률을 높이기 위하여 필요하다고 인정한 경우에는 그러하지 아니하다.

2) 전문공사 시공업자

전문공사 시공업자가 종합공사를 도급받기 위하여는 해당 종합공사시공업 등록을 하여야 한다. 다만, 다음의 경우는 예외로 한다.

① 종합공사 시공업자가 종합적인 계획 · 관리 및 조정을 하는 공사 중 전문공사에 해당하는 부분만을 시공하는 조건으로 그 건설업자와 공동으로 도급받는 경우(주계약자관리형 공동도급)

② 전문공사와 그 부대공사를 함께 도급받는 경우

③ 2개 업종 이상의 전문공사를 시공하는 업종을 등록한 건설업자가 그 업종에 해당하는 전문공사로 구성된 복합공사를 하도급받는 경우

④ 2개 이상의 전문공사로 구성되나 종합적인 계획 · 관리 및 조정 역할이 필요하지 아니한 소규모 공사로서 국토교통부령이 정하는 공사를 해당 전문공사를 시공하는 업종을 등록한 건설업자가 도급받는 경우

⑦ 영업정지처분 등을 받은 후의 계속공사

1) 처분 전 계약체결

영업정지 · 등록말소처분(건설업등록이 효력을 잃은 경우 및 폐업신고에 의하여 등록말소된 경우도 포함)을 받은 건설업자 및 그 포괄승계인은 그 처분을 받기 전에 도급계약을 체결하였거나 허가 · 인가 등을 받아 착공한 건설공사에 대하여는 이를 계속 시공할 수 있으며 이 경우 영업정지 또는 등록말소처분을 받은 건설업자 및 그 포괄승계인은 그 처분의 내용을 지체없이 그 건설공사의 발주자에게 통지하여야 하며, 건설업자가 하수급인인 경우에는 그 처분내용을 발주자 및 수급인에게 통지하여야 한다.

2) 완성시기까지의 건설업자 간주

건설업자가 건설업 등록이 실효되거나 말소된 후 건설공사를 계속하는 경우에는 당해 공사를 완성할 때까지는 건설업자로 보며 발주자는 그 사실을 안 날부터 30일 이내에 한하여 도급계약을 해지할 수 있다.

❽ 건설공사에 관한 도급계약의 원칙

1) 대등한 입장에서 신의성실의 원칙

건설공사에 관한 도급계약(하도급계약을 포함)의 당사자는 대등한 입장에서 합의에 따라 공정하게 계약을 체결하고, 신의에 따라 성실하게 계약을 이행하여야 한다.

2) 계약서의 작성 · 보관

Chapter 04

건설공사에 관한 도급계약의 당사자는 그 계약의 체결에 있어 도급금액 · 공사기간 등 다음의 사항을 계약서에 명시하여야 하며, 서명 · 날인한 계약서를 서로 교부하여 보관하여야 한다.

- 민간공사 건산법 §22 ② 및 §99 : 건설공사에 관한 도급계약의 당사자는 계약을 체결할 때 도급금액, 공사기간, 그 밖에 대통령령으로 정하는 사항을 계약서에 분명하게 적어야 하고, 서명 또는 기명날인한 계약서를 서로 주고받아 보관하여야 한다. 이를 위반하하여 도급계약을 계약서로 체결하지 아니하거나 계약서를 교부하지 아니한 건설업자에게는 500만원 이하의 과태료를 부과한다.
- 관급공사 국가계약법 §11 ① 및 ② : 각 중앙관서의 장 또는 계약담당공무원은 계약을 체결할 때에는 계약서를 작성하여야 한다. 계약서에 기명하고 날인하거나 서명함으로써 계약이 확정된다.

① 공사내용

② 도급금액과 도급금액 중 노임에 해당하는 금액

③ 공사착수의 시기와 공사완성의 시기

④ 도급금액의 선급금이나 기성금의 지급에 관하여 약정을 한 경우에는 각각 그 지급의 시기 · 방법 및 금액

세무 Tip 도급계약서와 인지세

도급계약서는 대표적인 인지세 과세대상 문서이다. 「건설산업기본법」 제22조에 따라 작성하는 도급문서, 2. 「전기공사업법」 제12조에 따라 작성하는 도급문서, 「정보통신공사업법」 제26조에 따라 작성하는 도급문서, 「국가를 당사자로 하는 계약에 관한 법률」 제11조 또는 「지방자치단체를 당사자로 하는 계약에 관한 법률」 제14조에 따라 작성하는 도급문서, 「공공기관의 운영에 관한 법률」 제15조 또는 제39조 제3항에 따라 작성하는 도급문서, 「지방공기업법」 제64조의 2 제3항(제76조 제2항에서 준용하는 경우를 포함한다)에 따라 작성하는 도급문서 등은 모두 인지세과세대상이 된다. 인지세의 가산세는 300%로 매우 무겁지만, 2021년 이전까지는 세무조사통지서 수령 후 인지를 구매하여 처무하는 관행이 있었다.

그러나 2021년 납부지연 가산세가 기간에 따라 100~300%로 달 적용하면서 납세의무의 성립시기가 중요해졌다. 따라서 인지세는 문서작성일 이속하는 달의 다음달 10일까지 납부하여야 한다. 또한 과세문서의 경우 1통마다 해당 인지세를 납부하여야 한다(인지세법 집행기준 2-0-2 하나의 문서의 의의).

인지세 가산세의 개정은 분양계약서에서 특히 심각하였다. 기존관행으로는 입주 및 등기하는 자가 납부하였으므로 과세대상문서 작성 이후 납부하지 않는 것이 통상적이었다. 이에 따라 부동산소유권이전증서는 납부지연가산세 적용제외 대상으로 국세기본법을 개정하였다(2023년).

⑨ 건설공사의 하도급제한

1) 일괄하도급의 금지

건설업자는 당해 건설공사의 전부 또는 주요 부분의 대부분을 다른 건설업자에게 하도급할 수 없다. 다만, 도급받은 건설공사를 계획 · 관리 및 조정하면서 2인 이상에게 분할하여 하도급하는 경우는 예외로 한다.

2) 전문공사의 하도급 제한

도급받은 건설공사 중 전문공사에 해당하는 건설공사를 하도급하려 할 때에는 발주자의 서면 승낙을 받고, 그 전문공사를 시공하는 업종을 등록한 건설업자에게 하도급 하여야 한다.

3) 하수급인의 재하도급 제한

하수급인은 하도급받은 건설공사를 다른 사람에게 다시 하도급할 수 없다. 다만, 발주자의 서면승낙을 받고, 전문공사를 시공하는 종합건설업업자 하도급 받는 경우 및 전문공사의 일부를 전문공사를 시공하는 건설사업자에게 하도급할 수 있다.

⑩ 하도급대금 지급의 공정화

1) 하도급대금의 지급

수급인은 도급받은 건설공사에 대한 기성금을 받은 경우 받은 날(어음을 받을 경우 어음만기일을 말한다)로부터 15일 이내에 하수급인에게 현금으로 지급하여야 한다.

2) 하도급대금의 지급보증서 교부

수급인은 하도급 계약 시 하수급인에게 하도급대금의 지급을 보증하는 보증서를 교부하여야 한다. 건설공사의 도급계약 당사자는 하도급대금지급보증서 발급에 소요되는 금액을 당해 건설공사의 도급금액산출내역서에 명시하여야 한다(법 §34 ② · ③, 국토교통부고시 2016-921, 2016.12.19.).

제 8 절 하도급거래 공정화에 관한 법률

(약칭 : 하도급법)

1 목적

이 법은 공정한 하도급거래질서를 확립하여 원사업자(原事業者)와 수급사업자(受給事業者)가 대등한 지위에서 상호보완하며 균형 있게 발전할 수 있도록 함으로써 국민경제의 건전한 발전에 이바지함을 목적으로 한다(하도급법 제1조).

건설업 및 제조업, 서비스업 등에서 하도급거래에 의존하는 비중이 1970년대 이후 꾸준히 커지는 추세를 보였다. 예컨대, 1976년 하도급거래 비중은 19.7%에 불과하였으나, 1981년에는 34.7%로, 1999년에는 70.9%로 증가하였다. 수출주도형 경제성장정책과 이를 뒷받침하기 위한 대기업육성정책의 영향일 것이다. 이러한 경제구조 하에서 국민경제의 균형 있는 발전을 위하여는 대기업과 중소기업간의 하도급거래에 있어서 공정한 거래질서 확립이 요구된다.

이러한 점을 고려하여 하도급거래에 대해서는 독점규제및공정거래에관한법률(이하 "공정거래법"으로 약칭함) 시행 후 일찍이 경제기획원고시 제59호로 「하도급거래상의불공정거래행위지정고시」를 공포한 바 있는데, 이 고시가 시행된 이후 하도급거래와 관련한 사건수가 대폭 증가하였다. 이에 따라 규제의 실효성을 강화하기 위해서는 고시가 아니라 별도의 법률로 규제할 필요성이 높아졌고, 결국 1984년 12월 31일 법률 제3779호로 「하도급거래공정화에관한법률(이하 "하도급법"으로 약칭함)」이 제정되어 1985년 4월 1일에 시행되었다.

❷ 적용대상

도급이란 당사자 일방(수급인)이 상대방의 위탁에 의하여 어느 일을 완성하고 그 일의 완성에 대한 보수를 지급받기로 약정하는 거래형태이다(민법 제664조 참조). 하도급이란 도급계약에 따른 재도급을 의미하는 것으로 도급받은 수급인이 다시 그 도급내용의 전부 또는 일부를 다른 수급인(하수급인)에게 다시 도급하는 거래형태를 의미한다. 그러나 하도급법상 하도급은 반드시 원도급거래를 전제로 하는 것은 아니며, 건설공사에서 자체공사처럼 발주자인 동시에 원사업자인 경우도 있을 수 있다. 즉, 형식상 (원)도급관계로 보이지만 도급인이 자신이 직접 제조, 수리, 시공할 수 있음에도 불구하고 다른 사업자에게 그 중 일부나 전부를 위탁하는 경우에는 하도급법상 하도급거래에 해당할 수 있는 것이다.

하도급법에서 정한 하도급이란 원사업자가 수급사업자에게 제조위탁(가공위탁을 포함한다. 이하 같다) · 수리위탁 · 건설위탁 또는 용역위탁을 하거나 원사업자가 다른 사업자로부터 제조위탁 · 수리위탁 · 건설위탁 또는 용역위탁을 받은 것을 수급사업자에게 다시 위탁한 경우, 그 위탁(이하 "제조등의 위탁"이라 한다)을 받은 수급사업자가 위탁받은 것(이하 "목적물등"이라 한다)을 제조 · 수리 · 시공하거나 용역수행하여 원사업자에게 납품 · 인도 또는 제공(이하 "납품등"이라 한다)하고 그 대가(이하 "하도급대금"이라 한다)를 받는 행위를 말한다."고 규정하고 있다(법 제2조 제1항).

1) 원사업자

중소기업이 아닌 자(상호출자제한기업 계열사를 포함한다)와 직전사업연도 매출액, 시공능력평가액, 자산총액이 수급사업자보다 많은 중소기업을 말한다.

소기업자 중 직전 사업연도의 연간매출액이 제조등의 위탁을 받은 다른 중소기업자의 연간매출액보다 많은 중소기업자로서 그 다른 중소기업자에게 제조등의 위탁을 한 자는 원사업자가 될 수 있다.

여기서 연간매출액은 관계 법률에 따라 시공능력평가액을 적용받는 거래의 경우에는 하도급계약 체결 당시 공시된 시공능력평가액의 합계액(가장 최근에 공시된 것을 말한다)을 말하고, 연간매출액이나 시공능력평가액이 없는 경우에는 자산총액을 말한다. "연간매출액" 하도급계약을 체결하는 사업연도의 직전 사업연도의 손익계산서에 표시된 매출액으로 한다. 다만, 직전 사업연도 중에 사업을 시작한 경우에는 직전 사업연도의 매출액을 1년으로 환산한 금액으로 하며, 해당 사업연도에 사업을 시작한 경우에는 사업 시작일부터 하도급계약 체결일까지의 매출액을 1년으로 환산한 금액으로 한다(시행령 제2조 제1항).

"자산총액"은 하도급계약을 체결하는 사업연도의 직전 사업연도 종료일 현재의 대차대조표에 표시된 자산총액으로 한다. 다만, 해당 사업연도에 사업을 시작한 경우에는 사업시작일 현재의 대차대조표에 표시된 자산총액으로 한다(시행령 제2조 제2항).

① **상시종업원수** : 원천징수이행상황신고서상 12월말 근로소득 간이세액란의 총인원

② **연간매출액, 자산총액** : 하도급계약 체결시점의 직전사업연도 매출, 자산총액

③ **시공능력평가액** : 하도급계약 체결당시 공시된 시공능력평가액

중소기업자라 하더라도 일정한 규모 이의 연간매출액을 보유한 중소기업자는 제외된다. 시행령은 다음 각 호에 해당하는 자를 원사업자에서 제외하고 있다.

① **제조위탁 · 수리위탁의 경우** : 연간매출액이 20억원 미만인 중소기업자

② **건설위탁의 경우** : 시공능력평가액이 30억원 미만인 중소기업자

③ **용역위탁의 경우** : 연간매출액이 10억원 미만인 중소기업자

2) 수급사업자

"수급사업자"란 원사업자로부터 제조 등의 위탁을 받은 중소기업자✎를 말한다.

✎ 중소기업기본법 제2조 제1항에서 정한 중소기업자이란 소유와 경영의 실질적으로 독립되어 있고, 업종별로 매출액 또는 자산총액이 대통령령으로 정하는 기준에 맞는 기업을 영위하는 자이다.

사업자(A)가 계열회사(B)에 제조 등의 위탁을 하고 그 계열회사(B)가 위탁받은 제조 · 수리 · 시공 또는 용역수행행위의 전부 또는 상당 부분을 제3자(C)에게 다시 위탁한 경우, 그 계열회사(B)가 하도급법 제2조 제2항 각 호의 원사업자 요건 어느 하나에 해당하지 아니하더라도, 제3자(C)가 그 계열회사에 위탁을 한 사업자(A)로부터 직접 제조등의 위탁을 받는 것으로 하면, 원사업자로부터 제조위탁을 받는 중소기업자 등에 해당하는 경우에는, 그 계열회사(B)와 제3자(C)를 각각 이 법에 따른 원사업자와 수급사업자로 본다.

이는 원사업자가 하도급법 적용대상이 되지 않는 계열회사를 도관(conduit)으로 이용하여 하도급법 적용을 회피하는 것을 금지하기 위해 마련된 규정이다.

❸ 선급금의 지급의무

수급사업자에게 제조 등의 위탁을 한 원사업자가 발주자로부터 선급금을 받은 경우 수급사업자가 제조 · 수리 · 시공 또는 용역수행을 시작할 수 있도록 그가 받은 선급금의 내용과 비율에 따라 선급금을 받은 날부터 15일 이내에 선급금을 수급사업자에게 지급(법 §6 ①)하여야 하며, 원사업자가 발주자로부터 받은 선급금을 기한이 지난 후에 지급하는

경우에는 그 초과기간에 대하여 연 100분의 40 이내에서 공정거래위원회가 정한 이율에 따른 이자를 지급하여야 한다(법 §6 ②).

① 원사업자가 발주자로부터 선급금을 받은 경우에는 그가 받은 선급금의 내용과 비율에 따라 선급금을 받은 날부터 15일 이내에 선급금을 수급사업자에게 지급하여야 한다(본조 제1항).

② 원사업자가 발주자로부터 받은 선급금을 15일이 지난 후에 지급한 경우 그 초과기간에 대하여 공정위의 「선급금 등 지연지급 시의 지연이율 고시」(2015. 6. 30. 공정위 고시 제2015-4호로 개정된 것)에 고시된 연 15.5%의 이자율에 따른 이자도 지급해야 한다(본조 제2항).

③ 원사업자가 발주자로부터 선급금을 어음 또는 어음대체결제수단을 이용하여 지급하는 경우 어음할인료 · 수수료의 지급 및 어음할인율 · 수수료율에 관하여 법 제13조 제6항 · 제7항 · 제9항 및 제10항이 준용되므로(본조 제3항), ⓐ 어음의 경우 「어음에 의한 하도급대금 지급시의 할인율 고시」(2012.8.20. 공정위 고시 제2012-40호로 개정된 것)에 고시된 연 7.5%의 수수료율이 적용되고, ⓑ 어음대체결제수단의 경우 공정위의 「어음대체결제수단에 의한 하도급대금 지급시의 수수료율 고시」(2012.8.20. 공정위 고시 제2012-41호로 개정된 것)에 고시된 연 7%의 수수료율이 적용되는데 다만 법률에 근거하여 설립된 금융기관과 원사업자가 체결한 약정상 어음대체결제수단의 수수료율이 위 수수료율보다 높은 경우에는 원사업자가 금융기관과 체결한 약정상의 수수료율이 적용된다.

❹ 대금지급기일 준수

원사업자가 수급사업자에게 건설을 위탁하는 경우에는 인수일부터 60일 이내의 짧은 기한으로 정한 지급기일까지 하도급대금을 지급하여야 한다. 그러나 지급기일이 목적물의 수령일부터 60일이 넘더라도 그것이 원사업자와 수급사업자가 대등한 지위에서 지급기일을 정한 것으로 인정되는 경우와 당해 업종의 특수성과 경제여건에 비추어 그 지급기일이 정당한 것으로 인정되는 경우에는 그러하지 아니하다(법 §13 ①).

① 하도급대금 지급 시 기산점이 되는 목적물의 수령일은 제조 · 수리위탁의 경우에는 원사업자가 수급사업자로부터 목적물의 납품을 받은 날, 건설위탁의 경우에는 원사업자가 수급사업자로부터 준공 또는 기성부분의 통지를 받고 검사를 완료한 날(법 제8조 제2항 단서의 규정에 의한 목적물의 인수일)을 말한다.

② 다만, 납품이 빈번하여 상호 합의하에 월 1회 이상 세금계산서를 발행하도록 정하고 있는 경우에는 일괄 마감하는 날(세금계산서 발행일)을 말한다.

❺ 하도급대금의 어음할인 이자지급

원사업자가 하도급대금을 어음으로 지급하는 경우에 그 어음은 법률에 근거하여 설립된 금융기관에서 할인이 가능한 것이어야 하며, 어음을 교부한 날부터 어음의 만기일까지의 기간에 대한 할인료를 어음을 교부하는 날에 수급사업자에게 지급하여야 한다. 다만, 목적물 등의 수령일부터 60일 이내에 어음을 교부하는 경우에는 목적물 등의 수령일부터 60일이 지난 날 이후부터 어음의 만기일까지의 기간에 대한 할인료를 목적물 등의 수령일부터 60일 이내에 수급사업자에게 지급하여야 한다(법 §13 ⑥).

또한 초과기간에 대한 이자율에 의한 이자계산은 그 초과기간에 대하여 연 100분의 40 이내의 범위에서 은행법에 의한 금융기관이 적용하는 연체금리 등 경제사정을 고려하여 공정거래위원회가 정하는 이자율에 의한 계산을 한다(법 §13 ⑧).

1) 어음지급시 할인료 수수료 이자지급의무

① **어음할인료 지급의무**(본조 제6항 · 제9항)

어음할인료 관련하여 어음에 의한 하도급대금 지급시의 할인율 고시(공정거래위원회 고시 제2012-40호)는 원사업자가 본조 제6항에 따라 하도급대금을 어음으로 교부하는 경우, 원사업자가 부담하여야 할 할인료에 적용되는 할인율을 연 7.5%로 규정하고 있다.

② **어음대체결제수수료 지급의무**(본조 제7항 · 제10항)

어음대체결제수단에 의한 하도급대금 지급시의 수수료율 고시(공정거래위원회 고시 2012-41호)는 원사업자가 본조 제7항에 따라 하도급대금을 어음대체결제수단으로 지급하는 경우, 원사업자가 부담하여야 할 수수료에 적용되는 수수료율을 연 7%로 규정하고 있다. 다만 법률에 근거하여 설립된 금융기관과 원사업자가 체결한 약정상 어음대체결제수단의 수수료율이 위 수수료율보다 높은 경우에는 원사업자가 금융기관과 체결한 약정상의 수수료율로 한다.

③ 지연이자 지급의무(본조 제8항)

선급금 지연지급 시의 지연이율 고시(공정거래위원회 고시 2015-4호)는 본조 제8항의 규정에 의하여 하도급대금을 지연 지급하는 경우 적용되는 지연이율을 연리 15.5%로 규정하고 있다.

2) 하도급대금의 대물변제 금지

원사업자는 수급사업자의 의사에 반하여 하도급대금을 물품으로 지급하여서는 아니된다(법 §17). 하도급법 제17조가 규정하고 있는 부당한 대물변제의 금지는 도급계약 조건여부에 관계없이 수급사업자의 의사에 반하여 하도급대금을 물품으로 지급하면 안된다는 규정이다. 따라서 본호의 위반행위가 성립하기 위해서는 수급사업자의 의사에 반하여 하도급대금을 물품으로 지급하는 행위가 있어야 한다. 대법원은 "하도급거래공정화에관한법률 제17조는 '의사에 반하여' 하도급대금을 물품으로 지급하는 것을 금지하고 있는바, 하도급거래공정화에관한법률의 제정취지가 하도급거래에 있어서 원사업자의 부당한 행위를 억제하고 수급사업자의 열위(劣位)적 지위를 보완하여 하도급거래가 상호보완적인 협조관계에서 이루어지도록 유도하려는 데 있음에 비추어 볼 때 열위적 지위에 있는 수급사업자가 원하지 않음에도 원사업자의 의사에 따라 하도급대금을 물품으로 지급하는 것에 동의 또는 승낙하는 경우에는 '의사에 반하여' 지급한 것에 해당한다고 할 것이고 다만, 그 경우 무효 또는 취소할 수 있는 정도의 강박에 의한 것임을 요하는 것은 아니라고 할 것이나, 당초부터 하도급대금을 물품으로 지급하는 것을 전제로 하여 하도급계약을 체결하는 것이 사적자치의 원칙상 금지되는 것은 아니고, 이러한 경우까지 하도급대금을 약정한 물품으로 지급하는 것이 '원사업자의 부당한 대물변제'에 해당하여 금지되는 것이라고는 할 수 없다"고 판시하였는바(대법원 2003. 5. 16. 선고 2001다27470 판결), 수급사업자의 의사에 반하는지 여부를 실질적으로 판단하는 입장인 것으로 이해된다.

건설 Tip 원사업자의 상계주장 가능 여부

원사업자가 수급사업자의 불법행위, 제품의 하자 등을 이유로 상계를 주장하여 하도급대금의 지급을 거절하거나 감액이 가능한지 여부인데 일단 기본적으로 원사업자의 손해배상채권이 재판 등을 통하여 확정되거나 원사업자와 수급사업자 간에 합의로 상계를 하는 경우가 아니면 본조나 동법 제11조의 감액행위에 해당될 가능성이 있다.

① 원사업자의 수급사업자에 대한 손해배상채권과 하도급대금채무와의 상계시 원사업자가 하도급법 위반이 아니라고 주장할 수 있는지 여부라 할 수 있다.

② 법적으로 대금지급기한(60일) 내에 상계권이 행사되면 대금채무가 소멸하기 때문에 하도급법 제13조 제1항에 위반되지 아니한다. 그러나 대금지급기한(60일) 후에 상계권이 행사되면 일단 하도급법 제13조 제1항 위반은 성립하고, 대신 상계에 따라 하도급대금의 미지급이라는 위반행위의 결과가 더 이상 존재하지 않으므로 시정명령(지급명령)을 할 여지가 없을 뿐이다(대법원 2002. 11. 26. 선고 2001두3099 판결 참조).

③ 그러나 상계의 유효성에 대해 다툼이 있는 경우에는 위 논리가 적용되기 어려울 수 있다. 대법원은 특단의 사정이 없는 한 공정위는 원사업자가 대금지급기일에 하도급대금의 지급을 거절하거나 그 지급을 미루고 있는 사실 자체에 의하여 법 위반행위가 있는지 여부를 판단하면 되는 것이고, 그 지급을 거절하거나 미룰 만한 상당한 이유가 있는지 여부까지 판단할 필요는 없다고 보고 있으며(대법원 1995. 6. 16. 선고 94누10320 판결), 공정위 실무는 위 판례를 근거로 상계의 효력에 대해 다툼이 있는 경우 하도급대금 미지급이 있다고 보아 하도급법 위반으로 의결하고 있기 때문이다(공정위 2014. 10. 29. 자 2013서건1259 의결, 공정위 2008. 3. 3. 자 2007서제1516 의결).

❻ 부당감액의 금지 등

원사업자는 수급사업자에게 책임 있는 사유가 없는 한 하도급대금을 부당하게 감액하여서는 아니된다(법 §11).

2011년 하도급법 개정시 법 제11조 제3항이 신설되었는데, 당시 불공정 하도급거래를 방지하기 위하여는 서면교부의무를 강화할 필요가 있다는 취지가 감액금지 규정에도 반영된 것이다. 서면교부의무는 사전에 원사업자의 횡포를 억제하는 효과와 함께, 수급사업자가 사후에 피해구제를 용이하게 받을 수 있도록 하는 목적도 갖고 있다. 따라서 원사업자가 정당한 사유가 있는 경우 하도급대금을 감액할 수 있지만, 이를 서면에 의하도록 하여 수급사업자의 이익을 보호하고자 한다.

서면 기재사항은 대통령령에 위임되어 있고, 시행령 제7조의 2(하도급대금 감액 시 서면기재사항)에서는 감액사유와 그 기준, 감액대상이 되는 목적물등의 물량, 공제 등 감액방법, 그 밖에 원사업자의 감액이 정당함을 입증할 수 있는 사항 등을 기재하도록 규정하고 있다.

❼ 하도급대금의 직접지급

발주자는 하도급거래공정화에관한법률 제14조 제1항에 해당하는 사유가 발생하는 경우 수급사업자가 시공한 부분에 상당하는 하도급대금의 직접 지급을 요청한 때에는 해당 수급사업자에게 직접 지급하여야 한다.

1) 직접청구권의 취지

하도급계약은 도급계약과는 별개이므로 수급사업자는 발주자에 대하여 직접 권리 · 의무를 갖지 않는 것이 원칙이다. 그러나 하도급법 등은 원사업자의 지급불능, 지급지체 등의 사유로 수급사업자가 대금을 지급받지 못함으로써 연쇄 도산의 위험에 처하는 것을 방지하기 위하여, 수급사업자가 발주자에게 하도급대금을 직접 청구할 수 있는 권리를 부여하고 있다. 이는 계약의 상대적 효력(la relativité des conventions)에 대한 예외로서 특별히 보호가치 있다고 인정하는 채권자에게 법이 인정하는 권리이다.

수급사업자는 하도급계약의 당사자인 원사업자로부터 하도급공사대금을 지급받게 되지만, 하도급 거래의 구조상 수급사업자의 자재와 비용으로 완성된 물품 등에 대한 궁극적인 이익을 발주자가 보유하게 되므로 원사업자의 발주자에 대한 공사대금채권은 수급사업자의 원사업자에 대한 하도급대금채권과 밀접한 상호관련성이 있어 원사업자의 발주자에 대한 공사대금채권 중 수급사업자의 원사업자에 대한 하도급대금채권액에 상당하는 부분에 관해서 원사업자의 일반채권자들보다 수급사업자를 우대할 필요가 있다(대법원 2007. 6. 28. 선고 2007다17758 판결 등 참조).

2) 하도급대금 직접청구권 행사 요건

① 원사업자의 지급불능(하도급법 제14조 제1항 제1호)

원사업자가 하도급대금을 지급할 수 없게 된 경우, 즉 지급불능이란 가령 원사업자에 대한채무회생절차의 개시, 당좌거래중지 내지 부도의 경우와 같이 원사업자가 변제능력이 부족하여 즉시 변제하여야 할 채무를 일반적 · 계속적으로 변제할 수 없는 객관적 상태에 처한 경우를 의미한다(대법원 2009. 3. 12. 선고 2008다65839 판결). 원사업자의 파산으로 발생한 발주자의 하도급대금 직접지급의무는 그 이후 파산폐지결정이 있더라도 소멸하지 않는다(대법원 2005. 7. 28. 선고 2004다64050 판결). 원사업자에 대하여 구 회사정리법상의 회생절차가 개시된 경우, '정리채권에 관하여는 정리절차에 의하지 아니하고 변제하거나 변제받거나 기타 이를 소멸하게 할 행위를 하지 못한다'고 정한 구 회사정리법 제112조의 규정에 의하여 하도급법 제14조의 적용이 배제되어야 한다고 볼 수 없다(대법원 2007. 6. 28. 선고 2007다17758 판결). 즉 대법원은 회생절차가 개시된 경우 또한 위 지급불능 사유에 해당하는 것으로 보고 있는 것이다.

② **직접지급 합의**(하도급법 제14조 제1항 제2호)

3자간 직접지급 합의는 묵시적, 순차적으로도 가능하다. 그리고 법령의 규정상 위 합의에 의하여 도급대금 지급채무와 하도급대금 지급채무가 그 범위에서 소멸하기 때문에 수급사업자의 직접지급청구권만 인정하고 원사업자의 발주자에 대한 대금지급청구권을 배제하는 '배타형 합의'로 보아야 할 것이다. 다만, 사적 자치의 원칙상 배타형 합의가 아니라 원사업자의 대금지급청구권도 수급사업자의 권리와 함께 존속하는 '병존형 합의'를 하는 것도 가능하다. 판례는 원사업자가 수급사업자와 하도급대금 직접지급 합의를 하고 그 합의서를 발주자에게 제출하였는데 발주자가 이러한 직접지급 합의서를 제출받고도 상당 기간 동안 이의를 제기하지 않는 등의 사정이 있는 경우, 제출받은 날에 3자간의 직접지급 합의가 묵시적으로 성립한다는 입장이다.

Chapter 04

③ **원사업자의 2회분 이상 대금지급지체**(하도급법 제14조 제1항 제3호)

공정위 실무는 미지급 하도급 기성금 총액이 2회의 기성분에 해당할 때를 의미하는 것으로 보고 있다.

④ **지급보증 불이행**(하도급법 제14조 제1항 제4호)

수급사업자의 공사대금채권을 보장하는 방법은 크게 직접지급제도와 지급보증제도로 구분할 수 있는데, 직접지급 합의가 있는 경우에는 원사업자의 지급보증의무를 면제하고 있다(하도급법 제13조의2 및 같은 법 시행령 제3조의3 제1항 제3호). 직접지급 합의가 있으면 원사업자는 지급보증을 하지 않아도 되고, 반대로 지급보증을 이행하지 않은 경우에는 직접청구권이 인정되는 것이다(하도급법 제14조 제1항 제2호). 그렇다면 원사업자가 대금지급보증을 이행하였으나 하도급법 제14조 제1항의 다른 사유가 발생한 경우, 직접지급의무가 발생하지 않거나 혹은 보증기관에 먼저 대금을 청구해야 하는가 하는 의문이 들 수 있다. 대법원 2007. 6. 28. 선고 2007다17758 판결의 원심은 "수급사업자의 직접청구권은 하도급법 제14조 제1항 각호에서 정하고 있는 어느 하나의 사유에 해당하면 발생하는 것임은 법문상 명백하므로, 위 조항 제4호의 요건이 결여되었다고 하여 바로 직접청구권이 소멸한다고 볼 수는 없다. 또한 원사업자가 수급사업자에게 지급보증의무를 이행하였다고 하여 수급사업자가 건설공제조합에게 먼저 보증금을 청구하여야 한다고 볼 근거도 없다"고 판결하였고, 대법원은 발주자의 상고를 기각하여 원심을 지지하였다. 대법원은 직접청구권이 지급보증에 대하여 보충적인 관계에 있는 것은 아니라고 판단한 것이다.

제 4 장 건 설 업 과 법 무

제 9 절

국가를 당사자로 하는 계약에 관한 법률

(약칭 : 국가계약법)

1 목적과 취지

정부조달계약은 1961. 12. 19. 제정된 구 「예산회계법」에 포함되어 예산과 회계의 한 부분으로 조율되어 왔으나, 1993년 WTO의 출범과 함께 1997. 1. 1.부터 WTO 정부조달협정이 우리나라에 발효되게 됨에 따라 정부조달계약에 관한 별도의 독립된 법령체계를 갖추어 시장개방에 대비하는 것이 필요하다는 인식을 가지게 되었다. 이에 정부는 1995. 1. 5. 구 「예산회계법」 계약편을 분리하여 「국가를 당사자로 하는 계약에 관한 법률」을 제정(이하 "국가계약법" 또는 "법"이라 한다)하였다.

1) 목적과 적용범위

국가계약법은 국가를 당사자로 하는 계약에 관한 기본적인 사항을 정함으로써 계약업무를 원활하게 수행할 수 있도록 함을 목적으로 한다(국가계약법 제1조). 이 법은 국제입찰에 따른 정부조달계약과 국가가 대한민국 국민을 계약상대자로 하여 체결하는 계약[세입(歲入)의 원인이 되는 계약을 포함한다] 등 국가를 당사자로 하는 계약에 대하여 적용한다(국가계약법 제2조).

국가계약법은 중앙관서에 의할 조달계약, 즉 정부조달계약에 적용되는 법이다. 현재 우리나라에는 주요기관별 계약사무에 관한 법령이 있다. 지방자치단체의 경우 「지방자치단체를 당사자로 하는 계약에 관한 법률(이하 "지방계약법"이라 한다)」, 공공기관의 경우 「공공기관의 운영에 관한 법률」, 지방공기업의 경우 「지방공기업법」 등이 그에 해당한다.

한편, 국가계약법 또는 지방계약법 등은 국가(지방자치단체)부담이 되는 입찰 및 계약은 물론 세입의 원인되는 입찰 및 계약도 그 적용대상으로 하고 있다. 하지만 국가(지방자치단체) 소유재산의 사용 및 처분 등과 관련해서는 정부 자산 관련해서는 「국유재산법」·「물품관리법」·「군수품관리법」이 있고, 지방자치단체 관련해서는 「공유재산 및 물품관리법」이 있다.

「국유재산법」부동산과 지식재산권을, 「물품관리법」 동산을, 「군수품관리법」은 "국방관서"(국방부 및 그 직할기관, 합동참모본부)와 "각군"(육군 · 해군 · 공군)에서 관리하는 물품(동산)을 각 적용대상으로 한다.

Chapter 04

광의의 공공조달계약에는 민간자본으로 사회기반시설사업을 시행하는 민간투자사업이 포함될 수 있을 것이다. 위 민간투자사업과 관련해서는 「사회기반시설에 대한 민간투자법」이 제정, 시행되고 있다. 민간투자사업(민간투자법)과 정부재정사업(국가계약법)은 공법적 특수성(공공의 필요와 종국적인 공적 부담)이라는 공통점을 가지고 있지만 양 사업은 재원, 방법 및 절차에 있어 현저한 차이가 있다. 특히, 발주기관의 입찰 및 계약 등과 관련하여 정부재정사업의 경우 기본적으로 사법(私法)상 원칙이 적용되고 있으나, 민간투자사업의 경우 행정계획, 행정처분 및 공법(公法)상 계약으로 분류되고 있다.

2) 사법상 법률행위

일반적으로 계약이란 일정한 법률효과의 발생을 목적으로 서로 반대방향의 의사의 합치에 의하여 성립되는 법률행위를 의미하며, 국가계약의 경우, 국가기관이 사인의 지위에서 사경제주체로서 행하는 사법상의 법률행위를 의미한다. 따라서 국가계약도 사법상의 계약이므로 계약자유의 원칙, 신의성실의 원칙, 사정변경의 원칙과 권리남용금지의 원칙 등 계약에 관한 민법상의 일반적 법원칙이 적용된다.

❷ 계약의 특성

국가계약은 비록 국가기관이 사경제주체로서 행하는 계약이기는 하지만, 개인의 이익을 추구하는 일반적 계약과 달리 공공재의 생산 또는 공공복리의 추구라는 목적 달성과 계약담당공무원의 자의적 집행을 방지하고자 민법 등과 달리 별도의 계약관련 절차규정을 운영한다.

1) 계약의 절차

국가계약법령은 기본적으로 절차와 기준에 관한 법령으로 볼 수 있다. 즉 정부조달계약의 방법 결정에서부터 입찰 → 계약체결 → 계약이행 → 계약완료 → 사후관리 및 부정당제재에 이르기까지의 일련의 과정에 대하여 구체적인 방법, 기준 및 절차를 규정하고 있다.

■ 정부조달계약의 일반적 절차 요약도 ■

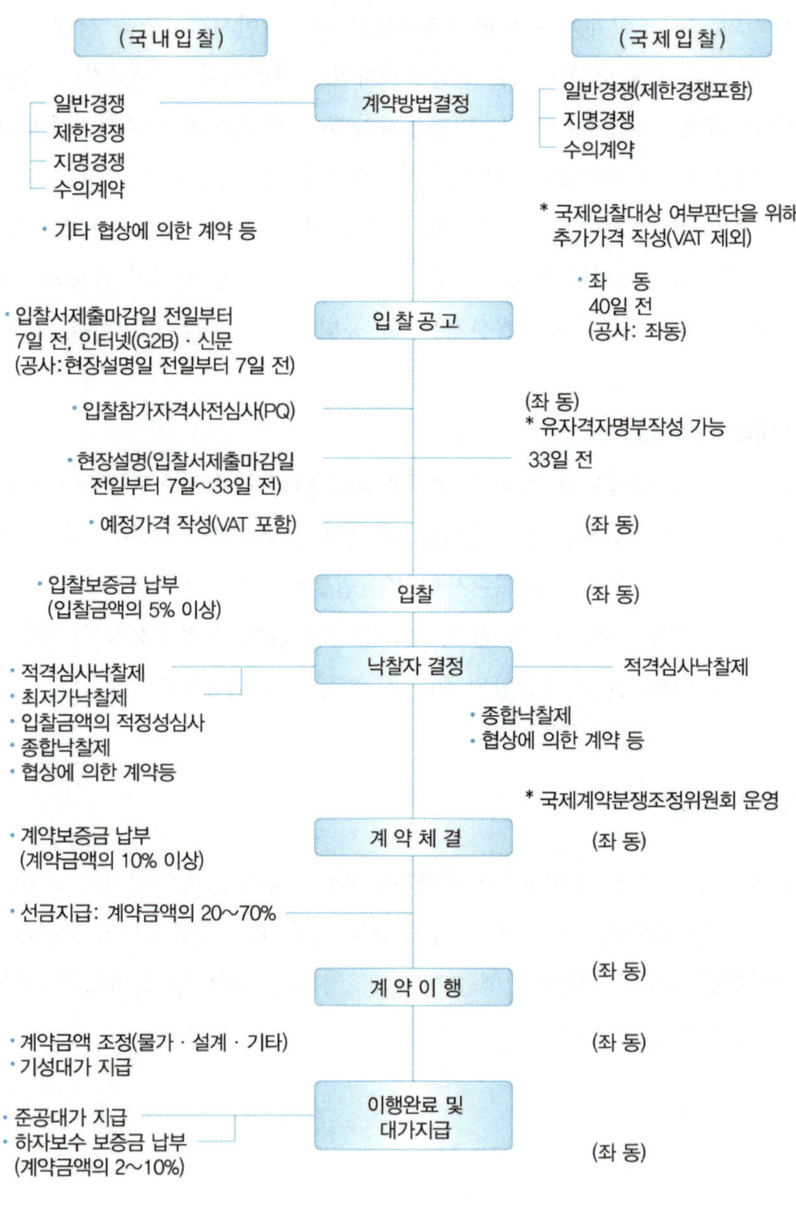

2) 계약의 형태

정부조달계약은 계약목적물, 계약체결형태 및 계약체결방법 등에 따라 다양하게 분류될 수 있다. 정부조달계약의 종류를 요약하면 아래 표와 같다.

■ 정부조달계약의 종류 ■

계약목적물별	계약체결형태별	계약체결방법별
• 공사계약 –건설공사 –전기공사 –정보통신공사 등 (건설사업관리용역계약) • 물품제조 · 구매계약 • 용역계약	• 확정계약, 개산계약 • 총액계약, 단가계약 • 장기계속계약, 계속비계약, 일반계약 • 기타 –종합계약 –사후원가검토조건부계약 –회계연도 개시전의 계약 –공동계약	• 경쟁입찰계약 –일반경쟁입찰계약 –제한경쟁입찰계약 –지명경쟁입찰계약 • 수의계약 • 기타 –희망수량경쟁입찰 (지역분할경쟁입찰) –2단계경쟁/분리동시입찰 –일괄입찰/내역입찰 –유사물품 복수경쟁

Chapter 04

① 장기계속계약

수년간 계속하여 존속할 필요가 있는 공사의 계약

② 개산계약

개발시제품의 제조계약, 시험 · 조사 연구용역계약 등 미리 계약금액을 확정할 수 없을 경우의 계약

③ 공동계약

건설업의 균형발전을 위하여 하나의 공사를 여러 건설업자가 맡아 공사하는 계약형태로서, 즉 대규모공사 또는 특수한 기술이나 경험을 필요로 하는 공사를 도급받고자 하나, 1개의 건설사로 그 요건을 충족하지 못한 관계로 여러 특수기술 · 경험을 가진 건설업자가 결합하여 공사를 계약하는 형태를 말한다.

구 분	내 역
공동이행방식	공동수급체가 자금을 공동으로 지출하여 계약목적물의 공사를 공동으로 수행하는 계약형태
분담이행방식	공동수급체가 각 수급체의 계약목적물을 분할하여 각자 그 분담부분만 자기책임하에 공사를 수행하는 계약형태
주계약자 관리방식	공동수급체의 구성원 중 주계약자를 선정하고, 주계약자가 전체 건설공사 계약의 수행에 관하여 종합적인 계획 · 관리 및 조정을 하는 공동계약

❸ 공사대가의 지급

계약상대자가 계약이행을 완료하고 검사에 합격한 때에는 대가지급청구서(하수급인, 자재 · 장비업자 및 하수급인의 자재 · 장비업자에 대한 대금지급계획을 첨부하여야 한다)를 제출하는 등 소정절차에 따라 대가를 청구할 수 있고, 계약담당공무원은 대가지급 청구를 받은 날부터 5일 이내에 이를 지급하여야 한다(법 제15조 제1항, 영 제58조 제1항 전문). 다만, 국제관례 등 부득이한 사유가 있다고 인정되는 경우에는 검사 또는 검사조서 작성 전에 대가를 지급할 수 있으며(법 제15조 제1항 단서), 계약당사자 간에 합의하여 5일 범위에서 대가의 지급기한을 연장하는 특약을 정할 수도 있다(영 제58조 제1항 후문). 한편, 천재 · 지변 등 불가항력적인 사유로 인하여 대가를 지급할 수 없게 된 경우에는 당해 사유가 존속되는 기간과 당해 사유가 소멸된 날로부터 3일까지는 대가의 지급을 연장할 수 있다(「공사계약일반조건」 제40조 제4항, 「용역계약일반조건」 제27조 제4항, 「물품구매(제조)계약일반조건」 제22조 제4항). 위 기간을 산정하는 경우 공휴일 및 토요일은 제외한다.

계약당사자가 국가계약법에 의한 하도급계약을 체결한 후 그 계약상의 의무이행을 완료하면 국가는 검사절차를 걸쳐 이행대가에 대한 금액을 지급하는데 이를 기성대가(공사완성) 또는 준공대가로 구분된다.

1) 기성대가

계약당사자는 적어도 30일마다 기성검사를 받아 공사감독관을 경유하여 발주기관에 제출하고 발주기관은 그 청구를 받는 날부터 5일 이내에 지급하여야 한다.

2) 준공대가

계약당사자는 공사를 완료한 후 공사완성검사를 받아 공사감독관을 경유하여 발주기관에 제출하고, 발주기관은 14일 이내에 지급하여야 한다.

3) 공사선금

공사 · 제조 · 용역계약대가의 경비로서 그 성질상 미리 지급하거나, 지급하지 아니하면 사업에 지장을 초래할 우려가 있는 경우 지급하는 선급금이다.

건설 Tip 기성금 지급의 사례

▶ **공사기성금의 지급에 대하여** (회제125-1771, 1991. 7. 18)

장기계속공사계약은 예산회계법 시행령 제71조 제2항(현행 국가계약법 시행령 제69조)의 규정에 의하여 총공사금액을 부기하고 당해 연도 예산의 범위 안에서 당해 연도 중 이행할 부분에 대하여 계약을 체결하게 되므로 매년의 계약을 하나의 독립된 계약으로 보아야 함. 따라서, 대가의 지급도 계약서 설계시 기타 관계 서류에 의하여 당해 연도 계약이행에 대한 검사를 완료한 후 계약상대자의 청구에 따라 지급하는 것임.

▶ **납세완납증명서 미제출한 경우 대가지급방법**(회계제도과-369, 2004. 12. 26)

국가기관이 체결한 계약에서 국가계약법 시행령 제58조의 규정에 따라 대가를 지급받고자 하는 계약상대자는 국세징수법 제5조의 규정에 의하여 납세증명서를 제출하여야 하는바, 계약상대자가 동 국세징수법령에 의한 납세증명서 제출의 예외에 해당되지 않는 경우라면 동 납세증명서를 제출하지 않는 계약상대자에게 대가를 지급할 수는 없는 것이며, 또한 국고금관리법 제23조의 규정에 의하여 지출관은 채권자를 수취인으로 하는 경우 외에는 지출할 수 없도록 규정하고 있으므로 동 대가를 보관금으로 예탁할 수는 없는 것임.

▶ **대가지급시 하자보수보증금 공제**(회계45107-449, 1996. 3. 11)

국가기관이 시행하는 공사계약에 있어 계약상대자는 하자보수보증금을 당해 공사의 대가를 지급할 때까지 납부하여야 하는 것이며(현행 국가계약법 시행령 제62조 제2항), 부도 등의 사유로 하자보수보증금을 납부할 수 없는 경우 계약담당공무원은 하자보수보증금을 공제한 후 대가를 지급하여야 하는 것임.

▶ **공동도급계약 대가지급관련**(회제41301-747, 2003. 6. 16)

국가기관이 공동도급방식으로 체결한 계약에 있어서 선금 및 기성대가의 청구는 공동계약운용요령 제11조의 규정에 의하여 공동수급체 구성원별로 구분 기재된 신청서를 공동수급체 대표자가 제출하여야 하는 바, 공동수급체 구성원 중 일부구성원의 불가피한 사정으로 인하여 동 구성원에 대한 선금 및 기성대가는 추후 청구키로 합의하고 동 구성원을 제외한 구성원의 신청내용을 구분 기재한 선금 및 기성대가 지급신청서를 대표사가 제출하였다면 신청된 구성원에 대한 선금 및 기성대가의 지급이 가능함.

▶ **현장에 반입되어 검사가 완료된 자재에 대하여 기성을 인정할 수 있는지 여부**(회계41301-2020, 1997. 7. 22)

국가기관이 체결한 공사계약에 있어서 기성검사시 검사에 합격된 자재라도 단순히 공사현장에 반입된 것만으로는 기성부분으로 인정할 수 없으나, 일반자재시장에서 거래되지 아니하는 자재로서 계약상대자가 직접 또는 제3자에게 위탁하여 가공, 조립 또는 제작된 자재인 때에는 회계예규 "공사계약일반조건" 제27조 제9항의 규정에 의거 당해 자재의 특성, 용도 및 시장거래상황 등을 고려하여 반입된 자재의 100분의 50 범위 내에서 기성부분으로 인정할 수 있음.

▶ **건설폐기물 처리비용 부담 주체에 대한 질의회신**(계약제도과-386, 2011. 4. 14)

「건설폐기물의 재활용촉진에 관한 법률」 제5조에 따라 건설공사에서 건설폐기물 처리는 발주기관이 부담하여야 할 것이나, 공사시공 중에 설계서 등에서 예정하지 아니한 새로운 건설폐기물이 발생한 경우에는 '공사계약 일반조건' 제31조 제1항에 따라 계약상대자가 당해 처리비용을 부담하여야 할 것임. 다만, 건설폐기물이 불가항력 등 계약상재자의 책임 없는 사유로 발생한 것이라면 '공사계약 일반조건' 제32조 제2항에 따라 발주기관이 처리비용을 부담하는 것이 타당할 것임.

▶ **공사손해보험 가입관련 질의에 대한 회신**(계약제도과-715, 2011. 6. 23)

「국가계약법 시행령」 제53조 제1항에 따라 각 중앙관서의 장 또는 계약담당공무원은 계약을 체결함에 있어서 필요하다고 인정할 때에는 당해 계약의 목적물 등에 대하여 손해보험이 가입하거나 계약상대자로 하여금 손해보험에 가입하게 할 수 있는 바, 공사손해보험을 발주기관에서 보험사와 직접 체결하는 것은 가능할 것임. 다만, 손해보험 가입과 관련된 필요한 사항을 정하고 있는 「정부입찰 · 계약집행기준」 및 「공사계약 일반조건」에는 가입주체를 계약상대자로 한정하고 있으므로 특별한 사유가 없는 한 공사손해보험의 가입은 계약상대자가 가입토록 하는 것이 타당할 것임.

또한, 국가계약은 낙찰된 금액으로 계약을 이행토록 하는 확정계약이 원칙인 바, 공사손해보험료는 국민건강보험료 등과 달리 국가계약법령 상 사후정산 관련 조항이 없으므로 별도의 사후정산 관련 특약을 설정하지 않는 한 이에 대한 사후정산은 곤란하다고 할 것임.

▶ **물품제조계약에서 반입자재에 대한 기성인정 여부 등**(회계제도과-1113, 2009. 7. 6)

국가기관이 체결한 계약에 있어서 계약상대자의 원활한 계약이행을 도모하기 위해 선금 및 반입자재의 일부 기성인정제도를 운영하고 있음. 선금은 「국고금관리법 시행령」 제40조 제4항 제14호 및 회계예규 「정부입찰 · 계약집행기준」 제33조 규정에 따라 3천만원 이상인 공사 · 물품제조계약, 5백만원 이상인 용역계약을 재상으로 계약금액의 100분의 70을 초과하지 아니한 범위 내에서 지급할 수 있으며, 작업현장에 반입된 자재는 회계예규 「공사계약 일반조건」 제27조 제9항 규정에 따라 공사계약에 한해 자재의 100분의 50 범위 내에서 기성부분으로 인정하고 대가를 지급할 수 있음. 질의 경우와 같이 물품제조계약에서는 선금을 계약금액의 70% 범위 내에서 지급할 수 있으나, 작업현장에 반입된 자재에 대해서는 기성으로 인정하고 있지 않음.

▶ **대가지급 증빙서류 제출**(회계제도과-1592, 2009. 9. 23)

「국가를당사자로하는계약에관한법률 시행령」 제58조 제5항에 의하면 계약담당공무원이 대가지급 청구내용의 부당함을 발견한 때에는 계약상대자에게 청구서를 반송할 수 있도록 하고 있으며, 기획재정부 회계예규 「공사계약 일반조건」 제39조 제1항에 의하면 계약상대자는 기성부분에 대한 대가지급 청구시 기 수령한 기성대가 있는 경우에는 대가지급 청구서 외에 「건설산업기본법」에 의하여 기성대가를 하수급인에게 지급하였음을 증빙하는 서류를 첨부하도록 하고 있으므로, 계약상대자가 대가의 지급을 청구하는 경우에는 대가지급청구서 및 관련 증빙서류를 제출하여야 함.

▶ **무계약상태에서 행한 용역대금 지급의 법적 정당성**(회계제도과-1065, 2010. 7. 9)

「국고금관리법 시행령」 제27조에 따르면 지출관은 지출시에 지출원인행위 관계서류 등을 확인하도록 하고 있으며, 계약담당공무원은 적법한 계약 등에 근거하여 관계법령에서 정한 절차에 따라 대금을 지급해야 할 것임. 따라서 지출원인행위에 해당되는 계약체결이 성립되지 않았다면 대금을 지급할 적법한 근거가 없다고 할 것임.

▶ **국세체납 시 준공대가 지급 가능 여부**(회계제도과-1305, 2010. 8. 11)

계약상대자가 「국세징수법」 제5조에서 정한 납세증명서를 제출하지 못해 발주기관이 대가를 지급할 수 없어 동 대가를 공탁하려는 경우에 공탁을 하는 시기는, 계약상대자의 적합한 청구가 없었기 때문에 「국가를당사자로하는계약에관한법률 시행령」 제58조에서 정한 대가지급 기일(청구일로부터 5일)에 구속받을 사항이 아닌 바, 발주기관이 계약상대자의 납세증명서 제출가능성을 고려하여 판단하여야 할 것임. 납세증명서 미제출로 인해 대가지급이 불가능할 때 동 대가의 이월과 관련된 사항은 발주기관이 「국가재정법」 및

「국고금관리법」등에 따라 자체적으로 처리할 사항이나, 동 대가를 회계연도말 출납공무원이 지출관으로부터 교부 받은 뒤 다음 연도에 지급하는 것은 「국고금관리법」상 불가하다고 할 것임.

▶ **공사대금 채권 가압류에 따른 대금지급 처리방법**(계약제도과-253, 2011. 3. 16)

국가기관이 체결한 공사계약에 있어 공동계약은 2인 이상 당해 계약을 수행하기 위하여 구성한 공동수급체와 발주기관이 체결하는 계약을 의미하는 것인 바, 공공계약에 있어 공사대금에 대한 채권은공동수급체 구성원 각자가 갖고 있는 것이 아니라, 공동수급체가 갖는다고 보는 것이 타당할 것임. 수급사업자의 공사대금채권에 대하여 법원의 채권 가압류 결정이 있는 경우 공사대금 지급여부는 계약담당공무원이 민사소송법등 관련 법령의 규정에 따라 결정할 사안임. 다만, 공사대금에 대해 이해관계가 대립되고 있으므로 민사집행법 상의 공탁사유에 해당된다면 발주기관은 채권 가압류액을 법원에 공탁함으로써 공사대금 채무를 면할 수 있을 것임.

▶ **당해연도 납기 외자물품계약 후 신용장 개설은행 물품대금 예치가능 여부에 대한 회신** (계약제도과-679, 2011. 6. 15)

각 중앙관서의 장 또는 계약담당공무원은 국가기관이 체결한 공사 · 제조 · 구매 · 용역 기타 국고의 부담이 되는 계약에 있어서는 검사 또는 검사조서를 작성한 후 그 대가를 지급하여야 하나, 「국가계약법」 제15조 및 「특정조달을 위한 국가계약법 시행령특례 규정」 제40조에 따라 불가피한 경우 신용장에 의한 대가지급을 국제상관례에 의하여 할 수 있음. 귀 기관에서 질의하신 사안의 경우 국제상관례상 인정되고 있고, 연내에 지출될 물품대금을 미리 예치하는 것으로서 별도의 예산 이월조치가 필요하지 않은 점을 감안할 때 발주기관에서 적절한 시기에 신용장 개설은행에 물품대금을 미리 예치하는 것은 가능하다고 할 것임.

세무 Tip 준공시점 세금계산서 발행

준공일까지는 발주처 및 하도급업자 간 세금계산서 발행을 모두 종결하여야 한다.

용역의 공급시기는 역무가 제공되거나 재화 시설물 또는 권리가 사용되는 때로 한다(부가가치세법 제9조 ②). 역무제공 완료일이란 거래사업자 사이의 계약에 따른 역무제공의 범위와 계약조건 등을 고려하여 역무의 제공사실을 가장 확실하게 확인할 수 있는 시점, 즉 역무가 현실적으로 제공됨으로써 역무를 제공받는 자가 역무 제공의 산출물을 사용할 수 있는 상태에 놓이게 된 시점을 말한다(대법원 2008. 8. 21. 선고 2008두5117 판결). 즉, 건설공사가 완료되는 날이나 공사완료일이 불분명한 경우 사용승인일이 공급시기가 된다. 건설공사의 완료시점인 사용승인일은 다음과 같이 확인 가능하다.

① 건설공사 도급계약서상 준공(예정)일
② 인허가권자가 발급한 사용승인서
③ 하자이행증권의 하자보증기간의 개시일 전일(건설공제조합, 서울보증보험)
④ 건축물관리대장

준공일 이후 세금계산서는 아래처럼 정리될 수 있다.

① 준공일 이후에는 정산합의서 등으로 변경된 계약금액에 대한 세금계산서만 발행할 수 있다.
② 계약서상 발주처가 검수한 때를 도급계약완료로 보는 경우 준공일은 검수일이 된다.

잔금에 대한 공급시기는 원칙적으로 공사완료일이나 공사완료일이 불분명한 경우 사용승인일이다. 따라서 준공일 이후에 대금을 지급받기로 한 경우에도 준공일이 공급시기가 된다.

다만, 다음의 경우에는 예외적으로 세금계산서를 발행할 수 있다. 그러나 각 경우에 해당하는 요건들의 입증책임은 납세의무자에게 있다. 즉, 납세자가 법관에게 확신을 줄 수 있을 정도로 과세관청보다 상대적으로 우월한 입증을 해야 하며, 입증이 그러한 정도에 이르지 못한 경우 그 불이익은 납세자에게 돌아간다는 세무 리스크가 존재하는 것이다.

① 사용승인 후 마무리공사가 진행되는 경우 : 통상적으로 건물의 사용승인일이, 건물에 대하여 사용승인을 받은 후에도 마무리공사 및 보완공사를 진행한 것이 확인되는 경우에는 실제 공사완료일을 공급시기로 본다(국심2004중1994, 2004.10.29.). 이 경우에는 사용승인 후에도 공사가 진행된 사실을 작업일보, 원자재 투입내역, 현장사진 등으로 입증해야 한다. 이자비용을 절약하고, 영업을 조기에 개시하기 위해 준공검사에 필요한 투숙과 관련된 주요 내 · 외 시설 식재, 쟁점공사의 감리자가 제출한 추가공사 후 사진을 보면 영업개시일 이후의 공사진행 사실을 알 수 있으므로 실제공사완료일이 건설용역의 공급시기에 해당된다(조심2012서4140, 2012.12.31.).

② 검사합격통보일 : 건설용역에 대하여 검사를 거쳐 대가의 각 부분의 지급이 확정되는 경우에는 검사 후 대가의 지급이 확정되는 때를 공급시기로 보아야 할 것인바, 준공검사 담당 공무원이 현장에 나가 준공검사를 시행한 후 관련 검사 및 내부결재를 거쳐 검사합격사실을 통지하고, 청구법인의 대금청구에 대하여 대금청구의 타당성을 검토하여 대금지급 청구내용을 수락한 시기를 대가의 지급이 확정된 때로 보아야 할 것이다(심사부가2006-5, 2006.12.27.). 공사계약서 제20조에서는 준공에 관련된 내용을 특별히 규정하고 있는데 동 규정에 의하면 을(수급인)은 공사를 완성한 때에는 갑(청구인)에게 통지하여야 하며, 갑은 을의 입회하에 검사를 하여야 하고, 검사에 합격하지 못한 때에는 지체 없이 보수 또는 개조하여 다시 검사를 받도록 규정되어 있어 검사합격 여부가 준공의 조건이 된다고 볼 수 있고, 따라서 위 공사계약서 제7조 제3항에 규정한 허가기관에 검사를 의뢰한 날을 부가가치세법상의 용역제공 완료일로 보기보다는 외형적인 공사를 완료한 날로 볼 수 있고, 이 건 공사용역의 경우는 일정기간의 시운전이나 기초검사를 거쳐서 공사용역의 가장 중요한 요건인 폐오수 기준치가 적정수준 이하로 나타나서 허가기관에 검사를 의뢰할 경우 합격할 수 있는 상태에 도달한 시점을 용역의 공급시기로 보는 것이 합당하다 할 것이다(국심2000전2062, 2000.10.19.).

③ 사용승인 후 도급금액 변경 소송 : 공사 진행 중에 도급금액에 대한 다툼이 있어 사용승인 이후에 도급금액 변경소송을 제기하여 도급금액이 판결에 의하여 확정되는 경우 공급시기는 대법원 확정판결일이다. 다만, 하급심에서 소송이 종결되는 경우에는 상고기한 종료일이 공급시기가 된다.

④ 사용승인 후 하자보수공사 : 이미 공사 도급계약에 따라 받기로 한 공사대금이 정하여진 상태에서 건물이 완공되어 사용승인까지 받은 이상, 그 후 공사대금 정산에 관한 분쟁으로 소까지 제기되어 그에 관한 판결에서 공사잔금이 확정되었다고 하더라도 이는 공급이 완료된 용역의 하자에 관한 문제일 뿐이므로 이를 이유로 역무제공의 완료 시 공급가액이 확정되지 아니한 경우에 적용되는 것은 아니다(대법원 2010. 8. 19. 선고 2010두731 판결).

세무 Tip **선수금의 세금계산서 발행**

원칙적인 경우 선수금(공사선급금)은 세금계산서 발급 대상이 아니다. 세금계산서는 재화 · 용역의 공급거래에서 발행되는데 선수금은 재화 · 용역의 공급 전에 이루어지는 자금거래이기 때문이다. 다만 특례에 의하여 발급할 수 있으며 건설업의 관행상 공사대금을 세금계산서로 청구하는바 실무상 선수금에 대하여 세금계산서를 발행하는 것이 일반적이다.

따라서 아래처럼 정리될 수 있다.

① 선수금에 대하여 세금계산서를 발행하지 않아도 아무런 문제가 없다.

② 선수금에 대하여 세금계산서를 발행한 경우 반드시 7일 이내 선수금을 수령하여야 한다.

사업자가 완성도기준지급조건부로 예산회계법 제68조의 적용을 받지 아니하는 건설용역(관급공사)을 공급함에 있어 도급인으로부터 공사자금의 지원목적으로 선수금을 지급받고 동 선수금 중 작업진행률에 상당하는 부분을 확정된 기성고대금에 순차로 충당하기로 한 경우 동 선수금의 공급시기는 계약에 따라 확정된 기성고대금에 충당되는 때이다(부가46015-1088, 1995.06.15.). 다만, 국고금관리법 등의 적용을 받는 공공공사의 경우에는 중간지급조건부에 해당되어 대가의 각 부분을 받기로 한 때이다.

선수금이 세금계산서 발행대상이 아닌 데 비하여 계약금은 세금계산서 발행대상이다. 선수금과 계약금은 법률적 성격이 다른 것이므로 구별되어야 한다.

선금의 법적성격(국심95경0569, 1995.10.13.)에 관하여 선금이 계약금의 성질일 경우에는 대가를 받기로 한 때이나 선급금(선급공사대금)일 경우에는 기성대금에 충당되는 때이다. 이 경우 선급공대금이 되기 위해서는 ① 하도급계약서에 선급금으로 표시되어 있고, ② 하도급계약서 본문에 선금에 대한 정산규정이 있어야 하며, ③ 계약이 해지될 때에는 배액상환(민법 제565조)이 아니라 손해배상을 별도로 산정하여야 한다.

선수금을 받은 경우 건설산업기본법에 따라 하도급업자에게 동등하게 지급하여야 한다. 따라서 시공사가 수령한 대가를 어떻게 볼 것인가에 따라서 현금흐름이 달라지게 된다. 즉, 기성금이나 선수금으로 볼 경우 하도급금을 선집행하여야 하므로 자금사정이 나빠지나, 단순한 예수금인 경우 자금사정이 좋아진다.

④ 공사대가 지급연체에 대한 이자

위 대가지급기한(국고채무부담행위에 의한 계약의 경우에는 다음 회계연도 개시 후 「국가재정법」에 의하여 당해 예산이 배정된 날부터 20일)까지 대가를 지급하지 못하는 경우에는 지급기한의 다음 날부터 지급하는 날까지의 일수(이하 "대가지급 지연일수"라 함)에 당해 미지급금액과 지연발생시점의 금융기관 대출평균금리(한국은행 통계월보상의 대출평균금리)를 곱하여 산출한 금액을 이자로 지급하여야 한다(영 제59조).

대가지급 지연에 대한 이자 역시 천재 · 지변 등 불가항력적인 사유로 인하여 이자를 지급할 수 없게 된 경우에는 당해 사유가 존속되는 기간과 당해사유가 소멸된 날로부터 3일까지는 이자발생이 되지 않게 할 수 있다.

계약당사자가 계약이행기한까지 의무이행을 완료하지 못하였을 때에 이행지체된 기간에 대하여 지체상금을 정부기관에 납부하는 것과 형평성을 맞추게 하기 위하여 정부기관이 계약당사자에게 공사대가지급을 기한 내에 지급하지 못하였을 경우 그 지연이자를 지급하도록 되어 있다(영 §59).

지급기한의 다음날부터 지급하는 날까지의 일수(지연일수)에 당해 미지급금액 및 지연발생 시점의 금융기관 대출평균금리를 곱하여 산출한 금액을 이자로 지급한다.

⑤ 공사지연에 대한 이행지체와 지체상금

계약당사자가 정당한 이유 없이 계약상의 의무를 기한 내에 이행하지 못하고 지체한 때에는 이행지체에 대한 손해배상액의 예정성격으로 징수하는 금액을 말한다(법 §26, 영 §74).

각 중앙관서의 장 또는 계약담당공무원은 정당한 이유 없이 계약의 이행을 지체한 계약상대자로 하여금 지체상금(遲滯償金)을 납부하게 하여야 한다(법 제26조 제1항).

이에 따라 계약일반조건 및 계약특수조건에는 지체상금에 관한 조항을 두고 있다.

지체상금의 법적 성격과 관련해서는 논란이 없었던 것은 아니나, 지연일수에 비례하여 일정한 지체상금률을 곱하여 산출되는 지체상금이 이행지체에 대한 손해배상액의 예정이라는 점에 대해서는 최근 학설이나 판례가 대체로 일치되어 있다. 따라서 지체상금에 관해서는 민법 제398조의 법리가 적용되어 구체적인 사정에 따른 법원에 의한 감액이 가능하다.

법은 계약상대자의 계약상의 의무이행지체에 대하여 지체상금을 징수하게 하는 한편, 정부가 대가지급을 지연하는 경우에는 지연이자를 지급하도록 하여(법 제15조 제2항) 계약당사자 간의 계약상의 형평성을 유지시켜 놓고 있다.

법률 Tip **손해배상의 예정**

손해배상의 예정은 채무불이행의 경우에 채무자가 지급하여야 할 손해배상의 액을 당사자 사이에 미리 정하여 두는 것을 말한다. 배상액을 예정하였을 때는 채권자는 채무자의 채무불이행시 실제로 어떤 손해가 발생하였는지를 입증할 필요없이 즉시 예정된 배상액을 청구할 수 있다. 그러나 실손해가 예정액 이상일지라도 초과분을 청구할 수 없다.
예정된 배상액이 부당히 과다한 경우에는 법원은 적당히 감액할 수 있다(민법 §398 ②). 근로계약의 불이행에 대하여는 위약금 또는 손해배상액의 예정은 금지되고 있다(근기법 §20).

❻ 계약보증금과 하자보수보증금

공사계약과 관련하여 발생되는 보증금에는 체결된 계약의 적정한 이행을 담보로 하고 불이행시 이에 대한 손해의 보전을 위하여 납부시키는 계약보증금과 계약이행이 완료된 후 일정기간 그 계약목적물에 시공상의 하자가 발생할 것을 대비하여 이에 대한 담보적 성격으로 일정금액을 납부하는 하자보수보증금이 있다.

1) 계약보증금

계약금액의 100분의 10 이상으로 납부하여야 하며, 계약금액이 5천만원 이하이거나 일반적으로 공정 · 타당하다고 인정되는 계약의 관습에 따라 계약보증금 징수가 적절하지 아니하다고 판단될 경우 계약 보증금을 면제할 수 있다(법 §12, 영 §50).

2) 하자보수보증금

공사기간종료 후 일정기간(하자담보책임기간)에 대하여 계약금액의 100분의 2 이상 100분의 10 이하의 범위 내에서 공사별 구분에 따라 하자보수보증금을 납부하여야 한다(법 §18, 영 §62).

건설업

세무와 회계

제 5 장

건설업과 회계

제 5 장 건 설 업 과 회 계

제 1 절

건설업 회계

❶ 건설업 회계의 특성

1) 주문생산

건설업은 수주산업이다. 건설업자는 발주자나 건설주로부터 주문을 받아 생산 활동에 착수하고, 구조물 · 건축물 등을 완성하여 인도하게 된다. 따라서 제조업의 경우와 같이 규격화 · 제품화한 시장 생산, 예정 생산이란 있을 수 없으며, 재고품이 허용되지 않는 등 기업 운영의 탄력성이 없다.

2) 개별원가계산의 사용

위에 기술한 주문생산이라는 특성으로 건설업 회계에는 특정 기간 동안 특정 공정에서 가공된 제품의 원가를 평균 개념으로 산출한 종합원가계산의 적용이 어렵고 각 제품별로 원가를 집계하는 계별원가계산을 사용하게 된다.

3) 생산의 장기성

공사기간이 장기여서 자재, 임금 변동에 따라 공사원가가 크게 변동할 수 있으며, 설계변경이나 작업환경의 변화로 공기관리가 중요해진다. 또한, 공사가 여러 회계기간에 걸쳐 진행되기 때문에 공사수익과 공사원가를 공사가 수행되는 회계기간에 적절하게 배분하여 인식하는 회계처리가 필요하다.

4) 관계법령에 따른 제한

건설업은 일정 규모 이상의 공사를 하기 위하여 건설업 면허를 득해야 하며, 실질자본금이 등록기준 이상이 되어야 한다. 주택분양사업은 관계법령의 제한을 받으며, 택지개발지구 내의 공동주택의 분양가격은 관계법령에 따라 제한을 받는다.

5) 미완성생산품의 수익계산

건설생산자체가 건설활동으로 대체되는 결과가 되기 때문에 건설공사가 완공이 되지 않은 상태에서는 해당 각 원가요소, 즉 원재료, 노무비, 외주공사비, 경비 등이 투입된 금액의 집계에 의하여 원가계산가액(공사투입금액)을 계산할 수 있다. 그리고 수익의 인식에 있어서도 제조업회계에서는 생산활동에 의하여 생산된 제품의 판매시점에 수익이 인식되지만, 건설업회계에서는 공사가 회계기간에 걸쳐 진행되기 때문에 공사수익과 공사원가를 공사가 수행되는 회계기간에 적절하게 배분하여 인식하는 회계처리가 필요하다.

❷ 건설업 회계의 성격

1) 건설업의 특수한 계정과목

건설업에서 특수하게 발생하는 항목과 그에 해당하는 계정과목은 다음과 같다.

① 하자보수 발생에 따른 처리 및 충당부채 계상
② 가설자재손료계산(가설자재 · 목재 · 비계 등) 방법 및 원가투입방법
③ 투입원자재잔여분에 대한 원가처리 등
④ 공사손실충당금전입액 산출 및 처리방법
⑤ 재고자산감모손실처리(모델하우스 · 현장재료)
⑥ 보상금 · 위약금 등 우발적인 비용

2) 분양특수성

일반 건설회계는 도급계약을 근간으로 공사진행기준에 따라 매출을 계상하는 기준이나, 자영건설업회계는 분양계약을 근간으로 공사진행기준 또는 완성기준에 의하여 매출을 계상한다.

자영건설업회계는 아래와 같은 특수성이 있다.

① 미완성품의 판매

사업자의 보유토지 위에 사업자가 건물을 신축하여, 완공 후 건물과 건물에 부속되는 토지를 매수계약자에게 양도하는 사업으로서, 계약당시에는 그 판매목적물이 존재하고 있지 않지만, 장래에 사업자가 건물을 지어 양도하는 조건의 판매이다.

② 중간지급조건부

판매계약체결 후 매매목적물의 판매대금이 매수계약자에게 양도될 때까지의 계약금 · 중도금 · 잔금 등으로 분할하여 회수하는 형태의 거래이다.

③ 목적물의 소유권 양도, 사용권 양도 등 권리의 이전판매

계약체결 후 매수계약자의 희망에 따라 목적물이 완성되기 전일지라도 목적물이 제3자에게 전대 · 전매가 가능한 판매형태이다.

④ 대손금 미발생

매매잔금이 완납되지 않으면 특수한 경우를 제외하고, 매수희망자는 일반적으로 그 계약목적물을 사용 · 수익할 수 없는 형태의 사업이다. 따라서 사업자는 본 목적물의 판매로 인한 대손금 발생이 거의 전무하다시피 하다.

⑤ 기호조건(면적별, 층별 전망조건 등)에 따른 가격차등결정

일반적으로 제품생산 판매가격은 단위당 생산원가에 일정비용과 이윤을 합친 가격이 판매가격으로 결정되는 반면에, 같은 면적의 건축물일지라도 주택의 입지조건, 층수의 조건에 따라 판매가격이 달리 결정된다.

⑥ 주택의 분양가격 제한

주택시장에 대한 정부의 정책목적에 따라 택지개발지구 내의 공동주택의 분양가격은 일반 제조품 판매가격과 달리 정부로부터 규제를 받으며, 규제의 정도도 시기마다 다르다. 이러한 규제로 인하여 공동주택건설 사업자는 공동주택의 품질향상 등으로 인한 차별화된 공동주택을 신축할 유인을 갖지 못하며, 어느 건설업체나 비슷한 수준의 공동주택을 신축하게 된다.

제 5 장 건 설 업 과 회 계

제 2 절

기업회계기준

① 회계기준체계

기업회계기준이란 재무상의 자료를 회계처리하고 재무보고 하기 위한 기준과 원칙을 정한 것이다. 이러한 회계기준을 정함으로써 회사의 회계에 통일성과 객관성이 생기고 타 기업과의 비교가 용이하게 되어 회사의 재무상태, 운영성과에 대해 유용하고 적절한 정보의 제공이 가능하게 된다. 기업회계기준은 산업의 발전, 변화함에 따라 특정 산업에 필요한 회계기준의 제 · 개정이 필요하며 큰 변화가 있는 경우 기업회계기준 체계가 변화하기도 한다. 또한 새로운 거래구조, 지급방법, 신사업의 등장으로 이를 기업의 재무상태 및 경영성과에 적절하게 반영하기 위한 새로운 회계기준이 필요하게 된다. 우리나라의 현행 기업회계기준의 체계는 다음과 같다.

회계기준	적용대상	외부감사	관련법령
한국채택국제회계기준	주권상장법인 및 금융회사	의무	주식회사 등의 외부감사에 관한 법률
일반기업회계기준	외부감사대상 주식회사		
중소기업회계기준	외부감사 대상 이외의 주식회사	면제	상법

회계 Tip 회계감사와 회계기준

기업들은 회사 경영상의 내부 관리 목적을 위해서나 다양한 정보이용자(투자자, 관세청, 직원, 감독기관 등)들과의 경영성과 공유를 위해 정해진 회계원칙에 따라 재무제표를 작성하게 되는데, 회계측정기준과 재무제표의 형식상의 표시방법 등 재무보고에 필요한 사항을 규정한 회계원칙을 '기업회계기준'이라 한다.

현재 국내에서 사용되고 있는 기업회계기준에는 크게 3가지가 있으며, 각 회계기준 별 차이점은 아래와 같다.

구 분	한국채택 국제회계기준 (K-IFRS)	일반기업회계기준 (K-GAAP)	중소기업회계기준
내용	• 경제적실질의 반영을 중시 • 구체적인 내용보다 기본원칙만 제시 • 거래실정에 맞는 회계처리만 인정하여 개별국가간의 고유한 회계처리를 부인하여 국가간 비교에 적절	• 기업 간 회계처리의 일관성 중시 • 개별사안에 대하여 구체적인 회계처리 방법 제시 • 정책적 목적에 따른 회계처리 또는 기업간 회계처리 부담을 감안한 간소한 회계처리 허용	• 중소기업의 회계처리에 대한 보편적이고 일반적인 방법 제시 • 규정에 없는 내용은 일반기업회계기준 적용
대상	• 상장법인 • 해당연도 또는 다음연도 상장 예정인 주식회사 • 금융회사(은행, 보험회사, 신용카드회사 등)	• 비상장 외부회계감사 대상 법인 • 기타 희망하는 일반법인	• 외부회계감사 대상이 아닌 중소기업 • 2013년부터 적용
재무제표	• 재무상태표 • (포괄)손익계산서 • 현금흐름표 • 자본변동표 • 주석(잉여금처분계산서 포함)	• 재무상태표 • 손익계산서 • 현금흐름표 • 자본변동표 • 주석(잉여금처분계산서포함)	• 대차대조표 • 손익계산서 • 자본변동표 • 잉여금처분계산서
중요 차이점	• 아파트, 상가분양 등 예약매출은 인도기준(완성도기준) • 재고자산 : 후입선출법 없음 • 퇴직급여추계액 계산 : 보험 수리적 방법 • 자산부채평가 : 공정가치 원칙 • 재평가잉여금 자산 처분 시 이익잉여금으로 대체 • 영업권 : 평가손실만 인정	• 아파트, 상가분양 등 예약매출도 일반건설과 같이 진행률 기준 • 재고자산 : 후입선출법 있음 • 퇴직급여추계액 계산 : 청산가치(전직원 일시퇴사) • 자산부채평가 : 취득가액 원칙 • 재평가잉여금 자산 처분 시 당기손익으로 대체 • 영업권 : 일정기간 감가상각	• 자본 중 기타포괄손익은 이익잉여금에 반영 • 주석은 강제사항이 아닌 선택사항임

회계 Tip 외부감사 대상

'주식회사 등에 외부감사에 관한 법률(외감법)'의 외부감사 대상은 다음과 같다.

(1) 주권상장법인

(2) 해당사업연도 또는 다음 사업연도 중에 주권상장법인이 되려는 회사

(3) 자산, 부채, 종업원수 또는 매출액이 아래 기준에 해당하는 회사

1. 직전 사업연도 말의 자산총액이 500억원 이상인 회사
2. 직전 사업연도의 매출액(직전 사업연도가 12개월 미만인 경우에는 12개월로 환산하며, 1개월 미만은 1개월로 본다)이 500억원 이상인 회사
3. 아래 4개 요건 중 2개 이상 해당하는 회사(유한회사 제외)

   ① 직전 사업연도 말의 자산총액 120억원 이상 ② 직전 사업연도 말의 부채총액 70억원 이상 ③ 직전 사업연도의 매출액 100억원 이상 ④ 직전 사업연도 말의 종업원이 100명 이상

   종업원은 근로기준법 제2조 제1항 제1호에 따른 근로자를 말하며, 소득세법 시행령 제29조 제1항의 일용근로자 또는 파견근로자는 제외한다.

4. 유한회사의 경우 하기 5개 요건 중 3개 이상 해당하는 회사

   ① 직전 사업연도 말의 자산총액 120억원 이상 ② 직전 사업연도 말의 부채총액 70억원 이상 ③ 직전 사업연도의 매출액 100억원 이상 ④ 직전 사업연도 말의 종업원수 100명 이상 ⑤ 직전 사업연도 말의 사원수 50인 이상

외부회계 감사 대상 법인에 해당되는 경우 감사인에게 회계감사를 받아야 하며, 주식회사의 경우 감사보고서를 공시하여야 하나, 유한회사의 경우에는 공시하지 않아도 된다.

주권상장법인, 외부감사대상 법인으로서 증권(주권 등)별로 그 증권의 소유자 수가 500인 이상인 발생인이 경우 사업보고서 공시대상이 된다.

사업보고서

1) 기재사항

① 회사의 개요, 사업의 내용, 재무에 관한 사항, 이사의 경영진단 및 분석의견, 감사인의 감사의견 등, 이사회 등 회사의 기관 및 계열회사에 관한 사항, 주주에 관한 사항, 임원 및 직원에 관한 사항, 이해관계자와의 거래내용, 그 밖에 투자자 보호를 위하여 필요한 사항, 대표이사 등의 확인 · 서명, 전문가의 확인 등

② 종속회사가 있는 법인은 기재사항 중 재무에 관한 사항과 그 부속 명세, 그 밖에 금융위가 정하여 고시하는 사항(한국채택국제회계기준 적용 법인의 경우, 회사의 개요, 사업의 내용, 이사의 경영진단 및 분석의견, 우발채무, 제재현황, 결산기 이후 발생한 주요사항)을 연결재무제표 기준으로 기재하되 별도(개별) 재무제표를 포함하여야 하며, 연결재무제표 및 별도(개벽)재무제표에 대한 감사의견을 기재하여야 함

2) 첨부서류

회계감사인의 감사보고서(연결재무제표 작성대상법인인 경우 연결감사보고서 포함), 감사의 감사보고서, 법인의 내부감시장치 가동현황에 대한 감사의 평가의견서, 영업보고서, 정관, 내부회계관리제도 운영보고서 등

법률 Tip 주식회사와 유한회사의 차이

주식회사는 주주들이 모여서 만들고, 임원을 정하여 업무집행을 하며 이익금을 주주에게 분배한다. 반면에 유한회사는 상호 신뢰가 있는 비교적 소수의 사원이 상행위 기타 영리를 목적으로 하여 설립한 법인이다. 주식회사는 상법상 임원(등기상 이사와 감사)의 임기가 정해져 있어 기한 내에 등기를 하지 않으면 그 기간만큼 과태료가 발생한다. 그러나 유한회사는 정관으로 이사의 임기를 달리 정할 수 있고 명시하지 않을 수 있으므로 임기 해태에 따른 과태료 부과를 피할 수 있다. 유한회사의 경우 설립 시 출자금에 대한 잔고증명 불필요하다.

구 분	주식회사	유한회사
자본금	제한없음	제한없음
출자자	1인 이상	1인 이상
출자양도 (주식양도)	자유	사원총회특별결의
이사수	3인 이상 (자본금 10억 미만은 2인, 1인 가능)	1인 이상
증자방법	이사회 / 이사2인 이하는 주주총회	사원총회특별결의
장점	지분(주식)을 양도가능 주식, 사채 추가발행으로 자본조달 용이 상장가능	폐쇄적 운영가능 회계특칙을 정관으로 별도로 정할 수 있음
단점	공시의무	사채발행 불가 공모에 의한 투자유치 금지 지분증권화 불가

❷ 건설업 관련 기업회계기준 요약

1) 기존 건설업 관련 적용기준 변천

(1) 건설업회계처리준칙(1998.4.1.~2003.12.31.)

건설업회계처리준칙은 기업회계기준 제90조의 규정에 의거 건설업에 관한 회계처리와 재무보고에 관하여 기업회계기준에서 규정하지 아니하였거나 건설업종의특수성으로 인하여 달리 적용할 필요가 있는 사항을 정함을 목적으로 1998.4.1. 계정되었으며, 건설업회계처리준칙 제8조 합작공사의 회계처리를 제외하고는 2003.2.21. 제정된 기업회계기준서 제12호 건설형 공사계약으로 대체되었으며, 건설업회계처리준칙 제8조 합작공사의 회계처리는 2(1)5.2.3. 제정된 기업회계기준서 제18호 조인트벤처 투자로 대체되었다.

(2) 기업회계기준서 제12호 건설형 공사계약(1998.4.1.~2003.12.31.)

건설형 공사계약의 회계처리와 공시에 관련된 사항을 정하는 기준서로서 공사수익과 공사원가를 공사가 수행되는 회계기간에 적절히 배분하는 회계처리를 주로 다룬다. 건설형 공사계약은 일반적으로 건물이나 교량, 도로 등의 건설공사계약을 의미하지만, 이외에도 선박이나 복잡한 전자장비(레이더나 무기, 우주장비 등)의 제작과 같은 특별한 주문생산형 공사계약도 포함한다.

(3) 제1011호 건설계약(2007.11.23. 제정)

이 기준서의 목적은 건설계약과 관련한 수익과 원가의 회계처리를 정하는 데 있다. 건설계약에 따른 활동의 성격으로 인해, 계약활동이 시작되는 날과 종료되는 날은 보통 다른 회계기간에 귀속된다. 그러므로 건설계약의 회계처리에 대한 핵심 사항은 계약수익과 계약원가를 건설공사가 수행되는 회계기간에 배분하는 것이다.

Chapter 05

(4) 제2115호 부동산건설약정(2008.12.12. 제정)

이 해석서는 부동산건설약정이 기업회계기준서 제1011호 '건설계약'과 제1018호 '수익' 중 어느 것의 적용범위에 속하는지에 대한 지침을 제공하기 위하여 필요한 사항을 정하고 있다.

① 약정이 건설계약인 경우

약정이 기업회계기준서 제1011호의 적용범위에 속하고 그 결과를 신뢰성 있게 추정할 수 있는 경우 기업은 기업회계기준서 제1011호에 따라 계약활동의 진행률을 기준으로 수익을 인식한다.

② 약정이 용역제공약정인 경우

기업이 건설재료를 취득하여 공급할 의무가 없다면 약정은 오직 기업회계기준서 제1018호에 따른 용역제공약정일 수 있다. 이 경우 기업회계기준서 제1018호는 동 기준서 문단 20의 기준이 충족되면 진행기준을 사용하여 진행률을 기준으로 수익을 인식할 것을 요구하고 있다. 그러한 거래의 수익 및 관련 비용 인식에는 일반적으로 기업회계기준서 제1011호의 규정이 적용될 수 있다(기업회계기준서 제1018호의 문단 21).

③ 약정이 재화판매약정인 경우

기업이 매수자에게 부동산을 인도할 계약상 의무를 이행하기 위해 건설재료와 더불어 용역을 제공해야 한다면 그 약정은 재화판매약정에 해당하고 기업회계기준서 제1018호 문단 14에서 정하고 있는 수익인식 기준이 적용된다.

기업이 건설이 진행됨에 따라 그 상태의 미성공사에 대한 통제와 소유권에 따른 유의적인 위험과 보상을 그 상태로 매수자에게 이전할 수 있다. 이 경우 기업회계기준서 제1018호 문단 14의 모든 기준이 건설진행 중에 계속적으로 충족된다면 기업은 진행기준을 사용하여 진행률을 기준으로 수익을 인식한다. 그러한 거래의 수익 및 관련 비용 인식에는 일반적으로 기업회계기준서 제1011호의 규정이 적용될 수 있다.

(5) 제1111호 공동약정(2011.11.18. 제정)

이 기준서의 목적은 공동으로 지배되는 약정(즉, 공동약정)에 대한 지분을 보유하는 기업의 재무보고를 위한 원칙을 정하는 것이며, 기업회계기준서 제1031호 '조인트벤처 투자지분'과 기업회계기준해석서 제2013호 '공동지배기업 : 참여자의 비화폐성 출자'를 대체하고, 2013.1.1. 이후 최초로 개시하는 회계연도부터 적용하며, 주요내용은 다음과 같다.

① 목적, 적용, 적용범위

② 공동약정

③ 공동지배력

④ 공동약정의 유형

⑤ 공동약정 당사자들의 재무제표

⑥ 공동영업

⑦ 공동기업

⑧ 별도재무제표

(6) 제1115호 고객과의 계약에서 생기는 수익(2018.11.14. 개정)

이 기준서의 목적은 고객과의 계약에서 생기는 수익 및 현금흐름의 특성, 금액, 시기, 불확실성에 대한 유용한 정보를 재무제표이용자들에게 보고하기 위하여 적용할 원칙을 정하는 것이다. 이 기준서는 기업회계기준서 제1011호 건설계약 및 기업회계기준해석서 제2115호 부동산건설약정 등을 대체한다.

2) 현행 기업회계기준

(1) 일반기업회계기준

일반기업회계기준은 주식회사의 외부감사에 관한 법률의 적용대상기업 중 한국채택국제회계기준(K-IFRS)에 따라 회계처리하지 아니하는 기업의 회계와 감사인의 감사에 통일성과 객관성을 부여하기 위하여 제정된 회계기준이다. 이 기준은 '주식회사의 외부감사에 관한 법률'의 적용대상이 아닌 기업의 회계처리에 준용할 수 있다.

일반기업회계기준은 주제별로 별도의 장으로 구성되며, 각 장은 본문(적용보충기준 포함)과 부록(결론도출근거, 실무지침 및 적용사례)으로 구성되어 있다. 일반기업회계기준은 2009. 11.27. 제정되어 2011.1.1. 이후 최초로 개시하는 사업연도부터 적용한다.

Chapter 05

① 제16장 제2절 건설형 공사계약

건설형 공사계약의 회계처리와 공시에 대한 사항을 규정하기 위해 제정된 기준서이다. 건설형 공사는 일반적으로 여러 회계기간에 걸쳐 진행되기 때문에 공사수익과 공사원가를 공사가 수행되는 회계기간에 적절하게 배분하여 인식하는 회계처리에 관한 내용을 주로 다루고 있다. 이에 대한 자세한 내용은 '3. 일반기업회계기준 제16장 제2절 건설형 공사계약'을 참고하기로 한다.

② 제9장 조인트벤처 투자

조인트벤처(둘 이상의 당사자가 공동지배의 대상이 되는 경제활동을 수행하기 위해 만든 계약상 약정)에 대한 투자의 회계처리와 공시에 관한 사항을 정하기 위해 제정된 기준서이다. 이에 대한 자세한 내용은 '3. 일반기업회계기준 제16장 제2절 건설형 공사계약'을 참고하기로 한다.

(2) 한국채택국제회계기준

한국채택국제회계기준은 자본시장의 개방 등으로 국제적으로 통일된 회계기준의 필요성이 증가함에 따라 국제회계기준위원회(IASB)가 제정한 국제회계기준을 근거로 제 · 개정한 회계기준이다. 한국채택국제회계기준을 종전 기업회계기준과 비교하면 주로 공시체계, 자산 및 부채의 평가방법과 법률 또는 정책적 목적 등의 반영 여부 등에서 차이가 있다. 공시체계에 따른 차이로는 종전의 기업회계기준에 따르면 개별재무제표를 중심으로 공시하고 연결재무제표는 부수적으로 사업보고서에만 차후에 공시하나 한국채택국제회계기준에 따르면 모든 공시가 연결재무제표를 기준으로 이루어진다. 자산 및 부채의 평가방법에 따른 차이로는 종전의 기업회계기준은 객관적인 평가가 어려운 항목은 역사적 원가로 평가하도록 하나 한국채택국제회계기준에서는 정보이용자에게 시의적절한 정보를 제공하기 위해 자산 및 부채의 공정가치 평가대상을 확대하였다. 법률 및 정책적 목적에 따른 차이로는 종전의 기업회계기준에서는 법률 및 정책적 목적에 따라 현실을 고려하여 일부 항목에 특정한 회계처리를 규제하거나 허용하고 있으나, 한국채택국제회계기준에서는 거래의 실질에 맞는 회계처리를 규정하고 있다. 한국채택국제회계기준은 2011.1.1. 이후 최초로 개시하는 회계연도부터 주권상장법인 및 주요 금융기관에게 의무적으로 적용되었다.

회계 Tip 시공사의 연결회계 문제

시공사의 신용은 개발사업의 자금조달에 매우 중요한 위치를 사용한다. 즉, 시공사의 부채비율 등이 나빠질 경우 시행사의 자금조달비용이 올라가고, 이에 따라 시공사로 선정되기 어려워진다.

연결재무제표[1]가 기본재무제표[2]가 되었기 때문에 이는 시공사가 지분으로 참여하는 경우에도 마찬가지이다. 즉, 시공사와 개발업자가 별도의 SPC를 설립하여 개발사업을 하는 경우에도 시공사의 지분비율이 높은 경우 시공사는 부채비율이 높은 SPC와 연결하여 재무제표를 공시하여야 하므로, 시공사의 참여결정이 쉽지 않은 것이다.

그러나 시공사가 의결권 없는 우선주만 가지거나, 의결권을 개발업자에게 위임하는 등 경영권을 행사하지 않는 경우 시공사와 SPC는 연결대상에서 제외할 수 있다. 이 경우 개발업자가 SPC의 실질적인 지배권을 갖게 되겠지만, 시공사는(컨소시어 협약 등으로) 시공권한을 확보할 수 있고, 개발이익의 많은 부분은 건설사에게 귀속될 것이며, 연결회계를 피할 수 있어서 다른 사업에 영향을 주지 않을 수 있다는 점에서 매력적이다.

시공사가 SPC에 대한 지배력을 보유하고 있는지를 판단하기 위해서는 기업회계기준서 제1110호 연결재무제표 문단 7에 따른 요건을 검토하여야 한다.

① 문단 7(1) 피투자자에 대한 힘

② 문단 7(2) 피투자자에 대한 관여로 인한 변동이익에 대한 노출 또는 권리

③ 문단 7(3) 투자자의 이익금액에 영향을 미치기 위하여 피투자자에 대하여 자신의 힘을 사용하는 능력

시공사는 컨소시엄 협약에 따라 개발사업의 시공권한을 보유할 수 있으나, 이는 시공사로서의 일반적인 권리이며 이외 개발사업에 대한 분양, 자금조달, 기타 개발사업의 진행에 필요한 일체의 업무에 대한 권한은 개발업자가 보유하거나 시공사는 컨소시엄협약을 통해 개발사업과 관련한 의결권 일체를 개발회사에 위임하여 (컨소시엄협약에서 정하는 사항을 제외하고는) 개발사업에 해한 일체의 의결권을 행사할 수 없는 경우 시공사는 컨소시엄 협약에 따른 시공권한 외에 사실상 다른 관련활동에 대한 권한을 보유하고 있지 않으므로 피투자자(SPC)에 대한 힘을 보유하고 있지 아니하다. 이에 반해 개발업자는 인허가, 분양, 자금조달 및 기타 개발사업의 진행에 필요한 일체의 업무에 대한 권한을 보유하고 있어 피투자자에 대한 힘을 보유하고 있다. 따라서 시공사의 연결대상에서 SPC를 제거할 수 있다.

[1] 지배기업과 종속기업 전체 경영성과를 하나의 재무제표로 표시하는 것을 말한다. 비교하여 별도재무제표는 지배기업 또는 피투자자에 대하여 공동지배력이나 유의적인 영향력이 있는 투자자가 투자자산을 원가법에 따른 회계처리로 표시한 재무제표이다. 개별재무제표는 연결할 대상이 없는 회사가 작성하는 재무제표이다.

[2] 국제회계기준에서는 기본 재무제표인 연결재무제표와는 달리 공시 이외의 목적으로 사용되는 별도재무제표를 작성하는 것이 선택사항이나, 한국의 경우 주식회사의 외부감사에 관한 법률(이하 외감법)에 의거 의무적으로 작성하도록 되어 있다.

③ 일반기업회계기준

건설형 공사는 일반적으로 여러 회계기간에 걸쳐 진행되기 때문에 공사수익과 공사원가를 공사가 수행되는 회계기간에 적절하게 배분하여 인식하는 회계처리에 대한 것이다(문단 16.19).

사전에 확정된 계약에 따라 총공사수익과 총공사원가의 추정이 가능하기 때문에 이익을 공사진행 정도에 따라 인식할 수 있는 건설형 공사계약에 적용한다. 따라서, 이 절은 건설업뿐만 아니라 공사계약의 형태가 유사한 경우에는 기타 산업에도 적용할 수 있다(문단 16.20).

1) 건설형 공사계약

(1) 건설형 공사계약의 의의

건설형 공사계약은 일반적으로 건물이나 교량, 댐, 파이프라인, 도로, 터널 등의 건설공사계약을 의미하지만, 이외에도 선박이나 항공기, 레이더 · 무기 · 우주장비 등의 복잡한 전자장비의 제작과 같은 특별한 주문생산형 공사계약도 포함한다. 건설형 공사계약은 단일자산의 건설공사를 위해서 체결될 수 있으며, 설계, 기술, 기능 또는 그 최종적 목적이나 용도에 있어서 밀접하게 상호 관련되거나 상호의존적인 복수자산의 건설공사를 위해서도 체결될 수 있다. 이러한 건설형 공사계약의 예로는 제련소, 기타 복잡한 생산설비나 기계장치의 건설형 공사계약이 있다.

건설형 공사계약에는 다음과 같은 유형의 계약 등을 포함한다(문단 16.23).

① 공사감리나 설계용역의 계약과 같이 자산의 건설공사와 직접적으로 관련된 용역제공 계약

② 자산의 철거나 원상회복, 그리고 자산의 철거에 따르는 환경의 복구에 관한 계약

③ 청약을 받아 분양하는 아파트 등 예약매출에 의한 건설공사계약

2) 용어의 정의

일반기업회계기준 제16장 제2절 건설형 공사계약에서의 용어의 정의는 다음과 같다.

구 분	내 역
건설형 공사계약	단일자산의 건설공사 또는 설계나 기술, 기능 또는 그 최종적 목적이나 용도에 있어서 밀접하게 상호 연관되어 있는 복수자산의 건설공사를 위해 합의된, 법적으로 구속력 있는 계약
도급공사	건설사업자가 건설공사의 완성을 약정하고, 발주자가 그 결과에 대하여 대가의 지급을 약정한 건설형 공사계약에 따라 수행하는 공사
하도급공사	건설사업자(원도급자)가 도급공사의 전부 또는 일부를 다른 건설사업자(하도급자)로 하여금 수행하도록 하는 공사
공사계약금액	확정된 계약조건에 따라 건설사업자가 수행한 도급공사에 대하여 발주자 또는 원도급자 등이 지급하기로 한 대가의 총액
정액공사계약	전체 공사계약금액을 정액으로 하거나 산출물 단위당 가격을 정액으로 하는 공사계약(물가연동조항이 있는 경우 포함)
원가보상공사계약	공사원가의 일정비율이나 고정된 이윤을 공사원가에 가산한 금액을 건설사업자가 보상받는 공사계약
총공사예정원가	확정된 도급공사 계약조건에 따라 공사를 수행함에 있어 보고기간종료일 현재 이미 발생된 공사원가와 향후 발생할 공사원가를 합한 금액
진행기준	도급금액에 공사진행률을 곱하여 공사수익을 인식하고 동 공사수익에 대응하여 실제로 발생한 비용을 공사원가로 계상하는 방법
가설재	도급공사의 시공과정상 공사를 위하여 보조적 또는 임시적으로 설치, 사용되고 해당 공사완료 후 해체 또는 철거되는 모든 자재

(1) 공사계약의 병합과 분할

건설형 공사계약은 공사계약별로 적용함을 원칙으로 한다. 그러나 계약내용의 경제적 실질을 올바로 반영하고 기간손익의 왜곡을 방지하기 위하여 동일 계약 내에서도 구분 가능한 부분별로 이 절을 적용하거나, 또는 여러 계약을 하나의 계약으로 보아 일괄 적용해야 한다(문단 16.24).

(가) 공사계약의 분할

여러 자산의 건설공사에 대하여 단일의 계약을 체결하였더라도 다음의 조건을 모두 충족하는 경우에는 여러 자산의 건설공사를 각각 독립된 건설공사로 본다.

① 각 자산에 대하여 별개의 공사제안서가 제출된다.

② 각 자산에 대해 독립된 협상이 이루어졌으며, 발주자와 건설사업자는 각 자산별로 계약조건의 수락 또는 거부가 가능하다.

③ 각 자산별로 원가와 수익의 인식이 가능하다.

(나) 공사계약의 병합

다음의 조건을 모두 충족시키는 경우에는 복수계약 전체를 단일 건설형 공사계약으로 본다.

① 복수의 계약이 일괄적으로 협상된다.

② 설계, 기술, 기능 또는 최종용도에서 복수의 계약이 상호 밀접하게 연관되어 사실상 단일 목표이윤을 추구하는 하나의 프로젝트가 된다.

③ 복수의 계약이 동시에 진행되거나 연쇄적으로 이행된다.

3) 공사수익

공사수익은 최초에 합의된 계약금액에 건설공사내용의 변경이나 보상금 또는 장려금의 지급에 따라 추가될 수익 중 발생가능성이 매우 높고 신뢰성 있는 측정이 가능한 금액을 합한 금액이다.

공사수익은 다음의 항목으로 구성된다(문단 16.28).

① 최초에 합의된 계약금액

② 건설공사내용의 변경이나 보상금 또는 장려금의 지급에 따라 추가될 수익 중 발생가능성이 매우 높고 신뢰성 있는 측정이 가능한 금액

공사수익은 수취하였거나 수취할 대가의 공정가치로 측정한다. 이러한 공사수익의 측정치는 미래 사건의 결과와 관련된 다양한 불확실성에 의해 영향을 받는다. 따라서 공사수익의 측정치는 다음과 같은 사건이 발생하거나 측정 당시의 불확실성이 해소되면 수정되어야 한다(문단 16.29).

① 원래의 계약이 합의된 회계연도 후에 발생한 공사내용의 변경이나 보상 합의

② 물가연동조항에 따른 공사계약금액의 변경

③ 건설사업자가 자신의 귀책사유로 완공시기가 지연됨에 따라 위약금을 부담한 결과 계약수익금액이 감소되는 경우

④ 정액계약이 산출물 단위당 고정가격에 기초하여 정해진 경우, 산출량이 증가함에 따라 계약수익이 증가하는 경우

보상금은 건설사업자가 공사계약금액에 포함되어 있지 않은 비용을 발주자나 다른 당사자로부터 보전받는 금액이다. 예를 들면, 발주자에 의한 보상금은 발주자에 의하여

공사가 지체되거나 제시한 설계에 오류가 있을 때, 또는 공사내용의 변경과 관련하여 분쟁이 있을 때 발생할 수 있다. 보상금의 측정은 불확실성이 높으며 협상결과에 따라 달라질 수 있다. 따라서, 보상금은 발주자가 지급 요청을 수락하였거나 수락할 가능성이 매우 높고, 그 금액을 신뢰성 있게 측정할 수 있는 경우에 한하여 공사수익에 포함한다(문단 16.30).

장려금은 특정 수행기준을 충족하거나 초과할 때 건설사업자가 발주자로부터 수취하는 추가금액이다. 예를 들면, 공사의 조기완료에 대해 건설사업자에게 계약상 정해진 장려금이 지급될 수 있다. 장려금은 특정 수행기준이 충족되거나 초과될 가능성이 매우 높은 정도로 공사가 충분히 진행되었으며, 그 금액을 신뢰성 있게 측정할 수 있는 경우에 한하여 공사수익에 포함한다(문단 16.31).

사용한 '매우 높은'이라는 용어는 일반기업회계기준 제16장 제1절 '수익인식'에서 사용한 '매우 높은'이라는 용어와 동일한 의미를 갖는다. 제공되는 용역과 관련하여 거래 당사자 모두에 대해 법적 구속력이 있는 권리, 용역제공의 대가 및 정산 방법과 조건에 대하여 거래 상대방과 합의한 경우에는 일반적으로 거래 전체의 수익금액을 신뢰성 있게 측정할 수 있으며 경제적 효익의 유입 가능성이 매우 높은 것으로 본다.

4) 공사원가

진행기준하에서는 매 회계기간마다 누적적으로 공사수익과 공사원가를 추정한다. 따라서 공사수익 또는 공사원가에 대한 추정치 변경의 효과는 회계추정의 변경으로 회계처리한다. 변경된 추정치는 변경이 이루어진 회계기간과 그 이후 회계기간의 손익계산서상 인식되는 수익과 비용의 금액 결정에 사용된다(문단 16.57). 공사원가는 다음의 항목으로 구성된다(문단 16.32).

① 특정공사에 관련된 공사직접원가
② 특정공사에 개별적으로 관련되지는 않으나 여러 공사활동에 배분될 수 있는 공사공통원가
③ 계약조건에 따라 발주자에게 청구할 수 있는 기타 특정공사원가

단, 공사활동과 관련이 없거나 특정공사에 귀속시킬 수 없는 비용✎은 공사원가에서 제외한다(문단 16.36).

✎ 계약상 청구할 수 없는 일반관리원가, ② 공사계약 전 지출에 해당하지 않는 판매원가, ③ 계약상 청구할 수 없는 연구개발원가, ④ 일시적이 아닌 장기적인 유휴 생산설비나 건설장비의 감가상각비를 말한다.

(1) 공사직접원가

특정공사에 관련된 공사직접원가의 예는 다음과 같다(문단 16.33).

① 건설공사에 사용된 재료원가

② 현장감독을 포함한 현장인력의 노무원가

③ 생산설비와 건설장비의 감가상각비

④ 생산설비, 건설장비 및 재료의 건설현장으로의 또는 건설현장으로부터의 운반비

⑤ 생산설비와 건설장비의 임차료

⑥ 공사와 직접 관련된 설계와 기술지원비

⑦ 외주비

⑧ 공사종료시점에서 추정한 하자보수와 보증비용

⑨ 제3자에 대한 보상

⑩ 이주대여비 관련 순이자비용

⑪ 창고보관료, 보험료 등 특정공사 진행과정에서 직접적으로 발생한 기타 비용

(2) 공사공통원가

특정공사에 배분될 수 있는 공사공통원가에는 보험료, 특정공사에 직접 관련되지 않은 설계와 기술지원비, 기타 공사간접원가 및 자본화될 금융비용 등이 있다. 공통원가는 체계적이고 합리적인 방법에 따라 손익계산단위에 배분되며, 배분방법은 비슷한 성격의 모든 원가에 동일하게 적용한다. 손익계산단위는 수익을 인식하고 원가를 계상하며 손익을 측정하기 위해 구분한 공사손익의 계산단위를 말한다. 일반적으로는 각각의 계약이 손익계산단위가 된다. 그러나 계약의 병합이나 분할의 조건을 충족시키는 계약의 경우에는 여러 개의 계약이 하나의 손익계산단위가 될 수 있으며, 하나의 계약에 여러 개의 손익계산단위가 있을 수도 있다(문단 16.34).

계약 조건에 따라 발주자에게 청구할 수 있는 기타 특정공사원가에는 계약에 규정되어 있는 일부 일반관리원가와 연구개발비 등이 있다(문단 16.35).

(3) 지출의무자와 지출행위자가 다른 경우

계약상의 지출의무자와 실제 지출행위자가 다른 경우에는 다음과 같이 회계처리한다(문단 16.37).

① 계약상 건설사업자가 부담해야 할 환경정화비 등을 발주자가 대신 지출하고 건설사업자에게 대금청구를 한 경우, 건설사업자가 발주자로부터 청구 받은 원가로서

지급할 가능성이 높은 금액은 건설공사원가에 가산한다.

② 하도급자가 사용한 건설사업자 장비의 사용료에 대해 건설사업자가 하도급자에게 원가 청구를 하는 경우와 같이 건설사업자가 부담한 공사원가를 하도급자 등에게 청구한 때는 상대방이 지급요청을 수락하거나 수락할 가능성이 매우 높고, 지급받을 금액을 신뢰성 있게 측정할 수 있는 경우에 건설공사원가에서 차감한다.

(4) 공사계약 전 지출

공사원가는 계약체결일로부터 계약의 최종적 완료일까지의 기간 동안에 해당 공사에 귀속될 수 있는 원가를 포함한다. 그러나 계약에 직접 관련이 되며 계약을 획득하기 위해 공사계약체결 전에 부담한 지출은, 개별적으로 식별이 가능하며 신뢰성 있게 측정될 수 있고 계약의 체결가능성이 매우 높은 경우에 공사원가의 일부로 포함된다. 공사원가에 포함되는 공사계약전 지출은 결과적으로 선급공사원가로 계상하며, 해당 공사를 착수한 후 공사원가로 대체한다(문단 16.38).

회계 Tip 선급공사원가 실무지침

■ 실무지침 실16.25

'계약을 획득하기 위해 공사계약체결 전에 부담한 지출'에 대한 것이므로 주로 '수주와 관련된 지출'에 대한 회계처리를 정하고 있다고 볼 수 있다. 한편 공사계약체결 전 지출에는 수주와 관련된 지출만이 아니라, 체결될 가능성이 매우 높은 공사계약에 공사원가로 포함될 사전적 지출이 포함될 수 있다. 이러한 공사계약체결 전 지출도 계약체결가능성이 매우 높고 그 금액이 회수가능하며 신뢰성 있게 측정할 수 있는 경우에는 경과적으로 선급공사원가로 인식한 후 공사개시 후에 공사원가로 대체할 수 있다.

일반기업회계기준 및 한국채택국제회계기준과 미국회계기준상의 회계처리방법 간의 주된 차이점은 미국의 경우 수주비와 같은 공사계약 전 지출의 이연회계처리를 의무화하지 않고 다만 대체적 회계처리방법으로서 허용하고 있다는 것이다. 또 다른 차이점은 미국회계기준이 공사계약체결 전 지출에 대해 보다 포괄적이고 상세하게 규정하고 있다는 것이다(문단 16.38).

■ 실무지침 실16.26

수주비 등 계약체결 전 지출을 문단 16.38에서와 같이 규정함에 있어서 한국채택국제회계기준을 수용하였다. 즉 수주비는 특정계약의 체결가능성이 매우 높고 특정계약의 체결과 직접 관련되어 있으며 식별가능하고 신뢰성 있게 측정할 수 있는 경우에는 선급공사원가로 자산처리한다. 선급공사원가로 자산처리한 수주비는 공사 개시 후 적절한 방법으로 공사원가에 포함시킨다.

예약매출계약에 해당하는 아파트분양계약도 건설형 공사계약에 포함하여 적용대상으로 하고 있다. 따라서 분양계약 전의 모델하우스 건립관련비용(특정 분양계약과 직접 관련된 경우에 한하며 회사홍보목적 등으로 상설로 운영되는 경우는 제외됨)도 공사계약전 지출로서, 문단 16.38의 조건을 충족시킬 경우 선급공사원가로 회계처리한다(문단 16.38).

■ 질의회신 2003-099 모델하우스 설치비용의 회계처리

수주모델하우스의 운영비는 발생시에 당기비용으로 처리하고 모델하우스의 설치비는 기업회계기준등에 관한해석 27-37*의 아파트부지의 취득원가를 공사진행률 계산에 산입하는 방법과 동일하게 산출한 금액을 공사원가로 회계처리하는 것이 타당함.

* 기업회계기준 등에 관한 해석 27-37은 일반기업회계기준 제16장 제2절(건설형 공사계약) 문단 실16.32로 대체

■ 질의회신 2005-128 시공사와 정산한 분양관련비용의 회계처리

특정분양계약 전의 모델하우스 신축비용은 선급공사원가로 계상한 후 진행률에 따라 분양원가에 산입하는 것이 타당하며, 분양대행수수료와 운영경비는 발생시 비용처리하는 것이 타당하다.

■ GKQA 05-007 용지취득 후 분양공사 착공 전에 발생한 금융비용

용지 취득 후부터 공사 착공 전의 기간중에 발생한 금융비용은 당해 용지를 의도된 용도로 사용하기 위한 활동이 진행중인지의 여부를 판단하여 이를 위한 활동이 중단된 경우에는 영업외 비용으로 처리하여야 한다. 동 기간에 당해 용지를 의도된 용도로 사용하기 위한 활동이 중단되지 아니한 것으로 판단되는 경우에 한하여 용지에 대한 금융비용은 선급공사원가로 인식하며, 당해 공사를 착수한 후 공사진행률에 따라 공사원가로 대체하는 것이 타당하다.

■ GKQA 14-002 공사계약해지 및 신규계약에 따른 회계처리

기존업체와의 기존계약 내용의 실질적인 변경이 없이 기존계약의 잔여의무만을 신규업체에게 이행하여 기존계약이 충족되는 것에 대한 3자(공사발주자, 기존업체, 신규업체)간의 실질적인 합의가 존재한다면, 기존계약의 해지 및 신규 계약 체결의 경제적 실질은 단순한 계약상대방의 변경으로 볼 수 있으므로 별개의 거래로 회계처리하지 아니한다. 따라서 계약의 계속으로 보아 변경된 계약금액(신규업체와의 계약)과 예정원가를 반영하여 일반기업회계기준 제16장 문단 16.39에 따라 매출(공사수익)을 인식하고, 문단 16.40에 따라 매출원가(공사원가)를 인식하는 것이 타당하다.

5) 공사수익과 비용인식

수익인식조건을 충족하여 공사결과를 신뢰성 있게 추정할 수 있을 때는 진행기준을 적용하여 공사수익을 인식한다. 당기공사수익은 공사계약금액에 보고기간종료일 현재의 공사진행률을 적용하여 인식한 누적공사수익에서 전기말까지 계상한 누적공사수익을 차감하여 산출한다(문단 16.39). 당기공사원가는 당기에 실제로 발생한 총공사비용에 공사손실충당부채전입액(추정공사손실)을 가산하고 공사손실충당부채환입액을 차감하며 다른 공사와 관련된 타계정대체액을 가감하여 산출한다(문단 16.40). 공사수익은 건설사업자가 발주자로부터 지급받을 공사계약금액에 근거하여 계상함을 원칙으로 한다. 다만, 건설사업자가 실질적으로는 단순한 관리자로서 용역보수 또는 수수료만을 받는 경우에는 공사계약금액 중 건설사업자에게 실제로 귀속될 금액만을 공사수익으로 계상한다(문단 16.43).

수주전담회사의 회계처리

■ 실무지침 실16.27

단 16.43에 의하면 공사수익의 계상은 공사계약금액 총액을 기준으로 함을 원칙으로 하되, 건설사업자가 단순한 관리자로서 용역보수 또는 수수료만을 받는 경우에는 공사계약금액 중 본인에게 실제로 귀속될 금액만을 기준으로 하도록 되어 있다. 이와 관련하여 수주전담회사의 회계처리를 어떻게 해야 할 것인가가 문제가 될 수 있다.

일반적으로 수주전담회사는 사실상 도급공사가 주업이 아니며, 수주를 하고 이를 하도급함으로써 중간에서 수수료나 적정이윤의 획득을 주된 사업내용으로 하는 것이므로 수주전담회사가 총액주의에 의해 자산, 부채, 수익, 비용을 인식하는 것은 수주전담회사의 재무제표를 왜곡시킬 우려가 있다. 따라서 수주전담회사의 경우 공사와 관련된 위험이 사실상 하도급회사에 전가되며 수익의 성격이 공사수익이 아닌 수수료수익의 성격을 지닌다면 일반적으로 순액주의에 의거하여 거래를 회계처리하고 관련 사항을 적절하게 주석공시하는 것이 필요하다. 수주전담회사가 아니라도 사실상 일부 수주업무를 행하는 경우가 있다. 이러한 경우에도 마찬가지로 회계처리되어야 할 것이다. 따라서 총액주의 또는 순액주의의 사용은 사업의 목적과 내용, 공사와 관련된 위험과 효익의 귀속주체 등을 총체적으로 고려, 즉 거래의 실질내용과 계약조건 등을 종합적으로 고려하여 판단하여야 한다. 순액주의 내지 총액주의 적용 여부에 대한 최종적인 판단은 본 절 및 제16장 제1절 '수익인식'의 관련규정 등에 따라 내려져야 할 것이다(문단 16.43).

진행기준하에서 공사수익은 그 공사가 수행된 회계기간별로 인식한다. 공사원가도 일반적으로 공사가 수행된 회계기간의 비용으로 인식한다. 그러나 잔여 공사기간 중에 발생이 예상되는 공사원가의 합계액이 동 기간 중 인식될 공사수익의 합계액을 초과할 경우에는 해당 초과액을 당기의 비용으로 인식하고 공사원가에 포함하여 보고한다(문단 16.44).

공사수익(결과)은 그 공사와 관련한 경제적 효익이 기업에 유입될 가능성이 매우 높은 경우에만 신뢰성 있게 측정할 수 있다. 계약과 관련된 경제적 효익이 기업에 유입될 가능성이 낮은 경우에는 현금의 수입이 있을 때까지 공사수익을 인식하지 아니한다. 그러나 이미 공사수익으로 손익계산서에 인식된 금액의 회수가능성에 불확실성이 발생하는 경우에도 공사수익을 수정하지 않는다. 공사수익으로 인식된 공사미수금이 추후 회수불가능하게 되면 기존의 공사수익을 수정하는 것이 아니라 대손비용으로 처리한다(문단 16.45).

건설형 공사계약의 당사자들이 공사수익과 공사원가를 신뢰성 있게 추정하기 위해서는 건설형 공사계약 대상자산에 대한 각 당사자의 구속력 있는 권리, 교환되는 대가, 결제의 방법과 조건 등이 명시된 계약이 있어야 한다. 또한, 건설사업자는 효율적인 재무예산 및 보고체제를 갖추어야 한다. 건설사업자는 공사의 진행에 따라 공사수익과 공사원가의 추정치를 재검토하고 필요한 경우에는 추정치를 수정한다. 공사진행중 추정치를 수정한다고 해서 그것이 계약의 결과를 신뢰성 있게 추정할 수 없다는 것을 의미하는 것은 아니다(문단 16.46).

(1) 공사진행률

공사진행률은 실제공사비 발생액을 토지의 취득원가와 자본화대상 금융비용 등을 제외한 총공사예정원가로 나눈 비율로 계산함을 원칙으로 한다. 다만 공사수익의 실현이 작업시간이나 작업일수 또는 기성공사의 면적이나 물량 등과 보다 밀접한 비례관계에 있고, 전체공사에서 이미 투입되었거나 완성된 부분이 차지하는 비율을 객관적으로 산정할 수 있는 경우에는 그 비율로 할 수 있다(문단 16.47).

Chapter 05

$$(\text{누적})\text{공사진행률} = \frac{\text{누적공사원가}}{\text{총공사예정원가}} = \frac{\text{전기누적원가} + \text{당기발생원가}}{\text{전기누적원가} + \text{당기발생원가} + \text{추가예정원가}}$$

회계 Tip **예정원가와 기성고증명**

■ 질의회신 2001-161 예정원가의 실무적 의미에 대한 질의

실무적으로 사용되는 실행예산이 대차대조표일 현재 기 발생된 공사원가와 대차대조표일 이후 발생이 예상되는 공사원가를 적절히 반영하고 있고 공사예정원가에 대한 추정이 체계적이고 합리적인 절차에 의하여 일관성 있게 이루어지고 있으며, 공사수행과정에서 얻을 수 있는 새로운 정보를 계속적으로 적절히 반영하고 있다면, 형식과 명칭에도 불구하고 공사예정원가로 이용될 수 있음. 이 경우 회사는 특별한 사유가 없는 한 회사가 선택한 방법을 계속적으로 적용하는 것이 타당함.

■ 실무지침 실16.28

(기성고증명과 진행률계산) 문단 16.47에 의하면 공사진행률은 총공사예정원가에 대한 실제공사비 발생액의 비율로 계산함을 원칙으로 하되, 공사수익의 실현이 작업시간이나 작업일수 또는 기성공사의 면적이나 물량등과 보다 밀접한 비례관계에 있고, 전체공사에서 이미 투입되었거나 완성된 부분이 차지하는 비율을 객관적으로 산정할 수 있는 경우에는 그 비율로 할 수 있도록 되어 있다. 문단 16.47에서 규정한 이미 투입되었거나 완성된 부분이 차지하는 비율의 결정과 관련하여, 시공주가 확인한 기성고증명은 동 기성고증명이 공사의 실제 기성부분과 부합하고, 그 기성부분에 대하여 공사대금이 청구되어 그 대금의 지급이 확정되는 등 충분히 신뢰할 수 있는 경우에 한하여 이미 투입되었거나 완성된 부분이 차지하는 비율로 인정할 수 있다(문단 16.47).

공사진행률을 발생원가 기준으로 결정할 경우에는 실제로 수행된 작업에 대한 공사원가만 발생원가에 포함한다. 따라서 공사원가에는 포함되나 공사진행에 따라 직접 발생한 지출은 아니므로, 공사진행률 계산의 기준이 되는 발생원가에서 제외되는 공사원가의

예는 다음과 같다(문단16.48).

① 공사현장에 투입되었으나 아직 공사수행을 위해 이용 또는 설치되지 않은 재료 또는 부품의 원가. 다만 해당 공사를 위해 특별히 제작되거나 조립된 경우는 발생원가에 포함한다.
② 아직 수행되지 않은 하도급 공사에 대하여 하도급자에게 선급한 금액
③ 토지의 취득원가
④ 자본화대상 금융비용
⑤ 재개발 등의 이주대여비 관련 순이자비용
⑥ 공사손실충당부채전입액

회계 Tip **진행률의 적용**

■ 실무지침 실16.29

한국채택국제회계기준의 기업회계기준서 제1011호 '건설계약' 문단 27은 계약 후의 조기지출과 관련하여 '계약상의 미래 활동과 관련된 계약원가가 미리 발생하는 경우가 있다. 이러한 계약원가는 회수가능성이 높은 경우 자산으로 인식한다. 이러한 원가는 발주자에게 청구하여 수령할 금액을 의미하며 흔히 미성공사로 분류한다.'라고 규정하고 있다. 이러한 회계처리방법은 일반기업회계기준 적용기업의 경우에도 유사한 회계사건의 발생 시 적용할 수 있을 것이다(문단 16.48).

■ 실무지침 실16.30 : (취득토지의 공사진행률계산 불포함)

토지는 건설공사기간에 걸쳐 계속적으로 사용되는 것이라고 볼 수 있으므로 토지구입시점에서 전액을 공사원가로 산입하는 것은 타당하지 않으며 공사진행률에 의하여 공사원가에 안분하여 산입하는 것이 타당하다. 이는 공사에 사용하기 위해 매입한 장비의 원가를 예상사용기간에 걸쳐 배분하는 것과 동일한 논리이다. 한편 건설공사에 소요되는 값비싼 부품(컴퓨터, 엔진, 레이더 등)은 건설공사의 일정시점에 필요한 것이지 건설공사기간에 걸쳐 계속 사용되는 것은 아니므로 그 부품이 설치된 시점에서 공사원가에 포함시키는 것이 타당하다(문단 16.48).

■ 실무지침 실16.31

문단 16.48에서는 진행률을 계산할 때 제외되는 공사원가의 예로 이주대여비 관련 이자비용을 들고 있다. 건설회사가 재개발 또는 재건축 아파트 공사를 수주하여 공사하는 경우 원활한 공사진행을 위하여 재개발 · 재건축조합원 또는 세입자들에게 공사완료 시까지의 이주비를 대여하며 이에 소요되는 자금은 자기자금 또는 금융기관 차입금으로 조달하게 된다. 이때 이주비 대여목적으로 차입하는 자금에 대한 이자비용과 이주비대여로 인하여 발생하는 이자수익의 차액 중 공사개시 전까지 발생하는 부분은 발생시에 선급공사원가로 계상한다. 선급공사원가로 계상된 금액은 공사개시 후 공사진행률에 따라 공사원가로 계상한다. 그러나 선급공사원가 및 매기 진행률에 따라 공사원가에 배분된 선급공사원가는 공사진행률 계산에 포함하지 아니한다. 이주대여비 관련 이자비용 금액산정은 차입원가자본화에 관한 회계처리기준을 준용한다(문단 16.48).

■ 실무지침 실16.32

문단 16.48은 공사손실충당부채전입액(추정공사손실)을 '공사진행률 계산의 기준이 되는 발생원가에서 제외되는 공사원가의 예'에 포함하고 있다. 공사손실충당부채전입액(추정공사손실)은 진행률계산에 사용되는 당기발생공사원가는 아니나 당기발생원가에 부가하여 기재하므로 당기공사원가에는 포함되며, 예상하지 못했던 공사원가의 추가적인 발생을 의미하므로 총공사예정원가의 증가를 초래한다. 즉, 공사손실충당부채전입액(추정공사손실)은 공사진행률계산시 총공사예정원가에는 포함되나 실제발생공사원가에는 포함되지 아니한다(문단 16.48(6)). 기타 공사원가에는 포함되나 실제 공사수행에 따라 발생한 지출은 아니므로 진행률 계산시에는 포함되지 않는 공사계약 전 지출의 예로는 수주비와 분양촉진을 목적으로 설립된 모델하우스 건립비 등을 들 수 있다.

■ 질의회신 2004-077 주상복합건물의 분양률 산정방법 변경

진행기준에 의한 수익인식을 하면서 분양가액 기준으로 분양률을 산정하다가 면적 기준으로 분양률로 산정하기로 변경한 경우, 회계추정의 변경으로 보다 누적공사원가에 분양가기준의 분양률을 곱한 누적분양원가에서 전기까지 비용으로 계상된 분양원가를 차감한 금액을 당기의 분양원가로 인식하는 것이 타당함.

■ 질의회신 2004-076 분양공사의 진행률 계산시 분양수수료 및 건물분 취·등록세의 포함 여부

진행률 계산시 분양대행수수료는 제외하는 것이 타당하며, 건물관련 취득세 및 등록세는 진행률 계산에 포함시키는 것이 타당함.

■ GKQA 07-032 건설중인 조성용지의 공사수익인식에 관한 질의

택지조성에 장기간이 소요되어 일부 필지는 사업지구 준공이전에 사용승낙하는 경우, 공사진행률은 사업지구 전체가 준공되는 시점까지 일괄적으로 적용함.

(2) 진행기준을 적용할 수 없는 경우(원가회수법)

공사결과를 신뢰성 있게 추정하기 위해 필요한 수익인식기준의 조건을 충족시키지 못해 진행기준을 적용할 수 없는 예외적인 경우에는 공사수익과 비용을 다음과 같이 인식한다(문단 16.49).

① 공사수익은 회수가능성이 매우 높은 발생원가의 범위 내에서만 인식한다.
② 공사원가는 발생된 회계기간의 비용으로 인식한다.
③ 공사원가가 공사수익을 초과할 가능성이 매우 높은 경우에는 추정공사손실을 공사손실충당부채전입액으로 하여 즉시 비용으로 인식한다.

공사초기단계와 같이 공사결과를 신뢰성 있게 추정할 수 없는 상황이 바뀌어 공사결과를 신뢰성 있게 추정할 수 있게 되고 이에 따라서 진행기준을 적용하게 되는 경우에는 이를 회계추정의 변경으로 본다(문단 16.50).

(3) 공사원가의 회수가능성이 낮은 경우

다음과 같은 계약의 경우에는 공사원가의 회수가능성이 낮으므로 관련 공사원가는 즉시 비용으로 인식한다(문단 16.51).

① 충분한 구속력이 없어서 그 이행가능성이 상당히 의심되는 공사계약

② 공사의 완료가 계류 중인 소송이나 입법결과에 좌우되는 공사계약

③ 수용되거나 몰수당하기 쉬운 자산에 대한 공사계약

④ 발주자가 그 의무를 이행할 수 없는 공사계약

⑤ 건설사업자가 공사를 완료할 수 없거나 계약상의 의무를 이행할 수 없는 공사계약

(4) 공사의 완성시기

공사의 완성시기는 도급공사와 관련하여 건설사업자가 이행하기로 한 계약상 주된 의무를 완료한 때로서, 일반적으로 공사의 목적물이 준공된 때로 한다. 다만, 동 공사와 관련된 추가공사비 또는 하자보수비 등을 합리적으로 예측하여 충당부채를 설정한 경우에는 동 공사의 목적물을 실질적으로 사용할 수 있는 때로 할 수 있다(문단 16.52).

공사가 완공되지 않았어도 공사의 목적물을 실질적으로 사용할 수 있는 가사용승인일 등이 있는 경우에는 이때를 공사완공시점으로 볼 수 있다(문단 16.52).

6) 추정공사손실의 인식

당기공사원가는 당기에 실제로 발생한 총공사비용에 공사손실충당부채전입액(추정공사손실)을 가산하고 공사손실충당부채환입액을 차감하며 다른 공사와 관련된 타계정대체액을 가감하여 산출한다(문단 16.40).

공사와 관련하여 향후 공사손실의 발생이 예상되는 경우에는 예상손실을 즉시 공사손실충당부채로 인식하고 중요 세부내용을 주석으로 기재한다(문단 16.53).

① 당기에 계상하는 공사손실충당부채전입액(추정공사손실)은 잔여공사기간 중에 발생이 예상되는 공사원가의 합계액이 동기간 중 인식될 공사수익의 합계액을 초과하는 금액이며, 공사 전 기간에 걸쳐 예상되는 총공사손실액에 과거 기간 중에 인식한 공사이익이 있을 경우 이를 합계한 금액과 같다. 공사손실충당부채전입액은 당기의 비용으로 처리하고 실제발생공사원가에 부가하여 공사원가로 보고한다.

② 차기 이후의 공사에서 실제로 손실이 발생한 경우에는 동 손실에 상당하는 금액을 공사손실충당부채 잔액의 범위내에서 환입하고 동 환입액은 해당 회계연도의 공사원가에서 차감하여 보고한다.

공사손실충당부채전입액은 공사착수 여부, 공사의 진행도 또는 단일공사계약으로 취급되지 않는 다른 계약에서 발생할 것으로 기대되는 이익의 금액에 관계없이 결정된다(문단 16.54). 여러 개의 공사계약이 단일공사계약으로 병합된 경우에는 병합된 공사 전체를 하나의 단위로 하여 공사손실충당부채를 계산한다. 만약 공사계약이 분할된 경우에는 분할된 계약 각각에 대해 공사손실충당부채를 설정한다(문단 16.55).

공사손실충당부채를 계산하기 위해 총공사예정원가를 추정할 때에는 발주자로부터 지급받을 것으로 예상되는 위약금이나 보상금, 원가보상공사계약에 있어서 청구불능지출, 계약내용 또는 공사계약금액의 변경가능성 등을 고려한다(문단 16.56).

Chapter 05

7) 하자보수충당부채

공사종료 후에 하자보수 의무가 있는 경우에는 합리적이고 객관적인 기준에 따라 추정된 금액을 하자보수비로 하여 그 전액을 공사가 종료되는 회계연도의 공사원가에 포함하고, 동액을 하자보수충당부채로 계상한다(문단 16.59).

하자보수충당부채는 이후 실제로 발생한 하자보수비와 상계하고, 그 잔액은 실질적으로 하자보수의 의무가 종료한 회계연도에 환입하며, 하자보수충당부채를 초과하여 발생한 하자보수비는 해당 연도의 비용으로 처리한다(문단 16.60).

회계 Tip 충당부채

■ 실무지침 실16.35

대한건설협회에서는 하자보수충당부채 산액의 환입시기결정과 관련하여 구체적인 기준의 마련을 제안하였는바 최종적인 기준 마련 시 다음과 같이 수용되었다.
문단 16.60에서 실질적으로 하자보수의 의무가 종료한 경우라 함은 해당 건설업체가 종전의 동일 또는 유사한 건설공사의 하자보수 경험 등을 기준으로 신뢰성 있게 측정한 결과 하자 발생 가능성이 매우 희박하거나 해당 시설에 대한 발주자의 추가공사 등으로 해당 업체의 하자보수 의무가 사실상 소멸한 경우 등을 말한다(문단 16.60).

■ 실무지침 실16.37

(하자보수비를 총공사예정원가 및 누적발생원가에 포함하는지 여부) 하자보수가 예상되는 경우에는 추정하자보수비를 공사진행률 계산의 기준이 되는 총공사예정원가에 포함하며, 공사가 종료되는 회계기간에는 하자보수비(하자보수충당부채전입액)를 동 회계기간의 공사원가로 인식하고 공사진행률 계산의 기준이 되는 누적발생원가에 포함한다.

8) 기타 회계처리

(1) 생산설비와 건설장비

생산설비와 건설장비는 유형자산으로 계상한 후 다음과 같이 회계처리한다(문단 16.61).

① 해당 장비가 특정공사에만 사용가능한 경우에는 공사기간과 동 장비의 경제적 내용연수 중 짧은 기간 동안 감가상각하고 상각비를 공사원가에 산입한다.

② 해당 장비를 여러 공사를 위하여 사용하는 경우에는 동 장비의 경제적 내용연수 동안 감가상각하고 상각비를 각각의 공사원가에 배분한다.

③ 처분예정인 유형자산은 장부금액을 투자자산으로 회계처리하고 감가상각을 하지 아니하며, 손상차손 발생여부를 매 보고기간말에 검토한다.

(2) 가설재

가설재 중 내용연수가 장기인 철재 또는 이와 유사한 내구재는 유형자산으로 계상하여 회계처리하고 그 이외의 가설재는 재고자산으로 계상한 후 다음과 같이 회계처리한다(문단 16.62).

① 해당 가설재가 특정공사에만 사용가능한 경우에는 사용기간 동안 합리적인 방법으로 배분된 금액을 공사원가에 산입한다.

② 해당 가설재가 여러 공사에 사용가능한 경우에는 해당 연도에 감모된 가액을 합리적으로 계상하여 공사원가에 산입한다.

③ 처분예정인 가설재는 유형자산으로 회계처리되어 온 경우에는 장부금액을 투자자산으로 회계처리하고 감가상각을 인식하지 아니하며, 손상차손 발생여부를 매 보고기간말에 검토한다. 재고자산으로 회계처리되어 온 가설재는 저가기준으로 평가한다.

❹ 고객과의 계약에서 생기는 수익(한국채택국제회계기준 제1115호)

제1115호는 기존의 제1018호 수익, 제1011호 건설계약을 대체하여 제정된 기업회계기준서이다.

1) 목적

이 기준서의 목적은 고객과의 계약에서 생기는 수익 및 현금흐름의 특성, 금액, 시기, 불확실성에 대한 유용한 정보를 재무제표이용자들에게 보고하기 위하여 적용할 원칙을 정하는 것이다. 이를 이루기 위한 핵심 원칙은 기업이 고객에게 약속한 재화나 용역의 이전을 나타내도록 해당 재화나 용역의 대가로 받을 권리를 갖게 될 것으로 예상하는 대가를 반영한 금액으로 수익을 인식해야 한다는 것이다.

2) 수익인식의 5단계

(1) 1단계 : 고객과의 계약을 식별

(가) 계약을 둘 이상의 당사자들 사이에 집행 가능한 권리와 의무가 생기게 하는 합의라고 정의하며, 계약이 성립하기 위한 조건은 다음과 같다.

- 계약 당사자들이 계약을(서면으로, 구두로, 그 밖의 사업 관행에 따라) 승인하고 각자의 의무를 수행하기로 확약한다.
- 이전할 재화나 용역과 관련된 각 당사자의 권리를 식별할 수 있다.
- 이전할 재화나 용역의 지급조건을 식별할 수 있다.
- 계약에 상업적 실질✎이 있다(계약의 결과로 기업의 미래현금흐름의 위험, 시기, 금액이 변동될 것으로 예상된다).
- 고객에게 이전할 재화나 용역에 대하여 받을 권리를 갖게 될 대가의 회수 가능성이 높다.

✎ 대가의 회수가능성이 높은지를 평가할 때는 지급기일에 고객이 대가(금액)을 지급할 수 있는 능력과 지급할 의도만을 고려한다. 기업이 고객에게 가격할인(price concessions)을 제공할 수 있기 때문에 대가가 변동될 수 있다면, 기업이 받을 권리를 갖게 될 대가는 계약에 표시된 가격보다 적을 수 있다.

(나) 고객과의 계약이 위 (가)의 기준은 충족하지 못하지만 고객에게서 대가를 받은 경우에는 다음 사건 중 어느 하나가 일어난 경우에만 받은 대가를 수익으로 인식한다.

① 고객에게 재화나 용역을 이전해야 하는 의무가 남아있지 않고, 고객이 약속한 대가를 모두(또는 대부분) 받았으며 그 대가는 환불되지 않는다.

② 계약이 종료되었고 고객에게서 받은 대가는 환불되지 않는다.

(다) 계약의 결합

다음 기준 중 하나 이상을 충족한다면, 같은 고객(또는 그 고객의 특수관계자)과 동시에 또는 가까운 시기에 체결한 둘 이상의 계약을 결합하여 단일 계약으로 회계처리한다.

① 복수의 계약을 하나의 상업적 목적으로 일괄 협상한다.

② 한 계약에서 지급하는 대가(금액)는 다른 계약의 가격이나 수행에 따라 달라진다.

③ 복수의 계약에서 약속한 재화나 용역(또는 각 계약에서 약속한 재화나 용역의 일부)은 단일 수행의무에 해당한다.

(라) 계약변경

① 계약변경이라 계약 당사자들이 승인한 계약의 범위나 계약가격(또는 둘 다)의 변경을 말한다. 계약변경은 서면으로, 구두 합의로, 기업의 사업 관행에서 암묵적으로 승인될 수 있다. 계약 당사자들이 계약변경을 승인하지 않았다면, 계약변경의 승인을 받을 때까지는 기존 계약에 이 기준서를 계속 적용한다.

② 계약 당사자들끼리 계약 변경 범위나 가격(또는 둘 다)에 다툼이 있거나, 당사자들이 계약 법위의 변경을 승인하였으나 아직 이에 상응하는 가격 변경을 결정하지 않은 경우에 계약변경으로 생기는 거래가격의 변경은 변동대가 추정에 관한 문단에 따라 추정한다.

③ 다음 두 조건을 모두 충족하는 경우에 계약변경은 별도 계약으로 회계처리한다.

㉮ 약속한 재화나 용역이 추가되어 계약의 범위가 확장된다.

㉯ 계약가격이 추가로 약속한 재화나 용역의 개별 판매가격에 특정 계약상황을 반영하여 적절히 조정한 대가(금액)만큼 상승한다.

(2) 2단계 : 수행의무를 식별

(가) 계약 개시시점에 고객과의 계약에서 약속한 재화나 용역을 검토하여 고객에게 다음 중 어느 하나를 이전하기로 한 각 약속을 하나의 수행의무로 식별한다.

- 구별되는 재화나 용역(또는 재화나 용역의 묶음)
- 실질적으로 서로 같고 고객에게 이전하는 방식도 같은 '일련의 구별되는 재화나 용역'

(나) 수행의무의 이행

고객에게 약속한 재화나 용역, 즉 자산을 이전하여 수행의무를 이행할 때(또는 기간에 걸쳐 이행하는 대로) 수익을 인식한다. 자산은 고객이 그 자산을 통제할 때(또는 기간에 걸쳐 통제하게 되는 대로) 이전된다.

(3) 3단계 : 거래가격을 산정

① 거래가격을 산정하기 위해서는 계약 조건과 기업의 사업 관행을 참고한다. 거래가격은 고객에게 약속한 재화나 용역을 이전하고 그 대가로 기업이 받을 권리를 갖게 될 것으로 예상하는 금액이며, 제삼자를 대신해서 회수한 금액(예 : 일부 판매세)은

제외한다.

② 고객이 약속한 대가의 특성, 시기, 금액은 거래가격의 추정치에 영향을 미친다. 거래가격을 산정할 때에는 다음 사항이 미치는 영향을 모두 고려한다.

㉮ 변동대가

계약에서 약속한 대가에 변동금액이 포함된 경우에 고객에게 약속한 재화나 용역을 이전하고 그 대가로 받을 권리를 갖게 될 금액을 추정한다.

㉯ 변동대가 추정치의 제약

변동대가와 관련된 불확실성이 나중에 해소될 때, 이미 인식한 누적 수익 금액 중 유의적인 부분을 되돌리지(환원하지) 않을 가능성이 매우 높은(highly probable) 정도까지만 추정된 변동대가(금액)의 일부나 전부를 거래가격에 포함한다.

㉰ 계약에 있는 유의적인 금융요소

거래가격을 산정할 때, 계약 당사자들 간에 (명시적으로나 암묵적으로) 합의한 지급시기 때문에 고객에게 재화나 용역을 이전하면서 유의적인 금융 효익이 고객이나 기업에 제공되는 경우에는 화폐의 시간가치가 미치는 영향을 반영하여 약속된 대가(금액)를 조정한다.

㉱ 비현금 대가

고객이 현금 외의 형태로 대가를 약속한 계약의 경우에 거래가격을 산정하기 위하여 비현금 대가(또는 비현금 대가의 약속)를 공정가치로 측정한다.

비현금 대가의 공정가치를 합리적으로 추정할 수 없는 경우에는, 그 대가와 교환하여 고객(또는 고객층)에게 약속한 재화나 용역의 개별 판매가격을 참조하여 간접적으로 그 대가를 측정한다.

㉲ 고객에게 지급할 대가

고객에게 지급할 대가에는 기업이 고객(또는 고객에게서 기업의 재화나 용역을 구매하는 다른 당사자)에게 지급하거나 지급할 것으로 예상하는 현금 금액을 포함한다. 기업이 고객에게 지급할 대가에는 고객이 기업에(또는 고객에게서 기업의 재화나 용역을 구매하는 다른 당사자에게) 갚아야 할 금액에 적용될 수 있는 공제나 그 밖의 항목(예 : 쿠폰이나 상품권)도 포함된다.

(4) 4단계 : 거래가격을 계약 내 수행의무에 배분

거래가격을 배분하는 목적은 기업이 고객에게 약속한 재화나 용역을 이전하고 그 대가로 받을 권리를 갖게 될 금액을 나타내는 금액으로 각 수행의무(또는 구별되는 재화나 용역)에 거래가격을 배분하는 것이다.

(가) 개별 판매가격에 기초한 배분

거래가격을 상대적 개별 판매가격에 기초하여 각 수행의무에 배분하기 위하여 계약 개시시점에 계약상 각 수행의무의 대상인 구별되는 재화나 용역의 개별 판매가격을 산정하고 이 개별 판매가격에 비례하여 거래가격을 배분한다. 개별 판매가격은 기업이 고객에게 약속한 재화나 용역을 별도로 판매할 경우의 가격이다. 개별 판매가격을 직접 관측할 수 없다면 각 수행의무에 맞게 거래가격이 배분되도록 개별 판매가격을 추정한다.
개별 판매가격을 적절하게 추정하는 방법은 다음과 같다.

① **시장평가 조정 접근법** : 기업이 재화나 용역을 판매하는 시장을 평가하여 그 시장에서 고객이 그 재화나 용역에 대해 지급하려는 가격을 추정할 수 있다. 비슷한 재화나 용역에 대한 경쟁자의 가격을 참조하고 그 가격에 기업의 원가와 이윤을 반영하기 위해 필요한 조정을 하는 방법을 포함할 수도 있다.

② **예상원가 이윤 가산 접근법** : 수행의무를 이행하기 위한 예상원가를 예측하고 여기에 그 재화나 용역에 대한 적절한 이윤을 더할 수 있다.

③ **잔여접근법** : 재화나 용역의 개별 판매가격은 총 거래가격에서 계약에서 약속한 그 밖의 재화나 용역의 관측 가능한 개별 판매가격의 합계를 차감하여 추정할 수 있다. 그러나 잔여접근법은 다음 기준 중 어느 하나를 충족하는 경우에만, 문단 78에 따라 재화나 용역의 개별 판매가격 추정에 사용할 수 있다.

㉮ 같은 재화나 용역을 서로 다른 고객들에게 (동시에 또는 가까운 시기에) 광범위한 금액으로 판매한다(과거 거래나 그 밖의 관측 가능한 증거로 하나의 대표적인 개별 판매가격을 분간할 수 없어 판매가격이 매우 다양하다).

㉯ 재화나 용역의 가격을 아직 정하지 않았고 과거에 그 재화나 용역을 따로 판매한 적이 없다(판매가격이 불확실하다).

(나) 할인액의 배분

할인액 전체가 계약상 하나 이상의 일부 수행의무에만 관련된다는 관측 가능한 증거가 있는 때 외에는, 할인액을 계약상 모든 수행의무에 비례하여 배분한다. 이러한 상황에서 할인액을 비례적으로 배분하면 대상이 되는 구별되는 재화나 용역의 상대적 개별 판매가격에 기초하여 거래가격을 각 수행의무에 배분한 결과가 된다.

(다) 시행변동대가의 배분

수행의무를 이행하거나 구별되는 재화나 용역을 이전하는 기업의 노력(또는 그에 따른 특정 성과)과 변동 지급조건이 명백하게 관련되어 있고, 변동대가(금액)를 전부 그 수행의무나 구별되는 재화 또는 용역에 배분하는 것이 배분 목적에 맞는 경우에 변동금액을 전부 하나의 수행의무나, 단일 수행의무의 일부를 구성하는 구별되는 재화나 용역에 배분한다.

(5) 5단계 : 수행의무를 이행할 때 수익을 인식

(가) 기간에 걸쳐 이행하는 수행의무 : 진행기준

① 다음 기준 중 어느 하나를 충족하면, 기업은 재화나 용역에 대한 통제를 기간에 걸쳐 이전하므로, 기간에 걸쳐 수행의무를 이행하는 것이고 기간에 걸쳐 수익을 인식한다.

㉮ 고객은 기업이 수행하는 대로 기업의 수행에서 제공하는 효익을 동시에 얻고 소비한다. 기업이 지금까지 완료한 업무를 다른 기업이 실질적으로 다시 수행할 필요가 없을 것이라고 판단한다면 그 수행의무는 기간에 걸쳐 이행하는 것이다.

㉯ 기업이 수행하여 만들어지거나 가치가 높아지는 대로 고객이 통제하는 자산(예 : 도급공사)을 기업이 만들거나 그 자산 가치를 높인다. 자산에 대한 통제란 자산을 사용하도록 지시하고 자산의 나머지 효익의 대부분을 획득 및 다른 기업이 자산의 사용을 지시하고 그 자산에서 효익을 획득하지 못하게 하는 능력이 포함된다.

㉰ 기업이 수행하여 만든 자산이 기업 자체에는 대체 용도가 없고, 지금까지 수행을 완료한 부분에 대해 집행 가능한 지급청구권이 기업에 있다.

수행을 완료한 부분에 대해 집행 가능한 지급청구권이 기업에 있는지를 판단할 때에는 계약에 적용되는 법률뿐만 아니라 계약 조건도 고려한다. 지금까지 수행을 완료한 부분에 대한 지급청구권이 고정금액에 대한 권리일 필요는 없다. 그러나 기업이 약속대로 수행하지 못했기 때문이 아니라 그 밖의 사유로 고객이나 다른 당사자가 계약을 종료한다면 적어도 지금까지 수행을 완료한 부분에 대한 보상 금액을 받을 권리가 계약기간에는 언제든지 있어야 한다.

(나) 지금까지 수행을 완료한 부분에 대한 지급청구권

지금까지 수행을 완료한 부분에 대해 보상하는 금액을 받을 권리가 있다면, 기업에는 지금까지 수행을 완료한 부분에 대한 지급청구권이 있는 것이다.

일부 계약에서는 고객이 계약기간 중 정해진 기간에만 계약을 종료할 권리를 가질 수 있고 계약을 종료할 권리를 전혀 갖지 못할 수도 있다. 고객이 그 시점에 계약을 종료할 권리 없이 계약을 종료하려는 행동을 한다고 해도(고객이 약속한 대로 의무를 수행하지 못한 경우 포함), 계약(이나 다른 법률)에 따라 기업은 계속 계약상 약속한 재화나 용역을 고객에게 이전하고 그 재화나 용역과 교환하여 약속한 대가를 지급하도록 고객에게 요구할 수 있는 권리를 가질 수 있다. 이 상황에서 기업은 지금까지 수행을 완료한 부분에 대해 지급청구권이 있는 것이다. 기업은 계속 계약에 따라 자신의 의무를 계속 수행하고, 고객에게 그의 의무를 수행(약속한 대가의 지급을 포함)할 것을 요구할 권리가 있기 때문이다.

지금까지 수행을 완료한 부분에 대해 지급청구권이 있는지와 그 권리를 집행할 수 있는지를 판단하기 위해, 계약 조건과 그 계약 조건을 보충하거나 무효화할 수 있는 법률이나 판례도 참고한다. 이에는 다음 사항에 대한 판단이 포함될 것이다.

① 고객과의 계약에 지급청구권이 규정되지 않더라도 법률, 행정 관행이나 판례에서 기업에 지금까지의 수행분에 대한 지급청구권을 부여하는지

② 관련 판례가 비슷한 계약에서 지금까지 수행을 완료한 부분에 대한 비슷한 지급청구권이 법적으로 구속력이 없음을 나타내는지

③ 기업이 지급청구권을 집행하지 않기로 선택한 사업 관행이 그 법적 환경에서 권리를 집행할 수 없게 되는 결과를 가져왔는지. 그러나 기업이 비슷한 계약에서 자신의 지급청구권 포기를 선택할 수 있더라도 고객과의 계약에서 지금까지 수행분에 대한 지급청구권을 여전히 집행할 수 있다면, 지급청구권을 계속 갖는 것이다.

[2017-I-KQA015] 자체 분양공사의 수익인식방법 질의

■ 배경 및 질의

1. 회사는 주택법 등의 관계 법령과 아파트 표준공급계약서에 따라 고객과 분양계약을 체결하고 자체 분양공사를 통해 아파트를 건설하고 있다.
2. 아파트 표준공급계약서에 따르면, 고객은 1차 중도금 납부기일(또는 실제로 납부한 날)[1] 전까지는 회사의 동의 없이 분양계약을 해제할 수 있으나, 1차 중도금 납부기일(또는 실제로 납부한 날) 이후에는 회사의 동의 없이 분양계약을 해제할 수 없다.[2]

[1] 기업의 동의 없이 고객이 일방적으로 계약을 해제할 수 있는 권리를 가지는 기간에 대하여 다음과 같이 이견이 존재하며, 이에 대해서는 법률적 판단이 필요하다.
① 1차 중도금 납부기일까지(일반적으로 계약 개시일부터 3개월 후)
② 1차 중도금을 실제로 납부한 날까지(일반적으로 계약 개시일부터 최장 약 10개월 후)

[2] 대법원 판례, 공정거래위원회 질의회신 사례, 법무법인 의견서 등을 검토해 볼 때, 고객이 1차 중도금 납부기일(또는 실제로 납부한 날) 이후에는 일방적으로 계약을 해제할 수 있는 권리가

없다고 질의자는 판단하고 있다. 그러나 이러한 법률적 판단의 적절성을 별도로 검토하지는 아니하였다.

3. 고객이 1차 중도금 납부기일(또는 실제로 납부한 날) 전에 분양계약을 해제하면 고객이 납부한 계약금 중 분양대금 총액의 10% 상당액은 위약금으로 회사에 귀속된다.

■ 집행가능한 지급청구권의 존재 여부

고객에게 계약해제권이 없는 기간에는 지금까지 수행을 완료한 부분에 대해 집행 가능한 지급청구권이 항상 회사에 있다. 그러나 고객의 계약해제권이 존재하는 기간에는 계약조건과 상황에 따라 지금까지 수행을 완료한 부분에 대해 집행 가능한 지급청구권이 회사에 있는지에 대한 판단이 달라질 수 있다.✎

✎ 고객의 계약해제권이 유효한 기간이 언제까지인지(납부기일 또는 실제로 납부한 날)에 따라서도, 지금까지 수행을 완료한 부분에 대해 집행 가능한 지급청구권이 회사에 있는지에 대한 판단이 달라질 수 있다.

전체 계약 기간 내내 지금까지 수행을 완료한 부분에 대해 집행 가능한 지급청구권이 기업에 있어야만 진행기준을 적용할 수 있다. 따라서 고객에게 계약해제권이 있는 기간에, 집행 가능한 지급청구권이 기업에 있는지에 따라 질의 대상 계약의 수익 인식시점에 대한 판단(진행기준 또는 완성기준)이 달라질 수 있다.

기간에 걸쳐 수익을 인식하는 조건	
• 자산이 기업 자체에는 대체 용도가 없고, 지금까지 수행을 완료한 부분에 대해 집행 가능한 지급청구권이 기업에 있음	
고객에게 일방적으로 계약을 종료한 권리가 있는 경우	**고객에게 일방적으로 계약을 종료한 권리가 없는 경우**
• 고객의 사유로 고객이 계약을 종료하는 경우에는, 적어도 지금까지 수행을 완료한 부분에 대해 보상 금액을 받을 권리가 계약 기간에는 언제든지 있어야 함(문단 37) • 판매가격에 가까운 금액(예 : 발생원가 + 적정이윤)을 보상받을 권리가 있어야 함(문단 B9)	• 고객이 종료할 권리 없이 계약을 종료하려고 할 때 계약 유지 여부를 기업이 선택(결정)할 수 있음(문단 B11)

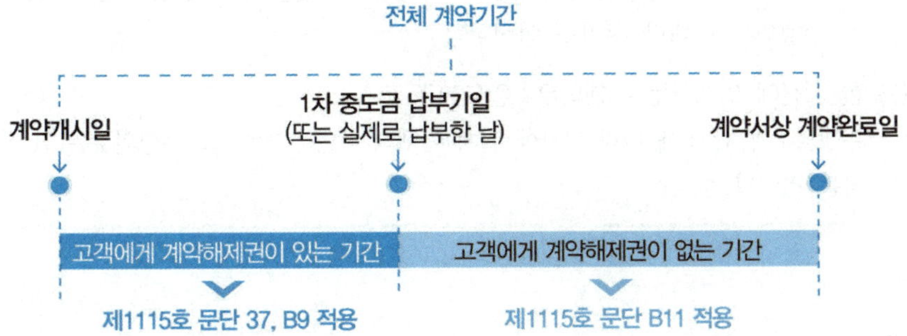

1) 고객에게 계약해제권이 있는 기간 : 문단 37과 B9 적용

이 기간에는, 고객이 계약을 종료하는 경우에 회사가 받을 위약금(분양대금 총액의 10%)으로, 적어도 계약을 해제하는 시점까지 회사가 수행을 완료한 부분에 대하여 보상받을 수 있는지를 검토하여야 한다.

만약 이 기간의 최대 공정진행률(기업이 수행을 완료한 부분에 해당)이 10% 미만일 것으로 예상된다면, 이 기간 중 언제든지 고객이 계약을 해제하더라도, 위약금(분양대금 총액의 10%)은 회사가 수행을 완료한 부분을 항상 초과한다. 즉 회사는 수행을 완료한 부분에 대해 충분한 보상을 받을 수 있다. 이 경우, 기업회계기준서 제1115호 문단 37과 문단 B9에 따라 지금까지 수행을 완료한 부분에 대해 집행 가능한 지급청구권이 회사에 있다고 판단할 수 있다. 다만, 지급청구권에 대한 판단은 전체 계약 기간에 대해 하여야 하므로 고객에게 계약해제권이 없는 기간도 추가로 고려하여 최종 판단을 한다.

2) 고객에게 계약해제권이 있는 기간 : 문단 B11 적용

이 기간에는, 고객이 계약 해제를 요청하더라도 기업이 계약상 약속한 재화나 용역을 고객에게 계속 이전할 수 있는 권리가 있고 고객에게 그 대가의 지급을 요구할 수 있다. 따라서 기업회계기준서 제1115호 문단 B11에 따라 지금까지 수행을 완료한 부분에 대해 항상 집행 가능한 지급청구권이 회사에 있다고 판단할 수 있다.

■ 대가의 회수가능성 검토

기업회계기준서 제1115호 적용 요건 중 대가의 회수가능성은 지금까지 수행을 완료한 부분에 대해 집행 가능한 지급청구권이 기업에 있는지에 따라 결정되지 않는다.

(1) 진행률 측정

㉮ 기간에 걸쳐 이행하는 수행의무 각각에 대해, 그 수행의무 완료까지의 진행률(이하 '수행의무의 진행률'이라 한다)을 측정하여 기간에 걸쳐 수익을 인식한다. 비슷한 상황에서의 비슷한 수행의무에는 그 방법을 일관되게 적용한다. 진행률은 보고기간 말마다 다시 측정한다.

㉯ 적절한 진행률 측정방법에는 산출법과 투입법이 포함된다.

㉰ 수행의무의 진행률을 합리적으로 측정할 수 있는 경우에만, 기간에 걸쳐 이행하는 수행의무에 대한 수익을 인식한다.

(2) 한 시점에 이행하는 수행의무 : 인도기준

수행의무가 위 ①에 따라 기간에 걸쳐 이행되지 않는다면, 그 수행의무는 한 시점에 이행되는 것이다.

3) 계약원가

(1) 계약체결 증분원가

① 고객과의 계약체결 증분원가가 회수될 것으로 예상된다면 이를 자산으로 인식한다.

② 계약체결 증분원가는 고객과 계약을 체결하기 위해 들인 원가로서 계약을 체결하지 않았다면 들지 않았을 원가이다(예 : 판매수수료).

③ 계약 체결 여부와 무관하게 드는 계약체결원가는 계약 체결 여부와 관계없이 고객에게 그 원가를 명백히 청구할 수 있는 경우가 아니라면 발생시점에 비용으로 인식한다.

④ 계약체결 증분원가를 자산으로 인식하더라도 상각기간이 1년 이하라면 그 계약체결 증분원가는 발생시점에 비용으로 인식하는 실무적 간편법을 쓸 수 있다.

(2) 계약이행원가

① 고객과의 계약을 이행할 때 드는 원가가 다른 기업회계기준서의 적용범위(예 : 기업회계기준서 제1002호 '재고자산', 제1016호 '유형자산', 제1038호 '무형자산')에 포함되지 않는다면, 그 원가는 다음 기준을 모두 충족해야만 자산으로 인식한다.

㉮ 원가가 계약이나 구체적으로 식별할 수 있는 예상 계약에 직접 관련된다(예 : 기존 계약의 갱신에 따라 제공할 용역 관련 원가, 아직 승인되지 않은 특정 계약에 따라 이전할 자산의 설계원가).

㉯ 원가가 미래의 수행의무를 이행(또는 계속 이행)할 때 사용할 기업의 자원을 창출하거나 가치를 높인다.

㉰ 원가는 회수될 것으로 예상된다.

② 고객과의 계약을 이행할 때 드는 원가가 다른 기준서의 적용범위에 포함되는 경우에는 그 원가는 해당 기준서에 따라 회계처리한다.

③ 계약(또는 구체적으로 식별된 예상 계약)에 직접 관련된 원가에는 다음이 포함된다.

㉮ 직접노무원가(예 : 고객에게 약속한 용역을 직접 제공하는 종업원의 급여와 임금)

㉯ 직접재료원가(예 : 고객에게 약속한 용역을 제공하기 위해 사용하는 저장품)

㉰ 계약이나 계약활동에 직접 관련되는 원가 배분액(예 : 계약의 관리 · 감독 원가, 보험료, 계약의 이행에 사용된 기기 · 장비의 감가상각비)

㉱ 계약에 따라 고객에게 명백히 청구할 수 있는 원가

㉲ 기업이 계약을 체결하였기 때문에 드는 그 밖의 원가(예 : 하도급자에게 지급하는 금액)

④ 다음 원가는 발생시점에 비용으로 인식한다.

㉮ 일반관리원가(계약에 따라 고객에게 명백히 청구할 수 있는 원가가 아닌 경우에는 위 ③에 따라 그러한 원가를 평가한다)

㉯ 계약을 이행하는 과정에서 낭비된 재료원가, 노무원가, 그 밖의 자원의 원가로서 계약가격에 반영되지 않은 원가

㉰ 이미 이행한 (또는 부분적으로 이미 이행한) 계약상 수행의무와 관련된 원가(과거의 수행 정도와 관련된 원가)

㉱ 이행하지 않은 수행의무와 관련된 원가인지 이미 이행한(또는 부분적으로 이미 이행한) 수행의무와 관련된 원가인지 구별할 수 없는 원가

4) 상각과 손상

① 위 3)에 따라 인식한 자산은 그 자산과 관련된 재화나 용역을 고객에게 이전하는 방식과 일치하는 체계적 기준으로 상각한다. 그 자산은 구체적으로 식별된 예상 계약에 따라 이전할 재화나 용역에 관련될 수 있다.

② 그 자산과 관련된 재화나 용역을 고객에게 이전할 것으로 예상하는 시기에 유의적 변동이 있는 경우에 이를 반영하여 상각 방식을 수정한다. 이러한 변경은 기업회계기준서 제1008호에 따라 회계추정의 변경으로 회계처리한다.

③ 위 3)에 따라 인식한 자산의 장부금액이 다음 ㉮에서 ㉯를 뺀 금액을 초과하는 정도까지는 손상차손을 당기손익에 인식한다.

㉮ 그 자산과 관련된 재화나 용역의 대가로 기업이 받을 것으로 예상하는 나머지 금액

㉯ 그 재화나 용역의 제공에 직접 관련되는 원가로서 아직 비용으로 인식하지 않은 원가

④ 기업이 받을 것으로 예상하는 대가(금액)를 산정하기 위해 문단 101을 적용하는 목적에 맞게 거래가격 산정 원칙(다만 '변동대가 추정치의 제약'에 관한 요구사항은 제외)을 사용하고 고객의 신용위험이 미치는 영향을 반영하여 그 금액을 조정한다.

⑤ 위 3)에 따라 인식한 자산의 손상차손을 인식하기 전에 다른 기준서(예 : 기업회계기준서 제1002호, 제1016호, 제1038호)에 따라 계약과 관련하여 인식한 자산의 모든 손상차손을 먼저 인식한다. 문단 101의 손상검사를 적용한 다음에 그 자산이 속하는 현금창출단위에 위 3)에 따라 인식한 자산의 손상차손 반영 후 장부금액을 그 자산이 속하는 현금창출단위의 장부금액에 포함하고, 그 현금창출단위에 기업회계기준서

제1036호 '자산손상'을 적용한다.

⑥ 손상 상황이 사라졌거나 개선된 경우에는 문단 101에 따라 과거에 인식한 손상차손의 일부나 전부를 환입하여 당기손익으로 인식한다. 증액된 자산의 장부금액은 과거에 손상차손을 인식하지 않았다면 산정되었을 금액(상각 후 순액)을 초과해서는 안 된다.

5) 재무상태표 표시

① 계약 당사자 중 어느 한 편이 계약을 수행했을 때, 기업의 수행 정도와 고객의 지급과의 관계에 따라 그 계약을 계약자산이나 계약부채로 재무상태표에 표시한다. 대가를 받을 무조건적인 권리는 수취채권으로 구분하여 표시한다.

② 계약부채

기업이 고객에게 재화나 용역을 이전하기 전에 고객이 대가를 지급하거나 기업이 대가(금액)를 받을 무조건적인 권리(수취채권)를 갖고 있는 경우에 기업은 지급받은 때나 지급받기로 한 때(둘 중 이른 시기)에 그 계약을 계약부채로 표시한다.

③ 계약자산

고객이 대가를 지급하기 전이나 지급기일 전에 기업이 고객에게 재화나 용역의 이전을 수행하는 경우에, 그 계약에 대해 수취채권으로 표시한 금액이 있다면 이를 제외하고 계약자산으로 표시한다. 계약자산은 기업이 고객에게 이전한 재화나 용역에 대해 그 대가를 받을 권리이다. 계약자산의 손상 여부는 기업회계기준서 제1109호에 따라 평가한다.

④ 수취채권

수취채권은 기업이 대가를 받을 무조건적인 권리이다. 시간만 지나면 대가를 지급받기로 한 때가 되는 경우에 그 대가를 받을 권리는 무조건적이다. 예를 들면 기업에 현재 지급청구권이 있다면 그 금액이 미래에 환불될 수 있더라도 수취채권을 인식한다.

사 례

기업은 총 대가 5백만원에 3층 건물을 개조하고 새 엘리베이터를 설치하기로 20×2년 11월에 고객과 계약하였다. 엘리베이터 설치를 포함하여 약속된 개조 용역은 기간에 걸쳐 이행하는 단일 수행의무이다. 총 예상원가는 엘리베이터 1.5백만원을 포함하여 4백만원이다. 기업은 엘리베이터에 대한 통제를 고객에게 이전하기 전에 획득한다.

거래가격과 예상원가를 요약하면 다음과 같다.

(단위 : 원)

거래가격	5,000,000
예상원가	
엘리베이터	1,500,000
그 밖의 원가	2,500,000
총 예상원가	4,000,000

기업은 수행의무의 진행률 측정에 발생원가에 기초한 투입법을 사용한다. 기업은 엘리베이터를 조달하기 위해 들인 원가가 수행의무를 이행할 때 기업의 진행률에 비례적인지를 판단한다. 엘리베이터가 20×3년 6월까지 설치되지 않더라도, 20×2년 12월에 현장으로 인도될 때 고객은 엘리베이터를 통제한다. 엘리베이터 조달원가(1.5백만원)는 수행의무를 완료하기 위한 총 예상원가(4백만원)와 비교하면 유의적이다. 기업은 엘리베이터를 설계하거나 제조하는 데 관여하지 않는다.

20×2년 12월 31일 현재 기업은
(1) 그 밖의 발생원가(엘리베이터 제외)가 500,000원이고
(2) 수행은 20%(500,000원÷2,500,000원) 완료되었다고 본다.

따라서 20X2년 12월 31일에, 기업은 다음과 같이 인식한다.

(단위 : 원)

수익	2,200,000[1]
매출원가	2,000,000[2]
이익	200,000

[1] 인식된 수익은 (20% × 3,500,000원) + 1,500,000원으로 계산된다.
(3,500,000원 = 거래가격 5,000,000원 - 엘리베이터 원가 1,500,000원)

[2] 매출원가 = 발생원가 500,000원 + 엘리베이터 원가 1,500,000원

❺ 기업회계기준의 비교

1) 기업회계기준 간 비교 요약

구 분	일반기업회계기준	K-IFRS
규정	• 제16장 제2절(건설형 공사계약)	• 제1115호(고객과의 계약에서 생기는 수익)
적용대상	• 비상장 외부회계감사 대상법인	• 주권상장법인 및 금융회사
예약매출계약 (아파트분양계약)	• 건설형 공사계약에 포함되며, 진행률 인식	• 자산의 대체 용도 여부와 기업의 지급청구권의 존재, 그 권리의 집행가능성을 판단하여 진행률 인식
계약 원가의 인식	• 계약수익 : 진행기준으로 인식 • 계약원가 : 발생한 원가로 인식	• 계약수익, 계약원가 : 모두 진행기준으로 인식
공사미수금	• 계약수익을 공사미수금으로 인식	• 청구액만 수취채권으로 인식 • 계약자산이나 계약부채 계상(다른 계정과목 사용 가능)
추정 공사손실	• 즉시 당기비용으로 인식 • 공사손실충당부채의 인식	• 즉시 당기비용으로 인식 • 별도의 충당부채를 인식하지는 않고 '계약자산'계정에서 직접 차감
하자보수비	• 공사완공시점에 인식	

2) 아파트 등 예약매출의 진행기준 적용 여부

① 일반기업회계기준 제16장 제2절 건설형 공사계약

청약을 받아 분양하는 아파트 등 예약매출에 의한 건설공사계약을 건설형 공사계약에 포함하고 있으며(문단 16.23), 예약매출은 공사진행기준에 따라 수익이 실현되는 것을 원칙으로 한다.

② 한국채택국제회계기준 제1115호 고객과의 계약에서 생기는 수익(2018.1.1. 이후부터 시행)

문단 35에 따르면 다음 기준 중 어느 하나를 충족할 경우 진행기준 적용이 가능하다.

㉮ 고객은 기업이 수행하는 대로 기업의 수행에서 제공하는 효익을 동시에 얻고 소비한다(예 : 청소용역).

㉯ 기업이 수행하여 만들어지거나 가치가 높아지는 대로 고객이 통제하는 자산을 기업이 만들거나 그 자산 가치를 높인다(예 : 발주처가 공사현장을 통제하는 도급공사).

㉰ 기업이 수행하여 만든 자산

이 기업 자체에는 대체 용도가 없고, 지금까지 수행을 완료한 부분에 대해 집행가능한 지급청구권이 기업에 있다.

제 3 절

건설업의 수익인식

❶ 수익의 인식기준

1) 개요

수익인식기준이란 수익을 언제 인식하여 손익계산서에 보고하여야 하는가를 결정하는 개념이다. 일반적으로 수익을 인식하는 기준은 다음과 같은 조건이 충족되어야 한다.

① 수익은 실현되었거나 또는 실현가능한 시점에서 인식한다.

수익은 제품, 상품 또는 기타 자산이 현금 또는 현금청구권과 교환되는 시점에서 실현된다. 수익이 실현가능하다는 것은 수익의 발생과정에서 수취 또는 보유한 자산이 일정액의 현금 또는 현금청구권으로 즉시 전환될 수 있음을 의미한다.

② 수익은 그 가득과정이 완료되어야 인식한다.

수익은 그 가득과정이 완료되어야 인식된다. 기업의 수익 획득활동은 재화의 생산 또는 인도, 용역의 제공 등으로 나타나며, 수익창출에 따른 경제적 효익을 이용할 수 있다고 주장하기에 충분한 정도의 활동을 수행하였을 때 당해 수익이 가득된 것으로 본다.

2) 일반기업회계기준상의 수익인식기준

일반기업회계기준상의 수익인식기준은 일반적으로 각 거래별로 적용한다.

① 재화의 판매로 인한 수익은 다음 조건이 모두 충족될 때 인식한다.

한국채택국제회계기준상의 수익(기업회계기준서 1018호)

1. 재화판매의 일반기준 : 판매시점에 인식(일반적으로 인도기준)
2. 반품가능판매 : 판매자가 부담하는 소유에 따른 위험이 중요하지 않는 경우 판매시점에 수익을 인식하고 추정 반환금액은 부채로 인식

- 재화의 소유에 따른 유의적인 위험과 보상이 구매자에게 이전된다.
- 판매자는 판매한 재화에 대하여 소유권이 있을 때 통상적으로 행사하는 정도의 관리나 효과적인 통제를 할 수 없다.
- 수익금액을 신뢰성 있게 측정할 수 있다.
- 경제적 효익의 유입 가능성이 매우 높다.
- 거래와 관련하여 발생했거나 발생할 원가를 신뢰성 있게 측정할 수 있다.

② 용역의 제공으로 인한 수익은 용역제공거래의 성과를 신뢰성 있게 추정할 수 있을 때 진행기준에 따라 인식한다. 다음 조건이 모두 충족되는 경우에는 용역제공거래의 성과를 신뢰성 있게 추정할 수 있다고 본다.

한국채택국제회계기준상의 수익(기업회계기준서 1018호)
용역제공의 일반기준 : 진행기준으로 인식(계약수익 · 계약원가를 모두 진행기준으로 인식)

- 거래 전체의 수익금액을 신뢰성 있게 측정할 수 있다.
- 경제적 효익의 유입 가능성이 매우 높다.
- 진행률을 신뢰성 있게 측정할 수 있다.
- 이미 발생한 원가 및 거래의 완료를 위하여 투입하여야 할 원가를 신뢰성 있게 측정할 수 있다.

③ 자산을 타인에게 사용하게 함으로써 발생하는 이자, 배당금, 로열티 등의 수익은 수익금액을 신뢰성 있게 측정할 수 있고, 경제적 효익의 유입 가능성이 매우 높을 때 다음의 기준에 따라 인식한다.
- 이자수익은 원칙적으로 유효이자율을 적용하여 발생기준에 따라 인식한다.
- 배당금수익은 배당금을 받을 권리와 금액이 확정되는 시점에 인식한다.
- 로열티수익은 관련된 계약의 경제적 실질을 반영하여 발생기준에 따라 인식한다.

④ 재화의 판매, 용역의 제공, 이자, 배당금, 로열티로 분류할 수 없는 기타의 수익은 다음 조건을 모두 충족할 때 발생기준에 따라 합리적인 방법으로 인식한다.
- 수익가득과정이 완료되었거나 실질적으로 거의 완료되었다.
- 수익금액을 신뢰성 있게 측정할 수 있다.
- 경제적 효익의 유입 가능성이 매우 높다.

거래 형태별 수익인식기준의 적용사례는 다음과 같다.

① '미인도청구'판매 : 재화의 인도가 구매자의 요청에 따라 지연되고 있으나, 구매자가 소유권을 가지며 대금청구를 수락하는 판매

다음을 충족하면 구매자가 소유권을 가지는 시점에 수익을 인식하나, 인도시점에 맞추어 재화를 취득하거나 생산하겠다는 의도만 있는 경우에는 수익을 인식하지 않는다.

- 재화가 인도될 가능성이 거의 확실하다.
- 판매를 인식하는 시점에 판매자가 해당 재화를 보유하고 있고, 재화가 식별되며, 구매자에게 인도될 준비가 되어 있다.
- 재화의 인도 연기에 대하여 구매자의 구체적인 확인이 있다.
- 통상적인 대금지급 조건을 적용한다.

② 구매자에게 제한적인 반품권이 부여된 거래

반품가능성이 불확실하여 추정이 어려운 경우에는 구매자가 재화의 인수를 공식적으로 수락한 시점 또는 재화가 인도된 후 반품기간이 종료된 시점에 수익을 인식한다.

③ 위탁판매

위탁자는 수탁자가 해당 재화를 제3자에게 판매한 시점에 수익을 인식한다.

④ 유통업자, 판매자와 같은 중간상에 대한 판매

소유에 따른 위험과 보상이 구매자에게 이전되는 시점에 인식한다. 그러나 구매자가 실질적으로 대리인역할만을 한다면 이러한 거래는 위탁판매로 처리한다.

⑤ 대가가 분할되어 수취되는 할부판매

이자부분을 제외한 판매가격에 해당하는 수익을 판매시점에 인식한다. 이자부분은 유효이자율법을 사용하여 가득하는 시점에 수익으로 인식한다.

⑥ 설치수수료

재화가 판매되는 시점에 수익을 인식하는 재화의 판매에 부수되는 설치를 제외하고는 설치의 진행률에 따라 수익으로 인식한다.

⑦ 제품판매가격에 포함된 용역수수료

판매자가 판매제품판매가격에 판매 후 제공할 용역(소프트웨어 판매의 경우 판매 후 지원 및 제품개선 용역)에 대한 식별가능한 금액이 포함되어 있는 경우에는, 그 금액을 이연하여 용역수행기간에 걸쳐 수익으로 인식한다. 이연되는 금액은 약정에 따라 제공될 용역의 예상원가에 이러한 용역에 대한 합리적인 이윤을 가산한 금액이다.

❷ 건설업의 수익인식기준

1) 건설업의 수익구분

건설업의 수익은 주택 등을 건설하여 분양함에 따라 얻는 분양수익, 토목 · 건축 등 건설공사에 대한 공사수익과 주택 등을 건설하여 분양함에 따라 얻는 분양수익이 있다.

① 공사수익

건설업자가 원도급 · 하도급 · 위탁 기타 명칭의 여하에 불구하고 발주자와 도급공사 계약을 체결하여 건설공사를 완성할 것을 약정하고, 상대방이 그 일의 결과에 대하여 대가를 지급할 것을 약정하는 매출형태이다. 전체 공사기간 동안의 매출액이 결정되어 있으며, 각 회계기간별 매출액은 진행기준에 따라 인식한다.

② 분양수익

분양수익이란 아파트 · 오피스텔 · 상가 · 사무실 등을 준공 전에 수요자에게 판매하고 공사기간 중에 공사진행률에 의하여 수익을 인식하거나 준공 후 분양함으로써 발생하는 매출형태이다.

2) 공사수익

진행기준이라 함은 총공사계약금액에서 공사진행률을 곱하여 산정된 금액을 공사계약기간 중에 수익으로 인식하는 방법이다. 일반기업회계기준 제16장 제2절(건설형 공사계약)에서는 다음의 조건을 충족하여 공사결과를 신뢰성 있게 추정할 수 있을 때는 진행기준을 적용하여 공사수익을 인식한다.

3) 분양수익

주택 등을 예약판매하고 장래에 정하여진 기간에 예약자에게 주택 등을 인도하는 형태는 일반기업회계기준 제16장 제2절(건설형 공사계약) 문단16.23의 예약매출에 해당되며, 공사진행기준에 따라 수익이 실현되는 것을 원칙으로 한다. 단, 예약판매가 이루어지지 않은 주택(미분양주택) 등은 공사진행기준에 따라 수익을 실현할 수 없으며, 준공 후 판매되어 인도될 때 수익을 인식할 수 있다. 따라서 준공시점에 미분양주택의 세대별 개별원가를 산출하여야 한다.

한편, 일반기업회계기준 제31장(중소기업회계처리특례) 문단31.9에 따라 중소기업은 1년 미만의 단기공사에 대하여 주택 등이 완공되어 인도될 때 수익을 인식할 수 있다.

4) 기성고에 의한 매출인식(기성고증명과 진행률 계산)

기업회계기준 문단 16.47에 의하면 공사진행률은 총공사예정원가에 대한 실제공사비 발생액의 비율로 계산함을 원칙으로 하되, 공사수익의 실현이 작업시간이나 작업일수 또는 기성공사의 면적이나 물량등과 보다 밀접한 비례관계에 있고, 전체공사에서 이미 투입되었거나 완성된 부분이 차지하는 비율을 객관적으로 산정할 수 있는 경우에는 그 비율로 할 수 있도록 되어 있다. 문단 16.47에서 규정한 이미 투입되었거나 완성된 부분이 차지하는 비율의 결정과 관련하여, 시공주가 확인한 기성고증명은 동 기성고증명이 공사의 실제 기성부분과 부합하고, 그 기성부분에 대하여 공사대금이 청구되어 그 대금의 지급이 확정되는 등 충분히 신뢰할 수 있는 경우에 한하여 이미 투입되었거나 완성된 부분이 차지하는 비율로 인정할 수 있다.

5) 단순시행사업의 진행률 산정을 위한 사견

단순시행사업자는 감리확인공정률과 도급공사비 세금계산서 수취내역을 비교하여 차액만큼 건축비를 기표하고, 익월 역분개하는 처리가 필요하다고 사료된다. 이는 진행률에 대한 과세관청과 납세의무자의 마찰을 피하기 위하여 건축공사비의 투입금액을 감리확인공정률과 일치시키기 위함이다. 세금계산서 수취가액이 진행률의 기준이 될 수 없고, 시공사의 진행률을 시행자가 확인할 수 없으므로 감리확인공정률만큼의 비용투입기표를 통하여 세무상 마찰을 제거할 수 있다고 여겨지기 때문이다. 이는 저자의 사견에 불과하므로 세무대리인 등은 세무조정 여부와 회계처리 여부를 납세의무자와 협의하여 결정하기 바란다.

6) IFRS적용하는 경우 특수문제

IFRS는 인도기준이 원칙이며, 진행기준을 적용하기 까다롭다. 실무상 기업이 진행기준을 적용하고자 하는 경우 1차 중도금 납부기일에 진행률이 10% 이하인 경우 지급청구권이 있으므로 진행기준을 적용하게 된다. 즉, 1차 중도금 납부기일에 진행률이 10%를 초과하는 경우 인도기준을 적용한다는 의미이다. 바꾸어 말하면 1차 중도금 납부기일에 진행이 많이 되었으면 진행기준을 적용할 수 없다는 아이러니한 결론에 도달한다. 이는 IFRS의 지급청구권 판단에 대한 문제 때문이다. 고객이 계약을 해제할 때 기업이 수취하는 위약금이 그때까지 기업이 수행을 완료한 부분을 충분히 보상하는 금액에 해당한다면, 그 기간 내내 집행가능한 지급청구권이 기업에 있다고 보는 것이다. 요약하면 진행률

10%가 되지 않으면 고객이 계약을 해지하여도 계약금(10%)을 몰취할 수 있으므로 기업에 청구권이 있다고 해석하는 것인데, 이는 회계기준원과 건설사의 치열한 타협(?)에 의한 절충안에 불과하고, 건설회사들이 진행기준을 매우 선호하고, IFRS회계기준원이 진행기준을 얼마나 꺼려하는지에 대한 양자 간의 입장차이를 볼 수 있는 부분이다.

7) 기간에 걸쳐 수익을 인식하기 위한 요건[기준서 제1115호 "고객과의 계약에서 생기는 수익", 문단35 발췌]

다음 기준 중 어느 하나를 충족하면, 회사는 재화나 용역에 대한 통제를 기간에 걸쳐 이전하므로, 기간에 걸쳐 수익을 인식한다.

① 고객은 회사가 수행하는 대로 회사의 수행에서 제공하는 효익을 동시에 얻고 소비한다.

② 회사가 수행하여 만들어지거나 가치가 높아지는 대로 고객이 통제하는 자산(예 : 재공품)을 회사가 만들거나 그 자산가치를 높인다.

③ 회사가 수행하여 만든 자산이 회사자체에는 대체용도가 없고, 지금까지 수행을 완료한 부분에 대해 집행가능한 지급청구권이 회사에 있다.

Chapter 05

8) 지급청구권의 판단[기준서 제1115호 "고객과의 계약에서 생기는 수익", 문단32 및 37 발췌]

① 식별한 각 수행의무를 기간에 걸쳐 이행하는지 또는 한시점에 이행하는지를 계약개시 시점에 판단한다. (문단32)

② 문단35(3)에 따라 지금까지 수행을 완료한 부분에 대해 집행가능한 지급청구권이 기업에 있는지를 판단할 때에는 … (중략) … 적어도 지금까지 수행을 완료한 부분에 대한 보상금액을 받을 권리가 계약기간에는 언제든지 있어야 한다. … (후략) (문단37)

9) 회계기준원질의회신(2017-I-KQA015, 2017.11.23.) K-IFRS 제1115호 도입시 자체분양공사의 수익인식 방법 질의

고객이 계약을 종료할 수 있는 기간 중에는 고객이 계약을 종료하는 경우에 기업이 받을 권리가 있는 위약금으로 적어도 기업이 그 시점까지 수행을 완료한 부분에 대하여 보상할 수 있고, 고객이 계약을 종료할 수 없는 기간 중에는 고객이 계약의 해제를 요청하더라도 계약상 약속한 재화나 용역을 고객에게 계속 이전할 수 있는 권리가 기업에게 있고 고객에게 그 대가의 지급을 요구할 수 있다면, 기업회계기준서 제1115호 문단35(3)에 따라 지금까지 수행을 완료한 부분에 대한 지급청구권이 기업에 있다. 또한 같은 기준서 제1115호 문단B12에 따라 해당 지급청구권의 존재와 그 권리의 집행가능성을 판단하기 위해서는 계약조건을 보충하거나 무효화할 수 있는 법률이나 판례도 참고하여야 한다.

10) 분양률의 산정방법

법인이 상가 등을 신축분양함에 있어 층별 · 위치별 · 용도별 분양금액을 달리하여 분양하는 경우 분양되는 상가 등에 대한 각 사업연도 소득금액 계산시 취득가액은 원칙적으로 개별원가계산방법 또는 분양면적비율에 의한 안분계산방법에 의하는 것이나, 각 층별 · 위치별 · 용도별 분양금액이 다르고 전체 분양가액이 구체적으로 산정되었음이 사전 공시방법 등에 의해 명백히 확인되는 경우에는 총취득가액에 당해 사업연도에 분양된 건물의 분양가액이 총분양예정가액에서 차지하는 비율을 곱하여 계산한 금액으로 할 수 있는 것이며, 이 경우 동 원가계산방법은 당해 건물의 분양이 완료될 때까지 계속 적용하는 것이다(서면법령법인-2476, 2016.10.7.). 실무적으로는 반드시 분양예정가액을 사용하여야 한다. 면적기준을 사용하면 진행기준과 인도기준을 함께 사용하는 경우(예를 들어 발코니는 인도기준, 공동주택은 진행기준을 사용하는 경우) 면적기준의 적용이 불가능하다는 문제점이 발생하기 때문이다.

❸ 공사진행률 계산

공사수익을 계산하기 위해서는 반드시 공사진행률의 계산이 이루어져야 한다.

공사진행률이란 당초 공사총예정원가에 현재까지의 공사완성 정도를 말한다. 즉 공사완성에 대한 진척도를 말한다. 따라서 공사진행률은 다음과 같은 공식으로 계산된다.

$$\text{공사진행률}(\%) = \frac{\text{해당 사업연도말까지 발생한 총공사비누적액}}{\text{완성시까지의 추정총공사예정비}} \times 100$$

즉 공사진행률은 실제공사비 발생액(단, 토지의 취득원가 및 제비용과 자본화대상 금융비용 등을 제외)을 총공사예정원가로 나눈 비율로 계산함을 원칙으로 한다. 다만, 공사수익의 실현이 공사시간이나 공사일수 또는 기성공사의 면적이나 물량 등과 보다 밀접한 비례관계에 있고, 전체공사에서 이미 투입되었거나 완성된 부분이 차지하는 비율을 객관적으로 산정할 수 있는 경우에는 그 비율로 할 수 있다.

공사진행률을 발생원가 기준으로 결정할 경우에는 실제로 수행된 공사에 대한 공사원가만 발생원가에 포함한다. 따라서 공사원가에는 포함되나 공사진행에 따라 직접 발생한 지출은 아니므로 공사진행률 계산의 기준이 되는 발생원가에서 제외되는 공사원가의 예는 다음과 같다.

① 공사현장에 투입되었으나 아직 공사수행을 위해 이용 또는 설치되지 않은 재료 또는 부품의 원가. 다만, 해당 공사를 위해 특별히 제작되거나 조립된 경우는 발생원가에 포함한다.
② 아직 수행되지 않은 하도급공사에 대하여 하도급자에게 선급한 금액
③ 토지의 취득원가
④ 자본화대상 금융비용
⑤ 재개발 등의 이주대여비 관련 순이자비용
⑥ 공사손실충당부채전입액

1) 공사수익의 계산

공사수익은 공사진행률이 계산되면 도급금액에 곱하여 자동적으로 계산될 수 있다. 따라서 도급금액은 계약당시에 이미 산정되어 있기 때문에 설계변경 등으로 도급금액이 변경되지 않는 한 당초 계약된 도급금액으로 기준하여 계산하되, 공사계약금액 등이 변경되었을 경우에는 그 변경된 금액을 기준으로 계산한다. 다만, 공사금액이 변경되었을 경우 변경된 금액에 대한 객관적인 사실관계증명에 의하여야만 한다. 그렇지 않으면 건설사가 불필요한 오해를 받을 소지가 있다.

일반적으로 도급공사금액은 건설사와 발주자 간에 합의된 금액으로 계산되기 때문에 객관적이고 공정하게 계산된다. 그러나 공사수익 계산의 중요한 부분인 공사진행률 계산은 건설사의 장부(공사투입비) 등에 의하여 결정되므로 객관성에 대하여 타당함이 증명되어야 한다. 실무적으로 건설사의 공사수익 계산시 공사도급금액으로 인한 변수보다 공사진행률에 대한 변수가 많기 때문에 공사진행률의 정확한 계산만이 적절한 공사수익을 계상해 줄 수 있는 방법이라 할 수 있다.

공사진행률을 매 회계연도마다 임의적으로 계산하면 정확한 공사수익의 계상을 보장할 수 없기 때문에 일정한 기준을 가지고 계속적이고 일관성 있게 공사진행률을 계산하여야

한다.

$$\text{공사수익} = \text{공사계약금액} \times \text{공사진행률}$$

2) 공사완성시기

공사의 완성시기는 도급공사와 관련하여 건설사업자가 이행하기로 한 계약상 주된 의무를 완료한 때로서 동 공사의 목적물이 준공된 때로 한다. 다만, 동 공사와 관련된 추가공사비 또는 하자보수비 등을 합리적으로 예측하여 충당부채를 설정한 경우에는 동 공사의 목적물을 실질적으로 사용할 수 있는 때로 할 수 있다(일반기업회계기준 제16장 제2절 문단 16.52).

3) 손실이 예상되는 경우 공사원가 반영

사업연도종료일 현재 공사가 완료되지 않았으나 총공사원가가 총공사수익을 초과할 것으로 예상될 경우 기업회계상으로는 예상되는 총손실액을 공사손실충당부채로 계상하고 공사손실충당부채전입액은 당기의 비용으로 처리하되, 차기 이후의 공사에서 실제로 손실이 발생한 경우 발생한 금액만큼 공사손실충당부채액 범위 내에서 환입하고 그 환입액은 해당 연도의 공사원가에서 차감한다.

건설 Tip 실행의 중요성

전문 분야에는 전문가가 있고 전문가들은 전문 용어를 사용한다. 건설업에서는 '실행'이 대표적 전문 용어이다.

- '실행'이 100보다 크면 적자가 나는 PJ이다.
- 발생원가를 '실행'으로 나누면 매출액이 나온다.
- 공사미수금이 계속 증가하면 '실행'을 점검하여야 한다.

재무회계 및 이를 준용하는 세무회계에서는 '진행률'을 사용하여 당기 매출액을 인식한다. 그러나 건설실무에서는 실행을 사용하며 사실상 진행률은 잘 등장하지 않는다. 건설업에서 실행은 가장 중요한 개념이며 가장 빈번히 사용하는 용어이다.

- 진행률 = 발생원가 / 총예정원가
- 실행 = 총예정원가 / 도급액

① 실행(예산)이란?

발주자와 체결한 공사에 대해 제시된 계약조건, 설계도서, 시방서 등에 부합되는 목적물을 축조하기 위해 품질 · 안전을 고려한 원가 절감을 기할 수 있는 시공계획을 수립하여 적정한 이익을 확보할 수 있는가를 산출하는 사전 원가계산서로써 해당 공사의 관리지표라 할 수 있다.

② 실행변경이란?

기업이 내부 규칙에 따라 실행예산을 변경하여야 하는 절차를 말한다. 예를 들어 추가공사, 수량증감 등으로 당초 도급금액 대비 ±20% 이상 금액 변동 시 변경 실행예산을 작성할 수 있고, 준공 시 도급대비 예상원가율이 당초 대비 ±3% 이상 변동이 예상될 때는 실행예산을 변경하여야 한다.

③ 재무회계와의 관계

매출액을 산정할 때 이용한다. 즉, 매출원가를 먼저 산출하고 매출원가를 실행으로 나누어 매출액이 산출된다.

④ 손익에 미치는 영향

실행이 100%이면 매출과 매출원가는 같아지고 매출총이익은 '0'이 된다. 그리고 실행이 100보다 작아질수록 건설회사의 이익은 커지고 100보다 커지면 건설회사에 손해가 발생한다. 이 때문에 건설업이 진행률을 조작하여 이익을 바꿀 수 있다는 말이 나온다.

⑤ 실행을 검증하는 방법

만일 실행 90%인 현장에서 원가 100원이 발생한 경우 매출은 110원(=100/90%)이 되고 기성을 80만 청구한 경우 당월의 공사미수금은 30원이 된다. 따라서 공사미수금이 꾸준히 증가한다면 실행이 낮게(이익을 과다하게) 측정되었다는 것을 짐작할 수 있다. 반대로 공사선수금이 꾸준히 증가되었다면 실행이 높게 측정된 것이다.

⑥ 실행(예산)을 보는 시각

실행은 현재 상황에 맞게 재조정하여 실행 미편성은 줄이고 최대한 빨리 반영하여야 하며, 항상 채권과 함께 검토되어야 한다. 실행은 매우 유용한 관리지표이므로 실행 관리가 PJ 관리라고 해도 과언이 아니다.

제 5 장 건 설 업 과 회 계

비용인식

❶ 원가와 비용의 구분

1) 원가와 비용

원가는 특정목적을 달성하기 위해 사용된 경제적 자원으로, 제품을 제조하기 위해 소멸된 경제적 자원의 희생을 화폐가치로 측정한 것이다. 발생한 원가 중 아직 사용되지 않은 부분은 자산으로, 사용된 부분 중 수익획득에 기여한 비용부분은 매출원가로, 기여하지 못하고 소멸된 부분은 손실(영업외비용)로 인식한다.

2) 비용과 손실

비용은 기업이 상품이나 제품을 생산, 판매하는 과정, 또는 용역을 제공하는 등 경영활동에서 발생하는 자산의 유출액 또는 부채의 증가액이다. 화재로 인한 재해손실은 기업의 수익창출활동과 관련 없이 발생한 것으로 비용이 아니라 손실에 해당된다.

3) 건설업의 비용인식시기

(1) 수익 · 비용대응

수익과 비용은 그 발생원천에 따라 명확하게 분류하고, 각 수익항목과 이에 관련되는 비용항목을 대응표시하여야 한다. 수익과 관련된 비용은 대응하여 인식하는데 특정거래와 관련하여 발생한 수익과 비용은 동일한 회계기간에 인식한다.

(2) 기간비용

일정목적의 수익과 직접적인 관련이 없거나 그 관련성을 발견하기 어려운 비용은 원가가 소멸되는 기간의 기간비용으로 처리한다. 예를 들면 제품을 건설하는 과정에서 자산을 소비하여 공사원가가 발생하면 이 공사원가는 미래에 매출을 가능하게 해주는 효익을 갖는 재고자산이라는 자산계정을 형성한다. 이 재고자산은 판매(분양)가 이루어지기 전까지는 미소멸된 원가인 자산을 형성하게 되고, 이 재고자산이 판매(분양)되면 매출액이라는 수익이 인식되는데, 이때 비로소 재고자산의 공사원가가 비용으로 전환된다. 판매비와관리비는 제품의 판매과정에서 직접 · 간접적으로 관련되어 있기 때문에 판매활동이 수행되는 기간의 기간비용으로 처리된다.

Chapter 05

(3) 비용 · 원가의 측정

이와 같이 비용은 곧 소멸된 자산 또는 원가의 크기와 일치하게 된다. 이것이 바로 비용의 측정기준이 된다. 따라서 일반적으로 자산 또는 원가는 취득원가로 기록되기 때문에 비용 또한 원가의 취득원가를 기준으로 측정된다.

❷ 비용인식기준

일반기업회계기준 재무회계개념체계에서 인식이란 거래나 사건의 경제적 효과를 자산, 부채, 수익, 비용 등으로 재무제표에 표시하는 것이라고 정의하였다. 인식기준이 충족되면 화폐단위 측정치가 적절한 계정과목으로 재무제표를 통해 보고된다. 비용은 경제적 효익이 사용 또는 유출됨으로써 자산이 감소하거나 부채가 증가하고 그 금액을 신뢰성 있게 측정할 수 있을 때 인식한다.

1) 수익과 직접 대응할 수 있는 비용

수익과 직접 관련하여 발생한 비용은 동일한 거래나 사건에서 발생하는 수익을 인식할 때 대응하여 인식한다. 이와 같은 예로는 매출수익에 대응하여 인식하는 매출원가를 들 수 있다.

2) 수익과 직접 대응할 수 없는 비용

수익과 직접 대응할 수 없는 비용은 재화 및 용역의 사용으로 현금이 지출되거나 부채가 발생하는 회계기간에 인식한다. 이와 같은 예로는 판매비와 관리비를 들 수 있다.

3) 자산의 효익이 여러 회계기간인 비용

자산으로부터의 효익이 여러 회계기간에 걸쳐 기대되는 경우, 이와 관련하여 발생한 특정 성격의 비용은 체계적이고 합리적인 배분절차에 따라 각 회계기간에 배분하는 과정을 거쳐 인식한다. 이와 같은 예로는 유형자산의 감가상각비와 무형자산의 상각비를 들 수 있다.

4) 수주추진비

공사원가는 계약체결일로부터 계약의 최종적 완료일까지의 기간 동안에 당해 공사에 귀속될 수 있는 원가를 포함한다. 그러나 계약에 직접 관련이 되며 계약을 획득하기 위해 공사계약체결 전에 부담한 지출은, 개별적으로 식별이 가능하며 신뢰성 있게 측정될 수 있고 계약의 체결가능성이 매우 높은 경우에 공사원가의 일부로 포함된다. 이 경우 공사원가에 포함되는 공사계약 전 지출은 경과적으로 선급공사원가로 계상하며, 당해 공사를 착수한 후 공사원가로 대체한다(일반기준 16장 문단 16.38).

공사계약 전 지출이란 '계약을 획득하기 위해 공사계약체결 전에 부담한 지출'을 의미하는 것이므로 주로 '수주와 관련된 지출'이 공사계약 전 지출에 해당될 수 있을 것이며, 또한 수주와 관련된 지출만이 아니라 체결될 가능성이 매우 높은 공사계약에 공사원가로 포함될 사전적 지출도 공사계약체결 전 지출에 포함될 수 있다(일반기준 16장 부록 실16.25).

예를 들어, 수주비는 특정 계약의 체결가능성이 매우 높고 특정 계약의 체결과 직접 관련되어 있으며 식별가능하고 신뢰성 있게 측정할 수 있는 경우에는 선급공사원가로 자산처리하며, 선급공사원가로 자산처리한 수주비는 공사 개시 후 적절한 방법으로 공사원가에 포함시킨다. 또한 일반기업회계기준 제16장 제2절에서는 예약매출계약에 해당하는 아파트분양계약도 건설형 공사계약에 포함하고 있는데, 분양계약 전의 모델하우스 건립관련 비용(특정 분양계약과 직접 관련된 경우에 한하며 회사홍보목적 등으로 상설로 운영되는 경우는 제외됨)도 공사계약 전 지출로서 선급공사원가로 회계처리한다(일반기준 16장 부록 실16.26).

❸ 건설업비용의 종류

1) 건설업의 비용

(1) 공사원가

공사원가는 특정 공사에 관련된 공사직접원가, 특정 공사에 개별적으로 관련되지는 않으나 여러 공사활동에 배분될 수 있는 공사공통원가, 계약조건에 따라 발주자에게 청구할 수 있는 기타 특정 공사원가로 구성된다. 일반적으로 제조업에서 발생하는 제비용 항목 이외에 건설업체에만 특유하게 발생하는 용지비, 외주공사비, 중장비 관련 제비용, 가설재감모손료, 보상비, 지체상금, 환경관리비, 현장관리비와 건설현장의 안전관리, 공사분진 및 소음 등 공사와 관련하여 관계법령에 의하여 의무적으로 지출해야 하는 안전관리비, 환경관리비 등이 공사원가에 포함된다.

특정공사에 관련된 공사직접원가의 예는 다음과 같다.

(가) 공사직접원가

- 건설공사에 사용된 지료원가
- 현장감독을 포함한 현장인력의 노무원가
- 생산설비와 건설장비의 감가상각비
- 생산설비, 건설장비 및 재료의 건설현장으로의 또는 건설현장으로부터의 운반비
- 생산설비와 건설장비의 임차료
- 공사와 직접 관련된 설계와 기술지원비
- 외주비
- 공사종료시점에서 추정한 하자보수와 보증비용
- 제3자에 대한 보상
- 이주대여비 관련 순이자비용
- 창고보관료, 보험료 등 특정공사 진행과정에서 직접적으로 발생한 기타 비용

(나) 공사공통원가

공통원가는 손익계산단위(일반적으로 각각의 계약)에 배분되며, 배분방법은 비슷한 성격의 모든 원가에 동일하게 적용한다.

(다) 기타특정공사원가

계약에 규정되어 있는 일부 일반관리원가와 연구개발비 등 발주자에게 청구할 수 있는 원가이다.

공사활동과 관련이 없거나 특정공사에 귀속시킬 수 없는 다음 비용은 공사원가에서 제외한다.

- 계약상 청구할 수 없는 일반관리원가
- 공사계약전 지출에 해당하지 않는 판매원가
- 계약상 청구할 수 없는 연구개발원가
- 일시적이 아닌 장기적인 유휴 생산설비나 건설장비의 감가상각비

건설 Tip **공사원가와 실행예산**

원가계산의 가장 큰 목적은 기업이 생산판매하는 재화나 용역을 생산하는 데 발생된 비용을 집계하는 것이라 할 수 있다. 부동산건설업의 특징은 건설원가를 산정하여 입찰(수주금액) 또는 판매(분양가격)여부를 결정하고 건설원가를 집행하여 이익을 실현시키는 특징이 있다.

일반적으로 원가라고 하면 목적 활동을 수행하는 과정에서 발생하였거나 발생할 수 있는 소비재를 화폐가치로 측정한 것을 의미한다. 공사원가는 공사를 완성시키는 데 들어가는 자재와 용역, 장비, 경비 등 소비재를 금액으로 계산한 것을 말한다. 공사원가는 몇 가지로 구분해 볼 수 있다.

① 예정원가와 실제원가 발생시점을 기준으로 발생 예상되는 사전원가를 예정원가라 하고 이미 기 발생된 원가, 즉 사후원가를 실제원가라 한다.

② 견적원가와 표준원가견적원가는 향후 집행될 공사에 대한 원가구성을 과거의 집행실적을 참고하여 설계나 공법의 경제성을 검토하여 공사 발주를 위한 의사결정으로 쓰일 목적으로 추정한 원가를 말한다. 표준원가는 견적원가와는 달리 실적자료에 대한 과학적이고 통계적인 조사를 기초로 하여 계산한 원가이다.

③ 실행예산 원가건설원가에서는 표준원가의 설정이 어려우므로 예정원가를 견적원가와 실행예산 원가로 쓰인다. 실행예산 원가는 도급공사를 수주할 때 제시하는 견적원가 중 추후 수주가 확정된 이후 공사 집행단계에 가서 다시 세밀하게 검토된 시공계획과 과거 실적자료 등을 검토한 후 재편성한 예정원가를 의미한다.

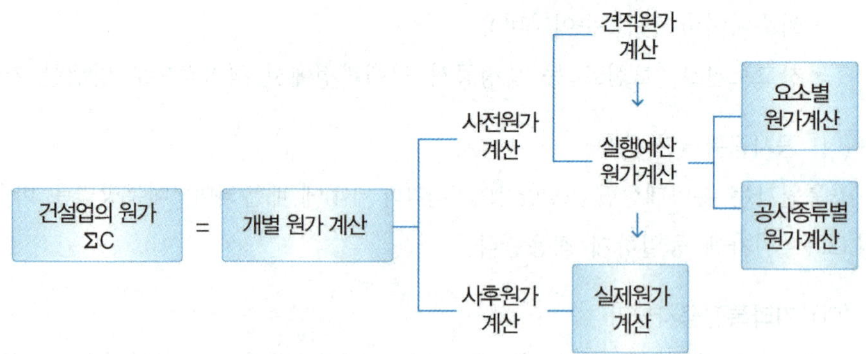

건설 Tip 견적의 종류와 실행예산

■ 견적의 종류 ■

작성시기	작성자	내용
건축설계 시	건축주	개산공사비
설계도작성 시	설계사	공사예정비
입찰계약 시	입찰자	입찰 및 계약서
시공 시	시공자	실행예산

건축설계 시 건축주가 하는 개산공사비 견적이 있다. 개산공사비는 공사비를 단위면적 또는 단위 기능별로 정확하지는 않지만, 대략적인 공사비를 계산하는 것이다. 설계도 작성 시 설계자가 하는 견적이 있는데, 이것은 공사가 예정되어 있을 때 행한다. 입찰 계약 시에는 입찰에 응하는 입찰자가 계약을 체결하기 위한 견적을 산출한다. 마지막으로 시공시에 시공자가 하는 견적이 실행예산이다.

건설 Tip 견적의 산출과정

원가와 관련된 업무는 견적 단계를 거쳐서 도급액을 확정짓고, 발주처 도급액을 기준으로 정확한 공사물량과 적정단가를 산출확인함으로써, 실제 공사수행이 가능한 금액을 재조정하여 실행내역을 확정하여, 공사손익관리를 하게 된다.

원가분류 체계는 공사를 수행하기 위한 원가를 공종별 또는 비목별로 분할한 것으로, 원가분류기준은 Level 1부터 Level 3까지 다음과 같다.

1) Level 1 : 대공종(공사 분야별) : 건축, 토목, 전기, 설비 등으로 분류
2) Level 2 : 중공종(협력업체 계약단위)원가관리 목적에 따라서 가설공사, 토공사, 철근콘크리트공사, 조적공사 등으로 분류
3) Level 3 : 비목단위(재료비, 노무비, 외주경비, 경비 등)

공사종류별 예산을 재료비, 노무비, 외주비, 장비비, 기타경비 등으로 분류하며 대부분의 건설업체들은 실행예산을 원가관리의 주요소로서, 공사수주 이후 도급내역에 근거하여 실공사비 및 경상비를 추정하여 예산을 편성한다.

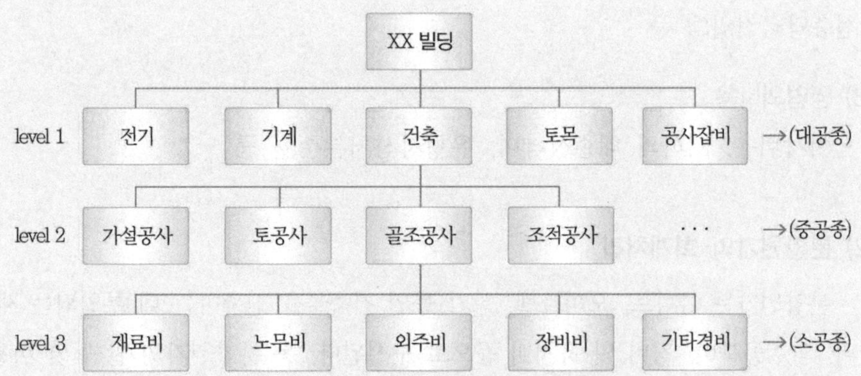

실무에서 이루어지고 있는 견적업무 관련 흐름도를 보면 아래와 같다.

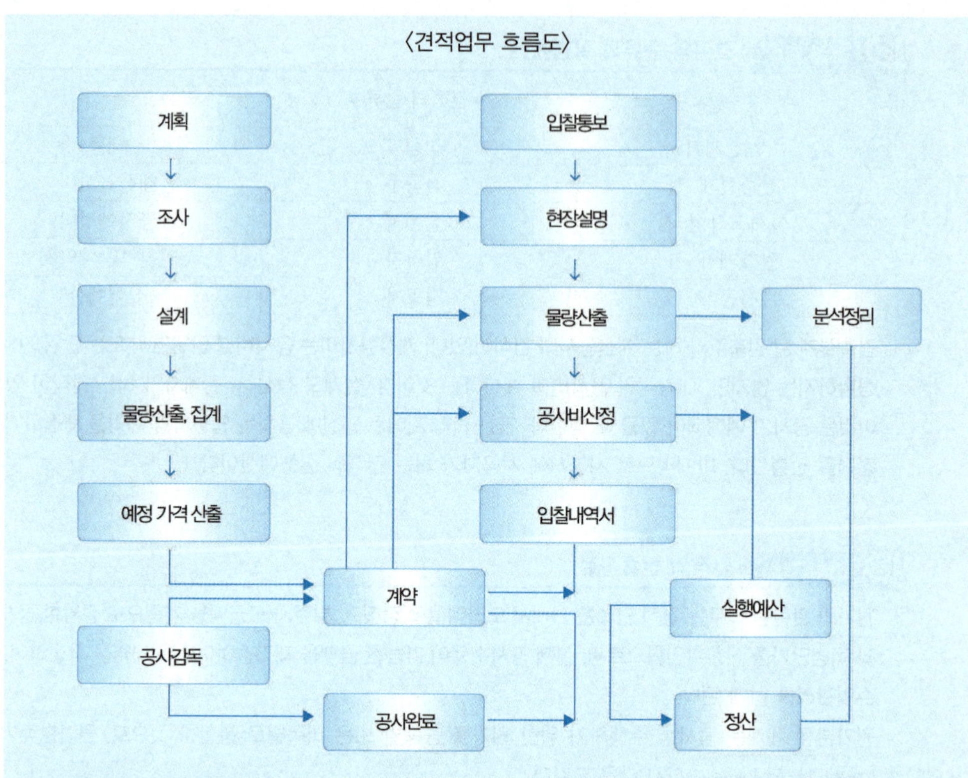

견적을 산정하여 입찰에 응할 때까지도 계획에서 조사, 설계, 물량산출 및 예정가격 산출의 절차가 복잡하다. 견적서를 제출하여 계약이 체결되면, 계약에 대한 이행으로 공사를 감독하고, 완료해야 한다. 한편, 내부적으로는 계약금액 범위 내에서 이익을 창출해야 하는 기업은 별도의 실행예산을 수립하여 예산을 통제하고 실행예산을 기준으로 하여 최종 결산과 사후 실적평가를 한다.

(2) 판매비와관리비

본사 등에서 지출하는 급료, 복리후생비 등 이외에 미분양주택관리비, 수주비, 특별수선충당금전입액 등

(3) 영업외비용

이자비용, 기타의 대손상각비, 유형자산처분손실 등

2) 분양원가의 회계처리

분양원가는 아파트, 오피스텔, 상가 등의 건축물을 신축하는 데 투입되는 재료비, 노무비, 외주공사비, 경비 및 용지비 등으로 구성된다. 동 분양원가의 발생 및 비용으로 전환되는 회계처리과정을 보면 다음과 같다.

(1) 각 원가요소의 발생기준 회계처리

① 재료비의 발생

(차) 재료비 ××× (대) 현금예금 ×××

② 노무비의 지급

(차) 노무비 ××× (대) 현금예금 ×××

③ 외주공사비의 발생

(차) 외주공사비 ××× (대) 현금예금 ×××

④ 용지비의 대체(작업진행률에 비례하여 계산에 의한 투입비 발생)

(차) 용지비(공사원가) ××× (대) 용지(재고자산) ×××

⑤ 경비의 발생

(차) 경 비 ××× (대) 현금예금 ×××

(2) 결산 회계처리

① 미분양 상태인 경우

• 공사진행(미완성)

(차) 미완성주택, 상가 ××× (대) 재료비 ×××
노무비 ×××
외주공사비 ×××
용지비 ×××
경 비 ×××

• 공사완료(완성)

(차) 완성주택, 상가 ××× (대) 미완성주택, 상가 ×××

② 분양완료된 경우

• 공사진행 및 공사완료

(차) 매출원가 ××× (대) 완성주택, 상가 ×××

(차) 분양미수금 ××× (대) 분양수입(매출액) ×××

3) 공사원가의 회계처리

공사원가는 도급공사를 완료하기 위하여 투입되는 재료비, 노무비, 외주공사비 및 경비 등으로 구성된다. 동 공사원가의 발생 및 비용으로 전환되는 회계처리과정을 보면 다음과 같다.

(1) 각 원가요소의 발생기준 회계처리

각 원가요소의 발생사항에 대한 회계처리는 분양원가 계산의 경우와 동일하다. 그러나 공사원가 계산의 경우에는 용지비가 발생하지 않는다. 단순도급공사의 경우 토지를 취득하지 않으므로 용지비가 발생할 여지가 없다.

(2) 결산 회계처리(진행기준)

① 각 원가요소의 발생액을 미성공사비에 대체

(차) 미성공사비	×××	(대)	재료비	×××
			노무비	×××
			외주공사비	×××
			경　비	×××

② 미성공사비를 공사원가에 대체

(차) 공사원가	×××	(대) 미성공사비	×××

③ 총실행예산에 대한 당기 발생된 공사원가에 의거 공사진행률 파악

$$공사진행률(\%) = \frac{당기\ 실제발생원가}{총공사실행예정원가} \times 100\%$$

④ 공사진행률에 의거 당기 공사수입금액 계상

(차) 공사미수금	×××	(대) 공사수입	×××

4 원가계산과정

제조기업에서의 제품의 원가, 건설업에서 공사원가를 계산하기 위해 원가로 구분할 수 있는 지출을 구별하고, 집계하는 과정이 필요하다. 다음에서는 건설업에 있어서 원가계산과정을 설명하고자 한다.

1) 원가성 여부 판단

발생한 비용 중 정상적인 건설활동 중에 발생하여 소비된 비용만을 포함하며, 건설활동과 관계없이 발생한 본사의 일반관리비와 판매활동비는 공사원가를 구성하지 않고 기업의 판매비 및 관리비 등으로 분류한다.

2) 원가의 분류

(1) 비용발생 형태별로 간단히 분류해 보면 다음과 같다.

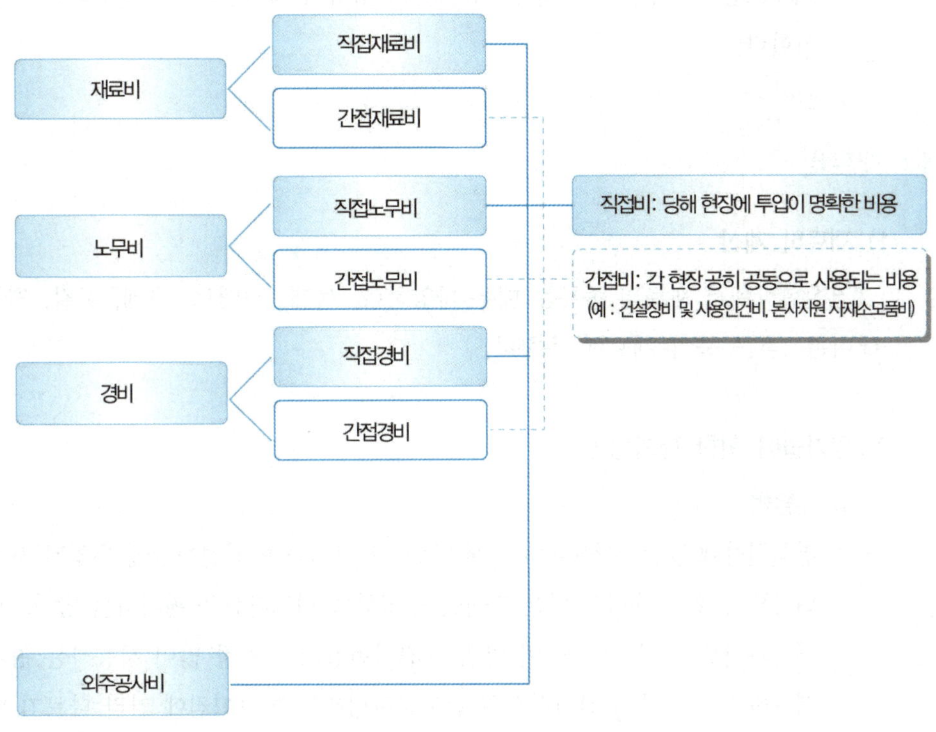

(2) 비용분류

① 해당 비용

상기 비용 중에서 재료비, 노무비, 경비, 외주공사비 등 해당 건설현장에 투입이 명확한 비용만을 직접비라고 하여 해당 건설현장의 비용으로 바로 분류한다.

② 공통비용(타현장 공통사용)

그 비용 등이 해당 현장뿐 아니라 타현장과 공통으로 사용 · 지출되는 경우 또는 본사 등에서 지원하는 비용 등의 재료비, 노무비, 경비는 전부 간접비로 분류하여 각 비용별로 일정한 기준에 의하여 각 현장별로 배분되어야 한다.

예를 들면 본사소유의 기계장치 및 중장비 등을 각 현장에서 필요한 공정에 공통으로 투입사용되는 경우의 기계장치, 중장비의 감가상각비 및 관리유지비와 어떤 현장에서 임시직에 대한 노무비가 지급되고, 이 노무비를 받는 사람이 또 다른 현장에서 공사일을 하게 되면 노무비는 한 달에 한 번 받지만 공사는 두 현장에서 같이 하게 된다. 이 경우 공통으로 사용되는 기계장치 등의 비용과 임시직이 받는 노무비 등은 해당 현장에만 사용되는 비용이 아닌 공통비용이므로 일정한 기준(예 : 작업시간기준, 장비투입기간기준 등)에 의하여 각 현장별로 배분하여 간접비로 계상한다.

⑤ 재료비

1) 재료비 계산

건설현장에서 재료의 종류는 매우 다양하다. 목재, 시멘트, 모래, 자갈, 벽돌, 전선, 레미콘, 철근 등이 재료에 속한다.

2) 원가법에 의한 평가방법

① 개별법

건설현장에 맞는 자산(자재)을 개별적으로 구입하여 건설현장에 투입된 자산과 건설현장투입 후 사용하고 남은 자산을 구별하여 재고자산을 평가하는 방법으로서 각각 개별자산별로 평가한다. 이 방법은 건설현장에서 가장 많이 사용하는 평가법이다. 왜냐하면 대부분의 건설현장의 건축공사형태는 현장여건에 따라 다르기 때문이다. 설령 같은 건축물일지라도 건설현장의 위치 · 건축물형태 등이 각 공사의 구조에 따라 다르기 때문에 공사재료 발주시에는 그 공사현장의 건축형태 및 구조 등 특성에 맞추어 발주하는 관계로, 그 현장 외에는 사용하기가 곤란하다. 따라서 건설회사의 재고자산의 원가계산법은 재료의 특성상 개별법에 의할 수밖에는 없다.

② 기타 방법

건설현장의 기초원자재 및 시멘트, 목재, 철근 등은 건설현장의 기초자재인 관계로 원가관리차원에서 현장에서 직접 구매하지 않고 본사차원에서 구매하여 현장으로 투입시키는 경우가 있다. 이 경우에는 자재수급여건에 따라 선입선출법 · 후입선출법 · 이동평균법 · 총평균법 등으로 평가할 수 있다.

③ 저가법

재고자산을 원가법 또는 기업회계기준에 의하여 시가로 평가한 가액 중 낮은 가액을 기말재고로 보아 평가하는 방법을 말한다. 건설실무상 거의 사용하지 않는 평가법이다.

❻ 노무비

1) 노무비의 개념

노무비란 사용자가 근로자 및 건설현장에서 일용직으로 근무하는 자(이하 "일용근로자"라 고 한다)에게 근로의 대가로 임금, 잡급, 기타 여하한 명칭으로 지급하는 대가를 말한다.

노무비는 그 대가에 따른 노동력이 이용되지 않은 것은 노무비가 아니며 현금지급이 이루어지지 않았더라도 노동력이 이용된 것은 노무비로서 계상된다. 즉 노무비는 구입되는 노동력을 이용함으로써 생기는 원가를 뜻한다. 노무비는 근로자 · 일용근로자별로 지급되는 형태에 따라 급료, 임금, 제수당, 퇴직금, 잡급 등으로 분류되어 계상한다.

Chapter 05

■ 일용근로자와 근로자의 비교 ■

구 분	범 위	원천징수	연말정산	원천징수 영수증	비 고 (회계처리a/c)
일용근로자	일당 · 시간에 의한 불특정고용	1인당 근로소득공제 후 단일세율	의무 없음	지급조서 제출	잡급
일반근로자	월급 또는 계속고용직	간이세율	의무 (종합과세)	지급조서 제출	급여

2) 일용근로자의 범위

일용근로자라 함은 근로를 제공한 날 또는 시간에 따라 근로대가를 계산하거나 근로시간 성과에 따라 급여를 계산하여 받는 자를 말한다.

❼ 외주공사비

외주공사비도 원칙에 따라 공사의 진행률로 계상한다. 즉 외주공사계약 그 자체가 체결되었다는 사실만으로는 외주공사비원가가 발생되는 것이 아니고, 외주공사 수급인의 공사가 진행됨에 따라 외주공사비가 발생한다. 예를 들면 외주공사계약이 먼저 체결되어 계약금으로 외주비가 선급 지급만 되고 공사가 진행되지 않으면 공사에 비용이 투입되지 않기 때문에 외주비계정에 계상하지 않고 선급금계정 등으로 계상해 두었다가 공사진행 정도에 따라 회계연도 결산기 등에 기지급된 외주비를 정산하여 외주비계정에 계상하여야 한다. 이와 같은 일련의 사항과 관련하여 회계처리절차를 설명하여 보면 다음과 같다.

(1) 계약금선지급

① 외주공사계약을 체결하여 계약금을 지급한 경우

(차) 선급금	×××	(대) 현　금 (또는 지급어음 등)	×××

(2) 공사 중에 공사진행에 따른 금액 정산

① 공사진행금액이 선금지급액보다 많은 경우

(차) 외주비	×××	(대) 선급금	×××
		현금및현금등가물	×××

② 공사진행금액이 선금지급액보다 적은 경우

(차) 외주비	×××	(대) 선급금	×××

(3) 손익대체결산

(차) 공사원가	×××	(대) 외주비	×××

(4) 외주공사의 비용 중 자재비 등을 건설업자가 직접 지급할 경우

일반기업회계기준서 제16장 수익의 인식 제2장 건설형 공사계약 실무지침 16.27에서는 하도급계약과 관련하여 건설업자가 직접 조달 · 지급하는 공사비용의 성격에 따라 재료비, 노무비, 경비 등 요소별로 구분처리한다고 규정하고 있다. 이 규정은 건설업자가 직접 조달하고 지급하는 건설원가요소는 외주공사계약과는 무관하게 직접원가요소별로 회계처리하여야 한다는 의미이다. 예를 들면 외주공사계약을 체결한 후 해당 공사의 자재비 등 건설업자가 수급자에게 제공하고 공사가 진행되고 있다면,

① 건설업자가 자재비 등을 지급할 경우

(차) 재료비 등	×××	(대) 현금및현금등가물	×××

② 하도급업자가 건설사가 지급한 자재비 등을 사용하여 공사진행할 경우

(차) 외주공사비	×××	(대) 현금및현금등가물	×××

(5) 일반기업회계기준 제16장 제2절 건설형 공사계약에 의한 정의

일반기업회계기준 제16장 수익의 인식 제2절 건설형 공사계약 용어 정의에서 하도급공사란 건설사업자(원도급자)가 도급공사의 전부 또는 일부를 다른 건설사업자(하도급자)로 하여금 수행하도록 하는 공사를 말한다.

(6) 외주공사비의 계산

일반기업회계기준 제16장 수익의 인식 제2절 건설형 공사계약 실무지침 16.27에서는 하도급계약에 의하여 공사의 일부를 타건설업자에게 재도급하는 경우 해당 하도급공사에 대하여 발생하는 공사비용을 외주공사비로 정의하고 동 외주공사비를 공사원가에 산입하도록 하고 있다. 그러나 해당 하도급계약과 관련하여 건설업자가 직접 조달 · 지급하는 공사비용은 재료비, 노무비, 경비 등 요소별로 구분처리 하여야 한다.

8 경비

Chapter 05

1) 경비의 개념

경비란 재료비와 노무비, 외주공사비에 속하지 않는 일체의 비용으로서 건설공사와 관련하여 발생하는 불가피한 비용이라 할 수 있다. 경비는 그것의 발생이 불가피할 뿐더러 정상적인 것이어야 한다. 예컨대 우발적 또는 예상치 못한 사유에 의한 재해 등으로 발생되는 비용, 현장자재 도난 등은 경비가 아닌 것이며, 원가 외의 손실로 보아야 한다. 따라서 경비란 재료비와 노무비에 속하지 않는 원가요소의 총칭이며, 이것은 정상적인 공사활동에 수반하여 발생하는 정상적 또는 불가피한 비용으로 요약될 수 있다.

2) 경비의 종류

경비의 종류는 구건설회계처리준칙의 별지서식에서 규정하고 있으며, 동 기준에서 나열하고 있는 계정과목들은 어디까지나 예시적인 규정으로 보아지며 따라시 해당 기업의 건설공사성격 등으로 보아 어떤 계정과목을 신설할 수도 있고 또는 통폐합하여 계정과목을 운용할 수도 있다. 그러나 일단 적용하고 있는 계정과목은 특별한 사유가 없는 한 계속 사용하여야 비교가능성, 계속성을 유지할 수 있다.

제 5 절 결산마감

공사수익 · 비용 산출과 관련하여 발생하는 주요 실무내용은 다음과 같다.

① 매출금액의 산정 : 부가가치세법상의 과세표준 및 세액

② 현장 경비의 집행

③ 본사 경비의 현장원가투입

④ 공사수익 산출방법 : 공사진행률 계산방법

⑤ 재고자산의 용지비 투입방법

⑥ 미분양주택에 대한 회계처리

⑦ 분양(공사)선수금과 분양(공사)미수금의 계상

❶ 총 매출인식 대상금액의 산정

1) 계약금액

계약금액은 도급공사계약을 체결하고 그 대가를 받을 경우에는 도급공사금액, 불특정 다수인에게 신축판매할 경우에는 분양금액을 말한다.

① **도급공사금액** : 도급자가 원사업자에게 건물 등을 완성하여 인도하고 그 인도금액을 도급자가 수령하기로 한 계약금액을 말한다.

② **분양금액** : 분양금액은 분양된 주택 등은 실제거래가격, 분양되지 않은 주택 등은 분양예정가격으로 한다. 분양예정가격은 각 층별 · 위치별 · 용도별에 따라 구체적으로 산정되어야 하며, 사전 공시방법 등에 의하여 확인되어야 한다.

사전 공시방법 등에는 광고매체에 분양광고를 하거나 분양대행계약서 등에 명시하는 방법 등이 있다.

2) 사례의 매출부가세

■ 사례1 – 단순시행사업의 매출부가세 ■

구분	세대수	전용 면적	공급 면적	계약 면적	전체 공급 (계약)면적	비율	분양가	토지비	건축비	건축비 VAT
국민주택	170	72	100	150	25,500	98.08%	170,000,000	119,000,000	51,000,000	-
근린생활 시설	1		500	500	500	1.92%	5,000,000	3,500,000	1,500,000	150,000
총계	171	12,240	17,500	26,000	26,000	100.00%	175,000,000	122,500,000	52,500,000	150,000

주택의 분양가는 부가가치세를 포함하여 기재한다. 본 사례에서는 숫자를 단순화하기 위하여 부가가치세를 제외한 금액으로 표시하였다.

■ 사례2 – 자체사업의 매출부가세 ■

구분	세대수	전용 면적	공급 면적	계약 면적	전체 계약면적	비율	분양가	토지비	건축비	건축비 VAT
국민주택	200	72	100	150	30,000	46.15%	200,000,000	140,000,000	60,000,000	-
일반주택	100	96	130	200	20,000	30.77%	130,000,000	91,000,000	39,000,000	3,900,000
근린생활 시설	30		500	500	15,000	23.08%	150,000,000	10,500,000	139,500,000	4,500,000
총계	330	24,000	48,000	65,000	65,000	100.00%	480,000,000	241,500,000	238,500,000	8,400,000

■ 사례3 – 단순도급사업의 매출부가세 ■

사례3의 경우 단순도급사업으로 분양매출은 시행사의 사정이며 원도급사인 ㈜이앤씨의 사업이 아니다. 주택외의 건물공사이므로 전체 부가가치세 과세대상이 된다. ㈜이앤씨의 도급금액은 시행사 ㈜피에프브이 입장에서는 직접공사비가 된다.

구분	세대수	전용면적	공급면적	계약면적	전체 계약면적	공사가액	VAT
오피스텔	900	50	70	100	90,000	180,000,000	18,000,000
근린생활 시설	2		500	500	1,000	2,000,000	200,000
총계	902	45,000	64,000	91,000	91,000	182,000,000	18,200,000

3) 사례의 분양률

일반적으로 분양하는 상가의 가격은 아파트 등의 분양률에 크게 영향을 받으므로, 아파트 등의 분양이후에 따로 분양하는 사례가 많다. 사례에서 상가분 전체를 미분양으로 가정하면 분양률은 아래와 같다. 단순도급사업의 경우 분양률은 시행사[㈜피에프브이]의 손익에만 영향을 미치는 사건으로 시공사[㈜이앤씨]의 손익은 분양률의 영향을 받지 않는다.

구분	사례1 : 단순시행사업	사례2 : 자체개발사업	사례3 : 단순도급사업
PJ명	공동주택 개발사업	주상복합 개발사업	오피스텔 개발사업
착공 여부	전기착공	당기준공	당기착공
총분양가액/도급가액	175,000,000	480,000,000	182,000,000
분양가액	170,000,000	333,900,000	해당없음
미분양가액	5,000,000	146,100,000	해당없음
분양률(가액기준)	97.14%	69.56%	
건축연면적(㎡)	26,000	65,000	
미분양면적(㎡)	500	15,000	
분양률(면적기준)	98.08%	76.92%	

주택의 사례3의 경우 단순도급사업이므로 ㈜이앤씨의 입장에서 도급매출은 인식하는 금액은 분양가액이 아니라 도급가액이 된다.

시행사의 매출액은 분양가액에 진행률을 곱하여 산정하는 것이 일반적이므로 가액기준을 사용한다. 분양률을 면적기준으로 사용하는 경우도 있지만, 발코니 등에 적요하기 어렵고, 인도기준과 호환하여 사용할 수 없으므로 가액기준을 보다 범용적이라고 사료된다.

❷ 현장 경비의 집행

현장에서 지출한 비용은 공사원가 및 분양원가에 직접비용에 해당한다. 재료비, 노무비, 외주비, 경비등은 현장에서 발생하는 원가이며, 총공사비용에 포함한다.

❸ 본사 경비의 현장투입

본사에서 지출한 비용 중 현장계정으로 대체한 비용("결산조정비용"이라고 하며, 분양경비, 선급이자, 선급보험료, 감가상각비 등이 있다)을 현장의 공사비에서 합한 금액을 총공사비용으로 확정하고 매출액을 계상한다.

❹ 공사진행률의 계산방법

회계 Tip **회계기준과 진행률의 적용**

일반기업회계기준에서 아파트, 상가분양 등 예약매출도 일반건설과 같이 진행기준을 적용한다. 그러나 K-IFRS 에서는 자체분양공사의 수익인식에 대해 수행하여 만든 자산의 대체 용도 여부와 기업의 지급청구권의 존재, 그 권리의 집행가능성을 판단하여 진행기준을 적용하도록 하고 있다.

2017-I-KQA015 K-IFRS 도입 시 자체 분양공사의 수익인식 방법 질의

현장별 공사진행률 계산은 다음과 같다.

- 공사진행률 $= \dfrac{\text{건축비 투입액}}{\text{건축비실행예상비}}$
- 용지비투입액 = 용지비실행예상비 × 공사진행률
- 매출액 = 분양금액 × 공사진행률

1) 진행매출의 산정순서

① 총분양가액 = 분양가액 + 미분양가액

② 총공사투입예정비 = 건축비실행예상비 + 용지비실행예상비

③ 건축비투입액 = 전기 투입액 + 당기 투입액

④ 공사진행률 = 건축비투입액/ 건축비실행예상비

⑤ 용지비투입액 = 용지비실행예상비 × 공사진행률

⑥ 당기 용지비투입액 = 용지비투입액 − 전기 용지비투입액

⑦ 당기 매출액계상액 = 매출액계상액 − 전기 매출액

건설공사와 관련하여 수익 · 원가 및 작업진행률 등이 합리적으로 예측가능한 경우에 적용되는 방식이다. 따라서 공사진행률로 사업자의 공사수익금액 계산시 가장 중요한 부분이 공사예정원가 추정으로서, 추정의 차이에 따라 수익의 실현이 변하기 때문에 합리적이고 객관적인 적절한 공사원가를 계상하여야 한다.

공사진행률을 적용하여 수익계상할 시에는 기업의 수익률을 좌우하는 것이 공사예정투입비(총공사투입비)로서 이에 대한 과다추정 또는 착오추정은 손익에 절대적인 영향을 끼친다.

2) 총공사예정원가의 산정

① **토지원가** : 토지매입가액, 구건물 취득 및 철거비용, 토지취득과 관련한 대출업무주관수수료, 부동산 매입시의 자산신탁 자문용역비, 부동산 중개수수료, 토지형질변경 지목변경 등, 건물신축을 위한 옹벽 공사에 따른 토사제거, 정지공사비용, 구건물 안전진단비용, 건축물 조성을 위한 대지조성비용, 토지 취득 후 공사 전 발생하는(각종 환경평가, 측량, 아파트사업성 평가), 농지전용부담금, 토공사 등

② **건물원가** : 건물신축설계용역비, 감리용역비, 도급공사비, 모델하우스건립비용, 지하실터파기 공사 및 잔토붕괴 흙막이 공사비, 건물주변 조경공사비 등

③ **진행률 산정시 포함여부**

- **미포함** : 용지구입비, 모델하우스 건설비, 광고선전비, 분양대행수수료, 관리(토지)신탁수수료, 입주관리비, 건설자금이자.
- **포함** : 직 · 간접 공사비(간접공사비 시설인입비 및 미술품장식비 등), 설계비, 감리비, 각종 부담금(교통시설부담금 등), 보존등기비, 지역난방공사비 등

세무 Tip 단순시행사업의 진행률 주의

시행사가 법인세 신고를 위한 작업진행률 산정시 세금계산서 수취금액(공사대금 청구금액)을 기준으로 계산하였으나, 시공사의 공사진행률을 기준으로 재계산한 금액과의 차액을 추징한 사례가 많이 있다. 현행 유권해석은 시공사와 도급계약에 의해 아파트를 신축 · 분양하는 법인(시행사)이 예약매출로 인한 손익을 진행기준으로 인식하는 경우 시공사에 지급할 도급금액 중 해당 사업연도에 손금(분양원가)으로 계상할 금액은 「법인세법시행령」 제69조에 따라 "시공사에 지급할 도급금액의 총액에 시공사의 작업진행률을 곱하고 분양계약률을 적용하여 계산한 금액에서 전기말까지 도급금액과 관련한 손금계상액을 차감하여 계산하는 것이고, 이 경우 시공사의 작업진행률은 「법인세법 시행규칙」 제34조 제1항 제1호에 따라 계산하는 것"으로 규정(사전법령법인-37, 2015.7.16.)하고 있다. 현실적으로 시행사가 시공사의 진행률을 확인할 수 있는 방법이 없는바 감리확인공정률을 사용하는 경우가 많다.

3) 사례의 진행률과 매출액

■ 사례1의 경우 : 단순시행사업 ■

구 분	금 액	비 고
총분양가액	175,000,000	공급면적×단가
분양가액	170,000,000	주택은 전체 분양으로 가정
미분양가액	5,000,000	상가는 전체 미분양으로 가정
직접공사비	520,000,000	㈜종합건설의 내용으로 시행사가 파악하기 곤란하다.
건축비투입액	N/A	

구 분	금 액	비 고
전기투입액	N/A	세금계산서 등 수취가액을 단순히 사용할 수 없고, 감리확인공정율을 고려하여 사용하는 경우가 많다.
당기투입액	22,256,000	
공사진행률	60.00%	감리확인공정율 가정
누적매출액	102,000,000	분양가액×공정율
전기매출액	34,000,000	전기 공정율 20%가정
당기매출액	68,000,000	누적매출액 – 전기매출액

■ 사례2의 경우 : 자체개발사업 ■

구 분	금 액	비 고
총분양가액	480,000,000	공급면적×단가
분양가액	330,000,000	주택은 전체 분양으로 가정
미분양가액	150,000,000	상가는 전체 미분양으로 가정
건축비실행예상비	117,000,000	직접공사는 실행예산을 사용
건축비투입액	117,000,000	당기준공
전기투입액	70,200,000	전기 진행율 60%가정
당기투입액	46,800,000	
공사진행률	100.00%	건축비투입액/건축비실행예상비
누적매출액	330,000,000	분양가액×진행률
전기매출액	198,000,000	
당기매출액	132,000,000	누적매출액 – 전기매출액

■ 사례3의 경우 : 단순도급사업 ■

단순도급사업의 경우 미분양여부는 시행자인 ㈜피에프브이의 사정이고 시공자인㈜이엔씨는 공사진행률만을 기준으로 매출을 인식한다.

구 분	금 액	비 고
도급금액	182,000,000	연면적(㎡)×2,000천원
건축비실행예상비	163,800,000	원가율 90% 가정
건축비투입액	114,660,000	당기착공
전기투입액	–	
공사진행률	70.00%	건축비투입액/건축비실행예상비
누적매출액	127,400,000	당기투입액/90%
전기매출액	–	
당기매출액	127,400,000	

4) 미착공 PJ의 경우

착공 전 투입비용으로서 매출액 계상에서는 제외하며 본 사전공사투입비는 재고자산 계정으로(미완성공사비) 대체한다.

⑤ 재고자산 용지비 투입방법

현장용지투입비 계산시 건축분 작업진행률 적용한다. 분양 아파트일 경우 용지비를 투입하여야 하는바, 공사진행률 계산시에는 용지비를 투입하여 계산하지 않으며, 건축분의 공사진행률을 적용하여 건축분의 공사진행률만큼 용지비 투입액을 산출하여 투입한다.

도급공사의 경우 토지를 취득하지 않으므로 재료용지 및 용지비투입의 과정이 발생하지 않는다.

1) 사례의 용지비 투입

(단위 : 천원)

구 분	사례1 : 단순 시행사업	사례2 : 자체 개발사업	사례3 : 단순 도급사업	비 고
공사진행률	60.00%	100.00%	70.00%	
용지비투입액	19,800,000	33,000,000	도급사업은 용지비가 없다.	용지비실행예산비×진행률
전기용지비투입액	6,600,000	19,800,000		
당기용지비	13,200,000	13,200,000		용지비투입액 – 전기용지비투입액

- 용지비×공사진행률＝용지투입가능액
- 용지투입가능액－전기 용지투입액＝당기 용지투입액

사례에서 용지비는 10,000㎡이고 ㎡당 용지비는 3,000천원 취득부대비용은 300천원이므로 공사진행률 100%가 된 경우 용지비투입액은 용지취득가액인 33,000,000천원이 된다(사례2의 경우). 사례1의 경우 33,000,000천원의 진행률 60%에 당하는 19,800,000천원이 된다.

2) 재료용지의 용지비대체 회계처리

총공사투입용지비에서 공사진행률을 계산한 용지금액을 기준으로 계상하며 기계산되어 투입된 용지금액은 차감된다.

(단위 : 천원)

차 변		대 변	
계정과목	금 액	계정과목	금 액
용지비(사례1) 용지비(사례2)	13,200,000 13,200,000	재료용지	26,400,000

6 미분양주택의 회계처리

공사비투입비 중 미분양된 주택에 해당되는 건축공사비를 대체한다.

(단위 : 천원)

구 분	사례1 : 단순 시행사업	사례2 : 자체 개발사업	사례3 : 단순 도급사업	비 고
당기건축비	20,800,000	46,800,000	114,660,000	
당기용지비	13,200,000	13,200,000		용지비투입액 − 전기용지비투입액
당기공사원가[1]	35,456,000	63,276,000	114,660,000	당기용지비투입액+ 당기건축비투입액
기초재고자산[2]	485,714	28,125,000		

[1] 수주추진비 및 모델하우스 건립비는 선급공사원가로 진행률에 당기 공사원가로 투입한다. 본건에서 선급공사원가는 없는 것으로 가정하였다.

[2] 건설회사의 재고자산이란 준공 이전에는 "미완성공사" 준공이후에는 "완성공사"를 사용한다. 도급사업의 경우 일반적으로 기말 재고자산이 없다.

구 분	사례1 : 단순 시행사업	사례2 : 자체 개발사업	사례3 : 단순 도급사업	비 고
기말재고자산	1,457,143	46,875,000		(건축비투입액 + 용지비투입액) ×미분양비율
재고자산증감	971,429	18,750,000		기말재고 − 기초재고
매출원가	33,028,571	41,250,000	114,660,000	당기공사원가 −개조증가
매출총이익	34,971,429	90,750,000	12,740,000	매출액−매출원가

당기공사원가(용지비, 재료비, 노무비, 외주비, 경비)는 미성공사비로 취합되며, 미성공사비는 기말재고자산(완성주택 또는 미완성주택)과 매출원가로 나누어진다.

차 변		대 변	
계정과목	금 액	계정과목	금 액
미완성주택(사례1) 매출원가(사례1)	971,429 33,028,571	미성공사비	34,000,000
완성주택(사례2) 매출원가(사례2)	46,875,000 41,250,000	미완성주택 미성공사비	28,125,000 60,000,000
매출원가(사례3)	114,660,000	미완성공사비	114,660,000

회계 Tip **회계학의 미성공사와 실무의 차이**

이론상 회계학과 실무상 회계처리는 다소 차이가 있을 수 있다. 건설실무를 해본 적이 없는 사람이 건설업을 이해하려면 어쩔 수 없이 이론서에 근거하기 마련인데, 다른 용어를 같은 용어로 잘못 이해하면 건설업을 이해하는데 어려움이 따른다.

회계학의 미성공사와 실무의 미완성공사는 느낌은 비슷하지만 완전히 다른 개념이다. 실무에서 회계학의 미성공사가 등장하지 않는다.

1. 회계학의 미성공사

회계학의 "미성공사"는 실무에서는 사용하지 않는 계정과목이다. 미성공사는 "매출채권의 가계정"이다. "미성공사"와 "진행청구액"을 합산하여 차변잔액은 "미청구공사"로 대변잔액은 "초과청구공사"로 표시한다. 그러나 이 경우 공사원가명세서를 따로 작성하지 않는 한 원가내역을 파악할 수 없게 된다. 즉, 원가취합기능이 미흡하다.

2. 건설실무의 미완성공사

건설실무에서 사용하는 미완성공사는 "재고자산의 가계정"이다. 공사원가(재료비, 노무비, 외주비, 경비)를 집계하는 계정으로 기말에 판매되었으면 매출원가로, 미판매되었으면 기말재고로 표시된다. 미완성공사계정이 바로 공사원가명세서를 의미하므로, 원가내역을 손쉽게 파악할 수 있다.

실무에서 미성공사(비)가 등장하는 경우 '매출채권의 가계정'으로 인식하기보다, '재고자산(또는 원가)의 가계정'으로 받아들이는 것이 혼선을 줄일 수 있다.

7 분양(공사)선수금과 분양(공사)미수금의 계상

1) 공사대금입금시 일괄선수금처리

각 현장의 공사대금 입금액을 분양(공사)미수금과 상계하지 말고 일괄적으로 분양(공사)선수금으로 회계처리하여 계정 납부처리를 단순화한다. 이는 차후에 공사진행률계산에 의한 매출액계산시 발생되는 미수금과 일괄상계처리하기 위한 사전계정과목 처리방법이다.

일반적인 세금계산서 매출의 경우 (차)매출채권 (대)매출로 기표된다. 진행매출의 경우 (차)선수금 (대)진행매출로 기표된다. 세금계산서 청구시점에 (차)미수금 (대)선수금으로 기표되므로 두 기표를 합치면 일반적인 세금계산서 매출과 같은 모양이 된다는 점을 알 수있다. 분양하는 사업의 경우 주택의 공급은 세금계산서 교부면제대상이다. 따라서 미수금계정이 등장하지 않고 입금되는 시점에 (차)보통예금 (대)선수금으로 기표되하는 경우가 흔히 발생한다.

2) 매출액 계상후 채권채무정리

각 현장별 공사투입비를 기준하여 작업진행률을 계상하여 매출액을 계상하고 분양대금입금 여부에 따라 매출액에서 최종적으로 미수금과 선수금계정으로 대체처리한다.

Chapter 05

■ 공사매출계상대비 선수금과 미수금 대체표 ■

(단위 : 천원)

구 분	사례1 : 단순 시행사업	사례2 : 자체 개발사업	사례3 : 단순 도급사업	비 고
당기매출액	68,000,000	132,000,000	127,400,000	
분양(공사)선수금	8,000,000	32,000,000	120,000,000	수금액은 일단 선수금으로 처리한다.
분양미수금	60,000,000	101,560,000	7,400,000	당기매출액 - 공사선수금

당기매출액이 수금액보다 크면 미수금잔액이 남게 되고, 작으면 선수금잔액이 남게 된다.

차 변		대 변	
계정과목	금 액	계정과목	금 액
분양선수금(사례1)	8,000,000	분양매출(사례1)	68,000,000
분양선수금(사례2)	32,000,000	분양매출(사례2)	132,000,000
공사선수금(사례3)	120,000,000	도급매출(사례3)	127,400,000
분양미수금(사례1)	60,000,000		
분양미수금(사례2)	100,000,000		
공사미수금(사례3)	7,400,000		

제 6 절 재료용지

재료용지는 시공사의 자체사업 또는 시행사의 개발사업에서 등장하는 계정과목이다. 제8절 계정과목해설에서 함께 다루어야 하나, 중요성이 커서 제8절에 앞서 별도의 절로 다루고자 한다.

1 계정과목의 구분

주택사업자의 토지취득은 주택을 신축, 판매하기 위하여 토지를 매입하는 경우(토지차입금이자 포함)가 대부분이므로 회계처리상 재고자산인 용지계정으로 처리한다. 다만, 주택신축판매의 목적사업이 아닌 보유토지의 계정은 유형자산인 토지의 계정으로 분류하여 회계처리한다. 또한 장기보유인 토지(관련 법령에 의하여 사용하지 못하는 토지 포함)는 투자자산으로 계정처리를 해야 한다.

■ 계정과목 처리구분표 ■

내 역	자산구분	계정과목	비 고
주택신축판매용 토지	재고자산	용지	• 판매용 토지
회사보유 토지	고정자산	토지	• 본사사옥 · 연수원 · 주차장 · 자재창고의 용도로 사용하고 있는 토지 등
사업목적에 사용하지 못한 토지	투자자산	기타 부동산 용지	• 관계법령 및 사용제한 등에 의하여 사용하지 못한 토지 • 지상물이 설치되어 있지 않은 토지로서 업무무관자산으로 분류된 토지 • 지상물이 설치되어 있더라도 업무무관용으로 판정된 토지

내 역	자산구분	계정과목	비 고
주택신축용 토지차입금이자(차입원가)	재고자산	용지	• 기간비용처리 가능

별 첨

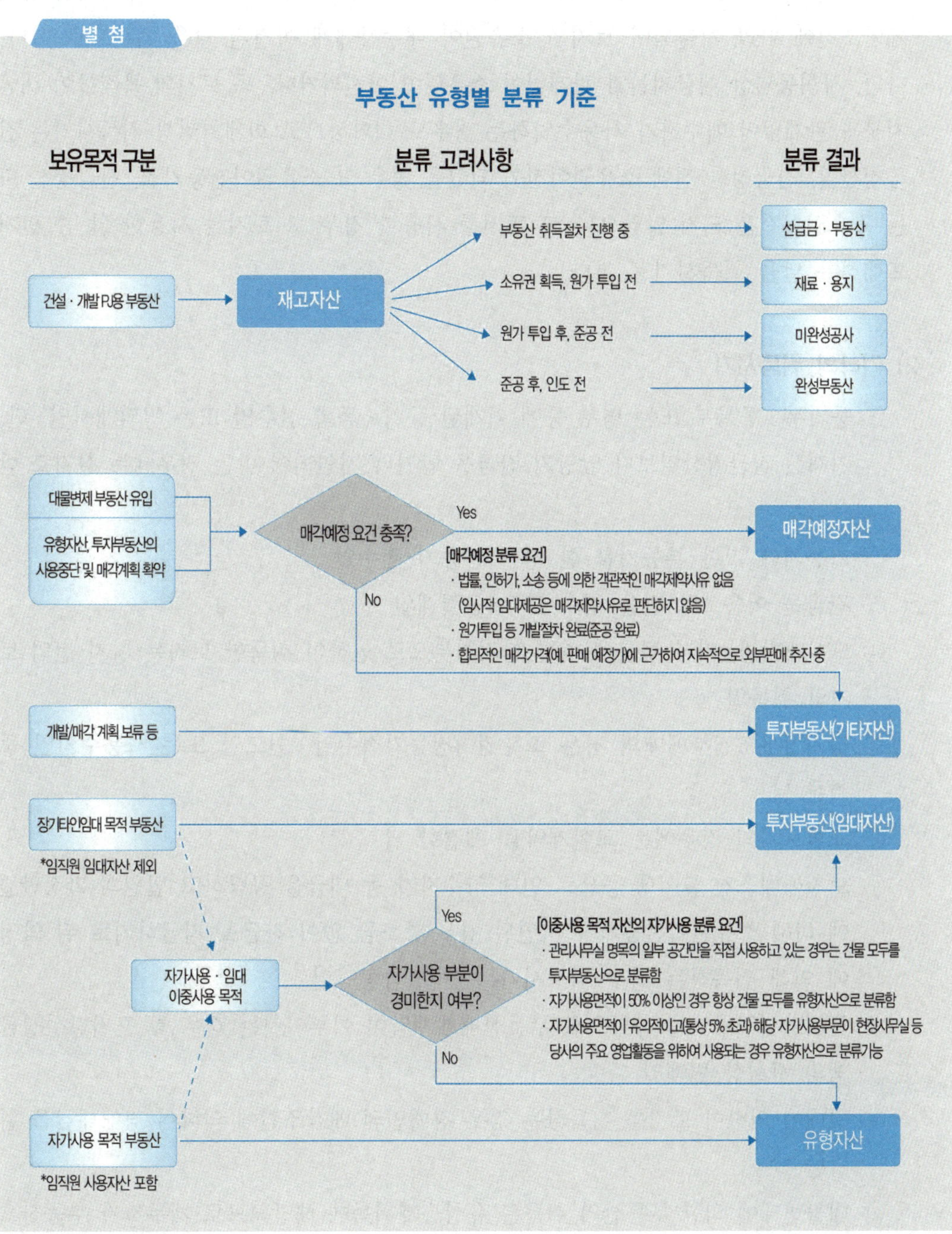

❷ 토지의 취득시기

1) 원칙

토지의 취득시기는 원칙적으로 토지에 대하여 계약을 체결하고 동 토지의 계약금 등이 계약조건에 따라 지불되어 토지의 소유권이 매수자에게 이전된 날을 기준으로 한다. 다만, 사회통념상 대금지불과 관계없이 소유권이 이전되거나, 동 토지의 목적물이 대금지불과 관계없이 매수자가 사용수익하는 경우도 허다하므로 회계처리상 취득시기는 잔금청산일, 잔금청산 전에 소유권이전이 되었을 경우 그 소유권이전등기일, 잔금청산 또는 소유권이전은 되지 않았으나 그 토지를 사용한 경우 그 토지를 사용한 날 중 먼저 도래하는 날을 취득시기로 본다.

2) 기타의 취득시기

① 등기부 · 등록부 또는 명부 등에 기재된 등기 · 등록 접수일 또는 명의개서일. 단, 기재된 잔금청산일보다 앞당겨 잔금을 받거나 지연되어 받는 경우에는 실지로 받은 날

② 가등기에 기한 본등기를 한 경우 본등기 접수일

③ 잔금을 어음으로 받을 경우 그 어음결제일

④ 도시개발법, 기타 법률에 따른 환지처분으로 인하여 취득한 토지는 환지 전의 토지의 취득일

⑤ 장기할부조건부매매의 경우 소유권이전등기접수일 · 인도일 또는 사용수익일 중 빠른 날

⑥ 교환토지의 경우에는 교환계약을 체결한 날

⑦ 토지매매조건 불이행 등으로 인해 양수자가 동 대금을 공탁하고 법원의 확정판결에 의해 소유권이전등기가 지연된 경우 중도금 없이 잔금을 지급하기로 된 약정에 의해 취득하는 경우 취득시기는 동 잔금공탁일

⑧ 근저당설정금액을 잔금으로 부동산매매계약이 이루어지는 경우 동 근저당설정금액의 사실상 변제일

⑨ 경매에 의하여 토지를 취득하는 경우 경매인의 매각조건에 의하여 경매대금을 완납한 날

⑩ 대물변제에 의한 부동산의 취득은 유상승계취득에 해당되므로 채무자가 부동산으로 채권 · 채무의 상계처리를 요청하고, 그에 기하여 채권자가 부동산을 취득하게

된다면 상계처리일이 상기 규정의 잔금지급일임. 다만, 상계처리일 이전에 등기를 한 경우에는 등기일을 취득일로 보는 것임.

❸ 토지와 용지의 회계처리

1) 토지의 회계처리

회사가 건물을 신축하여 판매하지 않고 사옥용, 공장용 등 유형자산으로 보유하고자 매입하는 토지의 회계처리는 일반적인 사항이므로 아래와 같이 처리한다.

계약금 또는 중도금 지급시

(차) 선급금 ××× (대) 현금예금 ×××

잔금지급시 또는 소유권 이전시

소유권이전과 관련된 취득 관련 제세금은 토지원가에 포함시킨다.

(차) 토　지 ××× (대) 선급금 ×××

(고정자산) 현금예금 ×××

2) 용지의 회계처리

건물을 신축하여 판매하기 위하여 토지를 매입하는 경우에는 재고자산 용지로 보아 용지계정으로 회계처리한다.

일반적인 건설업자의 용지매입 경위를 살펴보면 일반적으로 개인 또는 법인과의 계약에 의해 취득하는 경우나 국가, 지방자치단체, 공공기관이 택지를 개발하여 건설업자에게 분양하는 것을 취득하는 경우 등 크게 2가지로 나눌 수 있다. 이때 용지 대금의 지급조건은 계약금, 중도금, 잔금 등(일반취득)으로 구분하여 지급하는 경우와 장기할부(연부취득) 조건 등으로 지급하는 경우 등이 있다. 일반취득과 연부취득의 경우의 회계처리는 아래와 같다.

(1) 일반적인 용지 구입

① 계약금 또는 중도금 지급시

(차) 용지선급금 ××× (대) 현금예금 ×××

② 잔금지급시

(차) 용　지 ××× (대) 용지선급금 ×××

③ 잔금을 지급하지 않고 소유권 이전시

(차) 용　지	×××	(대) 용지선급금	×××
		(계약금 또는 중도금)	
		미지급금	×××

(2) 장기할부구입(연부취득)

① 계약금 지급시

(차) 용　지	×××	(대) 현금예금	×××
		미지급금	×××

② 잔금지급시

(차) 미지급금	×××	(대) 현금예금	×××
		(할부이자 포함)	

연부로 취득하는 것은 그 연부 지급일에 지급되는 금액이 취득세 과세표준이 되므로 매입시마다 취득세 등을 납부하며 그 납부된 취득세 등은 용지원가에 포함시킨다.

❹ 용지의 공사원가 처리시 회계처리

1) 용지금액 확정

건설사가 용지구입 후 대금이 완납되어 공사가 착공되면 재고자산의 용지계정은 공사원가계정(미완성주택, 미완성상가)으로 처리하면 되나, 용지대금이 완납되지 않은 상태에서 공사를 착공할 경우(회사가 토지 소유자의 양해 또는 지급보증서 등을 제출하여 소유권이전 또는 토지사용 승낙을 받는다) 용지미납대금 등은 용지계정에 대체하여 용지가액 전부를 계상하여야 한다. 이때 용지가액은 계약서에 기재된 금액과 기타 부대비용을 포함한 금액으로 한다.

2) 공사원가 대체처리방법

공사가 착공이 되면 재고자산의 용지계정은 해당 건축물의 공사진행률과 비례하여 공사원가계정에 투입이 된다.

3) 용지비를 공사진행률에 따라 투입계상(진행률 비율에 따라 투입)

용지비를 재고자산에 계상하였다가 공사진행시 일정금액을 공사원가에 반영시키는 경우의 회계처리는 아래와 같다.

① **취득시**

(차) 용지(재고자산) ××× (대) 현금예금(당좌자산) ×××

② **공사원가대체시**(건축공사 진행률 비율에 따라 계산)

(차) 용지비(공사원가) ××× (대) 용지(재고자산) ×××

Chapter 05

5 토지(용지)매입에 따른 차입원가자본화 계상

일반기업회계기준 제18장에서는 적격자산의(용지 포함) 제조 또는 건설에 1년 이상이 소요되는 경우에 해당 자산의 제작 등에 사용된 차입금에 대하여 해당 자산의 제조 또는 취득완료시까지 발생된 이자비용 등 기타 이와 유사한 차입원가를 해당 자산의 취득원가에 산입할 수 있다. 여기서 재고자산이라 함은 건설사의 주택 또는 상가 등의 공사투입비로서 공사원가에 해당된다. 따라서 건설사의 공사투입비는 재고자산의 차입원가자본화 계상대상이 된다.

분양공사용지에 대한 차입원가의 자본화가 계상되는 범위는 그 대상자산을 위하여 자금을 지출하지 아니하였다면 회피할 수 있었던 차입원가를 말하며, 적격자산의 취득과 직접 관련하여 개별적으로 차입된 자금(특정차입금)에 대한 차입원가와 일반적인 목적으로 차입한 자금 중 적격자산의 취득에 소요되었다고 볼 수 있는 자금(일반차입금)에 대한 차입원가를 말한다.

세무 Tip **세법의 건설자금 이자**

기업회계기준상 건설자금이자 계상대상은 유형자산, 무형자산 및 투자부동산과 재고자산이 해당되나, 법인세법시행령 제52조 규정에서는 사업용 고정자산만 건설자금이자의 대상으로 본다. 즉, 시행사의 판매용 토지 및 건물은 재고자산에 해당하므로 법인세법상 건설자금이자의 대상인 사업용고정자산에 해당하지 않는다.

비교하여 취득세의 과세표준에는 재고자산 여부에 불구하고 원칙상 건설자금이자를 취득세과세표준에 포함하고 있다(지방령 §18 ①).

❻ 일반기업회계기준상의 차입원가자본화

1) 목적 및 적용범위

일반기업회계기준 제18장 차입원가자본화는 자산의 제조, 매입, 건설 또는 개발과 관련하여 발생한 차입원가의 회계처리와 필요한 사항을 정하는 데 목적이 있다(문단 18.1). 차입원가는 자금의 차입과 관련하여 발생하는 이자 및 기타 원가를 말한다. 차입원가는 다음과 같은 항목을 포함한다(문단 18.2).

① 장 · 단기차입금과 사채에 대한 이자
② 사채발행차금상각(환입)액
③ 채권 · 채무의 현재가치평가 및 채권 · 채무조정에 따른 현재가치할인차금상각액
④ 외화차입금과 관련되는 외환차이 중 차입원가의 조정으로 볼 수 있는 부분
⑤ 리스이용자의 금융리스관련 원가
⑥ 차입금 등에 이자율변동 현금흐름위험회피회계가 적용되는 경우 위험회피수단의 평가손익과 거래손익
⑦ 차입과 직접 관련하여 발생한 수수료
⑧ 기타 이와 유사한 금융원가

매출채권 등의 매각에 따른 처분손실은 자본화대상차입원가에서 제외하였다. 또한 차입금에 대한 연체이자는 차입원가로 분류되나, 자산취득을 위하여 직접 관련된 원가라고 볼 수 없기 때문에 자본화대상 차입원가에서 제외하였다(결 18.1).

차입원가를 자본화하는 경우에는 위에 제시된 차입원가 중 일부에 대해서만 자본화하거나, 특정차입금 관련 차입원가에 대해서만 자본화할 수 없다.

2) 외화차이 중 차입원가의 조정으로 볼 수 있는 부분

외화차이는 외화차입금에서 발생하는 외환차손(익)과 외화환산손실(이익)의 합계금액을 말한다. 외환차이 중 차입원가의 조정으로 볼 수 있는 부분은 해당 외화차입금에 대한 차입원가에 외화차입금과 관련된 외환차이를 가감한 금액이 유사한 조건의 원화차입금에 대한 이자율 또는 원화차입금의 가중평균이자율을 적용하여 계산한 차입원가를 초과하지 않는 범위까지의 금액을 말한다(문단 18.3).

(1) 외화차이의 산정

일반차입금에 포함된 외화차입금에 대한 외환차이는 외환차손(익)과 외화환산손실(이익)을 모두 합계하여 상계한 후의 금액을 말한다.

특정외화차입금이 일시에 지출되지 않아 외화예금이 발생한 경우 특정외화차입금에 대한 외환차이는 특정외화차입금에 대한 외환차손(익)과 외화환산손실(이익)을 합계한 금액에서 개별적으로 대응되는 관련 외화예금에 대한 외환차익(손)과 외화환산이익(손실)을 모두 합계하여 상계한 후의 금액을 말한다. 다만, 외화차입금에 대해 환율변동 현금흐름위험회피회계가 적용되는 경우에는 위험회피수단에서 발생한 평가손익 또는 거래손익도 가감하여야 한다(실 18.3).

Chapter 05

(2) 외화차입금에 대한 차입원가

일반차입금에 포함된 외화차입금에 대한 차입원가는 이자지급시점의 환율로 계산한 금액과 회계연도말의 환율로 계산하여 미지급이자로 계상한 금액을 말한다.

특정외화차입금에 대한 차입원가는 이자지급시점의 환율로 계산한 금액과 회계연도말의 환율로 계산하여 미지급이자로 계상한 금액의 합계 금액에서 해당 외화차입금의 일시적 운용에서 발생한 이자수익 등을 차감한 금액을 말한다. 다만, 외화차입금에 대해 이자율변동 현금흐름위험회피회계가 적용되는 경우에는 위험회피수단에서 발생한 평가손익 또는 거래손익도 가감하여야 한다(실 18.4).

(3) 유사한 조건의 원화차입금

외화차입금에 대하여 유사한 조건의 원화차입금에 대한 이자율 또는 원화차입금의 가중평균이자율을 적용하여 차입원가를 계산할 경우 기초부터 존재하는 외화차입금은 기초의 환율을 적용하고, 회계기간 중 조달된 외화차입금에 대해서는 차입 당시의 환율을 적용하여 환산한다. 유사한 조건의 원화차입금이라 함은 차입기간, 원금, 지급보증, 이자지급방식 등의 차입조건에서 유사한 경우를 말한다. 이와 같은 차입조건을 충족시켜줄 수 있는 원화차입금이 존재하지 않는 경우에는 원화차입금의 가중평균 이자율을 적용한다(실 18.5).

(4) 특정외화차입금

특정외화차입금의 차입기간과 자본화기간이 다른 경우 외환차이와 위험회피수단의 평가손익 · 거래손익 등은 차입기간 중 자본화기간에 해당하는 금액만 안분하여 산정한다(실 18.6).

특정외화차입금에서 외환차이(손실)가 발생하는 경우 외환차손, 외화환산손실, 위험회피수단의 거래손실 · 평가손실(현금흐름위험회피회계가 적용되는 경우)의 순서로 차입원가의 조정으로 볼 수 있는 차입원가로 대체한다(실 18.7).

3) 인식

차입원가는 기간비용으로 처리함을 원칙으로 한다. 다만, 유형자산, 무형자산 및 투자부동산과 제조, 매입, 건설, 또는 개발(이하 '취득'이라 한다)이 개시된 날로부터 의도된 용도로 사용하거나 판매할 수 있는 상태가 될 때까지 1년 이상의 기간이 소요되는 재고자산(이하 '적격자산'이라 한다)의 취득을 위한 자금에 차입금이 포함된다면 이러한 차입금에 대한 차입원가는 적격자산의 취득에 소요되는 원가로 회계처리 할 수 있다. 적격자산의 취득과 관련된 차입원가는 그 자산을 취득하지 아니하였다면 부담하지 않을 수 있었던 원가이기 때문에 적격자산의 취득원가를 구성하며, 그 금액을 객관적으로 측정할 수 있는 경우에는 해당 자산의 취득원가에 산입할 수 있다(문단 18.4).

차입원가의 회계처리방법은 모든 적격자산에 대하여 매기 계속하여 적용하고, 정당한 사유 없이 변경하지 아니한다(문단 18.5).

4) 적격자산

적격자산은 유형자산, 무형자산 및 투자부동산과 제조, 매입, 건설, 또는 개발이 개시된 날로부터 의도된 용도로 사용하거나 판매할 수 있는 상태가 될 때까지 1년 이상의 기간이 소요되는 재고자산을 말한다. 그리고 유형자산, 무형자산 및 투자부동산에 대한 자본적 지출이 있는 경우에는 이를 포함한다.

따라서 재고자산의 경우에는 1년이란 취득기간이 필요하나, 유형자산, 무형자산 및 투자부동산을 1년이라는 취득기간을 요건으로 하지 않는다.

분양공사의 건설활동에는 분양용지를 의도된 용도로 사용하거나 판매하기 위한 활동도 포함되기 때문에 분양공사용지의 취득과 관련된 차입원가도 관련 분양공사의 자본화 종료시점까지 자본화하도록 하였다. 따라서, 재고자산의 차입원가자본화요건인 공사에 1년 이상이 소요되는지의 여부는 용지매입기간과 공사기간을 합하여 판단하는 것이다(결 18.5).

다음의 경우는 적격자산에서 제외한다(실 18.1).

① 판매가능한 상태에 있는 자산 및 임대 등을 위해 이미 사용 중이거나 사용가능한 상태에 있는 자산

② 위의 ①에 해당되지 않으면서, 이를 위한 활동도 이루어지지 않고 있는 자산

5) 자본화할 수 있는 차입원가의 산정

자본화할 수 있는 차입원가는 적격자산을 취득할 목적으로 직접 차입한 자금(이하 "특정차입금"이라 한다)에 대한 차입원가와 일반적인 목적으로 차입한 자금 중 적격자산의 취득에 소요되었다고 볼 수 있는 자금(이하 "일반차입금"이라 한다)에 대한 차입원가로 나누어 산정한다(문단 18.6).

Chapter 05

(1) 특정차입금 관련 차입원가

특정차입금에 대한 차입원가 중 자본화할 수 있는 금액은 자본화기간 동안 특정차입금으로부터 발생한 차입원가에서 동 기간 동안 자금의 일시적 운용에서 생긴 수익을 차감한 금액으로 한다(문단 18.7).

특정외화차입금에 대한 차입원가 중 자본화할 수 있는 차입원가는 외환차이 중 차입원가의 조정으로 볼 수 있는 부분에 해당하는 금액을 한도로 한다(문단 18.8).

특정차입금이 있는 경우에는 특정차입금에 대한 차입원가를 먼저 자본화한 후에 일반차입금에 대한 차입원가를 산정하여 자본화한다.

(2) 일반차입금 관련 차입원가

일반차입금에 대한 차입원가 중 자본화할 수 있는 차입원가는 회계기간 동안의 적격자산에 대한 평균지출액 중 특정차입금을 사용한 평균지출액을 초과하는 부분에 대해 적절한 이자율(이하 "자본화이자율"이라 한다)을 적용하는 방식으로 산정한다(문단 18.9).

일반차입금에 포함시켜야 할 차입금은 대상자산에 대한 지출이 없었다고 가정하는 경우 차입원가의 회피가능성, 해당 차입금의 용도와 사용제한, 자금의 조달 및 사용계획 그리고 현재의 자금상태 등을 종합적으로 판단하여 결정한다.

① 평균지출액

차입원가자본화 대상자산에 대한 지출액은 차입원가를 부담하는 부채를 발생시키거나, 현금지급, 다른 자산을 제공하는 등에 따른 지출액을 의미한다. 정부보조금, 공사부

담금 등의 보조금과 건설 등의 진행에 따라 회수되는 금액은 자본화대상 자산에 대한 지출액에서 차감한다(문단 18.10).

당기에 유상증자로 조달된 자금 또는 기타 내부적으로 조달된 자금 등이 별도의 계좌로 관리되고, 해당 적격자산의 취득으로 그 사용이 제한된다면 해당 내부유보자금을 사용한 지출액에 대해서는 적격자산의 평균지출액에서 차감한다.

적격자산에 대한 평균지출액은 회계기간 동안의 누적지출액에 대한 평균으로서 기본적으로 이자를 수반해야 하므로 지급어음이나 미지급비용 등에 의한 원가부분은 제외되어야 한다. 그러나 이러한 원가도 단기적으로는 현금지출을 수반하게 되므로 그 금액의 유의성 측면에서 제외여부를 판단해야 한다. 그 금액이 유의적이지 않다면 평균지출액은 장부금액을 그 대용치로 사용할 수 있다.

건설기업 분양공사의 경우 수익인식기준에 따라 공사원가가 달라져서는 안 되므로 공사진행기준 적용시 적격자산에 대한 평균지출액은 이미 공사원가로 대체된 후의 장부금액이 아니라 비망기록으로 매기 유지되는 평균지출액으로 한다.

② 자본화이자율

자본화이자율은 회계기간 동안 상환되었거나 미상환된 일반차입금에 대하여 발생된 차입원가를 가중평균하여 산정한다. 다만, 회계기간 동안 일반차입금 구성 종목 및 차입금액의 변동이 유의적이지 않은 경우에 한하여 자본화이자율은 결산일 현재 미상환된 일반차입금에 대한 차입원가를 가중평균하여 산정할 수 있다. 자본화이자율계산에 포함된 외화차입금에 대한 차입원가의 계산은 외환차이 중 차입원가의 조정으로 볼 수 있는 부분에 따른다(문단 18.11).

※ 일반차입금의 자본화이자율은 자본화중단과 관계없이 해당 회계기간 동안 일반차입금에 대하여 발생된 차입원가를 가중평균하여 사용한다. 이는 논리적이지는 않으나 일반차입금에 대한 차입원가의 자본화는 추정에 의해 산정하는 것이므로 실무편의를 위한 것으로 이해된다. 한편, 아래 자본화 한도에서 자본화 한도를 자본화중단과 관계없이 회계기간 동안 발생한 차입원가를 한도로 하는 것과 특정차입금과는 달리 자금의 일시적 운용에서 생긴 수익을 차감하지 않는 것도 동일한 취지로 이해된다.

③ 자본화 한도

일반차입금에 대하여 자본화할 차입원가는 자본화이자율 산정에 포함된 차입금으로부터 회계기간 동안 발생한 차입원가를 한도로 하여 자본화한다. 이 경우 자금의 일시적 운용에서 생긴 수익은 차감하지 아니한다(문단 18.12).

일반차입금에서 발생한 이자는 직접 자본화하는 것이 아니라 간접적으로 적격자산에 대한 평균지출액에서 특정차입금을 초과하는 부분에 대해 자본화이자율을 적용하여 계산하므로 적절한 한도가 필요하다. 그 한도계산에는 자본화이자율산정에 포함되지 않은 차입금 및 특정차입금에 대한 차입원가가 제외되어야 한다.

④ 추가고려사항

일반차입금범위 내에서 자본화할 차입원가를 산정함에 있어 다음 사항을 추가로 고려해야 한다.

㉮ 전기이전에 자본화한 차입원가는 당기 적격자산의 평균지출액에 포함시키지 않는다.

㉯ 미지급차입원가의 자본화여부는 일반적으로 미지급공사원가도 취득원가를 구성하고 미지급차입원가의 발생도 대상자산의 취득이 없었더라면 회피가능한 범위에 속하므로 자본화대상차입원가에 포함시킨다.

Chapter 05

⑤ 일반차입금에 포함된 외화차입금

자본화이자율 산정에 외화차입금이 포함되어 있는 경우 외화차입금과 원화차입금을 구분하여 이자에 해당하는 부분만으로 각각 가중평균이자율을 산정한다. 이때 자본화이자율 산정에 포함된 외화차입금에서 발생한 외환차이를 자본화할 차입원가에 포함하여야 할지에 대해서는 다음 같이 처리한다.

㉮ 외화차입금의 가중평균이자율이 원화차입금의 가중평균이자율보다 높고 외환차이(이익)가 발생한 경우

외화차입금의 이자에서 외환차이(이익)를 차감한 후의 금액과 원화차입금의 이자를 가중평균하여 자본화이자율을 산정한다. 외화차입금의 가중평균이자율이 원화차입금의 가중평균이자율보다 높고, 외환차이(손실)가 발생되면 외환차이(손실)를 자본화이자율 계산에 반영하지 않고, 외화차입금의 이자와 원화차입금의 이자를 가중평균하여 자본화이자율을 산정한다.

㉯ 외화차입금의 가중평균이자율이 원화차입금의 가중평균이자율보다 낮고 외환차이(손실)가 발생한 경우

외화차입금의 이자에서 외환차이(손실)를 가산하여 계산한 이자율이 원화차입금의 가중평균이자율보다 높은 경우에는 원화차입금의 가중평균이자율을 자본화이자율로 하여 일반차입금과 관련하여 자본화할 차입원가를 산출한다.

6) 자본화기간

(1) 자본화의 개시

자본화기간의 개시시점은 다음 조건이 모두 충족되는 시점으로 한다(문단 18.13).

① 적격자산에 대한 지출이 있었다.

② 차입원가가 발생하였다.

③ 적격자산을 의도된 용도로 사용하거나 판매하기 위한 취득활동이 진행 중이다.

여기에는 물리적인 제작뿐만 아니라 그 이전 단계에서 이루어진 행정, 기술상의 활동도 포함한다. 예를 들면, 설계활동, 각종 인허가를 얻기 위한 활동 등을 들 수 있다.

(2) 자본화의 종료

적격자산을 의도된 용도로 사용하거나 판매가능한 상태에 이르게 하는 데 필요한 대부분의 활동이 완료된 시점에 차입원가의 자본화를 종료한다(문단 18.14).

적격자산이 여러 부분으로 구성되어 건설활동 등이 진행되는 경우 일부가 완성되어 해당 부분의 사용이 가능하다면 그 부분에 대해서는 자본화를 종료한다. 그러나 자산 전체가 완성되어야만 사용이 가능한 경우에는 자산 전체가 사용 가능한 상태에 이를 때까지 자본화한다. 예를 들면, 집단업무시설을 건설하는 경우 여러 동의 건물에 대한 공사가 진행 중이라도 각각의 건물별로 완공시점에 자본화를 종료한다. 그러나 제철소와 같이 일관생산체제를 갖추어야 하는 경우, 개별 공정이 완료되더라도 자본화를 종료하지 않고, 전체 공정이 완료되는 시점까지 자본화한다(문단 18.15).

적격자산이 물리적으로 완성된 경우라면 일상적인 건설 관련 후속 관리업무 등이 진행되고 있더라도 해당 자산을 의도된 용도로 사용할 수 있거나 판매할 수 있기 때문에 자본화를 종료한다. 구입자 또는 사용자의 요청에 따른 내장공사 등의 추가 작업만이 진행되는 경우라면 실질적으로 모든 건설활동이 종료된 것으로 본다.

(3) 자본화의 중단

적격자산을 의도된 용도로 사용하거나 판매하기 위한 취득활동이 중단된 경우 그 기간 동안에는 차입원가의 자본화를 중단하며 해당 차입원가는 기간비용으로 인식한다. 그러나 제조 등에 필요한 일시적 중단이나 자산취득과정상 본질적으로 불가피하게 일어난 중단의 경우에는 차입원가의 자본화를 중단하지 않는다(문단 18.16).

기업이 의도적으로 취득활동을 지연하거나 중단한 경우에 발생한 차입원가는 자산취득과정에서 발생된 것으로 볼 수 없으므로 기간비용으로 인식한다(문단 18.17).

경영환경변화나 새로운 정책결정으로 인하여 취득활동을 중단한다면 이는 기업이 의도적으로 취득활동을 지연하거나 중단하는 경우에 해당한다. 그러나 기업이 취득활동을 추진하려는 분명한 의도가 있거나, 취득활동이 진행중인 상태에서 법규정 등의 개폐에 의해 취득활동이 지연되거나 일시적으로 중단된 경우라면 자본화를 중단하지 않도록 하였다. 이 경우 취득활동이 1년 이내에 재개될 가능성이 확실하지 않다면 자본화를 중단하고, 해당 차입원가는 기간비용으로 인식한다. 숙성이 요구되는 생산공정의 숙성기간이나 하천의 수위가 높아져 교량의 건설활동이 일시적으로 중단되는 경우라면 자본화를 중단하지 않는다(결 18.8).

취득활동이 장기간에 걸쳐 중단되는지 여부는 의도적인 중단인지 아닌지를 판단하는 유의적인 기준이 될 수 있다. 예를 들면, 건설에 사용할 목적으로 토지(용지)를 취득하였으나, 관련 개발활동이 중단된 상태에 있다면 이 기간 동안 자본화를 중단한다.

7) 공시

차입원가를 자본화하는 경우 다음 사항을 재무제표의 주석으로 공시한다(문단 18.18).

① 회계기간 중 자본화된 차입원가의 금액과 내용

② 외화차입금에 대해 차입원가의 조정으로 간주한 외환차이의 금액과 내용

차입원가를 자본화한 경우에는 이를 기간비용으로 회계처리 했을 때와 비교하여 손익계산서와 재무상태표의 주요 항목에 미치게 될 영향을 주석으로 기재한다(문단 18.19).

■ 차입원가자본화(건설자금이자) 요약 ■

구 분	내 용
기본원칙	• 차입원가는 기간비용으로 처리함을 원칙으로 함. 다만, 적격자산의 취득기간 중 타인자본에서 실제 발생한 차입원가만을 자본화할 수 있음. • 자본화 여부의 판단기준은 차입원가의 회피가능성 • 자기자본에 대한 차입원가는 자본화할 수 없음.
적격자산	• 자가사용 또는 임대 등을 목적으로 제작 · 매입 · 건설 중인 유형자산 • 무형자산 · 투자자산 • 판매를 위하여 제조 · 매입 · 건설에 장기간이 소요되는 재고자산
자본화 개시시점	• 적격자산에 대한 지출이 있었고 • 자본화할 수 있는 차입원가가 발생하였으며 • 적격자산을 의도된 용도로 전환하기 위한 활동이 진행 중인 경우

구 분	내 용
자본화 종료시점	적격자산의 취득이 완료되어 해당 자산을 의도된 용도로 사용할 수 있거나 판매가 가능한 시점
자본화 중단기간	적격자산의 취득활동이 중단된 경우(해당 차입원가는 기간비용인식). 다만, 그 중단이 일시적이거나 취득과정상 불가피한 경우 계속 자본화
자본화대상 차입원가	• 장 · 단기차입금과 사채에 대한 이자 • 사채발행차금상각(환입)액 • 채권 · 채무의 현재가치평가 및 채권 · 채무재조정에 따른 현재가치할인차금상각액 • 외화차입금과 관련된 외환차이(손실) 중 이자의 조정으로 볼 수 있는 부분 • 리스이용자의 금융리스이자비용 • 차입금 등에 이자율위험회피회계가 적용되는 경우 위험회피수단의 평가손익과 거래손익 • 차입과 직접 관련하여 발생한 수수료 • 기타 이와 유사한 차입원가
자본화 할 수 있는 차입원가	• 대상 : 특정차입금과 일반차입금 • 산정방식 – 특정차입금 자본화차입원가 : 특정차입원가 – 일시투자수익 – 일반차입금 자본화차입원가 : (적격자산에 대한 가중평균지출액 – 특정차입금을 사용한 평균지출액) × 자본화이자율

용지 취득 후부터 공사 착공 전의 기간중에 발생한 금융비용은 당해 용지를 의도된 용도로 사용하기 위한 활동이 진행중인지의 여부를 판단하여 이를 위한 활동이 중단된 경우에는 영업외비용으로 처리하는 것임. 동 기간에 당해 용지를 의도된 용도로 사용하기 위한 활동이 중단되지 아니한 것으로 판단되는 경우에 한하여 용지에 대한 금융비용은 선급공사원가로 인식하며, 당해 공사를 착수한 후 공사진행률에 따라 공사원가로 대체하는 것이 타당하다(GKQA05-007).

회계 Tip **차입원가자본화와 관련된 사례**

■ 실18.34 일반차입금과 특정차입금의 자본화이자율과 차입원가

(단위 : 천원)

12월 결산법인인 A기업은 수년 전부터 보유하고 있던 토지에 사옥을 건설하기 위하여 20×1.1.1. H건설기업과 도급계약을 체결하였다. 사옥은 20×2회계연도 6.30. 준공예정이고 A기업은 사옥건설을 위해 다음과 같은 지출하였다.

20×1. 1.1.	40,000
20×1. 7.1.	80,000
20×1.10.1.	60,000
20×2. 1.1.	70,000
합 계	250,000

A기업의 20×1년도의 차입금은 다음과 같으며, 20×2년도에 신규로 조달한 차입금은 없다.

차입금	차입일	차입금액	상환일	이자율	이자지급조건
a	20×1.1.1.	50,000	20×2. 6.30.	12%	분기별 복리/매년말 지급
b	20×0.1.1.	60,000	20×2.12.31.	10%	단리/매년말 지급
c	20×0.1.1.	70,000	20×3.12.31.	12%	단리/매년말 지급

이들 차입금 중 차입금 a는 사옥건설 목적을 위하여 개별적으로 차입(특정차입금)되었으며 이중 10,000원은 20×1.1.1.~6.30. 동안 연 9%(단리) 이자지급조건의 정기예금에 예치하였다. 차입금 b, c는 일반 목적으로 차입(일반차입)되었다.

이 사례에 대하여 20×1회계연도에 자본화한 차입원가는 11,365이며, 20×2회계연도에 발생된 차입원가를 기간비용으로 회계처리하는 경우(실18.35)와 자본화하는 경우(실18.36)로 나누어 회계처리를 예시한다.

■ 실18.35 20×2회계연도에 발생된 차입원가를 기간비용으로 인식하는 경우

1. 건물의 취득원가

① 도급공사비 지출액 :	250,000
② 20×1회계연도에 자본화한 차입원가 :	11,365
	261,365

2. 공시

① 차입원가를 기간비용으로 처리한다는 기업의 회계정책을 기재한다.

■ 실18.36 20×2회계연도에 발생된 차입원가를 자본화하는 경우

1. 적격자산에 대한 평균지출액

지출일	지출액	자본화대상기간	평균지출액
20×1. 1. 1.	40,000	6/12	20,000
20×1. 7. 1.	80,000	6/12	40,000
20×1.10. 1.	60,000	6/12	30,000
20×2. 1. 1.	70,000	6/12	35,000
합 계	250,000		125,000

2. 자본화 이자율의 계산

특정차입금을 제외하고 일반적으로 차입되어 사용된 사옥건설 관련 차입금에 대하여 적용할 자본화이자율은 다음과 같이 산정한다.

차입금	연평균차입금액	차입원가
b	60,000	6,000
c	70,000	8,400
합 계	130,000	14,400

$$\text{자본화이자율} = \frac{\text{총차입원가}}{\text{연평균차입금총액}} = \frac{14,400}{130,000} = 11.08\%$$

3. 특정차입금 관련 차입원가

• 당기중 발생한 차입원가	$50,000 \times (1+0.12/4)^2 - 50,000 =$	3,045
자본화할 차입원가		3,045

4. 일반차입금 관련 차입원가

① 자본화할 수 있는 차입원가

[125,000 − (50,000 × 6/12)] × 11.08% = 11,080

② 자본화이자율 산정에 포함된 차입금에서 회계기간 동안 발생한 차입원가

③ 한도비교

차입금 b	60,000 × 10% =	6,000
차입금 c	70,000 × 12% =	8,400
합 계		14,400

일반차입금과 관련된 차입원가(11,080)는 당기한도(14,400) 이내이므로 전액 자본화가 가능하다.

5. 20×2회계연도에 자본화할 수 있는 차입원가

3,045(특정차입금) + 11,080(일반차입금) = 14,125

6. 건물의 취득원가

① 도급공사비 지출액 :	250,000
② 자본화된 차입원가(20×1년)	11,365
〃 (20×2년)	14,125
합 계	275,490

7. 공시

① 차입원가를 자본화한다는 기업의 회계정책을 기재한다.

② 자본화된 차입원가의 금액과 내용을 기재한다.

■ 실18.37 손익계산서와 재무상태표의 주요 항목에 미치게 될 영향에 대한 공시

실18.34 [사례 1]에 예시한 12월 결산법인 A기업은 20×2.6.30.에 완공된 사옥에 대해 잔존가치 5,490원, 내용연수 20년으로 정액법에 의해 감가상각하고, 20×2회계연도 결산시 6개월분의 감가상각비 6,750원을 계상하였다(단위 : 천원).

1. 20×2회계연도 재무상태표의 주요 항목에 미치는 영향

구 분[1]	차입원가를 자본화한 경우	20×2년도 이후 발생된 차입원가를 기간비용으로 회계처리할 경우 계상될 금액	차 액
취득원가[2]	275,490[3]	261,365[4]	(14,125)
감가상각누계액	6,750	6,397[5]	353
유형자산 장부가액	268,740	254,968	13,772
자본	×××	×××	×××

1) 자본을 포함하여 차입원가자본화 대상이 된 자산과목별로 작성한다.

2) 자본화된 차입원가가 포함된 가액이며, 재무상태표상에 계상된 금액을 기준으로 작성한다.

3) 적격자산은 당기 중 완공된 사옥뿐이라고 가정한다.

4) 20×2년도 이후에 자본화된 차입원가만을 고려한다. 따라서 20×1년도에 자본화한 261,365원은 취득원가에 가산되어 있다고 간주하고, 20×2년도에 발생한 차입원가 14,125원에 대해서만 기간비용으로 처리한 결과와 비교한다.

5) [도급공사비 지출액(=250,000)+20×1년도에 자본화된 차입원가(=11,365)−잔존가치(=5,490)]÷20년×(6개월/12개월)=6,397

2. 20×2회계연도 손익계산서의 주요 항목에 미치는 영향

구 분	차입원가를 자본화한 경우	20×2년도 이후 발생된 차입원가를 기간비용으로 회계처리할 경우 계상될 금액	차 액
감가상각비[1]	6,750	6,397	(353)
이자	3,320[2]	17,445[2]	14,125
외화환산손실 및 외환차손	−	−	−
당기순이익[3]	27,951	18,311[3]	(9,640)

1) 제조원가, 판매비와일반관리비에 포함된 감가상각비와 무형자산상각비를 합계하여 산출한다.

2) 당기에 발생된 이자

차입금	차입일	차입금액	상환일	이자율	차입원가
a	20×1.1.1.	50,000	20×2. 6.30.	12%	3,045
b	20×0.1.1.	60,000	20×2.12.31.	10%	6,000
c	20×0.1.1.	70,000	20×3.12.31.	12%	8,400
				합 계	17,445

차입원가를 자본화하는 경우에는 당기 발생된 차입원가(=17,445)에서 차입원가로 대체된 14,125(=일반차입금 관련 11,080+특정차입금 관련 3,045)을 차감한 3,320이 차입원가로 계상될 것이다.

3) 차입원가를 자본화하지 않고 기간비용으로 회계처리할 경우 계상될 당기순이익의 추정은 차입원가를 자본화한 경우 손익계산서에 계상된 법인세비용차감전순이익에 대한 법인세비용의 비율을 적용하는 등의 간편하고 합리적인 방법을 사용할 수 있다. 여기에서는 매출총이익이 50,000이고, 이 비율을 30%라고 가정하여 당기순이익을 추정하였다.

■ 실18.38 분양공사와 관련된 차입원가

12월 결산법인인 B건설기업은 아파트신축분양을 위하여 20×1.1.1.에 한국토지공사와 김포택지지구매입계약을 체결하였으며 그 대금지급조건은 다음과 같다(단위 : 천원).

계약금(20×1.1.1.)	1,000,000
1차중도금(20×1.6.30.)	3,000,000
2차중도금(20×2.6.30.)	3,000,000
잔금(20×3.6.30.)	3,000,000
합 계	10,000,000

상기 용지의 사용허가일은 20×1.7.1.이며 공정가치를 산정하기 위한 적정이자율은 12%라고 가정하여 동 일자로 장기성매입채무의 명목가액 6,000,000원의 현재가치와 현재가치할인차금을 구하면 각각 5,070,153원과 929,847원이 된다. 이에 따라 20×1.7.1. 용지 취득원가(차입원가자본화 전)는 다음과 같이 산정된다.

계약금(20×1.1.1.)	1,000,000
1차중도금(20×1.6.30.)	3,000,000
장기성매입채무	6,000,000
현재가치할인차금	(929,847)
용지 취득원가	9,070,153

계약서상 용지의 사용허가일은 20×1.7.1.이나 실제 분양공사착공은 20×1.10.1.에 이루어졌으며 분양은 20×1.10.1.에 50%가 이루어졌고 나머지는 20×2년 중 모두 완료되었다.

한편, 입주가능일은 20×3.11.30.이며, 총공사예정원가, 연도별 실제발생원가 및 총분양금액 등은 다음과 같다.

	20×1년	20×2년	20×3년
총분양대금	50,000,000	50,000,000	50,000,000
총공사예정원가	20,000,000	24,000,000	25,000,000
누적실제발생공사원가	4,000,000	14,400,000	25,000,000
당기실제발생공사원가	4,000,000	10,400,000	10,600,000
공사진행률	20%	60%	100%
분양률	50%	100%	100%
누적분양수익	5,000,000 *	30,000,000	50,000,000
당기분양수익	5,000,000	25,000,000	20,000,000

* 50,000,000×20%×50%

분양공사를 위한 각 시점별 지출액과 분양공사에 따른 계약금 및 중도금, 잔금의 수입내역은 다음과 같다.

일 시	분양공사지출액	계약금/중도금/잔금수입액
20×1.10. 1.	2,000,000	2,000,000
20×1.12. 1.	2,000,000	–
20×2. 7. 1.	10,000,000	8,000,000
20×2. 9. 1.	400,000	1,000,000
20×3. 7. 1.	10,000,000	19,000,000
20×3.11.30.	600,000	20,000,000
합 계	25,000,000	50,000,000

B건설기업의 차입금현황은 다음과 같으며 분양공사목적으로 개별적으로 차입된 차입금은 없으나 모두 해당 분양공사와 관련이 있다고 판단된다.

차입금	차입일	차입금액	상환일	이자율	이자지급조건
a	20×1.1.1.	5,000,000	20×3.12.31.	12%	매년말 지급
b	20×1.1.1.	10,000,000	20×3.12.31.	10%	매년말 지급
c	20×1.1.1.	10,000,000	20×3.12.31.	15%	매년말 지급

이 사례에 대하여 20×1회계연도에는 차입원가를 자본화한 결과 재무상태표상의 미완성주택금액은 2,148,386이고 용지잔액은 8,218,938[=9,070,153(용지의 취득원가)+62,000(20×1연도에 자본화된 차입원가)−913,215(20×1연도에 용지원가로 대체된 금액)]이라고 한다. 이상의 자료를 토대로 20×2회계연도에 발생된 차입원가를 기간비용으로 인식하는 경우(실18.39)와 자본화하는 경우(실18.40)로 나누어 회계처리를 예시한다.

■ 실18.39 20×2회계연도에 발생된 차입원가를 기간비용으로 인식하는 경우

1. 이자의 계산

차입금	연평균차입금액	차입원가
a	5,000,000	600,000
b	10,000,000	1,000,000
c	10,000,000	1,500,000
합 계	25,000,000	3,100,000

2. 용지취득을 위한 장기성매입채무에서 발생한 이자

① 당기(20×2.1.1.~12.31.) 동안 인식할 이자

대상기간	기초부채	이자율	할인차금상각	부채감소액	기말부채
20×1.7.1.~20×2.6.30.	5,070,153	12%	608,418	3,000,000	2,678,571
20×2.7.1.~20×3.6.30.	2,678,571	12%	321,429	3,000,000	–

608,418×6/12+321,429×6/12=464,924

3. 20×2회계연도 회계처리

–20×2.6.30. (용지2차 중도금지급 및 현재가치할인차금상각)

(차) 장기성매입채무	3,000,000	(대) 현 금	3,000,000
(차) 이자	304,209	(대) 현재가치할인차금	304,209

－20×2.7.1. (분양공사지출 및 분양대금수입에 대한 회계처리)

(차) 미완성주택	10,000,000	(대) 현 금	10,000,000
현 금	8,000,000	분양미수금	3,000,000
		분양선수금	5,000,000

－20×2.9.1. (분양공사지출 및 분양대금수입에 대한 회계처리)

(차) 미완성주택	400,000	(대) 현 금	400,000
현 금	1,000,000	분양선수금	1,000,000

－20×2.12.31.

• 용지취득관련 장기성매입채무의 현재가치할인차금상각

(차) 이자	160,715	(대) 현재가치할인차금	160,715

• 당기 차입원가발생

(차) 이자	3,100,000	(대) 현 금	3,100,000

• 당기 분양수익인식

(차) 분양선수금	6,000,000	(대) 분양수익	25,000,000
분양미수금	19,000,000		

• 당기 분양원가인식

(차) 분양원가	12,548,386	(대) 미완성주택	12,548,386*

* 2,148,386(전기말 미완성주택)＋10,400,000＝12,548,386

• 당기 용지원가인식

(차) 용지원가	4,566,077	(대) 용 지	4,566,077*

* [9,070,153(용지의 취득원가)＋62,000(전기에 자본화된 차입원가)]×60%－913,215(전기용지원가대체분)
＝4,566,077

4. 공시 : 차입원가를 기간비용으로 처리한다는 기업의 회계정책을 기재한다.

■ 실18.40 20×2회계연도에 발생된 차입원가를 자본화하는 경우

1. 용지취득 관련 계약금 및 1차중도금에 대한 차입원가자본화액

① 적격자산에 대한 평균지출액 : 4,000,000

② 자본화이자율의 계산

차입금	연평균차입금액	차입원가
a	5,000,000	600,000
b	10,000,000	1,000,000
c	10,000,000	1,500,000
합 계	25,000,000	3,100,000

$$자본화이자율 = \frac{총차입원가}{연평균차입금총액} = \frac{3,100,000}{25,000,000} = 12.40\%$$

③ 자본화할 차입원가의 계산

4,000,000×12.40%=496,000

④ 상기 자본화할 수 있는 차입원가 496,000원은 용지취득 이후에 해당하는 차입원가이므로 전액 미완성 주택의 취득원가를 구성함.

2. 용지취득을 위한 장기성매입채무에서 발생한 차입원가자본화액

① 당기 자본화기간(20×2.1.1.~12.31.) 동안 인식할 이자

대상기간	기초부채	이자율	할인차금상각	부채감소액	기말부채
20×1.7.1.~20×2.6.30.	5,070,153	12%	608,418	3,000,000	2,678,571
20×2.7.1.~20×3.6.30.	2,678,571	12%	321,439	3,000,000	–

608,418×6/12+321,429×6/12=464,924

② 용지관련 장기미지급금의 현재가치할인차금상각액 중 당기분 464,924도 차입원가에 포함하여 자본화 할 수 있으며, 관련 적격자산인 미완성주택의 취득원가로 처리함.

3. 미완성주택에 대한 차입원가자본화액

① 적격자산에 대한 평균지출액

• 미완성주택에 대한 당기 평균지출액(A)

일 시	지출액	자본화대상기간	평균지출액
20×2.7.1.	10,000,000	6/12	5,000,000
20×2.9.1.	400,000	4/12	133,333
합 계	10,400,000		5,133,333

• 분양공사 관련 중도금 등의 당기 평균수입액(B)

일 시	수입액	자본화대상기간	평균수입액
20×2.7.1.	8,000,000	6/12	4,000,000
20×2.9.1.	1,000,000	4/12	333,333
합 계	9,000,000		4,333,333

• 당기 평균순지출액(A－B) 800,000
• 전기 총지출액(C) 4,000,000
• 전기 총수입액(D) 2,000,000
• 당기 자본화이자율 적용대상 평균지출액(A－B+C－D) 2,800,000

② 자본화할 수 있는 차입원가의 계산

2,800,000×12.40%=347,200

* 자본화이자율은 용지에 대해서 적용한 가중평균이자율과 동일하게 적용함.

4. 한도비교

① 자본화할 수 있는 차입원가 합계

계약금 및 1차 중도금에 대한 차입원가자본화액	496,000
미완성주택에 대한 차입원가자본화액	347,200
합 계	843,200

② 자본화할 수 있는 차입원가 합계 843,200원은 당기 이자총액 3,100,000원 이내이므로 전액 자본화할 수 있으며, 이 경우 동 금액은 모두 미완성주택의 취득원가를 구성함.

5. 20×2회계연도 회계처리

– 20×2.6.30. (용지2차 중도금지급 및 현재가치할인차금상각)

(차) 장기성매입채무	3,000,000	(대) 현 금	3,000,000
(차) 이자	304,209	(대) 현재가치할인차금	304,209

–20×2.7.1. (분양공사지출 및 분양대금수입에 대한 회계처리)

(차) 미완성주택	10,000,000	(대) 현 금	10,000,000
현 금	8,000,000	분양미수금	3,000,000
		분양선수금	5,000,000

–20×2.9.1. (분양공사지출 및 분양대금수입에 대한 회계처리)

(차) 미완성주택	400,000	(대) 현 금	400,000
현 금	1,000,000	분양선수금	1,000,000

–20×2.12.31.

• 용지취득 관련 장기성매입채무의 현재가치할인차금 상각 및 이자자본화

(차) 이자	160,715	(대) 현재가치할인차금	160,715
미완성주택	464,924	이자	464,924 *

* 304,209(전반기인식분)+160,715(후반기인식분)

• 당기 이자발생 및 미완성주택에 대한 이자자본화

(차) 이자	3,100,000	(대) 현 금	3,100,000
미완성주택	347,200	이자	347,200

• 당기 용지 계약금 및 1차 중도금에서 발생한 이자자본화

(차) 미완성주택	496,000	(대) 이자	496,000

• 당기 분양수익인식

(차) 분양선수금	6,000,000	(대) 분양수익	25,000,000
분양미수금	19,000,000		

• 당기 분양원가인식

(차) 분양원가	13,856,510	(대) 미완성주택	13,856,510 *

* 2,148,386(전기말미완성주택)+10,400,000+464,924+347,200+496,000=13,856,510

• 당기 용지원가인식

(차) 용지원가 4,566,077 (대) 용 지 4,566,077 *

* [9,070,153(용지의 취득원가)+62,000(전기에 자본화된 차입원가)]×60%－913,215(전기용지원가대체분) =4,566,077

6. 20×2회계연도 요약손익계산서

	금 액
분양수익	25,000,000
용지원가	4,566,077
분양원가	13,856,510
현재가치할인차금상각[1)]	–
이자	2,256,800
당기순이익[2)]	3,024,429

1) 용지취득을 위한 장기성매입채무에서 발생한 현재가치할인차금상각액은 미완성주택에 포함되어 분양원가로 대체됨.

2) 법인세비용차감전순이익에 대한 법인세비용의 비율을 30%라고 가정하여 계산

■ 실18.41 차입원가를 자본화한 경우 이를 기간비용으로 처리했을 때와 비교하여 손익계산서와 재무상태표의 주요 항목에 미치게 될 영향에 대한 공시

■ 20×2회계연도 손익계산서의 주요 항목에 미치는 영향[1)] ■

(단위 : 천원)

구 분	차입원가를 자본화한 경우	20×2년도 이후 발생된 차입원가를 기간비용으로 회계처리할 경우 계상될 금액	차 액
분양수익	25,000,000	25,000,000	–
용지원가	4,566,077	4,566,077[2)]	–
분양원가	13,856,510	12,548,386[2)]	−1,308,124
매출총이익	6,577,413	7,885,537	–
차입원가(현재가치할인차금상각 포함)	2,256,800	3,564,924	1,308,124
당기순이익	3,024,429[3)]	3,024,429[3)]	–

1) 분양공사의 경우 미분양에 따른 재고자산에도 차입원가가 자본화될 수 있으나, 도급공사의 경우에는 미분양에 따른 재고자산이 없으므로 차입원가의 자본화가 당기순이익에 미치는 영향은 없으며 자본화된 차입원가가 영업외비용에서 공사원가로 대체되어 구성금액만 달라질 뿐이다.

2) 20×1회계연도에 자본화한 차입원가는 그대로 용지원가와 분양원가에 반영하고, 20×2회계연도에 발생한 차입원가에 대해서만 비용화할 경우 계상될 금액

3) 당기순이익의 추정은 차입원가를 자본화한 경우 손익계산서에 계상된 법인세비용차감전순이익에 대한 법인세비용의 비율을 적용하는 등의 간편하고 합리적인 방법을 사용하여 추정할 수 있으며, 이 비율을 30%라고 가정하여 계산하였다.

■ 실18.42. 외화차입금과 관련된 차입원가자본화

12월 결산법인인 C기업은 20×1.5.1. 공장건설을 시작하였으며 공장건설과 관련하여 다음과 같은 지출이 이루어졌다.

20×1.5.1.	3,000백만원
20×1.7.1.	6,000백만원
합 계	9,000백만원

C기업의 20×1회계연도 중 공장건설과 관련된 차입금의 내역은 다음과 같다.

	장기외화 차입금a	단기외화 차입금b	단기원화 차입금c	장기원화 차입금d
차입일	20×1.3.1.	20×1.1.1.	20×1.3.1.	20×1.1.1.
차입금액($)	2,000,000	1,000,000	3,000백만원	4,000백만원
차입당시환율	950원/$	900원/$	–	–
차입금액(백만원)	1,900	900	–	–
상환일	20×3.2.28.	20×1.10.31.	20×2.1.31.	20×3.12.31.
상환당시 환율	–	1,100원/$	–	–
외환차손(백만원)	–	200	–	–
결산당시 환율	1,000원/$	–	–	–
외화환산손실(백만원)	100	–	–	–
이자율	5%	6%	10%	8%
이자지급조건	매기말 지급	만기일시지급	매기말 지급	매기말 지급
차입원가(백만원)	83	55	250	320

한편, 이들 차입금 중 장기외화차입금 a는 특정차입금이고 일시 투자수익은 없으며, b, c, d차입금은 공장건설과 관련된 일반차입금이다. 발생된 이자, 외화환산손실 및 외환차손 등은 기간비용으로 회계처리하는 것을 원칙으로 한다. 다만, 자본화하는 경우에는 실18.48 및 실18.49로 회계처리를 예시한다.

■ 실18.43 자본화할 수 있는 차입원가

1. 적격자산에 대한 평균지출액(단위 : 백만원)

지출일	지출액	자본화대상기간	평균지출액
20×1.5.1.	3,000	8/12	2,000
20×1.7.1.	6,000	6/12	3,000
합 계	9,000		5,000

2. 일반차입금 관련 자본화이자율의 계산

특정차입금을 제외하고 일반적으로 차입되어 사용된 차입금에 대하여 적용할 자본화이자율은 원화차입금과 외화차입금으로 구분하여 산정한다. 먼저 외화차입금과 조건이 유사한 원화차입금의 이자율 또는 원화차입금의 가중평균이자율은 다음과 같이 계산할 수 있다(단위 : 백만원).

차입금	연평균차입금액	이자
c	2,500(=3,000×10/12)	250
d	4,000(=4,000×12/12)	320
합 계	6,500	570

(1) 원화차입금의 가중평균이자율 = $\frac{\text{이자}(250+320)}{\text{연평균차입금총액}(6,500)} = 8.77\%$

(2) 외환차이를 차입원가로 고려하지 않았을 경우 외화차입금의 이자율

외화차입금	연평균차입금액	이자	외환차이(외환차손)
b	750(900×10/12)	55	200
합 계	750	55	200

$= \frac{\text{이자}}{\text{연평균차입금총액}} = \frac{55}{750} = 7.33\%$

(3) 외환차이를 전액 차입원가로 고려하였을 경우 외화차입금의 이자율

$= \frac{\text{총차입원가}}{\text{연평균차입금총액}} = \frac{55+200}{750} = 34\% > 8.77\%(\text{상한})$

(4) 외환차이(손실)를 가산한 후의 외화차입금의 이자율이 원화차입금의 가중평균이자율보다 높기 때문에 원화차입금의 가중평균이자율 8.77%를 자본화이자율로 한다.

(5) 8.77%의 자본화이자율을 적격자산의 평균지출액에 적용하여 계산한 차입원가가 자본화이자율산정에 포함된 일반차입금(외화차입금 b, 원화차입금 c, d)에서 발생한 이자의 합계금액보다 크다면 그 차액만큼 자본화이자율 산정에 포함된 외화차입금 b에서 발생한 외환차손 200백만원 중 자본화할 차입원가로 대체한다.

3. 자본화할 차입원가의 계산

① 특정차입금 관련 차입원가

건설기간 중 이자(A)	$2,000,000×5%×8/12×1,000원/$	= 67백만원
일시투자수익(B)		−
외환차이(손실)(C)[1]	100백만원×8/10=80백만원	
자본화가능외환차이(손실)(D)[2]		44백만원
자본화할 차입원가(A−B+D)		111백만원

1) 특정차입금의 차입기간(10개월)보다 자본화대상기간(건설기간인 8개월)이 짧은 경우에는 외환차이(손실)를 자본화대상기간에 해당하는 분만 안분해서 자본화할 차입원가에 가감해야 하므로 외화환산손실 100백만원 중 80백만원만이 한도계산대상이 된다.

2) 자본화가능외환차이(손실)는 다음과 같은 단계를 거쳐 계산된 한도 내의 금액만을 자본화대상 차입원가에 포함한다.

ⅰ) 특정차입금의 연평균차입액 : $2,000,000×10/12×950원/$=1,583백만원

ⅱ) 특정차입금의 이자 : $2,000,000×5%×10/12×1,000원/$=83백만원

ⅲ) 특정차입금의 이자율 : 83백만원/1,583백만원=5.24%

ⅳ) 유사한 조건의 원화차입금의 이자율 또는 원화차입금의 가중평균이자율 8.77%를 상한으로 이자의 조정으로 볼 수 있는 환율변동손실 : 1,266백만원(=1,900백만원×8/12)×(8.77%−5.24%)=44백만원

v) 한도비교(단위 : 백만원)

	당기발생금액	자본화가능금액	기간비용계상금액
• 이자	83	67	16
• 외화환산손실	100	44	56
합 계	183	111	72

② 일반차입금 관련 차입원가 : 특정차입금을 사용한 평균지출액을 초과하는 적격자산의 평균지출액에 대하여 일반차입금의 자본화이자율 8.77%를 적용하여 산출

(5,000백만원 − 1,900백만원 × 8/12) × 8.77% = 327백만원 *

* 적격자산의 평균지출액에 대하여 계산한 차입원가(= 327백만원)가 당기발생 이자(= 625)를 초과하는 경우에 한하여 외환차이(손실)를 자본화대상 차입원가로 대체할 수 있으므로 단기외화차입금b에서 발생한 외환차손은 전액 기간비용으로 계상된다.

i) 한도비교

	당기발생금액	자본화가능금액	기간비용계상금액
• 이자	625	327	298
• 외환차손	200 *	−	200
합 계	825	327	498

③ 20×1회계연도에 건설중인 자산으로 계상될 금액(단위 : 백만원)

공장건설 관련 지출	9,000
특정차입금 관련 차입원가	111
일반차입금 관련 차입원가	327
합 계	9,438

■ 실18.44 20×1회계연도의 재무상태표와 손익계산서의 주요 항목에 미치게 될 영향

구 분	차입원가를 자본화한 경우	20×2년도 이후 발생된 차입원가를 기간비용으로 회계처리할 경우 계상될 금액	차 액
건설중인 자산	9,438	9,000	(438)
자 본	×××	×××	××
차입원가	314	708	394
외화환산손실	56	100	44
외환차손	200	200	−
당기순이익	1,001 *	694 *	(307)

* 차입원가를 자본화하지 않고 기간비용으로 회계처리할 경우 계상될 당기순이익의 추정은 차입원가를 자본화한 경우 손익계산서에 계상된 법인세비용차감전순이익에 대한 법인세비용의 비율을 적용하는 등의 간편하고 합리적인 방법을 사용할 수 있다. 여기에서는 영업이익이 2,000원이고, 이 비율을 30%라고 가정하여 당기순이익을 추정하였다.

제 5 장 건 설 업 과 회 계

제 7 절

계정과목 해설

자산은 과거의 거래나 사건의 결과로서 현재 기업실체에 의해 지배되고 미래에 경제적 효익을 창출할 것으로 기대되는 자원이다.

① **과거 사건의 결과** : 구매나 생산활동 등 자산을 취득하는 거래나 사건이 이미 발생하였음을 의미하는 것으로 미래 예상되는 거래나 구입의도로는 자산의 정의를 충족하지 못한다.

② **기업의 통제** : 경제적 효익에 대한 지배력은 법적 권리에 따라 발생하나, 경우에 따라서는 법적 권리가 없어도 자산의 정의를 충족시킬 수 있다. 예를 들어, 기업실체가 개발활동으로 획득한 신기술을 보유하면서 그 신기술로부터 예산되는 경제적 효익을 지배할 때에는 이러한 신기술 사업권은 자산의 정의에 부합할 수 있다.

③ **미래의 경제적 효익** : 직접 또는 간접적으로 미래 현금흐름 창출에 기여하는 잠재력을 말한다.

부채란 과거의 거래나 사건의 결과로 현재 기업실체가 부담하고 있고 미래에 자원의 유출 또는 사용이 예상되는 의무이다.

① **과거의 거래나 사건** : 부채는 과거의 거래나 사건으로부터 발생한다. 신용으로 재화를 구입하였거나 용역을 제공받은 경우 매입채무가 발생하며 은행대출을 받은 경우에는 상환의무가 발생한다. 그러나, 미래에 발생이 예상되는 대규모 수선비의 경우와 같이 장래에 자원의 유출 또는 사용이 기대된다 하더라도 과거의 거래나 사건으로부터 기인하지 않은 의무는 부채의 정의를 충족하지 못한다.

② **이행** : 기업실체가 현재의 의무를 이행하기 위해서는 일반적으로 미래에 경제적 효익의 희생이 수반된다. 현재의 의무는 주로 현금 또는 기타 자산의 이전, 용역의

제공, 다른 의무로의 대체 또는 자본으로의 전환 등의 방법으로 이행된다. 또한, 기업실체의 의무는 채권자의 권리의 포기 또는 상실 등에 의해 소멸되기도 한다.

③ **현재의 의무** : 의무란 일정한 방법으로 실행하거나 수행할 책무 또는 책임을 말하는 것으로서 이에는 계약이나 법령에 의해 법적 강제력이 있는 의무와 상관습이나 관행 또는 거래상대방과의 원활한 관계를 유지하기 위한 정책 등으로 인해 발생하는 의무가 있다.

일반적으로 기업실체가 자산을 이미 인수하였거나 자산을 취득하겠다는 취소불능계약을 체결한 경우 현재의 의무가 발생한다. 그러나 미래의 일정 시점에서 자산을 취득한다는 결정이나 단순한 약정은 현재의 의무가 아니다. 취소불능계약이라 함은 의무불이행의 경우 상당한 위약금을 지급해야 하는 등 자원의 유출을 피할 수 없는 계약을 말한다.

자본은 기업실체의 자산 총액에서 부채 총액을 차감한 잔여액 또는 순자산으로서 기업실체의 자산에 대한 소유주의 잔여청구권이다. 재무상태표에 표시되는 자본의 총액은 회계기준에 의해 자산 및 부채를 인식, 측정함에 따라 결정된다. 따라서 재무상태표상의 자본의 총액은 주식의 시가총액과는 일치하지 않는 것이 일반적이다.

1 재고자산

시공사가 단순도급하는 경우 토지를 보유하지 않으므로 재료용지나 완성부동산 등의 계정과목이 나타나지 않는다. 시공사가 투입한 재료비, 노무비, 외주비, 경비를 취합하여 미성공사로 대체하고 전체금액을 매출원가로 대체하므로, 기말재무제표에는 미성공사계정도 나타나지 않는다. 본절에서는 시공사와 자체사업을 기준으로 설명하고자 한다. 시공사의 자체사업은 시행사의 개발사업과 시공사의 도급사업의 계정과목을 모두 포함하고 있기 때문이다. 단, 제5장 제7절에서 살펴본 재료용지는 제외한다.

일반적으로 시행사가 토지를 보유한다. 시공사가 토지를 보유하는 경우 시공사의 자체사업에 해당하며, 단순도급사업의 경우 시공사는 토지를 보유하지 않는다.

1) 가설재

(1) 가설재의 개념

가설재는 공사의 시공과정상 공사를 위하여 보조적 또는 임시적으로 설치, 사용되고 해당 공사완료 후 해체 또는 철거되는 모든 자재이다.

일반기업회계기준 제16장 2절

가설재는 공사현장에 사용되어 달성한 후에 다시 철거 또는 해체, 환수되어 또 다시 다른 현장에서 사용할 수 있다.

(2) 가설재의 종류

가설재를 기능에 따라 가설구조물과 가설자재로 구분할 수 있다.

가설구조물은 가설교량, 가설창고, 창고, 가설울타리, 가설사무실, 식당, 경비실 등이 있고, 가설자재에는 목재, 철재, 거푸집 등이 있다. 일반적으로 가설자재는 종류도 많고 수량도 많기 때문에 가설자재의 관리가 회계처리에 많은 비중을 두게 된다.

① 가설구조물

공사에 투입되어 사용 후에도 다시 회수하여 다른 공사현장에 수회에 걸쳐 사용이 가능한 구조물로서 유형자산의 성격과 비슷한 자재

② 가설자재

공사에 투입되어 사용된 후에도 수회에 걸쳐 재사용이 가능한 재료성 자재

- 가설목재 : 합판, 각재, 패널, 가와 등, 문양거푸집, 목재거푸집, 합판거푸집, 동바리
- 가설철재 : 단관, 강관비계, 아나방, 크램프, 연결필, 철써포트, P.S.P.H-BEAM 등
- 합성거푸집 : 유로폼자재, 철재거푸집
- 가설건물 외 : 가설사무실, 조립식식당, 경비실, 안전망, 건축용 보호망, 낙하물 방지망, 천막

③ 기계공구

내구성자재로서 고정자산에 해당하는 자재

- 측량, 시험, 면허공구 : 레벨, 트랜시트, 광파측정기 및 특수면허공구 등
- 기계 · 공구류 : HOIST, 철타워, 리프트카 등

(3) 가설재의 평가

가설재와 관련한 회계처리에 있어서 가장 중요한 문제는 가설재의 평가문제이다. 왜냐하면 가설재는 항상 소모되게 되어 있으며 또한 그 내용연수가 일반 유형자산처럼 길지 않고, 공사의 규모와 형태 및 공정에 따라 감모율이 각각 다르기 때문에 객관적이고 합리적인 상각률을 계산하기가 상당히 어렵기 때문이다.

일반기업회계기준 제16장 제2절 건설형공사계약에서는 가설재를 다음과 같이 분류하여 회계처리를 달리하고 있다.

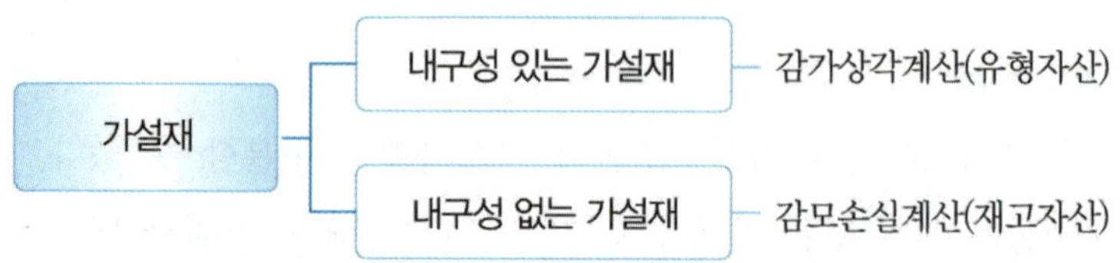

① 내구성 있는 가설재

가설재 중 내용연수가 장기인 철재 또는 이와 유사한 내구재는 유형자산으로 계상하여 다음과 같이 회계처리 한다.

㉮ 해당 가설재가 특정공사에만 사용가능한 경우에는 공사기간과 동 가설재의 경제적 내용연수 중 짧은 기간 동안 감가상각하고 상각비를 공사원가에 산입한다.

㉯ 해당 가설재를 여러 공사를 위하여 사용하는 경우에는 동 가설재의 경제적 내용연수 동안 감가상각하고 상각비를 각각의 공사원가에 배분한다.

㉰ 처분예정인 가설재는 장부금액을 투자자산으로 회계처리하고 감가상각을 하지 아니하며, 손상차손 발생여부를 매 보고기간말에 검토한다.

② 내구성 없는 가설재

내구성 없는 가설재는 재고자산으로 계상한 후 다음과 같이 회계처리한다.

㉮ 해당 가설재가 특정공사에만 사용가능한 경우에는 사용기간 동안 합리적인 방법으로 배분된 금액을 공사원가에 산입한다.

㉯ 해당 가설재가 여러 공사에 사용가능한 경우에는 해당 연도에 감모된 가액을 합리적으로 계상하여 공사원가에 산입한다.

㉰ 재고자산으로 회계처리되어 온 가설재는 저가기준으로 평가한다.

(4) 가설재의 내용연수 및 감모가액

① 내구성 있는 가설재의 내용연수 계산

내구성 있는 가설재의 내용연수는 해당 가설재의 일반적인 내용연수를 과거 경험치라든가 또는 매번 사용할 때의 마모 정도를 파악하여 평균적인 내용연수를 파악한다. 따라서 해당 가설재를 몇 개의 그룹으로 분류하여 각 그룹별로 가설재 내용연수를 정하면 실무적으로도 상당히 쉽게 처리할 수 있다. 다만 회사 내부에 별도의 규정이 없으면 사용횟수에 따라 회차별 투입비율로 안분한다.

② 내구성 없는 가설재의 감모가액 계산

내구성 없는 가설재는 대부분 목재류이며 목재류성격에 따라 가설재가 제작되는데, 이 목재류인 가설재는 각 공사현장의 여러 군데에 나누어져 있기 때문에 관리하는 데 실무적으로 많은 애로가 있다. 그러나 그러한 가설재도 종류별 · 현장별로 일단 크게 분류해 놓고 수불관리를 하면 수고를 상당히 감소시킬 수 있다.

이와 같은 가설재도 평가를 해야 하는데 평가를 하기 위해서는 손료율이 계산되어야 한다. 손료율은 해당 가설재의 재사용 가능횟수, 가설재의 현장에서의 회수율 등을 파악하여 가설재 손료율을 사전에 계산하여 이에 의거하여 가설재 손료를 계산한다.

일단 설정된 가설재 손료율은 계속 적용하여야 하며 정당한 사유가 없는 한 가설재 손료율을 변경하여서는 안 된다.

2) 완성주택

(1) 완성주택계정의 개념

완성주택계정은 이미 주택건설이 완공되었지만 미분양된 주택의 투입원가가 집계되어 있는 계정과목이다. 완성주택의 금액은 동 주택을 건설하기 위하여 투입된 재료비, 노무비, 경비 등 제비용을 합한 금액으로 계상된다.

(2) 계정처리

주택건설업에서 공사가 완공되었지만 일부 미분양된 주택이 있는 경우, 분양공사분과 미분양공사분의 건설공사비를 각각 산출하여 분양공사비는 매출원가계정으로 손익에 반영하고, 미분양공사비는 재고자산의 완성주택계정으로 재고자산계정에 처리하여야 한다.

(3) 완성주택 공사비의 산출

자영건설공사에 있어서 건설공사가 전부 미분양되었을 경우 그 건설공사에 투입된 공사비는 전액 완성주택계정으로 처리하면 되나, 그러한 경우는 거의 발생되지 않으며 대부분 미분양주택과 분양주택이 상존하게 된다. 그럴 경우 미분양주택(완성주택)의 건설공사비는 면적비율 또는 분양가액비율로 안분계산하여 산출한다. 아래에서는 면적비율을 예로 들어 설명한다.

(4) 미분양공사비 발생분 회계처리

① 공사진행 중일 경우

미분양부분의 주택공사비를 산출한다.

- 미완성주택 공사비 = 공사투입비(공사원가) × $\frac{\text{미분양건축연면적}}{\text{총공사건축연면적(분양면적 + 미분양면적)}}$
- 공사투입비계상 : 공사비투입시에는 분양주택과 미분양주택분을 구분하지 않고 공사원가계정에 일괄로 투입한 금액으로 계상한다.

② 공사가 완성되었을 경우

미분양된 주택의 공사비가 공사준공 전까지 계속 미분양되었을 경우

(차) 완성주택 ××× (대) 미완성주택 ×××

(5) 분양공사비와 미분양공사비의 손익 대체

① 분양공사비원가산출

- 미분양공사비 = 공사투입비(공사원가) × $\frac{\text{미분양건축연면적}}{\text{총공사건축연면적(분양면적 + 미분양면적)}}$
- 분양공사투입비(매출원가분) = 공사투입비 − 미분양공사비
- 공사투입비 : 공사투입비는 위의 공사투입비를 계상한다.

② 손익계산시 대체분

- 매출원가에 해당되는 부분

분양공사비 = 총공사비 − 미분양공사비

- 미완성주택 공사원가 해당되는 부분

미분양공사비 = 총공사비 − 분양공사비

③ 회계처리

	(손익 · 자산)			(공사원가)	
(차)	매출원가(분양공사투입비)	×××	(대)	재료비	×××
	완성주택(미분양공사비)	×××		노무비	×××
	외주비	×××			
	경 비	×××			

3) 미완성주택

(1) 미완성주택계정의 개념

미완성주택계정은 분양건설공사의 경우 미분양된 상태에서 해당 건설공사가 진행 중인 때 그 공사에 투입된 재료비, 노무비, 경비 등 제비용을 처리하는 계정과목이다. 즉, 미완성주택계정은 앞에서 설명한 완성주택계정으로 대체되기 전에 처리되는 계정과목이다.

(2) 미완성주택계정의 회계처리

① 완성주택 건설을 위한 제비용 발생시

(차) 재료비	×××	(대) 현금예금	×××
노무비	×××		
경 비	×××		

② 미완성 상태에서 회계연도말 결산시

(차) 미완성주택	×××	(대) 재료비	×××
노무비	×××		
경 비	×××		

4) 미성공사비

(1) 미성공사비의 개념

미성공사비는 도급공사에서 공사원가로 대체되지 않고 남아 있는 금액을 처리하는 계정과목이다. 사실 도급공사에서는 공사진행률에 의거 공사수익을 계상하고, 그에 대응되는 비용은 공사원가로 대체되어, 미성공사비계정은 나타나지 않는다. 그러나 발생한 제비용이 공사진행률을 계산하기에는 대단히 적은 금액인 경우, 이때 발생된 비용을 미성공사비로 처리할 수 있다. 그리고 공사완성기준을 적용하는 공사 현장에서 투입된 재료비, 노무비, 경비 등 제 비용을 집계액을 결산회계처리하는 계정과목이다.

(2) 미성공사비의 회계처리

① 도급공사의 제비용 발생시

(차) 재료비	×××	(대) 현금예금	×××
노무비	×××		
경 비	×××		

② 상기 제비용 발생금액 중 공사원가 대체

(차) 공사원가 ××× (대) 재료비 ×××
노무비 ×××
경 비 ×××

③ 상기 제비용 발생금액 중 공사원가에 대체된 후 남은 잔액의 미성공사비 계정에 대체

(차) 미성공사비 ××× (대) 재료비 ×××
노무비 ×××
경 비 ×××

❷ 선급금

1) 일반적인 경우

선급금은 회사의 영업활동상 필요한 상품, 원재료, 재고자산 등의 매입을 위하여 선지급한 금액이다. 재고자산 매입을 위해 선지급한 것이 아니면 선급금으로 처리하면 안 된다. 예를 들면 제조업을 영위하는 기업이 공장건물을 짓기로 하고 토지 매입을 위해 계약금을 지급하는 경우에는 선급금으로 회계처리하면 안 된다.

2) 건설업의 경우

건설업을 영위하는 자가 건설공사를 위해 토지 등을 구입하고 계약금 등을 지급하는 경우와 건설도급계약에 의하여 지불하는 공사 선금과 건설공사를 위한 원재료나 가설재 등을 매입하기 위하여 대금을 먼저 지급하는 경우는 건설업의 재고자산 매입을 위한 것으로 선급금으로 회계처리한다.

3) 선급금의 회계처리

(1) 용지대 선급금

① 용지 또는 원재료를 구입하기 위하여 먼저 대금 지급

(차) 선급금 ××× (대) 현금예금 ×××

② 용지대금 완납 후 소유권이전 또는 원재료 입고시

(차) 용지(원재료) ××× (대) 선급금 ×××

(2) 공사선급금

(가) 선급금지불

원도급자(또는 사업시행자)와 하도급업자(이하 "협력업체"라고 한다)의 공사도급계약에 의하여 원도급자가 하도급자의 자재확보비용, 노임지급 등의 사유로 공사계약금액의 일정액을 공사기성률과 관계없이 공사착수금조로 선급하는 경우가 있다. 이때의 선급액을 공사선급금이라 한다.

이에 따른 회계처리는 다음과 같다.

(차) 선급금 ××× (대) 현금예금 ×××

(나) 하도급거래공정화에관한법률에 의한 선급금

수급사업자(하도급업자)에게 제조 등의 위탁을 한 원사업자(원도급자)가 발주자(사업시행자)로부터 선급금을 받은 때에는 수급사업자가 제조 · 수리 · 시공 또는 용역수행에 착수할 수 있도록 그가 받은 선급금의 내용과 비율에 따라 선급금을 지급받은 날로부터 15일 이내에 선급금을 수급사업자(하도급업자)에게 지급하여야 한다. 이때 원사업자가 발주자로부터 15일 기한을 초과하여 선급금을 지급하는 경우에는 그 초과기간에 대하여 연 100분의 40 이내의 범위에서 은행법에 의한 금융기관이 적용하는 연체금리 등 경제사정을 고려하여 공정거래위원회가 정하여 고시하는 이자율에 의한 이자를 지급하여야 한다(하도급법 §6).

이에 따른 회계처리는 다음과 같다.

① 발주자로부터 공사선급금 수령시

(차) 현금예금 ××× (대) 공사선수금 ×××

② 원도급자가 발주자로부터 받은 공사선급금을 협력업체에게 공사선급금 지급시

(차) 공사선급금 ××× (대) 현금예금 ×××

(다) 선급금의 정산

협력업체에 지급하는 건설공사의 공사착수금조로 선급하는 선급금의 정산은 정부발주공사가 아닌, 일반공사일지라도 통상적으로 하도급거래공정화에관한법률상의 정산방법에 준하여 선급금을 공사기성실적(진행금액)에 따라 정산한다. 즉 선급금을 전체공정진행률에 따라 안분계산하여 정산한다.

정산액의 산출방법은 다음과 같다.

$$선급금정산액 = 선급금액 \times \frac{기성부분의(진행금액)\ 대가액}{공사계약금액}$$

회계 Tip **선급금의 회계처리**

B사가 A사에게 100,000,000원의 공사도급계약을 체결하고 공사착수금조로 20,000,000원을 수령하여 공사를 진행한 1회 기성실적이 전체 공정률의 10%를 진행하였다 가정할 시 A사의 선급금 정산액은 다음과 같다.

① 공사기성고 계산

공사계약금액(100,000,000원)×공사진행률 10%=공사진행금액(10,000,000원)

② 선급정산액 산출

- $선급금(20,000,000원) \times \frac{공사진행금액(10,000,000원)}{공사계약금액(100,000,000원)} = 선급금의\ 10\%\ 정산액(2,000,000원)$
- 1회 기성확정시 선급금정산액 : 2,000,000원

③ 공사기성금 지불방법

1회 기성금액에서 1회 선급금정산액을 차감하고 지불한다.

1회 기성금액(진행금액) 10,000,000원－1회선급금 중 정산대체분 2,000,000원

=1회 기성금지불액 8,000,000원

④ 선급금정산

총선급금지불액에서 1회 기성금액과 선급금지불액에 비례하여 정산한다.

총선급금지불액 20,000,000원－1회 선급금정산액 2,000,000원

=미정산 선급금잔액 18,000,000원

⑤ 선급금정산기간

공사착공부터 공사준공시까지 매회차 진행률에 따라 정산

❸ 선급공사비

1) 선급공사비의 개념

선급공사비란 공사의 원활한 진척을 위하여 공사비용을 먼저 지급할 때 처리하는 계정과목이다. 공사를 처음 시작하는 현장의 경우, 당장 필요한 각종 긴급자재 및 현장 운영비 지급을 위해 본사에서 현장에 자금을 선지급하며, 이 지급된 자금을 본사에서는 선급공사비계정으로 처리하게 된다. 선급공사비는 공사가 진행됨에 따라 또는 결산시에 공사원가로 대체되어 정산하게 된다.

① 수주추진비 : 자체사업 또는 단순시행사업에서는 발생하지 않을 것이다. 오로지 건설사의 도급사업(특히 도시정비사업)에서만 등장할 여지가 있으므로 설명을 생략한다.

② 중요한 인 · 허가 비용 또는 사업성 검토비용 : 계약 전 공사원가 중 특정계약의 체결을 위해 지출하였으나, 계약이 체결되지 않고 미래의 경제적 효익이 없는 지출은 당기 비용으로 처리한다. 다만, 특정계약의 체결가능성이 매우 높고 지출이 특정계약의 체결과 관련 있으며 식별가능하고 신뢰성 있게 측정할 수 있는 경우에는 선급공사원가로 자산처리한 후 계약이 체결된 후 공사원가에 가산한다. 수익과 비용을 대응시키고, 특정PJ와 관련이 깊어 매출원가(분양원가 및 공사원가)로 처리할 필요가 있으며, 진행률에 영향을 주지 않기 위하여 선급공사비로 처리할 수 있다.

③ 모델하우스 건립비 : 분양계약 전의 모델하우스 건립관련 비용(특정 분양계약과 직접 관련된 경우에 한하며 회사홍보목적 등으로 상설로 운영되는 경우는 제외됨)은 공사계약전 지출로서, 개별적으로 식별이 가능하며 신뢰성 있게 측정될 수 있고 계약의 체결 가능성이 매우 높은 경우 선급공사원가로 계상하며, 당해 공사를 착수한 후 공사원가로 대체하도록 규정하고 있다(일반기준 16장 문단 16.38 및 부록 실16.26). 주택신축판매업을 영위하는 법인이 분양계약 전 지출한 모델하우스 설치비용은 그 비용이 확정된 날이 속하는 사업연도의 손금으로 한다. 다만, 해당 설치비용을 기업회계기준서 제12호에 따라 선급공사원가로 계상하고, 공사를 착수한 후 공사원가로 대체하는 방법으로도 처리할 수 있다(법인세법 집행기준 40-69-1).

2) 선급공사비의 회계처리

① 공사현장에 공사비 선급시

(차) 선급공사비	×××	(대) 현금예금	×××

② 선급공사비의 공사원가 대체(각 원가요소별)

(차) 재료비	×××	(대) 선급공사비	×××
노무비	×××		
경　비	×××		

④ 공사미수금과 선수금

1) 개념

공사미수금은 청구되었으나 미회수된 금액과 공사진행기준에 따른 매출 중 발주자 등에게 미청구한 미수금이다.

공사선수금은 공사미수금계정의 반대되는 개념의 계정으로 진행률에 따라 인식한 공사수익 금액보다 공사대금의 입금액이 더 큰 경우에 발생되는 계정과목이다. 공사선수금은 공사가 진행되지 않은 상태에서 공사계약금을 먼저 수령하는 경우나 또는 공사진행률에 의하여 계상된 수익금액보다 공사대금 입금액이 더 큰 경우에 발생할 수 있다.

회계 Tip 공사미수금 및 선수금의 회계처리

1) 공사미수금의 회계처리

공사계약금액이 100억원인 A현장의 실제공사진행률이 50%이고, 공사대 입금액은 40억원인 경우

- 진행률 회계처리 내역

  공사금액(100억원)×공사진행률(50%)＝작업진행률상 매출액 50억원

  – 진행률 매출액 : 50억원

  – 실제 입금액 : 40억원(3회 걸쳐서 총입금액)

  – 진행률에 의한 미수금 : 10억원

- 회계처리 예

(차)			(대)		
	현 금	40억원		공사수익(매출액)	50억원
	공사미수금	10억원			

2) 공사선수금의 회계처리

공사계약금액이 100억원인 A현장의 실제공사진행률이 50%이고, 공사대 입금액은 60억원인 경우

- 진행률 회계처리 내역

  공사금액(100억원)×공사진행률(50%)＝작업진행률상 매출액 50억원

  – 진행률 매출액 : 50억원

  – 실제 입금액 : 60억원(3회 걸쳐서 총입금액)

  – 진행률에 의한 선수금 : 10억원

- 회계처리 예

(차)			(대)		
	현 금	60억원		공사수익(매출액)	50억원
				공사선수금	10억원

2) 실무상 회계처리

결산기와 공사대금의 입금 시에 매번 공사진행률에 의한 공사수익금액과 입금액을 비교하여 공사선수금과 공사미수금을 계산하기에는 실무상 매우 번거로우므로 공사대금

입금시에 공사선수금으로 회계처리하고, 결산시에 진행률에 따른 공사수익을 계산하여 공사대금 입금액과 비교하여 차액을 공사선수금 또는 공사미수금으로 계상할 수 있다.

3) 공사미수금의 회계처리

원칙적으로 공사미수금은 공사진행기준에 따라 발생된 수익금액(공사진행률에 의한 매출액 계상액)에 비하여 공사대금 입금액이 부족할 경우 발생되는 회계처리이다.

공사미수금 = 공사진행금액 > 공사입금액

위 예는 일반적인 회계처리방법이다. 그러나 다음과 같이 회계처리 실무상 여러 가지 문제점이 발생한다. 이런 문제점에 대하여 실무적으로 풀어가는 방법과 사후회계처리방법을 설명하고자 한다. 실무에 도움이 되기를 바란다.

4) "공사미수금_청구" 계정과목의 사용

건설공사현장이 부가가치세가 면세되는 현장일 경우 부가가치세 납부와 무관하므로 관리에는 문제점이 발생되지 않으나 부가가치세가 과세되는 건설현장일 경우 부가가치세법 제16조의 용역의 공급시기, 즉 공사대 입금시 부가가치세가 발생된다. 이 경우 매 공사비 입금 때마다 부가가치세가 발생되므로 공사대 입금분에 대한 부가가치세발생 회계처리의 일관성이 결여되어 실무적으로 부가가치세 관리에 많은 애로사항이 발생된다. 이에 따라 세금계산서 청구시 "공사미수금_청구"라는 계정과목을 사용하고 진행매출인시 "공사매출금_진행"이라는 계정과목을 사용하기도 한다.

5 공사선수금

1) 공사선수금의 개념

공사선수금계정은 공사미수금계정과 반대로 도급공사에 있어서 공사수익으로 계상된 금액보다 공사대금의 입금액이 더 많은 경우에 발생되는 계정과목이다. 예를 들면 어떤 공사현장에 대하여 공사가 진행되지 않은 상태에서 공사계약금을 먼저 수령하였든가 또는 공사진행률에 의하여 계상된 수익금액 이상으로 공사대금(중도금) 등을 많이 받은 경우에 회계처리시 공사선수금 계정이 발생한다.

2) 공사선수금의 회계처리

① 공사계약금 수령시

(차) 현금예금 ××× (대) 공사선수금 ×××

② 공사중도금 수령시

(차) 현금예금 ××× (대) 공사선수금 ×××

③ 결산시 공사진행률에 의거 수익계상

(차) 공사선수금 ××× (대) 공사수익 ×××

6 분양미수금

1) 분양미수금의 개념

건설사업자가 토지를 매입하고 매입한 토지에 건축물을 신축하여 불특정다수인에게 판매분양할 때 분양계약에 따라 발생하는 계정과목이다. 여기서 판매분양이라 함은 관계법령(주택법)에 의한 사업승인대상 분양과 사업승인대상 외 분양이 있으며, 분양건설대상 건축물은 단독주택, 공동주택(연립 · 아파트), 오피스텔, 주상복합건축물 등이 있다.

분양미수금계정은 분양공사에 있어서 해당 공사가 이미 분양은 되었지만 분양금액 지급일에 아직 해당 분양금액을 지급받지 못한 경우에 처리되는 계정과목이다.

예를 들면 아파트 등의 분양공사의 경우에 이미 아파트공사가 개시되어 공사진행률에 의하여 매출이 발생되고 있음에도 불구하고 아파트공사대금의 입금이 이루어지지 않은 경우에 처리되는 계정과목이다.

2) 분양미수금의 회계처리

① 중도금 미입금시

(차) 분양미수금 ××× (대) 분양수익 ×××

② 중도금 입금시

(차) 현금예금 ××× (대) 분양미수금 ×××

③ 결산시 공사진행률에 의거 수익계상시

(차) 분양미수금 ××× (대) 분양수익 ×××

❼ 분양선수금

1) 분양선수금의 개념

분양선수금계정은 분양미수금계정과 반대로 분양공사에 있어서 공사수익으로 계상된 금액보다 분양대금이 더 많이 입금되었다든가 또는 분양계약과 동시에 계약금이 입금되는 경우에 처리되는 계정과목이다.

예를 들면 아파트공사가 착공이 되어 있지 않은 상태이거나 착공이 되었더라도 공사진행률에 비해 분양대금이 많이 입금되었을 경우에 분양선수금이 발생한다.

2) 분양선수금의 회계처리

① 공사계약금 수령시

(차) 현금예금 ×××　　　(대) 분양선수금 ×××

② 공사중도금 수령시

(차) 현금예금 ×××　　　(대) 분양선수금 ×××

③ 결산시 공사진행률에 의거 수익계상

(차) 분양선수금 ×××　　　(대) 분양수익 ×××

회계 Tip 분양선수금의 회계처리

① 전액 선수금 처리

실무에서는 선수금과 매출액 계상을 분리하여 A현장의 공사진행률에 의한 매출액 계상은 무시하고, 일단 분양입금액만 선수금으로 계상한다.

• 회계처리

(차) 현 금 20억원　　　(대) 분양선수금 20억원

② 기간별 매출액 상계

일단 분양대금은 전부 분양선수금 계정으로 처리한 후 일정기간을 정하여(예 : 월별, 분기별, 반기별) 그 기간에 진행된 매출액을 분양선수금과 상계처리한다.

※기간 중 발생된 공사 진행금액 30억원이라 할 경우

• 회계처리

(차) 분양선수금 20억원　　　(대) 매출액 30억원
　　 분양미수금 10억원

③ **입금액 계속 선수금 처리**

그 후 계속 입금된 분양대금은 계속 분양선수금 계정으로 처리하였다가 다시 일정기간 경과(예 : 월별, 분기별, 반기별) 후 공사진행 매출액을 분양선수금과 상계한다.

• 회계처리

(차) 분양선수금	30억원	(대) 매출액	20억원
		분양미수금	10억원
		(②의 미수금과 상계)	

위와 같은 방식으로 회계처리시 분양금액은 일괄적으로 선수금으로 처리되므로 부가가치세 신고시 과세표준 계산이 용이할 뿐 아니라 전체 매출액 진행에 따른 공사비 입금현황을 쉽게 파악할 수 있다.

⑧ 유형자산 및 무형자산

유형자산과 무형자산은 비유동자산으로 분류한다.

1) 유형자산

유형자산은 재화의 생산, 용역의 제공, 타인에 대한 임대 또는 자체적으로 사용할 목적으로 보유하는 물리적 형체가 있는 자산을 말하며 토지, 건물(냉난방, 전기, 통신시설 등 포함), 구축물, 기계장치, 건설용 장비, 차량운반구, 건설중인자산 등으로 구분하여 표시한다.

(1) 취득원가의 결정

유형자산의 취득원가는 해당 비유동자산의 구입원가와 취득시 소요된 부대비용에 의하여 계산된다. 구입원가는 해당 비유동자산의 매매대금으로서 쌍방간에 합의된 금액이다. 취득원가에는 매입에 소요된 부대비용인 매입운반비, 취득세 등이 포함된다.

(2) 자본적지출과 수익적지출

유형자산을 취득한 후 해당 자산을 개선 또는 수선유지하기 위한 각종의 비용이 발생하게 된다.

자산의 내용연수를 연장시키거나 가치를 실질적으로 증가시키는 지출은 자본적 지출에 해당하며, 자산의 가액에 가산한다. 해당 자산의 원상을 회복시키거나 능률유지를 위한 지출은 수익적 지출로 구분하며, 비용으로 처리한다. 따라서 자본적지출과 수익적지출을 혼동하여 회계처리하면 손익에 많은 왜곡현상이 발생한다.

법인세법에서는 용도변경을 위한 개조, 엘리베이터나 냉난방장치의 설치, 개량, 확장, 증설 등에 대한 지출을 자본적지출로 하고, 건물이나 벽의 도장, 유리나 기와의 대체, 통상적인 방수공사 등에 대한 지출은 수익적지출로 규정하고 있다.

(3) 감가상각비의 계상

토지와 건설중인 자산을 제외한 유형자산은 감가상각을 하여 비용화하여야 한다.

감가상각방법은 정액법, 체감잔액법(예를 들면 정률법 등), 연수합계법, 생산량비례법 등의 방법 중에서 선택하여 적용하여야 하며, 한 번 채택된 감가상각방법은 매기 계속 적용하여야 하고 정당한 사유가 없는 한 변경하여서는 안 된다.

정률법이란 미상각잔액에 매기 정률의 상각률을 곱하여 매 회계기간의 감가상각비를 계산하는 방법이며, 정액법은 내용연수 동안의 매 회계기간에 일정한 금액의 감가상각비를 계상하는 방법이다. 일반적으로 정률법을 적용하면 유형고정자산의 취득 초기에 많은 금액이 상각되며 후반기로 가면서 적은 금액의 감가상각비가 계산된다.

(4) 차입원가 자본화

차입원가는 기간비용으로 처리함을 원칙으로 한다. 다만, 일정한 요건이 충족된 경우 자사의 취득원가로 회계처리할 수 있다.

차입원가의 자본화란 유형자산 및 재고자산의 제작, 매입, 건설에 직접 사용하였음이 객관적으로 입증되는 차입금에 대하여 그 자산의 취득완료시까지 발생된 지급이자와 할인료 및 기타 유사한 금융비용을 그 자산의 취득원가로 계상하는 것을 말한다. 결국 자본화되는 차입원가는 해당 비유동자산 및 재고자산이 완성되기까지, 즉 건설의 경우에는 건설완료시까지 또는 해당 비유동자산 및 재고자산의 취득시까지 발생하게 된다. 따라서 건설이 완료된 후에 발생하는 차입원가는 자본화할 수 없으며 기간비용으로 처리하여야 한다.

2) 무형자산

무형자산은 재화의 생산이나 용역의 제공, 타인에 대한 임대 또는 관리에 사용할 목적으로 기업이 보유하고 있으며, 물리적 실체가 없지만 식별가능하고, 기업이 통제하고 있으며, 미래경제적효익이 있는 비화폐성 자산이다. 무형자산에는 영업권, 산업재산권, 개발비, 소프트웨어 등이 있다.

(1) 취득가액의 결정

무형자산의 취득원가는 구입가격(매입할인과 리베이트를 차감하고 수입관세와 환급받을 수 없는 제세금을 포함함)과 자산을 의도된 목적에 사용할 수 있도록 준비하는 데 직접 관련되는 원가의 합계액이 된다.

무형자산에 대한 지출로서 과거 회계연도의 재무제표나 중간재무제표에서 비용으로 인식한 지출은 그 후의 기간에 무형자산의 원가로 인식할 수 없다.

(2) 무형자산상각비의 계상

무형자산을 상각할 때는 자산의 경제적 효익이 소비되는 형태를 반영하여 합리적인 방법을 사용해야 한다. 이러한 상각방법에는 정액법, 체감잔액법(정률법 등), 연수합계법, 생산량비례법 등이 있다. 다만, 합리적인 상각방법을 정할 수 없는 경우에는 정액법을 사용한다.

⑨ 하자보수충당부채

1) 개념

공사도급계약, 분양계약 등에 의하여 시공한 공사부분에 시공상의 결함, 기능미비 또는 재질불량, 품질미달 등 부실시공부분(이하 "하자부분"이라 함)이 있는 경우, 건설사는 국가계약법 제18조, 공동주택관리법 제37조 및 동법 시행령 제38조에 따라 시공한 공사의 하자부분을 보수할 의무가 발생하게 된다. 미래 경제적 자원의 유출이 예상되므로 그 금액을 합리적이고 객관적인 기준에 따라 추정하여 충당부채로 계상한다.

2) 하자보수충당부채의 금액의 추정

하자보수충당부채는 미래 경제적 자원의 유출 금액을 추정하여 산정한다. 건설사의 의무는 법률상, 계약상 의무를 고려하여 종전의 동일 또는 유사한 건설공사의 하자보수 경험 등을 기준으로 설정한다. 다만, 회사가 설정한 하자보수충당부채 설정비용은 회사의 손익에 많은 영향을 미치기 때문에 임의적으로 변경하여서는 안 되고, 변경하고자 할 때에는 객관적인 증거와 자료에 의하여 변경하여야 한다.

참고로 하자보수충당부채의 설정에 관한 국가계약법 및 공동주택관리법에 따른 설정기준은 다음과 같다.

■ 공동주택관리법에 따른 하자보수충당금 설정률 ■

공사기준	요 율	비 고
① 대지조성공사와 공동주택건설 (총사업비－대지조성 전 가격＊)	$\frac{3}{100}$	공동주택관리법시행령 §36
② 공동주택건설의 건축공사비 (총사업비－대지가격＊)	$\frac{3}{100}$	〃
③ 대수선 · 리모델링하는 공사비 (허가서에 기재된 공동주택의 총사업비)	$\frac{3}{100}$	〃
④ 건축허가를 받아 공동주택건설 (국토교통부장관이 정한 표준건축비)	$\frac{3}{100}$	〃

＊공동주택의 복리시설 중 일반인에게 분양되는 시설의 건설사업비 포함

■ 국가계약법에 따른 하자보수충당금 설정률 ■

공사기준	요 율	비 고
① 철도 · 댐 · 터널 · 구조물 · 교량 · 조경공사	$\frac{5}{100}$	국가계약법 시행규칙 §72
② 공항 · 항만 · 삭도 · 사방 · 간척공사	$\frac{4}{100}$	〃
③ 도로 · 상하수도 · 일반건축공사	$\frac{3}{100}$	〃
④ 위 '①~③'을 제외한 공사	$\frac{2}{100}$	〃

3) 하자보수대상과 하자담보 책임기간(공동주택관리법 시행령 §36 ① 별표 4)

① 하자의 범위

공사상의 잘못으로 인한 균열 · 처짐 · 비틀림 · 들뜸 · 침하 · 파손 · 붕괴 · 누수 · 누출 · 탈락, 작동 또는 기능불량, 부착 · 접지 또는 결선(結線) 불량, 고사(枯死) 및 입상(立像) 불량 등이 발생하여 건축물 또는 시설물의 안전상 · 기능상 또는 미관상의 지장을 초래할 정도의 결함이 발생한 경우

② 시설공사별 하자담보 책임기간

<table>
<tr><th colspan="2">구 분</th><th rowspan="2">주요 시설 여부</th></tr>
<tr><th>시설공사</th><th>세부공종</th></tr>
<tr><td>1. 마감공사</td><td>가. 미장공사
나. 수장공사
다. 도장공사
라. 도배공사
마. 타일공사
바. 석공사(건물내부 공사)
사. 옥내가구공사
아. 주방기구공사
자. 가전제품</td><td>2년</td></tr>
<tr><td>2. 옥외급수 · 위생 관련 공사</td><td>가. 공동구공사
나. 저수조(물탱크)공사
다. 옥외위생(정화조) 관련 공사
라. 옥외 급수 관련 공사</td><td rowspan="6">3년</td></tr>
<tr><td>3. 난방 · 냉방 · 환기, 공기조화 설비공사</td><td>가. 열원기기설비공사
나. 공기조화기기설비공사
다. 닥트설비공사
라. 배관설비공사
마. 보온공사
바. 자동제어설비공사
사. 온돌공사(세대매립배관 포함)
아. 냉방설비공사</td></tr>
<tr><td>4. 급 · 배수 및 위생설비공사</td><td>가. 급수설비공사
나. 온수공급설비공사
다. 배수 · 통기설비공사
라. 위생기구설비공사
마. 철 및 보온공사
바. 특수설비공사</td></tr>
<tr><td>5. 가스설비공사</td><td>가. 가스설비공사
나. 가스저장시설공사</td></tr>
<tr><td>6. 목공사</td><td>가. 구조체 또는 바탕재공사
나. 수장목공사</td></tr>
<tr><td>7. 창호공사</td><td>가. 창문틀 및 문짝공사
나. 창호철물공사
다. 창호유리공사
라. 커튼월공사</td></tr>
</table>

<table>
<tr><th colspan="2">구 분</th><th rowspan="2">주요 시설 여부</th></tr>
<tr><th>시설공사</th><th>세부공종</th></tr>
<tr><td>8. 조경공사</td><td>가. 식재공사
나. 조경시설물공사
다. 관수 및 배수공사
라. 조경포장공사
마. 조경부대시설공사
바. 잔디심기공사
사. 조형물공사</td><td rowspan="8">3년</td></tr>
<tr><td>9. 전기 및 전력설비공사</td><td>가. 배관 · 배선공사
나. 피뢰침공사
다. 동력설비공사
라. 수 · 변전설비공사
마. 수 · 배전공사
바. 전기기기공사
사. 발전설비공사
아. 승강기설비공사
자. 인양기설비공사
차. 조명설비공사</td></tr>
<tr><td>10. 신재생 에너지 설비공사</td><td>가. 태양열설비공사
나. 태양광설비공사
다. 지열설비공사
라. 풍력설비공사</td></tr>
<tr><td>11. 정보통신공사</td><td>가. 통신 · 신호설비공사
나. TV공청설비공사
다. 감시제어설비공사
라. 가정자동화설비공사
마. 정보통신설비공사</td></tr>
<tr><td>12. 지능형 홈네트워크 설비 공사</td><td>가. 홈네트워크망공사
나. 홈네트워크기기공사
다. 단지공용시스템공사</td></tr>
<tr><td>13. 소방시설공사</td><td>가. 소화설비공사
나. 제연설비공사
다. 방재설비공사
라. 자동화재탐지설비공사</td></tr>
<tr><td>14. 단열공사</td><td>벽체, 천장 및 바닥의 단열공사</td></tr>
<tr><td>15. 잡공사</td><td>가. 옥내설비공사(우편함, 무인택배시스템 등)
나. 옥외설비공사(담장, 울타리, 안내시설물 등), 금속공사</td></tr>
</table>

구 분		주요 시설 여부
시설공사	세부공종	
16. 대지조성공사	가. 토공사 나. 석축공사 다. 옹벽공사(토목옹벽) 라. 배수공사 마. 포장공사	5년
17. 철근콘크리트공사	가. 일반철근콘크리트공사 나. 특수콘크리트공사 다. 프리캐스트콘크리트공사 라. 옹벽공사(건축옹벽) 마. 콘크리트공사	
18. 철골공사	가. 일반철골공사 나. 철골부대공사 다. 경량철골공사	

4) 하자보수충당부채 회계처리

하자보수 의무가 있는 경우에는 합리적이고 객관적인 기준에 따라 추정된 금액을 하자보수비로 하여 그 전액을 공사가 종료되는 회계연도의 공사원가에 포함하고, 동액을 하자보수충당부채로 계상한다. 설정된 하자보수충당부채는 이후 실제로 발생한 하자보수비와 상계하고 그 잔액은 실질적으로 하자보수의무가 종료한 회계연도에 환입하며, 하자보수충당부채를 초과하여 발생한 하자보수비는 해당 연도 비용으로 처리한다.

이와 같이 설정된 하자보수충당부채는 이후 실제로 발생한 하자보수비와 상계하고, 그 잔액은 실질적으로 하자보수의 의무가 종료한 회계연도에 환입하며, 하자보수충당부채를 초과하여 발생한 하자보수비는 당해 연도의 비용으로 처리한다.

• 하자보수충당부채의 설정시

(차) 하자보수충당부채전입액 ××× (대) 하자보수충당부채 ×××

• 하자보수 공사시

하자보수공사시에는 하자보수충당부채 잔액과 상계처리한다.

(차) 하자보수충당부채 ××× (대) 현금예금 ×××

• 하자보수충당부채 잔액을 초과하여 보수공사한 경우

(차) 하자보수충당부채 ××× (대) 현금예금 ×××
하자보수비 * ×××

* 하자보수비지출액은 판매비와관리비로 처리한다.

• 하자보수기간 종료 후 하자보수충당부채 잔액이 남아 있는 경우

(차) 하자보수충당부채 ××× (대) 하자보수충당부채환입 ×××

5) 하자보수보증금 예치(공동주택관리법시행령 §41 ①)

사업주체(건설임대주택을 분양전환하려는 경우에는 그 임대사업자를 말함)는 하자보수보증금을 은행(은행법에 따른 은행을 말한다)에 현금으로 예치하거나 다음 각 호의 어느 하나에 해당하는 자가 취급하는 보증으로서 하자보수보증금 지급을 보장하는 보증에 가입하여야 한다.

① 주택도시기금법에 따른 주택도시보증공사

② 건설산업기본법에 따른 건설 관련 공제조합

③ 보험업법 제4조 제1항 제2호 라목에 따른 보증보험업을 영위하는 자

④ 은행 등 금융기관

예치명의 또는 가입명의는 사용검사권자(주택법 제49조에 따른 사용검사권자 또는 건축법 제22조에 따른 사용승인권자를 말함)로 하여야 한다.

• 하자보수 보증금의 예치시 회계처리

① 하자보수 보증증서 제출시

회계처리 없음.

② 하자보수보증금 예치시

(차) 하자보증금 ××× (대) 현금예금 ×××

③ 하자보수시 하자보수보증금 인출시

(차)		(대)	
현금예금	×××	하자보증금	×××
하자보수비	×××	현금예금	×××

위의 경우는 하자발생시 하자보증금을 인출하여 집행할 경우

(차)		(대)	
하자보수비	×××	현금예금	×××
현금예금	×××	하자보증금	×××

위의 경우는 사업자가 우선 하자보수비를 지출하고 차후에 하자보증금을 인출한 경우이다.

Chapter 05

⑩ 공사손실충당부채

1) 개념

총공사예정원가를 추정하여 공사손실의 발생이 예상되는 경우의 예상손실액을 추정하여 공사손실충당부채로 계상한다. 잔여공사기간 중에 발생이 예상되는 공사원가의 합계액이 동 기간 중 인식될 공사수익의 합계액을 초과하는 금액을 공사손실충당부채전입액(추정공사손실)으로 당기에 계상한다.

여러 개의 공사계약이 단일 공사계약으로 병합된 경우에는 병합된 공사 전체를 하나의 단위로 하여 공사손실충당부채를 계산하며, 만약 공사계약이 분할된 경우에는 분할된 계약 각각에 대해 공사손실충당부채를 설정한다.

공사손실충당부채를 계산하기 위해 총공사예정원가를 추정할 때에는 당해 공사에 배분될 다음의 원가를 포함한다. 또한, 공사손실충당부채를 계산할 때에는 발주자로부터 지급받을 것으로 예상되는 위약금이나 보상금, 원가보상계약에 있어서 청구불능지출, 계약내용 또는 공사계약금액의 변경가능성 등을 고려한다.

- 특정공사에 관련된 공사직접원가
- 특정공사에 개별적으로 관련되지는 않으나 여러 공사활동에 배분될 수 있는 공사공통원가
- 계약조건에 따라 발주자에게 청구할 수 있는 기타 특정공사원가

2) 공사손실충당부채의 회계처리

- **공사손실충당부채 설정시**(공사투입비가 공사수익금액을 초과할 것으로 예상되는 경우)

(공사원가계정)		(부채계정)	
(차) 공사손실충당부채전입액	×××	(대) 공사손실충당부채	×××

- **공사손실이 예상되어 충당부채 설정 후 공사종료시 실제 공사손실이 발생한 경우**(공사수익금을 초과하여 공사원가가 발생되었을 경우)

(차) 공사손실충당부채	×××	(대)	−
공사원가	△×××		

- **예상하지 못한 공사손실이 발생하여 현금 보상시**

해당 공사손실발생액을 공사손실충당부채 잔액과 상계처리한다.

(차) 공사손실충당부채	×××	(대) 현금예금	×××

• 공사손실충당부채 잔액을 초과하여 공사손실이 발생할 때(당기비용처리)

(차) 공사손실충당부채 ××× (대) 현금예금 ×××
공사손실(공사원가) ×××

• 공사종료 후 공사손실충당부채 잔액이 남아 있는 경우

(차) 공사손실충당부채 ××× (대) 공사손실충당부채환입 ×××

공사손실충당부채환입액은 손익계산서상의 영업외수익으로 계상되는 것이 아니고, 해당 공사원가에서 차감하는 형식으로 표시하여야 한다.

3) 손실공사의 진행기준

Chapter 05

공사와 관련하여 향후 공사손실의 발생이 예상되는 경우에는 예상손실을 즉시 공사손실충당부채로 인식하고 중요 세부내용을 주석으로 기재한다.

(1) 당기계상

당기에 계상하는 공사손실충당부채전입액(추정공사손실)은 잔여공사기간 중에 발생이 예상되는 공사원가의 합계액이 동기간 중 인식될 공사수익의 합계액을 초과하는 금액이며, 공사 전 기간에 걸쳐 예상되는 총공사손실액에 과거 기간 중에 인식한 공사이익이 있을 경우 이를 합계한 금액과 같다. 공사손실충당부채전입액은 당기의 비용으로 처리하고 실제발생공사원가에 부가하여 공사원가로 보고한다.

(2) 차기계상

차기 이후의 공사에서 실제로 손실이 발생한 경우에는 동 손실에 상당하는 금액을 공사손실충당부채 잔액의 범위 내에서 환입하고 동 환입액은 해당 회계연도의 공사원가에서 차감하여 보고한다.

공사손실충당부채전입액은 공사착수 여부, 공사의 진행도 또는 단일공사계약으로 취급되지 않는 다른 계약에서 발생할 것으로 기대되는 이익의 금액에 관계없이 결정된다.

여러 개의 공사계약이 단일공사계약으로 병합된 경우에는 병합된 공사 전체를 하나의 단위로 하여 공사손실충당부채를 계산한다. 만약 공사계약이 분할된 경우에는 분할된 계약 각각에 대해 공사손실충당부채를 설정한다.

공사손실충당부채를 계산하기 위해 총공사예정원가를 추정할 때에는 발주자로부터 지급 받을 것으로 예상되는 위약금이나 보상금, 원가보상공사계약에 있어서 청구불능지출, 계약내용 또는 공사계약금액의 변경가능성 등을 고려한다.

⑪ 특별수선충당부채

1) 개 념

임대주택건설사업자 등에 대한 시설물관리 유지비 및 주요 시설의 교체, 점검 등에 필요한 일정한 비용 등을 충당부채로 계상해 둔 금액을 말한다.

일반분양 건설사업자에게는 부담이 없기 때문에 별도의 회계처리는 없다. 다만, 민간임대주택의 임대사업자는 민간임대주택법 제53조 및 시행령 제43조에 따라 주택법 제15조 제1항에 따른 사업계획승인 당시 표준건축비의 1/10,000을 사용검사 후 1년이 지난 날이 속하는 달부터 매월 적립하여야 한다.

2) 임대주택관리 의무사항

임대사업자는 민간임대주택에 대하여 주택관리업자에게 위탁하거나 이를 자체관리하여야 한다(단, 300세대 이상의 공동주택, 승강기가 설치된 주택, 중앙집중식난방시설의 주택에 한한다).

3) 특별수선충당부채의 회계처리

특별수선충당부채의 회계처리는 다음과 같다. 다만, 법인세법상 특별수선충당부채는 임의적 충당부채로 구분되며 손금으로 인정되지 않는다.

• 특별수선충당부채 설정시

(차)	특별수선충당부채전입액	×××	(대) 특별수선충당부채	×××

• 특별수선을 실시하여 현금지급시

(차)	특별수선충당부채	×××	(대) 현금예금	×××

• 특별수선충당부채 잔액을 초과하여 특별수선한 경우

(차)	특별수선충당부채	×××	(대) 현금예금	×××
	특별수선비	×××		

• 특별수선 종료 후 특별수선충당금 잔액이 남아 있는 경우

(차)	특별수선충당부채	×××	(대) 특별수선충당부채환입	×××

건설 Tip 특별수선충당부채의 사용범위

① 시설물 점검

- 정기점검 : 보일러, 급 · 배수, 소화, 변전, 승강기, 인양기, 통신
- 수시점검 : 발전기, 공청안테나, 토목시설

② 단기 수선계획 수립

정화조 청소비, 냉난방시설 청소비, 소화기 충전비 등

건설 Tip 장기수선계획 수립 및 특별수선충당부채

① 법적근거

- 민간임대주택법시행령 제43조(특별수선충당금의 요율 및 사용 절차 등)

② 적립대상의 공동주택

- 300세대 이상의 공동주택
- 승강기가 설치된 공동주택
- 중앙집중식 난방시설의 공동주택

③ 특별수선충당부채의 부담요율

- 주택법 제15조 제1항에 따른 사업계획승인 당시 표준건축비의 1/10,000

④ 특별수선충당부채의 적립

- 적립시기 : 준공 후 1년이 지난날이 속하는 달부터 매월 적립
- 예치시기 : 임대사업자 및 해당 임대주택이 있는 곳을 관할하는 시장 · 군수 또는 구청장의 공동 명의로 금융회사 등에 예치하여 따로 관리. 다만, 임대사업자가 국가 · 지방자치단체 · 한국토지주택공사 또는 지방공사인 경우에는 이를 단독 명의로 금융회사 등에 예치하여 따로 관리할 수 있다.

회계 Tip 대한건설협회 계정과목 분류 및 해설

1. 대차대조표(Balance Sheet)

대차대조표는 일정시점에 있어서 기업의 재무상태를 나타내는 재무보고서로서 대차대조표의 차변에 기록되는 자산항목은 기업이 소유한 자산의 종류를 나타내며 대변에 기록되는 부채 및 자본항목은 자본의 조달구조를 나타낸다. 또한 대차대조표는 기업의 유동성과 재무적 융통성(financial flexibility)에 관한 정보를 제공한다.

가. 자산(Total assets)

자산은 과거의 거래나 사건의 결과로 특정실체에 의해 획득되었거나 통제되고 있는 미래의 경제적 효익을 의미한다. 여기에는 기업이 가지고 있는 현금, 재고자산, 토지 등과 같은 각종 유형의 자산과 매출채권, 대여금, 미수금 등과 같은 채권 및 무형의 권리 등이 포함된다. 자산은 이용가능한 자원의 유동성 정도에 따라 크게 유동자산과 비유동자산으로 구분된다.

(1) 유동자산(Current assets)

유동자산이란 1년 이내에 현금으로 전환되거나 판매 또는 소비될 것이 합리적으로 예상되는 자산을 말한다. 여기에는 현금 · 예금, 상품 등과 같이 일반적인 상거래에서 순환적으로 발생하는 자산과 비순환적이지만 대차대조표일로부터 1년 이내에 현금화할 수 있는 자산을 포함한다.

유동자산은 현금화의 용이성에 따라 당좌자산과 재고자산으로 분류된다.

(가) 당좌자산(Quick assets)

당좌자산은 판매과정을 거치지 않고 즉시 현금화될 수 있는 자산으로 다른 자산의 취득 또는 유동부채의 지급에 충당할 수 있는 자산을 말한다. 이러한 당좌자산은 현금 및 현금성자산, 단기투자자산, 매출채권, 미수금 및 기타 당좌자산으로 구분된다.

① 현금 및 현금성자산(Cash and Cash Equivalents)

현금 및 현금성자산은 통화 및 타인발행수표 등 통화대용증권, 당좌예금, 보통예금 및 큰 거래비용 없이 현금으로 전환이 용이하고 이자율 변동에 따른 가치변동의 위험이 중요하지 않은 금융상품으로서 취득당시 만기일(또는 상환일)이 3개월 이내인 것을 말한다.

② 단기투자자산(Short-term Instruments)

단기투자자산은 기업이 여유자금 활용 등의 목적으로 보유하는 단기투자증권(단기매매증권과 대차대조표일로부터 1년내 만기가 도래하거나 또는 매도 등에 의하여 처분할 것이 거의 확실한 매도가능증권, 대차대조표일로부터 1년내 만기가 도래하는 만기보유증권), 단기금융상품(금융기관이 취급하는 1년내 만기가 도래하는 정기예금 및 정기적금 등) 및 단기대여금 등을 말한다.

③ 매출채권(Trade accounts and notes receivable)

매출채권은 일반적인 상거래에서 발생한 채권으로 외상매출금과 받을어음이 있다. 외상매출금은 상품, 제품, 원료 등 영업의 주거래대상인 물품 또는 이에 준하는 것을 신용판매하거나 임가공 등 용역제공에 의해 발생하는 영업상의 미수채권을 말한다. 받을어음은 상품 및 제품의 매출에 대한 대가로 받은 타인발행의 약속어음 또는 타인지급의 환어음 등과 같이 일반적인 상거래에서 발생한 상업어음만 계상되며, 융통어음은 단기대여금으로 계상된다.

또한 매출채권은 대손충당금, 할인어음 및 배서어음을 차감한 금액으로 표시한다.

④ 공사미수금(Outstanding Amount for a contracted construction work)

공사미수금은 도급공사의 경우 공사기성분에 대한 미수액을 기재한다. 건설업은 그 특성상 매출실현이 공사진행에 따라 이루어지기 때문에 공사기성분에 대한 채권이 발생하게 된다. 이때 발생하는 공사기성분에 대한 미수액을 외상매출금(건설업 이외)에서 분리하여 계상한다.

⑤ 분양미수금(Amount uncollected after sale in lots)

분양미수금은 분양아파트나 상가등의 판매대금에 대한 미수액을 기재한다. 건설업에 있어서도 제조업의 상품과 같은 개념의 분양아파트 및 상가 등이 있다. 이때 이들을 판매함으로써 발생하는 판매대금의 미수액은 원칙상 외상매출금에 계상하여야 하나, 건설업을 영위할 때에는 이를 외상매출금과 분리하여 계상한다.

⑥ 선급공사원가(Advance cost of work)

선급공사원가는 수주비는 아니지만 계약전 공사원가 중 계약이 확실히 체결될 것으로 인정되는 도급공사와 관련하여 발생한 원가는 경과적으로 선급공사원가로 계상한 후 당해 공사를 착수한 때 공사원가로 대체처리할 수 있다. 여기에서 계약전 공사원가는 예상되는 특정 도급공사를 위하여 계약전에 발생된 공사비(동공사에 사용할 목적으로 취득한 유형자산에 대한 감가상각비 및 유지비를 포함한다)를 말한다. 따라서 계약전 공사원가가 발생하였으나 도급공사 계약체결이 불확실하거나 계약전 공사원가를 선급공사원가로 계상하였으나 도급공사 계약이 체결되지 않은 경우 당해기간에 이를 전액 비용(판매비와 관리비)으로 처리하여야 한다.

⑦ 기타당좌자산(Other quick assets)

이상에서 열거한 항목 이외의 당좌자산을 합계하여 기재하며 여기에는 미수수익, 선급금, 선급비용, 선급법인세 등이 포함된다. 미수수익은 당기에 속하는 수익중 미수액으로 한다.

(나) 재고자산(Inventories)

재고자산은 기업이 정상적인 영업활동과정에서 판매를 위하여 보유하거나 생산과정에 있는 자산 및 생산 또는 서비스 제공과정에 투입될 원재료나 소모품의 형태로 존재하는 자산을 말한다. 여기에는 상품, 미착상품, 적송품, 제품, 반제품, 재공품, 원재료, 저장품 등과 선박 · 건설업의 미완성공사가 포함된다.

Chapter 05

① 상품, 제품(Merchandise and finished goods)

상품이란 판매를 목적으로 구입한 상품, 미착상품, 적송품 등을 말하며 부동산 매매업의 경우 판매를 목적으로 소유하는 토지, 건물, 기타 이와 유사한 부동산은 이를 상품에 포함시킨다.
제품은 판매를 목적으로 제조한 생산품, 부산물 및 잔폐물 등으로 한다.

② 반제품(semi-finished goods)

반제품은 이미 상당한 가공을 끝내고 저장중에 있는 중간제품과 부분품으로 그 자체가 판매 또는 저장가능 상태에 있다는 점에서 재공품과 구별된다.

③ 완성주택(Completed house)

완성주택은 판매(분양)을 목적으로 건설한 주택(아파트) 및 상가 등을 기재한다. 이는 소정의 건설과정을 모두 끝마치고, 완전히 판매 또는 저장상태에 있는 것을 말한다. 즉, 분양을 목적으로 건설완료한 주택(아파트) 및 상가중 미분양된 주택의 계정으로 손익계산서상 매출원가 부문의 기말완성주택재고액이 해당된다.

④ 미완성주택(Uncompleted house)

미완성주택은 판매를 목적으로 건설중인 주택(아파트) 및 상가 등에 대한 공사비용은 지출되었으나 매출액으로 계상되지 않은 금액을 말한다.

⑤ 용 지(Land)

용지는 분양을 목적으로 매입, 보유한 건설용 토지(택지)를 계상한다.

⑥ 미성공사(Uncompleted Work)

미성공사는 공사기간이 단기(1년 이하)인 도급공사는 완성기준에 의거 수익을 인식함에 따라 공사완성시까지 발생한 모든 원가를 계상하는 계정이다. 따라서 공사가 완성되면 총도급금액을 매출액(공사수익)으로 계상하고 공사원가를 미성공사계정으로부터 대체한다.

⑦ 원자재(Raw materials)

원자재는 공사에 투입하기 위하여 외부에서 구입한 자재중 시공과정에 투입되지 아니한 것으로 자가제조한 지급자재와 자사가공자재도 포함된다.

⑧ 가설재(Temporary materials)

가설재는 공사시공에 보조적, 임시적으로 사용되는 자료(판넬, 비계목등)를 말한다.

⑨ 저장품(Supplies)

저장품은 소모품, 소모공구, 기구, 비품, 수선용부분품 및 기타의 저장품으로서 상당액 이상의 것을 기재한다. 기타의 저장품이란 연료, 유류, 못, 포장재료, 기타 사무용품 등의 소모품, 내용연수 1년 미만 또는 내용연수 1년 이상으로 상당가액 미만의 공구, 기구, 비품중 취득시에 경비 또는 재료비로서 처리되지 않았던 것으로서 저장중의 것을 말한다.

⑩기타재고자산(Other inventories)

기타재고자산은 위의 항목 이외의 재고자산을 합계한 금액을 말하며 건설업 이외의 상품, 제품, 반제품등을 포함한다.

(2) 임대주택자산

임대주택법에 의하여 임대후 분양을 목적으로 건설 · 공급하는 공공건설임대주택을 말하는 것으로서, 임대주택건설을 위해 취득 · 보유중인 임대주택용지, 미완성임대주택, 임대주택토지, 완성임대주택, 임대주택 및 임대주택채권을 통틀어서 임대주택자산이라 하며, 유동자산과 고정자산 사이에 별도 항목으로 기재한다.

(3) 비유동자산(Non-current assets)

비유동자산은 1년 이내에 현금으로 전환되거나 판매 또는 소비가 어려운 자산으로 여기에는 투자자산, 유형자산, 무형자산 등이 포함된다.

(가) 투자자산(Investment assets)

투자자산은 장기에 걸쳐 이자 및 배당수익을 얻을 목적이나 다른 기업을 지배 · 통제할 목적으로 취득한 자산을 말한다. 투자자산에는 장기금융상품, 장기투자증권, 장기대여금, 투자부동산 및 지분법적용투자주식 등이 포함된다.

① 장기금융상품(Long-time Financial Instruments)

장기금융상품은 유동자산에 속하지 아니하는 금융상품으로 종전의 장기성예금과 특정현금 · 예금 등이 포함된다. 장기성예금은 유동자산에 속하지 아니하는 장기의 예금이고, 특정현금 · 예금은 사용이 제한되어 있는 예금이다. 따라서 예금 중 만기가 1년 이내에 도래하는 예금은 현금 및 현금등가물 또는 단기금융상품으로 분류하여야 하고, 만기가 1년 이상 담보 등으로 사용이 제한되어 있는 경우에는 장기금융상품으로 분류하여야 한다.

② 장기투자증권 (Long-term securities)

매도가능증권과 만기보유증권은 장기투자증권으로 분류하되 대차대조표일로부터 1년내 만기가 도래하거나 매도 등에 의하여 처분할 것이 거의 확실한 매도가능증권과, 대차대조표일로부터 1년내 만기가 도래하는 만기보유증권은 유동자산으로 분류한다. 한편 당행 기업경영분석 편제시 지분법적용투자주식은 장기투자증권에 포함된다.

③ 장기대여금(Long-term loan)

장기대여금은 일반적인 상거래와 관련 없는 대여금으로서 회수기한이 1년을 초과하여 도래하는 대여금이다. 장기대여금에는 회수기간이 1년을 초과하는 주주 · 임원 · 종업원 장기대여금 및 관계회사대여금이 포함된다.

④ 투자부동산(Real estate for investment)

투자부동산은 투자의 목적 또는 비영업용으로 소유하는 토지 · 건물 및 기타의 부동산을 말하며 현재 영업목적으로 사용하는 유형자산 이외의 부동산 즉 사업확장을 위하여 보유하고 있는 부동산이나 채권확보로 유입된 부동산 등도 이에 포함한다.

⑤ 기타투자자산(Other investments)

앞에서 설명하지 아니한 투자자산을 말한다. 이에는 해외자원개발사업에 공동 투자한 금액 또는 사업목적에 사용하지 아니하고 매각목적으로 보유하고 있는 중장비, 차량 등의 자산, 콘도미니엄의 회원권, 운영리스이용자가 부담한 관세 등의 선급리스부대비용 등이 포함된다. 그리고 비유동자산이면서도 유형자산, 무형자산 등 어디에도 속하지 아니하는 자산은 "기타 투자자산"으로 분류하면 된다.

(나) 유형자산(Property, plant and equipment)

유형자산은 재화의 생산, 용역의 제공, 타인에 대한 임대 또는 자체적으로 사용할 목적으로 보유하는 물리적 형체가 있는 자산으로서 1년을 초과하여 사용할 것이 예상되는 자산을 말하며 토지, 건물 · 구축물, 기계장치, 선박 · 차량운반구, 건설중인 자산 등이 포함된다. 토지와 건설중인 자산 등 비상각자산을 제외한 대부분의 유형자산은 사용 또는 시간의 경과에 따른 가치감소분에 대해 감가상각을 통해 비용으로 배분되며 취득원가에서 감가상각누계액과 감액손실누계액이 차감된 순액으로 표시된다.

① 토 지(Land)

영업을 위하여 소유하고 있는 토지를 말하며 대지, 임야, 전답, 잡종지 등이 포함된다. 따라서 전매를 목적으로 소유하고 있는 토지나 비업무용 토지는 재고자산이나 투자자산으로 표시한다. 토지의 취득원가에는 구입가액과 취득세, 등기 및 명의 이전비, 토지의 정지비용, 조경비용 등 토지를 사용 가능한 상태로 만들기까지 지출되는 모든 비용이 포함된다.

② 건 물(Buildings)

건물은 기업이 영업목적으로 토지에 건설한 건축물과 그것의 영속적 부속설비로서 건물과 냉난방, 전기, 통신 및 기타의 건물부속설비가 포함된다. 건물은 통상적으로 토지에 정착하는 공작물중 지붕과 기둥 또는 벽이 있는 것과 이에 부수되는 시설물과 건축물을 말한다.

③ 구축물(Structure)

구축물은 선거 · 교량 · 안벽 · 부교 · 궤도 · 저수지 · 갱도 · 굴뚝 · 정원설비 및 기타의 토목설비 또는 공작물 등으로 한다. 구축물은 일반적으로 토지 위에 정착하여 건설한 건물 이외의 토목설비, 공작물 및 이의 부속설비를 말한다.

④ 기계장치(Machinery and equipment)

기계장치는 일반기계와「컨베이어」,「 호이스트」, 기중기 등의 운송설비 및 기타의 부속설비 등을 말하는데 취득원가에는 순송장가격에 운임, 운송보험료, 취득세, 설비용, 시운전비용 등의 부대비용이 포함된다.

기계는 동력을 받아서 외부의 대상물에 작업을 가하는 설비의 단위를 의미하며 장치는 대상물을 내부에 수용하여 이것을 변질, 변형, 분해, 운동시키는 설비의 단위를 말한다.

⑤ 건설용장비(Equipment for construction)

건설현장에서 사용하는 각종 중기 및 기계를 구분하여 계상한다. 건설용장비에 대한 감가상각비를 다음에 따라 계상하여 각각 공사원가에 산입한다.

당해 장비의 사용이 특정공사 목적에만 제한이 된 경우에는 당해 공사기간과 동 장비의 경제적 내용연수 중 짧은 기간에 걸쳐 감가상각을 하고 이를 전액 당해공사원가에 산입한다.

당해장비의 사용이 한 공사에만 제한되어 있지 않고, 여러 공사에 공통으로 사용되는 경우에는 동 장비의 경제적 내용연수에 걸쳐 감가상각을 하고 이를 각 공사원가에 배분한다.

⑥ 차량운반구(Vehicles and transportation)

차량, 선박 및 운반구는 기업소유의 철도차량, 자동차 및 기타의 육상운반구와 선박 및 기타의 수상운반구를 말한다.

⑦ 건설중인 자산(Construction in process)

건설중인 자산은 종전의 건설가계정을 용어변경한 것으로 건설중인 자산은 일종의 가계정으로 미완성유형자산을 말한다. 건설중인자산은 사업용으로 사용할 유형자산의 건설을 위하여 소요된 재료비 · 노무비 및 경비뿐만 아니라 건설을 위하여 지출한 도급금액, 취득한 기계 또는 자본화한 금융비용 등을 포함하여 처리한다. 이러한 자기가 건설한 유형자산은 외부에서 구입한 자산과 같이 건설에 따르는 제비용과 건설후 실제 사용 가능한 상태로 준비하는데 발생한 모든 관련 비용을 취득원가에 포함한다. 건설중인자산은 자가건설과 관련하여 지출한 재료비, 노무비, 제조간접비 등의 비용을 동 자산이 완성되어 본 계정에 대체시까지 경과적으로 처리한 계정이다. 건설중인자산은 영업목적에 사용될 때까지는 비용으로 배분할 수 없으므로 감가상각을 할 수 없다.

⑧ 기타 유형자산(Other tangible assets)

이상에서 열거한 항목 이외의 유형자산을 합계한 금액을 말한다.

(다) 무형자산(Intangible assets)

무형자산은 재화의 생산이나 용역의 제공, 타인에 대한 임대 또는 관리에 사용할 목적으로 기업이 보유하고 있으며, 물리적 형체가 없지만 식별가능하고, 기업이 통제하고 있으며, 미래 경제적 효익이 있는 비화폐성자산을 말한다. 무형자산에는 산업재산권, 라이선스와 프랜차이즈, 저작권, 컴퓨터소프트웨어, 개발비, 임차권리금, 광업권 및 어업권 등이 포함된다.

① 영업권(Goodwill)

영업권은 합병 · 영업양수 및 전세권 취득 등의 경우에 유상으로 취득한 것으로 한다. 다른 무형자산은 유상으로 취득한 것 외에 동 자산을 취득하기 위하여 직접적으로 발생한 개발비용도 자산으로 계상할 수 있으나 영업권은 초과수익력 유무에 상관없이 유상으로 취득한 가액을 계상한다.

② 산업재산권(Industrial property rights)

산업재산권은 종전의 공업소유권 계정과목을 변경한 것으로 법률에 의해 일정기간 독점적 · 배타적으로 이용할 수 있는 권리로서 특허권 · 실용신안권 · 의장권 및 상표권 등을 포함한다.

③ 광업권 · 어업권 · 차지권(Mining, Fishing, Land-use rights)

광업권은 광업법에 의하여 등록된 일정한 광구에서 등록을 한 광물과 동 광상 중에 부존하는 다른 광물을 채굴하여 취득할 수 있는 권리를 말하며, 어업권은 수산업법에 의하여 등록된 일정한 수면에서 어업을 경영할 권리이다. 그리고 차지권은 임차료 또는 지대를 지급하고 타인이 소유하는 토지를 사용 · 수익할 수 있는 권리이며, 지상권은 건물 등을 소유하기 위하여 타인의 토지를 사용할 수 있는 권리를 말하는데 이들 모두 취득원가로 계상한다.

④ 창업비(Organization costs)

창업비는 회사를 설립하기 위하여 소요되는 제비용으로 회사 설립을 위한 설립비용, 발기인의 보수, 인수 수수료, 설립등기비, 주식발행비 등 회사설립을 위하여 발생한 비용(종전의 창업비)과 사업인 · 허가를 획득하기 위하여 발생한 비용(종전의 개업비) 등으로 한다.

⑤ 개발비(Development costs)

특정 신제품 또는 신기술의 개발을 위한 내부 프로젝트는 연구단계와 개발단계로 구분하되 연구단계에서 발생한 모든 지출이나 개발단계에서 발생한 지출중 일정요건을 갖추지 못하는 경우에는 경상개발비.연구비 과목으로 해당기간의 비용으로 처리한다. 개발비가 무형자산으로 인식되기 위해서는 기술적 실현가능성, 개발후 완성자산을 사용하거나 판매하려는 기업의 의도나 능력, 미래 경제적 효익 창출력, 개발단계에서 발생한 지출의 객관적 측정가능성 등의 요건이 충족되어야 한다.

⑥ 기타의 무형자산(Other intangible assets)

이외에 수도시설이용권, 댐사용권, 수도시설관리권 등이 포함된다.

(라) 기타비유동자산(Other non-current assets)

임차보증금, 이연법인세자산(유동자산으로 분류되는 부분 제외), 장기매출채권 및 장기미수금 등 투자자산, 유형자산, 무형자산에 속하지 않는 비유동자산을 포함한다.

나. 부채 및 자본(Total Liabilities and stockholders' equity)

기업에 투입된 총자본은 그 원천에 따라 타인자본인 부채와 자기자본으로 나누어진다. 부채란 과거의 거래나 사건의 결과로 다른 실체에게 미래에 자산이나 용역을 제공해야 하는 특정실체의 의무를 말하며 유동부채, 비유동부채로 분류한다. 자본은 주주지분 또는 소유주지분이라고도 하는데 기업의 총자산에서 총부채를 차감하고 남은 잔여분을 말하며 자본금, 자본잉여금, 이익잉여금, 자본조정 및 기타포괄손익누계액으로 구성된다.

(1) 유동부채(Current liabilities)

유동부채는 대차대조표일로부터 1년 이내에 지급기한이 도래하는 부채로서 매입채무, 단기차입금(단기금융기관차입금, 유동성회사채, 기타차입금) 및 미지급금, 기타유동부채 등을 포함한다.

① 매입채무(Trade accounts and notes payable)

매입채무는 일반적인 상거래에서 발생한 외상매입금과 지급어음을 말한다. 외상매입금은 상품 또는 원재료 등의 매입과 같은 일반적인 상거래에서 발생한 채무로서 매입에누리 및 환출 등을 차감한 순액으로 기재한다. 지급어음은 일반적인 상거래에서 발생한 어음상의 채무로서 상품이나 원재료의 매입대금에 대하여 약속어음을 발행하거나 타인발행의 환어음을 인수한 경우에 발생한 채무를 말한다. 따라서 상거래를 원인으로 하는 상업어음만 계상하게 되며 자금조달을 위한 융통어음은 단기차입금으로 처리하게 된다.

② 단기차입금(Short-term borrowings)

단기차입금은 금융기관과의 사전약정에 의하여 예금잔액을 초과하여 지급한 당좌차월액과 금전소비대차계약에 의하여 금전을 차입(차입금)하는 경우 대차대조표일로부터 1년내에 상환될 금액으로 한다. 이에는 당좌차월, 관계회사 또는 주주 · 임원 · 종업원에 대한 단기차입금, 어음상의 차입금 등을 포함한다.

③ 미지급법인세(Accrued income taxes)

미지급법인세는 법인세 등의 미지급액인데 이는 주로 기업의 결산시 당해 사업연도의 과세소득에 대한 법인세를 추정하고 기중에 이미 납부한 중간예납세액 등을 차감한 잔액과 과거 사업연도에 해당하는 확정된 법인세를 미지급한 경우에 동 금액 등을 계상하는 미지급비용계정의 일종이다. 이연법인세제도가 도입시행되더라도 법인세법 등에 의하여 실제로 지급하여야 할 법인세등은 미지급법인세로 계상한다.

④ 미지급금 · 미지급비용(Other trade accounts and notes payable)

미지급금은 고정자산 또는 유가증권의 취득 등 일반적인 상거래 이외의 거래에서 발생한 채무를 말한다. 미지급비용은 이미 발생하였으나 지급기일이 도래하지 않아 지급되지 않고 있는 비용을 말한다.

⑤ 유동성장기부채(Current maturities of long-term debt)

유동성장기부채는 고정부채중 1년 내에 상환될 것이다. 이는 당초부터 유동부채가 아니라 고정부채에서 유동부채로 전환된 것을 처리하는 계정이다.

⑥ 공사손실충당금(Appropriation for loss of work)

공사손실충당금은 특정공사와 관련하여 공사손실의 발생이 예상되는 경우에는 동 예상손실을 공사손실충당금계정에 계상하고 이에 상당하는 공사손실충당금전입액은 당기의 비용으로 처리하여야 한다. 수익과 달리 손실은 그 손실이 발생한 때 인식하는 것이므로 공사손실의 발생이 예상되는 경우에는 예상손실전액을 공사손실충당금계정으로 계상하여야 한다. 그리고 공사손실충당금전입액은 공사원가에 포함한다. 동 공사손실충당금은 잔여공사기간에 공사손실이 발생할 경우 손실에 상당하는 금액을 환입하고, 환입액은 해당 사업연도의 공사원가에서 차감하는 형식으로 기재한다. 공사손실충당금을 초과하여 추가로 공사손실이 발생한 것이 예상되는 경우에는 그 손실액 전부를 공사손실충당금전입액과 공사손실충당금으로 다시 계상하여야 한다.

⑦ 공사선수금(Advance payment for work)

공사선수금은 수주공사에서 발생한 것에 대한 선수금액을 말하는데 수주공사에 대한 착수금 즉, 발주관서에서 지급하는 선급금을 말한다.

⑧ 분양선수금(Advance payment for sale in lots)

분양을 목적으로 한 건설공사에 대한 선분양대금으로 분양주택(아파트)이나 상가에 대한 계약금, 중도금을 말한다.

⑨ 기타유동부채(Other current liabilities)

이상에서 열거한 항목 이외의 부채로서 대차대조표일로부터 1년 이내에 지급 · 상환되는 매출부가세, 예수금, 예수제세, 수입보증금, 선수금등의 채무를 합산 처리한다.

(2) 비유동부채(Non-current liabilities)

비유동부채는 대차대조표일의 다음날로부터 1년 이후에 지급기일이 도래하는 부채를 말한다. 여기에는 회사채, 장기차입금(장기금융기관차입금, 기타차입금), 장기부채성충당금 및 기타비유동부채 등이 포함된다.

① 사 채(Bonds payable)

사채는 주식회사가 상법에 의하여 확정채무임을 표시하는 증권을 발행하여 다수인으로부터 장기간 거액의 자금을 차입함으로써 발생하는 채무이다. 그리고 비유동부채로 계상하는 사채는 1년 후에 만기가 도래되는 사채를 말하며, 1년 이내에 만기가 도래되는 사채는 유동성장기부채로 계상한다. 사채발행차금은 사채를 액면 이하의 금액으로 할인발행하였을 때에 생기는 액면금액과 발행가액과의 차액을 말한다.

② 장기차입금(Long-term debts)

장기차입금은 금전소비대차계약에 의한 차입금중 1년 후에 상환기일이 도래하는 장기채무이다. 따라서 분할상환조건의 장기차입금은 상환기일별로 구분하여 장기차입금과 유동성장기부채로 분류하여야 한다. 그리고 관계회사나 주주 · 임원 · 종업원에 대한 장기차입금, 외화장기차입금 등은 별도로 구분 표시하지 않고 일괄하여 장기차입금으로 표시할 수 있다.

③ 장기공사선수금(Long-term advance payment for work)

공사와 관련하여 발생한 선수액중 1년을 지나 기한이 도래하는 것을 말한다.

④ 장기성매입채무(Long-term debt resulted from buying)

장기성매입채무는 일반적인 상거래에서 발생한 장기의 외상매입금과 지급어음을 말한다. 장기연불조건의 매매거래에서 발생하는 장기성매입채무의 평가는 현재가치로 평가하여야 한다. 따라서 장기성매입채무도 이자율이 표시되어 이자가 지급되는 조건이라면 매입액과 매입채무에서 이자해당액은 제외하여야 한다. 즉, 매입액은 현재가치로 표시하고 매입채무는 현재가치할인차금을 차감하는 형식으로 기재하여야 한다.

⑤ 하자보수충당금(Appropriation for maintenance)

하자보수충당금은 특정공사와 관련하여 공사 완공후에 하자보수가 예상되는 경우에는 도급금액이 일정률에 상당하는 금액을 하자보수비로 하여 그 전액을 공사가 종료되는 회계연도의 공사원가에 포함하고, 동액을 하자보수충당금으로 계상하여야 한다. 이는 하자보수비가 완공 후에 발생한다고 하더라도 수익과 비용을 대응시키기 위하여 공사가 종료되는 회계연도의 공사원가에 포함하도록 한 것이다.

⑥ 이연법인세부채(deferred tax liabilities)

이연법인세부채는 당기말 현재 존재하는 가산할 일시적차이로 인하여 증가될 법인세 부담액을 말한다. 이연법인세부채는 일시적차이를 유발시키는 거래가 이미 발생하였고 당해 일시적차이는 미래의 과세소득과 현금유출(법인세부담액)을 증가시키므로 부채의 정의에 부합한다. 보수적인 관점에서 이연법인세부채는 실현가능성 여부에 관계없이 부채로 인식하고 이연법인세자산은 실현가능성이 거의 확실한 경우에만 자산으로 인식한다.

⑦ 기타비유동부채(Other Non-current liabilities)

이상에서 열거한 항목이외의 비유동부채로서 퇴직급여충당금, 단체퇴직급여충당금, 장기임대보증 또는 공사보증충당금등 부채성 충당금을 말한다.

Chapter 05

(3) 자본(Stockholders' equity)

자본이란 총자산에서 총부채를 차감한 잔액으로서 자본금과 자본잉여금, 이익잉여금, 자본조정 및 기타 포괄손익누계액으로 구성된다.

(가) 자본금(Capital stock)

자본금은 주주의 불입자본 중에서 상법의 규정에 따라 정관에 자본금으로 확정되어 있는 금액으로, 이는 1주당 액면금액에 발행주식총수를 곱하여 산출된다. 자본금은 보통주자본금 · 우선주자본금 등으로 분류한다.

(나) 자본잉여금(Capital surplus)

자본잉여금은 증자활동, 감자활동 및 기타 자본과 관련된 자본거래에서 발생된 잉여금으로 영업활동과 관련하여 발생한 이익잉여금과 구별되며 손익계산서를 거치지 않고 직접 자본계정에 가감된다. 현행 기업회계기준상의 자본잉여금에는 주식발행초과금, 감자차익, 자기주식처분이익 및 기타자본잉여금이 있다.

① 주식발행초과금(Paid-in capital in excess of par value)

주식발행초과금은 주시발행가액(증자의 경우 신주발행수수료 등 신주발행을 위하여 직접 발생한 기타의 비용을 차감한 후의 금액을 말한다)이 액면가액을 초과하는 경우 그 초과하는 금액을 말한다. 이 경우 종전에 이연자산으로 처리하였던 신주발행비는 증자의 경우에 신주발행수수료와 신주발행을 위하여 직접 발생한 기타의 비용인 바 이는 주식발행초과금에서 차감한다.

② 감자차익(Gain on capital reduction)

감자차익은 자본감소의 경우에 그 감소액이 주식의 소각, 주금의 반환에 요하는 금액과 결손보전에 충당할 금액을 초과한 때에 그 초과금액을 말한다. 감자차손은 감자차익이 있는 경우 감자차익에서 우선 차감하고 나머지는 결손금의 처리순서에 준하여 처리한다.

③ 자기주식처분이익

회사가 자기계산하에 상법에서 인정하는 예외적인 상황에서 일시적으로 취득한 자기주식을 소각하지 않고 처분하여 발생한 차익을 말한다.

④ 기타자본잉여금(Other capital surplus)

(다) 자본조정(Capital adjustment)

자본조정은 당해 항목의 특성상 소유주지분에서 가감되어야 하거나 또는 아직 최종결과가 미확정인 상태여서 자본의 구성항목 중 어느 것에 가감해야 하는지 알 수 없어서 회계상 자본총계에 가감하는 형식으로 기재하는 항목을 말한다. 따라서 자본조정계정은 자본금, 자본잉여금, 이익잉여금 이외의 임시적인 성격의 자본항목으로서 일반적으로 자본과 부채의 양면적인 성격을 지닌 항목으로 구성되어 있다. 현 기업회계기분에서 예시하고 있는 자본조정계정으로는 주식할인발행초과금, 배당건설이자, 자기주식, 전환권대가, 신주인수권대가, 투자주식평가이익(손실), 미교부주식배당금, 해외사업환산대(차), 감자차손, 자기주식처분손실 등이 있다.

① 자기주식(Treasury stock)

자기주식이란 주식회사가 이미 발행된 주식을 추후에 재발행할 목적으로 매입 또는 증여에 의하여 재취득한 주식을 말한다. 회사가 재취득한 자기회사의 주식은 이를 소각하기 위한 경우와 다시 재발행하기 위한 경우로 구분할 수 있다.

② 주식할인발행차금 (Difference resulted from issuing stock at discount)

주식할인발행차금은 액면에 미달하여 주식을 발행한 때에 그 액면에 미달하는 금액을 계상한다. 주식할인발행차금은 자본거래에서 발생한 미불입자본금으로 보아 자본에 대한 차감적 계정으로 처리하고 그 상각도 이익잉여금의 처분으로 본다. 주식할인발행차금은 주식발행연도부터 3년 이내의 기간에 매기 정액법으로 상각한다. 다만 결손금이 있는 경우에는 차기 이후 연도에 이월하여 상각할 수 있다. 이때 주식할인발행차금의 상각은 이익잉여금처분계산서상에 이익잉여금의 처분항목으로 표시한다.

③ 주식매수선택권(Stock option)

정관이 정한 바에 따라 주주총회의 특별결의에 의하여 회사의 설립 · 경영과 기술혁신 등에 기여하였거나 기여할 수 있는 회사의 이사 · 감사 또는 피용자에게 특별히 유리한 가격으로 신주를 인수하거나 자기주식을 매수할 수 있는 권리를 부여하는 제도이다.

④ 출자전환채무

출자전환채무는 조만간에 주식으로 전환되는 납입자본을 말한다.

⑤ 감자차손및자기주식처분손실

감자차손은 유상감자에 있어서 감소한 자본금의 액보다 주식의 반루에 요한 액이 편이 큰 경우의 차액을 말한다. 자기주식처분손실은 상법 및 증권거래법에 의거 취득한 자기주식의 처분시 발생하는 손실을 말한다.

(라) 기타포괄손익누계액(Accumu-lated other comprehensive income)

포괄손익은 일정기간동안 주주와의 자본거래를 제외한 모든 거래나 사건에서 인식한 자본의 변동으로 대차대조표일 현재의 매도가능증권평가손익, 해외사업환산손익, 현금흐름위험회피 파생상품평가손익 등의 잔액이다. 매도가능증권평가이익(손실)은 매도가능증권을 공정가액으로 평가한 경우 장부가액과 공정가액과의 차이를 계상한다.

(마) 이익잉여금(Retained earnings)

이익잉여금은 유보이익이라고도 불리는 것으로서 기업의 이익창출활동에 의하여 획득한 이익중 배당금 등으로 사외에 유출되거나 자본금계정에 대체되지 않고 사내에 유보된 부분을 말한다. 이익잉여금은 이익준비금, 기타법정적립금, 임의적립금, 차기이월이익잉여금(결손금)으로 세분된다. 대차대조표상의 이익잉여금(결손금 처리하는 경우에는 자본잉여금 포함)은 당기의 이익잉여금처분이 끝난 후(이익잉여금처분계산서의 처분을 반영한 후)의 금액으로 기재하여야 한다. 따라서 이익잉여금처분계산서(안)에 따라 처분된 현금배당금은 미지급배당금으로 하여 부채로 계상하여야 한다. 즉, 대차대조표에는 잉여금처분 후의 차기이월이익잉여금(또는 차기이월결손금)이 이익잉여금으로 계상된다. 그리고 이익잉여금처분계산서(안)가 주주총회에서 원안대로 승인되지 아니하였다면 대차대조표 및 이익잉여금처분계산서를 다시 작성하여 공시하여야 한다.

① 법정적립금(Reserve for the rationalization of enterprise)

법정적립금은 법령의 규정에 의하여 적립된 금액을 말하며 법정적립금에는 이익잉여금, 기업합리화적립금과 재무구조개선적립금이 있다.

② 임의적립금(Reserve for improvement of financial structure)

임의적립금은 정관의 규정 또는 주주총회의 의결로 적립된 금액으로서 사업확장적립금, 배당평균적립금, 결손보전적립금 등이 있다. 특히, 조세특례제한법상의 법인세 등을 이연할 목적으로 적립하여 일정기간이 경과한 후 환입될 제준비금 등은 기타법정적립금이 아니라 임의적립금으로 명문화하였다.

③ 미처분이익잉여금 (Undivided profit)

전기 이월잉여금과 당기에 발생한 순이익으로서 각 항목으로 처분되지 않은 이익잉여금을 말한다.

2. 손익계산서(Statement of profit and loss)

손익계산서는 기업의 경영성과를 명확히 보고하기 위하여 일정기간동안에 발생한 모든 수익과 이에 대응되는 비용을 나타내는 동태적 재무보고서이다. 손익계산서는 회계정보이용자로 하여금 기업의 수익성을 판단하는데 유용한 정보를 제공해 준다.

가. 매출액(Sales)

매출액은 상(제)품의 매출 또는 용역의 제공에 대한 수입금액으로서 반제품, 부산품, 작업폐물 등을 포함한 총매출액에서 매출환입액 및 에누리액와 매출할인을 공제한 순매출액을 말한다. 매출은 실현주의 원칙에 따라 상(제)품을 인도한 날 또는 용역을 제공한 날에 실현된 것으로 하고 장기간이 소요되는 용역의 매출액 및 공사기간 또는 제조기간이 장기인예약매출액은 진행기준에 따라 실현되는 것으로 한다.

(1) 공사수입(Turnover of works)

공사수입은 건설업에 있어서 매출액으로 공사기간이 장기인 도급공사는 진행기준에 따라 수익을 인식하며, 공사기간이 단기(1년 이하)인 도급공사는 완성기준에 따라 수익을 인식한다. 공사완성기준은 공사가 완성된 때(도급공사와 관련하여 건설업자가 이행하기로 한 계약상 기본의무를 완료한대로써 동공사의 목적물이 준공된 때) 총도급금액은 공사수익으로 인식하고 동공사수익에 대응하여 발생한 총공사비를 공사원가로 계상하는 방법을 말한다. 진행기준이라 함은 도급금액에 공사진행률(예시 : 총공사예정원가에 대한 실제공사비 발생액 비율)을 곱하여 공사수익을 인식하고 동 공사수익에 대응하여 실제로 발생한 비율을 공사원가로 계상하는 방법을 말한다. 공사수입은 국내공사와 해외공사로 구분하여 계상한다.

(2) 분양수입(Turnover resulted from sale in lots)

분양수입은 건설업에 있어서 주택(아파트) 및 상가등 자체적으로 공사를 수행한 후 이를 판매하여 얻은 매출액을 말한다. 이때 공사기간이 장기인 예약매출의 경우에는 건설업회계처리기준 제4조에 의거 공사진행기준에 따라 수익이 실현된 것으로 한다.

(3) 기타 겸업매출액(Turnover of other subsidiary business except for construction business)

건설업이외의 매출액을 말한다. 여기서 건설업이라 함은 건설산업기본법상에 규정되어 있는 건설공사(전기, 전기통신, 소방설비, 문화재수리공사등 포함)를 말하며 그 이외의 사업으로 인한 매출액은 기타 겸업매출액이다.

나. 매출원가(Cost of sales)

매출원가란 기업이 정상적인 영업활동과정에서 실현시킨 매출에 직접 대응되는 비용을 말한다. 즉 재고자산이 판매되면 매출이 인식되고 판매된 재고자산의 원가는 매출원가라는 비용이 된다.

(1) 공사원가(Cost of works)

공사원가는 도급공사의 경우 공사수행과정에서 투입된 원가(재료비, 노무비, 외주비, 경비등)를 말한다. 이는 국내공사원가와 해외공사원가로 구분한다.

(2) 분양원가(Cost of sale in lots)

분양원가는 주택(아파트) 및 상가등에 투입된 원가를 말하며 기초완성주택재고액과 당기완성주택공사비의 합계액에서 기말완성주택재고액을 차감하여 계상한다.

(3) 기타 겸업매출원가(Cost of other subsidiary business except for construction business)

건설업 이외의 매출액에 대한 원가를 말한다.

다. 매출총이익(Gross profit)

매출총이익은 매출액에서 매출원가를 차감한 잔액을 말하며 매출원가가 각 매출액을 초과하는 경우에는 그 차액을 매출총손실로 표시한다. 여기에는 공사, 분양, 겸업 등으로 각각 구분하여 계상한다.

라. 판매비와 관리비(Selling & general administrative expenses)

판매비와 관리비는 건설활동 또는 기업의 관리, 유지활동과 관련하여 발생하는 비용으로서 매출원가에 속하지 않는 모든 영업비용을 말한다.

① 급여(Officers' salaries & allowances)

급여는 종전의 임원급여, 급료, 임금 및 제수당을 통합하였다. 임원급여는 임원에 대하여 규칙적으로 지급되는 급여를 말한다. 이에는 상여금과 퇴직금이외의 것으로 월급, 현물급여, 경제적 이익의 제공 등이 모두 포함된다.

② 퇴직급여(Provision for severance pay)

퇴직급여는 판매와 관리사무에 종사하는 종업원의 퇴직시 지급하는 퇴직금과 매결산기의 퇴직급여 또는 보통의 퇴직자에게 지급하는 것으로, 기업정비 · 기구개편 등에 의한 일시적으로 거액의 퇴직금이 지급되는 경우는 특별손실로 계상한다.

③ 명예퇴직금

기업이나 금융기관 등에서 정년이 되기 전에 직원을 퇴직시킬 때 지급하는 금액을 말한다.

④ 복리후생비(Other employee benefit)

복리후생비는 종업원에게 직접 지급되는 급여, 퇴직급여와는 달리 사용인에게 직접 지급되지 아니하고 근로환경의 개선 또는 근로의욕의 증진을 위하여 지출하는 성격을 갖는 비용이다. 이에는 법정복리비(건강보험료), 복리시설, 후생비, 국민연금부담금 등이 있다. 판매비와 관리비에 속하는 복리후생비는 판매와 관리 부서에 근무하는 종업원에 대한 복리후생비만을 말하여 제조부문에 근무하는 종업원에 대한 것은 공사원가중 경비로 분류된다.

⑤ 임차료(Rent)

임차료란 토지, 건물 등 부동산이나 기계장치 등의 동산을 타인으로부터 임차함으로써 수요자에게 지급하는 임차료중 제조원가에 포함되지 않는 것을 말한다.

⑥ 접대비(Expense paid for service and entertainment of customer)

접대비란 교재비, 기밀비, 사례금 등 회사의 업무와 관련하여 거래처에 접대, 향응, 위안 등을 위하여 지출한 비용을 말한다. 세무회계에서는 기밀비, 접대비, 기부금등의 판별기준 및 한도를 자세히 규정하고 있으나, 기업회계에서는 회사의 업무와 관련하여 사용하면 접대비로 계상할 수 있다.

⑦ 감가상각비(Depreciation)

감가상각비는 수익, 비용대응의 원칙에 따라 판매와 관리부문에서 사용된 유형자산(토지와 건설중인 자산제외)의 원가를 그 경제적 효익이 발생하는 기간에 체계적이고 합리적인 방법으로 배분한 것을 말한다. 다만 천재지변 등에 따라 돌발적으로 발생한 임시거액의 감가상각은 특별손실로 계상한다.

⑧ 무형자산상각비(Amortization of intangible assets)

무형자산의 취득원가를 배분하는 과정에 상당하는 비용을 말한다. 무형자산은 그 자산의 추정내용연수동안 체계적인 방법에 의하여 비용으로 배분한다. 무형자산의 미래 경제적 효익은 시간의 경과에 따라 소비되기 때문에 상각을 통하여 장부가액을 감소시키게 된다.

⑨ 세금과 공과(Taxes and dues)

세금과 공과는 국가 또는 지방자치단체가 부과하는 국세 · 지방세의 세금, 공공단체나 조합등의 공과금과 벌금, 과료 등을 말한다. 공과금과 벌금 등은 그 발생원인에 따라 건설원가 또는 판매비와관리비에 계상되나 세금은 그 처리방법이 다양하다. 이익에 부과되는 법인세, 주민세 등은 법인세등으로 계상하고 자산의 구입과 관련하여 부과되는 관세, 취득세, 등록세, 토지초과이득세 및 개발부담금 등은 당해 자산의 취득원가에 산입하여야 한다. 판매비와 관리비에 속하는 세금은 재산세, 자동차세등이 있다.

⑩ 광고선전비(Advertising)

광고선전비는 상품 또는 제품의 판매촉진 또는 기업이미지 제고를 위하여 불특정 다수인을 상대로 상품등에 대한 선전효과를 얻기 위하여 지출한 비용을 말한다.

⑪ 연구비와 경상개발비 (Research & Normal development expenses)

연구비는 연구활동과 관련하여 직 · 간접적으로 발생된 모든 비용을 말하며, 연구비는 발생한 기간에 판매비와 관리비로 처리한다. 경상개발비는 개발활동과 관련하여 직 · 간접적으로 발생한 모든 비용 중 자산으로 인식되지 않은 판매 또는 관리 관련 비용을 말한다. 개발비는 자산인식기준을 충족할 경우에만 무형자산(개발비)으로 인식하고 그 이외의 판매 또는 관리 등과 관련된 경우 판매비와 관리비(경상개발비)로 인식한다.

⑫ 대손상각비(Bad debt expense)

대손상각은 회수가 불확실한 채권에 대하여 합리적이고 객관적인 기준에 따라 산출한 대손추산액과 회수가 불가능한 채권은 대손상각비로 처리한다. 이 경우에 일반적 상거래에서 발생한 매출채권에 대한 대손상각비는 판매비와 관리비로 처리하고, 기타 채권에 대한 대손상각비는 영업외비용으로 처리한다.

⑬ 미분양주택관리비(Management of houses unsold)

미분양주택관리비는 재고아파트 및 상가의 회사부담관리비 및 유지에 관계되는 제비용이다.

⑭ 수주비(Expenses related to winning of order for construction works)

수주비는 공사수주 및 기타 판매활동에 수반하는 입찰, 견적서작성 및 중개수수료 등의 경비를 말하며 이는 공사원가에 포함시켜서는 안 되며 발생시에 판매비와 관리비로 계상한다. 다만 동 비용이 도급금액의 3/100을 초과하는 거액일 경우에는 이연자산으로 계상할 수 있다.

⑮ 여비 · 교통비 · 통신비

시공현장에서 직접 소요되는 여비 및 교통비와 전신전화사용료, 우편료를 말한다.

⑯ 수도광열비(Utilities)

수도광열비에는 판매와 관리부문에서 사용된 수도료, 전기료, 가스비 및 연료비 등이 속한다.

⑰ 수선비(Repairs)

판매 및 일반관리업무용 건물, 비품 등의 수선비를 말한다.

⑱ 보험료(Premium)

보험료란 보험계약에 의거 보험회사가 보험금지급책임을 지는 대가로 계약자가 납입하는 금액을 말한다.

⑲ 보관비(Storage Charges)

상품 · 제품 · 재료의 보관에 요하는 비용을 말하며, 지급보관료외에 자가창고의 보관비도 포함된다.

⑳ 개발비 (development expense)

개발비는 새로운 제품, 용역, 기술을 창조, 개발하기 위하여 수행한 연구 · 조사활동에 지출된 비용을 말한다.

㉑ 운반비 (Transportation Charges)

일종의 복합비로 그 내용은 제조작업에 관련된 운반작업에서 생긴 모든 비용을 포함한다.

㉒ 지급수수료 (payment commission)

지급신용장하에서 지급업무를 담당하는 수출지의 은행이 서류매입시 수익자 또는 개설은행으로부터 징수하는 수수료를 가리킨다.

마. 영업이익(또는 영업손실) (Operating income or loss)

영업이익은 기업의 주된 경영활동결과 발생한 이익으로서 매출총이익에서 판매비와 관리비의 합계액을 공제한 차액을 말한다. 판매비와 관리비의 합계액이 매출총이익을 초과하는 경우에는 그 차액을 영업손실로 표시한다.

바. 영업외손익(Non-operating income or loss)

영업외손익이란 매출수익을 얻기 위한 주된 영업활동 이외의 보조적 또는 부수적인 영업활동에서 순환적으로 발생하는 손익을 말한다. 영업외손익은 주된 영업활동에서 발생한 손익이 아니라는 점에서 영업손익과 구별되며, 순환적으로 발생하는 점에서 일상적이고 전형적인 영업활동과는 관계가 없거나 일시적이고 비경상적으로 발생하는 특별손익과 구별된다.

① 이자수익(Interest)

이자수익은 수입이자와 할인료, 유가증권이자, 사채이자 등을 포함한다. 이자수익은 회사가 일반적인 유휴자금을 은행에 예치하거나 타인에게 대여 또는 국 · 공채 등 유가증권에 투자함으로써 발생하는 이자이다. 이자수익은 기간에 비례하여 발생하는 것이므로 지급방법에 불구하고 기간경과에 따라 발생하는 이자를 포함한다. 즉, 이자수익은 발생주의에 의하여 그것이 발생한 기간에 정확히 배분되어 수익으로 계상하여야 한다. 따라서 결산시에는 기간경과분이나 미경과분에 대하여 미수수익 또는 선수수익을 계상하여야 한다. 그리고 장기보유목적의 국 · 공채의 취득원가와 액면가액과의 차액을 상환기간에 걸쳐 유효이자율법 등을 적용하여 점차 가감하는 경우 그 금액은 이자수익으로 계상한다.

② 배당금수익(Dividend)

배당금수익은 주식이나 출자금 등의 유가증권이나 투자유가증권으로 인하여 이익 또는 잉여금의 분배로 받는 배당금을 말한다.

③ 임대료(Rent)

임대료는 부동산이나 동산을 타인에게 임대해 주고 일정기간마다 사용대가로 받는 사용료를 말한다. 결산시 임대기간은 경과하였으나 수입하기로 한 날이 도래하지 않은 경우에는 수입하지 못한 임대료 상당액을 미수수익으로 처리하여야 한다. 그리고 임대료를 미리 받고 결산일 현재 기간이 경과되지 아니한 임대료상당액은 선수수익으로 처리한다.

④ 단기투자자산처분이익(Gain on disposition of marketable securities)

국채, 채권, 회사채권, 주권등(투자자산에 속하는 유가증권은 제외)을 처분할 경우 취득가액보다 처분가액이 많을 때 발생하는 이익을 말한다.

⑤ 단기투자자산평가이익(Gain on appraisal of marketable securities)

유가증권중 주식은 매입가액에 부대비용을 가산하고 이에 총평균법 · 이동평균법을 적용하여 산정한 취득원가를 대차대조표가액으로 한다. 다만, 시가가 취득원가와 다른 경우에는 시가를 대차대조표가액으로 한다. 유가증권중 채권은 매입가액에 부대비용을 가산하고 이에 총평균법 또는 이동평균법을 적용하여 산정한 취득원가를 대차대조표가액으로 한다. 다만, 시가가 취득원가와 다른 경우에는 시가를 대차대조표가액으로 할 수 있다.

⑥ 외환차손익 (Profit & loss of foreign currency transaction)

외환차손익은 외환자산의 회수 또는 외화부채의 상환시에 발생하는 손익을 말한다.

⑦ 외화환산손익(Profit & loss of foreign exchange)

외화환산손익은 결산일에 화폐성외화자산 또는 화폐성외화부채를 환산하는 경우 환율의 변동으로 인하여 발생하는 환산손익을 말한다. 환율의 변동이란 직전회계연도말 또는 외화표시채권 · 채무의 발생시점 환율과 당해회계연도말 현재 환율의 차이를 의미한다. 적절한 환율이란 외국한대고객전신한매입률(매도율), 한국은행 집중기준율 또는 재정환율등 기업의 입장에서 외화표시자산 및 부채를 합리적으로 환산하기에 충분한 환율이면 어느 것을 사용해도 무방하다. 다만, 한번 채택된 환율은 회계연도마다 계속적으로 적용하여야 한다.

⑧ 지분법 평가이익(Gain on valuation using equity method of accounting)

피투자회사의 순자산가액 변동이 당기순이익의 증가로 인하여 발생한 경우 이를 지분법이익으로 하여 영업외수익으로 인식한다.

⑨ 장기투자증권손상차손(환입)

장기투자증권손상차손이란 장기적으로 보유하면서 배당 등을 받을 목적 또는 경우에 따라 장기적으로 시세차익을 노리고 산 장기투자증권의 가치가 크게 감소하여 회복불가능하다고 판단될 때 손상차손 처리한 자산을 말한다. 장기투자증권손상차손환입이란 이러한 자산의 가치가 일부 회복되면 처리하는 손상차본환입을 말한다.

⑩ 투자자산처분손익(Profit & loss on disposition of investment assets)

투자자산처분손익은 투자자산을 처분함에 있어 처분가액이 장부가액과 차이가 나는 경우에 발생하는 손익이다. 종전에는 투자자산처분손익을 특별손익으로 계상하였으나 개정기준에서는 투자자산처분손익이 경상적 · 반복적으로 발생하고 그 금액이 중요하지 않은 경우에는 영업외손익에 포함시키도록 하였다. 만약 경영권의 이양을 포함한 투자주식이나 투자부동산 등의 양도와 같이 중요하다고 판단되는 경우에는 이를 특별손익으로 계상하여야 한다.

⑪ 유형자산처분손익 (Profit & loss on disposition of tangible assets)

유형자산처분손익은 유형자산을 처분함으로써 처분가액과 당해 유형자산의 장부가액(취득원가-감가상각누계액)과 차이가 있는 경우에 발생하는 손익이다.

종전에는 유형자산처분이익을 특별손익으로 계상하였으나 유형자산처분손익이 경상적 · 반복적으로 발생하고 그 금액이 중요하지 않은 경우에는 영업외수익에 포함시키도록 하였다. 만약 토지, 건물이나 기계장치 등의 양도와 같이 비경상적이고 그 처분손익의 금액이 중요하다고 판단되는 경우에는 이를 특별손익으로 계상하여야 한다.

⑫ 사채상환손익(Profit & loss on repayment of bonds Payable)

사채상환손익은 회사가 발행한 사채를 상환할 때 사채의 상환금액이 사채의 순장부가액 및 당해 사채의 발행과 관련된 사채발행비잔액의 합계액과 차이가 있는 경우에 발생하는 손익이다. 종전에는 사채상환손익을 특별손익으로 계상하도록 하였으나 사채상환손익이 경상적 · 반복적으로 발생하고 그 금액이 중요하지 않은 경우에는 영업외수익에 포함시키도록 하였다.

⑬ 하자보수충당금 환입 (Refund of appropriation for maintenance)

공사완료후 하자보수가 예상되어 하자보수충당금을 설정하는 경우에 당해연도에 공사가 여러 건 완성되었을 때 하자보수충당금 계상은 공사건별로 각각 계상함이 원칙이나 그것이 회사형편상 불합리하거나 실익이 없는 경우에는 총완성공사의 도급금액에 과거 경험률을 적용하여 일괄계상할 수 있으며 하자보수사유가 발생한때는 공사건별에 관계없이 동 충당금과 우선상계하여야 한다. 그리고 당해연도에 계상할 하자보수충당금은 당해 계상할 금액에서 이월액을 차감한 금액을 추가 전입해야 되며, 전기이월액이 당해 계상할 금액보다 큰 경우 그 초과액은 환입한다. 종전에는 하자보수충당금전입액으로 하여 판매비와 관리비로 처리하도록 하였으나 현행기준에서는 이를 하자보수비로 하여 공사원가에 포함하도록 하였다.

사. 영업외비용(Non-operating expenses)

영업외비용은 기업의 주된 영업활동으로부터 발생하는 영업비용이외의 비용 또는 손실로서 금융비용이 대부분을 차지하고 있다. 이자비용, 이연자산상각비, 기타의 대손상각비, 유가증권처분손실, 유가증권평가손실, 재고자산평가손실, 매출할인, 외환차손, 외화환산차익, 기부금 투자자산처분손실 또는 사채상환손실등이 있다. 다만, 비경상적이고 비반복적인 거액의 손실은 특별손실로 분류하여야 한다.

① 이자비용(Interest)

이자비용은 회사가 외부로부터 조달한 타인자본 중 당좌차월, 장 · 단기차입금, 사채등에 대하여 지급하는 이자와 할인료 또는 사채이자를 말한다. 사채이자는 실제로 지급한 현금이자 지급상당액뿐만 아니라 할인발행차금, 전환권조정계정 및 신주인수권조정계정 등은 이를 상각하여 사채이자에 가산하여야 하며, 사채할증발행차금의 환입액은 사채이자에서 차감하여야 한다. 그러나 유형자산이나 제조 또는 건설에 장기간이 소요되는 재고자산의 건설 등에 사용된 차입금에 대한 이자비용은 당해 자산의 취득원가로 계상하도록 하여 당기비용으로 처리하지 못한다.

② 기타대손상각비(Other bad debt expense)

일반적인 상거래에서 발생하는 매출채권에 대한 대손추산액 및 대손액은 판매비와 관리비로 계상하되, 매출채권 이외의 채권 가령 대여금에 대해서는 기타의 대손상각비로서 영업외 비용으로 표시한다.

③ 재고자산 평가손실(Loss on appraisal of inventories)

기업회계기준에서는 재고자산을 저가법에 의하여 평가함에 따라 발생한 평가손실은 장부가액에서 직접 차감한다고 규정하고 있다. 따라서 재고자산평가손실은 재고자산에서 직접 차감하고 그 금액만큼 영업외비용으로 인식한다. 그리고 일단 시가의 하락을 평가손실로 인식하고 난 후에 시가가 회복되더라도 이를 인식하지 않으며, 시가가 더욱 하락한 경우에는 추가하락분을 재고자산에서 차감하여야 한다.

④ 지분법 평가손실(Loss on valuation using equity method of accounting)

피투자회사의 순자산가액 변동이 당기순손실로 인하여 발생한 경우 지분법 평가손실의 과목으로 하여 영업외손실로 인식한다.

아. 법인세비용차감전계속사업손익(continuing income and loss before income taxes)

법인세비용차감전계속사업손익이란 기업의 계속적인 사업활동과 그와 관련된 부수적인 활동에서 발생하는 손익으로서 중단사업손익에 해당하지 않는 모든 손익을 말한다. 법인세비용차감전계속사업손익은 중단사업손익이 있을 경우에만 나타나며 영업손익에 영업외수익을 가산하고 영업외비용을 차감하여 산출한다.

자. 법인세 비용(Income taxes)

법인세비용은 법인세비용차감전순손익에 법인세법 등의 법령에 의하여 과세하였거나 과세할 세율을 적용하여 계산한 금액으로 한다. 법인세에는 특별부가세 등이 포함되며, 법인세에 부가되는 것으로는 주민세와 농어촌특별세가 있다.

차. 계속사업이익(Continuing income and loss)

영업손익에서 영업외수지와 특별손익을 가감한 것으로 과거 경상이익과는 다른 개념이다. 과거엔 영업손익에서 영업외수지를 따져 경상손익을 구한 뒤 특별손익을 계산했지만, 2006년부터는 경상손익과 특별손익을 따로 구하지 않고 기업의 계속적인 사업 활동과 그와 관련된 부수적인 활동에서 발생하는 손익을 법인세차감전계속사업이익(계속사업이익)이란 항목으로 일괄처리한다. 법인세차감전계속사업이익에서 계속사업이익법인세비용을 차감하여 산출한다.

카. 당기순이익(당기순손실) (Net income or loss)

당기순이익(당기순손실)은 법인세비용차감전계속사업손익에서 법인세 등을 차감한 잔액을 말하며 당해 회계연도의 최종적인 경영성과를 나타낸다.

3. 건설공사원가명세서 (Statement of Cost of Goods)

건설공사원가면세서는 재무제표의 부속명세서로서 건설공사를 위하여 소비된 원가의 계산명세를 나타내며 당기총공사비용과 기초미성공사지출금액과의 합계액에서 기말미완성공사액을 차감하는 형식으로 기재된다.

가. 당기총공사비용(Current manufacturing cost)

당기중 건설공사에 투입된 총공사비용을 말하며 원가요소에 따라 재료비, 노무비, 외주비, 현장경비로 구분한다.

나. 재료비(Material costs)

건설공사에 직 · 간접적으로 투입된 재료의 비용으로서 기초재료재고액과 당기재료매입액의 합계액에서 기말재료재고액을 차감하는 형식으로 기재한다.

다. 노무비(Labor costs)

건설공사에 직 · 간접으로 종사하는 종업원에 대하여 지급하는 임금을 말하며 급여, 제수당, 상여금으로 구분한다.

(1) 직접노무비(Direct Labor costs)

공사현장에서 직접투입된 인력에 대한 급료를 말한다.

(2) 간접노무비(Indirect Labor costs)

직접건설공사에 종사하지는 않으나 작업현장에서 보조작업에 종사하는 노무자, 종업원과 현장감독자 또는 품질시험관리인 등에 지급되는 급료를 말한다.

라. 외주비(Prices for subcontract)

건설업 회계처리의 특성으로 하도급계약에 의하여 공사의 일부를 타건설업자(전문업자)에게 재도급하는 경우에 하도급자에게 지급하는 공사비용을 말한다. 단, 하도급계약과 관련하여 건설업자가 직접조달 지급하는 공사비용은 재료비, 노무비, 경비등 요소별로 구분하여 기재한다.

마. 현장경비(Overhead costs)

건설공사를 위하여 지출된 원가요소 중 재료비, 노무비, 외주비를 제외한 원가를 말하며, 기업의 유지를 위한 관리활동부문에서 발생하는 일반관리비와 구분된다.

① 전력비(Electric costs)

계약목적을 시공하는 데 직접 소요된 전기료를 말한다.

② 수도광열비(Water, heat and light expenses)

계약목적물을 시공하는 데 직접 소요되는 수도료, 가스대, 석탄대 등을 말한다.

③ 운반비(Transport charges)

재료비에 포함되지 않은 운반비로서 원재료, 반재료 또는 기계기구(건설기계제외)의 운송비, 하역비, 상하차비, 조작비등을 말한다.

④ 기계경비(Machine cost)

건설기계임차료, 보유건설기계감가상각비, 수선유지비, 보관운반비등을 말한다.

⑤ 특허권 사용료(Rent of patent)

타인소유의 특허권을 사용한 경우에 지급되는 사용료를 말한다.

⑥ 기술료(Royalty)

당해 계약목적물을 시공하는데 직접 필요한 노하우비 및 동 부대비용으로서 외부에 지급되는 비용을 말한다.

⑦ 연구개발비(Research & Development)

당해 목적물을 시공하는데 직접 필요한 기술개발 및 연구비로서 시험 및 시범제작에 소요된 비용 또는 연구기관에 의뢰한 기술개발용역비와 법령에 의한 기술개발촉진비 및 직업훈련비 등을 말한다.

⑧ 품질관리비(Control of Quality)

당해 계약목적물의 품질관리를 위하여 관계법령 및 계약조건에 의하여 요구되는 비용(품질시험인건비포함)으로 실제 소요된 비용을 말한다.

⑨ 가설비(Temporary expenses)

계약목적물의 실체를 형성하는 것은 아니나 현장사무소, 창고, 식당, 숙사 화장실등 동 시공을 위하여 필요한 가설물의 설치에 소요되는 비용을 말한다.

⑩ 지급임차료 (Rent of Land, building & machine)

계약목적물을 시공하는 데 직접 사용되거나 제공되는 토지, 건물, 기계기구(건설기계 제외)의 사용료를 말한다.

⑪ 보험료(Insurance)

법령 또는 계약조건에 의하여 가입이 요구되는 보험료(산재보험료, 고용보험료등)를 말한다.

⑫ 복리후생비(Other employee benefit)

계약목적물을 시공하는 데 종사하는 노무자, 종업원, 현장사무소직원 등의 의료위생약품대, 공상치료비, 지급피복비, 건강진단비, 급식비 등을 말한다.

⑬ 보관비(Custody)

계약목적물의 시공에 소요되는 재료, 기자재 등의 창고사용료로서 외부에 지급되는 비용을 계상하며 이 중에서 재료비에 계상되는 것을 제외한다.

⑭ 외주가공비(Processing by outside order)

재료를 외부에 가공시키는 실가공비용을 말하며 외주가공품의 가치로서 재료비에 계상되는 것은 제외한다.

⑮ 안전관리비(Safety supervision)

작업현장에서 산업재해 및 건강장해예방을 위하여 지급되는 비용을 말한다.

⑯ 소모품 및 사무용품비(expendables and office supplies)

작업현장에서 발생되는 문방구, 장비대등 소모품을 말한다.

⑰ 여비 · 교통비 · 통신비(Traveling, Traffic & Communication)

시공현장에서 직접 소요되는 여비 및 차량유지비, 전신전화사용료, 우편료등을 말한다.

⑱ 세금과 공과(Taxes and dues)

시공현장에서 당해공사와 직접 관련되어 부담하여야 할 재산세, 차량세 등의 세금 및 공공단체에 납부하는 공과금 등을 말한다.

⑲ 폐기물처리비(Disposal of waste)

계약목적물의 시공과 관련하여 발생되는 오물, 잔재물, 폐유, 폐알칼리, 폐고무, 폐합성수지등 공해유발물질을 법령에 의거 처리하기 위하여 소요되는 비용을 말한다.

⑳ 도서인쇄비(Book & printing)

계약목적물의 시공을 위한 참고서적 구입비, 각종인쇄비, 사진제작비(VTR제작비 포함) 및 공사시공기록책자 제작비 등을 말한다.

㉑ 지급수수료(Commission payable)

법률로서 규정되어 있거나 의무 지워진 수수료(설계, 공사시험에 소요되는 제수수료등)로 다른 경비에 계상되지 않는 수수료를 말한다.

㉒ 환경보전비(Preservation of environment)

계약목적물의 시공을 위한 제반환경오염방지 시설을 위한 비용을 말한다.

㉓ 보상비(Compensation)

당해공사로 인해 공사현장에 인접한 도로, 하천, 기타 재산에 훼손을 기하거나 저장물을 철거하게 됨에 따라 발생하는 보상, 보수비 등을 말한다.
다만, 당해공사를 위한 용지보상비를 제외한다.

㉔ 안전점검비(Inspection of safety)

건설공사의 안전관리를 위하여 건설안전전문기관에 의뢰하여 실시하는 정기안전점검 또는 정밀안전점검에 소요되는 비용을 말한다.

㉕ 기타 법정경비(Other legal expenses)

이상의 법정경비항목 이외의 것으로써 법령으로 규정되어 있거나 의무지원진 경비(건설근로자 퇴직공제 부금비등)를 말한다.

㉖ 감가상각비(Depreciation)

현장사무소, 차량, 운반구, 공구 및 비품 등의 고정자산에 대한 감가상각비를 말한다.

㉗ 하자보수비(Maintenance)

특정공사와 관련하여 공사완공후에 하자보수가 예상되는 경우에는 도급금액의 일정률에 상당하는 금액을 하자보수비로 하여 공사가 종료되는 회계연도의 공사원가에 포함한다.

㉘ 현장관리비(Management of site)

공사의 시공을 위하여 현장에서 소요되는 비용으로 위의 어느 항목에도 속하지 않는 경비의 합계액을 말한다.

바. 공사손실충당금 전입액(Transfer of appropriation for losses of work)

공사와 관련하여 공사손실의 발생이 예상되는 경우등 예상손실을 공사손실충당금계정에 계상하는 것을 말한다.

사. 기초미성공사(기초미완성주택) (Uncompleted houses as of the beginning of the year)

전기로부터 이월된 미성공사(미완성주택)에 대한 총지출액을 계상한다.

아. 기말미성공사(기말미완성공사) (Uncompleted houses as of the end of the year)

당년도에 공사원가에는 투입이 되었으나 공사가 완료되지 않고 결산일 현재 공사중에 있는 공사 및 주택으로 재고자산의 미완성주택 및 미완성공사비에 해당된다.

자. 타계정대체액(Transfer account)

자사의 건물이나 택지조성 등을 자체공사하는 경우 지출된 부분은 당기공사원가에서 차감하여 자산등 다른 계정으로 대체한다.

차. 당기공사원가(Cost of yearly work)

당기공사원가는 당기중 건설공사를 위하여 지출된 총비용으로서 당기총공사비용에 기초미성공사지출금액을 가산하고 기말미성공사지출금액과 타계정대체액을 차감하여 계산한다.

4. 이익잉여금처분계산서(Statement of Appropriation of Retained Earnings)

이익잉여금처분계산서는 이익잉여금의 처분사항을 명확히 보고하기 위하여 이익잉여금의 총변동사항을 표시하는 재무보고서이다. 즉 이익잉여금처분계산서는 전년도 이월 이익잉여금과 당기순이익 등 가용 이익잉여금이 당해년도중 어떤 용도로 처분되었으며 얼마나 남았는지 그 변동내역을 설명해준다. 한편 미처리 결손금이 있는 기업은 결손금의 보전사항을 표시하는 결손금처리계산서를 작성한다.

가. 처분전이익잉여금(Retained earnings before appropriation)

처분전이익잉여금은 전기로부터 이월된 전기이월이익잉여금에 회계변경의 누적효과, 전기오류수정손익, 지분법적용회사의 잉여금 변동 및 당기순이익 및 기타처분전이익잉여금을 합계한 것이다.

① 전기이월이익잉여금(Unappropriated retained earnings carried over from prior period)

전기로부터 당기로 이월된 이익잉여금을 말한다. 즉, 전기의 차기이월이익잉여금과 당기의 전기이월이익잉여금이 일치한다.

② 회계변경의 누적효과(Accumulated effect of accounting policy change)

회계변경이란 새로운 사실의 발생 또는 환경의 변화에 적절히 대응하기 위하여 전기에 적용해 오던 회계방법을 변경하는 것을 말하며, 이에는 회계원칙의 변경, 회계추정의 변경, 보고실체의 변경 등 3가지 유형으로 구분된다. 회계변경의 누적효과는 회계원칙의 변경과 보고실체의 변경으로 인해 발생된다.

③ 지분법적용회사의 잉여금변동(Changes in retained earnings of associate companies under the equity method)

피투자회사의 순자산가액의 변동이 이익잉여금의 증가 또는 감소로 인하여 발생하는 것으로 피투자회사의 당기순이익 또는 당기순손실로 인하여 발생하는 평가손익이 영업외수익인 지분법이익 또는 손실로 처리되는 것과는 구분되며 또한 피투자회사의 순자산가액변동이 자본잉여금 또는 자본조정으로 인해 발생하는 경우의 지분법투자주식 평가손익을 자본조정으로 처리하는 것과도 구분된다.

④ 전기오류수정손익 (Gain or loss on prior period error corrections)

전기 또는 그 이전기간에 발생한 오류의 수정인 경우 손익계산서의 영업외비용(전기오류수정손익)으로 처리하나 중대한 오류의 수정인 경우에는 전기이월이익잉여금에 반영하게 된다. 전기오류수정손익의 대상은 계산상의 실수, 기업회계기준의 잘못된 적용, 사실판단의 잘못, 부정, 과실 또는 사실의 누락 등이며 이는 추가적인 정보를 입수함에 따라 기존의 추정치를 수정하는 회계추정의 변경과는 구분된다.

⑤ 당기순이익 (Net income)

손익계산서상의 당기순이익을 의미한다.

⑥ 기타처분전이익잉여금 (Other retained earnings before appropriation)

처분전이익잉여금 중에서 위에 열거한 항목에 속하지 아니하는 이익잉여금으로서 자사주이익소각, 특별수선충당금환입액 등을 포함한다.

나. 임의적립금이입액(Transfers from voluntary reserves)

임의적립금이입액은 처분전이익잉여금이 부족하여 배당이나 적립이 곤란한 경우 또는 임의적립금이 더 이상 필요하지 않은 경우 당기 이전에 적립하였던 임의적립금을 이입한 것을 말한다.

다. 이익잉여금처분액(Appropriation of retained earnings)

처분전이익잉여금과 임의적립금이입액의 합계액을 재원으로 배당금 처분, 법정적립금 또는 임의적립금 적립 등 기간중 이익잉여금 처분금액의 합계액을 의미한다.

① 이익준비금(Legal reserve)

이익준비금은 상법의 규정에 의하여 자본금의 2분의 1에 달할 때까지 매결산기 이익배당액의 10분의 1 이상의 금액을 의무적으로 적립하는 것을 말한다.

② 기타법정적립금(Other statutory reserves)

기업합리화적립금, 재무구조개선적립금 등 상법 이외의 법령의 규정에 의하여 의무적으로 적립하여야 할 적립금을 말한다.

③ 배당금(Dividends)

주주총회의 결의에 의하여 지급이 확정된 시점의 이익잉여금 처분액을 말한다.

라. 차기이월이익잉여금(Unappropriated retained earnings to be carried over to the subsequent year)

처분전이익잉여금과 임의적립금이입액의 합계에서 이익잉여금처분액을 차감한 금액을 말한다.

5. 현금흐름표(Statement of Cash Flows)

I. 영업활동으로 인한 현금흐름(Cash flows from operating activities)

1. 당기순이익(순손실) (Net income or loss)

손익계산서의 당기순이익 또는 당기순손실을 의미한다.

2. 현금의 유출이 없는 비용 등의 가산(Addition of expenses not involving cash outflows)

손익계산서와 공사원가명세서의 항목 중에서 감가상각비, 무형자산상각비 등과 같은 현금의 유출이 발생하지 않는 비용은 가산한다.

3. 현금의 유입이 없는 수익 등의 차감(Deduction of income not involving cash inflows)

손익계산서의 외화환산이익, 유가증권평가이익 등과 같은 현금의 유입을 수반하지 않는 수익은 차감한다.

4. 영업활동으로 인한 자산, 부채의 변동(Changes in operating assets and liabilities)

영업활동과 관련하여 발생한 매출채권 감소, 재고자산 감소, 매입채무 증가 등은 영업활동 현금흐름에 가산하고, 매출채권 증가, 재고자산 증가, 매입채무 감소는 영업활동 현금흐름에 차감한다.

Ⅱ. 투자활동으로 인한 현금흐름(Cash flows from investing activities)

1. 투자활동으로 인한 현금 유입액(Cash inflows from investing activities)

투자활동으로 인한 현금유입에는 대여금의 회수, 단기금융상품 · 단기투자증권 · 투자자산 · 유형자산 및 무형자산의 처분 등이 포함된다.

가. 유동자산의 감소(Decrease in current assets)

단기 대여금의 회수, 단기금융상품 및 단기투자증권의 처분 등으로부터 유입되는 현금흐름을 말한다.

① 단기투자증권의 처분(Disposition of marketable securities)

기중에 보유중인 단기투자증권을 처분한 경우 당해 금액을 의미한다.

나. 투자자산의 감소(Decrease in investments)

장기투자증권을 처분하거나 장기대여금을 회수하는 것과 같은 투자자산의 처분으로 유입이 발생하는 것을 의미한다.

① 장기투자증권의 처분(Disposition of investment securities)

기중에 보유중인 장기투자증권을 처분한 경우 당해 금액을 의미한다.

다. 유형자산의 감소(Decrease in property, plant and equipment)

토지나 건물 또는 구축물, 기계장치, 차량운반구 등의 유형자산을 처분하는 활동으로부터 유입되는 현금흐름을 의미한다.

① 토지의 처분(Disposition of land)

기중에 보유중인 토지를 처분한 경우 당해 금액을 의미한다.

② 건물 및 구축물의 처분(Disposition of buildings and structures)

기중에 보유중인 건물이나 구축물을 처분한 경우 당해금액을 의미한다.

③ 기타(Others)

이상에서 열거한 항목 이외의 투자활동으로 인한 현금유입으로서 산업재산권 등의 무형자산을 처분하는 활동이 포함된다.

2. 투자활동으로 인한 현금 유출액(Cash outflows from investing activities)

투자활동으로 인한 현금유출에는 현금의 대여, 단기금융상품 · 단기투자증권 · 투자자산 · 유형자산 및 무형자산의 취득에 따른 현금유출로서 취득 직전 또는 직후의 지급액 등이 포함된다.

가. 유동자산의 증가(Increase in current assets)

단기대여금을 대여하거나 단기금융상품 및 유가증권을 구입하는 활동 등으로 인한 현금유출을 포함한다.

① 단기투자증권의 취득 (Acquisition of Wertpapier)

기중에 유가증권을 취득한 경우 당해 취득가액을 의미한다.

나. 투자자산의 증가(Increase in investments)

장기투자증권을 구입하거나 장기대여금을 대여하는 등의 투자활동으로 인한 현금유출을 포함한다.

① 장기투자증권의 취득(Acquisition of investment securities)

기중에 장기투자증권을 취득한 경우 당해 취득가액을 의미한다.

다. 유형자산의 증가(Increase in property, plant and equipment)

토지나 건물 또는 구축물, 기계장치, 차량운반구 등의 유형자산을 구입하는 활동으로 인한 현금유출을 포함한다.

① 토지의 취득(Acquisition of land)

기중에 토지를 취득한 경우 당해 취득가액을 의미한다.

② 건물 및 구축물의 취득(Acquisition of buildings and structures)

기중에 건물이나 구축물을 취득한 경우 당해 취득가액을 의미한다.

③ 기계장치의 취득(Acquisition of machinery and equipment)

기중에 기계장치를 취득한 경우 당해 취득가액을 의미한다.

라. 기타(Others)

산업재산권 등 각종 무형자산을 취득하는 등의 활동으로 인한 현금유출을 포함한다.

III. 재무활동으로 인한 현금흐름(Cash flows from financing activities)

1. 재무활동으로 인한 현금 유입액(Cash inflows from financing activities)

재무활동으로 인한 현금유입에는 장 · 단기 차입금의 차입, 회사채 발행, 유상증자 등이 포함된다.

가. 유동부채의 증가(Increase in current liabilities)

금융기관으로부터 단기차입금을 차입하거나 관계회사나 주주 · 임원 · 종업원으로부터 단기로 자금을 빌려오는 등의 활동으로부터 유입되는 현금흐름을 포함한다.

① 단기차입금의 증가(Increase in short-term borrowings)

금융기관이나 관계회사 등으로부터 단기자금을 차입한 경우 당해 금액을 의미한다.

나. 비유동부채의 증가(Increase in non-current liabilities)

회사채 발행이나 차입금을 장기로 조달하는 등의 활동으로부터 유입되는 현금흐름을 포함한다.

① 회사채의 발행(Issuance of debentures)

기중에 신규로 회사채를 발행함으로써 조달되는 현금을 의미한다.

② 장기차입금의 증가(Increase in long-term borrowings)

금융기관이나 관계회사 등으로부터 장기자금을 차입한 경우 당해 금액을 의미한다.

다. 자본의 증가(Issuance of common stock)

유상증자 등을 이용하여 주식을 신규로 발행하는 등의 현금조달활동을 포함한다.

라. 기타(Others)

이상에서 열거한 항목 이외에 미지급금 증가 등의 재무활동으로 인한 현금조달이 포함된다.

2. 재무활동으로 인한 현금 유출액(Cash outflows from financing activities)

재무활동으로 인한 현금의 유출에는 차입금의 상환, 자기주식의 취득, 유상감자, 배당금의 지급 등이 포함된다.

가. 유동부채의 감소(Decrease in current liabilities)

단기차입금을 상환하거나 관계회사 등으로부터 단기로 빌려온 자금을 상환하는 등의 현금흐름을 포함한다.

① 단기차입금의 상환(Repayment of short-term borrowings)

금융기관이나 관계회사 등으로부터 단기로 빌려온 자금을 상환하는 경우의 현금유출을 의미한다.

나. 비유동부채의 감소(Decrease in non-current liabilities)

금융기관이나 관계회사 등으로부터 장기로 빌려온 자금이나 회사채 등을 상환하는 데 따른 현금유출을 의미한다.

① 회사채의 상환(Redemption of debentures)

회사채를 상환함으로써 지출되는 현금유출을 의미한다.

② 장기차입금의 상환(Repayment of long-term borrowings)

금융기관이나 관계회사 등으로부터 장기로 빌려온 자금을 상환하는 것을 의미한다.

다. 자본의 감소(Reduction of capital stock by payment in cash)

기중에 유상감자나 자기주식 취득으로 현금의 유출이 발생하는 것을 포함한다.

라. 기타(Others)

이상에서 열거한 항목 이외에 미지급금 감소 등의 재무활동으로 인한 현금유출이 포함된다.

Ⅳ. 현금증감액(Net increase or decrease in cash and cash equivalents)

영업활동으로 인한 현금흐름과 투자활동으로 인한 현금흐름, 재무활동으로 인한 현금흐름 등 당해연도의 전반적인 경영활동을 통해 조달한 현금의 변동금액을 의미한다.

Ⅴ. 기초의 현금(Cash and cash equi-valents at the beginning of year)

직전년도 현금흐름표상의 기말 현금잔액을 의미하며 대차대조표상의 기초 현금 및 현금등가물 금액과 일치한다.

Ⅵ. 기말의 현금(Cash and cash equi- valents at the end of year)

기말의 현금은 현금증감액과 기초의 현금을 합한 금액으로써 대차대조표상의 기말 현금 및 현금등가물 금액과 일치한다.

건설업

세무와 회계

제 6 장

건설업과 부가가치세

부가가치세는 실무에서 가장 중요한 세금이다. 부가가치세는 현장의 원가 및 회계처리와 직접 관련되기 때문이다. 무엇보다 부가가치세에서 사고가 터지면 대처하기란 이미 늦은 경우가 많다. 실무담당자와 거래처를 곤란하게 만들 수 있는 세금이므로 시스템적인 관리가 필요하다.

세무 Tip 부가가치세의 탄생

부가가치세는 오묘한 점이 많다. 왜 소비세를 소비자가 아닌 생산자로부터 징수하는지? 왜 감가상각을 고려하지 않는지? 이런 원초적 의문은 부가가치세가 다른 세법과 다른 역사를 가지고 있기 때문이다. 부가가치세의 탄생배경에는 세수를 늘려야 하는 역사적인 사건이 없었다. 즉, 부가가치세는 판매세 등 불완전한 간접세를 대체하기 위해 도입되었다. 부가가치세는 1919년 독일에서 가장 먼저 제안됐으며 1955년 프랑스에서 최초로 시행되었다. 그후 1967년 덴마크, 1968년 독일, 1969년 스웨덴, 1973년 이탈리아와 영국 등 유럽 여러 나라가 앞다투어 도입하였다. 미국의 경우도 부가가치세를 도입에 관한 주장이 있지만, 주정부가 소비세를 걷는 마당에 연방정부가 동종의 세금을 신설 부과하기 여의치 않았다. 우리나라는 아시아국가 중 최초로 약 1977년 7월 1일 부가가치세를 부과하기 시작했다.

1. 뜬금없이 GDP

$Y = \Sigma$ (매출–매입) = C + I (Y : 소득, C : 소비, I : 투자)

국내총생산(소득)은 소비재와 투자재의 생산이라는 항등식이다. 그런데 C = 국내소비 = 국산소비 + 수입소비 = Cd + Cm 이고 I = 국내투자 = 국산투자 + 수입투자 = Id + Im이다.

Y = C + I = C − Cm + Cx + I − Im + Ix = C + I + X − M 이고, C를 앞으로 빼면 C = Y − I − X + M이다.

그런데 Y = 매출–매입 이므로 뜬금없이 부가가치세 신고서의 서식이 나와 버린다.

수출은 왜 영세율을 적용하지, 세관장은 왜 수입세금계산서를 발행하지, 왜 자본재 구입액 전체를 공제해주는지에 대한 대답이 여기에 있다.

2. 부가가치세의 출연

다른 세금은 역사적인 이유가 있다. 시민혁명이 세법을 만들었고, 나폴레옹전쟁이 소득세를 만들었다. 동인도회사의 확장이 기업회계와 법인세를 만들었다. 그런데 부가가치세는 이런 게 없다. 즉, 자금이 필요해서 만든 세금이 아니라, 제도를 개선하면서 만들어진 세금이다(그래서 경제학자들의 머릿속에서 만들어 진 세금이라고 한다.). 유럽의 판매세의 발전단계에서 시장제도의 유효성과 효율성을 감소시키지 폐단을 수정보완하고자 부가가치세가 1960년대 말부터 유럽 국가를 중심으로 도입되었고 이후 빠르게 전 세계로 확산되어 현재에는 130여개 국가에서 운영되고 있다(이 중에 미국은 없다).

시장제도의 유효성과 효율성을 감소시키는 폐단이란 기존의 판매세가 매출액에 대하여 과세하는바, 기업의 수직적 통합을 유도하여 경제적 중립성을 저해했다는 뜻이다.

3. 소비세의 의미

다시 경제학으로 넘어와서 본래 투자(I)는 순투자를 말한다. 즉, 투자재 생산액 - 감가상각비(Dep)를 의미한다. 만일 I에 대하여 과세한다면(부가가치세처럼 투자액을 공제하지 않고 감가상각비만 공제한다면) 이는 소득형 부가가치세 즉, (누진세율과 인적공제가 없는)소득세가 된다. 부가가치세는 소비세(즉, 소비형 부가가치세)로 부르는 이유는 투자에 대하여 과세하지 않기 때문이다. 소득세는 직접세이고 소비세는 간접세라는 법칙 따위는 없다. 다만, 소득세가 누진세율과 인적공제를 버리기 어려워서 직접세의 형태를 선택한 것일 뿐이다. 이것을 제외하면 직접세와 간접세의 차이는 없다. 경제학적으로 납세의무자는 소득세와 소비세를 가르는 기준이 아니다.

> Y= C + I 이고 I는 순투자(자본재 - Dep)이다. C가 30 자본재가 10, Dep가 2라면 소득은 38이다. 소득형 부가가치세(소득세)는 Dep만 빼주면 완성된다.

4. 이중과세의 여지

소득세는 Y 에 과세하고 부가가치세는 C에 과세한다. 그런데 Y는 C를 포함한다. 그럼 이중과세의 문제가 생긴다. 심정적으로도 "매출–매입"으로 노동자의 "근로소득", 은행의 "이자소득", 사업자의 "사업소득", 건물주의 "임대소득"을 지급하므로 두 쪽에 모두 과세하는 것은 할 말이 좀 있다.

> 소득세 과세대상 = Y = C + I
> 소비세 과세대상 = C
> 소득세와 소비세 과세대상 = C + C + I

두 세목이 이중과세가 아니라는 것은 법학적 관점에서 이중과세가 아니라는 뜻이다. 법학은 이중과세를 납세의무자와 과세물건이 동일한 것으로 정의(이마저도 다툼이 있다)하고, 부가가치세는 조세의 전가를 예정하였기 때문에 이중과세가 아니라는 것이다. 그러나 이는 엄연한 착각이다. 이중과세가 존재하는 이유는 세법이 이중과세를 금지하고 있지 않기 때문이다. 조세법의 입장에서 이중과세금지의 원칙은 세법상의 원칙도 아니고 제거해야 할 절대악도 아니다.

5. 조세전가의 예정

조세부담의 '전가'와 '귀착'은 경제학적 개념이다. 거래징수를 의미하는 것이 아니다. 물품세의 '전가'와 '귀착'에 따르면 납세의무자가 누가되더라도 경제적 실질의 변동은 없다.

'전가'와 '귀착'이라는 말은 세금이 없는 경우의 시장가격과 세금이 있는 경우의 가격의 관계를 말하는 것이다. 세금으로 인하여 시장가격이 달라진 경우 생산자와 소비자의 탄력성에 의하여 일부씩 부담하게 된다. 거래징수라는 법률상 개념은 전가귀착에 아무런 영향을 주지 않는다. 즉, 최종적으로 세금을 부감하는 자가 누구인가는 법률로 정할 수 있는 것이 아니고 수요공급의 관계라는 시장여건에 따라 정해지는 것이다. 앞에서 보았듯이 부가가치세가 소비세라는 것은 소비자에게 전가되는 세금이라는 뜻이 아니고 국민총소비가 과세물건이 되도록 세법을 설계했다는 뜻이다.

A. 소비세를 왜 소비자가 아니라 생산자에게 걷는지?

Q. 누구한테 걷든 경제적 실질은 동일하고 사업자에게 걷기가 더 쉽다. 누진세와 인적공제가 없다면 징세비용이 큰 직접세를 선택할 이유가 적다.

A. 왜 최종판매자가 아니라 모든 사업자에게 걷는지?

Q. 최종소비재를 구분하기 어렵고, 최종판매자를 놓쳐버려도 이전에 창출한 부가세는 걷을 수 있기 때문이다. 사실 소매상이 창출한 부가가치보다 공장이나 대기업이 창출한 부가가치가 훨씬 크다.

- 전단계세액공제법 : 일정기간 동안 사업자가 공급한 상품가격에 세율을 곱하여 매출세액을 계산한 다음, 세금계산서로 입증된 매입세액을 공제하는 방법.
- 전단계거래액공제법 : 일정기간 동안 사업자가 공급한 상품가격에서 매입한 상품가격을 빼서 부가가치를 계산하는 방법. 매입세액공제라는 개념이 없으므로 세금계산서가 필수적이지 않다.

제 1 절 부가가치세 일반

1 부가가치세의 의의

완제품을 소비자가 공급받기 위해서는 원재료부터 제품이 완성되기까지의 생산과정 및 유통과정을 거쳐야 되며, 이러한 생산과정 및 유통과정의 각각의 거래단계마다 새로 부가되는 가치가 창출되는데 이를 부가가치라고 하며, 여기에 대하여 부과되는 조세를 부가가치세라 한다.

한편, 부가가치세를 도입하고 있는 모든 국가에서는 소비형 부가가치세방식을 채택하고 있으며, 소비형 부가가치세방식이란 부가가치세의 납부세액을 자기가 공급한 재화 또는 용역에 대하여 최종소비자로부터 징수한 세액에서 자기의 사업을 위하여 사용되었거나 사용될 재화 또는 용역의 공급에 대하여 징수당한 세액을 제외하고 납부하는 방식을 말한다.

세무 Tip **세법의 목적**

다른 법률이 주로 목적부터 다루고 있는 것과 비교하여, 세법은 목적을 별로 다루지 않는다. 이는 오랫동안 세법에서 목적조문이 아예 없었기 때문(부가가치세는 2013년, 법인세는 2018년에 비로소 목적에 관한 규정이 개정되었다.)이기도 하며, 목적자체가 단순한 자금조달('재정수입'이라 함)이기 때문이다. 물론 공정(또는 형평)이라는 개념이 있기는 하지만, 국가운영비용을 어떻게 하면 공평하게 배분할 것인가에 관한 것으로, 결국 자금조달의 방법에 관한 문제로 보는 측면이 있다.

- 부가가치세법의 목적(제1조) : 이 법은 부가가치세의 과세(課稅) 요건 및 절차를 규정함으로써 부가가치세의 공정한 과세, 납세의무의 적정한 이행 확보 및 재정수입의 원활한 조달에 이바지함을 목적으로 한다.
- 법인세법의 목적(제1조) : 이 법은 법인세의 과세 요건과 절차를 규정함으로써 법인세를 공정하게 과세하고, 납세의무의 적절한 이행을 확보하며, 재정수입의 원활한 조달에 이바지함을 목적으로 한다.

• 소득세법의 목적(제1조) : 이 법은 개인의 소득에 대하여 소득의 성격과 납세자의 부담능력 등에 따라 적정하게 과세함으로써 조세부담의 형평을 도모하고 재정수입의 원활한 조달에 이바지함을 목적으로 한다.

❷ 납세의무자

본서에서는 간이과세자(직전연도 공급대가 8,000만원 및 일부업종 4,600만원에 미달하는 개인사업자)에 대한 내용을 다루지 않기로 한다.

1) 정의

부가가치세법 제2조와 제3조에 따르면 납세의무자는 사업자라고 되어 있으며, 사업자는 사업 목적이 영리이든 비영리이든 관계없이 사업상 독립적으로 재화 또는 용역을 공급하는 자라고 정의되어 있다. 한편, 부가가치세법에서는 '사업'에 대한 명문규정을 두고 있지 않으며, 집행기준 3-0-1에서 '부가가치를 창출해 낼 수 있는 정도의 사업형태를 갖추고 계속적이고 반복적인 의사로 재화 또는 용역을 공급하는 것'이라고 정하고 있으며, 대법원판례에서 '부가가치를 창출해 낼 수 있는 정도의 사업형태'에 대하여 '통상 인적기반 및 물적 설비가 필요하다고 할 것이나, 사업자 개인 및 사업의 특성상 이러한 인적, 물적 설비 등이 없이 부가가치를 창출해낼 수 있는 사정이 있다면 그러한 설비 등이 없이도 위 사업의 형태를 충족한다(대법원 1991.4.9. 선고, 90누7388 판결)'고 판단하고 있다.

2) 납세의무자의 범위

① 과세의 대상이 되는 행위 또는 거래의 귀속이 명의일 뿐이고 사실상 귀속되는 자가 따로 있는 경우에는 사실상 귀속되는 자에 대하여 부가가치세법을 적용한다(부가가치세법 집행기준 3-0-2).

② 부가가치세법상의 사업자가 아닌 개인 또는 면세사업자가 우발적 또는 일시적으로 재화 또는 용역을 공급하는 경우에는 부가가치세 납세의무자에 해당되지 아니한다(부가가치세법 집행기준 3-0-2).

3) 납세의무자 해당 여부

① 사업자가 부가가치세가 과세되는 재화를 공급하거나 용역을 제공하는 경우에는 해당 사업자의 사업자등록 여부 또는 재화나 용역을 공급할 때에 부가가치세의 거래징수 여부에 관계없이 해당 재화 또는 용역의 공급에 대하여 부가가치세를 신고 · 납부할 의무가 있다(집행기준 3-0-2).

② 부가가치세의 납세의무자는 사업상 독립적으로 재화 또는 용역을 공급하는 자인 것이며, 이 경우 사업상 독립적이란 자기의 책임과 계산하에 재화 또는 용역을 공급하는 것을 말하는 것으로 지방자치단체로부터 그 시설의 관리 및 운영에 관하여 위탁을 받은 수탁자가 수탁자의 책임과 계산으로 용역을 공급하는 경우 해당 용역의 공급에 대하여는 수탁자가 납세의무자가 되는 것이며, 수탁자가 자기의 책임과 계산으로 하지 아니하고 지방자치단체의 책임과 계산으로 용역을 공급하는 경우에는 해당 용역의 공급에 대하여는 위탁자인 지방자치단체가 납세의무자가 되는 것이다(서면3팀-1327, 2007.5.2.).

③ 시행사가 자기 책임과 계산으로 건축물을 공급하는 경우 해당 건축물 공급에 대해 시행사가 납세의무자가 되는 것이나, 시공사가 쟁점사업의 효익과 위험 전부를 이전받아 자기 책임과 계산으로 건축물을 공급하는 경우에는 시공사가 납세의무자가 되는 것이다(서면법령부가-3591, 2016.8.29.).

4) 부동산매매업의 특례

부동산의 매매(주거용 또는 비주거용 및 기타 건물을 자영건설하여 분양 · 판매하는 경우를 포함한다) 또는 그 중개를 사업목적으로 나타내어 부동산을 판매하거나, 사업상 목적으로 1과세기간 중에 1회 이상 부동산을 취득하고 2회 이상 판매하는 경우에는 부동산매매업을 영위하는 것으로 보며(부가가치세법 시행규칙 §2 ②), 부동산매매업은 재화를 공급하는 사업으로 본다(부가가치세법 시행령 §3 ① 6호).

5) 신탁재산의 납세의무자

신탁재산에 귀속되는 소득은 그 신탁의 이익을 받을 수익자가 그 신탁재산을 가진 것으로 본다고 규정하고 있는 법인세법 제5조나 소득세법 제2조의 2와는 달리 부가가치세법에서는 신탁재산의 경우 위탁자, 수탁자 또는 수익자 중 부가가치세 납세의무자가 누구인지에 대한 명문 규정을 두고 있지 않았었다.

이에 따라 신탁재산의 부가가치세 납세의무자에 대하여 논란이 되어 왔으며, 대법원은 부가가치세법상 위탁매매에 대한 규정에 근거하여 위탁자와 수익자가 동일한 자익신탁의 경우에는 위탁자를 납세의무자로, 위탁자와 수익자가 다른 타익신탁의 경우에는 그 우선수익권이 미치는 범위 내에서는 수익자를 납세의무자로 보도록 판결했었다. 국세청도 대법원 판례에 근거하여 신탁재산 관련 부가가치세를 운영하여 왔다.

그러나 최근 대법원은 수탁자가 위탁자로부터 이전받은 신탁재산을 관리 · 처분하면서 재화를 공급하는 경우 부가가치세 납세의무자는 수탁자로 보아야 한다(대법원 2017.5.18. 선고 2012두22485 판결)고 판결하였다.

이에 따라 2020년 및 2021년에 해석변경 및 세법개정이 이루어졌으며, 현행(2022년 이후) 신탁의 종류별 납세의무자는 아래와 같다(부가가치세법 §3 ②).

납세의무자	신탁의 종류
원칙 : 수탁자	• 담보신탁(위탁자의 채무이행을 위한 처분인 경우) • 도시정비사업✎ 의 신탁(수탁자가 사업시행자인 경우) • 차입형토지신탁
예외 : 위탁자	• 위탁자명의로 공급하는 경우 • 도시정비사업의 신탁(수탁자가 사업대행자인 경우) • 관리형토지신탁(위탁자가 실질적으로 지배 통제하는 경우) • 기타 대통령령으로 정하는 경우(2022년 현재 없음)

✎ 「도시 및 주거환경정비법」 제27조 제1항 또는 「빈집 및 소규모주택 정비에 관한 특례법」 제19조 제1항에 따른 재개발사업 · 재건축사업 또는 가로주택정비사업 · 소규모재건축사업을 말한다.

신탁사가 부가가치세 납세의무자가 되는 것은 부가가치세법 체계의 매우 큰 변혁이다. 관련하여 신탁재산별로 사업장으로 보는 개정(2021년 부가가치세법 제3조, 제8조, 제58조의 2, 같은 법 시행령 제8조)의 개정이 있었으며, 아래의 요건을 충족한 경우 위탁자명의로 수취한 세금계산서에 대하여 신탁사의 매입세액을 공제하는 개정(2021년 부가령 제75조)이 이어지게 되었다. 향후 많은 다툼과 혼란이 생길 것으로 여겨진다.

① 신탁법 제3조에 따라 설정된 신탁의 위탁자와 수탁자일 것

② 거래사실이 확인되고 부가가치세가 신고납부된 경우

신탁의 종류와 부동산개발사업의 활용

신탁의 종류

부동산 등기에는 신탁여부만 표시되므로 신탁원부를 확인하여야 한다.

1) 담보신탁 : 근저당권과 유사한 신탁상품으로 채무자가 자신의 부동산을 담보로 제공할 목적으로 이용하는 신탁(위탁자 : 채무자, 우선수익자 : 채권자)

   담보신탁은 자금관리대리사무와 함께 위탁자가 사업주체 및 분양자가 되는 부동산 개발사업의 방식으로 사용되고 있다.

2) 토지신탁 : 수탁자가 사업주체가 되어 부동산을 개발하고 그에 따른 수익을 수익자에게 교부하는 상품이다. 차입형토지신탁은 자금조달의무가 부여되므로 개발신탁으로 부르기도 하며, 단순히 사업 관리 역할만 수행하는 경우 관리형 토지신탁이라 한다.

3) 처분신탁 : 위탁자가 부동산의 처분을 목적으로 수탁자에게 처분부동산을 신탁하고 수탁자가 그 부동산을 처분하여 수익자에게 매매대금을 정산해 주는 신탁이다. 주로 토지거래허가구역 또는 고가부동산 등 매수예정자가 있는 경우 중개사 역할을 수행한다. 가등기와 유사한 효과가 있다.

4) 관리신탁 : 갑종관리신탁은 수탁자가 부동산의 소유권 및 그 부동산의 현상과 세무, 임대차 등의 종합적 관리를 한다. 을종관리신탁은 단순히 부동산의 소유권 관리만 목적으로 하므로 사해신탁 이슈가 있다. 대규모 부동산 개발사업에서 PFV 또는 SPC 등이 관리신탁의 형식으로 토지소유권을 취득하기도 한다.

5) 분양관리신탁 : 동대문굿모닝시티사기분양사건으로 제정된 건분법(2005년)이 적용되는 경우 분양관리신탁 또는 분양보증하여야 한다. 담보신탁과 유사하나 수분양자 보호하는 자금관리규정이 추가되어 있다.

토지신탁은 자금의 조달책임에 따라 아래처럼 나눈다.✎

✎ 토지신탁은 처분유형에 따라 분양형 토지신탁과 임대형 토지신탁으로 분류하기도 한다.

토지신탁이란 토지소유자로부터 토지를 수탁받아 개발계획의 수립, 건설자금의 조달, 공사관리, 건축물의 분양 및 임대 등 개발사업의 전 과정을 수행하여 발생한 수익을 토지소유자(위탁자겸 수익자) 또는 그가 지정하는 자(수익자)에게 돌려주는 개발방법이다.

건설자금 조달책임의 부담유무에 따라 개발형 토지신탁과 관리형 토지신탁으로 분류한다.

개발형(차입형) 토지신탁	관리형 토지신탁
• 신탁사가 시행사(사업주체, 건축주)가 됨	• 신탁사가 시행사(사업주체, 건축주)가 됨
• 신탁사가 건설자금 등 사업비를 조달함(채무자는 신탁사)	• 토지소유자가 건설자금 등 사업비를 조달함 (채무자는 위탁자)
• 시공사는 책임준공과 미분양물건에 대한 대물인수조건이 통상적으로 부담함	• 시공사는 책임준공과 위탁자의 사업비조달에 대한 지급보증이 통상적으로 부담함(따라서 시공사가 소위 1군 건설사여야 한다)
• 개발형은 매출액의 3~5% 정도의 신탁보수를 부담	• 관리형은 대리사무 등에 준한 1% 이하의 신탁보수를 지불

신탁의 특성은 아래와 같다.

① 영국의 형평법에서 기원하여 미국에서 발전하였다. 대륙법의 체계에서 어울리기 어렵다.

② 신탁의 본질적인 특성인 조세회피적인 기능은 세무상 쟁점이 발생하는 본질적인 이유이다.

③ 우리나라는 시행사가 영세하고 선분양제도를 취하고 있는바 시행사의 도산위험을 단절하기 위하여 신탁을 널리 활용하고 있다.

④ 신탁의 유연성은 신탁이 단순히 아래의 종류로 규정할 수 없음을 나타낸다.

구분	대상사업	비고
담보신탁 및 자금관리대리사무	주택법이 적용되는 후분양사업 건축법이 적용되는 사업	위탁자가 건축주, 사업주체가 됨
토지신탁(개발신탁)	주택법이 적용되는 선분양사업✎	수탁자가 건축주, 사업주체가 됨

✎ 주택법 40조 금지사항의 부기등기 : 선분양 시 담보신탁과 충돌이 발생하기 때문에 토지신탁으로 해결한다. 신탁재산의 공매는 담보신탁에서 위탁자가 기한의 이익을 상실할 때 발생하는 것으로 민사집행법을 준용한 사인 간 매매계약일 뿐이다. 즉, 처분신탁으로 전환된 것이 아니라 담보신탁의 핵심 내용이다.

1. 도시정비사업의 적용례

조합원이 조합에 신탁을 하고 조합이 신탁사에게 신탁하여 재신탁의 문제가 있었으나 법 개정(2016.03.)으로 조합원이 신탁사에 직접 신탁할 수 있게 되었다.

이 경우 시공사를 건축심의 이전에 선정할 수 있고 추진위 및 조합을 설립할 필요가 없기 때문에 사업추진 속도가 빨라지는 장점이 있다.

도시정비법 제8조(시행자방식) : 정비사업 초기부터 신탁회사가 참여하는 방식

도시정비법 제9조(대행자방식) : 정비사업 중간부터 신탁회사가 참여하는 방식

2. 택지개발사업의 적용례

택지개발촉진법상 신탁사는 매수할 수 없고, 매수자는 전매 내지 명의변경할 수 없다(택지개발촉진법 19조의 2). 그러나 매수자가 위탁자가 되어 매수한 토지를 신탁할 수 있다(택지개발촉진법 13조의 3 제8의2호).

미준공토지는 등기할 수 있는 지번이 없는바 신탁공시할 방법이 없으므로 권리의무승계 이후 신탁사가 토지대금을 완납하여야 한다. 소유권이전등기청구권을 신탁사로 이전하여 청구권의 압류를 방지할 수 있다. 본건에는 신탁사와 위탁자 간의 취득세 이중과세의 문제가 있었다. 본건은 2018년 대법원 판결(대법원 2017두64897)로 쟁점이 해소되었다. 아래와 같은 이유로 신탁사 일방에게만 취득세가 과세된다.

① 지방세법 제7조 및 동법 시행령 제20조에 의하면 부동산의 유상승계취득에서는 등기 전이라도 잔금지급 시를 그 취득시기로 보고 있으며, 취득세 비과세를 규정한 지방세법 제9조 제3항은 신탁법 제27조에 따라 수탁자가 직접 신탁재산을 취득하는 경우에 대하여서는 비과세 대상으로 하고 있지 않다.

② 대법원 1987.07.07.선고 87누22 판결 및 대법원 2012.06.14. 선고 2010두2395 판결에서도 신탁법 제 27조에 의해 수탁자가 금전등 신탁재산을 재원으로 신탁부동산을 취득하는 경우 수탁자가 취득세 신고 및 납부의무자라고 판시한 바 있다.

③ 위탁자는 부동산 등기부에 나타나지 않으므로 수탁자 앞으로 소유권이전 및 신탁등기 시 등기업무에 혼란이 초래된다(위탁자는 신탁원부에서만 확인할 수 있음).

④ LH공사로부터 위탁자 그리고 수탁자를 거쳐 순차 이전등기를 받아야 한다면 해당 신탁사업의 수분양자들의 대지권 확보에 문제가 발생하게 된다.

❸ 과세기간

과세기간이란 부가가치세의 과세표준 계산에 기초가 되는 기간을 말하며 납세의무의 성립시기, 과세표준 및 납부세액의 계산기간 및 신고 · 납부기한을 정하는 기준이 된다. 법인세법이나 소득세법은 과세기간을 1년으로 정하고 있으나, 부가가치세법은 1년을 2과세기간으로 정하고 있다.

구 분	1기		2기	
	예 정	확 정	예 정	확 정
과세기간	1.1.~3.31.	4.1.~6.30.	7.1.~9.30.	9.30.~12.31.
신고기한	4.25.	7.25.	10.25.	익년 1.25.

간이과세자의 경우 부가가치세 과세기간을 1년으로 정하고 있으나 본서에서 간이과세자에 대한 내용은 다루지 않는다.

1) 신규사업시 과세기간

신규로 사업을 개시하는 자에 대한 최초의 과세기간은 사업개시일부터 그 날이 속하는 과세기간의 종료일까지로 한다. 다만, 사업개시일 이전에 사업자등록을 신청한 경우에는 그 신청한 날부터 그 신청일이 속하는 과세기간의 종료일까지로 한다.

2) 폐업시 과세기간

사업자가 폐업하는 경우의 과세기간은 폐업일이 속하는 과세기간의 개시일부터 폐업일까지로 한다. 다만, 부가가치세법 사업개시일 이전에 사업자등록을 신청 후 사업을 개시하지 아니하게 되는 때에는 사실상 그 사업을 개시하지 아니하게 되는 날까지로 한다.

❹ 납세지

납세지란 사업자가 부가가치세법에 따른 납세의무 및 협력의무를 이행하고 과세관청이 부과권과 징수권을 행사하는 기준이 되는 장소로서 부가가치세의 납세지는 사업장의 소재지로 한다. 다만, 사업자 단위 과세사업자는 각 사업장을 대신하여 그 사업자의 본점 또는 주사무소의 소재지를 부가가치세 납세지로 한다.

1) 사업장의 범위

사업장은 사업자 또는 그 사용인이 상시 주재하여 거래의 전부 또는 일부를 하는 고정된 장소로 하며, 사업장을 두지 아니하면 사업자의 주소 또는 거소를 사업장으로 한다.

부가가치세법 제6조 제2항에 따른 사업장의 범위는 다음 표와 같다(부가가치세법 시행령 제8조 제1항 일부).

사 업	사업장의 범위	
건설업 · 부동산 매매업	가. 법인인 경우	법인의 등기부상 소재지(등기부상의 지점 소재지를 포함한다)
	나. 개인인 경우	사업에 관한 업무를 총괄하는 장소

단, 수탁자가 납세의무자가 되는 경우 수탁자(공동수탁자가 있는 경우 대표수탁자를 말한다)는 해당 신탁재산을 사업장으로 보아 신탁재산의 등기부상 소재지, 등록부상 등록지 또는 신탁사업에 관한 업무를 총괄하는 장소를 사업장으로 한다(2021. 2. 17. 신설).

(1) 직매장과 하치장

사업자가 자기의 사업과 관련하여 생산 또는 취득한 재화를 직접 판매하기 위하여 특별히 판매시설을 갖춘 장소(이하 "직매장"이라 한다)는 사업장으로 보며, 사업자가 재화의 보관, 관리시설만을 갖추고 다음의 사항을 기재한 하치장설치신고서를 하치장 관할세무서장에게 제출한 장소(이하 "하치장"이라 한다)는 사업장으로 보지 아니한다.

① 사업자의 상호 · 성명(법인의 경우에는 대표자 성명) · 주소 · 사업자등록번호 · 주민등록번호 및 사업장소재지와 사업의 종류(이하 "인적사항"이라 한다)

② 하치장의 설치일자 · 소재지 및 소속구분

③ 그 밖의 참고사항

(2) 임시사업장

① 부가가치세법 시행령 제8조에 따른 사업장이 있는 사업자가 그 사업장(이하 "기존사업장"이라 한다) 외에 각종 경기대회나 박람회 등 행사가 개최되는 장소에서 국세청장이 정하는 바에 따라 임시로 사업장(이하 "임시사업장"이라 한다)을 개설하는 경우에는 그 임시사업장은 기존사업장에 포함되는 것으로 한다.

② 임시사업장을 개설하려는 자는 다음의 사항을 기재한 임시사업장개설신고서를 해당 임시사업장의 사업 개시일부터 10일 이내에 임시사업장의 관할세무서장에게 제출(국세정보통신망에 의한 제출 포함)하여야 한다. 다만, 임시사업장의 설치기간이

10일 이내인 경우에는 임시사업장개설신고를 하지 아니할 수 있다.

- 사업자의 인적사항
- 임시사업장의 소재지
- 임시사업장의 설치기간
- 기타 참고사항

③ 위 '②'의 신고서를 제출받은 세무서장은 임시사업장 설치의 타당성을 확인하여 그 결과를 신청인과 기존사업장의 관할세무서장에게 통지하여야 한다.

④ 임시사업장을 개설한 자가 임시사업장을 폐쇄하였을 때에는 그 폐쇄일로부터 10일 이내에 다음의 사항을 기재한 임시사업장폐쇄신고서를 그 임시사업장 관할세무서장에게 제출하여야 한다.

- 사업자의 인적사항
- 폐쇄연월일 및 폐쇄사유
- 그 밖의 참고사항

2) 건설업과 부동산매매업의 사업장

건설업과 부동산매매업에 있어서는 사업자가 법인인 경우에는 그 법인의 등기부상의 소재지(등기부상 지점 소재지를 포함한다), 개인인 경우에는 그 업무를 총괄하는 장소로 한다.

(1) 건설현장이 사업장에 해당되는지 여부

부가가치세법상 사업자등록의 기준이 되는 사업장이 아니라는 뜻이며, 건설현장은 지방세법상 사업장에는 해당한다. 지방세법상 "사업장"이란 인적 설비 또는 물적 설비를 갖추고 사업 또는 사무가 이루어지는 장소를 말한다(지방세법 제85조 제1항 제10호).

건설업을 영위하는 사업자가 사업자등록증에 기재된 사업장 이외의 장소에서 건물을 신축하는 경우에는 그 건물을 신축하는 장소는 사업장으로 보지 아니한다(부가 1265.2-1960, 1983.9.14.). 전문직별 건설업에 해당하는 도장공사업의 면허를 가진 자가 수개의 장소에서 계속적으로 도장공사를 하는 경우 법인인 경우에는 그 법인의 등기부상의 소재지(등기부상의 지점소재지를 포함), 개인인 경우에는 그 업무를 총괄하는 장소가 사업장이다. 따라서 공사장별로 사업자등록을 하지 않아도 된다(부가 1265-655, 1982.6.23.).

(2) 공동도급현장이 사업장에 해당하는지

공동도급이란 공사 · 제조 · 기타 도급계약에 있어서 발주처와 공동수급체가 체결하는 계약으로서 1개의 사업현장에서 둘 이상의 사업자(공동수급체)가 각각 자기의 지분 또는 공동의 지분에 대하여 사업을 수행하는 형태를 말한다. 원칙적으로 공동수급체는 공동사업자로 보지 아니하므로 사업자등록 대상에 해당하지 아니한다(부가가치세법 집행기준 32-0-4).

(3) 공동시행현장이 사업장에 해당하는지

공동시행이란 다수의 법인 또는 개인이 별도의 법인설립 없이 단일 부동산개발PJ에 참여하여 개발이익을 나누는 사업이다. 예를 들어, 산업단지나 아파트를 공동으로 판매(분양)하는 사업이 있다. 건설업에 있어서는 법인이 아닌 공동사업자의 경우에도 업무를 총괄하는 장소를 사업장으로 보아야 할 것이다(대법원 99두1373, 2000.9.29.). 다만, 공동시행의 경우 민법상 조합에 해당하게 된다(공동수급체의 경우 적어도 외부적인 관계에서는 조합에 해당하기 어려울 수 있다). 또한 소득세법상 공동사업자등록의 의무 및 계산서발행의무가 있고, 공동사업의 다른 주체(즉, 조합원)는 건설업자가 아닐 수 있으므로 공동사업장을 개설하는 것이 타당하다.

3) 부동산임대업의 사업장

부동산임대업에 있어서는 그 부동산의 소재지를 사업장으로 한다. 다만, 부동산의 권리만을 대여하는 경우에는 그 사업에 관한 업무를 총괄하는 장소로 한다.

❺ 사업자등록

사업자등록이란 부가가치세 업무의 효율적인 운영을 위하여 납세의무자의 사업에 관한 일련의 사항을 세무관서의 공부에 등재하는 것이며, 사업자등록증의 발급이 해당 사업자에게 사업을 허용하거나 사업경영을 할 권리를 인정하는 것은 아니다.

1) 사업자등록신청

(1) 사업자는 사업장마다 사업개시일 부터 20일 이내에 사업장 관할세무서장에게 사업자등록을 신청하여야 한다. 다만, 신규로 사업을 시작하려는 자는 사업 개시일 이전이라도 사업자등록을 신청할 수 있다.

(2) 사업장이 둘 이상인 사업자는 사업자 단위로 해당 사업자의 본점 또는 주사 무소 관할 세무서장에게 등록을 신청할 수 있으며, 사업장 단위로 등록한 사업자가 사업자 단위 과세 사업자로 변경하려면 사업자 단위 과세 사업자로 적용받으려는 과세기간 개시 20일 전까지 사업자의 본점 또는 주사무소 관할 세무서장에게 변경등록을 신청하여야 한다. 사업자 단위 과세 사업자가 사업장 단위로 등록을 하려는 경우에도 또한 같다.

(3) 사업자등록을 하려는 사업자는 사업장마다 다음의 사항을 적은 사업자등록신청서를 세무서장(관할 세무서장 또는 그 밖의 세무서장 중 어느 한 세무서장)에게 제출하여야 하며, 사업자 단위 과세 사업자로 등록을 신청하려는 경우에는 본점 또는 주사무소에 대하여 다음의 사항을 적은 사업자등록 신청서를 사업자 단위 과세 적용 사업장 관할 세무서장에게 제출하여야 한다.

① 사업자의 인적사항

② 사업자등록 신청사유

③ 사업개시연월일 또는 사업장설치 착수연월일

④ 그 밖의 참고사항

구 분	첨부서류
① 법령에 따라 허가를 받거나 등록 또는 신고를 하여야 하는 사업의 경우	• 사업허가증 사본, 사업등록증 사본 또는 신고확인증 사본
② 사업장을 임차한 경우	• 임대차계약서 사본
③ 상가건물 임대차보호법 제2조 제1항에 따른 상가건물의 일부분만 임차한 경우	• 해당 부분의 도면
④ 조세특례제한법 제106조의 3 제1항에 따른 금지금 도매 및 소매업	• 사업자금 명세 또는 재무상황 등을 확인할 수 있는 서류
⑤ 개별소비세법 제1조 제4항에 따른 과세유흥장소에서 영업을 경영하는 경우	• 사업자금 명세 또는 재무상황 등을 확인할 수 있는 서류
⑥ 사업자 단위로 등록하려는 사업자	• 사업자 단위 과세 적용 사업장 외의 사업장("종된 사업장"이라 함)에 대한 서류 등

(4) 사업자등록 신청서에는 다음 표의 구분에 따른 서류를 첨부하여야 한다. 다만, 사업개시 전 사업자등록신청의 경우에 해당 법인의 설립등기 전 또는 사업의 허가 · 등록이나 신고 전에 등록을 하는 때에는 법인설립을 위한 사업허가신청서사본 · 사업자등록신청서사본 · 사업신고사본이나 사업계획서로 이에 갈음할 수 있다.

구 분	첨부서류
① 법령에 따라 허가를 받거나 등록 또는 신고를 하여야 하는 사업의 경우	• 사업허가증 사본, 사업등록증 사본 또는 신고확인증 사본
② 사업장을 임차한 경우	• 임대차계약서 사본
③ 상가건물 임대차보호법 제2조 제1항에 따른 상가건물의 일부분만 임차한 경우	• 해당 부분의 도면
④ 조세특례제한법 제106조의 3 제1항에 따른 금지금 도매 및 소매업	• 사업자금 명세 또는 재무상황 등을 확인할 수 있는 서류
⑤ 개별소비세법 제1조 제4항에 따른 과세유흥장소에서 영업을 경영하는 경우	• 사업자금 명세 또는 재무상황 등을 확인할 수 있는 서류
⑥ 사업자 단위로 등록하려는 사업자	• 사업자 단위 과세 적용 사업장 외의 사업장(이하 "종된 사업장"이라 한다)에 대한 이 표 '①'부터 '⑤'까지에 따른 서류 및 사업장 소재지 · 업태 · 종목 등이 적힌 서류
⑦ 액체연료 및 관련제품 도매업, 기체연료 및 관련제품 도매업, 차량용 주유소 운영업, 차량용 가스충전업, 가정용 액체연료 소매업과 가정용 가스연료 소매업	• 사업자금 명세 또는 재무상황 등을 확인할 수 있는 서류
⑧ 재생용 재료 수집 및 판매업	• 사업자금 명세 또는 재무상황 등을 확인할 수 있는 서류

2) 사업자등록증 발급

(1) 발급절차

사업자등록 신청을 받은 사업장 관할 세무서장(사업자단위 신청의 경우는 본점 또는 주사무소 관할 세무서장)은 사업자등록을 하고, 다음에 따라 등록된 사업자에게 등록번호가 부여된 사업자등록증을 발급하여야 한다.

① 사업자의 인적사항과 그 밖에 필요한 사항을 적은 사업자등록증을 신청일부터 3일 이내(토요일, 관공서의 공휴일에 관한 규정 제2조에 따른 공휴일 또는 근로자의 날 제정에 관한 법률에 따른 근로자의 날은 산정에서 제외)에 신청자에게 발급하여야 한다. 다만, 사업장 시설이나 사업현황을 확인하기 위하여 필요하다고 인정하는 경우에는 발급기한을 5일 이내에서 연장하고 조사한 사실에 따라 사업자등록증을 발급할 수 있다.

② 사업개시 전 사업자등록의 신청을 받은 세무서장은 신청자가 사업을 사실상 개시하지 아니할 것이라고 인정되는 때에는 등록을 거부할 수 있다.

(2) 직권등록

사업자가 사업자등록을 하지 아니하는 경우에는 사업장 관할 세무서장이 조사하여 등록할 수 있다.

3) 사업자 미등록 가산세

① 사업자등록 신청기한까지 등록을 신청하지 아니한 경우에는 사업 개시일부터 등록을 신청한 날의 직전일까지의 공급가액 합계액의 1퍼센트를 납부세액에 더하거나 환급세액에서 뺀다. 다만 고의적으로 미등록한 경우 외에는 과세기간별로 1억원(중소기업인 경우 5천만원)을 한도로 한다.

② 부동산 소재지마다 사업자등록을 하지 않고 본점 사업자번호로 임대수입에 대한 부가가치세를 신고 · 납부하였더라도 이를 정당한 신고 · 납부로 볼 수 없고, 미등록가산세 및 신고불성실가산세의 부과대상이 된다고 할 것이다(광주고법 2013누399, 2013.6.13.).

❻ 공동사업자의 사업자등록

1) 개요

건설업을 영위하는 법인은 일반적으로 지주와 공동사업을 추진하거나 사업수익 배분목적 등을 위하여 관계회사 등과 공동사업을 추진한다. 공동사업의 구성원은 법인과 법인, 법인과 개인, 개인과 개인 등으로 구성되어지며, 이 경우 부가가치세법✎, 소득세법 및 법인세법상 사업자등록관련 이슈사항은 구성원 각자가 건설업을 영위하는 법인일 경우 공동사업자등록을 해야 하는지 여부이며, 이에 따라 사업자미등록가산세, 세금계산서미발급가산세 및 사실과 다른 세금계산서로 인한 매입세액불공제 등 여러 가지 문제가 발생한다.

✎ 공동사업자의 구성원 또는 출자지분이 변경되는 경우에는 지체 없이 사업자등록 정정신고서를 세무서장에게 제출하여야 한다(부가가치세법 시행령 §14).

세무 Tip 세법상 납세의무자

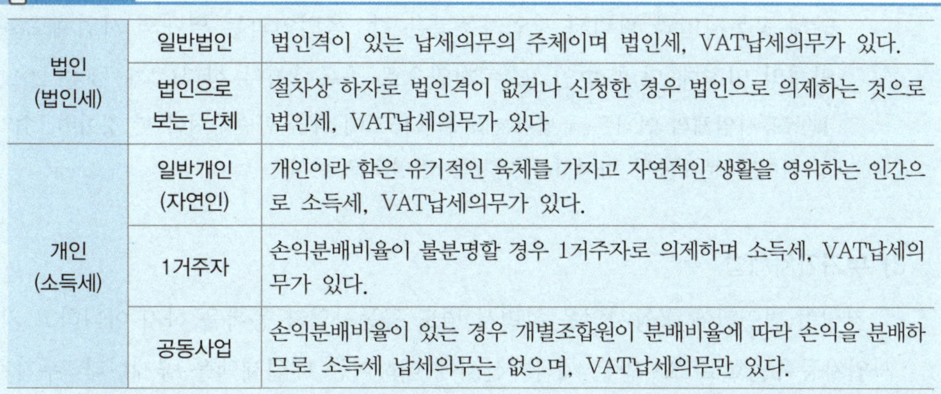

구분		
법인 (법인세)	일반법인	법인격이 있는 납세의무의 주체이며 법인세, VAT납세의무가 있다.
	법인으로 보는 단체	절차상 하자로 법인격이 없거나 신청한 경우 법인으로 의제하는 것으로 법인세, VAT납세의무가 있다
개인 (소득세)	일반개인 (자연인)	개인이라 함은 유기적인 육체를 가지고 자연적인 생활을 영위하는 인간으로 소득세, VAT납세의무가 있다.
	1거주자	손익분배비율이 불분명할 경우 1거주자로 의제하며 소득세, VAT납세의무가 있다.
	공동사업	손익분배비율이 있는 경우 개별조합원이 분배비율에 따라 손익을 분배하므로 소득세 납세의무는 없으며, VAT납세의무만 있다.

인격(또는 법인격)이란 권리 · 의무의 주체가 될 수 있는 자격을 말하며 민법상 모든 살아있는 사람(자연인)과 일정한 단체(법인)에 대하여 법인격을 인정하고 있다.

공동사업이 손익분배비율을 정하지 않아 세법상 1거주자로 의제되는 경우 독립된 납세의무자가 성립하므로, 개별세목에 대한 납세의무는 물론 부당행위계산부인의 주체 또한 될 수 있다. 부동산개발사업에서 손익분배하지 않는 경우는 없다고 할 것이므로, 본건 조합에서는 1거주자로 의제되지 않는 공동사업이 된다.

세무 Tip 공동사업과 공동사업자

세법의 정의에서 공동사업은 조합이고 공동사업자는 조합원을 뜻한다. 국세기본법 및 지방세법은 이렇게 쓰고 있는데 부가세법에서 공동사업(조합)은 별도의 사업장을 구성하므로 공동사업자 또는 공동사업장으로 쓰는 경우가 있다. 실제로 부가가치세법시행령 제14조는 "공동사업자의 구성원"이라고 하여, 공동사업자를 조합의 개념으로 사용하고 있다. 예규나 판례에서 "공동사업자"가 등장하면 문맥과 상황을 유추하여 판단할 수밖에 없을 듯하다.

2) 국세청 해석

① 2인 이상의 사업자가 공동사업을 하는 경우 사업자등록신청은 공동사업자 중 1인을 대표자로 하여 대표자명의로 신청하여야 하며, 공동사업자 중 일부의 변경 및 탈퇴, 새로운 공동사업자 추가의 경우에는 사업자등록을 정정하여야 한다(부가가치세법 기본통칙 8-14-1).

② 건설업을 영위하는 두 법인이 공동으로 복합건물을 신축 · 분양하기 위한 공동사업약정을 체결하고 토지를 구입, 건물 신축 및 분양을 공동으로 수행하며 해당 사업에서 발생하는 모든 수익과 비용을 약정된 비율대로 분담(배분)하는 경우, 공동사업과 관련된 세금계산서는 해당 공동사업자의 명의로 발급하거나 발급받는 것이다(서면법규-1292, 2014.12.9.).

③ 두 개의 서로 다른 갑, 을법인이 공동계약에 의하여 공동사업을 영위하는 경우 당해 공동사업과 관련된 사업자등록은 갑, 을법인과는 별개의 사업체로서 공동사업체의 인격에 따라 법인 또는 개인으로 등록하여야 한다(부가-396, 2011.4.14.).

※ 공동사업체의 인격은 국세기본법에 제13조에 따라 판단하여야 할 것이며, 수익을 구성원에게 분배하지 아니하는 단체는 법인으로 본다.

3) 부가가치세법

건설업 법인간에 공동사업을 하면서 별도 공동사업자 등록을 하지 아니하고 기존 본점 사업자등록번호로 교부받은 세금계산서에 대하여는 매입세액을 공제한다. 부가가치세는 부가가치세법 사업장 단위별로 부가가치세를 신고 · 납부하는 것이 원칙이라고 하겠으나, 위 규정의 예외로서 건설업에 있어서는 사업자가 법인인 경우에 그 법인의 등기부상의 소재지를 사업장으로 하도록 규정하고 있는 바, 각 건설업 법인에 해당하는 경우 각 건설사업장마다 사업자등록을 하여야 할 필요가 없고, 비록 쟁점사업을 공동으로 운영한다고 하더라도 쟁점사업의 신탁계약, 회계처리 등 사업에 관한 대부분의 업무를 각 건설업법인의 본사에서 직접 수행하였으며, 청구법인이 공급받은 재화 · 용역에 대한 부가가치세 신고는 처분청을 통해 정상적으로 이루어져 처분청의 쟁점사업에 대한 부가가치세 세원관리에는 별다른 문제가 있다고 보기 어려운 한편, 쟁점사업은 청구법인이 영위하는 기존 건설업의 확장으로서 그 신규 건설사업 관련 매입세액을 기존사업장에서도 공제받을 수 있다(국심 2005서 2491, 2005.10.20. 같은 뜻)고 할 것인바, 건설업법인인 청구법인이 다른 건설업법인과 공동의 쟁점사업을 추진하는 과정에서 부가가치세 신고 등에 대한 납세지를 처분청 관할인 쟁점사업 장소로 하면서 쟁점세금계산서의 사업자등록번호를 부가가치세법 시행령 제4조(현행 §8) 제1항 제3호의 규정에 따라 청구법인의 본점 사업자등록번호로 교부받은 것은 사실과 다른 세금계산서로 보기 어렵다고 하겠으므로, 처분청이 쟁점세금계산서를 사실과 다른 세금계산서라고 하여 부가가치세를 과세한 처분은 잘못이 있다고 판단된다(조심 2009서1637, 2010.5.4.).

4) 소득세법 및 법인세법

새로 사업을 시작하는 사업자는 사업장 소재지 관할 세무서장에게 등록하여야 하며, 부가가치세법에 따라 사업자등록을 한 사업자는 해당 사업에 관하여 사업자등록을 한 것으로 본다(소득세법 §168, 법인세법 §111). 소득세법이나 법인세법상 사업자등록을 하지 않는 경우에 사업자등록 관련 가산세를 규정하고 있지 않다. 다만, 소득세법은 공동사업장에 대해서 그 공동사업장을 1사업자로 보아 사업자등록을 하는 규정을 두고 있으며, 사업자등록을 하지 않을 경우 가산세를 적용한다✎.

✎ 2007.1.1. 이후부터 공동사업에 대한 투명한 세원관리를 위해 실제 공동사업을 경영하는 경우 공동사업 과세제도가 예외 없이 적용되도록 관리하기 위하여 공동사업장미등록가산세 규정을 신설하여 운영하고 있으며, 동 가산세 규정은 공동사업장이 있을 경우 적용되는 규정이다. 따라서 소득세법 제41조에 따른 공동사업장(사업소득이 발생하는 사업을 공동으로 경영하고 그 손익을 분배하는 공동사업의 경우에는 해당 사업을 경영하는 장소)이 없는 경우에는 적용대상에서 제외된다.

7 세금계산서

1) 의의

세금계산서란 부가가치세가 과세되는 재화 또는 용역을 공급한 사업자가 이를 공급받는 자로부터 부가가치세를 거래징수하고 그 거래내용과 거래징수 사실을 증명하기 위하여 발급하는 증서를 말한다.

(1) 세금계산서의 기능

세금계산서의 기능은 세금계산서를 활용하는 주체, 즉 사업자는 세금계산서를 어떻게 활용하느냐에 그 기준을 두어 그 기능을 ① 부가가치세 신고자료로서의 기능, ② 매출·매입세액공제의 기능, ③ 거래명세서·영수증·회계처리 제반증빙으로서의 기능으로 크게 구분할 수 있다.

① 부가가치세 신고자료

부가가치세과세방식 중 전단계세액공제방식을 택하고 있는 우리나라와 같은 부가가치세제하에서의 세금계산서의 기능은 거래징수내용을 확인해 주는 증빙으로서 중요한 역할을 하게 된다.

거래징수내용을 확인해 주는 증빙이 없다고 한다면 매출세액에서 공제해 줄 매입세액을 확정할 수 있는 근거가 없어 결국은 전단계세액공제방식에 의한 부가가치세액 산출은 사실상 다단계매상세과세방식 등에 따라 산출할 수밖에 없게 되고, 이는 곧 부가가치세가 갖는 과세의 중립성 측면을 크게 저해할 소지가 많게 된다.

그러므로 전단계세액공제방식을 택하고 있는 부가가치세제하에서 세금계산서는 거래징수제도와 함께 부가가치세제 운영의 성패를 가름할 수 있는 중요한 위상을 갖는 것이다.

② 매출 · 매입세액공제의 기능

부가가치세법상 세금계산서를 발급하는 자나 발급받는 자 모두가 세금계산서를 과세관청에 제출하도록 규정하고 있는 것은 세금계산서를 발급하는 자에 대해서는 부가가치세를 거래징수한 내용을 명확히 확인하여 자기부과제도하에 신고 · 납부하는 매출세액을 검증할 수 있는 과세자료로 활용하고 세금계산서를 발급받는 자에 대하여는 매출세액에서 공제하는 매입세액, 즉 재화 또는 용역을 공급하는 자에게 거래징수당한 세액을 검증하는 과세자료로 활용하기 위함이다.

그러므로 세금계산서를 제출받은 과세관청은 세금계산서상의 내용을 전산조직을 이용 집계 · 분류 · 분석하여 거래상대방 상호간을 검증하거나 또는 수동분석 등에 따라 불성실사업자를 색출하는 데 활용한다.

따라서 세금계산서는 재화나 용역을 공급하는 사업자의 매출세액뿐만 아니라 거래상대방의 매입세액까지도 함께 검증할 수 있는 과세의 근거자료로서 과세행정상 중요한 의미를 갖는다.

③ 거래명세서 · 영수증 · 회계처리증명 등으로서의 기능

세금계산서는 비단 매입세액공제증명이나 과세자료로서의 기능뿐만 아니라 세금계산서 그 자체가 거래의 내용을 담은 증표이므로 사업자는 이를 송장이나 청구서, 영수증으로서 활용할 수 있고, 또한 기업 내부의 경영관리 또는 회계처리상의 자료나 증명으로서 활용될 수 있으며, 영세사업자의 경우는 매출 · 매입장으로서의 장부기능도 아울러 갖고 있다.

(2) 증명의 종류

부가가치세법에서 규정하는 계산서는 이를 발급하는 사업자의 과세유형 및 사업의 구분과 계산서 기재사항의 내용에 따라 세금계산서(전자세금계산서), 수입세금계산서, 영수증 등으로 구분된다.

① 세금계산서(전자세금계산서)

세금계산서는 사업자등록을 한 일반과세자만이 교부할 수 있으며, 부가가치세를 거래징수한 내용이 별도로 기재되어 매입세액을 공제받을 수 있는 증명으로서의 기능을 갖는다. 여기에는 세금계산서로 간주되는 신용카드매출전표 및 현금영수증이 포함된다.

전자세금계산서는 세금계산서 기재사항을 정보통신망 등에 전송하고 이를 전자적 형태로 보관하는 것을 말하며, 이러한 전자세금계산서제도는 세금계산서의 발급방법과 합계표제출에 관한 특례제도이다. 법인사업자와 직전연도의 사업장별 재화 및 용역의 공급가액의 합계액이 3억원 이상인 개인사업자는 전자적 방법으로 세금계산서("전자세금계산서")를 발급하여야 한다.

② 수입세금계산서

수입되는 재화에 대하여 부가가치세를 징수할 때 세관장이 발급하는 세금계산서로 그 기재사항 및 기능은 세금계산서와 동일하나 단지 다른 점이 있다면 세금계산서를 교부하는 자가 사업자가 아닌 세관장이라는 점이다.

③ 영수증

간이과세자 및 일반과세자 중 주로 최종 소비자와 직접 거래하는 소매업, 음식점업, 숙박업, 미용, 욕탕 및 유사 서비스업, 여객운송업 등을 영위하는 사업자가 발급하는 계산서로서 공급받는 자와 부가가치세액이 별도로 구분 기재되지 아니하기 때문에 매입세액 공제증빙으로는 활용될 수 없으며, 과세자료 및 송장 · 영수증 · 회계처리증빙 등으로 활용된다.

Chapter 06

④ 계산서

이상에서 본 세금계산서, 수입세금계산서, 영수증은 사업자나 세관장이 부가가치세법의 규정에 따라 부가가치세가 과세되는 재화 또는 용역을 공급하는 경우에 발급하지만 사업자 또는 세관장이 부기가치가 면제되는 재화 또는 용역을 공급하는 경우에는 소득세법 제163조 및 법인세법 제121조에서 규정하는 계산서(계산서, 수입계산서, 영수증)를 발급한다.

그 형태 및 일부의 기능(송장 · 영수증 · 회계처리증빙으로서의 기능) 측면에서는 세금계산서와 유사하다고 볼 수 있겠으나, 발급대상거래는 세금계산서 교부대상거래 이외의 것으로서 소득세법이나 법인세법에서 규정한 것으로 한다.

따라서 계산서에는 부가가치세액이 포함되거나 별도 기재될 수 없으며, 그 성격측면에서도 부가가치세와 관련된 세금계산서와는 서로 다르므로 세금계산서와는 구분된다.

■ 부가가치세법상의 계산서 내역 ■

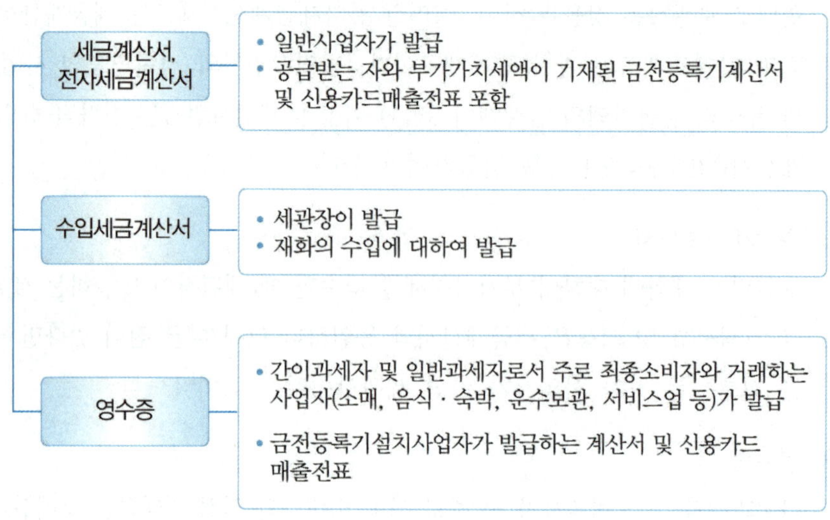

이러한 부가가치세법상의 세금계산서를 발급하는 것은 부가가치세의 과세거래와 상관되고 이는 곧 부가가치세의 거래징수와 연결된다.

다만, 예외적으로 부가가치세법 시행령 제71조에 따라 택시운송용역 등에 대하여 세금계산서 발급의무를 면제하고 있다.

2) 세금계산서제도의 운영

(1) 세금계산서 기재사항

부가가치세 납세의무자로 등록한 사업자가 재화 또는 용역을 공급하는 때에는 그 공급시기에 다음 각 호의 사항을 기재한 세금계산서를 공급받는 자에게 발급하여야 한다.

① 필요적 기재사항

㉮ 공급하는 사업자의 등록번호와 성명 또는 명칭 등

㉯ 공급받는 자의 등록번호

㉰ 공급가액과 부가가치세액

㉱ 작성연월일

② 임의적 기재사항

㉮ 공급하는 자의 주소

㉯ 공급받는 자의 상호 · 성명 · 주소

㉰ 공급하는 자와 공급받는 자의 업태와 종목

㉱ 공급품목

㉲ 단가와 수량

㉳ 공급연월일

㉴ 거래의 종류

㉵ 사업자 단위 과세 사업자의 경우 실제로 재화 또는 용역을 공급하거나 공급받는 종된 사업장의 소재지 및 상호

그러나 재화 또는 용역을 공급받는 자가 사업자가 아닌 경우에는 등록번호에 갈음하여 부여받은 고유번호 또는 공급받는 자의 주소 · 성명 및 주민등록번호를 기재하여야 한다.

(2) 세금계산서의 발급

① 발급의무자

세금계산서는 납세의무자로 등록한 사업자가 재화 또는 용역을 공급하는 때에 발급하도록 하고 있다. 그러나 납세의무자라고 해서 모두 세금계산서 발급의무자라고 단정할 수 없으며, 사업자가 세금계산서를 발급하기 위해서는 다음의 요건을 충족하여야 한다.

㉮ 등록한 일반사업자이어야 한다. 미등록사업자인 경우에는 세금계산서의 필요적 기재사항인 등록번호를 기재할 수 없을 뿐만 아니라 사업자로서의 지위를 객관적으로 공인할 수 없어 그가 발급한 세금계산서를 거래상대방이 매입세액으로 공제할 수 없기 때문이고, 또한 간이과세자는 부가가치세법 제32조 제1항에서 영수증을 발급토록 규정하고 있기 때문이다.

㉯ 세금계산서 발급대상이 되는 재화 또는 용역을 공급하는 경우 또는 간주공급, 영세율적용 등 세금계산서 발급의무가 면제되는 재화 또는 용역을 공급하는 경우 및 영수증 발급대상이 되는 재화 또는 용역을 공급하는 경우 외의 과세거래를 행하는 사업자이어야 한다.

② 발급대상

세금계산서 발급대상은 포괄적인 의미로 볼 때는 부가가치세 과세대상이 되는 거래가 그 대상이 된다. 그러나 실질적인 발급대상에는 부가가치세 과세대상 거래 중에서 부가가치세법 시행령 제71조에서 세금계산서 발급의무 면제로 규정하는 것은 제외된다.

③ 발급시기

세금계산서의 발급시기는 부가가치세법 제15조, 제16조, 제17조 및 제18조에 따른 공급시기이다. 세금계산서의 발급시기, 거래징수시기, 재화 또는 용역의 공급시기는 시간적인 개념이 모두 동일한 상태에서 서로 연관되어 각기 역할을 한다.

④ 세금계산서의 발급특례

사업자가 재화 또는 용역을 공급하는 때에는 그 공급시기에 세금계산서를 발급하여야 하는 것이 원칙이나 계속적으로 많은 물량을 공급하는 경우에 매 거래건별로 발급한다는 것은 사실상 사업자에게 큰 불편을 준다.

또한 상거래관행, 자금사정 등 부득이한 사정으로 재화·용역의 공급시기에 세금계산서를 발급받지 못하는 거래현실을 감안할 때 일률적으로 세금계산서를 재화·용역의 공급시기에 발급토록 하는 것은 실무적으로 어렵다.

따라서 이러한 경우에 사업자의 세금계산서 발급편의를 위하여 사업자가 다음의 어느 하나에 해당하는 경우에는 재화 또는 용역의 공급일이 속하는 달의 다음달 10일까지 세금계산서를 발급할 수 있다.

㉮ 거래처별로 1역월의 공급가액을 합계하여 해당 월의 말일자를 작성연월일로 하여 세금계산서를 발급하는 경우

㉯ 거래처별로 1역월 이내에서 사업자가 임의로 정한 기간의 공급가액을 합계하여 그 기간의 종료일자를 발행일자로 하여 세금계산서를 발급하는 경우 여기서 '그 기간의 종료일자'라 함은 공급자와 공급받는 자간 약정기간의 만료일자를 말한다.

㉰ 관계증빙서류 등에 따라 실제거래사실이 확인되는 경우로서 해당 거래일자를 작성연월일로 하여 세금계산서를 발급하는 경우

⑤ 세금계산서 분실시 처리(부가가치세법 기본통칙 32-67-1)

㉮ 공급자 보관용 세금계산서를 분실한 경우에는 장부 기록 및 제증명에 따라 공급자 보관용 세금계산서를 사본으로 작성하여 보관하여야 한다.

㉯ 공급받는 자 보관용 세금계산서를 분실한 경우에는 공급자가 확인한 사본을 발급받아 보관하여야 한다.

⑥ 수정세금계산서 발급

㉮ 발급사유 발생세금계산서를 발급한 후 그 기재사항에 관하여 착오 또는 정정사유가 발생한 경우에는 부가가치세법 제57조에 따라 부가가치세과세표준과 납부

세액 또는 환급세액을 경정하여 통지하기 전까지 국세청장이 정하는 바에 따라 세금계산서를 수정하여 발급할 수 있다. 다만, 당초의 공급가액에 추가되는 금액 또는 차감되는 금액이 발생한 경우에는 그 발생한 때에 세금계산서를 수정하여 발급할 수 있다.

㈏ 발급방법

수정세금계산서의 작성 · 발급은 다음의 규정에 의한다.

- '세금계산서'라는 표제 앞에 '수정'이라 기재하여야 한다.
- 세금계산서를 발급한 후에 그 기재사항에 관하여 착오 또는 정정사유가 발생한 경우에는 부가가치세법 제57조의 규정에 따라 부가가치세의 과세표준과 납부세액 또는 환급세액을 경정하여 통지하기 전까지 당초에 발급한 세금계산서는 붉은색 글씨로 쓰거나 음의 표시로, 수정하여 발급하는 세금계산서는 검은색 글씨로 각각 작성하여 함께 발급할 수 있다. 다만, 당초의 공급가액만이 추가 또는 차감되는 경우에는 그 증감사유가 발생한 때에 추가되는 금액에 대하여는 검은색 글씨로, 차감되는 금액에 대하여는 붉은색 글씨로 쓰거나 음의 표시를 하여 발급하여야 한다.
- 영수증의 경우에는 영수증을 회수하여 서손하고 다시 발급하여야 한다. 이 경우에 회수되지 아니하는 때에는 다시 발급할 수 없다.

3) 건설업의 세금계산서 발급

(1) 인센티브를 도급금액에 포함하여 지급받기로 약정한 경우

건설용역을 제공하는 시공사가 시행사에게 아파트 시공 및 인허가, 분양대행 및 광고 등의 업무를 포괄적으로 제공하는 도급계약을 체결하면서 해당 사업이 종료된 이후 시행사가 얻게 되는 일정목표 초과이익 중 일부를 인센티브 형식으로 도급금액에 포함하여 지급받기로 약정한 경우로서 준공일 이후에 인센티브가 최종적으로 확정되어 종전 인센티브액과 정산하는 경우, 시공사가 정산받기로 한 인센티브액은 그 지급이 확정되는 때에 과세 · 면세비율(예정사용면적비율 등)에 따라 「부가가치세법 시행령」 제70조에 따른 수정세금계산서를 발급하는 것이다(법규부가 2014-515, 2014.12.9.).

(2) 지분제계약을 체결하고 건설용역을 제공한 경우 정산금액

건설업을 영위하는 법인(이하 "시공사"라 함)이 재건축조합(이하 "시행사"라 함)과 지분제계약을 체결하고 건설용역을 제공한 경우로써 시공사가 당초 시행사의 분양수입금액을 기준으로 건설용역제공에 대한 대가(이하 "공사도급금액"이라 함)를 산정하였으나, 시공사와 시행사간 정산합의를 통하여 당초 공사도급금액의 일부가 차감되는 경우 시공사는 공사도급금액이 최종 확정된 날을 기준으로 그 차감되는 금액에 대하여 부가가치세법 제32조 제7항 및 같은 법 시행령 제70조 제1항 제3호에 따라 수정전자세금계산서를 발급할 수 있는 것이다(법규부가 2013-421, 2013.10.29.).

(3) 사업자 변경으로 인한 계약금, 중도금의 지급시기

건설사가 사업시행사인 부동산매매업자와 공사도급계약에 따라 건물을 건설하던 중 당초 부동산매매업자의 사정으로 다른 부동산매매업자에게 사업시행권을 양도하였을 경우(재무부 소비 22601-15, 1989.1.12.)

- 건설사는 당초 사업시행사와의 도급계약서에 의한 계약금, 중도금의 공급시기는 변함이 없으며,
- 당초 부동산매매업자는 사업시행권을 양수받은 다른 부동산매매업자에게 부동산 취득권의 대가로 받은 금액의 세금계산서를 교부하여야 하며,
- 건설사는 이후 발생된 공사비 대가의 세금계산서를 바뀐 부동산매매업자에게 발급하여야 한다.

■ 시행사가 변경된 경우 세금계산서의 발급 ■

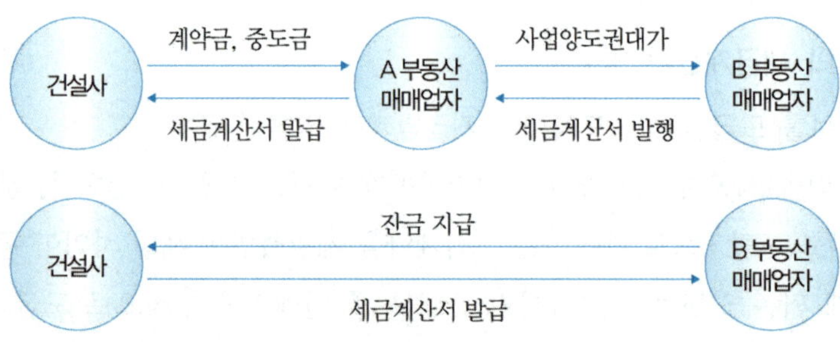

위와 같은 경우는 중간지급조건부거래에 해당되며, 건설사 입장에서 거래의 변화가 없고, 세금계산서 발급받은 자의 명의만 변경한다.

(4) 과세건설용역에서 변경되어 면세건설용역 제공시 발급한 세금계산서의 수정 여부

건설업자가 발주자에게 당초 부가가치세가 과세되는 주상복합건물을 신축하기로 계약을 체결하고 해당 건설용역을 제공하던 중 주택부분에 대한 발주자의 설계변경으로 인하여 부가가치세가 면제되는 국민주택규모 이하의 주택건설용역 제공으로 변경되는 경우 설계변경에 따른 건축허가시점 이전의 과세되는 건설용역에 대하여는 설계변경을 이유로 소급하여 면세를 적용하는 수정세금계산서를 교부할 수 없는 것이며 설계변경에 따른 건축허가 시점에서 발생한 면세전용에 해당하는 재화에 대하여는 부가가치세법 제6조 제2항 및 동법 시행령 제15조 제1항(현행 §10 ①)의 규정에 의해 부가가치세가 과세되는 것이다(부가 46015-44, 1997.1.8.).

(5) 선수금 수령 후 건설공사 도중 소송계류 중인 경우

건설공사를 도급받은 사업자가 선수금을 지급받고 일부 공사를 진행하던 중에 공사중지 및 공사무효확인소송이 제기되어 법원에 계류 중인 경우에도 계약내용에 따라 부가가치세법 제9조(현행 §16) 및 동법 시행령 제22조(현행 §29)에 규정하는 거래시기가 도래하는 부분에 대하여 각각 거래시기에 세금계산서를 교부한다.

단, 법원판결에 따라 당초 내용이 변경되는 때에는 법원의 확정판결이 있는 때에는 당초 내용을 변경하는 수정세금계산서를 교부한다(부가 46015-23, 1998.1.8.).

(6) 건설중인 국민주택을 양도하는 경우

건설업을 영위하는 사업자가 건설중인 국민주택을 양도하는 과정에서 당해 국민주택을 양수하는 자에게 동 국민주택에 대한 국민주택건설허가권을 함께 양도하고 그 대가를 받는 경우에는 부가가치세 면세사업에 관련된 권리의 양도에 해당되어 부가가치세가 면제된다(부가46015-171 1995.01.24 및 서면3팀-70, 2005.01.14.).

조세특례제한법 기본통칙 106-0…2【건설중인 국민주택의 부가가치세 면제】사업자가 건설중에 있는 국민주택을 양도하는 경우에는 면세사업에 관련된 재화의 공급으로서 부가가치세를 면제한다.

4) 주택건설업의 세금계산서 발급

(1) 면세되는 국민주택 공급시

사업자가 국민주택(이에 부수되는 토지 포함)과 국민주택건설용역 등을 공급하는 경우에는 조세특례제한법상 부가가치세가 면세되어 세금계산서 발급의무가 없으나, 법인세법 제121조의 규정에 따라 계산서 또는 영수증 발급의무가 있다. 다만, 토지 및 건축물을 공급하는 경우에는 계산서 등의 발급의무가 면제된다.

(2) 과세되는 주택 및 상가 등의 공급시

사업자가 과세되는 주택(이에 부수되는 토지 포함)과 상가 및 이에 부수되는 용역 등을 공급할 경우에는 부가가치세법 제32조에 따라 세금계산서를 발급하여야 한다. 다만, 주로 사업자가 아닌 소비자에게 공급하는 부가가치세법 시행규칙 제53조에 따른 주거용 건물공급업(주거용 건물을 자영건설하는 경우를 포함한다)의 경우에는 부가가치세법 제36조에 따라 영수증을 교부한다. 한편, 공급받은 자가 자기 사업자등록증을 제시하고 세금계산서 발급을 요구하면 세금계산서를 발급하여야 하며, 사업자가 부가가치세법에 따라 계산서 또는 영수증을 발급한 경우 법인세법 제121조의 규정에 의한 계산서 등의 발급의무를 이행한 것으로 본다.

5) 과세 · 면세공통사용 재화공급시

과세사업과 면세사업을 겸영하는 사업자가 과세 · 면세사업에 공통으로 사용하던 재화를 공급하는 경우에는 부가가치세법시행령 제48조의 2(현행 §63)의 규정에 따라 안분계산한 후 과세분공급가액과 세액에 대하여는 세금계산서를, 면세분공급가액에 대하여는 계산서를 각각 교부하는 것이다(부가 46015－784, 1993.5.25.).

6) 주택규모 및 부분별 공급에 대한 세금계산서 발급내역

다음은 주택규모별 및 건물에 대한 계산서, 세금계산서, 영수증 발급에 대한 내역표이다. 업무에 참고 바란다.

■ 세금계산서 · 계산서 · 영수증 구분내역 ■

<table>
<tr><th colspan="4">구 분</th><th>계산서(영수증)
세금계산서 발급</th><th>관계법률</th><th>비 고
(부가가치세)</th></tr>
<tr><td rowspan="4">주택</td><td rowspan="2">국민주택</td><td>건축비</td><td>건축공사비
선택사양품목비
지하주차장비
알루미늄샷시비</td><td>계산서(영수증)
* 교부의무 면제</td><td>법인세법 §121
조세특례제한법
§106</td><td>면세</td></tr>
<tr><td>토지</td><td>사업승인서금액, 실거래가격
(단, 불분명한 경우 감정가격, 기준시가, 취득가격)</td><td>계산서(영수증)
* 교부의무 면제</td><td>부가가치세법 §26</td><td>면세</td></tr>
<tr><td rowspan="2">국민주택 초과</td><td>건축비</td><td>건축공사비
선택사양품목비
지하주차장
알미늄샷시비</td><td>세금계산서
(영수증)</td><td>부가가치세법 §9</td><td>과세</td></tr>
<tr><td>토지</td><td>사업승인서금액, 실거래가격
(단, 불분명한 경우 감정가격, 기준시가, 취득가격)</td><td>계산서(영수증)
* 교부의무 면제</td><td>부가가치세법 §26</td><td>면세</td></tr>
<tr><td colspan="2" rowspan="2">상가등</td><td>건축비</td><td>분양계약서상 공급가격</td><td>세금계산서</td><td>부가가치세법 §9</td><td>과세</td></tr>
<tr><td>토지</td><td>분양계약서상 공급가격</td><td>계산서(영수증)
* 교부의무 면제</td><td>부가가치세법 §26</td><td>면세</td></tr>
<tr><td colspan="2" rowspan="2">리모델링주택</td><td rowspan="2">국민주택</td><td>기존주택의 130% 이내 개축
(공사비)</td><td>계산서(영수증)</td><td>법인세법 §121
조세특례제한법 §106</td><td>면세</td></tr>
<tr><td>기존주택의 130% 초과 개축
(단, 리모델링 후 면적이 국민주택규모 이하인 경우는 면세)</td><td>세금계산서</td><td>부가가치세법 §26</td><td>과세</td></tr>
</table>

❽ 대리납부

1) 의의

국내사업장이 없는 비거주자나 외국법인으로부터 용역을 공급받고 그 대가를 지급하는 경우에 용역을 공급받는 자(공급받은 그 용역을 과세사업에 제공하는 경우를 제외)가 용역의 공급자를 대신하여 부가가치세를 징수하여 납부하는 제도이다. 이는 통관절차를 거치지 않아 거래사실의 포착이 어렵고, 비거주자 등의 용역공급자들의 성실한 납세의무이행을 기대하기 어려운 점을 감안하여 국내용역거래와의 과세형평을 기하기 위한 취지이다.

2) 대리납부할 세액의 징수시기

① 대리납부할 부가가치세액은 제공받는 용역 등의 공급시기에 관계없이 그 대가를 지급하는 때에 징수한다.

② 대리납부대상 용역 등을 공급받기 전에 그 대가의 일부를 수회에 걸쳐 지급하는 경우에는 그 지급을 하는 때마다 대리납부세액을 징수한다.

3) 대리납부 적용 요건

① 용역 등의 제공자가 국내사업장이 없는 비거주자 또는 외국법인이거나, 국내사업장이 있더라도 국내사업장과 관련 없는 용역 등을 공급하는 비거주자 또는 외국법인이어야 한다.

② 해당 용역 등이 부가가치세가 과세되는 것이어야 한다.

③ 해당 용역 등이 국내에서 사용 또는 소비되어야 한다.

④ 제공받은 용역 등이 부가가치세가 과세되지 아니하는 사업에 사용 또는 소비되어야 한다(부가가치세법 제39조 제1항 각 호에 따라 매입세액이 공제되지 아니하는 용역 등을 공급받는 경우 포함).

4) 대리납부 대상 용역대가의 계산 방법

① 대리납부의 대상이 되는 용역의 대가는 다음과 같이 계산한다.

㉮ 거래당사자간에 부가가치세액의 징수 및 부담에 대하여 별도의 계약이 있는 경우에는 해당 계약에 의한다.

㉯ 부가가치세액의 징수 및 부담에 대하여 별도의 계약이 없이 용역대가의 전액을 지급하는 때에는 해당 용역대가에 부가가치세가 제외되어 있는 것으로 하여 계산한다.

㉰ 부가가치세액의 징수 및 부담에 대하여 별도의 계약이 없이 용역대가에서 부가가치세액을 공제하여 지급하는 때에는 해당 용역대가에 부가가치세가 포함되어 있는 것으로 하여 계산한다.

② 용역의 대가를 외화로 지급하는 때에는 다음과 같이 계산한 금액을 그 대가로 한다.

㉮ 원화를 외화로 매입하여 지급하는 경우에는 지급일 현재의 대고객외국환매도율에 의하여 계산한 금액

㉯ 보유 중인 외화로 지급하는 경우에는 지급일 현재의 기준환율 또는 재정환율에 의하여 계산한 금액

제 2 절

부가가치세 공급시기

Chapter 06

❶ 재화 · 용역의 공급시기

부가가치세법상 재화 또는 용역의 공급시기는 어느 특정한 거래사실이 어느 과세기간에 귀속되는 것인가의 시간적 범위를 결정하는 기준을 말하며, 납세의무자의 입장에서는 납세의무 발생시기, 과세관청의 입장에서는 과세권을 행사할 수 있는 시기의 기준이 된다.

1) 재화의 공급시기(부가가치세법 §15)

(1) 원칙

재화의 공급시기는 다음의 구분에 따른 때로 한다.

① 재화의 이동이 필요한 경우 : 재화가 인도되는 때

② 재화의 이동이 필요하지 아니한 경우 : 재화가 이용가능하게 되는 때

③ '①'과 '②'를 적용할 수 없는 경우 : 재화의 공급이 확정되는 때

■ 구체적인 거래형태에 따른 재화의 공급시기 ■

구 분	공급시기
1. 현금판매, 외상판매 또는 할부판매의 경우	재화가 인도되거나 이용가능하게 되는 때
2. 상품권 등을 현금 또는 외상으로 판매하고 그 후 그 상품권 등이 현물과 교환되는 경우	재화가 실제로 인도되는 때
3. 재화의 공급으로 보는 가공의 경우	가공된 재화를 인도하는 때

(2) 예외

'(1)'에도 불구하고 할부 또는 조건부로 재화를 공급하는 경우 등의 재화의 공급시기는 다음의 구분에 따른 때로 한다.

① 반환부조건판매, 동의조건부판매, 기타 조건부 및 기한부판매의 경우에는 그 조건이 성취되거나 기한이 지나 판매가 확정되는 때

② 장기할부판매일 경우 대가의 각 부분을 받기로 한 때

③ 완성도지급기준 또는 중간지급조건부(계약금을 받기로 한 날의 다음 날부터 재화를 인도하는 날 또는 재화를 이용가능하게 하는 날까지의 기간이 6개월 이상인 경우로서 그 기간 이내에 계약금 외의 대가를 분할하여 받는 조건)로 재화를 공급하는 경우에는 대가의 각 부분을 받기로 한 때, 다만 재화가 인도되거나 이용가능하게 되는 날 이후에 받기로 한 대가의 부분에 대해서는 재화가 인도되거나 이용가능하게 되는 날

④ 전력이나 그 밖에 공급단위를 구획할 수 없는 재화를 계속적으로 공급하는 경우에는 대가의 각 부분을 받기로 한 때

⑤ 사업자가 자기의 과세사업과 관련하여 생산하거나 취득한 재화를 자기의 면세사업을 위하여 직접 사용하거나 소비함에 따라 재화의 공급으로 보는 경우에는 재화를 사용하거나 소비하는 때

⑥ 사업자가 폐업할 때 자기생산 · 취득재화 중 남아 있는 재화의 경우에는 폐업일

⑦ 사업자가 폐업 전에 공급한 재화의 공급시기가 폐업일 이후에 도래하는 경우에는 그 폐업일

2) 용역공급시기(부가가치세법 §16)

(1) 원칙

용역의 공급시기는 다음의 어느 하나에 해당하는 때로 한다.

① 역무의 제공이 완료되는 때

② 시설물, 권리 등 재화가 사용되는 때

(2) 예외

'(1)'에도 불구하고 할부 또는 조건부로 용역을 공급하는 경우 등의 용역의 공급 시기는 다음의 구분에 따른 때로 한다.

① 장기할부조건부 또는 그 밖의 조건부로 용역을 공급하는 경우에는 대가의 각 부분을 받기로 한 때

② 완성도기준지급조건부 또는 중간지급조건부로 용역을 공급하는 경우에는 대가의 각 부분을 받기로 한 때. 다만, 역무의 제공이 완료되는 날 이후 받기로 한 대가의 부분에 대해서는 역무의 제공이 완료되는 날

③ 공급단위를 구획할 수 없는 용역을 계속적으로 공급하는 경우에는 대가의 각 부분을 받기로 한 때

④ 역무의 제공이 완료되는 때 또는 대가를 받기로 한 때를 공급시기로 볼 수 없는 경우에는 역무의 제공이 완료되고 그 공급가액이 확정되는 때

⑤ 사업자가 부동산 임대용역을 공급하는 경우로서 다음의 어느 하나에 해당하는 경우에는 예정신고기간 또는 과세기간의 종료일

㉮ 사업자가 부동산 임대용역을 공급하고 전세금 또는 임대보증금을 받는 경우

㉯ 사업자가 둘 이상의 과세기간에 걸쳐 부동산 임대용역을 공급하고 그 대가를 선불 또는 후불로 받는 경우

㉰ 사업자가 부동산을 임차하여 다시 임대용역을 제공하는 경우로서 간주임대료 과세표준을 계산하는 경우

⑥ 다음의 어느 하나에 해당하는 용역을 둘 이상의 과세기간에 걸쳐 계속적으로 제공하고 그 대가를 선불로 받는 경우에는 예정신고기간 또는 과세기간의 종료일

㉮ 헬스클럽장 등 스포츠센터를 운영하는 사업자가 연회비를 미리 받고 회원들에게 시설을 이용하게 하는 것

㉯ 사업자가 다른 사업자와 상표권 사용계약을 할 때 사용대가 전액을 일시불로 받고 상표권을 사용하게 하는 것

㉰ 노인복지법에 따른 노인복지시설(유료인 경우에만 해당한다)을 설치 · 운영하는 사업자가 그 시설을 분양받은 자로부터 입주 후 수영장 · 헬스클럽장 등을 이용하는 대가를 입주 전에 미리 받고 시설 내 수영장 · 헬스클럽장 등을 이용하게 하는 것

⑦ 사업자가 사회기반시설에 대한 민간투자법 제4조 제3호의 방식을 준용하여 설치한 시설에 대하여 둘 이상의 과세기간에 걸쳐 계속적으로 시설을 이용하게 하고 그 대가를 받는 경우에는 예정신고기간 또는 과세기간의 종료일

⑧ 폐업 전에 공급한 용역의 공급시기가 폐업일 이후에 도래하는 경우에는 폐업일을 공급시기로 본다.

3) 재화 및 용역의 공급시기 특례(부가가치세법 §17)

① 사업자가 재화 또는 용역의 공급시기가 되기 전에 재화 또는 용역에 대한 대가의 전부 또는 일부를 받고, 이와 동시에 그 받은 대가에 대하여 세금계산서 또는 영수증을 발급하면 그 세금계산서 등을 발급하는 때를 각각 그 재화 또는 용역의 공급시기로 본다.

② 사업자가 재화 또는 용역의 공급시기가 되기 전에 세금계산서를 발급하고 그 세금계산서 발급일부터 7일 이내에 대가를 받으면 해당 세금계산서를 발급한 때를 재화 또는 용역의 공급시기로 본다.

③ 사업자가 다음의 경우에는 재화 또는 용역을 공급하는 사업자가 그 재화 또는 용역의 공급시기가 되기 전에 세금계산서를 발급하고 그 세금계산서 발급일부터 7일이 지난 후 대가를 받더라도 해당 세금계산서를 발급한 때를 재화 또는 용역의 공급시기로 본다.

㉮ 거래 당사자 간의 계약서 · 약정서 등에 대금 청구시기(세금계산서 발급일을 말한다)와 지급시기를 따로 적고, 대금 청구시기와 지급시기 사이의 기간이 30일 이내인 경우

㉯ 재화 또는 용역의 공급시기가 세금계산서 발급일이 속하는 과세기간 내(공급받는 자가 제59조 제2항에 따라 조기환급을 받은 경우에는 세금계산서 발급일부터 30일 이내)에 도래하는 경우

④ 사업자가 장기할부 및 공급단위를 구획할 수 없는 재화 또는 용역을 공급하는 경우 그 공급시기가 되기 전에 세금계산서 또는 영수증을 발급하는 경우에는 그 발급한 때를 각각 그 재화 또는 용역의 공급시기로 본다.

❷ 건설재화의 공급시기

1) 일반적인 경우의 공급시기

부동산을 양도하는 경우의 공급시기는 원칙적으로 해당 부동산이 이용가능하게 되는 때이다. 여기서 부동산이 이용가능하게 되는 때란 원칙적으로 소유권이전등기일을 말하지만, 당사자 간 특약에 따라 소유권이전등기일 전에 실제 양도하여 사용 · 수익하거나 잔금 미지급 등으로 소유권이전등기일 이후에도 사용 · 수익할 수 없는 사실이 객관적으로 확인되는 때에는 실제로 사용 · 수익이 가능한 날을 말한다.

2) 장기할부 또는 중간지급조건부로 재화를 공급하는 경우의 공급시기

통상적인 매매계약을 체결 시에는 이용가능하게 되는 때가 공급시기가 되나 대가의 지급조건 형태가 장기할부나 중간지급조건부에 해당할 경우에는 대가의 각 부분을 받기로 한 때가 공급시기가 된다. 여기서 장기할부의 경우에는 부동산의 이용 여부와 관계없이 대가의 각 부분을 받기로 한 때가 공급시기가 되는 것이나, 중간지급조건부의 경우에는 이용가능하게 되는 날 이후에 받기로 한 대가의 부분에 대해서는 이용가능하게 되는 날이 공급시기가 된다.

3) 주택분양의 공급시기

사업계획승인대상 주택은 일반적으로 중간지급조건부로 공급되며, 따라서 분양계약서상 대가의 각 부분을 받기로 한 때가 공급시기가 된다. 참고적으로 사업계획승인대상 주택의 범위 및 입주금 납부방법은 다음과 같다.

(1) 사업계획승인 대상범위(주택법 §15)

종 류	내 역
주 택	단독주택 30호, 공동주택 30세대 이상을 건설하는 경우(도시형 생활주택의 경우 50세대)
주상복합건물	• 도시지역 중 상업(유통상업지구는 제외) 또는 준주거지역 안에서 300세대 이상의 주택과 주택 이외 시설을 동일건축물로 건축하는 경우 • 해당 건축물의 연면적에 대한 주택연면적의 합계의 비율이 90% 이상인 경우

따라서 주상복합의 경우 아래를 충족하면 주택법상 사업계획승인이 아니라 건축법상 건축허가의 대상이 된다(주택법 §15 및 동령 §27). 우리 주변에서 299세대 규모의 주상복합이 많이 등장하는 이유이다.

① 준주거 지경 또는 상업지역(투통상업지역 제외) 내

② 300세대 미만 공급

③ 주택과 주택 외의 시설을 동일 건축물로 건축

④ 연면적에서 주택의 연면적이 차지하는 비율이 90% 미만

(2) 입주금의 납부

① 납부방법

주택공급에관한규칙 제60조에 의하여 사업계획승인대상의 주택은 청약시 10%, 계약시 공급가격의 20%(청약금 10% 포함)와 중도금은 주택가격의 60%(전체공사비의

50% 이상이 투입된 때), 공급가격의 잔금은 입주시에 공급가격의 20%로 의무적으로 구분하여 매매계약을 하도록 되어 있다.

② 계약금 일부 유예 시

주택사업자가 주택시장 침체를 감안하여 입주자의 초기 자금부담을 경감시켜주고 주택분양 촉진을 위하여 계약금 20%를 일부 유예하여 중도금으로 이월하여 계약서를 받기로 한 경우에는(계약금, 중도금 합계 80% 이내; 주건협정책 제2010-718 2010.12.24. 회신) 받기로 한 날을 공급시기로 본다.

③ 구두계약에 따라 계약금 등을 먼저 받은 경우

사업자가 아파트를 분양함에 있어서 당초 구두계약에 따라 계약금과 1차 중도금을 받은 이후에 계약서를 작성한 경우에는 계약서 작성일과는 관계없이 실지로 계약금을 받은 날

④ 잔금지급일이 입주시로 된 경우 잔금의 공급시기

부동산매매업을 영위하는 사업자가 건물 신축 중에 부가가치세법 시행규칙 제9조 제1항 제1호에 따른 중간지급조건부로 부동산(건물)을 공급하면서 잔금을 받기로 한 때가 계약서에 표시되어 있으나 해당 잔금에 대하여는 건물을 준공한 후 입주통보를 하여 입주지정기간에 잔금을 받기로 한 경우 해당 잔금에 대한 공급 시기는 입주통보에 의한 입주지정일이 되는 것이고, 입주기간 종료일 전에 잔금을 받은 경우에는 그 잔금을 받은 때로 하는 것이다(부가-1071, 2011.9.8.).

4) 국내자재를 해외로 반출하는 경우

부가가치세법 제21조 및 동령 제31조에서는 부가가치세법상 수출을 정의하고 있다. 부가가치세법상 수출이 되기 위해서는 대외무역법상 수출 및 관세법상 수출 중 재화의 공급에 해당하는 것이어야 한다. 따라서 국내사업장에서 계약을 체결하고, 대가를 유상으로 수령하는 거래와 대외무역법에서 정하는 중계무역, 위탁판매, 위국인도, 위탁가공무역방식의 수출에 대하여 영세율을 적용한다. 이 경우 해외건설공사를 위하여 원자재등을 반출하는 경우 재화의 수출에 해당하는지가 문제시될 수 있다. 즉, 건설사 입장에서 해외발추처에게 기성금을 청구하는 것이 영세율 대상인데, 이를 위한 자재반출도 부가가치세 과세표준에 포함되는 지의 문제가 된다. 이에 대하여 해외건설사업을 위한 원자재의 반출은 통계부호 29번으로 부가가치세법상 재화의 공급에 해당하지 않는다. 통계부호에 따른 과세대상 여부를 열거하면 아래와 같다.

통계부호	수출형태	공급가액	비고
11	일반형태 수출	0세율 과세대상	수출자구분 : A 제조자수출, B 수출대행, C 완제품 공급, D 본지사거래
29	위탁가공을 위한 원자재 수출	재화의 공급 아님	국외에서 완제품이 선적될 때, 해외 건설공사 기성금청구시
31	위탁판매를 위한 물품의 수출	재화의 공급 아님	국외수탁자가 판매할 때 과세대상
33	임대방식 수출(소유권 이전)	0세율 과세대상	
39	임대방식 수출(소유권 불이전)	재화의 공급 아님	임대완료 시 외국에서 판매할 때 과세대상
61	해외투자수출	0세율 과세대상	
79	중개무역수출	0세율 과세대상	보세구역에서 선적될 때
86	국내 국제행사 참가 후 재반출	재화의 공급 아님	서면3팀-3425, 2007. 12. 27
89	수리검사로 반입 후 재반출	재화의 공급 아님	부가 46015-2284, 1999. 8. 3
92	무상으로 반출하는 견품 등	재화의 공급 아님	부가 통칙 21-31-4

③ 건설용역의 공급시기

1) 일반적인 경우의 공급시기

건설용역에 대한 공급시기는 원칙적으로 용역의 제공이 완료되는 때이다. 대법원은 건설용역의 제공이 완료되는 때를 '공사계약에 따른 건설용역제공의 범위와 계약조건 등을 고려하여 건설용역의 제공사실을 가장 확실하게 확인할 수 있는 시점, 즉 건설용역이 현실적으로 제공됨으로써 건설용역을 제공받는 자가 건설용역 제공의 산출물을 사용할 수 있는 상태에 놓이게 된 시점을 말하며(대법원 2008.8.21. 선고, 2008두5117 판결 참조), 이미 산출물을 사용할 수 있는 상태가 된 후에 통상적으로 뒤따르는 마무리작업 등 그 규모의 대가의 액수 등이 전체 건설용역과 비교하여 미미한 정도에 불과하다면 건설용역의 공급시기에 영향을 미치지 않는다(대법원 2014두35553, 2016.4.12.)'라고 판단하고 있다.

2) 공사대금지급조건에 따른 공급시기 유형

(1) 건설용역을 공급함에 있어 건설공사기간에 대한 약정만 체결하고 대금지급기일에 관한 약정이 없는 경우

① 해당 건설공사에 대한 건설용역의 제공이 완료되는 때. 다만, 해당 건설용역 제공의 완료 여부가 불분명한 경우에는 준공검사일

② 해당 건설공사의 일부분을 완성하여 사용하는 경우에는 그 부분에 대한 건설용역의 제공이 완료되는 때. 다만, 해당 건설용역 제공의 완료 여부가 불분명한 경우에는 그 부분에 대한 준공검사일

③ 건설용역제공에 있어서 사용승인일 이후에도 계속 용역제공이 이루어지는 경우의 공급시기

건설업을 영위하는 사업자가 완성도기준지급조건부로 용역을 제공하면서 건축주와 합의하여 당초 계약을 변경하는 경우, 변경계약 이전에 이미 대가의 각 부분을 받기로 한 때가 도래한 경우 그 날이 공급시기가 되는 것이며 변경계약일 이후에는 변경된 계약에 따라 대가의 각 부분을 받기로 한 때가 공급시기가 되는 것이다. 그리고 신축건물에 대한 사용승인일 이후에 단순한 하자보수나 추가공사가 아닌 마무리공사가 계속되는 경우 해당 사용승인일은 부가가치세법 시행령 제29조 제1항 본문 후단의 역무의 제공이 완료되는 날에 해당하지 아니하는 것이고, 실제로 공사가 완성된 때가 역무의 제공이 완료되는 때이다.

또한, 계약을 변경하여 공급시기가 도래하지 아니한 대가의 각 부분을 감액하는 경우 감액한 후의 금액을 공급가액으로 세금계산서를 발급하는 것이며, 계약의 변경없이 받기로 한 대가보다 적게 받는 경우 받기로 한 대가를 공급가액으로 세금계산서를 발급하는 것이다(법규부가 2014-512, 2014.11.17.).

(2) 완성도기준지급조건부로 건설용역을 제공하는 경우

완성도기준지급조건부란 해당 건설용역의 제공이 완료되기 이전에 그 대가를 해당 건설용역의 완성도, 즉 기성률에 따라 분할하여 받기로 하는 약정에 의하여 공급하는 경우를 말한다.

① 공급시기

완성도기준지급조건부로 건설용역을 제공하는 경우에는 대가의 각 부분을 받기로 한 때가 공급시기이다. 다만, 건설용역의 제공이 완료되는 날 이후 받기로 한 대가

의 부분에 대해서는 건설용역의 제공이 완료되는 날이 공급시기이다.

② 지급일을 명시하지 아니한 완성도기준지급조건부 용역의 공급시기

건설공사 계약시 완성도에 따라 기성고 대금을 나누어 받기로 하였으나, 그 지급일을 명시하지 아니한 경우에는 공사기성고가 결정되어 그 대금을 받을 수 있는 때를 그 공급시기로 한다(부가가치세법 집행기준 16-29-2).

③ 건설용역에 대하여 검사를 거쳐 대가의 각 부분의 지급이 확정되는 경우

㉮ 사업자가 완성도기준지급 또는 중간지급조건부 건설용역의 공급계약서상 특정 내용에 따라 해당 건설용역에 대하여 검사를 거쳐 대가의 각 부분의 지급이 확정되는 경우에는 검사 후 대가의 지급이 확정되는 때를 그 공급시기로 본다(부가가치세법 집행기준 16-29-2).

㉯ 완성도기준지급조건부 건설용역을 공급함에 있어 기성부분에 대한 공급시기는 기성청구 후 대가의 지급이 확정되어 그 대가를 실제로 받은 날이 되지만, 기성부분에 대한 대가를 기성고 확정일로부터 약정된 날까지 지급받지 못한 때에는 그 약정일의 종료일이 된다(부가가치세법 집행기준 16-29-1). 예를 들면 '완성도지급기준으로 건설회사가 건설용역을 공급함에 있어 건축주에게 기성검사요청, 건축주는 5일 이내 기성확정통지, 기성청구, 기성검사확정일로부터 10일 안에 대금지급'할 때의 공급시기는 청구일로부터 10일 안에 그 대가를 실지로 받은 날이나, 확정분에 대한 대금을 받지 못한 때에는 그 10일이 되는 날을 공급시기로 본다.

④ 계약해지에 따른 기성금액에 대하여 법원에 소송을 제기한 경우

발주사("A")가 건설업자("B")와 건설공사 도급계약을 체결하고 완성도기준으로 건설용역을 제공받던 중 공급시기가 도래하기 전에 계약의 해지 사유가 발생하여 "A"가 "B"에게 계약해지 통보를 하고 공정률을 기준으로 일정한 금액을 법원에 공탁한 후 "B"는 계약해지에 대하여 법원에 소송을 제기한 경우 "B"의 건설용역의 공급시기는 부가가치세법 시행령 제22조 제3호에 따라 역무의 제공이 완료되고 그 공급가액이 확정되는 때이다(부가-1334, 2010.10.6.).

⑤ 당초 계약금액 외에 추가건설공사금액에 대하여 발주자와 다툼이 있는 경우

건설업을 영위하는 사업자가 완성도기준지급조건으로 건설용역을 제공하고 준공하였으나, 당초 계약금액 외에 추가건설공사금액에 대하여 발주자와 다툼이 있어서

1심 판결을 거쳐 항소심에 계류 중인 경우로서 그 추가건설공사금액이 해당 항소심의 판결에 의하여 확정되는 경우, 추가건설공사금액에 대한 공급시기는 부가가치세법 시행령 제22조 제3호의 규정에 의하여 법원의 확정판결이 있는 날이 되는 것이다(부가-1023, 2009.7.20.).

(3) 중간지급조건부로 건설용역을 제공하는 경우

중간지급조건부란 계약금을 받기로 한 날의 다음 날부터 건설용역의 제공을 완료하는 날까지의 기간이 6개월 이상인 경우로서 그 기간 이내에 계약금 외의 대가를 분할하여 받는 경우를 말한다.

① 공급시기

중간지급조건부로 건설용역을 제공하는 경우에는 대가의 각 부분을 받기로 한 때가 공급시기이다. 다만, 건설용역의 제공이 완료되는 날 이후 받기로 한 대가의 부분에 대해서는 건설용역의 제공이 완료되는 날이 공급시기이다.

② 중간지급조건부로 제공하는 건설용역의 조기 준공

중간지급조건부로 제공하는 건설용역이 조기 준공으로 인하여 계약금 지급일부터 준공예정일까지의 기간이 6월 미만이 된 경우 이미 발행한 세금계산서는 적법하며, 나머지 용역대가는 준공일을 공급시기로 본다(부가가치세법 집행기준 15-28-5).

③ 당초 계약과 달리 대가의 일부를 수시 지급받는 경우

당초의 계약조건은 재화가 인도되는 때 그 대가를 지급받기로 했으나, 계약조건을 중간지급조건부로 변경하지 아니하고 공급자가 공급받는 자로부터 대가의 일부를 수시로 지급받는 경우에는 중간지급조건부의 재화공급에 해당하지 아니한다(간세 1235-1091, 1978.4.12.; 간세 1235-965, 1978.4.3.).

④ 계약의 변경

㉮ 사업자가 중간지급조건부에 의한 용역의 공급계약을 체결하였으나 당초 계약의 지급일자를 변경했을 경우에는 계약의 변경내용에 따라 대가의 각 부분을 받기로 한 때를 공급시기로 보며, 중간지급조건부에 의한 당초계약 내용을 변경하여 계약금 외의 대가의 각 부분을 일시에 지급하기로 한 경우에는 용역의 공급이 완료된 때를 용역의 공급시기로 보는 것이다(부가가치세법 집행기준 15-28-5).

㉯ 당초 재화의 공급계약이 중간지급조건부에 해당하지 아니하였으나, 당사자 간에 계약조건을 변경하여 중간지급조건부계약으로 변경된 경우 계약변경 이전에 지급한 계약금은 변경계약일을, 변경계약일 이후에는 변경된 계약에 의하여 대가의 각 부분을 받기로 한 때를 각각 공급시기로 본다(부가가치세법 집행기준 15-28-5).

(4) 유보금의 공급시기

유보금의 공급시기와 관련하여 유권해석 중에는 마치 준공일 이후 하자이행보증증권을 제출하면 하자이행보증증권을 제출한 때를 공급시기로 해석하는 경우가 있으므로 주의하여야 한다. 그러나 이는 용역제공완료일 이전의 공급대가를 구분하는 것일 뿐이므로 용역제공완료일 이후에 도래하는 "받기로 한 때"는 공급시기가 될 수 없다고 봄이 타당하다✎.

구 분	부가, 서면인터넷방문상담3팀-1269 (2006.6.28.)	부가, 부가46015-3949 (1999.09.28.)
사실관계	하자이행보증증권을 제출할 시 유보금을 지급받기로 한 경우	하자보증금으로 유보하는 경우
공급시기 (받기로 한 때)	부가가치세 과세표준은 대가의 각 부분을 받기로 한 때	하자보증금의 공급시기는 당해 건설용역의 공급에 대한 기성고가 확정되어 대가의 각 부분에 받기로 한 때

✎ 부가가치세 집행기준 9-22-1 완성도기준지급조건부 거래의 공급시기 : 완성도기준지급조건부로 건설용역을 공급함에 있어 당사자의 약정에 의하여 준공검사일 이후 잔금을 받기로 한 경우 해당 잔금에 대한 공급시기는 건설용역의 제공이 완료되는 때로 한다.

❹ 건설용역의 공급시기 요약

1) 개요

건설업 경리실무에 있어서 세금계산서를 발급하거나 발급받는 시기, 즉 건설용역의 공급시기를 판단하는 문제는 매우 중요하다. 이 공급시기를 잘못 판단하면 세금계산서 지연발급, 미발급가산세 및 지연수취가산세 등이 부과되며, 특히 공급시기 이후에 발급받은 세금계산서로서 해당 공급시기가 속하는 과세기간에 대한 확정신고기한까지 발급받지 못하는 경우는 매입세액을 공제받지 못하는 불이익을 당하게 된다. 건설용역의 공급시기를 요약하면 아래와 같다.

■ 건설용역의 공급시기 요약 ■

계약유형	일반적인 공급시기		우선적용 공급시기	
	시기	사례	시기	사례
건설용역의 제공이 완료되기 전 공급가액이 확정되는 경우	건설용역의 제공이 완료되는 때(불분명한 경우 준공검사일)	• 지급시기를 정하지 아니한 통상적인 건설용역 • 신축건물 준공 후 공사대금을 분양성과에 따라 지급하기로 약정한 경우	대가의 각 부분을 받기로 한 때(단, 건설용역의 제공이 완료되는 날 이전 부분에 한함)	• 완성도기준 지급조건부 • 중간지급조건부
건설용역의 제공이 완료된 후 공급가액이 확정되는 경우	건설용역의 제공이 완료되고, 그 공급가액이 확정되는 때	• 설계변경 및 물가변동으로 인한 계약금액 조정이 준공 검사일 이후 확정되는 경우 설계변경 및 물가변동 금액 • 공급가액에 대한 다툼 발생, 공급가액이 소송이나 조정위원회의 중재로 확정되는 때(당사자 간의 합의로 인한 당초 공급가액 증감은 공급시기 변경 안 되며, 수정세금계산서 발행함) • 건설용역을 제공하다가 중도에 용역제공을 중단한 경우(타절)		

2) 공동수급체의 주간사의 세금계산서 발급시기

공동수급체의 주간사가 해당 공사에 소요되는 공동비용에 대한 세금계산서를 발급받은 경우로서 부가가치세법 시행령 제69조 제15항의 규정에 의하여 공동지분에 따라 나머지 공동수급체에게 세금계산서를 발급하는 경우에는 동 세금계산서의 공급받은 날을 발행일자로 한 세금계산서를 발급하는 것이다(서면법령부가-4045, 2016.11.21.).

3) 세금계산서 발급특례

건설용역의 공급시기와 관련하여 가장 중요한 이슈사항은 공급시기 이후에 발급받은 세금계산서로서 해당 공급시기가 속하는 과세기간에 대한 확정신고기한까지 발급받지 못하여 매입세액을 공제받지 못하는 것이며, 이로 인하여 공급받는 자와 과세관청간의 다툼, 공급받는 자와 공급하는 자간의 다툼이 발생한다. 따라서 건설경리실무자는 공무부서 등과 협의하여 각 현장의 준공일을 파악하여야 하며, 이에 따라 준공 세금계산서의 발급시기 및 협력업체로부터의 세금계산서 수령시기 등을 결정하여야 한다. 특히 과세기간 후반에 건설용역의 제공이 완료되는 경우에는 주의를 더 기울여야 한다.

한편, 발주처나 협력업체의 사정으로 인하여 부가가치세법상 공급시기에 세금계산서를 발급하지 못하거나 발급받지 못하는 경우 그 책임이 발주처나 협력업체에 있다는 것을 고지하여 향후에 책임문제가 발생할 경우에 대비하여야 한다.

세금계산서의 선발급 및 후발급특례를 요약하면 다음과 같다.

구분	유형	비고
선발급	7일 내 대가지급 적정	적정
	청구시기(T/I발급)와 지급시기가 있고 30일 내인 경우	적정
	공급시기가 과세기간 내 도래(조기환급받는 경우 30일)	적정(부가법 §17 ③ 2호)
	과세기간 내 대금수령	2022년 삭제
	공급시기 6개월 전(부가법 §60 ⑦ 1호, 동령 §75 · 108 ⑤)	1%(지연수취 1%)
후발급	월합세금계산서(말일, 1역월 이내)	적정
	과세기간 내 발급 과세기간 경과 후 1년 이내(경정청구 등)	1%(지연수취 1%)
	기타 공급시기 경과 후 발급	미발급 2%(매입세액불공제)

사업자가 공급시가 도래 전에 대가의 지급이 없이 선발행세금계산서를 교부받아 경정처분 받은 후, 해당 공급시기를 거래일자로 하는 세금계산서를 그 공급시기가 속하는 과세기간 내에 다시 교부받아 경정청구 하는 경우 해당 매입세액은 자기의 매출세액에서 공제할 수 있다(법규과-27, 2010.1.13.).

제 3 절

부가가치세 과세대상

❶ 재화 · 용역의 정의

1) 재화

재화란 재산 가치가 있는 물건 및 권리를 말한다. 이 중 물건은 상품, 제품, 원료, 기계, 건물 등 모든 유체물과 전기, 가스, 열 등 관리할 수 있는 자연력을 말하며, 권리는 광업권, 특허권, 저작권 등 제1항에 따른 물건 외에 재산적 가치가 있는 모든 것을 말한다(부가가치세법 §2).

2) 용역

용역이란 재화 외에 재산 가치가 있는 다음의 사업에 해당하는 모든 역무와 그 밖의 행위를 말한다(부가가치세법 시행령 §3 ①).

① 건설업

② 숙박 및 음식점업

③ 운수업

④ 방송통신 및 정보서비스업

⑤ 금융 및 보험업

⑥ 부동산업 및 임대업. 다만, 전 · 답 · 과수원 · 목장용지 · 임야 또는 염전 임대업은 제외한다.

⑦ 전문, 과학 및 기술 서비스업과 사업시설관리 및 사업지원 서비스업

⑧ 공공행정, 국방 및 사회보장 행정

⑨ 교육 서비스업

⑩ 보건업 및 사회복지 서비스업

⑪ 예술, 스포츠 및 여가관련 서비스업

⑫ 협회 및 단체, 수리 및 기타 개인서비스업

⑬ 가구내 고용활동 및 달리 분류되지 않은 자가소비 생산활동

⑭ 국제 및 외국기관의 사업

3) 과세사업

과세사업이란 부가가치세가 과세되는 재화 또는 용역을 공급하는 사업을 말한다.

4) 면세사업

면세사업이란 부가가치세가 면제되는 재화 또는 용역을 공급하는 사업을 말한다.

❷ 재화의 공급

1) 의의

재화의 공급이란 계약상 또는 법률상의 모든 원인에 따라 재화를 인도하거나 양도하는 것을 말한다(부가가치세법 §9). 민법상 인도는 동산(부동산 포함)에 대한 점유의 이전을 말하며, 일반적으로 양도는 점유권 같은 권리의 양도로 보아야 할 것이나, 인도와 양도의 정확한 구분은 사실상 뚜렷이 구분할 수가 없어 통상적으로 재산 가치 이전의 개념으로 이해하면 된다고 판단된다. 따라서 부가가치세법상의 재화의 공급은 재산적 가치 이전으로 보아야 할 것이고, 또한 궁극적으로 부가가치세법상의 재화의 공급은 사용 · 소비를 전제로 하고 있기 때문에 결국 사용 · 소비를 전제로 한 재산 가치의 이전은 부가가치세법상의 과세거래에 해당한다고 보면 될 것이다.

2) 재화공급의 범위(부가가치세법 시행령 §18 ①)

(1) 매매계약에 따른 재화의 인도 또는 양도

① 현금 · 외상 · 할부판매

통상적인 현금 · 외상 · 단기할부판매를 말한다.

② 장기할부판매

장기할부판매는 재화를 공급하고 그 대가를 월부, 연부 또는 그 밖의 할부의 방법에 따라 받는 것 중 다음의 요건을 모두 갖춘 것을 말한다.

㉮ 2회 이상으로 분할하여 대가를 받는 것

㉯ 해당 재화의 인도일의 다음 날부터 최종 할부금 지급기일까지의 기간이 1년 이상인 것

(2) 가공계약에 따른 재화의 인도

자기가 주요자재의 전부 또는 일부를 부담하고 상대방으로부터 인도받은 재화를 가공하여 새로운 재화를 만드는 가공계약에 따라 재화를 인도하는 것을 말한다.

(3) 교환계약에 따른 재화의 인도 또는 양도

재화의 인도 대가로서 다른 재화를 인도받거나 용역을 제공받는 교환계약에 따라 재화를 인도하거나 양도하는 것을 말한다.

(4) 경매, 수용, 현물출자와 그 밖의 계약상 또는 법률상의 원인에 따라 재화를 인도하거나 양도하는 것

3) 재화공급의 특례(부가가치세법 §10)

(1) 자가소비 · 자가공급

사업자가 자기의 과세사업과 관련하여 생산하거나 취득한 재화를 자기의 면세사업을 위하여 직접 사용하거나 소비하는 것은 재화의 공급으로 본다. 또한, 다음의 어느 하나에 해당하는 자기생산 · 취득재화의 사용 또는 소비는 재화의 공급으로 본다.

① 사업자가 자기생산 · 취득재화를 매입세액이 공제되지 아니하는 자동차로 사용 또는 소비하거나 그 자동차의 유지를 위하여 사용 또는 소비하는 것

② 운수업, 자동차 판매업 등 대통령령으로 정하는 업종의 사업을 경영하는 사업자가 자기생산 · 취득재화 중 해당 업종에 직접 영업으로 사용하지 아니하고 다른 용도로 사용하는 것

③ 사업장이 둘 이상인 사업자가 자기의 사업과 관련하여 생산 또는 취득한 재화를 판매할 목적으로 자기의 다른 사업장에 반출하는 것은 재화의 공급으로 본다.

④ 사업자가 자기생산 · 취득재화를 사업과 직접적인 관계없이 자기의 개인적인 목적이나 그 밖의 다른 목적을 위하여 사용 · 소비하거나 그 사용인 또는 그 밖의 자가 사용 · 소비하는 것으로서 사업자가 그 대가를 받지 아니하거나 시가보다 낮은 대가

를 받는 경우는 재화의 공급으로 본다.

⑤ 사업자가 자기생산 · 취득재화를 자기의 고객이나 불특정 다수에게 증여하는 경우(증여하는 재화의 대가가 주된 거래인 재화의 공급에 대한 대가에 포함되는 경우는 제외한다)는 재화의 공급으로 본다.

⑥ 사업자가 폐업할 때 자기생산 · 취득재화 중 남아 있는 재화는 자기에게 공급하는 것으로 본다. 제8조 제1항 단서에 따라 사업 개시일 이전에 사업자등록을 신청한 자가 사실상 사업을 시작하지 아니하게 되는 경우에도 또한 같다.

⑦ 위탁매매 또는 대리인에 의한 매매를 할 때에는 위탁자 또는 본인이 직접 재화를 공급하거나 공급받은 것으로 본다. 다만, 위탁자 또는 본인을 알 수 없는 경우로서 대통령령으로 정하는 경우에는 수탁자 또는 대리인에게 재화를 공급하거나 수탁자 또는 대리인으로부터 재화를 공급받은 것으로 본다.

(2) 재화의 공급으로 보지 않는 것(부가법 §10 ⑨, 부가령 §18 ③)

다음의 어느 하나에 해당하는 것은 재화의 공급으로 보지 아니한다.

① 재화를 담보로 제공하는 것

② 사업을 양도하는 것. 다만, 사업을 양수받는 자가 대가를 지급하는 때에 그 대가를 받은 자로부터 부가가치세를 징수하여 납부한 경우는 제외한다.

③ 법률에 따라 조세를 물납하는 것

④ 신탁재산의 소유권이전으로서 위탁자로부터 수탁자에게 신탁재산을 이전하거나, 신탁의 종료로 인하여 수탁자로부터 위탁자에게 신탁재산을 이전하는 경우 및 수탁자가 변경되어 새로운 수탁자에게 신탁재산을 이전하는 것

⑤ 「국세징수법」 제66조에 따른 공매(같은 법 제67조에 따른 수의계약에 따라 매각하는 것을 포함한다)에 따라 재화를 인도하거나 양도하는 것

⑥ 「민사집행법」에 따른 경매(같은 법에 따른 강제경매, 담보권 실행을 위한 경매와 「민법」 · 「상법」 등 그 밖의 법률에 따른 경매를 포함한다)에 따라 재화를 인도하거나 양도하는 것 (2013.6.28 개정)

⑦ 「도시 및 주거환경정비법」, 「공익사업을 위한 토지 등의 취득 및 보상에 관한 법률」 등에 따른 수용절차에서 수용대상 재화의 소유자가 수용된 재화에 대한 대가를 받는 경우(2013.6.28. 개정)

⑧ 「도시 및 주거환경정비법」 제64조 제4항에 따른 사업시행자의 매도청구에 따라 재화를 인도하거나 양도하는 것

❸ 용역의 공급

1) 의의

용역의 공급이란 계약상 또는 법률상의 모든 원인에 따른 역무를 제공하거나 시설물, 권리 등 재화를 사용하게 하는 것을 말한다.

2) 용역공급의 범위(부가가치세법 §11)

① 역무를 제공하는 것

② 시설물, 권리 등 재화를 사용하게 하는 것

③ 건설업의 경우 건설업자가 건설자재의 전부 또는 일부를 부담하는 것

④ 자기가 주요자재를 전혀 부담하지 아니하고 상대방으로부터 인도받은 재화를 단순히 가공만 해 주는 것

⑤ 산업상 · 상업상 또는 과학상의 지식 · 경험 또는 숙련에 관한 정보를 제공하는 것

3) 용역공급의 특례(부가가치세법 §12)

① 사업자가 자신의 용역을 자기의 사업을 위하여 대가를 받지 아니하고 공급함으로써 다른 사업자와의 과세형평이 침해되는 경우에는 자기에게 용역을 공급하는 것으로 본다.

② 사업자가 대가를 받지 아니하고 타인에게 용역을 공급하는 것은 용역의 공급으로 보지 아니한다. 다만, 사업자가 특수관계인에게 사업용 부동산의 임대용역을 공급하는 것은 용역의 공급으로 본다.

③ 고용관계에 따라 근로를 제공하는 것은 용역의 공급으로 보지 아니한다.

❹ 부수재화 · 용역의 공급

주된 재화 또는 용역의 공급에 부수되어 공급되는 것으로서 제1항 및 제2항의 어느 하나에 해당하는 재화 또는 용역의 공급은 주된 재화 또는 용역의 공급에 포함되는 것으로 보고, 주된 사업에 부수되는 제3항 및 제4항의 어느 하나에 해당하는 재화 또는 용역의 공급은 별도의 공급으로 보되, 과세 및 면세 여부 등은 주된 사업의 과세 및 면세 여부 등을 따른다(부가가치세법 집행기준 14-0-1).

부수 재화 또는 용역의 범위	구체적 사례
① 해당 대가가 주된 재화 또는 용역의 공급에 대한 대가에 통상적으로 포함되어 공급되는 재화 또는 용역	• 공급하는 재화의 포장용기 및 운반용역 • 조경공사용역을 공급하면서 제공하는 수목 · 화초
② 거래의 관행으로 보아 통상적으로 주된 재화 또는 용역의 공급에 부수하여 공급되는 것으로 인정되는 재화 또는 용역	• 항공기 내에서 무상으로 제공되는 식사 • 가전제품 판매 후 일정기간 제공하는 사후무료서비스 용역
③ 주된 사업과 관련하여 우연히 또는 일시적으로 공급되는 재화 또는 용역	• 금융업자가 면세사업에 사용하던 건축물 양도
④ 주된 사업과 관련하여 주된 재화의 생산 과정이나 용역의 제공 과정에서 필연적으로 생기는 재화	• 복숭아 통조림을 제조하는 사업자가 판매하는 복숭아씨 • 옥수수를 원료로 전분을 제조하는 과정에서 생산되는 옥피 등

⑤ 발코니 확장용역에 대한 과세문제

건축법의 위임에 따른 "발코니 등의 구조변경절차 및 설치기준" 및 주택법의 위임에 따른 "공동주택 분양가격의 산정 등에 관한 규칙" 등은 '분양가격에 포함되지 아니하는 품목'으로서 사업주체가 입주자모집공고에 제시하여 입주자에게 추가로 선택할 수 있도록 하는 품목의 하나로 '발코니 확장'을 규정하고 있다.

사업주체가 발코니 확장을 추가선택품목으로 하는 경우에는 입주자모집공고에 그에 따른 비용을 해당 주택의 분양가격과 구분하여 표시하여 이를 입주자가 선택할 수 있도록 하여야 한다.

대부분의 사업주체들은 공동주택을 공급하면서 주택공급계약과 별도로 발코니 확장에 관한 계약을 체결하고 그 대금도 분양대금과 별도로 수령한다.

1) 부수용역 여부

사례는 대전구성지구 등 약 23개 사업지구에서 수분양자들에게 국민주택규모 이하의 아파트를 공급하면서, 일부 사업지구에서는 수분양자들의 선택에 따라 일부 세대에 관하여, 일부 사업지구에서는 처음부터 전체 세대에 관하여 발코니를 확장하는 이 사건 용역을 함께 공급하였다.✎

✎ 대법원 2015두48617, 2016.1.28.

사례에서 특정 사업지구의 전체 세대를 발코니 확장형으로 정하여 공급하였더라도 발코니 확장용역의 공급이 부가가치세가 면제되는 이 사건 아파트의 공급에 거래의 관행으로 보아 통상적으로 부수되는 것이라거나 필수적으로 부수되는 것에 해당한다고 볼 수 없다.

① 분양계약서와 별도로 이 사건 용역에 관하여 '선택사양품목에 관한 계약서'를 따로 작성하고 분양대금과 별도의 용역대금을 산정하여 수금하였다.

② 대부분의 수분양자들이 분양계약을 체결하면서 발코니 확장 여부를 선택할 수 있었다.

2) 세금계산서 발행대상 여부

같은 이유로 발코니확장용역의 공급은 주거용 건물 그 자체의 공급이나 이와 동일시할 수 있을 정도로 주거용 건물의 공급에 필수적인 건설용역의 공급이라고 보기 어려우므로, 세금계산서 발급의무가 면제되는 주거용 건물공급업에 포함된다고 할 수 없다고 판단하였다.✎

✎ 과거 국세청이 '부가가치세 과세대상인 이 사건 용역의 공급에 대하여는 세금계산서 대신 영수증을 교부할 수 있다'는 취지로 회신한 사례가 있었다.

건설 Tip 발코니의 세금계산서 발행의 변천

시점	법률해석	적격증빙
2008년 이전	발코니는 주택의 부수함	교부면제
2008년 이후	대법원판결로 부수용역 아님	세금계산서대상
2012년 이후	입법개정으로 주거용건물 수리/보수 및 개량업 영수증교부	영수증대상
2014년 이후	입법개정으로 실내건축 및 건축마무리 공사업 현금영수증 대상	현금영수증대상

세무정책 : 일반적으로 시공사는 개인과 거래할 일이 없으므로 현금영수증발행을 하지 않는다. 인테리어업의 등록여부에 불구하고 통계청이 한국표준산업분류표상 건설사가 인테리어업종을 영위하고 있다고 해석할 수 있는바 세금계산서를 발행하여 현금영수증발행의무를 회피하는 것이 타당하다.

❻ 건설재화 · 용역의 구분

1) 의의

재화나 용역을 공급하는 사업을 구분하는 이유는 둘 다 부가가치세 과세대상이지만 일부 차이가 있기 때문이다. 예를 들면 재화의 무상공급은 과세대상인 반면 사업자가 특수관계인에게 사업용 부동산의 임대용역을 공급하는 것을 제외한 용역의 무상공급은 과세대상이 아니다. 한편, 재화나 용역을 공급하는 사업의 구분은 부가가치세법 시행령에 특별한 규정이 있는 경우를 제외하고는 통계청장이 고시하는 해당 과세기간 개시일 현재의 한국표준산업분류에 따르며, 용역을 공급하는 경우 건설업 등과 유사한 사업은 한국표준산업분류에도 불구하고 건설업 등의 사업에 포함되는 것으로 본다.

부가가치세법은 원칙적으로 주요자재의 전부 또는 일부를 부담하는 경우에는 재화의 공급으로 본다. 그러나 건설업의 경우 건설사업자가 건설자재의 전부 또는 일부를 부담하는 경우 용역의 공급으로 보고 있다(부가가치세법 시행령 §18 ① 2호, §25 1 · 2호).

구 분		판정
원칙	자기가 주요자재를 전혀 부담하지 않고 상대방으로부터 인도받은 재화를 단순히 가공만 해주는 것	용역의 공급
	자기가 주요자재를 전부 또는 일부를 부담하고 상대방으로부터 인도받은 재화를 가공하여 새로운 재화를 만들어 인도하는 것	재화의 공급
예외	건설업의 경우 건설사업자가 건설자재의 전부 또는 일부를 부담하는 것	용역의 공급

Chapter 06

2) 건설업과 부동산업 중 재화를 공급하는 사업

건설업과 부동산업 중 아래의 사업은 재화를 공급하는 사업으로 본다.

① 부동산 매매(주거용 또는 비거주용 건축물 및 그 밖의 건축물을 자영건설하여 분양 · 판매하는 경우를 포함한다) 또는 그 중개를 사업목적으로 나타내어 부동산을 판매하는 사업

② 사업상 목적으로 1과세기간 중에 1회 이상 부동산을 취득하고 2회 이상 판매하는 사업

법률 Tip 부동산매매업의 범위(집행기준 2-4-5)

건설업과 부동산업 중 재화의 공급으로 보는 부동산매매업은 다음과 같다.

1. 부동산의 매매 또는 중개를 목적으로 나타내어 부동산을 판매하는 경우에는 부동산의 취득과 매매 횟수에 관계없이 부동산매매업에 해당한다.
2. 사업상의 목적으로 1과세기간에 1회 이상 부동산을 취득하고 2회 이상 판매하는 경우와 과세기간별 취득 횟수나 판매 횟수에 관계없이 부동산의 규모, 횟수, 태양 등에 비추어 사업활동으로 볼 수 있는 정도의 계속성과 반복성이 있는 때에는 부동산매매업에 해당한다.
3. 주거용 또는 비주거용 및 기타 건축물을 직접 또는 총괄적인 책임을 지고 건설하여 분양 · 판매하는 주택신축판매업과 건물신축판매업은 부동산매매업에 해당한다.
4. 부동산매매업을 영위하는 사업자가 분양목적으로 신축한 건축물이 분양되지 아니하여 일시적 · 잠정적으로 임대하다가 양도하는 경우에는 부동산매매업에 해당한다.
5. 과세사업에 계속 사용하던 사업용고정자산인 건축물을 매각하는 경우에는 재화의 공급으로 부가가치세가 과세되나, 부동산매매업에는 해당하지 아니한다.

■ 한국표준산업분류 및 각 세법상 사업분류 ■

한국표준산업분류		부가가치세법		소득세법	
건설업	• 종합건설업 411 건물건설업 4111 주거용건물건설업 4112 비주거용건물건설업 412 토목건설업 • 전문직별공사업	용역	• 종합건설업 411 건물건설업 (자영건설 분양 · 판매의 경우 제외) • 전문직별공사업 • 부동산임대공급업 6811 부동산임대업 6812 부동산개발공급업 • 부동산관련 서비스업	건설업	•종합건설업 411 건물건설업 4111 주거용건물건설업 412 토목건설업 •전문직별공사업
				주택신축판매업	•부동산임대공급업 6812 부동산개발공급업 68121 주거용 건물 개발 및 공급업(구입한 주거용 건물을 재판매하는 경우는 제외)
부동산업	• 부동산임대공급업 6811 부동산임대업 6812 부동산개발공급업 68121 주거용 건물 개발 및 공급업 • 부동산관련 서비스업	재화	• 종합건설업 411 건물건설업 (자영건설 분양 · 판매의 경우) • 부동산임대공급업 6812부동산개발공급업	부동산매매업	• 종합건설업 411 건물건설업 4112비주거용건물건설업 • 부동산임대공급업 6812 부동산개발공급업

❼ 건설재화 · 용역의 면세

1) 의의

부가가치세법상 면세대상에 해당하는 경우에는 재화의 공급 또는 용역의 공급에 대하여 부가가치세 납세의무가 성립되지 아니하므로 그 공급가액을 과세표준에 포함시키지 않으며, 또한 그에 대한 부가가치세를 거래징수할 의무는 없다. 뿐만 아니라 과세사업자가 아니므로 사업자등록, 세금계산서 발급, 부가가치세 신고 · 납부 등의 의무가 없다. 그러나 일반과세사업자로부터 부가가치세가 과세되는 재화 또는 용역을 제공받을 경우 부가가치세를 징수당할 의무까지 배제되는 것은 아니다. 또한 법인세법과 소득세법의 규정에 의하여 사업자등록증을 발급받아야 한다.

2) 건설업 면세의 범위

(1) 토지

토지는 유체물로서 재화에 해당되지만 부가가치를 창출하는 본원적 생산요소이기 때문에 현행 부가가치세법은 이를 면세로 규정하고 있다(부가가치세법 §26 ① 14호).

(2) 국민주택과 국민주택의 건설용역

조세특례제한법 제106조 제1항 제4호에 국민주택 및 그 주택의 건설용역(리모델링용역 포함)에 대하여 부가가치세를 면제한다고 규정되어 있다.

① 건설산업기본법 · 전기공사업법 · 소방법 · 정보통신공사업법 · 주택법 · 하수도법 · 가축분뇨의관리및이용에 관한법률에 의하여 등록한 자가 공급하는 것과 국민주택의 설계용역으로서 건축사법, 전력기술관리법, 소방시설공사업법, 기술사법 및 엔지니어링산업진흥법에 따라 등록 또는 신고를 한 자가 공급하는 것

② 국민주택규모 이하의 건설에 투입되는 재화 또는 용역이라 할지라도 위 '①' 이외 자가 공급하는 것은 과세대상임.

3) 국민주택

(1) 주택

주택이란 상시 주거용으로 사용되는 것을 말하며, 종업원의 복리후생목적으로 분양 또는 임대하는 세대별 독립주거생활을 할 수 있는 아파트는 주택에 해당되나, 별장 · 콘도미니엄 · 주말농장주택 등 임시주거용 주택 또는 종업원의 복리와 근로편의를 위한 합숙소, 기숙사는 포함되지 않는다.

(2) 국민주택

국민주택이라 함은 주택법 제2조 제6호의 규정에 의한 주거의 용도로만 쓰이는 면적이 1호 또는 1세대당 전용면적 85㎡ 이하인 규모 이하의 주택을 말한다.

구 분		내 역
공동주택	1세대당	전용면적 85㎡ 이하(수도권을 제외한 도시지역이 아닌 읍 또는 면 지역은 전용면적 100㎡ 이하인 주택)
단독주택	1호당	

※ 다가구주택의 경우에는 가구당 전용면적을 기준으로 한 면적을 말한다.

① 전용면적

구 분	전용면적의 기준
단독주택	그 바닥면적. 단, 지하실(거실로 사용되는 면적은 제외한다), 본 건축물과 분리된 창고, 차고 및 화장실 면적을 제외한 주거전용면적
공동주택	외벽의 내부선을 기준으로 산정하되, 2세대 이상 공동으로 사용하는 공용면적은 제외

② 건설 중인 국민주택의 설계변경 전 면세

사업자가 국민주택규모 이하로 건축하던 주택을 설계변경을 통해 국민주택규모 초과주택으로 건축 · 완공하는 경우에 있어 설계변경 이전시점까지는 면세재화인

국민주택을 건축하고 있었으므로 면세사업을 영위하는 것이고, 설계변경 이후시점부터는 과세재화인 국민주택규모 초과분을 건축하고 있었으므로 과세사업을 영위하는 것으로 보아야 한다. 그러므로 설계변경 건축허가시점 이전의 건축 관련 매입세액은 공제되지 아니한다(서삼 46015-11267, 2002.8.1.; 재무부 부가 46015-84, 1994.4.11.).

③ 건설 중인 국민주택의 양도

사업자가 건설 중인 국민주택을 양도하는 경우에는 면세사업에 관련된 재화의 공급으로서 부가가치세를 면제한다(조세특례제한법 기본통칙 106-0…2).

4) 국민주택의 건설용역

(1) 대상자

건설산업기본법, 전기공사업법, 소방법, 정보통신공사업법, 주택법 및 가축분뇨의관리및이용에관한법률에 따라 등록을 한 자가 공급하는 주택건설용역을 말한다.

① 건설산업기본법

건설산업기본법 제9조, 제9조의 2에 따라 국토교통부장관에게 등록증을 교부받은 건설업자

② 전기공사업법

전기공사업법 제4조에 따라 시 · 도지사에게 등록증을 교부받은 자

③ 소방법

소방법 제52조에 따라 시 · 도지사에게 등록증을 교부받은 자

④ 정보통신공사업법

정보통신공사업법 제14조에 따라 시 · 도지사에게 등록증을 교부받은 자

⑤ 주택법

주택법 제9조에 따라 국토교통부장관에게 등록증을 교부받은 자

⑥ 가축분뇨의관리및이용에관한법률

가축분뇨의관리및이용에관한법률 제34조에 따라 시장 · 군수 · 구청장에게 등록을 한 자

세무 Tip 도배공사의 경우

한국표준산업분류상 전문직건설로 구분되어 있는 도배공사(분류번호 : 42412) · 가구공사 등은 건설산업기본법상 전문건설업종에 해당되지 않는 용역이므로 국민주택 이하의 부수되는 용역일지라도 부가가치세 면세대상에서 제외된다. 즉 건설산업기본법상의 면허대상업종이 아니기 때문에 부가가치세가 과세되는 것이다.

건설산업기본법에 의하여 면허를 받지 아니한 사업자가 도배공사용역을 제공하는 경우 부가가치세가 면제되지 아니하는 것이며, 동 사업자가 국민주택건설업자에게 건설자재를 공급하는 경우 부가가치세법 제6조의 규정에 의하여 부가가치세가 과세되는 것임. 이 경우 동 용역 및 재화를 공급하는 때에는 부가가치세법 제16조의 세금계산서를 교부하여야 하는 것이다(제도 46103-10025, 2001.3.12.).

국민주택을 건설함에 있어서 건설업법에 의하여 의장공사 사업면허를 받은 사업자가 도배공사용역을 공급하는 국민주택건설용역은 조세감면규제법 제100조 및 동법 시행령 제96조의 규정에 의해 부가가치세가 면제되는 것이나, 건설업법에 의해 의장공사 사업면허를 받지 아니한 자가 도배공사용역을 공급하는 경우에는 부가가치세법 제7조 제1항 규정에 의해 부가가치세가 과세되는 것임(부가 46015-979, 1996.5.20.)

(2) 국민주택건설용역의 범위

① 재하도급에 대한 용역

건설산업기본법 등에 따라 등록한 사업자가 하도급(하청) 또는 재하도급(재하청)을 받아 국민주택 및 이에 부수되는 부대시설의 건설용역을 공급하는 때에는 부가가치세가 면제된다(조세특례제한법 집행기준 106-106-1).

② 기존건축물 철거공사

건설산업기본법에 따라 전문건설업(비계 · 구조물 해체공사업) 면허를 받은 건설업자가 주택재건축조합과 계약을 체결하고 제공하는 국민주택규모 이하의 주택을 건설하기 위하여 제공하는 기존 건축물 철거용역은 부가가치세가 면제되는 국민주택 건설용역에 해당한다(조세특례제한법 집행기준 106-106-1).

③ 다음의 건설용역은 국민주택건설용역으로 보지 아니한다(조세특례제한법 집행기준 106-106-1).

㉮ 종업원의 복리 또는 근로의 편의를 위한 합숙소나 기숙사에 대한 건설용역

㉯ 관계 법령에 따라 면허를 받지 아니하거나 등록을 하지 아니한 사업자가 공급하는 건설용역

㉰ 기존에 완성된 국민주택에 대한 수리 및 배관공사용역

㉱ 도 · 소매업자가 국민주택의 공급자 또는 국민주택건설업자에게 공급하는 재화

④ 승강기(엘리베이터)를 제조 · 판매 · 시공하는 사업

승강기(엘리베이터)를 제조 · 판매하는 사업자가 건설산업기본법에 따라 전문건설업(승강기설치공사업)으로 등록한 후 건설용역을 전문으로 제공하는 독립된 사업부서와 종업원을 두고 국민주택건설공사의 엘리베이터 설치공사를 수주하여 자기의 제조장에서 제작한 엘리베이터를 해당 부서의 책임 하에 국민주택에 설치 · 시공하는 경우에는 조세특례제한법 제106조 제1항 제4호에 따라 부가가치세가 면제된다(법규부가 2012-371, 2012.9.26.).

세무 Tip 엘리베이터공사의 경우

건설업과 제조업등 다른 산업과 세법상 많은 차이가 있다.
일반적인 경우 "주요자재의 전부 또는 일부를 부담"하고 새로운 재화를 만든 가공계약에 따라 공급하는 것을 재화의 공급으로 본다(부가령 §18 ① 2호). 그러나 건설업의 경우 "건설업자가 건설자재의 전부 또는 일부를 부담"하여도 용역의 공급으로 본다(부가령 §25 1호).
면세하는 국민주택건설용역은 용역일 경우에만 대상이 되므로 재화는 면세대상이 될 수 없다. 재화와 용역의 구분은 사실 쉽지 않다. 대표적으로 엘리베이터 업체의 경우 건설회사와 계약하고 엘리베이터를 설치하는 경우 자재(제조업)로 볼 것 인가 외주(건설업)로 볼 것 인가가 문제시 된다.

건설용역의 해당여부는 통계청장이 고시하는 한국표준산업분류표상의 사업의 분류에 따라 판단하는 것으로, 기존에는 기존사업장과 별도로 사업자등록번호(건설업)가 있는 경우에만 건설업으로 보았다(부가, 부가46015-1048, 1994.05.23). 그러나 최근 예규의 변경으로 설치부서가 있는 경우 건설업으로 보고 있다(법규부가2009-102, 2009.4.9.; 법규부가 2012-442, 2012.11.20.; 법규부가2011-314, 2011.10.14).
국민주택건설현장에서 엘리베이터 업체(또는 빌트인주방가구업체 등)와 계약하는 경우 면세분은 계산서로 수취할 수 있다. 이 경우 현장원가는 매입세액의 국민주택비율만큼 현장원가가 절감되게 된다.

아래 요건을 충족한 경우 면세분거래에 대하여 계산서수취가능하다.
1. 건설산업기본법에 따라 등록한 업체일 것(승강시설치공사업 면허 필요)
2. 직접 제작한 엘리베이터를 독립된 건설용역을 전문으로 제공하는 사업부서가 설치할 것(설치부서 필요)
3. 등록된 범위내의 용역을 제공하여야 함(엘리베이터 제작설치용역에 한함. 유지보수용역/교체공사 제외)

⑤ 국민주택건설용역에 부수되는 사업장폐기물의 운반 및 처리용역

주택건설촉진법에 의하여 등록을 한 자가 국민주택의 건설용역과 국민주택건설현장에서 발생하는 사업장폐기물(건설폐기물)의 운반 및 처리용역을 함께 제공하는 경우 국민주택건설용역에 대하여는 조세특례제한법 제106조 제1항 제4호의 규정에 의하여 부가가치세가 면제되는 것이나 사업장폐기물(건설폐기물)의 운반 및 처리용역에 대하여는 부가가치세가 과세되는 것이다(부가 46015-1011, 2001.7.5.).

(3) 국민주택과 관련되는 부대용역

① 국민주택 부대시설의 부가가치세 면제

국민주택에 해당하는 집단주택의 부대시설 및 복리시설을 주택공급과 별도로 공급하는 경우에는 부가가치세를 면제하지 아니하나, 해당 시설을 주택의 공급에 부수하여 공급하고 그 대가를 주택의 분양가격에 포함하여 받는 경우에는 부가가치세를 면제한다(조세특례제한법 집행기준 106-0-4).

건설 Tip 부대시설과 복리시설 및 선택품목

공동주택은 단독주택과 달리 주택의 입주자의 편의를 위하여 부대시설과 복리시설을 건축법 및 주택법에 의하여 부수적으로 건립하여야 하며, 그 부수적으로 건립되는 부대시설은 주택공급에관한규칙에 의하여 주택분양가에 포함되어 공급된다. 또한 입주자의 일상생활에 필요한 싱크대 및 욕조 등 기본생활에 필요한 생활품목의 내부마감자재도 그 공급가격에 포함하도록 규정되어 있다. 따라서 주택사업자가 국민주택에 해당하는 공동주택의 부대시설 등을 별도로 공급하는 경우에는 부가가치세를 면제하지 아니하나 동 부대시설이 주택의 공급에 부수하여 공급되고 그 대가를 주택의 분양가격에 포함하여 받는 경우에는 부가가치세가 면제된다.

(1) 부대시설의 범위

공동주택의 부대시설이란 보안등, 대문, 경비실 및 자전거보관소, 조경시설, 옹벽 및 축대, 안내표지판 및 공중화장실, 저수시설, 지하양수시설 및 대피시설, 쓰레기 수거 및 처리시설, 오수처리시설, 정화조, 소방시설, 냉난방공급시설(지역난방공급시설은 제외한다) 및 방범설비, 환경친화적 자동차의 개발 및 보급 촉진에 관한 법률 제2조 제3호에 따른 전기자동차에 전기를 충전하여 공급하는 시설, 그 밖에 국토교통부령으로 정하는 시설 또는 설비를 말한다(주택법 시행령 §6).

(2) 복리시설의 범위

복리시설이란 건축법 시행령에 따른 제1종 근린생활시설, 제2종 근린생활시설(총포판매소, 장의사, 다중생활시설, 단란주점 및 안마시술소는 제외한다), 종교시설, 판매시설 중 소매시장 및 상점, 교육연구시설, 노유자시설, 수련시설, 업무시설 중 금융업소, 산업집적활성화 및 공장설립에 관한 법률 제2조 제13호에 따른 지식산업센터, 사회복지사업법 제2조 제5호에 따른 사회복지관, 공동작업장, 주민공동시설, 도시 · 군계획시설인 시장 그 밖에 국토교통부령으로 정하는 공동시설 또는 사업계획승인권자가 거주자의 생활복리 또는 편익을 위하여 필요하다고 인정하는 시설을 말한다(주택법 시행령 §7).

(3) 선택품목

사업주체는 입주자모집시 기본선택품목 이외의 선택품목은 주택분양가에 포함시키지 못하도록 하였으나 주택법령 개정(2005.3.9.)으로 분양가상한제 주택에 대해서는 가구제품 및 가전제품 등 입주자가 개별적으로 구입하여 설치가 가능한 제품에 대하여는 입주자가 설치 여부를 선택할 수 있도록 하였다.

① 국민주택의 공급시 승인받지 않은 사양 선택품목

사업자가 국민주택을 공급함에 있어서 하나의 계약에 의하여 신발장, 싱크대 등 사양선택품목을 해당 주택에 통상적으로 부수하여 공급하는 경우에는 주된 재화의 부수재화로 보아 부가가치세법 제1조 제4항, 동령 제3조 제2호 및 조세감면규제법 제100조 제1항에 의하여 부가가치세가 면제된다(재무부 부가 46015-5, 1994.1.6.).

② 국민주택의 공급시 분양가액에 포함하지 않은 사양 선택품목

국민주택규모의 아파트를 신축하여 분양하는 사업자가 아파트 공급시 분양가액에 가구, 가전, 위생용품 등 선택품목을 포함시키지 아니하고 동 선택품목을 원하는 계약자에 대하여는 별도의 계약을 체결하여 공급하고 그 대가를 받는 경우에는 주택공급과는 별개의 공급으로서 부가가치세가 과세된다(서삼-1690, 2005.10.5.; 서삼-1960, 2004.9.23.).

③ 분양가격에 포함하여 공급하지 않는 부대복리시설 및 생활품목

주택의 분양가격에 포함하여 공급되지 않고 별도로 분양계약에 공급되는 부대시설 및 복리시설 등은 주민주택에 부수되어 건설을 하더라도 부가가치세가 면제되지 않는다.

② 가설울타리 설치용역대가

하도급에 의해 국민주택건설용역이 아닌 건설현장내의 현장사무실 또는 가설울타리 공사용역만을 제공받는 경우 국민주택건설용역에 해당하지 않는다. 철구조물을 제조하는 업체는 철구조물은 울타리 펜스로서 건설현장에 납품설치하나 건설공사 완료 후 회수하는 형태로서 실질적으로 임대라는 점과 국민주택건설용역에 부수되는 용역으로 보아 국민주택건설과 함께 제공하는 경우에만 면세로 본다. 그러나 소음진동관리법상 생활소음진동 규제목적(§21)에 따라 환경부가 정하는 방음시설 및 저감대책(§22)을 갖추어 사전신고한 특정공사는 부가가치세 면세가 가능하다. 건설산업기본법 제8조에 따른 금속구조물, 창호공사업 및 강구조물설치업 등록을 한 전문건설업자가 소음 · 진동관리법 제22조 및 같은 법 시행규칙 제21조에 따라 국민주택 건설현장 내에 설치되는 가설울타리 건설용역을 (하)도급받아 제공하는 경우 해당 가설울타리 건설용역은 조세특례제한법 제106조 제1항 제4호에서 정하는 국민주택건설용역에 해당하는 것이다(서면법규-1199, 2014.11.14.).

③ 단지외부공사

건설업자가 ㅇㅇ공사에게 주택법 제2조 제4호에 규정하는 주택단지 밖의 별도장소에 설치되는 자원회수시설 및 쓰레기 수송관로의 건설용역을 제공하는 경우에는 조세특례제한법 제106조 제1항 제4호의 규정이 적용되지 아니한다(서면3팀-214, 2008.1.28.).

국민주택의 건설용역에는 국민주택의 상시주거용 건물과 이에 부속되는 토지의 조성 등을 위한 건설용역을 말하는 것이므로 건물에 부속되지 아니하는 도로의

건설용역은 국민주택건설용역에 해당하지 않는다(부가 46015-1653, 1997.7.22.; 재무부 부가 22601-1805, 1991.12.14.).

④ 국민주택 택지조성을 위한 건설용역

건설산업기본법 등에 의하여 등록한 자가 국민주택 택지조성을 위한 건설용역을 제공하는 경우에는 조세특례제한법 제106조 제1항 제4호의 규정에 의하여 부가가치세가 면제(부가-5035, 2008.12.29.)한다. 그러나 국민주택 택지조성이 무엇인지에 관해서는 다툼이 크다.✎ 국민주택조성을 위한 건설용역이라 함은 국민주택 건설용역을 공급하는 사업자가 그에 부수하여 공급하는 국민주택의 부속토지건설공사가 아니라 택지조성만을 목적으로 하는 토지조성공사 및 기타시설공사는 국민주택 그 자체의 공급이나 국민주택 건설용역이 아닐 뿐 아니라 국민주택 건설에 필수적으로 부수되는 건설용역이라고 볼 수도 없으므로 조특법 제106조 제1항 제4호에 따라 부가가치세가 면제되는 용역에 해당하지 아니 할 것이다(조심 2012중1433, 2012.8.14., 같은 뜻임).

✎ 이데일리 "서울시 정책 믿은 게 죄?…건설사 수백억 '세금폭탄'" 2014.12.17.

⑤ 국민주택에 부수되는 어린이놀이터 등의 철구조물 조립 등

조세감면규제법 제74조 제1항 및 동법 시행령 제58조 제1항에서 규정한 국민주택 건설용역에는 해당 건설에 부수되는 도로포장, 상하수도, 조경공사 및 어린이놀이터 등의 설치에 대한 건설용역이 포함되나, 어린이놀이터의 철구조물을 제작하여 현장에서 조립만 하는 경우에는 건설용역으로 보지 않는다(부가 1265.1-1402, 1983.7.14.).

⑥ 국민주택의 하자보수용역

부가가치세가 면세되는 국민주택 건설용역을 공급한 사업자가 계약에 의하여 일정기간동안 하자 보수용역을 공급하는 경우에는 부가가치세가 면제되는 것이나 기존에 완성된 국민주택규모 이하 아파트에 대한 보수용역(하자보수 용역은 제외)은 부가가치세 과세 대상이다(부가-652, 2014.7.18.). 건설용역을 공급한 사업자 이외의 자가 공급하는 국민주택 하자보수용역은 부가가치세가 면제되는 국민주택건설용역에 해당하지 아니한다(서삼46015-11626, 2003.10.16.).

세무 Tip **모델하우스의 건립과 매각**

① 국민주택규모 이하의 아파트 모델하우스 건설용역

건설산업기본법 · 전기공사업법 · 소방법 · 정보통신공사업법 · 주택건설촉진법 및 오수 · 분뇨및축산폐수의처리에관한법률에 의하여 등록한 사업자가 조세특례제한법 제106조 제1항 제4호에 규정하는 국민주택의 건설용역을 제공함에 있어서 해당 국민주택의 건설용역에 부수하여 모델하우스의 건설용역을 제공하는 경우에는 해당 모델하우스 건설용역에 대하여 부가가치세를 면제하는 것이나, 해당 모델하우스 건설용역만을 별도로 제공하는 경우에는 부가가치세가 과세되는 것으로 해당 모델하우스의 건설용역이 국민주택의 건설용역에 부수하여 제공하는 것인지 또는 별도로 제공하는 것인지는 계약서 등 관련서류에 따라 사실판단할 사항인 것이다(서삼46015-12050, 2002.12.2.).

② 국민주택건설사업자가 주택분양이 끝난 후 매각하는 국민주택 모델하우스의 과세 여부

국민주택규모 이하 및 동 규모를 초과하는 아파트를 신축분양하는 과세 · 면세 겸영자가 동 아파트분양사업과 관련하여 취득한 모델하우스를 아파트분양이 끝난 후 매각하는 경우에는 국민주택을 초과하는 모델하우스는 과세대상으로, 동 규모 이하의 경우에는 면세대상으로 구분하여 세금계산서 및 계산서를 발급하여야 한다(부가 22601-272, 1992.2.29.).

③ 국민주택을 신축 · 분양하는 사업을 위한 모델하우스에 사용한 집기비품을 매각하는 경우

사업자가 조세특례제한법 제106조 제1항 제4호에 따른 국민주택을 신축 · 분양하는 사업을 위해 설치한 모델하우스를 철거하면서 모델하우스에서 사용한 집기비품을 매각하는 경우 해당 집기비품은 국민주택 신축 · 분양사업에 부수되어 공급하는 재화에 해당하는 것이다(부가-610, 2013.6.28.).

⑦ 국민주택의 설계감리용역

예전에는 설계, 감리용역이 모두 과세대상이었다. 건축설계 및 건축감리용역은 사업서비스업 중 건축설계 및 관련서비스업으로 분류된다. 이에 따라 건설업이 아니라고 보는 시각이 지배적이었기 때문이다. 그러나 2003.7.1. 이후 공급분부터 건설용역(조특법 §106 ④ 2호)에 추가하여 건축사법에 의하여 등록한 자의 설계용역(조특법 §106 ④ 3호)이 면세대상이 되었다(2009.2.4. 최초로 계약을 체결하여 공급하는 분부터 『전력기술관리법』, 『소방시설공사업법』, 『기술사법』 및 『엔지니어링 기술진흥법』에 의하여 등록 등을 한 자의 설계용역도 면세됨). 그러나 감리용역은 국민주택건설용역에 해당되지 아니하므로 세금계산서를 교부받아야 한다.

건축사법에 따르면 설계와 감리는 건축사의 주업무이다. 그러나 감리는 시공현장의 검측과 확인(품질등)등의 업무인관계로 국민주택건설용역에서 제외된 것으로 이해된다.

⑧ 분양대행용역

도급계약에 따라 시공사가 분양대행용역이나 광고용역 등을 제공하는 경우 이러한 용역은 국민주택건설 용역에 해당하지 않는다. 따라서 기성확인을 받아 청구하는 금액중 이러한 분양대행용역이나 광고용역 등 국민주택건설용역에 해당하지 않는 용역부분에 대해서는 과면세비율로 안분하는 것이 아니라 전체 세금계산서를 교부하여야 한다.

세무 Tip 도급계약시 과세용역의 구분필요

① 분양대행용역(모델하우스 운영비, 광고비, 분양 및 계약 제경비)과 ② 단지외부공사(기부채납 도로/공원조성 등) 및 ③ 발코니옵션공사 등은 국민주택건설의 부수용역이 아니므로 국민주택규모초과 유무와 상관없이 전액 부가가치세 과세대상이므로 부가세를 납부하여야 하고 계약상 구분되지 않아 세금계산서를 발행할 수 없는 경우 거래징수를 할 수 없으므로 건설사의 리스크가 매우 크다. 이 경우 분양 등 관련 매출을 위한 비용과 관련된 매입부가가치세는 전액 공제처리가 가능하다.

⑨ 리모델링 건설용역

리모델링이란 건축물의 노후화의 억제 또는 기능향상 등을 위하여 증축 · 개축 또는 대수선하는 것을 말한다. 이는 기존 건축을 구조적, 기능적, 미관적, 재산적 가치를 대규모의 수선을 통하여 생활의 쾌적함과 건물의 자산적 가치를 증가시키고 경제성과 주거성을 높이는 행위를 말한다. 주택법, 도시및주거환경정비법 및 건축법에 의하여 리모델링공사를 하는 것으로서 해당 리모델링을 하기 전의 주택규모가 국민주택규모 이하로서 리모델링 후 주택면적이 국민주택규모를 초과하는 경우에는 기존 주택규모의 100분의 130을 초과하지 않는 건설용역에 한하여 면제한다.

당초 규모	리모델링공사 후 (1)		리모델링공사 후 (2)	
	국민주택규모 이하		국민주택규모 초과	
국민주택 규모 이하	기존주택규모 130% 미만	면제	기존주택규모 130% 미만	과세
	기존주택규모 130% 초과	면제	기존주택규모 130% 초과	과세
국민주택 규모 초과	과세		과세	

※ 부가가치세 면제되는 국민주택 허용면적은 아래와 같다.

▶ 기존전용면적 18평(60㎡) → 전용면적 25.7평까지 면세

▶ 기존전용면적 25.7평(85㎡) → 전용면적 33.41평까지 면세(기존면적의 130%), 이후 면적부터는 부가가치세가 과세됨

❽ 사업권양도 과 · 면세 여부

1) 개요

최근 주택건설업계는 공공택지의 입찰자격을 충족시키는 법인을 다수 확보하기 위하여 사업권을 관계회사에게 양도하거나 금융기관과의 프로젝트 파이낸싱 협의과정에서 금융기관의 요구에 의하여 신설법인을 설립한 후 기존 법인의 사업권을 양도하고 있다. 사업권 양도에 따른 부가가치세법상 이슈는 사업권의 공급시기, 공급가액 및 과 · 면세 여부이며, 이에 대하여 살펴보기로 한다.

2) 사업권의 공급시기

① 사업권은 부가가치세법 시행령 제2조에 따른 물건 외에 재산적 가치가 있는 것에 해당되어 재화로 보며, 공급시기는 재화의 이동이 필요하지 아니한 경우로 보아 재화가 이용가능하게 되는 때이다. 따라서 사업권의 공급시기는 구체적인 사례에 따라 판단해야 하며 아래 사례를 참고하기로 한다.

② 청구법인은 2005.11.14. 재건축 사업권을 청구외법인으로부터 17억원에 양수하되, 관련 부가가치세는 당사자 간 2분의 1씩 분담하기로 청구외법인과 업무양해계약을 체결하면서 같은 날 계약금 조로 10억원을 지급한 후 나머지 대금과 토지대금도 동 계약에 따라 청구외법인에게 지급한 사실과 청구법인은 쟁점세금계산서를 수취하기 전인 위 업무양해계약일에 이미 청구외법인으로부터 사업권에 관한 권리 일체를 이전받아 아무런 제한없이 재건축사업을 영위한 사실이 업무양해계약서와 청구법인의 장부 및 관련 전표 등의 증빙자료에 의하여 확인된다. 따라서 위 사업권은 업무양해계약일에 이용 가능하게 된 것으로 인정되므로 이 날을 공급시기로 보아야 한다(국심 2007서2000, 2007.8.21.).

3) 사업권의 공급가액

사업자가 토지와 그 토지에 건설할 건축물과 관련된 사업권(이하 "사업권 등"이라 함)을 함께 공급하는 경우 부가가치세 과세표준은 부가가치세법 제29조 제9항에 따라 사업권 등의 실지거래가액을 공급가액으로 하는 것이며 실지거래가액 중 토지와 사업권 등의 가액의 구분이 불분명한 경우에는 같은 법 시행령 제64조 각 호에 따라 안분계산하는 것이다. 이 경우 부가가치세법 제29조 제9항에 따른 실지거래가액은 일반적으로 매매계약서상의 매매금액이 실지거래가액임이 확인되고, 계약서상에 토지의 가액과 사업권 등의 가액이 구분 표시가 되어 있으며, 구분표시된 토지와 사업권 등의 가액이 정상적인 거래 등에 비추어 합당하다고 인정되는 가액을 말하는 것이다(법규부가 2014-62, 2014. 3.7.).

4) 사업권의 과 · 면세 여부 검토

(1) 부가가치세법

재화란 재산 가치가 있는 물건 및 권리를 말한다. 물건과 권리의 범위에 관하여 필요한 사항은 대통령령으로 정한다(부가가치세법 §2). 주된 사업과 관련하여 우연히 또는 일시적으로 공급되는 재화 또는 용역의 공급은 별도의 공급으로 보되, 과세 및 면세 여부 등은 주된 사업의 과세 및 면세 여부 등을 따른다(부가법 §14). 재화를 공급하는 날이 속하는 과세기간에 신규로 사업을 시작하여 직전 과세기간이 없는 경우에는 해당 재화의 공급가액 전부를 과세표준으로 한다(부가령 §63). 이 경우 재화에 대한 매입세액은 공제되는 매입세액으로 한다(부가령 §81).

Chapter 06

(2) 국세청 해석

① 과 · 면세겸영사업자

아파트를 신축하여 분양할 예정인 과 · 면세겸영사업자가 건설용지를 확보하고 사업에 따른 인허가 등을 진행하면서 발생된 공통매입세액에 대하여 예정사용면적비율로 안분공제하다. 사업용부지를 일부 매각하면서 별도로 사업권을 산정하여 양도하는 경우 해당 사업권의 양도에 대하여는 부가가치세법 시행령 제48조의 2(현행 §63) 제3항 제3호에 따라 사업권(재화)의 공급가액 전액을 과세표준으로 하는 것이며, 해당 재화의 매입세액은 같은 법 시행령 제61조 제3항(현행 §81 ②) 제3호에 따라 전액 공제되는 것이다(부가가치세과-167, 2011.2.23.).

② 국민주택규모의 아파트

㉮ 건물신축판매업을 영위하는 자가 신축중인 국민주택규모 초과 및 국민주택규모 이하의 아파트 현장을 사업권과 함께 매각하면서 총매매대금을 토지 · 국민주택규모 초과 아파트 및 국민주택규모 이하 아파트로 구분하여 받는 경우 토지부분과 국민주택규모 이하의 대가에 대하여는 부가가치세가 면제된다(서면3팀-2617, 2006.11.1.).

㉯ 부산시 일원에 공동주택 신축사업을 위하여 국민주택 규모 이하 310세대 설계를 완성하고 관할구청으로부터 조건부 신축승인을 받았으나 공사를 계속할 수 없는 내부사정으로 타 건설회사에 사업권 양도양수계약을 체결하고 사업전체를 양도하는 경우에는 면세사업관련 권리의 양도로서 VAT 면제되는 것이다(서삼 46015-10444, 2003.3.18.).

(3) 국민주택규모의 아파트와 상가

국민주택규모의 아파트와 상가를 신축 · 분양하는 사업은 과 · 면세겸영사업에 해당하며, 재화를 공급하는 날이 속하는 과세기간에 신규로 사업을 시작하여 직전 과세기간이 없는 경우에는 사업권의 공급가액 전액을 과세표준으로 하는 것이 타당한 것으로 판단된다. 다만, 이에 따른 매입세액을 전액 공제받지 못할 사정이 있는 경우에는 국민주택규모 이하에 해당하는 사업권 대가와 상가에 해당하는 사업권 대가를 구분하는 방법도 고려해 볼 수 있다(서면3팀-2617, 2006.11.1. 참조).

⑨ 오피스텔이 조세특례제한법 제106조에 따른 주택에 해당하는지 여부

조세특례제한법 제106조에서는 주택법에 따른 국민주택 규모 이하의 주택, 즉 주거전용면적이 1호 또는 1세대당 85제곱미터 이하인 주택(수도권을 제외한 도시지역이 아닌 읍 또는 면 지역은 1호 또는 1세대당 100제곱미터 이하의 주택)에 대해서는 부가가치세를 면제한다고 규정하고 있으나, 오피스텔이 2010.7.6.부터 주택법상 준주택으로 추가되면서, 오피스텔이 조세특례제한법 제106조에 따른 주택에 해당하는지 여부에 대한 다툼이 있었다.

또한 신축하는 오피스텔의 경우에도 주거용으로 분양하기 위한 목적인 경우 면세적용이 가능하다는 심판례도 있었다(조심 2015중629, 2015.4.29.[1, 2]). 그러나 이후 조세심판원은 오피스텔은 부가가치세 면제 대상인 주택에 해당되지 않는 취지로 결정(조심 2017중897 2017.9.22.)하였으며, 과세관청에서는 그 이전에 여러 유사사건에 대하여 부가가치세 면제대상에 해당하지 않는 것으로 판단하고 있으며 주택신축판매업에서 '주택'이란 본래부터 주거용으로 사용될 목적으로 신축된 것으로, 오피스텔과 같이 그 공부상의 용도를 '업무시설' 등으로 하여 신축된 건축물은 설사 그것이 사후에 주거용으로 사용되었다 하더라도 위 주택신축판매업에서의 주택에 해당되지 않는 것으로 판시하고 있다(대법원 2010.7.29. 선고 2009두522 판결, 대법원 2010.7.22. 선고 2008두21768 판결 참조). 세법상 주택은 사실상 상시주거용도로 사용하고 있는 것을 의미하는바 신축하는 주책은 사실상 사용이 존재하지 않으므로 공부상 업무용으로 보아 판단한 결정은 달리 잘못이 없을 듯하다.

[1] 조심 2015중629, 2015.4.29. : 어떠한 건축물의 용도가 부가가치세 면제대상인 국민주택에 해당하는지 여부는 건축허가에서 정한 용도나 공부상의 용도를 기준으로 할 것이 아니라 당해 건축물의 실제 용도를 기준으로 판단하여야 할 것인바, 쟁점건물을 신축하면서 관련 부가가치세 매입세액 공제를 받은 사실이 없는 점, 쟁점건물 2층을 촬영한 사진자료에서 호별로 화장실, 싱크대 및 가스계량기가 설치되어 있고, 실제 주거용으로 사용된 것으로 보이는 점, 쟁점건물에 시공된 도시가스 배관, 상하수도 공사는 모두 벽체 매립형으로 설치되었고 추후 시설 변경을 할 수 없다고 보이는 점, 쟁점건물 건축물대장상으로 위반건축물로 표기되어 있는 점 등에 비추어 청구인들이 쟁점건물을 신축할 때부터 근린생활시설이 아닌 주택으로 분양하기 위한 목적이었던 것으로 보이고, 비록 청구인들이 쟁점건물 2층의 용도를 업무시설(오피스텔)로 하여 건축허가 및 사용승인을 받았고, 건축물대장에 업무시설(오피스텔)로 등재되어 있다 하더라도 그 실질적인 용도는 처음부터 주택이었던 것으로 보인다.

[2] 조심 2016구288, 2016.5.17. : 쟁점오피스텔은 호수별 전용면적이 85㎡ 이하이고, 건축 및 분양 당시부터 공동주택 구조로 주거용으로 분양하기 위한 것으로 보이는 점, 입주자가 대부분 실제 거주하고 있고 지방세법상 주택으로 분류되어 재산세가 과세되고 있는 점, 청구인이 부가가치세 매입세액 공제를 받은 사실이 없는 점 등에 비추어 쟁점오피스텔은 부가가치세가 면제되는 국민주택으로 보는 것이 타당하다.

건설 Tip 오피스텔과 준주택

주택이란 세대의 구성원이 장기간 독립된 주거생활을 할 수 있는 구조로 된 건축물의 전부 또는 일부 및 그 부속토지를 말하며, 이를 단독주택과 공동주택으로 구분한다(주택법 §2). 준주택이란 주택 외의 건축물과 그 부속토지로서 주거시설로 이용가능한 시설 등을 말한다(주택법 §2). 준주택의 범위와 종류는 건축법 시행령 별표 1 제14호 나목에 따른 오피스텔등을 말한다(주택법 시행령 §2의 2).

부가가치세 과세표준

❶ 재화 · 용역의 과세표준

1) 의의

과세의 대상이 되는 물체 · 행위 또는 사실을 과세객체 또는 과세물건이라 하는데, 세법에 의하여 직접적으로 세액산출의 기초가 되는 과세물건의 수량 또는 가액을 과세표준이라고 한다. 따라서 모든 세법에서 과세표준에 세율을 곱하면 산출세액이 된다. 전단계세액공제방식을 택하고 있는 부가가치세의 과세표준은 매출세액의 산출기준인 재화 또는 용역의 공급가액이 된다.

2) 공급가액

(1) 공급가액의 범위

공급가액은 다음의 가액을 말한다. 이 경우 대금, 요금, 수수료, 그 밖에 어떤 명목이든 상관없이 재화 또는 용역을 공급받는 자로부터 받는 금전적 가치 있는 모든 것을 포함하되, 부가가치세는 포함하지 아니한다. 한편, 부가가치세가 별도로 표시되어 있지 않거나 부가가치세가 포함되어 있는지 불분명한 경우에는 그 거래금액 또는 영수할 금액의 110분의 100에 해당하는 금액이 공급가액이 된다(부가가치세법 §29).

① 금전으로 대가를 받는 경우에는 그 대가

② 금전외의 대가를 받는 경우에는 자기가 공급한 재화 또는 용역의 시가

③ 폐업하는 경우에는 폐업시 남아 있는 재화의 시가

④ 개인적인 공급 등의 경우에는 자기가 공급한 재화 또는 용역의 시가

⑤ 자기의 다른 사업장에 반출하는 경우에는 해당 재화의 취득가액 등을 기준으로

대통령령으로 정하는 가액

⑥ 외상판매 및 할부판매의 경우에는 공급한 재화의 총가액

⑦ 장기할부판매, 완성도기준지급조건부 및 중간지급조건부로 재화 또는 용역을 공급하거나 계속적으로 재화나 용역을 공급하는 경우에는 계약에 따라 받기로 한 대가의 각 부분

⑧ 통상적으로 용기 또는 포장을 해당 사업자에게 반환할 것을 조건으로 그 용기대금과 포장비용을 공제한 금액으로 공급하는 경우에는 그 용기대금과 포장비용은 공급가액에 포함하지 아니한다. 따라서 사업자가 용기 또는 포장의 회수를 보장하기 위하여 받는 보증금 등은 과세표준에 포함하지 아니하는 것이나, 반환조건으로 공급한 용기 및 포장을 회수할 수 없어 그 용기대금과 포장비용을 변상금형식으로 면제받을 때에는 과세표준에 포함한다.

⑨ 사업자가 음식·숙박 용역이나 개인서비스 용역을 공급하고 그 대가와 함께 받는 종업원(자유직업소득자를 포함한다)의 봉사료를 세금계산서, 영수증 또는 신용카드매출전표 등에 그 대가와 구분하여 적은 경우로서 봉사료를 해당 종업원에게 지급한 사실이 확인되는 경우에는 그 봉사료는 공급가액에 포함하지 아니한다.

⑩ 특수관계인에게 재화의 공급에 대하여 부당하게 낮은 대가를 받거나 아무런 대가를 받지 아니한 경우와 용역의 공급에 대하여 부당하게 낮은 대가를 받거나 사업용 부동산의 임대용역에 대하여 대가를 받지 아니하는 경우에는 자기가 공급한 재화 또는 용역의 시가

(2) 공급가액에 포함하지 않는 금액

① 에누리액

재화나 용역을 공급할 때 그 품질이나 수량, 인도조건 또는 공급대가의 결제방법이나 그 밖의 공급조건에 따라 통상의 대가에서 일정액을 직접 깎아 주는 금액을 말한다.

② 환입된 재화의 가액

환입된 재화는 과세표준에 포함된 당초의 공급행위 자체가 취소되는 것이므로 환입된 재화의 가액은 과세표준에서 공제한다. 그러나 해당 재화의 환입시기는 당초 공급한 과세기간과 동일한 과세기간일 수도 있고, 과세기간을 달리할 수도 있으므로 환입된 재화가액을 과세표준에서 언제 공제할 것인지가 문제가 되는데, 이에 대하여 부가가치세법 시행령 제70조에서는 당초 공급가액에 차감되는 금액이 발생

한 경우에는 그 발생한 때에 수정세금계산서를 발급할 수 있도록 규정하고 있다.

③ 공급받는 자에게 도달하기 전에 파손 · 훼손 또는 멸실된 재화의 가액

④ 재화 또는 용역과 직접 관련되지 아니하는 국고보조금과 공공보조금

⑤ 공급에 대한 대가의 지급이 지체되었음을 이유로 받는 연체이자

⑥ 공급에 대한 대가를 약정기일 전에 받았다는 이유로 사업자가 당초의 공급가액에서 할인해 준 금액

할인액은 외상판매에 대한 공급대가의 미수금을 결제하거나 공급대가의 미수금을 그 약정기일 전에 영수하는 경우에 일정액을 할인하는 금액을 말한다.

(3) 과세표준에서 공제하지 않는 금액

재화 또는 용역을 공급한 후의 그 공급가액에 대한 대손금 · 장려금과 이와 유사한 금액은 과세표준에서 공제하지 아니한다.

① 사업자가 재화 또는 용역을 공급받는 자에게 지급하는 장려금이나 이와 유사한 금액

장려금을 지급하는 사업자가 금전으로 지급하는 경우 지급하는 장려금 상당액은 과세표준에서 공제하지 아니한다. 또한 장려금을 지급받는 사업자가 판매실적에 따라 지급받는 경우라도 이 재화 또는 용역의 공급대가에 의한 영수가 아니므로 부가가치세가 과세되지 아니한다. 그러나 장려금을 재화로 지급하는 경우에는 사업상 증여에 해당하여 부가가치세가 과세된다. 다만, 이 경우에는 세금계산서 발급의무는 면제된다.

② 재화 또는 용역을 공급한 후의 그 공급가액에 대한 대손금

대손금은 거래처의 파산 · 폐업 · 행방불명 등의 사유로 인하여 외상매출금, 받을어음 등 채권의 회수가 불가능하게 된 미회수채권을 말하는 것으로서, 이 경우에는 공급된 재화 등이 회수되지 아니한 것이므로 과세표준에서 공제하지 아니한다.

3) 과세사업과 면세사업 등에 공통으로 사용된 재화의 공급가액

사업자가 과세사업과 면세사업 등에 공통적으로 사용된 재화를 공급하는 경우에는 다음에 따라 계산한 금액을 공급가액으로 한다. 이 경우 휴업 등으로 인하여 직전 과세기간의 공급가액이 없을 때에는 그 재화를 공급한 날에 가장 가까운 과세기간의 공급가액으로 계산한다.

(1) 계산산식

① 직전 과세기간의 공급가액이 있는 경우

$$\text{공급가액} = \text{해당 재화의 공급가액} \times \frac{\text{재화를 공급하는 날이 속하는 과세기간의 직전 과세기간의 과세된 공급가액}}{\text{재화를 공급한 날이 속하는 과세기간의 직전 과세기간의 총공급가액}}$$

② 직전 과세기간의 공급가액이 없는 경우

$$\text{공급가액} = \text{해당 재화의 공급가액} \times \frac{\text{재화를 공급하는 날이 속하는 과세기간에 가장 가까운 과세기간의 과세된 공급가액}}{\text{재화를 공급한 날이 속하는 과세기간에 가장 가까운 과세기간의 총공급가액}}$$

③ 사용면적비율로 공통매입세액을 안분계산 · 정산 · 재계산한 재화인 경우

$$\text{공급가액} = \text{해당 재화의 공급가액} \times \frac{\text{재화를 공급하는 날이 속하는 과세기간의 직전 과세기간의 과세사용면적}}{\text{재화를 공급한 날이 속하는 과세기간의 직전 과세기간의 총사용면적}}$$

(2) 과세표준 안분계산의 배제

과세사업과 면세사업을 겸영하는 사업자가 다음에 해당하는 경우 해당 사업에 공통적으로 사용하는 재화를 공급하는 경우 총공급가액 중 면세공급가액은 없는 것으로 한다.

① 재화를 공급하는 날이 속하는 과세기간의 직전 과세기간의 총공급가액 중 면세공급가액이 5퍼센트 미만인 경우. 다만, 해당 재화의 공급가액이 5천만원 이상인 경우는 제외한다.

② 재화의 공급가액이 50만원 미만인 경우

③ 재화를 공급하는 날이 속하는 과세기간에 신규로 사업을 개시하여 직전 과세기간이 없는 경우

❷ 중도금이자보전 및 프리미엄보장금액이 매출에누리에 해당하는지 여부

건설회사는 아파트 분양을 촉진하기 위해 수분양자에게 다양한 분양조건을 제시한다. 수분양자의 중도금에 대한 자금 부담을 덜어 주기 위한 중도금대출 알선은 기본이며, 중도금 대출에 대한 이자부담을 덜어주기 위해 중도금대출 이자를 건설회사가 부담하는

경우도 있다. 또한, 2008년 금융위기 때는 미분양을 해소하기 위해 분양계약 후 입주시 또는 입주 후 일정기간 이내에 시세가 약정금액에 미달할 경우 그 차액을 보장해주는 프리미엄 보장제를 실시하기도 하였다.

세무 Tip **에누리의 범위**

부가가치세법 집행기준 29-0-9【공급가액에 포함하지 아니하는 에누리 · 할인액의 범위】

① 에누리액이란 재화나 용역을 공급할 때 그 품질이나 수량, 인도조건 또는 공급대가의 결제방법이나 그 밖의 공급조건에 따라 통상의 대가에서 일정액을 직접 깎아 주는 금액으로 한다.

② 사업자가 거래처와의 약정에서 정한 거래조건에 따라 당초 공급단가를 인하하는 조건으로 재화를 공급하고 약정내용에 따라 공급단가를 변경시키는 조정사유가 발생한 때에 조정한 가액은 에누리에 해당하여 수정세금계산서를 발급할 수 있으며, 월합계세금계산서를 발급하는 경우에는 해당 월의 조정된 판매단가에 의한 공급가액의 합계액으로 한다.

③ 사업자가 완성도기준지급조건부로 건설용역을 제공함에 있어 계약당사자 간의 사전약정에 따라 대가의 각 부분을 기성고확정일 이전에 지급받는 때에는 일정금액을 할인하여 주기로 하고 선납일수에 따른 할인료의 합계액을 최종기성고가액에서 차감하여준 가액은 할인액(에누리액)으로 본다.

④ 사업자가 재화를 공급한 후 거래상대방의 일정기간 판매수량에 따라 일정률의 금액을 외상매출금에서 공제하여 주는 경우, 그 공제금액은 에누리에 해당하지 아니한다.

⑤ 재화 또는 용역에 대한 외상판매의 대가로 수령한 표지어음의 공정가액과 외상매출금의 차액은 할인액으로 보지 아니한다.

① 중도금이자 보전금액이 매출에누리에 해당하는지 여부

시행사로서 분양대금을 계약금, 중도금, 잔금으로 분할하여 받으면서, 중도금 납부를 위해 대출을 받는 수분양자의 중도금이자를 대납(중도금이자 대납)하여 주기로 한 경우 에누리에 해당하지 않는다. 그러나 중도금납부 시 대출을 통하지 아니하고 중도금을 납부하는 수분양자에 대해서는 잔금 시점에 약정이율(연 5%)을 적용하여 할인(중도금이자 보전)한 경우 에누리액으로 본다. 아파트형공장 등을 분양하는 사업자가 공급대가의 결제 기타 공급조건에 따라 그 분양하는 아파트형공장 등의 공급당시의 통상의 공급가액에서 일정액을 직접 공제하는 금액은 에누리액으로 보는 것이다(부가-1695, 2010.12.22.).

② 프리미엄보장금액이 매출에누리에 해당하는지 여부

부동산을 신축 · 분양하는 사업자가 사전약정에 의하여 기타 공급조건에 따라 중도금 또는 잔금 지급 시 통상의 공급가액에서 직접 공제하는 프리미엄 보장금액은 부가가치세법 제13조 제2항 제1호(현행 §29 ⑤ 1호)에 따른 에누리액에 해당하여 부가가치세 과세표준에 포함하지 아니하는 것이다(부가-414, 2011.4.19.). 부가가치세법 시행령 제70조 제1항 제3호는 "계약의 해지 등에 따라 공급가액에 추가되거나 차감되는 금액이 발생한 경우" 증감사유가 발생한 날을 작성일로 하여 수정세금계산서를 발급할 수 있도록 규정하고 있고, 조세심판원의 입장도 마찬가지이다(조심 2013중1250, 2013.06.05.).

③ 재매입약정이 매매계약의 해제인지 여부

국민주택규모를 초과하는 주택을 분양하는 사업자가 분양계약의 특약에서 입주 후 2년이 경과한 때에 분양주택의 시가가 분양가액에 미달하면 분양받은 자가 분양공급자에게 당초 분양가액으로 분양주택의 재매입을 요구할 수 있도록 하는 조건으로 주택을 분양하고 그 잔금청산과 소유권 이전 등기를 마쳐 공급을 완료한 다음, 특약에 따라 입주 2년이 경과한 때에 주택을 재매입하는 경우 부가가치세법 시행령 제59조 제1항에 따른 수정세금계산서 발급사유에 해당하지 아니하는 것이며 그 재매입가액을 과세표준에서 차감할 수 없다(법규부가 2012-421, 2012.12.28.).

❸ 건설재화의 공급가액

1) 토지와 그 토지에 정착된 건물 등을 함께 공급하는 경우의 공급가액

사업자가 토지와 그 토지에 정착된 건물 또는 구축물 등을 함께 공급하는 경우에는 건물 또는 구축물 등의 실지거래가액을 공급가액으로 한다. 다만, 실지거래가액 중 토지의 가액과 건물 또는 구축물 등의 가액의 구분이 불분명한 경우 및 실지거래가액이 분명한 경우라도 대통령령으로 정한 금액과 30% 이상 차이가 나는 경우에는 다음과 같이 계산한 금액을 공급가액으로 한다.

(1) 토지 · 건물 등을 함께 공급하는 경우의 공급가액계산(집행기준 29-64-1)

종 류	내 역
① 실거래가액이 모두 있는 경우	• 구분된 건물 등의 실지거래가액
② 감정평가액이 모두 있는 경우	• 감정평가법인이 평가한 감정평가액에 비례하여 안분계산
③ 기준시가가 모두 있는 경우	• 공급계약일 현재 기준시가에 비례하여 안분계산
④ 기준시가가 일부 있는 경우	• 먼저 장부가액(장부가액이 없는 경우 취득가액)에 비례하여 안분계산 • 기준시가가 있는 자산에 대하여는 그 합계액을 다시 기준시가에 비례하여 안분계산

종 류	내 역
⑤ 기준시가가 모두 없는 경우	• 장부가액(장부가액이 없는 경우 취득가액)에 비례하여 안분계산
⑥ 국세청장이 정한 공급가액 안분계산방법	• 토지와 건물 등의 가액을 일괄 산정 · 고시하는 오피스텔 등의 경우 → 토지의 기준시가와 국세청장이 고시한 건물의 기준시가에 비례하여 안분계산 ※ 국세청장이 고시한 건물의 기준시가 : 신축가격, 구조, 용도, 위치, 신축연도 등을 고려하여 매년 1회 이상 국세청장이 산정 · 고시하는 가액(이하 이 항에서 같다)
	• 건축 중에 있는 건물과 토지를 함께 양도하는 경우 → 해당 건물을 완성하여 공급하기로 한 경우에는 토지의 기준시가와 완성될 국세청장이 고시한 건물의 기준시가에 비례하여 안분계산
	• 미완성 건물 등과 토지를 함께 공급하는 경우 → 토지의 기준시가와 미완성 건물 등의 장부가액(장부가액이 없는 경우 취득가액)에 비례하여 안분계산

(2) 토지 · 건물 등을 함께 공급하는 경우의 공급가액 안분계산 방법

① 토지 · 건물감정평가액이 있는 경우

감정평가가액[공급시기(중간지급조건부 또는 장기할부판매의 경우는 최초 공급시기)가 속하는 과세기간의 직전 과세기간 개시일부터 공급시기가 속하는 과세기간의 종료일까지 감정평가 및 감정평가사에 관한 법률 제2조 제4호에 따른 감정평가업자가 평가한 감정평가가액]이 있는 경우에는 그 가액에 비례하여 안분계산한 금액(부가령 §64)

$$\text{공급가액} = \text{실지거래가액(부가가치세 불포함)} \times \frac{\text{건물감정가액}}{\text{토지감정가액} + \text{건물감정가액}}$$

② 토지 · 건물의 기준시가가 모두 있는 경우

소득세법 제99조의 규정에 의한 기준시가로 안분계산한 금액(부가령 §64). 사업자가 토지와 토지의 정착된 건물 및 기타 구축물 등을 함께 공급하는 경우 그 건물에 기타 구축물의 공급가액이 불분명한 경우 공급계약일 현재의 소득세법 제99조 규정에 의한 기준시가에 따라 계산한 가액에 비례하여 안분계산한다.

$$\text{공급가액} = \text{실지거래가액(부가가치세 불포함)} \times \frac{\text{건물의 기준시가}}{\text{토지의 기준시가} + \text{건물 등의 기준시가}}$$

③ 토지와 건물 및 기타 구축물의 장부가액이 있는 경우

토지와 건물 및 기타 구축물의 장부가액이 있는 경우 그 가액에 비례하여 안분계산한 가액으로 한다(부가령 §64).

$$\text{공급가액} = \text{실지거래가액(부가가치세 불포함)} \times \frac{\text{건물장부가액}}{\text{토지장부가액} + \text{건물장부가액}}$$

④ 감정평가액, 기준시가, 장부가액, 취득가액의 규정을 적용할 수 없는 경우 등

감정평가액, 기준시가, 장부가액, 취득가액의 규정을 적용할 수 없거나 적용하기 곤란한 경우에는 국세청장이 정하는 다음의 계산방법(국세청고시 제2015-43호, 2015.8.24.)에 따라 안분계산한다.

㉮ 토지와 건물 등의 가액을 일괄 산정 · 고시하는 오피스텔, 상업용 건물 및 주택을 공급하는 경우

사업자가 소득세법 제99조 제1항 제1호 다목 및 라목에 규정하는 오피스텔, 상업용 건물, 주택을 공급하는 경우로서 실지거래가액 중 토지의 가액과 건물 등의 가액이 구분이 불분명한 경우에는 다음과 같이 과세표준을 계산한다.

㉠ 토지 및 건물 등의 기준가액 산정

토지의 기준가액은 소득세법 제99조 제1항 제1호 가목에 의한 토지의 기준시가로 하고, 건물 등의 기준가액은 같은 법 제99조 제1항 제1호 나목의 규정에 따라 국세청장이 고시한 건물의 기준시가의 산정방법을 준용하여 계산한 가액으로 한다.

㉡ 공급가액의 안분계산

$$\text{과세표준} = \text{실지거래가액(부가가치세 불포함)} \times \frac{\text{'㉡'에 의한 건물 등의 기준가액}}{\text{'㉠'에 의한 토지의 기준가액과 건물 등의 기준가액의 합계액}}$$

㉯ 건물의 건축 중에 토지와 건물을 함께 공급하는 경우

사업자가 건물의 건축 중에 토지와 건물의 공급계약을 체결하면서 해당 건물을 완성하여 공급하기로 한 경우로서 실지거래가액 중 토지의 가액과 건물 등의 가액의 구분이 불분명한 경우에는 다음의 순서에 따라 과세표준을 계산한다.

㉠ 토지 및 건물 등의 기준가액 산정

토지는 '㉮ ㉠'에 따른 토지의 기준가액에 의하고, 건물 등은 공급계약일 현재의 건축법상의 건축허가조건에 따라 건물이 완성된 것으로 보아 '㉮ ㉠'에 의한 건물 등의 기준가액에 의한다. 다만, 당초의 건축허가조건이 변경되거나 건축허가조건과 다르게 건물이 완성되는 경우에는 해당 건물 등이 완성된 날(완성된 날이 불분명한 경우에는 준공검사일)에 정산하여야 한다.

㉡ 공급가액의 안분계산

$$과세표준 = 실지거래가액(부가가치세\ 불포함) \times \frac{'①'에\ 의한\ 건물\ 등의\ 기준가액}{'①'에\ 의한\ 토지의\ 기준가액과\ 건물\ 등의\ 기준가액의\ 합계액}$$

㉢ 과세표준의 정산

'㉠'의 단서규정에 의하여 토지와 건물 등의 기준가액을 정산하는 경우에는 '㉡'의 규정에 따른 과세표준을 정산하여야 한다.

㉰ 미완성된 건물 등을 토지와 함께 공급하는 경우

사업자가 토지와 미완성된 건물 등을 함께 공급하며 실지거래가액 중 토지의 가액과 건물 등의 가액의 구분이 불분명한 경우 토지는 '소득세법 제99조 제1항 제1호 가목에 의한 토지의 기준가액으로 하고, 미완성된 건물 등은 장부가액(장부가액이 없는 경우에는 취득가액)으로 하여 그 가액에 비례하여 실지거래가액을 안분계산한다.

(3) 실지거래가액

건물 또는 구축물 등의 실지거래가액이란 일반적으로 매매계약서상의 매매금액이 실지거래가액임이 확인되고 계약서상에 토지의 가액과 건물 등의 가액이 구분표시되어 있으며, 구분표시된 토지와 건물 등의 가액 등이 정상적인 거래 등에 비추어 합당하다고 인정되는 경우이거나, 비록 매매계약서상에는 토지의 가액과 건물 등의 가액이 구분표시되어 있지는 않다 하더라도 계약서상에 기재된 매매금액이 실지거래가액임이 확인되고 매매계약서 체결 전에 계약당사자 간에 건물 등의 가액 및 토지가액을 합의한 사실이 관련 증빙 등에 의하여 확인할 수 있는 경우로서 구분된 토지와 건물 등의 가액 등이 정상적인 거래 등에 비추어 합당하다고 인정되는 경우 등이라 할 수 있다(법규부가 2012-264, 2012.9.3.; 부가 46015-691, 1993.5.15.).

(4) 장부가액과 취득가액

부가가치세법시행령 제48조의 2 제4항 제2호의 "장부가액"이라 함은 세무회계상의 장부가액을 의미하며, "취득가액"이라 함은 기장이 없는 사업자가 비치한 세금계산서나 기타 취득가액을 증명할 수 있는 증빙서류에 의하여 확인되는 가액을 의미하므로, 사업자가 토지와 그 토지에 정착된 건물을 신축 중에 함께 공급하는 경우에는 동 규정을 적용할 수 없는 것이다.

(5) 실지거래가액 안분방법

부가가치세법 시행령 제64조를 보면 실지거래가액을 감정평가액 등으로 안분 시 실지거래가액에는 부가가치세를 제외하고 있음을 알 수 있다. 만일 실지거래가액에 부가가치세를 포함하여 안분할 경우에는 다음과 같이 분모에 부가가치세 상당액을 고려해야 한다(부가 22601-786, 1992.6.15.).

$$\text{분양가액(부가가치세 포함)} \times \frac{\text{건물장부가액}}{\text{토지장부가액} + \text{건물장부가액} + \text{부가가치세상당액(건물장부가액} \times 10/100)}$$

$$= \text{건물의 공급가액(과세표준)}$$

2) 부동산 임대용역을 공급하는 경우의 공급가액

(1) 전세금이나 임대보증금 등에 대한 간주임대료 계산

사업자가 부동산임대용역을 공급하고 전세금이나 임대보증금을 받는 경우에는 금전 외의 대가를 받는 것으로 보아 다음 계산식에 따라 계산한 금액을 공급가액으로 한다(부가가치세법시행령 §65 ①).

$$\left(\begin{array}{c}\text{해당 기간의 전세금}\\ \text{또는 임대보증금}\end{array}\right) \times \left(\begin{array}{c}\text{과세대상기간의}\\ \text{일수}\end{array}\right) \times \left(\frac{\text{정기예금이자율}}{\text{365(윤년인 경우 366)}}\right) = \text{공급가액}$$

이 경우에 있어서 전세금·임대보증금에 대한 공급가액은 임차자가 해당 부동산을 사용하거나 사용하기로 한 때를 기준으로 하여 계산한다(부가통 29-65…1).

한편, 국가 또는 지방자치단체의 소유로 귀속되는 지하도의 건설비를 전액 부담한 자가 지하도로 점용허가(1차 무상점용기간에 한한다)를 받아 대여하는 경우에 다음의 건설비 상당액은 전세금 및 임대보증금으로 보지 아니한다(부가령 §65 ①, 동칙 §46).

$$\text{건설비} = \text{해당 기간종료일까지 국가 또는 지방자치단체에 기부채납된 지하도의 건설비} \times \left(\frac{\text{전세금 또는 임대보증금을 받고 임대한 면적}}{\text{임대가능면적}}\right)$$

(2) 사업자가 부동산을 임차하여 다시 임대용역을 제공하는 경우 간주임대료 계산

사업자가 부동산을 임차하여 다시 임대용역을 제공하는 경우에는 (1)의 계산식 중 "해당 기간의 전세금 또는 임대보증금"을 "해당 기간의 전세금 또는 임대보증금－임차시 지불한 전세금 또는 임차보증금"으로 한다. 이 경우 임차한 부동산 중 직접 자기의 사업에 사용하는 부분이 있는 경우 임차시 지불한 전세금 또는 임차보증금은 다음 계산식에 따른 금액을 제외한 금액으로 한다.

$$\left(\text{임차시 지불한 전세금 또는 임대보증금}\right) \times \left(\frac{\text{예정신고기간 또는 과세기간 종료일 현재 직접 자기의 사업에 사용하는 면적}}{\text{예정신고기간 또는 과세기간 종료일 현재 임차한 부동산의 총면적}}\right)$$

(3) 주택과 건물을 함께 임대시 과세표준 계산

과세되는 부동산임대용역과 면세되는 주택임대용역을 함께 공급하여 그 임대구분과 임대료 등의 구분이 불분명한 경우에는 다음의 산식을 순차로 적용하여 공급가액을 계산한다(부가가치세법 시행령 §65 ④).

① $\left\{\left(\text{임대료 등의 대가}\right) + \left(\text{해당 기간의 전세금 또는 임대보증금}\right) \times \left(\text{과세대상 기간의 일수}\right) \times \left(\frac{\text{정기예금이자율}}{\text{365(윤년 366)}}\right)\right\}$

$\times \left(\frac{\text{토지가액 또는 건물가액}}{\text{토지가액과 정착된 건물가액의 합계액}}\right)$

＝토지분에 대한 임대료상당액 또는 건물분에 대한 임대료상당액

② ('①'에 의한 금액) $\times \left(\frac{\text{과세되는 토지임대면적}}{\text{총토지임대면적}}\right)$ ＝토지임대공급가액

('①'에 의한 금액) $\times \left(\frac{\text{과세되는 건물임대면적}}{\text{총건물임대면적}}\right)$ ＝건물임대공급가액

(4) 선불 또는 후불로 받는 장기임대료에 대한 과세표준 계산

사업자가 둘 이상의 과세기간에 걸쳐 부동산 임대용역을 공급하고 그 대가를 선불이나 후불로 받는 경우에는 해당 금액을 계약기간의 개월 수로 나눈 금액의 각 과세대상기간의 합계액을 공급가액으로 하며, 이 경우 월수는 역에 따라 계산하되, 해당 과세기간의

개시일이 속하는 달이 1월 미만인 경우에는 1월로 하고, 해당 과세기간종료일이 속하는 달이 1월 미만인 경우에는 이를 산입하지 아니한다.

(5) 임대사업자와 전대사업자의 부가가치세과세표준

부가가치세는 사업장마다 신고납부하여야 하는 것으로서 건물소유주가 자기의 건물을 임차인에게 임대하고, 임차인이 다시 해당 임차건물에 대하여 전대차계약을 체결하고 건물소유주에게 전대하는 경우 건물소유주인 임대업자와 임차한 부동산을 전대한 전대업자는 각각 부가가치세과세사업자가 되는 것이다. 이 경우 부가가치세과세표준은 부동산임대용역을 공급하는 임대사업자의 경우 그 대가로 받기로 한 임대료와 부가가치세법 시행령 제49조의 2 제1항의 규정에 의하여 계산한 임대보증금에 대한 간주임대료가 되는 것이며, 전대사업자의 경우에는 전대하고 받는 임대료와 같은 법령 같은 조 제2항의 규정에 의하여 계산한 전대보증금에 대한 간주임대료가 되는 것이다(서삼-560, 2006.3. 23.).

(6) 간주임대료 계산시 기산일 및 종료일

전세금 또는 임대보증금에 대한 공급가액은 임차인이 해당 부동산을 사용하거나 사용하기로 한 때를 기산일로 하며(부가가치세법 기본통칙 29-65…1), 보증금 또는 전세금의 반환여부에 관계없이 부동산임대용역의 제공이 완료되거나 완결될 날을 종료일로 한다(부가-940, 2014.11.24.).

(7) 간주임대료에 대한 세금계산서 발급의무 면제

부동산임대업자가 임대용역의 공급대가로 전세금 또는 임대보증금을 임차인으로부터 받는 경우에도 세금계산서를 발급하도록 하게 되면 임대용역제공에 대하여 현실적으로 금전수수가 없기 때문에 세금계산서의 수수가 곤란할 뿐 아니라 보증금에 대한 부동산임대에 따른 일반적인 거래관행에도 맞지 않기 때문에 이와 같은 곤란과 불편을 덜어주고 기존 거래관행을 존중해 주는 의미에서 세금계산서 발급의무를 면제하는 것이다. 따라서 부동산임대에 따른 간주임대료에 대한 부가가치세를 임대인 · 임차인 중 어느 편이 부담하는지에 관계없이 부가가치세법 시행령 제71조에 따라 세금계산서를 발급하거나 발급받을 수 없다. 이 경우 임대인이 직접 부담하는 부가가치세는 법인세 및 소득세법에 의하여 임대인의 소득금액 계산상 비용으로 인정받게 된다(부가령 §71 ① 6호).

(8) 부동산임대에 따른 전세금 등에 대한 세부담

과세되는 부동산을 임대하고 받은 전세금 또는 임대보증금의 이자상당액(이하 "간주임대료"라 한다)에 대한 부가가치세는 원칙적으로 임대인이 부담하나, 임대인과 임차인 간의 약정에 의하여 임차인이 부담하는 것으로 할 수 있다. 이 경우 임차인이 부동산임차의 대가로서 월세 등의 형태로 지급하는 금액이 있는 때에는 임차인이 부담하는 간주임대료에 대한 부가가치세를 월세와 별도로 구분하여 지급하여야 한다(부가가치세법 집행기준 29－65－2).

3) 면세전용 등의 재화가 감가상각자산인 경우 공급가액

(1) 감가상각자산 면세전용 등

면세전용 등에 따라 재화의 공급으로 보는 재화가 소득세법 시행령 제62조 또는 법인세법 시행령 제24조에 따른 감가상각자산인 경우에는 다음의 계산식에 따라 계산한 금액을 공급가액으로 본다.

㉮ 건물 또는 구축물

공급가액＝해당 재화의 취득가액×(1－5/100×경과된 과세기간의 수)

㉯ 그 밖의 감가상각자산

공급가액＝해당 재화의 취득가액×(1－5/100×경과된 과세기간의 수)

(2) 과세사업에 제공한 감가상각자산을 면세사업에 일부 사용

과세사업에 제공한 감가상각자산을 면세사업에 일부 사용하는 경우에는 다음의 계산식에 따라 계산한 금액을 공급가액으로 하되, 그 면세사업에 의한 면세공급가액이 총공급가액 중 5퍼센트 미만인 경우에는 공급가액이 없는 것으로 본다.

㉮ 건물 또는 구축물

공급가액＝해당 재화의 취득가액×(1－5/100×경과된 과세기간의 수)
×면세사업에 일부 사용한 날이 속하는 과세기간의 면세공급가액
/ 면세사업에 일부 사용한 날이 속하는 과세기간의 총공급가액

㉯ 그 밖의 감가상각자산

공급가액＝해당 재화의 취득가액×(1－5/100×경과된 과세기간의 수)
×면세사업에 일부 사용한 날이 속하는 과세기간의 면세공급가액
/ 면세사업에 일부 사용한 날이 속하는 과세기간의 총공급가액

(3) 경과된 과세기간

경과된 과세기간의 수는 부가가치세법 제5조에 따른 과세기간 단위로 계산하되, 건물 또는 구축물의 경과된 과세기간의 수가 20을 초과할 때에는 20으로, 그 밖의 감가상각자산의 경과된 과세기간의 수가 4를 초과할 때에는 4로 하며, 과세기간의 개시일 후에 감가상각자산을 취득하거나 해당 재화가 공급된 것으로 보게 되는 경우에는 그 과세기간의 개시일에 해당 재화를 취득하거나 해당 재화가 공급된 것으로 본다.

❹ 건설용역의 공급가액

1) 건설용역 대가의 일부인 하자보증금과 유보금

사업자가 완성도기준지급 또는 중간지급조건부로 재화 또는 용역을 공급하고 계약에 따라 대가의 각 부분을 받을 때 일정금액을 하자보증을 위하여 공급받는 자에게 보관시키는 하자보증금이나 유보금은 과세표준에서 공제하지 아니한다(부가가치세법 집행기준 29-0-2).

Chapter 06

2) 선납일수에 따른 할인료

사업자가 완성도기준지급조건부로 건설용역을 제공함에 있어 계약당사자 간의 사전약정에 따라 대가의 각 부분을 기성고확정일 이전에 지급받는 때에는 일정금액을 할인하여 주기로 하고 선납일수에 따른 할인료의 합계액을 최종기성고가액에서 차감하여준 가액은 할인액으로 본다(부가가치세법 집행기준 29-0-9).

3) 지체보상금의 과세표준 공제 여부

도급공사 및 납품계약서상 납품기일의 지연으로 인하여 발주자가 받는 지체상금부가가치세과세사업을 영위하는 사업자가 납품계약을 체결하고 재화를 공급함에 있어 납품기일의 지연으로 인하여 일정률의 지체보상금을 납품대금에서 공제할 경우 동 지체보상금은 부가가치세 과세표준에서 공제되지 아니하며, 공급받는 자가 받는 지체보상금은 과세대상이 아니다(부가 1265.2-2824, 1981.10.28.).

4) 공사대가로 받는 공사부산물 공제 여부

건설업자가 건설용역을 제공함에 있어 계약상 총도급금액 중 해당 건설 중에 생산되는 부산물을 건설업자의 책임하에 처분하여 공사금액에 충당하기로 하고, 동 부산물처분가액을 차감한 금액을 받기로 한 경우 총도급금액을 부가가치세과세표준으로 하여 부가가치세법 제16조 제1항의 규정에 의한 세금계산서를 교부하여야 한다(부가 22601-1426, 1990.10.31.).

5) 발주자가 제공하는 자재대금의 과세표준 산입 여부

건설공사 도급계약시 발주자가 제공한 자재대금을 도급금액에서 차감하고 정산하기로 한 경우, 동 자재의 제공이 수급인의 건설용역에 대한 대가의 지불로 간주되는 경우에는 '간세 1235-3707, 1978.12.14.'를 참고한다. 다만, 동 자재의 제공이 대가의 지불로 간주되는지 여부는 당사자 간의 계약내용 및 구체적 거래사실에 따라 판단할 사항이다(재무부 부가 22601-1139, 1990.11.19.).

6) 건설업자가 공급받는 자가 부담하여야 할 금융기관의 차입금에 대한 이자를 대납한 경우

건설업자가 공급받는 자가 부담하여야 할 금융기관의 차입금에 대한 이자를 대납하고 해당 금융이자에 상당하는 금액을 공사도급금액에 포함하여 공사도급계약을 체결한 경우에 해당 금융이자에 상당하는 금액은 부가가치세과세표준에 포함하는 것이다(서삼-323, 2006.2.21.).

5 분양 공급가액

주택을 신축하여 공급하는 경우에는 원칙적으로 부가가치세가 과세되나, 서민들의 주거생활 안정을 위하여 국민주택규모 이하의 주택에 대하여는 조세특례제한법 제106조에 따라 부가가치세가 면제된다. 또한, 토지는 부가가치를 창출하는 본원적 생산요소이기 때문에 모든 토지는 부가가치세법 제26조에 따른 면세재화이다.

따라서 주택과 부대시설 등을 신축 · 분양 판매할 경우에 있어서 국민주택 규모를 초과하는 주택의 건물공급가격과 주택과 관련된 부대시설(판매시설)의 건물공급가격을 결정하는 것이 부가가치세법상 쟁점사항이다.

1) 총공급가격의 구성

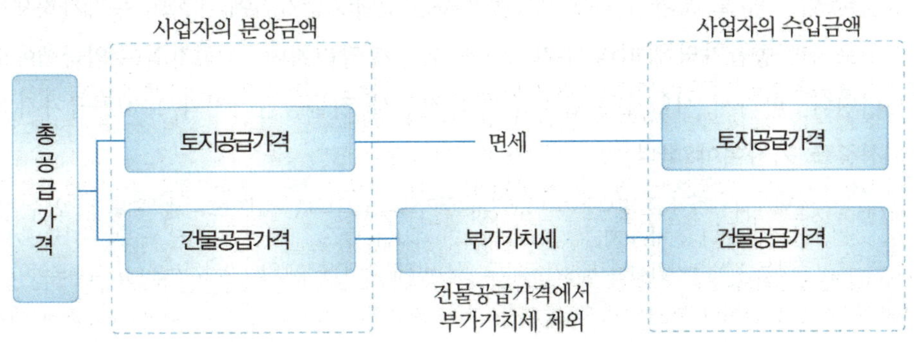

2) 토지 · 건물공급가격 구분의 중요성

(1) 토지 · 건물공급가격에 대한 부가가치세 과 · 면세

구 분		총공급가격	
		건물공급가격	토지공급가격
주택	국민주택 이하	부가가치세 면세	부가가치세 면세
	국민주택 초과	부가가치세 과세	부가가치세 면세
상가		부가가치세 과세	부가가치세 면세

(2) 토지 · 건물공급가격의 구분

주택 등의 총공급가격은 토지공급가격과 건물공급가격으로 구성되어 있으며, 일반적으로 매매계약서상에 토지공급가격과 건물공급가격이 구분 표시되어 있다. 이 경우 부가가치세법 제29조 제9항에 따라 건물공급가격의 110분의 100에 상당하는 금액을 건물공급가액으로 한다. 그러나 매매계약금액이 실지거래가액임이 확인되고 매매계약서상에 토지와 건물공급가격이 구분 표시되어 있다 하더라도 과세관청이 구분 표시된 토지와 건물의 공급가격이 정상적인 거래 등에 비추어 합당하다고 인정하지 않을 경우에는 감정평가액 등을 기준으로 하여 건물공급가격을 재계산한다.

한편, 과세관청의 유권해석에 따르면 주택법 제15조에 따라 사업계획의 승인을 얻어 공급하는 주택의 경우에는 그 승인된 사업계획서상의 토지 · 건물공급가격을 실지거래가액으로 보고 있다(부가 46015-1896, 1995.10.14.).

(3) 토지 · 건물공급가격에 따른 부가가치세 변동

국민주택규모 초과의 주택 및 상가 등은 건물공급가격에 대하여 부가가치세가 과세되므로 건물공급가격에 따라 부가가치세 부담이 달라지며, 사업자의 수입금액에도 영향을 미친다. 따라서 사업자는 총공급가격 결정시 건물공급가격과 토지공급가격의 비율에 신중을 기하여야 한다.

면세주택과 과세주택 중 면세주택의 건축비공급가액이 높으므로 사업자는 과세주택보다 면세주택을 선호하여 건축할 수 있으나, 정확한 자금유입을 살펴보면 공사비지출에 대해 면세주택은 매입부가가치세가 불공제되고 과세주택은 매입부가가치세가 공제되므로 공사비지출에 대한 매입부가가치세를 잘 살펴보아야 한다.

3) 주택 등의 공급가액계산

(1) 주택법상 사업승인대상 주택(주택분양가격상한제를 적용받는 주택)

① 주택

국토교통부장관이 정하는 건축비(기본형 건축비에 가산비용을 더한 금액)가 건물공급가격이 된다. 한편, 동 건축비에는 부가가치세가 포함되어 있으므로 국민주택 초과분일 경우 동 건축비의 110분의 100에 해당하는 금액이 건물공급가액이 된다.

② 상가

상가는 주택법상의 사업승인대상 주택에 부수되는 상가라 할지라도 주택공급규칙 적용대상이 아니므로 회사가 공급하고자 하는 총공급가격을 토지와 건물의 공급가격으로 구분하여 건물공급가액을 산출하면 된다. 다만, 토지와 건물의 공급가격비율이 합리적이지 않을 경우 세무상 분쟁의 소지가 있는 바, 토지와 건물의 감정평가액 등을 고려하여 합리적으로 결정하여야 한다.

(2) 주택법상 사업승인대상 주택(분양가상한제를 적용받지 않는 주택)

① 주택(분양승인된 가격)

주택법 제15조에 의하여 주택건설사업자가 사업계획승인을 얻어 건설하는 주택(공동주택 30세대, 단독주택 30호, 도시형 생활주택 50세대 이상)은 주택공급에관한규칙 제21조 및 제59조에 의하여 입주자모집공고 및 공급계약시에는 사업자가 받고자 하는 그 주택의 토지와 건물의 공급가격을 명시하여 승인받도록 되어 있으므로 그 명시된 가격이 실지거래가액이므로 건물공급가액이 된다.

(3) 주택법상 사업승인대상 외 주택 및 상가(복합건축물)

주택건설사업자가 공급하고자 하는 30호 미만의 단독주택과 30세대 미만의 공동주택(도시형 생활주택 50세대 미만 포함) 또는 준주거지역 및 상업지역(유통상업지역은 제외한다)에서 300세대 미만의 주택과 주택 외의 시설을 동일 건축물로 건축하는 경우 주택법 제15조에 따른 사업승인대상 주택이 아니므로 상가와 같이 사업자가 임의로 총공급가격을 결정할 수 있다. 이때 사업자가 분양계약 시 토지와 건물의 공급가격을 구분하여 분양계약서에 명기하였을 경우 그 구분된 토지와 건물의 공급가격을 실지거래가액으로 본다. 그러나 토지와 건물의 공급가격비율이 합리적이지 않을 경우 과세관청과의 마찰이 생길 수 있는바, 토지와 건물의 감정평가액 등을 고려하여 합리적으로 결정하여야 한다.

(4) 실무상 자주 사용하는 토지 · 건물공급가격 안분기준

총공급가격이 일정할 경우 토지 · 건물공급가격의 비율에 따라 부가가치세가 달라지며, 사업수입에도 영향을 미친다. 토지와 건물의 취득가격으로 안분할 경우에 사업자의 토지취득가격은 장부상 또는 계약서상 확인이 가능하나, 건물취득가격은 공사준공까지의 건축물의 투입비(건물취득가격)를 정확히 산출해야 하는바, 이는 실무적으로 사실상 어렵다. 또한 산출이 가능하다 해도 사실상 객관적인 자료를 적용하기가 어렵다. 따라서 취득원가를 기준으로 하는 안분방법은 좋은 기준이 될 수 없다.

방 법	상세내용	비 고
시장조사 가격기준	동일규모의 인근 부동산의 토지 · 건물가격으로 안분하는 방법	주변상가 등의 시세 (사업자 자율 결정)
토지감정 가격기준	공급가액 중 토지가액을 감정가액으로 계산하고 남은 금액을 건축비로 계산하는 방법[1]	감정평가법인에 의한 평가
기준 시가기준	기준시가금액으로 안분계산하는 방업	소득세법 제99조의 기준시가
토지취득 가격기준	공급가격 중 토지가격을 장부상 취득가격으로 계산하고 남은 금액을 건축비로 계산[2]	부가가치세법의 취득가액기준

[1] 객관적인 토지가액의 감정가액을 기준하여 총분양가격에서 토지감정가격을 제외하고 남은 금액을 건물의 감정가격으로 간주한 경우의 토지 · 건물가격 산출방법이다.

[2] 총공급가격에서 토지취득원가를 제외한 나머지 공급가격을 건물가격으로 계산하는 방식으로서 사업자가 토지의 취득시 고가로 매입하여 해당 건물의 인근상가의 토지시세가격과 비슷하거나, 토지의 감정가격과 별다른 차이가 없을 경우 계산하는 방식이다.

토지와 건물의 공급가격을 얼마로 결정하느냐에 따라 부가가치세 부담의 차이가 많다. 따라서 회사는 토지와 건물의 공급가격을 결정함에 있어서 주변시세, 감정가액, 기준시가 등 합리적인 기준을 적용하여 부가가치세 차이를 검토한 후 그 중 유리한 기준으로 토지와 건물의 공급가격을 안분계산하여야 하며, 상가의 분양공급계약서상에 토지와 건물의 공급가격을 명시하여야 한다.

제 5 절

부가가치세 매입세액

❶ 건설업의 부가가치세 매입세액

건설업의 부가가치세 매입세액이라 함은 건설산업활동에 따라 발생되는 재화나 용역(재료비, 외주공사비, 경비 등)에 관련되어 사업자가 부담하는 부가가치세를 말하며, 건설업에서 발생되는 부가가치세 매입세액은 크게 2가지로 본사 부가가치세 매입세액과 현장 부가가치세 매입세액으로 구분한다.

1) 부가가치세 매입세액의 계정처리의 도표

(1) 본사 · 겸영현장(과세 · 면세현장)

부가가치세 안분은 현장원가에 큰 영향을 미친다. 일부 건설회사의 경우 면세비율 50%가 넘는 경우 전체불공제 후 안분으로 공제액을 산출하고, 면세비율이 50% 미만인 경우 전체공제 후 안분으로 불공제액을 산출하기도 한다. 이는 부가가치세 안분으로 인하여 현장원가의 급격한 변동을 막기 위해서이다.

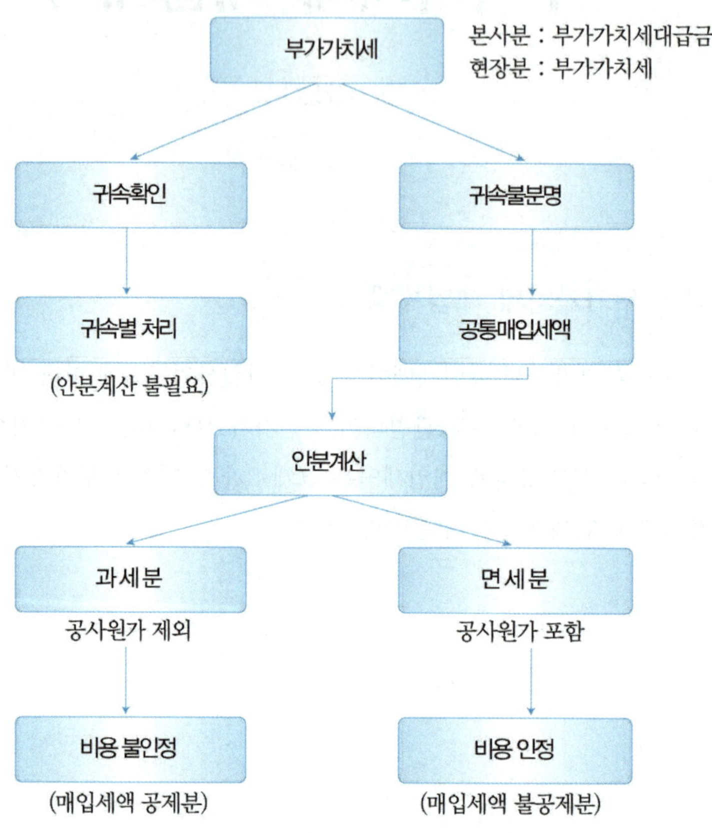

(2) 겸영이 아닌 현장

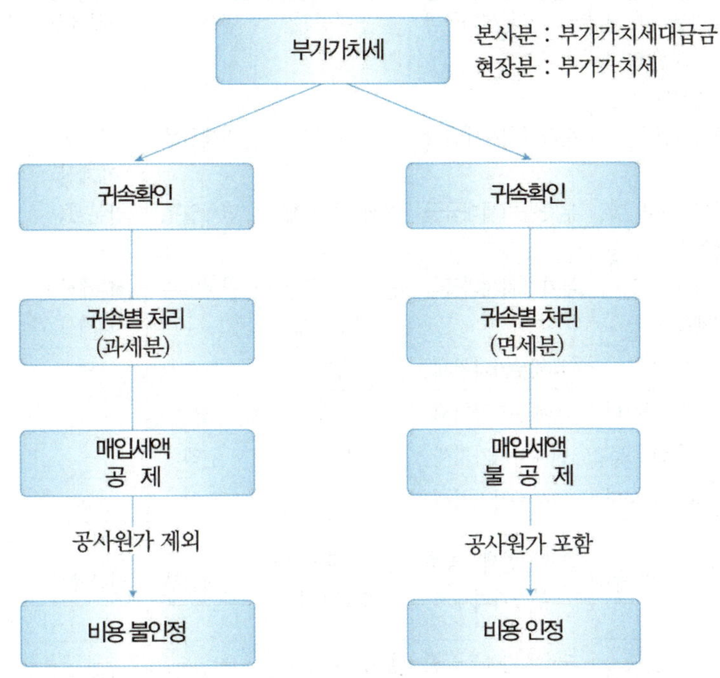

현장귀속이 불분명한 본사 매입세액분은 공통매입세액 계산대상으로 분류하여 과세·면세비율에 따라 본사 부가가치세 계정에서 안분계산하고, 각 건설현장에서 공사비투입으로 발생하는 매입세액(이하 "현장매입세액"이라 한다)은 각 현장 공사원가의 부가가치세 계정으로 처리하였다가 현장의 건설산업활동에 따라 과세분 부가가치세와 면세분 부가가치세를 구분하여 과세분의 부가가치세매입세액은 매입세액공제로 공사원가에서 제외시키고, 면세분의 부가가치세는 공사원가상의 부가가치세 계정으로 처리하여 공사원가에 포함시킨다.

그리고 해당 현장의 매입세액의 귀속(과세·면세 구분)이 불분명한 경우의 현장매입세액은 공통매입세액으로 분류하여 과세·면세건축비율 등에 따라 현장 부가가치세계정에서 안분계산한다.

(3) 건설업에서 발생되는 매입세액의 종류

건설업에서 발생되는 매입세액의 종류는 다음과 같다.

<table>
<tr><th colspan="2">구 분</th><th colspan="2">계정과목</th><th>계정처리</th><th>부가가치세
공제</th><th>손금인정</th><th>공통매입
세액안분</th><th>안분기준</th><th>비 고</th></tr>
<tr><td rowspan="13">매
입
세
액</td><td rowspan="4">본
사</td><td colspan="2">1. 일반관리비 및 현장지원비 (공통비용)</td><td>부가가치세대급금</td><td>안분공제</td><td>면세일부</td><td>안분계산</td><td>전체공급가액</td><td rowspan="4"></td></tr>
<tr><td colspan="2">2. 고정자산</td><td>부가가치세대급금</td><td>안분공제</td><td>면세일부</td><td>안분계산 · 재계산</td><td>〃</td></tr>
<tr><td colspan="2">3. 광고선전비, 분양수수료 등</td><td>부가가치세대급금</td><td>공제 · 불공제 · 안분공제</td><td>면세일부</td><td>안분계산</td><td>〃</td></tr>
<tr><td colspan="2">4. 가설자재 및 기계공구</td><td>부가가치세대급금</td><td>공제 · 불공제 · 안분공제</td><td>면세일부</td><td>안분계산 · 재계산</td><td>〃</td></tr>
<tr><td rowspan="6">현
장</td><td rowspan="2">과세
현장</td><td>재료비 등</td><td>과세부가가치세</td><td>공제</td><td>–</td><td>–</td><td>–</td><td></td></tr>
<tr><td>외주공사비</td><td>과세부가가치세</td><td>공제</td><td>–</td><td>–</td><td>–</td><td></td></tr>
<tr><td rowspan="2">면세
현장</td><td>재료비 등</td><td>면세부가가치세</td><td>불공제</td><td>전액</td><td>–</td><td>–</td><td></td></tr>
<tr><td>외주공사비</td><td>면세부가가치세</td><td>불공제</td><td>전액</td><td>–</td><td>–</td><td></td></tr>
<tr><td rowspan="2">겸영
현장</td><td>재료비 등</td><td>과세 · 면세 · 공통 부가가치세</td><td>공제 · 불공제 · 안분공제</td><td>면세일부</td><td>안분계산</td><td>현장공급가액 기준, 예정면적기준</td><td></td></tr>
<tr><td>외주공사비</td><td>과세 · 면세 · 공통 부가가치세</td><td>공제 · 불공제 · 안분공제</td><td>면세일부</td><td>안분계산</td><td>〃</td><td></td></tr>
<tr><td rowspan="3">기
타</td><td colspan="2">• 하자보수비</td><td>과세부가가치세</td><td>공제</td><td>–</td><td>–</td><td>–</td><td>의무하자
보수 외</td></tr>
<tr><td colspan="2">• 특별수선비</td><td>과세부가가치세</td><td>공제</td><td>–</td><td>–</td><td>–</td><td>–</td></tr>
<tr><td colspan="2">• 미입주관리비</td><td>과세부가가치세</td><td>공제</td><td>–</td><td>–</td><td>–</td><td>공사
관리비</td></tr>
</table>

2) 과세매입세액(과세현장)

과세매입세액이란 조세특례제한법 제106조의 규정에 의한 국민주택규모 이하의 건물신축에 따른 재화나 용역비(리모델링용역 포함)의 부가가치세를 제외하고 모든 사업자의 건물신축에 따른 재화나 용역비지출에 대하여 발생된 매입세액을 말한다.

여기서 모든 건설사업자의 건물신축에 따른 재화나 용역비라 함은 전용면적 85㎡(25.71평) 이하의 주택건설을 제외한 모든 건설산업활동에서 발생되는 비용(일반건설업자, 전문건설업자, 자영건설업자 등이 지출한 건설비용을 말함)에 대하여 사업자가 부담한 매입세액이며, 동 매입세액은 부가가치세법 제37조 제2항에 따라 사업자가 납부할 매출세액에서 공제하거나 환급을 받을 수 있다.

3) 면세매입세액(면세현장)

면세매입세액이란 조세특례제한법 제106조에 따른 국민주택규모 이하의 주택신축(리모델링용역 포함)과 토지를 조성하기 위해 지출된 매입세액을 말한다. 여기서 면세매입세액은 건설사업자가 최종소비자적 입장에서 소비지출한 행위로 보아 부가가치세 매입세액을 부담한다는 의미이다. 즉 사업자가 부담하는 매입세액은 부가가치세법 제37조 제2항에 따라 매출세액에서 공제 또는 환급을 받을 수 없다.

❷ 공제받지 못하는 매입세액

사업자가 자기의 사업을 위하여 사용하였거나 사용할 목적으로 공급받은 재화 또는 용역에 대한 부가가치세액은 매출세액에서 공제한다. 그러나 사업자가 재화 또는 용역을 공급받고 이에 대한 부가가치세를 부담하였다 하더라도 다음의 매입세액은 매출세액에서 공제 또는 환급받지 못한다.

chapter 06

1) 면세사업에 관련된 매입세액

면세사업이란 부가가치세가 면제되는 재화 또는 용역을 공급하는 사업을 말하며, 이와 관련된 매입세액은 매출세액에서 공제하지 아니한다. 부가가치세법상 매입세액은 사업자가 자기의 과세사업을 위하여 사용·소비되는 재화나 용역에 대한 것만 공제한다. 따라서 면세사업자는 부가가치세법상 최종소비자적인 입장에서 부가가치세를 부담하고 재화·용역을 사용·소비하여야 하며, 그 대신 공제받지 못한 매입세액은 필요경비 공제 또는 취득원가에 포함하는 것이다.

(1) 부가가치세법상 부가가치세를 면제하는 재화 또는 용역

다음의 재화 또는 용역의 공급에 대하여는 부가가치세를 면제한다(부가법 §26 ①).

① 상시주거용(사업을 위한 주거용의 경우는 제외한다)으로 사용하는 주택과 이에 부수되는 토지의 임대용역

② 토지

(2) 조세특례제한법상 부가가치세를 면제하는 재화 또는 용역

국민주택 및 그 주택의 건설용역의 공급(리모델링용역 포함)에 대해서는 부가가치세를 면제한다(조특법 §106 ① 4호).

① 국민주택의 범위

국민주택이란 주택법에 따른 국민주택 규모 이하의 주택으로서 주거의 용도로만 쓰이는 면적(주거전용면적)이 1호 또는 1세대당 85제곱미터 이하인 주택(수도권을 제외한 도시지역이 아닌 읍 또는 면 지역은 1호 또는 1세대당 100제곱미터 이하의 주택)을 말한다.

② 국민주택건설용역의 범위

㉮ 건설산업기본법 · 전기공사업법 · 소방법 · 정보통신공사업법 · 주택법 · 하수도법 및 가축분뇨의 관리 및 이용에 관한 법률에 의하여 등록을 한 자가 공급하는 국민주택건설용역을 말한다.

㉯ 건축사법, 전력기술관리법, 소방시설공사업법, 기술사법 및 엔지니어링산업 진흥법에 따라 등록 또는 신고를 한 자가 공급하는 국민주택설계용역을 말한다.

③ 리모델링건설용역의 범위

「주택법」, 「도시 및 주거환경정비법」 및 「건축법」에 의하여 리모델링(건축물의 노후화억제 또는 기능향상 등을 위하여 증축 · 개축 또는 대수선을 하는 행위를 말함) 공사를 하는 것으로서 해당 리모델링하기 전의 주택규모가 국민주택규모에 해당되는 경우(리모델링 후 국민주택규모를 초과하는 경우 변경 후 면적이 종전면적의 130% 이하인 경우에 한하여 적용) 부가가치세를 면제한다.

구 분	리모델링공사 전	리모델링공사 후	
주택규모	국민주택규모 (전용면적 85㎡ 이하)	기존 85㎡ → 102㎡ (기존건물의 130% 미만)	85㎡ → 120㎡ (기존건물의 130% 초과)
과 · 면세	면세	면세	과세

2) 토지에 관련된 매입세액

토지에 관련된 매입세액이란 토지의 조성 등을 위한 자본적 지출에 관련된 매입세액으로서 다음에 해당하는 경우를 말한다.

① 토지의 취득 및 형질변경, 공장부지 및 택지의 조성 등에 관련된 매입세액

② 건축물이 있는 토지를 취득하여 그 건축물을 철거하고 토지만 사용하는 경우에는 철거한 건축물의 취득 및 철거 비용과 관련된 매입세액

③ 토지의 가치를 현실적으로 증가시켜 토지의 취득원가를 구성하는 비용에 관련된 매입세액

(1) 토지에 관련된 매입세액으로 보는 경우

① 토지의 취득을 위한 직접적인 비용으로 발생한 대출주선 수수료 등 토지의 취득에 소요된 것이 명백한 대출금 관련 매입세액(부가가치세법 집행기준 39－80－1)

② 사업자가 금융자문용역을 공급받고 발급받은 세금계산서상의 매입세액 중 토지의 취득과 관련된 매입세액(부가가치세법 집행기준 39－80－1)

③ 토지의 조성과 건물 · 구축물 등의 건설공사에 공통으로 관련되어 그 실지귀속을 구분할 수 없는 매입세액 중 총공사비(공통비용 제외)에 대한 토지의 조성 관련 공사비용의 비율에 따라 계산한 매입세액(부가가치세법 집행기준 39－80－1)

④ 토지의 취득을 위하여 지급한 중개수수료, 감정평가비, 컨설팅비, 명의이전비용에 관련된 매입세액(부가가치세법 집행기준 39－80－1)

⑤ 과세사업을 하기 위한 사업계획 승인 또는 인 · 허가 조건으로 사업장 인근에 진입도로를 건설하여 지방자치단체에 무상으로 귀속시킨 경우 진입도로 건설비용 관련 매입세액(부가가치세법 집행기준 39－80－1)

⑥ 임차인이 임차토지에 토지조성공사를 함에 따라 토지가치가 증가한 경우로서 임차인이 저가의 임차료로 사용하는 경우 토지소유주에게 토지조성용역을 공급한 것으로 보아 부가가치세가 과세되며, 해당용역은 토지소유주의 부동산임대용역에 포함되어 부가가치세가 과세되는 것이며 부동산임대용역의 시가는 부가가치세법 시행령 제62조에 따른 가격에 의하는 것이다(서면부가－22033, 2015.5.27.).

(2) 토지에 관련된 매입세액으로 보지 않는 경우

① 공장 또는 건물을 신축하면서 건축물 주변에 조경공사를 하여 정원을 만든 경우 해당 공사 관련 매입세액(부가가치세법 집행기준 39－80－1)

② 과세사업에 사용하기 위한 지하건물을 신축하기 위하여 지하실 터파기에 사용된 중기사용료, 버팀목 및 버팀 철근 등에 관련된 매입세액(부가가치세법 집행기준 39－80－1)

③ 토지와 구분되는 감가상각자산인 구축물(옹벽, 석축, 하수도, 맨홀 등) 공사 관련 매입세액(부가가치세법 집행기준 39－80－1)

④ 공장 구내의 토지 위에 콘크리트 포장공사를 하는 경우 해당 공사 관련 매입세액(부가가치세법 집행기준 39－80－1)

⑤ 과세사업에 사용하여 오던 자기 소유의 노후 건물을 철거하고 신축하는 경우 해당 철거비용과 관련된 매입세액(부가가치세법 집행기준 39－80－1)

⑥ 토지에 정착된 구축물 등을 철거하여 주는 조건으로 토지를 양도할 경우에는 철거에 관련된 매입세액(재무부 소비 22601-688, 1990.7.16.).

3) 매입처별 세금계산서합계표 미제출 및 불성실기재분 매입세액

매입처별 세금계산서합계표를 제출하지 아니한 경우의 매입세액 또는 제출한 매입처별 세금계산서합계표의 기재사항 중 거래처별 등록번호 또는 공급가액의 전부 또는 일부가 적히지 아니하였거나 사실과 다르게 적힌 경우 그 기재사항이 적히지 아니한 부분 또는 사실과 다르게 적힌 부분의 매입세액. 다만, 다음 경우의 매입세액은 제외한다.

① 부가가치세법 제32조에 따라 발급받는 세금계산서에 대한 매입처별 세금계산서합계표 또는 부가가치세법 제46조 제1항에 따른 신용카드매출전표등의 수령명세서(정보처리시스템으로 처리된 전산매체를 포함)를 국세기본법 시행령 제25조 제1항에 따라 과세표준수정신고서와 함께 제출하는 경우

② 발급받은 세금계산서에 대한 매입처별 세금계산서합계표 또는 신용카드매출전표등 수령명세서를 국세기본법 시행령 제25조의 3에 따라 경정청구서와 함께 제출하여 경정기관이 경정하는 경우

③ 발급받은 세금계산서에 대한 매입처별 세금계산서합계표 또는 신용카드매출전표등 수령명세서를 국세기본법 시행령 제25조의 4에 따른 기한후과세표준신고서와 함께 제출하여 관할세무서장이 결정하는 경우

④ 발급받은 세금계산서에 대한 매입처별 세금계산서합계표의 거래처별 등록번호 또는 공급가액이 착오로 사실과 다르게 적힌 경우로서 발급받은 세금계산서에 의하여 거래사실이 확인되는 경우

⑤ 부가가치세법 제57조에 따른 경정을 하는 사업자가 발급받은 세금계산서 또는 신용카드매출전표 등을 경정기관의 확인을 거쳐 해당 경정기관에 제출하는 경우

4) 세금계산서 미수취 및 필요적 기재사항의 불성실기재 매입세액

세금계산서를 발급받지 아니한 경우 또는 발급받은 세금계산서에 필요적 기재사항의 전부 또는 일부가 적히지 아니하였거나 사실과 다르게 적힌 경우의 매입세액. 다만, 다음 경우의 매입세액은 제외한다.

① 사업자등록을 신청한 사업자가 사업자등록증 발급일까지의 거래에 대하여 해당 사업자 또는 대표자의 주민등록번호를 적어 발급받은 경우

② 발급받은 세금계산서의 필요적 기재사항 중 일부가 착오로 사실과 다르게 적혔으

나 그 세금계산서에 적힌 나머지 필요적 기재사항 또는 임의적 기재사항으로 보아 거래사실이 확인되는 경우

③ 재화 또는 용역의 공급시기 이후에 발급받은 세금계산서로서 해당 공급시기가 속하는 과세기간에 대한 확정신고기한까지 발급받은 경우

④ 발급받은 전자세금계산서로서 국세청장에게 전송되지 아니하였으나 발급한 사실이 확인되는 경우

⑤ 전자세금계산서 외의 세금계산서로서 재화 또는 용역의 공급시기가 속하는 과세기간에 대한 확정신고기한까지 발급받았고, 그 거래사실도 확인되는 경우

⑥ 실제로 재화 또는 용역을 공급하거나 공급받은 사업장이 아닌 사업장을 적은 세금계산서를 발급받았더라도 그 사업장이 부가가치세법 제51조 제1항에 따라 총괄하여 납부하거나 사업자 단위 과세 사업자에 해당하는 사업장인 경우로서 그 재화 또는 용역을 실제로 공급한 사업자가 부가가치세법 제48조 및 제49조에 따라 납세지 관할 세무서장에게 해당 과세기간에 대한 납부세액을 신고하고 납부한 경우

⑦ 재화 또는 용역의 공급시기가 속하는 과세기간에 대한 확정신고기한이 지난 후 세금계산서를 발급받았더라도 그 세금계산서의 발급일이 확정신고기한 다음 날부터 1년 이내이고 「국세기본법 시행령」 제25조 제1항에 따른 과세표준수정신고서와 같은 영 제25조의 3에 따른 경정 청구서를 세금계산서와 함께 제출하는 경우 및 해당 거래사실이 확인되어 법 제57조에 따라 납세지 관할 세무서장, 납세지 관할 지방국세청장 또는 국세청장이 결정 또는 경정하는 경우

⑧ 재화 또는 용역의 공급시기 전에 세금계산서를 발급받았더라도 재화 또는 용역의 공급시기가 그 세금계산서의 발급일부터 6개월 이내에 도래하고 해당 거래사실이 확인되어 법 제57조에 따라 납세지 관할 세무서장등이 결정 또는 경정하는 경우

5) 사업과 직접 관련이 없는 지출에 대한 매입세액

사업과 직접 관련이 없는 지출의 범위는 소득세법 시행령 제78조 또는 법인세법 시행령 제48조, 제49조 제3항 및 제50조에서 정하는 바에 따른다.

6) 비영업용 소형자동차의 구입과 임차 및 유지에 관한 매입세액

영업용이라 함은 운수업에서와 같이 승용자동차를 직접 영업에 사용하는 것을 말하므로 그러하지 아니하는 것은 비영업용에 해당되며, 소형승용자동차라 함은 개별소비세법 제1조 제2항 제3호에 따라 주로 사람의 수송만을 목적으로 제작된 승용자동차에 한한다.

이에 대한 구입과 임차 및 유지에 대한 매입세액에는 사업자가 타인소유의 소형승용자동차를 임차하여 비영업용으로 사용하고 지불한 대가 및 해당 소형승용자동차의 유지에 대한 매입세액의 경우도 포함한다. 참고로 개별소비세법시행령 제1조 별표 1에 열거되어 있는 승용자동차의 범위는 다음과 같다.

① 일반형승용자동차(정원 8명 이하의 자동차에 한정하되, 배기량이 1,000시시 이하의 것으로서 길이가 3.6미터 이하이고 폭이 1.6미터 이하인 것을 제외한다)

② 이륜자동차(내연기관을 원동기로 하는 것에 있어서는 그 총배기량이 125시시를 초과하는 것에 한하며, 내연기관 외의 것을 원동기로 하는 것에 있어서는 그 정격출력이 12킬로와트를 초과하는 것에 한한다). 다만, 국방용 또는 경찰용으로서 해당 기관의 장이 증명하는 것을 제외한다.

③ 캠핑용 자동차(캠핑용 트레일러를 포함한다)

④ 환경친화적 자동차의 개발 및 보급촉진에 관한 법률 제2조 제3호에 따른 전기자동차로서 자동차관리법 제3조에 따른 구분기준에 따라 승용자동차로 구분되는 자동차(정원 8명 이하의 자동차로 한정하되, 길이가 3.6미터 이하이고 폭이 1.6미터 이하인 것은 제외한다)

7) 기업업무추진비 및 이와 유사한 비용의 지출에 관련된 매입세액

접대비 및 이와 유사한 비용의 지출은 소득세법 제35조 및 법인세법 제25조에 따른 기업업무추진비와 이와 유사한 비용의 지출을 말한다. '기업업무추진비'라 함은 기업업무추진비 및 교재비, 기밀비, 사례비, 기타 명목의 여하에 불구하고 이와 유사한 성질의 비용으로서 사업자가 업무와 관련하여 지출한 금액을 말한다.

8) 사업자등록을 신청하기 전의 매입세액

공급시기가 속하는 과세기간이 끝난 후 20일 이내에 등록을 신청한 경우 등록신청일부터 공급시기가 속하는 과세기간 기산일까지 역산한 기간 내의 것은 제외한다.

9) 국민주택규모 초과 주택광고용역 및 모델하우스 관련 매입세액

① 국민주택규모를 초과하는 아파트를 분양하는 경우 광고선전비 관련 매입세액은 토지와 건물로 안분계산하며, 모델하우스 설치 관련 매입세액은 전액 공제되는 것이다(서면3팀-676, 2007.3.2.).

② 국민주택규모를 초과하는 아파트를 신축 · 분양하는 사업자가 아파트 분양을 위하여 모델하우스를 설치한 경우 모델하우스 설치와 관련된 매입세액(모델하우스 설치를 위해 임차한 토지의 임차료에 대한 매입세액 포함)은 자기의 매출세액에서 공제가능한 것이다(서면3팀-3334, 2007.12.14.).

10) 토지와 건물을 합계하여 교부받은 세금계산서의 매입세액

부동산을 공급받은 사업자가 토지와 건물의 공급가액합계액으로 부가가치세를 거래징수당한 세금계산서를 교부받은 경우 건물부분에 상당하는 매입세액만 공제한다(조특법 1265-1286, 1982.11.1.).

세무 Tip　자금조달비용의 매입세액 공제

금융기관은 PF대출시 향후 발생할 채무불이행 위험 등에 대비할 목적으로 차주인 시행사에게 '대출취급수수료'를 청구하는 경우가 있고, 또한, 금융기관은 대주단을 구성하여 SPC를 통해 간접적으로 차주인 시행사에게 자금을 대여시 자금중개용역의 대가로 '자금주선수수료' 또는 자금조달구조 자문용역의 대가로 '금융자문수수료'를 세금계산서를 발행하여 청구하는 경우가 있다.

금융기관으로부터 대출을 받기 위한 목적으로 지급된 금융자문수수료, 감정평가수수료, 법률자문수수료 등이 부가가치세 과세 또는 면세거래와 관련이 있는지 여부는 그러한 자문용역의 결과로 조달되는 자금의 사용용도에 따라 정해진다(조심2015서3824, 2015.12.16.). 따라서, 관련 매입세액중 조달된 자금이 토지 취득을 위해 사용된 비율만큼은 「부가가치세법」 제39조 제1항 제7호 및 「부가가치세법 시행령」 제80조 제1호에 따라 토지관련 직접 매입세액 불공제 처리하는 것이 타당하다.

한편, 1차 차입금으로 토지를 취득하고, 1차 차입금의 원금 및 이자를 상환하기 위해서 2차 차입금을 조달하는 과정에서 '자금주선수수료' 또는 '금융자문수수료'가 지출되는 경우, 해당 2차 차입금은 토지를 취득하기 위해서 직접 사용된 것이 아니므로 2차 차입금 관련 '자금주선수수료' 또는 '금융자문수수료'의 매입세액은 토지관련 직접 매입세액은 아닌 것으로 판단된다. 그러나, 자문계약 등을 통해 조달한 차입금을 기존 토지구입 관련 차입금을 상환하는데 사용하여 쟁점매입세액은 토지관련 매입세액(조심2008서2860 2008.12.15.)으로 보고 있으며, '자금주선수수료' 또는 '금융자문수수료'의 매입세액이 면세사업을 영위하기 위하여 지출된 것이라면 관련 매입세액은 면세관련 매입세액으로서 불공제 된다(조심2018중0774, 2018.4.30. 취지).

좀더 범위를 확장해서 생각하면 기업의 영업과 관련한 매입거래는 자산 및 비용으로 대차대조표 차변항목이다. 그에 비하여 부채 및 자본은 대차대조표 대변항목을 자금의 조달과 관련이 있다. 자본조달과 관련한 거래는 재무거래로 영업활동과 직접적인 관련이 없다. 그러나 건설회사의 경우 특정 PJ에 관련된 차입금의 조달을 위하여 비용을 지출하는 경우가 많다. 따라서 단순한 재무활동으로 단정할 수 없는 점에서 특징이 있다. 즉, 문제의 시작은 자금조달비용의 매입세액이 원칙적으로 공제할 수 없으나, 특정 과세사업에 공하여진 경우 과세사업의 과면세비율에 따라 안분하여야 한다는 점이다.

구체적으로는 채무변제 자금 조달을 목적으로 신주를 발행함에 있어서 금융자문용역을 제공받고 지급한 자문수수료 관련 매입세액을 매출세액에서 공제할 수 있는지 여부가 쟁점이다. 이에 대하여 과세관청은 주식 등의 발행 · 취득 · 매각과 관련된 수수료 등에 대한 매입세액은 부가가치가 창출되는 과세사업과 직접 관련되지 아니하는 매입세액으로 공제대상이 아니라고 주장하였으나, 조세심판원에서는 신주발행을 통해 조달된 자금을 채무변제에 사용하였더라도 해당 채무가 기계장치 및 원부자재 구입 등에 투입된 것으로 나타나며, 제조업을 영위하는 과세사업자의 사업활동 영역에는 제조 · 판매 활동뿐만 아니라 사업활동을 위한 자금조달이나 자본거래 등도 포함된다고 보는 것이 경험칙에 비추어 타당하다고 결정하였다. 최근 심판례(조심2016중3427, 2017.02.14.)는 주식 등의 거래와 관련된 비용일지라도 비용의 지출 목적과 경위, 사업의 내용 등에 비추어 사업 관련성이 인정되는 경우에는 불공제 대상 매입세액에 해당하지 않는다고 한 대법원 판결(대법2010두15902, 2013.05.09.) 및 기존 조세심판원 결정(조심2012서649, 2012.05.16. 등)과 동일한 취지인 것으로 사료되는바, 동일한 입장의 해석이 계속적으로 생산될 것으로 보인다.

- **수원지방법원2010구합14337, 2012.2.21.** : 위 인정사실을 부가가치세법 제17조 제2항 제4호, 동법 시행령 제60조 제 6항 및 앞서 본 법리에 비추어 보건대, 자금을 금융기관으로부터 대출받는 데 수반된 자문용역의 성격은 조달자금의 사용용도에 따라 정해진다고 봄이 상당하므로, 원고가 금융기관으로부터 대출받는 과정에서 지출한 자문용역 등에 대한 이 사건 각 수수료는 그 대출금 중 토지취득을 위하여 사용되는 비율만큼 「부가가치세법 시행령」 제60조 제6항 제1호 소정의 토지취득을 위하여 지출된 돈이라 보는 것이 타당하고, 총 대출금 중 토지 취득자금에 해당하는 돈의 비율을 기준으로 이 사건 각 수수료에 대하여 매입세액을 불공제한 것은 그 각 수수료 중 가장 합리적으로 토지 취득에 소요된 비용을 산출한 것이어서, 이를 두고 조세법률주의에 위배된다고 할 수 없다.

- **조심2015서3824, 2015.12.16.** : 금융기관으로부터 대출을 받기 위한 목적으로 지급된 금융자문수수료, 감정평가수수료, 법률자문수수료 등이 부가가치세 과세 또는 면세거래와 관련이 있는지 여부는 그러한 자문용역의 결과로 조달되는 자금의 사용용도에 따라 정해진다 할 것인바, 청구법인은 쟁점사업과 관련 된 자금조달을 위하여 ○○○ 주식회사, ○○○ 주식회사 및 ○○○ 주식회사와 금융자문계약을, 법무법인 ○○○과 법률자문계약을 체결한 후 쟁점수수료를 지급한 점, 쟁점사업을 위한 차입금 OOO원 중 OOO원이 사업부지(토지) 취득에 사용된 사실이 확인되는 점 등에 비추어 쟁점수수료에 대한 매입세액은 공통매입세액에 해당한다 할 것이므로 쟁점세액을 토지의 취득과 관련된 매입세액으로 보아 매출세액에서 공제하지 아니하고 부가가치세를 환급한 처분은 잘못이 없다고 판단된다.

- **조심2018중0774, 2018.4.30.** : 청구법인은 쟁점금융자문수수료가 토지의 개발 · 공급과는 구분된 기존의 과세사업에 따른 대출을 상환하기 위한 대출과정에서 발생한 것이라고 주장하나, 쟁점자문계약서에 의하면 동 계약의 목적을 '신규사업인 부동산개발에 필요한 자금조달(기존대출 대환 및 기한 연장)을 위한 금융구조 자문'으로 명시하고 있어, 해당 대출금의 차입이 기존의 대출을 대환하기 위한 것이기는 하나 종국적으로 청구법인 토지의 개발 · 공급을 위해 이루어진 것으로 보이는 점, 청구법인은 ○○○과 당초 토지개발 및 공급에 필요한 자금조달을 위해 전체 자문수수료 OOO원을 산정하고 세금계산서도 1매로 발급하였다가 객관적이고 구체적인 입증이나 기준 없이 대환대출을 위한 수수료로 OOO원을 구분하여 산정, 합의한 것으로 보이는 점, 청구법인은 2016년 제2기 부가가치세 과세기간 현재 과세사업인 지류 제조 및 판매업은 중단하고 공장 부지를 주거용지 등으로 개발, 공급하는 면세사업만을 대부분 영위하고 있는 점 등에 비추어 쟁점자문수수료를 토지의 개발 · 공급과 관련된 비용으로 보아 관련 매입세액을 매출세액에서 불공제하여 부가가치세를 과세한 이 건 처분은 달리 잘못이 없는 것으로 판단된다.

세무 Tip 준공후 매입세액

완성도기준 건설용역 등의 용역제공 완료일은 공사준공일(사용승인일이나 임시사용승인일)이 되며, 준공 이후 해당공사에서 발생한 매입세액은 원칙적으로 지연수취한 매입세액으로 볼 수 있다.

준공일 이후 추가 보완공사, 하자보수공사 등 실제 공사를 수행했음이 객관적인 증빙에 의해 입증되는 경우 예외적으로 매입세액공제가 가능하므로 이 경우에는 현장공사관련 서류(작업일보, 원자재 투입내역, 장비사용내역, 현장사진 등)를 적극적으로 구비하여야 한다.

준공일 이전 실제공사가 종료되었으나 공사금액등에 대한 이견이 있다가 준공일 이후 합의를 통하여 당초 공사금액 대비 증액 또는 감액이 발생하는 경우 실제 정산합의일을 작성일자로 당초 계약금액 대비 증감된 금액만큼 매입세액공제가 가능하며 공문이나 정산합의서 등 객관적인 증빙을 구비하여야 한다. 이 경우에도 중공시점에 당초 계약금액의 작금부분은 반드시 세금계산서를 발급하여야 한다.

제 6 절 공통매입세액 안분계산

❶ 공통매입세액의 안분계산

1) 개요

공통매입세액이란 부가가치세 과세사업과 면세사업을 함께 영위하는 사업자가 매입한 재화 · 용역의 매입세액 중 과세사업과 면세사업에 공통으로 사용되어 실지귀속을 구분할 수 없는 매입세액을 말한다. 겸영사업자의 경우 과세사업에 관련된 매입세액만 공제받을 수 있는 것이므로 공통매입세액의 안분계산이 필요하며, 부가가치세법 시행령 제81조에 따라 안분계산하여야 한다.

2) 총공급가액에 의한 안분계산

공통매입세액이 있는 경우 면세사업 등에 관련된 매입세액은 다음 계산식에 따라 안분하여 계산한다. 다만, 예정신고를 할 때에는 예정신고기간에 있어서 총공급가액에 대한 면세공급가액(비과세공급가액을 포함)의 비율에 따라 안분하여 계산하고, 확정신고하는 때에 과세기간(예정신고분과 확정신고분)의 총공급가액에 대한 면세공급가액비율에 따라 정산한다(부가가치세법시행령 §81 ①).

① 예정신고시

$$\text{면세사업관련 매입세액} = \text{공통매입세액} \times \frac{\text{면세공급가액}}{\text{총공급가액}}$$

② 확정신고시

• (예정기간 공통매입세액+확정기간 공통매입세액)

$$\times \frac{\text{면세공급가액}}{\text{총공급가액}}$$

• 면세사업관련 매입세액−예정신고 면세사업관련 매입세액=확정신고 면세사업관련 매입세액

위 산식은 부가가치세 과세기간 중에 유효하며 과세기간경과 후에는 재정산을 할 수 있다는 명문규정이 없다. 따라서 사업자가 재화에 대하여 취득일이 속하는 과세기간에 과세사업과 면세사업의 귀속이 불분명하여 공통매입세액으로 안분계산하였으나, 그 후의 과세기간에 해당 재화를 과세사업에 사용할지라도 사업자가 부담한 면세관련 매입세액을 공제받을 수 없다.

다만, 감가상각자산에 대하여 공통매입세액의 안분계산에 따라 매입세액이 공제된 후 공통매입세액 안분기준에 따른 비율과 감가상각자산의 취득일이 속하는 과세기간(그 후의 과세기간에 재계산한 때는 그 재계산한 과세기간)에 적용되었던 공통매입세액 안분기준에 따른 비율이 5퍼센트 이상 차이가 나면 납부세액 또는 환급세액을 다시 계산하는 규정을 부가가치세법 시행령 제83조에 두고 있다.

3) 기타의 방법에 의한 안분계산

면세사업 등에 관련된 매입세액 계산에 있어서 과세사업과 면세사업의 공급가액이 없거나, 그 어느 한 사업의 공급가액이 없는 경우에 해당 과세기간에 있어서의 안분계산은 다음 순서에 의한다. 다만, 건물 또는 구축물을 신축하거나 취득하여 과세사업과 면세사업 등에 제공할 예정면적을 구분할 수 있는 경우에는 '③'을 '①' 및 '②'에 우선하여 적용한다.

① **총매입가액**(공통매입가액은 제외한다)**에 의한 안분계산**

총매입가액을 적용하여 공통매입세액 안분계산을 하였을 때에는 그 후 과세사업과 면세사업 등의 공급가액이 모두 있게 되어 총공급가액에 따라 공통매입세액을 계산할 수 있는 경우에는 총공급가액에 따라 안분계산하며, 확정신고를 할 때 정산한다.

㉮ 총매입가액에 의한 안분계산

$$공통매입세액 \times \frac{면세매입가액}{총매입가액} = 면세관련\ 매입세액$$

㉯ 총공급가액에 의한 정산

가산되거나 공제되는 세액＝총공통매입세액×(1－과세사업과 면세사업등의 공급가액이 확정되는 과세기간의 면세공급가액/과세사업과 면세사업등의 공급가액이 확정되는 과세기간의 총공급가액)－이미 공제한 세액

② 총예정공급가액에 의한 안분계산

총예정공급가액을 적용하여 공통매입세액 안분계산을 하였을 때에는 그 후 과세사업과 면세사업 등의 공급가액이 모두 있게 되어 총공급가액에 따라 공통매입세액을 계산할 수 있는 경우에는 총공급가액에 따라 안분계산하며, 정산방법은 '①'과 같다.

㉮ 총공급예정가액에 의한 안분계산

$$공통매입세액 \times \frac{면세공급예정가액}{총공급예정가액} = 면세관련\ 매입세액$$

③ 총예정사용면적에 의한 안분계산

건물 또는 구축물에 대하여 총예정사용면적을 적용하여 공통매입세액 안분계산을 하였을 때에는 그 후 과세사업과 면세사업 등의 공급가액이 모두 있게 되어 총공급가액에 따라 공통매입세액을 계산할 수 있는 경우에도 과세사업과 면세사업등의 사용면적이 확정되기 전의 과세기간까지는 총예정사용면적에 따라 안분계산한다.

㉮ 총예정사용면적에 의한 안분계산

$$공통매입세액 \times \frac{면세예정사용면적}{총예정사용면적} = 면세사업관련\ 매입세액$$

㉯ 총사용면적에 의한 정산

가산되거나 공제되는 세액 = 총공통매입세액 × (1 − 과세사업과 면세사업등의 사용면적이 확정되는 과세기간의 면세사용면적/과세사업과 면세사업등의 사용면적이 확정되는 과세기간의 총사용면적) − 이미 공제한 세액

총사용면적에 의한 안분계산시 해당면적이 어떤면적인지에 관한 이견이 있을 수 있다. 공동주택(아파트, 상가 등)의 신축과 관련한 공통매입세액을 안분계산하는 경우 예정사용면적이 아래 중 어떤 면적을 의미하는지에 관하여 혼선이 있다.

① 전용면적기준

② 전용면적+주거공용면적 = 분양면적기준

③ 전용면적+주거공용면적+기타공용면적(주차장 등) = 계약면적기준

이에 대하여 유권해석은 아래처럼 회신하고 있다.

> 서면-2019-부가-2604, 2020.6.12. : 공통매입세액을 안분 계산함에 있어 총예정사용면적에 대한 면세사업등에 관련된 예정사용면적의 비율을 계산하는 경우 공통으로 사용되는 공유면적은 총예정사용면적 및 면세사업등에 관련된 예정사용면적에 포함하지 아니하는 것임.

그러나 위 해석은 안분의 일반원칙을 재생산한 것에 지나지 않는 듯하다. 즉, 공통되는 것을 안분하는 것이므로 공통되는 것은 안분비율의 산정에 영향을 미치지 않도록 공통되는 것을 제외하고 안분비율을 산정하여야 한다는 일반론적인 이야기이다.

상기 해석은 위 질의에 대한 답변으로 보기 어렵다. 주거공용면적의 경우 분양가의 대가를 받는 면적이고 분양가의 대가는 전용면적에 의하여 부가가치세 과세여부가 결정된다. 즉, 국민주택의 주거공용면적은 면세인 것이고, 일반주택의 주거공용면적은 과세이므로 대응되는 매출이 분명하게 정해져 있다. 따라서 대응대는 매출에 적용한 면적이 안분기준이 되어야 하는 것이 합리적이다. 이는 기타공용면적이라고 하여 달리 볼 것도 아니다. 따라서 부가가치세 안분을 위한 면적기준은 계약면적이 되어야 할 것으로 사료된다. 이는 공용면적에 의하여 분양가가 산정되고, 계약면적에 의하여 건축비 등 원가가 산정된다는 점을 고려하면 비용에서 기준이 되는 면적은 계약면적이 되어야 할 것이기 때문이다.

4) 용어의 정의(부가가치세법 집행기준 40-81-4)

① 과세사업에 대한 공급가액

과세사업에 대한 공급가액이란 공급시기가 도래된 재화 또는 용역의 공급에 대한 부가가치세 과세표준(영세율 과세표준 포함)의 합계액을 말한다.

② 면세사업 등에 대한 공급가액

면세사업 등에 대한 공급가액이란 해당 과세기간(부가가치세법 제15조 및 제16조의 규정에 따른 공급시기 준용)내에 부가가치세가 과세되지 아니하는 소득세법 또는 법인세법의 규정에 따른 수입금액과 비과세사업에 대한 수입금액의 합계액을 말한다.

③ 공통매입세액

공통매입세액이란 매입세액의 공제대상이 되는 세금계산서상의 매입세액으로 그 실지귀속이 과세사업 또는 면세사업에 사용 · 소비될 것인지가 불분명한 경우의 매입세액을 말한다. 즉 과세사업과 면세사업에 공통으로 사용되거나 사용될 예정인 매입세액, 장래의 실지귀속이 불분명한 경우의 매입세액을 말한다.

④ 예정

예정이란 사업자가 각 과세기간의 공통매입세액을 안분계산함에 있어서 공통매입세액과 관련된 공급가액 또는 사용면적이 실제로 확정될 과세기간에 과세 · 면세사업으로부터 발생이 예상되거나 과세 · 면세사업으로 사용이 예상되는 것을 말한다.

⑤ 예정공급가액

과세사업과 면세사업에 대한 예정공급가액이란 과거의 사업실적, 현황, 사업계획서 등에 따라 합리적으로 추정한 금액을 말한다.

⑥ 총예정사용면적

총예정사용면적이란 공통매입세액과 관련하여 과세사업과 면세사업에 사용예정인 총면적을 말하며, 면세예정사용면적은 그 중 면세사업에 사용예정인 면적을 말한다.

❷ 건설업의 공통매입세액 안분계산

1) 건축사용용도에 따른 구분

건설사업자의 공통매입세액이라 함은 한 개의 현장에서 부가가치세가 면세되는 국민주택규모 이하의 건설(이하 "면세사업"이라 한다)과 부가가치세가 과세되는 국민주택규모 초과 및 상가 등의 건설(이하 "과세사업"이라 한다)이 동시에 건설되는 경우(이하 "겸영현장"이라 한다) 동 현장에서 발생된 면세사업과 과세사업의 투입이 불분명한 매입세액(이하 "현장 공통매입세액"이라 한다)과 본사에서 현장으로 지원하기 위하여 지출한 비용(예 : 가설재, 고정자산 등)의 본사매입세액 중 현장별 귀속이 불분명한 경우의 매입세액(이하 "본사 공통매입세액"이라 한다)을 말한다.

2) 공통매입세액의 안분계산

대부분의 주택건설사업이 부가가치세 과세사업과 면세사업을 겸영하며, 과세사업과 면세사업에 투입되는 현장의 재화나 용역의 매입세액 중 건설공사 공정관리상 구분계상이 불가능한 경우가 있다. 그 이유를 살펴보면 건축특성상 과세주택과 면세주택을 각각 구분하여 공사할 수 없는 공정이 있기 때문이다. 예를 들면 기초 터파기공사, 토목공사, 파일항타공사, 철근콘크리트공사, 설비공사, 조경공사 등의 건설공사 등은 과세 · 면세사업 부분으로 나누어 각각 시공하기가 공정관리상 불가능하기 때문이다.

따라서 부가가치세법 시행령 제81조 제1항, 제4항의 규정에 의한 계산방식에 따라 공통매입세액 안분계산을 하여야 한다.

3) 건축용도별 공통매입세액 귀속 구분방법

① 건물관련 공사비(도급공사비 등) : 세금계산서와 계산서를 발행하므로 귀속구분 가능

② 건물관련 용역비(감리비 등) : 귀속구분 불가능(공통매입세액)

③ 토지관련 매입세액(중개사비 등) : 귀속구분 가능

④ 분양관련 매입세액(분양수수료 등) : 계약 및 청구의 형태에 따라 귀속구분이 가능

④ 분양관련 매입세액(광고선전비 등) : 귀속구분 불가능(공통매입세액)

실지귀속을 구분할 수 없는 매입세액, 즉 공통매입세액만 안분계산대상이다.

(1) 공사현장 투입분

실지귀속을 구분할 수 없는 매입세액을 안분계산함에 있어서 각 공사현장단위로 구분하여 계산하되 해당 현장에 귀속된 고유의 공통매입세액은 해당 현장별로 각각 계산한다.

(2) 본사투입분 안분계산(각 현장에 공통으로 사용되는 매입세액)

현장을 지원하기 위해 구입한 본사의 매입세액(원재료, 재고자산, 자본재, 기타 지출비용 등)의 안분계산은 현장별 지원내용에 따라 실지귀속에 따라 현장단위로 배분하고, 배분받은 현장의 과면세 비율에 따라 안분하여야 한다.

(3) 해당 과세기간 내 정산

총공급가액별 공통매입세액(부가가치세법시행령 제81조 제1항에 준하는 계산방식)은 해당 과세기간 내에 정산하여야 하며, 해당 과세기간이 경과한 후 공통매입세액의 실지귀속이 가능해질 경우에도 이를 재정산할 수가 없음에 유의해야 한다. 다만, 고정자산(감가상각 대상자산에 한함)에 대해서는 정산이 가능하다. 그러나 부가가치세법 시행령 제81조 제4항에 준하는 계산방식의 공통매입세액은 예외로 한다.

4) 계산방법

(1) 공급가액에 의한 안분계산

부가가치세법 시행령 제81조 제1항의 규정에 따라 과세사업과 면세사업에 공통으로 사용되는 매입세액을 계산할 때에는 아래와 같은 산식에 따라 계산하고 정산한다.

① 예정신고시

$$\text{면세매입세액} = \text{예정기간 중 발생된 공통매입세액} \times \frac{\text{면세공급가액}}{\text{총공급가액}}$$

② 확정신고시

- (예정기간 중 발생한 매입세액 + 확정기간 중 발생한 매입세액)

$$\times \frac{\text{면세공급가액}}{\text{총공급가액}} = \text{총 면세매입세액}$$

- 총면세매입세액 − 예정신고시 면세매입세액 = 불공제매입세액

위 산식에서 '총공급가액'이라 함은 공통매입가액에 관련된 해당 과세기간의 과세사업에 대한 공급가액과 면세사업에 대한 공급가액의 합계액을 말하며, '면세공급가액'이라 함은 공통매입세액에 관련된 해당 과세기간의 면세사업에 대한 공급가액을 말한다.

사업자가 과세사업과 면세사업을 겸영하는 경우 면세사업에 관련된 매입세액의 계산은 실지 귀속에 따라 하되, 과세사업과 면세사업에 공통으로 사용하여 실지 귀속을 구분할 수 없는 매입세액(공통매입세액을 말한다)은 과세사업 관련 부분과 면세사업 관련 부분으로 안분하여야 하고, 그 안분은 원칙적으로 면세사업의 공급가액이 총공급가액에서 차지하는 비율에 따라 산정하여야 한다. 다만 이처럼 공급가액의 비율에 따라 공통매입세액을 안분하는 것은 그 공통매입세액이 발생한 사업 부분과 공급가액이 발생한 사업 부분 사이에 관련성이 있을 경우에 한하고, 그 각 사업 부분이 서로 분리 · 독립되어 있다면 공급가액을 기준으로 공통매입세액을 안분할 것은 아니다. 이 경우 위 각 사업 부분이 서로 관련된 것인지 여부는 공통매입세액의 발생사유인 재화 등을 공급받은 경위와 목적, 사업운영의 형태, 공통매입세액과 공급가액이 발생한 사업장의 장소적 연관성, 업종의 특성 등 관련 사정을 종합적으로 고려하여 판단할 것이다(대법원 2017. 1. 25 선고 2016두51788 판결).

(2) 과세 또는 면세사업의 공급가액이 없는 경우

겸영사업자의 공통매입세액 계산에 있어서 과세사업과 면세사업의 공급가액이 없거나, 어느 한 사업의 공급가액이 없는 경우에 해당 과세기간에 있어서의 안분계산은 다음 순서에 의한다. 다만, 건물을 신축 또는 취득하여 과세사업과 면세사업에 사용될 건축면적을 구분할 수 있는 경우에는 매입가액비율 계산과 예정공급가액비율보다 건축사용면적비율을 우선하여 적용한다.

'예정공급가액'이나 '예정사용면적'에 따른 공통매입세액의 안분 계산에 대하여 추후 확정된 수치에 따른 정산을 전제하고 있으므로, '예정공급가액'이나 '예정사용면적'은 실제로 공급 또는 사용이 이루어지는 과세기간에 발생할 공급가액이나 제공될 사용면적의 확정치를 의미하는 것이 아니라, 사업자가 부가가치세를 신고할 당시의 사업계획 등을 기초로 하여 향후 발생할 것으로 추정한 공급가액이나 사용면적의 예상치를 의미한다. 따라서 건물을 신축 또는 취득하여 과세사업과 면세사업을 겸영하는 사업자가 부가가치세 신고 당시 과거의 사업실적, 시장 상황, 사업계획서, 금융기관용 대출제안서 등과 같은 자료를 토대로 과세사업과 면세사업에 제공할 것으로 구분하여 추정한 예정면적이 존재한다면, 그것이 객관적이고 합리적이지 않다는 등의 특별한 사정이 없는 한, '건물을 신축 또는 취득하여 과세사업과 면세사업에 제공할 예정면적을 구분할 수 있는 경우'에 해당한다고 보아야 하고, 확정된 면세사용면적에 따른 정산은 같은 법 시행령 제61조의2제2호에 따라 예정면적을 기초로 공제받은 매입세액을 차감하는 방식으로 이루어지므로 당초의 예정면적이 과세기간에 따라 일부 변동되었다고 하여 달리 볼 것도 아니다(대법원 2015.11.12. 선고 2012두28056 판결).

① 매입가액비율에 의한 계산

매입가액비율에 의한 계산방법은 다음과 같다.

$$\text{공통매입세액} \times \frac{\text{면세매입가액}}{\text{총매입가액}} = \text{면세사업에 관련된 매입세액}$$

위 산식에서의 매입세액 계산방법은 건설현장에서 발생되는 공사투입비에 비례하여 계산하는 방법으로서 공사진행상 과세사업분과 면세사업분이 일정하게 공정에 따라 진행되고 있을 때에는 합리적이나, 사업자의 이해관계 또는 공정상의 문제로 일부사업의 공사가 달리(과세사업의 공사진행이 우선되고 면세사업의 공사진행이 늦어질 경우) 진행될 경우에는 그렇지 않다.

② 총예정공급가액비율에 의한 계산

총예정공급가액비율에 의한 계산방법은 다음과 같다(부가가치세법시행령 §81 ④).

$$\text{공통매입세액} \times \frac{\text{면세예정공급가액}}{\text{총예정공급가액}} = \text{면세사업에 관련된 매입세액}$$

여기서 총예정공급가액비율 산식은 공급가액에 의한 매입세액의 안분계산의 경우와 같이 매입세액과 예정공급가액간에는 비례적인 상관관계가 없음에도 불구하고 법규정에 따라 단순히 예정공급가액비율로 매입세액을 안분계산한다는 것으로 합리적인 계산방법은 아니다. 즉, 사업자가 예상하는 분양예정금액이 사업종료 후 또는 사업기간 중 변동이 생겼을 경우(경기상황변동으로 분양가조정, 공사준공 후에도 미분양발생으로 공급가액할인 또는 사업용 건물 등이 고정자산으로 전환시 등) 이 산식에 의한 신고방법은 적지 않은 문제점이 발생되며, 총예정공급가액을 객관적으로 인정받을 수 있느냐가 문제가 된다.

③ 총예정사용면적비율에 의한 계산

총예정사용면적비율에 의한 계산방법은 다음과 같다.

$$\text{공통매입세액} \times \frac{\text{면세예정사용면적}}{\text{총예정사용면적}} = \text{면세사업에 관련된 매입세액}$$

여기서 '사용면적'이라 함은 건축물을 신축분양하기 위하여 주택법에 따라 사업승인을 받을 경우 그 사업승인서상에 기재된 건축연면적 또는 건축 관련 법규상 건축허가를 받을 때 표시되는 건축연면적으로서 사업자가 분양 또는 신축하고자 하는 건축연면적을 말한다. 따라서 본 조항을 적용할 때 사업자는 건축허가서상에 표시된 건축물을 기준하여 계상하면 된다.

❸ 건설업의 공통매입세액 정산

1) 개요

부가가치세법 시행령 제81조 제1항의 총공급가액별 공통매입세액의 계산방식은 과세기간에만 정산이 가능하고, 과세기간이 경과한 경우에는 정산이 되지 않는다. 그러나 과세사업과 면세사업 등의 공급가액이 없거나 그 어느 한 사업의 공급가액이 없어서 다음 방법에 따라 안분계산한 경우에는 동령 제81조 제4항에 따라 사업이 확정되는 과세기간에 정산이 가능하다.

① 총매입가액(공통매입가액 제외)에 대한 면세사업에 관련된 매입가액의 비율
② 총예정공급가액에 대한 면세사업에 관련된 예정공급가액의 비율
③ 총예정사용면적에 대한 면세사업에 관련된 예정사용면적의 비율

'확정되는 과세기간'이라 함은 사업자가 공통매입세액을 안분계산함에 있어서 당해 재화를 실제로 과세가업과 면세사업에 사용하여 총공급가액에 대한 면세공급가액의 비율 또는 총사용면적에 대한 면세사용면적의 비율이 발생하는 과세기간 발생하는 과세기간을 말한다(재무부 부가 16015-45, 1993.3.15.). 예정면적등에 의하여 매입세액을 공제받는 후 추후 공통매입세액 정산시 추가로 납부하여야 할 세액이 발생하는 경우 당해 추가납부세액에 대하여는 납부불성실가산세를 적용하지 아니한다(부가 46015-2254, 1995.11.29.).

2) 정산개요

사업자가 총매입가액 등 기타의 방법에 따라 매입세액을 안분하여 계산한 경우에는 해당 재화의 취득으로 과세사업과 면세사업등의 공급가액, 과세사업과 면세사업 등의 사용면적이 확정되는 과세기간에 대한 납부세액을 확정신고할 때에 다음에 따라 정산한다. 다만, 예정신고를 할 때에는 예정신고기간에 있어서 총공급가액에 대한 면세공급가

액의 비율, 총사용면적에 대한 면세 또는 비과세 사용면적의 비율에 따라 안분하여 계산하고, 확정신고를 할 때에 정산한다.

가산되거나 공제되는 세액

$$=\text{총공통매입세액}\times\left[1-\frac{\text{과세사업과 면세사업의 공급가액이 확정되는 과세기간의 면세공급가액}}{\text{과세사업과 면세사업의 공급가액이 확정되는 과세기간의 총공급가액}}\right]-\text{기공제세액}$$

또는

$$\text{총공통매입세액}\times\left[1-\frac{\text{과세사업과 면세사업의 사용면적이 확정되는 과세기간의 면세사용면적}}{\text{과세사업과 면세사업의 사용면적이 확정되는 과세기간의 총사용면적}}\right]-\text{기공제세액}$$

3) 정산시점에 대한 이견

위의 규정을 적용함에 있어서 총매입가액 또는 총예정공급가액에 따라 매입세액을 안분계산한 경우에는 과세사업과 면세사업의 공급가액이 확정되는 과세기간의 총공급가액에 대한 면세공급가액의 비율에 따라 정산하고, 총예정사용면적에 따라 매입세액을 안분계산한 경우에는 과세사업과 면세사업의 사용면적이 확정되는 과세기간의 총사용면적에 대한 면세사용면적의 비율에 따라 정산한다. 여기서 정산은 부가가치세법 시행령 제83조 규정(납부세액 또는 환급세액의 재계산)에 의한 재계산제도와는 달리 공제대상매입세액 계산에 따라 납부 또는 환급정산한다. 결론적으로 건물신축에 대한 공통매입세액의 안분계산은 건물신축 중에 과 · 면세공급가액이 있을 경우에는 과세기간별 정산으로 종료되며, 총예정사용면적에 의한 안분계산을 1회라도 할 경우에는 확정된 사용면적기준으로, 건물신축중에 총매입가액이나 총예정공급가액에 안분계산을 1회라도 할 경우에는 확정된 총공급가액으로 정산하는 것으로 보인다.

정산방법 및 정산시기에 관하여 이견이 있다. 아래처럼 유권해석이 나뉘고 있다.

구분	확정되는 과세기간	총공급가액	비고
국세청	비율이 발생하는 과세기간	확정되는 과세기간의 공급가액	집행기준 40-82-1, 부가46015-50. 1996.01.09.
기재부	분양이 완료된 과세기간	공급가액이 발생된 전체 과세기간의 공급가액 합계액	기획재정부부가-529, 2010.07.30.

판단컨대 국세청의 유권해석은 법문에 적합하지만 분양하는 사업에 적합하지 않으며, 기재부의 유권해석은 분양사업에 적합하지만, 정산의 시기가 늦어진다는 단점이 있다. 국세청의 유권해석이 분양사업에 적합하지 않은 이유는 분양사업은 장기간이 소요되는 단일의 사업이므로, 과세기간마다 안분비율이 달라지는 것이 타당하지 않기 때문이며, 주택의 경우 선분양하는 경우가 일반적이지만, 상가 등은 주택공급에 관한 규칙이 적용되지 않으며, 근생시설의 분양가액은 주택의 분양률과 밀접하게 관련되어 있으므로 주택의 분양 이후에 분양시기를 조절하기 때문이다. 따라서 국세청의 유권해석을 유지하는 경우 납세의무자 등은 안분비율을 인위적으로 산정하거나 조정하는 유인을 제공할 수 있다고 여겨진다.

4) 공통매입세액 안분계산방법 관련사례

(1) 공급실적이 없는 경우

둘 이상의 사업장이 있는 사업자가 공급실적이 없는 주된 사업장에서 종된 사업장을 지원하기 위하여 원재료 등을 일괄구입하여 과세사업과 면세사업을 겸영하는 종된 사업장으로 반출하는 경우 주된 사업장을 과세사업과 면세사업을 겸영하는 사업장으로 보아 주된 사업장의 매입세액공제 여부는 실지귀속에 따라 계산하되, 실지귀속이 불분명한 공통매입세액은 각 종된 사업장으로 반출된 재화 등의 가액(매입원가)을 기준으로 하여 그 공통매입세액을 구분하고 구분된 공통매입세액은 해당 종된 사업장의 과세사업과 면세사업의 공급가액의 비율에 따라 안분하며, 주된 사업장 이외의 과세사업 또는 면세사업을 겸영하는 종된 사업장에서 매입한 원재료 등을 다른 종된 사업장으로 사용 · 소비를 목적으로 반출하는 경우 해당 사업장의 매입세액의 공제 여부는 실지귀속에 따라 계산하되, 실지귀속에 불분명한 공통매입세액은 해당 사업장의 과세사업과 면세사업의 공급가액의 비율에 따라 안분계산한다(간세 1235-1954, 1979.6.15.).

(2) 공통매입세액과 관련된 총공급가액의 의미

사업자가 부가가치세가 과세되는 수종의 사업과 면세되는 수종의 사업을 겸영하는 경우에 있어서는 면세사업에 관련된 매입세액은 원칙적으로 실지귀속을 구분하여 계산해야 하고 실지귀속을 구분할 수 없는 공통매입세액은 이를 안분계산함에 있어서 어느 과세사업과 면세사업만에 관련된 공통매입세액으로의 세분이 가능한 경우에는 그 공통매입세액만에 관련된 사업단위(부분)별로 구분하여 부가가치세법 시행령 제81조 제1항 소정의 산식에 의거 이를 안분계산해야 할 것으로 해석되므로, 사업주체(과세주체)별로 수종의 과세사업과 면세사업에 관련된 전체의 공통매입세액을 전체사업의 해당 과세기간의 총공급가액에 대한 총면세공급가액의 비율에 따라 계산하는 방법에 의할 것이 아니고, 어느 과세사업과 면세사업만에 관련된 공통매입세액으로 구분하여 이를 그 공통매입세액에 관련된 사업부분만의 해당 과세기간의 총공급가액에 대한 면세공급가액의 비율에 따라 계산하는 방법에 의한다(대법원 82누170, 1982.9.28., 부가가치세 부과처분 취소).

(3) 공통매입세액을 총예정사용면적을 기준으로 1차 안분계산한 후 2차 안분계산

주택조합사업시행업무대행비 등이 과세사업과 면세사업의 공통매입세액에 해당하는 것에 대하여는 청구인과 처분청 간에 다툼이 없으나, 공통매입세액의 안분계산방법요건이 부가가치세법 시행령 제81조 제4항의 단서에 해당하는 사항으로 해당 과세기간에 과세사업과 면세사업의 공급가액이 없고 건물을 신축 중에 있는 경우로 과세사업과 면세사업에 제공할 예정면적을 ○○구청장으로부터 승인받은 주택건설사업계획승인내역에 따라 구분할 수 있는 경우에 해당하므로 총예정사용면적을 기준으로 공통매입세액을 안분계산하는 것이 타당하다고 판단된다(국심 1994서4495, 1995.1.27. 같은 뜻임). 처분청이 주택조합사업시행업무대행비 등의 공통매입세액을 과세사업인 국민주택규모 초과 아파트 및 상가와 면세사업인 국민주택규모 이하 아파트의 총예정사용면적을 기준으로 1차 안분계산한 후 다시 과세사업인 국민주택규모 초과 아파트 및 상가의 매입세액을 과세사업인 건물과 면세사업인 토지의 총예정공급가액을 기준으로 2차 안분계산한 것은 법령의 내용을 확대해석한 것으로 잘못된 처분으로 판단된다(국심 2003서2850, 2004.1.19.).

(4) 분양대행업자에게 지급하는 수수료 관련 매입세액 안분계산

사업자가 상가를 신축하여 분양함에 있어 상가(부속된 토지 포함)분양을 위해 분양대행업자와 분양위탁계약을 체결하고 그 수수료를 지급한 경우 분양수수료에 관련된 매입세액은 부가가치세법시행령 제81조 제1항의 규정에 의해 매입세액을 안분계산하는 것이다(서삼-474, 2004.3.11.; 부가 46015-1786, 1996.9.2.).

(5) 부동산매매업자가 상업시설(토지 포함)을 신축하여 분양시 지출되는 홍보비 및 임차료에 대한 매입세액 계산방법

부동산매매업을 영위하는 사업자가 컨벤션센터 등 상업시설(부속된 토지 포함)을 신축하여 분양함에 있어 분양을 위해 지출되는 분양홍보비 및 임차료에 대한 매입세액은 부가가치세법시행령 제81조의 규정에 의해 안분계산하는 것이다(서삼-443, 2005.3.30.; 재경부소비 46015-304, 2003.9.4.).

(6) 여러 개의 사업장이 있는 사업자의 공통매입세액의 안분계산방법

여러 개의 사업장이 있는 사업자의 경우 공통매입세액의 안분계산은 사업장단위로 하되 각 사업장에 공통으로 사용되는 매입세액은 각 사업장의 공급가액의 합계액으로 부가가치세법 시행령 제81조의 규정에 따라 안분계산하는 것이며, 해당 규정에 의한 안분계산시 '총공급가액'이라 함은 공통매입세액에 관련된 해당 과세기간의 과세사업에 대한 공급가액과 면세사업에 대한 수입금액의 합계액을 말하며 '면세공급가액'이라 함은 공통매입세액에 관련된 해당 과세기간의 면세사업에 대한 수입금액을 말하는 것이다(서삼-2329, 2004.11.16.).

❹ 감가상각자산의 재계산(납부세액 또는 환급세액)

매입세액이 공제된 감가상각자산은 부가가치세가 면세되는 재화 또는 용역을 공급하는 사업 기타의 목적을 위하여 사용하거나 소비하는 때에는 납부세액 또는 환급세액을 재계산할 수 있다.

1) 적용요건

감가상각자산의 공통매입세액 안분계산 후 총공급가액에 대한 면세되는 공급가액의 비율 또는 총사용면적에 대한 면세사용면적의 비율과 해당 취득일이 속하는 과세기간(그 후의 과세기간에 재계산한 때에는 그 재계산한 기간)의 그 해당 비율간의 차이가 5% 이상인 경우에 한하여 적용한다.

2) 용어의 정의

'총공급가액'이라 함은 해당 재화에 관련된 과세기간의 과세사업에 대한 공급가액과 면세사업에 대한 수입금액의 합계액을 말하고, '면세공급가액'이라 함은 해당 재화에 관련된 과세기간의 면세사업에 대한 수입금액을 말하며, '총사용면적'이라 함은 해당 재화에 관련된 과세기간의 과세사업에 사용되는 면적과 면세사업에 사용되는 면적을 합한 면적을 말하고, '면세사용면적'이라 함은 해당 재화에 관련된 과세기간의 면세사업에 사용되는 면적을 말한다.

3) 납부세액 또는 환급세액의 재계산

공통매입세액에 대한 안분계산은 해당 취득일이 속하는 과세기간의 총공급가액에 대한 면세공급가액의 비율로 안분계산한 경우에는 증가된 면세공급가액의 비율에 따라 재계산하고, 해당 취득일이 속하는 과세기간의 총사용면적에 대한 면세사용면적의 비율로 안분계산한 경우에는 증가된 면세사용면적의 비율에 따라 재계산한다.

4) 계산방법

납부세액 또는 환급세액의 재계산에 따라 납부세액에 가산하거나 환급세액에서 공제하는 세액은 다음 방법에 따라 계산한 금액으로 한다.

(1) 건물 또는 구축물

$$\text{가산 또는 공제된 세액} = \text{해당 재화의 매입세액} \times \left[1-\left(\frac{5}{100}\times \text{경과된 과세기간의 수}\right)\right]$$
$$\times \text{ 증가되거나 감소된 면세공급가액의 비율 또는 증가되거나 감소된 면세사용면적의 비율}$$

(2) 기타의 자산

$$\text{가산 또는 공제된 세액} = \text{해당 재화의 매입세액} \times \left[1-\left(\frac{25}{100}\times \text{경과된 과세기간의 수}\right)\right]$$
$$\times \text{ 증가되거나 감소된 면세공급가액의 비율 또는 증가되거나 감소된 면세사용면적의 비율}$$

(3) 계산원칙

경과된 과세기간의 수는 부가가치세법 시행령 제66조의 규정을 준용하여 부가가치세법 제5조의 규정에 의한 과세기간 단위로 계산하되, 건물 또는 구축물의 경과된 과세기간의 수가 20을 초과하는 때에는 20으로, 기타 감가상각자산의 경과된 과세기간의 수가 4를 초과하는 때에는 4로 한다.

(4) 계산특례

경과된 과세기간의 수를 계산함에 있어서 과세기간의 개시일 후에 감가상각자산을 취득하거나 해당 재화가 납부세액을 재계산해야 하는 사유에 해당하는 경우에는 그 과세기간의 개시일에 해당 재화를 취득하거나 해당 재화에 대한 납부세액의 재계산을 하게 된 것으로 본다. 즉 해당 감가상각자산을 취득한 날이 속하는 과세기간은 경과된 과세기간으로 계산하고, 재계산을 하는 날이 속하는 과세기간은 경과된 과세기간으로 계산하지 않는다.

(5) 겸영사업자의 납부세액 재계산

과세사업과 면세사업을 겸영하는 사업자가 부가가치세법 제41조에 따라 재계산한 부가가치세납부세액 또는 환급세액은 해당 부가가치세과세기간 종료일이 속하는 귀속연도의 소득금액을 계산함에 있어 감가상각자산의 취득가액에 가산(납부세액) 또는 차감(환급세액)하는 것이다(서일-1261, 2005.10.20.).

(6) 공통사용한 감가상각자산의 면세사용면적의 비율이 증가하는 경우 부가가치세 과세 여부

사업자가 과세사업과 면세사업에 공통으로 사용하기 위하여 취득한 감가상각자산으로서 2001.1.1. 이전에 관련 매입세액을 부가가치세법시행령 제81조 규정에 따라 안분계산하고 동 시행령 제81조의 2 규정에 따라 공통매입세액을 정산한 경우에는 총공급가액에 대한 면세공급가액의 비율 또는 총사용면적에 대한 면세사용면적의 비율이 해당 자산의 취득일이 속하는 과세기간(그 후의 과세기간에 재계산한 때에는 그 재계산한 기간)의 그 비율보다 증가되는 경우에 한하여 동 시행령 제83조(2000.12.29. 개정 전 법률)의 규정에 따라 납부세액 또는 환급세액을 재계산하는 것이다(서삼 46015-10020, 2004.1.5.).

❺ 현장의 공통매입세액

현장에서 발생되는 공통매입세액은 공사진행, 즉 과세 · 면세건축분의 공정률에 따라 발생되므로 공통매입세액의 발생원인인 건물 신축 연면적비율에 따라 안분계산하는 것이 보다 실지귀속에 가까운 것으로 본다. 건축연면적 안분비례로 공통매입세액 계산시 건물의 신축면적이 변하지 않는 한 부가가치세법 시행령 제81조 제4항에 의한 매입세액 정산은 하지 않아도 된다.

공통매입세액에 건축연면적에 따라 과세 · 면세비율을 산출하여 매입세액공제와 불공제분을 계산한다.

$$\text{공통매입세액} \times \frac{\text{면세건축연면적}}{\text{총건축연면적}} = \text{면세매입세액 불공제}$$

❻ 본사의 공통매입세액 계산

1) 대상 매입세액

과세사업과 면세사업을 겸영하는 사업자가 건설현장을 지원하기 위하여 본사에서 지출한 재화나 용역의 매입세액으로서 현장귀속이 불분명한 가설자재, 공구 · 기구류, 소모품비, 원자재, 부자재, 안전관리용역비, 지급수수료 등이 이에 해당된다.

단, 업무와 관련 없이 지출한 비용, 접대비성 비용, 비영업용승용차 관련비용 등 부가가치세법 제37조 제2항에 해당하는 매입세액은 전액 불공제 처리한다.

2) 대상 제외 매입세액

과세사업과 면세사업을 겸영하는 건설사업자의 본사 지출 매입세액일지라도 겸영 건설사업에 관련되지 않는 매입세액 등은 공통매입세액 안분계산대상에서 제외한다. 예를 들면 겸영건설사업에 관련되지 않는 고유목적사업에 사용되는 건물의 하자보수 등에 지출된 매입세액과 현장에 관련 없이 발생하는 기타의 수입사업에 관련되어 발생되는 매입세액이 이에 해당한다.

3) 안분계산방법

본사 공통매입세액 안분계산방식은 현장별 귀속구분이 가능한 부분은 현장별로 계산하며, 현장별 실지귀속이 불분명한 매입세액은 현장별 총공급가액별로 안분한다. 본사의 공통매입세액 계산의 원칙은 현장의 공사 실지사용면적에 따라 계산하는 것이나, 이 경우 현장의 정산(재계산) 확정기간이 현장별로 다르기 때문에 여기에 맞추어 실지귀속별로 계산하기가 실무적으로 불가능하다. 따라서 현장의 공사사용면적에 의한 계산은 현장분에 사용이 확정된 분만 계산하고, 나머지 불분명한 부분은 사업자의 전체 총공급가액 대 면세공급가액별로 계산하고 확정신고시 재정산한다.

❼ 간주임대료

1) 임대보증금내역

당기분 말 임대보증금내역은 다음과 같다.

(단위 : 천원)

주 소	동호수	임대 보증금액	장부상 보증금액	입주 여부	비 고
ㅇㅇ동	101	450,000	450,000	전분기입주	
〃	102	150,000	120,000	당분기입주	입주일자 : 20×1.3.1.
〃	103	170,000	170,000	미 입 주	보증금액 완납일자 : 20×1.3.15.
〃	201	100,000	10,000	미 입 주	
	계	870,000	750,000		

① 정기예금이자율 3.5%(부가가치세법시행규칙 §47)

② 임대보증금에 대한 이자상당액(간주임대료)의 부가가치세는 임대인이 부담

2) 간주임대료 계산

(단위 : 천원)

동호수	임 대 보증금	기 간		일 수	이자율	공급가액	부가세	비 고
		에서	까지					
101	450,000	1. 1.	3.31.	90	1.2%	1,775	177	
102	150,000	3. 1.	3.31.	31	1.2%	203	20	
103	170,000	3.15.	3.31.	17	1.2%	126	12	
201								
계	770,000					2,104	209	

⑧ 부가가치세신고내역서 작성표

다음은 앞의 예제를 기준하여 주식회사 희수건설의 2017년 제1기 부가가치세를 신고하기 위하여 작성한 부가가치세 신고내역이다. 부가가치세 신고내역의 작성방법을 요약하면 다음과 같다.

■ 신고내역표 작성요약표 ■

구 분		내 역
(A) 매 출 세 액	현 장 별	과세면세비율 계산표(분기별 공급가액발생액기준 계산)
	간주매출	임대보증금
(B) 총 매 입 세 액	현 장 별	현장별 매입액 중 총매입세액
	본 사	본사 매입액 중 총매입세액
(C) 매 입 세 액 불 공 제	현 장 별	현장별 매입액 중 매입세액 불공제
	본 사	본사 매입액 중 매입세액 불공제
(D) 매 입 세 액 공 제 가 능 액		총매입세액 − 매입세액 불공제
(E) 과 세 매 입 세 액 공 제 분	현 장 별	현장별 매입세액 중 과세매입세액공제분
(E) 본사일반매입세액공제분	본 사	본사 매입액 중 매입세액공제분
(F) 면세매입세액불공제분	현 장 별	현장별 매입액 중 면세매입세액 불공제분
(G) 공 통 매 입 세 액	현 장 별	매입세액공제가능액 − 과세매입세액공제분 − 면세매입세액 불공제분
	본 사	매입세액공제가능액 − 본사일반매입세액공제분 − 면세매입세액 불공제분
(H) 공 통 매 입 세 액 안 분	현 장 별	건축연면적 과세면세비율 계산표
	본 사	공통매입세액 안분계산
(I) 매 입 세 액 공 제 분	현 장 별	과세매입세액공제분 + 공통매입세액공제분 − 매입세액 재계산
	본 사	본사일반매입세액공제분 + 공통매입세액공제분 − 매입세액 재계산
(J) 차 감 납 부 세 액		매출세액 − 매입세액공제분
(K) 재 계 산	현 장	부가가치세 안분계산분 재계산

① 위 표 (B)의 총매입세액은 각 건설현장의 공사원가서상 부가가치세의 누계금액으로서 공제받은 부가가치세 매입세액은 공사원가에서 제외되며, 공제받지 못한 매입세액은(매입불공제분, 면세불공제분) 각 건설현장의 공사원가의 부가가치세 계정(a/c)에 나타나야 한다.

② 공통매입세액 안분계산방법 적용은 건축연면적비례에 의한 방법을 적용하여 계산하였다.

⑨ 사례의 부가세 신고서

사례의 부가세 신고서(별지서식 제12호)에 따른 부가세 신고서를 요약하면 다음과 같다. 공사개요의 공사기간은 2년이지만 단일신고로 가정하였다.

Chapter 06

■ 사례의 부가가치세 신고서 ■

구분	내 용	공급가액	세 액	비 고
매출	세금계산서 교부	2,640,000,000	264,000,000	근린생활시설, 발코니
	교부면제	7,559,475,000	755,947,500	일반주택분양
	소 계	10,199,475,000	1,019,947,500	
매입	세금계산서 수취	10,952,449,100	1,095,244,910	세금계산서 수취
	매입세액 불공제	N/A	-482,014,952	공통매입세액
	소 계	10,952,449,100	613,229,958	
납 부			406,717,542	분기별 납부

건설업

세무와 회계

제 7 장

건설업과 법인세

제 1 절

법인세 일반

① 개요

법인세는 법인의 소득에 대하여 과세하는 조세, 즉 법인소득세를 가리킨다. 법인세는 소득을 과세대상으로 하고 있다는 점에서 소득세와 공통되나, 소득세는 납세의무자가 자연인인 데 반하여 법인세는 법인과 비법인 사단 및 재단, 그 밖의 단체를 납세의무자로 한다. 또한 소득세는 소득을 유형별로 분류하여 각 유형별로 소득공제, 필요경비, 인적공제 등을 적용하나, 법인세는 소득의 유형과 관계없이 모두 등가치적으로 법인소득을 구성하고 인적 공제도 인정될 여지가 없다는 점에서 그 특성을 달리한다. 소득세가 개인의 소득에 대한 과세로서 원칙적으로 소득원천설의 입장에서 소득을 유형에 따라 구분하여 제한적으로 파악하고 있어 소득세법에서 규정하고 있는 유형 이외의 소득은 과세대상에서 제외됨에 반하여, 법인세는 법인과 세법상 법인으로 보는 법인격 없는 단체의 소득에 대한 과세이고, 순자산증가설의 입장에서 소득을 포괄적으로 파악하고 있어 소득이 발생하면 그 발생원인과 관계없이 과세된다.

② 납세의무자

1) 내국법인과 외국법인

법인세의 납세의무자는 내국법인과 국내원천소득이 있는 외국법인이다(법 제3조 제1항). 외국법인의 국내원천소득은 법 제93조에 한정적으로 열거되어 있다. 즉, 내국법인은 소득의 원천지와 관계없이 모든 소득에 대해 납세의무를 지는 무제한적 납세의무자인 반면, 외국법인은 국내원천소득에 대해서만 납세의무를 지는 제한적 납세의무자이다.

"내국법인"이란 본점, 주사무소 또는 사업의 실질적 관리장소가 국내에 있는 법인을 말하고(법 제2조 제1호), "외국법인"이란 본점 또는 주사무소가 외국에 있는 단체(사업의 실질적 관리장소가 국내에 있지 아니하는 경우만 해당한다)로서 대통령령으로 정하는 기준에 해당하는 법인을 말한다(법 제2조 제3호). 여기에서 "대통령령으로 정하는 기준에 해당하는 법인"이란 "1. 설립된 국가의 법에 따라 법인격이 부여된 단체, 2. 구성원이 유한책임사원으로만 구성된 단체, 3. 삭제(2019.2.12.), 4. 그 밖에 해당 외국단체와 동종 또는 유사한 국내의 단체가 「상법」 등 국내의 법률에 따른 법인인 경우의 그 외국단체" 중 어느 하나에 해당하는 단체를 말한다(시행령 제2조 제2항).

2013.2.15. 대통령령 제24357호로 구 법인세법 시행령 제1조 제2항)의 개정시 위 기준이 신설되었을 당시에는 제3호로 "구성원과 독립하여 자산을 소유하거나 소송의 당사자가 되는 등 직접 권리 · 의무의 주체가 되는 단체"도 외국법인 판단기준의 하나로 규정되었으나, 2019.2.12. 대통령령 제29529호로 법인세법 시행령이 개정되면서 삭제되었다.

세무 Tip 국외투자기구의 성격

국외투자기구가 법인세법상 외국법인으로 볼 수 있다면 그 단체를 납세의무자로 하여 국내원천소득에 대하여 법인세를 과세하여야 하고, 법인세법상 외국법인으로 볼 수 없다면 거주자의 경우와 동일하게 단체의 구성원들을 납세의무자로 하여 그들 각자에게 분배되는 소득금액에 대하여 소득세를 과세하여야 한다.

외국법인으로 볼 수 있는지 여부에 관하여는 법인세법상 외국법인의 구체적 요건에 관하여 본점 또는 주사무소의 소재지 외에 별다른 규정이 없는 이상 단체가 설립된 국가의 법령 내용과 단체의 실질에 비추어 우리나라의 사법(私法)상 단체의 구성원으로부터 독립된 별개의 권리, 의무의 귀속주체로 볼 수 있는지 여부에 따라 판단하여야 할 것'이라고 판시하여 그 판단기준을 사법적 성질에 두고 있다.

법인격이 없는 합자조합(예를 들어 미국의 LP)는 법인세법 시행령이 개정되면서 제3호(성원과 독립하여 자산을 소유하거나 소송의 당사자가 되는 등 직접 권리 · 의무의 주체가 되는 단체)가 삭제되어 현행 시행령에서는 외국법인으로 보기 어렵다. 그리고 상법상 유한책임회사는 법인이므로 이와 유사한 미국의 LLC는 외국법인으로 판단될 수 있다.

대법원 2012.1.27. 선고 2010두19393 판결; 대법원 2012.1.27. 선고 2010두5950 판결' 대법원 2013.7.11. 선고 2010두20966 판결; 대법원 2013.7.11. 선고 2011두4411 판결; 대법원 2013.9.26. 선고 2011두12917 판결; 대법원 2016.12.15. 선고 2015두2611 판결; 대법원 2017.7.11. 선고 2015두55134, 55141 판결 등.

2) 영리법인과 비영리법인

비영리 내국법인은 내국법인 중 "① 「민법」 제32조에 따라 설립된 법인, ② 「사립학교법」이나 그 밖의 특별법에 따라 설립된 법인으로서 「민법」 제32조에 규정된 목적과 유사한 목적을 가진 법인[대통령령으로 정하는 조합법인 등이 아닌 법인으로서 그 주주(株主) · 사원 또는 출자자(出資者)에게 이익을 배당할 수 있는 법인은 제외한다], ③ 「국세기본법」 제13조 제4항에 따른 법인으로 보는 단체(이하 "법인으로 보는 단체"라 한다)" 중 어느 하나에 해당하는 법인을 말한다(법 제2조 제2호). "비영리 외국법인"이란 외국법인 중 외국의 정부 · 지방자치단체 및 영리를 목적으로 하지 아니하는 법인(법인으로 보는 단체를 포함한다)을 말한다(법 제2조 제4호).

3) 비과세법인

내국법인 중 국가와 지방자치단체(지방자치단체조합을 포함한다)는 그 소득에 대한 법인세를 납부할 의무가 없다(법 제3조 제2항).

③ 과세소득의 범위

내국법인의 법인세 과세대상 소득은 ① 각 사업연도의 소득, ② 청산소득(清算所得), ③ 법 제55조의 2에 따른 토지 등 양도소득이다. 비영리 내국법인의 과세소득으로 각 사업연도 소득과 법 제55조의 2에 따른 토지 등 양도소득을 규정하고 있다. 비영리 내국법인의 경우 청산소득은 과세대상이 되지 아니한다.

1) 각사업연도소득에 대한 법인세

내국법인의 과세대상 소득은 순자산증가설에 따라 자본 또는 출자의 납입 및 이 법에서 규정하는 것은 제외하고 해당 법인의 순자산(純資産)을 증가시키는 거래로 인하여 발생하는 이익 또는 수입의 금액으로 한다(법 제15조 제1항).

세무 Tip　시행사의 중소기업 적용

2017.2.7.「조세특례제한법 시행령」 제2조 개정시 중소기업의 업종을 농업 · 제조업 · 건설업 등 52개 업종(Positive 방식)에서 소비성서비스업을 제외한 모든 업종(Negative 방식)으로 확대하였다. 동 개정규정은 2017.1.1. 이후 개시하는 과세연도 분부터 적용한다.
따라서, 현행「조세특례제한법」 제5조 제1항의 중소기업은 다음 요건을 모두 갖춘 기업을 말한다.

1. 업종기준 :「조세특례제한법」 제29조 제3항에 따른 소비성서비스업을 주된 사업으로 영위하지 아니할 것
2. 규모기준 : 매출액이 업종별로「중소기업기본법 시행령」 별표 1에 따른 규모 기준(부동산업의 경우 매출액 400억원) 이내일 것
3. 독립성기준 : 실질적인 독립성이「중소기업기본법 시행령」 제3조 제1항 제2호에 적합할 것
4. 졸업기준 : 자산총액이 5천억원 미만일 것

그리고, 위 2. 규모기준 또는 4. 졸업기준을 초과하거나 3. 독립성기준 중 관계기업 기준을 초과하는 경우 최초로 그 사유가 발생한 날이 속하는 과세연도와 그 다음 3개 과세연도까지 중소기업으로 본다.

다만, 부동산업은 조세특례제한법상 중소기업인 경우에도 "창업중소기업 등에 대한 세액감면"(조특법 6조), "중소기업에 대한 특별세액감면"(조특법 §7) 등은 적용받을 수 없으나 다음과 같은 중소기업에 대한 혜택은 받을 수 있다.

구 분	근거규정	지원내용
기업업무추진비 기본한도액의 우대	법인세법 제25조	일반기업의 기업업무추진비 기본한도금액은 1,200만원이나, 중소기업은 3,600만원으로 우대
결손금 소급공제에 따른 환급	법인세법 제72조	해당 사업연도에 결손금이 발생한 경우 일반기업은 소급공제받을 수 없으나, 중소기업은 직전사업연도의 법인세액을 한도로 환급 신청 가능
법인세 분납기한의 연장	법인세법 제64조 제2항	납부할 세액이 1천만원을 초과하는 경우 납부할 세액의 일부를 분납할 수 있는데, 일반기업은 분납기한이 납부기한이 지난 날부터 1개월 이내이나, 중소기업은 2개월 이내임
이월결손금 공제한도 적용 배제	법인세법 제13조 제1항	일반기업은 각 사업연도 소득금액의 80%를 한도로 이월결손금을 공제하나, 중소기업은 각 사업연도 소득금액의 100%를 한도로 공제
투자·상생협력 촉진을 위한 과세특례 적용 배제	조특법 제100조의 32	각 사업연도 종료일 현재 자기자본이 500억원을 초과하는 영리내국법인은 미환류소득에 대한 법인세의 과세대상이나, 중소기업은 과세대상이 아님

Chapter 07

2) 청산소득에 대한 법인세

청산소득은 법인 해산시의 잔여재산가액에서 자본금과 잉여금을 합한 자기자본 총액을 공제한 금액이다. 잔여재산가액이란 해산등기일 현재의 모든 재산가액에서 부채를 공제한 금액을 말한다(법 제79조 제1항). 세율은 각 사업연도 소득에 대한 세율과 같다(법 제83조). 법이 법인의 사업연도 소득에 대한 과세와 별도로 법인 해산시 다시 법인의 자산과 자본과의 차액에 대하여 과세하는 것은 법인 내부에 유보되고 있던 일종의 준비금이 청산을 계기로 현출되어 그 때 비로소 소득을 구성한다고 보는 사고를 기초로 한 것이다.

3) 토지등 양도소득에 대한 법인세

법 제55조의 2는 법인이 별장, 비사업용 토지 등을 양도한 경우 그 양도소득에 대한 법인세(양도소득의 100분의 10 또는 100분의 40)를 규정하여 이를 각 사업연도 법인세액에 추가하여 납부하도록 규정하고 있다.

세무 Tip **신탁소득에 대한 법인세**

1. 수익자

신탁재산에 귀속되는 소득에 대해서는 그 신탁의 이익을 받을 수익자가 그 신탁재산을 가진 것으로 보고 이 법을 적용한다(법 제5조 제1항). 즉, 신탁재산에 귀속되는 소득에 대한 법인세 납세의무자는 원칙적으로 수익자이다.

2. 수탁자

다음 각 호의 어느 하나에 해당하는 신탁으로서 ① '수익자가 둘 이상일 것(법인세법 및 소득세법상 특수관계인에 해당하는 자는 수익자 수를 계산할 때 포함하지 않는다)'과 ② '시행령 제3조의 2 제2항 제1호에 해당하지 않을 것'이라는 두 가지 요건을 모두 충족하는 신탁(「자본시장과 금융투자업에 관한 법률」 제9조 제18항 제1호에 따른 투자신탁은 제외한다)의 경우에는 신탁재산에 귀속되는 소득에 대하여 신탁계약에 따라 그 신탁의 수탁자(내국법인 또는 거주자인 경우에 한정한다)가 법인세를 납부할 수 있다. 즉, 신탁계약에 따라서는 수익자가 아니라 수탁자가 신탁재산에 귀속되는 소득의 법인세 납세의무자가 될 수 있고, 이 경우 신탁재산별로 각각을 하나의 내국법인으로 본다(법 제5조 제2항, 시행령 제3조의 2 제1항).

1. 「신탁법」 제3조 제1항 각 호 외의 부분 단서에 따른 목적신탁
2. 「신탁법」 제78조 제2항에 따른 수익증권발행신탁
3. 「신탁법」 제114조 제1항에 따른 유한책임신탁
4. 그 밖에 제1호부터 제3호까지의 규정에 따른 신탁과 유사한 신탁으로서 대통령령으로 정하는 신탁

3. 위탁자

① 수익자가 특별히 정하여지지 아니하거나 존재하지 아니하는 신탁, 그리고 ② 'ⓐ 위탁자가 신탁을 해지할 수 있는 권리, 수익자를 지정하거나 변경할 수 있는 권리, 신탁 종료 후 잔여재산을 귀속 받을 권리를 보유하는 등 신탁재산을 실질적으로 지배 · 통제할 것'과 'ⓑ 신탁재산 원본을 받을 권리에 대한 수익자는 위탁자로, 수익을 받을 권리에 대한 수익자는 위탁자의 시행령 제43조 제7항에 따른 지배주주등의 배우자 또는 같은 주소 또는 거소에서 생계를 같이 하는 직계존비속(배우자의 직계존비속을 포함한다)으로 설정했을 것'이라는 두 요건을 모두 충족하는 신탁의 경우에는 신탁재산에 귀속되는 소득에 대하여 그 신탁의 위탁자가 법인세 납세의무자가 된다(법 제5조 제3항, 시행령 제3조의 2 제2항).

❹ 세무조정과 소득처분

1) 개요

내국법인의 각 사업연도의 소득은 그 사업연도에 속하는 익금의 총액에서 그 사업연도에 속하는 손금의 총액을 뺀 금액으로 한다(법 제14조 제1항).

기업회계와 세무회계는 아래와 같은 차이가 있다.

기업회계와 세무회계는 다소 차이는 있으나, 대부분 일치하고 있고, 법인은 기업회계에 의하여 사업연도별로 결산, 제무제표(상법상 상인이 작성하도록 되어 있는 회계장부, 대차대조표, 손익계산서, 자본변동표, 이익잉여금 처분계산서, 결손금 처리계산서, 현금흐름표 및 주석. 상법 제29조, 제447조, 상법 시행령 제16조)를 확정하고 있으므로, 실무상 법인의 사업연도 소득은 기업회계상의 당기순이익을 기초로 하여 수익과 익금의 차이 및 비용과 손금의 차이를 조정하는 세무조정을 하게 된다.

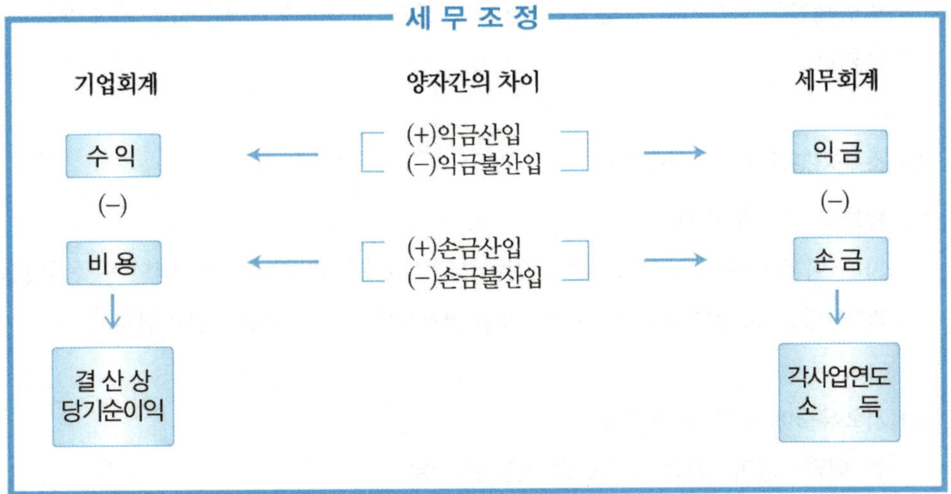

한편, 그 사업연도에 속하는 손금의 총액이 그 사업연도에 속하는 익금의 총액을 초과하는 경우에 그 초과하는 금액을 내국법인의 각 사업연도의 결손금이라고 하고(법 제14조 제2항), 내국법인의 각 사업연도의 개시일 전 발생한 각 사업연도의 결손금으로서 그 후의 각 사업연도의 과세표준을 계산할 때 공제되지 아니한 금액을 이월결손금이라 한다(법 제14조 제3항).

2) 소득처분의 유형

소득처분이란 기업회계상 당기순손익과 법인세법상 소득금액과의 차이인 세무조정금액에 대하여 그 소득의 귀속을 밝혀주는 절차를 말한다.

구 분	소득처분의 유형		귀속자	유의할 사항
가산(+)항목 • 익금산입 • 손금불산입	사외유출	배당	주주, 출자자	원천징수대상
		상여(근로)	임직원, 대표이사	원천징수대상
		기타사외유출	법인, 사업자	상대방의 소득을 구성
			법정기타사외유출	법령에 열거한 항목
		기타소득	상기 외의 유출	원천징수대상
	사내유보	유보	−	유보의 사후관리 필요
	기타	기타	−	사후관리 불필요
차감(−)항목 • 손금산입 • 익금불산입	유보	△유보	−	유보의 사후관리 필요
	기타	기타	−	사후관리 불필요

법인세법상 소득처분도 상법상의 이익처분과 유사하게 사외유출과 유보(또는 △유보)로 구분된다.

3) 소득처분에 대한 사후관리

(1) 유보(△유보)의 관리

차기 이후 반대의 세무조정을 적절히 하기 위하여 유보(△유보)금액의 변동사항을 '자본금과 적립금 조정명세서(을)'표[법인세법 별지서식 50호(을)]에서 관리한다.

(2) 사외유출에 대한 사후관리

① 배당 · 상여 · 기타 소득으로 처분된 경우

소득처분을 한 해당 법인에게는 원천징수의무가 있으며, 귀속자에게는 소득세법에 따라 배당소득 · 근로소득 · 기타소득에 해당하므로 소득세 납세의무를 부담한다.

구 분	수입 귀속시기
배당으로 처분된 경우	해당 법인의 결산확정일
상여로 처분된 경우	사업연도 중 근로를 제공한 날
기타소득으로 처분된 경우	해당 법인의 결산 확정일

정부가 결정 · 경정을 하는 경우 그 결정 · 경정일부터 15일 이내에 '소득금액변동통지서'에 따라 해당 법인에게 통지하여야 하며, 통지하였다는 사실을 해당 처분을 받은 거주자에게 알려야 한다. 또한 해당 법인은 귀속자의 종합소득세 과세자료로 활용하기 위하여 '소득자료명세서'를 관할세무서에 제출하여야 한다.

② 기타사외유출의 경우

세무상 타법인 또는 개인의 각사업연도소득 또는 사업소득을 구성하는 경우의 소득처분으로 추가적인 과세가 없으며, 별도로 사후관리할 필요가 없다.

4) 소득처분의 특례사항

(1) 대표자 상여처분에 따른 소득세대납액의 처리

귀속자 불분명 또는 법인소득 추계결정으로 인한 대표자 상여처분의 경우, 법인이 소득세를 대납하고 이를 비용으로 처리하였다면 대납한 소득세 등은 손금불산입하고 기타사외유출로 처분한다.

(2) 사외유출된 금액을 회수하고 수정신고한 경우

법인이 매출누락, 가공경비 등 부당하게 사외유출된 금액을 회수하고 세무조정으로 익금산입하여 합법적으로 수정신고하는 경우의 소득처분은 유보로 한다. 다만, 다음의 어느 하나에 해당하는 경우에는 인정상여로 처분한다.

① 세무조사의 통지를 받은 경우
② 세무조사에 착수한 것을 알게 된 경우
③ 세무공무원이 과세자료의 수집 · 민원 등의 처리를 위해 현지출장 · 확인업무에 착수한 경우
④ 납세지의 관할 세무서장으로부터 과세자료의 해명안내 통지를 받은 경우
⑤ 수사기관의 수사 또는 재판과정에서 사외유출 사실이 확인된 경우
⑥ 기타 위 사례와 유사한 경우로서 경정이 있을 것을 미리 안 것으로 인정되는 경우

(3) 무조건 기타사외유출로 소득처분하는 경우

사외유출된 금액이라도 그 성질상 귀속자를 가려내어 소득세를 과세할 대상이 아닌 경우에는소득처분의 원칙에도 불구하고 무조건 기타사외유출로 처분한다.

기업업무추진비한도초과 또는 기부금한도초과 등으로 손금불산입된 금액이 대표적인 사례인데, 이들은 구체적으로 임원종업원, 주주 등이 개인적으로 획득한 소득이 없는 것들이기 때문에 소득세를 징수함이 없이 그대로 종결되는 것이다.

5) 소득금액변동통지

「법인세법」에 의하여 세무서장 또는 지방국세청장이 법인소득금액을 결정 또는 경정함에 있어서 처분되는 배당 · 상여 및 기타소득은 법인소득금액을 결정 또는 경정하는 세무서장 또는 지방국세청장이 그 결정일 또는 경정일부터 15일 내에 소득금액변동통지서에 의하여 해당 법인에게 통지하여야 한다. 다만, 해당 법인의 소재지가 분명하지 아니하거나 그 통지서를 송달할 수 없는 경우 또는 해당 법인이 「국세징수법」 제86조 제1항 제1호 · 제2호 및 제4호에서 규정하는 결손처분에 해당하는 경우에는 해당 주주 및 해당 상여나 기타소득의 처분을 받은 거주자에게 통지하여야 한다.

세무서장 또는 지방국세청장이 해당 법인에게 소득금액변동통지서를 통지한 경우 통지하였다는 사실(소득금액 변동내용 미포함)을 해당 주주 및 해당 상여나 기타소득의 처분을 받은 거주자에게 알려야 한다(소령 §192).

 소득금액변동통지와 항고소송

1. 소득금액변동통지

소득금액변동통지서란 원천징수의무자의 납세의무에 직접 영향을 미치는 조세행정처분이다. 원천징수의무자는 소득금액변동통지서를 받은 날에 그 통지서에 기재된 소득의 귀속자에게 해당 소득금액을 지급한 것으로 의제되어 그때 원천징수하는 소득세 또는 법인세의 납세의무가 성립함과 동시에 확정된다. 원천징수의무자인 법인으로서는 소득금액변동통지서에 기재된 소득처분의 내용에 따라 원천징수세액을 그 다음 달 10일까지 관할 세무서장 등에게 납부하여야 한다.

대법원 2006. 4. 20. 선고 2002두1878 전원합의체 판결, 대법원 2013. 9. 26. 선고 2011두12917 판결 참조

2. 납부고지에 해당하는지

납부고지란 확정된 조세채권을 납부기한까지 징수하기 위하여 관할 세무서장 등이 납세자에게 그 금전급부의무의 이행을 청구하는 행위이다. 납세의 고지는 과세권자가 납세자에게 그 조세의 과세연도 · 세목 · 세액 및 그 산출근거 · 납부기한과 납부장소를 명시한 고지서로서 행하여야 한다.

원천징수의무자에 대한 소득금액변동통지는 원천징수하는 소득세 또는 법인세의 납세의무를 확정하는 효력이 있다는 점에서 부과고지의 효력을 갖는 납부고지와 유사한 부분이 있다. 그러나 소득금액변동통지는 소득처분의 내용 중 법인의 원천징수의무 이행과 관련된 사항을 기재하여 원천징수의무자에게 통지하는 것으로서, 과세관청이 세금을 징수하기 위하여 세액 등 세금의 납부와 관련된 사항을 법정의 서류로 납세자에게 알리는 납부고지에 해당한다고 볼 수 없다.

대법원 2012. 3. 29. 선고 2011두15800 판결 참조

3. 행정처분에 해당하는지 : 처분성 인정

과세관청의 소득처분과 그에 따른 소득금액변동통지가 있는 경우 원천징수의무자인 법인은 소득금액변동통지서를 받은 날에 그 통지서에 기재된 소득의 귀속자에게 당해 소득금액을 지급한 것으로 의제되어 그때 원천징수하는 소득세의 납세의무가 성립함과 동시에 확정되고, 원천징수의무자인 법인으로서는 소득금액변동통지서에 기재된 소득처분의 내용에 따라 원천징수세액을 그 다음달 10일까지 관할 세무서장 등에게 납부하여야 할 의무를 부담하며, 만일 이를 이행하지 아니하는 경우에는 가산세의 제재를 받게 됨은 물론이고 형사처벌까지 받도록 규정되어 있는 점에 비추어 보면, 소득금액변동통지는 원천징수의무자인 법인의 납세의무에 직접 영향을 미치는 과세관청의 행위로서, 항고소송의 대상이 되는 조세행정처분이라고 봄이 상당하다.

대법원 2006. 4. 20 선고 2002두1878 전원합의체 판결[경정결정신청거부처분취소]

과거 대법원의 판단은 소득금액변동통지를 행정처분으로 보지 않고 단순히 조세징수에 관한 절차적 규정으로 보았다. 그러나 대법원 전원합의체 판결로 소득금액변동통지는 원천징수의무자인 법인의 납세의무에 직접 영향을 미치는 과세관청의 행위로서 항고소송의 대상이 되는 조세행정처분이라고 볼 이론적 근거가 충분하고, 또 종전의 판례하에서 소득금액변동통지를 받은 원천징수의무자는 그 원천징수의무의 성립 여부나 범위에 관하여 다투기 위해서는 당해 원천세액을 자진 납부하지 아니하고 납부불성실가산세의 제재를 받으면서 징수처분이 있기를 기다렸다가 그 징수처분에 대한 취소소송으로 다툴 수밖에 없었는데, 이는 납세자의 권리보호에 미흡하고 형평에도 맞지 않는다고 할 것이므로 소득금액변동통지 자체를 항고소송의 대상으로 삼아 불복청구를 할 수 있도록 해석을 변경하였다.

4. 항고소송의 대상 : 행정청이 행하는 구체적 법집행으로서 공권력의 행사

항소란 하급법원에서 받은 제1심 판결에 대한 불복신청을 말하고, 상고는 항소심의 판결 즉 제2심 판결에 대한 불복신청을 말한다. 항소와 상고를 합쳐서 항고소송이라고 한다. 항고소송은 행정소송의 종류 중 하나로서 행정청의 위법한 처분 등을 취소 또는 변경하는 소송을 말한다. 행정소송은 항고소송 · 당사자소송 · 민중소송 · 기관소송으로 구분되고 항고소송은 취소소송, 무효 등 확인소송, 부작위위법확인소송의 3가지 소송으로 나뉜다.

항고소송의 대상이 되는 행정청의 처분이라 함은 원칙적으로 행정청의 공법상의 행위로서 특정사항에 대하여 법규에 의한 권리의 설정 또는 의무의 부담을 명하거나 기타 법률상의 효과를 직접발생하게 하는 등 국민의 권리에 직접 관계가 있는 행위를 말한다. 따라서 소득금액변동통지는 비록 납부고지에 해당하지는 아니하나, 행정처분의 대상에 해당하므로 항고소송의 대상이 된다.

5 결산조정과 신고조정

1) 세무조정 의 의의

기업회계는 일반적으로 공정 · 타당하다고 인정되는 기업회계기준에 의하여 기업의 경영성과를 정확히 계산하는 것을 목적으로 하는 반면, 세무회계는 세법의 규정에 의하여 정확한 과세소득을 계산하는 데 그 목적이 있다. 따라서 세법에 의한 정확한 과세소득의 계산을 위하여 기업이 작성한 재무제표상의 당기순손익을 기초로 하여 세법의 규정에 따라 손금과 익금을 조정하여야 한다. 즉, 세법의 규정에 의한 익금산입, 손금불산입, 손금산입, 익금불산입 사항을 가감계산하는 절차를 협의의 세무조정이라 하고, 과세소득과 과세표준의 산정은 물론 납부할 세액의 계산까지를 포함하는 일련의 절차를 광의의 세무조정이라 하는 바, 일반적으로 세법상 세무조정이라 함은 후자의 경우를 말한다. 이러한 세무조정은 그 절차상의 특색을 기준으로 크게 두 가지로 분류할 수 있다. 즉, 세무조정에는 기업이 스스로 기말의 결산정리를 통하여 장부에 반영하여야 하는 사항("결산조정")과 장부에 계상함이 없이 결산서상의 당기순이익을 기초로 과세표준신고서에만 계상해도 되는 사항("신고조정")이 있다.

기업이익과 과세소득과의 차이는 조세정책상의 이유에서 생기는 것이며 본질적으로 양자가 동일한 것이기 때문에 양자 간에 존재하는 차이 여하에도 불구하고 과세소득의 산출기본은 기업이익에서 구해야 한다. 이렇게 기업이익을 기본으로 하여 과세소득을 계산하는 과정을 세무조정이라고 한다. 과세기간의 결산기에 이르러 적정한 과세소득을 산정하기 위하여 기업회계와 세무회계의 차이를 조정하는 것으로서 익금산입 · 불산입과 손금산입 · 불산입 등을 말한다.

Chapter 07

2) 결산조정

세법의 규정대로 기업의 결산서에 반영한 경우에만 인정하는 것으로서 법인이 스스로 기말정리를 통하여 장부상에 계상하고 결산에 반영하여야 손금 또는 익금으로 인정하는 세무조정방법을 말한다. 감가상각비, 대손충당금, 각종 준비금 등이 그 예이다.

세법에서는 특정한 손비에 대하여는 법인의 내부적 의사결정, 즉 결산확정에 의하여 손금으로 계상하여야만 손금으로 인정하는 항목이 있는데 이에 해당하는 것을 예시하면 다음과 같다.

① 감가상각비(즉시상각액 포함)(법법 제23조) : 단, K-IFRS 적용 기업은 유형고정자산과 내용연수가 비한정인 일정 무형고정자산의 경우 신고조정할 수 있다.

② 퇴직급여충당금(법법 제33조)

③ 구상채권상각충당금(법법 제35조) : K-IFRS를 적용하는 주택도시보증공사는 잉여금처분에 의한 신고조정 가능하다.

④ 대손충당금(법법 제34조)

⑤ 책임준비금 등(법법 제30조) : 단, K-IFRS를 적용하는 기업은 잉여금처분에 의한 신고조정으로 비상위험준비금을 손금산입 할 수 있다.

⑥ 고유목적사업준비금(법법 제29조) : 단, 외부감사를 받는 비영리 내국법인은 신고조정 할 수 있다(법법 제61조).

⑦ 파손, 부패 등의 사유로 인하여 정상가격으로 판매할 수 없는 재고자산의 평가손(법법 제42조 제3항 제1호)

⑧ 세법상 손금으로 확정되는 회수불능 매출채권에 대한 대손금(법령 제19조의 2) : 단, 결산에 반영하지 못한 소멸시효완성채권은 소멸시효완성일이 속하는 사업연도에 대한 과세표준신고시 신고조정으로 손금산입 할 수 있다(단, 임의포기로 인정되는 것은 기업업무추진비 또는 기부금으로 보아 시부인 계산하여야 함).

⑨ 천재 · 지변 등에 의한 고정자산평가손(법법 제42조 제3항 제2호)

⑩ 다음 주식으로서 그 발행법인이 부도가 발생한 경우 또는 채무자 회생 및 파산에 관한 법률에 의한 회생계획인가의 결정을 받았거나 기업구조조정 촉진법에 의한 부실징후기업이 된 경우의 해당 주식 등의 평가손(법법 제42조 제3항 제3호 및 법령 제78조 제2항)

- 주권상장법인이 발행한 주식 등
- 중소기업 창업지원법에 따른 중소기업창업투자회사 또는 여신전문금융업법에 따른 신기술사업금융업자가 보유하는 주식 등 중 각각 창업자 또는 신기술사업자

가 발행한 주식 등

- 주권상장법인 외의 법인 중 특수관계에 있지 아니한 법인이 발행한 주식 등

⑪ 주식을 발행한 법인이 파산한 경우 그 주식의 평가손(법법 제42조 제3항 제4호)

3) 신고조정

기업회계상 수익 또는 비용에 해당되지 아니하는 세법상의 익금 또는 손금사항을 결산서상의 기간 손익계산에 반영하지 아니하고 세무조정계산서상에서 익금 또는 손금으로 조정하는 것으로 단순신고조정사항과 잉여금처분에 의한 신고조정사항이 있다.

신고조정은 결산조정과는 달리 결산확정에 의한 손금산입 · 익금산입을 강요하지 않고, 법인세 과세표준조정계산서에서 재무제표상의 당기순손익에 익금과 손금을 가감조정하여 과세표준을 계산할 수 있는 항목으로서, 이에 해당하는 것을 예시하면 다음과 같다.

① 대표자 등의 가지급금 인정이자의 익금산입(법령 제88조)

② 퇴직보험료 등의 손금산입(법령 제44조의 2)

③ 자산계상기부금의 손금산입(법법 제24조 및 법령 제37조)

④ 부당행위계산 부인에 관계되는 익금산입 또는 손금불산입(법법 제52조)

⑤ 손익귀속 사업연도의 차이로 인한 익금산입과 손금산입(법법 제40조)

⑥ 외감법에 의한 감사인의 회계감사를 받는 비영리내국법인에 대한 고유목적사업준비금의 손금산입(해당 사업연도의 이익처분시 해당 준비금을 적립한 경우에 한함)(법법 제61조)

세무 Tip 외부조정 신고제도

조세감면을 받는 법인 등과 외부회계감사 대상법인 등은 기업회계와 세무회계의 차이가 많이 발생하므로 정확한 과세소득을 자체적으로 계산하기가 쉽지 않다. 이러한 법인이 정확하고 성실한 납세의무 이행을 위하여 법인세를 신고 · 납부함에 있어 세무사(공인회계사 및 변호사 포함)로 부터 세무조정계산을 받아 신고하도록 하는 제도를 "외부조정 신고제도"라 한다.

▶ 외부조정 신고대상 법인이 이를 이행하지 아니하는 경우 무신고가산세가 부과된다(법법 §60 ⑤, 법법 §60 ⑨, 국세기본법 §47의 2 ①).

외부조정 신고를 하여야 할 법인을 법인세법 시행령에서 다음과 같이 정하고 있다(법령 §97의 2 ①)(단, 조특법 §72에 따른 당기순이익과세를 적용받는 법인은 제외).

1. 직전 사업연도의 수입금액이 70억원 이상인 법인 및 「주식회사 등의 외부감사에 관한 법률」 §4에 따라 외부의 감사인에게 회계감사를 받아야 하는 법인

2. 직전 사업연도의 수입금액이 3억원 이상인 법인으로서 법 §29부터 §31까지, §45 또는 「조세특례제한법」에 따른 조세특례(같은 법 §104의 8에 따른 조세특례는 제외한다)를 적용받는 법인
3. 직전 사업연도의 수입금액이 3억원 이상인 법인으로서 해당 사업 연도 종료일 현재 법 및 「조세특례제한법」에 따른 준비금 잔액이 3억원 이상인 법인
4. 해당 사업연도 종료일부터 2년 이내에 설립된 법인으로서 해당 사업연도 수입금액이 3억원 이상인 법인
5. 직전 사업연도의 법인세 과세표준과 세액에 대하여 법 §66 ③ 단서에 따라 결정 또는 경정 받은 법인
6. 해당 사업연도 종료일부터 소급하여 3년 이내에 합병 또는 분할한 합병법인, 분할법인, 분할신설법인 및 분할합병의 상대방법인
7. 국외에 사업장을 가지고 있거나 법 §57 ⑤에 따른 외국자회사를 가지고 있는 법인
8. 정확한 세무조정을 위하여 세무사가 작성한 세무조정계산서를 첨부하려는 법인

* 1~3호 : 해당 사업연도에 설립된 법인의 경우에는 해당 사업연도의 수입금액을 1년으로 환산한 금액을 직전 사업연도의 수입금액으로 본다.

❻ 법인세 과세표준의 신고와 세액의 납부

1) 법인세 신고기한

법인은 「법인세 과세표준 및 세액신고서」를 작성하여 각 사업연도의 종료일이 속하는 달의 말일부터 3월 이내에 관할세무서에 신고하고 세금을 납부하여야 한다. 신고기한의 말일이 공휴일인 경우 그 다음 날까지 신고 · 납부하면 된다.

① 연결납세제도를 적용받는 법인 및 성실신고확인서를 제출하는 성실신고확인대상 내국법인은 4월 30일(12월 말 법인의 경우)까지 법인세를 신고 · 납부한다.

② 외부감사 대상 법인의 결산이 신고기한까지 미확정되어 신고기한 종료일 3일전까지 연장신청하는 경우 1개월의 범위에서 연장할 수 있으나, 연장기간에 대한 이자상당액을 추가로 납부하여야 한다(법법 §60 ⑦ · ⑧).

2) 법인세 신고 시 꼭 제출해야 할 서류

법인세신고는 법인세 과세표준 및 세액신고서에 다음 서류를 첨부하여야 한다(법법 §60 ②).

① 기업회계기준을 준용하여 작성한 개별 내국법인의 재무상태표, 포괄손익계산서

② 기업회계기준을 준용하여 작성한 이익잉여금처분(결손금처리)계산서

③ 세무조정계산서(법칙 §82 ① 3호)

④ 기타 부속서류 및 현금흐름표, 표시통화재무제표 · 원화재무제표

⑤ 피합병법인 등의 재무상태표, 합병 · 분할로 승계한 자산 · 부채 명세서 등

▶ ①~③의 서류를 첨부하지 아니한 경우에는 신고를 하지 아니한 것으로 본다.

▶ ①, ② 및 ④의 현금흐름표는 국세정보통신망을 이용하여 표준대차대조표, 표준 손익계산서 및 손익계산서 부속명세서를 제출하는 것으로 갈음할 수 있다.

3) 공제 · 감면의 신청

법인세법 · 조세특례제한법 등에서는 조세의 감면에 관한 방법과 범위 등을 규정하고 있는데, 감면의 종류에 따라서는 신청서 또는 명세서를 소정기한 내에 반드시 제출하여야만 조세감면을 인정하고 있는 경우가 있으므로 특별히 유의하여야 한다.

4) 세액의 납부방법

법인세 과세표준 및 세액신고서에 기재된 납부할 세액을 과세표준 신고기한내에 납부서를 작성하여 가까운 은행(국고수납대리점) 또는 우체국에 납부하셔야 한다. 이때 지방세인 법인세분 지방소득세도 별도의 납부서를 작성하여 반드시 납부하여야 한다.

① **법인세의 분납**(법법 §64 ②) : 납부할 법인세액(가산세 및 감면분 추가납부세액을 제외한 금액)이 1천만원을 초과하는 경우에는 다음의 금액을 납부기한이 지난 날부터 1개월(중소기업의 경우 2개월) 이내에 분납할 수 있다. 내국법인이 법인세법 제63조의 규정에 의한 법인세 중간예납신고납부계산서 [별지 제58호 서식]를 제출함에 있어 그 분납내역을 기재하지 않은 경우에도 같은 법 제63조 제7항의 규정이 적용(법인46012-203, 2002.4.4.)한다.

② **납부할 세액 2천만원 이하** : 1천만원 초과 금액

③ **납부할 세액 2천만원 초과** : 50% 이하의 금액

7 수정신고와 경정청구

1) 수정신고(국세기본법 §45)

법정신고 기한 내에 제출한 신고서 및 제45조의 3 제1항에 따른 기한후과세표준신고서상에 기재된 과세표준 및 세액(환급 세액포함) 또는 결손금액이 사실과 달라 증액수정신고를 하여야 할 경우 세무서장이 과세표준과 세액을 경정하여 통지하기 전으로서 국세부과의 제척기간이 끝나기 전까지 수정신고서를 제출할 수 있으며, 추가로 납부하여야 할 세액은 납부하여야 한다.

(1) 수정신고 사유(국세기본법 §45 ①)

- 과세표준신고서에 기재된 과세표준 및 세액이 세법에 따라 신고하여야 할 과세표준 및 세액에 미치지 못할 때
- 과세표준신고서에 기재된 결손금액 또는 환급세액이 세법에 따라 신고하여야 할 결손금액이나 환급세액을 초과할 때
- 세무조정 과정에서 국고보조금 등과 공사부담금에 상당하는 금액을 익금과 손금에 동시에 산입하지 아니한 경우 등

(2) 수정신고를 할 수 있는 기한

관할 세무서장이 법인세 과세표준 및 세액을 경정하여 통지를 하기 전으로서 국세부과의 제척기간이 끝나기 전까지 수정신고가 가능하다.

(3) 수정신고 시 가산세 경감(국세기본법 §48)

법정신고기한이 지난 후 6개월 이내에 수정신고한 경우에는 100분의 50, 6개월 초과 1년 이내에 수정신고한 경우에는 100분의 20, 1년 초과 2년 이내에 수정신고한 경우에는 100분의 10에 상당하는 금액을 경감✎ 한다. 다만, 경정할 것을 미리 알고 수정신고서를 제출한 경우에는 가산세 경감의 혜택을 주지 않는다.

✎ 법정신고기한이 지난 후 1개월 이내 : 100분의 90, 1개월 초과 3개월 이내 : 100분의 75, 3개월 초과 6개월 이내 : 100분의 50, 6개월 초과 1년 이내 : 100분의 30, 1년 초과 1년 6개월 이내 : 100분의 20, 1년 6개월 초과 2년 이내 : 100분의 10(2020.1.1. 이후 수정신고하는 분부터 적용하되 2020.1.1. 이전에 법정신고기한이 만료된 경우로서 2020.1.1. 이후 최초로 수정신고하는 분에 대해서도 적용(국세기본법 개정, 2019.12.31-16841호)

2) 경정청구(국세기본법 §45의 2)

법정 신고기한내에 과세표준신고서를 제출한 법인 및 제45조의 3 제1항에 따른 기한후과세 표준신고서를 제출한 법인에 다음의 사유가 발생한 경우 최초신고 및 수정신고한 국세의 과세표준 및 세액의 결정 또는 경정을 법정신고 기한이 지난 후 5년 이내에 관할 세무서장에게 청구할 수 있다. 다만, 결정 또는 경정으로 인하여 증가된 과세표준 및 세액에 대하여는 해당 처분이 있음을 안 날(처분의 통지를 받은 때에는 그 받은 날)부터 90일 이내(법정신고기한이 지난 후 5년 이내에 한한다)에 경정을 청구할 수 있다.

- 신고한 과세표준과 세액이 신고할 과세표준과 세액을 초과할 때
- 신고한 결손금액 · 환급세액이 신고할 결손금액 · 환급세액에 미치지 못할 때

다만, 다음 사유가 발생한 경우 그 사유가 발생한 것을 안 날로부터 3월(2016.1.1. 이후 결정 또는 경정을 청구하는 분부터 적용하되, 2016.1.1. 전 청구기간이 경과한 분에 대해서는 2개월 적용) 이내에 경정을 청구할 수 있다.

- 신고 과세표준 및 세액의 계산근거가 된 거래 · 행위 등이 소송의 판결에 의하여 다른 것으로 확정되었을 때
- 소득 · 기타 과세물건의 귀속을 제3자에게 변경시키는 결정 등이 있을 때
- 조세조약에 의한 상호합의가 최초와 다르게 이루어졌을 때
- 경정 등으로 인하여 다른 사업연도의 최초에 신고한 과세표준과 세액이 세법에 따라 신고하여야 할 과세표준과 세액을 초과하는 때
- 최초 신고 시 과세표준 및 세액의 계산근거가 된 거래 또는 행위와 관계된 관청의 허가나 그 밖의 처분이 취소된 때
- 최초 신고 시 과세표준 및 세액의 계산근거가 된 행위와 관계된 계약이 해제권의 행사에 의해 해제되거나 해당 계약 성립 후 부득이한 사유로 해제되거나 취소된 때
- 장부 · 증빙서류의 압수, 기타 부득이한 사유로 과세표준과 세액을 계산할 수 없었으나 그 후 당해 사유가 소멸한 때

Chapter 07

세무 Tip **경정청구의 배타성**

경정등의 청구란 이미 신고, 결정, 경정된 과세표준 및 세액등이 과대한 경우 과세관청으로 하여금 이를 정정하여 결정 또는 경정하도록 촉구하는 납세의무자의 청구를 말한다. 경정청구는 신고납세방식과 부과과세방식의 조세 모두에 적용되는 제도이다. 즉 경정청구권은 과세관청의 경정 · 재경정권에 대응하는 조세채무자의 권리이다.

1. 경정청구의 배타성

경정 등의 청구를 받은 세무서장은 청구를 받은 날로부터 2월 이내에 과세표준과 세액을 결정 또는 경정하거나, 결정 또는 경정할 이유가 없다는 뜻을 그 청구를 한 자에게 통지하여야 한다. 이를 거부하거나 해태하면 거부처분 또는 부작위처분이 되므로 경정청구를 한 자는 불복절차를 진행할 수 있다.

납세의무자가 신고납세주의 세목을 과대 신고하여 확정시킨 경우에는 경정청구를 거치지 않고 행정쟁송을 통해 이를 구제받을 수 없다. 이 경우에는 과세관청의 거부처분, 부작위 처분 중 어느 하나도 존재하지 아니하기 때문이다. 그러므로 이 경우에는 경정 등의 청구를 하여야만 부작위처분 또는 거부처분이 성립되어 행정쟁송을 진행할 수 있다. 이와 같이 경정 등의 청구제도 외의 다른 권리구제수단이 허용되지 아니하는 성질을 경정청구의 배타성이라 한다.

2. 통상의 경정청구

과세표준신고서를 법정신고기한까지 제출한 자 및 기한후과세표준신고서를 제출한 자는 다음 중 어느 하나에 해당할 때에는 최소신고 및 수정신고한 국세의 과세표준 및 세액의 결정 또는 경정을 법정신고기한이 지난 후 5년 이내에 관할 세무서장에게 청구할 수 있다. 다만, 결정 또는 경정으로 인하여 증가된 과세표준

및 세액에 대하여서는 해당처분이 있음을 안날로부터 90일 이내에 경정을 청구할 수 있다.
① 과세표준 및 세액이 세법에 따라 신고해야 할 과세표준 및 세액을 초과할 때
② 결손금액 또는 환급세액이 세법에 따라 신고해야 할 결손금액 또는 환급세액에 미치지 못할 때

3. 후발적 경정청구제도

후발적 사유에 의한 경정청구는 과세표준신고서를 법정 신고기한 내에 제출한 자 또는 국세의 과세표준 및 세액의 결정을 받은 자가 그 이후에 발생한 후발적 사유를 이유로 결정 또는 경정을 청구할 수 있도록 하는 제도이다. 후발적 경정청구는 그 사유가 발생한 것을 안 날부터 3개월 이내에 하여야 한다. 후발적 사유에 의한 경정청구에 있어 부과제척기간이 경과한 후에도 후발적 사유가 발생한 것을 안 날로부터 3개월 이내에는 경정청구를 할 수 있다.

'후발적 사유'는 당해 경정청구의 대상이 되는 과세표준과 세액이 확정된 후에 발생한 사유를 의미한다.
① 과세표준 및 세액의 계산근거가 된 거래 또는 행위가 판결(판결과 동일한 효력을 가지는 화해 기타 행위를 포함한다)에 의하여 다른 것으로 확정된 때
② 소득 기타 과세물건의 귀속을 제3자에게로 변경시키는 결정 또는 경정이 있는 때
③ 조세조약의 규정에 의한 상호합의가 최초의 신고 · 결정 또는 경정의 내용과 다르게 이루어진 때
④ 결정 또는 경정으로 인하여 대상 과세기간 외의 과세기간의 과세표준 및 세액이 변동한 때
⑤ 기타 유사한 경우 (해제권 행사 및 취소)

4. 후발적경정청기기간(3개월) 경과 후 통상의 경청청구(5년)를 할 수 있는지?

국세기본법에 따라 과세표준신고서를 법정신고기한까지 제출한 자는 과세표준신고서에 기재된 과세표준 및 세액이 세법에 따라 신고하여야 할 과세표준 및 세액을 초과할 때에는 5년 내에 신고한 과세표준 및 세액의 경정 등을 청구할 수 있다. 또한 국세기본법에 따르면 납세자는 판결이나 결정 등 후발적 경정청구 사유가 발생한 것을 안 날부터 3개월 내에 경정청구를 할 수 있다.

이 경우 통상적 경정청구기간인 5년 내에 후발적 경정청구사유가 발생하였는데, 납세자가 후발적 경정청구기간인 3개월이 경과한 후에 아직 통상적 경정청구기간이 남아 있다는 이유로 후발적 경정청구가 아닌 통상의 경정청구를 할 수 있는지 여부가 문제시된다.

관련하여 대법원은 이와 같이 통상적 경정청구기간이 경과하지 아니하였으면, 납세자가 후발적 경정청구기간을 준수하지 못하였다고 하더라도 통상적 경정청구를 할 수 있다고 판시하였다.

제 7 장 건 설 업 과 법 인 세

제 2 절

법인세 계산구조

1 개요

구 분	내 용
당기순손익	기업회계기준에 의하여 작성한 재무제표상의 당기순손익
〈세무조정〉 결산상 당기순손익을 법인세법상 소득금액으로 조정하는 과정	▸ 결산조정 : 결산에 반영되어야 인정 예) 감가상각비, 퇴직급여충당금, 대손충당금, 일정대손금, 자산 평가손실 등 ▸ 신고조정 : 결산반영 없이 신고서 계상 가능 예) 국고보조금의 손금산입, 손익귀속시기 차이 등
(+) 익금산입 익금의 범위 : 순자산을 증가시키는 거래로 인하여 발생하는 수익의 금액	▸ 사업수입금액 : 장기할부판매, 용역제공에 따른 수입금액 조정 ▸ 준비금 · 충당금 환입액 : 사유 발생시 미사용 잔액 등 환입 ▸ 임대보증금 간주익금 : 부동산임대업 & 차입금이 자기자본 2배 초과 법인 ▸ 가지급금 인정이자 : 특수관계인에게 무상 · 저리 대여시 이자상당액 익금산입
(-) 익금불산입	▸ 자본거래로 인한 수익 : 주식발행액면초과액, 합병 · 분할차익 등 ▸ 자산의 평가이익 : 보험업법 등 법률에 의한 평가이익 제외 ▸ 수입배당금 : 이중과세 방지 – 수입배당금액 중 일정액(100%, 80%, 30%) ▸ 국세 또는 지방세의 과오납금의 환급금에 대한 이자 ▸ 이월결손금 보전에 충당한 자산수증익 · 채무면제익
(-) 손금산입 손금의 범위 : 순자산을 감소시키는 거래로 인하여 발생하는 손비의 금액	▸ 법인세법상 준비금 : 책임준비금, 비상위험준비금 ▸ 퇴직급여충당금 · 퇴직연금 부담금 : 장래에 지급할 퇴직급여를 대비하여 비용 설정 ▸ 대손충당금 : 채권의 세법상 장부가액×max(1%, 대손실적률) ▸ 일시상각(압축기장)충당금 : 국고보조금 등으로 취득한 사업용자산

<table>
<tr><th>구 분</th><th>내 용</th></tr>
<tr><td>(+) 손금불산입</td><td>▸ 채권자 불분명 사채이자, 지급받은 자가 불분명한 채권 이자, 건설자금에 충당한 차입금 이자, 업무무관자산 및 가지급금 등 관련 지급이자
▸ 감가상각비 한도초과액 : 감가상각방법, 내용연수와 상각률 등에 따라 계산한 상각범위액을 초과하는 금액
▸ 기업업무추진비 한도초과액 : 한도액(①+②+③+④)
① 1,200만원(중소기업 3,600만원)×당해 사업연도 월수/12
② 일반수입금액×적용률(0.3%, 0.2%, 0.03%)+특수관계자 거래 수입금액×적용률×10%
③ min[문화기업업무추진비, (①+②)×20%]
④ min[전통시장 기업업무추진비, 일반 기업업무추진비×10%]
▸ 업무용승용차 관련비용 : 업무전용자동차보험 가입, 운행기록부 작성, 감가상각비 8백만원 한도 등</td></tr>
<tr><td>차가감 소득금액</td><td>(=당기순손익+익금산입·손금불산입−손금산입·익금불산입)</td></tr>
<tr><td>(±) 기부금
한도초과 및
이월액
손금산입</td><td>기부금 귀속시기 : 지출한 사업연도의 손금(어음 : 실제 결제된 날)
▸ 현물기부금 : 특례기부금, 특수관계인이 아닌 자에 대한 일반기부금(장부가액), 특수관계인에 대한 일반기부금, 비지정기부금[max(시가, 장부가액)]
▸ 기부금 한도초과액
<table>
<tr><th>구 분</th><th>내 용</th><th>한 도</th></tr>
<tr><td>법정기부금</td><td>국가 기증품, 국방헌금, 이재민 구호금품 등</td><td>기준소득금액 50%</td></tr>
<tr><td>지정기부금</td><td>지정기부금단체에 지출하는 기부금 등</td><td>기준소득금액 10%</td></tr>
<tr><td>비지정기부금</td><td>법정·지정기부금 외의 업무무관 무상지출금액</td><td>손금불산입</td></tr>
</table>
사회적기업이 지출하는 지정기부금은 기준소득금액의 20% 한도 적용한다.
▸ 기부금 한도초과액 이월액 : 법정·지정기부금 10년간 이월공제</td></tr>
<tr><td>각 사업연도
소득금액</td><td>(=차가감 소득금액 ± 기부금 한도초과 및 이월액 손금산입)</td></tr>
<tr><td>(−) 이월결손금</td><td>▸ 당해 사업연도 개시일 전 15년(2019.12.31. 이전 개시 사업연도 10년, 2008.12.31. 이전 개시 사업연도 5년) 이내에 발생한 결손금 중 다음 사유로 공제되지 아니한 금액
− 결손금소급공제에 따라 소급공제 받은 결손금
− 당해 사업연도 이전에 이월결손금으로 이미 공제된 금액
− 자산수증익 및 채무면제익으로 충당된 이월결손금 등
▸ 공제한도 : 중소기업 등은 당해 소득금액의 100%, 그 이외 법인은 80%(2018.1.1.~2018.12.31. 개시하는 사업연도는 70%)</td></tr>
<tr><td>(−) 비과세소득</td><td>▸ 공익신탁의 신탁재산에서 생기는 소득
▸ 중소기업창업투자회사 등의 주식양도차익 등</td></tr>
</table>

<table>
<tr><th>구 분</th><th>내 용</th></tr>
<tr><td>(−) 소득공제</td><td>▸ 유동화전문회사 등에 대한 소득공제 : 배당가능이익의 90% 이상 배당시 그 배당금액
▸ 국민주택 임대소득 공제 등</td></tr>
<tr><td>과세표준</td><td>(=각 사업연도 소득금액−이월결손금−비과세소득−소득공제)</td></tr>
<tr><td>(×) 세율</td><td>▸ 일반 법인세율
<table>
<tr><th>과세 표준</th><th>2억원 이하</th><th>2억원 초과 200억원 이하</th><th>200억원 초과 3,000억원 이하</th><th>3,000억원 초과</th></tr>
<tr><td>세율</td><td>9%</td><td>19%</td><td>21%</td><td>24%</td></tr>
</table>
▸ 토지 등 양도소득에 대한 법인세율[등기 10%(주택 20%), 미등기 40%]
▸ 투자·상생협력 촉진을 위한 과세특례
– 미환류소득(투자금액포함방식, 투자금액제외방식)×20%</td></tr>
<tr><td>산출세액</td><td>과세표준에 세율을 적용하여 계산</td></tr>
<tr><td>(−) 세액공제</td><td>▸ 법인세법상 세액공제
– 외국납부세액공제(세액공제와 손금산입 방법 중 선택 적용)
• 공제한도 : 산출세액×(국외원천소득/법인세 과세표준)
– 재해손실세액공제 : 천재지변이나 재해로 인하여 사업용 자산총액의 20% 이상을 상실하여 납세가 곤란하다고 인정되는 경우
– 사실과 다른 회계처리 관련 세액공제 : 일반적인 경정청구에 의한 세액환급과 달리 즉시 환급하지 않고 경정일이 속하는 사업연도 분부터 법인세액에서 공제(과다 납부한 세액의 20% 한도)
▸ 조세특례제한법상 세액감면(공제)
– 창업 중소기업 등에 대한 세액감면
– 중소기업에 대한 특별세액감면 : 소기업(10%, 20%, 30%), 중기업(5%, 15%)
– 연구인력개발비 세액공제 :
max(당기비용×0~25%, 전년대비 증가 비용×25~50%)
– 성실신고 확인비용에 대한 세액공제 :
min(성실신고확인 비용×60%, 150만원)</td></tr>
<tr><td>최저한세의 계산</td><td>
<table>
<tr><th>구 분</th><th>과세표준</th><th>최저한세율</th></tr>
<tr><td>중소기업</td><td>유예기간 4년 포함</td><td>7%</td></tr>
<tr><td rowspan="5">일반기업</td><td>유예기간 이후 1~3년차</td><td>8%</td></tr>
<tr><td>유예기간 이후 4~5년차</td><td>9%</td></tr>
<tr><td>100억원 이하</td><td>10%</td></tr>
<tr><td>1천억원 이하</td><td>12%</td></tr>
<tr><td>1천억원 초과</td><td>17%</td></tr>
</table></td></tr>
<tr><td>(+) 가산세</td><td>▸ 국세기본법상 가산세 : 무신고·과소신고·납부불성실가산세 등
▸ 법인세법상 가산세 : 장부의 기록·보관 불성실·주주등의 명세서 제출불성실·증명서류 수취불성실·지급명세서 제출 불성실 가산세 등</td></tr>
<tr><td>가 감 계</td><td>(=산출세액−공제·감면세액+가산세)</td></tr>
</table>

구 분	내 용
(-) 기납부세액	▸ 기한 내 납부세액 : 중간예납세액, 수시부과세액 등(가산세 제외) ▸ 신고납부전 가산세액 : 중간예납 미납부가산세 등
(+) 감면분 추가납부세액	▸ 준비금의 환입에 따른 추가납부세액 ▸ 공제감면세액에 대한 추가납부세액 등
차감납부할 세액	(=가감계-기납부세액+감면분 추가납부세액)

❷ 각사업연도소득금액

각 사업연도 소득금액은 그 사업연도에 속하는 익금의 총액에서 손금의 총액을 공제한 금액으로 하고, 손금의 총액이 익금의 총액을 초과하는 경우 그 초과하는 금액은 각사업연도의 결손금으로 한다.

① **익금** : 자본 또는 출자의 납입 및 법인세법에서 규정하는 것은 제외하고 해당 법인의 순자산을 증가시키는 거래로 인하여 발생하는 이익 또는 수입의 금액(법법 §15 ①)

② **손금** : 자본 또는 출자의 환급, 잉여금의 처분 및 법인세법에서 규정하는 것은 제외하고 해당 법인의 순자산을 감소시키는 거래로 인하여 발생하는 손실 또는 비용의 금액(법법 §19 ①)

1) 익금의 주요내용

익금을 구성하는 "수익"은 법인세법 또는 법인세법 시행령에서 별도로 규정하는 사항을 제외하고 다음에 열거하는 것을 말한다.

(1) 수익의 범위

① 사업에서 생기는 수입금액(기업회계기준에 의한 매출에누리금액 및 매출할인금액을 제외) 다만, 법인세 과세표준 금액을 추계결정 또는 경정하는 경우에 부동산 임대에 의한 전세금 또는 임대보증금 등에 대한 수입금액은 정기예금이자율(금융기관의 정기예금 이자율을 참작하여 국세청장이 정하는 것을 말함)✎ 을 적용하여 계산한 금액을 포함한다.

✎ 정기예금이자율 : 2025.1.1. 이후 최초로 개시하는 사업연도분부터 3.1% 적용(법칙 §6)

② 자산의 양도금액

③ 자기주식(합병법인이 합병에 따라 피합병법인이 보유하던 합병법인의 주식을 취득하게 된 경우를 포함)의 양도금액

④ 자산의 임대료

⑤ 자산의 평가차익

⑥ 무상으로 받은 자산의 가액(자산수증익)

⑦ 채무의 면제 또는 소멸로 인하여 생기는 부채의 감소액(채무면제익)

⑧ 손금에 산입한 금액 중 환입된 금액

전 사업연도 이전에 손금에 산입한 금액중 이번 사업연도에 환입되는 것으로서 예를 들면, 재산세 · 자동차세 · 공과금을 지출하고 손금에 산입하였으나 착오납부 등으로 환급받는 금액과 대손충당금, 준비금과 같이 비용으로 계상한 금액이 기한도래 등의 사유로 환입되는 금액을 말한다.

⑨ 법인세법 시행령 제88조 제1항 제8호 각 목의 어느 하나 및 같은 항 제8호의 2에 따른 자본거래로 인하여 특수관계인으로부터 분여받은 이익

⑩ 법인세법 제28조 제1항 제4호 나목에 따른 가지급금 및 그 이자(이하 "가지급금등"이라 함)로서 다음 각 목의 어느 하나에 해당하는 금액. 다만, 채권 · 채무에 대한 쟁송으로 회수가불가능한 경우 등 정당한 사유가 있는 경우는 제외

가. 법인세법 시행령 제2조 제5항 특수관계가 소멸되는 날까지 회수하지 아니한 가지급금등(나목에 따라 익금에 산입한 이자는 제외)

나. 법인세법 시행령 제2조 제5항의 특수관계가 소멸되지 아니한 경우로서 법인세법 제28조 제1항 제4호 나목에 따른 가지급금의 이자를 이자발생일이 속하는 사업연도 종료일부터 1년이 되는 날까지 회수하지 아니한 경우 그 이자

⑪ 외국의 자회사로부터 받은 배당금에 대하여 법인세법 제57조 제4항에 따라 세액공제된 외국법인세액에 상당하는 금액

⑫ 그 밖의 수익으로서 그 법인에 귀속되었거나 귀속될 금액

(2) 기타 특정익금

세법에서 특별히 익금산입으로 규정한 것으로서 다음과 같은 것이 있다.

① 배당금 또는 분배금의 의제(법법 §16)

상법상 이익배당에는 해당하지 아니하지만 법인이 감자 · 잉여금의 자본 전입 · 해산 또는 합병 · 분할한 경우에 법인의 이익이나 잉여금을 실질적으로 배당하는 것과 같은 다음의 경제적 이익은 주주 또는 출자자인 법인의 각 사업연도 소득금액 계산상 익금에 산입한다.

(ⅰ) 감자 · 탈퇴 · 퇴사의 경우

주식의 소각이나 자본의 감소로 인하여 주주가 취득하는 금전의 가액과 기타 재산가액의 합계액 또는 사원의 퇴사, 탈퇴나 출자의 감소로 인하여 사원이나

출자자가 취득하는 금전 또는 기타 재산의 합계액이 당해 주식 등을 취득하기 위하여 소요된 금액을 초과하는 경우 그 초과액을 배당으로 보아 익금에 산입한다.

배당의제액 = 주주 등이 취득하는 금전 · 기타 재산가액의 합계액
− 당해 주식 등의 취득가액

(ii) 잉여금을 자본전입하는 경우

법인이 잉여금의 일부 또는 전부를 자본에 전입함으로써 주주 또는 출자자인 법인이 취득하는 자산의 가액은 의제배당에 해당한다.

▶ 자본전입 시 의제배당에 해당되는 잉여금

- 이익잉여금
- 적격 합병 · 분할에 따른 합병 · 분할차익 중 다음에 해당하는 금액의 합계액

합병차익 중 의제배당대상 (㉠+㉡+㉢, 합병차익 한도)	분할차익 중 의제배당대상 (㉠+㉡, 분할차익 한도)
㉠ 합병등기일 현재 합병법인이 승계한 재산의 가액이 그 재산의 피합병법인 장부가액을 초과하는 경우 그 초과하는 금액	㉠ 분할등기일 현재 분할신설법인등이 승계한 재산의 가액이 그 재산의 분할법인 장부가액을 초과하는 경우 그 초과하는 금액
㉡ 피합병법인의 자본잉여금 중 법인세법 §16 ① 2호 각 목 외의 부분 본문에 따른 잉여금에 상당하는 금액 ㉢ 피합병법인의 이익잉여금에 상당하는 금액	㉡ 분할에 따른 분할법인의 자본금 및 자본잉여금 중 의제배당대상 자본잉여금 외의 잉여금의 감소액이 분할한 사업부문의 분할등기일 현재 순자산 장부가액에 미달하는 경우 그 미달하는 금액 * 이 경우 분할법인의 분할등기일 현재의 분할 전 이익잉여금과 의제배당대상 자본잉여금에 상당하는 금액의 합계액을 한도로 함
• 자본전입 순서 : 합병차익 또는 분할차익의 일부를 자본 또는 출자에 전입하는 경우에는 의제배당대상 외의 금액을 먼저 전입	

▶ 2019.2.12. 이후 합병 · 분할에 따라 승계한 잉여금을 자본전입하는 분부터 적용

- 자산재평가법 제13조 제1항 제1호(1% 세율)의 규정에 의한 토지의 재평가차액에 상당하는 재평가적립금
- 소각일부터 2년 이내에 자본에 전입하는 자기주식소각익 등

- 소각당시 주식의 시가가 취득가액을 초과하는 경우에는 소각일부터 2년이 경과한 후 자본에 전입하는 자기주식소각익을 포함
- 기타 의제배당에서 제외되는 잉여금 이외의 잉여금 : 단, 채무출자전환으로 주식발행시 주식발행액면초과액 중 당해 주식의 시가를 초과하여 발행된 금액은 채무면제이익으로서 이를 자본전입 하면 의제배당에 해당한다.
- 이익잉여금으로 상환된 상환주식의 주식발행액면초과금

▶ 자본전입 시 의제배당에서 제외되는 잉여금

- 주식발행액면초과액
- 주식의 포괄적 교환차익
- 주식의 포괄적 이전차익
- 감자차익
- 합병차익 · 분할차익(2010.6.30. 이전 합병 · 분할평가차익 등 제외)
- 자산재평가법에 의한 재평가적립금(자산재평가법 §13 ① 1호의 규정에 의한 토지의 재평가차액에 상당하는 금액 제외)
- 소각당시 주식의 시가가 취득가액을 초과하지 아니하는 경우로서 소각일부터 2년이 경과한 후 자본에 전입하는 자기주식소각익

(ⅲ) 자기주식이 있는 법인이 잉여금을 자본에 전입한 경우

법인이 자기주식 또는 자기출자지분을 보유한 상태에서 위 잉여금의 전부 또는 일부를 자본에 전입함에 따라 당해 법인 외의 주주 등의 자본비율이 증가한 경우 증가한 지분비율에 상당하는 주식 등의 가액은 의제배당으로 보아 익금에 산입한다.

(ⅳ) 해산의 경우

주주 등이 해산법인으로부터 잔여자산가액의 분배로서 취득한 금전과 그 밖의 재산의 가액이 그 주식 등을 취득하기 위하여 사용한 금액을 초과하는 경우 그 초과액은 의제배당에 해당한다.

(ⅴ) 합병의 경우

피합병법인의 주주 등이 합병에 따라 설립하거나 합병 후 존속법인으로부터 취득하는 주식등 가액과 금전이나 그 밖의 재산가액의 합계액이 그 피합병법인의 주식 등을 취득하기 위하여 사용한 금액을 초과하는 경우 그 초과액은 의제

배당에 해당한다.

(vi) 분할의 경우

분할 또는 소멸한 분할합병의 상대방 주주가 분할에 따라 설립되는 법인 또는 분할합병의 상대방 법인으로부터 분할로 인하여 취득하는 주식의 가액과 금전이나 그밖의 재산가액의 합계액이 그 분할법인 또는 소멸한 분할합병의 상대방 법인의 주식을 취득하기 위하여 사용한 금액을 초과하는 경우 그 초과액은 의제배당에 해당한다.

② 특수관계에 있는 개인으로부터 유가증권 저가매입 차액

법인이 특수관계 있는 개인으로부터 유가증권을 시가보다 저가로 매입하는 경우 시가와 매입가액의 차액을 익금에 산입한다.

(i) 적용범위

특수관계 있는 개인으로부터 매입한 경우에 한하여 적용되며 특수관계 있는 법인으로부터 매입한 경우에는 이 규정이 적용되지 아니한다.

(ii) 유가증권

일반적으로 재산적 가치가 있는 증권으로서 주식 · 출자금, 채권 등이 해당한다.

(iii) 시가

시가란 특수관계자가 아닌 제3자 간의 정상적인 거래에 의하여 형성된 객관적인 교환가치를 말하며 유가증권의 시가가 불분명한 경우에는 상속세 및 증여세법을 준용하여 평가하여야 한다.

세무 Tip **저가매입 차액의 처리**

① 익금산입시기 : 그 매입일이 속하는 사업연도

② 저가매입차액의 세무조정

저가매입차액은 익금산입 유보처분하여 당해 유가증권의 세무계산상의 취득가액에 가산한 후, 동 유가증권 양도 시 손금산입한다.

구 분	저가매입차액의 처리	세무계산상 자산취득가액
특수관계있는 개인으로부터 저가매입 경우	익금산입 유보처분 → 매입 시 과세	시가(저가매입차액을 유가증권 취득가액에 가산)
기타의 저가매입 경우	익금으로 보지 아니함 → 처분 시 과세	취득가액

2) 손금의 주요내용

손금을 구성하는 "손비"는 법인세법 또는 법인세법 시행령에서 별도로 규정하는 사항을 제외하고는 그 법인의 사업과 관련하여 발생하거나 지출된 손실 또는 비용으로서 일반적으로 인정되는 통상적인 것이거나, 수익과 직접 관련된 것을 말한다. 또한 수익과 직접관련된 비용은 접대비로 볼 수 없다고 판시(대법2010두14329 2012.9.27. 외 다수)하고 있는바 참조하기 바란다.

(1) 손비의 범위

① 판매한 상품 또는 제품에 대한 원료의 매입가액(기업회계기준에 의한 매입에누리금액 및 매입할인금액 제외)과 그 부대비용

② 판매한 상품 또는 제품의 보관료, 포장비, 운반비, 판매장려금 및 판매수당 등 판매와 관련된 부대비용(판매장려금 및 판매수당은 사전약정 없는 경우 포함)

③ 양도한 자산의 양도 당시의 장부가액

④ 인건비

⑤ 유형자산의 수선비

⑥ 유형자산 및 무형자산에 대한 감가상각비

⑦ 특수관계인으로부터 자산 양수 시 기업회계기준에 따라 장부에 계상한 자산의 가액이 시가에 미달하는 경우 그 차액(실제취득가액이 시가에 미달하면 취득가액과 장부가액과의 차이, 시가를 초과하면 시가와 장부가액과의 차액)에 대한 감가상각비 상당액

⑧ 자산의 임차료

건물 등의 소유자가 보험계약자 및 피보험자로 되어 있는 경우 임차법인이 부담한 보험료는 당해건물 등의 임차료로 손금산입한다.

⑨ 차입금이자

⑩ 회수할 수 없는 부가가치세매출세액 미수금(부가가치세법 §45에 따라 대손 세액공제를 받지 아니한 것에 한정함)

⑪ 자산의 평가차손 및 주식을 발행한 법인이 파산한 경우 평가손(2001.12.31. 신설)

⑫ 제세공과금(법과 영의 규정에 의거 손금에 산입하지 아니하는 것은 제외)

법인이 손금계상 가능한 제세공과금을 이익잉여금과 상계한 경우에도 신고조정에 의하여 손금에 산입할 수 있다.

⑬ 영업자가 조직한 단체로서 법인이거나 주무관청에 등록된 조합 또는 협회에 지급한 회비

⑭ 광업의 탐광비(탐광을 위한 개발비 포함)

⑮ 보건복지부장관이 정하는 무료진료권 또는 새마을진료권에 의하여 행한 무료진료가액

⑯ 식품 및 생활용품의 제조업 · 도매업 또는 소매업을 영위하는 내국법인이 해당 사업에서 발생한 잉여식품 등을 무상으로 기증하는 경우 기증한 잉여식품 등의 장부가액(2017.2.4. 이후 기증분부터 적용)

⑰ 업무와 관련 있는 해외시찰 · 훈련비

> 업무수행상 필요하지 아니하다고 인정되는 해외여행의 여비와 업무수행상 필요하다고 인정되는 금액을 초과하는 부분은 제외한다.

⑱ 다음 어느 하나에 해당하는 운영비 또는 수당

- 초 · 중등 교육법에 의하여 설치된 근로청소년을 위한 특별학급 또는 산업체부설 중 · 고등학교의 운영비
- 산업교육진흥 및 산학협력 촉진에 관한 법률에 따라 교육기관이 당해 법인과 계약에 의하여 채용을 조건으로 설치 · 운영하는 직업훈련과정 · 학과 등의 운영비
- 직업교육훈련 촉진법에 따른 현장실습에 참여하는 학생들에 지급하는 수당
- 고등교육법에 따른 현장실습수업에 참여하는 학생들에 지급하는 수당

⑲ 임원 또는 직원을 위하여 지출한 복리후생비(법령 §45)

> 직원에는 「파견근로자보호 등에 관한 법률」 제2조에 따른 파견근로자를 포함함

- 직장체육비, 직장문화비, 직장회식비
- 우리사주조합의 운영비
- 국민건강보험법 및 노인장기요양보험법에 따라 사용자로서 부담하는 보험료 및 부담금
- 영유아보육법에 의하여 설치된 직장어린이집의 운영비
- 고용보험법에 의하여 사용자로서 부담하는 보험료
- 기타 임원 또는 직원에게 사회통념상 타당하다고 인정되는 범위에서 지급하는 경조사비 등 위에서 열거한 비용과 유사한 비용

⑳ 우리사주조합에 출연하는 자사주의 장부가액 또는 금품

> 법인이 보유하거나 취득하여 우리사주조합에 출연하는 자사주를 말한다. 증자방식에 의하여 우리사주조합에 배정하는 자사주는 손금산입 대상이 아니다(기본통칙 19-19…45 ①).

㉑ 장식 · 환경미화 등의 목적으로 사무실 · 복도 등 여러 사람이 볼 수 있는 공간에 항상 전시하는 미술품의 취득가액으로서 거래단위별 1천만원 이하의 금액

> 2019.2.12. 이후 취득하는 분부터 5백만원에서 인상

㉒ 광고선전 목적으로 기증한 물품 구입비용[특정인에게 기증한 물품(개당 1만원 이하의 물품은 제외)의 경우에 연간 3만원 이내 금액]

㉓ 임직원이 주식매수선택권 또는 주식기준보상을 행사하거나 지급받는 경우 해당 주식매수선택권 등을 부여하거나 지급한 법인에 그 행사 또는 지급비용으로서 보전하는 금액

㉔ 상법 제340조의 2, 벤처기업육성에 관한 특별조치법 제16조의 3 또는 소재 · 부품전문기업 등의 육성에 관한 특별조치법 제15조에 따른 주식매수선택권 또는 금전을 부여받거나 지급받은 자에 대한 다음 각 목의 금액(다만, 해당 법인의 발행주식총수의 100분의 10 범위에서 부여하거나 지급한 경우로 한정)

가. 주식매수선택권을 부여받은 경우로서 다음의 어느 하나에 해당하는 경우 해당 금액

1) 약정된 주식매수시기에 약정된 주식의 매수가액과 시가의 차액을 금전 또는 해당 법인의 주식으로 지급하는 경우의 해당 금액

2) 약정된 주식매수시기에 주식매수선택권 행사에 따라 주식을 시가보다 낮게 발행하는 경우 그 주식의 실제 매수가액과 시가의 차액

나. 주식기준보상으로 금전을 지급하는 경우 해당 금액

Chapter 07

㉕ 중소기업 및 중견기업이 중소기업 인력지원 특별법에 따라 부담하는 기여금

㉖ 동업자 간의 손익분배비율에 따라 배분받은 결손금

㉗ 임원 · 직원(지배주주 등 제외) 사망 이후 유족에게 학자금 등으로 일시적으로 지급하는 금액

사용인 · 임원 사망 이전에 정관, 주주총회 또는 이사회 결의에 따라 결정된 위로금 지급기준에 따라 공통적으로 적용되는 것을 말한다.

㉘ 위 ① 내지 ㉗ 이외의 손비로서 그 법인에 귀속되었거나 귀속될 금액

(2) 기타 특정 손금

세법에서 특별히 손금산입하는 사항으로 규정한 것으로서 다음과 같은 것이 있다.

① 법인세법상의 준비금 · 충당금 전입액의 손금조정

- 책임준비금(법법 §30)
- 퇴직급여충당금(법법 §33)
- 대손충당금(법법 §34)
- 구상채권상각충당금(법법 §35)

② 조세특례제한법상 각종 준비금의 손금조정

- 손실보전준비금(자본확충 및 신용회복목적회사 손실보전 등)
- 기타 준비금(연구 · 인력개발 준비금 등)

③ 조세특례제한법에 따른 손금

④ 국고보조금 · 공사부담금 · 보험차익으로 취득한 사업용자산가액의 손금산입(법법 §36~§38)

⑤ 비영리법인의 고유목적사업준비금의 손금산입(법법 §29, 조특법 §74)

법인으로 보는 단체의 경우 법인세법 시행령 §39 ① (1)의 지정기부금단체와 법령에 의하여 설치된 기금, 공동주택의 입주자대표회의 · 임차인대표회의 또는 이와 유사한 관리기구에 한하여 고유목적사업준비금을 설정할 수 있음.

⑥ 합병평가차익 · 분할평가차익의 과세이연[법법§44, §46(2009.12.31. 개정 전)]

2010.6.30. 이전 합병 · 분할 시에만 해당한다.

⑦ 물적분할로 인한 자산양도차익상당액의 손금산입(법법 §47)

⑧ 사업용자산을 교환함에 따라 발생하는 양도차익의 손금산입(법법 §50)

⑨ 구 조세감면규제법상의 각종 특별상각(특별상각폐지후 경과조치 규정에 따라 특별상각이 용인되는 것에 한함)

(3) 손금불산입

법인의 순자산을 감소시키는 거래로 인하여 발생한 손비의 항목이지만 세법에 의해 손금에서 제외되는 항목은 다음과 같다(법법 §20~§28).

① 자본거래 등으로 인한 손비의 손금불산입(법법 §20)

- 잉여금의 처분을 손비로 계상한 금액

  2018.1.1. 이후 개시하는 사업연도분부터 잉여금 처분에 의한 성과급 손금산입 폐지

- 주식할인발행차금

  "주식할인발행차금"은 회사설립 후 2년이 경과한 법인이 주주총회의 특별결의와 법원의 인가를 얻어 주식을 액면가액보다 미달하게 발행하는 경우의 그 미달하는 금액과 신주발행비의 합계액을 말한다(상법 §417).

② 제세공과금의 손금불산입(법법 §21)

- 각 사업연도에 납부하였거나 납부할 법인세(외국법인세액 포함) 또는 법인지방 소득세과 각 세법에 규정된 의무불이행으로 납부하였거나 납부할 세액(가산세 포함) 및 부가가치세의 매입세액(부가가치세가 면제되거나 법령 §22에서 정하는 경우 제외)
- 반출하였으나 판매하지 아니한 제품에 대한 개별소비세 또는 주세의 미납액 (제품가격에 세액상당액을 가산한 경우는 예외)

• 벌금 · 과료(통고처분에 따른 벌금 또는 과료 상당액 포함) · 과태료 · 가산금 과 체납처분비

> "벌금 · 가산금 등"에는 사인간의 계약위반으로 인한 지체상금(구상권행사 가능한 것 제외), 산재보험료의 납부지연 연체금은 해당하지 아니한다.

• 법령에 따라 의무적으로 납부하는 것이 아닌 공과금

• 법령에 따른 의무의 불이행 또는 금지 · 제한의 위반에 대한 제재로 부과되는 공과금

> "공과금"의 경우 법령에 의하여 의무적으로 납부하는 것이 아닌 공과금은 손금에 산입하는 공과금에 해당하지 아니한다.

• 연결모법인에 법인세법 제76조의 19 제2항에 따라 지급하였거나 지급할 금액

③ **징벌적 목적의 손해배상금 등에 대한 손금불산입**(법법 §21의 2)

내국법인이 법인세법 시행령 제23조 제1항 제1호 각 목에 해당하는 법률의 규정 또는 외국의 법령에 따라 지급한 손해배상액 중 실제 발생한 손해액을 초과하여 지급하는 금액(실손해액이 불분명한 경우는 지급한 손해배상금의 손해배상액 × (상환배수－1)/상환배수) 2018.1.1. 이후 개시하는 사업연도분부터 적용한다.

chapter 07

④ **자산의 평가손실의 손금불산입**(법법 §22) : 법인세법 제42조 제2항 및 제3항의 규정에 의하지 아니한 자산의 평가차손

> 손금불산입대상 평가손실은 법법 §42 ② 및 ③의 평가에 의하지 아니한 자산의 평가손실을 말하므로 주식 등 유가증권을 시가에 의하여 평가하거나, 유형자산 및 무형자산 등을 공신력있는 감정기관의 감정가액에 의해 장부가액을 감액한 경우에도 그 차손은 손금산입할 수 없다.

⑤ **상각범위액을 초과하는 감가상각비**(법법 §23)

⑥ **기부금의 손금불산입**(법법 §24)

⑦ **기업업무추진비의 손금불산입**(법법 §25)

⑧ **과다경비 등의 손금불산입**(법법 §26)

• 법인세법 시행령 제43조 규정의 상여금, 법인세법 시행령 제44조 규정의 퇴직급여 및 법인세법 시행령 제44조의 2 규정의 퇴직보험료 등

• 법인세법 시행령 제45조에서 규정하는 비용 외의 복리후생비

• 법인세법 시행령 제46조 규정의 여비 · 교육훈련비

• 법인세법 시행령 제48조의 규정에 의한 분담금액을 초과하는 공동경비

⑨ **업무와 관련 없는 비용의 손금불산입**(법법 §27)

• 법인세법 시행령 제49조 제1항의 업무와 관련이 없는 자산을 취득 · 관리함으로써 발생하는 비용, 유지비, 수선비 및 이와 관련되는 비용

- 법인이 직접 사용하지 아니하고 다른 사람(주주 등이 아닌 임원과 소액주주인 임원 및 사용인 제외)이 주로 사용하고 있는 장소 · 건축물 · 물건 등의 유지비 · 관리비 · 사용료와 이와 관련된 지출금
- 주주(소액주주 제외) 또는 출연자인 임원 또는 그 친족이 사용하고 있는 사택의 유지비 · 관리비 · 사용료와 이와 관련된 지출금
- 형법상 뇌물(외국공무원에게 대한 뇌물을 포함)에 해당하는 금전 및 금전 이외의 자산과 경제적 이익이 합계액

⑩ **업무용승용차 관련비용의 손금불산입**(법법 §27의 2)

⑪ **지급이자의 손금불산입**(법법 §28)

- 채권자 불분명 사채이자 및 수령자가 불분명한 채권 · 증권의 이자와 할인액
- 건설자금에 충당한 차입금의 이자
- 업무무관자산 및 가지급금 등에 대한 지급이자

"건설자금에 충당한 차입금의 이자"란 사업용유형자산 및 무형자산의 매입 · 제작 · 건설에 소요된 차입금(자산의 건설 등에 소요된지 여부가 불분명한 것은 제외함)의 이자 또는 이와 유사한 성질의 지출금을 말한다. 일반차입금(유형자산 및 무형자산의 건설 등에 소요됐는지의 여부가 불분명한 차입금)에 대한 지급이자 계산액도 자본화 선택 가능하다(2010.12.30.이 속하는 사업연도분부터).

⑫ **부당행위계산의 유형 등에 해당하는 금액**(법법 §52)

③ 귀속시기

1) 개요

각 사업연도 소득의 귀속시기를 기업 스스로 조절할 수 있도록 허용할 경우 법인세 부담의 조작 및 회사간 과세의 불공평 등과 같은 많은 문제점이 야기되므로 법인세법에서는 과세소득계산의 공평을 기하기 위하여 익금과 손금을 어느 사업연도로 귀속시킬 것인가에 관하여 특별히 규정하고 있다.

법인세법상 익금과 손금의 귀속시기는 원칙적으로 그 익금과 손금이 확정된 날이 속하는 사업연도로 하고 있으며, 거래형태별 손익의 귀속사업연도는 시행령 및 시행규칙 등에서 이를 개별적으로 규정하고 있다.

법인이 익금과 손금의 귀속사업연도에 관하여 일반적으로 공정 · 타당 하다고 인정되는 기업회계의 기준이나 관행을 계속적으로 적용하여 온 경우로서 세법에서 달리 규정하고 있는 경우를 제외하고는 당해 기업회계의 기준 또는 관행에 의할 수 있다.

2) 익금의 귀속시기

(1) 자산의 판매수익(법령 §68)

① **상품**(부동산 제외) · **제품 또는 기타 생산품의 판매수익** : 상품 등을 인도한 날

- 납품계약 또는 수탁가공계약에 의하여 물품을 납품하거나 가공하는 경우에는 당해 물품을 계약상 인도하여야 할 장소에 보관한 날. 다만, 검수조건부인 때에는 검사가 완료된 날
- 수출의 경우 수출물품을 계약상 인도하여야 할 장소에 보관한 날

② **상품 등의 시용판매 수익** : 상대방이 그 상품 등에 대한 구입의 의사를 표시한 날 다만, 일정기간내에 반송하거나 거절의 의사를 표시하지 아니하면 특약 등에 의하여 그 판매가 확정되는 경우에는 그 기간의 만료일

③ **상품 등 외의 자산의 양도로 인한 수익** : 대금청산일과 소유권 이전등기일 · 인도일 또는 사용수익일 중 빠른 날

④ **위탁매매로 인한 수익 등** : 수탁자가 위탁자산을 매매한 날

⑤ **자본시장과 금융투자에 관한 법률 §8의 2 ④ 1호에 따른 증권시장에서 같은 법 §393 ①에 따른 증권시장업무규정에 따라 보통거래방식으로 한 유가증권의 매매** : 매매계약을 체결한 날

⑥ **장기할부조건부 판매수익 등** : 자산의 판매 또는 양도(국외거래에 있어서는 소유권이전조건부 약정에 의한 자산의 임대포함)로서 판매금액 또는 수입금액을 월부 · 연부 기타의 지불방법에 따라 2회 이상 분할하여 수입하는 것 중 목적물 인도일의 다음날부터 최종의 할부금의 지급일까지의 기간이 1년 이상인 경우 ① 및 ③의 시기를 원칙으로 하되, 장기할부조건에 따라 회수하였거나 회수할 금액을 결산상 수익으로 계상한 경우에는 당해 회수하였거나 회수할 날로 한다(결산반영 시 세무조정 불가). 다만, 중소기업은 장기할부조건에 따라 회수하였거나 회수할 날로 신고조정 선택가능(2010.12.30.이 속하는 사업연도 분부터)하다. 이 경우 인도일 이전에 회수하였거나 회수할 금액은 인도일에 회수한 것으로 보며, 법인이 할부기간 중에 폐업한 경우에는 폐업일 현재 익금에 산입하지 아니한 금액을 폐업일이 속하는 사업연도에 익금에 산입한다. 장기할부조건 등으로 자산을 판매하거나 양도함으로써 발생한 채권에 대해 기업 회계기준에 의한 현재가치할인차금을 계상한 경우 당해 현재가치할인차금 상당액은 당해 채권의 회수기간 동안 기업회계 기준이 정하는 바에 따라 환입하였거나 환입할 금액을 각 사업연도의 익금에 산입한다.

(2) 도급공사 및 예약매출(법령 §69)

예약매출이란 매목적물의 견본이나 안내서와 함께 판매조건을 매수희망자에게 제시하고 매수희망자가 이를 구입하기로 약정한 경우에 그 대금의 일부 또는 전부를 수수하는 판매방식을 말한다(아파트분양, 선박제조 등).

예약매출의 귀속사업연도는 작업진행률 기준을 원칙으로 한다(다만, 장부미비 등으로 작업진행률 계산을 할 수 없거나 법법 §51의 2 ① 각 호에 해당하는 법인으로서 한국채택국제회계기준 적용 법인이 수행하는 예약매출은 목적물의 인도일, 용역제공 완료일).

다만, 기업회계기준에 따라 그 목적물의 인도일이 속하는 사업연도의 수익과 비용으로 계상한 경우 및 중소기업이 수행하는 계약기간 1년 미만인 건설 등의 경우에는 인도기준 선택 가능하다.

- 익금산입액＝계약금액×작업진행률✎ －직전 사업연도말까지 수입계상액

  ✎ 작업진행률＝당해 사업연도말까지 발생한 총공사비누적액 / 총공사예정비✎

  ✎ 총공사예정비는 건설업회계처리준칙을 적용하여 계약당시 추정한 공사원가에 당해 사업연도말까지의 변동상황을 반영하여 합리적으로 추정한 공사원가임.

  ✎ 작업진행률은 기업회계기준에 의한 생산량기준법 · 입량기준법으로 산정가능

- 손금산입액＝당해 사업연도에 발생한 총비용

이때 프로젝트금융투자회사가 「택지개발촉진법」에 따른 택지개발사업 등 기획재정부령으로 정하는 토지개발사업을 하는 경우로서 해당 사업을 완료하기 전에 그 사업의 대상이 되는 토지의 일부를 양도하는 경우에는 완공 전 양도된 토지의 매각 수익에 작업진행률 기준을 적용하여 사업연도의 익금에 산입할 수 있다(2024.2.29. 신설).

(3) 이자수입 등(법령 §70)

① 금융보험업 법인 이외 법인의 수입이자✎

✎ 금융보험업 영위법인의 귀속시기는 일반법인과 다르다. 본서에서는 다루지 않는다.

소득세법 제16조 제1항 제12호✎ 의 이자와 할인액 : 약정에 의한 상환일. 다만, 기일 전에 상환하는 때에는 그 상환일

✎ 소득세법 제16조 제1항 제12호 : 소득세법 제16조 제1항 제1호 내지 제11호의 소득과 유사한 소득으로서 금전의 사용에 따른 대가의 성격이 있는 것

- 소득세법 제46조 제1항✎ 의 규정에 의한 채권으로 무기명인 것의 이자와 할인액 : 그 지급을 받은 날, 기명인 것의 이자와 할인액 : 약정에 의한 지급일

  ✎ 소득세법 §46 ① : 국가 · 지방자치단체, 내국법인, 외국법인의 국내지점 또는 국내영업소, 외국법인이 발행한 채권 또는 증권 및 다른 사람에게 양도가 가능한 증권 등

- 보통예금 · 정기예금 · 적금 또는 부금의 이자 : 실제로 이자를 지급받는 날, 원본에 전입하는 뜻의 특약이 있는 이자는 그 특약에 의하여 원본에 전입된 날, 해약으로 인하여 지급되는 이자는 그 해약일, 계약기간을 연장하는 경우에는 그 연장하는 날, 정기예금연결적금의 경우 정기예금의 이자는 정기예금 또는 정기적금이 해약되거나 정기저축의 저축기간이 만료되는 날
- 통지예금의 이자 : 인출일
- 채권 또는 증권의 환매조건부 매매차익 : 약정에 의한 당해 채권 또는 증권의 환매수일 또는 환매도일(기일 전에 환매수 또는 환매도하는 경우 환매수일 또는 환매도일)
- 저축성보험의 보험차익 : 보험금 또는 환급금의 지급일(기일전에 해지 시 그 해지일)
- 비영업대금의 이익 : 약정에 의한 이자지급일(이자지급일의 약정이 없거나 약정일 이전에 이자를 지급받는 경우에는 그 이자지급일)

법인이 결산을 확정함에 있어서 이미 경과한 기간에 대응하는 이자 및 할인액(법법 §73의 규정에 의하여 원천징수되는 이자 등은 제외)을 해당 사업연도의 수익으로 계상한 경우에는 그 계상한 사업연도의 익금으로 한다(세무조정불가).

Chapter 07

② 수입배당금

- 잉여금처분에 의한 배당(주식배당 포함) : 잉여금처분결의일
- 주식의 소각 · 감자에 의한 의제배당 : 주식의 소각 · 감자를 결정한 날
- 퇴사 · 탈퇴로 인한 의제배당 : 퇴사 또는 탈퇴한 날
- 잉여금의 자본전입에 의한 의제배당금 : 자본전입을 결정한 날
- 해산으로 인한 의제배당 : 잔여재산가액의 확정일
- 합병 또는 분할로 인한 의제배당 : 합병등기일, 분할등기일

(4) 임대료 등 기타 수익(법령 §71)

① **임대료 수익** : 계약에 의하여 지급기일이 정해진 경우에는 그 지급일, 지급기일이 정하여지지 아니한 경우에는 그 지급받은 날

결산시 이미 경과한 기간에 대응하는 임대료상당액을 수익으로 계상한 경우 및 임대료 지급기간이 1년을 초과하는 경우 이미 경과한 기간에 대응하는 임대료상당액과 비용은 각각 당해 사업연도의 익금과 손금으로 한다(세무조정불가).

② **금전등록기를 설치 · 사용하는 경우의 수입금액** : 소득세법 제162조 및 부가가치세법 제36조 제4항의 규정을 적용받는 업종을 영위하는 법인이 금전등록기를 설치 · 사용하는 경우 그 수입하는 물품대금과 용역 대가는 그 금액이 실제로 수입된 사업연도

③ **리스료 수입** : 리스이용자가 리스로 인하여 수입하거나 지급하는 리스료의 익금과 손금은 기업회계 기준이 정하는 바에 따른다.

④ **법인이 아닌 조합 등으로부터 받는 분배이익금** : 당해 조합 등의 결산기간이 종료하는 날

⑤ **징발재산의 매도에 따른 익금** : 징발재산정리에 관한 특별조치법에 의해 징발된 재산을 국가에 매도하고 징발보상 증권을 받은 경우 상환조건에 따라 상환 받았거나 상환받을 금액을 해당 사업연도에 익금산입한다(상환비율에 상당하는 매도자산의 원가는 손금산입). 단, 징발보상증권을 국가로부터 전부 상환받기 전에 양도한 경우에는 양도한 때에 상환받은 것으로 보고, 익금과 손금을 계상한다.

⑥ **자산유동화에 관한 법률 §13에 따른 방법에 의하여 보유자산을 양도하는 경우 및 매출채권 또는 받을어음을 배서양도하는 경우 기업회계기준에 의한 손익인식방법에 따라 관련 손익의 귀속사업연도를 정한다.** K-IFRS 도입에 따른 세무조정 부담을 완화하기 위하여 자산의 매각으로 처리하던 종전의 방식을 기업회계기준에 따라 차입 · 매각 거래로 처리할 수 있도록 변경(2012.2.2. 이후 최초 신고분부터 적용)하였다.

⑦ **법인이 법인세법 시행령 §24 ① (2) 바목에 따른 개발비로 계상하였으나 해당 제품의 판매 또는 사용이 가능한 시점이 도래하기 전에 개발을 취소한 경우에는 다음 각 호의 요건을 모두 충족하는 날이 속하는 사업연도의 손금에 산입**

- 해당 개발로부터 상업적인 생산 또는 사용을 위한 해당 재료 · 장치 · 제품 · 공정 · 시스템 또는 용역을 개선한 결과를 식별할 수 없을 것
- 해당 개발비를 전액 손비로 계상하였을 것

⑧ **계약의 목적물을 인도하지 아니하고 목적물의 가액변동에 따른 차액을 금전으로 정산하는 파생상품의 거래로 인한 손익** : 그 거래에서 정하는 대금결제일이 속하는 사업연도의 익금과 손금으로 함.

⑨ 기타 익금

- **관세환급금** : 수출과 동시에 환급받을 금액이 확정되는 경우에는 당해 수출을 완료한 날, 수출과 동시에 환급받을 관세 등이 확정되지 아니하는 경우에는 환급금의 결정통지일 또는 환급일 중 빠른 날
- **국고보조금** : 교부통지를 받은 날
- **보험차익** : 보험금 지급이 확정된 날

• **수용에 따른 보상금** : 지급이 확정된 날 또는 기업자가 대금을 공탁한 날(이의신청 등으로 손실보상액이 조정된 경우의 차액은 조정금액이 확정된 날)

• **물품매도확약서 발행업의 수익** : 당해 물품 선적일(단, 물품매도확약서 발행에 관한 장부와 제 증빙서류를 비치하지 아니한 경우에는 신용장 개설일이 속하는 사업연도)

• **조세 등의 결정취소로 인한 환급금 및 이자** : 취소결정이 확정된 날(통지를 요하는 경우는 통지받은 날)이 속하는 사업연도

• **국내사업장이 있는 외국법인이 외국에서 자기가 생산 · 매입한 물품을 국내판매 시의 수익** : 인도조건이 외국항구 선적조건인 경우 계약금 영수에 불구하고 외국항구에서 선적된 날

• **가입회비**(입회금)

반환의무가 없는 경우 수입이 확정되는 날이 속하는 사업연도(일시에 미리 받는 경우에는 이용 가능한 기간으로 안분한 금액을 각 사업연도의 익금으로 함)에 익금으로 하고, 해약이나 탈퇴시 전액 반환하기로 하는 보증금 : 수입으로 계상하지 아니하고 부채계정으로 처리한다.

• **손해배상금**

법원의 판결에 의하여 지급하거나 지급받는 손해배상금 등은 판결이 확정된 사업연도의 익금 또는 손금으로 한다(법원의 판결이 확정된 날 : 대법원 판결일자 또는 당해 판결에 대하여 상소를 제기하지 아니한 때에는 상소제기의 기한이 종료한 날의 다음날).

3) 손금의 귀속시기

① **수입금액에 대응하는 비용** : 당해 수입금액이 확정되어 익금에 산입하는 때

② **매출할인** : 상대방과의 약정에 의한 지급기일(그 지급기일이 정하여 있지 아니한 경우에는 지급한 날)이 속하는 사업연도의 매출액에서 차감함.

③ **지급이자** : 소득세법 시행령 제45조의 규정에 의한 수입시기에 해당하는 날
결산을 확정함에 있어서 경과기간에 대한 이자 등을 당해 사업연도의 손금으로 계상한 경우에는 그 계상한 사업연도의 손금으로 한다.

④ **자산의 평가손실**(법법 §42 ③) : 당해 감액사유가 발생한 사업연도(법법 §42 ③ (2)에 해당하는 경우에는 파손 또는 멸실이 확정된 사업연도를 포함)(법령 §78 ③)

⑤ **기부금** : 지출한 사업연도의 기부금으로 하고, 그 후의 사업연도에 있어서는 기부금으로 보지 아니함. 미지급금으로 계상한 경우 실제로 지출할 때까지는 기부금

으로 보지 아니함.

어음으로 지급한 기부금은 그 어음이 실제로 결제된 날에 기부금이 지출된 것으로 보며, 수표의 경우 교부한 날에 지출된 것으로 봄.

⑥ **장기손해보험계약 관련 보험료의 손금산입** : 보험기간 만료후 만기환급금을 지급하는 약정이 있는 손해보험의 보험료는 그 보험료액 중 적립보험료 부분은 자산처리하고, 소멸되는 부분은 기간의 경과에 따라 손금산입함.

⑦ **유형자산 및 무형자산 매입대금의 지급지연에 따른 지급이자의 처리** : 유형자산 및 무형자산의 매입가격을 결정한 후 대금 중 일부를 지급지연함으로써 그 금액이 실질적인 소비대차로 전환된 경우의 지급이자 중 건설이 준공된 날까지의 이자는 건설자금이자로, 이후의 이자는 각 사업연도의 손금에 산입한다.

세무 Tip **「준공된 날」이라 함은(법령 §52 ⑥)**

건축물의 경우는 소득세법 시행령 제162조의 규정에 의한 취득일과 사용개시일 중 빠른 날을 말하며, 그 밖의 사업용 유형자산 및 무형자산의 경우에는 사용개시일을 말한다.

⑧ **원자재구입에 따른 지급이자**

원자재구입을 위하여 금융지원을 받았을 경우에 동 자금에 대한 지급이자는 당해 사업연도의 손금으로 보며, 법인세법 시행규칙 제37조에 규정하는 연지급수입 등에 따른 이자를 취득가액과 구분하여 지급이자로 계상한 금액에 대하여도 당해사업연도 손금으로 본다. 종전에는 은행 신용공여방식(Banker's Usance)에 의한 이자만 손금계상 가능하였으나 2007.3.30. 이후 수입하는 분부터는 D/A방식과 수출자 신용공여방식(Shipper's Usance)에 의한 이자의 경우도 비용처리 가능하다.

⑨ **추가 납부한 산재보험료**

산재보험료의 개산보험료를 납부한 후 확정보험료와의 차액을 추가로 납부하는 경우 추가 납부 보험료가 확정된 날

⑩ **조세 · 공과금** : 그 확정일을 기준으로 판단함.

- 인지세 : 과세문서에 인지를 첩용한 날
- 재산세 · 균등할주민세 및 종합토지세 : 고지일
- 등록세 : 등기일(취득원가에 산입)
- 취득세 : 취득세 자진신고 납부기한(취득원가에 산입)

• 증권거래세 : 대금결제일 · 주권인도일 · 권리이전일

• 추가로 확정된 세액 : 당해 세액 고지일(원칙), 의제매입세액 추가 납부는 사유 발생일(서면2팀-460, 2004.03.16.)

❹ 익금항목의 조정

1) 손익귀속시기 조정

기업회계기준 또는 일반적으로 공정 · 타당하다고 인정되는 관행에 따라 각종 수익을 인식한 경우에도 그 귀속사업연도가 세법에서 정한 것과 다른 경우에는 세법이 정하는 바에 따라 세무조정을 하여야 한다. 세법상 "인도"의 범위가 일반적인 인도의 개념과 다를 수 있으므로 소득금액 조정시 유의하여야 한다(법령 §68 ①).

• '상품 등을 인도한 날'의 범위(법칙 §33)

• 국내판매 : 납품계약 또는 수탁가공계약에 의하여 물품을 납품하거나 가공하는 경우에는 당해 물품을 계약상 인도하여야 할 장소에 보관한 날. 다만, 계약에 따라 검사를 거쳐 인수 및 인도가 확정되는 물품은 검사가 완료된 날

• 수출 : 수출물품을 계약상 인도하여야 할 장소에 보관한 날 계약상 별단의 명시가 없는 한 선적을 완료한 날을 말하며, 선적완료일이 분명하지 아니한 때에는 수출할 물품을 관세법 제155조 제1항 단서의 규정에 의하여 보세구역이 아닌 다른 장소에 장치하고 통관절차를 완료하여 수출 면장을 발급받은 때(통칙 40-68…2)

• 물품판매에 의한 손익 귀속시기는 세금계산서 발행일자에 불구하고 인도일이 속하는 사업연도이다(대법원 82누114, 1982.10.12.)(통칙 40-68…1).

장기할부조건으로 자산을 판매하거나 양도한 경우로서 인도일이 속하는 사업연도의 결산확정시 장기할부조건에 따라 회수하였거나 회수할 금액과 이에 대응하는 비용을 각각 수익과 비용으로 계상한 경우에는 인도기준으로 세무조정 할 수 없다. 다만, 중소기업은 결산상 인도기준으로 인식한 경우에도 회수기준으로 신고조정 할 수 있다(법령 §68 ② 단서, 2010.12.30. 신설).

세무 Tip **장기할부판매의 요건(법령 §68 ④)**

- 판매금액 또는 수입금액을 월부 · 연부 기타의 지불방법에 따라 2회 이상 분할하여 수입하고
- 목적물 인도기일의 다음날부터 최종할부금 지급기일까지의 기간이 1년 이상인 것

2) 간주익금의 조정

(1) 임대보증금 등의 간주익금조정(조특법 §138)

부동산임대업을 주업으로 하는 법인으로서 차입금이 일정기준을 초과하는 법인이 부동산 또는 부동산상의 권리를 대여하고 보증금을 받은 경우 당해 보증금에 정기예금이자율(3.5%)을 곱한 금액이 임대사업 부문에서 발생한 수입이자 및 배당금 등의 합계액을 초과하는 경우에는 그 초과금액을 익금에 산입한다. 다만, 주택과 주택의 연면적, 주택정착면적의 5배(도시지역 밖의 토지는 10배) 중 넓은 면적 이내의 부속토지는 간주익금 계산대상에서 제외한다.

(2) 가지급금 등에 대한 인정이자의 익금조정

특수관계자에게 무상 또는 시가보다 낮은 이율로 금전을 대여한 경우에는 가중평균차입이자율(적용이 불가능한 경우 당좌대출이자율 선택 허용)로 계산한 이자 상당액을 익금으로 계상하여야 한다(법령 §88 ① 6호, §89 ③).

선택한 비율은 해당되는 모든 거래에 대하여 적용하고, 가중평균차입이자율 적용이 불가능한 사유가 있는 경우 해당 대여금 또는 차입금에 한정하여 당좌대출이자율을 적용할 수 있으며, 법인세 신고와 함께 당좌대출이자율 적용을 선택하면 3년간은 의무적으로 당좌대출이자율을 적용하여야 한다.

종전에는 쌍방관계를 각각 특수관계인으로 하도록 기본통칙 통칙 52-87…1에서 규정하고 있었으나, 법인이 특수관계인 간의 금전거래에 있어서 상환기간 및 이자율 등에 대한 약정이 없는 대여금 및 가지급금 등에 대하여 결산상 미수이자를 계상한 경우에도 동 미수이자는 익금불산입하고 영 제89조 제3항 및 제5항의 규정에 의하여 계산한 인정이자상당액을 익금에 산입한다(통칙 67-106…10). 대손사유가 발생하기 전에 특수관계가 소멸하였다면 더 이상 비정상적으로 자금을 대여하고 있는 것이라고 볼 수 없다. 특수관계자에 대한 업무무관 가지급금인지 여부는 그 대손사유가 발생할 당시를 기준으로 판단하여야 한다(대법원2012두6247, 2014.7.24.).

세무 Tip 특수관계자의 범위

특수관계인의 범위는 당해 법인과 아래 중 어느 하나의 관계에 있는 자를 말하며, 이 경우 본인도 그 특수관계인의 특수관계인으로 본다. 종전에는 쌍방관계를 각각 특수관계인으로 하도록 기본통칙 통칙 52-87…1에서 규정하고 있었으나, 2012.2.2. 시행령 개정시 본인도 국세기본법에 따라 특수관계인의 특수관계인으로 본다는 내용을 법령에 명문화하였다.

① 임원의 임면권 행사, 사업방침의 결정 등 당해 법인의 경영에 대하여 사실상 영향력을 행사하고 있다고 인정되는 자(상법 §401의 2 ①의 규정에 의하여 이사로 보는 자를 포함)와 그 친족

② 주주 등(소액주주 등 제외)과 그 친족

* 소액주주 등 : 발행주식총수 또는 출자총액의 1%에 미달하는 주식 또는 출자지분을 소유한 주주등(국가, 지방자치단체가 아닌 지배주주 등의 특수관계인인 자는 제외)(법령 §50 ②)

③ 법인의 임원 · 사용인 또는 주주등의 사용인(주주등이 영리법인인 경우에는 그 임원을, 비영리법인인 경우에는 그 이사 및 설립자를 말한다)이나 사용인 외의 자로서 법인 또는 주주 등의 금전 기타 자산에 의하여 생계를 유지하는 자와 이들과 생계를 함께하는 친족

④ 해당 법인이 직접 또는 그와 제1호부터 제3호까지의 관계에 있는 자를 통하여 어느 법인의 경영에 대하여 지배적인 영향력*을 행사하고 있는 경우 그 법인

⑤ 해당 법인이 직접 또는 그와 제1호부터 제4호까지의 관계에 있는 자를 통하여 어느 법인의 경영에 대하여 지배적인 영향력*을 행사하고 있는 경우 그 법인

⑥ 당해 법인에 100분의 30 이상을 출자하고 있는 법인에 100분의 30 이상을 출자하고 있는 법인이나 개인

⑦ 당해 법인이 「독점규제 및 공정거래에 관한 법률」에 의한 기업집단에 속하는 법인인 경우 그 기업집단에 소속된 다른 계열회사 및 그 계열회사의 임원

* 지배적인 영향력을 행사하고 있는지 여부는 국세기본법 시행령 §1의 2 ④에 따름

Chapter 07

세무 Tip 특수관계인과의 도급공사계약

일반적으로 건설업은 신용등급 등을 이유로 시행업과 시공업을 별도 법인으로 운영하며, 이에 따라 특수관계법인인 시행법인과 시공법인간에 도급계약을 하는 경우가 많다. 이에 대한 세무상 주요 이슈는 도급계약금액이 적정한지 여부이다.

① 도급계약금액에 대하여 법인세법 제52조 부당행위계산의 부인을 적용하기 위해서는 건설용역에 대한 시가를 판단하여야 한다. 건설용역의 특성상 건설용역의 시가는 법인세법 시행령 제89조 제4항 제2호에 따라 판단하는 것이 일반적이다.

② 법인세법 시행령 제89조 제4항 제2호에서는 건설 기타 용역을 제공하거나 제공받는 경우에는 당해 용역의 제공에 소요된 금액(직접비 및 간접비를 포함하며, 이하 이 호에서 “원가”라 한다)과 원가에 당해 사업연도 중 특수관계인 외의 자에게 제공한 유사한 용역제공거래에 있어서의 수익률(기업회계기준에 의하여 계산한 매출액에서 원가를 차감한 금액을 원가로 나눈 율을 말한다)을 곱하여 계산한 금액을 합한 금액이라고 규정하고 있다.

③ ‘당해 사업연도 중 특수관계인 외의 자에게 제공한 유사한 용역제공거래에 있어서의 수익률’을 적용하는데 있어서 ‘당해 사업연도’는 공사계약연도를 말하며, ‘유사한 용역’은 유사한 수익률을 가지는 건설용역을 의미한다.

실무적으로 공사계약 당시 특수관계인 외의 자에게 제공한 유사한 용역이 없을 경우 시가를 산정할 수 없어 법인세법상 제52조 부당행위계산 부인을 적용할 수가 없다. 이러함에도 불구하고 과세관청에서는 무리하게 시가를 산정하여 법인세를 경정하는 경우가 많은 바, 기업은 이에 적극적으로 대응할 필요가 있다. 한편, 과세관청과의 마찰을 줄이기 위해서 도급계약금액을 원가와 원가에 일정 수익률을 곱하여 정하는 방식, 즉 원가보상계약으로 하는 것도 고려해 볼 수 있다.

3) 익금불산입

(1) 법인세법상 규정

법인의 순자산을 증가시키는 거래로 인하여 발생한 수익의 항목이지만 세법에 의해 익금에서 제외하는 항목은 다음과 같다.

① 자본거래로 인한 수익의 익금불산입

- 주식발행액면초과액(단, 2012.4.15. 이후 발행되는 무액면주식의 경우 주식의 발행가액 중 자본금으로 계상한 금액을 초과하는 금액)
- 주식의 포괄적 교환 · 이전차익, 감자차익
- 합병 · 분할차익

② 평가이익 등의 익금불산입

- 자산의 평가차익(보험업법 · 기타 법률에 의한 유형자산 및 무형자산의 평가차익 및 법령 제73조 규정의 자산을 법령 제74조~제76조에 의하여 평가함으로써 생긴 평가차익 제외)
- 이월익금
- 법인세 또는 법인지방소득세를 환급받았거나 환급받을 금액을 다른 세액에 충당한 금액
- 국세 또는 지방세의 과오납금의 환급금에 대한 이자
- 부가가치세 매출세액
- 이월결손금의 보전에 충당한 자산수증익 및 채무면제익
- 연결자법인으로부터 법인세법 제76조의 19 제2항에 따라 지급받았거나 지급받을 금액
- 상법 제461조의 2에 따라 자본준비금을 감액하여 받는 배당. 다만, 제16조 제1항 제2호 각 목에 해당하지 아니하는 자본준비금의 배당은 제외

③ 법인이 내국법인으로부터 받는 수입배당금 중 일정금액

지분율	100%	20% 초과	20% 이하
익금불산입률	100%	80%	30%

(2) 조세특례제한법상 규정

① 연구개발 목적으로 정부출연금을 수령하고 당해연도에 사용하지 못하는 경우 출연금 수령시점에 익금불산입(조특법 §10의 2)하고 추후 출연금을 지출하여 손비 처리하는 시점에 익금산입한다.

② 무역조정지원기업이 영위하던 사업을 조세특례제한법 제6조 제3항에 열거한 업종으로 전환하기 위해 사업용 고정자산을 2023.12.31.까지 양도하고 양도일로부터 1년 이내에 전환 사업에 직접 사용할 사업용 고정자산을 취득하는 경우 양도차익 익금불산입(조특법 §33 ①)하고 양도일이 속하는 사업연도 종료일 이후 3년이 되는 날이 속하는 사업연도부터 3년간 균분한 금액 이상 익금산입한다.

③ 기업이 재무구조개선을 위해 2026.12.31. 이전에 자산을 양도하고 양도일부터 3개월 이내에 채무를 상환한다는 내용을 포함한 재무구조개선계획에 따라 자산을 양도하는 경우 양도차익 중 채무상환액 상당액 익금불산입(조특법 §34 ①)하고 해당연도와 해당사업연도의 종료일 이후 3년간 익금에 산입하지 않고 그 다음 3년간 균분한 금액 이상 익금산입한다.

④ 내국법인이 외국자회사의 주식 등을 현물출자하여 새로운 외국법인을 설립하거나 이미 설립된 외국법인에 현물출자하는 경우 그로 인하여 발생한 외국자회사 주식 등의 양도차익 익금불산입(조특법 §38의 3 ①)하고 양도일부터 4년이 되는 날이 속하는 연도부터 3년간 균등액 익금산입한다.

⑤ 재무구조개선계획 등에 따라 내국법인의 지배주주인 법인주주와 특수관계자의 주식을 전부 양도하여 주식발행 법인의 채무를 인수 · 변제하는 경우 해당 내국 법인의 채무감소액 익금불산입(조특법 §39 ②)하고 해당연도와 해당사업연도의 종료일 이후 3년간 익금에 산입하지 않고 그 다음 3년간 균분한 금액 이상 익금산입한다.

⑥ 내국법인이 주주 또는 출자자로부터 2026.12.31. 이전에 재무구조개선계획 등의 일정요건을 갖추어 자산을 무상으로 받는 경우 결손금 초과하는 자산가액 익금불산입(조특법 §40 ①)하고 수증일이 속하는 사업연도 종료일 이후 3년간 익금에 산입하지 않고 그 다음 3년간 균분한 금액 이상 익금산입한다. 단, 법인주주가 소유자산을 양도하고 양도대금을 해당 내국법인에게 증여하는 경우의 양도차익상당액 익금불산입한다(조특법 §40 ③).

⑦ 회생계획인가 등의 결정을 받은 법인이 채권금융기관으로부터 채무의 면제를 받은 경우 면제받은 채무액 중 이월결손금을 차감한 금액은 익금불산입(조특법 §44 ①)하고 해당연도와 해당사업연도의 종료일 이후 3년간 익금에 산입하지 않고 그 다음 3년간 균분한 금액 이상 익금산입한다.

⑧ 2012.12.31. 이전에 재무구조개선계획에 따라 주주 등으로부터 해당 법인의 주식 등을 무상으로 받아 소각하는 경우 해당 주식가액 중 결손금 초과금액 익금불산입한다(조특법 §45 ①).

⑨ 내국법인의 지배주주인 법인 등이 2017.12.31. 이전에 재무구조개선 계획에 따라 소유주식 등을 전부양도하고 다른 법인의 주식 등을 양수하는 경우 주식 등 양도차익 상당액 익금불산입(조특법 §46 ①)하고 양수 주식 등을 처분할 때 익금산입한다.

⑩ 제약업 등(의료용 물질 및 의약품 제조업, 의료용 기기 제조업, 건설업, 해상 운송업, 선박 및 수상 부유 구조물 건조업, 1차 철강 제조업, 기초유기화학물질 제조업, 합성고무 및 플라스틱 물질 제조업을 말한다)을 경영하는 내국법인 간에 2021.12.31.까지 합병함에 따라 발생하는 중복자산을 처분하여 다른 자산을 대체 취득한 경우 발생하는 양도차익에 대해 익금불산입(조특법 §47의 4 ①)하고 양도일이 속하는 사업연도 종료일 이후 3년이 되는 날이 속하는 사업연도부터 3년간 균분액 이상 익금산입한다.

⑪ 공장의 대도시 밖 이전 · 본사의 수도권과밀억제권역 밖 이전 · 공장 및 본사의 수도권 밖 이전 시 양도차익 익금불산입(조특법 §60 ②, §61 ③, §63의 2 ⑤)하고 양도일이 속하는 사업연도 종료일 이후 5년이 되는 날이 속하는 사업 연도부터 5년간 균분한 금액 이상 익금산입한다.

⑫ 행정중심복합도시 안에서 공장시설을 갖추고 사업을 영위하던 내국 법인이 지방으로 이전하기 위해 공장을 사업시행자에게 양도함으로써 발생하는 양도차익 익금불산입(조특법 §85의 2)하고 양도일이 속하는 사업연도 종료일 이후 5년이 되는 날이 속하는 사업연도부터 5년간 균분한 금액 이상 익금산입한다.

⑬ 기업도시개발사업전담기업에게 구역 내의 토지를 현물출자함에 따라 발생한 양도차익에 대해 취득주식 처분 시까지 익금불산입한다(조특법 §85의 3 ①).

⑭ 경제자유구역의 외국인투자기업인 개발사업시행자가 보유토지를 2014.12.31.까지 내국법인에 현물출자함에 따른 양도차익 익금불산입(조특법 §85의 4 ①)하고 현물출자 취득주식을 처분할 때 익금산입한다.

⑮ 직장보육시설 운영자가 종전보육시설을 2009.12.31.까지 양도하고 양도일부터 1년 내에 새로운 보육시설을 취득하는 경우 종전보육시설 양도차익은 익금불산입한다(조특법 §85의 5 ①).

❺ 손금항목의 조정

1) 손금산입

(1) 퇴직급여충당금

임원 또는 사용인의 퇴직급여에 충당하기 위하여 퇴직급여충당금을 결산상 손금으로 계상한 경우에는 일정금액의 범위 안에서 손금에 산입한다(법법 §33). 퇴직급여충당금(사내유보) 추계액 한도를 매년 5%씩 단계적으로 축소(2016년 폐지)하였다(2010.12.30. 개정). 이에 따라 퇴직급여 충당금의 손금산입한도는 퇴직금전환금 계상액으로 축소되었다.

(2) 퇴직연금부담금 등

내국법인이 임원 또는 직원의 퇴직을 퇴직급여의 지급사유로 하고 임원 또는 사용인을 수익자로 하는 연금으로서 법칙 제23조 각 호에 따른 보험회사 등이 취급하는 퇴직연금(이하 "퇴직연금 등"이라 한다)의 부담금으로 지출하는 금액은 당해 사업연도의 소득금액 계산에 있어서 일정 한도 내에서 이를 손금에 산입할 수 있다✎(법령 §44의 2 ②).

✎ 퇴직연금 등의 부담금 중 확정기여형 퇴직연금 등(근로자퇴직급여보장법 제19조에 따른 확정기여형 퇴직연금, 동법 제24조에 따른 개인형퇴직 연금제도, 과학기술인공제회법에 따른 퇴직연금 중 확정기여형 퇴직연금)은 전액 손금에 산입하고, 그 외 퇴직연금 등의 부담금은 일정한도 내에서 손금에 산입하며, 2 이상의 부담금이 있는 경우에는 먼저 계약이 체결된 퇴직연금 등의 부담금부터 손금에 산입한다(법령 §44의 2 ④).

손금산입 하는 퇴직연금 등은 다음 어느 하나에 해당하는 기관이 취급하는 퇴직연금을 말한다.

- 「보험업법」에 따른 보험회사
- 「자본시장과 금융투자업에 관한 법률」에 따른 신탁업자 · 집합투자업자 · 투자매매업자 또는 투자중개업자
- 「은행법」에 따른 은행
- 「산업재해보상보험법」 제10조에 따른 근로복지공단

퇴직보험 · 신탁 폐지에 따라 2011.1.1. 이후 납입하는 퇴직보험 · 신탁 보험료 등은 손금산입 되지 않는다(법령 §44의 2 ②, 2010.12.30. 개정). 다만, 종전 규정에 따라 손금에 산입한 보험료 등은 익금에 환입하지 아니하며, 보험료 등을 운용함에 따라 발생하는 수익은 손금에 산입할 수 있다(2010.12.30. 영 부칙 §19).

(3) 대손충당금

외상매출금 · 대여금 · 기타 이에 준하는 채권에 대한 대손예상액을 대손 충당금으로 손금계상한 경우에는 일정금액(대손실적률과 1% 중 낮은 비율)의 범위 내에서 손금에 산입한다(법법 §34).

- 각 사업연도에 발생한 대손금은 기설정된 대손충당금계정과 상계하며, 대손충당금 잔액을 초과하는 대손금은 손금에 산입한다.

① 대손충당금 설정대상 채권 등의 범위

- 외상매출금 : 상품 · 제품의 판매가액의 미수액과 가공료 · 용역 등의 제공에 의한 사업수입 금액의 미수액
- 대여금 : 금전소비대차계약 등에 의하여 타인에 대여한 금액
- 기타채권 : 어음상의 채권 · 미수금과 기타 기업회계기준에 의한 대손충당금 설정대상 채권(부당행위계산부인에 따른 시가초과액에 상당하는 채권은 제외한다.)

② 대손충당금 및 대손금 손금산입제외 채권(법법 §34 ③ 및 법령 §19의 2 ⑥)

다음의 채무보증을 제외한 채무보증으로 인하여 발생한 구상채권

- 독점규제 및 공정거래에 관한 법률 제10조의 2 제1항 각 호의 어느 하나에 해당하는 채무보증
- 법인세법 시행령 제61조 제2항 각 호의 금융회사 등이 행한 채무보증
- 법률에 의하여 신용보증사업을 영위하는 법인이 행한 채무보증
- 「대 · 중소기업 상생협력 촉진에 관한 법률」에 따른 위탁기업이 수탁기업 협의회의 구성원인 수탁기업에 대하여 행한 채무보증
- 건설업 및 전기통신업을 영위하는 내국법인이 특수관계인 외의 자에게 건설사업(미분양주택 유동화 포함)과 직접 관련하여 제공한 채무보증(다만, 「사회기반시설에 대한 민간투자법」에 따른 민간투자사업시행사에 대한 채무보증 등의 경우에는 특수관계인 간의 보증 포함한다)

③ 대손금의 범위

㉠ **법률적으로 청구권이 소멸하여 회수할 수 없게 된 채권**(채무의 면제로 인한 청구권 소멸은 제외)

- 「상법」에 따른 소멸시효가 완성된 외상매출금 및 미수금
- 「어음법」에 따른 소멸시효가 완성된 어음
- 「수표법」에 따른 소멸시효가 완성된 수표

- 「민법」에 따른 소멸시효가 완성된 대여금 및 선급금
- 「채무자 회생 및 파산에 관한 법률」에 의한 회생계획인가의 결정 또는 법원의 면책결정에 따라 회수불능으로 확정된 채권
- 「민사집행법」 제102조에 따라 채무자의 재산에 대한 경매가 취소된 압류채권
- 물품의 수출 또는 외국에서의 용역제공으로 인하여 발생한 채권으로서 외국환 거래에 관한 법령에 의하여 한국은행총재 또는 외국환은행의 장으로부터 채권 회수의무를 면제받은 것(불가피하게 거래당사자간의 합의에 의해 채권금액을 감면하기로 한 경우 외국은행의 장에게 신청하여 허가)

ⓛ 채무자의 상태로 보아 회수할 수 없다고 인정되는 채권

- 채무자의 파산 : 「채무자회생 및 파산에 관한 법률」에 따라 법원이 파산폐지 결정하거나 파산종결 결정하여 공고한 경우를 말한다✎.

  ✎ 파산폐지 또는 파산종결 공고일 이전에 파산절차 진행과정에서 관계서류 등에 의해 해당 채권자가 배당받을 금액이 채권금액에 미달하는 사실이 객관적으로 확인되는 경우, 그 미달하는 금액은 회수할 수 없는 채권으로 보아 대손금으로 손금에 산입할 수 있음(통칙 19의 2-19의 2…1)

- 사망하였거나 실종선고를 받은 채무자에 대한 채권으로서 채무자 소유의 재산이 없는 채권
- 상법의 절차에 의하여 해산(합병에 의한 해산을 제외)하고 청산을 종결한 법인으로서 잔여재산을 분배받은 자 또는 무한책임사원이 없는 법인에 대한 채권
- 청산중인 법인에 대하여 구상권 행사를 할 수 없는 채권
- 채무자에 대한 채권회수를 위한 법원의 강제집행결과 무재산 · 행방불명 등의 사유로 강제집행불능 조서가 작성되고, 회수가능한 재산이 없는 경우
- 채무자가 형의 집행중에 있고, 회수가능한 재산이 없는 경우
- 경영부실 · 파산 등으로 사업을 폐업한 채무자에 대한 채권으로서 회수 가능한 재산이 없는 경우
- 합병 이외의 사유로 해산한 법인이 청산을 종료하지 아니한 때에도 사업재개의 전망이 없고 채무의 초과로 회수할 재산이 전혀 없음이 명백한 경우
- 압류 또는 근저당권설정 재산 이외의 다른 재산이 없는 경우 압류 또는 근저당권설정 재산의 시가상당액을 초과하는 채권의 가액은 대손처리할 수 있으며, 압류재산에 선순위 채권이 있는 경우 실제 선순위 채권가액을 차감하고 계산한다.

㉢ 부도수표 · 어음상의 채권 등

- 부도발생일로부터 6월 이상 경과한 수표 또는 어음상의 채권 및 부도발생일 이전에 발생한 중소기업의 외상매출금. 다만, 당해 법인이 채무자의 재산에 대해 저당권을 설정하고 있는 경우를 제외한다. 요건에 해당하는 경우 채무자가 부도발생일 이후 사업계속 여부, 다른 재산 소유 여부에 대하여 별도의 조사 없이 대손처리할 수 있으며, 추후 회수하는 때에 익금으로 계상한다. 6개월 이상 경과한 어음상의 채권에는 배서받은 어음으로서 배서인에 대하여 어음법 제43조의 규정에 의한 소구권을 행사할 수 있는 어음을 포함한다.
- 부도발생일로부터 6월 이상 경과한 날로부터 소멸시효가 완성하는 때까지는 대손처리 하여야 한다.
- 부도발생일 : 소지하고 있는 부도수표나 부도어음의 지급기일(지급기일 전에 당해 수표나 어음을 제시하여 금융회사로부터 부도확인을 받은 경우에는 그 부도확인일)
- 대손처리 방법 : 부도수표 또는 어음 금액 중 1,000원을 공제한 잔액을 결산상 대손금으로 회계처리해야 한다.

㉣ 세무서장으로부터 국세결손처분을 받은 채무자에 대한 채권(저당권을 설정하고 있는 경우 제외)은 2013.2.15. 대손요건이 삭제되었다(2013.1.1. 이후 개시하는 사업연도분부터 적용한다).

㉤ 회수기일을 6월 이상 경과한 채권 중 채권가액이 20만원 이하인 채권(채무자별 채권가액의 합계액을 기준으로 함)

㉥ 금융회사가 금융감독원장으로부터 대손금으로 승인받은 것 등 : 법인세법 시행령 제61조 제1항 각 호 외의 부분 단서에 따른 금융회사의 채권(여신전문금융회사인 신기술사업금융업자는 신기술사업자에 대한 것) 중 금융감독원장이 기획재정부장관과 협의하여 정한 대손처리기준에 따라 금융회사가 금융감독원장으로부터 대손금으로 승인 받은 것이나 이에 해당한다고 인정하여 대손처리를 요구한 채권으로 금융회사가 대손금으로 계상한 것

㉦ 중소기업창업투자회사의 창업자에 대한 채권으로서 중소기업청장이 기획재정부 장관과 협의하여 정한 기준에 해당한다고 인정한 것

㉧ 채권의 일부를 회수하기 위하여 해당 채권의 일부를 불가피하게 포기한 경우 포기한 그 채권금액

ⓩ 기업회계기준에 의한 채권의 재조정에 따라 채권의 장부가액과 현재가치의 차액을 대손금으로 계상한 금액(법령 §19의 2 ⑤)
채권자인 법인이 기업회계기준에 의한 채권·채무의 조정과 관련하여 원금의 일부를 감면한 경우에는 영 제19조의2 제5항의 규정이 적용되지 아니하고 19의 2-19의2…5에 따라 처리 한다(통칙 19의 2-19의 2…8).

ⓒ 재판상 화해 등 확정판결과 같은 효력을 가지는 것으로서 기획재정부령[「민사소송법」에 따른 화해 및 화해권고결정, 「민사조정법」 §30에 따른 결정(2019.2.12. 이후 재판상 화해 등이 확정되는 분부터 적용)]으로 정하는 것에 따라 회수불능으로 확정된 채권

④ 대손금의 귀속사업연도
- '㉠'의 경우 : 해당 사유가 발생일이 속하는 사업연도
- 기타의 경우 : 해당 사유가 발생하여 손금으로 계상한 날이 속하는 사업연도
- 법인이 다른 법인과 합병하거나 분할하는 경우로서 대손사유가 발생한 대손금을 합병등기일 또는 분할등기일이 속하는 사업연도까지 손금으로 계상하지 아니한 경우 : 그 대손금은 해당법인의 합병등기일 또는 분할등기일이 속하는 사업연도에 손금으로 한다(신고조정사항으로 취급)(법령 §19의 2 ④).

⑤ 해외건설자회사에 지급한 대여금 등에 대한 손금산입 특례(조특령 §104의 33)
국내건설기업이 해외건설자회사에 지급한 대여금등에 대해 대손충당금 손금산입(대여금 채권잔액의 2024년 10%~2033년 100%) 특례를 2024년도에 신설하였다.
- 해외건설자회사 요건 : 국내건설모회사가 90% 이상 지분을 보유하고 있는 해외건설자회사
- 대여금등 범위 : 대여금 및 그 미수이자, 국내건설모회사가 해외건설자회사 파견 임직원 인건비를 대신 지급하여 발생하는 채권

2) 손금불산입

(1) 지급이자의 손금불산입

차입금의 이자는 원칙적으로 법인의 순자산을 감소시키는 거래로서 손비에 해당한다. 그러나 특정용도에 소요된 차입금 또는 채권자가 불분명한 차입금의 이자와 비생산적 자산을 보유하고 있는 경우의 차입금 이자는 손금불산입 하도록 규정하고 있다.

■ 지급이자의 범위(집행기준 28-0-2 ②) ■

지급이자에 포함되는 것	지급이자에 포함되지 않는 것
1. 금융어음 할인료 2. 미지급이자 3. 금융리스료 중 이자상당액 4. 사채할인발행차금 상각액 5. 전환사채의 만기보유자에게 지급하는 상환할증금 6. 회사정리계획인가결정에 의해 면제받은 미지급이자	1. 상업어음 할인액(기업회계기준에 따라 매각거래로 보는 경우) 2. 선급이자 3. 현재가치할인차금 상각액 4. 연지급수입에 있어서 취득가액과 구분하여 지급이자로 계상한 금액(Banker's Usance 이자 등) 5. 지급보증료 · 신용보증료 · 지급수수료 6. 금융기관의 차입금을 조기 상환하는 경우 지급하는 조기상환수수료

- 지급이자 손금불산입 규정 적용순서(법령 §55)
  - ① 채권자가 불분명한 사채이자
  - ② 지급받은 자가 불분명한 채권 · 증권의 이자 · 할인액 또는 차익
  - ③ 건설자금에 충당한 차입금의 이자
  - ④ 업무무관자산 및 가지급금 등의 취득 · 보유와 관련한 지급이자

(2) **채권자가 불분명한 사채이자**[법법 §28 ① 1호, 법령 §51 ①]

다음에 해당하는 차입금의 이자

- 채권자의 주소 및 성명을 확인할 수 없는 차입금
- 채권자의 능력 및 자산상태로 보아 금전을 대여한 것으로 인정할 수 없는 차입금
- 채권자와의 금전거래 사실 및 거래내용이 불분명한 차입금

(3) **수령자가 불분명한 채권 · 증권의 이자 등**(법법 §28 ① 2호, 법령 §51 ②)

다음의 채권 · 증권을 발행한 법인이 직접 지급하는 경우로서 그 지급사실이 객관적으로 인정되지 아니하는 이자 · 할인액 또는 차익

- 국가 또는 지방자치단체가 발행한 채권 또는 증권의 이자와 할인액
- 내국법인이 발행한 채권 또는 증권의 이자와 할인액
- 외국법인의 국내지점 또는 국내영업소에서 발행한 채권이나 증권의 이자와 할인액
- 금융회사가 환매기간에 따른 사전약정이율을 적용하여 환매수 또는 환매도 하는 조건으로 매매하는 채권 또는 증권의 매매차익

▶ ① 및 ②에 따라 손금불산입하는 이자 또는 할인액에 대한 소득처분은 원천징수세액(소득처분 기타사외유출)을 제외한 금액을 대표자에 대한 상여로 처분한다.

(4) 건설자금이자(법법 §28 ① 3호, 법령 §52)

사업용 유형자산 및 무형자산의 매입 · 제작 · 건설에 소요된 것이 분명한 차입금(자본화 강제) 및 일반차입금(자본화 선택)에 대한 지급이자 또는 이와 유사한 성질의 지출금은 건설이 준공된 날까지 당해 사업용 유형자산 및 무형자산에 대한 자본적 지출(매입 부대비용)로 하여 원본에 가산한다.

(5) 업무무관자산 및 가지급금 등의 취득 · 보유와 관련된 지급이자(법법 §28 ① 4호, 법령 §53)

업무와 직접 관련이 없다고 인정되는 자산과 특수관계있는 자에게 업무와 관련없이 지급한 가지급금 등을 보유하고 있는 법인에 대하여는 그 자산가액에 상당하는 차입금에 대한 지급이자와 동 업무무관 자산을 취득 · 관리함으로써 생기는 비용을 손금불산입한다(법법 §27).

① 업무무관 자산의 범위(법령 §49)

㉠ 부동산 : 부동산을 취득한 후 유예기간이 경과한 때까지 법인의 업무에 직접 사용하지 아니하는 부동산 및 유예기간 중에 법인의 업무에 직접 사용하지 아니하고 양도하는 부동산(부동산 매매업을 주업으로 하는 법인 제외)

▶ 법인의 업무라 함은 다음 각 호의 해당하는 업무를 말한다(법칙 §26 ②).

- 법령에서 업무를 정한 경우에는 그 법령에 규정된 업무
- 각 사업연도종료일 현재의 법인등기부상의 목적사업(행정관청의 인가 · 허가 등으로 요하는 사업의 경우에는 그 인가 · 허가 등을 받은 경우에 한함)으로 정하여진 업무

▶ 법령에 의하여 사용이 금지되거나 제한된 부동산 등 법칙 제26조 제5항에서 정하는 부득이한 사유가 있는 부동산을 제외함.

세무 Tip 부득이한 사유

① 미분양부동산

주택신축판매업[한국표준산업분류에 의한 주거용 건물공급업 및 주거용 건물건설업(자영건설업에 한한다)을 말한다]을 영위하는 법인이나 건설업을 영위하는 법인이 신축한 건물로서 사용검사일부터 5년이 경과되지 아니한 건물과 그 부속토지

② 잔여토지

주택법에 의한 주택건설사업자로 등록한 법인이 보유하는 토지 중 동법에 의하여 승인을 얻은 주택건설사업계획서에 기재된 사업부지에 인접한 토지로서 당해 계획서상의 주택 및 대지 등에 대한 사용검사일부터 5년이 경과되지 아니한 토지

③ 착공이 연장된 기간 중에 있는 부동산

주택법 제16조 및 같은 법 시행령 제18조 제5호에 따라 사업계획승인권자로부터 공사착수기간의 연장

승인을 받아 연장된 공사착수기간 중에 있는 부동산으로서 최초의 공사착수기간 연장승인일부터 5년이 경과되지 아니한 부동산(공사착수가 연장된 기간에 한정한다)

④ 매각공고 부동산

㉮ 전국을 보급지역으로 하는 일간신문을 포함한 3개 이상의 일간신문에 시가이하 등의 조건으로 매각을 3일 이상 공고하고, 공고일 부터 1년이 경과하지 아니하였거나 1년 이내에 매각계약을 체결한 부동산

㉯ 매년 매각을 재공고하고, 재공고일부터 1년이 경과되지 아니하였거나 1년 이내에 매각계약을 체결한 부동산(직전 매각공고시의 매각예정가격에서 동금액의 100분의 10을 차감한 금액 이하로 매각을 재공고한 경우에 한한다)

부동산매매업은 한국표준산업분류에 따른 부동산 개발 및 공급업(묘지분양업을 포함한다) 및 건물 건설업(자영건설업에 한한다)을 말하며, 부동산매매업의 경우에는 취득일로부터 5년의 유예기간을 적용한다.

1. 업무에 직접 사용한 것으로 보는 경우

① 토지를 취득하여 업무용으로 사용하기 위하여 건설에 착공한 경우(착공일이 불분명한 경우에는 착공신고서 제출일을 기준으로 한다). 다만, 천재지변 · 민원의 발생 기타 정당한 사유없이 건설을 중단한 경우에는 중단한 기간 동안 업무에 사용하지 아니한 것으로 본다.

② 매매용부동산을 유예기간 내에 양도하는 경우

2. 업무와 관련이 없는 것으로 보는 기간

업무와 관련이 없는 것으로 보는 기간은 다음과 같다.

① 법인의 업무에 직접 사용하지 아니하는 부동산

당해 부동산을 업무에 직접 사용하지 아니한 기간 중 유예기간과 겹치는 기간을 제외한 기간. 다만, 당해 부동산을 취득한 후 계속하여 업무에 사용하지 아니하고 양도하는 경우에는 취득일부터 양도일까지의 기간

단, 주택신축판매업을 영위하는 법인이 사업에 사용할 목적으로 취득한 토지를 건축허가의 지연 등으로 인하여 유예기간이 경과할 때까지 업무에 사용하지 아니한 부동산에 대하여 그 유예기간이 경과한 후에 같은법 시행규칙 제26조 제5항 제27호의 요건을 갖추어 일간신문에 매각을 공고하고 그로부터 1년 이내에 매각계약을 체결한 경우에는 동 부동산의 취득일로부터 공고일까지의 기간을 해당 부동산의 업무와 관련이 없는 기간으로 본다(서이 46012-11366, 2002.7.16.).

② 유예기간 중에 당해 법인의 업무에 직접 사용하지 아니하고 양도하는 부동산

3. 업무와 관련없는 비용 등의 손금불산입

양도한 날이 속하는 사업연도 이전에 종료한 각 사업연도의 업무와 관련없는 비용 및 지급이자를 손금에 산입하지 아니하는 경우 다음의 방법 중 하나를 선택하여 계산한 세액을 그 양도한 날이 속하는 사업연도의 법인세에 가산하여 납부하여야 한다.

① 종전 사업연도의 각 사업연도의 소득금액 및 과세표준 등을 다시 계산함에 따라 산출되는 결정세액에서 종전 사업연도의 결정세액을 차감한 세액(가산세를 제외한다)

② 종전 사업연도의 과세표준과 손금에 산입하지 아니하는 지급이자 등을 합한 금액에 법 제55조의 규정에 의한 세율을 적용하여 산출한 세액에서 종전 사업연도의 산출세액을 차감한 세액(가산세를 제외한다)

㉡ 동산

- 서화 · 골동품. 다만, 장식 · 환경미화 등의 목적으로 사무실 · 복도 등 여러 사람이 볼 수 있는 공간에 상시 비치하는 것은 제외한다.
- 업무에 직접 사용되지 아니하는 자동차 · 선박 및 항공기 다만, 저당권의 실행 기타 채권을 변제받기 위하여 취득한 것으로서 3년이 경과되지 아니한 선박 등 부득이한 사유가 있는 것을 제외한다.
- 기타 위와 유사한 자산으로서 당해 법인의 업무에 직접 사용되지 아니하는 자산

② 가지급금 등의 범위(법령 §53 ①)

업무와 관련 없는 가지급금이라 함은 명칭 여하에 불구하고 당해 법인의 업무와 관련 없는 자금의 대여액(법령 §61 ② 각 호의 1에 해당하는 금융회사 등의 경우 주된 수익사업으로 볼 수 없는 자금의 대여액을 포함)을 말한다(법칙 §44에서 규정하는 금액은 제외).

세무 Tip 법인세법 시행규칙 제44조에서 규정하는 금액

1. 「소득세법」 제132조 제1항 및 같은 법 제135조 제3항에 따라 지급한 것으로 보는 배당소득 및 상여금(이하 이 조에서 "미지급소득"이라 한다)에 대한 소득세(개인지방소득세와 미지급소득으로 인한 중간예납세액상당액을 포함하며, 다음 계산식에 따라 계산한 금액을 한도로 한다)를 법인이 납부하고 이를 가지급금등으로 계상한 금액(해당 소득을 실제 지급할 때까지의 기간에 상당하는 금액으로 한정한다)
2. 국외에 자본을 투자한 내국법인이 해당 국외투자법인에 종사하거나 종사할 자의 여비 · 급료 기타 비용을 대신하여 부담하고 이를 가지급금등으로 계상한 금액(그 금액을 실지로 환부받을 때까지의 기간에 상당하는 금액에 한한다)
3. 법인이 「근로복지기본법」 제2조 제4호에 따른 우리시주조합 또는 그 조합원에게 해당 우리사주조합이 설립된 회사의 주식취득(조합원 간에 주식을 매매하는 경우와 조합원이 취득한 주식을 교환하거나 현물출자함으로써 「독점규제 및 공정거래에 관한 법률」에 의한 지주회사 또는 「금융지주회사법」에 의한 금융지주회사의 주식을 취득하는 경우를 포함한다)에 소요되는 자금을 대여한 금액(상환할 때까지의 기간에 상당하는 금액에 한한다)
4. 「국민연금법」에 의하여 근로자가 지급받은 것으로 보는 퇴직금전환금(당해 근로자가 퇴직할 때까지의 기간에 상당하는 금액에 한한다)
5. 영 제106조 제1항 제1호 단서의 규정에 의하여 대표자에게 상여처분한 금액에 대한 소득세를 법인이 납부하고 이를 가지급금으로 계상한 금액(특수관계가 소멸될 때까지의 기간에 상당하는 금액에 한한다)
6. 직원에 대한 월정급여액의 범위에서의 일시적인 급료의 가불금
7. 직원에 대한 경조사비 또는 학자금(자녀의 학자금을 포함한다)의 대여액

7의 2. 「조세특례제한법 시행령」 제2조에 따른 중소기업에 근무하는 직원(지배주주등인 직원은 제외한다)에 대한 주택구입 또는 전세자금의 대여액

8. 「금융기관부실자산 등의 효율적 처리 및 한국자산관리공사의 설립에 관한 법률」에 의한 한국자산관리공사가 출자총액의 전액을 출자하여 설립한 법인에 대여한 금액

③ 업무무관 자산 등의 가액

업무무관자산 등의 가액은 법령 제72조 규정의 취득가액으로 한다(법령 §53 ③). 특수관계자로부터 시가보다 높은 가액으로 취득한 자산의 경우에 위의 "취득가액"은 부당행위계산 부인의 규정이 적용되는 시가초과액을 차감하지 아니한 금액으로 한다(법령 §53 ③ 후단).

④ 손금불산입할 지급이자의 계산(법령 §53 ②)

차입금의 이자 중 업무무관자산 및 가지급금 등의 취득 및 보유와 관련하여 손금불산입할 금액은 다음과 같이 계산한다.

(6) 감가상각비 한도초과

유형자산 및 무형자산에 대한 감가상각비는 법인이 손금으로 계상한 경우에 한하여 당해자산의 내용연수에 따른 상각률에 의하여 계산한 금액(상각범위액)을 한도로 하여 손금에 산입하는 것이므로 동 한도액을 초과하는 금액은 손금불산입 하여야 한다(법법 §23, 법령 §24~34).

(7) 기업업무추진비의 손금불산입

기업업무추진비란 접대, 교제, 사례 또는 그 밖에 어떠한 명목이든 상관없이 이와 유사한 목적으로 지출한 비용으로서 내국법인이 직접 또는 간접적으로 업무와 관련이 있는 자와 업무를 원활하게 진행하기 위하여 지출한 금액을 말한다(법법 §25 ①). 거래관계의 원활한 진행을 도모하기 위하여 지출한 비용은 "기업업무추진비"이며, 불특정다수인의 구매의욕을 자극하기 위하여 지출한 비용은 "광고선전비"에 해당한다.

약정에 의하여 채권의 전부 또는 일부를 포기하는 경우 당해 채권포기 금액은 기업업무추진비 또는 기부금으로 본다(통칙 19의 2-19의 2…5).

① 1회 지출금액이 3만원(경조금의 경우 20만원)을 초과하는 기업업무추진비로서 다음에 해당하지 아니한 금액

여신전문금융업법에 의한 신용카드(동법에 의한 직불카드 · 기명식선불카드 · 외국에서 발행한 신용카드와 조세특례제한법 §126의 3 ④ 규정에 따른 현금영수증 포함)를 사용하여 지출하는 기업업무추진비

법인세법 제121조 및 소득세법 제163조의 규정에 따른 계산서 또는 부가가치세법 제32조의 규정에 따른 세금계산서를 교부받거나 조세특례제한법 제126조의 4 제1항에 따른 매입자 발행세금 계산서 또는 원천징수영수증을 발행하고 지출하는 기업

업무추진비[국외지역 지출 기업업무추진비, 농어민으로부터 구입한 재화(2012.1.1. 이후 지출분) 및 법인이 직접 생산한 제품 등으로 제공하는 경우 적격증빙 수취의무가 면제된다]

② 기업업무추진비 한도초과액

각 사업연도에 지출한 기업업무추진비(①에 의하여 손금불산입하는 금액 외)로서 다음 ㉠,㉡의 합계액을 초과하는 금액

당해 ㉠ 1,200만원(중소기업의 경우 3,600만원✎) × 사업연도의 월수/12

✎ 월수는 역에 따라 계산하되 1월 미만의 일수는 1월로 한다.

㉡ 수입금액을 일반수입금액과 기타수입금액으로 구분하여 계산한 금액의 합계액

– 수입금액별 · 법인별 적용률

수입금액	일반수익금액	기타수입금액
100억원 이하	30/10,000	특수관계자와의 거래에서 발생한 수입금액에 대하여 그 수입금액에 적용률을 곱하여 산출한 금액의 10%
100억원 초과 500억원 이하	2천만원+100억 초과금액의 20/10,000	
500억원 초과	6천만원+500억 초과금액의 3/10,000	

부동산임대업을 주된 사업으로 하는 등 일정 아래요건에 해당하는 내국법인은 ㉠과 ㉡을 합한 금액의 50% 상당액을 한도로 한다(법법 §25 ①).

ⓐ 지배주주 및 특수관계인 지분합계가 전체의 50% 초과

ⓑ 부동산 임대업이 주된 사업 또는 부동산 임대수입, 이자 · 배당의 합이 매출액의 70% 이상

ⓒ 해당 사업연도의 상시근로자(최대주주 및 그와 친족 관계인 근로자, 근로계약기간이 1년 미만인 근로자 제외) 수가 5인 미만

③ 기업업무추진비의 요건을 갖추지 아니한 지출금액

법인이 기업업무추진비로 계상한 금액 중 허위 또는 업무와 관련 없는 지출임이 확인되는 금액에 대하여는 당해 지출금액을 손금불산입(기업업무추진비시부인 대상금액에서 제외)하고 다음과 같이 처리한다.

- 당해 지출금액에 대한 소득의 귀속자가 분명한 때 : 귀속자에 대한 상여 · 배당 또는 기타소득
- 당해 지출금액에 대한 소득의 귀속자가 불분명한 때 : 대표이사에 대한 상여

④ 기업업무추진비 1회 지출금액이 3만원을 초과하는 경우로서 신용카드 등을 사용하지 아니한 금액은 전액 손금불산입하고 기타사외유출로 처분한다.

(8) 업무용승용차 및 관련비용

① 업무용승용차의 범위

개별소비세법 제1조 제2항 제3호에 해당하는 승용자동차(법법 §27의 2)

제외되는 승용자동차(법령 §50의 2)

- 부가가치세법 시행령 제19조 각 호에 해당하는 업종 또는 여신전문금융업법 제2조 제9호에 따른 시설대여업에서 사업상 수익을 얻기 위하여 직접 사용하는 승용자동차
- 통계법 제22조에 따라 작성된 한국표준산업분류표 중 장례식장 및 장의관련 서비스업을 영위하는 법인 및 사업자가 소유하거나 임차한 운구용 승용차

세무 Tip 업무용과 영업용

- **영업용차량** : 차량을 직접 이용하여 매출(주된 영업활동)을 창출시키는 업종의 차량(예시 : 리스회사, 택시회사, 운송회사 등)
- **업무용차량** : 매출활동 이외의 업무에 사용할 목적으로 취득한 차량

세법은 비영업용 소형차와 관련된 매입세액을 공제하지 않는다(실질적 사적사용 여부를 확인할 수 없다고 봄). 뿐만 아니라 업무용차량을 사적으로 사용하는 경우 업무무관자산으로 보아 구입유지비용을 부인한다.

② 업무용승용차 관련비용

업무용승용차에 대한 감가상각비, 임차료, 유류비, 보험료, 수선비, 자동차세, 통행료 및 금융리스부채에 대한 이자비용 등 업무용승용차의 취득 · 유지를 위하여 지출한 비용(법령 §50의 2 ②)

③ 업무전용자동차보험(상품명 : 임직원운전자 한정운전 특약)

해당 사업연도 전체 기간(임차한 승용차의 경우 해당 사업연도 중에 임차한 기간을 말함)동안 해당 법인의 임원 또는 사용인이 직접 운전한 경우 또는 계약에 따라 타인이 해당 법인의 업무를 위하여 운전하는 경우만 보상하는 자동차보험(법령 §50의 2 ④)

2016.4.1. 이후 기존에 가입했던 자동차 보험의 만기시 업무전용자동차보험으로 갱신하면, 2016.1.1.에 가입한 것으로 보고, 2016.4.1. 이전 업무용승용차를 처분하거나 임차계약이 종료된 경우에는 2016.1.1.부터 가입한 것으로 봄(법인세법 부칙 제14조, 제26981호)

- 일부 기간만 업무전용자동차보험 가입시 손금산입 방법 : 해당 사업연도의 업무용승용차 관련비용×업무사용비율×(해당 사업연도에 실제로 업무전용자동차보험에 가입한 일수÷해당 사업연도에 업무전용 자동차보험에 의무적으로 가입하

여야 할 일수)

- 업무전용자동차보험 가입 간주 : 시설대여업자 외의 자동차대여사업자로부터 임차한 승용차로서 임차계약기간이 30일 이내인 경우(해당 사업연도에 임차계약기간의 합이 30일을 초과하는 경우는 제외) 해당 법인의 임원 또는 사용인, 계약에 따라 해당 법인의 업무를 위하여 운전하는 사람을 운전자로 한정하는 임대차 특약을 체결한 경우에는 업무전용자동차보험에 가입한 것으로 봄

④ 손금인정요건

업무전용자동차보험을 가입하고, 법인업무용 전용번호판을 부착하고 운행기록부상 확인되는 업무사용 비율만큼 인정(원칙)

⑤ 손금인정액

업무용승용차 관련비용의 일정금액[1천5백만원(500만원)]을 인정하되, 업무용 승용차 운행기록 등을 작성 시 업무사용비율만큼 추가 인정

운행기록 등을 작성하지 않은 경우 대당 1천5백만원(500만원) 한도 내에서 업무용승용차 관련비용 인정

- 부동산 임대업을 주업으로 하는 내국법인 등의 경우(법령 §42 ②)에는 500만원으로 함
- 취득(보유) 기간에 따라 월할계산 : 1천5백만원(500만원) ×(보유월수÷사업연도 월수)
- 해당 사업연도가 1년 미만인 경우 1천5백만원(500만원)에 해당 사업연도의 월수를 곱하고 이를 12로 나누어 산출한 금액을 말함

⑥ 업무사용비율

업무용 사용거리란 제조 · 판매시설 등 해당 법인의 사업장 방문, 거래처 · 대리점 방문, 회의 참석, 판촉 활동, 출 · 퇴근 등 직무와 관련된 업무수행을 위하여 주행한 거리를 의미한다. 업무사용비율은 법인세법 시행규칙으로 정하는 운행기록 등에 따라 확인되는 총 주행거리 중 업무용 사용거리가 차지하는 비율을 뜻함

⑥ 업무용승용차 운행기록부

업무용승용차별로 운행기록 등을 작성 · 비치하여야 하며, 납세지 관할 세무서장이 요구할 경우 이를 즉시 제출하여야 함(법령 §50의 2 ⑥)

(9) 업무용승용차 감가상각비(상당액)

① 감가상각

2016.1.1. 이후 개시하는 사업연도에 취득하는 업무용승용차는 법인세법 시행령

제26조 제1항 제2호 및 제28조 제1항 제2호에 불구하고 정액법을 상각방법으로 하고 내용연수를 5년으로 하여 계산한 금액을 강제상각

② 감가상각비상당액

리스차량은 리스료 중 보험료 · 자동차세 · 수선유지비를 차감한 잔액을 감가상각비 상당액으로 하되, 수선유지비를 구분하기 어려운 경우에는 리스료(보험료와 자동차세 제외금액)의 7%로 계산한다(렌트차량은 렌트료의 70%를 감가상각비 상당액으로 함).

③ 감가상각비(상당액) 손금산입 한도

업무용승용차별 감가상각비(상당액) 한도액은 해당 사업연도에 800만원(400만원)을 한도로 한다.

④ 관련서류 작성 · 보관 · 제출

업무용승용차 관련비용 또는 처분손실을 손금에 산입한 법인은 법인세법 제60조에 따른 신고 시 업무용승용차 관련비용 명세서를 첨부하여 납세지 관할 세무서장에게 제출하여야 하고, 업무용승용차 운행기록부를 작성하고 과세관청의 요청시 운행기록부와 관련된 증명서류로 업무사용목적을 소명하여야 한다.

(10) 기부금

기부금이라 함은 법인이 특수관계인 외의 자에게 당해 법인의 사업과 직접 관계없이 무상으로 지출하는 재산적 증여의 가액을 말하며, 손금산입 범위에 따라 대상 기부금을 구분하면 다음과 같다.

① 특례기부금(50%한도 기부금)

2011.7.1. 이후 지출하는 기부금부터 종전 특례기부금(조특법 §73)은 삭제되고 법정기부금에 통합되었으며, 2021.1.1. 이후부터 50%한도 기부금으로 개정하였다(2020.12.22. 법법 §24 개정).

㉮ 국가나 지방자치단체에 무상으로 기증하는 금품의 가액 다만, 「기부금품의 모집 및 사용에 관한 법률」의 적용을 받는 기부금품은 같은 법 제5조 제2항의 규정에 의하여 접수하는 것에 한한다.

▶ 법인이 개인 또는 다른 법인에게 자산을 기증하고 이를 기증받은 자가 지체 없이 다시 국가 또는 지방자치단체에 기증한 금품의 가액을 포함한다.

국방헌금과 국군장병 위문금품의 가액

▶ 국방헌금에는 예비군법에 의하여 설치된 예비군에 직접 지출하거나 국방부장관

의 승인을 얻은 기관 또는 단체를 통하여 지출하는 기부금을 포함한다.

천재지변으로 생기는 이재민을 위한 구호금품의 가액

▶ 천재지변에는 「재난 및 안전관리 기본법」 제60조에 따라 특별재난지역으로 선포된 경우 그 선포의 사유가 된 재난을 포함(법령 §36의 2 ①)

㉯ 다음의 기관(병원 제외)에 시설비 · 교육비 · 장학금 또는 연구비로 지출하는 기부금

- 「사립학교법」에 따른 사립학교
- 비영리 교육재단(국립 · 공립 · 사립학교의 시설비, 교육비, 장학금 또는 연구비 지급을 목적으로 설립된 비영리 재단법인으로 한정)
- 「근로자직업능력 개발법」에 따른 기능대학
- 「평생교육법」에 따른 전공대학의 명칭을 사용할 수 있는 평생교육시설 및 원격대학 형태의 평생교육시설
- 「경제자유구역 및 제주국제자유도시의 외국교육기관 설립 · 운영에 관한 특별법」에 따라 설립된 외국교육기관 및 「제주특별자치도 설치 및 국제자유도시 조성을 위한 특별법」에 따라 설립된 비영리법인이 운영하는 국제학교
- 「산업교육진흥 및 산학연협력촉진에 관한 법률」에 따른 산학협력단
- 「한국과학기술원법」에 따른 한국과학기술원, 「광주과학기술원법」에 따른 광주과학기술원, 「대구경북과학기술원법」에 따른 대구경북과학기술원 및 「울산과학기술원법」에 따른 울산과학기술원
- 「국립대학법인 서울대학교 설립 · 운영에 관한 법률」에 따른 국립대학법인 서울대학교, 「국립대학법인 인천대학교 설립 · 운영에 관한 법률」에 따른 국립대학법인 인천대학교
- 「정부출연연구기관 등의 설립 · 운영 및 육성에 관한 법률」에 따라 설립된 한국개발연구원에 설치된 국제대학원
- 「한국학중앙연구원 육성법」에 따라 설립된 한국학중앙연구원에 설치된 대학원
- 「과학기술분야 정부출연연구기관 등의 설립 · 운영 및 육성에 관한 법률」 제33조에 따라 설립된 대학원대학
- 「재외국민의 교육지원 등에 관한 법률」 제2조 제3호에 따른 한국학교로서 기획재정부장관이 지정 · 고시하는 학교
  - 기부금 모금액 및 그 활용 실적을 공개할 수 있는 인터넷 홈페이지가 개설되어 있을 것
  - 기획재정부장관이 법정기부금단체 지정을 취소한 경우에는 그 취소된 날부터 3년, 법정기부금단체 재지정을 받지 못하게 된 경우에는 그 지정기간의 종료

Chapter 07

일부터 3년이 지났을 것

㉰ 다음의 병원에 시설비 · 교육비 또는 연구비로 지출하는 기부금

- 「국립대학병원 설치법」에 따른 국립대학병원
- 「국립대학치과병원 설치법」에 따른 국립대학치과병원
- 「서울대학교병원 설치법」에 따른 서울대학교병원
- 「서울대학교치과병원 설치법」에 따른 서울대학교치과병원
- 「사립학교법」에 따른 사립학교가 운영하는 병원
- 「암관리법」에 따른 국립암센터
- 「지방의료원의 설립 및 운영에 관한 법률」에 따른 지방의료원
- 「국립중앙의료원의 설립 및 운영에 관한 법률」에 따른 국립중앙의료원
- 「대한적십자사 조직법」에 따른 대한적십자사가 운영하는 병원
- 「한국보훈복지의료공단법」에 따른 한국보훈복지의료공단이 운영하는 병원
- 「방사선 및 방사성동위원소 이용진흥법」 제13조의 2에 따른 한국원자력의학원
- 「국민건강보험법」에 따른 국민건강보험공단이 운영하는 병원
- 「산업재해보상보험법」 제43조 제1항 제1호에 따른 의료기관

㉱ 사회복지사업, 그 밖의 사회복지활동의 지원에 필요한 재원을 모집 · 배분하는 것을 주된 목적으로 하는 비영리법인으로서 아래 요건을 모두 갖춘 법인에 지출하는 기부금

- 기부금 모금액 및 그 활용실적을 공개할 수 있는 인터넷 홈페이지가 개설되어 있을 것
- 「주식회사 등의 외부감사에 관한 법률」 제3조에 따른 감사인에게 회계감사를 받을 것
- 「상속세 및 증여세법」 제50조의 3[5호는 제외한다]에 따른 결산서류등을 인터넷 홈페이지 또는 국세청 홈페이지를 통하여 공시할 것
- 「상속세 및 증여세법」 제50조의 2에 따른 전용계좌를 개설하여 사용할 것
- 신청일 직전 5개 사업연도[설립일부터 신청일 직전 사업연도 종료일까지의 기간이 5년 미만인 경우에는 해당 법인의 설립일부터 신청일이 속하는 달의 직전 달의 종료일까지의 기간(1년 이상인 경우만 해당)] 평균 기부금 배분 지출액이 총 지출금액의 100분의 80 이상이고 기부금의 모집 · 배분 및 법인의 관리 · 운영에 사용한 비용이 기부금 수입금액의 100분의 10 이하일 것. 이 경우 총 지출금액, 배분지출액

등의 계산에 관하여는 기획재정부령으로 정한다.

- 신청일 직전 5개 사업연도[설립일부터 신청일 직전 사업연도 종료일까지의 기간이 5년 미만인 경우에는 해당 법인이 설립한 사업연도부터 신청일 직전 사업연도 종료일까지의 기간(1년 이상인 경우만 해당)] 평균 개별 법인(단체를 포함한다. 이하 이 호에서 같다)별 기부금 배분지출액이 전체 배분지출액의 100분의 25 이하이고, 「상속세 및 증여세법 시행령」 제38조 제10항에 따른 출연자 및 같은 영 제12조의 2 제1항에 따른 출연자의 특수관계인으로서 같은 항 제4호, 제5호 또는 제8호에 해당하는 비영리 법인에 대해서는 기부금 배분지출액이 없을 것
- 기획재정부장관이 법정기부금단체 지정을 취소한 경우에는 그 취소된 날부터 3년, 법정기부금단체 재지정을 받지 못하게 된 경우에는 그 지정기간의 종료일부터 3년이 지났을 것

㉮ 「공공기관의 운영에 관한 법률」 제4조에 따른 공공기관(같은 법 §5 ③ 1호에 따른 공기업은 제외) 또는 법률에 따라 직접 설립된 기관으로서 아래의 요건을 갖춘 기관에 지출하는 기부금

- 기부금 모금액 및 그 활용실적을 공개할 수 있는 인터넷 홈페이지가 개설되어 있을 것
- 설립 목적이 사회복지 · 자선 · 문화 · 예술 · 교육 · 학술 · 장학 등 공익목적 활동을 수행하는 것일 것
- 신청일 직전 5개 사업연도(설립일부터 신청일 직전 사업연도 종료일까지의 기간이 5년 미만인 경우에는 해당 법인의 설립일부터 신청일이 속하는 달의 직전 달의 종료일까지의 기간) 평균 정부지원금 및 기부금 합계액이 연간 총 수입금액의 3분의 1 이상일 것. 이 경우 정부지원금 및 총 수입금액의 계산에 관하여는 기획재정부령으로 정한다.
- 기획재정부장관이 법정기부금단체 지정을 취소한 경우에는 그 취소된 날부터 3년, 법정기부금단체 재지정을 받지 못하게 된 경우에는 그 지정 기간의 종료일부터 3년이 지났을 것

② **일반기부금**(10% 한도 기부금)

기획재정부 지정 공익성지정기부금단체 공고(분기별)한다. 실제 적용에 있어서는 대상단체 등에 확인 후 처리하여야 한다.

▶ 기획재정부(www.mosf.go.kr) 〉 법령 〉 공고

• 다음 각 목의 비영리법인에 대하여 해당 지정지부금단체 등의 고유목적사업비로 지출하는 기부금을 말한다.

가. 「사회복지사업법」에 따른 사회복지법인

나. 「영유아보육법」에 따른 어린이집(2018.2.13. 이후 지정하는 분부터 적용)

다. 「유아교육법」에 따른 유치원, 「초·중등교육법」 및 「고등교육법」에 따른 학교, 「근로자직업능력 개발법」에 따른 기능대학, 「평생교육법」 제31조 제4항에 따른 전공대학 형태의 평생교육시설 및 같은 법 제33조 제3항에 따른 원격대학 형태의 평생교육시설

라. 「의료법」에 따른 의료법인

마. 종교의 보급, 그 밖에 교화를 목적으로 「민법」 제32조에 따라 문화체육관광부장관 또는 지방자치단체의 장의 허가를 받아 설립한 비영리법인(그 소속 단체를 포함한다)

바. 「민법」 제32조에 따라 주무관청의 허가를 받아 설립된 비영리법인(이하 이 조에서 "「민법」상 비영리법인"이라 한다), 비영리외국법인, 「협동조합 기본법」 제85조에 따라 설립된 사회적협동조합(이하 이 조에서 "사회적협동조합"이라 한다), 「공공기관의 운영에 관한 법률」 제4조에 따른 공공기관(같은 법 §5 ③ 1호에 따른 공기업은 제외한다. 이하 이 조에서 "공공기관"이라 한다) 또는 법률에 따라 직접 설립된 기관 중 다음의 요건을 모두 충족한 것으로서 국세청장(관할 세무서장 포함) 추천을 받아 기획재정부장관이 지정하여 고시한 법인

▶ 비영리외국법인("해외지정기부금단체"), 공공기관 또는 법률에 따라 직접 설립된 기관은 2018.2.13. 이후 지정하는 분부터 적용한다.

▶ 지정일이 속하는 연도의 1월 1일부터 6년간(이하 이 조에서 "지정기간"이라 한다) 지출하는 기부금에 한정한다.

▶ 주무관청은 매분기 종료일부터 2개월 전까지 기재부장관에게 추천한다.

• 다음 각 목의 기부금

가. 「유아교육법」에 따른 유치원의 장·「초·중등교육법」 및 「고등교육법」에 의한 학교의 장, 「근로자직업능력 개발법」에 의한 기능대학의 장, 「평생교육법」 제31조 제4항에 따른 전공대학 형태의 평생교육시설 및 같은 법 제33조 제3항에 따른 원격대학 형태의 평생교육시설의 장이 추천하는 개인에게 교육비·연구비 또는 장학금으로 지출하는 기부금

나. 「상속세 및 증여세법 시행령」 제14조 제1항 각 호의 요건을 갖춘 공익신탁으로

신탁하는 기부금

다. 사회복지 · 문화 · 예술 · 교육 · 종교 · 자선 · 학술 등 공익목적으로 지출하는 기부금으로서 기획재정부장관이 지정하여 고시하는 기부금

영업자가 조직한 단체로서 법인이거나 주무관청에 등록된 조합 또는 협회에 지급한 특별회비 및 임의로 조직된 조합 또는 협회에 지급한 회비는 2018.2.13. 이후 지출하는 분부터 지정기부금에서 제외되었다.

다음 각 목의 무료 또는 실비로 이용할 수 있는 사회복지시설 또는 기관에 기부하는 금품의 가액. 다만, 「노인복지법」 제32조 제1항에 따른 노인주거복지시설 중 양로시설을 설치한 자가 해당 시설의 설치 · 운영에 필요한 비용을 부담하는 경우 그 부담금 중 해당 시설의 운영으로 발생한 손실금(기업회계기준에 따라 계산한 해당 과세기간의 결손금을 말한다)이 있는 경우에는 그 금액을 포함한다.

- 「아동복지법」 제52조 제1항에 따른 아동복지시설
- 「노인복지법」 제31조에 따른 노인복지시설 중 다음의 시설을 제외한 시설
  1) 「노인복지법」 제32조 제1항에 따른 노인주거복지시설 중 입소자 본인이 입소비용의 전부를 부담하는 양로시설 · 노인공동생활가정 및 노인복지 주택
  2) 「노인복지법」 제34조 제1항에 따른 노인의료복지시설 중 입소자 본인이 입소비용의 전부를 부담하는 노인요양시설 · 노인요양공동생활가정 및 노인전문병원
  3) 「노인복지법」 제38조에 따른 재가노인복지시설 중 이용자 본인이 재가복지서비스에 대한 이용대가를 전부 부담하는 시설
- 「장애인복지법」 제58조 제1항에 따른 장애인복지시설. 다만, 다음 각 목의 시설은 제외한다.
  1) 비영리법인(「사회복지사업법」 §16 ①에 따라 설립된 사회복지법인을 포함한다) 외의 자가 운영하는 장애인 공동생활가정
  2) 「장애인복지법 시행령」 제36조에 따른 장애인생산품 판매시설
  3) 장애인 유료복지시설
- 「한부모가족지원법」 제19조 제1항에 따른 한부모가족복지시설
- 「정신건강증진 및 정신질환자 복지서비스 지원에 관한 법률」 제3조 제6호 및 제7호에 따른 정신요양시설 및 정신재활시설
- 「성매매방지 및 피해자보호 등에 관한 법률」 제6조 제2항 및 제10조 제2항에 따른 지원시설 및 성매매피해상담소

• 「가정폭력방지 및 피해자보호 등에 관한 법률」 제5조 제2항 및 제7조 제2항에 따른 가정폭력 관련 상담소 및 보호시설
• 「성폭력방지 및 피해자보호 등에 관한 법률」 제10조 제2항 및 제12조 제2항에 따른 성폭력피해상담소 및 성폭력피해자보호시설
• 「사회복지사업법」 제34조에 따른 사회복지시설 중 사회복지관과 부랑인 · 노숙인 시설
• 「노인장기요양보험법」 제32조에 따른 재가장기요양기관
• 「다문화가족지원업」 제12조에 따른 다문화가족지원센터
• 「건강가정기본법」 제35조 제1항에 따른 건강가정지원센터

다음 각 목의 요건을 모두 갖춘 국제기구로서 법인세법 시행규칙 제18조 제7항(별표 6의 4)에 따른 국제기구에 지출하는 기부금

– 사회복지, 문화 · 예술, 교육, 종교, 자선, 활동 등 공익을 위한 사업을 수행할 것
– 우리나라가 회원국으로 가입하였을 것

법인으로 보는 단체 중 법인세법 시행령 제56조 제1항에 규정된 일반기부금단체를 제외한 단체의 수익사업에서 발생한 소득을 고유목적사업비로 지출하는 금액

③ 기타기부금

상기이외의 기부금 : 전액 손금불산입

④ 법정기부금의 한도

한도액=(해당 사업연도의 소득금액–법법 제13조 제1항 제1호의 이월결손금)×50%

해당 사업연도의 소득금액=차가감소득금액–합병 · 분할 등에 따른 자산의 양도차익 +합병 · 분할 등에 따른 자산의 양도차손+법정기부금 지출액+지정기부금지출액

법법 제13조 제1항 제1호의 이월결손금은 각 사업연도 개시일 전 15년(2008년 이전 발생분은 5년, 2019년 이전 발생분은 10년) 이내 개시한 사업연도에 발생한 이월결손금을 말한다. 단, 법법 제13조 제1항 각 호 외의 부분 단서에 따라 각 사업연도 소득의 80%를 한도로 이월결손금 공제를 적용받는 법인은 기준소득금액의 80%를 한도로 한다.

⑥ 지정기부금의 한도

한도액=(해당 사업연도의 소득금액-법법 제13조 제1항 제1호의 이월결손금
-법정기부금 손금산입액-법정 또는 (구)특례기부금 이월액 중 손금산입액)
×10%(단, 사업연도 종료일 현재 사회적기업육성법 §2 1호에 따른 사회적 기업은 20%)

⑦ 기부금의 이월공제

손금불산입한 기부금 한도초과액은 그 다음 사업연도 개시일부터 10년 이내에 끝나는 각 사업연도로 이월하여 그 이월된 사업연도의 소득금액을 계산할 때 법정기부금 및 지정기부금이 각각의 손금산입 한도액에 미달하는 금액의 범위에서 손금에 산입한다.

▸ 이월된 기부금은 해당 사업연도에 지출한 기부금보다 먼저 손금에 산입하여야 한다.

법정기부금	지정기부금	(구)특례기부금 (조특법 §73 ① 기타)	(구)특례기부금 (조특법 §73 ① 11)
10년	10년	1년	3년

⑧ 기부금 영수증 및 기부금 영수증 발급대장

비영리내국법인이 법인세법 제112조의 2의 규정에 따라 기부금영수증을 발급하는 경우 기부자별 발급명세를 작성하여 발급한 날부터 5년간 보관하여야 한다(법법 §112의 2 ①).

6 소득처분

금불산입 사항을 가산하고, 익금불산입 사항과 손금산입 사항을 차감하여 계산한다. 이렇게 익금에 가산된 금액 등이 누구에게 귀속하는가를 확정하는 세법상의 절차를 소득처분이라 한다. 이러한 소득처분은 수익사업이 있는 비영리법인에도 적용된다.

1) 익금산입 또는 손금불산입액의 소득처분(법령 §106)

(1) 유보

각 사업연도 소득금액 계산상 세무조정 금액이 사외로 유출되지 않고 회사 내에 남아있는 것으로, 다음 사업연도 이후의 각 사업연도 소득금액 및 청산소득계산과 기업의 자산가치 평가 등에 영향을 주게 되므로 자본금과 적립금조정명세서(별지 제50호)에 그 내용을

기재하여야 한다.

내국법인이 국세기본법 제45조의 수정신고기한 내에 매출누락, 가공경비 등 부당하게 사외 유출된 금액을 회수하고 세무조정으로 익금에 산입하여 신고하는 경우의 소득처분은 사내유보로 한다(경정이 있을 것을 미리 알고 사외 유출된 금액을 익금산입하는 경우에는 이를 적용하지 아니함)(법령 §106 ④). 2010.2.18.이 속하는 사업연도부터 경정이 있을 것을 미리 알고 사외유출된 금액을 익금산입 하는 경우 상여처분하는 사유를 명확하게 규정하였다.

(2) 상여

각 사업연도 소득금액계산상의 세무조정(익금산입 · 손금불산입) 금액이 사외로 유출되어 사용인 또는 임원에게 귀속되었음이 분명한 경우에 행하는 소득처분을 말한다.

또한, 소득이 사외로 유출되었으나 그 귀속이 불분명한 경우(기타사외유출로 처분하는 경우 제외)에는 대표자에게 귀속된 것으로 보아 상여(인정상여)로 처분한다.

① 대표자

- 대표자가 2인 이상인 경우에는 사실상의 대표자로 한다.
- 소액주주가 아닌 주주 등인 임원 및 그와 특수관계자에 있는 자가 소유하는 주식 등을 합하여 당해 법인 발행주식 총수의 30% 이상을 소유하고 있는 경우의 그 임원이 법인의 경영을 사실상 지배하고 있는 경우에는 당해 임원을 대표자로 한다(법령 §106 ① 1호 단서).
- 사업연도 중에 대표자가 변경된 경우 대표자 각인에게 귀속된 것이 분명한 경우 대표자 각인에게 구분하여 처분하고, 귀속이 분명하지 않은 경우에는 재직기간의 일수에 따라 구분 계산하여 소득 처분한다(법칙 §54).

② 인정상여의 지급시기(소득법 §135 ④)

- 법인세 과세표준을 신고하는 경우 → 그 신고일 또는 수정신고일
- 법인세 과세표준을 결정 또는 경정하는 경우 → 소득금액 변동통지서를 받은 날

③ 인정상여의 수입시기(소득령 §49 ① 3호) : 당해 사업연도중의 근로를 제공한 날 → 근로소득세 원천징수 납부

(3) 배당

각 사업연도의 소득금액계산상의 익금산입 또는 손금불산입으로 생긴 세무조정 소득이 사외에 유출되어 출자자(사용인과 임원 제외)에 귀속되었음이 분명한 경우(기타사외유출로

처분되는 경우 제외)에는 그 출자자에 대한 배당으로 본다. 배당으로 처분된 금액은 출자자의 배당소득에 포함되어 종합소득세가 과세되며[소득법 §17 ① 4호], 법인에게는 배당소득세 원천징수 의무가 발생한다.

① 배당소득의 지급시기(소득법 §131 ②)

- 법인세 과세표준을 신고하는 경우 → 그 신고일 또는 수정신고일
- 법인세 과세표준을 결정 또는 경정하는 경우 → 소득금액 변동통지서를 받은 날

② 배당소득의 수입시기(소득령 §46 6호)

- 법인세법에 의하여 처분된 배당소득에 있어서는 당해 법인의 당해 사업연도결산확정일 출자자가 부담할 출연금을 법인이 부담한 경우 출자자에 대한 가지급금 인정이자

(4) 기타소득

각 사업연도 소득금액계산상의 익금산입 또는 손금불산입으로 생긴 세무조정 소득이 사외에 유출되어 출자자 · 사용인 · 임원 이외의 자에게 귀속되었음이 분명한 경우(기타사외유출로 처분되는 경우는 제외)에는 그 귀속자에 대한 기타소득으로 처분한다. 기타소득으로 처분된 금액은 그 귀속자의 기타소득금액(필요경비 공제 없음)에 포함되며 법인에게는 기타소득세 원천징수의무가 발생한다.

① 기타소득의 지급시기(소득법 §145의 2)

- 법인세 과세표준을 신고하는 경우 → 그 신고일 또는 수정신고일
- 법인세 과세표준을 결정 또는 경정하는 경우 → 소득금액 변동통지서를 받은 날

② 기타소득의 수입시기(소득령 §50 ①)

- 법인세법에 의해 처분된 기타소득은 당해 사업연도 결산확정일

2) 손금산입 또는 익금불산입액 소득처분

손금산입 또는 익금불산입 금액은 그 소득귀속의 확정이 불필요하나 자본금과 적립금조정명세서의 정리와 다음 사업연도 이후의 소득금액계산에 영향을 주는 항목 등을 명확히 하기 위하여 소득금액조정합계표의 처분란에 다음과 같이 기재하여야 한다.

법인의 장부상에 자산으로 계상되어 있는 금액을 손금산입하거나, 전기에 익금산입 하거나 손금불산입하여 유보처분한 금액을 당기에 손금가산하는 경우는 "유보"로 기재한다.

❼ 이월결손금, 비과세소득, 소득공제

1) 이월결손금

각 사업연도의 손금총액이 익금총액을 초과하는 금액을 각 사업연도의 결손금이라 한다.

과세표준 계산 시에 각 사업연도 소득에서 공제하는 이월결손금은 당해 사업연도 개시일 전 15년(2019.12.31. 이전에 개시한 사업연도에서 발생한 결손금은 10년, 2008.12.31. 이전에 개시한 사업연도에서 발생한 결손금은 5년) 이내에 개시한 사업연도에서 발생한 세무계산상 결손금으로서 그 후 사업연도의 과세표준계산에 있어서 공제되지 아니한 금액을 말한다(법법 §13).

이 경우 결손금은 법인세법 제60조에 따라 신고하거나 제66조에 따라 결정 · 경정되거나 수정신고한 과세표준에 포함된 결손금만 해당한다.

- 주식발행액면초과액, 감자차익 · 합병차익 및 분할차익으로 충당된 이월결손금은 각 사업연도의 과세표준 계산에 있어서 공제된 것으로 보지 아니한다(통칙 13-10…1).
- 법인세의 과세표준과 세액을 추계결정 또는 경정함에 따라 법법 제68조 본문규정에 의하여 공제되지 아니한 이월결손금은 공제대상 결손금에 포함된다(법칙 §4 ②).

「조세특례제한법」 제6조 제1항에 따른 중소기업과 회생계획을 이행 중인 기업 등 대통령령으로 정하는 법인을 제외한 내국법인 및 과세표준 신고의무가 있는 외국법인의 경우 이월결손금 공제한도는 각 사업연도 소득의 100분의 80으로 한다(법법 §13, §91 ① 및 법령 §10 ①).

2) 비과세소득

- 공익신탁의 신탁재산에서 생기는 소득(법법 §51)
- 1990.12.31. 이전 발생된 국민저축조합 저축의 이자
- 1983.1.1. 전에 발행한 산업부흥채권, 징발보상채권, 전신 · 전화채권, 지하철공채 · 도로 공채 및 상수도공채, 토지개발채권, 국민주택채권(한국 주택은행의 것은 1982.1.1. 이전 발행분에 한함)의 이자와 할인액(1998.12.28. 법 부칙 제12조, 법률 5581호)

과세표준을 계산함에 있어서 법인세법 제13조 제2호의 비과세소득과 3호의 소득공제액의 합계액이 각 사업연도 소득에서 이월결손금을 공제한 잔액을 초과하는 경우 그 초과금액은 없는 것으로 계산하여야 한다(법칙 §5).

3) 소득공제

(1) 유동화전문회사 등에 대한 소득공제(법법 §51의 2, 법령 §86의 2, 조특법 §104의 31, 조특령 §104의 28)

① 대상법인

- 자산유동화에 관한 법률에 따른 유동화전문회사
- 자본시장과 금융투자업에 관한 법률에 따른 투자회사, 투자목적회사, 투자 유한회사 및 투자합자회사(경영참여형 사모집합투자기구는 제외) 및 투자 유한책임회사
- 기업구조조정투자회사법에 따른 기업구조조정투자회사
- 부동산투자회사법에 따른 기업구조조정부동산투자회사 및 위탁관리부동산 투자회사
- 선박투자회사법에 따른 선박투자회사
- 민간임대주택에 관한 특별법 또는 공공주택 특별법에 따른 임대사업을 목적으로 하는 SPC
- 문화산업진흥 기본법에 따른 문화산업전문회사
- 해외자원개발 사업법에 따른 해외자원개발투자회사
- 법인세법 제51조의 2 제1항 제1호부터 제8호까지의 규정에 따른 투자회사와 유사한 투자회사(프로젝트금융투자회사)

② 소득공제 금액

각 사업연도의 배당가능이익의 90% 이상 배당 시 그 배당금액을 소득금액 범위 내에서 공제한다.

배당가능이익 = 법인세비용 차감 후 당기순이익 + 이월이익잉여금 − 이월결손금 − 이익준비금

당기순이익 등에는 자본준비금을 감액하여 받는 배당 제외(상법에 따른 자본준비금과 자산재평가법에 따른 재평가적립금에 해당하지 아니하는 자본준비금의 배당은 제외), 유가증권 평가손익 제외. 다만, 투자회사 등 자본시장과 금융투자업에 관한 법률에 따른 집합투자재산의 평가손익을 포함(법령 §86의 2 ①)한다.

❽ 과세표준과 산출세액

법인세 산출세액이란 법인세 과세표준금액에 세율을 적용하여 계산한 금액을 말한다.

법인세 산출세액＝과세표준×세율

1) 법인세율(법법 §55)

<table>
<tr><th rowspan="2">과세표준</th><th colspan="6">세율</th></tr>
<tr><th>2008.12.26.이 속하는 사업연도부터</th><th>2009.1.1. 이후</th><th>2010.1.1. 이후</th><th>2012.1.1. ~ 2017.12.31.</th><th>2018.1.1. 이후</th><th>2023.1.1. 이후</th></tr>
<tr><td>2억 이하</td><td>11%</td><td>11%</td><td>10%</td><td>10%</td><td>10%</td><td>9%</td></tr>
<tr><td>2억 초과</td><td rowspan="3">25%</td><td rowspan="3">22%</td><td rowspan="3">22%</td><td>20%</td><td>20%</td><td>19%</td></tr>
<tr><td>200억 초과</td><td rowspan="2">22%</td><td>22%</td><td>21%</td></tr>
<tr><td>3,000억 초과</td><td>25%</td><td>24%</td></tr>
</table>

2) 사업연도가 1년 미만인 경우 산출세액 계산

법인세산출세액＝(과세표준×12/사업연도월수)×세율×사업연도월수 / 12

▶ 월수는 역에 따라 계산하되 1월 미만의 일수는 1월로 함

❾ 세액공제

1) 외국납부세액에 대한 세액공제 등(법법 §57)

내국법인의 각 사업연도의 과세표준에 국외원천소득이 포함되어 있는 경우 그 국외원천소득에 대하여 납부하였거나 납부할 외국법인 세액이 있는 경우에는 세액공제방법과 손금산입방법 중 하나를 선택하여 적용받을 수 있다.

- 외국법인세액의 범위(법령 §94 ①)(직접외국납부세액)
  - 초과이윤세 및 기타 법인의 소득 등을 과세표준으로 하여 과세된 세액
  - 법인의 소득 등을 과세표준으로 하여 과세된 세의 부가세액
  - 법인의 소득 등을 과세표준으로 하여 과세된 세와 동일한 세목에 해당하는 것으로서 소득외의 수익금액 기타 이에 준하는 것을 과세표준으로 하여 과세된 세액을 말한다. 다만, 「국제조세조정에 관한 법률」 제10조 제1항에 따라 내국법인의 소득이 감액조정된 금액 중 국외특수관계인에게 반환되지 아니하고 내국법인에게 유보되는

금액에 대하여 외국정부가 과세한 금액과 해당 세액이 조세조약에 따른 비과세 · 면제 · 제한세율에 관한 규정에 따라 계산한 세액을 초과하는 경우에는 그 초과하는 세액은 제외한다.

2) 재해손실에 대한 세액공제(법법 §58)

내국법인이 각 사업연도 중에 천재지변이나 그 밖의 재해로 인하여 사업용 자산총액의 20%이상을 상실하여 납세가 곤란하다고 인정되는 경우에는 재해손실에 대한 세액공제를 적용받을 수 있다.

3) 사실과 다른 회계처리로 인한 경정에 따른 세액공제(법법 §58의 3) 및 세액을 과다하게 계상함으로써 「국세기본법」 제45조의 2에 따라 경정을 청구하여 경정을 받은 경우에는 과다 납부한 세액을 환급하지 아니하고 그 경정일이 속하는 사업연도부터 각 사업연도의 법인세액에서 과다 납부한 세액을 공제한다. 이 경우 각 사업연도별로 공제하는 금액은 과다 납부한 세액의 100분의 20을 한도로 하고, 공제 후 남아 있는 과다 납부한 세액은 이후 사업연도에 이월하여 공제한다(2016.12.20. 개정).

1. 「자본시장과 금융투자업에 관한 법률」 제159조에 따른 사업보고서 및 「주식회사 등의 외부감사에 관한 법률」 제23조에 따른 감사보고서를 제출할 때 수익 또는 자산을 과다 계상하거나 손비 또는 부채를 과소 계상할 것
2. 내국법인, 감사인 또는 그에 소속된 공인회계사가 대통령령으로 정하는 경고 · 주의 등의 조치를 받을 것

법인세법 부칙 제5조(제14386호, 2016.12.20.) : 시행 이후 경정분부터 적용 일반적인 경정청구에 의한 세액환급과 달리 즉시 환급하지 않고 경정일이 속하는 사업연도분부터 각 사업연도의 법인세액에서 과다 납부한 세액을 공제

4) 주요 조세특례제한법상 세액공제

구분	관련법령	세액공제
중소기업투자 세액공제	조특법 §5	• 중소기업 : 투자금액×3%(중견기업은 1~2%) • 위기지역 내 투자, 상생형지역일자리 참여 · 투자 : 중소 10%, 중견 5% • 규제자유특구 내 투자 : 중소 5%, 중견 3%
상생결제 지급금액에 대한 세액공제	조특법 §7의 4	• 중견 · 중소기업이 상생결제제도를 통해 중견 · 중소기업에 구매대금을 지급한 경우 – 지급기한 15일 내 지급금액×0.2%

구분	관련법령	세액공제	
		- 지급기한 15일~60일 내 지급금액×0.1% * 세액공제 한도 : 법인세의 10%	
대·중소기업 상생 협력을 위한 기금 출연시 세액공제	조특법 §8의 3	• 출연금액×10% – 출연법인의 특수관계인에 대한 지원은 공제대상에서 제외	
연구 및 인력개발비 세액공제	조특법 §10	일반기업	중소기업
		신성장동력·원천기술연구 개발비×최대 30% * 코스닥상장 중견기업은 최대 40%	신성장동력·원천기술연구 개발비×최대 40%
통합고용을 증대 세액공제	조특법 §29의 8	• 상시근로자 증가인원 1인당 일정금액 상시근로자 수가 감소하지 않은 경우 대기업 2년, 중소·중견기업의 경우 3년 적용한다.	
성실신고 확인비용에 대한 세액공제	조특법 §126의 6	• 성실신고 확인비용×60%(150만원 한도)	

세무 Tip **연구 및 인력개발비 세액공제(조특법 §10) 적용시 유의사항**

- R&D비용 세액공제의 증가분방식 산식 조정(2013.1.1. 개시 사업연도부터)

  [당해연도 R&D비용 – 직전 3년 평균 R&D비용(2013년) → 2년 평균(2014년) → 직전연도(2015년 이후)] ×25%(중견기업 40%, 중소기업 50%)

  다만, 소급 4년간 R&D비용이 발생하지 않거나 직전 과세연도에 발생한 R&D비용이 소급 4년 평균 R&D 비용보다 적은 경우에는 증가분방식 적용 배제
- 정부출연금으로 지출한 연구개발비 또는 인력개발비는 2013.1.1.이후 개시 과세연도 분부터 연구 및 인력개발비 세액공제 배제됨(조특령 §8 ①, §9 ①②)
  - 종전에는 조특법 §10의2에 열거된 출연금만 배제하였으나 정부 출연금으로 지출한 모든 연구개발비를 배제하는 것으로 개정
- 자체 연구개발비 중 세액공제 대상 전담연구원 인건비에서 제외되는 금액(조특령 별표 6)
  - 퇴직소득, 퇴직급여충당금, 퇴직급여보험료
- 2016.1.1. 이후 개시 과세연도분부터 연구개발과제를 직접 수행하거나 보조하지 않고 행정 사무를 담당하는 연구관리직원 인건비 세액공제 제외(조특령 별표 6)
- 위탁연구개발비 중 국내외 기업의 전담부서 등에 위탁·재위탁함에 따른 비용은 전담부서 등에서 직접 수행한 부분에 한하여 적용됨(조특령 별표 6)

제 7 장 건설업과 법인세

제 3 절

손익귀속시기

❶ 법인세법상 수익인식기준

1) 개요

각 사업연도의 익금과 손금의 귀속사업연도는 그 익금과 손금이 확정된 날이 속하는 사업연도로 하고 있다. 그러나 손익의 귀속시기를 사업자의 임의적 회계처리에 맡길 경우 그 이해관계에 따라 손익귀속시기를 조정하는 방법으로 조세의 회피가 가능하여 과세의 불균형이 발생되므로 이 점을 방지하고자 법인세법에서는 사업자의 손익귀속시기를 법률로 규정하여 강제하고 있다.

1994.12.22. 법인세법의 개정에 의하여 수익인식기준은 기본적으로 사업자가 계속적으로 적용하는 기업회계기준 또는 관행을 적용하여 온 경우 그 회계기준 또는 관행에 의하여 수익을 인식한다고 기업회계기준과 일치시켰다. 이는 세법에서도 기업회계에서의 수익은 실현주의, 비용은 발생주의에 의하여 회계처리하는 것을 원칙적으로 인정하고 있다고 이해하면 된다.

그러나 이 제도는 과세권을 민간에 이양함으로써 조세법률주의와 공평과세원칙에 반할 뿐 아니라 국제적으로도 그 예를 찾기 힘든 제도로서 기업회계와 세무회계의 목적과 역할의 차이를 이해하지 못한 선택이었다는 비판과 기업회계기준의 잦은 변경 등을 감안하여 1998.12.28. 다시 개정하여 내국법인의 각 사업연도의 익금과 손금의 귀속사업연도는 그 익금과 손금이 확정된 사업연도로 함으로써 기업회계우선방식에서 다시 세무회계우선방식으로 전환하고 예외적으로 법인세법과 조세특례제한법에서 달리 규정하고 있지 아니한 경우에 한하여 보충적으로 기업회계기준에 따르도록 하고 있다(법인세법 §43).

2) 기업회계기준과 관행의 범위

내국법인의 각 사업연도의 소득금액을 계산할 때 그 법인이 익금과 손금의 귀속사업연도와 자산·부채의 취득 및 평가에 관하여 일반적으로 공정·타당하다고 인정되는 기업회계기준을 적용하거나 관행을 계속 적용하여 온 경우에는 이 법 및 조세특례제한법에서 달리 규정하고 있는 경우를 제외하고는 해당 기업회계기준 또는 관행에 따른다(법인세법 §43).

여기에서 기업회계기준 또는 관행은 다음의 어느 하나에 해당하는 기업회계기준(해당 회계기준에 배치되지 아니하는 것으로서 일반적으로 공정·타당하다고 인정되는 관행을 포함)으로 한다(법인세법시행령 §79).

① 국제회계기준

② 주식회사의 외부감사에 관한 법률 제13조 제1항 제2호 및 같은 조 제4항에 따라 한국회계기준원이 정한 회계처리기준

③ 증권선물위원회가 정한 업종별회계처리준칙

④ 공공기관의 운영에 관한 법률에 따라 제정된 공기업·준정부기관 회계규칙

⑤ 기타 법령에 의하여 제정된 회계처리기준으로서 기획재정부장관의 승인을 얻은 것

세무 Tip 법인세법의 비용

세법에서는 기업회계상의 비용에 해당하는 용어를 손금이라 정의하고 있으며 법인세법 제19조에서 손금은 자본 또는 출자의 환급, 잉여금의 처분 및 동법에서 규정하는 것을 제외하고는 해당 법인의 순자산을 감소시키는 거래로 인하여 발생하는 손비의 금액으로 정의하고 있다.

세법에서의 손금계상의 일관된 원칙은 권리의무확정주의를 채택하고 있다. 즉 손금의 귀속사업연도는 그 손금이 확정된 날 즉, 지급할 의무가 확정된 날이 속하는 사업연도를 말한다.

그러나 해당 법인이 계속적으로 손금의 귀속사업연도에 관하여 일반적으로 인정되는 기업회계기준 또는 관행을 적용하여 온 경우에는 권리의무확정주의에 불구하고 해당 기업회계기준 또는 관행에 의한다.

건설업을 영위하는 법인이 수급사업자에게 지급할 하도급대금으로서 해당 법인에 귀속되었거나 귀속될 금액을 법원의 전부명령에 의하여 수급사업자에 대한 지급에 갈음하여 수급사업자의 제3채권자에게 지급하는 경우에도 법인세법 제19조의 손비로 인정되는 것이다(법인 46012-4023, 1999.11.18.).

세무 Tip 법인세법의 자산 : 용지비

기업회계상 자산은 미래경제적 효익을 의미한다. 비교하여 법인세법상 자산은 미래의 비용이다. 다만, 미래의 비용이란 현재의 비용이 아니라는 뜻에서 자산을 비용으로 처리한 경우 유보조정을 통하여 당기비용이 아닌 자산을 증가시키고, 유보추인을 통하여 이후의 시점에서 비용을 투입하게 된다. 과세대상이 되는 어느 소득이 발생하였다고 하기 위하여는 소득이 현실적으로 실현되었을 것까지는 필요 없다고 하더라도 소득이 발생할 권리가 그 실현의 가능성에 있어 상당히 높은 정도로 성숙 · 확정되어야 한다. 귀속시기를 권리의무 확정주의라는 법률적 기준으로 정하고 있는 것은 납세자의 과세소득을 획일적으로 파악하여 과세의 공평을 기함과 동시에 납세자의 자의를 배제함에 있다. 도급공사의 경우 토지를 취득하지 않으므로 재료용지 및 용지비투입의 과정이 발생하지 않는다. 분양사업 등의 경우 용지비가 등장하게 된다.

3) 용지비 취득가액 및 진행률 산입여부

주택 · 상가 또는 아파트 등의 예약매출로 인한 익금과 손금의 귀속사업연도를 진행기준에 의하는 경우에 당해 아파트 등의 부지로 사용될 토지의 취득원가는 작업진행률 계산시 산입하지 아니한다(법인세법 기본통칙 40－69…7).

Chapter 07

(1) 토지매입비용

토지매입에 따른 부대비용의 범위

① 도로개설비용

- 법인이 토지의 용도변경 등으로 당해 자산의 가치를 현실적으로 증가시키기 위하여 금전 등을 기부채납하는 경우 이를 토지에 대한 자본적지출로 보는 것이다(서면법인－4829, 2016.11.30.).
- 주택건설사업을 영위하는 법인이 당초 사업인가조건으로 도로를 개설하여 지방자치단체에 기부채납하기로 하였으나, 당해 법인이 도로개설사업의 시행이 불가능하여 지방자치단체가 직접 도로개설사업을 시행하기로 합의하고 도로개설에 소요되는 비용상당액을 지방자치단체의 고지에 따라 기타일반부담금으로 납부하는 경우 당해 부담금의 손익귀속시기는 고지일이 속하는 사업연도의 공사원가에 산입하는 것이다(법인－1442, 2009.12.30.).
- 법인이 토지를 구입하여 분할매각하는 경우 사업상의 필요에 의하여 해당 토지내에 도로를 개설하고 도로를 지방자치단체에 기부채납하는 경우의 도로개설비용은 매각하는 토지의 취득원가에 가산하는 것이다(서이－1555, 2005.9.27.).
- 법인이 호텔건립부지를 양분하여 관통하고 있는 국유도로와 해당 법인소유의 다른 토지에 도로를 개설하여 교환하는 경우 해당 도로개설비용은 교환으로 취득하

는 토지의 취득가액에 포함하는 것이다(법인 46012-3572, 1999.9.27.).

- 소득세법(1994.12.22. 전면개정되기 전의 것) 제23조 제2항 제1호에 의한 양도소득 특별공제액을 계산하는 경우의 취득가액에는 토지이용의 편의를 위하여 해당 토지에 도로를 신설하여 국가 또는 지방자치단체에 무상으로 공여한 토지의 가액도 포함되는 것이다(재일 46014-2005, 1996.9.3.).
- 산업기지개발사업시행자 지정 및 실시계획 승인조건에 따라 시행자부담으로 지출한 도로개설비상당액은 기부금에 해당되지 아니하며 해당 공장부지의 자본적지출로 보는 것이다(법인 46012-1168, 1994.4.22.).

② 재건축사업에 동의하지 않은 자로부터 토지를 매입한 경우

재건축조합의 사업소득금액을 계산함에 있어 재건축조합이 재건축사업에 동의하지 아니한 자로부터 현금을 지급하고 토지를 매입한 경우 소득세법 제27조 및 제39조 규정에 의하여 필요경비에 산입하는 취득가액은 해당 자산의 매입가액에 취득세·등록세 등 부대비용을 가산한 금액이다(서일-1065, 2005.9.8.; 소득세제과-62, 2005.9.5.).

③ 토지매입 여부를 결정하기 위한 사전평가 용역비

법인이 토지를 보유하고 있는지 여부에 불문하고 사업타당성조사를 하여 토지매입 여부를 결정하기 위한 사전평가 용역비를 지급한 경우 사업성이 있다고 판단하여 토지를 매입하는 경우 사전평가 용역비를 토지에 대한 매매계약을 하고 대금을 지급한 날이 속하는 사업연도의 토지원가에 산입하며, 사업성이 없는 것으로 판단하여 토지를 매입하지 않기로 결정한 때에는 사전평가 용역비를 사업성이 없는 것으로 판단하여 부지를 매입하지 않기로 결정한 날이 속하는 사업연도의 손금에 산입한다(서이-597, 2005.4.27.).

④ 매립토지의 취득가액

공유수면매립법 제9조의 규정에 의하여 해양수산부장관으로부터 공유수면매립면허를 받은 법인이 매립을 완료하고 같은법 제26조 제1항 제3호의 규정에 의한 총사업비에 상당하는 매립지의 소유권을 취득하는 경우 해당 매립토지의 취득가액은 공유수면매립과 관련하여 실제로 투입된 원가에 부대비용을 가산한 금액으로 하는 것이다(서이-490, 2005.4.4.).

⑤ 토지매입시 부담한 토지 실사와 관련된 법률자문료, 등기이전비용 등

법인이 타인으로부터 매입한 자산의 법인세법시행령 제72조의 규정에 의한 취득가액은 매입가액에 취득세 · 등록세 기타 부대비용을 가산한 금액으로 하는 것으로, 해당 부대비용에는 타인으로부터 매입시에 부담한 자산의 실사와 관련된 법률자문료, 등기이전비용 등이 포함되는 것으로 자문료 등이 양수한 자산과 직접 관련된 부대비용인지는 사실판단하는 것이다(서이-2443, 2004.11.25.).

⑥ 토지의 형질변경비용 등 부대비용이 확인되지 아니한 경우

부동산매매업자의 토지 등 매매차익예정신고를 함에 있어서 매매차익은 소득세법 제69조 제6항 및 동법 시행령 제128조 제1항 규정에 의하여 토지 등의 매매가액에서 동법 시행령 제163조 제1항 내지 제5항의 규정에 의하여 계산한 양도자산의 필요경비에 상당하는 금액 등을 공제하여 계산하는 것이며, 이때 토지의 형질변경비용 등 기타 부대비용이 확인되지 아니하는 경우 해당 비용은 매매가액에서 공제되지 아니하는 것이다(서일-1066, 2004.8.2.).

⑦ 자산을 취득하기 위하여 회사가 설립 전 및 설립 후 지출한 부동산감정평가비용

내국법인이 법인세법 제41조 제1항의 규정을 적용함에 있어서 타인으로부터 취득하는 자산의 취득가액은 매입가액에 부대비용을 가산한 금액으로 하는 것으로 법인설립등기일 이전에 지출한 비용으로서 해당 자산의 취득원가를 구성할 수 있는 금액은 동 자산의 취득가액에 가산하는 것이다(서이 46012-11845, 2003.10.23.).

⑧ 토지매매계약이 변경된 경우 취득가액의 계산 등

법인이 지방자치단체와의 연불조건부계약에 의하여 토지를 분양받은 경우로서 첫회 부불금을 납부한 후 그 외의 분양대금을 납부하지 못하여 분양자의 환수통지에 의해 당초 분양토지의 일부면적을 취소하는 계약을 체결한 경우에는 이를 당초 분양계약의 변경으로 보아 취소계약에 의해 감소된 토지를 취소계약일이 속한 사업연도의 취득자산에서 제외하는 것이며 법인이 연불조건으로 취득한 자산에 대하여 지급한 연체이자를 토지대금의 납부로 회계처리한 경우로서 동 연체이자가 건설자금이자에 해당하지 아니하는 경우에는 법인이 세법에 의하여 신고하여야 할 법인세 과세표준 및 세액을 초과한 데 대하여 국세기본법 제45조의 2 규정에 따라 경정 등의 청구를 관할세무서장에게 할 수 있다(법인 46012-428, 1999.2.2.).

⑨ 토지매입 과정에서 채무를 변제한 경우의 처리

- 토지매입시 채무인수액은 토지취득원가에 가산한다. 즉 내국법인이 타인으로부터 매입하는 토지의 취득가액은 「법인세법」 제41조의 규정에 의하여 매입가액에 부대비용을 가산한 금액으로 하는 것이므로 토지매입에 대한 합의시 양도자가 분양계약자로부터 수취한 계약금 등 채무를 양수자가 인수하기로 한 경우에 채무인수액은 양수자의 토지취득가액에 가산하는 것이다(서면2팀-82, 2007.1.11.).
- 양도자가 해당 토지에 관한 권리를 담보로 금융기관 등으로부터 차입한 금액이 사후에 밝혀짐에 따라 해당 토지를 취득하기 위하여 매매대금과는 별도로 동 차입금을 불가피하게 대위변제한 경우에 그 대위변제금액은 해당 토지의 취득가액에 산입하는 것이다. 이 경우 그 대위변제한 금액에 대하여 채무자에게 구상권을 행사할 수 있는 때에는 이를 구상채권으로 계상한 후 동 금액을 회수하기 위하여 법에 의한 제반절차를 취하였음에도 무재산 등으로 회수할 수 없는 경우에 동 금액을 해당 토지의 취득가액에 산입한다(법인 46012-387, 1999.1.30.).

⑩ 저가양도 판정시 정상가액의 계산

법인이 장기할부조건으로 토지매매계약을 체결하면서 토지대금과 할부이자를 구분하여 지급하기로 함에 따라 계약서상 토지대금과 할부이자가 명백하게 구분되는 경우 해당 할부이자는 매입가액에서 제외하고 정상가액을 계산한다(법인 46012-2046, 1998.7.22.).

⑪ 토지취득 후 철거한 건축물의 취득가액과 철거비용의 처리

- 토지만을 사용할 목적으로 건축물이 있는 토지를 취득하여 그 건축물을 철거하거나, 자기소유의 토지상에 있는 임차인의 건축물을 취득하여 철거한 경우 철거한 건축물의 취득가액과 철거비용은 당해 토지에 대한 자본적 지출로 한다(법인세법 기본통칙 23-31…1).
- 법인세법기본통칙 23-31…1 제1호 이외의 사유로서 기존건축물을 철거하는 경우 기존건축물의 장부가액과 철거비용은 수익적 지출로 한다(법인세법기본통칙 23-31…2).
- 법인이 건축물이 있는 토지를 특수관계 없는 자가 신축하는 건축물의 부속토지로 임대함에 있어서 임차인이 해당 토지상의 기존건축물을 철거하고 자신의 건축물을 신축하도록 하되 철거하는 건축물에 대한 대가를 별도로 지급받지 아니한 경우에는 해당 건축물의 장부가액을 임대하는 토지에 대한 자본적지출로 한다(법

인 46012-908, 1999.3.12.).

⑫ 건설업자가 사업승인조건에 따라 관계기관에 기부한 자산가액의 처리

건설업자가 사업승인조건에 따라 사업지역 내에 공용청사 등을 건축하여 무상으로 기부하기로 하고 공용청사 등을 건축관계기관인 국가 · 지방자치단체에 기부한 경우 동 기부자산가액은 구소득세법 제47조 제1호(현행 §34 ② 1호)에 의한 기부금으로써 필요경비에 산입하는 것이 아니라 해당 건설업에 대한 공사원가로 처리하여야 한다(소득 46011-358, 1994.2.3.).

⑬ 할부이자상당액의 토지가액 포함 여부

- 토지 매매대금을 분할납부하면서 할부이자를 별도로 부담하기로 약정한 경우, 그 할부이자는 매입부대비용으로 보아 해당 토지의 취득가액에 포함하는 것이다(법규법인 2009-72, 2009.4.8.).
- 토지의 중도금 등을 미지급함으로써 추가로 지불하는 연체이자상당액은 지출한 날이 속하는 사업연도의 소득금액 계산상 손금에 산입하는 것이나, 당초 할부계약조건에 따른 이자상당액은 해당 토지가액으로 처리한다(법인 46012-980, 1994.4.4.).

⑭ 법인이 토지매입대금을 분할지급함에 있어 일부를 조기에 상환함으로써 할인받은 경우의 취득가액 산정방법

법인이 장기할부조건에 의한 토지매입시 잔여대금(중도금 및 잔금)을 일시에 선납함으로 인하여 약정이자율에 상당하는 금액을 토지매매대금에서 차감하여 매도자에게 지급하기로 약정한 경우 해당 선납할인료상당액은 토지의 취득가액에서 차감하는 것으로서, 법인이 매입한 토지의 매입대금을 분할하여 지급함에 있어서 각 분할지급하여야 할 금액 중 일부를 조기에 상환함으로써 할인받은 경우 그 할인료에 상당하는 금액을 차감한 가액을 해당 토지의 취득가액으로 하는 것이며, 매입대금 중 일부 잔금의 지급지연으로 그 금액이 소비대차로 전환됨에 따라 지급하는 이자상당액은 각 사업연도의 손금으로 하는 것이나, 해당 지급이자가 법인세법시행령 제52조 제1항의 규정에 의한 건설자금이자에 해당하는 경우에는 같은법 시행령 제72조 제2항의 규정에 의하여 취득가액에 포함하는 것이다(서이 46012-12242, 2002.12.12.; 법인 46012-2385, 2000.12.15.).

(2) 토지부대비용

① 인가 및 허가조건 등으로 지방자치단체에 기부채납하는 토지

법인이 보유 중인 토지의 일부를 사업승인 및 건축허가조건에 따라 지방자치단체에 기부채납하는 경우 해당 기부토지의 가액 등은 잔여토지에 대한 자본적지출로 보는 것이다(서이-2128, 2005.12.20. ; 서이-1623, 2005.10.10.).

② 토지 등에 부과되는 재산세

법인이 판매를 목적으로 취득한 토지 등을 보유하고 있는 경우 동 토지 등에 부과되는 재산세 등(취득세와 등록세는 제외한다)은 각 사업연도의 소득금액 계산상 손금에 산입하는 것이다(서이-1695, 2005.10.21.).

③ 채무보증으로 인하여 발생한 구상채권을 토지로 대물변제받은 경우

건설업을 영위하는 법인이 분양사업자의 토지매입과 관련한 금융기관의 채무에 대해 지급보증한 후 분양사업자의 부도로 인하여 지급보증한 금액을 금융기관에 대위변제함에 따라 발생한 구상채권을 분양사업자의 토지로 대물변제받은 경우 대물변제로 취득한 토지의 시가상당액을 구상채권의 회수로 처리하고 남은 구상채권의 잔액에 대해서는 대손금의 손금인정 여부를 검토하여야 한다. 만일 손금인정이 가능한 대손금(1997년 이전 대손금 또는 2017년 이후 건설사업과 직접 관련한 채무보증 등)인 경우 토지의 취득과 관련하여 발생한 대손금으로서 이에 대응되는 분양수입금액이 발생되지 아니한 경우에는 해당 토지의 취득가액에 포함하여 공사원가로 처리하는 것이 타당하다(법인세제과-80, 2004.2.4.).

④ 토지보상비의 회계처리방법

토지를 취득하기 위하여 지출한 토지수용보상금, 토지수용잔여지 가격감소보상금, 지급지연손해금, 수몰토지 및 지장물에 대한 보상금 등은 해당 토지에 대한 자본적 지출로 한다(법인 46012-2831, 1993.9.21.).

⑤ 토지매매계약 해약에 따른 계약금 처리방법

법인이 계약상대방 귀책사유로 매매계약을 해약함에 따라 해당 법인에 귀속되는 계약금 등을 정당한 사유 없이 해약자에게 반환하는 때에는 채권을 포기한 것으로 보아 기부금 또는 기업업무추진비로 본다(법인 46012-1271, 1993.5.7.).

⑥ 아파트 진입도로 개설비를 부담하는 경우 세무처리

아파트를 건설하여 분양하는 경우 해당 아파트 진입도로 개설과 관련하여 법인이

지출한 금액은 해당 아파트의 건설원가에 포함한다(법인 46012-732, 1994.3.12.).

⑦ **사업시행자 지정조건으로 지방자치단체에 기부채납한 토지의 처리**

시행자지정조건에 따라 개발구획 내의 토지의 일부를 지방자치단체에 도로부지로 기부채납한 경우에는 해당 토지가액을 잔존토지에 대한 자본적지출로 처리하는 것이며, 동 개발구획 내의 국유지를 무상으로 취득한 경우에는 해당 국유지를 매입할 경우에 소요될 정상적인 시가상당액(시가가 불분명한 경우에는 법인세법시행령 제89조에 의한 가액)을 각사업연도소득금액 계산상 익금에 산입한다(법인 46012-1663, 1998.6.23.).

⑧ **토지를 양도함에 있어 양수자가 세금을 부담하기로 한 경우**

법인이 토지를 양도함에 있어 해당 토지를 양수한 자가 해당 법인이 동 토지를 양도함에 따른 특별부가세 및 법인세를 대납하기로 하고 이를 대납하였을 경우 동 토지의 양도 및 취득가액은 동 특별부가세 및 법인세상당액을 포함한 가액으로 한다(법인 46012-2274, 1994.8.9.). 또한 양도자의 양도소득세상당액을 사전에 정하여 부담한 후 그 금액이 실제 납부한 세액에 미달하거나 초과하는 경우에도 추후 정산을 하지 아니하는 것으로 매매계약을 체결한 경우에는 그 약정된 금액을 토지의 취득원가에 포함한다(법인 46012-2087, 1995.7.29.).

❷ 권리의무확정주의

1) 개요

순자산증감의 원인이 되는 사실을 금전의 수수(授受) 여부에 불구하고 수취할 권리와 지급할 의무가 확정된 시점에서 손익을 인식 · 파악하려는 것이다. 각 사업연도나 과세기간의 소득을 그 사업연도 등의 기간 동안에서 수취할 권리가 확정된 수익과 그 기간에서 지급하여야 할 의무가 확정된 비용을 비교함으로써 수익과 비용을 인식 · 파악한다는 기준이다. 수익이 권리확정시에 실현되는 것으로 보는 견해이며, 기업회계에서의 실현주의를 법적인 관점에서 보완한 것이다.

- 법인세법은 손익인식기준에 대하여 원칙적으로 '권리의무확정주의'를 채택하여 각 사업연도의 익금과 손금의 귀속사업연도는 그 익금과 손금이 확정된 날이 속하는 사업연도로 하고 있다(익금의 경우 권리의 확정, 손금의 경우는 의무의 확정).

- 이에 반하여 기업회계기준은 '발생주의'에 따라 손익의 귀속시기를 규정하고 있는데, 법인세법은 기업이 익금과 손금의 귀속사업연도에 관하여 일반적으로 공정 · 타당하다고 인정되는 기업회계기준을 적용하거나 관행을 계속적으로 적용하여 온 경우에는, 법인세법 및 조세특례제한법에서 달리 규정하고 있는 것을 제외하고는 해당 기업회계의 기준 또는 관행에 따르도록 하고 있다.
- 한편, 현행 법인세법은 권리의무확정주의를 채택함에 있어, 획일적 기준보다는 자산 · 용역 · 이자수익 · 임대료 등 거래형태별로 기준을 달리하고 있는데, 이하에서는 그 주요 내용을 살펴보기로 한다.

2) 상품 등의 판매

상품 · 제품 기타 생산품을 판매함으로써 생긴 판매손익의 귀속사업연도는 법인세법시행령 제68조 제1항 제1호에 따라 그 상품을 인도한 날에 인식한다. 여기서 상품 · 제품이라 함은 재고자산인 상품 · 제품 또는 생산품을 말한다. 또한 인도한 날이라 함은 민법상 동산의 양도를 말하며, 매입자가 상품 등을 인수하기 전에 상품 등을 계약상 인도장소에 보관한 날도 인도로 본다.

3) 상품 등 이외의 판매

상품 · 제품 이외의 고정자산 등의 양도, 즉 토지 · 건물 · 구축물 등 부동산(주택 · 상가 신축판매) 및 선박 · 항공기 · 건설기계 · 자동차 · 비품 · 유가증권 등 동산의 판매손익의 수익인식은 법인세법시행령 제68조 제1항 제3호에 따라 대금청산일과 소유권이전등기일 · 인도일 또는 사용수익일 중 빠른 날로 한다.

① 소유권이전 구분

- 토지 · 건물 등의 부동산은 등기부상의 등기일자
- 선박 · 항공기 · 자동차 · 건설기계 등은 등록증상의 등록일자
- 기계장치 · 유가증권 등 동산은 인도한 날

② 대금의 지불 구분

- 어음으로 잔금을 지급한 경우에는 어음결제일을 말한다.
- 대금청산일이란 잔금이 완전히 지급된 날을 말한다.
- 계약서상 잔금지급일이 경과하여 잔금을 지급한 경우 잔금을 지급한 날

4) 위탁판매

자산을 타인에게 위탁하여 매매 · 양도 · 양수하는 위탁판매의 경우에는 수탁자에 의한 해당 자산의 매매 · 양도 · 양수일이 속하는 날에 수익을 인식한다. 여기서 위탁판매라 함은 타인에게 상품 · 제품 등을 판매하게 하고 그 판매하게 한 타인에게(위탁자) 일정의 수수료를 지급하는 판매형태를 말한다. 위탁판매의 수익인식시기는 기업회계기준과 세법에서 수탁자가 위탁품을 판매한 날을 수익실현시기로 같이 보고 있다.

5) 임대수익

자산을 임대한 경우의 임대수익은 그 임대계약조건에 따라 수입될 임대료로서, 계약 등에 의하여 임대료의 지급일이 정하여진 경우는 그 지급일, 정하여지지 아니한 경우에는 그 지급을 받는 날이 속하는 사업연도에 수익으로 인식된다. 해당 사업연도의 임대기간에 대한 임대료를 받지 못하는 경우에는 미수임대료로 계상하여야 하며, 임대료를 일시에 수령한 경우에는 선수임대료로 계상한다. 또한 법원의 판결에 의하여 지급받는 임대료수입의 귀속시기는 법원의 판결이 확정된 날이 속하는 사업연도로 한다.

Chapter 07

6) 장기할부조건 판매

① 장기할부조건

자산의 판매 또는 양도(국외거래에 있어서 소유권이전조건부약정에 의한 자산의 임대를 포함)로서 판매금액 또는 수입금액을 월부 · 연부 기타의 지불방법에 따라 2회 이상으로 분할하여 수입하고, 해당 목적물의 인도일의 다음날부터 최종의 할부금의 지급기일까지의 기간이 1년 이상인 것을 말한다.

- 판매금액 또는 수입금액을 월부 또는 연부 등의 지불방법에 따라 2회 이상으로 분할하여 수입하는 것
- 목적물의 인도일의 다음 날부터 최종의 할부금의 지급기일까지의 기간이 1년 이상인 것

② 장기할부조건 판매의 손익계상

㉮ 원칙 : 대금청산일과 소유권이전등기일 · 인도일 또는 사용수익일 중 빠른 날

㉯ 예외

- 일반기업 : 판매 또는 양도한 자산의 인도일이 속하는 사업연도의 결산을 확정함에 있어서 해당 사업연도에 회수하였거나 회수할 금액과 이에 대응하는 비용을

각각 수익과 비용으로 계상한 경우에는 그 장기할부조건에 따라 각 사업연도에 회수하였거나 회수할 금액과 이에 대응하는 비용을 각각 해당 사업연도의 익금과 손금에 산입한다.

- 중소기업 : 그 장기할부조건에 따라 각 사업연도에 회수하였거나 회수할 금액과 이에 대응하는 비용을 각각 해당 사업연도의 익금과 손금에 산입할 수 있다.

③ 현재가치할인차금

장기할부조건 등에 의하여 자산을 판매하거나 양도함으로써 발생한 채권에 대하여 기업회계기준이 정하는 바에 따라 현재가치로 평가하여 현재가치할인차금을 계상한 경우 해당 현재가치할인차금 상당액은 해당 채권의 회수기간 동안 기업회계기준이 정하는 바에 따라 환입하였거나 환입할 금액을 각 사업연도의 익금에 산입한다.

■ 장기할부판매에 대한 법인세법상의 특례기준 ■

원칙	법인세법	인도기준(다만, 장기할부매출채권을 현재가치로 평가하지 않음)
	기업회계	인도기준(다만, 장기할부매출채권을 현재가치로 평가함)
특례	비중소기업	회수기일도래기준을 결산서에 반영한 경우 ⇒ 회수기일도래기준
		회수기일도래기준을 결산서에 반영하지 않은 경우 ⇒ 인도기준
	중소기업	회수기일도래기준을 결산서에 반영한 경우 ⇒ 회수기일도래기준
		회수기일도래기준을 결산서에 반영하지 않은 경우 ⇒ 인도기준 또는 회수기일도래기준

(*)회수기일도래기준 : 회수약정기일이 도래한 날에 익금으로 인식하는 방법

7) 용역제공 등에 대한 수익

용역제공 등(이하 "건설 등"이라 함)의 수익의 인식은 원칙적으로 공사진행기준에 의하여 계산한 수익을 인식한다.

법인세법은 건설 등 용역매출과 예약매출(먼저 예약금을 받음으로써 상품매출의 예약을 하고 상품을 예약자에게 인도할 때마다 예약금을 매출대금으로 충당하는 매매형태)에 대하여 진행기준으로 손익을 인식한다.

- 다만, 중소기업의 단기건설 등에는 특례규정(인도기준)을 두고 있다.

진행기준 (원칙)	① 건설 등의 제공으로 인한 익금과 손금은 장·단기의 구분 없이 그 목적물의 건설 등을 완료한 정도(작업진행률)를 기준으로 하여 다음과 같이 손익을 인식한다. • 익금 = (계약금액×작업진행률)－직전 사업연도 말까지 익금에 산입한 금액 • 손금 = 해당 사업연도에 발생된 총비용 ② 다만, 법인이 비치·기장한 장부가 없거나 그 장부의 내용이 충실하지 아니한 경우에는 완성기준(예약매출은 인도기준)에 따라 손익을 인식한다.
인도기준 (특례)	① 중소기업의 단기건설 등(중소기업이 계약기간 1년 미만인 단기건설 등을 기업회계의 진행기준에 따라 회계처리한 경우, 인도기준 선택 가능) ② 인도기준으로 손익을 인식하는 건설 등(법인이 기업회계기준에 따라 인도기준으로 수익과 비용을 계상한 경우, 인도기준 선택 가능) ③ 예약매출의 경우(유동화전문회사, 투자회사 등) • 기업회계기준에 따라 그 목적물의 인도일이 속하는 사업연도의 수익과 비용으로 계상한 경우, 인도기준 선택 가능 • 배당소득공제를 적용받을 수 있는 법인으로서 국제회계기준을 적용하는 법인이 수행하는 예약매출의 경우, 인도기준 적용 ④ 기타 작업진행률을 계산할 수 없는 경우(장부가 없거나 그 장부의 내용이 불충분하여 총공사비 누적액을 계산할 수 없는 경우 등)

8) 법인세법상 수익인식기준표

구 분		내 용	비 고
상품·제품 등		상품 등을 인도한 날(영 §68 ① 1호)	부동산 제외
위탁매출		수탁자가 매매한 날(영 §68 ① 4호)	
시용판매		구매의사를 표시한 날. 단, 의사표시기간을 특약시 그 기간만료일(영 §68 ① 2호)	
상품 이외 자산양도 (부동산 등)		대금청산일, 등기일, 인도일, 사용수익일 중 빠른 날(영 §68 ① 3호)	
할부매출	단기	인도일	
	장기 (인도일의 익일부터 최종부불금지급기일까지 1년 이상)	1) 원칙 : 인도일 기업회계기준에 따라 이자상당액 중 기간경과분을 이자수익으로 계상한 경우에는 이를 인정 2) 특례(장부계상주의) : 결산확정시 회수하였거나 회수할 금액과 이에 대응하는 비용을 각각 수익과 비용으로 계상한 경우에도 이를 인정(영 §68 ②·③)	중소기업 (신고조정 가능)
용역매출 (도급, 예약 매출 포함)	단기	1) 원칙 : 작업진행률 기준 2) 특례 : 중소기업의 경우 인도기준 가능	
	장기	작업진행률 적용. 다만, 장부불비의 경우에는 인도일 또는	

구 분		내 용	비 고
	(착수일부터 인도일까지의 기간이 1년 이상)	용역제공완료일(영 §69 ①·②)	
매출에누리와 환입, 매출할인		1) 매출액에서 차감(영 §11 1호) 2) 약정된 지급일, 약정이 없으면 → 실제지급일(영 §68 ⑤)	
이자수익	금융기관의 이자수익 등	1) 원칙 : 현금기준(선수수입이자 및 할인액은 제외) 2) 특례 : 결산확정시 기간경과에 따른 미수수익을 수익계상한 경우에는 이를 인정(단, 원천징수되는 이자수익은 제외)	
	일반법인의 이자수익 등	1) 원칙 : 소득세법시행령 제45조에 따른 이자소득의 수입시기 2) 특례 : 결산확정시 기간경과에 따른 미수이자를 수익계상한 경우에는 이를 인정 (단, 원천징수되는 이자수익은 제외)	
이자비용		1) 원칙 : 소득세법시행령 제45조에 따른 이자소득의 수입시기 2) 특례 : 결산확정시 기간경과에 따른 미지급이자를 계상한 경우에는 이를 인정	
배당금 수익		1) 원칙 : 소득세법시행령 제46조에 따른 배당소득의 수입시기 2) 특례 : 자산유동화에 관한 법률에 따른 유동화전문회사로부터 수입하는 배당금은 실제로 지급받은 날이 속하는 사업연도의 익금에 산입	
자산의 임대소득		1) 원칙 : 지급약정일 2) 특례 : 결산확정시 기간경과에 따른 미수임대료를 수익계상한 경우 및 임대료지급기간이 1년을 초과하는 경우 이미 경과한 기간에 대응하는 임대료상당액과 비용은 해당 사업연도의 익금과 손금으로 함.	약정 없으면 실제 수입일

❸ 분양매출의 수익인식

사례에서 자체사업과 단순시행사업의 총공사예정원가의 범위는 다음과 같다. 법률상의 해석에는 한계가 있으며, 이견도 있을 수 있는 바 저자의 사견 정도로 참조하기 바란다. 사업성 검토비용이 토지비인지 선급공사비인지는 이견이 있을 수 있을 것이다. 그러나 양쪽 모두 진행률에 비례하여 공사원가로 추인된다는 점에서 구분의 실익은 낮을 수 있다. 판단컨대 토지취득 여부를 결정하기 위한 사업성 검토라면, 토지비로 처리하는 것이 타당하고, 토지취득을 확정한 이후 사업의 진행을 위한 검토라면 선급공사비로 처리하는 것이 합리적이라고 여겨진다. 관련한 유권해석은 "사업타당성조사를 하여 토지 매입 여부를 결정하기 위한 사전평가 용역비를 지급한 경우, 사업성이 있다고 판단하여 토지를 매입하기로 한 때에는 사전평가 용역비를 토지에 대한 매매계약을 하고 대금을 지급한 날이 속하는 사업연도의 토지원가에 산입하며, 사업성이 없는 것으로 판단하여 토지를 매입하지 않기로 결정한 때에는 사전평가 용역비를 사업성이 없는 것으로 판단하여 부지를 매입하지 않기로 결정한 날이 속하는 사업연도의 손금에 산입하는 것(조심 2010중1663, 2012.4.10.)"이라고 하여 토지비의 일부로 보고 있다. 다만, 실무에서 사업성 검토는 토지취득을 위해서만 이루어지는 것은 아니며, 취득할 토지의 매매계약 이후 시공사의 선정 및 자금의 조달을 위해서도 이루어지는 바, 반드시 토지비의 일부라고 잘라 말할 수는 없다고 여겨진다.

1) 사례의 총공사예정원가 등

구분	자체사업(천원)	처리방법
용지비	20,000,000	재료용지
재료비	5,000,000	총공사예정원가 (단순시행사업인 경우 도급공사비)
노무비	5,000,000	
외주비	2,000,000	
경비	1,000,000	
설계비	1,000,000	총공사예정원가
감리비	1,000,000	총공사예정원가
옵션공사	1,800,000	총공사예정원가
철거비	500,000	재료용지
인입공사비	900,000	총공사예정원가
각종부담금	10,000	총공사예정원가
중개사비	100,000	재료용지
법무사비	100,000	재료용지
취득세_승계	929,200	재료용지
취득세_원시	679,716	총공사예정원가
보유세	200,000	당기비용
사업성 검토	100,000	선급공사비
회계사비_자금조달	200,000	당기비용 또는 현재가치할인차금
M/H건립비	200,000	선급공사비
M/H설치비	100,000	기타공사원가

구분	자체사업(천원)	처리방법
M/H철거비	20,000	기타공사원가
M/H임차료	20,000	기타공사원가
분양대행용역	1,500,000	당기비용
취급수수료	1,200,000	당기비용
이자비용	1,800,000	당기비용
불공제부가세	482,015	당기비용(또는 건설원가)
기타판관비	59,069	당기비용
소계	45,090,000	

① 토지취득을 위한 법무사비로 가정하였다. 보존등기를 위한 비용은 총공사예정원가를 포함하여야 할 것이다.

② 세법상 모델하우스 건립비용은 원칙상 당기비용이고 기업회계기준을 수용하고 있다. 따라서 모델하우스 유지비용 역시 당기비용으로 처리하는 것이 타당하다는 의견이 있을 수 있다.

③ 세법상 재고자산의 특정차입금 이자비용은 건설자금이자 계상대상이 아니다.

사례의 경우 처리방법 항목별 비용은 아래와 같다.

2) 사례의 항목별 원가 처리방법

구분	금액(천원)	비 고
용지비	21,629,200	용지비는 진행률에 따라 공사원가로 투입한다.
선급공사비	300,000	선급공사비는 진행률에 따라 공사원가로 투입한다.
총공사예정원가	18,389,716	총공사예정원가는 진행률 산출의 근거가 된다.
기타공사원가	140,000	진행률과 무관하며 당기 공사원가로 투입한다.
당기비용	5,441,084	공사원가가 아니며 당기 비용으로 투입한다.
소계	45,900,000	

건설회사는 공사원가내역을 알고 있으므로 진행률 산정에 어려움이 없을 것이다(그러나 단순시행사업은 시공사의 진행률을 알기 어렵다는 문제가 있다. "3. 단순시행사업의 매출인식"에서 다루기로 한다).

3) 사례의 진행률 및 분양률

사례를 상기처럼 구분하고, 진행률 및 분양률을 아래처럼 가정한다.

구분	20X1년	20X2년	20X3년	비고
누적분양률	80.00%	90.00%	100.00%	분양(누적)가액/분양(예정)가액
누적공사진행률	45.00%	100.00%	100.00%	누적공사원가(건물)/총공사예정원가(건물)

이 때 사례의 진행매출 및 기말잔액(토지, 선급공사비, 미완성공사)은 다음과 같다.

4) 사례의 진행매출 인식

(단위 : 천원)

구분		20X1년	20X2년	20X3년	비고
수익 인식	총분양대금	51,000,000	51,000,000	51,000,000	분양(예정)가액
	누적분양대금	40,800,000	45,900,000	51,000,000	분양(누적)가액
	누적분양률	80.00%	90.00%	100.00%	
	누적공사진행률	45.00%	100.00%	100.00%	
	전기 누적수익	–	18,360,000	45,900,000	
	당기 누적수익	18,360,000	45,900,000	51,000,000	총분양대금×분양률×진행률
	당기 수익	18,360,000	27,540,000	5,100,000	IS 분양매출
	당기 청구액	15,300,000	25,500,000	10,200,000	(분양)선수금 발생
	당기 분양선수금 증감	–3,060,000	– 2,040,000	5,100,000	(분양)선수금 조정
건물	총 공사예정원가(건물)	18,389,716	18,389,716	18,389,716	
	누적 공사원가(건물)	8,275,372	18,389,716	18,389,716	
	당기 공사원가(건물)	8,275,372	10,114,344	–	MS 당기 공사비 투입(건물)
용지	총 분양용지(토지)	21,629,200	21,629,200	21,629,200	
	누적 공사원가(토지)	9,733,140	21,629,200	21,629,200	
	당기 공사원가(토지)	9,733,140	11,896,060	–	MS 당기 건설 용지비
	기말 건설용지 잔액	11,896,060	–	–	BS 기말 건설 용지 재고액
선급	총 선급공사원가	300,000	300,000	300,000	
	누적 공사원가(선급)	135,000	300,000	300,000	
	당기 공사원가(선급)	135,000	165,000	–	MS 공사비투입 (선급공사)
	기말 선급공사 잔액	165,000	–	–	BS 기말 선급공사비

Chapter 07

구분		20X1년	20X2년	20X3년	비고
기타	총 기타공사원가	140,000	140,000	140,000	
	누적 공사원가(기타)	110,000	140,000	140,000	
	당기 공사원가(기타)	110,000	30,000	–	MS 당기 공사비 투입(기타)
누적 총 공사원가		18,253,512	40,458,916	40,458,916	누적공사원가
기말	기말 미성공사 재고 잔액	3,650,702	4,045,892	–	누적 총 공사원가 ×미분양률
	당기 공사원가	14,602,810	21,810,214	4,045,892	누적총공사원가 ×분양률
공사손익		3,757,190	5,729,786	1,054,108	당기수익-당기공사원가

5) 단순시행사업 진행매출의 실무적인 문제점

시행사가 법인세 신고를 위한 작업진행률 산정시 세금계산서 수취금액(공사대금 청구금액)을 기준으로 계산하였으나, 시공사의 공사진행률을 기준으로 재계산한 금액과의 차액을 추징한 사례가 많이 있다. 현행 유권해석은 시공사와 도급계약에 의해 아파트를 신축·분양하는 법인(시행사)이 예약매출로 인한 손익을 진행기준으로 인식하는 경우 시공사에 지급할 도급금액 중 해당 사업연도에 손금(분양원가)으로 계상할 금액은 법인세법 시행령 제69조에 따라 "시공사에 지급할 도급금액의 총액에 시공사의 작업진행률을 곱하고 분양계약률을 적용하여 계산한 금액에서 전기말까지 도급금액과 관련한 손금계상액을 차감하여 계산하는 것이고, 이 경우 시공사의 작업진행률은 법인세법 시행규칙 제34조 제1항 제1호에 따라 계산하는 것"으로 규정(사전법령법인-37, 2015.7.16.)하고 있다. 현실적으로 시행사가 시공사의 진행률을 확인할 수 있는 방법이 없으므로 감리확인공정률을 사용하는 경우가 많다.

주택 등의 준공 전 예약매출로 인한 익금 또는 손금의 귀속사업연도는 원칙적으로 공사진행기준에 따르며 중소기업이 수행하는 1년 미만의 공사는 예외적으로 인도기준으로 할 수 있다. 준공 전 예약매출 중 예외적으로 인도기준을 적용하는 경우와 준공 후 매출에 대한 익금 또는 손금의 귀속사업연도는 대금을 청산한 날 또는 소유권이전등기를 한 날 중 빠른 날로 한다. 다만, 대금청산일 또는 소유권이전등기일 전에 입주 또는 사용하는 경우에는 입주한 날 또는 사용한 날로 한다.

① K-IFRS을 도입함에 따라 회계처리를 변경한 경우

예약매출에 대해 진행기준으로 손익을 인식하던 법인이 K-IFRS를 도입함에 따라 인도기준으로 회계처리를 변경한 경우 해당 손익은 그 인도일이 속하는 사업연도에 인식할 수 있다(서면법령법인-3561, 2017.2.28.). 예약매출에 대해 일반기업회계기준에 따라 진행기준으로 손익을 인식하던 법인이 한국채택국제회계기준을 도입함에 따라 인도기준으로 회계처리를 변경한 경우 해당 예약매출의 손익은 그 인도일이 속하는 사업연도의 익금과 손금에 산입할 수 있는 것이며, 한국채택국제회계기준도입 직전 사업연도까지 진행기준으로 인식한 분양원가 및 분양수익을 이익잉여금의 변동으로 조정한 경우 해당 이익잉여금 조정금액은 한국채택국제회계기준을 도입한 사업연도에 각각 익금산입(기타) 및 손금산입(기타)한다(서면-2016-법령해석법인-5899, 2017.2.21.).

② 분양계약의 해제로 인한 후발적 경정청구

분양계약의 해제로 인한 후발적 경정청구를 제한하는 법령상 사유인 구 법인세법 시행령 제69조 제3항은 2012 사업연도에 분양계약이 체결된 것으로서 그후 해제된 경우에만 적용된다(서울고법 2016누50497, 2017.2.8.).

③ 일괄도급의 경우 익금 · 손금 계산방법

시공사와 도급계약에 의해 아파트를 신축 · 분양하는 법인(시행사)이 예약매출로 인한 손익을 진행기준으로 인식하는 경우 시공사에 지급할 도급금액 중 해당 사업연도에 손금(분양원가)으로 계상할 금액은 법인세법 시행령 제69조에 따라 시공사에 지급할 도급금액의 총액에 시공사의 작업진행률을 곱하고 분양계약률을 적용하여 계산한 금액에서 전기말까지 도급금액과 관련한 손금계상액을 차감하여 계산하는 것이고, 이 경우 시공사의 작업진행률은 법인세법 시행규칙 제34조 제1항 제1호에 따라 계산하는 것이다(사전법령법인-37, 2015.7.16.).

④ 일괄도급의 경우 총공사비누적액 계산방법

시공회사와의 도급계약에 의하여 상가를 신축분양하는 법인(시행회사)이 동 상가의 예약매출에 따른 법인세법 시행령 제69조 제2항 및 법인세법 시행규칙 제34조 제1항의 규정에 의한 작업진행률을 계산함에 있어 "총공사예정비" 및 "당해 사업연도 말까지 발생한 총공사비누적액"은 건설 등의 계약당시에 추정한 당해 법인의 공사원가에 당해 사업연도 말까지의 변동상황을 반영하여 합리적으로 추정한 총공

사원가(총공사예정비) 및 동 원가 중 사업연도별로 실제 발생한 공사비용의 누적액(총공사비누적액)을 각각 의미하는 것으로, 동 공사원가에는 시행회사가 직접 부담하는 공사관련 보험료, 설계비 및 기술지원비와 시공회사에 대한 도급공사비 등의 원가를 포함하는 것이다(서면2팀-1708, 2005.10.24.).

세무 Tip　개발업자의 진행률에 대한 불신

과세관청은 아파트를 신축 · 분양하는 시행회사가 아파트건설공사를 시공회사에게 일괄도급을 준 경우에는 '해당 사업연도 말까지 발생한 총공사비누적액'을 시행사가 직접 부담한 누적 공사원가 이외에 시공회사의 공사진행률을 도급금액에 곱하여 산정한 금액을 합하여 계산하며, 이와 같이 계산된 '해당 사업연도 말까지 발생한 총공사비누적액'을 누적공사비용으로 한다고 해석(법인-958, 2010.10.21.)하고 있으며, 이 경우 시공회사의 공사진행률은 원가투입비율이나 기성고비율 등에 따라 산출한다(사전법령법인-37, 2015.7.16.)고 해석하고 있다.

일반기업회계기준 문단16.47에 의하면 공사진행률은 총공사예정원가에 대한 실제공사비 발생액의 비율로 계산함을 원칙으로 하되, 공사수익의 실현이 작업시간이나 작업일수 또는 기성공사의 면적이나 물량등과 보다 밀접한 비례관계에 있고, 전체공사에서 이미 투입되었거나 완성된 부분이 차지하는 비율을 객관적으로 산정할 수 있는 경우에는 그 비율로 할 수 있도록 되어 있다. 이에 대하여 실무지침 16.28에서는 문단 16.47에서 규정한 이미 투입되었거나 완성된 부분이 차지하는 비율의 결정과 관련하여, 시공주가 확인한 기성고증명은 동 기성고증명이 공사의 실제 기성부분과 부합하고, 그 기성부분에 대하여 공사대금이 청구되어 그 대금의 지급이 확정되는 등 충분히 신뢰할 수 있는 경우에 한하여 이미 투입되었거나 완성된 부분이 차지하는 비율로 인정할 수 있다고 말하고 있다.

따라서 법인세법과 일반기업회계기준의 차이가 존재한다.

감리회사가 제공하는 감리보고서 및 공정확인서 등에 따른 공사진행률이 실제 건설을 완료한 정도에 부합한다고 신뢰할 경우 법인세법은 시행회사가 직접 부담한 누적 공사원가 이외에 동 공사진행률을 도급금액에 곱하여 산정한 금액을 합하여 '해당 사업연도 말까지 발생한 총공사비누적액'을 계산하며, 이와 같이 계산된 '해당 사업연도 말까지 발생한 총공사비누적액'을 누적공사비용으로 한다. 그러나 일반기업회계기준은 동 공사진행률을 시행회사의 공사진행률로 보아 누적공사수익을 계산하며, 누적공사비용은 실제공사비 발생액으로 한다. 이 경우 법인세법과 일반기업회계기준간에 누적공사수익과 누적공사비용은 차이가 발생하며, 이러한 차이에 대하여 세무조정을 하여야 한다.

⑤ 취득시기 미도래 취득세 총공사비누적액 포함 여부

지방세법상 취득세는 취득하는 때(건축물의 원시취득은 사용승인일), 등록세는 재산권을 등기하는 때 각각 납세의무가 성립하고 이를 신고하는 때 납세의무가 확정되는바, 쟁점 취 · 등록세는 2007년에 납세의무가 성립하여 그 때에 지출된 것이므로 동 비용을 2006사업연도 작업진행률 계산을 위한 총공사비누적액에는 반영할 수 없다(조심 2011서3179, 2012.4.10.).

⑥ 공사예정원가 추정

내국법인의 용역제공 등에 따른 손익을 법인세법 시행령 제69조 제1항에 따른 작업진행률을 기준으로 계산함에 있어서 기업회계기준에 따라 합리적으로 추정한 공사원가는 총공사예정비에 포함하는 것이며, 그 작업진행률에 따라 계산한 수익과 비용을 해당 사업연도의 익금과 손금에 산입하는 것이다(재법인-381, 2015.5.21.).

⑦ 공사예정원가 과다추정

합리성을 결여한 채 공사수익의 지연인식을 목적으로 공사초기 공사예정원가를 과다하게 추정한 것은 기업회계기준 및 법인세법을 위반한 것으로 실제발생원가를 기준으로 작업진행률을 재계산한 처분은 적법하다(대전지법 2016구합102503, 2017.3.22.).

⑧ 분양률 계산방법

법인이 상가 등을 신축분양함에 있어 층별 · 위치별 · 용도별 분양금액을 달리하여 분양하는 경우 분양되는 상가 등에 대한 각 사업연도 소득금액 계산시 취득가액은 원칙적으로 개별원가계산방법 또는 분양면적비율에 의한 안분계산방법에 의하는 것이나, 각 층별 · 위치별 · 용도별 분양금액이 다르고 전체 분양가액이 구체적으로 산정되었음이 사전 공시방법 등에 의해 명백히 확인되는 경우에는 총취득가액에 당해 사업연도에 분양된 건물의 분양가액이 총분양예정가액에서 차지하는 비율을 곱하여 계산한 금액으로 할 수 있는 것이며, 이 경우 동 원가계산방법은 당해 건물의 분양이 완료될 때까지 계속 적용하는 것이다(서면법령법인-2476, 2016.10.7.).

⑨ 모델하우스 설치비용의 손금산입

주택신축판매업을 영위하는 법인이 분양계약전 지출한 모델하우스 설치비용은 그 비용이 확정된 날이 속하는 사업연도의 손금으로 한다. 다만, 해당 설치비용을 기업회계기준서 제12호에 따라 선급공사원가로 계상하고, 공사를 착수한 후 공사원가로 대체하는 방법으로도 처리할 수 있다(법인세법 집행기준 40-69-1).

⑩ 장기분양공사의 예약매출과 관련한 미분양상가가 있는 경우

법인이 건설 등의 계약기간이 1년 이상인 상가의 예약매출로 인한 익금과 손금을 법인세법시행령 제69조 제2항의 규정에 의한 '작업진행률'에 따라 각 사업연도의 소득금액에 산입함에 있어서 해당 예약매출과 관련한 미분양상가가 있는 경우에 해당 상가의 준공 전 각 사업연도의 익금과 손금에 산입하는 금액의 계산은 다음

예시와 같다(서이 46012-11441, 2003.8.1.).

• 익금(분양수익) : 총분양예정가액×작업진행률×분양계약률-전기말 누적분양수익
• 손금(분양원가) : 누적실제발생비용×분양계약률-전기말 누적분양원가

⑪ 아파트건설용역의 손익귀속시기

• 건설 등의 목적물이 완공된 이후에 분양된 경우 법인세법시행령 제68조 제1항 제3호의 규정에 의하여 그 손익을 인식한다.
• 법인이 건설용역의 손익귀속시기에 관한 법인세법시행령 제69조의 규정을 적용함에 있어 같은 아파트공사 현장이더라도 각 동별로 건설 등의 계약기간이 상이한 경우에는 각 동별로 장 · 단기도급공사인지의 여부에 따라 동 규정을 적용한다(서이 46012-10169, 2003.1.23.).

⑫ 주택을 신축하여 예약매출하는 경우 손익귀속시기

법인과 법인이 각자의 토지 위에 주택개발사업을 공동으로 시행하기로 약정하고 공동사업자로 등록을 한 경우 해당 공동사업장의 자산 · 부채 및 수입 · 비용 등에 관한 거래금액 중 각 법인의 지분에 해당하는 금액에 대하여 법인세법을 적용하여 산출된 금액을 해당 법인의 익금과 손금으로 하는 것으로, 주택을 신축하여 판매하는 예약매출의 손익귀속시기는 법인세법시행령 제69조에 규정한 작업진행률을 적용하여 계산한 수익과 비용을 각각 해당 사업연도의 익금과 손금에 산입하는 것이다(서이-2051, 2005.12.13.).

❹ 도급매출의 수익인식

1) 도급공사의 범위

도급공사의 범위에 관하여는 기업회계기준과 법인세법이 다를 바 없다. 공사의 전부 또는 일부를 하도급을 준 경우에도 이를 도급공사로 보아 공사수익을 계산한다.

2) 도급공사의 손익귀속시기

(1) 건설 · 제조 기타 용역(도급공사 및 예약매출을 포함)의 제공으로 인한 익금과 손금은 그 목적물의 건설 등의 착수일이 속하는 사업연도부터 그 목적물의 인도일(용역제공의 경우에는 그 제공을 완료한 날을 말함)이 속하는 사업연도까지 작업진행률을 기준으로 하여 계산한

수익과 비용을 각각 해당 사업연도의 익금과 손금에 산입한다. 다만, 다음의 어느 하나에 해당하는 경우에는 그 목적물의 인도일이 속하는 사업연도의 익금과 손금에 산입할 수 있다.

- 중소기업인 법인이 수행하는 계약기간이 1년 미만인 건설 등의 경우
- 기업회계기준에 따라 그 목적물의 인도일이 속하는 사업연도의 수익과 비용으로 계상한 경우

그러나 다음의 어느 하나에 해당하는 경우에는 그 목적물의 인도일이 속하는 사업연도의 익금과 손금에 각각 산입한다.

- 작업진행률을 계산할 수 없다고 인정되는 경우
- 유동화전문회사 등으로서 국제회계기준을 적용하는 법인이 수행하는 예약매출의 경우

(2) 작업진행률에 의한 익금 또는 손금이 공사계약의 해약으로 인하여 확정된 금액과 차액이 발생된 경우에는 그 차액을 해약일이 속하는 사업연도의 익금 또는 손금에 산입한다.

Chapter 07

3) 일반기업회계기준과 법인세법 비교

① 기업회계기준에서는 도급공사의 경우 원칙적으로 공사진행기준을 적용하도록 하고 있으며, 법인세법에서도 원칙적으로 공사진행기준을 적용하도록 하고 있어 양자간에 차이가 없다.

② 기업회계기준에서는 공사 관련 수익, 원가 또는 진행률을 합리적으로 추정할 수 없는 경우에는 발생원가의 범위 내에서 회수가능한 금액을 수익으로 인식하고 발생원가 전액을 비용으로 인식하도록 규정하고 있으나 법인세법상으로는 법인이 비치 · 기장한 장부가 없거나 장부의 내용이 불충분하여 해당 사업연도종료일까지 실제로 소요된 공사비누적액 또는 작업시간 등을 확인할 수 없는 경우에는 공사완성기준을 적용하도록 명시하고 있다(법인세법시행령 §69 ①, 동법 시행규칙 §34 ④).

4) 공사진행기준의 적용

법인세법상 공사진행기준의 적용방법은 일반기업회계기준 제16장 제2절 건설형 공사계약을 적용하여 계약당시의 추정공사원가에 대하여 해당 사업연도말까지의 변동상황을 반영하여 합리적으로 추정한 공사원가를 적용하여 작업진행률을 계산하는 것이다.

구 분	규정내용(법령 §69, 동칙 §34)
① 공사기간 기준	장단기 구분 없음. 단, 중소기업의 1년 미만 공사기간은 완성기준 적용 가능
② 손익계산기준	공사진행기준
③ 작업진행률 계산방법	$\dfrac{\text{해당 사업연도말까지의 총공사비누적액}}{\text{총공사예정비}}$
④ 익금산입	계약금액×작업진행률－직전 사업연도말까지 익금에 산입한 금액
⑤ 손금산입	당해 사업연도에 발생한 총비용
⑥ 작업진행률이 분명하지 아니한 경우의 적용방법	완성기준 적용(단, 비치장부가 없어 사업연도 말까지 총공사비누적액을 알 수 없을 경우)

도급공사의 법인세법상 공사진행기준의 적용방법은 일반기업회계기준의 내용과 일치한다. 다만, 해당 사업연도에 발생한 총공사비 중 세법규정상 손금불산입된 부분은 작업진행률 계산시에도 공사비누적액에서 차감해야 한다. 이는 세무계산상 당연한 논리이다.

① 작업진행률의 계산

$$\text{작업진행률} = \frac{\text{해당 사업연도 말까지 발생한 총공사비누적액}}{\text{총공사예정비}}$$

- 총공사예정비 : 도급계약당시 추정한 공사원가에 해당 사업연도말까지의 변동상황을 반영하여 합리적으로 추정한 공사원가

② 익금 및 손금산입액의 계산

- 익금＝계약금액×작업진행률－직전 사업연도말까지의 수입계상액
- 손금 : 당해 사업연도에 발생된 총비용

③ 작업진행률이 분명하지 아니한 경우의 처리

법인이 비치·기장한 장부가 없거나 비치·기장한 장부의 내용이 충분하지 아니하여 당해 사업연도종료일까지 실제로 소요된 총공사비누적액 또는 작업시간 등을 확인할 수 없는 경우에는 그 목적물의 인도일이 속하는 사업연도의 익금과 손금에 각각 산입한다.

❺ 기타 진행매출관련 해석

① 아파트 분양과는 별도로 고객과 직접 계약에 의하여 아파트 내장공사 등을 시공하는 법인의 경우 법인세법시행령 제69조 제2항의 규정에 의하여 건설 등의 계약기간(목적물의 건설 등의 착수일부터 인도일까지의 기간)이 1년 이상인 경우 작업진행률을 기준으로 계산한 수익과 비용을 각각 해당 사업연도의 익금과 손금에 산입하는 바, 아파트 분양과는 별도로 고객과 직접 계약에 의하여 아파트 내장공사 등을 시공하는 법인이 계약기간 1년 이상으로서 작업진행률에 의한 공사수입금액 등을 인식하여야 하는지의 여부를 판단함에 있어서 동 규정의 착수일의 개념에는 내장공사 등의 설계, 자재주문 등 계약 이후의 공사준비기간도 포함되는 것이다(서이 -2071, 2004.10.11.).

② 중단된 공사를 인수한 경우
법인이 발주처와 별도의 도급계약에 의하여 건설용역을 제공하는 경우 법인세법시행령 제69조의 규정을 적용함에 있어서 계약기간이 1년 이상인 건설 등에 해당하는지 여부는 그 목적물을 건설하는 해당 법인의 건설 등의 계약기간으로 판단한다(서이 46012-10083, 2002.1.15.).

③ 공사계약의 해약에 따른 수입금액계산
작업진행률에 의한 익금 또는 손금이 공사계약의 해약으로 인하여 확정된 금액과 차액이 발생된 경우에는 그 차액을 해약일이 속하는 사업연도의 익금 또는 손금에 산입한다(법인세법 집행기준 40-69-9).

⑥ 건설자금이자

구 분	기업회계기준	법인세법
자본화 원칙	• 선택(기간비용 원칙)	• 의무(비용불인정)
적격자산	• 제조, 매입, 건설 또는 개발이 개시된 날로부터 사용·판매할 수 있는 때까지 1년 이상이 기간이 소요되는 다음 자산 – 재고자산과 유형자산 – 무형자산 및 투자자산 (수익창출되고 있는 자산은 제외)	• 사업용 고정자산 * 다음 자산은 건설자금이자 계상 대상에서 제외 – 분양용 부동산 – 취득한 투자부동산
자본화대상 차입원가	• 장단기차입금 · 사채이자 • 사채할인발행차금상각(환입)액 • 현재가치할인차금상각액 • 외화차입금 관련 외환차이(손실) 중 이자 조정분 • 리스이용자의 금융리스이자비용 • 기타 : 배서방식의 어음할인료는 채권처분손실로 자본화대상에서 제외	• 다음의 비용은 건설자금이자 계상대상에서 제외 – 현재가치할인차금상각액 – 외환차손익, 외화환산차손익 • 건설 등에 소요된 어음할인료는 건설자금이자에 포함
자본화 기간	• 개시시점 – 적격자산에 대한 지출이 있고, 차입원가가 발생한 경우로서 건설 등이 진행 중인 경우 • 종료시점 – 해당 자산을 의도된 용도로 사용하거나 판매가 가능한 시점 • 기타 : 용지(분양공사용지) – 해당 토지가 제공된 분양공사의 자본화 종료시점	• 사업용 고정자산의 건설 등을 개시한 날부터 건설 등의 목적물이 전부 준공된 날까지 계산 – 분양공사용지에 대하여는 건설자금이자를 계상하지 아니하며, – 자가건설용 토지의 경우 공장 등의 건설에 착공한 날을 준공일로 함.

제 7 장 건 설 업 과 법 인 세

제 4 절

토지등 양도소득에 대한 법인세

1 개요

법인이 보유한 비사업용 토지 또는 법령에서 정하는 주택(부수토지 포함)을 양도하는 경우에는 해당 부동산의 양도소득에 대하여 각 사업연도 소득에 대한 법인세 외에 추가로 법인세를 납부하여야 한다.

다만, 2009.3.16.부터 2012.12.31.까지 양도하는 경우 및 2009.3.16.부터 2012.12.31.까지 취득한 자산을 양도함으로써 발생하는 소득에 대하여는 법인세 추가과세를 적용하지 않는다. 토지 등 양도소득에 대한 법인세란 법인의 부동산 투기를 막기 위해서 토지, 건물 등을 양도함으로써 발생하는 양도소득에 대하여 각 사업연도 소득에 대한 법인세에 추가하여 과세하는 법인세를 의미한다.

토지 등 양도소득에 대한 법인세 =(양도가액－양도당시의 세무상 장부가액✎)×세율

✎ 「법인세법」 제55조의 2 제6항에 의한 토지 등 양도소득을 계산함에 있어 부동산 매매업을 영위하는 법인이 토지를 양도하면서 지출하는 비용(계약서 작성비용, 수수료, 텔레마케터 인건비 등)이 양도금액에서 차감되지 않는 것임(법인세과-1035, 2009.9.23.)

과세대상자산	세율			
	2009.3.16.~2012.12.31. 양도 자산	2013.1.1.~2013.12.31. 양도 자산	2014.1.1. 이후 양도 자산	2021.1.1. 이후 양도 자산
(1) 투기지역에 있는 부동산 • 지정지역에 있는 주택 • 지정지역에 있는 비사업용 토지 • 지가급등지역에 있는 부동산	10%	30% (미등기 40%)	10%✎ (미등기 40%)	토지10% 주택20% (미등기 40%)
(2) 투기지역 외의 주택	–			
(3) 투기지역 외의 비사업용 토지	–			

舊 법인세법 §25 ① (1)에 따른 중소기업이 (2)주택 또는 (3)비사업용 토지(미등기 토지등은 제외한다)를 2015년 12월 31일까지 양도하는 경우에는 토지 등 양도소득에 대한 법인세를 추가 과세하지 아니한다(법인세법 부칙 제8조 단서, 법률 제12166호, 2014.1.1.).

❷ 과세대상 토지 등의 범위

1) 주택, 별장 및 입주권 등

법령 제92조의 2 제2항에서 정하는 주택(이에 부수되는 토지를 포함한다) 및 주거용 건축물로서 상시 주거용으로 사용하지 아니하고 휴양·피서·위락 등의 용도로 사용하는 건축물[단, 「지방자치법」 §3 ③ 및 ④에 따른 읍 또는 면에 있으면서 법령 §92의 10에서 정하는 범위 및 기준에 해당하는 농어촌주택(그 부속토지를 포함한다)은 제외]

2021년 양도분부터 주택을 취득하기 위한 권리(입주권, 분양권)를 포함하여 과세대상을 확대하였다.

세무 Tip 법인세법 시행령 제92조의 2 제2항에서 정하는 주택

국내에 소재하는 주택으로서 다음에 해당하지 아니하는 주택을 의미함

1. 해당 법인이 임대하는 「민간임대주택에 관한 특별법」 제2조 제3호에 따른 민간매입임대주택 또는 「공공주택 특별법」 제2조 제1호의 3에 따른 공공 매입임대주택으로서 법령 §92의 2 ② 1호의 요건을 모두 갖춘 주택
2. 해당 법인이 임대하는 「민간임대주택에 관한 특별법」 제2조 제2호에 따른 민간건설임대주택 또는 「공공주택 특별법」 제2조 제1호의 2에 따른 공공 건설임대주택으로서 법령 §92의 2 ② 1호의 2의 요건을 모두 갖춘 주택이 2호 이상인 경우 그 주택
3. 「부동산투자회사법」 제2조 제1호에 따른 부동산투자회사 또는 「간접투자 자산운용업법」 제27조 제3호에 따른 부동산간접투자기구가 2008년 1월 1일부터 2008년 12월 31일까지 취득 및 임대하는 「민간임대주택에 관한 특별법」 제2조 제3호에 따른 민간매입임대주택 또는 「공공주택 특별법」 제2조 제1호의 3에 따른 공공매입임대 주택으로서 법령 §92의 2 ② 1호의 3의 요건을 모두 갖춘 주택이 5호 이상인 경우 그 주택
4. 「민간임대주택에 관한 특별법」 제2조 제3호에 따른 민간매입임대주택 또는 「공공주택 특별법」 제2조 제1호의 3에 따른 공공매입임대주택으로서 법령 §92의 2 ② 1호의 4의 요건을 모두 갖춘 주택. 이 경우 해당 주택을 양도하는 법인은 해당 주택을 양도하는 날이 속하는 사업연도 과세표준신고 시 시장·군수 또는 구청장이 발행한 미분양주택 확인서 사본 및 미분양주택 매입 시의 매매계약서 사본을 납세지 관할 세무서장에게 제출하여야 함
5. 법령 §92의 2 ② 1호의 5의 요건을 모두 갖춘 「부동산투자회사법」 제2조 제1호 다목에 따른 기업구조조정부동산투자회사 또는 「자본시장과 금융투자업에 관한 법률」 제229조 제2호에 따른 부동산집합투자기구(이하 이 항에서 "기업구조조정부동산투자회사등"이라 한다)가 2010년 2월 11일까지 직접 취득(2010년 2월 11일까지 매매계약을 체결하고 계약금을 납부한 경우를 포함한다)을 하는 미분양주택(「주택법」 제54조에 따른 사업주체가 같은 조에 따라 공급하는 주택으로서 입주자모집공고에 따른 입주자의 계약일이 지나 선착순의 방법으로 공급하는 주택을 말한다. 이하 이 항에서 같다)

6. 위 5, 아래 8 또는 10에 따라 기업구조조정부동산투자회사등이 미분양주택을 취득할 당시 매입약정을 체결한 자가 그 매입약정에 따라 미분양주택(아래 8의 경우에는 수도권 밖의 지역에 있는 미분양주택만 해당)을 취득한 경우로서 그 취득일부터 3년 이내인 주택
7. 법령 §92의 2 ② 1호의 7의 요건을 모두 갖춘 신탁계약에 따른 신탁재산으로 「자본시장과 금융투자업에 관한 법률」에 따른 신탁업자(이하 이 호에서 "신탁업자"라 한다)가 2010년 2월 11일까지 직접 취득(2010년 2월 11일까지 매매계약을 체결하고 계약금을 납부한 경우를 포함한다)을 하는 미분양주택
8. 법령 §92의 2 ② 1호의 8의 요건을 모두 갖춘 기업구조조정부동산투자 회사등이 2011년 4월 30일까지 직접 취득(2011년 4월 30일까지 매매계약을 체결하고 계약금을 납부한 경우를 포함한다)하는 수도권 밖의 지역에 있는 미분양주택
9. 법령 §92의 2 ② 1호의 9의 요건을 모두 갖춘 신탁계약에 따른 신탁재산으로 「자본시장과 금융투자업에 관한 법률」에 따른 신탁업자(이하 이 호에서 "신탁업자"라 한다)가 2011년 4월 30일까지 직접 취득(2011년 4월 30일까지 매매계약을 체결하고 계약금을 납부한 경우를 포함한다)하는 수도권 밖의 지역에 있는 미분양주택
10. 법령 §92의 2 ② 1호의 10의 요건을 모두 갖춘 기업구조조정부동산투자회사등이 2014년 12월 31일까지 직접 취득(2014년 12월 31일까지 매매계약을 체결하고 계약금을 납부한 경우를 포함한다)하는 미분양주택
11. 법령 §92의 2 ② 1호의 11의 요건을 모두 갖춘 신탁계약에 따른 신탁재산으로 「자본시장과 금융투자업에 관한 법률」에 따른 신탁업자(이하 이 호에서 "신탁업자"라 한다)가 2012년 12월 31일까지 직접 취득(2012년 12월 31일까지 매매계약을 체결하고 계약금을 납부한 경우를 포함한다)하는 미분양주택(「주택도시기금법」에 따른 주택도시보증 공사가 분양보증을 하여 준공하는 주택만 해당한다)
12. 「민간임대주택에 관한 특별법」 제2조 제3호에 따른 민간매입임대주택 중 같은 조 제4호에 따른 공공지원 민간임대주택 또는 같은 조 제5호에 따른 장기일반민간임대주택으로서 법령 §92의 2 ② 1호의 12의 요건을 모두 갖춘 주택(2018.4.1. 이후 양도하는 분부터 적용)
13. 「민간임대주택에 관한 특별법」 제2조 제2호에 따른 민간건설임대주택 중 장기일반민간임대주택 등으로서 법령 §92의 2 ② 1호의 13의 요건을 모두 갖춘 주택이 2호 이상인 경우 그 주택(2018.4.1. 이후 양도하는 분부터 적용)

Chapter 07

2) 비사업용 토지

"비사업용 토지"라 함은 개인 또는 법인이 소유하고 있는 토지로서 농지 · 임야 · 목장용지 · 나대지 등 토지 지목별로 구분하여 토지소유 기간 동안 토지 이용현황에 따라 사업용으로 사용되지 아니한 기간이 소득세법 또는 법인세법에서 규정하고 있는 일정기간을 초과하는 토지를 말한다. 즉, "비사업용 토지"는 단순히 양도일 현재를 기준하여 사업에 사용하고 있는지 여부에 따라 구분되는 것이 아니라, 토지를 소유하고 있는 기간 동안 일정기간을 초과하여 비사업용 토지에 해당하는지 여부로 구분되는 것이다.

구 분		요 건	예 외(요건 배제)
농 지	개인	• 농지소재지거주 • 직접경작	• 주말 · 체험 영농농지 등(소령 §168의 8 ③)
	법인	• 농업을 주업	• 공유수면 매립 농지 등(법령 §92의 5 ③)
임 야	개인	• 임야소재지에 거주	• 공익 · 산림보호 육성 임야(소령 §168의 9 ①) • 거주 · 사업과 관련 있는 임야(소령 §168의 9 ③)
	법인	• 임업을 주업	• 공익 · 산림보호 육성 임야(법령 §92의 6 ①) • 산지관리법에 따른 임야(법령 §92의 6 ③) • 법인업무와 관련 있는 임야(법령 §92의 6 ③)
목장용지	개인	• 축산업 영위	• 상속받은 목장 용지 등 거주 또는 사업과 관련이 있는 목장용지(소령 §168의 10 ②)
	법인	• 축산업을 주업	• 법인업무와 관련 있는 목장용지(법령 §92의 7 ②)
주 택 의 부수토지	공통	• 주거용건물의 부수토지	–
별장 및 별장의 부수토지	공통	• 상시 주거용건물의 부수토지	• 읍 또는 면에 소재하는 농어촌 주택의 부수토지(소법 §104의 3 ① 5호, 법법 §55의 2 ② 6호)
그 밖의 토지	공통	• 재산세 비과세 · 면제 · 분리과세 · 별도 합산대상	• 거주 또는 사업과 직접 관련있는 토지(소령 §168의 11 ①, 법령 §92의 8 ①)

토지를 소유하는 기간 중 법령 제92조의 3에서 정하는 기간 동안 다음의 어느 하나에 해당하는 토지를 의미한다. 단, 토지를 취득한 후 법령에 따라 사용이 금지되거나 그 밖에 법령 제92조의 11에서 정하는 부득이한 사유가 있어 비사업용 토지에 해당하는 경우에는 제외한다.

① 논밭 및 과수원(이하 이 조에서 "농지"라 한다)으로서 다음의 어느 하나에 해당하는 것

- 농업을 주된 사업으로 하지 아니하는 법인이 소유하는 토지
- 특별시, 광역시(광역시에 있는 군 지역은 제외), 특별자치시(특별자치시에 있는 읍 · 면지역은 제외), 특별자치도(제주특별자치도 설치 및 국제 자유도시 조성을 위한 특별법 §10 ②에 따라 설치된 행정시의 읍 · 면지역은 제외) 및 시 지역(지방자치법 §3 ④에 따른 도농 복합형태의 시의 읍 · 면 지역은 제외) 중 국토의 계획 및 이용에 관한 법률 제6조 제1호에 따른 도시지역(대통령령으로 정하는 지역은 제외)에 있는 농지

② 임야(다만, 다음 중 어느 하나에 해당하는 것은 제외 : 법령 §92의 6 참조)

- 「산림자원의 조성 및 관리에 관한 법률」에 따라 지정된 채종림 · 시험림, 산림보호법 제7조에 따른 산림보호구역, 그 밖에 공익상 필요하거나 산림의 보호 · 육성

을 위하여 필요한 임야

- 임업을 주된 사업으로 하는 법인이나 「산림자원의 조성 및 관리에 관한 법률」에 따른 독림가(篤林家)인 법인이 소유하는 임야
- 토지의 소유자 · 소재지 · 이용상황 · 보유기간 및 면적 등을 고려하여 법인의 업무와 직접 관련이 있다고 인정할 만한 상당한 이유가 있는 임야

③ 다음의 어느 하나에 해당하는 목장용지

- 다만, 토지의 소유자 · 소재지 · 이용상황 · 보유기간 및 면적 등을 고려하여 법인의 업무와 직접 관련이 있다고 인정할 만한 상당한 이유가 있는 목장용지로서 법령 제92조의 7 제2항에서 정하는 것은 제외
- 축산업을 주된 사업으로 하는 법인이 소유하는 목장용지로서 법령 제92조의 7 제4항에서 정하는 축산용 토지의 기준면적을 초과하거나 특별시, 광역시, 특별자치시, 특별자치도 및 시 지역의 도시지역(법령 §92의 7 ⑤에서 정하는 지역은 제외)에 있는 목장용지(도시 지역에 편입된 날부터 대통령령으로 정하는 기간이 지나지 아니한 경우는 제외)
- 축산업을 주된 사업으로 하지 아니하는 법인이 소유하는 목장용지

④ 농지, 임야 및 목장용지 외의 토지 중 다음을 제외한 토지

- 지방세법이나 관계 법률에 따라 재산세가 비과세되거나 면제되는 토지
- 지방세법 제106조 제1항 제2호 및 제3호에 따른 재산세 별도합산과세대상 또는 분리과세대상이 되는 토지
- 토지의 이용상황, 관계 법률의 의무이행 여부 및 수입금액 등을 고려하여 법인의 업무와 직접 관련이 있다고 인정할 만한 상당한 이유가 있는 토지로서 법령 제92조의 8 제1항에서 정하는 것

⑤ 지방세법 제106조 제2항에 따른 주택 부속토지 중 주택이 정착된 면적에 지역별로 법령 제92조의 9에서 정하는 배율을 곱하여 산정한 면적을 초과하는 토지

⑥ 별장의 부속토지. 다만, 별장에 부속된 토지의 경계가 명확하지 아니한 경우에는 그 건축물 바닥면적의 10배에 해당하는 토지를 부속토지로 봄

⑦ 그 밖에 위에서 규정된 토지와 유사한 토지로서 법인의 업무와 직접 관련이 없다고 인정할 만한 상당한 이유가 있는 대통령령으로 정하는 토지

세무 Tip 업무무관 부동산과 비사업용 토지

업무무관부동산과 비사업용 토지는 서로 독립된 개념이다. 업무무관부동산이 비사업용 토지에 포함되거나, 비사업용 토지가 업무무관부동산에 포한되는 개념이 아니다.

구분	업무무관부동산	비사업용 토지
대상 자산 범위	토지 및 건물	농지, 임야, 목장용지, 기타 토지 (건물 제외)
지급이자손금불산입 규정 적용 여부	적용대상	무관
토지등 양도소득 과세 여부	무관	과세대상
법인세법 적용방법	취득일로부터 양도일까지 매년 지급이자 손금불산입 규정 적용	보유기간 중 일정기간(5년 중 3년 초과 기간 등) 이상 업무에 사용한 경우 과세 제외

우리나라의 지목은 28개로 구분되는데 세법의 비사업용 토지는 6개로 구분하고 있다. 지목 중 대 등 20개 지목이 "그 밖의 토지"에 포함된다. "그 밖의 토지"에 해당하는 경우 재산세 과세내역에 따라 사업용 여부가 결정되는 바 사실상 법인의 목적사업과 관계가 없다고 할 수 있다.

구 분	지목
농지	전, 답, 과수원
임야	임야
목장용지	목장용지
주택의 부수토지	대
별장 및 별장의 부수토지	대
그 밖의 토지	대, 공장용지, 학교용지, 주차장, 주유소용지, 창고용지, 도로, 철도용지, 제방, 하천, 구거, 유지, 수도용지, 공원, 체육용지, 유원지, 종교용지, 사적지, 묘지, 잡종지

③ 비사업용 토지 기간기준

토지의 사용기준에 따르면 '비사업용 토지 범위'에 해당하는 토지라 하더라도 토지의 소유기간에 따라 비사업용 토지로 보는 '기간 기준'을 모두 충족시키지 않으면 중과세가 적용되는 "비사업용 토지"에 해당하지 않는 것이다. 따라서 토지의 사용기준에 의하여 '비사업용 토지로 보는 기간'을 확인하고 '기간 기준'을 적용하여 "비사업용 토지" 해당여부를 최종적으로 판정하여야 한다.

소유기간별로 사업에 사용하지 아니한 기간이 ①, ②, ③ 모두를 충족하면 비사업용 토지에 해당한다(소령 §168의 6, 법령 §92의 3).

1) 토지의 소유기간이 5년 이상인 경우

① 양도일 직전 5년 중 2년을 초과하는 기간

② 양도일 직전 3년 중 1년을 초과하는 기간

③ 토지의 소유기간의 100분의 40에 상당하는 기간을 초과하는 기간. 이 경우 기간의 계산은 일수로 한다.

2) 토지의 소유기간이 3년 이상이고 5년 미만인 경우

① 토지의 소유기간에서 3년을 차감한 기간을 초과하는 기간

② 양도일 직전 3년 중 1년을 초과하는 기간

③ 토지의 소유기간의 100분의 40에 상당하는 기간을 초과하는 기간. 이 경우 기간의 계산은 일수로 한다.

3) 토지의 소유기간이 3년 미만인 경우

① 토지의 소유기간에서 2년을 차감한 기간을 초과하는 기간

② 토지의 소유기간의 100분의 40에 상당하는 기간을 초과하는 기간. 이 경우 기간의 계산은 일수로 한다.

「법인세법 시행령」 제92조의 3 제3호 가목 규정(비사업용 토지 기간이 토지소유기간에서 2년을 초과한 경우 비사업용 토지로 본다)을 적용함에 있어 토지의 소유기간이 2년 미만인 경우에는 동 규정의 요건을 충족하는 것으로 보는 것이다(서면2팀-1053, 2007.5.30.).

❹ 일정기간을 사업용으로 보는 경우(사업사용 의제)

토지의 소유기간 중 다음과 같은 부득이한 사유가 발생한 경우, 그 각각의 규정된 기간 동안은 비사업용 토지의 범위에 해당하지 아니하는 토지로 간주하고 기간기준에 따라 비사업용 토지의 해당 여부를 판정한다(영 §92의 11 ①, 규칙 §46의 2 ①).

부득이한 사유	비사업용 토지의 범위에서 제외되는 기간
토지 취득 후 법령에 따라 해당 사업과 관련된 인가ㆍ허가(건축허가 포함)ㆍ면허 등을 신청한 자가 건축법 제18조의 규정 및 행정지도에 따라 건축허가가 제한됨에 따라 건축을 할 수 없게 된 토지	건축허가가 제한된 기간. 단, 부동산매매업(한국표준산업분류에 따른 건물건설업 및 부동산공급업)을 영위하는 자가 취득한 매매용부동산은 제외함.

부득이한 사유	비사업용 토지의 범위에서 제외되는 기간
토지 취득 후 법령에 따라 당해 사업과 관련된 인가 · 허가 · 면허 등을 받았으나 건축자재의 수급조절을 위한 행정지도에 따라 착공이 제한된 토지	착공이 제한된 기간. 단, 부동산매매업(한국표준산업분류에 따른 건물건설업 및 부동산공급업)을 영위하는 자가 취득한 매매용부동산은 제외함.
사업장(임시 작업장 제외)의 진입도로로서 사도법에 따른 사도 또는 불특정다수인이 이용하는 도로	사도 또는 도로로 이용되는 기간
건축법에 따라 건축허가를 받을 당시에 공공공지(公共空地)로 제공한 토지	당해 건축물의 착공일부터 공공공지로의 제공이 끝나는 날까지의 기간
지상에 건축물이 정착되어 있지 아니한 토지를 취득하여 사업용으로 사용하기 위하여 건설에 착공(착공일 불분명시 착공신고서 제출일을 기준으로 함)한 토지	당해 토지의 취득일부터 2년 및 착공일 이후 건설이 진행 중인 기간(천재지변, 민원의 발생 그 밖의 정당한 사유로 인하여 건설을 중단한 경우에는 중단한 기간을 포함함)
저당권의 실행 그 밖에 채권을 변제받기 위하여 취득한 토지 및 청산절차에 따라 잔여재산의 분배로 인하여 취득한 토지	취득일부터 2년
당해 토지를 취득한 후 소유권에 관한 소송이 계속(係屬) 중인 토지	법원에 소송이 계속되거나 법원에 의하여 사용이 금지된 기간
도시개발법에 따른 도시개발구역 안의 토지로서 환지방식에 따라 시행되는 도시개발사업이 구획단위로 사실상 완료되어 건축이 가능한 토지	건축이 가능한 날부터 2년
건축물이 멸실 · 철거되거나 무너진 토지	당해 건축물이 멸실 · 철거되거나 무너진 날부터 2년. 단, 가설건축물을 멸실 · 철거하는 경우를 제외함(서면5팀-341, 2006.10.9.).
법인이 2년 이상 사업에 사용한 토지로서 사업의 일부 또는 전부를 휴 · 폐업 또는 이전함에 따라 사업에 직접 사용하지 아니하게 된 토지	휴업 · 폐업 또는 이전일부터 2년
예금보험공사 등의 기관이 금융산업의 구조개선에 관한 법률 제10조의 규정에 따른 적기시정조치 또는 같은 법 제14조 제2항의 규정에 따른 계약이전의 결정에 따라 같은 법 제2조 제2호의 규정에 따른 부실금융기관으로부터 취득한 토지	취득일부터 2년
자산유동화에 관한 법률에 따른 유동화전문회사가 같은 법 제3조의 규정에 따른 자산유동화계획에 따라 자산보유자로부터 취득한 토지	취득일부터 3년
기타 도시계획의 변경 등 정당한 사유로 인하여 사업에 사용하지 아니하는 토지	당해 사유가 발생한 기간

토지를 취득한 후 법령에 따라 인가 · 허가 · 면허 등을 신청하였으나 「건축법」 제18조의 규정 및 행정지도에 따라 건축허가가 제한됨에 따라 건축을 할 수 없게 된 토지의 경우 건축허가가 제한된 기간은 비사업용토지로 보지 아니한다. 다만, 부동산매매업자(한국표준산업분류에 의한 건물건설업과 부동산 공급업자)의 매매용 부동산은 제외한다(소칙 §83의 5 ① 1호, 법칙 §46의 2 ① 1호).

「건축법」 제18조 : 국토해양부장관은 국토관리상 특히 필요하다고 인정하거나 주무부장관이 요청하는 경우에는 허가권자인 시장 · 군수 · 구청장의 건축허가나 허가를 받은 건축물의 착공을 제한할 수 있으며, 건축허가 또는 건축물의 착공을 제한하는 경우 그 제한기간은 2년 이내로 함(1회에 한하여 1년 이내의 범위에서 그 제한기간을 연장할 수 있음)

법령은 법률과 명령을 말하는 것으로, 국회에서 제정한 법률과 그 하위 법규인 대통령령, 총리령, 부령 등의 시행령 및 시행규칙이 해당한다. 법령의 범위에는 법령의 규정 그 자체에 의하여 직접 토지의 사용이 금지되거나 제한된 것은 아니라고 하더라도, 법령에 규정된 권한에 의한 행정청의 행위도 포함된다(대법 93누1893, 1994.1.11. 등).

법령에 따라 토지의 사용이 제한된 경우라 함은 지목, 용도지구 및 지역이나 건축법 등 법령에 의하여 정하여진 목적과 범위에서 그에 부합되게 이용토록 하는 토지의 용도에 따른 통상적인 제한의 범위를 넘어 특별히 사용이 제한된 경우를 말하며(대법 2001두6234, 2003.10.10. 등), 이러한 경우로는 아래와 같이 자연환경의 보전 등을 위하여 개발제한지역 등을 지정하거나, 도시정비사업 등 개발 사업을 차질 없이 시행할 수 있도록 일정기간을 제한하는 경우 및 도로 등 도시계획시설을 설치하기 위하여 제한하는 경우가 있다.

「도시 개발법」 및 「도시 및 주거환경 정비법」 등에서는 도시재개발, 도시환경정비사업 등 개발 사업을 차질 없이 시행하기 위하여 도시기본계획 또는 도시 관리계획을 수립하고 있는 지역 또는 개발사업 지정 지역의 토지에 대하여 개별적인 개발행위를 일률적으로 제한하고 있다. 다만, 개발 사업시행자에 한하여 사업인가에 따라 사업을 시행함으로써 행위제한이 해제된다(대법 91누 11810, 1992.10.27.).

① **토지의 사용이 특별히 제한된 경우**

법령에서 토지의 형질변경, 물건을 쌓아 두거나 건축물의 신축 · 개축 · 증축 등을 할 수 없거나 시장 또는 군수의 허가를 받도록 하여 권리행사가 일정한 제한을 받는 경우에는 특별히 사용이 제한된 경우에 해당한다(대법 96누3906, 1998.4.24.).

② **행정중심 복합도시 건설을 위한 특별법에 따라 "주변지역"으로 지정된 경우**

토지를 취득한 후 「신행정수도 후속대책을 위한 연기 · 공주지역 행정중심복합도시

건설을 위한 특별법」 제11조에 따라 "주변지역"으로 지정된 경우 「소득세법」 제104조의 3 제2항 및 동법 시행령 제168조의 14 제1항 제1호에서 규정하는 법령에 따라 사용이 금지 또는 제한된 토지에 해당되지 않음(서면 4팀-2005, 2008.1.23.)

③ 개발제한구역 내 토지 취득 후 개발제한구역이 해제되면서 도시개발구역으로 지정된 경우

「국토의 이용 및 계획에 관한 법률」에 따른 개발제한구역 내 토지를 취득한 이후 개발제한구역에서 해제되면서 「도시개발법」에 따른 도시개발구역으로 지정된 경우 당해 토지는 「소득세법 시행령」 제168조의 14 제1항 제1호 규정의 토지를 취득한 후 법령에 따라 사용이 금지 또는 제한된 토지에 해당하지 아니하는 것임(서면4팀-2960, 2007.10.15.)

④ 비사업용 토지 판정 시 '개발행위제한지역'이 '개발제한구역'에 해당하는지 여부

「국토의 계획 및 이용에 관한 법률」 제63조에서 규정하는 '개발행위허가의 제한지역'은 「소득세법 시행령」 제168조의 8에서 규정하는 개발제한구역에 해당하지 아니함(서면4팀-200, 2007.1.16.)

⑤ 개발제한구역으로 지정된 토지의 법령에 따른 제한 여부

개발제한구역의 지정 및 관리에 관한 특별조치법에 따라 개발제한구역으로 지정되면 특별한 사정이 없는 한 법령에 따라 사용이 금지 또는 제한에 해당(대법 93누1978, 1996.4.23.)

⑥ 도시환경정비사업의 정비구역으로 지정된 토지

토지를 취득한 후 「도시 및 주거환경 정비법」에 의하여 도시환경정비사업의 정비구역으로 지정된 경우 당해 토지는 '법령에 따라 사용이 금지 또는 제한된 토지'에 해당함(서면5팀-138, 2006.9.15.)

⑦ 도시개발구역으로 지정된 토지의 비사업용 토지 판단

토지를 취득한 후 「도시개발법」에 따른 도시개발구역으로 지정 · 고시된 경우에는 「도시개발법」 제9조의 '도시개발구역 지정 · 고시일'부터 「소득세법 시행령」 제168조의 14 제1항 제1호의 규정에 따른 법령에 따라 사용이 제한된 토지로 보는 것이나, 경작 등 토지 본래의 용도에 사용이 제한되지 아니한 경우에는 「소득세법 시행령」 제168조의 14 제1항 제1호의 규정이 적용되지 아니함(재산세과-2427, 2008.8.22.)

⑧ 환지방식에 의한 도시개발 사업이 시행된 경우 비사업용 토지 여부

토지를 취득한 후 「도시개발법」에 따른 환지방식으로 도시개발사업이 시행됨에 따라 토지의 사용이 사실상 제한된 경우 해당 토지는 「도시개발법」 제9조의 '도시개발구역 지정 · 고시일' 부터 사업이 구획단위로 사실상 완료되어 건축이 가능하게 된 날(건축이 가능하게 된 날 전에 양도한 경우에는 양도일)까지 기간은 「소득세법 시행령」 제168조의 14 제1항 규정의 법령에 따라 사용이 금지 또는 제한된 토지로 보는 것임(서면4팀-1540, 2008.6.26.)

⑨ 택지개발 사업이 진행 중인 토지를 취득한 경우 비사업용 토지 여부

도시개발사업 또는 택지개발사업이 진행 중인 토지를 취득한 경우, 당해 토지는 「소득세법 시행령」 제168조의 14 제1항 제1호 규정에 의한 "토지를 취득한 후 법령에 따라 사용이 금지 또는 제한된 토지"에 해당하지 아니하는 것임(재산세과-2522, 2008.8.28.).

⑩ 토지형질변경허가의 토지사용 제한 여부

일반 주거지역 내에 속한 임야로서 인접한 일단의 토지 소유자 등의 공동개발에 의하여 도로 · 상수도 등의 도시기반시설의 설치에 관한 구체적 계획을 세워 그 설치를 조건으로 토지형질변경허가를 신청하여 형질변경허가를 받아 건축허가를 신청할 수 있는 길이 열려 있으므로 도로 · 상수도 등의 도시기반시설이 미비 되어 토지형질변경허가를 받을 수 없다는 사유는 이 사건 임야에 가하여진 특별한 제한이 아니라 통상적으로 수인하여야 할 제한에 불과함(대법96누4664, 1997.1.24.)

⑪ 미관지구로 지정된 경우 토지사용 제한 여부

도시계획법상 제1종 미관지구 및 최저 고도지구 내에 위치한 관계로 그 지상에 건축물을 건축함에 있어서 건축법 등에 의하여 용도 및 규모 등에 있어서 여러 가지 제한이 있는 사실만으로는 위 토지에 건축물의 건축이 일체 금지되는 등 토지의 사용이 금지되거나 제한되었다고 할 수 없음(대법 93누9798 1996.7.9.)

⑫ 고도지구로 지정된 경우 토지사용 제한 여부

도시계획법 제18조에 의하여 고도지구로 지정된 지역안의 토지로서 건축이 제한되는 토지는 사용제한 토지에 해당되지 아니함(재이 01254-3086, 1991.10.4.)

⑬ 풍치보전 등의 경우 토지사용 제한 여부

해당 구청에 건축허가를 신청하였으나 풍치보전 및 장래 건전한 도시개발을 위하여 개발 유보 하겠다는 이유로 반려 받았다면 건축법 제12조의 규정에 의하여 건축을 제한 받았다고 볼 수 없음(재이 46014-3218, 1993.9.27.)

⑭ 경기침체 등의 이유로 착공하지 못한 경우 토지사용 제한 여부

건축 경기의 침체와 경기 불황을 이유로 착공하지 못한 경우는 건축법 제12조의 규정에 의한 건축허가 제한으로 볼 수 없음(재이 46070-182, 1993.1.29.)

⑮ 토지가 압류된 경우 건축허가 제한 여부

대지가 국가기관에 압류되어 있어 건축허가를 받지 못한 경우 건축법에 의한 건축허가 제한으로 볼 수 없음(재이 01254-2408, 1991.8.12.)

⑯ 공사중지 지시 받은 경우 건축제한 기간 해당 여부

건축 허가받은 사항과 다르게 공사를 시공함으로 인하여 행정기관의 공사 중지지시를 받은 경우의 당해 공사 중지기간은 건축이 제한된 기간에 해당되지 아니함(재이 01254-831, 1991.4.1.)

⑰ 건축허가를 받았으나 건설에 착공하지 못한 경우

토지의 일부가 도로로 수용되고 남은 부분의 토지를 취득하여 건축허가를 신청하였으나 「건축법」 제33조의 규정에 의하여 건축허가를 받지 못한 경우 「소득세법」 제104조의 3 제2항 및 같은 법 시행령 제168조의 14 규정이 적용되지 아니하는 것임. 다만, 당해 사업과 관련하여 건축허가를 신청하여 받았으나 관련법령에 의하여 건설에 착공하지 못한 경우에는 그 허가일 부터 제한된 기간은 「소득세법시행규칙」 제83조의 5 제1항 제12호의 규정이 적용되는 것임(기획재정부-35, 2008.3.3.)

⑱ 토지수용 후 잔여토지의 비사업용토지 해당 여부 : 내국법인이 상가 등을 신축할 목적으로 취득한 토지의 일부가 철도부지로 수용된 경우 남은 부분의 토지가 사업에 사용이 불가능하다는 사유는 「법인세법」 제55조의 2 제3항 및 같은 법 시행령 제92조의 11 규정이 적용되지 아니하는 것임(사전-2017-법령해석 법인-0091, 2017.8.10.)

❺ 무조건 사업용 토지로 보는 경우

다음에 해당하는 토지는 전술한 기간기준에 해당하는지 여부에 관계없이 비사업용 토지로 보지 않는다(법 §55의 2 ③, 영 92의 11 ③, 규칙 §46의 2 ③).

① 토지를 취득한 날부터 3년 이내에 법인의 합병 또는 분할로 인하여 양도되는 토지

② 공익사업을 위한 토지 등의 취득 및 보상에 관한 법률 및 그 밖의 법률에 따라 협의매수 또는 수용되는 토지로서 사업인정고시일이 2006년 12월 31일 이전인 토지 또는 취득일이 사업인정고시일부터 5년 이전인 토지

단, 공익사업을 위한 토지 등의 취득 및 보상에 관한 법률에 의한 사업인정고시일이 없는 토지의 경우에는 동 법률 제15조에서 규정하는 보상계획공고일(공고를 생략한 경우에는 토지 소유자에 대한 보상계획통지일)이 2006년 12월 31일 이전인 토지(서면4팀-1954, 2007.6.21.)

③ 법 제55조의 2 제2항 제1호 나목에 해당하는 농지로서 종중이 소유한 농지(2005년 12월 31일 이전에 취득한 것에 한함)

④ 사립학교법에 따른 학교법인이 기부(출연을 포함함)받은 토지

⑤ 그 밖에 공익, 기업의 구조조정 또는 불가피한 사유로 인한 법령상 제한, 토지의 현황 · 취득사유 또는 이용상황 등을 고려하여 다음의 부득이한 사유에 해당되는 토지

가. 기업구조조정 촉진법에 따른 부실징후기업과 채권금융기관협의회가 같은 법 제10조에 따라 해당 부실징후기업의 경영정상화계획 이행을 위한 약정을 체결하고 그 부실징후기업이 해당 약정에 따라 양도하는 토지(2008년 12월 31일 이전에 취득한 것에 한정함)

나. 채권은행 간 거래기업의 신용위험평가 및 기업구조조정방안 등에 대한 협의와 거래기업에 대한 채권은행 공동관리절차를 규정한 채권은행협의회 운영협약에 따른 관리대상기업과 채권은행자율협의회가 같은 협약 제19조에 따라 해당 관리대상기업의 경영정상화계획 이행을 위한 특별약정을 체결하고 그 관리대상기업이 해당 약정에 따라 양도하는 토지

다. 금융산업의 구조개선에 관한 법률에 따른 금융기관이 같은 법 제10조 제1항에 따라 금융위원회로부터 적기시정조치를 받고 그 이행계획 등에 따라 양도하는 토지

라. 신용협동조합법에 따른 신용협동조합중앙회가 같은 법 제83조의 3 제2항에 따라 금융위원회로부터 경영개선상태의 개선을 위한 조치를 이행하도록 명령받고 그 명령에 따라 양도하는 토지

마. 신용협동조합법에 따른 신용협동조합이 같은 법 제86조 제1항에 따라 금융위원회로부터 경영관리를 받거나, 같은 법 제89조 제4항에 따라 신용협동조합중앙회장으로부터 재무상태의 개선을 위한 조치를 하도록 요청받고 그에 따라 양도하는 토지

바. 농업협동조합의 구조개선에 관한 법률에 따른 조합이 같은 법 제4조 제1항에 따라 농림축산식품부장관으로부터 적기시정조치를 받고 그 이행계획 등에 따라 양도하는 토지

사. 수산업협동조합의 구조개선에 관한 법률에 따른 조합이 같은 법 제4조 제1항에 따라 해양수산부장관으로부터 적기시정조치를 받고 그 이행계획 등에 따라 양도하는 토지

아. 산림조합의 구조개선에 관한 법률에 따른 조합이 같은 법 제4조 제1항에 따라 산림청장으로부터 적기시정조치를 받고 그 이행계획 등에 따라 양도하는 토지

자. 새마을금고법에 따른 새마을금고 또는 중앙회가 같은 법 제77조 제3항 또는 제80조 제1항에 따라 행정안전부장관으로부터 경영상태 개선을 위한 조치 이행 명령 또는 경영지도를 받거나, 같은 법 제79조 제6항에 따라 중앙회장으로부터 경영개선 요구 또는 합병 권고 등 조치를 받고 그에 따라 양도하는 토지

차. 산업집적활성화 및 공장설립에 관한 법률 제39조에 따라 산업시설구역의 산업용지를 소유하고 있는 입주기업체가 산업용지를 같은 법 제2조에 따른 관리기관(같은 법 제39조 제2항 각 호의 유관기관을 포함한다)에 양도하는 토지

카. 과학기술분야 정부출연연구기관 등의 설립 · 운영 및 육성에 관한 법률에 따라 설립된 한국원자력연구원이 소유한 시험농장용 토지

타. 공장의 가동에 따른 소음 · 분진 · 악취 등으로 생활환경의 오염피해가 발생되는 지역의 토지로서 해당 토지소유자의 요구에 따라 취득한 공장용 부속토지의 인접토지

파. 채무자의 회생 및 파산에 관한 법률 제242조에 따른 회생계획인가 결정에 따라 회생계획의 수행을 위하여 양도하는 토지

❻ 기타 사업용 토지(법령 §92의 8)

선수 전용 · 종업원 체육시설용 토지	각각의 체육시설의 기준면적
건축물 부설 주차장용 토지	부설주차장 설치 기준면적
업무용자동차의 주차장용 토지	최저보유차고면적기준의 1.5배
청소년 수련시설용 토지	시설 · 설비기준을 갖춘 기준면적
예비군 훈련장용 토지	예비군훈련장용 시설기준 및 기준면적
휴양시설업용 토지	사업용토지면적을 합한 기준
하치장용 등의 토지	물품의 보관 · 관리최대면적의 120%
영업용주차장, 광천지, 양어장 등	지가 대비 업종별 수입금액 비율

건설업

세무와 회계

제 8 장

건설업과 원천세

제 1 절

원천세 일반

① 개요

원천징수라 함은 소득이 발생하는 원천에서 세금을 부과하는 과세방법을 말하는데, 세법에 의하여 원천징수의무자가 국세를 징수하는 것을 말한다. 조세를 징수할 때 편의상 본래의 납세의무자가 직접 납세하지 않고 납세의무자에게 소득을 지급하는 자가 지급하는 금액을 과세표준으로 하여 계산한 조세상당액을 지급하는 소득 중에서 원천징수하여 국고에 납부하는 제도이다. 그리고 이 조세를 원천징수하여야 할 의무가 있는 소득지급자를 원천징수의무자라고 한다. 원천징수는 세금이 확실하게 징수되며 소득을 지급받은 때 세금이 이미 징수되었으므로 담세자(擔稅者)의 세부담감이 비교적 가볍게 느껴지는 등의 장점이 있다. 봉급생활을 하는 근로소득자의 경우 봉급에 대한 세금은 기업에서 계산하여 봉급에서 떼어 납부하게 되며, 예금이나 사채이자도 이자를 지불하는 쪽에서 원천징수하도록 되어 있다. 원천징수의무자는 원천징수할 세액을 세법에 따른 납부기한까지 납부하여야 한다. 만약에 징수의무자가 납부하여야 할 소정의 세액을 법정기한까지 완납하지 않았을 경우에는 각각의 경우에 따라 원천징수납부불성실가산세를 납부하여야 한다.

1) 원천징수의무

영리법인 및 비영리법인은 수익사업을 하는지 여부와 관계없이 원천징수납부의무가 있다. 원천징수제도는 소득 또는 수입이 되는 금액을 지급할 때에는 이를 지급하는 자(이하 "원천징수의무자"라 한다)가 그 금액을 받은 사람이 납부할 세금을 미리 공제하여 대신

납부하는 제도이다.

① 원천징수시기 : 원천징수 대상소득을 지급하는 때

② 원천징수영수증 발급 : 원천징수의무자가 원천징수하는 때에 납세의무자에게 발급

③ 납부기한 : 원천징수한 달의 다음달 10일까지

④ 제출서류 : 원천징수이행상황신고서

2) 원천징수 대상소득

① 소득자가 개인인 경우

- 급여 · 상여금 등의 근로소득
- 퇴직급여 등의 퇴직소득
- 예금 · 채권 등에 대한 이자소득
- 주식배당 · 분배금 등의 배당소득
- 상금 · 강연료 등 일시적 성질의 기타소득
- 퇴직연금 등 연금소득
- 변호사 · 연예인 등 독립된 자격으로 용역을 제공하고 받는 인적용역소득
- 봉사료수입금액

② 소득자가 법인인 경우

법인에게 이자소득이나, 투자신탁수익의 분배금에 해당되는 금액을 지급할 때 법인세로 원천징수를 한다.

③ 국내사업장이 없는 비거주자나 외국법인의 국내에서 발생한 소득에 대해서도 원천징수를 해야 한다.

3) 원천징수의무 관련 가산세

① 원천징수한 세액을 기한 내에 내지 않는 경우 : ㉮, ㉯를 합한 금액(10% 한도)

㉮ 미납(미달)납부세액×3% ㉯ 미납(미달)납부세액×미납부일수×0.03%

② 원천징수소득 지급명세서를 기한 내에 제출하지 않거나 제출된 내용이 분명하지 않은 경우 : 지급금액의 2%(제출기한 경과 후 1월 이내 제출하는 경우 1%)

❷ 징수의무자와 납세의무자

1) 납세의무자와 납세자

국세기본법에 따르면 "납세의무자"란 세법에 따라 국세를 납부할 의무(국세를 징수하여 납부할 의무는 제외한다)가 있는 자(국세기본법 제2조)를 말한다. 괄호를 통하여 징수의무자를 제외하고 있다. 동법 동조 10호에서 "납세자"란 납세의무자(연대납세의무자와 납세자를 갈음하여 납부할 의무가 생긴 경우의 제2차 납세의무자 및 보증인을 포함한다)와 세법에 따라 국세를 징수하여 납부할 의무를 지는 자를 말한다라고 하여 징수의무자를 포함하고 있다. 따라서 징수의무자는 납세자에는 포함되지만 납세의무자에서는 제외되는 개념이다.

2) 징수의무자

원천징수의 법률관계가 무서운 이유는 국가(처분청)에 대하여 공법상의 법률관계를 가지고, 납세의무자에 대한 사법상의 법률관계를 가지기 때문이다. 원래 각종 세법에 의한 원천징수의무자는 세무서장의 부과처분이 없더라도 법정 원천징수의 대상인 소득에는 법정의 세율에 따라 그 세액이 자동적으로 확정되는 소위 법정원천징수세액을 원천납세의무자로부터 징수하여 이를 나라에 납부하여야 하고, 이를 징수하지 아니하였음에도 원천 각종세를 나라로부터 징수당하거나 기한후에 납부한 원천징수의무자는 나라에 징수당하거나 납부한 법정원천 각종 세액상당의 금원에 관하여 원천납세의무자에게 일종의 구상권인 상환 청구권을 행사할 수 있는 것으로서 원천징수의 경우에 공법상의 조세법률관계는 나라와 원천징수 의무자와의 사이에만 존재하고 원천징수의무자가 원천징수세액을 원천납세의무자로부터 징수하지 않고 원천 각종 세를 나라로부터 징수당하거나 납부한 경우의 양자의 법률관계는 구상권의 당사자관계인 민사관계로 규율된다(서울고등법원 1974. 3. 8 선고 73나1515 판결).

세무 Tip **원천징수의 탄생과 소득의 개념**

오늘날 소득세(또는 직접세)는 세법의 중심이고 근간이지만, 세법의 등장(마그나카르타 1215년)이후 제2차 대프랑스동맹(1798년)전에는 존재하지도 않았다. 소득세는 나폴레옹전쟁으로 인한 재원을 조달하기 위하여 영국에서 처음 등장하였다. 당시 유럽은 영국을 중심으로 대프랑스동맹을 결성하여 나폴레옹에 대한 항전을 계속하였다.

- 나폴레옹 전쟁 : 1797~1815년 프랑스혁명 당시 프랑스가 나폴레옹 1세(재위 1804~1814)의 지휘하에 유럽의 여러 나라와 싸운 전쟁의 총칭.

• 대프랑스 동맹 : 프랑스 혁명 전쟁과 나폴레옹 전쟁에서 영국을 중심으로 한 유럽 국가들이 프랑스 제1공화국과 프랑스 제1제국의 타도를 목적으로 결성한 동맹이다. 1793년 제1차 대프랑스 동맹에서 1815년 제7차 대프랑스 동맹까지 일곱 차례에 걸쳐 동맹이 결성되었다.

1799년 영국의 총리 小Pitt(영국에 Pitt 총리가 두 명이 있었다. 아버지 Pitt와 아들 Pitt가 있었는데 아들 Pitt를 편의상 小Pitt라고 부른다)가 전쟁재원의 마련을 위하여 최초의 소득세가 탄생했다. 누진세도 이때 등장했다. 전쟁재원마련이 목적이었는바 누진세는 공평과세를 위해 등장한 것이 아니다. 소득세는 소득을 측정해야 하므로 사생활을 들여다보게 되는데 이 때문에 사생활을 침해하는 소득세는 "악마의 조세"라고 불리었다.

1802년 영-프휴전(아미앵화약)으로 소득세는 폐지되었다. 이듬해 1803년 전쟁이 다시 시작되자 총리 Addington이 사생활을 보호하는 방향으로 수정되어 다시 등장하였고 나폴레옹전쟁이 끝나는 이듬해 1816년 폐지된다. 사생활의 보호수단으로 분류과세와 원천징수가 등장하게 된다. 현재 소득세와 유사하지만, 한시세이므로 기간과세 및 양도세의 개념은 없었다.

• 분류과세 : 소득을 원천별로 분류하여 과세하는 것으로 공적인 영역(이자, 근로, 부동산임대 등 4가지)에 해당하는 소득만 과세한다.
• 원천징수 : 국가가 소득을 직접 파악하지 않고 소득의 지급자가 대신 파악한다.

소득세는 이후 1842년 영국의 재정위기로 다시 한시세로 등장하게 된다.

독일의 소득세는 영국의 소득세와 조금 다르다. 전쟁재원확보가 목적이 아니라 전쟁배상금마련이 목적이었다. 배경 또한 나폴레옹전쟁이 아니고 1차세계대전이다. 1804년부터 1814년까지 한시적으로 존재하였다. 1820년에는 신분세로 모양을 바꾸어 다시 등장한다. 당시 독일은 봉건사회의 잔재가 많이 남아있어 신분의 차이가 소득의 차이로 해석될 수 있었다. 따라서 소득에 대한 조사없이 신분에 따라 부과고지하였다. 그런데 이후 조세회피를 위한 신분의 전환이 이루어지자 상층민만 소득을 측정하는 방식으로 바뀌었고, 결국 1891년 영국의 소득세와 유사해진다. 1900년경 소득의 개념에 관한 논쟁이 있었다. 바로 소득원천설과 순자산증가설의 등장이다.

• 소득원천설 : 소득의 원천을 정하고 원천에 해당하는 소득만 과세
• 순자산증가설 : 소득을 구분하지 않고 모든 소득에 대하여 과세

적어도 유럽에서 소득은 소득원천설이 우세한 것처럼 보였다. 미국의 소득세는 남북전쟁으로 1861년부터 1871년까지 한시적으로 등장했다.

• 남북전쟁 : 1861년~65년에 미합중국의 북부와 남부가 벌인 내전(內戰).

소득세가 등장하기 이전에 세금은 관세(통행세)가 주류였다. 미국은 동부에서 서부로 확장하였는 바, 이른바 부자들이 사는 동부주는 관세로 인한 세수입이 크고 남서부는 반대였다. 1894년 남서부에 지역기반을 둔 민주당이 소득세의 도입을 주장하였다. 그러나 이듬해 1895년 소득세는 위헌판결로 사라지게 된다. 당시 미대법원은 소득세는 연방정부의 과세권을 벗어난 세금이고 부자와 가난한자에게 다른 세금을 부과하는 것이 불공평하다고 보았다. 이 판결을 PoLLock판결이라고 한다. 당시 헌법은 각 주별 인구비로 분배하여야 한다고 명기되어 있었다. PoLLock판결은 극심한 저항으로 이어졌고 소득에 관한 "공평"과 조세에 관한 "배분"의 의미에 대하여 고민하기 시작했다. 1909년 법인세가 합헌판결이 나면서 1913년 헌법을 개정하여 소득세가 등장하게 된다. 이때의 소득세는 한시세가 아니라 영구세이며 1~6%로 모든 소득에 의하여

과세하였다. 미국의 입장에서 세금은 국가운영비용을 어떻게 하면 공평하게 배분하는 가가 중요했고 사생활의 침해는 중요한 것이 아니었다. 공평한 배분을 위해서 소득원천설보다는 순자산증가설이 타당했고, 과세방법으로 소득원천설을 택할 수는 있어도 지향점은 순자산증가설이라는 방향도 확립되었다. 이렇게 1921년 헤이그-사이먼즈의 소득개념이 등장한다. 유럽과 달리 미국은 순자산증가설을 따르게 되었고 보편적인 것으로 확산되었다.

- 헤이그(R. Haig)와 사이먼즈(H. Simons)의 소득 : 두 시점 사이에 발생하는 경제적 능력 순증가의 화폐가치. 즉, "소득은 소비 + 부의 증가"로 정의된다.

일본의 소득세는 미군정으로 인하여 최초 유럽의 방식에서 미국의 방식으로 크게 변동되었다. 따라서 일본의 소득세는 Shoup권고 이전과 이후로 크게 나뉘게 된다. 이에 따라 일본은 매우 누진적이고 통합적이며, 조세기반이 넓은 포괄적인 소득세를 운영하였다. 소비세는 1989년에 도입되었다.

- Shoup권고 : 일본이 2차대전 패망 이후 미국 점령군의 후원을 받은 샤우프 사절단(shoup mission)의 조세개혁. 샤우프(당시 콜롬비아대학의 교수)와 그 동료들은 전후 일본의 조세제도를 구상하면서 매우 누진적이고 통합적이며, 조세기반이 넓은 포괄적인 소득세의 청사진을 제시하였다. 그리고 맥아더의 후원 아래 강력하게 추진하였다.

소득개념은 영국의 자유와 미국의 공평간의 싸움으로 탄생한 것처럼 보인다. 그러나 소득개념이 소득세제를 만든 것이 아니라 소득세제가 소득개념을 만들었다. 즉, 소득이란 필요에 따라 정의되고 수정되는 개념이다.

③ 원천징수, 거래징수, 특별징수

거래징수나 원천징수(지방세의 특별징수)는 모두 국가(과세관청)가 거래를 파악하는 효율적인 방법이다.

1) 원천징수

원천징수란 소득금액을 지급하는 자가 지급하는 때에 지급금액의 일정률을 미리 징수하여 세무서에 납부하는 제도이다. 원천징수란 소득세법 등에서 규정하고 있는데 비사업자 등으로부터 1,000원짜리 물건을 사면서 원천징수영수증을 주고 900원을 지급하는 것을 말한다. 의무불이행시 본세와 거래금액의 2%의 가산세를 추징당한다. 단, 원천징수의경우소득자가종합소득세신고를한 경우 징수의무자에게 본세를 추징하지는 않는다.

2) 거래징수

거래징수란 대표적으로 부가가치세법 등에서 규정하고 있는데 사업자에게 1,000원짜리 물건을 팔면서 세금계산서를 주고 1,100원을 수취하는 것을 말한다. 의무불이행시 본세와 거래금액의 2%에 해당하는 가산세를 추징한다.

명칭	근거법	거래증빙	발급의무자	거래상대방	징수방법	세율	비고
거래징수	부가가치세법	세금계산서	매도자	사업자	세금만큼 더 받는다.	10%	단일세율
원천징수	소득세법	원천징수영수증	매수자	주로 비사업자	세금만큼 덜 준다.	근로소득 : 6%~42% 사업소득 : 3% 기타소득 : 20% (또는 4% 등) 이자소득 : 14% (또는 25%) 국제거래조약에 따라 다양함	소득세의 10%만큼 지방소득세도 발생한다.

3) 특별징수

국세의 원천징수를 지방세에서는 특별징수라고 부른다. 「소득세법」, 「법인세법」, 「조세특례제한법」에 따른 원천징수의무자로부터 소득세, 법인세를 원천징수하는 경우, 원천징수하는 소득세 · 법인세의 10%에 해당하는 금액을 특별징수하여 지방세를 납부하는 것이다.

따라서 특별징수의무자는 「소득세법」, 「법인세법」, 「조세특례제한법」에 따른 원천징수의무자가 된다. 특별징수의 과세표준은 「소득세법」 또는 「법인세법」상 원천징수세액이 되고, 특별징수 세율은 과세표준(원천징수세액)×10%이다. 특별징수는 원천징수와 마찬가지로 특별징수의무자가 징수 후 다음달 10일까지 신고 및 납부하게 된다.

❹ 예납적 징수와 완납적 징수

원천징수세액은 세액의 선납인 경우도 있고 최종적 세부담인 경우도 있다. 원천징수대상인 소득을 다른 소득과 합하여 누진세율로 신고납부하면 예납적 원천징수, 원천징수된 것으로 납세의무가 끝나버리는 경우에는 완납적 원천징수라 부른다.

1) 예납적 원천징수

"예납적 원천징수"란 함은 일정한 세율로 원천징수한 이후에 당해 소득을 포함한 종합소득에 대하여 산출세액을 계산하고 이미 원천징수된 세액을 공제하여 최종적으로 납부(환급)하도록 하는 것을 말한다. 만일 원천징수 대상소득이 지급되지 아니하여 원천징수하지 않은 경우에 그 소득이 종합소득에 포함되어 소득세가 부과된 때에는 당해 소득을 원천징수의무자가 지급하더라도 다시 원천징수 하지 않는다.

2) 완납적 원천징수

원천징수의무자가 특정한 소득을 지급하면서 세액을 원천징수 납부함으로써 당해 소득에 대한 납세의무가 종결되는 경우에 이를 "완납적 원천징수"라고 부른다. 이는 각 소득의 특성이나 정책적 고려 등으로 원천징수에 의하여 납세의무를 종결하도록 하는 것이다.

완납적 원천징수에 해당되는 대표적인 것은 분리과세소득으로 분리과세로써 납세의무가 종결된다.

구분	완납적 원천징수	예납적 원천징수
내용	원천징수로 납세의무 종결됨	원천징수로 종결되지 않음
확정신고의무	신고의무 없음	확정신고(또는 연말정산)의무 있음
조세부담	원천징수세액	기본세율로 확정시 정산
대상소득	분리과세대상소득	분리과세소득 이외의 소득

⑤ 이행상황 신고서

원천징수의 신고납부는 이행상황신고서를 통하여 이루어진다. 원천징수의무자는 이행상황시신고서를 작성하여 원천징수 관할 세무서에 그 징수일이 속하는 달의 다음달 10일까지 제출하고 납부하여야 한다. 원천징수이행상황신고서는 회사의 원천세 신고 · 납부의 적정 이행 여부를 확인하고 지급명세서 작성의 기초자료로 활용 자료이다.

⑥ 지급명세서

구분	제출대상	제출기한	비고
지급명세서의 제출	• 이자소득, 근로소득, 퇴직소득, 사업소득, 기타소득 등을 지급한 경우 • 원천징수대상소득의 경우 원천징수명세서, 원천징수영수증부본, (세금)계산서를 제출하면 지급명세서를 제출한 것으로 본다.	• 지급일이 속하는 연도의 다음 연도 3월 10까지, 배당, 연금, 기타소득은 다음연도 2월 말일까지 • 휴업 또는 폐업한 경우에는 휴업일 또는 폐업일이 속하는 달의 다음 다음달 말일	• 미제출 및 불분명한 경우 지급금액의 2%

제 2 절 원천징수대상소득

1 대상소득 및 세율

1) 대상소득

적용대상	거주자 및 내국법인	비거주자 및 외국법인
소득세법	이자소득, 배당소득, 사업소득, 근로소득, 연금소득, 기타소득, 퇴직소득	국내원천소득 중 원천징수대상 소득 (이자소득, 배당소득, 부동산소득, 선박 등의 임대소득, 사업소득, 인적용역소득, 근로소득, 퇴직소득, 연금소득, 토지건물의 양도소득, 사용료소득, 유가증권양도소득, 기타소득)
법인세법	이자소득, 배당소득(집합투자기구로부터의 이익 중 투자신탁의 이익에 한정)	

원천징수 대상 소득이 농어촌특별세액 과세대상에 해당하는 경우 원천징수의무자는 농어촌 특별세를 징수하여 신고 납부하여야 한다.

2) 세율

① 거주자 및 내국법인

과세표준			구분	세액
개인	이자	비영업대금의 이익	25%	
		직장공제회 초과반환금	기본세율	연분연승법 적용
		실지명의가 확인되지 아니하는 소득	45%	
		금융실명법(제5조)에 따른 비실명소득(차등과세)	90%	
		그 밖의 이자소득	14%	

<table>
<tr><th colspan="4">과세표준</th><th>구분</th><th>세액</th></tr>
<tr><td rowspan="18">개인</td><td rowspan="4">배당</td><td colspan="2">출자공동사업자의 배당소득</td><td>25%</td><td></td></tr>
<tr><td colspan="2">실지명의가 확인되지 아니하는 소득</td><td>45%</td><td></td></tr>
<tr><td colspan="2">금융실명법(제5조)에 따른 비실명소득(차등과세)</td><td>90%</td><td></td></tr>
<tr><td colspan="2">그 밖의 배당소득</td><td>14%</td><td></td></tr>
<tr><td>사업</td><td colspan="2">원천징수 대상 사업소득</td><td>3%</td><td></td></tr>
<tr><td rowspan="3">근로</td><td colspan="2">근로소득(연말정산)</td><td>기본세율</td><td></td></tr>
<tr><td colspan="2">매월 분 근로소득</td><td>기본세율</td><td></td></tr>
<tr><td colspan="2">일용근로자 근로소득</td><td>6%</td><td></td></tr>
<tr><td rowspan="3">연금</td><td colspan="2">국민연금 · 공무원연금 등</td><td>기본세율</td><td></td></tr>
<tr><td colspan="2">이연퇴직소득의 연금수령</td><td colspan="2">(이연퇴직소득세/이연퇴직소득)×70(60*)%
* 연금실제수령연차가 10년 초과시</td></tr>
<tr><td colspan="2">퇴직연금 · 사적연금</td><td>3~5%, 4%</td><td></td></tr>
<tr><td rowspan="5">기타</td><td colspan="2">복권당첨금</td><td>20%</td><td>3억원 초과 30%</td></tr>
<tr><td colspan="2">연금계좌의 연금외수령</td><td>15%</td><td></td></tr>
<tr><td colspan="2">종교인소득(연말정산)</td><td>기본세율</td><td></td></tr>
<tr><td colspan="2">매월분 종교인소득</td><td>기본세율</td><td>간이세액표 적용</td></tr>
<tr><td colspan="2">기타소득(봉사료수입금액 적용분 제외)</td><td>20%</td><td>봉사료 5%</td></tr>
<tr><td>퇴직</td><td colspan="2">퇴직소득</td><td>기본세율</td><td>연분연승법 적용</td></tr>
<tr><td rowspan="3">법인</td><td rowspan="2">이자</td><td rowspan="2">이자소득</td><td>비영업대금의 이익</td><td>25%</td><td></td></tr>
<tr><td>그외</td><td>14%</td><td></td></tr>
<tr><td>배당</td><td colspan="2">투자신탁의 이익</td><td>14%</td><td></td></tr>
</table>

✎ 다만, 온라인투자연계금융업 및 이용자 보호에 관한 법률에 따라 금융위원회에 등록한 온라인투자연계금융업자를 토하여 지급받는 이자소득에 대해서는 100분의 14로 한다(소득세법 제129조 제1항 제1호).

② 비거주자 및 외국법인의 국내원천소득(조세조약이 없는 경우)

구분	비거주자(소득세법 제119조)	외국법인(법인세법 제93조)
이자소득	20(채권이자 : 14)	20(채권이자 : 14)
배당소득	20	20
부동산소득	–	–
선박등임대소득	2	2
사업소득	2	2
사업료소득	20	20
유가증권, 양도소득	Min(양도가액×10%, 양도차익×20%)	Min(양도가액×10%, 양도차익×20%)
기타소득	20	20

구분	비거주자(소득세법 제119조)	외국법인(법인세법 제93조)
근로소득	거주자와 동일	–
연금소득	거주자와 동일	–
인적용역소득	20	20
퇴직소득	거주자와 동일	
양도소득	Min(양도가액×10%, 양도차익×20%)	Min(양도가액×10%, 양도차익×20%)

❷ 일용근로자의 근로소득

1) 근로소득과 일용근로소득의 구분

일반적으로 고용관계 또는 이와 유사한 계약에 의하여 비독립적 인적용역인 근로를 제공하고 그 대가로 지급받은 소득(봉급 · 급료 · 보수 · 세비 · 상여금 · 직무발명보상금 등)이 근로소득에 해당한다. 근로소득은 종합과세 되는 일반근로소득과 분리과세로 종결되는 일용근로소득으로 구분할 수 있다.

구 분	일반 근로소득	일용 근로소득	
개 념	특정 고용주에게 계속하여 고용되어 지급받는 급여	특정 고용주에게 계속하여 고용되어 있지 아니하고 일급 또는 시간급 등으로 받는 급여	
특 징	근로계약상 근로제공에 대한 시간 또는 일수나 그 성과에 의하지 아니하고 월정액에 의해 급여를 지급받는 경우(고용기간 관계없이 일반근로소득)	근로를 제공한 날이나 시간에 따라 근로대가를 계산하거나 근로를 제공한 날 또는 시간의 근로성과에 따라 급여를 계산하여 지급받음	
원천징수 세액 계산	근로소득 간이세액표의 세액(근로자가 비율 선택 가능)	[일급(비과세소득제외)−15만원] × 6% × [1−55%(근로소득세액공제)]	
연말정산	연말정산 대상	연말정산 대상에 해당되지 아니함 (지급시 원천징수로서 납세의무 종료)	
지급명세서 제출시기	다음해 3월 10일까지	'21.6.30. 이전 지급분	지급일이 속하는 분기의 마지막 달의 다음 달 말일
		'21.7.1. 이후 지급분	지급일이 속하는 달의 다음 달 말일

2) 일용근로자의 구분

일용근로자란 3월 미만의 기간동안 근로(건설공사에 종사하는 경우 1년 미만)를 제공하면서 근로를 제공한 날 또는 시간의 근로성과에 따라 급여를 계산하여 받는 근로자를 말한다.

Chapter 08

당초 근무 계약시 3월 이상 근무할 조건으로 취업하였으나 3월 미만에 퇴직한 경우에도 일반근로자에 해당하므로 근로소득 간이세액표를 적용하여야 한다. '3월'이라 함은 고용일수(90일)에 의하여 계산한 기간이지만, 간헐적으로 근무를 하였다고 하더라도 3월 이상의 기간에 걸쳐 동일한 고용주에게 고용된 경우에는 일반근로자로 본다(원천세과-501, 2011.08.18.).

3) 일용근로자 원천징수 세액계산

일당 20만원으로 5일 근무하는 경우

계 산 구 조	금 액
총지급액(비과세 제외)	200,000원
(-) 근로소득공제(일 15만원)	150,000원
(=) 일용근로 소득금액	50,000원
(×) 세율(6%)	
(=) 산출세액	3,000원
(-) 근로소득세액공제 (산출세액의 55%)	1,650원
(=) 결정세액	1,350원
※ 원천징수세액 : 1,350원 × 5일 = 6,750원(지방소득세 670원)	

4) 소액부징수 적용 방법

원천징수세액이 1,000원 미만인 경우 소득세를 징수하지 아니하며 지급금액을 기준으로 소액부징수를 판단한다. 5일간 일당을 한번에 지급시 5일 일당에 대한 원천징수세액 합계가 1,000원 이상인 경우 소액부징수를 적용하지 아니한다.✎

✎ 이자소득에 대하여서는 소액부징수를 제외(소법 제86조)하며, 2024.07.01. 이후 지급하는 원천징수대상 사업소득 중 부가가치세가 면제되는 인적용역을 계속반복적으로 공급하고 받는 대가에 대하여서는 소액부징수를 적용하지 아니한다(소령 §149의 3).

❸ 사업소득

1) 원천징수 대상 사업소득

사업소득이 있는 경우 원칙적으로 종합소득세과세표준 확정신고를 하여야 한다. 다만, 간편장부대상자가 받는 일부 원천징수대상 사업소득에 대하여 이를 지급하는 원천징수의무자가 해당소득에 대한 연말정산을 함으로써 납세의무 종결된다. 법령에서 정한 원천징수 대상 사업소득을 지급하는 경우 이를 지급하는 자는 소득세를 원천징수한다.

• 원천징수 대상 사업소득

① 의료보건용역(수의사의 용역 포함)

② 저술가 · 작곡가 등이 직업상 제공하는 인적용역

2) 인적용역의 범위

원천징수 대상 인적용역 인적(人的) 용역은 독립된 사업(여러 개의 사업을 겸영하는 사업자가 과세사업에 필수적으로 부수되지 아니하는 용역을 독립하여 공급하는 경우 포함)으로 공급하는 다음의 용역을 말한다.

① 개인이 물적시설없이(계속적 · 반복적으로 사업에만 이용되는 건축물 등 사업설비를 말하며 임차한 것 포함) 근로자를 고용하지 아니하고 독립된 자격으로 용역을 공급하고 대가를 받는 다음의 인적 용역

- 저술 · 서화 · 도안 · 조각 · 작곡 · 음악 · 무용 · 만화 · 삽화 · 만담 · 배우 · 성우 · 가수 또는 이와 유사한 용역
- 연예에 관한 감독 · 각색 · 연출 · 촬영 · 녹음 · 장치 · 조명 또는 이와 유사한 용역
- 건축감독 · 학술 용역 또는 이와 유사한 용역
- 음악 · 재단 · 무용(사교무용 포함) · 요리 · 바둑의 교수 또는 이와 유사한 용역
- 직업운동가 · 역사 · 기수 · 운동지도가(심판 포함) 또는 이와 유사한 용역
- 접대부 · 댄서 또는 이와 유사한 용역
- 보험가입자의 모집, 저축의 장려 또는 집금(集金) 등을 하고 실적에 따라 보험회사 또는 금융기관으로부터 모집수당 · 장려수당 · 집금수당 또는 이와 유사한 성질의 대가를 받는 용역
- 서적 · 음반 등의 외판원이 판매실적에 따라 대가를 받는 용역
- 저작자가 저작권에 의하여 사용료를 받는 용역
- 교정 · 번역 · 고증 · 속기 · 필경(筆耕) · 타자 · 음반취입 또는 이와 유사한 용역
- 고용관계 없는 사람이 다수인에게 강연을 하고 강연료 · 강사료 등의 대가를 받는 용역
- 라디오 · 텔레비전 방송 등을 통하여 해설 · 계몽 또는 연기를 하거나 심사를 하고 사례금 또는 이와 유사한 성질의 대가를 받는 용역

- 작명 · 관상 · 점술 또는 이와 유사한 용역
- 개인이 일의 성과에 따라 수당이나 이와 유사한 성질의 대가를 받는 용역

② 개인, 법인 또는 법인격 없는 사단 · 재단, 그 밖의 단체가 독립된 자격으로 용역을 공급하고 대가를 받는 다음의 인적 용역

- 형사소송법 및 군사법원법 등에 따른 국선변호인의 국선변호와 기획재정부령으로 정하는 법률구조(法律救助)
- 새로운 학술 또는 기술개발을 위하여 수행하는 연구용역
- 직업소개소가 제공하는 용역 및 상담소 등을 경영하는 자가 공급하는 용역으로서 기획재정부령으로 정하는 용역
- 장애인복지법 제40조에 따른 장애인보조견 훈련 용역
- 외국 공공기관 또는 국제금융기구로부터 받은 차관자금으로 국가 또는 지방자치단체가 시행하는 국내사업을 위하여 공급하는 용역

❹ 기타소득

1) 기타소득의 범위

기타소득은 이자소득 · 배당소득 · 사업소득 · 근로소득 · 연금소득 · 퇴직 소득 및 양도소득 외의 소득 중 과세대상으로 열거한 소득을 말한다.

구 분	과 세 대 상
상금	• 상금 · 현상금 · 포상금 · 보로금 또는 이에 준하는 금품
복권 당첨금 등	• 복권 · 경품권 기타 추첨권에 의하여 받는 당첨금품 • 사행행위 등 규제 및 처벌특례법에서 규정하는 행위에 참가하여 얻은 재산상의 이익 • 한국마사회법에 따른 승마투표권, 경륜 · 경정법에 따른 승자투표권, 전통소싸움경기에 관한 법률에 따른 소싸움경기투표권 및 국민체육진흥법에 따른 체육진흥투표권의 구매자가 받는 환급금
자산 등의 양도 · 대여 · 사용의 대가	• 저작자 또는 실연자 · 음반제작자 · 방송사업자 외의 자가 저작권 또는 저작인접권의 양도 · 사용의 대가로 받는 금품 • 영화필름, 라디오 · 텔레비전방송용 테이프 또는 필름 등의 자산이나 권리의 양도 · 대여 · 사용의 대가로 받는 금품 • 광업권 · 어업권 · 산업재산권 · 산업정보, 산업상 비밀, 상표권 · 영업권 · 점포임차권 이와 유사한 자산이나 권리를 양도하거나 대여하고 그 대가로 받는 금품

구 분	과 세 대 상
	✎ 거주자가 사업소득(소득세법시행규칙 제17조에서 규정하는 사업소득 제외)이 발생하는 점포를 임차하여 점포 임차인으로서의 지위를 양도함으로써 얻는 경제적 이익(점포임차권과 함께 양도하는 다른 영업권을 포함) • 물품 · 장소를 일시적으로 대여하고 사용료로 받는 금품 • 공익사업 관련 지역권 · 지상권의 설정 · 대여로 받는 금품
보상금 등 우발적인 소득	• 계약의 위약이나 해약으로 인하여 받는 위약금과 배상금 등 • 유실물의 습득 또는 매장물의 발견으로 인하여 보상금을 받거나 새로 소유권을 취득하는 경우의 보상금 또는 자산 • 소유자가 없는 물건의 점유로 소유권을 취득하는 자산 • 거주자 · 비거주자 · 법인의 특수관계인이 특수관계로 인하여 당해 거주자 · 비거주자 · 법인으로부터 받는 경제적 이익으로 급여 · 배당 또는 증여로 보지 아니하는 금품 • 슬롯머신, 투전기, 기타 이와 유사한 기구를 이용하는 행위에 참가하여 받는 당첨금 · 배당금 등의 금품
인적 용역 소득	• 문예 · 학술 · 미술 · 음악 또는 사진에 속하는 창작품에 대한 원작자로서 받는 소득 • 정기간행물에 게재하는 삽화 및 만화와 우리나라의 고전 등을 외국어로 번역하거나 국역하는 것 포함 • 원고료, 저작권 사용료인 인세, 미술 · 음악 또는 사진에 속하는 창작품에 대하여 받는 대가 • 재산권에 관한 알선수수료 • 인적용역을 일시적으로 제공하고 받는 대가 • 고용관계 없이 다수인에게 강연을 하고 강연료 등 대가를 받는 용역 • 라디오 · 텔레비전방송 등을 통하여 해설 · 계몽 · 연기의 심사 등을 하고 보수 등의 대가를 받는 용역 • 변호사 · 공인회계사 · 세무사 · 건축사 · 측량사 · 변리사, 그 밖의 전문적 지식이나 특별한 기능을 가진 자가 그 지식 등을 활용하여 보수 등 대가를 받고 제공하는 용역 • 그 밖에 고용관계 없이 수당 또는 이와 유사한 성질의 대가를 받고 제공하는 용역
서화 · 골동품	• 서화 · 골동품의 양도로 발생하는 소득(2013.1.1. 이후 거래분) • 개당 · 점당 또는 조당 양도가액이 6천만원 이상인 서화 · 골동품(양도일 현재 생존한 국내 원작자의 작품 제외)
종교인소득	• 종교 관련 종사자가 종교의식을 집행하는 등 종교관련 종사자로서의 활동과 관련하여 종교단체로부터 받은 소득(2018.1.1.부터 시행) • 종교인 소득을 근로소득으로 원천징수 또는 신고납부 가능
기 타	• 사례금 • 소기업 · 소상공인 공제부금의 해지일시금

구 분	과 세 대 상
	• 법인세법 제67조에 따라 기타소득으로 처분된 소득 • 세액 공제받은 연금계좌 납입액 등을 연금외수령한 소득 • 퇴직 전에 부여받은 주식매수선택권을 퇴직 후에 행사 하거나 고용관계 없이 주식매수선택권을 부여받아 이를 행사함으로써 얻는 이익 • 뇌물 • 알선수재 및 배임수재에 의하여 받는 금품

주택건설사업자가 건설임대주택의 임대차 계약기간 만료 후 임대주택을 명도하지 아니한 임차인에게 전환보증금을 반환하면서 가산하여 지급하는 이자는 기타소득인 위약금과 배상금에 해당함

2) 강의료 원고료의 소득구분

구 분	판 단	소득 구분
강의료	고용 관계	근로소득
	프리랜서	사업소득
	일시, 우발적 소득	기타소득
원고료	회사 사보 게재	근로소득
	프리랜서	사업소득
	일시, 우발적 소득	기타소득

❺ 이자소득 및 배당소득

1) 이자소득과 배당소득의 범위

이자소득	배당소득
• 채권 또는 증권의 이자와 할인액 – 국가나 지방자치단체가 발행한 채권 또는 증권의 이자와 할인액 – 내국법인이 발행한 채권 또는 증권의 이자와 할인액 – 외국법인의 국내지점 또는 국내영업소에서 발행한 채권 또는 증권의 이자와 할인액 – 외국법인이 발행한 채권 또는 증권의 이자와 할인액	• 법인으로부터 받는 이익이나 잉여금의 배당 또는 분배금 – 내국법인으로부터 받는 이익이나 잉여금의 배당 또는 분배금(상법 개정에 따라 건설이자 배당은 배당소득에서 삭제 2012.4.15. 이후 발생분부터) – 외국법인으로부터 받는 이익이나 잉여금의 배당 또는 분배금 – 법인으로 보는 단체로부터 받는 배당금 또는 분배금
• 예금의 이자 등 – 국내에서 받는 예금(적금 · 부금 · 예탁금과 우편대체 포함)의 이자 – 상호저축은행법에 의한 신용계 또는 신용부금으로 인한 이익 – 국외에서 받는 예금의 이자 – 채권 또는 증권의 환매조건부매매차익 – 저축성보험의 보험차익 – 직장공제회 초과반환금	• 배당으로 간주 또는 처분되는 소득 등 – 의제배당 – 법인세법에 따라 배당으로 처분된 금액 – 국제조세조정에 관한 법률 제17조에 따라 배당받은 것으로 간주된 금액 • 국내 또는 국외에서 받는 소득세법시행령 제26조 1항에서 규정 하는 집합투자기구로부터의 이익
• 비영업대금의 이익 – 금전의 대여를 사업목적으로 하지 아니하는 자가 일시적 · 우발적으로 금전을 대여함에 따라 지급받는 이자 등 • 금전 사용에 따른 대가와 이자소득 발생상품과 이를 기초로 한 파생상품이 실질상 하나의 상품과 같이 운용되는 파생상품	• 금 또는 은의 가격에 따라 수익이 결정되는 골드 · 실버뱅킹 포함한 파생결합증권의 이익 및 파생결합사채의 이익 • 소득세법 제43조에 따른 공동사업에서 발생한 소득금액 중 같은 조 제1항에 따른 출자공동사업자의 손익분배비율에 해당하는 금액 • 수익분배의 성격이 있는 것과 배당소득 발생상품과 이를 기초로 한 파생상품이 실질상 하나의 상품과 같이 운용되는 파생상품 이익

2) 이자소득 유의사항

① 이자소득금액

이자소득의 경우 필요경비를 적용하지 아니하므로 이자소득금액은 해당 과세기간의 총수입금액으로 한다(소득세법 §16 ②).

② 이자소득으로 보지 아니하는 경우

- 물품을 매입할 때 대금의 결제방법에 따라 에누리되는 금액
- 외상매입금이나 미지급금을 약정기일 전에 지급함으로써 받는 할인액
- 물품을 판매하고 대금의 결제방법에 따라 추가로 지급받는 금액
- 외상매출금이나 미수금의 지급기일을 연장하여 주고 추가로 지급받는 금액[단, 그 외상매출금이나 미수금이 소비대차(이전받은 금전 등을 동등한 물건으로 반환하는 의무)로 전환된 경우에는 이자소득에 해당한다]
- 장기할부조건으로 판매함으로써 현금거래 또는 통상적인 대금의 결제방법에 의한 거래의 경우보다 추가로 지급받는 금액(다만, 당초 계약내용에 의하여 매입가액이 확정된 후 그 대금의 지급지연으로 실질적인 소비대차로 전환시에는 이자소득에 해당함)

③ 비영업대금의 이익과 금융업의 구분(소득세법 시행령 §26 ③)

대금업을 하는 거주자임을 대외적으로 표방하고 불특정다수인을 상대로 금전을 대여하는 사업을 하는 경우에는 금융업에 해당한다. 이 경우 일시적으로 사용하는 전화번호만을 신문지상에 공개하는 것은 대금업의 대외적인 표방으로 보지 아니한다. 대외적으로 대금업을 표방하지 아니한 거주자의 금전대여는 비영업대금의 이익으로 보며 지급시 원천징수하여야 한다.

④ 비영업대금 이익의 총수입금액 계산(소득세법 시행령 §51 ⑦)

비영업대금의 이익에 대한 총수입금액의 계산은 대금으로 인하여 지급받았거나 지급받기로 한 이자와 할인액 상당액을 말한다. 채무자의 도산으로 재산이 없거나 무재산 사망하여 원금과 이자의 전부(일부)를 받지 못한 경우에는 회수한 금액에서 원금을 먼저 차감한다.

⑤ 저축성보험의 보험차익(소득세법 시행령 §25)

만기에 받는 보험금 · 공제금, 중도 보험계약 해지에 따라 받는 환급금(보험금)에서 납입보험료 또는 납입공제료(보험료)를 뺀 금액이다.

보험차익 = 보험금 − 납입보험료

3) 배당소득 유의사항

① 배당소득은 필요경비가 적용되지 아니하므로 배당소득금액은 해당 연도의 총수입금액이 된다.

② 이자지급조건과 동일한 상환주식에 대한 배당
상환주식에 대한 배당지급조건이 차입금에 대한 이자지급조건과 동일한 경우에도 그 지급금은 배당소득에 해당한다.

③ 무상단주를 처분하여 현금으로 주주에게 지급
단주가 발생하여 이를 처분하고 현금으로 주주에게 지급하는 경우에 잉여금의 자본전입액을 기준으로 의제배당금액 계산한다.

세무 Tip 자금조달비용의 원친징수

대출취급수수료가 이자인지 아니면 수수료에 해당하는지 여부에 따라, 손익귀속시기, 지급이자의 손금불산입의 적용, 이자지급시 원천징수 적용에서 차이가 있는바, 이자인지 아니면 수수료에 해당하는지 논란이 있다. 대출취급수수료가 이자제한법상 이자에 해당하더라도, 이자제한법은 이자의 적정한 최고한도를 정함으로써 국민경제생활의 안정과 경제정의의 실현을 목적으로 하므로(이자제한법 제1조), 이자제한법상의 이자의 개념을 법인의 소득에 대한 납세의무를 정하는 법인세법상의 이자로 바로 적용할 수 없는 점, 오히려 법인세법에 따르면 이자와 수수료를 명확히 구분하여 귀속 사업연도를 달리 정하고 있는 점(법인세법 제40조 제1항, 제2항, 같은 법 시행령 제70조), 대출취급수수료가 이자라면 대출채권의 중도상환 시 기간을 안분하여 AA저축은행이 수수료를 반환할 의무를 부담하여야 할 것이나 대출계약서에 그러한 조건이 명시되어 있거나 AA저축은행이 수수료를 반환하였다고 볼 자료가 없는 점 등을 종합하여 보면, 대출취급수수료는 법인세법상 이자가 아닌 수수료로 보는 것이 타당하다고 판단된다(서울행정법원2015구합59129, 2017.10.20.취지).

세무 Tip SPC에 이자 지급시 원천징수의무

금융기관이 대주단을 구성하여 SPC를 통해 간접적으로 차주인 시행사에게 자금을 대여시 시행사는 해당 SPC에 이자를 지급할 때 SPC의 이자소득금액에 대한 법인세 원천징수 의무 존재여부 검토 및 원천징수세율에 대한 검토가 필요하다.

SPC가 「법인세법 시행령」 제111조 제2항 각 호에 열거된 금융회사등에 해당하지 않는 경우 시행사는 해당 SPC에 이자를 지급할 때 SPC의 이자소득금액에 대한 법인세 원천징수 의무가 있다. 그리고, 해당 SPC가 이자소득을 얻는 것만을 사업목적으로 하는 법인일 경우 해당 SPC의 이자소득은 비영업대금의 이익에 해당하지 않을 것으로 판단된다. 따라서 해당 SPC가 얻는 이자소득에 대해서는 14%세율을 적용하여 계산한 금액에 상당하는 법인세를 원천징수하는 것이 타당하다고 판단된다.

SPC의 금융회사 여부	SPC 이자소득 구분	「법인세법」 제73조 원천징수
「법인세법 시행령」 제111조 제2항 각 호의 금융회사 등에 해당함	비영업대금의 이익에 해당하지 않음	금융회사등에 지급되는 이자소득금액은 법인세 원천징수 대상에서 제외됨
「법인세법 시행령」 제111조 제2항 각 호의 금융회사 등에 해당하지 않음	비영업대금의 이익에 해당	25%세율을 적용하여 계산한 금액에 상당하는 법인세를 원천징수
	비영업대금의 이익에 해당하지 않음	14%세율을 적용하여 계산한 금액에 상당하는 법인세를 원천징수

서면인터넷방문상담1팀-129, 2006.2.2.「법인세법 시행령」제11조 제2항 각 호에 해당하지 않는 내국법인에게 이자소득금액(「소득세법」제127조 제1항 제1호)을 지급하는 때에는 원천징수를 하여야 함

【질의】증권회사가 주관이 되어 금융기관(은행)이 일반법인(부동산개발회사, 시행사)에게 대출한 대출채권을 SPC(유동화전문회사)에 양도후, CP(기업어음)을 발행하는 유동화구조를 계획하고 있는데, 이 경우에 차주(부동산개발회사 등으로 차입자)는 대출이자 및 원금을 유동화전문회사에 지급하여야 함.

이때, 유동화전문회사는 자산유동화에 관한 법률에 근거하지 않는(즉, 금융감독위원회에 유동화계획등록을 하지 않음) 일반적인 상법상 유한 회사인데, 이 유동화전문유한회사에 이자 지급시에 차주가 원천징수 하여야 하는지 여부

【회신】「법인세법 시행령」제111조 제2항 각 호에 해당하지 않는 내국법인에게 「소득세법」제127조 제1항 제1호의 이자소득금액을 지급하는 때에는 법인세법 제73조의 규정에 의하여 원천징수하여야 함.

⑥ 비거주자의 원천소득

1) 비거주자 개념

국내에 주소를 두거나 183일 이상의 거소를 둔 개인은 거주자라 하고, 거주자가 아닌 개인을 비거주자라 한다. 주소는 국내에서 생계를 같이 하는 가족 및 국내에 소재하는 자산의 유무 등 생활관계의 객관적 사실에 따라 판정하고, 거소는 주소지 외의 장소 중 상당기간에 걸쳐 거주하는 장소로서 주소와 같이 밀접한 일반적 생활관계가 형성되지 아니하는 장소를 말한다.

① 국내에 거주하는 개인이 국내에 주소를 가진 것으로 보는 경우

계속하여 183일 이상 국내에 거주할 것을 통상 필요로 하는 직업을 가진 때 국내에 생계를 같이하는 가족이 있고, 그 직업 및 자산상태에 비추어 계속하여 183일 이상 국내에 거주할 것으로 인정되는 때

② 국외에 거주 또는 근무하는 자가 국내에 주소가 없는 것으로 보는 경우

외국국적을 가졌거나 외국 영주권을 얻은 자로서 국내에 생계를 같이하는 가족이 없고 그 직업 및 자산상태에 비추어 다시 입국하여 주로 국내에 거주하리라고 인정되지 아니하는 때

③ 외국을 항행하는 선박 또는 항공기의 승무원

승무원과 생계를 같이하는 가족이 거주하는 장소 또는 승무원이 근무기간 외의 기간 중 통상 체재하는 장소가 국내에 있는 때에는 당해 승무원의 주소는 국내에 있는 것으로 봄

④ 거주기간의 계산

국내에 거소를 둔 기간은 입국하는 날의 다음 날부터 출국하는 날까지로 함

2) 과세대상소득

국내세법은 비거주자 등의 과세대상소득인 국내원천소득에 대하여 소득의 종류를 열거하고 있다. 열거하지 아니한 소득은 국내에서 발생하더라도 우리나라에서 과세되지 아니한다(조세조약상 국내원천소득으로 규정되어 있더라도 당해 소득에 대해 과세 불가능).

다만, 소득세법 제119조 제5호 및 법인세법 제93조 제5호에서 규정하는 사업소득의 범위에 조세조약에 따라 국내원천사업소득으로 과세할 수 있는 소득을 포함하고 있다.

국내세법이 비거주자의 국내원천소득을 소득종류별로 구분 · 열거하는 이유는 세율이나 과세방법 등에서 취급을 달리하기 때문이다.

■ 비거주자의 국내원천소득 과세방법(조세조약이 없는 경우) ■

국내원천소득 소득세법 제119조		국내사업장이 있는 비거주자	국내사업장이 없는 비거주자	분리과세 원천징수 세율(%) (소득세법상)
1호	이자소득	종합과세, 종합소득세 신고 · 납부 (특정소득은 국내사업장 미등록시 원천징수)	분리과세, 완납적 원천징수	20(채권이자 : 14)
2호	배당소득			20
3호	부동산소득			–
4호	선박등 임대소득			2
5호	사업소득			2
10호	사용료소득			20
11호	유가증권 양도소득			Min(양도가액×10%, 양도차익×20%)

국내원천소득		국내사업장이 있는 비거주자	국내사업장이 없는 비거주자	분리과세 원천징수 세율(%) (소득세법상)
소득세법 제119조				
12호	기타소득			20
7호	근로소득			거주자와 동일
8호의2	연금소득			
6호	인적용역소득		분리과세(종합 과세 선택가능)	20
8호	퇴직소득	거주자와 동일(분류과세)		거주자와 동일
9호	양도소득	거주자와 동일(분류과세)	거주자와 동일 (다만, 양수자가 법인인 경우 예납적 원천징수)	Min(양도가액×10%, 양도차익×20%)

국내사업장이 있는 비거주자에는 부동산소득이 있는 비거주자 포함한다.

국내사업장 또는 부동산소득이 있는 비거주자의 경우에도 일용근로자 급여, 분리과세 이자소득, 분리과세배당소득, 분리과세기타소득 등에 대하여는 거주자의 경우와 동일하게 분리과세 · 원천징수한다.

소득세법의 원천징수세율이 조세조약의 제한세율보다 높은 경우 조세조약의 제한세율 적용. 다만, 소득세법 제156조의 4, 5(원천징수절차특례)에 따라 원천징수하는 경우 예외로 한다.

건축 · 건설, 기계장치 등의 설치 등의 작업이나 그 작업의 감독 등에 관한 용역의 제공 혹은 소득세법 제119조 6호에 따른 인적용역의 제공 대가(조세조약상 사업소득으로 구분하는 경우 포함) : 국내사업장에 귀속되더라도 사업자등록을 하지 않았다면 원천징수한다.

- **유가증권 양도소득** : 지급액의 100분의 10을 원천징수한다. 다만, 양도한 자산의 취득가액 및 양도비용이 확인되는 경우에는 지급액의 10%와 양도차익의 20% 중 적은 금액을 원천징수한다.
- **양도소득** : 양수자가 양도가액의 10% 또는 양도차익의 20% 중 적은 금액을 예납적으로 원천징수 · 납부한 후에, 양도자는 별도의 절차에 의하여 양도소득 신고납부한다. 다만, 개인 양수자는 원천징수의무 면제한다.

인적용역소득이 있는 비거주자는 본인 선택에 따라 종합소득 신고 가능하다(소득세법 §121 ⑤).

■ 외국법인의 국내원천소득 과세방법(조세조약이 없는 경우) ■

<table>
<tr><th colspan="2">국내원천소득
법인세법 제93조</th><th>국내사업장에 귀속되는 소득</th><th>국내사업장에 귀속되지 않는 소득</th><th>분리과세 원천징수세율
(법인세법상)</th></tr>
<tr><td>1호</td><td>이자소득</td><td rowspan="10">종합과세,
법인세
신고 · 납부
(특정소득은
예납적 원천징수)</td><td rowspan="7">분리과세,
완납적 원천징수</td><td>20(채권이자 : 14)</td></tr>
<tr><td>2호</td><td>배당소득</td><td>20</td></tr>
<tr><td>4호</td><td>선박등 임대소득</td><td>2</td></tr>
<tr><td>5호</td><td>사업소득</td><td>2</td></tr>
<tr><td>8호</td><td>사용료소득</td><td>20</td></tr>
<tr><td>9호</td><td>유가증권 양도소득</td><td>Min(양도가액×10%,
양도차익×20%)</td></tr>
<tr><td>10호</td><td>기타소득</td><td>20</td></tr>
<tr><td>6호</td><td>인적용역소득</td><td>분리과세(신고 · 납부 가능)</td><td>20</td></tr>
<tr><td>7호</td><td>양도소득</td><td>법인세 신고 · 납부
(다만, 양수자가 법인인 경우
예납적 원천징수)</td><td>Min(양도가액×10%,
양도차익×20%)</td></tr>
<tr><td>3호</td><td>부동산소득</td><td>법인세 신고 · 납부</td><td>–</td></tr>
</table>

국내사업장이 있는 외국법인에는 부동산소득이 있는 외국법인 포함한다.

국내사업장 귀속 소득도 다음의 경우는 원천징수 한다(예납적 원천징수).

- 이자소득, 집합투자기구로부터의 이익 중 투자신탁의 이익
- 기계장치 등의 설치 등의 작업이나 그 작업의 감독 등에 관한 용역의 제공으로 인하여 발생하는 국내원천소득 또는 법인세법 제93조 제6호에 따른 인적용역소득(조세조약상 사업소득으로 구분하는 경우 포함, 외국법인의 국내사업장이 사업자등록 되어 있는 경우는 원천징수 제외)

법인세법상의 원천징수세율이 조세조약상의 제한세율보다 높은 경우 조세조약상의 제한세율 적용한다. 다만, 법인세법 제98조의 5(원천징수 절차 특례)에 따라 원천징수하는 경우에는 예외로 한다.

양도소득은 양수자가 양도가액의 10% 또는 양도차익의 20% 중 적은 금액을 예납적으로 원천징수 · 납부한 후, 양도자는 별도의 절차에 따라 양도소득 신고 · 납부한다.

- 원천징수대상이 되는 양도소득은 토지 등을 양도하는 외국법인의 국내사업장에 귀속되지 않는 소득에 한한다.
- 개인 양수자는 원천징수의무 면제(2007.1.1. 이후 최초 양도분부터)

인적용역 소득이 있는 외국법인은 신고납부 가능하다.

⑦ 원천징수의 제외 및 배제

다음에 해당하는 경우 소득세 등의 원천징수를 하지 아니한다.

1) 원천징수 제외

① 소득세(법인세)가 과세되지 아니하거나 면제되는 소득

② 과세최저한(건별 기타소득금액 5만원 이하 등) 적용 기타소득금액

2) 원천징수 배제(소득세법 §85 ③)

원천징수대상 소득을 지급하면서 원천징수를 하지 않았으나 해당 소득자가 그 소득금액을 이미 종합소득 또는 법인세 과세표준에 합산하여 신고하였거나 과세관청에서 소득세 등을 부과·징수한 경우

구 분	검토 내용
원천징수의무자 납부 여부	이미 소득자가 종합소득세 등 신고시 합산하여 납부한 경우 납부할 필요 없음
가산세 적용 여부	원천징수 등 납부지연가산세 부과대상임
지급명세서 제출 여부	원천징수대상 소득에 대해 원천징수 여부와 관계없이 지급명세서 제출해야 함
지급명세서 미제출시 불이익	지급명세서 미제출 가산세 적용대상임

3) 소액부징수

소득세 또는 법인세의 원천징수에 있어서 당해 세액이 1,000원 미만인 때에는 원천징수를 하지 아니한다. 다만, 거주자에게 지급되는 이자소득의 경우 당해 소득에 대한 원천징수세액이 1,000원 미만이더라도 원천징수를 하여야 한다.

일용근로자에게 일당을 한꺼번에 지급하는 경우 소득자별 지급액에 대한 원천징수세액 합계액을 기준으로 소액부징수 대상 여부 판단한다.

8 원천징수의 시기

원천징수의무자가 원천징수대상 소득금액 또는 수입금액을 지급하는 때 원천징수한다. 다만, 일정시점까지 지급하지 아니한 경우 원천징수시기 특례가 적용되어 특례 적용시기에 지급한 것으로 보아 원천징수한다. 원천징수시기 특례 규정이 적용된 경우, 해당 지급명세서를 소득금액에 대한 과세연도 종료일이 속하는 연도의 다음연도 3월 10일까지 제출한다.

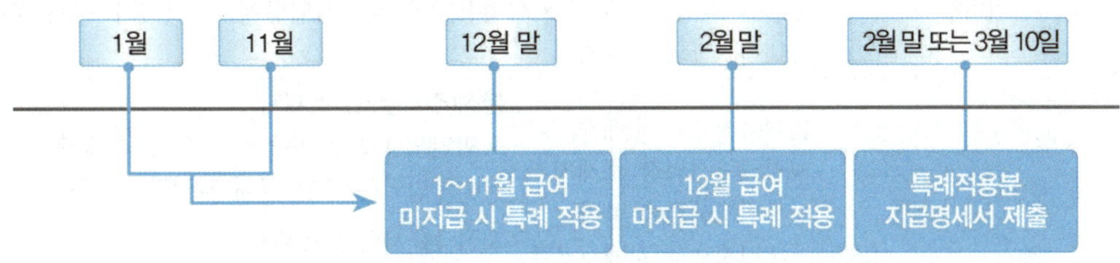

구 분	원천징수시기 특례 적용
근로 소득	1월부터 11월까지 근로소득을 12월 31일까지 지급하지 않은 경우 → 12월 31일 12월분 근로소득을 다음연도 2월 말일까지 지급하지 않은 경우 → 2월 말일
이자 · 배당 소득	법인이 이익 처분 등에 따른 배당 · 분배금을 처분을 결정한 날부터 3개월이 되는 날까지 지급하지 아니한 경우 → 3개월이 되는 날 (다만, 11월 1일부터 12월 31일까지의 사이에 결정된 처분에 따라 다음 연도 2월 말일까지 배당소득을 지급하지 아니한 경우 → 처분을 결정한 날이 속하는 과세기간의 다음 연도 2월 말일)
기타 소득	법인세법 제67조에 따라 처분되는 배당과 기타소득 (법인세 과세표준 결정 또는 경정) 소득금액변동통지서를 받은 날 (법인세 과세표준 신고) 그 신고일 또는 수정신고일
사업 소득	1월~11월의 연말정산 사업소득을 12월 31일까지 미지급 → 12월 31일 12월분 연말정산 사업소득을 다음연도 2월 말일까지 미지급 → 2월 말일
퇴직 소득	1월~11월 퇴직자의 퇴직소득을 12월 31일까지 미지급 → 12월 31일 12월 퇴직자의 퇴직소득을 다음연도 2월 말일까지 미지급 → 2월 말일

❾ 원천징수의 납세지

1) 원칙적인 경우

원천징수한 소득세(법인세)를 원천징수 관할 세무서에게 신고 · 납부한다.

원천징수의무자		소득세 납세지	법인세 납세지
① 거 주 자		거주자의 주된 사업장 소재지(사업장이 없는 경우 거주자 주소지 또는 거소지). 다만, 주된 사업장 외의 사업장에서 원천 징수하는 경우 그 사업장의 소재지	
② 비거주자		비거주자의 주된 국내사업장 소재지(국내사업장이 없는 경우 비거주자의 거주지 또는 체류지). 다만, 주된 국내 사업장 외의 국내사업장에서 원천징수 하는 경우 그 국내사업장의 소재지	
③ 법인	일반	본점(주사무소) 소재지, 지점 등 사업장 소재지 • 독립채산제에 따라 독립적으로 회계사무를 처리하는 경우	본점(주사무소) 소재지 • 법인으로 보는 단체는 사업장 소재지 • 외국법인은 주된 국내 사업장 소재지 지점 등 사업장 소재지 • 독립채산제에 따라 독립적으로 회계사무를 처리하는 경우
	본점일괄 납부 신청	법인의 본점 또는 주사무소 소재지 (법인의 지점 · 영업소 그 밖의 사업장이 독립채산제에 따라 독자적으로 회계 사무를 처리하는 경우 본점일괄납부를 신청하여 승인)	
	사업자단위로 등록한 경우		
④ 비거주자의 국내원천소득의 원천징수의무자 (①~③의 납세지를 가지지 아니한 경우)		• 유가증권 양도소득의 경우 유가증권을 발행한 내국법인 또는 외국법인의 국내사업장 소재지 • 그 외의 경우 국세청장이 정하는 장소	

2) 본점 일괄납부 특례

법인의 지점 · 영업소 등 사업장이 독립채산제에 의해 독자적으로 회계사무를 처리하는 경우 원천징수세액은 각 지점 등에서 납부하여야 하나 본점 관할 세무서장에게 원천징수세액 본점일괄납부신청서를 제출한 경우 본점이나 주사무소에서 일괄하여 원천징수세액을 납부한다.

그리고 사업자단위로 등록한 법인은 본점 등을 원천징수세액의 납세지로 한다. 사자단위과세제도란 사업자가 2 이상의 사업장을 가지고 있는 경우로서 해당 사업자의 본점, 주사무소를 관할하는 세무서장에게 등록을 한 후, 본점 또는 주사무소에서 신고 · 납부하여 납세편의를 도모하는 제도이다.

제 3 절

건설업의 원천징수 사례

건설영업활동에 관련되어 발생되는 보상금 성격으로는 ① 계약의 위약 또는 해약에 따른 위약금과 배상금, ② 건설공사현장에서 발생되는 피해보상금, 사망보상금, 철거보상금, ③ 입주지연 또는 준공지연 등으로 발생되는 지체상금 등이 있다.

❶ 위약금

계약당사자간의 약속불이행 등으로 인하여 계약조건에 따라 지급하는 금액을 말한다. 예를 들면 아파트 또는 토지 등을 매매계약하였다가 계약당사자의 사정에 의하여 계약을 취소함으로써 기지불한 금액에서 일정금액을 공제한 금액이 이에 해당한다.

위약금의 성질은 당사자의 의사에 따라서 채무의 이행을 확보하고 강제할 목적으로 채무불이행시 실제 손해와는 별도로 지급하는 일종의 제재금인 위약벌(違約罰)과 손해배상액의 예정 또는 배상액의 최저액을 결정한 것으로 구별한다. 위약금의 성질이 손해배상액의 예정인 경우에 예정액이 부당히 과다한 경우 법원이 적당히 감액할 수 있다(민법 §398 ②). 그 성질이 위약벌인 경우 민법의 규정을 유추 적용하여 감액할 수 없지만 약정된 벌이 과도하게 무거울 경우 공서양속에 반하여 그 일부 또는 전부가 무효로 될 수는 있다(대판 92다46905). 위약금이 앞의 어느 경우에 해당하는가는 계약의 내용 등을 구체적으로 분석하여 판단할 수밖에 없지만 이를 명확하게 판단할 수 없는 경우에는 손해배상액의 예정으로 추정한다(민법 §398 ④).

법률 Tip 계약금과 손해배상예정

계약금이란 계약을 체결할 때 당사자 일방이 상대방에게 교부하는 금전 기타의 유가물을 말한다. 매매의 경우 계약금은 보통 매매대금의 10% 정도가 지급되고 매매대금의 일부로 충당된다. 그런데 매매는 낙성계약이다. 따라서 계약금의 지급이 계약의 성립요건은 아니다.

계약에서 계약금을 교부하는 경우 다음의 세 가지 성질 중에서 일부 또는 전부를 가지는 경우가 있다.

(1) 증약금(證約金) : 계약금의 최소한의 성질로서 계약이 성립되었음에 대한 증거의 의미를 가지는 경우이다. 계약금은 언제나 증약금으로서의 성질을 가진다.

(2) 위약금(違約金) : 계약금을 교부받은 자가 계약을 위반하면 그 배액을 상환하고 계약금을 교부한 자가 계약상의 채무를 이행하지 않는 경우에 그것을 수령한 자가 몰수하는 형태의 계약금이다. 그런데 위약금은 위약벌로서의 성질을 가지는 경우와 손해배상액의 예정으로서의 성질을 가지는 경우가 있는데, 위약금이 위약벌인 경우에 채무불이행에 의한 손해배상은 위약금과 관계없이 따로 청구할 수 있다.

(3) 해약금(解約金) : 해제권을 보류하는 작용을 가지는 계약금을 말한다. 이 경우 계약금을 교부한 자는 그 것을 포기함으로써, 이를 교부받은 자는 그 배액을 상환함으로써 계약을 해제할 수 있다.

계약금은 위와 같이 여러 성질을 가질 수 있기 때문에 실제 계약금이 어떤 성질의 것인지가 분명하지 않은 경우가 있게 된다. 결국 당사자의 의사해석의 문제로 되지만, 우리 민법은 당사자 사이에 다른 약정이 없으면 해약금으로 추정하고 있다(민법 §565 ①).

채무불이행의 경우에 채무자가 지급하여야 할 손해배상의 액을 당사자 사이에 미리 정하여 두는 것을 말한다. 배상액을 예정하였을 때는 채권자는 채무가 이행되지 않으면 채무자 쪽에 불이행에 대하여 책임있는 사유가 있는가 없는가 그리고 실제로 어떤 손해가 발생하였는가 하는 것 등을 문제삼을 필요없이 즉시 예정된 배상액을 청구할 수 있다. 그러나 실손해가 예정액 이상일지라도 초과분을 청구할 수 없다.

계약의 위약 또는 해약으로 인하여 받는 위약금 · 배상금 중 계약금이 위약금 · 배상금으로 대체되는 경우에는 거래상대방이 개인이라 하더라도 원천징수 대상에서 제외된다(소득세집행기준 127-0-2).

❷ 보상금

정상적인 영업활동과정에서 발생한 잘못으로 인하여 피해당사자에게 지급하는 금액으로서, 예를 들면 건설현장에서 발생되는 소음, 분진, 지반침하 등 그 피해보상금과 현장 근로자의 안전사고 등에 의하여 지급되는 부상위로금 등이 있다.

③ 지체상금

계약당사자 간의 계약조건에 의하여 공사의 준공지연 또는 입주지연 등으로 인하여 주택법 또는 국가계약법 등에 따라 시공사가 발주자 또는 입주자에게 지급하는 금액을 말한다.

소득세법 제21조 제1항 제10호에 규정하는 위약금과 배상금 중 주택입주지체상금에 대해서는 지급받은 금액의 80% 상당액을 필요경비로 한다(소득세법시행령 §87 1호 다목).

상가의 준공 지연으로 인한 지체상금을 계약자로부터 지급받을 분양잔금과 상계하고 잔액을 지급하는 경우 동 지체상금의 원천징수시기는 상계 및 지급하는 때로 하는 것이다(서이 46013-10396, 2002.3.6.).

건설 Tip **지체상금 산정 및 이율**

주택공급에관한규칙 제27조 제4항에 의하면 사업주체가 입주자모집공고시 정한 입주예정일 내에 입주를 시키지 못할 경우에는 지체상금을 지급하거나 주택잔금에서 공제하도록 규정되어 있는바, 지체상금 산정 방법은 실입주개시일 이전에 납부한 입주금 모두에 대하여 입주자모집공고시 정한 입주예정일(월까지 정한 경우 해당월)이 경과한 날부터 사업주체로부터 통보받은 입주가능일 전일까지를 지체기간으로 하여 계약시 정한 중도금의 연체요율을 적용하여 산정하는 것이다. 다만, 입주예정일 지연 등에 대하여 사업주체와 입주예정자 간에 별도의 합의가 있었다면 합의내용에 따라 다를 수 있다(주관 58507-3426, 1996.11.25.).

법률 Tip **법령상 지체상금률**

국가계약법상의 지체상금률(동법 시행규칙 §75)

1. 공사 : 1,000분의 1
2. 물품의 제조 · 구매 : 1,000분의 1.5
3. 물품의 수리 · 가공 · 대여 용역 및 기타 : 1,000분의 2.5
4. 군용 음 · 식료품 제조 · 구매 : 1,000분의 3
5. 운송 · 보관 및 양곡가공 : 1,000분의 5

주택법상의 지체상금률(주택공급에관한규칙 §61 ②)

1. 실입주개시일 전 이전에 납부한 입주금에 대하여 계약시 정한 중도금의 연체료율

세무 Tip **지체상금 수령시 취득가액 차감여부**

법인이 건설 중인 고정자산에 대한 완공 등의 지연으로 인하여 시공사로부터 손해배상금의 성격으로 수령하는 지체상금은 그 수령할 권리가 확정되는 날이 속하는 사업연도의 소득금액 계산시 익금에 산입하는 것으로 동 고정자산의 취득가액에서 차감하지 아니하는 것이다(서이 46012-11513, 2002.8.13.).

❹ 보상금 세무처리

1) 입주지연으로 인한 보상금 세무처리 요약표

지급처	지급종류	내 역	근거법령	손금인정	원천징수 여부
개인	① 지체 상금 ② 손해 배상금 ③ 이사 비용	• 입주지연으로 인한 배상금(기납부한 중도금×중도금의 연체율)×지연일수 • 공사지연일×지체상금률 • 계약불이행으로 인한 배상금	• 주택공급에 관한 규칙 §61 ② • 국가계약법 §26	• 법인세법기본통칙 21-0…2 • 소득세법기본통칙 21-1	• 기타소득 • 소득세법기본통칙 21-1 지급금액의 20% 원천징수 • 본인이 부담, 지출하는 증빙징구대체(실비 부담하는 형식의 영수증)
법인	상 동	상 동	상 동	상 동	• 1995.1.1. 세법 개정으로 원천징수의무 없음.

2) 손해배상금(지체상금 · 배상금) · 이사비용에 대한 관계법규 요약표

구 분	관계근거법규	손금인정 여부 관계법규	영수증 징구	
			법인과 개인	법인과 법인
1. 지체상금	① 주택공급에관한규칙 제61조 제2항 : 사업주체는 입주자모집공고에서 정한 입주예정일 내에 입주를 시키지 못한 경우에는 실입주개시일 이전에 납부한 입주금에 대하여 입주시 정한 연체료율을 적용한 금액을 지체상금으로 지급하거나 주택잔금에서 해당액을 공제하여야 한다. ② 국가를당사자로하는	① 소득세법 제21조 제1항 제10호 기타소득, 소득세법기본통칙 21-1 제4항 제1호 : 주택을 분양함에 있어 주택공급에 관한규칙 제61조에 의하여 사업주체가 승인기한 내에 입주를 시키지 못하여 입주자에게 지급하는 지체상금은 기타소득으로 보아 원천징수하여야 한다(세율 : 20/100). ② 법인세법기본통칙 21	① 소득세법상 기타소득으로 보아 소득세 20% 지방소득세 10%의 원천징수 후 지급 ② 영수증 징구 ·	① 부가가치세법상 계산서 징구로 경비 인정 ② 법인세법 제39

구 분	관계근거법규	손금인정 여부 관계법규	영수증 징구	
			법인과 개인	법인과 법인
	법률 제26조 제1항 : 공무원은 계약상대자가 계약상의 의무를 지체한 때에는 계약금액에 기획재정부령이 정하는 율(공사의 경우 1/1,000)과 지체일수를 곱한 금액을 계약상대자로 하여금 현금으로 납부하여야 한다.	−0…2 지체상금 등의 처리 : 사(私)계약상의 의무불이행으로 인하여 과(課)하는 지체상금은 벌금·과료 등에 해당되지 아니하므로 법인세법상 경비인정 ③ 부가가치세법 제5조, 부가가치세법 기본통칙 1−0…2 : 도급공사 및 납품계약서상 그 기일의 지연으로 인하여 발주자가 받는 지체상금은 과세대상이 되지 아니한다.	지체상금수령영수증·본인 확인가능한 주민등록등본	조 지체상금은 기타소득으로 구분되어 원천징수대상이 되었으나 1994. 12.31. 본법 삭제로 인하여 1995년부터는 법인간의 거래는 원천징수대상에서 제외
2. 손해배상금		① 소득세법시행령 제41조 제7항 위약 또는 해약으로 인하여 받는 위약금 또는 배상금은 재산권에 관한 위약 또는 해약으로 인하여 받는 손해배상으로서 그 명목여하에 불구하고 본래의 계약의 내용이 되는 지급 자체에 대한 손해를 넘는 손해에 대하여 배상하는 금전 또는 기타 물품의 가액으로 한다. ② 법인세법기본통칙 21−0…2 : 법인세법상 경비인정	① 영수증 징구·수령영수증·본인 확인 가능한 주민등록등본	
3. 이사비용		소득세법기본통칙 21−1 제5항 : 계약의 위약 또는 해약으로 인하여 받는 위약금과 배상금에는 계약의 위약 또는 해약으로 인하여 타인의 신체의 자유 또는 명예를 해하거나 기타 정신상의 고통 등을 가한	이사비용은 회사가 그 지급사유가 입주의 지연 및 그로 인한 손해배상(지체상금)의 실제지급에 따른 것에 기인하여 그 지급 및 발생사유가 명백하며,	지체상금과 동일

구 분	관계근거법규	손금인정 여부 관계법규	영수증 징구	
			법인과 개인	법인과 법인
		것과 같이 재산권 외의 손해에 대한 배상 또는 위자료로서 받는 금액은 포함되지 아니한다.	법인의 장부 제증빙상 배상금 지급사실이 객관적으로 입증되는 경우 그에 따른 초과배상적 성격인 이사비용은 실제입주자의 수령날인영수증 및 확인가능한 주민등록등본을 징구함으로써 법인은 그 경비를 인정받을 수 있다.	

⑤ MGM 수수료

분양알선자에게 지급하는 수수료는 MGM(Member Get Member) 수수료라는 명칭으로 개발사업에서 자주 등장하게 된다. 특히 분양이 잘될 때는 판매비가 작지만 분양이 어려울 때는 판매비의 비중이 커지므로, 미분양이 발생하는 경우 MGM수수료의 규모는 큰 경우가 많다. 사업자가 다른 사업자에게 업무 관련 비용을 지급하는 경우 세금계산서, 계산서 또는 신용카드매출전표 등 적격증빙을 받아야 한다.

다만, 개인에게 지급하는 경우에는 소득세 원천징수 후 지급명세서 제출로 적격증빙을 대신할 수 있다.

MGM 수수료는 기존 고객이나 제3자가 신규 수분양자를 소개하여 계약이 체결될 경우, 소개자에게 지급하는 인센티브이다. 이는 일반적으로 인적용역의 대가로 간주되며, 다음과 같은 세무처리가 필요하다.

- 원천징수 : 고용관계가 없는 거주자가 토지매입을 알선하고 대가를 지급받는 경우, 당해 행위가 사업활동으로 볼 수 있을 정도의 계속성과 반복성이 있는 경우에는 사업소득에 해당하는 것이나, 일시적 · 우발적인경우에는 기타소득(서면1팀-1495, 2004.11.5.)에 해당하는 것이나, 거주자가 고용관계나 이와 유사한 계약에 의하여 근로를 제공하고 지급받은 대가는 근로소득에 해당하고, 고용관계 없이 독립된 자

격으로 계속적이고 반복적으로 용역을 제공하고 일의 성과에 따라 지급받는 수당 또는 이와 유사한 성질의 금액은 사업소득에 해당(서면1팀-1094, 2005.9.16.)한다.

• 부가가치세 : 일반적으로 인적설비와 물적설비없이 인적용역을 공급하는 경우 부가가치세의 과세 대상이 아니므로 세금계산서 발행은 요구되지 않는다.

건설업

세무와 회계

제 9 장

건설업과 취득세

제 9 장 건 설 업 과 취 득 세

제 1 절

건설업 관련 취득세

지방세에서 취득세가 차지하는 비중은 남다르다. 취득세는 지방세이므로 제10장 건설업과 지방세에서 함께 다루어야 할 부분이지만, 중요성 면에서 제10장보다 우선하여 9장에서 다룬다.

1 개요

취득세는 재산의 이전이라는 사실 자체를 포착하여 거기에 담세력을 인정하고 세금을 부과하는 유통세이자 취득행위를 과세물건으로 하여 세금을 부과하는 행위세이다. 지방세법상 취득세는 재화의 이전이라는 사실자체를 포착하여 거기에 담세력을 인정하고 부과하는 유통세의 일종으로서 취득자가 물건을 사용·수익·처분함으로써 얻을 수 있는 이익을 포착하여 부과하는 것이 아니므로 지방세법 제105조 제1항의 '취득'이란 취득자가 실질적으로 완전한 내용의 소유권을 취득하는가의 여부에 관계없이 소유권이전의 형식에 의한 취득의 모든 경우를 포함하고(1984.11.27. 선고 84누52 판결; 1987.7.7. 선고 87누22 판결; 1988.4.25. 선고 88누919 판결; 1992.5.12. 선고 91누10411 판결 등), 또 취득세는 취득행위를 과세객체로 하여 부과하는 행위세로서 그에 대한 조세채권은 취득행위라는 과세요건사실이 존재함으로써 등기·등록 여부와는 상관없이 당연히 발생하는 것이다(대법원 1993.9.28. 선고 92누16843 판결).

즉, 취득세는 재산의 이전이 있을 경우 그 이전사실(취득행위)에 대하여 과세하거나 가치증가에 대하여 과세하는 유통세로서 세부적으로는 취득행위라는 행위사실 자체에 대하여 과세하는 것이다.

2011년부터 등록세가 취득세에 통합되어 과세됨에 따라 현행의 취득세는 등기·등록에 대한 수수료적 성격도 함께 갖고 있다.

❷ 납세의무자

건설업관련 취득세 납세의무자는 다음과 같다(지방세법 §7).

① 취득세는 부동산, 차량, 기계장비, 항공기, 선박, 입목, 광업권, 어업권, 골프회원권, 승마회원권, 콘도미니엄 회원권, 종합체육시설 이용회원권 또는 요트회원권(이하 "부동산등"이라 한다)을 취득한 자에게 부과한다.

② 부동산등의 취득은 민법, 자동차관리법, 건설기계관리법, 항공안전법, 선박법, 입목에 관한 법률, 광업법 또는 수산업법 등 관계 법령에 따른 등기 · 등록 등을 하지 아니한 경우라도 사실상 취득하면 각각 취득한 것으로 보고 해당 취득물건의 소유자 또는 양수인을 각각 취득자로 한다. 다만, 차량, 기계장비, 항공기 및 주문을 받아 건조하는 선박은 승계취득인 경우에만 해당한다.

③ 건축물 중 조작 설비, 그 밖의 부대설비에 속하는 부분으로서 그 주체구조부와 하나가 되어 건축물로서의 효용가치를 이루고 있는 것에 대하여는 주체구조부 취득자 외의 자가 가설한 경우에도 주체구조부의 취득자가 함께 취득한 것으로 본다.

④ 선박, 차량과 기계장비의 종류를 변경하거나 토지의 지목을 사실상 변경함으로써 그 가액이 증가한 경우에는 취득으로 본다.

⑤ 주택법 제11조에 따른 주택조합과 「도시 및 주거환경정비법」 제35조 제3항 및 「빈집 및 소규모주택 정비에 관한 특례법」 제23조에 따른 재건축조합 및 소규모재건축조합이 해당 조합원용으로 취득하는 조합주택용 부동산(공동주택과 부대시설 · 복리시설 및 그 부속토지를 말한다)은 그 조합원이 취득한 것으로 본다. 다만, 조합원에게 귀속되지 아니하는 부동산은 제외한다.

⑥ 「공간정보의 구축 및 관리 등에 관한 법률」 제67조에 따른 대(垈) 중 「국토의 계획 및 이용에 관한 법률」 등 관계 법령에 따른 택지공사가 준공된 토지의 지목을 건축물과 그 건축물에 접속된 정원 및 부속시설물의 부지로 사실상 변경함으로써 그 가액이 증가한 경우에는 취득으로 본다.

⑦ 신탁법 제10조에 따라 신탁재산의 위탁자 지위의 이전이 있는 경우에는 새로운 위탁자가 해당 신탁재산을 취득한 것으로 본다. 다만, 위탁자 지위의 이전에도 불구하고 신탁재산에 대한 실질적인 소유권 변동이 있다고 보기 어려운 경우에는 그러하지 아니하다.

세무 Tip LH택지 매입시 주의

지방세법 제7조는 제4항에서 "선박, 차량과 기계장비의 종류를 변경하거나 토지의 지목을 사실상 변경함으로써 그 가액이 증가한 경우에는 취득으로 본다"라고 규정하고 있으며, 여기서 지목이란 「공간정보의 구축 및 관리 등에 관한 법률」상 "토지의 주된 용도에 따라 토지의 종류를 구분하여 지적공부에 등록한 것"을 말하며, 사실상 변경이란 "사실상 토지의 주된 용도를 변경하는 것"을 말한다(대법 2005두12756, 2006.7.13. 참조). 따라서 「공간정보의 구축 및 관리 등에 관한 법률」상 대(垈)를 분양받아 조경공사나 도로포장공사 등을 할 경우에는 지목변경을 수반하지 않는다는 이유로 취득으로 보지 않아 왔다. 그러나 2015.12.29. 지방세법 개정으로 국토계획법 등 관계 법령에 따른 택지공사가 준공된 토지의 지목을 건축물과 그 건축물에 접속된 정원 및 부속시설물의 부지로 사실상 변경함으로써 그 가액이 증가한 경우도 취득으로 보게 되었다(지방세법 제7조 제14항).

신설규정은 택지공사가 준공된 토지의 지목을 전제로 하고 있으며, 이에 따라 택지공사가 준공되지 않은 택지의 경우 납세의무성립에 대하여 논란이 되고 있다. 또한 동 신설규정에 대한 과세표준 산정방법과 취득시기를 구체적으로 제시하지 아니하여 과세요건 명확주의의 원칙에 반한다는 문제점을 갖고 있다.

또, 지방세법 제7조 제14항 단서에서 "건축물을 건축하면서 그 건축물에 부수되는 정원 또는 부속시설물 등을 조성 · 설치하는 경우에는 그 정원 또는 부속시설물 등은 건축물에 포함되는 것으로 보아 건축물을 취득하는 자가 취득한 것으로 본다"라고 규정하고 있다. 그러나 이 단서의 본문 규정을 보면, 모든 신축하는 건축물이 해당하는 것이 아니라, 관계 법령에 따른 택지공사가 준공된 토지에 대한 지목변경을 전제로 하고 있으므로 단서의 규정도 택지공사가 준공된 토지를 분양받아서 건축물을 신축하는 경우로 제한적으로 해석해야 할 것이다(부동산세제-378, 2021.2.2.). 즉, 재건축이나 재개발과 같이 기존의 대지 위에 건축물을 건축하는 경우에는 이 단서 규정을 적용할 수 없다.

행정안전부에서도 단서규정을 개정하면서 그 개정이유를 「지방세법」 제7조 제14항에 따라 "택지공사가 준공된 토지에 건축물을 건축하거나 건축물에 접속된 정원 및 부속시설물을 설치함으로써 해당 토지의 가액이 증가하는 경우 지목변경으로 보아 간주취득세를 과세 중인데, 이 경우 조경공사비 등은 토지의 지목변경 비용에 포함하여 토지소유자에게 과세하고 있었으나, 건축물 부지 내의 조경 또는 부속시설물 설치 비용을 건물이 아닌 토지의 효용가치 증가로 보는 것은 불합리한 측면"이 발생하여 "건축물의 건축에 수반하여 정원 및 조형물을 설치하거나 도로포장 공사를 하는 경우 그 비용은 건축물의 건축비용에 포함하여 과세하는 것"으로 그 사유를 밝히고 있다(행정안전부 공고 제2019-484호, 2019.8.14.).

③ 과세대상

1) 건설업관련 취득세 과세대상(지방세법 §6 · §7).

구 분	내 역
(1) 토지	「공간정보의 구축 및 관리 등에 관한 법률」에 따라 지적공부의 등록대상이 되는 토지와 그 밖에 사용되고 있는 사실상의 토지

구 분	내 역
(2) 건축물	건축법 제2조 제1항 제2호에 따른 건축물(이와 유사한 형태의 건축물을 포함)과 토지에 정착하거나 지하 또는 다른 구조물에 설치하는 레저시설, 저장시설, 도크(dock)시설, 접안시설, 도관시설, 급수 · 배수시설, 에너지 공급시설 및 그밖에 이와 유사한 시설(이에 딸린 시설을 포함)로서 다음의 것 ① 레저시설 : 수영장, 스케이트장, 골프연습장(「체육시설의 설치 · 이용에 관한 법률」에 따라 골프연습장업으로 신고된 20타석 이상의 골프연습장만 해당), 전망대, 옥외스탠드, 유원지의 옥외오락시설(유원지의 옥외오락시설과 비슷한 오락시설로서 건물 안 또는 옥상에 설치하여 사용하는 것을 포함) ② 저장시설 : 수조, 저유조, 저장창고, 저장조 등의 옥외저장시설(다른 시설과 유기적으로 관련되어 있고 일시적으로 저장기능을 하는 시설을 포함) ③ 도크(dock)시설 및 접안시설 : 도크, 조선대(造船臺) ④ 도관시설(연결시설을 포함) : 송유관, 가스관, 열수송관 ⑤ 급수 · 배수시설 : 송수관(연결시설을 포함), 급수 · 배수시설, 복개설비 ⑥ 에너지 공급시설 : 주유시설, 가스충전시설, 송전철탑(전압 20만 볼트 미만을 송전하는 것과 주민들의 요구로 전기사업법 제72조에 따라 이전 · 설치하는 것은 제외)
(3) 건축	건축물을 신축 · 증축 · 개축 · 재축하거나 건축물을 이전하는 것
(4) 개수	① 건축법에 따른 대수선 ② 건축물 중 레저시설 등을 수선하는 것 ③ 건축물에 딸린 시설물을 한 종류 이상 설치하거나 수선하는 것 ㉮ 승강기(엘리베이터, 에스컬레이터, 그밖의 승강시설) ㉯ 시간당 20킬로와트 이상의 발전시설 ㉰ 난방용 · 욕탕용 보일러 ㉱ 시간당 7천560킬로칼로리급 이상의 에어컨(중앙조절식만 해당) ㉲ 부착된 금고 ㉳ 교환시설 ㉴ 건물의 냉난방, 급수 · 배수, 방화, 방범 등의 자동관리를 위하여 설치하는 인텔리전트 빌딩시스템 시설 ㉵ 구내의 변전 · 배전시설
(5) 지목변경	토지의 지목을 사실상 변경함으로써 그 가액이 증가한 경우
(6) 택지의 지목변경	「공간정보의 구축 및 관리 등에 관한 법률」 제67조에 따른 대(垈) 중 「국토의 계획 및 이용에 관한 법률」 등 관계 법령에 따른 택지공사가 준공된 토지의 지목을 건축물과 그 건축물에 접속된 정원 및 부속시설물의 부지로 사실상 변경함으로써 그 가액이 증가한 경우
(7) 과점주부의 주식양도	법인의 주식 또는 지분을 취득함으로써 과점주주가 된 경우에는 지분비율만큼 법인의 부동산 등을 취득한 것으로 보아 취득세를 부담하도록 규정하고 있다.
(8) 위탁자의 지위이전	신탁재산의 위탁자 지위의 이전이 있는 경우에는 새로운 위탁자가 해당 신탁재산을 취득한 것임

Chapter 09

2) 과점주주의 간주취득세

법인의 발행주식 또는 출자총액의 50%를 초과하면서 그에 관한 실질적으로 행사하는 자 들을 "과점주주"라 한다(지방세기본법 §46 2호). 그리고 그 과점주주에게 해당 법인이 소유하고 있는 부동산, 차량 등 취득세 과세대상 물건을 소유주식 비율만큼 취득한 것으로 간주하여 취득세의 납세의무를 부과하고 있다(지방세법 §7 ⑤). 즉, 해당 법인이 부동산 등 과세대상 물건을 취득하여 취득세 납세의무를 부담한 것과는 별개로 과점주주에게도 납세의무를 부과한다는 것인데, 이것은 과점주주가 됨으로써 해당 법인의 재산을 처분하거나 관리 운영할 수 있는 지위에 있게 되고 실질적으로 그 재산을 직접 소유하는 것과 다를 바 없으며 바로 여기에 담세력이 있다고 보아(대법 92누11138, 1994.5.24. 판결) 해당 법인과는 별도로 그에 상응한 과점주주의 소유주식 비율만큼 법인의 재산을 취득한 것으로 간주하여 취득세를 부과하는 것이다.

즉 지방세기본법 제46조 제2호에서는 "과점주주(寡占株主)란 주주 또는 유한책임사원 1명과 그의 특수관계인이 소유한 주식의 합계나 출자총액이 해당 법인의 발행주식(출자총액) 총수의 50%를 초과하면서 실질적으로 그에 관한 권리를 행사하는 자"로 규정하고 있다. 이러한 과점주주가 되는 경우 지방세법 제7조 제5항에 따라 해당 법인이 소유한 취득세 과세 대상(부동산, 차량, 회원권 등)을 과점주주가 취득한 것으로 간주하여 취득세를 과세(세율 2% ×주식 지분율)하게 되는데 이를 "간주취득세"라 한다.

세무 Tip **사업권 양수도시 취득세 유의**

주택건설사업 양도양수시 토지매매대금과는 별도로 사업권에 대한 대가를 정하는 경우가 있다. 이 경우 사업권을 지방세법시행령 제18조 제2항 제3호에 따라 취득물건과는 별개의 권리로 볼 것인지 여부에 대하여 과세관청과 납세자 간에 다툼이 있다. 따라서 사업권을 별도의 권리로 인정받기 위해서는 사업과 관련된 인 · 허가 신청이 있거나 인 · 허가를 받는 것이 유리하나, 설령 그렇지 않다 하더라도 거래 상대방의 신용 · 명성 · 거래선과 같은 영업상의 이점, 사업시행 등에 있어서 가질 수 있는 우선적인 지위, 사업시행으로 인한 예상 이익규모 등 객관적인 입증자료를 갖추어야 한다. 따라서 사업권을 양도양수할 경우에는 계약금액은 ① 선투입비용의 정산, ② 계약의 승계, ③ 자산의 이전, ④ 사업권의 대가를 구분하여 산정하는 것이 좋다.

1) 취득물건과는 별개의 권리로 본 예규판례

㉮ 토지매매대금과 별도로 지급된 사업권 양수비용은 주택건설사업 추진과 관련하여 거래상대방에게 사업권 양수에 따른 권리에 대한 대가로서 당해 과세대상 물건 자체의 가격이라고 보기는 어렵다(세정-2512, 2007.7.2.).

㉯ 주택건설사업과 관련 사업권양도합의서를 작성함에 따라 부동산(토지)매매계약을 승계하고, 별도의 사업권양도양수비를 지급하였을 경우 사업권양도양수비가 추후 토지 또는 건축물 취득세 과세표준에 포함되지 않는다(세정-1900, 2005.7.26.).

㉰ 원고가 ○○○산업 주식회사와 주식회사 ○○건설로부터 양수한 각 사업권은 그들이 ○○○○구역 도시개발사업을 추진하면서 얻은 신용 · 명성 · 거래선과 같은 영업상의 이점과 사업시행 등에 있어서 가질 수 있는 우선적인 지위 등으로서 취득세의 과세대상인 토지와는 별도의 권리이므로, 그 각 사업권 양수비를 이 사건 토지의 취득가격에 산입하지 않는다(대법 2013두3641, 2013.6.27.).

㉱ 청구법인이 ○○○으로부터 양수도 받은 것은 사업시행권 및 사업부지인 토지 소유권과 그와 관련된 권리 이외 또 다른 부동산이나 취득세 과세대상 물건을 취득하지 않은 것이 명백히 입증되고 있으므로 이 건 토지에 대한 취득금액 75,000,000,000원을 제외한 14,000,000,000원은 2003년 8월부터 이 건 토지에 대한 양도시점까지 ○○○이 수행한 주택건설사업승인신청, 교통영향평가, 개발행위변경허가, 토지거래계약허가 등의 사업권 인수대가를 지불한 것이라 할 것이므로 이 건 토지 취득을 위하여 지급된 일체의 비용에 포함된 것으로 보기 어려운 것으로 판단된다(조심 2010지170, 2010.10.4.).

2) 취득물건과는 별개의 권리로 보지 않은 예규판례

㉮ 청구법인은 이 건 사업권 등에 대하여 쟁점건축물의 진행률에 따라 선급공사비용으로 장부에 기재하였고, 이 건 사업권 등이 쟁점건축물과 무관한 비용이라는 사실을 객관적으로 증명할 만한 자료를 제시하지 못하고 있는 점 등에 비추어 처분청에서 이 건 취득세 등을 부과한 처분은 잘못이 없다(조심 2015지331, 2016.4.12.).

㉯ 이 건 아파트의 신축사업권 등이 아파트를 건설 중이던 이 건 부동산과 별도의 독립적인 가치를 가지는 권리로 보기는 어려운 점, 쟁점1금원은 이 건 부동산의 위탁자가 이 건 아파트의 건축물을 신축하면서 지출한 비용에 대한 대가로 보이는 점, 이 건 부동산의 매매가액 및 이 건 아파트의 건축규모 등을 고려하면 쟁점1금원을 이 건 아파트의 신축사업권 등의 대가로 지급된 금원으로 보기에는 그 금액이 과다한 점 등에 비추어 쟁점1금원은 청구법인이 이 건 부동산을 취득하기 위하여 당사자의 약정에 따라 인수한 채무액으로 보는 것이 타당하므로 이 건 부동산의 취득가액에 포함하는 것이 타당하다(조심 2014지875, 2015.3.5.).

㉰ 청구법인은 이 건 부동산의 전 소유주인 OOO와 사업권 양도양수계약을 체결하면서 이 건 부동산 가액과 사업권 가액을 각각 구분하여 이 건 부동산과 사업권을 취득하였으므로 사업권 가액으로 표시된 금액은 이 건 부동산의 취득세 과세표준에서 제외되어야 한다고 주장하고 있으나, 청구법인이 2007. 10.29. 이 건 부동산을 취득할 당시 이 건 부동산의 전 소유주인 OOO는 주상복합 건축물의 건축허가를 받지 아니한 상태였고, 청구법인이 2011.3.29. 주상복합건축물 건축허가를 받은 사실이 확인되므로 청구법인이 이 건 부동산을 취득할 당시 이 건 부동산의 전 소유주가 사업권을 가지고 있었다고 보기는 어려운 점, 청구법인은 이 건 부동산을 취득하면서 부동산가액과 쟁점사업권가액을 전 소유자에게 지급한 점 등을 종합하여 볼 때 청구법인이 이 건 부동산 등을 취득하면서 지급한 쟁점사업권가액은 청구법인이 이 건 부동산을 취득하기 위하여 전소유자에게 지급한 일체의 비용으로 보는 것이 타당하다고 판단되므로 처분청이 쟁점사업권가액을 이 건 부동산의 취득가격에 포함되는 것으로 보아 이 건 취득세 등을 과세한 처분은 적법한 것으로 판단된다(조심 2011지680, 2012.8.31.).

㉱ 사업권 양수대금의 경우 청구법인은 위 비용을 선급금계정(계정별원장)에 OOO 토지대금이라고 계상하였다가 추후 본계정 대체시 건설용지계정으로 회계처리한 점, 위 비용은 도시개발사업 추진 이전에 지급된 비용으로 당시 처분청에 도시개발사업에 관련된 인 · 허가청구가 접수되었거나 인 · 허가가 진행된 사실이 없어 별도의 사업권이 존재한다고 인정하기는 어려운 점, 위 비용을 양수한 OOO는 도시개발사업과 관련한 사업시행자가 아니어서 청구법인이 OOO 도시개발사업시행자로부터 사업과 관련된 일체의 권리를 승계하면서 이 건 토지 대금 이외 사업권 명목으로 비용을 지급한 것으로 보기는 어려운 점 등으로 볼 때, 위 비용은 이 건 토지 취득비용에 해당된다 하겠다(조심 2011지593, 2012.6.28.).

④ 비과세

1) 국가 등에 귀속 또는 기부채납

국가, 지방자치단체 또는 지방자치단체조합에 귀속 또는 기부채납(사회기반시설에 대한 민간투자법에 따른 방식으로 귀속되는 경우를 포함)을 조건으로 취득하는 부동산 및 사회기반시설에 대한 민간투자법에 해당하는 사회기반시설에 대해서는 취득세를 부과하지 아니한다. 다만, 다음의 어느 하나에 해당하는 경우 그 해당 부분에 대해서는 취득세를 부과한다(지방세법 §9 ②).

① 국가등에 귀속등의 조건을 이행하지 아니하고 타인에게 매각·증여하거나 귀속등을 이행하지 아니하는 것으로 조건이 변경된 경우

② 국가등에 귀속등의 반대급부로 국가등이 소유하고 있는 부동산 및 사회기반시설을 무상으로 양여받거나 기부채납 대상물의 무상사용권을 제공받는 경우

2) 공사현장사무소 등

임시흥행장, 공사현장사무소 등(별장 등은 제외) 임시건축물의 취득에 대하여는 취득세를 부과하지 아니한다. 다만, 존속기간이 1년을 초과하는 경우에는 취득세를 부과한다(지방세법 §9 ⑤).

⑤ 과세표준

취득세는 재산의 이전이라는 사실 자체를 포착하여 거기에 담세력을 인정하고 세금을 부과하는 유통세이자 취득행위를 과세객체로 하여 세금을 부과하는 행위세이고, 또한 취득자가 물건을 사용하거나 수익, 처분함으로써 얻을 수 있는 이익을 포착하여 부과하는 조세가 아니라 취득행위가 이루어진 경우 취득 당시의 과세물건의 가치를 과세표준으로 하여 세금을 부과하는 조세이다. 과세표준은 취득을 위하여 실제로 지출한 금액이 아니라 취득재산의 객관적인 가치를 기준으로 설정되어야 할 것이고, 따라서 취득자가 취득재산의 실제 가치를 반영하는 실제취득가액을 그대로 신고하는 때에는 그 신고가액을 객관적인 재산의 가치로 삼을 수 있으나, 취득자가 허위로 낮은 가액을 신고하거나 객관적인 가치에 비하여 현저히 낮은 가액으로 재산을 취득하여 그대로 신고한 경우 또는 교환, 상속, 증여 등과 같이 실제취득가액이 나타나지 아니하는 취득의 경우에는 과세물건의 객관적인 재산가치를 파악하여 과세표준으로 삼아야 한다. 그러나 매번 객관적인 재산의 가치나

실지거래가액을 조사한다는 것은 조세행정상 곤란할 뿐만 아니라 담당공무원의 능력이나 자세에 따라 납세의무자의 세부담이 달라지게 될 여지가 있어 오히려 실질적으로는 조세부담의 공평을 해칠 수 있으므로 이에 따라 지방세법은 시가표준액을 도입하여 일정한 요건 아래에서 시가표준액을 과세표준으로 보되, 엄격한 검증이 이루어진 경우에 한하여 사실상의 취득가격을 과세표준으로 하도록 규정하고 있다(대법 2008두21560, 2009.2.12.).

1) 원칙

취득세의 과세표준은 취득자가 신고한 가액으로 한다. 다만, 신고 또는 신고가액의 표시가 없거나 그 신고가액이 시가표준액보다 적을 때에는 그 시가표준액으로 한다. 여기서 신고한 가액이라 함은 취득세 과세물건을 취득함에 있어서 소요된 사실상의 취득가액을 의미한다(대법 1988.1.12. 선고, 87누953 판결 등 참조).

2) 예외

(1) 다음의 경우에는 사실상의 취득가격을 과세표준으로 한다. 다만, 증여 · 기부, 그 밖의 무상취득 및 소득세법 또는 법인세법에 따른 거래(부당행위계산 부인)로 인한 취득은 제외한다.

① 국가, 지방자치단체 또는 지방자치단체조합으로부터의 취득

② 외국으로부터의 수입에 의한 취득

③ 판결문 · 법인장부에 따라 취득가격이 증명되는 취득

㉮ 판결문 : 민사소송 및 행정소송에 의하여 확정된 판결문(화해 · 포기 · 인낙 또는 자백간주에 의한 것은 제외)

㉯ 법인장부 : 금융회사의 금융거래 내역 또는 감정평가 및 감정평가사에 관한 법률 제6조에 따른 감정평가서 등 객관적 증거서류에 의하여 법인이 작성한 원장 · 보조장 · 출납전표 · 결산서. 다만, 법인장부의 기재사항 중 중고자동차 또는 중고기계장비의 취득가액이 시가표준액보다 낮은 경우에는 그 취득 가액 부분(중고자동차 또는 중고기계장비가 천재지변, 화재, 교통사고 등으로 그 가액이 시가표준액보다 하락한 것으로 시장 · 군수 · 구청장이 인정한 경우는 제외한다)은 객관적 증거서류에 의하여 취득가액이 증명되는 법인장부에서 제외한다.

④ 공매방법에 의한 취득

⑤ 부동산 거래신고 등에 관한 법률 제3조에 따른 신고서를 제출하여 같은 법 제5조에 따라 검증이 이루어진 취득

(2) 법인이 아닌 자가 건축물을 건축하거나 대수선하여 취득하는 경우로서 취득가격 중 100분의 90을 넘는 가격이 법인장부에 따라 입증되는 경우에는 다음의 금액을 합한 금액을 과세표준으로 한다.

① 법인장부로 증명된 금액

② 법인장부로 증명되지 아니하는 금액 중 소득세법 제163조에 따른 계산서 또는 부가가치세법 제32조에 따른 세금계산서로 증명된 금액

③ 부동산을 취득하는 경우 주택도시기금법 제8조에 따라 매입한 국민주택채권을 해당 부동산의 취득 이전에 양도함으로써 발생하는 매각차손. 이 경우 금융회사등 외의 자에게 양도한 경우에는 동일한 날에 금융회사 등에 양도하였을 경우 발생하는 매각차손을 한도로 한다.

3) 시가표준액

(1) 토지 및 주택에 대한 시가표준액

토지 및 주택에 대한 시가표준액은 세목별 납세의무의 성립시기 당시에 「부동산 가격공시에 관한 법률」에 따라 공시된 가액으로 한다. 다만, 개별공시지가 또는 개별주택가격이 공시되지 아니한 경우에는 특별자치시장 · 특별자치도지사 · 시장 · 군수 또는 자치구의 구청장이 같은 법에 따라 국토교통부장관이 제공한 토지가격비준표 또는 주택가격비준표를 사용하여 산정한 가액으로 하고, 공동주택가격이 공시되지 아니한 경우에는 지역별 · 단지별 · 면적별 · 층별 특성 및 거래가격 등을 고려하여 행정안전부장관이 정하는 기준에 따라 특별자치시장 · 특별자치도지사 · 시장 · 군수 또는 자치구의 구청장이 산정한 가액으로 한다.

(2) 기타 건축물 등에 대한 시가표준액

기타 건축물(새로 건축하여 건축 당시 개별주택가격 또는 공동주택가격이 공시되지 아니한 주택으로서 토지부분을 제외한 건축물을 포함한다), 선박, 항공기 및 그 밖의 과세대상에 대한 시가표준액은 거래가격, 수입가격, 신축 · 건조 · 제조가격 등을 고려하여 정한 기준가격에 종류, 구조, 용도, 경과연수 등 과세대상별 특성을 고려하여 행정안전부장관이 정하는 기준에 따라 지방자치단체의 장이 결정한 가액으로 한다.

4) 부당거래 판단방법

법인장부에 의해 취득가격이 입증되는 경우 사실상 취득가격을 취득세 과세표준으로 하되, 법인세법에 따른 거래(부당행위계산 부인)에 해당하는 경우 시가표준액과 비교하여 높은 가격으로 하도록 규정하고 있는 바, 취득행위가 부당행위계산 부인에 해당하는지 여부를 판단함에 있어, 법인세법과 지방세법의 입법취지 및 적용대상이 달라, 일반적으로 취득세와 관련한 과세기준에 대해서는 해당 과세권자가 독자적으로 판단할 수 있다고 할 것이다(지방세운영－74, 2017.3.10.).

5) 법인장부의 의미

① 법인이 작성한 원장 · 보조장 · 출납전표 · 결산서에 의하여 취득가격이 입증되는 경우에는 사실상의 취득가격을 과세표준으로 할 수 있도록 하고 있는데, 그 취지는 법인이 작성한 위와 같은 서류는 기업회계기준 등에 의하여 체계적으로 기재되고 있어서 거래가격을 조작할 가능성이 적다는 데에 있음을 근거로 한다(대법 2008두22044, 2009.2.26.).

② 법인의 장부가액을 사실상의 취득가액으로 보고 이를 과세표준으로 한 취지는 객관화된 조직체로서 거래가액을 조작할 염려가 적은 법인의 장부가액은 특별히 취득가액을 조작하였다고 인정되지 않는 한 원칙적으로 실제의 취득가격에 부합하는 것으로 볼 수 있는 신빙성이 있음을 전제로 하는 것이므로 법인의 장부가액이 사실상의 취득가격에 부합되는지 여부에 관계없이 무조건 법인의 장부가액을 취득세와 등록세의 과세표준으로 하여야 하는 것은 아니다(대법 92누15895, 1993.4.27.). 법인 장부의 신뢰범위는 실제 취득가액에 부합함을 전제로 하는 것이기 때문에 이를 전제로 하지 아니하는 경우에는 신뢰할 수가 없는 것이다.

6) 취득가격의 구체적인 계산

취득세의 과세표준이 되는 취득가격은 과세대상 물건의 취득의 시기를 기준으로 그 이전에 해당 물건을 취득하기 위하여 거래상대방 또는 제3자에게 지급하였거나 지급하여야 할 일체의 비용을 말한다. 이 경우 일체의 비용에는 소개수수료 · 설계비 · 연체료 · 할부이자 · 건설자금이자 등 직 · 간접비용을 모두 포함하되, 부가가치세를 제외한다.

또한 취득자가 법인이 아닌 경우에는 연체료 및 할부이자를 제외한다(지령 18 ①). 다만, 매매계약서상의 약정금액을 일시급 등의 조건으로 할인한 경우에는 그 할인된 금액으로 한다.

Chapter 09

■ 취득가격에 포함하는 비용 구분(지방세법 시행령 제18조) ■

과세표준에 포함하는 비용	과세표준에 포함하지 않는 비용
1. 건설자금에 충당한 차입금의 이자 또는 이와 유사한 금융비용	1. 취득하는 물건의 판매를 위한 광고선전비 등의 판매비용과 그와 관련한 부대비용
2. 할부 또는 연부계약에 의한 이자상당액 및 연체료. 다만, 법인이 아닌 자가 취득하는 경우에는 제외한다.	2. 전기사업법 · 도시가스사업법 · 집단에너지사업법, 그 밖의 법률에 따라 전기 · 가스 · 열 등 시설물 이용자가 분담하는 비용
3. 농지법에 의한 농지전용 부담금, 산지관리법에 의한 대체산림자원조성비등 관계법령에 따라 의무적으로 부담하는 비용	3. 이주비, 지장물 보상금 등 취득물건과는 별개의 권리에 관한 보상성격으로 지급되는 비용
4. 문화예술진흥법 제9조에 따른 미술작품의 설치비용 또는 문화예술진흥기금에 출연하는 금액	4. 부가가치세
5. 붙박이 가구 · 가전제품 등 건축물과 일체를 이루면서 건축물의 효용을 유지 또는 증대시키기 위한 설비 · 시설의 설치비용	5. 그 밖에 이와 유사한 비용
6. 정원 및 부속시설물등 이와 유사한 시설을 조성 · 설치하는 비용, 이 경우 건축물의 건축에 수반되는 비용은 건축물의 취득가격에 포함하고, 지목변경이 수반되는 경우에는 지목변경비용에 포함한다.	
7. 취득에 필요한 용역을 제공받은 대가로 지급하는 용역비 · 수수료	
8. 취득대금 외에 당사자 약정에 의한 취득자 조건부담액과 채무인수액	
9. 부동산을 취득하는 경우 「주택법」 매입한 국민주택채권을 해당 부동산의취득 이전에 양도함으로써 발생하는 매각차손	
10. 공인중개사법에 따른 공인중개사에게 지급한 중개보수. 다만, 법인이 아닌 자가 취득하는 경우는 취득가격 또는 연부금액에서 제외한다.	
11. 그밖에 이와 유사한 비용	

(가) 보상금과 이와 유사한 비용

취득과 관련하여 거래상대방 또는 제3자에게 지급하거나 지급하여야 할 일체의 비용이 과세표준이 되는 것이므로 계약 시 계약서에 취득목적물의 구입비용과 관련 없이 보상금과 이와 유사한 비용을 지급하는 경우 그 보상금이 취득비용의 일부를 구성하여 과세표준에 포함되는 것인지 여부는 취득과 관련한 비용성 여부를 판단하여야 하는 것이다. 그러므로 보상금이 취득물건과 관련성이 없으면 취득시에 거래상대방에 지급하거나 제3자에게 지급하는 부대비용이라고 하더라도 과세표준의 범위에서 제외하는 것이다.

(나) 부가가치세

사실상 취득가액인 경락대금에 부가가치세 포함여부를 검토하면 지방세법 제10조 제5항 제4호의 규정에 의거 공매방법에 의한 취득의 경우 경락대금 그 자체가 과세표준에 해당되는 것이므로 경락금액을 과세표준으로 하여 사실상의 취득가액으로 하여야 하나 법원 경락 이후 부가가치세를 환급받을 경우 경락대금에서 제외되는지 여부가 쟁점사항이 되는 것이다.

따라서 취득시점에서는 경락대금 그 자체를 과세표준으로 하여야 하지만 취득가액의 범위는 지방세법시행령 제18조 제1항에서 부가가치세를 제외되도록 규정하고 있어 부가가치세를 과세표준에서 제외하는 경우 법 제10조 제5항과 상호 충돌되고 있다. 법원 등 권한있는 기관이 채무자인 사업자의 재산을 경매하는 때에는 당해 기관이 채무자를 공급자로, 경락 등을 받는 자를 공급받는 자로 하여 세금계산서를 교부할 수가 있다. 다만, 경매, 공매 당시 당해 채무자가 이미 폐업을 하였거나 당해 재산이 사업과 관련되지 아니한 사용재산인 경우에는 그러하지 아니하다라고 규정되어 있기 때문에 무조건 10%의 부가가치세를 공제하는 것이 아니라 채무자가 사업자인 경우로서 경락자가 세금계산서 등을 수취한 경우에는 부가가치세를 공제하여야 할 것이다(부가가치세법 기본통칙 16-58…7).

(다) 할부이자 및 연부이자

할부이자는 대금을 지급하지 못하여 지연된 연체이자 또는 선납하여 할인받는 할부이자를 의미하는 것이지 계약금액에 포함되어 있는 금액을 의미하는 것은 아니라고 보아야 할 것이나, 연부이자는 매매대금을 2년 이상 장기간 대금을 납부함에 따라 전체 납부대금에서 실제 대금과 장기간 납부함에 따라 발생되는 이자적 성격에 연부이자를 연부금액에 포함되어 있어서 연부이자는 연부금액에 포함되어 있는 금액을 의미하는 것으로 보아야 할 것이다. 따라서 할부이자가 연체료적인 성격을 가지고 있다면 연부이자는 매매대금에 포함되어 있는 금액이므로 단순히 지체금적인 성격이 아니라고 할 것이다.

할부이자는 할부거래에관한법률 제2조 제1항의 규정에 의거 계약의 명칭, 형식 여하를 불구하고 동산 또는 용역에 관한 계약에 적용한다라고 규정하고 있으며, 따라서 할부이자는 동산의 매매거래에 한정하여 적용하는 것이기 때문에 연부이자는 부동산이나 선박의 거래에서 발생된다는 점에서 차이가 있으며, 이 경우 할부거래에 관한 법률에 의하여 동산의 매매에 의하여 발생되는 할부이자와는 달리 연부이자는 부동산의 매매거래에서 발생하되, 그 연부이자는 매매대금의 일부분이므로 대금지급일 현재 미납하여 발생하는 지체금과는 달리 보아야 할 것이다.

지방세법시행령 제18조 제1항의 규정에 의거 취득세의 과세표준이 되는 취득가격은 과세대상 물건의 취득시기를 기준으로 그 이전에 당해 물건을 취득하기 위하여 거래상대방 또는 제3자에게 지급하였거나 지급하여야 할 직접비용과 간접비용의 합계액을 말하는 바, 이 경우 할부 또는 연부 계약에 따른 이자상당액 및 연체료는 과세표준에 포함하되, 다만 법인이 아닌 자가 취득하는 경우는 제외한다고 규정하고 있다.

(라) 건설자금이자

취득세 과세표준이 되는 취득가액은 과세대상물건의 취득시기를 기준으로 그 이전에 당해 물건을 취득하기 위하여 거래상대방 또는 제3자에게 지급하였거나 지급하여야 할 직접비용과 간접비용의 합계액으로서 건설자금에 충당한 금액의 이자 등을 포함하여 과세표준으로 하고 있으므로 모든 자산의 취득과 관련된 건설자금이자 등 비용은 과세표준에 포함되는 것이다.

건설자금이자의 범위는 그 명목 여하를 불문하고 사업용 고정자산의 매입, 제작, 건설에 소요된 것이 분명한 차입금의 이자 또는 이와 유사한 성질의 지출금, 지급보증료, 지급수수료 등을 말하며 법인세법과 기업회계기준에도 차이가 있다. 즉, 기업회계기준에서는 고정자산뿐만 아니라 투자자산 및 제조 등에 장기간이 소요되는 재고자산도 포함되나 법인세법에서는 고정자산만 해당하며, 기업회계기준에서는 건설 등에 소요된 것이 분명한 차입금뿐만 아니라 분명하지 않은 차입금도 포함되나 법인세법에서는 분명하지 아니하는 차입금은 비용처리 하는 것이다.

■ 법인세법과 기업회계기준의 건설자금이자의 차이점 ■

구 분	법인세법	기업회계기준
고정자산	취득을 위하여 차입한 것이 분명한 차입금에 대해서만 건설자금이자로 계상함	특정차입금이 있으면 특정차입금이자로, 특정차입금이 없으면 회사평균이자율로 계산한 이자비용을 금융비용자본화함
재고자산	법인세법상 건설자금이자 계산대상이 아님	건설자금이자계산대상이며 계산방법은 상기와 같음
토 지	고정자산인 토지자체의 취득 완료 시까지만 특정차입금에 대하여 계산	특정차입금이 없어도 계산하며 취득 시까지는 물론 취득완료 후에도 건물준공 시까지 계속하여 건물원가에 산입하도록 함

법인세법상에서는 사업용 고정자산의 매입, 제작, 건설에 소요되는 차입금의 이자 또는 이와 유사한 성질의 지출금을 건설자금이자라 하며, 건설자금이자는 해당 고정자산의 원가로 정하도록 규정하고 있기 때문에 기업에서 어떠한 회계처리를 하였다고 하더라도 취득세 과세표준에 포함되는 것이나, 사업용 고정자산이 아닌 재고자산 등에 대하여는 명확한 처리 규정이 없기 때문에 취득세 과세표준 산정에 어려움이 있게 되는 것이다.

과세당국은 과거 건설이자의 취득세 과세표준 포함 여부와 관련하여 당해 법인이 건설자금이자를 법인 장부상 자산계정이 아닌 영업외비용으로 처리한 경우 취득세 과세표준에서 제외되는 것으로 보았으나, 현재는 건설자금에 충당한 금액의 이자가 있는 경우에는 기업회계기준에 따라 건설자금이자로 계상한 금액만 과세표준에 포함된다고 한정할 수는 없다 하겠으므로 회계처리방법의 차이에 상관없이 건설자금의 이자가 있는 경우에는 이를 취득세 과세표준에 포함하여 적용함이 다당하다는 법원의 판결(수원지방법원 2007. 4. 4.선고, 2006구합3125 판결)을 좇아 건설자금에 충당한 금액의 이자는 기업의 장부 계상 여부에 관계없이 취득세 과세표준에 포함토록 하였다. 다만, 여전히 건설자금이자의 계산 방식에 대하여는 논란이 있다.

❻ 취득시기

1) 유상승계취득

(1) 다음에 해당하는 유상승계취득의 경우에는 그 사실상의 잔금지급일. 다만, 취득일 전에 등기 또는 등록을 한 경우에는 그 등기일 또는 등록일에 취득한 것으로 본다.

① 국가, 지방자치단체 또는 지방자치단체조합으로부터의 취득

② 외국으로부터의 수입에 의한 취득

③ 판결문 · 법인장부에 따라 취득가격이 증명되는 취득

④ 공매방법에 의한 취득

(2) '(1)'에 해당하지 아니하는 유상승계취득의 경우에는 그 계약상의 잔금지급일(계약상 잔금지급일이 명시되지 아니한 경우에는 계약일부터 60일이 경과한 날을 말한다). 다만, 취득일 전에 등기 또는 등록을 한 경우에는 그 등기일 또는 등록일에 취득한 것으로 본다.

연부로 취득하는 것은 그 사실상의 연부금 지급일을 취득일로 본다. 다만, 취득일 전에 등기 또는 등록을 한 경우에는 그 등기일 또는 등록일에 취득한 것으로 본다.

2) 원시취득

(1) 건축물을 건축하여 취득하는 경우에는 사용승인서를 내주는 날(사용승인서를 내주기 전에 임시사용승인을 받은 경우에는 그 임시사용승인일을 말하고, 사용승인서 또는 임시사용승인서를 받을 수 없는 건축물의 경우에는 사실상 사용이 가능한 날을 말한다)과 사실상의 사용일 중 빠른 날을 취득일로 본다. 다만, 도시개발법에 따른 도시개발사업이나 도시 및 주거환경정비법에 따른 정비사업(주택재개발사업 및 도시환경정비사업만 해당한다)으로 건축한 주택을 도시개발법 제40조에 따른 환지처분 또는 도시 및 주거환경정비법 제54조에 따른 소유권 이전으로 취득하는 경우에는 환지처분 공고일의 다음 날 또는 소유권 이전 고시일의 다음 날과 사실상의 사용일 중 빠른 날을 취득일로 본다.

(2) 주택법 제11조에 따른 주택조합이 주택건설사업을 하면서 조합원으로부터 취득하는 토지 중 조합원에게 귀속되지 아니하는 토지를 취득하는 경우에는 주택법 제49조에 따른 사용검사를 받은 날에 그 토지를 취득한 것으로 보고, 도시 및 주거환경정비법 제16조 제2항에 따른 주택재건축조합이 주택재건축사업을 하면서 조합원으로부터 취득하는 토지 중 조합원에게 귀속되지 아니하는 토지를 취득하는 경우에는 도시 및 주거환경정비법 제54조 제2항에 따른 소유권이전 고시일의 다음 날에 그 토지를 취득한 것으로 본다.

(3) 관계 법령에 따라 매립 · 간척 등으로 토지를 원시취득하는 경우에는 공사준공인가일을 취득일로 본다. 다만, 공사준공인가일 전에 사용승낙 · 허가를 받거나 사실상 사용하는 경우에는 사용승낙일 · 허가일 또는 사실상 사용일 중 빠른 날을 취득일로 본다.

3) 간주취득

(1) 토지의 지목변경에 따른 취득은 토지의 지목이 사실상 변경된 날과 공부상 변경된 날 중 빠른 날을 취득일로 본다. 다만, 토지의 지목변경일 이전에 사용하는 부분에 대해서는 그 사실상의 사용일을 취득일로 본다.

(2) 개수의 경우에는 사용승인서를 내주는 날(사용승인서를 내주기 전에 임시사용승인을 받은 경우에는 그 임시사용승인일을 말하고, 사용승인서 또는 임시사용승인서를 받을 수 없는 건축물의 경우에는 사실상 사용이 가능한 날을 말한다)과 사실상의 사용일 중 빠른 날을 취득일로 본다.

7 세율

1) 일반 세율

종 전 (2010.12.31. 이전)			개 정 (2011.1.1. 이후)		
취득세		2%	취득세	원시취득 유상이전등기	2.8% 4%
등록세	이전등기 보존등기	2% 0.8%	–		–

종전(2010.12.31. 이전) 지방세 과세표준에 대한 세율은 취득세와 등록세로 이원화되어 과세되었으나 지방세 과세의 중복성 등의 이유로 불편함이 야기되어 2011.1.1. 이후부터는 종전의 취득세와 등록세를 통합하여 과세하게 되었다. 이에 따라 개정된 통합취득세의 세율은 원시 취득시 취득세 2%와 등록세(보존등기 세율) 세율 0.8%, 이전등기시 등록세율 2%를 원시취득시 2.8%와 이전등기시 4%의 통합세율로 개정되었다.

종전 16개의 지방세 세목을 11개 세목으로 통합하는 지방세법이 전부 개정(법률 제10221호, 2010.3.31. 공포, 2011.1.1. 시행)됨에 따라 취득세 · 등록세 관련 신고기간 및 서식이 개정되었으며, 취득세 · 등록세의 통합으로 납부시기는 취득한 날로부터 30일 내에서 60일로 변경되었다.

2) 중과세 세율

취득세의 세율은 기본적으로 종전의 취득세 세율(2%)과 등록세 세율(보존 0.8%, 이전 2%)을 합산한 구조로 되었으므로, 종전 중과세 세율은 취득세(3배 또는 5배), 등록세(3배)로 각각 세목별로 중과세 하던 것을 취득세 하나의 통합 세목으로 과세되므로 종전의 세율부담과는 차이가 없다.

처음부터 중과세 대상인 경우에는 바로 중과세율을 적용하지만, 토지나 건축물을 취득한 후 5년 이내에 해당 토지나 건축물이 다음의 어느 하나에 해당하게 되면 중과세율을 적용하여 취득세를 납부해야 한다(지방세법 §16 ①). 이때 일반세율로 과세된 후에 중과세에 해당하면 일반세율을 제외한 나머지 차액만 적용해야 한다.

① **본점이나 주사무소의 사업용 부동산**(본점 또는 주사무소용 건축물을 신축하거나 증축하는 경우와 그 부속토지만 해당한다)

법인이 수도권 일원의 과밀억제권역 안에서 본점주사무소로 사용하기 위하여 부동산을 취득하는 경우에는 기본세율에 중과기준세율의 2배를 합한 세율이 적용된다. 이는 대도시의 인구 · 경제력 집중을 억제하여 국토의 균형개발을 목적으로 하는 정책세제이다.

본점 또는 주사무소용 부동산이라 함은 법인의 본점 또는 주사무소의 사무소로 사용하는 부동산과 그 부대시설용 부동산으로서 해당 건축물을 신축 또는 증축한 경우의 건축물과 그 부속토지를 말한다. 본점이라 함은 대표이사 등 임직원이 상주하면서 기획, 총무 등 법인의 전반적인 사업을 수행하는 곳을 의미하며 본점 등기가 아니라 실질적으로 법인의 중추적인 의사결정 등 주된 기능이 이루어지는 장소를 의미한다. 법인의 중추적인 의사결정의 범위는 경영상의 판단에 한정되는 것이 아니라 영위하고 있는 업태 · 종목의 주된 기능에 따라 개별적 · 구체적으로 정해진다(조심 2016지1050, 2017.3.22.).

승계취득이나 임차사용의 경우에는 중과세를 하지 아니하고 직접 건물을 신축 또는 증축하여 5년 이내에 본점 · 주사무소로 사용하는 경우에만 중과세를 적용한다. 본점 · 주사무소용 부동산이라 함은 신축 또는 증축한 건축물과 그 부속토지를 말하므로, 기존의 건축물을 승계취득하여 본점 · 주사무소로 사용하는 경우에는 중과세가 되지 아니한다. 따라서 토지를 취득하여 그 지상에 건축물을 신축하거나 기존의 건축물에 증축하는 경우에만 중과세가 된다. 개수나 대수선, 개축, 이축 등의 경우에는 중과세대상이 아니다. 1998년 이전에는 토지나 건축물을 취득한 후 5년 이내에 해당 토지나 건축물이 본점 또는 주사무소의 사업용 부동산이 된 때에 중과세하도록 규정하였으나, 중과세되는 사업용 부동산을 "토지나 건축물을 취득한 후 5년 이내에 본점 또는 주사무소용 건축물을 신축 또는 증축하는 경우와 그 부속토지에 한한다"라고 개정하였다.

토지를 취득한 후 5년 이내에 본점 · 주사무소 건축물을 신축하여 사용하게 되면 토지에 대한 취득세 4%를 추가로 납부해야 한다. 그리고 건축물을 신축 · 증축한 후 5년 이내에 본점 · 주사무소로 사용하게 되면 건축물에 대한 취득세 4%를 추가로 납부해야 한다.

② 대도시 내 법인중과세

처음부터 중과세대상인 경우에는 기본세율의 3배에서 4%를 뺀 세율을 적용한다. 승계취득의 경우에는 기본세율이 4% 이므로 12%에서 4%를 뺀 8%를 적용하고, 원시취득인 경우에는 2.8%의 3배인 8.4%에서 4%를 뺀 4.4%를 적용한다. 다만, 주택을 취득하는 경우에는 가격에 상관없이 12%를 적용한다(지방세법 §13 ②).

취득한 부동산이 취득한 날부터 5년 이내에 대도시 내 법인 중과세에 해당하는 경우에는 중과세율을 적용한다(지방세법 §16 ④). 즉, 표준세율에 해당하는 세금이 이미 과세되었으므로 표준세율에서 2%를 공제한 세율의 2배만 추가로 과세하면 된다. 그러나 법인설립 후 5년이 되지 아니하는 법인이 주택을 취득하여 5년 이내에 철거하고 본점을 신축하는 경우에는 기본세율의 3배를 적용하도록 되어 있어서(지방세법 §13 ⑥), 취득가액에 따라 6억원 이하는 3%, 6~9억원은 6~9%, 9억원 초과는 9%가 되어 오히려 3~9%를 환급해야 하는 문제가 있다.

예를 들면, 토지를 이전등기한 경우 당초 1,000분의 40이 적용되었으므로, 중과세에 해당된 경우 4%[=(4%−2%)×2]를 적용하여 추가로 과세하면 된다.

취득세 중과 내용	요건
대도시 내 부동산 취득	요건 1 : 중과세 과밀억제권역 내
	요건 2 : 법인설립/지점 및 분사무소의 설치 – 인적 및 물적 설비를 갖추고 계속하여 사무 또는 사업이 이루어지는 장소 – 지점등기를 하면 지점으로 본다. – 지점등기를 하지 않더라도 인적설비, 물적설비를 모두 갖춘 경우 지점설치로 본다.
	요건 3 : 법인설립 및 설치 후 5년 이내에 취득하는 일체의 부동산 – 법인을 설립(지점 설치, 휴면법인 인수 포함)하거나 법인의 본점, 지점을 대도시, 즉 과밀억제권역으로 전입함에 따라 5년 이내에 대도시에서 취득하는 모든 부동산에 대하여 중과한다.

③ 공장의 신설용 또는 증설용 부동산

과밀억제권역 내의 산업단지 · 유치지역 · 공업지역이 아닌 지역에서 토지를 취득한 후 5년 이내에 비도시형 공장을 신설하게 되면 토지에 대하여도 기본세율(4%)의 3배에 해당하는 세율을 적용한다(지방세법 §16 ⑥ 1호). 따라서 중과세율 12%에서 당초 납부한 4%를 공제하여 8%에 해당하는 취득세를 추가로 납부해야 한다.

또한 공장 신설 또는 증설의 경우에 사업용 과세대상의 소유자와 공장을 신설하거나 증설한 자가 다를 때에는 그 사업용 과세대상의 소유자가 공장을 신설하거나 증설한 것으로 보아 같은 항의 세율을 적용한다. 다만, 취득일부터 공장 신설 또는 증설을 시작한 날까지의 기간이 5년이 지난 사업용 과세대상은 제외한다(지방세법 §16 ③).

④ 골프장, 고급주택 또는 고급오락장

토지를 취득한 후 5년 이내에 골프장 · 고급오락장을 건축 또는 건설하거나, 건축물을 취득한 후 5년 이내에 고급주택이 되거나 고급오락장을 설치하게 되면 그 부분에 대하여는 중과기준 세율(2%)의 4배에 해당하는 8%를 추가로 납부해야 한다.

그리고 고급주택, 골프장 또는 고급오락장용 건축물을 증축 · 개축 또는 개수한 경우와 일반건축물을 증축 · 개축 또는 개수하여 고급주택 또는 고급오락장이 된 경우에 그 증가되는 건축물의 가액에 대하여 적용할 취득세의 세율은 지방세법 제13조 제5항에 따른 중과세율로 한다(지방세법 §16 ②). 즉, 기존의 고급주택, 골프장 또는 고급오락장용 건축물을 증축 · 개축 또는 개수한 경우에는 증가한 가액에 대하여만 일반세율에 중과기준 세율의 4배에 해당하는 8%를 추가하여 과세한다.

다만, 부동산을 취득한 후 5년 이내에 고급주택이 되면서 1가구2주택에 해당하여 주택 취득세가 중과세되는 경우에는 그 중과세율에 8%를 추가하므로 16% 또는 20%가 될 수 있다(지방세법 §16 ⑥ 2호).

■ 법인의 부동산 취득세(승계취득 중과세) ■

구분	구분	취득세	지방교육세	농특세	합계
주택외 부동산 (토지, 상가, 오피스텔 등)	과밀억제권역 외	4%	0.4%	0.2%	4.6%
	과밀억제권역	8%✎	1.2%	0.2%	9.4%
주택	85㎡ 이하	12%	0.4%		12.4%
	85㎡ 초과	12%	0.4%	1.0%	13.4%

✎ 4% X 3 - 2% X 2 = 8%

■ 법인의 부동산 취득세(원시취득 중과세) ■

구분			취득세	지방교육세	농특세	합계
원시 취득	중과세 대상 아닌 경우	주택 외, 85㎡ 초과	2.8%	0.16%	0.2%	3.16%
		주택 85㎡ 이하	2.8%	0.16%		2.96%
	법인설립, 전입 후 5년 이내에 부동산취득	주택 외, 85㎡ 초과	4.4%	0.48%	0.2%	5.08%
		주택 85㎡ 이하	4.4%	0.48%		4.88%

2.8% X 3 - 2% X 2 = 4.4%

취득세의 부가세(sur tax)농특세와 지방교육세의 산정에 관하여 어려움이 있다. 이는 두 가지 모두 부가세(sur tax)이지만 다른 법률에 근거하고 있다. 즉, 농특세는 국세이고, 지방교육세는 지방세이다.

구분	근거법	과표	세율
농특세	농특세법 제5조	지방세법 제11조 및 제12조의 표준세율을 100분의 2로 적용하여 지방세법, 지특법, 조특법에 따라 산출한 취득세액	100분의 10
지방교육세	지방세법 제151조	취득세 과세표준의 표준세율에서 1천분의 20을 뺀 세율을 산출한 금액	100분의 20

■ 참고1 : 표준세율 ■

구 분	세 율
일반취득	4%
원시취득	2.8%
상속취득	2.8%

■ 참고2 : 표준세율+가산세율 ■

구 분	세 율
① 과밀억제권역에서의 본점 · 주사무소용 부동산 취득(건물을 신 · 증축하는 경우와 그 부속토지만 해당) 및 공장을 신 · 증설하기 위하여 사업용 과세물건의 취득	표준세율+{중과기준세율(2%)×2배} ※ 세목통합 전 취득세만 중과대상
② 대도시(과밀억제권역에서 산업단지 제외)에서의 법인의 설립 등 및 법인 등의 대도시 전입에 따른 대도시 부동산 취득, 대도시 (산업단지, 유치지역, 공업지역 제외) 공장 신 · 증설에 따른 부동산 취득	(표준세율×3배)−{중과기준세율(2%)×2배} ※ 세목통합 전 등록세만 중과대상

구 분	세 율
③ 골프장, 고급주택, 고급오락장, 고급선박 등	표준세율+{중과기준세율(2%)×4배}
④ ①과 ②가 동시에 적용되는 과세물건	표준세율×3배
⑤ ②와 ③이 동시에 적용되는 과세물건	(표준세율×3배)+{중과기준세율(2%)×2배}

■ 참고3 세율의 특례 : 표준세율-중과기준세율 ■

구 분	세 율
① 형식적인 취득으로 등기 또는 등록하는 경우 - 환매등기병행부동산의 매매(환매기간 내 환매), 상속(1가구 1주택), 법인합병, 공유물·합유물 분할, 건축물이전으로 인한 취득, 민법에 따른 재산분할로 인한 취득	표준세율-중과기준세율(2%) ※세목통합 전 등록세만 과세
② 간주취득 등의 세율 특례 - 건물의 개수로 인한 취득, 선박·차량·기계장비의 종류변경, 토지의 지목변경, 과점주주 취득세 등	중과기준세율(2%) ※ 세목통합 전 취득세만 과세

❽ 취득세 감면

1) 주택공급확대를 위한 감면

주택건설사업자가 공동주택(해당 공동주택의 부대시설 및 복리시설을 포함하되, 분양하거나 임대하는 복리시설은 제외)을 분양할 목적으로 건축한 전용면적 60제곱미터 이하인 5세대 이상의 공동주택에 대하여는 2014.12.31.까지 취득세를 면제한다(지특법 §33 ①).

전용면적 60제곱미터 이하인 5세대 이상의 공동주택을 분양할 목적으로 건축하였으나, 미분양 등의 사유로 임대용으로 전환하는 경우 그 공동주택에 대하여는 2014.12.31.까지 취득세를 면제한다(지특법 §33 ①).

주택건설사업자란 다음의 어느 하나에 해당하는 자를 말한다(지특령 §15 ①).

① 해당 건축물의 사용승인서를 내주는 날 이전에 부가가치세법 제5조에 따라 건설업 또는 부동산매매업의 사업자등록증을 교부받거나 같은 법 시행령 제8조에 따라 고유번호를 부여받은 자

② 주택법 제4조 제1항 제6호에 따른 고용자

2) 녹색건축물 인증 받은 건축물

신축(증축 또는 개축을 포함한다)하는 건축물로서 다음 어느 하나에 해당하는 건축물(건축법 제2조 제1항 제 2호에 따른 건축물 부분으로 한정) 또는 주택에 대해서는 취득세를 100분의 3부터 100분의 10까지의 범위에서 2026.12.31.까지 경감한다(지특법 §47의 2 ①, 동령 §24 ① 내지 ③). 이 경우 건축물이라 함은 건축법 제2조 제1항 제2호에 따른 건축물 부분으로 한정한다. 그리고 건축물의 취득일부터 70일 이내에 아래의 요건을 갖추어도 감면이 된다.

① 「녹색건축물 조성 지원법」 제16조에 따른 녹색건축의 인증등급이 우수등급 이상인 경우

② 「녹색건축물 조성 지원법」 제17조에 따라 인증받은 건축물 에너지효율등급이 1+등급 이상인 경우

건축주, 건축물 소유자, 사업주체, 시공사는 건축법 제22조에 따른 사용승인 또는 주택법 제29조에 따른 사용검사를 받은 후에 녹색건축 인증을 신청할 수 있다. 다만, 개별 법령(조례를 포함한다)에 따라 제도적 · 재정적 지원을 받거나 의무적으로 녹색건축 인증을 받아야 하는 경우에는 사용승인 또는 사용검사를 받기 전에 녹색건축 인증을 신청할 수 있다(「녹색건축 인증에 관한 규칙」). 다만, 건축법 제11조 · 제14조에 따른 허가 · 신고 또는 주택법 제16조에 따른 사업계획승인을 받은 후 건축물 설계에 반영된 내용을 대상으로 예비인증을 신청할 수 있다. 또한 예비인증 결과에 따라 개별 법령(조례를 포함한다)에서 정하는 제도적 · 재정적 지원을 받는 경우에는 건축법 제11조 · 제14조에 따른 허가 · 신고 또는 주택법 제16조에 따른 사업계획승인 전에 예비인증을 신청할 수 있다(「녹색건축 인증에 관한 규칙」).

그리고 건축물은 특별히 제한하고 있지 아니하므로 주택, 사무실, 상가, 창고 등 그 용도나 구조에 상관이 없다. 그러나 부동산이 지방세법 제13조 제5항 각 호에 따른 고급주택 · 고급오락장 · 회원제골프장에 해당할 경우에는 감면대상에서 제외한다(지특법 §177). 회원제골프장은 신설 · 증설 · 승계취득 모두 제외되고 사실상 사용하는 것도 제외된다.

녹색건축에 대하여 취득세를 감면했으나, 건축법 제65조 제4항에 따른 친환경건축물 인증, 건축물 에너지효율등급 인증 또는 신 · 재생에너지 이용 건축물 인증이 취소된 경우에는 경감된 취득세를 추징한다. 또한 먼저 감면을 받은 후에 70일 이내에 감면요건을 갖추지 못하는 경우에도 추징을 한다.

■ 취득세 경감률 ■

녹색건축 인증등급	2018년까지		2020년까지		2023년까지	
	에너지효율 등급	취득세 경감률	에너지효율 등급	취득세 경감률	에너지효율 등급	취득세 경감률
최우수	1등급 이상	15%	1^{+}등급 이상	10%	1^{+}등급 이상	10%
	2등급	10%	1등급	5%		
우수	1등급 이상	10%	1^{+}등급 이상	5%	1^{+}등급 이상	5%
	2등급	5%	1등급	3%		

※ 참고 : 녹색건축 인증 및 에너지효율등급

① 녹색건축 인증 등급 : 최우수(그린1등급), 우수(그린2등급), 우량(그린3등급) 또는 일반(그린4등급)

② 건축물 에너지효율등급 인증 : 1^{+++}등급부터 7등급까지의 10개 등급

③ 제로에너지건축물 인증 : 1등급부터 5등급까지의 5개 등급

3) 제로에너지 건축물 감면

신축 · 증축 또는 개축을 하는 건축물로서 「녹색건축물조성지원법」 제17조에 따라 제로에너지 건축물 인증을 받은 건축물에 대하여는 2023년 12월 31일까지 취득세의 100분의 15부터 100분의 20까지 경감한다(지특법 §47의 2 ②). 다만, 건축물을 취득한 날부터 3년 이내에 제로에너지 건축물 인증이 취소되면 취득세를 추징한다(지특법 §47의 2 ④). 또한 먼저 감면을 받은 후에 100일 이내에 제로에너지건축물 인증을 받지 못하는 경우에도 추징을 한다.

① 제로에너지건축물 인증 1등급~3등급 : 100분의 20

② 제로에너지건축물 인증 4등급 : 100분의 18

③ 제로에너지건축물 인증 5등급 : 100분의 15

동일한 과세대상에 대하여 녹색건축인증 · 친환경주택 · 제로에너지 건축물 감면규정이 중복으로 적용되는 경우에는 그 중에서 감면율이 높은 것 하나만 적용해야 한다.

4) 에너지절약형 친환경주택 감면

신축하는 주거용 건축물로서 에너지절약형 친환경주택에 대해서는 취득세의 100분의 10을 2026년 12월 31일까지 경감한다(지특법 §47의 2 ③). 여기서 친환경 주택이라 함은 총 에너지 절감률 또는 총 이산화탄소 저감률이 65% 이상임을 주택법 제49조에 따른

사용검사권자로부터 확인을 받은 주택을 말한다. 다만, 2020년 12월 31일 이전에 총에너지 절감률 또는 총이산화탄소 저감률이 55% 이상임을 「주택법」 제49조에 따른 사용검사권자로부터 확인받은 건축물을 2021년 1월 1일 이후에 취득하는 경우에는 종전의 규정에 따라 계속 감면된다(2020.12.31. 지특령 개정 부칙 3 ②).

공동주택을 중앙행정기관의 장, 지방자치단체의 장, 공공기관 및 교육기관의 장, 공공기관 및 교육기관의 장이 신축하는 경우에 건축물 연면적(하나의 대지에 복수의 건축물이 있는 경우 모두 합산)이 3천㎡ 이상인 경우에는 의무적으로 녹색건축인증을 받아야 한다(녹색건축물 조성 지원법 §16 ⑦). 그러나 취득한 주택이 친환경주택이라 하더라도 고급주택에 해당할 경우에는 감면대상에서 제외된다(지특법 §177).

5) 신재생에너지 인증 건축물에 대한 감면

신축하는 업무용 건축물로서 「신에너지 및 재생에너지 개발 · 이용 · 보급 촉진법」 제12조의 2 제1항에 따른 신 · 재생에너지 이용 건축물인증을 받은 건축물에 대해서는 2015.12.31.까지 취득세의 100분의 5부터 100분의 15까지의 범위에서 경감한다(지특법 §47의 3 ①, 동령 §24 ⑧). 감면요건을 보면 ①신축, ②업무용 건축물 ③신 · 재생에너지 이용 건축물 인증 3가지였다.

업무용 건축물이라 하더라도 골프장 내 건축물, 고급오락장 등이 있는 경우 그 부분은 감면에서 제외된다(지특법 §177). 그리고 취득세를 경감받은 건축물에 대하여 그 취득일부터 3년 이내에 친환경건축물 인증, 건축물 에너지효율등급 인증 또는 신 · 재생에너지 이용 건축물 인증이 취소되는 경우에는 경감된 취득세를 추징하였다(지특법 §47의 3).

■ 취득세 경감률 ■

신 · 재생에너지 공급률	경감률
10퍼센트를 초과하고 15퍼센트 이하인 건축물	100분의 5
15퍼센트를 초과하고 20퍼센트 이하인 건축물	100분의 10
20퍼센트를 초과하는 건축물	100분의 15

6) 내진성능 확보 건축물 또는 주택에 대한 감면

건축법 제48조 제2항에 따른 구조안전 확인 대상이 아니거나 건축 당시 건축법상 구조안전 확인 대상이 아니었던 건축물(건축법 제2조 제1항 제2호에 따른 건축물 부분으로 한정한다)로서 「지진 · 화산재해대책법」 제16조의 2에 따라 내진성능확인을 받은 건축물에 대하여는 2021년 12월 31일까지 취득세와 재산세를 경감하였다(지특법 §47의 4).

건축물이 내진성능확인을 받았으면 감면대상이 되고, 누구의 소유인지는 상관없다.

① 건축법 제2조 제1항 제8호에 따른 건축을 하는 경우 취득세의 100분의 50을 경감하고, 그 건축물에 대한 재산세의 납세의무가 최초로 성립하는 날부터 5년간 재산세의 100분의 50을 경감한다.

② 건축법 제2조 제1항 제9호에 따른 대수선을 하는 경우 취득세를 면제하고, 그 건축물에 대한 재산세의 납세의무가 최초로 성립하는 날부터 5년간 재산세를 면제한다.

대수선을 한 건축물에 대한 재산세이므로 건축물 전체에 대한 재산세로 보아야 한다.

이 경우 주택은 토지와 건축물을 합하여 과세하므로 재산세 경감세액의 산정은 다음과 같이 시가표준액 기준으로 안분계산한다.

$$\text{감면액} = \text{주택의 산출세액} \times \frac{\text{건축물 시가표준액}}{\text{토지 시가표준액} + \text{건축물 시가표준액}} \times \text{감면율}$$

또한, 구조안전 확인대상이 아니었던 건축물을 대수선 등을 통해 「지진 · 화산재해대책법」 제16조의 2에 따라 내진성능 확인을 받게 되면 취득세 등을 감면하는 것이므로, 내진성능 확인을 받았다면 그에 소요된 공사비용 전체 즉, 취득세 과세표준 전체에 대하여 취득세를 감면하는 것이지, 전체 공사비용 중에서 내진성능 강화를 위해 소요된 비용만 추출하여 감면하는 것은 아니다(조심 2020지540, 2021.4.15).

대수선으로 취득세가 면제되는 경우에는 100분의 85에 해당하는 감면율을 적용한다.

대수선을 한 이후에 재산세를 5년간 면제하므로 비주거용 건축물은 85%만 감면을 하지만, 주택의 경우에는 전체 주택분 재산세 중에서 건축물 부분만 안분하여 감면을 하므로 100% 면제가 아니다. 따라서 주택분 재산세에 대하여는 감면최저한이 적용되지 아니한다.

또한 부동산이 고급주택, 고급오락장, 회원제 골프장에 해당하는 경우에는 감면을 하지 아니하고 전액 취득세나 재산세를 납부해야 한다(지특법 §177).

그 건축물을 양도하는 경우에는 건축물의 소유권이 이전된 이후부터 재산세를 경감하지 아니한다.

7) 신축 건축물

신축하는 건축물로서 「지진 · 화산재해대책법」 제16조의 3 제1항에 따라 지진안전 시설물의 인증을 받은 건축물이나 취득일부터 100일 이내에 지진안전 시설물의 인증을 받은 경우에는 해당 건축물의 취득세를 100분의 5를 경감한다. 2022년부터는 취득일부터 180일 이내에 지진안전 시설물의 인증을 받은 경우에 취득세를 감면한다. 그리고 2022년 1월 1일 현재 지진안전 시설물의 인증을 받은 지 180일이 지나지 아니한 건축물에 대하여도 감면한다(2021.12.28.개정 부칙 9). 다만, 앞의 '6) 내진성능 확보 건축물 또는 주택에 대한 감면'에 대한 지방세를 감면받은 건축물의 경우에는 중복으로 감면을 하지 아니한다(지특법 §47의 4 ③).

8) 지식산업센터 대한 감면

「산업집적활성화 및 공장설립에 관한 법률」 제28조의 2에 따라 지식산업센터를 설립하는 자가 「산업집적활성화 및 공장설립에 관한 법률」 제28조의 5 제1항 제1호 및 제2호에 따른 시설용(이하 이 조에서 "사업시설용"이라 한다)으로 직접 사용하기 위하여 신축 또는 증축하여 취득하는 부동산(신축 또는 증축한 부분에 해당하는 부속토지를 포함한다. 이하 이 조에서 같다)과 사업시설용으로 분양 또는 임대(「중소기업기본법」 제2조에 따른 중소기업을 대상으로 분양 또는 임대하는 경우로 한정한다. 이하 이 조에서 같다)하기 위하여 신축 또는 증축하여 취득하는 부동산에 대해서는 2025년 12월 31일까지 취득세의 100분의 35를 경감한다(지방세특례제한법 §58의 2). 한편 「지방세특례제한법」은 2023.3.14. 제2조 제1항 제8호 개정으로 신탁등기를 하는 경우 「신탁법」 제2조에 따른 수탁자를 포함하여 해석하도록 하여 수탁자가 당해 부동산을 일정한 용도에 사용하는 것도 '직접 사용'에 해당하는 것으로 본다.

9) 최소납부세제

지방세특례제한법 및 지방자치단체 감면조례로 취득세 또는 재산세가 면제되는 경우에는 조세부담의 형평성을 증진하고자 취득세 또는 재산세의 면제규정에도 불구하고 100분의 85에 해당하는 감면율(지방세법 제13조 제1항부터 제4항까지의 세율은 적용하지 아니한 감면율을 말한다)을 적용한다. 다만, 취득세가 200만원 또는 재산세가 50만원 이하인 경우와 농기계류 등에 대한 감면이나 자영어민 등에 대한 감면과 같이 취약계층이나 대체취득 등과 같은 형식적 취득에 대하여는 적용하지 않는다(지방세특례제한법 §177의 2).

제 9 장 건 설 업 과 취 득 세

제 2 절

취득가격의 범위

❶ 취득가격의 의미

지방세법상 취득세 과세표준의 범위인 취득가액의 범위는 과세대상 물건의 취득시기를 기준으로 그 이전에 당해 물건을 취득하기 위하여 거래 상대방 또는 제3자에게 지급하였거나 지급하여야 할 일체의 직접비용과 간접비용을 포함하도록 규정하고 있다(지방세법 시행령 제18조 제1항). 그러나 사실상의 취득가액의 범위는 일체의 비용을 취득가액으로 규정하고 있는 이상 모든 비용이 포함되는 것처럼 보이나, 그것이 취득의 대상이 아닌 물건이나 권리에 관한 것이어서 당해 물건 자체의 가격이라고 볼 수 없는 것이라면 과세대상 물건을 취득하기 위하여 당해 물건의 취득시기 이전에 그 지급원인이 발생 또는 확정된 것이라도 이를 취득가격에 포함된다고 볼 수 없다(대법원 1996. 1. 26. 선고, 95누4155 판결).

위와 같이 취득비용의 범위에는 당해 물건의 취득과 관련된 일체의 비용을 과세표준에 포함하고 있으나, 판결에서는 취득과 관련성이 있는 부분만을 과세표준으로 삼고 있기 때문에 일체의 비용에 관한 과세권자와 납세자의 이해에 차이가 많이 발생하고 있다. 또한 최근에는 각종 부담금 등이 신설되었고, 관련 시행령 규정이 개정되면서 과세관청의 집행기준 및 해석도 변경되어 실무상 계속 논란이 되고 있다.

❷ 취득가격의 기준

1) 취득시기를 기준으로 그 이전에 지급하였거나 지급할 비용

취득시기를 기준으로 그 이전에 지급하였거나 지급할 비용에 대하여 대법원은 취득시기 이전에 지급이 완료된 비용뿐만 아니라 취득시기 이전에 지급원인이 발생 또는 확정된 비용을 말하며, 취득시기 이전에 지급원인이 발생 또는 확정된 비용은 지급의 약정이행기가 도래하였다는 것 또는 그 때까지 이미 지급한 금액을 의미하는 것이 아니라 취득시기까지 실제 공사가 완료된 부분의 기성고 금액을 뜻한다고 판단하고 있다(대법 2013두7681, 2013.9.12.).

취득시기를 기준으로 그 이전에 지급하였거나 지급할 비용은 취득 시기 이전에 지급원인이 발생 또는 확정된 것을 말하며, 취득시기 이전에 지급원인이 발생 또는 확정된 비용은 건축공사 도급계약의 체결이나 공사대금 지급의 약정이행기가 도래하였다는 것 또는 그때까지 이미 지급한 공사대금 금액을 의미하는 것이 아니라 취득시기까지 실제 공사가 완료된 부분의 기성고 금액을 뜻한다고 보아야 한다. 따라서 건물 일부의 수분양자 등이 주체구조부와 일체가 되고 건축물의 효용가치를 증대시키는 부대설비 등의 가설공사를 하였으나 당해 건축물의 임시사용승인일 등 그 취득일까지 가설을 완료하지 못한 경우에는 그때까지의 기성고 비율에 따른 공사비상당만을 취득세의 과세표준에 포함시킬 수 있을 뿐이고, 취득일 이전에 그에 관한 공사도급계약을 체결하였다거나 기성고를 초과하는 공사대금을 미리 지급하였다고 하더라도 그 도급계약금액이나 기성고를 초과하는 공사대금은 이를 취득세의 과세표준에 포함시킬 수 없다. 취득일 이후의 공사로 인한 부분은 독립적으로 취득세의 과세대상이 되는 경우에 한하여 주체구조부 소유자 또는 수분양자 등에게 별도로 취득세를 부과할 수 있을 뿐이다(법 제104조 제4호, 제10호 참조). 그리고 취득세부과처분 취소소송에서 과세근거가 되는 과세표준에 대한 증명책임은 원칙적으로 과세관청에 있으므로, 수분양자 등이 가설한 부분이 주체구조부와 일체가 되고 그 효용을 증대시키는 것이라는 점 및 취득시기까지 기성고의 금액 등에 대해서도 과세관청이 증명할 책임이 있다고 할 것이다(대법 2013두7681, 2013.9.12.).

임시사용승인을 받아 사용하는 신축건물에 대한 취득세 과세표준은 임시사용승인일을 기준으로 그 이전에 당해 건물취득을 위하여 지급하였거나 지급하여야 할 비용을 포함한다(지방세법 기본통칙 10-1).

2) 해당물건을 취득하기 위하여 거래 상대방 또는 제3자에게 지급한 금액

여기서 '해당 물건'이란 취득세가 과세되지 않는 물건을 제외한 과세대상 물건을 의미한다(조심 2015지762, 2016.10.6.).

세무 Tip 취득세 과세표준 확대 개정

2024년 4월 1일부터 유상승계 취득하는 과세대상에 대하여는 다음에 해당하는 자가 거래 상대방이나 제3자에게 지급하였거나 지급하여야 할 일체의 비용을 과세표준액으로 하도록 하였다(지방세법 §10의 3 ①).

① 납세의무자

② 신탁법에 따른 신탁의 방식으로 해당 물건을 취득하는 경우에는 위탁자

③ 그 밖에 해당 물건을 취득하기 위하여 비용을 지급하였거나 지급하여야 할 자로서 대통령령으로 정하는 자

따라서 원시취득뿐만 아니라 유상승계취득의 경우에도 취득자 외에 취득에 관여한 자가 취득을 위해 지출한 비용도 과세표준에 포함하도록 개정되어 이러한 경향은 점차 확장되고 있다고 여겨진다.

❸ 직접비용

1) 공사손실충당금

지방세법 제111조 제5항 제3호의 규정에 의하여 법인장부에 의하여 취득가격이 입증되는 취득의 경우에는 사실상의 취득가격을 취득세의 과세표준으로 하는 것이므로 건설업 회계처리기준에 의하여 공사손익의 계산을 위한 공사원가명세서상의 공사손실 충당금 전입액은 공동주택건축비용 산정과는 별개의 사항이므로 취득세 과세표준계산에 포함할 사항이 아니다(세정 13407-447, 1999.4.15.).

2) 하자보수충당금과 퇴직급여충당금

시공사가 시행사로부터 공사대금을 지급받은 후 장부에 충당금을 계상하였더라도 어디까지나 시행사로부터 공사를 수급한 시공사가 그 필요에 따라 지급받은 공사대금을 사용하면서 내부적으로 충당금을 설정한 것에 불과하고 그로 인하여 시행사의 공사대금 지급금액에 변동이 오는 것이 아니다.

하자보수충당금은 시공사가 완공한 아파트와 관련하여 이후 하자보수비용을 부담하여야 하는 상황이 있을 수 있어 이에 대비하여 예상가능하고 통상적인 정도의 하자보수비용을 충당금으로 미리 설정해 두는 것이다. 또한, 퇴직급여충당금은 장래에 근로자들에 대하여 지급하여야 할 퇴직금을 준비하기 위하여 근로자들의 근로기간에 따라 미리 퇴직금을 적립해 둔 것이다. 이들 충당금은 모두 미래에 발생할 비용을 적정한 방법으로 현재의 비용으로 환산하고 이를 공사대금에 포함시킨 것으로서 시공사의 퇴직급여충당금 및 하자보수충당금은 도급금액에 포함되어 있는 시행사의 아파트 취득과 직접 또는 간접으로 관련된 비용으로 볼 수 있다(대판 2007두17373, 2010.2.11. 및 하급심 판결).

3) 감가상각비

공동주택 신축 시 공사의 시공에 사용된 가설재(유형자산 비품계정)의 감가상각비를 공사원가에 반영한 경우, 공사원가명세서상 경비로 인식한 감가상각비는 특정공사와 관련된 공사직접원가에 해당하여 신축공사와 관련성이 있다고 보아야 하고, 해당 신축공사를 위한 가설재 등의 장비를 조달하는 방법으로, 임차하여 사용하는 방법과 자산으로 취득하여 사용하는 방법이 있을 수 있는데, 임차 시 사용기간에 따라 발생하는 임차료는 취득가격에 포함하면서, 해당 장비를 취득한 후 일정기간에 걸쳐 감가상각한 비용은 취득가격에서 제외할 합리적 이유가 없으므로, 공사원가명세서 상 경비로 인식한 감가상각비의 경우 해당 신축공사와 관련된 비용에 해당하는 것으로 보아 취득세 과세표준에 포함하여야 한다(지방세운영-415, 2017.4.24.).

4) 준공청소비

(1) 준공일이전 준공청소비

취득세의 과세표준이 되는 취득가격은 과세대상 물건의 취득시기를 기준으로 그 이전에 당해 물건을 취득하기 위하여 거래 상대방 또는 제3자에게 지급하였거나 지급하여야 할 일체의 비용을 말한다고 규정하고 있는 바, 준공청소비는 건축물의 취득시기(사용승인일) 이전에 이 건 건축물을 취득하기 위하여 거래상대방에게 지급하였거나 지급하여야 할 일체의 비용에 해당하므로 취득세 등 과세표준에 포함되어야 한다(조심 2010지813, 2011.11.16.).

(2) 도급계약에 포함된 경우

건축물 신축 도급가액에 포함되어 있는 조경공사비, 조형물 제작설치비, 준공청소비, 견본주택건축비, 분양을 위한 광고비 등은 취득세 과세대상인 당해 건축물을 취득하기 위한 제반비용으로 볼 수 없으므로 취득세 과세표준에서 제외되는 것이 타당하다(세정-1280, 2005.6.21.). 준공청소비에 대한 행정안전부해석과 조세심판원의 결정이 차이가 있으나, 단순 유권해석이 아닌 조세심판원의 결정에 따라야 한다.

5) 법무사비용

법무사 수수료는 취득한 과세대상을 등기하기 위해 지급하는 비용이므로 간접비용이 아니다. 다만, 부동산 등을 취득하기 위해 사전에 해당 부동산의 권리관계를 확인하기 위해 법무사에게 용역을 주어서 등기서류 열람 · 발급, 기타 수수료를 지급하는 경우에 그 비용은 간접비용에 해당한다.

또한, 부동산등의 매매계약을 체결하고 이전청구권을 확보하기 위해 매매예약 가등기를 하는 경우에는 해당 비용도 간접비용으로 보아야 할 것이다(조심 2013지730, 2014.2.21).

6) 건축물에 부속 또는 부착된 물건

지방세법 제6조 제4호에 따른 건축물이란 건축법 제2조 제1항 제2호에 따른 건축물(이와 유사한 형태의 건축물을 포함한다)과 토지에 정착하거나 지하 또는 다른 구조물에 설치하는 레저시설 등을 말하며, 건축법 제2조 제1항 제2호에 따른 건축물이란 토지에 정착(定着)하는 공작물 중 지붕과 기둥 또는 벽이 있는 것과 이에 딸린 시설물을 말하며, 이에 딸린 시설물이란 건축물에 부속 또는 부착된 물건으로서 그 건축물 자체의 효용을 증가시키는 데 필수적인 시설을 의미한다(대법 2016두35434, 2016.6.28. 판결 참조).

7) 조경공사비

토지 위에 정원이나 부속시설물 등의 조경공사를 조성하는 경우에 그것은 토지의 지목변경을 위한 취득비용에 해당하는 것으로 보아야 한다. 따라서 이미 농지, 임야, 잡종지 등에서 '대'로 지목변경이 이루어진 토지위에 조경공사를 하는 것은 지목변경에 대한 취득세 납세의무가 없다. 단, 지방세법 제7조 제14호에서 규정한 건축물 신축 도급가액에 포함되어 있는 조경공사비, 조형물제작설치비, 준공청소비, 견본주택건축비, 분양을 위한 광고비 등은 당해 건축물을 취득하기 위한 제반비용으로 볼 수 없으므로 취득세 과세표준에서 제외하는 것이 타당하다(세정-1280, 2005.6.21.). 다만, "옥상조경"에 해당하는 경우에는 토지보다는 건축물에 부합된 것으로 보는 것이 합리적일 것이므로 이에 소요된 비용은 건축물의 취득가격에 포함시켜야 한다(지방세운영-620, 2013.5.13.).

8) 미술장식품비

2019년말까지는 물건의 취득을 위해 의무적으로 부담하는 간접비용의 범위에 "「문화예술진흥법」 제9조 제3항에 따른 미술작품의 설치 또는 문화예술진흥기금에 출연하는 금액"이 없었으나, 2019.12.31.에 대통령령 제30318호로 「지방세법 시행령」 제18조 제1항 제3호가 개정되어 2020.1.1.부터 간접비용에 포함하는 것으로 되었다. 그런데 이 비용을 토지의 지목변경으로 볼 것인지, 신축하는 건축물의 취득을 위한 간접비용을 볼 것인지 애매하다. 이 경우 아래처럼 건축물의 취득을 위한 간접비용이라고 봄이 타당하다.

민법 제99조 제1항은 토지와 그 정착물을 부동산으로 규정하고 있으며, 어떠한 동산을 부동산에 부합된 것으로 인정하기 위해서는 그 동산을 훼손하거나 과다한 비용을 지출하지 않고서는 분리할 수 없을 정도로 부착 · 합체되었는지 여부와 그 물리적 구조, 용도와 기능면에서 기존 부동산과는 독립한 경제적 효용을 가지고 거래상 별개의 소유권의 객체가 될 수 있는지 여부 등을 종합하여 판단하여야 한다(대판 2016다38290, 2017.07.18.). 토지의 정착물 중에서 돌담장, 돌계단, 교량, 육교, 담장, 우물, 출입문, 도로의 포장 등은 토지의 구성부분으로서 독립성이 인정되지 아니하지만, 문화예술진흥법 제9조에 따라 특정한 종류 또는 일정규모 이상의 건축물을 건축하려는 자가 건축비용의 일정 비율에 해당하는 금액을 회화 · 조각 · 공예 등 미술작품의 설치에 사용하도록 의무화함으로써 그에 따라 미술작품 제작자가 미술작품을 제작하여 그 동산에 해당하는 미술작품과 그에 관한 저작권 및 소유권을 함께 양도하도록 되어 있다. 아파트를 신축하면서 아파트 단지 내의 토지 위에 설치한 미술작품은 토지 위에 설치한 물건으로서 그 미술작품을 훼손하거나 과다한 비용을 지출하지 않고서는 분리할 수 없을 정도로 부착 · 합체된 것도 아니며, 또한 물리적 구조 · 용도 · 기능 면에서 토지와 독립한 경제적 효용을 가지고 거래상 별개의 소유권의 객체가 될 수 있으므로 토지의 구성부분이 되지 아니하기 때문에 토지의 과세대상에서 제외되어야 한다(행안부 세정과-3885, 2005.11.21.).

법률에 따라 의무적으로 설치하여야 하는 미출품이 아닌 미술품은 그 설치 형태로 보아 탈 · 부착이 가능하거나 이동이 가능하여 이 건 건축물 자체의 효용을 증가시키기 위하여 필수적으로 부착된 시설이라기보다는 건축물과는 독립되어 별도의 가치를 가진 미술품으로서 이 건 건축물의 일부로 보기는 어렵다(조심 2014지1361, 2015.3.27.)고 하였다. 건축물의 벽에 반영구적으로 설치하는 조각 등의 미술작품은 건축물의 일부가 되지만, 토지에 설치하거나 건물 내부에 설치하는 미술작품은 건축물이나 토지의 구성부분이 되지 아니하므로 이 금액을 취득가격에 포함하도록 하였다.

9) 옵션품목 공사비

2020. 1. 1.부터 붙박이 가구 · 가전제품 등 건축물에 부착되거나 일체를 이루면서 건축물의 효용을 유지 또는 증대시키기 위한 설비 · 시설 등의 설치비용을 취득세 과세대상의 간접비용으로 보도록 하였다. 그러나 붙박이가구, 가전제품 등은 신축하는 건축물

을 취득하기 위한 간접비용이 아니라 주된 건축물의 부합물에 해당되는가의 판단 문제로서 이들 물건들이 주된 건축물의 부합물에 해당하거나 종물에 해당하지 아니한다면 처음부터 취득세 과세대상에 해당되지 아니하게 된다. 즉, 붙박이가구, 가전제품, 시스템에어컨 등과 같은 옵션품목은 주된 건축물을 취득하기 위한 간접비용이 아니라 주된 건축물에 부합되는 물건인지 여부의 문제이다.

민법 제99조 제1항에서는 토지 및 그 정착물은 부동산으로, 민법 제256조에서는 "부동산의 소유자는 그 부동산에 부합한 물건의 소유권을 취득한다. 그러나 타인의 권원에 의하여 부속된 것은 그러하지 아니한다.'라고 규정하고 있다. 따라서 신축 아파트에서 수분양자가 건축주인 시행사가 아닌 다른 건설업자와 옵션품목 설치공사를 한 경우에는 건축주인 시행사의 입장에서는 이들 옵션품목을 주된 건축물의 부합물로서 원시취득한 것이 아니다. 그러나 수분양자의 경우에는 이들이 부착되어 주된 건축물과 일체가 된 상태에서 취득한 것이므로 취득세 과세대상에 포함된다. 즉, 공동주택을 신축하면서 주된 건축물을 취득하기 전에 부합물 등으로 주된 건축물과 함께 취득한 것이 아닌 플러스 옵션품목으로 설치한 시스템에어컨, 주방가구 등 공사비용은 처음부터 당연히 공사가 예정되어 있지 아니하며, 아파트를 승계취득하는 수분양자가 별도계약을 통해 설치하는 것으로서 건축주가 원시취득하는 주체구조부인 아파트와 분리할 수 없을 정도로 부착·합체되어 일체로서 효용가치를 이루고 있다고 보지 아니하고 있다(대판 2020두32937, 2020.5.14. 및 하급심판결).

그러나 마이너스옵션으로 건축하는 경우에는 수분양자들이 마이너스 옵션품목을 선택하면 옵션품목에 해당하는 부분은 시행사에서 설치하지 아니하고 수분양자들이 설치하게 된다. 따라서 마이너스옵션을 수분양자들이 선택했다면, 시행사의 입장에서는 그 부분만큼 공사비가 줄어들 것이고, 수분양자들은 잔금을 지급한 후에 옵션품목들을 설치하게 되므로 취득세 과세표준에서 제외되어야 할 것이다. 그러나 수분양자들이 마이너스 옵션품목을 선택하지 아니하였다면, 시행사에서는 해당 옵션품목을 기본 사양으로 설치하게 되므로 취득세 과세표준에 포함되게 된다.

발코니 확장의 경우에는 시행사인 건축주가 주된 건축물의 시공과 함께 하는 경우에는 건축주의 원시취득에 포함된다. 그러나 건축주가 원시취득을 한 후에 잔금을 지급하고 수분양자가 별도로 발코니 확장공사를 하는 경우에는 건축주나 수분양자의 취득세 과세대상에서 제외된다.

10) 준공일 이후에 공사완료 된 발코니

준공일 이전에 아파트 발코니 새시 등 공사가 완료된 경우에는 건축물의 주체구조부와 일체를 이루고 있는 것에 해당되어 이에 지급된 비용은 아파트 신축에 따른 취득가격에 포함되어야 할 것이나, 준공 이후에 공사완료 된 발코니에 대하여 지급된 비용은 당해 건축물의 신축을 위하여 소요된 비용은 아니다(지방세운영－3865, 2012.11.30.).

11) 단지 외 시설

단지외부에 접한 도로의 하수관로 교체공사 및 포장공사비용(설계비 포함)은 건축물 신축과 관련된 비용으로 볼 수 없어 취득세 과세표준에 포함하지 않는 것이 타당하다(세정－3885, 2005.11.21.). 지중화비용은 이 건 건축물 외부에 설치되어 있는 전주와 전선 및 통신시설 등을 지하에 매설함으로써 미관을 증진시키고 더 나아가서는 분양극대화를 위하여 청구법인의 필요에 따라 지급한 것인 점, 더욱이 이 건 건축물의 구내에 매설된 것이 아니라 구외의 망우로에 매설된 점 등에 비추어, 쟁점지중화비용은 이 건 건축물을 취득하기 위하여 필수적인 비용이라고 보기 어려우므로 취득세 과세표준에 포함되는 비용으로 보기 어렵다(조심 2015지762, 2016.10.6.).

❹ 간접비용

취득가격에 포함되는 간접비용은 다음과 같다.

① 건설자금에 충당한 차입금의 이자 또는 이와 유사한 금융비용

② 할부 또는 연부(年賦) 계약에 따른 이자 상당액 및 연체료. 다만, 법인이 아닌 자가 취득하는 경우는 취득가격에서 제외한다.

③ 농지법에 따른 농지보전부담금, 산지관리법에 따른 대체산림자원조성비 등 관계 법령에 따라 의무적으로 부담하는 비용

④ 취득에 필요한 용역을 제공받은 대가로 지급하는 용역비 · 수수료

⑤ 취득대금 외에 당사자의 약정에 따른 취득자 조건 부담액과 채무인수액

⑥ 부동산을 취득하는 경우 국민주택채권을 해당 부동산의 취득 이전에 양도함으로써 발생하는 매각차손. 이 경우 금융회사등 외의 자에게 양도한 경우에는 동일한 날에 금융회사등에 양도하였을 경우 발생하는 매각차손을 한도로 한다.

⑦ ①부터 ⑥까지의 비용에 준하는 비용

1) 건설자금이자

(1) 건설자금이자 과세표준 적용 변천과정

건설자금이자에 대한 지방세법 및 회계처리 변천과정을 보면, 2000.12.31. 이전까지는 취득세 및 등록세의 과세표준이 되는 취득가액에 "법인세법 제16조 제11호 및 법인세법시행령 제52조의 규정에 의한 건설자금에 충당한 금액의 이자"를 포함하는 것으로 하여 차입한 것이 분명한 차입금의 이자에 대하여만 건설자금이자계산대상(금융비용 자본화대상)으로 하고 주택건설업을 영위하는 법인이 보유하는 용지와 미완성주택 등의 재고자산에 대하여는 건설자금이자계산대상이 아님을 분명히 하고 있었으나, 2001.1.1. 이후부터는 취득세 등의 과세표준이 되는 취득가액에 "건설자금에 충당한 금액의 이자"로 변경하여 종전의 법인세법 규정이 아닌 기업회계기준에 의한 방법으로 전환된 바가 있고, 기업회계기준(기업회계기준서 제7호)에서는 금융비용은 기간비용으로 처리함을 원칙으로 하되 제조, 건설 등 1년 이상 소요되는 재고자산 등의 취득원가를 구성하는 금융비용에 대해서는 이를 객관적으로 측정할 수 있는 경우 취득원가에 산입할 수 있고, 금융비용의 회계처리방법은 기간비용으로 하거나, 취득원가로 자본화할 수 있지만 일단 채택한 방법은 계속적용하여야 하는 것으로 규정하고 있었으며, 그동안의 지방세법의 유권해석은 건설자금이자를 취득세 과세표준에 포함하는지 여부에 대하여 자산의 취득원가로 회계처리한 경우에는 과세표준에 포함하고, 비용으로 회계처리한 경우에는 과세표준에서 제외하는 것으로 운용하여 왔으나(행정자치부 지방세정팀-4340, 2006.9.8. 외 다수), 2006.1.23. 이후부터는 건설자금이자가 있는 경우 회계처리 방법의 차이와는 상관없이 이를 과세표준에 포함하는 것으로 하여 종전 유권해석을 변경하였다(지방세심사청구 결정 제2006-16호 2006.1.23., 제2007-228호 2007.4.30.).

(2) 건설자금이자 계산방법

지방세법 시행령 제18조 제1항 1호는 취득세의 과세표준이 되는 취득가격에 건설자금에 충당한 차입금의 이자 등을 포함시키고 있으나, 위 법령에서는 건설자금이자의 정의나 산정방법에 대한 규정을 두고 있지 않다. 그런데, 지방세기본법 제22조는 지방세의 과세표준과 세액을 조사·결정할 때에는 해당 납세의무자가 계속하여 적용하고 있는 기업회계의 기준 또는 관행이 일반적으로 공정하고 타당하다고 인정되는 것이면 존중하여야 한다고 규정하고 있는 바, 기업회계기준에 따라 건설자금에 충당한 차입금의 이자를 산출하여야 한다.

(3) 특정차입금에 대한 금융비용 중 자본화할 수 있는 금액

기업회계기준서 제7호 제11조는 "특정차입금에 대한 금융비용 중 자본화할 수 있는 금액은 자본화기간 동안 특정차입금으로부터 발생한 금융비용에서 동 기간 동안 자금의 일시적 운용에서 생긴 수익을 차감한 금액으로 한다"고 규정하고 있으며, 제7호 제8조에서는 특정차입금에 대하여 "자본화대상자산을 취득할 목적으로 직접 차입한 자금"이라고 규정하고 있다. 특정차입금은 과세대상물건을 취득할 목적으로 직접 차입한 자금으로서 위 기업회계기준서 제7호 제8조의 특정차입금으로 볼 수 있고, 따라서 위 구 지방세법 시행령 제82조의 3 제1항, 구 지방세법 제82조, 구 국세기본법 제20조, 기업회계기준서 제7호 제11조에 의하여 자본화기간동안 이 사건 차입금으로부터 발생한 모든 이자비용에서 같은 기간 동안 발생한 이자수익을 차감한 금액을 건설자금이자로 취득가격에 합산해야 할 것이다[부산고법(창원) 2011누1033, 2013.1.24.].

(4) 일반차입금에 대한 건설자금이자계산 방법

지방세법 시행령 제18조 제1항 본문 및 제1호에서 취득시기 이전에 "해당 물건"을 취득하기 위한 건설자금에 충당한 차입금의 이자 등은 취득세 과세표준에 포함한다고 규정하고 있는바, 여기에서 "해당 물건"은 취득세가 과세되지 않는 물건을 제외한 과세대상 물건을 의미하는 것으로 보이므로, 취득세 과세대상 물건의 취득에 소요되었음이 확인되는 특정차입금이 아닌 일반차입금의 경우에는 전체 건설자금이자를 전체 취득가액에서 취득세 과세대상 물건 취득에 지출된 금액과 그 외의 물건 취득에 지출된 금액의 비율에 따라 안분하여 취득세 과세대상 물건 취득에 대응하는 건설자금이자만을 과세표준에 산입하는 것이 타당하다 할 것이다.

처분청은 분양수입금을 각 연도 발생원가(제외원가 및 투입원가)에서 단순차감한 잔여원가에 각 연도 투입원가비율을 적용한 후 건설자금이자를 계산한 반면, 청구법인은 이 건 건축물 건설기간 중의 총 투입원가비율을 먼저 계산한 후, 총 투입원가비율에 해당하는 각 연도의 분양수입금에서 직전년도까지의 투입원가 합계액을 차감하고, 그 투입원가 잔액에 해당연도 투입원가를 합하여 건설자금이자를 계산하는 등 그 산정방법을 달리하였는바, 이에 투입원가비율과 분양수입금을 적용함에 있어, 각 연도에 발생한 분양수입금을 각 연도 특정원가에 대체하였다는 증빙이 있다면 우선 대체하고, 각 연도의 투입원가비율에 해당하는 분양수입금에서 직전년도까지의 투입원가를 차감한 후, 그 잔여 투입원가에 해당연도 투입원가를 합산한 금액에 이자율을 적용하는 방법으로 하여 건설자금이자를 계산하는 것이 합리적인 것으로 보이므로 처분청이 분양수입금의 특정원가대체 여부와 건설기간 중의 총투입원가비율이 아닌 각 연도의 투입원가비율 등을 재조사하고, 이를 적용하여 계산한 금액을 건설자금이자로 하여 이 건 취득세의 과세표준 및 세액을 경정하는 것이 타당한 것으로 판단된다(조심 2015지762, 2016.10.6.).

(5) 담보대출확약수수료

담보대출확약수수료는 미래에 발생할지 모르는 불확실한 위험(미분양)에 대비한 것으로 쟁점토지를 취득할 당시 존재하지 않는 미분양건축물을 담보로 한 대출에 대한 수수료이기는 하나, 청구법인이 쟁점토지를 취득하기 위하여 필수적으로 지급하여야 하는 간접비용에 해당하므로 쟁점토지의 취득세 과세표준에 포함하는 것이 타당하다(조심 2015지451, 2015.7.7.).

(6) 연부취득이 완료된 시점까지 발생한 건설자금 이자

연부취득에 대한 건설자금이자가 별도로 쟁점이 되는 이유는 브릿지론이나 프로젝프 파이낸싱의 기표형태 때문이다. 개발사업의 금융은 목돈을 미리 대출받아 사용하기보다는 자금이 필요한 시점에 기표가 이루어져 마치 마이너스통장과 같이 출금기표된다. 따라서 각 연부금의 납입시점에 취득세납세의무가 성립확정소멸한다면 연부금납입시점 이후의 건설자금이자는 취득세 과세표준에서 제외될 여지가 있기 때문이다.

대법원2019두52607, 2020.01.16.은 판결문에서 “연부취득의 취득세 과세표준에는 각 연부금 지급일 이전에 지급원인이 발생되거나 확정된 것으로서 해당 연부금에 상응하는 비율의 물건을 취득하기 위한 직접비용과 간접비용이 포함되는 것인데, 이 사건 비용은 1차 및 2차 연부취득을 위한 비용에 해당하지 않아 1차 및 2차 연부취득의 취득세 과세표준에 포함될 수 없다고 판단됨”으로 하여 연부취득에 대한 건설자금이자가 취득세 과세표준에서 제외된다고 판시하였다.

종례에는 연부취득의 취지는 조세채권의 조기인식을 위하여 특례를 둔 것으로서 함부로 확장해석 할 수 없고, 토지의 성질상 연부금에 상응하는 부분으로 분할하여 사용할 수는 없으며, 전체를 일괄적으로 사용하여야 하는 점(대법 2003두3857, 2005.6.24. 판결 참조), 연부취득 중 매수계약자가 사용권을 부여 받더라도 해당 부동산의 사실상 소유자를 매도자로 보아 매도자를 재산세 납세의무자로 판단하는 점, 투입된 비용이 동일하나, 대금지급방법에 따라 취득가격이 달라진다면 과세불형평 및 변칙적 계약형태 발생을 초래할 수 있는 점 등을 종합해 볼 때, 연부취득에 있어 연부취득이 완료된 시점까지 발생한 건설자금 이자의 경우에는 취득세 과세표준에 포함하는 것이 타당(지방세운영-2290, 2016.9.2.)하다고 보았다. 대법원판결에 불구하고 해당 해석이 삭제되지 않고 있는 바 연부취득에 관한 건설자금이자의 다툼은 계속될 것이라고 여겨진다.

(7) 토지 취득 이후 발생한 지급이자

토지를 취득하면서 금융기관으로부터 받은 대출금에 대한 수수료와 이에 대한 지급이자는 토지 취득비용에 산입하여야 하나 토지 취득 이후 발생한 지급이자분은 취득비용에서 제외된다(세정-4999, 2007.11.23.).

취득가격에 포함되는 건설자금이자는 부동산 취득계약을 체결한 후 잔금을 지급하기 전까지 발생한 이자만을 의미한다. 토지를 취득하면서 부족자금을 차입하여 당일 지급하였다면 건설자금이자는 산입할 것이 없고, 차입일과 잔금지급일이 다르다면 그 일수에 해당하는 이자만큼만 포함하여야 하고, 잔금지급일 이후에 발생하는 이자는 취득가격에 포함할 수 없다. 일할계산에 있어서는 지급이자뿐만 아니라 위 '라. 건설자금이자에 포함되는 지출항목'에 열거된 이자, 수수료, 리스료 등도 모두 일할계산을 해야 할 것이다.

수차에 걸쳐 자금을 차입한 경우에는 총차입금과 실제 지급이자와의 이자율을 계산한 후 이 비율을 취득에 사용한 가액에 곱한 후 경과일수를 적용하여 건설자금이자를 계산하여야 한다(조심 2008지0496, 2009.7.10.). 아울러 자금을 빌려 부동산을 취득하면서 향후 발생할 이자를 선급한 경우에도 취득일 이후에 해당하는 이자 상당액은 취득원가에서 제외하여야 한다(지방세운영과-1764, 2008.10.13.). 자금을 빌려서 자본화기간 동안에 지급이자뿐만 아니라 이를 예금하여 이자수익이 발생하였다면 이를 차감하여 건설자금이자를 산정하여야 한다(대판 2013두5517, 2013.9.12.).

그리고 자금을 빌려서 토지를 취득하는 데 사용한 것이 명백하다면, 설사 해당 법인에게 여유자금이 있었다 하더라도 토지 취득 이후에 발생하는 이자를 다시 건축물 취득원가에 산입할 수는 없다 할 것이다(조심 2009지1109, 2010.11.10.).

반대로 연부취득을 하면서 금융기관으로부터 대출을 받아서 연부금을 지급하고, 또 중간에 대출을 받아서 연부금지급에 사용한 기대출금 및 대출이자를 상환하는 경우에 있어서 해당 지급이자는 연부취득 이후에 발생한 이자이므로 과세표준에 포함되지 아니한다(대판 2019두52607, 2020.1.16.).

2) 관계법령에 따라 의무적으로 부담하는 비용

2010.1.1. 지방세법 시행령 개정으로 관계법령에 따라 의무적으로 부담하는 비용이 취득가격에 포함됨을 명확히 규정하였다. 또한 대법원은 부담금이 과세대상 건축물 등을

취득하지 않을 경우 지출이 필요 없는 것이고, 건축물을 취득하기 위해 관계법령에 따라 의무적으로 부담하는 성격이라면, 취득세 과세표준에 포함된다고 판단하고 있다(대법 2011두29472, 2012.1.16. 판결). 따라서 학교용지부담금 등 관계법령에 따라 의무적으로 부담하는 비용은 취득가격에 포함된다(지방세운영-3861, 2015.12.11.).

그리고 수도법, 하수도법 등에서는 택지개발사업, 산업단지개발사업 등과 관련해서 발생하는 상수도원인자부담금, 하수도원인자부담금 등은 사업시행자가 납부의무자로 되어 있다. 그럼에도 불구하고 사업시행자가 지출한 이들 부담금을 해당 택지를 분양받아서 건축물을 건축하는 건설사업시행자에게 그 건축물의 취득원가로 포함시키도록 해석하고 있다. 즉, 지출비용의 주체가 누구인지에 상관없이 그 비용이 건축물을 취득하기 위한 비용이면 모두 취득원가에 포함되어야 한다는 것이다(대판 2016두61907, 2018.3.29.; 대판 2019두36193, 2019.6.13.).

(1) 학교용지부담금

학교용지부담금의 취득세 과세표준 포함여부는 부담금의 성격, 부과방식, 관련 법령의 개정 및 과세관청의 해석 변화 등으로 인해 계속 논란이 있어왔다. 학교용지부담금은 개발사업(100가구 규모 이상의 주택건설용 토지를 조성·개발하거나 공동주택을 건설하는 사업)에 대하여 시도지사 등이 학교용지를 확보하거나 학교용지를 확보할 수 없는 경우 가까운 곳에 있는 학교를 증축하기 위하여 시행자에게 징수하는 경비이다. 부담금은 분양계약을 체결한 가구의 아파트 분양가격에 0.8%를 적용하여 산정되며, 시행자가 분양자료를 시도지사에게 제출하면 시도지사가 부담금의 금액, 납부기한, 방법, 장소 등을 기재한 고지서 발부하고 추후 분양 취소된 분에 대해서는 환급을 받을 수 있다.

종전에 학교용지부담금은 취득세 과세표준에서 제외되는 것으로 해석하여 왔다. 학교용지부담금이 아파트 신축과 관련하여 부담하는 비용이라고 하더라도 아파트 신축비용 자체는 아니며 인근에 있는 학교용지를 확보하기 위한 부담금으로 지불된 것이라는 해석(세정과-429, 2005.1.26.)에 따른 것이었다. 이처럼 학교용지부담금은 건축업자가 부담하는 것이 아니라 분양받는 자가 부담한다는 면에서 과세표준에서 제외되는 것이 타당하다는 것이 종전의 해석이었고, 주택을 분양받은 사람이 별도로 고지서를 받아 납부했다.

그러나 2005년 헌법재판소가 공동주택을 분양받은 자에게 학교용지확보를 위하여 부담금을 부과·징수할 수 있는지에 관하여 위헌 판결(의무교육의 무상원칙에 위반, 구 학교용지확보에관한특례법 제2조 제2호 등 위헌제청 헌재 2005.3.31. 2003헌가20)을 내린 이후 학교용지확보 등에 관한 특례법 개정에 따라 학교용지부담금을 개발사업자에게 부과해 징수하도록 법률이 개정되었다. 이렇게 부담금의 주체가 수분양자에서 시행자로 변경된 이후에도 해당 부담금은 시행자의 아파트 원시취득을 위해 소요되는 간접비용이 아니라 분양 과정에서 발생하는 분양비용이라는 해석에 따라 계속 취득세 과세표준에서 제외되어왔다.

> 감심 2009-116, 2009.5.28.(학교용지부담금은 취득가액에 포함되지 않음)
>
> 학교용지부담금의 부과 · 징수 근거법령인 「학교용지 확보 등에 관한 특례법」 제2조에 따르면 "학교용지"란 공립 초 · 중 · 고교의 교사, 그 밖의 학교시설을 신설할 때 필요한 토지로 정의되어 있고, 같은 법 제4조에 따르면 개발사업 시행자가 학교용지를 시 · 도에 공급하면 시 · 도는 학교용지를 확보하여 시 · 도 교육비 특별회계 소관 공유재산으로 하도록 규정되어 있는 점에 비추어 보면 이 건 학교용지부담금은 과세대상 물건인 아파트를 취득하기 위하여 지급하여야 하는 경비이지만 아파트 자체의 가격으로 지급되는 것이 아니라 취득의 대상이 아닌 물건이나 권리, 즉 별도의 과세객체인 토지(학교용지)의 취득을 위하여 그 지급원인이 발생 또는 확정된 것이라고 보아야 할 것이므로 이건 학교용지부담금을 이 사건 아파트의 취득가액에 포함되는 것으로 보기는 어렵다 할 것이다.

그러나 이러한 해석은 2010.1.1. 취득가격의 범위에 관한 지방세법 시행령이 개정되면서 다시 변경된다.

지방세법 시행령 제82조의 3(취득가격의 범위) [대통령령 제21975호(2010.1.1.)로 일부개정되기 전의 것]	지방세법 시행령 제82조의 2(취득가격의 범위) [대통령령 제21975호(2010.1.1.)로 일부개정된 것]
① 취득세의 과세표준이 되는 취득가격은 과세대상물건의 취득의 시기를 기준으로 그 이전에 당해 물건을 취득하기 위하여 거래상대방 또는 제3자에게 지급하였거나 지급하여야 할 일체의 비용[소개수수료, 설계비, 연체료, 할부이자 및 건설자금에 충당한 금액의 이자등 취득에 소요된 직접 · 간접비용(부가가치세를 제외한다)을 포함하되, 법인이 아닌 자가 취득하는 경우에는 연체료 및 할부이자를 제외한다]을 말한다. 다만, 매매계약서상의 약정금액을 일시급등의 조건으로 할인한 경우에는 그 할인된 금액으로 한다.	① 법 제111조 제5항 제1호부터 제4호까지의 규정에 따른 취득가격은 취득의 시기를 기준으로 그 이전에 해당 물건을 취득하기 위하여 거래상대방 또는 제3자에게 지급하였거나 지급하여야 할 직접비용과 다음 각 호의 어느 하나에 해당하는 간접비용의 합계액으로 한다. 다만, 취득대금을 일시급 등으로 지불하여 일정액을 할인받은 때에는 그 할인된 금액으로 한다. 1. 건설자금에 충당한 차입금의 이자 또는 이와 유사한 금융비용 2. 할부 또는 연불조건부 계약에 따른 이자상당액 및 연체료. 다만, 법인이 아닌 자가 취득하는 경우는 취득가격에서 제외한다. 3. 「농지법」에 따른 농지보전부담금, 「산지관리법」에 따른 대체산림자원조성비 등 관계법령에 따라 의무적으로 부담하는 비용 4. 취득에 필요한 용역을 제공받은 대가로 지

지방세법 시행령 제82조의 3(취득가격의 범위) [대통령령 제21975호(2010.1.1.)로 일부개정되기 전의 것]	지방세법 시행령 제82조의 2(취득가격의 범위) [대통령령 제21975호(2010.1.1.)로 일부개정된 것]
	급하는 용역비 · 수수료 5. 취득대금 외에 당사자 약정에 의한 취득자 조건 부담액과 채무인수액 6. 제1호부터 제5호까지의 비용에 준하는 비용
	② 제1항에도 불구하고 다음 각 호의 어느 하나에 해당하는 비용은 취득가격에 포함하지 아니한다. 1. 취득하는 물건의 판매를 위한 광고선전비 등의 판매비용과 그와 관련한 부대비용 2. 「전기사업법」, 「도시가스사업법」, 「집단에너지사업법」, 그 밖의 법률에 따라 전기 · 가스 · 열 등을 이용하는 자가 분담하는 비용 3. 이주비, 지장물 보상금 등 취득물건과는 별개의 권리에 관한 보상성격으로 지급되는 비용 4. 부가가치세 5. 제1호부터 제4호까지의 비용에 준하는 비용
② 토지와 건축물등을 일괄취득함으로 인하여 토지 또는 건축물에 대한 취득가격이 구분되지 아니하는 경우에는 일괄취득한 가격을 토지 또는 건물 가액 비율로 안분한 금액을 토지 · 건축물 및 기타물건의 취득가액으로 한다.	③ 토지와 건축물등을 일괄취득함으로 인하여 토지 또는 건축물에 대한 취득가격이 구분되지 아니하는 경우에는 일괄취득한 가격을 토지 또는 건물 가액 비율로 안분한 금액을 토지 · 건축물 및 기타물건의 취득가액으로 한다.
③ 제2항의 경우에 시가표준액이 없는 기타물건이 포함되어 있는 경우에는 토지 · 건축물 및 기타물건의 감정가액등을 고려하여 시장 · 군수가 결정한 비율로 안분한 금액을 토지 · 건축물 또는 기타물건의 취득가액으로 한다.	④ 제3항의 경우에 시가표준액이 없는 기타물건이 포함되어 있는 경우에는 토지 · 건축물 및 기타물건의 감정가액등을 고려하여 시장 · 군수가 결정한 비율로 안분한 금액을 토지 · 건축물 또는 기타물건의 취득가액으로 한다.

동 개정을 통해 취득세 과세표준이 되는 취득가격에 '법령에 따라 의무적으로 부담하는 비용'이 간접비용의 하나로 명문화되었지만, 개정 전에도 취득에 소요된 직 · 간접비용을 취득가격에 포함하도록 규정하고 있었으므로 취득가격의 범위가 실질적으로 달라진 것은 아니었다. 하지만 이후의 해석은 학교용지부담금이 아파트 취득을 위해 관계 법령에 따라 의무적으로 부담하는 비용에 해당하고, 시행령 개정으로 의무적으로 부담하는 비용

은 취득가격의 간접비용에 해당하므로 아파트취득가격의 범위에 포함된다는 것으로 변경된 것이다(지방세운영-386, 2015.12.11., 조심 2015지1973, 2017.1.10. 등).

세무 Tip 학교용지 부담금의 비과세관행

2010년 이후 과세관청 등의 해석변경과 같이 학교용지부담금을 취득세 과세표준에 포함되는 것으로 보아야 한다는 판결(대법원2019두34975, 2019.06.13.) 외에 비과세관행이 성립된 것으로 볼 수 있는 경우에는 소급과세금지원칙에 따라 이를 과세표준에 포함시킬 수 없다는 판결(대법원2019두35602, 2019.06.13.)도 나왔다. 특히 비과세관행에 관한 후자의 판결은 국세와 달리 처분청이 여럿인 지방세의 특성상 지방자치단체별로 달리 해석 · 적용될 여지가 있다는 점에서 납세자들에게 더욱 혼란을 줄 수밖에 없다.

- **대법원2019두34975, 2019.6.13.** : 이 사건 학교용지부담금은 이 사건 주상복합시설을 취득하기 위하여 관계 법령에 따라 의무적으로 부담하는 비용에 해당하므로, 취득가격인 간접비용에 해당한다고 봄이 타당하다.
- **대법원2019두35602, 2019.6.13.** : 학교용지부담금을 취득세 과세표준 취득가격에서 제외하는 비과세관행이 원고가 이 사건 취득세를 신고 · 납부할 무렵에는 행정자치부의 질의 · 회신이나 감사원의 심사결정을 통해 세금 관련 실무계에 널리 알려져 있었던 것으로 보이고, 원고로서도 위와 같은 행정자치부의 유권해석이나 비과세관행을 알고 이를 신뢰하고 취득세를 신고 · 납부한 것으로 짐작되며, 이 사건 처분은 결과적으로 지방세법 시행령 제18조 제1항의 해석과 관련하여 소급과세금지 원칙을 위반하여 위법하다.
- **2019구합71234** : 과세관행의 성립과 소멸은 조세법률주의 원칙상 비록 지방세의 경우에도 전국에 걸쳐 통일적으로 판단하여야 하지 과세권자별로 따로 판단할 수는 없다고 봄이 타당할 수 있다. 그러나, 구 지방세법 제3조는 '이 법에 따른 지방세를 부과 · 징수하는 지방자치단체는 지방세기본법 제8조의 지방자치단체의 세목 구분에 따라 해당 지방세의 과세 주체가 된다'고 규정하고 있고, 지방세기본법 제8조 제2항 제1호 가목은 취득세를 규정하고 있으므로, 지방세기본법 제20조 제3항에 따라 비관세관행이 성립 · 유지되고 있는지는 해당 지방세의 과세권자를 기준으로 판단하는 것이 타당하다(서울고등법원 2019.8.23. 선고 2018누69389 판결, 서울고등법원 2020.5.8. 선고 2019누58027 판결 참조). 따라서 서울특별시의 '부동산취득세 운영실무'기재에도 불구하고 최소한 경기도에서는 학교용지부담금을 취득세 과세표준에 포함시키지 않는 비과세관행이 성립 · 유지되고 있었다고 봄이 타당하다.

법률 Tip 부담금과 취득세 과세표준

부담금이란 중앙행정기관의 장, 지방자치단체의 장, 행정권한을 위탁받은 공공단체 또는 법인의 장 등 법률에 따라 금전적 부담의 부과권한을 부여받은 자가 분담금, 부과금, 기여금, 그 밖의 명칭에도 불구하고 재화 또는 용역의 제공과 관계없이 특정 공익사업과 관련하여 법률에서 정하는 바에 따라 부과하는 조세 외의 금전지급의무(특정한 의무이행을 담보하기 위한 예치금 또는 보증금의 성격을 가진 것은 제외한다)를 말한다(부담금관리 기본법 제2조).

부담금의 종류는 「수도권정비계획법」에 의한 과밀부담금, 「농지법」에 의한 농지보전부담금, 「개발이익환수에 관한 법률」에 의한 개발부담금, 「자연환경보전법」에 의한 생태계보전협력금, 「도시교통정비촉진법」에 의한 교통유발부담금, 「산지관리법」에 의한 대체산림자원조성비, 「수도법」에 의한 원인자부담금, 「하수도법」에 의한 원인자부담금 등이 있다.

「부담금관리 기본법」은 종전에 각 개별법률에 근거하여 설치 · 운영되어 온 각종 부담금의 신설을 억제하고, 그 관리 · 운용의 공정성과 투명성을 제고하기 위하여 부담금의 설치 · 관리 및 운용에 관한 기본적인 사항을 규정한 법률로서 2002년 1월부터 시행 중이다.

이러한 부담금은 그 종류 및 부과시기에 따라 취득세 과세표준에 포함되는 것으로 해석되는 것과 포함되지 않는 것이 있다. 대표적으로 하수처리시설부담금, 상하수도원인자 부담금, 광역교통시설부담금, 기반시설부담금 등은 취득세 과세표준에 포함되며, 토지취득 후 부과되는 개발부담금은 포함되지 않는다.

부담금은 그 종류에 따라 각각 성격이 다른 만큼 납세자 입장에서는 유사한 성격의 강제적 징수금인 부담금들을 어떤 기준으로 분류하여야 할지 판단하기 어려운 경우들이 많고, 과세관청이나 대법원의 해석이 달라지는 사례들도 있어 특히 취득세 과세표준 신고 시 납세자에게 어려움을 주는 항목 중에 하나이다.

(2) 개발부담금

취득일 이후에 공사의 완료로 인하여 수익이 전제가 되는 개발이익 환수에 관한 법률에 의한 개발부담금은 취득가격에서 제외된다(지방세법 기본통칙 10-1).

(3) 상수도원인자부담금

상수도원인자부담금은 기반시설의 수요유발자에게 관련 시설의 비용을 부담시키는 것이 형평의 원칙에 부합한다는 점에서 대형건축물 등을 신축하는 경우 물을 이용하는 시설을 설치하여 기존의 수도시설을 이용함으로써 장래에 수도시설의 신 · 증설을 유발시키는 경우에 부과하는 법정부담금으로 보는 것이 타당하여 쟁점건축물의 신축을 위해서는 부담할 수밖에 없고, 상수도원인자부담금으로 신축하는 송수관 등이 특정되지 아니하여 쟁점건축물과 별개의 과세대상이 되는 다른 물건의 취득가격으로 보기 어려우므로 쟁점건축물을 신축하면서 납부한 법정부담금으로서 이 건 건축물의 취득세 등의 과세표준에 포함되는 것으로 보는 것이 타당하다고 판단된다(조심 2015지859, 2016.8.9.).

(4) 부설주차장 설치의무 면제 비용

부설주차장 설치의무 면제 비용은 이 건 건축물 취득과정에서 필수불가결하게 소요된 비용으로서 이 건 건축물 취득과 관련된 직 · 간접비용으로 취득세 과세표준에 포함하여야 할 것으로 판단된다(서울세제-1733, 2014.2.6.).

3) 토지신탁보수 등

토지신탁보수는 토지 취득 이후에 발생한 비용에 해당하여 취득세 과세표준에는 포함하지 아니하는 것이고, 부동산컨설팅보수 · 금융자문수수료 · 법률자문료 · 금융자문료에는 부가가치세가 포함되어 있으므로 동 부가가치세는 취득세 과세표준에서 제외하여야 하는 것으로 판단된다(조심 2016지103, 2016.12.15.).

건물의 원시취득과 관련하여 신탁수수료의 취득세 과세표준 포함여부에 대한 기존 해석은 아래와 같다.

과세표준	비고	관련법령
포함	신탁의 목적이 건축공사, 인 · 허가 업무 지원 등과 같이 개발업무와 관련되거나 토지 매입 또는 건축물 신축 관련 차입금의 담보가치 보전인 경우 취득과표에 포함한다.	조심2012지391, 2012.12.11. 감심-174, 2011.10.6. 행심-441, 2007.8.27. 등
제외	신탁의 목적이 개발이 완료된 건축물의 분양 또는 판매관리에 한정되거나, 대출금 · 분양대금 등 자금의 관리만을 목적으로 하는 경우 취득과표에서 제외한다.	대법2009두23075, 2011.1.13. 대법2009두23034, 2011.1.13. 조심2011지891, 2012.3.30. 등

기존해석에 따르면 신탁업무 범위가 개발업무 전반 또는 취득관련 차입금 담보가치보전이면 과세표준에 포함하고, 분양판매관리 및 차입금분양대금등 자금관리이면 제외하는 등 개별적으로 판단하여야 한다. 특히 담보신탁의 경우 담보의 대상인 차입금이 개발사업과 직접 관련된 것임이 신탁계약서, 대출약정서 등을 통해 입증될 경우 취득과표에 포함할 수 있으며, 차입금 등 자금의 운영만을 신탁한 경우에는 과세표준에 포함할 수 없을 것이다.

세무 Tip **관리형토지신탁의 경우**

「지방세법」 제10조 제5항 제3호는 취득세의 과세표준에 관하여, '법인장부 중 대통령령이 정하는 것에 의하여 취득가격이 입증되는 취득에 대하여는 사실상의 취득가격에 의한다'고 규정하고, 「지방세법 시행령」 제18조 제1항은 '취득세의 과세표준이 되는 취득가격은 과세대상물건의 취득시기를 기준으로 그 이전에 당해 물건을 취득하기 위하여 거래상대방 또는 제3자에게 지급하였거나 지급하여야 할 직접비용과 간접비용의 합계액으로 한다'고 규정하고 있다. 문제는 관리형토지신탁의 경우 신탁사가 취득세 납세의무자라는 점이다. 따라서 신탁수수료는 과세대상물건을 취득한 자로서 그 취득세의 부과대상자인 신탁사가 거래 상대방 또는 제3자에게 지급한 비용이라고 할 수 없으므로, 이 사건 신탁수수료가 **이 사건 아파트를 취득하기 위한 비용인지 여부와 무관하게** 그 취득세의 과세표준에는 포함될 수 없다(대법원2020두32937 2020.5.14및 광주고등법원2019누1611, 2020.1.8., 전주지방법원2018구합2879, 2019.6.27.). 이에 대하여 2021년 말에 지방세법 시행령 제18조 제1항 제4호를 개정하여 건축 및 토지조성공사로 수탁자가 취득하는 경우 위탁자가 수탁자에게 지급하는 신탁수수료를 포함하도록 개정하였다.

4) 자산관리위탁수수료

공동주택개발사업에 필요한 사업부지 매입, 부동산의 취득 · 관리 및 처분, 제반 인 · 허가 및 승인 등 이 건 건축물의 신축 · 분양과 관련한 포괄적인 업무수행의 대가로 지급한 자산관리 위탁수수료는 이 건 건축물 취득과 관련된 직 · 간접비용이므로 이 건 건축물 취득세 과세표준에는 포함된다(조심 2013지715, 2013.11.26.).

5) PM 용역비 등

쟁점비용 중 양도소득세, 지적측량비, 소유권이전등기비용, 금융자문수수료 등은 청구법인이 이 건 토지를 취득하기 전에 지급원인이 발생한 비용으로서 이 건 토지를 취득하기 위하여 거래 상대방 또는 제3자에게 지급한 간접비용에 해당하므로 취득세 과세표준에 포함하는 것이 타당하나, 신탁수수료, PM 용역비, 법률자문 및 감정평가수수료 등은 청구법인이 이 건 토지를 취득한 후 기존 상가를 철거하고 새로운 건축물을 신축하여 분양하고자 지급한 비용에 해당하므로, 청구법인이 차입한 차입금 중 이 건 토지 취득 등과 관련한 사업비에 해당하는 금액은 이 건 토지의 취득세 과세표준에 해당하나, 나머지 금액은 이 건 토지상에 신축 중인 건축물의 취득가격으로 보는 것이 타당하다(조심 2015지375, 2015.5.14.).

6) 자금관리 신탁수수료

아파트의 신축분양사업과 관련된 차입금 · 분양대금을 투명하게 관리하기 위하여 자금관리를 신탁하고 지급한 신탁수수료는 아파트 신축 · 분양사업에 관한 자금관리비용일 뿐 아파트의 취득과는 무관한 비용이므로 취득세 과세표준에 포함되지 않는다(대법 2009두23075, 2011.1.13.).

7) 사업타당성 용역

사업타당성을 평가하기 위해 개발환경, 시장성, 사업수지 분석 등으로 지급된 비용으로 쟁점건축물의 취득과정에서 필연적으로 발생한 비용으로서 취득세 과세표준에 포함되는 것으로 판단된다(조심 2015지859, 2016.8.9.).

8) 취득대금 외에 당사자의 약정에 따른 취득자 조건 부담액과 채무인수액

지방세법에 의한 취득세 과세표준에는 당해 물건 자체의 가격인 직접비용 및 당해 물건 자체의 가격으로 지급되었다 할 간접비용이 포함되는 것으로 당사자 간 약정에 의해 현물 및 지원금 등의 기부조건으로 택지개발지구 내 토지를 저가로 매입하였다 할지라도 현물 및 지원금은 과세표준에 포함되는 것이 타당하고, 잔금지급 시점을 취득시기로 보아야 하므로 협약서상 손익지원금 등 정산사항은 수정신고를 하여야 한다(지방세운영-3843, 2015.12.11.).

9) 국민주택채권을 해당 부동산의 취득 이전에 양도함으로써 발생하는 매각차손

청구법인은 2009.6.15. 쟁점 부동산을 취득하여 2009.6.19. 소유권이전등기를 한 사실이 제출된 관련 자료에서 입증되고 있어 쟁점부동산을 취득하기 이전에 소유권이전등기를 하거나 법무사에게 소유권이전등기를 위임하는 경우에는 국민주택채권을 매입하여야 하고 등기위임에 따른 법무사 수수료를 지급하여야 하지만, 쟁점부동산을 취득한 후에 등기를 하거나 등기를 법무사에게 위임하는 경우에는 취득일 당시에는 국민주택채권을 매입할 의무가 없고 등기위임에 따른 법무사 수수료도 지급할 필요가 없고 등기를 하기 위한 필요적 비용인 국민주택채권 매각차손액 및 법무사수수료 지급의무가 취득일 후에 비로소 발생된 것이어서 취득세 과세표준에서 제외되는 것이라 하겠다(조심 2011지116, 2012.10.10.).

10) 시행사에서 발생한 급여 등

시행사가 시공사에 신축 공사 관련 일괄도급을 위임하였다고 하더라도, 시행사에서 발생한 비용이 해당 부동산 취득과 관련성이 있다면(신축건물의 판매와 관련된 비용은 제외), 취득시기까지 발생한 비용은 취득세 과세표준에 포함된다고 할 것이다. 다만, 관련성 여부는 사업의 규모 및 업무분장 등 사업 관련성뿐만 아니라, 비목별로 출장목적, 기업업무추진비 지출 사유 등 해당 취득물건과의 관련성도 함께 고려하여 과세권자가 구체적인 사실관계를 면밀히 검토하여 판단할 사항이다(지방세운영-1845, 2016.7.14.).

⑤ 취득가격에서 제외되는 비용

부동산 등의 취득시기를 기준으로 그 이전에 해당 물건을 취득하기 위하여 거래상대방 또는 제3자에게 지급하였거나 지급하여야 할 모든 비용을 취득가격에 포함함에 따르는 취득가격의 불합리를 보완하고자 다음의 비용은 취득가격에서 제외한다고 규정하고 있다.

① 취득하는 물건의 판매를 위한 광고선전비 등의 판매비용과 그와 관련한 부대비용
② 전기사업법, 도시가스사업법, 집단에너지사업법, 그 밖의 법률에 따라 전기 · 가스 · 열 등을 이용하는 자가 분담하는 비용
③ 이주비, 지장물 보상금 등 취득물건과는 별개의 권리에 관한 보상 성격으로 지급되는 비용
④ 부가가치세
⑤ ①부터 ④까지의 비용에 준하는 비용

1) 취득하는 물건의 판매를 위한 광고선전비 등의 판매비용과 그와 관련한 부대비용

신축건물의 과세표준에는 분양을 위한 선전광고비등은 제외하고 건축물의 주체구조부와 일체가 된 것은 과세표준으로 포함하여야 할 것(지방세법 운용세칙 제111－1)으로, 귀문의 경우 갑법인이 을법인과 건축물 시공, 광고, 분양대행 업무를 포함한 일괄도급계약을 체결하면서 건축물 분양을 위한 광고비 및 분양대행수수료 비용이 도급공사금액에 포함되었다 하더라도 이는 건축물 신축을 위한 필수적인 건축공사부대비용이 아니라 건축물의 분양을 원활하게 하기 위한 판매관리비용으로 보아야 할 것이므로 신축건물의 과세표준에서 제외되어야 할 것으로 판단된다(도세－5, 2008.3.13.).

2) 전기 · 가스 · 열 등을 이용하는 자가 분담하는 비용

전기사업법 등에 따른 분담금은 전기 · 도시가스 등의 공급에 따른 설치비용의 일부를 '수익자부담의 원칙'에 따라 그 이용자에게 분담시키는 비용으로 일종의 가입비이나 각종 원인자부담금은 관련 법령에 따라 그 원인자가 부담하여야 하는 비용으로 그 성격 및 취지가 다르다. 따라서 각종 원인자부담금은 해당 부동산 등의 취득가격에 당연히 포함된다(조심 2015지1889, 2016.9.30.). 지방세법 시행령 제18조 제1항 및 제2항의 내용을 종합하면 보면, 제18조 제2항 제2호의 규정은 제1차적으로 도시가스사용자가 취득하는 물건과 관련하여 도시가스사용자가 도시가스사업법에 따라 분담하는 비용 및 이에 준하는 비용을 위 물건의 취득가격에서 제외한다는 취지로 보이나, 위 규정 자체에서 도시가스사용자가 부담하는 비용을 도시가스사용자가 취득하는 물건에 한하여 그 취득가격에서 제외한다고 규정하고 있지 않은 점, 도시가스사용자가 취득하는 물건의 취득가격에서 위 비용을 제외한다면, 도시가스사업자가 취득하는 물건의 취득가격에서 위 비용을 제외하는 것은 더욱 당연하다고 할 수 있는 점 등에 비추어 보면, 원고들과 같은 도시가스사업

가 취득하는 인입배관의 취득가격에서도 도시가스사용자가 분담하는 비용이 제외된다고 해석하는 것이 타당하다(대법 2015두39828, 2015.7.10.).

3) 공사분담금

상수도부담금, 전기인입비, 상수도인입비, 하수도원인자부담금 등 공급시설로부터 당해 신축 건물까지 인입하는데 소요되는 비용으로서 단지 구외의 시설물 공사비를 부담한 것에 해당하는 경우라면 취득세 등 과세표준에서 제외하는 것(행정자치부 심사결정 제2001-252, 2001.5.28. 참조)이 타당하다고 하겠으나, 하수도원인자부담금 중에서 "하수도법 제32조 제4항 규정"에 의거 신축 건물 취득자가 당해 건물 사용에 필요한 오수처리시설을 설치하지 아니하는 대신 하수종말처리시설 설치부담금을 납부하는 경우의 당해 하수도원인자부담금은 취득세 등 과세표준에 포함(행정자치부 심사결정 제2004-249, 2004.8.30. 참조)한다(세정-2007, 2006.5.18.).

4) 보상금 및 보증금, 유치권합의금

(1) 보상금

청구인은 사업을 위해 토지와 지장물을 협의 또는 수용에 의하여 취득 · 보상하면서 토지에 대한 대금과는 별도로 쟁점 보상금을 산정하여 지급하였는바, 쟁점 보상금은 과세대상물건인 토지 자체의 가격으로 지급된 것이 아니라 취득의 대상이 아닌 물건이나 권리에 관한 보상 성격으로 지급된 비용이므로 토지에 대한 취득세의 과세표준인 취득가격에 포함되지 않는다(감심 2014-442, 2016.3.3.).

(2) 임차보증금 · 유치권합의금

주택임대차보호법이나 상가임대차보호법 등에 의하여 대항력 있는 임차인에게 별도로 지급하는 임차보증금은 간접비용이 아니라 직접비용으로 보아야 할 것이다(조심 2011지766, 2012.5.24.). 또한, 경락받은 부동산에 유치권이 설정되어 있고 유치권자와 합의를 하면서 지급한 금액도 직접비용으로 보아야 할 것이다(조심 2014지1183, 2015.4.16.).

이들 채권은 등기부에 이미 권리로서 공시되어 있는 사항이며, 경락을 받은 자도 취득을 위한 비용으로서 이미 알고 있는 사항이기 때문에 직접비용에 해당하는 것이지 간접비용에 해당하는 것은 아니다.

5) 부가가치세

부가가치세는 간접비용에서 제외한다. 신축하는 건축물 부속토지에 대한 토지분 재산세도 건축물의 취득가액에서 제외된다. 그러나 건축물을 신축하면서 현장 사무소에 부과되는 재산세, 주민세, 등록면허세, 자동차세 등은 간접비용에 포함된다.

부가가치세는 매출세액에서 매입세액을 공제하여 신고납부하게 되는데, 면세 등으로 매입세액에서 공제되지 아니하는 부가가치세 매입세액은 법인세에서 손금으로 처리한다. 하지만, 매입세액불공제분 부가가치세도 취득세에서는 모두 간접비용으로 볼 수 없다.

취득가격에서 제외되는 부가가치세란 취득자가 당해 물건을 취득하면서 부가가치세법에 따라 지급한 부가가치세를 의미하는 것으로서 취득자 외의 자가 부담하는 부가가치세를 대신 부담하는 것은 이에 포함되는 것으로 볼 수 없다(조심 2017지320, 2017.6.5.).

❻ 취득가격의 범위 요약

1) 토지

구 분	내 역	근 거
• 단지 내 조경공사비 및 도로포장공사비 등	• 지목변경 수반시 과세 – 건축물의 취득가액이 아닌 토지의 지목변경비용에 포함 과세	• 지방세법 §7 ④
	• 택지를 건축물 부지로 사실상 변경 – 건축물의 취득가액이 아닌 토지의 지목변경비용에 포함 과세	• 지방세법 §7 ⑭
• 토지취득 전 사업타당성 조사비	• 취득가격에 포함	• 조심 2015지859, 2016.8.9.
• 토지 취득 이후 발생한 지급이자	• 취득가격에 불포함	• 세정-4999, 2007.11.23.
• 담보대출확약수수료	• 취득가격에 포함	• 조심 2015지451, 2015.7.7.
• 연부취득 건설자금이자	• 취득가격에 포함	• 지방세운영-2290, 2016.9.2.
• 농지보전부담금, 대체산림자원조성비 등	• 지목변경 수반하므로 취득가격에 포함	• 지방세법 시행령 §18 ①
• 토지신탁보수	• 토지 취득 이후에 발생한 비용으로 취득가격에 불포함	• 조심 2016지103, 2016.12.15.

구 분	내 역	근 거
• 양도소득세, 지적측량비, 소유권이전등기비용, 금융자문수수료	• 토지를 취득하기 전에 지급원인이 발생한 비용으로 취득가격에 포함	• 조심 2015지375, 2015.5.14.
• 현물 및 지원금 등의 기부조건으로 토지를 저가로 매입	• 취득가격에 포함	• 지방세운영-3843, 2015.12.11.

2) 신축건물

구 분	내 역	근 거
• 하자보수충당금, 퇴직급여충당금	• 자가건설의 경우에는 취득가격에 불포함. 타가건설의 경우에는 취득가격에 포함	• 세정-45, 2005.12.13. • 대법 2007두17373, 2010.2.11.
• 감가상각비	• 가설재 손료 취득가격에 포함	• 지방세운영-415, 2017.4.24.
• 발코니, 섀시	• 준공일 이전에 발코니 등 공사가 완료된 경우 취득가격에 포함	• 지방세운영-3865, 2012.11.30.
• 준공청소비	• 준공일 이전 취득가격에 포함	• 조심 2010지813, 2011.11.16.
• 도급계약금액 중 과세목적물의 취득을 위한 것이 아닌 비용	• 취득가격에 불포함 • 취득가격 불포함 금액은 기성청구내역서상 금액임	• 대법 2009두2511, 2009.4.23. • 감심 2009-143, 2009.6.25.
• 미술장식품비	• 탈·부착이 가능하거나 이동이 가능할 경우 취득가격에 불포함	• 조심 2014지1361, 2015.3.27.
• 건축물의 외부에 설치된 CCTV	• 취득가격에 불포함	• 조심 2014지168, 2015.3.12.
• 내·외부 벽면 등에 부착된 광고물	• 취득가격에 포함	• 조심 2015지538, 2017.1.5.
• 지중화비용	• 구외에 매설된 전주 등을 지하에 매설하는 공사비는 취득가격에 불포함	• 조심 2015지762, 2016.10.6.
• 빌트인(Built-in) 방식의 가전제품	• 설치형태가 탈부착이 가능하거나 이동이 가능할 경우 취득가격에 불포함	• 대법2009두2511, 2009.4.23.
• 건축물 철거비용	• 지목변경 관련 비용은 지목변경 과세표준에, 이외의 비용은 건축물 신축 과세표준에 포함	• 대법원 2009두5350, 2009.9.10.
• 건설자금이자	• 취득가격에 포함	• 지방세법 시행령 §18 ①

구 분	내 역	근 거
• 대출취급수수료(PF수수료)	• 취득가격에 포함	• 2008지326, 2008.8.12.
• 할부이자 및 연체료	• 취득가격에 포함(개인 제외)	• 지방세법 시행령 §18 ①
• 개발부담금	• 취득가격에 불포함	• 지방세법 기본통칙 10-1
• 상수도원인자부담금	• 관계법령에 따라 의무적으로 부담하는 비용은 취득가격에 포함	• 조심 2015지859, 2016.8.9.
• 부설주차장 설치의무 면제비용	• 취득가격에 포함	• 서울세제-1733, 2014.2.6.
• 자산관리위탁수수료	• 신축관련 비용 취득가격에 포함	• 조심 2013지715, 2013.11.26.
• 신탁수수료, PM 용역비, 법률자문 및 감정평가수수료	• 건축물을 신축하여 분양하고자 지급한 비용이므로 취득가격에 포함	• 조심 2015지375, 2015.5.14.
• 자금관리 신탁수수료	• 취득가격에 불포함	• 대법 2009두23075, 2011.1.13.
• 사업타당성용역	• 취득가격에 포함	• 조심 2015지859, 2016.8.9.
• 부동산 취득이후 국민주택채권 매각차손액과 법무사수수료	• 부동산 취득이후 등기를 위한 비용에 해당되므로 취득가격에 불포함	• 조심 2011지116, 2012.10.10.
• 견본주택건축비	• 존속기간 1년 초과 여부에 따라 별도 과세객체로 판단	• 지방세법 §9 ⑤
• 분양을 위한 선전광고비(신문, TV, 잡지 등 분양광고비)	• 건축비용이 아닌 건축물판매비용이므로 취득가격에 불포함	• 지방세법 시행령 §18 ②
• 도시가스 등 인입비용	• 취득가격에 불포함	• 지방세법 시행령 §18 ②
• 지장물 보상금	• 취득가격에 불포함	• 감심 2014-442, 2016.3.3.
• 취득자 외의 자가 부담하는 부가가치세	• 취득가격에 포함	• 조심2017지320, 2017.06.05.
• 기부채납조건으로 취득한 부동산	• 취득가격에 불포함	• 지방세법 §9 ②
• 학교용지를 취득하여 기부채납	• 취득가격에 포함	• 지방세운영-3861, 2015.12.11.
• 부동산 취득이후 국민주택채권 매각차손액과 법무사수수료	• 부동산 취득이후 등기를 위한 비용에 해당되므로 취득가격에 불포함	• 조심 2011지116, 2012.10.10.

구 분	내 역	근 거
• 시행사의 급여 등	• 해당 부동산 취득과 관련성이 있다면 취득가격에 포함	• 지방세운영-1845, 2016.7.14.
• 건축관련조세(건축허가에 따른 면허세, 공사현장의 종업원분 주민세, 인지세)	• 취득가격에 포함(취득세, 등록세, 재산세, 종합부동산세 제외)	
• 산재보험료, 고용보험료, 건강보험료 등	• 취득가격에 포함	• 지방세운영-128, 2008.6.18.

제 9 장 건 설 업 과 취 득 세

제 3 절

취득세 실무사례

❶ 신축건물에 대한 취득세

1) 과세표준 및 세액

(단위 : 원)

구 분	85㎡ 이하	85㎡ 초과	근린생활	계	비 고
과세표준					
취득세(2%)					
감면세액			해당 없음		
감면후취득세					
농특세	비과세				
취득세(0.8%)					
감면세액			해당 없음		
감면후취득세					
농특세(감면분)	비과세		해당 없음		
지방교육세					
납부세액					

 **세무 Tip 서민주택에 대한 농특세 비과세**

서민주택의 취득과 서민주택의 취득에 따른 취득세 감면세액에 대하여는 농어촌특별세를 부과하지 아니한다.

비과세대상	관련조문
서민주택에 대한 취득세의 감면	농어촌특별세법 §4 9호
서민주택에 대한 취득세	농어촌특별세법 §4 11호

서민주택이란 주택법 제2조 제6호에 따른 국민주택 규모(건축법 시행령 별표 1 제1호 다목에 따른 다가구주택의 경우에는 가구당 전용면적을 기준으로 한다) 이하의 주거용 건물과 이에 부수되는 토지(국가, 지방자치단체 또는 한국토지주택공사법에 따라 설립된 한국토지주택공사가 해당 주택을 건설하기 위하여 취득하거나 개발 · 공급하는 토지를 포함한다)로서 주택바닥면적(아파트 · 연립주택 등 공동주택의 경우에는 1세대가 독립하여 구분 · 사용할 수 있도록 구획된 부분의 바닥면적을 말한다)에 다음 표의 용도지역별 적용배율을 곱하여 산정한 면적 이내의 토지를 말한다.

구분	용도지역	적용배율
도시지역	전용주거지역	5배
	상업지역 · 준주거지역	3배
	일반주거지역 · 공업지역	4배
	녹지지역	7배
	미계획지역	4배
도시지역 외의 용도지역		7배

국가, 지방자치단체 또는 한국토지주택공사법에 따라 설립된 한국토지주택공사가 해당 주택을 건설하기 위하여 취득하거나 개발 · 공급하는 토지 국가, 지방자치단체 또는 한국토지주택공사로부터 서민주택을 건설하기 위하여 주택건설사업자 등이 공급받은 토지에 대하여는 농어촌특별세를 비과세한다(지방세운영-4588, 2009.10.28. 해석변경).

2) 취득세 과세표준 산출 근거

취득세 과세표준을 산출하기 위해서는 해당 사업에 대한 사업개요, 연도별 분양원가명세서, 계정별원장, 공사도급내역서, 기성내역서, 실행정산내역서 및 각종 계약서 등을 검토하여야 한다.

① 건축개요

사 업 명		사 업 주	
소 재 지		대지면적	
건축면적		건축연면적	

② 건축연면적

주택형	전용면적	계약면적	세대수	총면적
85㎡ 이하				
소계				
85㎡ 초과				
소계				
주택계				
상가계				
합계				

③ 신축공사비 과세표준 산출 총괄표

계정과목		내역	거래처	연도별발생원가				추가원가	원가계	가산	차감	가감계
				20X1	20X2	20X3	소계					
공사원가	재료비											
	노무비											
	외주비											
	공사부담금											
	세금과공과											
	지급수수료											
	설계감리비											
	예술장식품											
	소계											
판관비	지급수수료											
	소계											
영업외비용	이자비용 잡손실											
	소계											
부대설비	발코니											
	유상옵션											
	소계											
합계												

④ 현장별 공사원가명세서

계정과목	20X1	20X2	20X3	소계	추가발생원가	합 계
Ⅰ. 재료비						
Ⅱ. 노무비						
Ⅲ. 외주공사비						
Ⅳ. 건설용지비						
Ⅴ. 경비						
1. 공사부담금						
2. 세금과공과						
3. 지급수수료						
4. 설계감리용역비						
5. 예술장식품비						
Ⅵ. 당기총공사비용						

⑤ 추가발생원가 내역서

계정과목	내역	거래처	금액
공사부담금 지급수수료	교통시설설치공사부담금 등 신축관련 컨설팅 비용 등		
계			

⑥ 지목변경원가 내역서

계정과목	내역	거래처	금액
외주공사비	단지내도로 및 포장공사 조경식재, 시설물, 조경석공사 각종 블록, 경계석, 아스콘		
계			

⑦ 취득가격에서 제외할 원가 내역서

계정과목	내역		금액
공사비관련	퇴직급여 하자보수비(충당금설정) 감가상각비 견본주택비 가설건축물 및 지하수 준공청소비 입주자 사전점검비 일반가구중 분리가구 주방가구중 분리가구 주차관제시스템공사중 분리제품 사인몰공사중 표찰판 등 단지외 조명공사	자체공사 자체공사 자체공사 준공일 이후 청소비 시스템가구, 선반 등 장시장, 선반 등 건축물 미부착 (카드, 키등) 건축물 미부착 건축물 미부착	
	소계		
판매관리비	분양대행용역		
	소계		
세금과공과	부가가치세 불공제분 재산세, 종합부동산세		
예술장식품비	예술장식품비		
기부채납	도시계획시설공사 등		
합계			

■ 매비와관리비 · 영업외비용 중 취득가격에 포함할 비용 내역서 ■

계정과목	내역	거래처	금액
지급수수료 이자비용 잡 손 실	신축관련 컨설팅비 건설자금이자 도급기성 연체이자 등		
계			

■ 주체구조부의 부대설비내역서 ■

계정과목	내역	거래처	금액
	발코니 유상옵션		
계			

❷ 시공사의 비과세내역 산정

도급공사에는 시공사가 본공사뿐만 아니라 다양한 용역들을 포함하여 함께 계약하는 경우가 많다. 대표적으로 분양대행용역등이 도급공사금액에 포함되어 있다. 시행사입장에서 분양경비는 판매관리비로서 취득세 과세표준에서 제외되어야 하지만, 공사대금의 기성청구시 해당금액이 구분되어 있지 않으므로 시공사에 별도로 요청하여 공문으로 수취하는 것이 좋다. 물론 해당금액을 별도의 세금계산서로 받는 것이 가장 좋다. 건설업 실무상 연면적 평단가로 공사금액을 협의하는 경우가 많아서 세금계산서를 구분하여 수취하는 것이 쉽지 않은 면이 있다.

1) 비과세내역

구 분	금 액	내 역	증 빙
인건비		분양사무소 직원인건비	
광고선전비		M/H 및 분양관련 광고선전비	
여비 및 도서비		분양업무관련 여비 및 도서인쇄비	
견본주택비		견본주택 축조공사비	
임차료 및 보험료		M/H 직원 보험료	
지급수수료 및 용역비		M/H 비품 임차료 및 분양인력용역비	
외주비		부대토목공사(포장공사) 및 조경공사비	지목변경이 수반되는 경우 별도 취득세 대상
기타비용			
소 계			

2) 구비서류

해당 내역서를 구비하는 경우 첨부서류로서 아래 시공사의 서류등을 구비하는 것이 좋다.

- 비과세관련 시산원장
- 견본주택비관련 계약서
- 부대토목공사 등 계약서 및 내역서
- 미술장식품 제작 및 설치계약서

Chapter 09

❸ 현장사무실 및 가설건축물의 취득세

1) 가설건축물의 취득세

1년 초과하는 가설건축물은 취득세 과세대상이 된다. 가설건축물 축조신고를 하지 않거나, 축조신고(1년 이하 존치로 신고) 후 존치기간 연장신고를 하지 않더라도 실제로 1년 초과 존치하였으면 과세대상에 포함하여야 한다.

2) 과세표준 : 사실상 취득금액

- **구입하는 경우** : 구입금액으로 취득시점까지 지급했거나, 지급하여야 할 비용으로 취득시점까지 미지급된 비용이나 향후 지급예정인 비용을 포함
- **건설하는 경우** : 외주 공사비 도급금액으로 취득시점까지 지급했거나, 지급하여야 할 비용으로 취득시점까지 미지급된 비용이나 향후 지급예정인 비용을 포함
- **컨테이너를 임차하는 경우** : 임차하는 사업자의 장부가액, 장부가액이 없거나 불확실한 경우 임차하는 사업자의 취득금액(컨테이너를 건축물용도로 사용하는 경우 취득세과세대상이 된다는 점에 주의하여야 한다)
- **서울세제-7374**(2012.06.18) **취득세** : 가설건축물 설치에 따른 취득세 과세표준은 임대사업자의 법인장부 중 취득가격이 증명되는 가격 (…) 가설건축물의 취득세 납세의무자는 컨테이너를 임차하여 설치하였다 해도 사실상 설치하고 사용하는 자에게 있다.
- **프리패브**(프리패브란 미리 부품을 공장에서 생산하여 현장에서 조립만 하는 것을 말한다. 흔히 조립주택을 부르는 말이지만, 건설현장에서는 컨테이너 등을 임차하여 현장사무실로 사용하는 경우 프리패브라고 부른다)를 임차하는 경우 동산이 부동산이 되는 경우로 시가표준액을 계산하는 경우 보통 경량철골조의 근린생활시설의 시가표준액이 산출되므로 과다한 취득세 과세표준이 산정되기 때문에 상기 예규가 생성되었다.
- **부대 비용** : 물건 자체의 취득가액 이외에 취득시점까지 소요된 중개수수료, 취득건축물의 인테리어공사비용, 체구조부와 일체를 이루는 각종 시설물(Built-in가전가구), 대수선공사비, 컨테이너 운송료/설치비 등도 취득가액에 포함한다.

3) 입증서류

구 분	관련 증빙
외주를 통해 가설사무실을 축조한 경우 외주계약서상 계약금액	외주계약서 및 내역서, 세금계산서
자체적으로 자재구입 등을 통하여 신축한 경우 공사원가내역상 금액	신축공사원가 내역서
가설사무실을 구입한 경우 매매계약서상 구입가액	매매계약서, 세금계산서
컨테이너를 임차하여 사용하는 경우 임대인의 장부가액	임대인의 장부가액 확인명세서(날인본) 또는 임대인의 매입세금계산서

세무 Tip 가설건축물의 원시취득과 승계취득

1년 초과하는 가설건축물은 취득세 과세대상이 된다. 가설건축물 축조신고를 하지 않거나, 축조신고(1년 이하 존치로 신고) 후 존치기간 연장신고를 하지 않더라도 실제로 1년 초과 존치하였으면 과세대상에 포함하여야 한다. 이때 존치기간 1년의 초과 여부는 취득자가 아니라, 가설건축물을 기준으로 판단한다. 즉, 매수인이 가설건축물을 취득하고 1년 미만으로 사용하는 경우라 하더라도 매도인의 사용기간과 포함하여 가설건축물의 존치기간이 1년 이상이 된 경우 매수인은 가설건축물 취득세를 부담하게 된다. 또한 매도인의 입장에서 매수인에게 양도하여 존치기간이 1년을 초과하였을 때 가설건축물의 원시취득에 대한 납세의무가 성립하는지도 문제가 된다. 이에 저자는 아래와 같은 유권해석을 생성하였으므로 참조하기 바란다.

- **세정과-220302, 2023.10.5.** : 존속기간이 1년을 초과하는 임시용 건축물은 지방세법 제9조 제5항 단서에 따라 취득세 납세의무가 성립하고 취득행위를 기준으로 취득시기 및 납세의무자를 판단할 것인바 임시용 건축물(1년 미만) 축조하여 원시취득한 후 1년 이내 매도하여 승계취득자(매수인)가 임시용 건축물에 존치기간 1년 이상으로 연장신고 하였다면 승계취득자에게 축조신고서상 존치기간의 시기와 사실상 사용일 중 빠른 날로부터 기간을 계산하여 1년 이상 존속기간 해당여부에 따라 취득세 납세의무가 성립할 뿐 임시용 건축물을 축조한 자(매도인)에게 원시취득에 대한 취득세 납세의무가 있다고 보기 어렵다.
- **세제과-15033, 2023.11.2.** : 가설건축물을 축조한 매도자가 존치기간 1년 미만인 상태에서 매각하였다면 매도자는 취득세 납세의무가 없으며, 동 가설건축물을 매수한 자가 취득과 동시에 존치기간을 1년 초과하여 연장신고하였다면 매수자는 취득일부터 60일 이내에 취득세를 신고 · 납부하여야 한다(구 행정자치부 세정13407-763, 2000.6.15. 같은 뜻).

Chapter 09

건설업

세무와 회계

제 10 장

건설업과 지방세

제 1 0 장 건 설 업 과 지 방 세

제 1 절

지방세 개관

① 개요

2010.3.31. 전부 개정 전 지방세법은 총칙, 세목별 과세요건, 부과 · 징수와 과세면제 · 경감 등 여러 가지 규정이 혼재되어 있어 납세자가 지방세 부과에 관한 내용을 알기 어렵고 법체계의 전문화에 한계가 있었다. 이에 따라 2010.3.31. 지방세법을 전부 개정하고 지방세기본법 및 지방세특례제한법을 제정하여, 지방세법의 내용 중 지방세에 관한 기본적 사항은 지방세기본법, 과세면제 및 경감에 관한 규정, 각 세목별로 감면적 성격이 강한 비과세 규정과 지방자치단체의 감면에 관한 조례 중에서 전국 공통으로 적용되는 감면사항은 지방세특례제한법에 규정하였다. 한편, 2016.12.27. 지방세기본법을 전부 개정하여 지방세의 징수 및 체납처분 분야를 이 법에서 분리하여 지방세징수법을 제정하였다. 따라서 현행 지방세법 체계는 4법체계로 운영되고 있다.

② 건설업관련 지방세 요약표

세목	납부방법	납부기간 · 납부기한
취득세	신고납부	• 취득일로부터 60일과 등기 · 등록일 중 빠른 날까지 (상속 : 상속개시일이 속하는 달의 말일부터 6개월 이내)
	보통징수	• 취득 신고 후 미납부자 및 미신고자에 대한 수시부과
등록면허세	신고납부	• 등기 · 등록하기 전까지(등기 · 등록신청서 접수 전까지)
주민세	보통징수 신고납부	• 개입분 : 보통징수 (8.16~8.31) • 사업소분 : 신고납부(신고납부기간 8.1~8.31.) • 종업원분 : 매월 납부할 세액을 다음 달 10일까지 신고납부

세목	납부방법	납부기간 · 납부기한
지방소득세	신고납부 보통징수 특별징수	• 법인지방소득 : 사업연도 종료일로부터 4월 이내 • 개인지방소득 : 소득세와 동시 신고납부(다음연도 5.1.~5.31. 또는 6.1.~6.30.) • 미신고납부자에 대하여 수시부과 • 특별징수액 징수일이 속하는 달의 다음달 10일까지 신고납부
재산세	보통징수	• 정기분 : 7.16.~31. 주택분 1/2, 건축물분 전액 9.16.~30. 주택분 1/2, 토지분 전액 • 수시분 : 정기분 누락자에 대하여 수시부과
지역자원 시설세	신고납부 보통징수	• 말일까지 납부(기존 지역개발세분－지하수는 보통징수) • 미신고납부자에 대하여 수시부과 • 기존 공동시설세분 7.16.~31., 9.16.~30.
지방교육세	신고납부 보통징수	• 취득세, 담배소비세, 등록분 등록면허세, 레저세 신고납부까지 • 주민세(균등분), 재산세, 자동차세 납부기한까지

❸ 건설업관련 지방세 세율 요약표

세목	내역	세율(%)	비고
취득세	1) 부동산 취득 표준세율(50% 내 가감 가능)		과세표준 : • 취득당시의 가액 • 연부취득의 경우는 연부금액
	① 상속 : 농지	23/1,000	
	기타	28/1,000	
	② 상속 외의 무상취득(단, 특정 비영리사업자 28/1,000)	35/1,000	
	③ 원시취득	28/1,000	
	④ 공유물 · 합유물 · 총유물의 분할	23/1,000	
	⑤ 기타취득 : 농지	30/1,000	
	기타	40/1,000	
	⑥ 유상주택취득 : 6억원 이하	10/1,000	
	6억원 초과~9억원 이하	20/1,000	
	9억원 초과	30/1,000	
	2) 차량		
	① 비영업용 승용자동차 : 신규등록 및 소유권 이전(단, 경자동차의 경우 40/1,000)	70/1,000	
	② 기타의 자동차 : 신규등록 및 소유권이전		
	i) 비영업용(단, 경자동차의 경우 40/1,000)	50/1,000	
	ii) 영업용	40/1,000	
	③ 이륜자동차		
	법 제124조에서 정하는 자동차 외의 차량	20/1,000	

세목	내역	세율(%)	비고
	3) 기계장비 신규등록 및 소유권이전등록(건설기계 외의 기계장비 20/1,000)	 30/1,000	
	4) 본점·주사무소 신축·증축(수탁자가 취득한 신탁재산 중 위탁자가 사용하는 부동산 포함) ① 5년 경과 법인 ② 5년 미만 법인	 68/1,000 84/1,000	
	5) 비도시형 공장 신·증설(부동산 취득에 한함) ① 5년 경과 법인 ② 5년 미만 법인	 68/1,000 84/1,000	
	6) 도시형업종 공장 신·증설(부동산 취득에 한함) ① 5년 경과 법인 ② 5년 미만 법인	 28/1,000 44/1,000	
	7) 대도시 내 법인 설립 5년 이내 ① 본점·주사무소 승계취득 ② 기타 부동산 승계취득 ③ 기타 부동산 신축 ④ 주택유상승계취득	 80/1,000 80/1,000 44/1,000 40/1,000	
	8) 고급주택, 고급오락장 등	기본세율+ 80/1,000	
	9) 개수, 구조변경, 지목변경, 과점주주, 레저시설 등	20/1,000	
등록분 등록 면허세	1) 부동산등기 표준세율(50% 내 가감 가능) ① 소유권 보존등기 ② 소유권 이외 물권과 임차권 설정 및 이전 ③ 경매신청·가압류·가처분 및 가등기 ④ 기타 등기 ⑤ 위 ①~③의 경우 세액이 6,000원 미만일 때	 8/1,000 2/1,000 2/1,000 건당 6,000원 6,000원	과세표준 : 등기·등록당시의 가액
	2) 차량 ① 소유권의 등록 i) 비영업용 승용자동차 ii) 그 밖의 차량 ㉠ 비영업용 경자동차 ㉡ 영업용 ② 저당권설정등록 ③ 그 밖의 등록	 50/1,000(경자동차 20/1,000) 30/1,000 20/1,000 20/1,000 2/1,000 건당 15,000원	

세목	내역	세율(%)	비고
	3) 기계장비 ① 소유권의 등록 ② 저당권설정등록 ③ 기타	 10/1,000 2/1,000 건당 10,000원	
주민세	1) 개인분 2) 사업소분(사업소 연면적 330㎡ 초과) 3) 종업원분(급여액 15,000만원 초과)	10,000원 5~50만원+1㎡당 250원 급여총액의 0.5%	
지방 소득세	1) 종합소득, 퇴직소득 2) 양도소득 3) 법인소득 4) 특별징수(법인소득세액)	0.6~4% 0.6~4%, 1~7% 1~2.2% 10%	
재산세	1) 토지 ① 종합합산과세대상 5천만원 이하 5천만원 초과 1억원 이하 1억원 초과 ② 별도합산과세대상 2억원 이하 2억원 초과 10억원 이하 10억원 초과 ③ 분리과세대상 i) 전 · 답 · 과수원 · 목장용지 및 임야 ii) 골프장 및 고급오락장용 토지 iii) i) 및 ii) 외의 토지	 2/1,000 10만원+5천만원 초과금액의 3/1,000 25만원+1억원 초과금액의 5/1,000 2/1,000 40만원+2억원 초과금액의 3/1,000 280만원+10억원 초과금액의 4/1,000 0.7/1,000 40/1,000 2/1,000	과세표준 : 시가표준액×공정시장가액비율 *공정시장가액비율 1) 토지 또는 건축물 : 시가표준액의 50~90% 2) 주택 : 시가표준액의 40~80%
	2) 건축물(토지별도) ① 취득세중과세대상 골프장 · 고급오락장용 건축물 ② 법소정 공장용 건축물 ③ ①, ② 이외의 건축물 * 중과세율 : 과밀억제권역안 공장 신 · 증설(5년간 표준세율 ③의 5배)	 40/1,000 5/1,000 2.5/1,000	

세목	내역	세율(%)	비고
	3) 주택(토지포함) 6천만원 이하 6천만원 초과 1억5천만원 이하 1억5천만원 초과 3억원 이하 3억원 초과	1/1,000 6만원+6천만원 초과금액의 1.5/1,000 19만5천원+1억5천만원 초과금액의 2.5/1,000 57만원+3억원 초과금액의 4/1,000	
지역자원 시설세	1) 특정시설분(건축물, 선박) 2) 특정자원분(지하수)	재산가액의 0.04~0.12% 채수량 1㎡당 20~200원	과세표준 : 시가표준액
지방 교육세	1) 취득세액[과세표준×(취득세율-20/1,000)] 2) 등록면허세 3) 주민세(균등분) 4) 재산세액	20/100 20/100 25/100 20/100	

제 2 절

재산세

재산세는 신고납부하는 세금이 아니고, 세부담이 큰 세목도 아니다. 그러나 재산세는 종합부동산세 및 토지등양도소득에 대한 법인세와 긴밀한 관련이 있다. 종합부동산세는 재산세과세내역을 근거로 산출되며, 주택이 아닌 건물을 종합부동산세가 과세되지 않으므로, 토지의 과세구분이 특히 중요하다고 할 수 있다. 또한 토지등양도소득에 대한 법인세는 법인의 비사업용토지 등에 대하여 과세하는데 농지, 임야, 목장용지, 주택토지를 제외한 대부분의 토지는 재산세가 종합합산하는 경우에만 과세되므로 재산세과세내역이 가지는 의미가 크다.

재산세 과세내역에 따른 종합부동산세 과세방식은 아래와 같다.

구분			재산세	법인의 종합부동산세		
			세율	여부	공제액	세율
주택			0.1~0.4%(3억)	과세	0	2주택 이하 : 2.7% 3주택 이상 : 5.0%
건물	상가, 사무실, 빌딩		0.25%	N/A		
토지	종합합산	나대지, 잡종지	0.2~0.5%(1억)	과세	5억	1~3%(45억)
	별도합산	착공한 건축물 부수토지 멸실된 건축물 부수토지	0.2~0.4%(10억)	과세	80억	0.5~0.7%(400억)
	분리과세	주택건설사업자의 토지 지식산업센터 부수토지	0.07%	N/A		
		전, 답, 과수원, 목장용지	0.07%			
		골프장용 토지	4.00%			

괄호 안의 숫자는 재산세 및 종부세의 최고세율이 적용되는 과세구간의 시작가액이다.

❶ 재산세의 의의

1) 개념

"재산세"란 토지, 건축물, 주택, 항공기 및 선박과 같은 재산에 대해 정기적으로 부과되는 지방세를 말한다(지방세법 §104 참조).

2) 과세대상

재산세는 토지, 건축물, 주택, 항공기 및 선박(이하 "재산"이라 함)을 과세대상으로 한다(지방세법 §105).

토지에 대한 재산세 과세대상은 다음에 따라 종합합산과세대상, 별도합산과세대상 및 분리과세대상으로 구분한다(지방세법 §106 ① 참조).

구 분	과세대상 구분
종합합산 과세대상	• 과세기준일 현재 납세의무자가 소유하고 있는 토지 중 별도합산과세대상 또는 분리과세대상이 되는 토지를 제외한 토지
별도합산 과세대상	• 과세기준일 현재 납세의무자가 소유하고 있는 토지 중 다음의 어느 하나에 해당하는 토지 ▶ 공장용 건축물의 부속토지 등 ▶ 차고용 토지, 보세창고용 토지, 시험 · 연구 · 검사용 토지, 물류단지시설용 토지 등 공지상태(空地狀態)나 해당 토지의 이용에 필요한 시설 등을 설치해 업무 또는 경제활동에 활용되는 토지 등 ▶ 철거 · 멸실된 건축물 또는 주택의 부속토지 등
분리 과세대상	• 과세기준일 현재 납세의무자가 소유하고 있는 토지 중 국가의 보호 · 지원 또는 중과가 필요한 토지로서 다음의 어느 하나에 해당하는 토지 ▶ 공장용지 · 전 · 답 · 과수원 및 목장용지 등 ▶ 산림의 보호육성을 위하여 필요한 임야 및 종중 소유 임야 등 ▶ 골프장용 토지와 고급오락장용 부속토지 등 ▶ 공장의 부속토지로서 개발제한구역의 지정이 있기 이전에 그 부지취득이 완료된 곳으로서 공장입지기준면적 범위의 토지 ▶ 국가 및 지방자치단체 지원을 위한 특정목적 사업용 토지 등 ▶ 에너지 · 자원의 공급 및 방송 · 통신 · 교통 등의 기반시설용 토지 등 ▶ 국토의 효율적 이용을 위한 개발사업용 토지 등 ▶ 그 밖에 지역경제의 발전, 공익성의 정도 등을 고려하여 분리과세해야 할 타당한 이유가 있는 토지 등

주거용과 주거 외의 용도를 겸하는 건물 등에서 주택의 범위를 구분하는 방법, 주택 부속토지의 범위 산정은 다음에 따른다(지방세법 §106 ② 및 지방세법 시행령 §105).

① 1동(棟)의 건물이 주거와 주거 외의 용도로 사용되고 있는 경우에는 주거용으로 사용되는 부분만을 주택으로 본다. 이 경우 건물의 부속토지는 주거와 주거 외의 용도로 사용되는 건물의 면적비율에 따라 각각 안분하여 주택의 부속토지와 건축물의 부속토지로 구분한다.

② 1구(構)의 건물이 주거와 주거 외의 용도로 사용되고 있는 경우에는 주거용으로 사용되는 면적이 전체의 50/100 이상인 경우에는 주택으로 본다.

③ 건축물에서 허가 등이나 사용승인(임시사용승인을 포함)을 받지 않고 주거용으로 사용하는 면적이 전체 건축물 면적(허가 등이나 사용승인을 받은 면적을 포함)의 100분의 50 이상인 경우에는 그 건축물 전체를 주택으로 보지 않고, 그 부속토지는 종합합산과세대상 토지(지방세법 §106 ① 1호)로 본다.

④ 주택 부속토지의 경계가 명백하지 않은 경우 그 주택의 바닥면적의 10배에 해당하는 토지를 주택의 부속토지로 한다.

⑤ 재산세의 과세대상 물건이 토지대장, 건축물대장 등 공부상 등재되지 아니하였거나 공부상 등재현황과 사실상의 현황이 다른 경우에는 사실상의 현황에 따라 재산세를 부과한다(지방세법 §106 ③ 본문).

⑥ 다만, 다음의 경우에는 공부상 등재현황에 따라 재산세를 부과한다(지방세법 §106 ③ 단서 및 지방세법 시행령 §105의 2).

㉠ 관계 법령에 따라 허가 등을 받아야 함에도 불구하고 허가 등을 받지 않고 재산세의 과세대상 물건을 이용하는 경우로서 사실상 현황에 따라 재산세를 부과하면 오히려 재산세 부담이 낮아지는 경우

㉡ 재산세 과세기준일 현재의 사용이 일시적으로 공부상 등재현황과 달리 사용하는 것으로 인정되는 경우

3) 건축물의 부수토지

기타의 건설사업자는 착공을 하여야 비로소 건축물 부수토지가 되어 별도합산과세된다. 이때 주의할 점은 주택건설사업자처럼 사업계획승인이 아니라 실제 착공하여야 한다는 점이다. 착공의 시점은 아래와 같다.

(1) 착공한 건물의 부속토지

'착공신고'란 건축허가를 받거나 신고를 한 건축물의 공사를 착수하려는 건축주는 국토교통부령으로 정하는 바에 따라 허가권자에게 공사계획을 신고하여야 한다. 첫 삽질을 시작하는 착공은 사업전체에서 매우 중요한 의미(선분양하는 분양사업의 경우 착공시점 즈음에 분양하게 된다)를 가지고 있고, 세법적으로도 중요한 시점이 된다. 착공은 법인세(업무무관 부동산, 건설자금이자), 부가세(토지관련 매입세액), 취득세(중과세), 재산세(분리과세), 종부세(별도합산) 등 많은 세목에서 중요한 기준점이 되기 때문이다.

일반적으로 착공시기는 터파기공사를 시작한 시점을 의미한다. 단순한 형질변경공사는 건축공사의 사전단계에 불과하므로 착공으로 보지 않는다. 이러한 관점은 세법뿐만 아니라 건설산업에서도 받아들여지는 일반적인 관점이다.

대법원 2018두38468, 2018.5.31. : 사회통념상 특정 토지에 건물을 신축하기 위한 공사에 "착공"하였다고 인정하기 위해서는 기존 건물의 철거나 착공신고서를 제출하는 것만으로 부족하고, 실질적인 공사의 실행이라 볼 수 있는 행위로서 최소한 정도로 부지를 파내는 정도의 굴착공사나 터파기공사에 착수하는 경우에 비로소 공사에 "착공"하였다고 볼 수 있음

착공(commencement of work, 着工) : 공사 시공자가 공사에 착수하는 것을 말하며, 토목이나 건축에서는 일반적으로 터파기공사에 착수하는 것을 말한다(토목용어사전, 1997.2.1., 토목관련용어편찬위원회).

문제는 터파기공사는 다른 공사없이 그냥 시작할 수 있는 작업이 아니라는 점이다. 아무런 준비없이 터를 파면 흙이 무너질 것이다. 당연히 흙막이공사를 먼저 하여야 한다. 흙막이공사를 하려면 공사할 곳을 표시하여야 할 것이다. 이것이 규준틀설치공사(흙막이 작업을 위하여 철제 가이드빔을 설치하는 공사)이다. 최근 대법원판례(대법원 2017두49942, 2017.8.31. 외 다수)는 착공의 시기를 터파기공사시점에서 규준틀설치공사시점으로 앞당겼다고 할 수 있다.

(2) 멸실된 건축물의 부수토지

지방세법상 건축물 및 건축물의 부수토지는 여타의 다른 법(건축법 등)에 따른 정의와 다르다. 요약하면 지방세법은 멸실후 6개월 내의 과세기준일이 도래하는 기존건축물의 부속토지도 건축물 부수토지라고 정의하고 있다.

구분	개정 전(2015년 이전)	개정 후(2016년 이후)
건축물의 범위	멸실 6개월이 지나지 아니한 건축물은 (지방세법상) 건축물	N/A
부속토지 범위	N/A	6개월 내 철거멸실된 건축물의 부속토지 포함
건축물 부수토지	건축물 부속토지에 해당 별도합산	건축물 부속토지에 해당 별도합산

해당 개정의 취지는 "건축물이 멸실된 날부터 6개월이 지나지 아니한 경우 그 부속토지에 대해서는 별도합산과세 적용대상임을 명확히 함"으로, 용어의 정의에서 다루는 만큼 (구)지방세법이 멸실건축물을 건축물로 정의하거나, (현)지방세법이 멸실건축물의 부수토지를 건축물 부수토지로 보는 것은 의제하는 것으로, 이용현황에 따른 추정이 아닌 것으로 사료된다. 조세심판원도 "다른 용도로 사용하기 위하여 소요되는 시간을 감안하여 최소한 6개월 정도는 건물이 존재하는 것으로 보아✎ 재산세 과세시 별도합산세율을 적용하도록 규정(조심 2010지26, 2010.9.13.)하였다고 판시한 바 있다.

✎ 조심 2008지0236는 결정문에서 "재산세 과세기준일 현재 건축물 멸실시점으로부터 6월이 경과되지 아니한 사실이 명백히 입증되는 경우와 이러한 멸실시점이 입증되지 아니하여도 건물멸실등기를 함으로써 공부상 멸실된 사실이 확인되는 건축물의 부속토지로서 멸실등기시점으로부터 6월이 경과되지 아니한 토지까지 포함하여 당해 토지를 계속하여 건축물의 부속토지로 간주하겠다는 의미로 해석하는 것이 입법목적에 부합된다고 할 것"이라고 하여 부속토지 여부가 사실관계에 따라 달리 해석되는 것이 아니라 "간주"하는 것임을 명확히 하고 있다.

그러나 최근 행안부는 과세기준일 현재(6/1) 기존건축물 부속토지를 일시적으로 주차장으로 사용하는 경우 종합합산과세대상이 되는 것으로 해석(부동산세제과-515, 2024.2.5.)하여 전국 지방자치단체에게 배포한 바 있다✎.

✎ 부동산세제과-515(2024.2.5.) : 「지방세법」 제106조 제1항 제2호 다목 및 같은 법 시행령 제103조의 2에서 규정하는 별도합산과세의 취지는 재산세 과세기준일 현재 다른 용도로 이용하는 토지까지 별도합산과세대상으로 구분하는 것은 토지분 재산세 기본 원칙에 부합하지 않는 점, 해당 토지는 건축물이 멸실된 이후, 차단기 설치 · 아스콘 포장 · 무인 수납기 설치 등 주차장으로 이용되는 사실이 명확히 확인되었으며, 이를 공사과정에서 수반되는 일시적인 나대지 상태의 토지로 볼 수 없는 점 등 사실관계 및 입법취지, 종전 판례 등을 종합적으로 고려할 때, 과세기준일 현재 토지 이용현황에 맞게 종합합산과세 대상으로 적용하는 것이 타당하다고 판단됨.

나대지의 일시적인 효율적 운용(주차장 이용)이 규제할 만한 내용도 아니며, 일시적인 운용이 개발사업의 중단 또는 정지를 의미하는 것이 아닌 바 행안부의 유권해석은 타당하지 않다고 사료된다. 해당 해석에 대하여 조세심판원은 ① 재산세 과세기준일 현재 그 지상의 건축물을 철거 · 멸실한 날부터 6개월이 지나지 않은 토지이면 별도합산과세대상에 해당되는 것이지 그 외 다른 요건을 갖추어야 하는 것은 아니라고 보는 것이 조세법규

Chapter 10

의 멍격해석에 부합하는 점, ② 철거 · 멸실된 날부터 6개월이 지나지 아니한 건축물의 부속토지를 별도합산과세대상으로 구분한다고 규정한 것은 재산세 현황과세의 원칙에 대한 특례규정으로 볼 수도 있는 점, ③ 조세심판원은 재산세 과세기준일 현재 건축물을 철거 · 멸실한 날부터 6개월이 경과하였는지 여부만 판단하여 인용 여부를 결정하였을 뿐 건축물을 철거 · 멸실한 후 방치하거나 건축물의 신축을 위한 준비행위가 아닌 다른용도로 사용하였다고 하여 달리 결정하지 않은 점을 근거로 청구주장을 인용하였다(조심 2023지5566 2024.11.11.).

4) 납세의무자

재산세 과세기준일 현재 재산을 사실상 소유하고 있는 자는 재산세를 납부할 의무가 있다. 다만, 다음의 어느 하나에 해당하는 경우에는 해당자를 납세의무자로 본다(「지방세법」 제107조 제1항).

구 분	의무자
공유재산인 경우	• 그 지분에 해당하는 부분(지분의 표시가 없는 경우 지분이 균등한 것 봄)에 대해서는 그 지분권자
주택의 건물과 부속토지의 소유자가 다를 경우	• 그 주택에 대한 산출세액을 「지방세법」 제4조 제1항 및 제2항에 따른 건축물과 그 부속토지의 시가표준액 비율로 안분계산한 부분에 대해서는 그 소유자

다만, 재산세 과세기준일 현재 다음의 어느 하나에 해당하는 자는 재산세를 납부할 의무가 있다(「지방세법」 제107조 제2항 및 「지방세법 시행규칙」 제53조).

구 분	의무자
• 공부상의 소유자가 매매 등의 사유로 소유권이 변동되었는데도 신고하지 않아 사실상의 소유자를 알 수 없을 때	공부상 소유자
• 상속이 개시된 재산으로서 상속등기가 이행되지 않고 사실상의 소유자를 신고하지 않았을 때	「민법」상 상속지분이 가장 높은 사람으로 하되, 상속지분이 가장 높은 사람이 두 명 이상이면 그 중 나이가 가장 많은 사람
• 공부상에 개인 등의 명의로 등재되어 있는 사실상의 종중재산으로서 종중소유임을 신고하지 않았을 때	공부상 소유자

구 분	의무자
• 국가, 지방자치단체, 지방자치단체조합과 재산세 과세대상 재산을 연부(年賦)로 매매계약을 체결하고 그 재산의 사용권을 무상으로 받은 경우	그 매수계약자
• 「신탁법」 제2조에 따른 수탁자의 명의로 등기 또는 등록된 신탁재산의 경우	위탁자(지역주택조합 및 직장주택조합이 조합원이 납부한 금전으로 매수하여 소유하고 있는 신탁재산의 경우에는 해당 지역주택조합 및 직장주택조합을 말함). 이 경우 위탁자가 신탁재산을 소유한 것으로 봄
• 「도시개발법」에 따라 시행하는 환지(換地) 방식에 의한 도시개발사업 및 「도시 및 주거환경정비법」에 따른 정비사업(재개발사업만 해당)의 시행에 따른 환지계획에서 일정한 토지를 환지로 정하지 않고 체비지 또는 보류지로 정한 경우	사업시행자
• 외국인 소유의 항공기 또는 선박을 임차하여 수입하는 경우	수입하는 자
• 「채무자 회생 및 파산에 관한 법률」에 따른 파산선고 이후 파산종결의 결정까지 파산재단에 속하는 재산의 경우	공부상 소유자

재산세 과세기준일 현재 소유권의 귀속이 분명하지 않아 사실상의 소유자를 확인할 수 없는 경우에는 그 사용자가 재산세를 납부할 의무가 있다(「지방세법」 제107조 제3항).

5) 비과세

국가, 지방자치단체, 지방자치단체조합, 외국정부 및 주한국제기구의 소유에 속하는 재산에 대하여는 재산세를 부과하지 않는다. 다만, 대한민국 정부기관의 재산에 대하여 과세하는 외국정부의 재산 또는 매수계약자에게 납세의무가 있는 재산에 대해서는 재산세를 부과한다(「지방세법」 제109조 제1항).

국가, 지방자치단체 또는 지방자치단체조합이 1년 이상 공용 또는 공공용으로 사용(1년 이상 사용할 것이 계약서 등에 의해 입증되는 경우를 포함)하는 재산에 대하여는 재산세를 부과하지 않는다. 다만, 다음의 어느 하나에 해당하는 경우에는 재산세를 부과한다(「지방세법」 제109조 제2항).

1. 유료로 사용하는 경우
2. 소유권의 유상이전을 약정한 경우로서 그 재산을 취득하기 전에 미리 사용하는 경우

다음에 따른 재산(사치성 제한 제외)에 대하여는 재산세를 부과하지 않는다. 다만, 「법인

세법」 제4조 제3항에 따른 수익사업에 사용하는 경우와 해당 재산이 유료로 사용되는 경우의 그 재산(3. 및 5.의 재산은 제외) 및 해당 재산의 일부가 그 목적에 직접 사용되지 않는 경우의 그 일부 재산에 대하여는 재산세를 부과한다(「지방세법」 제109조 제3항 및 「지방세법 시행령」 제107조).

1. 도로 · 하천 · 제방 · 구거 · 유지 및 묘지 등
2. 산림보호구역, 그 밖에 공익상 재산세를 부과하지 않을 타당한 이유가 있는 토지 등
3. 임시로 사용하기 위하여 건축된 건축물로서 재산세 과세기준일 현재 1년 미만의 것
4. 비상재해구조용, 무료도선용, 선교(船橋) 구성용 및 본선에 속하는 전마용(傳馬用) 등으로 사용하는 선박
5. 행정기관으로부터 철거명령을 받은 건축물 등 재산세를 부과하는 것이 적절하지 않은 건축물 또는 주택(「건축법」 제2조 제1항 제2호에 따른 건축물 부분만 해당) 등

② 재산세의 산정

1) 과세표준

토지 · 건축물 · 주택에 대한 재산세의 과세표준은 「지방세법」 제4조 제1항 및 제2항에 따른 시가표준액에 부동산 시장의 동향과 지방재정 여건 등을 고려하여 다음의 공정시장가액비율을 곱하여 산정한 가액으로 한다(지방세법 §110 ① 및 지방세법 시행령 §109).

구분	공정시장가액비율
토지 및 건축물	시가표준액의 70/100
주택	시가표준액의 60/100

2024년도 납세의무가 성립하는 재산세의 과세표준을 산정하는 경우 1세대 1주택으로 시가표준액 3억원 이하는 43%, 3억원 초과 6억원 이하는 44%, 6억원을 초과하는 주택은 45%를 한시적으로 적용하였다(지령 제109조 제1항 제2호).

선박 및 항공기에 대한 재산세의 과세표준은 「지방세법」 제4조 제2항에 따른 시가표준액으로 한다(「지방세법」 제110조 제2항).

세무 Tip **건축물 시가표준액 산출체계**

건물 기준시가 산정 기본 계산식

(1) 기준시가 = 평가대상 건물의 면적(㎡) × ㎡당 금액

(2) ㎡당 금액 = 건물신축가격기준액 × 구조지수 × 용도지수 × 위치지수 × 경과연수별잔가율 × 개별건물의 특성에 따른 조정률

2022년 현재 건물신축가격기준액은 ㎡당 780,000원이다.

평가대상 건물의 면적(㎡)은 연면적을 말하며, 집합건물의 경우 전용면적과 공용면적을 포함한 면적을 말한다.

㎡당 금액은 1,000원 단위 미만은 버린다.

개별건물의 특성에 따른 조정률은 상속세 및 증여세법 제61조 제1항 제2호에 따라 기준시가를 계산하는 경우에만 적용한다.

1) 구조지수

번호	구 조 별	지수
1	통나무조	135
2	목구조	130
3	철골(철골철근)콘크리트조	115
4	철근콘크리트조, 석조, 프리캐스트 콘크리트조, 목조, 라멘조, ALC조, 스틸하우스조	100
5	연와조, 철골조, 보강콘크리트조, 보강블록조	97
6	시멘트벽돌조, 황토조, 시멘트블록조, 와이어패널조	95
7	철골조 중 조립식패널(EPS패널에 한함)	85
8	조립식패널조	80
9	경량철골조	77
10	석회 및 흙벽돌조, 돌담 및 토담조	60
11	철파이프조, 컨테이너건물	55

2) 용도지수

구분	용 도		번호	대 상 건 물	지수
Ⅰ	주거용 건 물	주거시설	1	∘ 아파트	110
			2	∘ 단독주택(노인복지주택 제외) ∘ 다중주택, 다가구주택, 연립주택, 다세대주택, 기숙사(학생복지주택 포함), 도시형 생활주택 등 기타 주거용건물	100
Ⅱ	상업용 및 업무용 건 물	숙박시설	3	∘ 관광호텔(5성급 · 4성급) : 관광진흥법상 관광숙박시설	140
			4	∘ 호텔(공중위생법상 일반숙박시설을 말한다) ∘ 관광호텔(3성급이하), 수상관광호텔, 한국전통호텔, 가족호텔, 호스텔, 소형호텔, 의료관광호텔 및 휴양 콘도미니엄, 펜션(관광진흥법상 관광편의시설)	130
			5	∘ 외국인관광 도시민박(홈스테이, 게스트하우스 포함) (관광진흥법상 관광편의시설) ∘ 한옥체험시설(관광진흥법상 관광편의시설)	120
			6	∘ 여관(모텔 포함)	117
			7	∘ 다중생활시설(제2종 근린생활시설에 해당되는 것은 제외)	105
			8	∘ 여인숙	100

구분	용 도		번호	대 상 건 물	지수
Ⅱ	상업용 및 업무용 건 물	판매시설	9	◦ 백화점	135
			10	◦ 소매점 중 대형점(대형마트, 전문점 등으로서 매장면적이 3,000㎡ 이상인 것), 쇼핑센터, 복합쇼핑몰 ◦ 위에 열거되지 않은 기타 대규모점포	125
			11	◦ 일반상점(슈퍼마켓과 일용품 소매점으로서 바닥면적 합계가 1,000㎡ 이상~3,000㎡ 미만인 것) ◦ 위에 열거되지 않은 기타 판매 및 영업시설	100
			12	◦ 도매시장(도매위주 매장면적이 3,000㎡ 이상인 것) ◦ 전통(재래)시장 ◦ 농수축화훼공판장, 경매장	85
		운수시설	13	◦ 여객자동차터미널, 철도시설, 공항시설, 항만시설 ◦ 위에 열거되지 않은 기타 비슷한 시설	120
		위락시설	14	◦ 무도장	140
			15	◦ 유흥주점 및 이와 유사한 것 ◦ 카지노영업소	135
			16	◦ 관광진흥법에 의한 유원시설업의 시설 기타 이와 유사한 것(제2종 근린생활시설, 운동시설에 해당되는 것은 제외)	120
			17	◦ 단란주점(풍속영업시설에 해당되는 것은 제외)	115
			18	◦ 무도학원	90
		근린생활 시 설	37	◦ 목욕장으로서 바닥면적의 합계가 3,000㎡ 이상인 것	130
			38	◦ 목욕장으로서 바닥면적의 합계가 1,000㎡ 이상~3,000㎡ 미만인 것	115
			39	◦ 목욕장으로서 바닥면적의 합계가 1,000㎡ 미만인 것	110
			40	◦풍속영업시설 – 단란주점으로서 바닥면적의 합계가 150㎡ 미만인 것 – 인터넷컴퓨터게임시설제공업의 시설로서 바닥면적 합계가 500㎡ 이상인 것 – 청소년게임제공업시설, 일반게임제공업시설, 복합유통게임제공업시설 – 사행성게임물제공업시설, 사행행위영업시설 – 비디오물감상실, 안마시술소, 노래연습장	105

구분	용도		번호	대 상 건 물	지수
Ⅱ	상업용 및 업무용 건 물	근린생활 시 설	41	◦ 제1종 · 제2종 근린생활시설 – 슈퍼마켓 등 일용품 소매점으로서 바닥면적 합계가 1,000㎡ 미만인 것 – 일반음식점, 휴게음식점, 제과점, 기원, 서점 – 이용원, 미용원, 세탁소(공장부설 세탁소는 제외) – 의원, 치과의원, 한의원, 침술원, 접골원, 조산원, 산후조리원 및 안마원 – 테니스장 · 체력단련장 · 에어로빅장 · 볼링장 · 당구장 · 실내낚시터 · 골프연습장 · 탁구장 · 체육도장 · 놀이형시설로서 바닥면적 합계가 500㎡ 미만인 것 – 종교집회장 · 공연장이나 비디오물소극장으로서 바닥면적 합계가 500㎡ 미만인 것 – 금융업소, 사무소, 부동산중개사무소, 결혼상담소 등 소개업소, 출판사 등 일반업무시설로서 바닥면적 합계가 500㎡ 미만인 것 – 제조업소, 수리점 등으로서 바닥면적 합계가 500㎡ 미만인 것 – 인터넷컴퓨터게임시설제공업의 시설로서 바닥면적 합계가 500㎡ 미만인 것 – 사진관, 표구점, 학원(바닥면적 합계가 500㎡ 미만인 것에 한하며, 자동차학원 · 무도학원 · 정보통신기술을 활용하여 원격으로 교습하는 것은 제외), 교습소(바닥면적의 합계가 500㎡ 미만인 것에 한하며, 자동차교습 · 무도교습 · 정보통신기술을 활용하여 원격으로 교습하는 것은 제외), 직업훈련소(바닥면적 합계가 500㎡ 미만인 것에 한하며, 운전 · 정비관련 직업훈련소는 제외), 장의사, 동물병원, 동물미용실, 독서실, 총포판매소 등 – 자동차영업소로서 바닥면적 합계가 1,000㎡ 미만인 것 – 다중생활시설(바닥면적 합계가 500㎡ 미만인 것) – 지역아동센터(단독주택과 공동주택에 해당하지 아니한 것) – 변전소, 도시가스배관시설, 통신용 시설(바닥면적 합계가 1,000㎡ 미만인 것), 정수장, 양수장 등 – 위에 열거되지 않은 기타 제1종 · 제2종 근린생활시설	100
		묘지관련 시 설	42	◦ 화장시설 ◦ 봉안당(종교시설에 해당하는 것 제외) ◦ 묘지와 자연장지에 부수되는 건축물	130
			43	◦ 동물화장시설, 동물건조장(乾燥葬) 시설 및 동물 전용의 납골시설	105
		장례식장	44	◦ 장례식장(종합병원 부속 장례식장 포함)	115
			45	◦ 동물 전용 장례식장	105

구분	용 도		번호	대상건물	지수
Ⅲ	산업용 및 기 타 특수용 건 물	공 장	46	∘ 지식산업센터(아파트형공장)✎	115
			47	∘ 냉동공장 ∘ 반도체 및 평면디스플레이 공장✎	100
			48	∘ 기타 물품의 제조 · 가공 · 수리에 계속적으로 이용되는 건축물로서 제1종 · 제2종 근린생활시설, 위험물저장 및 처리시설, 자동차 관련 시설, 자원순환 관련 시설 등으로 따로 분류되지 아니한 것	80
		발전시설	49	∘ 원자력 발전시설	300
			50	∘ 발전소(제1종 근린생활시설에 해당되는 것은 제외)	90
		창고시설	51	∘ 냉동창고, 냉장창고	105
			52	∘ 냉동 · 냉장창고외의 창고 ∘ 하역장, 물류터미널, 집배송시설	80
		위 험 물 저 장 및 처리시설	53	∘ 주유소(기계식 세차설비 포함) 및 석유판매소 ∘ 액화석유가스충전소 · 판매소 · 저장소(기계식 세차설비 포함), 위험물제조소 · 저장소 · 취급소, 액화가스취급소 · 판매소, 유독물보관 · 저장 · 판매시설, 고압가스충전소 · 판매소 · 저장소, 도료류판매소, 도시가스제조시설, 화약류저장소, 기타 위험물저장 및 처리시설 ∘ 주유소의 캐노피	90
		자원순환 관련 시설	54	∘ 하수 등 처리시설 ∘ 고물상 ∘ 폐기물재활용시설, 폐기물 처분시설 및 폐기물감량화시설	80
		자 동 차 관련시설	55	∘ 자동차매매장, 운전학원 · 정비학원(운전 및 정비관련 직업훈련시설 포함)	75
			56	∘ 세차장, 폐차장, 검사장, 정비공장, 차고 및 주기장	65
			57	∘ 주차장(자주식 주차전용빌딩 포함, 주택의 차고 제외)	55
		동 · 식물 관련시설	58	∘ 가축용운동시설, 인공수정센터, 관리사, 동물검역소, 실험동물사육시설, 경주용마사	70
			59	∘ 축사(양잠 · 양봉 · 양어 · 양돈 · 양계 · 곤충사육시설 및 부화장 포함) ∘ 가축시설(가축용 창고, 가축시장, 퇴비장 등) ∘ 도축장, 도계장, 작물재배사, 종묘배양시설	55
			60	∘ 화초 및 분재 등의 온실 ∘ 기타 동 · 식물관련시설(동 · 식물원 제외)	50
Ⅳ	기계식주차전용 빌 딩		61	∘ 기준시가 = 6,000,000원 × 경과연수별잔가율(내용연수 : 30년) × 주차대수	

✎ 지식산업센터(아파트형 공장)는 토지를 효율적으로 이용하고 주로 중소기업의 조업안정을 도모할 목적으로 산업집적활성화및공장설립에관한법률 제2조 제13호 등의 규정에 의하여 동일 건축물에 제조업, 지식산업 및 정보통신산업을 영위하는 자와 지원시설이 복합적으로 입주할 수 있는 다층형 집합건축물로서 6개 이상의 공장이 입주할 수 있는 지상 3층 이상의 집합건축물을 말한다.

✎ 평면디스플레이 공장은 LCD, PDP, LED, FED, 유기EL(OLED, ELD)관련 제조 또는 수리에 계속적으로 이용되는 건축물을 말한다.

3) 위치지수

번호	건물 부속토지의 ㎡당 개별공시지가	지수	번호	건물 부속토지의 ㎡당 개별공시지가	지수
1	20,000원 미만	75	24	4,500,000원 이상~5,000,000원 미만	124
2	20,000원 이상~30,000원 미만	82	25	5,000,000원 이상~5,500,000원 미만	126
3	30,000원 이상~50,000원 미만	84	26	5,500,000원 이상~6,000,000원 미만	128
4	50,000원 이상~70,000원 미만	86	27	6,000,000원 이상~7,000,000원 미만	130
5	70,000원 이상~100,000원 미만	87	28	7,000,000원 이상~8,000,000원 미만	132
6	100,000원 이상~130,000원 미만	88	29	8,000,000원 이상~9,000,000원 미만	134
7	130,000원 이상~150,000원 미만	89	30	9,000,000원 이상~10,000,000원 미만	137
8	150,000원 이상~180,000원 미만	90	31	10,000,000원 이상~15,000,000원 미만	140
9	180,000원 이상~200,000원 미만	91	32	15,000,000원 이상~20,000,000원 미만	143
10	200,000원 이상~300,000원 미만	92	33	20,000,000원 이상~25,000,000원 미만	146
11	300,000원 이상~350,000원 미만	94	34	25,000,000원 이상~30,000,000원 미만	149
12	350,000원 이상~500,000원 미만	96	35	30,000,000원 이상~35,000,000원 미만	152
13	500,000원 이상~650,000원 미만	98	36	35,000,000원 이상~40,000,000원 미만	155
14	650,000원 이상~800,000원 미만	100	37	40,000,000원 이상~45,000,000원 미만	158
15	800,000원 이상~1,000,000원 미만	102	38	45,000,000원 이상~50,000,000원 미만	161
16	1,000,000원 이상~1,200,000원 미만	105	39	50,000,000원 이상~55,000,000원 미만	164
17	1,200,000원 이상~1,600,000원 미만	108	40	55,000,000원 이상~60,000,000원 미만	167
18	1,600,000원 이상~2,000,000원 미만	111	41	60,000,000원 이상~65,000,000원 미만	170
19	2,000,000원 이상~2,500,000원 미만	114	42	65,000,000원 이상~70,000,000원 미만	173
20	2,500,000원 이상~3,000,000원 미만	116	43	70,000,000원 이상~75,000,000원 미만	176
21	3,000,000원 이상~3,500,000원 미만	118	44	75,000,000원 이상~80,000,000원 미만	179
22	3,500,000원 이상~4,000,000원 미만	120	45	80,000,000원 이상	182
23	4,000,000원 이상~4,500,000원 미만	122	–	–	–

4) 경과연수별잔가율

적용대상	Ⅰ그룹	Ⅱ그룹	Ⅲ그룹	Ⅳ그룹
내 용 연 수	50년	40년	30년	20년
최종잔존가치율	10%	10%	10%	10%
상 각 방 법	정액법	정액법	정액법	정액법
연상각률	0.018	0.0225	0.03	0.045

5) 주택에 대한 과세표준 상한

위에 따라 산정한 주택의 과세표준이 직전 연도의 법 제4조에 따른 시가표준액(직전 연도의 시가표준액이 없는 경우에는 해당 연도의 시가표준액을 말한다)에 과세기준일 현재 대통령령으로 정한 비율을 곱하여 계산한 과세표준 상한액보다 큰 경우에는 위에 불구하고 해당주택의 과세표준은 과세표준상한액으로 한다(지령 §109의 2 ①).

주택의 과세표준상한액 = 직전연도 해당주택의 과세표준 상당액 + [과세기준일 당시 시가표준액으로 산정한 과세표준 X 대통령령으로 정하는 비율(0~5%, 현행 5%)]

2) 세율

재산세 표준세율은 다음과 같다(「지방세법」 제111조 제1항 참조).

구분		표준세율
토지	종합합산 과세대상	• 과세표준 5천만원 이하 : 2/1000 • 과세표준 5천만원 초과 1억 이하 : 10만원 + 5천만원 초과금액의 3/1000 • 과세표준 1억원 초과 : 25만원 + 1억 초과금액의 5/1000
	별도합산 과세대상	• 과세표준 2억원 이하 : 2/1000 • 과세표준 2억원 초과 10억원 이하 : 40만원 + 2억원 초과금액의 3/1000 • 과세표준 10억원 초과 : 280만원 + 10억원 초과금액의 4/1000
	분리과세 대상	• 전 · 답 · 과수원 · 목장용지 및 산림의 보호육성을 위하여 필요한 임야 및 종중 소유 임야로서 「지방세법 시행령」 제102조 제2항으로 정하는 임야 : 과세표준의 0.7/1000 • 골프장용 토지 및 고급오락장용 토지 : 과세표준의 40/1000 • 그 밖의 토지 : 과세표준의 2/1000
건축물		• 골프장, 고급오락장용 건축물 : 과세표준의 40/1000 • 특정지역의 공장용 건축물 : 과세표준의 5/1000 • 그 밖의 건축물 : 과세표준의 2.5/1000
주택		• 과세표준 6천만원 이하 : 1/1000 • 과세표준 6천만원 초과 1억5천만원 이하 : 6만원 + 6천만원 초과금액의 1.5/1000 • 과세표준 1억5천만원 초과 3억원 이하 : 195,000원 + 1억5천만원 초과금액의 2.5/1000 • 과세표준 3억원 초과 : 570,000원 + 3억원 초과금액의 4/1000
선박		• 고급선박 : 과세표준의 50/1000 • 그 밖의 선박 : 과세표준의 3/1000
항공기		• 과세표준의 3/1000

위의 주택에 대한 세율에도 불구하고 「지방세법 시행령」 제110조의 2 제1항에 따른 1세대 1주택(시가표준액이 9억원 이하인 주택에 한정)에 대해서는 다음의 세율을 적용한다(「지방세법」 제111조의 2 제1항).

과세표준	세율
6천만원 이하	0.5/1000
6천만원 초과 1억5천만원 이하	3만원 + 6천만원 초과금액의 1/1000
1억5천만원 초과 3억원 이하	120,000원 + 1억5천만원 초과금액의 2/1000
3억원 초과	420,000원 + 3억원 초과금액의 3.5/1000

3) 세율의 적용

토지에 대한 재산세는 다음에 따라 세율을 적용한다(「지방세법」 제113조 제1항 본문).

① **종합합산과세대상** : 납세의무자가 소유하고 있는 해당 지방자치단체 관할구역에 있는 종합합산과세대상이 되는 토지의 가액을 모두 합한 금액을 과세표준으로 하여 위의 종합합산과세대상의 표준세율을 적용

② **별도합산과세대상** : 납세의무자가 소유하고 있는 해당 지방자치단체 관할구역에 있는 별도합산과세대상이 되는 토지의 가액을 모두 합한 금액을 과세표준으로 하여 위의 별도합산과세대상의 표준세율을 적용

③ **분리과세대상** : 분리과세대상이 되는 해당 토지의 가액을 과세표준으로 하여 위의 분리과세대상의 표준세율을 적용

다만, 「지방세법」 또는 관계 법령에 따라 재산세를 경감할 때에는 다음의 과세표준에서 경감대상 토지의 과세표준액에 경감비율(비과세 또는 면제의 경우에는 이를 100분의 100으로 봄)을 곱한 금액을 공제하여 세율을 적용한다(「지방세법」 제113조 제1항 단서).

4) 재산세와 함께 고지하는 세금

구분	과세표준	세율
지역자원 시설세	6백만원 이하	0.4/1000
	6백 ~ 13백만원 이하	2,400원 + 6백만원 초과금액의 0.5/1000
	13백 ~ 26백만원 이하	5,900원 + 1,300만원 초과금액의 0.6/1000
	26백 ~ 3천 9백만원 이하	13,700원 + 2,600만원 초과금액의 0.8/1000
	39백 ~ 6천 4백만원 이하	24,100원 + 3,900만원 초과금액의 1.0/1000
	64백만원 초과	49,100원 + 6,400만원 초과금액의 1.2/1000
재산세 도시지역분(구 도시계획세)		1.4/1000
지방교육세		재산 세액(재산세 도시지역분 세액 제외)의 20%

❸ 재산세 납세절차

1) 납세지

재산세는 다음의 납세지를 관할하는 지방자치단체에서 부과한다(「지방세법」 제108조).

구분	납세지
토지	• 토지의 소재지
건축물	• 건축물의 소재지
주택	• 주택의 소재지
선박	•「선박법」에 따른 선적항의 소재지. 다만, 선적항이 없는 경우에는 정계장(定繫場) 소재지(정계장이 일정하지 않은 경우에는 선박 소유자의 주소지)
항공기	•「항공안전법」에 따른 등록원부에 기재된 정치장의 소재지(「항공안전법」에 따라 등록을 하지 않은 경우에는 소유자의 주소지)

2) 과세기준일 및 납부기간

재산세의 과세기준일은 매년 6월 1일로 하며, 납기는 다음과 같다(「지방세법」 제114조 및 제115조).

구분	납세지
토지	• 매년 9월 16일부터 9월 30일까지
건축물	• 매년 7월 16일부터 7월 31일까지
주택	• 해당 연도에 부과 · 징수할 세액의 2분의 1은 매년 7월 16일부터 7월 31일까지, 나머지 2분의 1은 9월 16일부터 9월 30일까지. 다만, 해당 연도에 부과할 세액이 20만원 이하인 경우에는 조례로 정하는 바에 따라 납기를 7월 16일부터 7월 31일까지로 하여 한꺼번에 부과 · 징수할 수 있음
선박	• 매년 7월 16일부터 7월 31일까지
항공기	• 매년 7월 16일부터 7월 31일까지

3) 징수방법 등

재산세는 관할 지방자치단체의 장이 세액을 산정해 보통징수의 방법으로 부과 · 징수한다(지방세법 §116 ①).

재산세를 징수하려면 토지, 건축물, 주택, 선박 및 항공기로 구분한 납세고지서에 과세표준과 세액을 적어 늦어도 납기개시 5일 전까지 발급하여야 한다(지방세법 §116 ②).

단, 재산세 및 지역자원시설세를 각각 구분하여 세액이 2천원 미만인 경우 소액부징수한다(지방세법 §119). 예를 들어 재산세 3,000원, 지역자원시설세 1,000원인 경우 재산세만 고지하고, 지역자원시설세는 소액부징수 처리한다.

4) 물납 및 분할 납부

지방자치단체의 장은 재산세의 납부세액이 1천만원을 초과하는 경우에는 납세의무자의 신청을 받아 해당 지방자치단체의 관할구역에 있는 부동산에 대하여만 물납을 허가할 수 있다(「지방세법」 제117조).

지방자치단체의 장은 재산세의 납부세액이 250만원을 초과하는 경우에는 다음의 기준을 따라 납부할 세액의 일부를 납부기한이 지난날부터 2개월 이내에 분할납부하게 할 수 있다(「지방세법」 제118조 및 「지방세법 시행령」 제116조 제1항).

1. 납부할 세액이 500만원 이하인 경우 : 250만원을 초과하는 금액
2. 납부할 세액이 500만원을 초과하는 경우 : 그 세액의 100분의 50 이하의 금액

❹ 주택건설사업자의 재산세 저율과세

주택법에 따라 주택건설사업자 등록을 한 주택건설사업자(같은 법 제11조에 따른 주택조합 및 고용자인 사업주체와 도시정비법 제7조부터 제9조까지의 규정에 따른 사업시행자를 포함한다)가 주택을 건설하기 위하여 같은 법에 따른 사업계획의 승인을 받은 토지로서 주택건설사업에 제공되고 있는 토지(주택법 제2조 제11호에 따른 지역주택조합 · 직장주택조합이 조합원이 납부한 금전으로 매수하여 소유하고 있는 신탁법에 따른 신탁재산의 경우에는 사업계획의 승인을 받기 전의 토지를 포함한다)는 분리과세대상으로 구분한다. 다만, 취득일부터 5년이 지난 토지로서 용지조성사업 또는 건축을 착공하지 아니한 토지는 제외한다(지방세법 시행령 §102 ⑤).

여기서 주택건설사업에 제공되고 있는 토지라 함은 주택건설사업의 부지로 제공되기 위하여 다른 용도로 사용되지 않고 있는 토지를 의미하는 것이다(법제처 법령해석총괄과 2009-360, 2009.2.23.). 따라서, 주택건설사업자가 주택건설사업 승인을 받은 후 재산세 과세기준일까지 주택건설사업을 착공하지 않았을 경우라도 다른 용도로 사용되지 않은 경우 분리과세대상으로 보는 것(지방세운영-173, 2008.7.2.)이며, 주택건설공사를 착공한 후 공사를 중단했더라도 분리과세대상으로 보는 것이다.

제 10 장 건설업과 지방세

제 3 절

종합부동산세

❶ 종합부동산세의 의의

1) 종합부동산의 개념

"종합부동산세"란 고액의 부동산 보유자에 대해 재산세와 별도로 세금을 부과하여 부동산보유에 대한 조세부담의 형평성을 제고하고, 부동산의 가격안정을 도모함으로써 지방재정의 균형발전과 국민경제의 건전한 발전에 이바지함을 목적으로 하는 국세를 말한다(「종합부동산세법」 제1조 참조).

2) 과세구분

종합부동산세는 ① 주택에 대한 종합부동산세와 ② 토지에 대한 종합부동산세의 세액을 합한 금액을 그 세액으로 한다(「종합부동산세법」 제5조 제1항).

이 경우 토지에 대한 종합부동산세의 세액은 ① 토지분 종합합산세액과 ② 토지분 별도합산세액을 합한 금액으로 하며, 토지에 대한 종합부동산세는 국내에 소재하는 토지에 대해 종합합산과세대상과 별도합산과세대상으로 구분하여 과세한다(「종합부동산세법」 제5조 제2항 및 제11조).

구분		부동산의 종류	재산세	종부세
건물	주거용	주택(아파트, 단독 · 다가구 · 다세대), 오피스텔(주거용)	○	○
		건설임대주택(149㎡ 이하, 기준시가 9억원 이하, 10년 이상, 증가율 5% 이하)	○	×
		미분양주택(사용승인 or 사용검사 받은 것)	○	×
	기타	일반건축물(상가 · 사무실 · 빌딩 · 공장 · 기타사업용건물)	○	×
토지	종합합산	나대지, 잡종지, 일부 농지 · 임야 · 목장용지등	○	○
		재산세 분리과세, 별도합산대상 토지 중 기준 초과 토지	○	○
		재산세 분리과세 · 별도합산과세대상이 아닌 모든 토지	○	○
	별도합산	일반건축물의 부속토지(기준면적 범위 내의 것)	○	○
	분리과세	농지, 임야, 목장용지(재산세 0.07%)	○	×
		공장용지 일부, 공급용 토지(재산세 0.2%)	○	×
		골프장, 고급오락장용 토지(재산세 4.0%)	○	×

3) 납세의무자

구분	내용
주택	• 과세기준일 현재 주택분 재산세의 납세의무자(「종합부동산세법」 제7조 제1항) • 「신탁법」 제2조에 따른 수탁자의 명의로 등기 또는 등록된 신탁재산으로서 주택(이하 "신탁주택"이라 함)의 경우에는 위탁자(지역주택조합 및 직장주택조합이 조합원이 납부한 금전으로 매수하여 소유하고 있는 신탁주택의 경우에는 해당 지역주택조합 및 직장주택조합을 말함)[이 경우 위탁자가 신탁주택을 소유한 것으로 봄(「종합부동산세법」 제7조 제2항)] ※ 과세기준일 현재 세대원 중 1명이 그 배우자와 공동으로 1주택을 소유하고 해당 세대원 및 다른 세대원이 다른 주택(「종합부동산세법」 제8조 제2항 각 호의 어느 하나에 해당하는 주택 중 「종합부동산세법 시행령」 제2조의 3 제2항에 따른 주택 제외)을 소유하지 아니한 경우로서 세대원 중 1명과 그 배우자만이 주택분 재산세 과세대상인 1주택만을 소유한 경우로서 주택을 소유한 세대원 중 1명과 그 배우자가 모두 「소득세법」 제1조의 2 제1항 제1호의 거주자인 경우[공동명의 1주택자의 배우자가 다른 주택의 부속토지(주택의 건물과 부속토지의 소유자가 다른 경우의 그 부속토지를 말함)를 소유하고 있는 경우는 제외]에는 배우자와 공동으로 1주택을 소유한 자 또는 그 배우자 중 해당 1주택을 소유한 세대원 1명과 그 배우자 중 주택에 대한 지분율이 높은 사람(지분율이 같은 경우에는 공동 소유자간 합의에 따른 사람을 말함)을 해당 1주택에 대한 납세의무자로 할 수 있음(「종합부동산세법」 제10조의 2 제1항 및 「종합부동산세법 시행령」 제5조의 2 제1항 · 제2항 · 제3항)
토지	• 과세기준일 현재 토지분 재산세의 납세의무자로서 다음의 어느 하나에 해당하는 자(「종합부동산세법」 제12조 제1항) ▶ 종합합산과세대상인 경우 국내에 소재하는 해당 과세대상토지의 공시가격을 합한 금액이 5억원을 초과하는 자 ▶ 별도합산과세대상인 경우 국내에 소재하는 해당 과세대상토지의 공시가격을 합한 금액이 80억원을 초과하는 자 • 수탁자의 명의로 등기 또는 등록된 신탁재산으로서 토지(이하 "신탁토지"라 함)의 경우에는 위탁자[이 경우 위탁자가 신탁토지를 소유한 것으로 봄(「종합부동산세법」 제12조 제2항)]

❷ 종합부동산세의 산정

1) 과세표준

주택 및 토지에 대한 과세표준은 다음과 같다(「종합부동산세법」 제8조 제1항 본문, 제13조 및 「종합부동산세법 시행령」 제2조의 4).

구분	과세표준
주택	• 납세의무자별로 주택의 공시가격을 합산한 금액[과세기준일 현재 세대원 중 1인이 해당 주택을 단독으로 소유한 경우로서 1세대 1주택자의 경우에는 그 합산한 금액에서 11억원 공제]에서 9억원을 공제(납세의무자가 법인 또는 법인으로 보는 단체로서 「종합부동산세법」 제9조제2항 각 호의 세율이 적용되는 경우는 제외)한 금액에 공정시장가액비율(100/100, 다만, 2021년까지 납세의무가 성립하는 종합부동산세에 대해서는 2019년은 85/100, 2020년은 90/100, 2021년은 95/100의 연도별 비율을 말함)을 곱한 금액 ※ 과세표준 계산 시 합산배제 주택에 관한 사항은 「종합부동산세법」 제8조 제2항 참조
토지	• 종합합산과세대상 토지 : 납세의무자별로 해당 과세대상토지의 공시가격을 합산한 금액에서 5억원을 공제한 금액에 공정시장가액비율(100/100, 다만, 2021년까지 납세의무가 성립하는 종합부동산세에 대해서는 2019년은 85/100, 2020년은 90/100, 2021년은 95/100의 연도별 비율을 말함)을 곱한 금액 • 별도합산과세대상 토지 : 납세의무자별로 해당 과세대상토지의 공시가격을 합산한 금액에서 80억원을 공제한 금액에 공정시장가액비율(100/100, 다만, 2021년까지 납세의무가 성립하는 종합부동산세에 대해서는 2019년은 85/100, 2020년은 90/100, 2021년은 95/100의 연도별 비율을 말함)을 곱한 금액

2) 세율

구 분	근거규정
주택에 대한 세율 및 세액	•「종합부동산세법」 제9조 참조
토지에 대한 세율 및 세액	•「종합부동산세법」 제14조 참조

■ 개인(2023년 이후) ■

주택(2주택 이하)		주택(3주택 이상)		종합합산토지분		별도합산토지분	
과세표준	세율	과세표준	세율	과세표준	세율	과세표준	세율
3억원 이하	0.5%	3억원 이하	0.5%	15억원 이하	1.0%	200억원 이하	0.5%
6억원 이하	0.7%	6억원 이하	0.7%	45억원 이하	2.0%	400억원 이하	0.6%
12억원 이하	1.0%	12억원 이하	1.0%	45억원 초과	3.0%	400억원 초과	0.7%
25억원 이하	1.3%	25억원 이하	2.0%				
50억원 이하	1.5%	50억원 이하	3.0%				

주택(2주택 이하)		주택(3주택 이상)		종합합산토지분		별도합산토지분	
과세표준	세율	과세표준	세율	과세표준	세율	과세표준	세율
94억원 이하	2.0%	94억원 이하	4.0%				
94억원 초과	2.7%	94억원 초과	5.0%				

■ 법인(2023년 이후) ■

주택(2주택 이하)		주택(3주택 이상)		종합합산토지분		별도합산토지분	
과세표준	세율	과세표준	세율	과세표준	세율	과세표준	세율
3억원 이하	2.7%	3억원 이하	5.0%	15억원 이하	1.0%	200억원 이하	0.5%
6억원 이하		6억원 이하		45억원 이하	2.0%	400억원 이하	0.6%
12억원 이하		12억원 이하		45억원 초과	3.0%	400억원 초과	0.7%
25억원 이하		25억원 이하					
50억원 이하		50억원 이하					
94억원 이하		94억원 이하					
94억원 초과		94억원 초과					

3) 세부담의 상한

구분	근거규정
주택	• 해당 연도에 납부해야 할 주택분 재산세액상당액(신탁주택의 경우 재산세의 납세의무자가 납부하여야 할 주택분 재산세액상당액을 말함)과 주택분 종합부동산세액상당액의 합계액(이하 "주택에 대한 총세액상당액"이라 함)이 해당 납세의무자에게 직전년도에 해당 주택에 부과된 주택에 대한 총세액상당액에 다음의 비율을 곱하여 계산한 금액을 초과하는 경우 그 초과하는 세액에 대해서는 이를 없는 것으로 봄. 다만, 납세의무자가 법인 또는 법인으로 보는 단체로서 「종합부동산세법」 제9조 제2항 각 호의 세율이 적용되는 경우는 그렇지 않음(「종합부동산세법」 제10조 참조). ▶ 납세의무자가 2주택 이하를 소유한 경우(조정대상지역 내 2주택을 소유한 경우는 제외) : 100분의 150 ▶ 납세의무자가 3주택 이상을 소유하거나, 조정대상지역 내 2주택을 소유한 경우 : 100분의 300
토지	• 종합합산과세대상 토지 : 해당 연도에 납부해야 할 재산세액상당액재산세액상당액(신탁토지의 경우 재산세의 납세의무자가 종합합산과세대상인 해당 토지에 대하여 납부하여야 할 재산세액상당액을 말함)과 토지분 종합합산세액상당액의 합계액(이하 "종합합산과세대상인 토지에 대한 총세액상당액"이라 함)이 해당 납세의무자에게 직전년도에 해당 토지에 부과된 종합합산과세대상인 토지에 대한 총세액상당액의 150%를 초과하는 경우 그 초과하는 세액에 대해서는 이를 없는 것으로 봄(「종합부동산세법」 제15조 제1항 참조). • 별도합산과세대상 토지 : 해당 연도에 납부해야 할 재산세액상당액(신탁토지의 경우 재

Chapter 10

구분	근거규정
	산세의 납세의무자가 종합합산과세대상인 해당 토지에 대하여 납부하여야 할 재산세액상당액을 말함)과 토지분 별도합산세액상당액의 합계액(이하 "별도합산과세대상인 토지에 대한 총세액상당액"이라 함)이 해당 납세의무자에게 직전년도에 해당 토지에 부과된 별도합산과세대상인 토지에 대한 총세액상당액의 150%를 초과하는 경우 그 초과하는 세액에 대해서는 이를 없는 것으로 봄(「종합부동산세법」 제15조 제2항 참조).

③ 종합부동산세 납세절차

1) 납세지

종합부동산세의 납세의무자에 따른 납세지는 다음과 같다(「종합부동산세법」 제4조, 「소득세법」 제6조, 「법인세법」 제9조 제1항 및 제2항, 「법인세법 시행령」 제7조 제1항 참조).

구 분	납세지
개인 또는 법인으로 보지 않는 단체	• 거주자의 소득세 납세지는 그 주소지(다만, 주소지가 없는 경우에는 그 거소지) • 비거주자의 소득세 납세지는 국내사업장의 소재지(다만, 국내사업장이 둘 이상 있는 경우에는 주된 국내사업장의 소재지로 하고, 국내사업장이 없는 경우에는 국내원천소득이 발생하는 장소)
법인 또는 법인으로 보는 단체	• 내국법인의 법인세 납세지는 그 법인의 등기부에 따른 본점이나 주사무소의 소재지로 함(국내에 본점 또는 주사무소가 있지 않는 경우 사업을 실질적으로 관리하는 장소의 소재지). 다만, 법인으로 보는 단체의 경우 단체의 사업장소재지 등 • 외국법인의 법인세 납세지는 국내사업장의 소재지 등

종합부동산세의 납세의무자가 비거주자인 개인 또는 외국법인으로서 국내사업장이 없고 국내원천소득이 발생하지 않는 주택 및 토지를 소유한 경우에는 그 주택 또는 토지의 소재지(주택 또는 토지가 둘 이상인 경우에는 공시가격이 가장 높은 주택 또는 토지의 소재지를 말함)를 납세지로 정한다(「종합부동산세법」 제4조 제3항).

2) 부과 · 징수

관할세무서장은 납부해야 할 종합부동산세의 세액을 결정해 해당연도 12월 1일부터 12월 15일까지 부과 · 징수한다(「종합부동산세법」 제16조 제1항).

관할세무서장은 종합부동산세를 징수하려면 납부고지서에 주택 및 토지로 구분한 과세표준과 세액을 기재하여 납부기간 개시 5일 전까지 발급해야 한다(「종합부동산세법」 제16조 제2항).

다만, 종합부동산세를 신고납부방식으로 납부하려는 납세의무자는 종합부동산세의 과세표준과 세액을 해당연도 12월 1일부터 12월 15일까지 관할세무서장에게 신고해야 한다. 이 경우 위의 관할세무서장의 결정은 없었던 것으로 본다(「종합부동산세법」 제16조 제3항).

이 경우 신고한 납세의무자는 신고기한 이내에 관할세무서장 · 한국은행 또는 체신관서에 종합부동산세를 납부해야 한다(「종합부동산세법」 제16조 제4항).

❹ 종합부동산세 합산대상 제외

다음의 어느 하나에 해당하는 주택건설사업자가 주택을 건설하기 위하여 취득한 토지(토지를 취득한 후 해당 연도 종합부동산세 과세기준일 전까지 주택건설사업자의 지위를 얻은 자의 토지를 포함한다) 중 취득일부터 5년 이내에 주택법에 따른 사업계획의 승인을 받을 토지는 종합부동산세법 제13조 제1항에 따른 과세표준 합산의 대상이 되는 토지의 범위에 포함되지 아니하는 것으로 본다(조특법 §104의 19 ①). 다만, 종합부동산세과세표준 합산대상 제외 규정을 적용받으려는 자는 해당 연도 9월 16일부터 9월 30일까지 납세지 관할세무서장에게 토지의 보유현황을 신고하여야 한다(조특법 §104의 19 ②).

① 주택법에 따라 주택건설사업자 등록을 한 주택건설사업자
② 주택법 제32조에 따른 주택조합 및 고용자인 사업주체
③ 도시 및 주거환경정비법 제7조부터 제9조까지의 규정에 따른 사업시행자

주택건설사업자가 취득한 날부터 5년 이내에 주택법에 따른 주택건설을 위하여 같은 법에 따른 사업계획의 승인을 받지 못한 경우에는 종합부동산세액과 이자상당가산액을 추징한다(조특법 §104의 19 ②).

❺ 종합부동산세 합산배제(건설임대주택)

① 민간임대주택에 관한 특별법 제2조 제2호에 따른 민간건설임대주택과 공공주택 특별법 제2조 제1호의 2에 따른 공공건설임대주택으로서 다음의 요건을 모두 갖춘 주택이 2호 이상인 경우 그 주택

㉮ 전용면적이 149제곱미터 이하로서 2호 이상의 주택의 임대를 개시한 날(2호 이상의 주택의 임대를 개시한 날 이후 임대를 개시한 주택의 경우에는 그 주택의 임대개시일을 말한다) 또는 최초로 합산배제신고를 한 연도의 과세기준일의 공시가격이 6억

원 이하일 것

㉯ 5년 이상 계속하여 임대하는 것일 것

② 민간임대주택에 관한 특별법 제2조 제2호에 따른 민간건설임대주택으로서 다음의 요건을 모두 갖춘 주택

㉮ 전용면적이 149제곱미터 이하일 것

㉯ 합산배제신고를 한 연도의 과세기준일 현재의 공시가격이 6억원 이하일 것

㉰ 건축법 제22조에 따른 사용승인을 받은 날 또는 주택법 제49조에 따른 사용검사 후 사용검사필증을 받은 날부터 과세기준일 현재까지의 기간 동안 임대된 사실이 없고, 그 임대되지 아니한 기간이 2년 이내일 것

6 종합부동산세 합산배제(미분양주택)

① 미분양주택이란 아래의 어느 하나에 해당하는 주택을 말한다(종부칙 §4).

1. 「주택법」 제15조에 따른 사업계획승인을 얻은 자가 건축하여 소유하는 미분양 주택으로서 2005년 1월 1일 이후에 주택분 재산세의 납세의무가 최초로 성립하는 날부터 5년이 경과하지 않은 주택
2. 「건축법」 제11조에 따른 허가를 받은 자가 건축하여 소유하는 미분양 주택으로서 2005년 1월 1일 이후에 주택분 재산세의 납세의무가 최초로 성립하는 날부터 5년이 경과하지 않은 주택

② 종합부동산세 합산대상 미분양 주택의 범위

흔히 주택건설사업자라 함은 주택법상 등록된 주택건설사업자에 한정하는 것과 달리 해당조문은 건축법상 건축허가 받은 자를 포함하고 있다. 분양신고 및 분양승인 받은 주택만을 의미하는 것이 아니며, 주택법에 따른 주택건설사업자가 보유한 물건만이 아니다. 또한 주택공급에 관한 규칙이 적용되는 주택만을 의미하는 것이 아니다.

제  절

주민세

❶ 개념

주민세는 지방자치단체의 구성원인 주민을 대상으로 과세되는 지방세로서 주민세에는 균등분, 재산분 및 종업원분이 있었다. 그러나 2021년부터 7월에 신고납부하는 주민세 재산분과 8월에 부과되는 주민세 개인사업자 · 법인균등분이 주민세 사업소분으로 통합되고 신고납부기간도 8월로 통일되었다.

<table>
<tr><th colspan="3">기존</th><th colspan="3">개정</th></tr>
<tr><th>구분</th><th>납세의무자</th><th>세율체계</th><th>구분</th><th>납세의무자</th><th>세율체계</th></tr>
<tr><td rowspan="3">균등분(8월)</td><td>개인</td><td>1만원 이하</td><td>개인분(8월)</td><td colspan="2">〈기존과 동일〉</td></tr>
<tr><td>개인사업자</td><td>5만원</td><td rowspan="3">사업소분(8월)</td><td rowspan="3">사업자
(개인, 법인)</td><td rowspan="3">기본세액
(5~20만원)
+ 250원/㎡</td></tr>
<tr><td>법인</td><td>5~50만원</td></tr>
<tr><td>재산분(7월)</td><td>사업자</td><td>연면적 330㎡ 초과
250원/㎡</td></tr>
<tr><td>종업원분</td><td>사업자</td><td></td><td>종업원분</td><td colspan="2">〈기존과 동일〉</td></tr>
</table>

- ▶ "개인분"이란 지방자치단체에 주소를 둔 개인에 대하여 부과하는 주민세
- ▶ "사업소분"이란 지방자치단체에 소재한 사업소 및 그 연면적을 과세표준으로 하여 부과하는 주민세
- ▶ "종업원분"이란 지방자치단체에 소재한 사업소 종업원의 급여총액을 과세표준으로 하여 부과하는 주민세

Chapter 10

❷ 주민세 과세방법

1) 납세의무자

개 인 분 : 매년 7월 1일 현재 당해 시군에 주소를 개인(세대주)

사업소분 : 매년 7월 1일 현재 당해 시군에 사업소를 둔 개인 및 법인

종업원분 : 종업원에게 급여를 지급하는 사업주(월 급여총액 1억5천만원 초과)

개정 전 지방세법 제84조의 4	개정 전 지방세법 제84조의 4
해당 사업소의 종업원 수가 50명 이하인 경우에는 종업원분을 부과하지 아니한다.	지방세기본법 제34조에 따른 납세의무 성립일이 속하는 달부터 최근 1년간 해당 사업소 종업원 급여총액의 월평균금액이 대통령령으로 정하는 금액에 50을 곱한 금액 이하인 경우에는 종업원분을 부과하지 아니한다.

법 개정 전에는 종업원 수 50명 이하인 사업소에 대해 주민세 종업원분을 면세하였으나, 법 개정으로 인하여 2016.1.1. 이후부터는 종업원 수 50명 이하인 경우라도 직전 1년간 월평균 급여총액이 13,500만원(2020년 이후부터 15,000만원으로 개정)을 초과할 경우에는 종업원분 주민세를 신고·납부하여야 한다.

2) 납부방법

개 인 분(보통징수) : 매년 8. 16. ~ 8. 31.

사업소분(신고납부) : 매년 8. 1. ~ 8. 31.

종업원분(신고납부) : 급여지급 다음 달의 10일까지

3) 세율

개 인 분 : 10,000원 (지방교육세 10% 병과)

사업소분

<table>
<tr><th>구 분</th><th colspan="3">세 율</th><th>비고</th></tr>
<tr><td rowspan="3">기본세율</td><td colspan="2">사업주가 개인인 사업소</td><td>50,000원</td><td rowspan="3">지방교육세 10% 병과</td></tr>
<tr><td rowspan="2">사업주가 법인인 사업소</td><td>자본금액 또는 출자금액이 30억 이하인 법인</td><td>50,000원</td></tr>
<tr><td>자본금액 또는 출자금액이 30억 초과 50억 이하인 법인</td><td>100,000원</td></tr>
</table>

구 분	세 율			비고
		자본금액 또는 출자금액이 50억 초과하는 법인	200,000원	
		그 밖의 법인	50,000원	
연면적에 대한 세율	사업소 연면적 1㎡당 250원(오염물질 배출업소는 2배 중과) ※ 사업소 연면적 330㎡ 이하인 경우 제외			

종업원분 : 종업원 급여 총액의 0.5%

세무 Tip 재산세 중과세 규정

세목별	과세대상
재산세	사치성 재산 : 4%(골프장, 고급 오락장 등) 시의 주거지역 내 공장 : 0.25% → 0.5%(일반세율의 2배)
지역자원 시설세	화재위험건축물 : 일반세율의 2배 중과(0.04~0.12 → 0.08~0.24%) 주유소, 호텔, 여관, 시장, 4층 이상 건축물, 공장, 노래연습장, 학원, 단란주점 등
주민세 사업소분	오염물질 배출사업소 : 일반 세율의 2배 사업소 연면적 1㎡당 250원 → 1㎡당 500원

❸ 사업소와 종업원

1) 사업소

사업소란 인적 및 물적 설비를 갖추고 계속하여 사업 또는 사무가 이루어지는 장소를 말한다. 현장사무실은 인적 및 물적 설비를 갖추고 계속하여 사업 사무가 이루어지는 장소로 볼 수 있다.

(1) 지방세법 기본통칙 74-1【인적 설비, 물적 설비】

① 인적설비란 그 계약형태나 형식에 불구하고 당해 장소에서 그 사업에 종사 또는 근로를 제공하는 자를 말한다.

② 물적설비란 허가와 관계없이 현실적으로 사업이 이루어지고 있는 건축물, 기계장치 등이 있고, 이러한 설비들이 지상에 고착되어 현실적으로 사무 · 사업에 이용되는 것을 말한다.

(2) 현장사무실의 사업소 해당 여부

현장사무실은 인적 및 물적 설비를 갖추고 계속하여 사업 사무가 이루어지는 장소로 볼 수 있다.

① 같은 장소의 두 개의 현장사무소는 하나의 인적 및 물적 설비의 총체라고 할 수 있으므로 동일한 사업주가 동일한 건물에서 하나의 사업소를 운영하는 것으로 보아야 한다(감심 2008-256, 2008.10.1.).

② 감리회사의 직원을 각 건설현장에 파견시켜 그 곳에서 계속해서 업무에 종사케 한다면 각 건설현장을 별도의 사업소로 봄이 타당한 것이다(세정 13430-590, 2001.11.26.).

(3) 사업소 연면적

사업소 연면적이란 다음에 해당하는 사업소용 건축물 또는 시설물의 연면적을 말한다.

① 건축법 제2조 제1항 제2호에 따른 건축물(이와 유사한 형태의 건축물을 포함한다. 이하 이 조에서 같다)의 연면적. 다만, 종업원의 보건 · 후생 · 교양 등에 직접 사용하는 기숙사, 합숙소, 사택, 구내식당, 의료실, 도서실, 박물관, 과학관, 미술관, 대피시설, 체육관, 도서관, 연수관, 오락실, 휴게실, 병기고 또는 실제 가동하는 오물처리시설 및 공해방지시설용 건축물, 그 밖에 행정자치부령으로 정하는 건축물의 연면적은 제외한다.

② '①'에 따른 건축물 없이 기계장치 또는 저장시설(수조, 저유조, 저장창고 및 저장조 등을 말한다)만 있는 경우에는 그 수평투영면적

③ 건축물 또는 시설물을 둘 이상의 사업소가 공동으로 사용하는 경우에는 그 사용면적을 사업소용 건축물의 연면적으로 하되, 사용면적의 구분이 명백하지 아니할 경우에는 전용면적의 비율로 나눈 면적을 사업소용 건축물의 연면적으로 한다.

2) 종업원

사업소에 근무하거나 사업소로부터 급여를 지급받는 임직원, 그 밖의 종사자로서 급여의 지급 여부와 상관없이 사업주 또는 그 위임을 받은 자와의 계약에 따라 해당 사업에 종사하는 사람을 말한다. 다만, 국외근무자는 제외한다.

(1) 종업원의 급여총액

사업소의 종업원에게 지급하는 봉급, 임금, 상여금 및 이에 준하는 성질을 가지는 급여로서 소득세법 제20조 제1항에 따른 근로소득에 해당하는 급여의 총액을 말한다. 다만, 소득세법 제12조 제3호에 따른 비과세 대상 급여는 제외한다.

(2) 중소기업 고용지원

① 중소기업기본법 제2조에 따른 중소기업의 사업주가 종업원을 추가로 고용한 경우(해당 월의 종업원 수가 50명을 초과하는 경우만 해당한다)에는 다음의 계산식에 따라 산출한 금액을 종업원분의 과세표준에서 공제한다. 이 경우 직전 연도의 월평균 종업원 수가 50명 이하인 경우에는 50명으로 간주하여 산출한다.

공제액=(신고한 달의 종업원 수－직전 연도의 월평균 종업원 수)×월 적용급여액

② 다음의 어느 하나에 해당하는 중소기업에 대해서는 다음에서 정하는 달부터 1년간만 월평균 종업원 수 50명에 해당하는 월 적용급여액을 종업원분의 과세표준에서 공제한다.

㉮ 사업소를 신설하면서 50명을 초과하여 종업원을 고용하는 경우 : 종업원분을 최초로 신고하여야 하는 달

㉯ 해당 월의 1년 전부터 계속하여 매월 종업원 수가 50명 이하인 사업소가 추가 고용으로 그 종업원 수가 50명을 초과하는 경우(신고하는 달부터 과거 5년 내에 종업원 수가 1회 이상 50명을 초과한 사실이 있는 사업소의 경우는 제외한다) : 해당 월의 종업원분을 신고하여야 하는 달

③ 월 적용급여액은 신고한 달의 종업원 급여 총액을 신고한 달의 종업원 수로 나눈 금액으로 한다.

④ 휴업 등의 사유로 직전 연도의 월평균 종업원 수를 산정할 수 없는 경우에는 사업을 재개한 후 종업원분을 최초로 신고한 달의 종업원 수를 직전 연도의 월평균 종업원 수로 본다.

⑤ 종업원 수의 산정은 종업원의 월 통상인원을 기준으로 한다.

제 5 절

지방소득세

지방소득세는 지방세의 한 세목으로, 각 납세의무자에 따라 소득세 또는 법인세에 부수적으로 붙는 부가세이다. 지방소득세는 소득세법에 따른 거주자 또는 비거주자의 소득의 개인지방소득과 법인세법에 따른 내국법인 또는 외국법인의 소득인 법인지방소득으로 나뉜다.

1 법인소득분 지방소득세

「법인세법」과 같이 내국법인의 사업연도 소득, 양도소득 과세특례, 연결법인, 청산소득, 외국 법인 과세로 구성되어 있다.

법인소득분 지방소득세 과세표준은 「법인세법」 제13조에 따라 계산한 금액(지방세법 제103조의 19)으로 한다.

구분	과세표준	세율
법인소득분 (누진세율)	2억원 이하	과세표준 × 0.9%
	2억원 초과 200억원 이하	180만원 + 2억원 초과금액× 1.9%
	200억원 초과	3억7,800만원 + 200억원 초과금액× 2.1%
	3,000억원 초과	62억5,800만원 + 3,000억원 초과금액× 2.4%
특별징수	「법인세법」상 원천징수액×10%	

❷ 법인지방소득세의 안분

법인지방소득세를 신고하려는 내국법인은 법인지방소득세 과세표준 및 세액신고서에 법인지방소득세의 총액과 본점 또는 주사무소와 사업장별 법인지방소득세의 안분계산내역 등을 적은 법인지방소득세 안분명세서를 첨부하여 해당 지방자치단체의 장에게 서면으로 제출하여야 한다(지방세법 시행령 §100의 13). 건설회사등 전국에 현장이 있는 회사의 경우 안분명세서를 작성하여 전국의 지자체에게 납부하게 된다. 안분계산세액에 오류가 있는 때에는 지방자치단체장이 부과고지하기 전까지는 가산세 부담없이 수정신고 할 수 있다. 그러나 안분대상 법인인데도 안분계산을 하지 않고, 본점 등 1개 지방자치단체에만 신고한 경우, 수정신고를 하더라도 가산세 부과된다(2017년 개정, 지방세법 §103의 24 ⑥).

1) 안분개요

법인의 사업장이 둘 이상의 지방자치단체에 있는 경우에는 그 사업장의소재지를 납세지로 함(지방세법 §89 ②). 특별시 광역시 내 둘 이상의 구에 사업장이 있을 때에는 본점 또는 주사무소 소재지를 관할하는 구청장에게 일괄 신고 · 납부한다.

- 안분내역에 오류가 있음을 발견하는 때에는 수정신고할 수 있다. 단 안분오류에 따른 수정신고로 발생하는 추가납부세액에 대하여서는 가산세를 부과하지 않는다(지방세법 §103의 24 ③).
- 안분대상 법인인데도 안분계산을 하지 않고, 본점 등 1개 지방자치단체에만 신고한 경우, 수정신고를 하더라도 가산세 부과한다(지방세법 §103의 24 ⑥).

2) 안분기준

사업연도 종료일 현재 사업장이 소재하는 각 지방자치단체의 사업장의 종업원 수와 건축물연면적

- **종업원수** : 지방세법 제74조 제8호에 따른 종업원의 수
- **건축물 연면적** : 건축법 제2조 제1항 제2호에 따른 건축물의 연면적(다만, 구조적 특성상 연면적을 산정하기 곤란한 경우 수평투영면적을 연면적으로 한다)

$$\left[\left(\frac{\text{관할 지방자치단체 안 종업원 수}}{\text{법인의 총 종업원 수}}\right)+\left(\frac{\text{관할 지방자치단체 안 건축물 연면적}}{\text{법인의 총 건축물 연면적}}\right)\right] \div 2$$

Chapter 10

3) 법인지방소득세 안분계산 적용기준(지방세법 시행규칙 [별표 4])

① 종업원 수

구분	적용례
가. 「소득세법」 제12조 제3호에 따른 비과세 대상 급여만을 받는 사람	종업원 수에 포함
나. 대표자	종업원 수에 포함
다. 현역복무 등의 사유로 사실상 해당 사업소에 일정기간 근무하지 아니하는 사람	급여를 지급하는 경우 종업원 수에 포함
라. 국외파견자 또는 국외교육 중인 사람	종업원 수에 포함하지 않음
마. 국내교육 중인 사람	종업원 수에 포함
바. 고용관계가 아닌 계약에 따라 사업소득에 해당하는 성과금을 지급하는 방문판매원	종업원 수에 포함하지 않음
사. 특정업무의 수요가 있을 경우에만 이를 수임 처리하기로 하고 월간 또는 연간 일정액의 급여를 지급받는 자	종업원 수에 포함
아. 해당 사업장에 근무하지 아니하고 사업주로부터 급여를 지급받지 아니하는 비상근이사	종업원 수에 포함하지 않음
자. 소속회사 직원이 용역이나 도급계약 등에 의하여 1년이 초과하는 기간 동안 계약업체에 파견되어 일정한 장소에서 계속 근무하는 자	계약업체의 종업원 수에 포함
차. 물적설비 없이 인적설비만 있는 사업장의 종업원	본점 또는 주사업장의 종업원 수에 포함

② 건축물 연면적 등

구분	적용례
가. 사업연도 종료일 현재 미사용 중인 공실의 연면적	사용을 개시하지 않은 경우는 건축물 연면적에 포함하지 않음 사용하던 중 사업연도 종료일 현재 일시적 미사용 상태인 경우 건축물 연면적에 포함
나. 기숙사 등 직원 후생복지시설의 연면적	법인 목적사업 및 복리후생에 공여되는 시설 중 직원 후생복지시설은 건축물 연면적에 포함
다. 공동도급공사 수행을 위한 현장사무소의 연면적	각 참여업체가 공동으로 사용하고 있는 현장사무소의 경우로 실제 사용면적 산정이 불가능한 경우 도급공사 지분별로 안분
라. 건설법인의 사업연도 종료일 현재 미분양 상태로 소유하고 있는 주택과 상가의 연면적	법인의 사업장으로 직접 사용하고 있지 않은 것으로 보아 안분대상 건축물에 포함하지 않음
마. 별도의 사업장이 필요하지 않아 주소지 또는 거소지를 사업장소재지로 등록한	주소지 또는 거소지를 사업장소재지로 하여 사업자등록을 하였더라도, 사실상 별도의 사업장이 없는

구분	적용례
경우 주소지 또는 거소지의 연면적	것으로 보아 해당 주소지 또는 거소지의 면적을 건축물 연면적에 포함하지 않음
바. 수평투영면적의 적용	지하에 설치된 시설물을 포함 기계장치 또는 각 시설물의 수평투영면적은 사업연도 종료일 현재 고정된 상태에서의 바닥면적을 적용
	수평투영면적을 산정하기 곤란한 경우, 기계장치 또는 각 시설물의 설계 도면상 면적을 적용
사. 기계장치의 범위	기계장치란 동력을 이용한 작업도구 중 특정장소에 고정된 것을 말하며, 그 기계의 작동에 필수적인 부대설비를 포함하여 적용함

❸ 개인소득분 지방소득세

「소득세법」과 같이 내국인(거주자)의 종합 · 퇴직 · 양도소득 및 그 밖의 특별징수와 비거주자에 대한 과세로 구성되어 있다.

개인소득분 지방소득세 과세표준 「소득세법」상 소득별 과세표준 규정 준용(지방세법 제91조 등)한다.

구분	과세표준	세율
종합소득	1천2백만원 이하	과세표준의 1천분의 6
	1천2백만원 초과 4천6백만원 이하	7만2천원+(1천 200만원을 초과하는 금액의 1천분의 15)
	4천6백만원 초과 8천8백만원 이하	58만2천원+(4천 600만원을 초과하는 금액의 1천분의 24)
	8천8백만원 초과 1억5천만원 이하	159만원+(8천 800만원을 초과하는 금액의 1천분의 35)
	1억5천만원 초과 3억원 미만	376만원+(1억 5천만원을 초과금액의 1천분의 38)
	3억원 초과 5억원 미만	946만원+(3억원을 초과금액의 1천분의 40)
	5억원 초과	1천 746만원+(5억을 초과금액의 1천분의 42)
퇴직소득	퇴직소득액	〔{(해당 과세기간의 퇴직소득액을 근속연수로 나눈 금액에 5를 곱한 금액) × 종합소득 세율}/5〕 × 근속연수
양도소득	양도소득 최종금액	과세표준 × 자산 유형 및 보유형태별 세율
특별징수 (부가세율)	국세 원천징수액	징수액 × 10%

Chapter 10

건설업

세무와 회계

제 11 장

단순도급

제 1 1 장 단 순 도 급

제 1 절

도급계약의 의미

여기서 도급인(수급인)으로부터 다시 도급받은 자를 하도급자라고 한다.

당사자의 일방이 어느 일을 완성할 것을 약정하고 상대방이 그 일의 결과에 대하여 보수를 지급할 것을 약정함으로써 성립하는 계약(민법 §664)이다. 이 계약의 주요한 목적은 그 일의 결과에 있는 것이기 때문에 일은 반드시 수급인 자신의 노무에 의할 것을 요하지 않는다. 즉 하도급을 주어도 무방한 것이다. 하도급을 준다는 것은 본래의 수급인이 자기가 맡은 일의 완성을 다시 제3자에게 도급하는 것이며 이것은 건설공사에서 널리 행하여지고 있다. 즉, 하도급계약이란 도급받은 건설공사의 전부 또는 일부를 도급하기 위하여 수급인이 제3자와 체결하는 계약을 말한다.

도급은 불요식의 계약이지만, 일정한 토목건축의 도급에 관하여 건설산업기본법이 등록제를 채택하고 도급계약을 규제하고 있다. 특히 건설공사의 도급계약은 서면으로 일정한 사항을 명백히 하여야 하고 건설업자가 도급한 건설공사의 전부 또는 일정한 주요부분의 대부분을 다른 건설업자에게 하도급하지 못하도록 한 점 등에 유의하여야 한다.

일반적으로 수급인은 매도인이 하자담보의 책임을 부담하는 것처럼 일정한 무과실책임을 부담하게 되는데 그 중에서도 특수한 것은 하자의 보수책임이다. 원칙상 도급인은 완성된 목적물의 하자로 인하여 목적을 달성할 수 없을 때에는 계약을 해제할 수 있다(민법 §668).

법률 Tip 하자를 이유로 도급계약을 해제할 수 있는지?

민법 제668조에서는 완성된 목적물의 하자로 인하여 계약의 목적을 달성할 수 없는 경우에는 도급인이 계약을 해제할 수 있다고 규정하고 있으나, 건물 기타 토지의 공작물에 대하여는 적용이 배제됨을 규정하고 있다. 다시 말하면 완성된 건축물에 대하여는 하자로 인하여 해제가 되지 않는다고 규정하고 있는 것과 같다. 따라서 하자를 이유로 공사계약을 해제할 수는 없다고 볼 것이다.

그렇다면 완성되기 전 건축물에 대하여는 하자를 이유로 하여 계약 해제가 가능한지 여부가 문제되는데, 이러한 경우 역시 다른 법정해제 사유가 없는 한 해제가 되지 않는다고 해석된다.

도급계약은 다른 계약과 두드러진 상기 같은 특징이 꽤 있다.
도급공사계약도 상법이아니라 민법에서 정의하고 있다. 도급은 당사자 일방이 일정한 일을 완성할 것을 약정하고, 상대방이 그 일의 결과에 대하여 보수를 지급할 것을 약정함으로써 성립하는 계약이다(민법 제664조). 낙성 · 불요식 같은 뻔한 말은 제외하고 살펴보면 아래와 같은 특징이 있다. 도급계약서는 대표적인 인지세 과세대상 문서인데, 이때도 단순히 계약의 명칭이 아니라 도급계약의 성질로 과세대상여부를 판단하게 된다.

일의 완성 : 일의 완성과 보수의 지급이 대가관계에 있으므로 수급인에 의한 일의 완성이라는 이행이 없으면 도급인은 대가를 지급할 의무를 부담하지 않는다. 그러나 보수의 전부나 일부를 미리 지급하기로 하는 약정이 있는 경우에 수급인은 그 대가의 지급 시까지 일의 착수를 거절할 수 있으며, 이로 말미암아 일의 완성이 지연되더라도 수급인에게 채무불이행책임은 발생하지 않는다.

건설공사 도급계약의 경우 건설업자가 최종공정을 마치고 행정적으로도 확인이 끝나 건물이 사회통념상 건물로서 완성되었다는 것이 일의 완성이고, 공사의 완료는 대체로 완성된 목적물에 대한 도급인의 검사를 통해 하자가 있으면 하자를 보수하여 도급인이 사용 · 수익할 수 있는 상태를 의미하는 것으로 일의 완성과 공사의 완료는 구별되어야 한다(주석민법 채권각칙(4), 177면).

유치권의 행사 : 수급인(시공사)은 일을 완성할 의무를 부담할 뿐만 아니라 도급의 종류나 성질에 따라 다시 완성한 일을 도급인에게 인도할 의무가 있다. 도급인(시행사)은 그의 보수지급의무를 목적물의 인도와 동시에 이행하여야 하므로, 목적물의 인도와 보수의 지급은 원칙적으로 동시이행의 관계에 있다. 목적물이 도급인의 소유물인 경우 수급인 보수를 지급받을 때까지 그 목적물을 유치하여 유치권을 행사할 수 있다. 유치권이란 타인의 물건 또는 유가증권을 점유한 자가 그 물건이나 유가증권에 관하여 생긴 채권이 변제기에 있는 경우 변제를 받을 때까지 그 물건 또는 유가증권을 유치할 수 있는 권리이다(민법 §320~328). 유치권은 별도의 합의나 등기가 필요없이 성립한다.

완성물의 귀속 : 도급인이 재료의 전부 또는 주요부분을 제공하는 경우에는, 완성된 목적물이 동산이건 부동산이건 소유권은 원시적으로 도급인에게 귀속하며, 가공에 관한 민법 제259조는 적용되지 않는다. 기성률에 따라 도급대금 또는 도급공사대금을 수령하는 것이 관례이고, 수급인의 관심사는 도급공사대금의 수령에 있는 것이지 목적물의 소유권의 귀속에 있는 것이 아니며, 도급공사대금의 수령은 유치권이나 저당권설정청구권 등으로 확보가 되고 있는 것과 도급인의 토지 위에 건물을 신축하는 점, 처음부터 도급인의 명의로 건축허가 신청을 하고 등기도 처음부터 도급인 앞으로 보존등기하는 것이 관례인 점에 비추어 소유권은 원시적으로 도급인에 귀속한다고 봄이 타당하다.

하자보수책임 : 수급인의 담보책임이란 수급인이 완성한 목적물 또는 완성 전의 성취된 부분에 하자가 있는 경우에 도급인이 계약해제권 · 하자보수청구권 · 손해배상청구권을 행사하는 것을 말한다. 수급인의 하자담보책임은 무과실책임이다. 수급인의 하자담보책임은 법이 특별히 인정한 무과실책임으로서 여기에 민법 제396조의 과실상계규정이 준용될 수는 없다 하더라도 담보책임이 민법의 지도이념인 공평의 원칙에 입각한 것인 이상 하자발생 및 그 확대에 기여한 도급인의 잘못을 참작할 수는 있다.

계약해제금지 : 민법은 도급인이 완성된 목적물의 하자로 인하여 계약의 목적을 달성할 수 없는 때에는 계약을 해제할 수 있다고 정하고 있다. 그러나 건물기타 토지의 공작물에 관하여는 아무리 중대한 하자가 있어도 해제할 수는 없다. 이때에도 해제를 인정한다면 수급인에게 과대한 손실을 줄 뿐만 아니라, 이미 세워진 건물을 부숴서 원상회복한다는 것이 사회경제적으로도 손실이 크기 때문이다.

❶ 원도급과 하도급

1) 원도급계약서

발주자에게 공사를 지급 수급받은 자를 수급인이이라 하며, 도급인이 수급인에게 직접 일을 맡긴 계약을 원도급계약이라고 한다.

2) 하도급계약서

수급인이 발주처에게 받은 공사중 일부를 다른 전문건설공사업자에게 계약하는 경유를 하도급계약이라고 한다. 즉, 하도급은 도급받은 건설공사의 전부 또는 일부를 도급하기 위해 수급인이 제3자와 체결하는 계약(건산법 제2조 제12호)을 말한다.

하도급계약에는 다음과 같은 규제가 있다.

① **재하도급 금지** : 하수급인이 타인에게 다시 하도급하는 방식으로 건설공사의 일부 또는 전부를 하도급하는 것은 건산법으로 금지한다. 그러나 종합공사 업종을 등록한 건설업자가 전문공사 등록업자에게 다시 하도급할 수는 있다.

② **통일 업종 간 하도급 제한** : 수급인은 본인이 도급받은 건설공사의 이부를 동일한 업종의 건설사업자에게 하도급할 수 없다. 그러나 예외적인 경우로서 발주가가 공사의 품질, 시공상의 능률제고를 위하여 필요하다고 인정하고 서명승낙한 경우에는 가능하다.

③ **하도급대금 지급보증서의 발급** : 수급인이 하도급계약시 하도급 대금지급보증서를 발급하여야 한다. 그리고 발주자는 하도급대금 지급보증을 확인하여야 하며, 확인 결과 보증 내용이 적절하지 않을 경우에는 수급인에게 시정을 요구할 수 있다.

법률 Tip 원도급 계약의 해제

하도급계약은 원도급계약의 유효를 전제로 성립하는 것이므로 원도급계약이 해제 기타의 사유로 효력을 상실하면 하도급계약은 그 목적 자체가 불능이 되어 종료될 수밖에 없다. 따라서 원도급계약이 종료됨에 따라 하도급계약도 목적의 이행불능으로 종료되는 것이다. 다만 하도급계약이 이행불능으로 종료된 경우 손해배상을 청구할 수 있는지 여부가 문제된다. 민법 제537조는 "쌍무계약의 당사자 일방의 채무가 당사자 쌍방의 책임 없는 사유로 이행할 수 없게 된 때에는 채무자는 상대방의 이행을 청구하지 못한다"라고 규정하여 채무자위험부담주의를 채택하고 있으므로, 쌍무계약에서 당사자 쌍방의 귀책사유 없이 채무가 이행불능된 경우 채무자는 급부의무를 면함과 더불어 반대급부도 청구하지 못한다. 그리고 민법 제538조 제1항은 쌍무계약의 위험부담에 관한 채무자주의 원칙의 예외로서 "쌍무계약의 당사자 일방의 채무가 채권자의 책임 있는 사유로 이행할 수 없게 된 때에는 채무자는 상대방의 이행을 청구할 수 있다"고 규정하고 있는바, 여기에서 '채권자의 책임 있는 사유'라고 함은 채권자의 어떤 작위나 부작위가 채무자의 이행의 실현을 방해하고 그 작위나 부작위는 채권자가 이를 피할 수 있었다는 점에서 신의칙상 비난받을 수 있는 경우를 의미한다(대법원 2008.8.11. 선고 2008다25824 판결).

❷ 도급제와 지분제

1) 도급제계약

도급제는 사업시행자가 공사를 발주하면서 시공사가 입찰시에 가격을 제시하는 방식이다. 즉, 건축연면적당 공사비를 제시하고 계약을 하는 방법이다. 도급제방식 사업의 경우 시공사는 단순히 건축비를 받고 공사를 하면 되는 것으로 정의할 수 있다. 도급제의 경우에 공사단가의 조정은 일반적이며, 주로 시간이 경과됨에 따라 물가의 변동을 기준으로 하며, 이 외에도 마감재의 변경이나 건축계획 변경 등의 경우에도 조정을 하게 된다.

하지만 도급제 형태의 계약이라고 하더라도 시공사의 지위와 역할은 단순한 공사를 수행하는 데 그치지 않고 사업전반에 걸쳐 있는 경우가 많다. 사업비의 대여와 조달, 분양에 대한 업무, 미분양시설에 대한 처리와 조합원의 이주와 입주 등 전체 사업과정에서 많은 역할을 하게 된다.

2) 지분제계약

지분제의 경우주로 조합사업에서 등장하게 된다. 사업시행자가 공사를 발주하면서 시공사가 조합원들이 무상으로 받게 될 신축아파트의 면적을 제시하고 그 면적(통상은 이를 무상지분이라고 한다)을 기준으로 계약을 체결하게 된다. 지분제의 경우에도 시공사를 선정하는 시기를 기점으로 지분을 제시하기 때문에 사업지연, 마감재 변경, 건축계획의 변경과 같은 경우에는 지분의 조정을 하게 된다. 이런 지분조정은 도급제의 공사비 조정과 같은 것이라 할 수 있다.

지분제 사업의 경우 시공사의 역할은 모든 사업을 시공사의 책임으로 시행하고, 조합원에게 약속한 지분을 제외한 나머지의 손실 혹은 이익은 시공사의 몫이 되는 것이다. 하지만 지분제의 경우에도 사업시행자는 변함없이 조합이며, 조합원의 총회와 의결은 사업시행인가, 관리처분 등 모든 단계에서 도급제와 다르지 않다.

이렇듯 지분제 사업방식에서도 지분조정이 나타나자 이를 방지하기 위하여 사용되는 방법이 확정지분제라는 것이 있다. 확정지분제는 지분제의 지분조정에 따른 지분하락을 방지하기 위하여 시공사가 입찰시점에 제시한 지분을 어떤 경우에서도 변경하지 못한다는 의미로 사용된다. 하지만 정작 확정지분제로 계약을 체결하고 이를 끝까지 유지하기는 현실적으로 어려움이 있다. 즉, 실무상 확정지분제 또한 지분의 확정이 아니라고 할 수 있다. 확정지분에 대해서 시공사가 조정을 요구하고 지분조정이 관철되지 않아 대규모 손실이 불가피하다고 판단될 경우 사업자체에서 철수하는 것도 시공사에서는 대안이 될 수 있기 때문이다.

계약방법이 지분제이든 도급제이든 조합원의 지분이 확정되는 시기는 똑같다. 사업이 정상적으로 추진되고 관리처분이 완료되면 조합원의 지분은 확정된다. 설령 도급제 방식으로 계약을 체결하였더라도 관리처분이 끝나면 지분제형태가 되는 것이다.

3) 조합사업에서 도급제와 지분제

<table>
<tr><th rowspan="2">구분</th><th rowspan="2">도급제</th><th colspan="2">지분제</th></tr>
<tr><th>확정지분제</th><th>조건부 (변동) 지분제</th></tr>
<tr><td>개념</td><td>- 시공사에 공사비만 주고 모든 사업책임은 조합 부담
- 일반분양가의 수익여부에 따라 조합원손익이 결정되는 자가 사업방식</td><td>- 조합원이 소유한 토지 또는 건축면적의 평가에 따라 무상지분율 만큼 아파트면적을 조합원에 제공하고 나머지 일반분양 아파트와 상가등 부대 복리시설의 분양대금으로 공사비를 충당하는 형태.
- 조합원의 추가부담금 없는 사업으로 일반분양에 대한 모든 책임을 시공사가 부담</td><td>- 계약당시 조합원의 지분을 결정하고 이후 사업시행에 따라 용적률 변화, 이주기간 지연여부, 토지가 격평가결과 등 조합의 무상지분율을 변동시킬 수 있도록 하는 계약형태.
- 무상지분율 변동의 요건과 범위를 명확하게 명시해야 사업시행중 갈등을 최소화할 수 있다.</td></tr>
</table>

구분	도급제	지분제	
		확정지분제	조건부 (변동) 지분제
방식	- 건축물의 평당공사비를 정하여 공사계약체결 - 사업개발손익은 모두 조합원에 귀속	- 계약당시분양가 변동과 상관없는 조합원의무상지분율 확정 - 확정된무상 지분 이외의 모든 추가손익은 시공사에 귀속	- 조합원에게 무상지분율을 산정하기 위한 사업비, 공사비, 일반 및 조합원 분양가를 확정하여 향후 주변여건의 변화에 따른 risk (공사비 상승, 사업비증가, 일반미분양에 대한 책임)을 조합원 무상지분율과 연동하여 조정함으로써 추후 발생되는 손익을 조합에게 전가시키고 시공사는 공사비만 지급받는 도급제와 유사
손익귀속	- 사업개발에 따른 모든 이익과 손실은 조합원에 귀속	- 조합원의 확정된 무상지분율 이외 모든 이익과 손실은 시공사에 귀속	- 조합원의 변동지분율에 따라 사업개발의 모든 이익과 손실은 조합원에 귀속
장점	- 사업손익을 조합원에 배분 - 시공사의 손익부담이 없음	- 조합원에게 제공하고 남은 추가 개발이익 시공사 귀속 - 분양가 상승시 추가손익 증가로 시공사에 유리	- 사업시행에 따른 조합원의 무상지분율 변동요건에 따라 사업개발 손익은 모두 조합원에 귀속
단점	- 분양시까지 조합원 추가부담액 미확정 - 사업악화시 조합원 추가부담 증가 - 설계변경 및 물가상승시 공사비 증가로 조합원이 추가부담 발생 및 도급액 변동	- 분양가 변동에 따른 사업성 악화시 시공사 부담증가	- 시공사의 일반분양에 대한 분양책임

건설 Tip **무상지분율의 계산**

- 총수익 계산 = 지상연면적(대지면적x용적률) x 분양가
- 공사비 총지출 = (연면적x건설단가) + (지하면적x건설단가)
- 총지출 = 공사비총지출 + (간접비, 본사관리비, 금융비용)
- 무상지분율 계산
  수익금 = 총수익 - 총지출
  평당이익금 = 수익금 / 총대지지분
- 무상 분양평수
  자기 대지지분 x 평당이익금 = 무상 분양평수

Chapter 11

❸ 지급방식에 따른 분류

1) 기성불 공사

건설도급계약에서 기성불 공사는 가장 일반적인 청구형태이다. 도급계약이란 업무의 완성을 조건으로 하는 계약이나 건설공사는 공사기간 중 많은 자금이 투입되고 투입된 자금으로 자재비나 노무비를 지급하여야 하므로 업무의 완성 이전에 대금을 분할해서 청구하기 때문이다.

장기간에 걸쳐 용역을 공급하는 경우 진행도 또는 완성도를 확인하여 그 비율만큼 대가를 지급하는 거래(국심2007서0256 2007.12.27.)로 세법상 완성도기준조건부계약에 해당한다.

2) 분양불 공사

장기간에 걸쳐 용역을 공급하는 경우 발주처의 분양수금 상황에 따라 분양수입금통장의 잔고 내에서 대가를 지급하는 방식을 말한다. 따라서 분양률이 좋으면 건설사는 실제 확정된 공정률보다 더 많이 수금할 수도 있다. 반대로 분양률이 나쁠 경우 공사대금의 지급시기가 매우 늦어진다는 단점도 있다. 분양불 공사의 경우 수입분양대금의 인출순서가 정해져 있으며 일반적으로 'PF원리금 → 대여금원리금 → 사업운영비 → 공사대금(연체이자포함)' 순서로 지급된다. 세법상 규정된 바 없으므로 계약의 조건에 따라 다양하게 해석될 수 있다.

제 1 1 장 단 순 도 급

제 2 절

도급계약서

❶ 표준도급계약서

현행 민간건설공사 표준도급계약서는 국토부고시 제2021-1122호

민간건설공사 표준도급계약서
1. 공 사 명 :
2. 공사장소 :
3. 착공년월일 : 년 월 일
4. 준공예정년월일 : 년 월 일
5. 계약금액 : 일금 원정 (부가가치세 포함)
(노무비[1]) : 일금 원정, 부가가치세 일금 원정
1) 건설산업기본법 제88조 제2항, 동시행령 제84조 제1항 규정에 의하여 산출한 노임
6. 계약보증금 : 일금 원정
7. 선 금 : 일금 원정(계약 체결 후 00일 이내 지급)
8. 기성부분금 : ( )월에 1회
9. 지급자재의 품목 및 수량

10. **하자담보책임**(복합공종인 경우 공종별로 구분 기재)

공종	공종별계약금액	하자보수보증금율(%) 및 금액	하자담보책임기간
		( ) % 원정	
		( ) % 원정	
		( ) % 원정	

11. **지체상금률** :

12. **대가지급 지연 이자율** :

13. **기타사항** :

"도급인"과 "수급인"은 합의에 따라 붙임의 계약문서에 의하여 계약을 체결하고, 신의에 따라 성실히 계약상의 의무를 이행할 것을 확약하며, 이 계약의 증거로서 계약문서를 2통 작성하여 각 1통씩 보관한다.

붙임서류 : 1. 민간건설공사 도급계약 일반조건 1부
2. 공사계약특수조건 1부
3. 설계서 및 산출내역서 1부

년 월 일

도 급 인 수 급 인

주소 주소

성명 (인) 성명 (인)

민간건설공사 표준도급계약 일반조건

제1조(총칙) "도급인"과 "수급인"은 대등한 입장에서 서로 협력하여 신의에 따라 성실히 계약을 이행한다.

제2조(정의) 이 조건에서 사용하는 용어의 정의는 다음과 같다

1. "도급인"이라 함은 건설공사를 건설업자에게 도급하는 자를 말한다.
2. "도급"이라 함은 당사자 일방이 건설공사를 완성할 것으로 약정하고, 상대방이 그 일의 결과에 대하여 대가를 지급할 것을 약정하는 계약을 말한다.

3. "수급인"이라 함은 "도급인"으로부터 건설공사를 도급받는 건설업자를 말한다.
4. "하도급"이라 함은 도급받은 건설공사의 전부 또는 일부를 다시 도급하기 위하여 "수급인"이 제3자와 체결하는 계약을 말한다.
5. "하수급인"이라 함은 "수급인"으로부터 건설공사를 하도급받은 자를 말한다.
6. "설계서"라 함은 공사시방서, 설계도면(물량내역서를 작성한 경우 이를 포함한다) 및 현장설명서를 말한다.
7. "물량내역서"라 함은 공종별 목적물을 구성하는 품목 또는 비목과 동 품목 또는 비목의 규격·수량·단위 등이 표시된 내역서를 말한다.
8. "산출내역서"라 함은 물량내역서에 "수급인"이 단가를 기재하여 "도급인"에게 제출한 내역서를 말한다.

제3조(계약문서) ① 계약문서는 민간건설공사 도급계약서, 민간건설공사 도급계약 일반조건, 공사계약특수조건, 설계서 및 산출내역서로 구성되며, 상호 보완의 효력을 가진다.
② 이 조건이 정하는 바에 의하여 계약당사자간에 행한 통지문서 등은 계약문서로서의 효력을 가진다.
③ 이 계약조건 외에 당사자 일방에게 현저하게 불공정한 경우로서 다음 각 호의 어느 하나에 해당하는 특약은 그 부분에 한하여 무효로 한다.
1. 계약체결 이후 설계변경, 경제상황의 변동에 따라 발생하는 계약금액의 변경을 상당한 이유 없이 인정하지 아니하거나 그 부담을 상대방에게 전가하는 특약
2. 계약체결 이후 공사내용의 변경에 따른 계약기간의 변경을 상당한 이유 없이 인정하지 아니하거나 그 부담을 상대방에게 전가하는 특약
3. 본 계약의 형태와 공사내용 등 제반사정에 비추어 계약체결 당시 예상하기 어려운 내용에 대하여 상대방에게 책임을 전가하는 특약
4. 계약내용에 대하여 구체적인 정함이 없거나 당사자 간 이견이 있을 경우 그 처리방법 등을 일방의 의사에 따르도록 함으로써 상대방의 정당한 이익을 침해하는 특약
5. 계약불이행에 따른 당사자의 손해배상책임을 과도하게 경감하거나 가중하여 정함으로써 상대방의 정당한 이익을 침해하는 특약
6. 「민법」 등 관계 법령에서 인정하고 있는 상대방의 권리를 상당한 이유 없이 배제하거나 제한하는 특약

④ 계약문서 작성에 따른 인지세는 각 50%씩 수급인과 도급인이 부담한다. 다만, 도급인과 공동수급체가 체결하는 공동계약의 경우는 공동 수급체의 구성원 간의 계약액의 지분율에 따라 부담한다.

제4조(계약보증금 등) ① "수급인"은 계약상의 의무이행을 보증하기 위해 계약서에서 정한 계약보증금을 계약체결전까지 "도급인"에게 현금 등으로 납부하여야 한다. 다만, "도급

인"과 "수급인"이 합의에 의하여 계약보증금을 납부하지 아니하기로 약정한 경우에는 그러하지 아니하다.

② 제1항의 계약보증금은 다음 각 호의 기관이 발행한 보증서로 납부할 수 있다.

1. 건설산업기본법 제54조 제1항의 규정에 의한 각 공제조합 발행 보증서
2. 보증보험회사, 신용보증기금 등 이와 동등한 기관이 발행하는 보증서
3. 금융기관의 지급보증서 또는 예금증서
4. 국채 또는 지방채

③ "수급인"은 제21조부터 제23조의 규정에 의하여 계약금액이 증액된 경우에는 이에 상응하는 금액의 보증금을 제1항 및 제2항의 규정에 따라 추가 납부하여야 하며, 계약금액이 감액된 경우에는 "도급인"은 이에 상응하는 금액의 계약보증금을 "수급인"에게 반환하여야 한다.

④ 제1항 또는 제3항에 따라 "수급인"이 계약의 이행을 보증하는 때에는 "도급인"도 수급인에게 공사대금 지급의 보증 또는 담보를 제공하여야 한다. 다만, "도급인"이 공사대금 지급보증 또는 담보 제공을 하기 곤란한 경우에는 "수급인"이 그에 상응하는 보험 또는 공제에 가입할 수 있도록 계약의 이행 보증을 받은 날부터 30일 이내에 보험료 또는 공제료(이하 "보험료등"이라 한다)를 지급하여야 한다.

⑤ "도급인"이 제4항에 따른 공사대금의 지급보증, 담보의 제공 또는 보험료등의 지급을 하지 아니한 때에는 "수급인"은 15일 이내 "도급인"에게 그 이행을 최고하고 공사의 시공을 중지할 수 있다.

제5조(계약보증금의 처리) ① 제34조제1항 각 호의 사유로 계약이 해제 또는 해지된 경우 제4조의 규정에 의하여 납부된 계약보증금은 "도급인"에게 귀속한다. 이 경우 계약의 해제 또는 해지에 따른 손해배상액이 계약보증금을 초과한 경우에는 그 초과분에 대한 손해배상을 청구할 수 있다.

② "도급인"은 제35조제1항 각 호의 사유로 계약이 해제 또는 해지되거나 계약의 이행이 완료된 때에는 제4조의 규정에 의하여 납부된 계약보증금을 지체없이 "수급인"에게 반환하여야 한다.

제6조(공사감독원) ① "도급인"은 계약의 적정한 이행을 확보하기 위하여 스스로 이를 감독하거나 자신을 대리하여 다음 각 호의 사항을 행하는 자(이하 '공사감독원'이라 한다)를 선임할 수 있다.

1. 시공일반에 대하여 감독하고 입회하는 일
2. 계약이행에 있어서 "수급인"에 대한 지시·승낙 또는 협의하는 일
3. 공사의 재료와 시공에 대한 검사 또는 시험에 입회하는 일
4. 공사의 기성부분 검사, 준공검사 또는 공사목적물의 인도에 입회하는 일

5. 기타 공사감독에 관하여 “도급인”이 위임하는 일

② “도급인”은 제1항의 규정에 의하여 공사감독원을 선임한 때에는 그 사실을 즉시 “수급인”에게 통지하여야 한다.

③ “수급인”은 공사감독원의 감독 또는 지시사항이 공사수행에 현저히 부당하다고 인정할 때에는 “도급인”에게 그 사유를 명시하여 필요한 조치를 요구할 수 있다.

제7조(현장대리인의 배치) ① “수급인”은 착공전에 건설산업기본법령에서 정한 바에 따라 당해공사의 주된 공종에 상응하는 건설기술자를 현장에 배치하고, 그중 1인을 현장대리인으로 선임한 후 “도급인”에게 통지하여야 한다.

② 제1항의 현장대리인은 법령의 규정 또는 “도급인”이 동의한 경우를 제외하고는 현장에 상주하여 시공에 관한 일체의 사항에 대하여 “수급인”을 대리하며, 도급받은 공사의 시공관리 기타 기술상의 관리를 담당한다.

제8조(공사현장 근로자) ① “수급인”은 해당 공사의 시공 또는 관리에 필요한 기술과 인력을 가진 근로자를 채용하여야 하며 근로자의 행위에 대하여 사용자로서의 모든 책임을 진다.

② “수급인”이 채용한 근로자에 대하여 “도급인”이 해당 계약의 시공 또는 관리상 현저히 부적당하다고 인정하여 교체를 요구한 때에는 정당한 사유가 없는 한 즉시 교체하여야 한다.

③ “수급인”은 제2항에 의하여 교체된 근로자를 “도급인”의 동의 없이 해당 공사를 위해 다시 채용할 수 없다.

제9조(착공신고 및 공정보고) ① “수급인”은 계약서에서 정한 바에 따라 착공하여야 하며, 착공 시에는 다음 각 호의 서류가 포함된 착공신고서를 “도급인”에게 제출하여야 한다.

1. 건설산업기본법령에 의하여 배치하는 건설기술자 지정서
2. 공사예정공정표
3. 공사비 산출내역서 (단, 계약체결시 산출내역서를 제출하고 계약금액을 정한 경우를 제외한다)
4. 공정별 인력 및 장비 투입 계획서
5. 기타 “도급인”이 지정한 사항

② “수급인”은 계약의 이행중에 제1항의 규정에 의하여 제출한 서류의 변경이 필요한 때에는 관련서류를 변경하여 제출하여야 한다.

③ “도급인”은 제1항 및 제2항의 규정에 의하여 제출된 서류의 내용을 조정할 필요가 있다고 인정하는 때에는 “수급인”에게 이의 조정을 요구할 수 있다.

④ “도급인”은 “수급인”이 월별로 수행한 공사에 대하여 다음 각 호의 사항을 명백히 하여 익월 14일까지 제출하도록 요청할 수 있으며, “수급인”은 이에 응하여야 한다.

1. 월별 공정률 및 수행공사금액
2. 인력·장비 및 자재현황
3. 계약사항의 변경 및 계약금액의 조정내용

제10조(공사기간) ① 공사착공일과 준공일은 계약서에 명시된 일자로 한다.

② "수급인"의 귀책사유 없이 공사착공일에 착공할 수 없는 경우에는 "수급인"의 현장인수일자를 착공일로 하며, 이 경우 "수급인"은 공사기간의 연장을 요구할 수 있다.

③ 준공일은 "수급인"이 건설공사를 완성하고 "도급인"에게 서면으로 준공검사를 요청한 날을 말한다. 다만, 제27조의 규정에 의하여 준공검사에 합격한 경우에 한 한다.

제11조(선금) ① "도급인"은 계약서에서 정한 바에 따라 "수급인"에게 선금을 지급하여야 하며, "도급인"이 선금 지급시 보증서 제출을 요구하는 경우 "수급인"은 제4조 제2항 각 호의 보증기관이 발행한 보증서를 제출하여야 한다.

② 제1항에 의한 선금지급은 "수급인"의 청구를 받은 날부터 14일이내에 지급하여야 한다. 다만, 자금사정등 불가피한 사유로 인하여 지급이 불가능한 경우 그 사유 및 지급시기를 "수급인"에게 서면으로 통지한 때에는 그러하지 아니하다.

③ "수급인"은 선금을 계약목적달성을 위한 용도이외의 타 목적에 사용할 수 없으며, 노임지급 및 자재확보에 우선 사용하여야 한다.

④ 선금은 기성부분에 대한 대가를 지급할 때마다 다음 방식에 의하여 산출한 금액을 정산한다.

$$\text{선금정산액} = \text{선금액} \times \frac{\text{기성부분의 대가}}{\text{계약금액}}$$

⑤ "도급인"은 선금을 지급한 경우 다음 각 호의 1에 해당하는 경우에는 당해 선금잔액에 대하여 반환을 청구할 수 있다.

1. 계약을 해제 또는 해지하는 경우
2. 선금지급조건을 위반한 경우

⑥ "도급인"은 제5항의 규정에 의한 반환청구시 기성부분에 대한 미지급금액이 있는 경우에는 선금잔액을 그 미지급금액에 우선적으로 충당하여야 한다.

제12조(자재의 검사 등) ① 공사에 사용할 재료는 신품이어야 하며, 품질·품명 등은 설계도서와 일치하여야 한다. 다만, 설계도서에 품질·품명 등이 명확히 규정되지 아니한 것은 표준품 또는 표준품에 상당하는 재료로서 계약의 목적을 달성하는데 가장 적합한 것이어야 한다.

② 공사에 사용할 자재중에서 "도급인"이 품목을 지정하여 검사를 요구하는 경우에는 "수급인"은 사용전에 "도급인"의 검사를 받아야 하며, 설계도서와 상이하거나 품질이

현저히 저하되어 불합격된 자재는 즉시 대체하여 다시 검사를 받아야 한다.

③ 제2항의 검사에 이의가 있을 경우 "수급인"은 "도급인"에게 재검사를 요구할 수 있으며, 재검사가 필요하다고 인정되는 경우 "도급인"은 지체없이 재검사하도록 조치하여야 한다.

④ "수급인"은 자재의 검사에 소요되는 비용을 부담하여야 하며, 검사 또는 재검사 등을 이유로 계약기간의 연장을 요구할 수 없다. 다만, 제3항의 규정에 의하여 재검사 결과 적합한 자재인 것으로 판명될 경우에는 재검사에 소요된 기간에 대하여는 계약기간을 연장할 수 있다.

⑤ 공사에 사용하는 자재중 조립 또는 시험을 요하는 것은 "도급인"의 입회하에 그 조립 또는 시험을 하여야 한다.

⑥ 수중 또는 지하에서 행하여지는 공사나 준공후 외부에서 확인할 수 없는 공사는 "도급인"의 참여없이 시행할 수 없다. 다만, 사전에 "도급인"의 서면승인을 받고 사진, 비디오 등으로 시공방법을 확인할 수 있는 경우에는 시행할 수 있다.

⑦ "수급인"은 공사수행과 관련하여 필요한 경우 "도급인"에게 입회를 요구할 수 있으며, "도급인"은 이에 응하여야 한다.

제13조(지급자재와 대여품) ① 계약에 의하여 "도급인"이 지급하는 자재와 대여품은 공사예정공정표에 의한 공사일정에 지장이 없도록 적기에 인도되어야 하며, 그 인도장소는 시방서 등에 따로 정한 바가 없으면 공사현장으로 한다.

② 제1항의 규정에 의하여 지급된 자재의 소유권은 "도급인"에게 있으며, "수급인"은 "도급인"의 서면승낙없이 현장 외부로 반출하여서는 아니된다.

③ 제1항의 규정에 의하여 인도된 지급자재와 대여품에 대한 관리상의 책임은 "수급인"에게 있으며, "수급인"이 이를 멸실 또는 훼손하였을 경우에는 "도급인"에게 변상하여야 한다.

④ "수급인"은 지급자재 및 대여품의 품질 또는 규격이 시공에 적당하지 아니하다고 인정할 때에는 즉시 "도급인"에게 이를 통지하고 그 대체를 요구할 수 있다.

⑤ 자재 등의 지급지연으로 공사가 지연될 우려가 있을 때에는 "수급인"은 "도급인"의 서면승낙을 얻어 자기가 보유한 자재를 대체 사용할 수 있다. 이 경우 "도급인"은 대체 사용한 자재 등을 "수급인"과 합의된 일시 및 장소에서 현품으로 반환하거나 대체사용당시의 가격을 지체없이 "수급인"에게 지급하여야 한다.

⑥ "수급인"은 "도급인"이 지급한 자재와 기계·기구 등 대여품을 선량한 관리자의 주의로 관리하여야 하며, 계약의 목적을 수행하는 데에만 사용하여야 한다.

⑦ "수급인"은 공사내용의 변경으로 인하여 필요없게 된 지급자재 또는 사용완료된 대여품을 지체없이 "도급인"에게 반환하여야 한다.

제14조(안전관리 및 재해보상) ① "수급인"은 산업재해를 예방하기 위하여 안전시설의 설치 및 보험의 가입 등 적정한 조치를 하여야 하며, 이를 위해 "도급인"은 계약금액에 「건설기술진흥법」에 따른 안전관리비와 「산업안전보건법」에 따른 산업안전보건관리비 및 산업재해보상 보험료 등 관계 법령에서 규정하는 법정경비의 상당액을 계상하여야 한다.

② 공사현장에서 발생한 산업재해에 대한 책임은 "수급인"에게 있다. 다만, 설계상의 하자 또는 "도급인"의 요구에 의한 작업으로 재해가 발생한 경우에는 "도급인"에 대하여 구상권을 행사할 수 있다.

제15조(건설근로자의 보호) ① "수급인"은 도급받은 공사가 건설산업기본법, 임금채권보장법, 고용보험법, 국민연금법, 국민건강보험법 및 노인장기요양보험법에 의하여 의무가입대상인 경우에는 퇴직공제, 임금채권보장제도, 고용보험, 국민연금, 건강보험 및 노인장기요양보험에 가입하여야 한다. 다만, "수급인"이 도급받은 공사를 하도급한 경우로서 하수급인이 고용한 근로자에 대하여 고용보험, 국민연금, 건강보험 및 노인장기요양보험에 가입한 경우에는 그러하지 아니하다.

② "도급인"은 제1항의 건설근로자퇴직공제부금, 임금채권보장제도에 따른 사업주부담금, 고용보험료, 국민연금보험료, 국민건강보험료 및 노인장기요양보험료를 계약금액에 계상하여야 한다.

제16조(응급조치) ① "수급인"은 재해방지를 위하여 특히 필요하다고 인정될 때에는 미리 긴급조치를 취하고 즉시 이를 "도급인"에게 통지하여야 한다.

② "도급인"은 재해방지 기타 공사의 시공상 부득이하다고 인정할 때에는 "수급인"에게 긴급조치를 요구할 수 있다. 이 경우 "수급인"은 즉시 이에 응하여야 하며, "수급인"이 "도급인"의 요구에 응하지 않는 경우 "도급인"은 제3자로 하여금 필요한 조치를 하게 할 수 있다.

③ 제1항 및 제2항의 응급조치에 소요된 경비는 실비를 기준으로 "도급인"과 "수급인"이 협의하여 부담한다.

제17조(공사기간의 연장) ① "수급인"은 다음 각 호의 사유로 인해 계약이행이 현저히 어려운 경우 등 "수급인"의 책임이 아닌 사유로 공사수행이 지연되는 경우 서면으로 공사기간의 연장을 "도급인"에게 요구할 수 있다.

1. "도급인"의 책임있는 사유
2. 태풍 · 홍수 · 폭염 · 한파 · 악천후 · 미세먼지 발현 · 전쟁 · 사변 · 지진 · 전염병 · 폭동 등 불가항력의 사태(이하 "불가항력"이라고 한다.)
3. 원자재 수급불균형
4. 근로시간단축 등 법령의 제 · 개정

② “도급인”은 제1항의 규정에 의한 계약기간 연장의 요구가 있는 경우 즉시 그 사실을 조사·확인하고 공사가 적절히 이행될 수 있도록 계약기간의 연장 등 필요한 조치를 하여야 한다.

③ 제1항의 규정에 의거 공사기간이 연장되는 경우 이에 따르는 현장관리비 등 추가경비는 제23조의 규정을 적용하여 조정한다.

④ “도급인”은 제1항의 계약기간의 연장을 승인하였을 경우 동 연장기간에 대하여는 지체상금을 부과하여서는 아니된다.

제18조(부적합한 공사) ① “도급인”은 “수급인”이 시공한 공사중 설계서에 적합하지 아니한 부분이 있을 때에는 이의 시정을 요구할 수 있으며, “수급인”은 지체없이 이에 응하여야 한다. 이 경우 “수급인”은 계약금액의 증액 또는 공기의 연장을 요청할 수 없다.

② 제1항의 경우 설계서에 적합하지 아니한 공사가 “도급인”의 요구 또는 지시에 의하거나 기타 “수급인”의 책임으로 돌릴 수 없는 사유로 인한 때에는 “수급인”은 그 책임을 지지 아니한다.

제19조(불가항력에 의한 손해) ① “수급인”은 검사를 마친 기성부분 또는 지급자재와 대여품에 대하여 불가항력에 의한 손해가 발생한 때에는 즉시 그 사실을 “도급인”에게 통지하여야 한다.

② “도급인”은 제1항의 통지를 받은 경우 즉시 그 사실을 조사·확인하고 그 손해의 부담에 있어서 기성검사를 필한 부분 및 검사를 필하지 아니한 부분 중 객관적인 자료(감독일지, 사진 또는 비디오테잎 등)에 의하여 이미 수행되었음이 판명된 부분은 “도급인”이 부담하고, 기타 부분은 “도급인”과 “수급인”이 협의하여 결정한다.

③ 제2항의 협의가 성립되지 않은 때에는 제41조의 규정에 의한다.

제20조(공사의 변경·중지) ① “도급인”이 설계변경 등에 의하여 공사내용을 변경·추가하거나 공사의 전부 또는 일부에 대한 시공을 일시 중지할 경우에는 변경계약서 등을 사전에 “수급인”에게 교부하여야 한다.

② “도급인”이 제1항에 따른 공사내용의 변경·추가 관련 서류를 교부하지 아니한 때에는 “수급인”은 “도급인”에게 도급받은 공사 내용의 변경·추가에 관한 사항을 서면으로 통지하여 확인을 요청할 수 있다. 이 경우 “수급인”의 요청에 대하여 “도급인”은 15일 이내에 그 내용에 대한 인정 또는 부인의 의사를 서면으로 회신하여야 하며, 이 기간내에 회신하지 아니한 경우에는 원래 “수급인”이 통지한 내용대로 공사내용의 변경·추가된 것으로 본다. 다만, 불가항력으로 인하여 회신이 불가능한 경우에는 제외한다.

③ “도급인”의 지시에 의하여 “수급인”이 추가로 시공한 공사물량에 대하여서는 공사비

Chapter 11

를 증액하여 지급하여야 한다.

④ "수급인"은 동 계약서에 규정된 계약금액의 조정사유 이외의 계약체결 후 계약조건의 미숙지, 덤핑수주 등을 이유로 계약금액의 변경을 요구하거나 시공을 거부할 수 없다.

제21조(설계변경으로 인한 계약금액의 조정) ① 설계서의 내용이 공사현장의 상태와 일치하지 않거나 불분명, 누락, 오류가 있을 때 또는 시공에 관하여 예기하지 못한 상태가 발생되거나 안전사고의 우려, 사업계획의 변경 등으로 인하여 추가 시설물(가설구조물을 포함)의 설치가 필요한 때에는 "도급인"은 설계를 변경하여야 한다.

② 제1항의 설계변경으로 인하여 공사량의 증감이 발생한 때에는 다음 각 호의 기준에 의하여 계약금액을 조정하며, 필요한 경우 공사기간을 연장하거나 단축한다.

1. 증감된 공사의 단가는 제9조의 규정에 의한 산출내역서상의 단가를 기준으로 상호 협의하여 결정한다.
2. 산출내역서에 포함되어 있지 아니한 신규비목의 단가는 설계변경 당시를 기준으로 산정한 단가로 한다.
3. 증감된 공사에 대한 일반관리비 및 이윤 등은 산출내역서상의 율을 적용한다.

제22조(물가변동으로 인한 계약금액의 조정) ① 계약체결후 90일 이상 경과한 경우에 잔여공사에 대하여 산출내역서에 포함되어 있는 품목 또는 비목의 가격 등의 변동으로 인한 등락액이 잔여공사에 해당하는 계약금액의 100분의 3 이상인 때에는 계약금액을 조정한다. 다만, 제17조제1항의 규정에 의한 사유로 계약이행이 곤란하다고 인정되는 경우에는 계약체결일(계약체결후 계약금액을 조정한 경우 그 조정일)부터 90일 이내에도 계약금액을 조정할 수 있다.

② 제1항의 규정에 불구하고 계약금액에서 차지하는 비중이 100분의 1을 초과하는 자재의 가격이 계약체결일(계약체결후 계약금액을 조정한 경우 그 조정일)부터 90일 이내에 100분의 15 이상 증감된 경우에는 "도급인"과 "수급인"이 합의하여 계약금액을 조정할 수 있다.

③ 제1항 및 제2항의 규정에 의한 계약금액의 조정에 있어서 그 조정금액은 계약금액 중 물가변동기준일 이후에 이행되는 부분의 대가에 적용하되, 물가변동이 있는 날 이전에 이미 계약이행이 완료되어야 할 부분에 대하여는 적용하지 아니한다. 다만, 제17조 제1항의 규정에 의한 사유로 계약이행이 지연된 경우에는 그러하지 아니하다.

④ 제1항의 규정에 의하여 조정된 계약금액은 직전의 물가변동으로 인하여 계약금액 조정기준일(조정 사유가 발생한 날을 말한다)부터 60일이내에는 이를 다시 조정할 수 없다.

⑤ 제1항의 규정에 의하여 계약금액 조정을 청구하는 경우에는 조정내역서를 첨부하여야 하며, 청구를 받은 날부터 30일 이내에 계약금액을 조정하여야 한다

⑥ 제5항의 규정에 의한 계약금액조정 청구내용이 부당함을 발견한 때에는 지체없이

필요한 보완요구 등의 조치를 하여야 한다. 이 경우 보완요구 등의 조치를 통보받은 날부터 그 보완을 완료한 사실을 상대방에게 통지한 날까지의 기간은 제4항의 규정에 의한 기간에 산입하지 아니한다.

제23조(기타 계약내용의 변동으로 인한 계약금액의 조정) ① 제21조 및 제22조에 의한 경우 이외에 다음 각 호에 의해 계약금액을 조정하여야 할 필요가 있는 경우에는 그 변경된 내용에 따라 계약금액을 조정하며, 이 경우 증감된 공사에 대한 일반관리비 및 이윤 등은 산출내역서상의 율을 적용한다.

1. 계약내용의 변경
2. 불가항력에 따른 공사기간의 연장
3. 근로시간 단축, 근로자 사회보험료 적용범위 확대 등 공사비, 공사기간에 영향을 미치는 법령의 제·개정

② 제1항과 관련하여 "수급인"은 제21조 및 제22조에 규정된 계약금액 조정사유 이외에 계약체결후 계약조건의 미숙지 등을 이유로 계약금액의 변경을 요구하거나 시공을 거부할 수 없다.

제24조(기성부분금) ① 계약서에 기성부분금에 관하여 명시한 때에는 "수급인"은 이에 따라 기성부분에 대한 검사를 요청할 수 있으며, 이때 "도급인"은 지체없이 검사를 하고 그 결과를 "수급인"에게 통지하여야 하며, 14일이내에 통지가 없는 경우에는 검사에 합격한 것으로 본다.

② 기성부분은 제2조 제8호의 산출내역서의 단가에 의하여 산정한다. 다만, 산출내역서가 없는 경우에는 공사진척율에 따라 "도급인"과 "수급인"이 합의하여 산정한다.

③ "도급인"은 검사완료일로부터 14일이내에 검사된 내용에 따라 기성부분금을 "수급인"에게 지급하여야 한다.

④ "도급인"이 제3항의 규정에 의한 기성부분금의 지급을 지연하는 경우에는 제28조제3항의 규정을 준용한다.

제25조(손해의 부담) "도급인"·"수급인" 쌍방의 책임 없는 사유로 공사의 목적물이나 제3자에게 손해가 생긴 경우 다음 각 호의 자가 손해를 부담한다.

1. 목적물이 "도급인"에게 인도되기 전에 발생된 손해 : "수급인"
2. 목적물이 "도급인"에게 인도된 후에 발생된 손해 : "도급인"
3. 목적물에 대한 "도급인"의 인수지연 중 발생된 손해 : "도급인"
4. 목적물 검사기간 중 발생된 손해 : "도급인"·"수급인"이 협의하여 결정

제26조(부분사용) ① "도급인"은 공사목적물의 인도전이라 하더라도 "수급인"의 동의를 얻어 공사목적물의 전부 또는 일부를 사용할 수 있다.

Chapter 11

② 제1항의 경우 "도급인"은 그 사용부분에 대하여 선량한 관리자의 주의 의무를 다하여야 한다.

③ "도급인"은 제1항에 의한 사용으로 "수급인"에게 손해를 끼치거나 "수급인"의 비용을 증가하게 한 때는 그 손해를 배상하거나 증가된 비용을 부담한다.

제27조(준공검사) ① "수급인"은 공사를 완성한 때에는 "도급인"에게 통지하여야 하며 "도급인"은 통지를 받은 후 지체없이 "수급인"의 입회하에 검사를 하여야 하며, "도급인"이 "수급인"의 통지를 받은 후 10일 이내에 검사결과를 통지하지 아니한 경우에는 10일이 경과한 날에 검사에 합격한 것으로 본다. 다만, 불가항력으로 인하여 검사를 완료하지 못한 경우에는 당해 사유가 존속되는 기간과 당해 사유가 소멸된 날로부터 3일까지는 이를 연장할 수 있다.

② "수급인"은 제1항의 검사에 합격하지 못한 때에는 지체없이 이를 보수 또는 개조하여 다시 준공검사를 받아야 한다.

③ "수급인"은 검사의 결과에 이의가 있을 때에는 재검사를 요구할 수 있으며, "도급인"은 이에 응하여야 한다.

④ "도급인"은 제1항의 규정에 의한 검사에 합격한 후 "수급인"이 공사목적물의 인수를 요청하면 인수증명서를 발급하고 공사목적물을 인수하여야 한다.

제28조(대금지급) ① "수급인"은 "도급인"의 준공검사에 합격한 후 즉시 잉여자재, 폐기물, 가설물 등을 철거, 반출하는 등 공사현장을 정리하고 공사대금의 지급을 "도급인"에게 청구할 수 있다.

② "도급인"은 특약이 없는 한 계약의 목적물을 인도 받음과 동시에 "수급인"에게 공사대금을 지급하여야 한다.

③ "도급인"이 공사대금을 지급기한내에 지급하지 못하는 경우에는 그 미지급금액에 대하여 지급기한의 다음날부터 지급하는 날까지의 일수에 계약서상에서 정한 대가지급 지연이자율(시중은행의 일반대출시 적용되는 연체이자율 수준을 감안하여 상향 적용할 수 있다)을 적용하여 산출한 이자를 가산하여 지급하여야 한다.

제29조(폐기물의 처리 등) "수급인"은 공사현장에서 발생한 폐기물을 관계법령에 의거 처리하여야 하며, "도급인"은 폐기물처리에 소요되는 비용을 계약금액에 반영하여야 한다.

제30조(지체상금) ① "수급인"은 준공기한내에 공사를 완성하지 아니한 때에는 매 지체일수마다 계약서상의 지체상금율을 계약금액에 곱하여 산출한 금액(이하 '지체상금'이라 한다)을 "도급인"에게 납부하여야 한다. 다만, "도급인"의 귀책사유로 준공검사가 지체된 경우와 다음 각 호의 1에 해당하는 사유로 공사가 지체된 경우에는 그 해당일수에 상당하는

지체상금을 지급하지 아니하여도 된다.

1. 불가항력의 사유에 의한 경우
2. "수급인"이 대체하여 사용할 수 없는 중요한 자재의 공급이 "도급인"의 책임있는 사유로 인해 지연되어 공사진행이 불가능하게 된 경우
3. "도급인"의 귀책사유로 착공이 지연되거나 시공이 중단된 경우
4. 기타 "수급인"의 책임에 속하지 아니하는 사유로 공사가 지체된 경우

② 제1항을 적용함에 있어 제26조의 규정에 의하여 "도급인"이 공사목적물의 전부 또는 일부를 사용한 경우에는 그 부분에 상당하는 금액을 계약금액에서 공제한다. 이 경우 "도급인"이 인허가기관으로부터 공사목적물의 전부 또는 일부에 대하여 사용승인을 받은 경우에는 사용승인을 받은 공사목적물의 해당부분은 사용한 것으로 본다.

③ "도급인"은 제1항 및 제2항의 규정에 의하여 산출된 지체상금은 제28조의 규정에 의하여 "수급인"에게 지급되는 공사대금과 상계할 수 있다.

④ 제1항의 지체상금율은 계약 당사자간에 별도로 정한 바가 없는 경우에는 국가를 당사자로 하는 계약에 관한 법령 등에 따라 공공공사 계약체결시 적용되는 지체상금율을 따른다.

제31조(하자담보) ① "수급인"은 공사의 하자보수를 보증하기 위하여 계약서에 정한 하자보수보증금율을 계약금액에 곱하여 산출한 금액(이하 '하자보수보증금'이라 한다)을 준공검사후 그 공사의 대가를 지급할 때까지 현금 또는 제4조 제2항 각 호의 보증기관이 발행한 보증서로서 "도급인"에게 납부하여야 한다.

② "수급인"은 "도급인"이 전체목적물을 인수한 날과 준공검사를 완료한 날 중에서 먼저 도래한 날부터 계약서에 정한 하자담보 책임기간중 당해공사에 발생하는 일체의 하자를 보수하여야 한다. 다만, 다음 각 호의 사유로 발생한 하자에 대해서는 그러하지 아니하다.

1. 공사목적물의 인도 후에 천재지변 등 불가항력이 "수급인"의 책임이 아닌 사유로 인한 경우
2. "도급인"이 제공한 재료의 품질이나 규격 등의 기준미달로 인한 경우
3. "도급인"의 지시에 따라 시공한 경우
4. "도급인"이 건설공사의 목적물을 관계 법령에 따른 내구연한 또는 설계상의 구조내력을 초과하여 사용한 경우

③ "수급인"이 "도급인"으로 부터 제2항의 규정에 의한 하자보수의 요구를 받고 이에 응하지 아니하는 경우 제1항의 규정에 의한 하자보수보증금은 "도급인"에게 귀속한다.

④ "도급인"은 하자담보책임기간이 종료한 때에는 제1항의 규정에 의한 하자보수 보증금을 "수급인"의 청구에 의하여 반환하여야 한다. 다만, 하자담보책임기간이 서로

Chapter 11

다른 공종이 복합된 공사에 있어서는 공종별 하자담보 책임기간이 만료된 공종의 하자보수보증금은 "수급인"의 청구가 있는 경우 즉시 반환하여야 한다.

제32조(건설공사의 하도급 등) ①"수급인"이 도급받은 공사를 제3자에게 하도급하고자 하는 경우에는 건설산업기본법 및 하도급거래공정화에관한법률에서 정한 바에 따라 하도급하여야 하며, 하수급인의 선정, 하도급계약의 체결 및 이행, 하도급 대가의 지급에 있어 관계 법령의 제규정을 준수하여야 한다.

② "도급인"은 건설공사의 시공에 있어 현저히 부적당하다고 인정하는 하수급인이 있는 경우에는 하도급의 통보를 받은 날 또는 그 사유가 있음을 안 날부터 30일이내에 서면으로 그 사유를 명시하여 하수급인의 변경 또는 하도급 계약내용의 변경을 요구할 수 있다. 이 경우 "수급인"은 정당한 사유가 없는 한 이에 응하여야 한다.

③ "도급인"은 제2항의 규정에 의하여 건설공사의 시공에 있어 현저히 부적당한 하수급인이 있는지 여부를 판단하기 위하여 하수급인의 시공능력, 하도급 계약 금액의 적정성 등을 심사할 수 있다.

제33조(하도급대금의 직접 지급) ① "도급인"은 "수급인"이 제32조의 규정에 의하여 체결한 하도급계약중 하도급거래공정화에 관한법률과 건설산업기본법에서 정한 바에 따라 하도급대금의 직접 지급사유가 발생하는 경우에는 그 법에 따라 하수급인이 시공한 부분에 해당하는 하도급대금을 하수급인에게 지급한다.

② "도급인"이 제1항의 규정에 의하여 하도급대금을 직접 지급한 경우에는 "도급인"의 "수급인"에 대한 대금지급채무는 하수급인에게 지급한 한도안에서 소멸한 것으로 본다.

제34조("도급인"의 계약해제 등) ① "도급인"은 다음 각 호의 1에 해당하는 경우에는 계약의 전부 또는 일부를 해제 또는 해지할 수 있다.

1. "수급인"이 정당한 이유없이 약정한 착공기일을 경과하고도 공사에 착수하지 아니한 경우
2. "수급인"의 책임있는 사유로 인하여 준공기일내에 공사를 완성할 가능성이 없음이 명백한 경우
3. 제30조제1항의 규정에 의한 지체상금이 계약보증금 상당액에 도달한 경우로서 계약기간을 연장하여도 공사를 완공할 가능성이 없다고 판단되는 경우
4. 기타 "수급인"의 계약조건 위반으로 인하여 계약의 목적을 달성할 수 없다고 인정되는 경우

② 제1항의 규정에 의한 계약의 해제 또는 해지는 "도급인"이 "수급인"에게 서면으로 계약의 이행기한을 정하여 통보한 후 기한내에 이행되지 아니한 때 계약의 해제 또는

해지를 "수급인"에게 통지함으로써 효력이 발생한다.

③ "수급인"은 제2항의 규정에 의한 계약의 해제 또는 해지 통지를 받은 때에는 다음 각 호의 사항을 이행하여야 한다.

1. 당해 공사를 지체없이 중지하고 모든 공사용 시설·장비 등을 공사현장으로부터 철거하여야 한다.
2. 제13조의 규정에 의한 지급재료의 잔여분과 대여품은 "도급인"에게 반환하여야 한다.

제35조("수급인"의 계약해제 등) ① "수급인"은 다음 각 호의 어느 하나에 해당하는 경우에는 계약의 전부 또는 일부를 해제 또는 해지할 수 있다.

1. 공사내용을 변경함으로써 계약금액이 100분의 40이상 감소된 때
2. "도급인"의 책임있는 사유에 의한 공사의 정지기간이 계약서상의 공사기간의 100분의 50을 초과한 때
3. "도급인"이 정당한 이유없이 계약내용을 이행하지 아니함으로써 공사의 적정이행이 불가능하다고 명백히 인정되는 때
4. 제4조제5항에 따른 기간 내에 공사대금 지급의 보증, 담보의 제공 또는 보험료 등의 지급을 이행하지 아니한 때

② 제1항의 규정에 의하여 계약을 해제 또는 해지하는 경우에는 제34조제2항 및 제3항의 규정을 준용한다.

제36조(계약해지시의 처리) ① 제34조 및 제35조의 규정에 의하여 계약이 해지된 때에는 "도급인"과 "수급인"은 지체없이 기성부분의 공사금액을 정산하여야 한다.

② 제34조 및 제35조의 규정에 의한 계약의 해제 또는 해지로 인하여 손해가 발생한 때에는 상대방에게 그에 대한 배상을 청구할 수 있다. 다만, 제35조 제1항 제4호에 해당하여 해지한 경우에는 해지에 따라 발생한 손해에 대하여 청구할 수 없다.

제37조("수급인"의 동시이행 항변권) ① "도급인"이 계약조건에 의한 선금과 기성부분금의 지급을 지연할 경우 "수급인"이 상당한 기한을 정하여 그 지급을 독촉하였음에도 불구하고 "도급인"이 이를 지급치 않을 때에는 "수급인"은 공사중지기간을 정하여 "도급인"에게 통보하고 공사의 일부 또는 전부를 일시 중지할 수 있다.

② 제1항의 공사중지에 따른 기간은 지체상금 산정시 공사기간에서 제외된다.

③ "도급인"은 제1항의 공사중지에 따른 비용을 "수급인"에게 지급하여야 하며, 공사중지에 따라 발생하는 손해에 대해 "수급인"에게 청구하지 못한다.

제38조(채권양도) ① "수급인"은 이 공사의 이행을 위한 목적이외에는 이 계약에 의하여 발생한 채권(공사대금 청구권)을 제3자에게 양도하지 못한다.

② "수급인"이 채권양도를 하고자 하는 경우에는 미리 보증기관(연대보증인이 있는 경우 연대보증인을 포함한다)의 동의를 얻어 "도급인"의 서면승인을 받아야 한다.
③ "도급인"은 제2항의 규정에 의한 "수급인"의 채권양도 승인요청에 대하여 승인 여부를 서면으로 "수급인"과 그 채권을 양수하고자 하는 자에게 통지하여야 한다.

제39조(손해배상책임) ① "수급인"이 고의 또는 과실로 인하여 도급받은 건설공사의 시공관리를 조잡하게 하여 타인에게 손해를 가한 때에는 그 손해를 배상할 책임이 있다.
② "수급인"은 제1항의 규정에 의한 손해가 "도급인"의 고의 또는 과실에 의하여 발생한 것인 때에는 "도급인"에 대하여 구상권을 행사할 수 있다.
③ "수급인"은 하수급인이 고의 또는 과실로 인하여 하도급 받은 공사를 조잡하게 하여 타인에게 손해를 가한 때는 하수급인과 연대하여 그 손해를 배상할 책임이 있다.

제40조(법령의 준수) "도급인"과 "수급인"은 이 공사의 시공 및 계약의 이행에 있어서 건설산업기본법 등 관계법령의 제규정을 준수하여야 한다.

제41조(분쟁의 해결) ① 계약에 별도로 규정된 것을 제외하고는 계약에서 발생하는 문제에 관한 분쟁은 계약당사자가 쌍방의 합의에 의하여 해결한다.
② 제1항의 합의가 성립되지 못할 때에는 당사자는 건설산업기본법에 따른 건설분쟁조정위원회에 조정을 신청하거나 중재법에 따른 상사중재기관 또는 다른 법령에 의하여 설치된 중재기관에 중재를 신청할 수 있다.
③ 제2항에 따라 건설분쟁조정위원회에 조정이 신청된 경우, 상대방은 그 조정 절차에 응하여야 한다.

제42조(특약사항) 기타 이 계약에서 정하지 아니한 사항에 대하여는 "도급인"과 "수급인"이 합의하여 별도의 특약을 정할 수 있다.

법률 Tip 공사도급계약 참고사항

1. **공사명** : 양 당사자 간 오가는 문서에 기록되어야 할 공식 명칭이다. 공사명이 편의에 따라 변경되어 사용되기도 하는데, 일반적으로 행정구역 공사내용으로 나타낸다. 예를 들어 맥문동에 시공하는 아파트 공사라면 "맥문동 공동주택 신축사업"이라고 명명된다.

2. **공사장소** : 공사가 이루어지는 곳으로, 주소로 명칭하기도 하고 구체적인 지명이나 위치를 표기할 수도 있다. 때로는 계약의 내용에 따라 자재 보관소나 가공장, 현장 외부의 임시 조립시설 등을 포함하기도 한다.

3. **착공일자와 준공** : 착공일은 계약일자를 기준으로 할 수도 있으나 실제 착공한 일자를 기준으로 할 수도 있다. 준공일자 명기가 특히 중요하다. 준공일자는 지체상금을 산정하는 기준이 되기 때문이다.

4. **계약금액** : 공사금액을 표시할 땐 부가가치세가 포함되는지 제외되는지 표시해야 한다. 일반적으로 공공사업은 부가가치세가 포함된 금액이지만 민간공사는 대부분 제외된 금액으로 표시한다. 부가가치세의 기재여부는 세금계산서의 발해와 직접 관련되므로 매우 중요하다. 예를 들어 단지외부공사, 분양대행용역, 발코니공사 등은 국민주택건설용역에 해당하지 않고, 세금계산서를 발행하여야 한다. 해당용역 등의 공급가액(즉, 부가가치세가 제외된 금액)을 구분하여 기재하여야 한다.

5. 노무비가 따로 명기되는 이유는 근로자의 권익보호와 안전관리비 설정을 위한 것이다. 건산법에서도 이 금액은 압류할 수 없다고 그 취지를 밝히고 있다. 원가계산서(산출내역서)의 직접노무비와 간접노무비를 합쳐 노무비라고 한다(계약예규 예정가격작성기준 제10조). 내역서에 노무비가 별도 표기하지 않는 경우에는 전체 공사비의 3분의 1 수준에서 적용하기도 한다. 원칙적으로 고용산재보험료는 "실제 지급된 노임총액"이 보험료 산정 기준이며, 도급계약서상의 "노무비율"은 참고치일 뿐이다. 그러나 보수총액 추정액을 결정하기 곤란한 경우에는 고용노동부장관이 고시한 노무비율에 의하여 보수총액을 결정한다. 이때 본사소속 현장근무직원의 보수(간접노무비)는 산재보험에서는 건설일괄보수총액으로 취급되나, 고용보험에서는 본사보수총액으로 처리되므로 서로 차이가 있다.

6. **이행보증**(Performance Bond) : 현금보다 보증서로 대체하는 것이 일반적이다. 이것은 위약벌의 성격을 지니고 있어 시공사가 일방적으로 공사를 타절하면 공정률과 관계없이 보증금액 전액을 보증회사에 청구(Bond Call)할 수 있다. 이 권한이 지나쳐 발주자의 무분별한 청구권 행사가 문제가 되기도 한다. 보증률은 양 당사자 간의 합의에 따라 공사금액의 10~100% 사이에 정해지는데, 공사 규모와 입찰자와 협의에 따라 비율을 정한다. 하도급계약은 10%로 정해져 있다(하도급법 제13조의 2 제1항).

7. **선금**(Pay in Advance) : 선급금(미리 지급하는 것)과 선수금(미리 받는 것)을 포함하는 용어이다. 초기에 부담해야 할 투입(Mobilization)비용 부담을 덜어주기 위한 것이 목적이지만, 재무제표에서 부채로 표기되므로 건전한 재무제표를 관리하고자 하는 자는 이를 거부하기도 한다. 선금 회수는 초기에 수차례에 나누어 기성금과 대체 하거나 매회 기성 때 진행비율만큼 공제하는 것이 일반적이다.

8. **기성**(Payment) : 이미 이루어진 만큼[이미 기(旣), 이룰 성(成)]지급하는 것이다. 이런 방식은 하나의 제품 제작 기간이 오래 소요되는 건설과 조선업에서 주로 사용된다. 기성은 중간기성(Interim Payment)과 최종기성(준공기성, Final Payment)으로 나눈다. 최종기성은 중요한 항목이므로 계약서에 별도로 명기되는 것이 바람직하다. 일반적으로 '준공검사 합격'한 때이다. 법원은 사용에 지장이 없다면 준공을 지연시키는 것은 허용하지 않고 인허가 기관의 준공승인일이나 발주자나 그 사용자가 시설을 사용하는 날짜를 실질적인 준공일로 인정하고 있다(국가계약법 시행령 제74조). 하자보증 역시 실질적인 준공일로부터 시작한다. 기성금은 설계서에서 이루어진 부분을 확인하여 결정하는 것이 일반적이지만 Milestone 방식(발주자가 목표로 하는 특정한 기점)으로 결정하기도 한다. 지급 간격은 보통 매월 지급하거나, 자금 인출에 시간이 소요(PF의 경우 등)될 경우에는 분기별로 지급하기도 한다.

9. **하자담보**(Guarantee) : 공사 종류에 따라 하자담보 기간을 각각 정하고 있다(건설산업기본법 시행령 제30조). 오랫동안 하자보증 기간과 적용률을 '3년간 공사비의 3%'와 같이 전체 공사에 일률적으로 적용하여 왔는데, 이것은 콘크리트 구조와 방수를 기준으로 한 것이다. 한편 법에서 양 당사자 간의 합의에 따라 기간을 조정할 경우 그 이유와 추가 기간으로 인해 발생하는 보증수수료를 계약서에 명시하도록 하였는데, 이 내용이 없다면 양 당사자가 합의하여 계약서가 작성되었다고 하더라도 법에서는 법정 기간 이상의 하자 보증 기간은 인정되지 않는다. 법규에는 하자보수 금액 한도인 적용률에 대해 명확하게 표시되

어 있지 않은데, 일반적으로 기간과 같은 비율을 적용하고 있다(예, 3년 3%, 1년 1%).
해외 계약에서는 동일한 원인이나 위치에 대한 하자는 그 시점에서 다시 하자보증 기간 설정을 요구할 때가 있다. 이 경우 하자보증 갱신 한도(Cap)설정을 고려해야 한다.

10. **지체상금**(Liquidated damages for delay) : 준공일자에 공사가 완료되지 않으면 가산되는 것인데 그 비율은 공사비에 따라 차이가 있다. 일반적으로 비율이 하루에 공사비의 0.01~0.3% 정도인데, 1000억원 공사라면 하루에 1천만원~3억원이라는 비용을 발주자에게 보상하여야 한다. 국가계약법에서 정한 지체상금은 건설공사의 경우 0.05%/일이다.

❷ 표준하도급계약서

표준하도급계약서는 하도급법 및 업종 특성등을 고려하여 법 위반을 최소화하고 계약서 작성시의 편의를 제공할 목적으로 공정거래위원회에서 보급하는 표준계약서이다. 공정거래위원회는 표준약관양식 등 매우 다양한 종류의 표준계약서를 마련하고 있다. 이중 건설업종 표준하도급계약서(2020.12.17. 개정)는 아래와 같다.

표준하도급계약서는『하도급거래 공정화에 관한 법률』제3조의2의 규정에 의거 공정거래위원회가 사용 및 보급을 권장하고 있는 표준하도급계약서이다.

표준하도급계약서에서는 건설업종 하도급계약에 있어 표준이 될 계약의 기본적 공통사항만을 제시하였는바, 실제 하도급계약을 체결하려는 계약당사자는 아래 표준하도급계약서의 기본 틀과 내용을 유지하는 범위에서 표준하도급계약서보다 더 상세한 사항을 계약서에 규정할 수 있다. 또한 표준하도급계약서의 내용은 현행「하도급법」및 그 시행령을 비롯하여 건설업종 관련 법령을 기준으로 한 것이므로 계약당사자는 계약체결시점에 관련법령이 개정된 경우에는 개정규정에 부합되도록 이 표준계약서의 내용을 수정 또는 변경하여야 하며, 특히 개정된 법령에 강행규정이 추가되는 경우에는 반드시 그 개정규정에 따라 계약내용을 수정하여야 한다.

건설업종 표준하도급계약서(표지)

1. **발　주　자** :
   - 도급공사명 :

2. **하도급공사명** :
   - 하도급공사 등록업종 :

3. 공 사 장 소 :

4. 공 사 기 간 : 착공 년 월 일
준공 년 월 일

5. 계 약 금 액 : 일금 원정 (₩)

ㅇ공급가액 : 일금 원정 (₩)
노 무 비 : 일금 원정 (₩)
* 건설산업기본법 시행령 제84조 규정에 의한 노무비
ㅇ부가가치세 : 일금 원정 (₩)
※ 변경 전 계약금액 : 일금 원정 (₩)

6. 대금의 지급

가. 선급금

ㅇ 계약체결 후 ( )일 이내에 일금 원정 (₩)

※ 발주자로부터 선급금을 지급받은 날 또는 계약일로부터 15일 이내 그 내용과 비율에 따름

나. 기성금

(1) ( )월 ( )회
(2) 목적물 인수일로부터 ( )일 이내
(3) 지급방법 : 현금 %, 어음 %, 어음대체결제수단 %

※ 발주자로부터 지급받은 현금비율 이상 지급. 지급 받은 어음 등의 지급기간을 초과하지 않는 어음 등을 교부

다. 설계변경, 경제상황변동 등에 따른 하도급대금 조정 및 지급

(1) 발주자로부터 조정 받은 날부터 30일 이내 그 내용과 비율에 따라 조정
(2) 발주자로부터 지급받은 날부터 15일 이내 지급

7. 지급자재의 품목 및 수량 : 별도첨부

8. 계약이행보증금

ㅇ 계약금액의 ( )%, 일금 원정 (₩)

9. 하도급대금 지급보증금

ㅇ 계약금액의 ( )%, 일금 원정 (₩)

10. 하자담보책임

가. 하자보수보증금율 : 계약금액의 ( )%

나. 하자보수보증금 : 일금 원정 (₩)

다. 하자담보책임기간 : 년

11. 지체상금요율 : 연 ( )%

12. 지연이자율 : 연 ( )% (대금 지급 · 반환 지연) / 연 ( )% (손해배상 지연)

※ 하도급법령상 지급기일이 지난 경우에는 **공정위 고시 지연이자율이 우선 적용**

양 당사자는 위 내용과 별첨 건설공사 표준하도급계약서(본문), 설계도( )장, 시방서( )책에 따라 이 건설공사 하도급 계약을 체결하고 계약서 2통을 작성하여 기명날인 후 각각 1통씩 보관한다.

년 월 일

원사업자	수급사업자
상호 또는 명칭 :	상호 또는 명칭 :
전화번호 :	전화번호 :
주 소 :	주 소 :
대표자 성명 : (인)	대표자 성명 : (인)
사업자(법인)번호 :	사업자(법인)번호 :

건설업종 표준하도급계약서(본문)

제1장 총칙

제1조(목적) 이 계약은 원사업자가 수급사업자에게 위탁하는 건설공사에 관한 원사업자와 수급사업자간의 권리와 의무를 정하는 것을 목적으로 한다.

제2조(정의) 이 계약에서 사용하는 용어의 정의는 다음과 같다.

1. "하도급"이라 함은 원사업자가 도급받은 건설공사의 일부를 수급사업자에게 위탁하는 것을 말한다.
2. "발주자"라 함은 건설공사를 원사업자에게 도급하는 자를 말한다.
3. "설계서"라 함은 공사시방서, 설계도면(물량내역서를 작성한 경우 이를 포함한다) 및 현장설명서를 말한다.
4. "산출내역서"라 함은 물량내역서에 수급사업자가 단가를 기재하여 원사업자에게 제출한 내역서를 말한다.
5. "선급금"이라 함은 하도급 공사를 완료하기 전에 원사업자가 수급사업자에게 지급하는 하도급대금의 일부 또는 원사업자가 발주자로부터 공사의 완료 전에 지급받은 도급대금의 일부를 말한다.
6. "지연이자"라 함은 대금 또는 손해배상금 등을 지급하여야 할 자가 지급시기에 지급하지 않을 경우 상대방에게 지급해야 할 손해배상금을 말한다.
7. "지체상금"이라 함은 수급사업자가 계약의 이행을 지체한 경우 원사업자에게 지급해야 할 손해배상금을 말한다.
8. "기술자료"라 함은 합리적인 노력에 의하여 비밀로 유지된 제조 · 수리 · 시공 또는 용역수행 방법에 관한 자료, 그 밖에 영업활동에 유용하고 독립된 경제적 가치를 가지는 것으로서 「하도급거래 공정화에 관한 법률」에서 정하는 자료를 말한다.

제3조(계약의 기본원칙) 원사업자와 수급사업자는 이 계약에 따라 건설공사를 완료하고, 하도급대금 등을 지급함에 있어 상호 대등한 입장에서 신의성실의 원칙에 따라 자신의 권리를 행사하며, 의무를 이행한다.

제2장 건설공사의 시공

제1절 건설공사의 시공 · 관리 등

제4조(시공협의 및 지시) ① 수급사업자는 계약체결 후 지체 없이 다음 각 호에 해당하는 서류를 원사업자에게 제출하고 승인을 받는다. 다만 계약체결 전 내역입찰을 통해서 제출한 서류는 제외한다.

1. 공사공정예정표
2. 현장대리인 등을 포함한 조직도
3. 관련법령에 따라 수급사업자가 부담하는 안전 · 환경 및 품질관리에 관한 계획서
4. 공정별 인력 및 장비투입계획서
5. 착공전 현장사진
6. 산출내역서
7. 기타 이 공사와 관련하여 필요하다고 원사업자와 수급사업자가 협의하여 정한 서류

② 원사업자는 공사공정예정표등이 하도급공사의 목적과 일치하지 않을 경우에 그 기간을 정하여 수정을 요구할 수 있다. 이 경우 수급사업자는 원사업자와 협의하여 공사공정예정표등을 수정하고, 그 사실을 통지한다.

③ 원사업자는 하도급공사가 준공되기 전까지 그 시공에 필요한 지시를 할 수 있으며, 수급사업자는 그 지시를 따른다. 다만, 수급사업자가 그 지시를 따르기에 부적합한 사유가 있다고 판단할 경우에는 협의하여 달리 정할 수 있다.

④ 원사업자가 공사공정예정표등을 마련하여 수급사업자에게 제시한 경우에는 제1항(제2호는 제외) 및 제2항을 적용하지 아니한다. 다만, 원사업자가 제시한 공사공정예정표등이 적합하지 않을 경우 수급사업자는 원사업자와 협의하여 공사공정예정표등을 수정할 수 있다.

제5조(공사의 시공 및 변경) ① 수급사업자는 「하도급거래 공정화에 관한 법률」, 「건설산업기본법」 등 관련 법령의 규정, 이 계약서의 내용과 설계서(총액단가계약의 경우는 산출내역서를 포함하며, 양식은 기획재정부 계약예규의 양식을 준용한다. 이하 같다) 및 공사공정예정표에서 정한 바에 따라 공사를 시공한다.

② 공사 착공일과 준공일은 이 계약에 따른다. 다만, 수급사업자의 책임 없는 사유로 착공일에 착공할 수 없는 때에는 수급사업자의 현장 인수일을 착공일로 한다.

③ 시공 품질의 유지 · 개선 등의 정당한 사유가 있는 경우를 제외하고, 원사업자는 특정한 자재 · 장비 또는 역무의 공급 등을 매입 또는 사용(이용을 포함한다. 이하 같다)하게 하지 아니한다.

④ 제3항에서 정한 정당한 사유에 따라 원사업자가 지정한 자재나 장비 또는 역무의 공급 등이 품절 등의 사유로 조달할 수 없는 경우에 수급사업자는 원사업자와 협의하여 이를 변경할 수 있다.

제6조(하도급계약통보서의 제출) ① 원사업자는 이 계약을 체결한 날로부터 30일 이내에 하도급계약통보서(「건설산업기본법」 시행규칙 별지 제23호 서식)에 다음 각 호의 서류를 첨부하여 발주자에게 제출한다. 다만, 원사업자가 기한 내에 통지를 하지 아니한 경우에는 수급사업자가 발주자에게 이를 통지할 수 있다.

1. 하도급계약서(변경계약서를 포함한다) 사본
2. 공사량(규모) · 공사단가 및 공사금액 등이 명시된 공사내역서
3. 예정공정표
4. 하도급대금지급보증서 사본(다만 하도급대금지급보증서 교부의무가 면제되는 경우에는 그 증빙서류)
5. 현장설명서(현장설명을 실시한 경우만 해당한다)

② 원사업자는 수급사업자가 이 계약 및 관련법령에 부합되게 시공할 수 있도록 공사목적물과 관련된 현황을 알려주는 등 수급사업자에게 이 공사 이행에 필요한 협조와 지원을 한다.

③ 원사업자는 하도급공사에 필요한 공정의 세부작업 방법 등을 정함에 있어 미리 수급사업자의 의견을 청취한다.

제7조(자재검사) ① 공사에 사용할 자재는 신품(가설기자재는 예외로 함)이어야 하며, 품질, 품명 등은 반드시 설계서와 일치하여야 한다. 다만, 설계서에 품질 · 품명 등이 명확히 규정되지 아니한 것은 표준품 또는 표준품에 상당하는 자재로서 계약의 목적을 달성하는 데 가장 적합한 것이어야 한다.

② 공사에 사용할 자재는 사용 전에 감독원의 검사를 받아야 하며 불합격된 자재는 즉시 대체하여 다시 검사를 받아야 한다. 이 경우에 수급사업자는 이를 이유로 계약기간의 연장을 청구할 수 없다.

③ 검사결과 불합격품으로 결정된 자재는 공사에 사용할 수 없다. 다만, 감독원의 검사에 이의가 있을 때에는 수급사업자는 원사업자에 대하여 재검사를 요청할 수 있으며, 재검사가 필요 할 때에는 원사업자는 지체 없이 재검사하도록 조치한다.

④ 원사업자는 수급사업자로부터 공사에 사용할 자재의 검사 또는 제3항에 따른 재검사의 요청을 받은 때에는 정당한 사유 없이 검사를 지체하지 아니한다.

⑤ 수급사업자가 불합격된 자재를 즉시 제거하지 않거나 대품으로 대체하지 않을 경우에는 원사업자는 이를 대신할 수 있으며, 그 비용은 수급사업자가 부담한다.

Chapter 11

⑥ 수급사업자는 자재의 검사를 받을 때에는 감독원의 지시에 따라야 하며, 검사에 소요되는 비용은 별도로 정한 바가 없으면 자재를 조달하는 자가 부담한다. 다만, 검사에 소요되는 비용을 발주자로부터 지급받았을 경우에는 원사업자가 이를 부담한다.

⑦ 공사에 사용하는 자재 중 조합(調合) 또는 시험이 필요한 것은 감독원의 참여하에 그 조합 또는 시험을 한다.

⑧ 정당한 사유가 있는 경우를 제외하고, 수급사업자는 공사현장 내에 반입한 공사자재를 감독원의 승낙 없이 공사현장 밖으로 반출하지 못한다.

⑨ 수중 또는 지하에 설치하는 공작물과 기타 준공 후 외부로부터 검사할 수 없는 공작물의 검사는 감독원의 참여 없이 시공할 수 없다.

제8조(지급자재 등) ① 이 계약에 따라 원사업자가 지급하는 자재의 인도 시기는 공사공정예정표에 따르고, 그 인도 장소는 시방서에 따로 정한 바가 없으면 공사현장으로 한다.

② 제1항에 따라 인도된 자재의 소유권은 원사업자에게 속하며, 감독원의 서면 승낙 없이 수급사업자의 공사현장에 반입된 자재를 이동할 수 없다.

③ 수급사업자는 원사업자 또는 감독원이 지급자재가 비치된 장소에 출입하여 이를 검사하고자 할 때에는 이에 협조한다.

④ 원사업자는 건설공사의 품질유지 · 개선이나 기타 정당한 사유가 있는 경우 또는 수급사업자의 요청이 있는 때에 공사와 관련된 기계 · 기구(이하 "대여품"이라 한다) 등을 대여할 수 있다. 이 경우 원사업자는 대여품을 지정된 일시와 장소에서 인도하며 사용후 반송비용은 다음 각호에서 정한 바에 따른다.

1. 수급사업자가 요청한 경우 : 수급사업자
2. 수급사업자의 요청없이 원사업자가 대여한 경우 : 원사업자

⑤ 제1항의 지급자재 또는 제4항의 대여품이 인도된 후 수급사업자는 그 멸실 또는 훼손에 대하여 책임을 진다. 다만 선량한 관리자의 주의의무를 다한 경우에는 그러하지 아니하다.

⑥ 원사업자가 인도한 자재와 대여품 등은 이 계약의 목적을 수행하는 데에만 사용한다.

⑦ 원사업자가 자재 또는 대여품 등의 인도를 지연하여 이 공사가 지연될 우려가 있을 때에 수급사업자는 원사업자의 서면승낙을 얻어 자기가 보유한 자재를 대체 사용할 수 있다. 이 경우, 대체사용에 따른 경비는 원사업자가 부담한다.

⑧ 원사업자는 제7항에 따라 대체 사용한 자재를 그 사용 당시의 가격으로 산정한 대가를 공사 기성금에 포함하여 수급사업자에게 지급한다. 다만 현품 반환을 조건으로 자재의 대체사용을 승인한 경우에는 그러하지 아니하다.

⑨ 감독원은 지급자재 및 대여품을 수급사업자의 입회하에 검사하여 인도한다.

⑩ 수급사업자는 공사내용의 변경으로 인하여 필요 없게 된 지급자재 또는 대여품을 지체 없이 원사업자에게 반환한다. 이 경우, 반환에 소요되는 비용은 다음 각호에서 정한 바에 따른다.

1. 공사내용 변경이 수급사업자의 요청에 의한 경우 : 수급사업자
2. 공사내용 변경이 원사업자의 요청에 의한 경우 : 원사업자

⑪ 원사업자가 임차한 건설기계를 사용하여 수급사업자가 건설공사를 수행하는 경우 원사업자는 건설기계의 가동시간(초과작업시간 포함) · 작업가능 여부 등을 수급사업자에게 명확히 제공하여 원활한 공사진행이 이루어질 수 있도록 조치한다.

⑫ 제11항의 건설기계조종사가 건설기계관리법 · 국가기술자격법 위반, 부당한 금품 요구 또는 고의로 작업 방해 등을 하여 수급사업자의 공사수행에 지장을 초래한 경우에 원사업자는 수급사업자로부터 해당 건설기계조종사의 교체 요구가 있을 때에는 지체없이 해당 건설기계임대인과 협의하여 원활한 공사수행이 이루어질 수 있도록 협조한다.

제9조(품질관리 등) ① 수급사업자는 시공 내용이 「건설산업기본법」 등의 관련 법령과 이 계약에서 정한 기준과 규격에 맞는지를 자체적으로 검사한다.

② 수급사업자는 공사의 품질유지를 위해 생산 공정에 관한 원사업자의 정당한 요구를 따르며, 품질 및 공정관리를 위해 원사업자의 직원을 상주시킬 경우에 적극 협조한다. 다만, 원사업자의 직원을 상주시킬 경우 이에 따른 비용은 원사업자가 부담한다.

③ 수급사업자는 건설공사의 품질에 영향을 미치는 주요 공정 및 공법, 주요자재 등의 변경에 대해 사전에 원사업자의 승인을 얻는다. 다만, 부득이한 경우에 한하여 사후 승인을 얻을 수 있다.

④ 원사업자는 제3항에 따라 수급사업자의 변경요청이 있은 날로부터 10일 이내에 승인여부를 결정하여 수급사업자에게 서면으로 통지하여야 하며, 이 기간 내에 통지하지 아니한 경우에는 변경요청을 승인한 것으로 본다. 다만, 변경사항에 대한 타당성 검토 등에 그 이상의 기간이 요구되는 경우 등 정당한 사유가 있는 경우 수급사업자에게 서면으로 통지한 후 그 기간을 연장할 수 있다.

제10조(관련공사와의 조정) ① 원사업자는 도급공사를 원활히 수행하기 위하여 도급공사와 관련이 있는 공사(이하 "관련공사"라 한다)와의 조정이 필요한 경우에 수급사업자와 상호 협의하여 이 공사의 공사기간, 공사내용, 계약금액 등을 변경할 수 있다.

② 수급사업자는 관련공사의 시공자와 긴밀히 연락 협조하여 이 공사와 도급공사의 원활한 완공에 협력한다.

제11조(추가 · 변경공사에 대한 서면 확인 등) ① 원사업자는 수급사업자와 협의하여 이 계약 외에 설계변경 또는 그 밖의 사유로 하도급계약의 산출 내역에 포함되어 있지 아니한 공사(이하 "추가 · 변경공사"라 한다)에 관한 사항을 결정한다. 이 경우에 원사업자는 수급사업자가 추가 · 변경공사를 착공하기 전까지 추가 · 변경공사와 관련된 서면을 발급한다.

② 추가 · 변경공사와 관련된 서면에는 다음 각호의 사항 등을 기재한다. 다만, 착공 전까지 확정이 곤란한 사항에 대해서는 확정이 곤란한 사유 및 확정에 대한 예정기일을 기재하여 수급사업자에게 제공하고 해당 사항이 확정되는 때 지체 없이 새로운 사항을 포함한 서면을 발급한다.

1. 수급사업자가 원사업자로부터 위탁받은 추가 · 변경공사의 내용
2. 공사목적물을 원사업자에게 인도하는 시기 및 장소
3. 공사의 검사의 방법 및 시기
4. 대금(선급금, 기성금 및 하도급대금을 조정한 경우에는 그 조정된 금액을 포함한다. 이하 같다)과 그 지급방법 및 지급기일
5. 원사업자가 수급사업자에게 공사에 필요한 자재 등을 제공하려는 경우에는 그 자재 등의 품명 · 수량 · 제공일 · 대가 및 대가의 지급방법과 지급기일
6. 공사를 위탁한 후 공사의 공급원가 변동에 따른 하도급대금 조정의 요건, 방법 및 절차
7. 기타 추가 · 변경공사와 관련된 사항

③ 원사업자의 지시에 따라 수급사업자가 시공한 추가 · 변경공사에 대해 원사업자는 발주자로부터 증액을 받지 못하였다 하더라도 수급사업자에게 증액하여 지급한다.

제12조(추가 · 변경공사 추정) ① 원사업자가 추가 · 변경공사를 위탁하면서 서면을 발급하지 아니한 경우 수급사업자는 원사업자에게 위탁사실에 대한 확인을 요청할 수 있다. 이 경우 수급사업자는 서면에 다음 각 호의 사항을 적고 서명(「전자서명법」 제2조 제2호에 따른 전자서명을 포함한다. 이하 이 계약에서 같다) 또는 기명날인한 후에 해당 서면을 원사업자에게 송부하는 방법으로 확인을 요청한다.

1. 수급사업자가 원사업자로부터 위탁받은 추가 · 변경공사의 내용
2. 하도급대금
3. 원사업자로부터 위탁받은 일시
4. 원사업자와 수급사업자의 사업자명과 주소 (법인 등기사항증명서상 주소와 사업장 주소를 포함한다)
5. 그 밖에 원사업자가 위탁한 내용

② 원사업자는 수급사업자로부터 제1항에서 정한 방법으로 위탁사실에 대한 확인 요청을 받은 날부터 15일 안에 그 내용에 대한 인정 또는 부인(否認)의 의사를 수급사업자에게 서명 또는 기명날인한 서면으로 회신하며, 이 기간 내에 회신을 발송하지 아니한 경우 수급사업자가 통지한 내용대로 위탁이 있는 것으로 추정한다. 다만, 자연재해 등 불가항력으로 인한 경우에는 그러하지 아니하다.

③ 위탁사실에 대한 확인 요청과 이에 대한 회신은 다음 각 호의 어느 하나에 해당하는 방법을 이용하여 상대방의 주소(전자우편주소 또는 공인전자주소를 포함한다)로 한다.

1. 내용증명우편
2. 「전자문서 및 전자거래 기본법」 제2조 제1호에 따른 전자문서로서 다음 각 목의 어느 하나에 해당하는 요건을 갖춘 것
   가. 「전자서명법」 제2조 제2호에 따른 전자서명이 있을 것
   나. 「전자문서 및 전자거래 기본법」 제2조 제8호에 따른 공인전자주소를 이용할 것
3. 그 밖에 통지와 회신의 내용 및 수신 여부를 객관적으로 확인할 수 있는 방법

④ 원사업자의 현장대리인 · 감독원 또는 현장소장이 서면을 발급하지 아니하고 추가 · 변경공사 등을 위탁한 경우에는 해당 현장대리인 · 감독원 또는 현장소장에게도 위탁사실에 대한 확인을 요청할 수 있다. 이 경우 현장대리인 · 감독원 또는 현장소장이 한 인정 또는 부인의 의사는 원사업자가 한 것으로 본다.

제13조(공사의 중지 또는 공사기간의 연장) ① 원사업자가 계약조건에 의한 선급금, 기성금 또는 추가공사 대금을 지급하지 않는 경우에 수급사업자가 상당한 기한을 정하여 그 지급을 독촉하였음에도 불구하고 원사업자가 이를 지급하지 아니하면 수급사업자는 공사중지 기간을 정하여 원사업자에게 통보하고 공사의 전부 또는 일부를 일시 중지할 수 있다. 이 경우 중지된 공사기간은 표지에서 정한 공사기간에 포함되지 않으며, 지체상금 산정시 지체일수에서 제외한다.

② 원사업자에게 책임 있는 사유 또는 태풍 · 홍수 · 악천후 · 전쟁 · 사변 · 지진 · 전염병 · 폭동 등 불가항력(이하 "불가항력"이라고 한다)의 발생, 원자재 수급불균형 등으로 현저히 계약이행이 어려운 경우 등 수급사업자에게 책임 없는 사유로 공사수행이 지연되는 경우에 수급사업자는 서면으로 공사기간의 연장을 원사업자에게 요구할 수 있다.

③ 원사업자는 제2항에 따른 공사기간 연장의 요구가 있는 경우 즉시 그 사실을 조사 · 확인하고 공사가 적절히 이행될 수 있도록 공사기간의 연장 등 필요한 조치를 한다.

④ 원사업자는 제3항에 따라 공사기간의 연장을 승인하였을 경우 동 연장기간에 대하

Chapter 11

여는 지체상금을 부과하지 아니한다.

⑤ 제3항에 따라 공사기간을 연장하는 경우에 원사업자와 수급사업자는 협의하여 하도급대금을 조정한다. 다만, 원사업자가 이를 이유로 발주자로부터 대금을 증액받은 경우에는 그 증액된 금액에 전체 도급대금 중 하도급대금이 차지하는 비율을 곱한 금액 이상으로 조정한다.

제14조(감독원) ① 원사업자는 자기를 대리하는 감독원을 임명하였을 때에는 이를 서면으로 수급사업자에게 통지한다.

② 감독원은 다음 각 호의 직무를 수행한다.

1. 시공일반에 대하여 감독하고 입회하는 일
2. 계약이행에 있어서 수급사업자 또는 수급사업자의 현장대리인에 대한 지시, 승낙 또는 협의하는 일
3. 공사자재와 시공에 대한 검사 또는 시험에 입회하는 일
4. 공사의 기성부분검사, 준공검사 또는 목적물의 인도에 입회하는 일
5. 수급사업자로 하여금 「건설산업기본법」 등에서 금지하는 재하도급 등에 관한 규정을 준수하도록 관리하는 일
6. 이 계약 및 「산업안전보건법」 등에서 규정하는 안전조치를 취하는 일

③ 수급사업자가 원사업자 또는 감독원에 대하여 검사입회 등을 요구한 때에는 원사업자 또는 감독원은 지체 없이 이에 응한다.

④ 원사업자 또는 감독원이 수급사업자나 수급사업자의 현장대리인에게 제2항에 따른 직무를 수행하기 위해 수급사업자의 현장을 점검하거나 자료의 제출을 요청하는 경우에는 수급사업자 또는 수급사업자의 현장대리인은 특별한 사정이 없는 한 이에 협조한다.

⑤ 수급사업자는 감독원의 행위가 적절하지 않다고 인정될 때에는 원사업자에 대하여 그 사유를 명시한 서면으로써 그 시정을 요청할 수 있다.

제15조(현장대리인) ① 수급사업자는 이 계약의 책임 · 품질시공 및 안전 · 기술관리를 위하여 「건설산업기본법」 등 관련 법령에서 정한 바에 따라 건설기술자를 배치하고, 그 중 1인을 현장대리인으로 선임한 후 이를 착공 전에 원사업자에게 서면으로 통지한다.

② 「건설산업기본법」 등 관련 법령에 규정된 경우를 제외하고, 현장대리인은 공사현장에 상주하며 수급사업자를 대리하여 시공에 관한 일체의 사항을 처리한다.

③ 현장대리인이 「건설산업기본법」 등 관련 법령에 따른 건설기술자의 현장배치 기준에 적합한 기술자가 아닌 경우에는 수급사업자는 공사관리 및 기타 기술상의 관리를 위하여 적격한 건설기술자를 별도로 배치하고 원사업자에게 통지한다.

제16조(근로자 등) ① 수급사업자가 공사를 시공함에 있어서 종업원 또는 근로자를 사용할 때에는 당해 그 공사의 시공 또는 관리에 관한 상당한 기술과 경험이 있는 자를 배치한다.

② 수급사업자는 그의 현장대리인, 안전관리자, 종업원 또는 근로자의 위법행위에 대하여 사용자로서의 책임을 지며, 원사업자가 수급사업자의 종업원 또는 근로자에 대하여 공사의 시공 또는 관리에 있어 매우 부적절하다고 인정하여 그 교체를 요구한 때에는 정당한 사유가 없는 한 지체 없이 이에 응한다.

③ 수급사업자는 제2항에 따라 교체된 현장대리인, 종업원 또는 근로자를 원사업자의 동의 없이 당해 공사를 위하여 다시 배치할 수 없다.

제17조(일요일 공사 시행의 제한) ① 긴급 보수 · 보강 공사 등에 해당하는 경우 등 「건설기술진흥법」에서 정하는 사유에 해당하여 발주자가 사전에 승인한 경우를 제외하고, 원사업자는 수급사업자가 일요일에 공사를 시행하도록 지시하지 않는다. 다만, 재해가 발생하거나 발생할 것으로 예상되어 일요일에 긴급 공사 등이 필요한 경우에 원사업자는 먼저 수급사업자에게 공사의 시행을 지시하고, 사후에 발주자의 승인을 받을 수 있다.

② 수급사업자는 제1항에 따른 지시없이 일요일에 공사를 시행하지 않는다.

③ 제1항 및 제2항은 발주자가 건설기술진흥법상 발주청에 해당하는 경우로 한정한다.

제2절 건설공사의 안전 등

제18조(원사업자의 안전조치 의무) ① 원사업자는 수급사업자의 건설시공으로 인하여 안전사고가 발생하지 않도록 관리 · 감독한다.

② 원사업자는 원사업자의 근로자와 수급사업자의 근로자가 작업을 할 때에 생기는 산업재해를 예방하기 위한 다음 각 호의 조치를 한다.

1. 원사업자와 수급사업자를 구성원으로 하는 안전 및 보건에 관한 협의체의 구성 및 운영
2. 작업장 순회점검
3. 수급사업자가 근로자에게 하는 산업안전보건법에 따른 안전보건교육을 위한 장소 및 자료의 제공 등 지원
4. 수급사업자가 근로자에게 하는 산업안전보건법에 따른 안전보건교육의 실시 확인
5. 다음 각 목의 어느 하나의 경우에 대비한 경보체계 운영과 대피방법 등 훈련
   가. 작업 장소에서 발파작업을 하는 경우
   나. 작업 장소에서 화재 · 폭발, 토사 · 구축물 등의 붕괴 또는 지진 등이 발생한 경우

Chapter 11

6. 위생시설 등 산업안전보건법 시행규칙으로 정하는 시설의 설치 등을 위하여 필요한 장소의 제공 또는 원사업자가 설치한 위생시설 이용의 협조

③ 원사업자는 수급사업자의 근로자가 원사업자의 사업장에서 작업을 하는 경우에 자신의 근로자와 수급사업자 근로자의 산업재해를 예방하기 위하여 안전 및 보건시설의 설치 등 필요한 안전조치 및 보건조치를 하여야 한다. 다만, 보호구 착용의 지시 등 수급사업자 근로자의 작업행동에 관한 직접적인 조치는 제외한다.

④ 원사업자는 「산업안전보건법」 등에서 정하는 바에 따라 원사업자의 근로자, 수급사업자 및 수급사업자가 사용하는 근로자와 함께 정기적으로 또는 수시로 작업장에 대한 안전점검을 한다.

⑤ 원사업자는 수급사업자가 인화성 물질 또는 인화성 물질을 함유한 제제(製劑)를 제조 · 사용 · 운반 또는 저장하는 설비를 개조하는 등 안전상 유해하거나 위험한 작업을 수행하는 경우 「산업안전보건법」 등에서 정하는 바에 따라 안전에 관한 정보를 수급사업자에게 제공하는 등 필요한 조치를 한다.

⑥ 원사업자는 안전한 작업 수행을 위하여 다음 각 호의 사항을 준수한다.

1. 설계서 등에 따라 산정된 공사기간을 단축하지 아니할 것
2. 공사비를 줄이기 위하여 위험성이 있는 공법을 사용하거나 정당한 사유 없이 공법을 변경하지 아니할 것

제19조(수급사업자의 안전조치 의무) ① 수급사업자는 작업을 할 때 다음 각 호의 위험을 예방하기 위하여 필요한 조치를 한다.

1. 기계 · 기구, 그 밖의 설비에 의한 위험
2. 폭발성, 발화성 및 인화성 물질 등에 의한 위험
3. 전기, 열, 그 밖의 에너지에 의한 위험

② 수급사업자는 굴착, 채석, 하역, 벌목, 운송, 조작, 운반, 해체, 중량물 취급, 그 밖의 작업을 할 때 불량한 작업방법 등으로 인하여 발생하는 위험을 방지하기 위하여 필요한 조치를 한다.

③ 수급사업자는 작업 중 근로자가 추락할 위험이 있는 장소, 토사 · 구축물 등이 붕괴할 우려가 있는 장소, 물체가 떨어지거나 날아올 위험이 있는 장소, 그 밖에 작업 시 천재지변으로 인한 위험이 발생할 우려가 있는 장소에는 그 위험을 방지하기 위하여 필요한 조치를 한다.

④ 수급사업자는 제1항부터 제3항까지의 내용에 대해 「산업안전보건법」 등에서 정하는 사항을 준수한다.

⑤ 수급사업자는 원사업자의 안전조치에 관한 지시에 따라야 한다. 다만, 정당한 사유가 있는 경우에 원사업자와 협의하여 안전조치를 취한다.

제20조(응급조치) ① 수급사업자는 화재방지 등을 위하여 필요하다고 인정될 때에는 미리 응급조치를 취하고 즉시 이를 원사업자에게 통지한다.

② 원사업자 또는 감독원은 화재방지, 기타 공사의 시공 상 긴급하고 부득이하다고 인정될 때에는 수급사업자에게 응급조치를 요구할 수 있다. 이 경우에 수급사업자는 즉시 이에 응한다. 다만, 수급사업자가 요구에 응하지 아니할 때에는 원사업자는 제3자로 하여금 필요한 조치를 하게 할 수 있다.

③ 제1항 및 제2항의 응급조치에 소요된 경비에 대하여는 원사업자와 수급사업자가 협의하여 정한다. 다만, 응급조치 원인에 대한 책임이 수급사업자에게 있는 경우 수급사업자의 부담으로 한다.

제21조(산업안전보건관리비) ① 원사업자는 「건설업의 산업안전보건관리비 계상 및 사용기준」(고용노동부 고시)에 따라 산업안전보건관리비를 책정한다.

② 원사업자는 제1항에 따라 책정된 산업안전보건관리비를 제3항에 따라 수급사업자가 산업안전보건관리비 사용계획 등을 제출한 때에 지체없이 지급하며, 그 사용에 대해 감독한다.

③ 수급사업자는 계약체결 후 지체 없이 산업안전보건관리비 사용기준, 하도급공사 특성에 적합한 안전관리계획 및 안전관리비 사용계획을 작성하여 원사업자에게 제출하고, 이에 따라 산업안전보건관리비를 사용한다.

④ 수급사업자는 기성부분의 지급신청 및 공사완료시 제3항에 따라 사용한 산업안전보건관리비 사용내역을 원사업자에게 제출하여야 하며, 원사업자가 수급사업자에게 지급한 산업안전보건관리비가 실제로 사용된 산업안전보건관리비보다 많거나 적은 경우에는 이를 정산한다.

제22조(보험료의 지급 및 정산) ① 원사업자 또는 수급사업자는 다음 각 호에서 정하는 바에 따라 이 공사와 관련된 수급사업자의 근로자에 대한 보험을 가입한다.

1. 원사업자 : 「고용보험 및 산업재해보상보험의 보험료징수 등에 관한 법률」에 따른 보험(단, 공단의 승인을 받은 경우에는 수급사업자가 가입) 등 관련법령에 따라 가입하여야 하는 보험
2. 수급사업자 : 「국민연금법」에 따른 국민연금, 「국민건강보험법」에 따른 건강보험, 「노인장기요양보험법」에 따른 노인장기요양보험 등 관련법령에 따라 가입하여야 하는 보험

② 원사업자는 제1항에 따라 수급사업자가 가입하여야 하는 보험의 보험료에 해당하는 금액(하도급대금산출내역서에 기재된 금액)을 수급사업자에게 지급한다. 이 경우 원사업자는 수급사업자에게 지급한 금액이 실제로 보험자(공단, 보험회사 등)에게

Chapter 11

납부된 금액보다 적거나 많은 경우에는 이를 정산한다.

③ 원사업자는 제1항에 의해 보험 등에 가입한 경우에는 당해 사업장의 근로자가 보험금 등을 지급받아야 할 사유가 발생한 때에는 관계법령에 의한 보험금 등의 혜택을 받을 수 있도록 한다.

④ 원사업자는 재해발생에 대비하여 수급사업자에게 다음 각 호의 보험(「건설산업기본법」에 따른 손해공제를 포함한다. 이하 같다)을 택일 또는 중복하여 가입하도록 요구할 수 있고, 수급사업자는 보험가입 후 원사업자에게 보험증권을 제출한다. 이 경우 원사업자는 그 보험료 상당액을 수급사업자에게 지급한다.

1. 근로자재해보장책임보험
2. 영업배상 책임보험
3. 건설공사보험

⑤ 원사업자가 산업재해보험에 일괄 가입하였을 경우에 수급사업자가 책임이 있는 경우를 제외하고 원사업자가 재해발생으로 인한 모든 책임을 진다.

제3절 공사목적물의 준공 및 검사

제23조(공사목적물의 인도) ① 수급사업자는 표지에서 정한 준공기일까지 공사목적물을 인도한다.

② 수급사업자가 준공기일 전에 공사목적물을 인도하고자 하는 경우에는 사전에 원사업자와 협의하여 그 인도시기를 변경할 수 있다.

③ 수급사업자는 공사목적물을 준공기일까지 인도할 수 없다고 판단될 경우 사전에 그 원인 및 실제 인도예정일을 원사업자에게 통보하고, 원사업자의 서면 승인이 있는 경우에만 연장된 준공기일에 따라 공사목적물을 인도할 수 있다.

④ 건설산업기본법 제34조 제9항에 따른 공사에 해당할 경우에 수급사업자는 공사를 완료하고, 인도할 때에 현장근로자 · 자재납품업자 또는 건설장비대여업자에게 임금 · 자재대금 또는 건설장비대여대금을 지급한 사실을 증명하는 서류를 원사업자에게 교부한다. 다만, 수급사업자가 「건설산업기본법」 등에 따라 건설기계 대여대금 지급보증서 등을 건설기계 대여업자 등에게 교부하고, 이를 원사업자에게 통지한 경우에는 그러하지 아니하며, 임금의 지급사실을 증명하는 서류의 제출은 모든 공사에 대해 적용한다.

제24조(공사목적물의 수령) ① 원사업자는 정당한 이유 없이 수급사업자가 인도하는 공사목적물에 대한 수령을 거부하거나 지연하지 아니한다.

② 제1항을 위반한 경우 그 효과는 다음 각 호에서 정한 바에 따른다.

1. 원사업자의 수령거부 또는 지연기간 중에 수급사업자의 고의 또는 중대한 과실에 의한 채무불이행에 따라 발생한 원사업자의 손해에 대하여는 수급사업자가 책임을 진다.
2. 목적물의 멸실 · 훼손이 원사업자가 목적물 수령을 부당하게 거부 · 지체하고 있는 기간 중에 발생한 경우 그 손실은 원사업자가 부담하고, 원사업자는 수급사업자에게 하도급대금 전부를 지급한다.
3. 수급사업자가 공사목적물을 다시 인도함에 있어서 소요되는 비용 및 관리비용은 원사업자가 부담한다.

③ 원사업자는 검사에 합격한 목적물을 인수하여야 한다.

제25조(검사 및 이의신청) ① 원사업자는 수급사업자로부터 기성 또는 준공의 통지를 받은 경우 통지 부분이 이 계약에서 정한 바에 따라 시공되었는지의 여부를 지체 없이 검사한다.

② 목적물에 대한 검사의 기준 및 방법은 원사업자와 수급사업자가 협의하여 정하며, 객관적이고 공정 · 타당한 기준 및 방법으로 정한다.

③ 원사업자는 목적물을 납품받은 날로부터 10일 이내에 검사결과를 수급사업자에게 서면(전자문서 포함)으로 통지하고, 만일 원사업자가 이 기간 내에 검사결과를 통지하지 않은 경우는 검사에 합격한 것으로 본다. 다만 원사업자에게 통지지연에 대한 정당한 사유가 있는 경우에는 그러하지 아니하다.

④ 원사업자는 검사 기간 중 공사목적물을 선량한 관리자의 주의로 관리한다.

⑤ 원사업자가 기성 또는 준공 부분에 대해 불합격을 판정할 경우 그 구체적인 사유를 서면으로 기재하여 수급사업자에게 통지한다.

⑥ 수급사업자는 원사업자로부터 목적물에 대한 불합격 통지서를 받은 날로부터 10일 이내에 서면으로 이의를 신청할 수 있다. 이 경우에 원사업자는 정당한 이유가 있는 경우를 제외하고, 수급사업자의 이의신청을 받은 날로부터 10일 이내에 그 결과를 서면으로 통지한다.

제26조(부당한 위탁취소 및 부당반품 금지) ① 원사업자는 공사를 위탁한 후 수급사업자의 책임으로 돌릴 사유가 없는 경우에는 그 위탁을 임의로 취소하거나 변경하지 아니한다.

② 원사업자는 수급사업자로부터 목적물을 인수한 경우 수급사업자의 책임으로 돌릴 사유가 아니면 그 목적물을 반품하지 아니한다. 이 경우에 다음 각호의 어느 하나에 해당하는 원사업자의 행위는 부당반품으로 본다.

1. 발주자의 발주취소 또는 경제상황의 변동 등을 이유로 반품한 경우
2. 검사의 기준 및 방법을 불명확하게 정함으로써 부당하게 불합격으로 판정하여

이를 반품한 경우

3. 원사업자가 공급한 원재료의 품질불량 등으로 인하여 불합격으로 판정되었음에도 불구하고 반품하는 경우
4. 원사업자의 원재료 공급 지연으로 인하여 납기가 지연되었음에도 불구하고 이를 이유로 반품하는 경우

③ 제2항에 따른 부당반품의 경우에 제24조 제2항을 준용한다.

제27조(부적합한 공사) ① 원사업자는 수급사업자가 시공한 공사 중 설계도서에 적합하지 아니한 부분이 있으면 이에 대한 시정을 요청할 수 있으며, 수급사업자는 지체 없이 이에 응한다. 이 경우 수급사업자는 계약금액의 증액 또는 공기의 연장을 요청할 수 없다.

② 제1항의 경우에 그 부적합한 시공이 원사업자의 요청 또는 지시에 의하거나 기타 수급사업자의 책임으로 돌릴 수 없는 사유로 인한 때에는 수급사업자는 그 책임을 지지 아니한다.

제28조(부분사용) ① 원사업자는 준공 전이라도 수급사업자의 동의를 얻어 공사목적물의 전부 또는 일부를 사용할 수 있다.

② 제1항의 경우 원사업자는 그 사용부분에 대해 선량한 관리자의 주의의무를 다하여야 한다.

③ 원사업자는 제1항에 의한 사용으로 수급사업자에게 손해를 끼치거나 수급사업자의 비용을 증가하게 한 때는 그 손해를 배상하거나 증가된 비용을 부담한다.

제29조(기술자료 제공요구금지 등) ① 원사업자는 수급사업자의 기술자료를 자기 또는 제3자에게 제공하도록 요구하지 아니한다. 다만, 공사목적물로 인해 생명, 신체 등의 피해가 발생하여 그 원인을 규명하기 위한 경우 등 정당한 사유가 있는 경우에는 그러하지 아니하다.

② 원사업자가 제1항 단서에 따라 수급사업자에게 기술자료를 요구할 경우에는 그 목적 달성을 위해 필요최소한의 범위 내에서 기술자료를 요구한다. 이 경우에 원사업자는 다음 각 호의 사항을 수급사업자와 미리 협의하여 정한 후 이를 기재한 서면을 수급사업자에게 교부한다.

1. 기술자료 제공 요구목적
2. 비밀유지방법 등 요구대상 기술자료의 비밀유지에 관한 사항
3. 요구대상 기술자료와 관련된 권리귀속 관계
4. 요구대상 기술자료의 대가 및 대가의 지급방법

5. 요구대상 기술자료의 명칭 및 범위
6. 요구일, 제공일 및 제공방법
7. 요구대상 기술자료의 사용기간
8. 반환 또는 폐기방법
9. 반환일 또는 폐기일
10. 그 밖에 원사업자의 기술자료 제공 요구가 정당함을 입증할 수 있는 사항

③ 원사업자는 취득한 수급사업자의 기술자료에 관하여 부당하게 다음 각 호의 어느 하나에 해당하는 행위를 하여서는 아니 된다.

1. 자기 또는 제3자를 위하여 사용하는 행위
2. 제3자에게 제공하는 행위

제30조(기술자료 임치) ① 원사업자와 수급사업자는 합의하여 「대 · 중소기업 상생협력 촉진에 관한 법률」 등에 따른 임치기관에 기술자료를 임치할 수 있다.

② 다음 각호의 어느 하나에 해당하는 경우에 원사업자는 제1항에 따른 기술자료임치기관에 대해 수급사업자가 임치한 기술자료를 내줄 것을 요청할 수 있다.

1. 수급사업자가 동의한 경우
2. 수급사업자가 파산선고 또는 해산결의로 그 권리가 소멸된 경우
3. 수급사업자가 사업장을 폐쇄하여 사업을 할 수 없는 경우
4. 원사업자와 수급사업자가 협의하여 정한 기술자료 교부조건에 부합하는 경우

③ 제1항에 의하여 기술자료를 임치한 경우에 수급사업자는 임치한 기술자료에 중요한 변경사항이 발생한 때에는 그 변경사항이 발생한 날로부터 30일 이내에 추가 임치한다.

④ 제1항 및 제3항에 따른 기술자료임치에 소요되는 비용은 원사업자가 부담한다. 다만, 수급사업자가 원사업자의 요구없이 기술자료를 임치할 경우에는 수급사업자가 부담한다.

제31조(지식재산권 등) ① 수급사업자는 목적물의 시공과 관련하여 원사업자로부터 사용을 허락받은 특허권, 실용신안권, 디자인권, 의장권, 상표권, 저작권 기술, 노하우(이하 "지식재산권 등"이라 한다)를 목적물 시공 외에는 사용하지 못하며, 원사업자의 서면승낙 없이 제3자에게 지식재산권 등을 사용하게 할 수 없다.

② 원사업자와 수급사업자는 목적물 시공과 관련하여 원사업자 또는 수급사업자와 제3자 사이에 지식재산권 등과 관련한 분쟁이 발생하거나 발생할 우려가 있는 경우 지체 없이 상대방에게 문서로서 통지하여야 하며, 원사업자와 수급사업자가 상호 협의하여 처리하되, 원사업자 또는 수급사업자 중 책임이 있는 자가 상대방의 손해

Chapter 11

를 배상한다.

③ 원사업자와 수급사업자가 공동 연구하여 개발한 지식재산권 등의 귀속은 상호 협의하여 정하되, 다른 약정이 없는 한 공유로 한다.

④ 수급사업자는 이 계약기간 도중은 물론 계약의 만료 및 계약의 해제 또는 해지 후에도 원사업자의 도면, 사양서, 지도내용 외에 자신의 기술을 추가하여 시공한 목적물 및 그 시공방법(이하 "개량기술"이라 한다)에 관하여 사전에 원사업자에 문서로서 통지한 후 지식재산권 등을 획득할 수 있다. 다만, 원사업자의 요청이 있는 경우 수급사업자는 원사업자의 원천기술의 기여분과 수급사업자의 개량기술의 가치를 고려하여 합리적인 조건으로 원사업자에게 통상실시권을 허락한다.

제3장 하도급대금 조정 및 지급

제1절 하도급대금의 조정

제32조(부당한 하도급대금의 결정금지) ① 원사업자는 계약의 목적물과 같거나 유사한 것에 대해 통상 지급되는 대가보다 낮은 수준으로 대금이 결정되도록 수급사업자에게 부당하게 강요하지 아니 한다.

② 다음 각 호의 어느 하나에 해당하는 원사업자의 행위는 제1항에 따른 부당한 하도급대금의 결정으로 본다.

1. 정당한 사유 없이 일률적인 비율로 단가를 인하하여 하도급대금을 결정하는 행위
2. 협조요청 등 어떠한 명목으로든 일방적으로 일정 금액을 할당한 후 그 금액을 빼고 하도급대금을 결정하는 행위
3. 정당한 사유 없이 수급사업자를 차별 취급하여 하도급대금을 결정하는 행위
4. 수급사업자에게 발주량 등 거래조건에 대하여 착오를 일으키게 하거나 다른 사업자의 견적 또는 거짓 견적을 내보이는 등의 방법으로 수급사업자를 속이고 이를 이용하여 하도급대금을 결정하는 행위
5. 원사업자가 일방적으로 낮은 단가에 의하여 하도급대금을 결정하는 행위

(수의계약인 경우 앞의 제6호가 적용되고, 경쟁입찰일 경우 뒤의 제6호가 적용됨)
6. 수의계약으로 이 계약을 체결할 때 정당한 사유 없이 원사업자의 도급내역서상의 재료비, 직접노무비 및 경비의 합계(다만, 경비 중 원사업자와 수급사업자가 합의하여 원사업자가 부담하기로 한 비목 및 원사업자가 부담해야 하는 법정경비는 제외한다)보다 낮은 금액으로 하도급대금이 결정되도록 하는 행위
6. 경쟁입찰에 의하여 이 계약을 체결할 때 정당한 사유 없이 최저가로 입찰한 금액보다 낮은 금액으로 하도급대금이 결정되도록 하는 행위

7. 계속적 거래계약에서 원사업자의 경영적자, 판매가격 인하 등 수급사업자의 책임으로 돌릴 수 없는 사유로 수급사업자에게 불리하게 하도급대금을 결정하는 행위

③ 제1항 또는 제2항에 해당할 경우 수급사업자는 원사업자에게 부당하게 감액된 하도급대금의 지급을 청구할 수 있다.

④ 제3항에 따라 원사업자가 부당하게 감액된 하도급대금을 지급하지 않고, 이로 인해 계약의 목적을 달성할 수 없는 경우에 수급사업자는 이 계약의 전부 또는 일부를 해제 또는 해지할 수 있다.

제33조(감액금지) ① 원사업자는 이 계약에서 정한 하도급대금을 감액하지 아니한다. 다만, 원사업자가 정당한 사유를 증명한 경우에는 하도급대금을 감액할 수 있다.

② 다음 각 호의 어느 하나에 해당하는 원사업자의 행위는 정당한 사유에 의한 감액행위로 보지 아니한다.

1. 위탁할 때 하도급대금을 감액할 조건 등을 명시하지 아니하고 위탁 후 협조요청 또는 거래 상대방으로부터의 발주취소, 경제상황의 변동 등 불합리한 이유를 들어 하도급대금을 감액하는 행위
2. 수급사업자와 단가 인하에 관한 합의가 성립된 경우 그 합의 성립 전에 위탁한 부분에 대하여도 합의 내용을 소급하여 적용하는 방법으로 하도급대금을 감액하는 행위
3. 하도급대금을 현금으로 지급하거나 지급기일 전에 지급하는 것을 이유로 하도급대금을 지나치게 감액하는 행위
4. 원사업자에 대한 손해발생에 실질적 영향을 미치지 아니하는 수급사업자의 책임을 이유로 하도급대금을 감액하는 행위
5. 목적물의 시공에 필요한 물품 등을 자기로부터 사게 하거나 자기의 장비 등을 사용하게 한 경우에 적정한 구매대금 또는 적정한 사용대가 이상의 금액을 하도급대금에서 공제하는 행위
6. 하도급대금 지급 시점의 물가나 자재가격 등이 납품등의 시점에 비하여 떨어진 것을 이유로 하도급대금을 감액하는 행위
7. 경영적자 또는 판매가격 인하 등 불합리한 이유로 부당하게 하도급대금을 감액하는 행위
8. 「고용보험 및 산업재해보상보험의 보험료징수 등에 관한 법률」, 「산업안전보건법」 등에 따라 원사업자가 부담하여야 하는 고용보험료, 산업안전보건관리비, 그 밖의 경비 등을 수급사업자에게 부담시키는 행위
9. 그 밖에 「하도급거래 공정화에 관한 법률」에서 정하는 행위

③ 원사업자가 제1항 단서에 따라 하도급대금을 감액할 경우에는 다음 각 호의 사항을 적은 서면을 수급사업자에게 미리 제시하거나 제공한다.

1. 감액의 사유와 기준
2. 감액의 대상이 되는 시공물량
3. 감액금액
4. 공제 등 감액방법
5. 그 밖에 감액이 정당함을 증명할 수 있는 사항

④ 원사업자가 정당한 사유 없이 하도급대금을 감액할 경우 그 해당 금액 역시 수급사업자에게 지급한다.

⑤ 원사업자가 제4항에 따라 지급해야 할 금액을 원사업자가 공사목적물의 인수일로부터 60일이 지난 후에 지급하는 경우 원사업자는 그 60일을 초과한 기간에 대하여 「하도급거래 공정화에 관한 법률」에 따라 공정거래위원회가 고시한 지연이자율을 곱하여 산정한 지연이자(이하 "지연배상금"이라 한다)를 지급한다.

제34조(설계변경 등에 따른 계약금액의 조정) ① 원사업자는 공사목적물의 시공을 위탁 후 다음 각 호에 모두 해당하는 때에는 그가 발주자로부터 증액 받은 계약금액의 내용과 비율에 따라 하도급대금을 증액하여야 한다. 다만, 원사업자는 발주자로부터 계약금액을 감액 받은 경우에는 그 내용과 비율에 따라 하도급대금을 감액할 수 있다.

1. 설계변경, 목적물등의 납품등 시기의 변동 또는 경제상황의 변동 등을 이유로 계약금액이 증액되는 경우
2. 제1호와 같은 이유로 공사목적물의 완성 또는 완료에 추가비용이 들 경우

② 제1항에 따라 하도급대금을 증액 또는 감액할 경우 원사업자는 발주자로부터 계약금액을 증액 또는 감액 받은 날부터 15일 이내에 발주자로부터 증액 또는 감액 받은 사유와 내용을 수급사업자에게 통지한다. 다만, 발주자가 그 사유와 내용을 수급사업자에게 직접 통지한 경우에는 그러하지 아니하다.

③ 제1항에 따른 하도급대금의 증액 또는 감액은 원사업자가 발주자로부터 계약금액을 증액 또는 감액 받은 날부터 30일 이내에 한다.

④ 제1항의 규정에 의한 계약금액의 조정은 다음 각 호의 기준에 의한다. 다만 발주자의 요청에 의한 설계변경의 경우 조정 받은 범위 내에서 그러하다.

1. 증감된 공사의 단가는 산출내역서상의 단가(이하 "계약단가"라 한다)로 한다.
2. 계약단가가 없는 신규 비목의 단가는 설계변경 당시를 기준으로 산정한 단가에 낙찰률을 곱한 금액으로 한다.
3. 발주자가 설계변경을 요구한 경우에는 제1호 및 제2호의 규정에 불구하고 증가된 물량 또는 신규비목의 단가는 설계변경당시를 기준으로 하여 산정한 단가와

동 단가에 낙찰률을 곱한 금액을 합한 금액의 100분의 50 이내에서 계약 당사자 간에 협의하여 결정한다.

⑤ 하도급대금의 증감분에 대한 일반관리비 및 이윤은 계약체결 당시의 비율에 따른다.

⑥ 원사업자의 지시에 따라 공사량이 증감되는 경우 원사업자와 수급사업자는 공사시공 전에 증감되는 공사량에 대한 대금 및 공사기간 등을 확정한다. 다만, 긴급한 상황이나 사전에 하도급대금을 정하기가 불가능할 경우에는 원사업자와 수급사업자는 서로 합의하여 시공완료 후 즉시 하도급대금 및 적정 공사기간 등을 확정한다.

⑦ 원사업자는 발주자로부터 증액 받은 대금을 수령한 경우 수령한 날로부터 15일 안에 수급사업자에게 증액한 하도급대금을 지급한다. 발주자로부터 증액 받은 대금의 일부만 수령한 경우에는 증액 받은 대금 중 수령한 대금의 비율에 따라 증액한 하도급대금을 지급한다.

⑧ 원사업자가 제1항의 계약금액 증액에 따라 발주자로부터 추가금액을 지급받은 날부터 15일이 지난 후에 추가 대금을 지급하는 경우에 그 지연기간에 대해 지연배상금을 지급하며, 추가 대금을 어음 또는 어음대체결제수단을 이용하여 지급하는 경우의 어음할인료 · 수수료의 지급 및 어음할인율 · 수수료율에 관하여는 제38조를 준용한다. 이 경우 "공사목적물의 인수일로부터 60일"은 "추가금액을 받은 날부터 15일"로 본다.

제35조(공급원가 변동으로 인한 하도급대금의 조정) ① 수급사업자는 건설공사를 위탁받은 후 다음 각 호의 어느 하나에 해당하여 하도급대금의 조정이 불가피한 경우에는 원사업자에게 하도급대금의 조정을 신청할 수 있다.

1. 목적물등의 공급원가가 변동되는 경우
2. 수급사업자의 책임으로 돌릴 수 없는 사유로 목적물등의 납품등 시기가 지연되어 관리비 등 공급원가 외의 비용이 변동되는 경우

② 원사업자는 제1항에 따른 신청이 있은 날부터 10일 이내에 하도급대금 조정을 위한 협의를 개시하며, 정당한 사유 없이 협의를 거부하거나 게을리 하지 아니한다.

③ 원사업자 또는 수급사업자는 다음 각 호의 어느 하나에 해당하는 경우 하도급분쟁조정협의회에 조정을 신청할 수 있다.

1. 제1항에 따른 신청이 있은 날부터 10일이 지난 후에도 원사업자가 대금의 조정을 위한 협의를 개시하지 아니한 경우
2. 원사업자와 수급사업자가 제1항에 따른 신청이 있은 날부터 30일 안에 대금의 조정에 관한 합의에 도달하지 아니한 경우
3. 원사업자 또는 수급사업자가 협의 중단의 의사를 밝힌 경우
4. 원사업자와 수급사업자가 제시한 조정금액이 상호 간에 2배 이상 차이가 나는 경우

5. 합의가 지연되면 영업활동이 심각하게 곤란하게 되는 등 원사업자 또는 수급사업자에게 중대한 손해가 예상되는 경우

6. 그 밖에 이에 준하는 사유가 있는 경우

④ 계약금액의 조정은 원재료가격 변동 기준일 이후에 반입한 재료와 제공된 용역의 대가에 적용하되, 시공 전에 제출된 공사공정예정표상 원재료가격 변동기준일 이전에 이미 계약이행이 완료되었어야 할 부분을 제외한 잔여부분의 대가에 대하여만 적용한다. 다만, 원사업자의 책임 있는 사유 또는 천재지변 등 불가항력으로 인하여 지연된 경우에는 그러하지 아니하다.

⑤「하도급거래 공정화에 관한 법률」제16조의 2에서 정하는 요건을 충족한 경우 수급사업자는 중소기업협동조합에게 자신을 대신하여 원사업자와 하도급대금을 조정할 것을 요청할 수 있다. 이 경우에 제2항부터 제4항까지를 준용한다.

제2절 대금의 지급

제36조(선급금) ① 원사업자와 수급사업자는 협의하여 정한 선급금을 표지에서 정한 시기에 지급한다.

② 선급금은 계약목적 외에 사용할 수 없으며, 노임지급 및 자재확보에 우선 사용하도록 한다.

③ 수급사업자는 선급금 사용 완료 후 그 사용내역서를 원사업자에게 제출하며, 목적 외 사용시 당해 선급금 잔액에 대한 약정이자상당액[별도 약정이 없는 경우 사유발생 시점의 금융기관 대출평균금리(한국은행 통계월보상의 대출평균금리)에 따라 산출한 금액을 말한다.]을 가산하여 반환한다. 이 경우 이자상당액의 계산방법은 매일의 선금잔액에 대한 일변계산에 의하며, 계산기간은 반환 시까지로 한다. 다만, 원사업자는 선급금 통장 공동관리 약정 등 수급사업자의 선급금 인출 또는 사용을 제한하는 행위를 하지 아니한다.

제37조(발주자의 선급금) ① 원사업자가 발주자로부터 선급금을 받은 경우 그 선급금의 내용과 비율에 따라 이를 받은 날(공사를 위탁하기 전에 선급금을 받은 경우에는 공사를 위탁한 날)부터 15일 이내에 선급금을 수급사업자에게 지급한다.

② 원사업자가 발주자로부터 받은 선급금을 제1항에 따른 기한이 지난 후에 지급하는 경우에는 그 초과기간에 대해 지연배상금을 지급한다.

③ 원사업자가 제1항에 따른 선급금을 어음 또는 어음대체결제수단을 이용하여 지급하는 경우의 어음할인료 · 수수료의 지급 및 어음할인율 · 수수료율에 관하여는 제38조를 준용한다.

④ 선급금은 기성부분의 대가를 지급할 때마다 다음 산식에 따라 산출한 금액을 정산한다.

선급금 정산액 = 선급금액 × (기성부분의 대가상당액 ÷ 계약금액)

⑤ 원사업자는 수급사업자가 선급금에 대한 적절한 보증을 하지 않을 경우 선급금을 지급하지 아니할 수 있다.

⑥ 발주자의 선급금에 대해서는 제36조 제2항 및 제3항을 준용한다.

제38조(하도급대금의 지급 등) ① 원사업자는 이 계약에서 정한 하도급대금의 지급기일까지 수급사업자에게 하도급대금을 지급한다. 다만, 하도급대금의 지급기일은 목적물 인수일부터 60일을 초과하지 아니한다.

② 원사업자는 발주자로부터 공사의 완료에 따라 준공금 등을 받았을 때에는 하도급대금을, 공사의 진척에 따라 기성금 등을 받았을 때에는 수급사업자가 수행한 부분에 상당하는 금액을, 발주자로부터 그 준공금이나 기성금 등을 지급받은 날부터 15일(대금의 지급기일이 그 전에 도래하는 경우에는 그 지급기일) 이내에 수급사업자에게 지급한다.

③ 원사업자가 수급사업자에게 하도급대금을 지급할 때에는 원사업자가 발주자로부터 해당 공사와 관련하여 받은 현금비율 이상으로 지급한다.

④ 원사업자가 하도급대금을 어음으로 지급하는 경우에는 해당 공사와 관련하여 발주자로부터 원사업자가 받은 어음의 지급기간(발행일부터 만기일까지)을 초과하는 어음을 지급하지 아니한다.

⑤ 원사업자가 하도급대금을 어음으로 지급하는 경우에 그 어음은 법률에 근거하여 설립된 금융기관에서 할인이 가능한 것이어야 하며, 어음을 교부한 날부터 어음의 만기일까지의 기간에 대한 할인료를 어음을 교부하는 날에 수급사업자에게 지급한다. 다만, 공사목적물의 인수일부터 60일(제1항에 따라 지급기일이 정하여진 경우에는 그 지급기일을, 발주자로부터 준공금이나 기성금 등을 받은 경우에는 제3항에서 정한 기일을 말한다. 이하 이 조에서 같다) 이내에 어음을 교부하는 경우에는 공사목적물의 인수일부터 60일이 지난 날 이후부터 어음의 만기일까지의 기간에 대한 할인료를 공사목적물의 인수일부터 60일 이내에 수급사업자에게 지급한다.

⑥ 원사업자는 하도급대금을 어음대체결제수단을 이용하여 지급하는 경우에는 지급일(기업구매전용카드의 경우는 카드결제 승인일을, 외상매출채권 담보대출의 경우는 납품등의 명세 전송일을, 구매론의 경우는 구매자금 결제일을 말한다. 이하 같다)부터 하도급대금 상환기일까지의 기간에 대한 수수료(대출이자를 포함한다. 이하 같다)를 지급일에 수급사업자에게 지급한다. 다만, 공사목적물의 인수일부터 60일 이내에 어음대체결제수단을 이용하여 지급하는 경우에는 공사목적물의 인수일부터 60일이 지난 날 이후부터 하

Chapter 11

도급대금 상환기일까지의 기간에 대한 수수료를 공사목적물의 인수일부터 60일 이내에 수급사업자에게 지급한다.

⑦ 제5항에서 적용하는 할인율은 연 100분의 40 이내에서 법률에 근거하여 설립된 금융기관에서 적용되는 상업어음할인율을 고려하여 공정거래위원회가 정하여 고시한 할인율을 적용한다.

⑧ 제6항에서 적용하는 수수료율은 원사업자가 금융기관(「여신전문금융업법」 제2조 제2호의 2에 따른 신용카드업자를 포함한다)과 체결한 어음대체결제수단의 약정 수수료율로 한다.

⑨ 하도급법에서 정한 정당한 사유가 없는 한, 원사업자가 하도급대금을 하도급법령상 법정지급기일 이후에 지급하는 경우에는 그 초과기간에 대하여 지연배상금을 지급하여야 한다.

제39조(발주자에 대한 직접 지급 요청) ① 다음 각 호의 어느 하나에 해당하는 사유가 발생한 경우 수급사업자는 발주자에게 자신이 수행한 부분에 해당하는 하도급대금의 직접 지급을 청구할 수 있다.

1. 원사업자의 지급정지 · 파산, 그 밖에 이와 유사한 사유가 있거나 사업에 관한 허가 · 인가 · 면허 · 등록 등이 취소되어 원사업자가 하도급대금을 지급할 수 없게 된 경우로서 수급사업자가 하도급대금의 직접 지급을 요청한 때
2. 발주자가 하도급대금을 직접 수급사업자에게 지급하기로 발주자 · 원사업자 및 수급사업자 간에 합의한 때
3. 원사업자가 지급하여야 하는 하도급대금의 2회분 이상을 해당 수급사업자에게 지급하지 아니한 경우로서 수급사업자가 하도급대금의 직접 지급을 요청한 때
4. 원사업자가 하도급대금 지급보증 의무를 이행하지 아니한 경우로서 수급사업자가 하도급대금의 직접 지급을 요청한 때

② 제1항에 따른 사유가 발생한 경우 원사업자에 대한 발주자의 대금지급채무와 수급사업자에 대한 원사업자의 하도급대금 지급채무는 그 범위에서 소멸한 것으로 본다.

③ 원사업자가 발주자에게 해당 하도급 계약과 관련된 수급사업자의 임금, 자재대금 등의 지급 지체 사실(원사업자의 책임있는 사유로 그 지급 지체가 발생한 경우는 제외한다)을 입증할 수 있는 서류를 첨부하여 해당 하도급대금의 직접 지급 중지를 요청한 경우, 발주자는 제1항에도 불구하고 그 하도급대금을 직접 지급하여서는 아니 된다.

④ 제1항에 따라 발주자가 해당 수급사업자에게 하도급대금을 직접 지급할 때에 발주자가 원사업자에게 이미 지급한 금액은 빼고 지급한다.

⑤ 제1항에 따라 수급사업자가 발주자로부터 하도급대금을 직접 받기 위하여 기성부분의

확인 등이 필요한 경우 원사업자는 지체 없이 이에 필요한 조치를 이행하여야 한다.

⑥ 발주자는 하도급대금을 직접 지급할 때에 「민사집행법」 제248조 제1항 등의 공탁사유가 있는 경우에는 해당 법령에 따라 공탁(供託)할 수 있다.

⑦ 제1항이 적용되는 경우, 발주자는 원사업자에 대한 대금지급의무의 범위에서 하도급대금 직접 지급 의무를 부담한다.

⑧ 제1항이 적용되는 경우, 대금의 직접 지급 요건을 갖추고, 그 수급사업자가 시공한 분(分)에 대한 하도급대금이 확정된 경우, 발주자는 도급계약의 내용에 따라 수급사업자에게 하도급대금을 지급하여야 한다.

⑨ 발주자가 수급사업자에게 하도급대금을 직접 지급한 경우에 수급사업자는 발주자 및 원사업자에게 하도급대금의 사용내역(자재 · 장비대금 및 임금, 보험료 등 경비에 한함)을 하도급대금 수령일부터 20일 이내에 통보한다.

제40조(미지급 임금 등의 지급 요구) ① 수급사업자가 기성금을 받았음에도 당해 공사현장과 관련된 근로자등에게 임금등을 지급하지 않은 경우에 원사업자는 1회당 15일의 기간을 정하여 2회 이상 서면으로 그 지급을 요구할 수 있다. 이 경우 수급사업자는 원사업자의 요구사항에 대해 지체없이 응한다.

② 수급사업자가 원사업자의 제1항에 따른 요구에 응하지 아니하여 근로자등이 원사업자에게 임금등의 지급을 요청하는 경우 원사업자는 수급사업자에게 지급해야 할 차기 기성금 또는 준공금에서 근로자등에게 임금등을 직접 지급할 수 있다.

③ 제2항의 경우에 원사업자는 그 지급 전에 현장근로자등에게 임금등을 직접 지급할 것임을 수급사업자에게 통지하고, 그 진위 여부에 대해 이의가 있을 경우 수급사업자는 원사업자에게 이의를 제기할 수 있다. 원사업자는 임금등을 지급한 후 지체없이 그 지급내역을 서면으로 수급사업자에게 통지한다.

④ 수급사업자는 원사업자가 현장근로자등에게 임금등을 지급하기 전에 미지급 임금등을 현장근로자등에게 지급하고, 그 사실을 원사업자에게 통지할 수 있다. 이 경우 원사업자는 해당 하도급대금을 지체없이 수급사업자에게 지급한다.

⑤ 수급사업자가 현장근로자등의 채무불이행을 증명하는 서류를 첨부하여 임금등의 직접 지급을 중지하도록 요청한 경우에는 그 범위 내의 임금등에 대해서 제1항 및 제2항을 적용하지 아니한다.

제41조(부당한 대물변제 금지) ① 원사업자는 하도급대금을 물품으로 지급하여서는 아니 된다. 다만, 다음 각 호의 어느 하나에 해당하는 사유가 있는 경우에는 그러하지 아니하다.

1. 원사업자가 발행한 어음 또는 수표가 부도로 되거나 은행과의 당좌거래가 정지 또는 금지된 경우

2. 원사업자에 대한 「채무자 회생 및 파산에 관한 법률」에 따른 파산신청, 회생절차개시 또는 간이회생절차개시의 신청이 있은 경우

3. 「기업구조조정 촉진법」에 따라 금융채권자협의회가 원사업자에 대하여 공동관리절차 개시의 의결을 하고 그 절차가 진행중이며, 수급사업자의 요청이 있는 경우

② 제1항 단서의 경우에도 발주자로부터 대금의 일부를 물품으로 지급받은 경우에 원사업자는 수급사업자에게 물품으로 하도급대금을 지급할 때 발주자로부터 물품으로 지급받은 대금의 비율을 초과할 수 없다.

③ 원사업자는 제1항 단서에 따른 대물변제를 하기 전에 수급사업자에게 다음 각호의 구분에 따른 자료를 제시한다.

1. 대물변제의 용도로 지급하려는 물품이 관련 법령에 따라 권리 · 의무 관계에 관한 사항을 등기 등 공부(公簿)에 등록하여야 하는 물품인 경우 : 해당 공부의 등본(사본을 포함한다)

2. 대물변제의 용도로 지급하려는 물품이 제1호 외의 물품인 경우 : 해당 물품에 대한 권리 · 의무 관계를 적은 공정증서(「공증인법」에 따라 작성된 것을 말한다)

④ 제3항에 따른 자료를 제시하는 방법은 다음 각 호의 어느 하나에 해당하는 방법으로 한다. 이 경우 문서로 인쇄되지 아니한 형태로 자료를 제시하는 경우에는 문서의 형태로 인쇄가 가능하도록 하는 조치를 하여야 한다.

1. 문서로 인쇄된 자료 또는 그 자료를 전자적 파일 형태로 담은 자기디스크(자기테이프, 그 밖에 이와 비슷한 방법으로 그 내용을 기록 · 보관 · 출력할 수 있는 것을 포함한다)를 직접 또는 우편으로 전달하는 방법

2. 수급사업자의 전자우편 주소로 제3항에 따른 자료가 포함된 전자적 파일을 보내는 방법. 다만, 원사업자가 전자우편의 발송 · 도달 시간의 확인이 가능한 자동수신사실 통보장치를 갖춘 컴퓨터 등을 이용한 경우로 한정한다.

⑤ 원사업자는 제3항에 따른 자료를 제시한 후 대물변제를 하기 전에 그 물품의 권리 · 의무 관계가 변경된 경우에는 그 변경된 내용이 반영된 제3항에 따른 자료를 제4항에 따른 방법으로 수급사업자에게 지체 없이 다시 제시하여야 한다.

⑥ 원사업자는 제3항 및 제5항에 따라 자료를 제시한 후 지체 없이 다음 각 호의 사항을 적은 서면을 작성하여 수급사업자에게 내주고 원사업자와 수급사업자는 해당 서면을 보관하여야 한다.

1. 원사업자가 자료를 제시한 날
2. 자료의 주요 목차
3. 수급사업자가 자료를 제시받았다는 사실
4. 원사업자와 수급사업자의 상호명, 사업장 소재지 및 전화번호
5. 원사업자와 수급사업자의 서명 또는 기명날인

제42조(서류제출) 수급사업자는 이 계약과 관련된 공사의 임금, 자재 · 장비대금, 산업재해 보상보험금의 지급, 요양 등에 관한 서류에 대하여 원사업자의 요청이 있을 때에는 이에 협조한다. 다만, 원사업자가 정당한 사유없이 이를 요구하였을 경우에 수급사업자는 이를 거부할 수 있다.

제4장 보칙

제43조(채권 · 채무의 양도금지) 원사업자와 수급사업자는 이 계약으로부터 발생하는 권리 또는 의무를 제3자에게 양도하거나 담보로 제공하지 아니한다. 다만 상대방의 서면에 의한 승낙(보증인이 있으면 그의 승낙도 필요하다)을 받았을 때에는 그러하지 아니하다.

제44조(비밀유지) ① 원사업자와 수급사업자는 이 계약에서 알게 된 상대방의 업무상 비밀을 상대방의 동의 없이 이용하거나 제3자에게 누설하지 아니한다.

② 법원 또는 수사기관 등이 법령에 따라 상대방의 업무상 비밀의 제공을 요청한 경우에 원사업자 또는 수급사업자는 지체 없이 상대방에게 그 내용을 통지한다. 다만, 상대방에게 통지할 수 없는 정당한 사유가 있는 경우에는 비밀을 제공한 후에 지체없이 통지한다.

③ 제1항에 따른 비밀유지에 관한 구체적인 내용은 【별첨】 비밀유지계약서에서 정한 바에 따른다.

제45조(기본계약 및 개별약정) ① 원사업자와 수급사업자는 이 계약에서 정하지 아니한 사항에 대하여 대등한 지위에서 상호 합의하여 서면으로 개별약정을 정할 수 있고, 이 경우 원사업자는 수급사업자의 이익을 부당하게 침해하거나 제한하는 조건을 요구하지 아니한다.

② 기본계약 및 개별약정에서 정하고 있는 내용 중 다음 각 호의 어느 하나에 해당하는 약정은 무효로 한다.

1. 원사업자가 기본계약 및 개별약정 등의 서면에 기재되지 아니한 사항을 요구함에 따라 발생된 비용을 수급사업자에게 부담시키는 약정
2. 원사업자가 부담하여야 할 민원처리, 산업재해 등과 관련된 비용을 수급사업자에게 부담시키는 약정
3. 원사업자가 입찰내역에 없는 사항을 요구함에 따라 발생된 비용을 수급사업자에게 부담시키는 약정
4. 다음 각 목의 어느 하나에 해당하는 비용이나 책임을 수급사업자에게 부담시키는 약정

가. 관련 법령에 따라 원사업자의 의무사항으로 되어 있는 인 · 허가, 환경관리 또는 품질관리 등과 관련하여 발생하는 비용
나. 원사업자(발주자를 포함한다)가 설계나 시공내용을 변경함에 따라 발생하는 비용
다. 원사업자의 지시(요구, 요청 등 명칭과 관계없이 재작업, 추가작업 또는 보수작업에 대한 원사업자의 의사표시를 말한다)에 따른 재작업, 추가작업 또는 보수작업으로 인하여 발생한 비용 중 수급사업자의 책임 없는 사유로 발생한 비용
라. 관련 법령, 발주자와 원사업자 사이의 계약 등에 따라 원사업자가 부담하여야 할 하자담보책임 또는 손해배상책임

5. 천재지변, 매장문화재의 발견, 해킹 · 컴퓨터바이러스 발생 등으로 인한 공사기간 연장 등 계약체결시점에 원사업자와 수급사업자가 예측할 수 없는 사항과 관련하여 수급사업자에게 불합리하게 책임을 부담시키는 약정
6. 해당 공사의 특성을 고려하지 아니한 채 간접비(하도급대금 중 재료비, 직접노무비 및 경비를 제외한 금액을 말한다)의 인정범위를 일률적으로 제한하는 약정. 다만, 발주자와 원사업자 사이의 계약에서 정한 간접비의 인정범위와 동일하게 정한 약정은 제외한다.
7. 계약기간 중 수급사업자가 「하도급거래 공정화에 관한 법률」 제16조의2에 따라 하도급대금 조정을 신청할 수 있는 권리를 제한하는 약정
8. 계약체결 이후 설계변경, 경제상황의 변동에 따라 발생하는 계약금액의 변경을 상당한 이유 없이 인정하지 아니하거나 그 부담을 상대방에게 떠넘기는 경우
9. 계약체결 이후 공사내용의 변경에 따른 계약기간의 변경을 상당한 이유 없이 인정하지 아니하거나 그 부담을 상대방에게 떠넘기는 경우
10. 하도급계약의 형태, 공사의 내용 등 관련된 모든 사정에 비추어 계약체결 당시 예상하기 어려운 내용에 대하여 상대방에게 책임을 떠넘기는 경우
11. 계약내용에 대하여 구체적인 정함이 없거나 당사자 간 이견이 있을 경우 계약내용을 일방의 의사에 따라 정함으로써 상대방의 정당한 이익을 침해한 경우
12. 계약불이행에 따른 당사자의 손해배상책임을 과도하게 경감하거나 가중하여 정함으로써 상대방의 정당한 이익을 침해한 경우
13. 「민법」 등 관계 법령에서 인정하고 있는 상대방의 권리를 상당한 이유 없이 배제하거나 제한하는 경우
14. 그 밖에 법에 따라 인정되거나 법에서 보호하는 수급사업자의 권리 · 이익을 부당하게 제한하거나 박탈한다고 공정거래위원회가 정하여 고시하는 약정

③ 제2항에 따라 무효가 되는 약정에 근거하여 수급사업자가 비용을 부담한 경우 수급사업자는 이에 해당하는 금액의 지급을 원사업자에게 청구할 수 있다.

제46조(계약 이외의 사항) ① 기본계약 등에서 정한 것 이외의 사항에 대해서는 관련 법령의 강행법규에서 정한 바에 따르며, 그 이외의 사항에 대해서는 양당사자가 추후 합의하여 정한다. 다만, 합의가 없는 경우 이 계약과 관련된 법령 또는 상관습에 의한다.

② 원사업자와 수급사업자는 이 계약을 이행하는 과정에서 「건설산업기본법」, 「하도급거래 공정화에 관한 법률」, 「독점규제 및 공정거래에 관한 법률」 및 기타 관련 법령을 준수한다.

③ 원사업자는 이 계약에 따른 권리를 행사하는 경우 이외에는 수급사업자의 경영활동에 대한 지시 · 명령 · 요구 등의 간섭을 하지 아니한다.

④ 원사업자는 정당한 사유 없이 수급사업자에게 자기 또는 제3자를 위하여 금전, 물품, 용역, 그 밖의 경제적 이익을 제공하도록 요구하지 아니한다.

제47조(계약의 변경) ① 합리적이고 객관적인 사유가 발생하여 부득이하게 계약변경이 필요하다고 인정되는 경우 원사업자와 수급사업자는 상호 합의하여 기본계약 등의 내용을 서면으로 변경할 수 있다. 다만, 원사업자는 공사내용이 변경되기 전에 수급사업자가 이미 수행한 부분은 정산하여 지급한다.

② 당초의 계약내역에 없는 계약내용이 추가 · 변경되어 계약기간의 연장 · 대금의 증액이 필요한 경우 원사업자는 수급사업자와 협의하여 계약기간 연장 · 대금 증액에 관해 필요한 조치를 한다.

③ 원사업자는 계약내용의 변경에 따라 비용이 절감될 때에 한하여 대금을 감액할 수 있다. 이 경우에 원사업자는 제33조 제3항 각 호의 사항을 기재한 서면을 수급사업자에게 미리 제시하거나 제공한다.

④ 수급사업자가 정당한 사유를 제시하여 원사업자의 하도급공사 변경 요청을 거절한 경우 원사업자는 이를 이유로 수급사업자에게 불이익을 주는 행위를 하지 아니한다.

⑤ 수급사업자는 계약체결 후 계약조건의 미숙지, 덤핑 수주 등을 이유로 계약금액의 변경을 요구하거나 시공을 거부하지 아니 한다.

제48조(건설폐기물의 처리 등) ① 원사업자와 수급사업자는 「건설폐기물의 재활용촉진에 관한 법률」 등 관련법률에서 정하는 바에 따라 건설폐기물을 처리한다.

② 원사업자는 관련법령에서 정하는 바 또는 발주자와의 계약에 따라 수급사업자의 건설폐기물 처리에 소요되는 비용을 지급한다.

제49조(현장근로자의 편의시설 설치 등) ① 수급사업자는 「건설근로자의 고용개선 등에 관한 법률」 등 관련 법률에서 정하는 바에 따라 건설공사가 시행되는 현장에 화장실 · 식당 ·

탈의실 등의 시설을 설치하거나 이용할 수 있도록 조치한다.

② 원사업자는 관련법령에서 정하는 바 또는 발주자와의 계약에 따라 수급사업자의 제1항에 따른 시설의 설치 또는 이용에 소요되는 비용을 지급한다.

제5장 피해구제 및 분쟁해결

제50조(계약이행 및 대금지급보증 등) ① 원사업자는 계약체결일부터 30일 이내에 수급사업자에게 다음 각 호의 구분에 따라 이 계약에서 정한 계약금액의 지급을 보증(지급수단이 어음인 경우에는 만기일까지를, 어음대체결제수단인 경우에는 하도급대금 상환기일까지를 보증기간으로 한다)하며, 수급사업자는 원사업자에게 계약금액의 100분의 10에 해당하는 금액으로 계약이행을 보증한다. 다만, 원사업자의 재무구조와 공사의 규모 등을 고려하여 보증이 필요하지 아니하거나 보증이 적합하지 아니하다고 인정되는 경우로서 「하도급거래 공정화에 관한 법률」 또는 「건설산업기본법」 등의 관련법령에서 규정한 경우에는 그러하지 아니한다.

1. 공사기간이 4개월 이하인 경우 : 계약금액에서 선급금을 뺀 금액
2. 공사기간이 4개월을 초과하는 경우로서 기성부분에 대한 대가의 지급 주기가 2개월 이내인 경우 : 다음의 계산식에 따라 산출한 금액

$$\text{보증금액} = \frac{\text{하도급계약금액} - \text{계약상 선급금}}{\text{공사기간(개월 수)}} \times 4$$

3. 공사기간이 4개월을 초과하는 경우로서 기성부분에 대한 대가의 지급 주기가 2개월을 초과하는 경우 : 다음의 계산식에 따라 산출한 금액

$$\text{보증금액} = \frac{\text{하도급계약금액} - \text{계약상 선급금}}{\text{공사기간(개월 수)}} \times \text{기성부분에 대한 대가의 지급주기(개월 수)} \times 2$$

② 원사업자는 제1항 단서에 따른 공사대금의 지급보증이 필요하지 아니하거나 적합하지 아니한 사유가 소멸한 경우에는 그 사유가 소멸한 날부터 30일 이내에 공사대금 지급보증을 이행한다. 다만, 계약의 잔여기간, 위탁사무의 기성률, 잔여대금의 금액 등을 고려하여 보증이 필요하지 아니하다고 인정되는 경우로서 「하도급거래 공정화에 관한 법률」로 정하는 경우에는 그러하지 아니하다.

③ 다음 각 호의 어느 하나에 해당하는 자와 건설공사에 관하여 장기계속계약(총액으로 입찰하여 각 회계연도 예산의 범위에서 낙찰된 금액의 일부에 대하여 연차별로 계약을 체결하는 계약으로서 「국가를 당사자로 하는 계약에 관한 법률」 제21조 또는 「지방자치단체를 당사자로 하는 계약에 관한 법률」 제24조에 따른 장기계속계약을 말한다. 이하 이 조에서 "장기계속건설계약"이라 한다)을 체결한 원사업자가 해당 건설공사를 장기계속건설하도급계약을 통하여 건설위탁하는 경우 원사업자는

최초의 장기계속건설하도급계약 체결일부터 30일 이내에 수급사업자에게 제1항 각 호 외의 부분 본문에 따라 공사대금 지급을 보증하고, 수급사업자는 원사업자에게 최초 장기계속건설하도급계약 시 약정한 총 공사금액의 100분의 10에 해당하는 금액으로 계약이행을 보증하여야 한다.

1. 국가 또는 지방자치단체
2. 「공공기관의 운영에 관한 법률」에 따른 공기업, 준정부기관 또는 「지방공기업법」에 따른 지방공사, 지방공단

④ 제3항에 따라 수급사업자로부터 계약이행 보증을 받은 원사업자는 장기계속건설계약의 연차별 계약의 이행이 완료되어 이에 해당하는 계약이행보증금을 같은 항 각 호의 어느 하나에 해당하는 자로부터 반환받을 수 있는 날부터 30일 이내에 수급사업자에게 해당 수급사업자가 이행을 완료한 연차별 장기계속건설하도급계약에 해당하는 하도급 계약이행보증금을 반환하여야 한다. 이 경우 이행이 완료된 부분에 해당하는 계약이행 보증의 효력은 상실되는 것으로 본다.

⑤ 제1항부터 제3항까지의 규정에 따른 원사업자와 수급사업자 간의 보증은 현금(체신관서 또는 「은행법」에 따른 은행이 발행한 자기앞수표를 포함한다)의 지급 또는 다음 각 호의 어느 하나의 기관이 발행하는 보증서의 교부에 의하여 한다.

1. 「건설산업기본법」에 따른 각 공제조합
2. 「보험업법」에 따른 보험회사
3. 「신용보증기금법」에 따른 신용보증기금
4. 「은행법」에 따른 금융기관
5. 그 밖에 「하도급거래 공정화에 관한 법률」로 정하는 보증기관

⑥ 원사업자는 제5항에 따라 지급보증서를 교부할 때 그 공사기간 중에 건설위탁하는 모든 공사에 대한 공사대금의 지급보증이나 1회계연도에 건설위탁하는 모든 공사에 대한 공사대금의 지급보증을 하나의 지급보증서의 교부에 의하여 할 수 있다.

⑦ 원사업자가 제1항 각 호 외의 부분 본문, 제2항 본문 또는 제3항 각 호 외의 부분에 따른 공사대금 지급보증을 하지 아니하는 경우에는 수급사업자는 계약이행을 보증하지 아니할 수 있다.

⑧ 제1항 또는 제3항에 따른 수급사업자의 계약이행 보증에 대한 원사업자의 청구권은 해당 원사업자가 제1항부터 제3항까지의 규정에 따른 공사대금 지급을 보증한 후가 아니면 이를 행사할 수 없다. 다만, 제1항단서 또는 제2항단서에 따라 공사대금 지급을 보증하지 아니하는 경우에는 그러하지 아니하다.

⑨ 원사업자가 공사대금의 지급을 지체하여 수급사업자로부터 서면으로 지급독촉을 받고도 이를 지급하지 아니한 경우 수급사업자는 보증기관에 공사대금 중 미지급액에 해당하는 보증금의 지급을 청구할 수 있고, 원사업자가 현금을 지급한 경우에는

Chapter 11

동 금액에서 공사대금 중 미지급액에 해당하는 금액은 수급사업자에게 귀속한다.

⑩ 수급사업자는 원사업자에게 이 계약 표지에서 정한 금액으로 계약이행을 보증하며, 계약이행보증금은 다음 각 호의 사항 등을 포함하여 계약불이행에 따른 손실에 해당하는 금액의 지급을 담보한다. 이 경우 계약이행보증금액이 「하도급거래 공정화에 관한 법률」 등 관련법령에서 정한 내용보다 수급사업자에게 불리한 때에는 「하도급거래 공정화에 관한 법률」 등에서 정한 바에 따른다.

1. 수급사업자의 교체에 따라 증가된 공사 금액. 다만, 그 금액이 과다한 경우에는 통상적인 금액으로 한다.
2. 이 계약의 해제 · 해지 이후 해당 공사를 완공하기 위해 후속 계약을 체결함에 있어서 소요되는 비용
3. 기존 수급사업자의 시공으로 인해 발생한 하자를 보수하기 위해 지출된 금액. 다만, 수급사업자가 제54조에 따라 하자보수보증금을 지급하거나 보증증권을 교부한 경우에는 그러하지 아니하다.

⑪ 원사업자의 공사대금 미지급액 또는 수급사업자의 계약불이행 등에 의한 손실액이 보증금을 초과하는 경우에는 원사업자와 수급사업자는 그 초과액에 대하여 상대방에게 청구할 수 있다.

⑫ 원사업자와 수급사업자가 납부한 보증금은 계약이 이행된 후 계약상대방에게 지체없이 반환한다. 이 경우 원사업자가 수급사업자에게 공사대금을 어음 또는 상환청구권이 있는 어음대체결제수단으로 지급한 경우 각 어음만기일 또는 어음대체결제수단의 상환기일을 공사대금 지급보증에 있어서의 계약이행완료일로 본다.

⑬ 제3항에 따라 수급사업자로부터 계약이행보증을 받은 원사업자는 장기계속건설계약의 연차별 계약의 이행이 완료되어 이에 해당하는 계약보증금을 제3항 각호의 어느 하나에 해당하는 자로부터 반환받을 수 있는 날부터 30일 이내에 수급사업자에게 해당 수급사업자가 이행을 완료한 연차별 장기계속건설하도급계약에 해당하는 하도급 계약이행보증금을 반환한다. 이 경우 이행이 완료된 부분에 해당하는 계약이행 보증의 효력은 상실되는 것으로 본다.

⑭ 제3항이 적용되지 않은 장기계속건설하도급계약의 경우 수급사업자가 제1항 본문에 따른 계약이행보증을 할 때에 제1차 계약 시 부기한 총 공사 금액의 10%에 해당하는 금액으로 계약이행보증을 하고, 원사업자는 연차별 계약의 이행이 완료된 때에는 당초의 계약보증금 중 이행이 완료된 부분의 계약이행보증 효력은 상실하는 것으로 하여 해당 하도급 계약보증금액을 수급사업자에게 반환한다. 이 경우에 제1항 단서, 제2항, 제5항부터 제12항까지를 준용한다.

⑮ 제9항 및 제10항의 규정은 장기계속건설하도급계약에 있어서 수급사업자가 2차 이후의 계약을 체결하지 아니한 경우에 이를 준용한다.

제51조(보복조치 금지) 원사업자는 수급사업자 또는 수급사업자가 소속된 조합이 다음 각호의 어느 하나에 해당하는 행위를 한 것을 이유로 그 수급사업자에 대하여 수주기회(受注機會)를 제한하거나 거래의 정지, 그 밖에 불이익을 주는 행위를 하지 않는다.

1. 원사업자가 관련법령(「하도급거래 공정화에 관한 법률」등)을 위반하였음을 관계 기관 등에 신고한 행위
2. 원사업자에 대한 하도급대금의 조정신청 또는 하도급분쟁조정협의회에 대한 조정신청
3. 관계 기관의 조사에 협조한 행위
4. 하도급거래 서면실태조사를 위하여 관계기관(공정거래위원회 등)이 요구한 자료를 제출한 행위

제52조(손해배상) ① 원사업자 또는 수급사업자가 이 계약을 위반하여 상대방에게 손해를 입힌 경우 그 손해를 배상할 책임이 있다. 다만, 고의 또는 과실 없음을 증명한 경우에는 그러하지 아니하다.

② 원사업자는 수급사업자가 책임있는 사유로 하도급공사의 시공과 관련하여 제3자에게 손해를 입힌 경우에는 수급사업자와 연대하여 그 손해를 배상할 책임이 있다. 이 경우 원사업자가 제3자에게 배상하면 그 책임 비율에 따라 수급사업자에게 구상권을 행사할 수 있다.

③ 수급사업자는 이 계약에 따른 의무를 이행하기 위해 제3자를 사용한 경우 그 제3자의 행위로 인하여 원사업자에게 발생한 손해에 대해 제3자와 연대하여 책임을 진다. 다만, 수급사업자 및 제3자가 고의 또는 과실 없음을 증명한 경우에는 그러하지 아니하다.

④ 원사업자가 제24조 제1항, 제26조 제1항·제2항, 제29조 제3항, 제32조 제1항·제2항, 제33조 또는 제51조를 위반한 경우, 수급사업자는 이로 인해 발생한 손해의 3배를 넘지 아니하는 범위에서 배상을 청구할 수 있다. 다만, 원사업자가 고의 또는 과실이 없음을 증명한 경우에는 그러하지 않는다.

Chapter 11

제53조(지체상금) ① 수급사업자가 정당한 사유없이 계약의 이행을 지체한 경우 원사업자는 해당 지체일수에 표지에서 정한 지체상금요율을 곱하여 산정한 지체상금을 수급사업자에게 청구할 수 있다.

② 제1항의 경우 기성부분 또는 완료부분을 원사업자가 검사를 거쳐 인수한 경우(인수하지 아니하고 관리 · 사용하고 있는 경우를 포함한다. 이하 이 조에서 같다)에는 그 부분에 상당하는 금액을 대금에서 공제한 금액을 기준으로 지체상금을 계산한다. 이 경우 기성부분 또는 완료부분은 성질상 분할할 수 있는 공사목적물에 대한

완성부분으로 인수한 것에 한한다.

③ 원사업자는 다음 각 호의 어느 하나에 해당한 경우 그 해당 일수를 제1항의 지체일수에 산입하지 아니한다.

1. 태풍, 홍수, 기타 악천후, 전쟁 또는 사변, 지진, 화재, 폭동, 항만봉쇄, 방역 및 보안상 출입제한 등 불가항력의 사유에 의한 경우
2. 원사업자가 지급하기로 한 지급자재의 공급이 지연되는 사정으로 공사의 진행이 불가능하였을 경우
3. 원사업자의 책임있는 사유로 착공이 지연되거나 시공이 중단된 경우
4. 수급사업자의 부도 등으로 연대보증인이 보증이행을 할 경우(부도 등이 확정된 날부터 원사업자가 보증이행을 지시한 날까지를 의미한다)
5. 수급사업자의 부도 등으로 보증기관이 보증이행업체를 지정하여 보증이행할 경우(원사업자로부터 보증채무이행청구서를 접수한 날부터 보증이행개시일 전일까지를 의미함, 다만 30일 이내에 한한다)
6. 원사업자가 대금지급을 지체하고, 그 이행이 현저히 곤란한 것을 이유로 수급사업자가 공사를 진행하지 않은 경우
7. 그 밖에 수급사업자에게 책임 없는 사유로 인하여 지체된 경우

④ 지체일수의 산정기준은 다음 각 호의 어느 하나에 의한다.

1. 준공기한 내에 공사목적물을 인도한 경우 : 검사에 소요된 기간은 지체일수에 산입하지 아니한다. 다만, 검사결과(불합격판정에 한한다)에 따라 원사업자가 보수를 요구한 날로부터 최종검사에 합격한 날까지의 기간은 지체일수에 산입한다.
2. 준공기한을 도과하여 공사목적물을 인도한 경우 : 준공기한의 익일부터 실제 인도한 날까지의 기간 및 제1호 단서에 해당하는 기간은 지체일수에 산입한다.

⑤ 원사업자는 제1항의 지체상금을 수급사업자에게 지급하여야 할 하도급대금 또는 기타 예치금에서 합의 후 공제할 수 있다.

제54조(하자담보책임 등) ① 수급사업자는 이 계약에서 정한 하자보수보증금률을 계약금액에 곱하여 산출한 금액(이하 "하자보수보증금"이라 한다)을 준공검사 후 그 공사대금을 지급받을 때까지 현금 또는 증서로 원사업자에게 납부 또는 교부한다. 다만, 공사의 성질상 하자보수보증금의 납부가 필요하지 아니한 경우로 규정한 경우에는 그러하지 아니하다.

② 원사업자는 준공검사를 마친 날로부터 이 계약에서 정한 하자담보책임기간의 범위에서 수급사업자의 공사로 인해 발생한 하자에 대해 상당한 기간을 정하여 그 하자의 보수를 청구할 수 있다. 다만, 다음 각 호의 어느 하나의 사유로 발생한 하자에

대하여는 그러하지 아니하다.

1. 원사업자가 제공한 재료의 품질이나 규격 등이 기준미달로 인한 경우
2. 원사업자의 지시에 따라 시공한 경우
3. 원사업자가 건설공사의 목적물을 관계 법령에 따른 내구연한(耐久年限) 또는 설계상의 구조내력(構造耐力)을 초과하여 사용한 경우

③ 이 계약에서 정한 하자담보책임기간이 「건설산업기본법」 등 관련법령에서 정한 하자담보책임기간 보다 더 장기인 경우에는 「건설산업기본법」 등에서 정한 기간으로 한다.

④ 원사업자와 수급사업자는 하자발생에 대한 책임이 분명하지 아니한 경우 상호 협의하여 전문기관에 조사를 의뢰할 수 있다.

⑤ 수급사업자가 이 계약에서 정한 하자보수 의무기간 중 원사업자로부터 하자보수의 요구를 받고 이에 응하지 아니하면 제1항의 하자보수보증금은 원사업자에게 귀속한다.

⑥ 원사업자는 하자보수 의무기간이 종료한 후 수급사업자의 청구가 있는 날로부터 10일 이내에 수급사업자에게 제1항의 하자보수보증금을 반환한다.

⑦ 장기계속공사의 경우 수급사업자는 연차계약별로 준공 검사 후 그 공사의 대가를 지급받을 때까지 원사업자에게 하자보수보증금을 납부하며, 연차계약별로 하자담보책임을 구분할 수 없는 공사인 경우에는 총 공사의 준공검사 후에 이를 납부한다. 또 원사업자는 연차계약별로 하자보수 의무기간이 종료한 후 수급사업자의 청구가 있는 날로부터 10일 이내에 하자보수보증금을 반환한다.

제55조(계약의 해제 또는 해지) ① 원사업자 또는 수급사업자는 다음 각 호의 어느 하나에 해당하는 경우에는 서면으로 이 계약의 전부 또는 일부를 해제 또는 해지할 수 있다. 다만, 기성부분에 대해서는 해제하지 아니한다.

1. 원사업자 또는 수급사업자가 금융기관으로부터 거래정지처분을 받아 이 계약을 이행할 수 없다고 인정되는 경우
2. 원사업자 또는 수급사업자가 감독관청으로부터 인 · 허가의 취소, 영업취소 · 영업정지 등의 처분을 받아 이 계약을 이행할 수 없다고 인정되는 경우
3. 원사업자 또는 수급사업자가 어음 · 수표의 부도, 제3자에 의한 강제집행(가압류 및 가처분 포함), 파산 · 회생절차의 신청 등 영업상의 중대한 사유가 발생하여 이 계약을 이행할 수 없다고 인정되는 경우
4. 원사업자 또는 수급사업자가 해산, 영업의 양도 또는 타 회사로의 합병을 결의하여 이 계약을 이행할 수 없다고 인정되는 경우. 다만, 영업의 양수인 또는 합병된 회사가 그 권리와 의무를 승계함에 대해 상대방이 동의한 경우에는 그러하지 아니하다.

5. 원사업자 또는 수급사업자가 재해 기타 사유로 인하여 이 계약의 내용을 이행하기 곤란하다고 쌍방이 인정한 경우

② 원사업자 또는 수급사업자는 다음 각 호의 어느 하나에 해당하는 사유가 발생한 경우에는 상대방에게 상당한 기간을 정하여 서면으로 그 이행을 최고하고, 그 기간 내에 이를 이행하지 아니한 때에는 이 계약의 전부 또는 일부를 해제 · 해지할 수 있다. 다만, 원사업자 또는 수급사업자가 이행을 거절하거나 준공기한 내에 이행하여야 이 계약의 목적을 달성할 수 있는 경우에는 최고 없이 해제 또는 해지할 수 있다.

1. 원사업자 또는 수급사업자가 이 계약상의 중요한 의무를 이행하지 않은 경우
2. 원사업자가 수급사업자의 책임 없이 하도급공사 수행에 필요한 사항의 이행을 지연하여 수급사업자의 하도급공사 수행에 지장을 초래한 경우
3. 수급사업자가 원사업자의 책임 없이 약정한 착공기간을 경과하고도 공사에 착공하지 아니한 경우
4. 수급사업자가 원사업자의 책임 없이 착공을 거부하거나 시공을 지연하여 인도일자 내에 공사목적물의 인도가 곤란하다고 객관적으로 인정되는 경우
5. 수급사업자의 인원 · 장비 및 품질관리능력이 현저히 부족하여 이 계약을 원만히 이행할 수 없다고 인정되는 등 수급사업자의 책임 있는 사유가 인정되는 경우
6. 원사업자가 공사내용을 변경함으로써 하도급대금이 100분의 40 이상 감소한 경우
7. 수급사업자의 책임 없이 공사의 중지기간이 전체공사 기간의 100분의 50 이상인 경우
8. 원사업자나 수급사업자가 대금지급보증이나 계약이행보증을 하지 아니한 경우
9. 발주기관의 불가피한 사정으로 도급계약이 해제 또는 해지된 경우

③ 제1항 또는 제2항에 따른 해제 또는 해지는 기성검사를 필한 부분과 기성검사를 필하지 않은 부분 중 객관적인 자료에 의해 시공사실이 확인된 부분(추후 검사결과 불합격으로 판정된 경우는 그러하지 아니하다)에 대해 적용하지 아니한다.

④ 제1항 또는 제2항에 따라 계약이 해제 · 해지된 때에는 각 당사자의 상대방에 대한 일체의 채무는 기한의 이익을 상실하고, 당사자는 상대방에 대한 채무를 지체 없이 이행한다.

⑤ 원사업자 및 수급사업자는 자신의 책임 있는 사유로 인하여 이 계약의 전부 또는 일부가 해제 또는 해지된 경우에 이로 인하여 발생한 상대방의 손해를 배상한다.

⑥ 제1항 또는 제2항에 따라 계약을 해제 또는 해지한 경우 원사업자는 기성검사를 필한 부분과 기성검사를 필하지 않은 부분 중 객관적인 자료에 의해 시공사실이

확인된 부분(추후 검사결과 불합격으로 판정된 경우는 그러하지 아니하다)에 대한 대금을 수급사업자에게 지급하고, 동시에 수급사업자는 하자보수보증금을 제54조 제1항의 규정에 따라 원사업자에게 납부한다.

⑦ 수급사업자는 제6항의 하자보수보증금을 현금으로 납부한 경우 공사 준공검사 후 하자보수보증서로 대체할 수 있다.

⑧ 제1항 및 제2항에 따라 이 계약이 해제된 경우 원사업자와 수급사업자는 다음 각 호에서 정한 의무를 동시에 이행한다. 다만, 일부 해제 또는 해지된 경우에 잔존계약의 이행과 관련된 범위내에서는 그러하지 않는다.

1. 원사업자 또는 수급사업자는 상대방으로부터 제공받은 공사와 관련한 모든 자료를 반환하고, 저장된 자료를 삭제한다.
2. 원사업자 또는 수급사업자는 상대방으로부터 제공받은 공사와 관련한 자료를 활용하지 않는다.
3. 수급사업자는 원사업자로부터 지급받은 대금과 그 이자를 더하여 반환한다.
4. 수급사업자 또는 원사업자는 상대방으로부터 이용허락받은 지식재산 등을 이용하지 않는다.

⑨ 원사업자가 제1항 또는 제2항에 따라 계약을 해제 또는 해지한 경우 수급사업자는 다음 각 호의 사항을 이행한다.

1. 해제 또는 해지의 통지를 받은 부분에 대한 공사를 지체 없이 중지하고 모든 공사 관련 시설 및 장비 등을 공사현장으로부터 철거한다.
2. 대여품이 있을 때에는 지체 없이 원사업자에게 반환한다. 이 경우 당해 대여품이 수급사업자의 고의 또는 과실로 인하여 멸실 또는 파손되었을 때에는 원상회복 또는 그 손해를 배상한다.
3. 지급자재 중 공사의 기성부분으로서 인수된 부분에 사용한 것을 제외한 잔여자재를 지체 없이 원사업자에게 반환한다. 이 경우 당해 자재가 수급사업자의 고의 또는 과실로 인하여 멸실 또는 파손되었거나 공사의 기성부분으로서 인수되지 아니한 부분에 사용된 때에는 원상으로 회복하거나 그 손해를 배상한다.

⑩ 손해배상금을 지급하거나 또는 대금을 반환해야 할 자가 이를 지연한 경우 그 지연기간에 대해 지연이자를 더하여 지급한다.

제56조(분쟁해결) ① 이 계약과 관련하여 분쟁이 발생한 경우 원사업자와 수급사업자는 상호 협의하여 분쟁을 해결하기 위해 노력한다.

② 제1항의 규정에도 불구하고 분쟁이 해결되지 않은 경우 원사업자 또는 수급사업자는 「독점규제 및 공정거래에 관한 법률」에 따른 한국공정거래조정원, 「건설산업기본법」에 따른 건설분쟁조정위원회 또는 「하도급거래 공정화에 관한 법률」에 따른 하도

급분쟁조정협의회 등에 조정을 신청할 수 있다. 이 경우에 원사업자와 수급사업자는 조정절차에 성실하게 임하며, 원활한 분쟁해결을 위해 노력한다.

③ 제1항의 규정에도 불구하고, 분쟁이 해결되지 않은 경우에 원사업자 또는 수급사업자는 법원에 소송을 제기하거나 중재법에 따른 중재기관에 중재를 신청할 수 있다.

제57조(재판관할) 이 계약과 관련된 소송은 원사업자 또는 수급사업자의 주된 사무소를 관할하는 지방법원에 제기한다.

【별첨】

비밀유지계약서

원사업자와 수급사업자는 비밀정보의 제공과 관련하여 다음과 같이 비밀유지계약을 체결한다.

제1조(계약의 목적) 이 계약은 원사업자와 수급사업자가 하도급계약과 관련하여 각자 상대방에게 제공하는 비밀정보를 비밀로 유지하고 보호하기 위하여 필요한 제반 사항을 규정함을 목적으로 한다.

제2조(비밀정보의 정의) ① 이 계약에서 '비밀정보'라 함은 원사업자 또는 수급사업자가 이 업무 수행 과정에서 스스로 알게 되거나, 상대방 또는 그 직원(이하 '상대방'이라 함)으로부터 제공받아 알게 되는 상대방에 관한 일체의 기술상 혹은 경영상의 정보 및 이를 기초로 새롭게 발생한 일체의 기술상 혹은 경영상의 정보를 말한다.

② 제1항의 비밀정보는 서면(전자문서를 포함하며, 이하 같음), 구두 혹은 기타 방법으로 제공되는 모든 노하우, 공정, 도면, 설계, 실험결과, 샘플, 사양, 데이터, 공식, 제법, 프로그램, 가격표, 거래명세서, 생산단가, 아이디어 등 모든 기술상 혹은 경영상의 정보와 그러한 정보가 수록된 물건 또는 장비 등을 모두 포함한다.

제3조(비밀의 표시) ① 각 당사자가 상대방에게 서면으로 비밀정보를 제공하는 경우, 그 서면에 비밀임을 알리는 문구('비밀' 또는 '대외비' 등의 국문 또는 영문 표시)를 표시해야 한다.

② 각 당사자가 상대방에게 구두, 영상 또는 당사자의 시설, 장비 샘플 기타 품목들을 관찰 · 조사하게 하는 방법으로 비밀정보를 제공할 경우에는, 그 즉시 상대방에게 해당 정보가 비밀정보에 속한다는 사실을 고지하여야 한다. 이 경우에 비밀

정보를 제공한 당사자는 비밀정보 제공일로부터 15일 이내에 상대방에게 해당 정보가 비밀정보에 속한다는 취지의 서면을 발송하여야 한다.

제4조(정보의 사용용도 및 정보취급자 제한) ① 각 당사자는 상대방의 비밀정보를 이 계약에서 정한 목적으로만 사용하여야 한다.

② 각 당사자가 이 계약에서 정한 업무의 수행을 위하여 상대방의 비밀정보를 제3자에게 제공하고자 할 때에는 사전에 상대방으로부터 서면에 의한 동의를 얻어야 하며, 그 제3자와 사이에 해당 비밀정보의 유지 및 보호를 목적으로 하는 별도의 비밀유지계약을 체결한 이후에 그 제3자에게 해당 비밀정보를 제공하여야 한다.

③ 각 당사자는 직접적, 간접적으로 하도급계약을 이행하는 임직원들에 한하여 상대방의 비밀정보를 취급할 수 있도록 필요한 조치를 취하여야 하며, 해당 임직원 각자에게 상대방의 비밀정보에 대한 비밀유지의무를 주지시켜야 한다. 이때 상대방은 반대 당사자에게 해당 임직원으로부터 비밀유지 서약서를 제출 받는 등의 방법으로 해당 정보의 비밀성을 유지하기 위하여 필요한 조치를 요구할 수 있다.

제5조(비밀유지의무) ① 각 당사자는 상대방의 사전 서면승낙 없이 비밀정보를 포함하여 이 계약의 체결사실이나 내용, 이 계약의 내용 등을 공표하거나 제3자에게 알려서는 아니 된다. 다만, 객관적인 증거를 통하여 다음 각 호에 해당함이 입증되는 정보는 비밀정보가 아니거나 비밀유지의무가 없는 것으로 간주한다.

1. 상대방의 비밀정보 제공 이전에 다른 당사자가 이미 알고 있거나 알 수 있는 정보
2. 비밀정보를 제공받은 당사자의 고의 또는 과실에 의하지 않고 공지의 사실로 된 정보
3. 비밀정보를 제공받은 당사자가 적법하게 제3자로부터 제공받은 정보
4. 비밀정보를 제공받은 당사자가 비밀정보와 관계없이 독자적으로 개발하거나 알게 된 정보
5. 제3조 제2항에 의하여 비밀정보임을 고지하지 아니하거나, 비밀정보에 속한다는 취지의 서면을 발송하지 아니한 정보
6. 법원 기타 공공기관의 판결, 명령 또는 관련법령에 따른 공개의무에 따라 공개한 정보

② 각 당사자가 제1항 제6호에 따라 정보를 공개할 경우에는 사전에 상대방에게 그 사실을 서면으로 통지하고, 상대방으로 하여금 적절한 보호 및 대응조치를 할 수 있도록 하여야 한다.

제6조(자료의 반환) ① 각 당사자는 상대방의 요청이 있으면 언제든지 상대방의 비밀정보가 기재되어 있거나 이를 포함하고 있는 제반 자료, 장비, 서류, 샘플, 기타 유체물(복사본, 복사물, 모방물건, 모방장비 등을 포함)을 즉시 상대방에게 반환하거나, 상대방의 선택에 따라 이를 폐기하고 그 폐기를 증명하는 서류를 상대방에게 제공하여야 한다.

② 제1항의 자료의 반환 또는 폐기에 소요되는 비용은 각 당사자가 균등하게 부담하기로 한다. 다만, 자료의 반환 또는 폐기 의무자가 우선 그 비용을 지출한 이후 상대방에게 그 부담부분을 정산하여 청구한다.

제7조(권리의 부존재 등) ① 이 계약에 따라 제공되는 비밀정보에 관한 모든 권리는 이를 제공한 당사자에 속한다.

② 이 계약은 어떠한 경우에도 비밀정보를 제공받는 자에게 비밀정보에 관한 어떠한 권리나 사용권을 부여하는 것으로 해석되지 않는다.

③ 이 계약은 어떠한 경우에도 당사자 간에 향후 어떠한 확정적인 계약의 체결, 제조물의 판매나 구입, 실시권의 허락 등을 암시하거나 이를 강제하지 않으며, 기타 이 계약의 당사자가 비밀정보와 관련하여 다른 제3자와 어떠한 거래나 계약관계에 들어가는 것을 금지하거나 제한하지 않는다.

④ 비밀정보의 제공자는 상대방에게 비밀정보를 제공할 적법한 자격이 있음을 보증한다.

⑤ 각 당사자는 이 계약의 목적을 위하여 상대방의 시설을 방문하거나 이를 이용할 경우에는 상대방의 제반 규정 및 지시사항을 준수하여야 한다.

제8조(계약기간) ① 이 계약은 전문에서 정한 기간동안 효력을 가진다.

② 제1항에도 불구하고, 제4조, 제5조 및 제7조의 의무는 계약기간이 만료되거나, 이 계약이 해제 · 해지 등의 사유로 종료된 이후부터 계속하여 유효하게 존속하는 것으로 한다.

제9조(손해배상) 이 계약을 위반한 당사자는 이로 인하여 상대방이 입은 손해를 배상하여야 한다. 다만, 그 당사자가 고의 또는 과실없음을 증명한 경우에는 그러하지 않는다.

제10조(권리의무의 양도, 계약의 변경) ① 각 당사자는 상대방의 사전 서면동의 없이 이 계약상의 권리의무를 제3자에게 양도하거나 이전할 수 없다.

② 이 계약의 수정이나 변경은 양 당사자의 정당한 대표자가 기명날인 또는 서명한 서면합의로만 이루어질 수 있다.

제11조(일부무효의 특칙) 이 계약의 내용 중 일부가 무효인 경우에도 이 계약의 나머지 규정의 유효성에 영향을 미치지 않는다. 다만, 유효인 부분만으로 계약의 목적을 달성할 수 없는 경우에는 전부를 무효로 한다.

제12조(분쟁의 해결) 비밀유지계약과 관련하여 분쟁이 발생한 경우 당사자의 상호 협의에 의한 해결을 모색하되, 분쟁에 관한 합의가 이루어지지 아니한 경우에는 하도급계약의 관할법원에 소를 제기할 수 있다.

원사업자와 수급사업자는 이 계약의 성립을 증명하기 위하여 계약서 2부를 작성하여 각각 서명(또는 기명날인)한 후 각자 1부씩 보관한다.

20____년 ____월 ____일

원사업자		수급사업자	
상호 또는 명칭 :		상호 또는 명칭 :	
전화번호 :		전화번호 :	
주 소 :		주 소 :	
대표자 성명 :	(인)	대표자 성명 :	(인)
사업자(법인)번호 :		사업자(법인)번호 :	

Chapter 11

제 11 장 단 순 도 급

제 3 절

단순도급공사의 세무문제

❶ 세금계산서의 발행

1) 기성불공사의 세금계산서 발행

건설도급계약에서 기성불 공사는 가장 일반적인 청구형태이다. 도급계약이란 업무의 완성을 조건으로 하는 계약이나 건설공사는 공사기간 중 많은 자금이 투입되고 투입된 자금으로 자재비나 노무비를 지급하여야 하므로 업무의 완성 이전에 대금을 분할해서 청구하기 때문이다.

기성불 공사란 장기간에 걸쳐 용역을 공급하는 경우 진행도 또는 완성도를 확인하여 그 비율만큼 대가를 지급하는 거래로 세법상 완성도기준조건부 계약에 해당한다.

완성도기준지급조건부계약이란 공급자는 일의 완성도를 측정하여 기성금을 청구하고 공급받는 자가 완성도를 확인하여 대가를 확정하는 계약으로 대가의 각 부분을 받기로 한 때가 세금계산서 교부시기이다. 완성도기준조건부 계약의 요건은 아래와 같다.

① 계약서에 기성청구절차와 대가의 지급일자가 기재되어 있어야 하고
② 실지로 기성청구가 이루어져야 한다.

일반적인 기성불 공사계약상 선수금은 지급시기와 청구시기가 명기되지 않는다. 그러나 기성금의 지급시기와 청구시기가 명기된다.

구분	실무상 처리	상세설명
선수금	현금 수금하는 날, 단 7일 내에 미입금된 경우 (-)세금계산서 발행하여야 한다.	원칙상 선수금은 재화용역의 공급거래가 아니나, 건설업은 세금계산서로 선수금을 청구하는 것이 일반적이다.
회차별 기성금	매 기성금 청구일	원칙상 지급기일 이전 지급 시 실제 지급일, 이후 지급 시 지급기일의 말일(집행기준 9-22-1)이나 청구시기와 지급시기가 정해져 있고 과세기간내 공급시기가 도래하는 경우 청구시기에 세금계산서를 발행한다.
준공 기성금	준공승인일	준공일 이후 세금계산서를 교부하는 경우 실제공사가 있었음을 입증하여야 한다.

국가 및 지자체와 계약한 건설업자가 선금 및 기성금을 청구하기 위해서는 세금계산서를 제출하여야 한다(행정규칙 선급금지급조건, 지방자치단체 계약체결 · 이행에 따른 선금 및 대가지급요령). 따라서 건설공사계약상 세금계산서는 청구의 용도로만 사용된다. 이러한 관행은 건설업계 전반에 일반적으로 존재한다. 그러나 세법상 선수금은 원칙상 세금계산서 발행대상이 아니고 발행한 경우 7일 이내 대가를 수령하여야 한다(부가가치세법 §17).

수급인의 기성대금 청구와 발주자의 검수확인에 의해 완성도에 따라 대가의 각 부분을 받기로 한 때이다. 즉, 기성대금에 대하여 세금계산서를 발행하기 위해서는 완성도기준지급요건에 충족되는지를 확인하고 도급계약서에 대가의 각 부분을 받기로 한 때 세금계산서를 발행하여야 한다. 따라서 완성도기준지급에 해당되는지를 입증하기 위해서는 기성금의 집행요청공문, 발주자의 회신공문, 기성청구서, 기성검사원 등이 필요하다.

부가가치세법은 공급시기 특례를 두어 공급시기가 과세기간 내에 도래하는 경우 세금계산서를 적정한 것으로 보고 있다(부가가치세법 §17 ③ 2호). 이에 따라 다른 업종의 경우 선수금의 세금계산서가 문제되는 경우는 적다. 그러나 건설업의 선수금은 기성고에 충당하는 구조이므로 사실상 과세기간이후에 도래하는 선수금의 공급시기가 여전히 남게 되기 때문이다.

2) 분양불공사의 세금계산서 발행

분양불계약이란 도급계약의 공사대금이 분양수입금통장의 입금내역에 따라 결정되는 방식으로 세법상 동거래방식에 대한 유형을 정한 바 없으므로 계약의 대금지급조건에 따라 다양하게 해석될 수 있다.

• 분양불계약의 특성

① 수입분양대금의 한도 내에서 총 도급금액을 지불하는 방식 또는 수입분양대금의 한도 내에서 승인된 공사기성금을 지불하는 방식(절충식).

② 수입분양대금의 인출순서가 정해져 있으며 일반적으로 'PF원리금 → 대여금원리금 → 사업운영비 → 공사대금(연체이자포함)'순임.

분양불계약은 도급계약의 대금지급방법에 따라 달리 해석된다.

대금지급방식	공급시기
지급기일에 대한 약정이 없는 경우	통상적인 용역의 공급으로 보아 용역제공완료일
공동명의 통장과 인출순서를 정한 경우	중간지급조건부계약으로 보아 공동예금계좌에 입금된 때
정산일시를 정한 경우	기타조건부계약으로 보아 약정한 때

따라서 분양불계약은 유형을 정형화하여 관리할 필요가 있으며 정산일시를 정하여 세금계산서의 교부시기를 정산일로 특정하는 것이 좋다. 따라서 대금지급 조건상 아래 문구를 삽입하는 것이 좋다.

- 분양에 따른 일체의 업무는 시행사 명의로 하고 그 업무는 시행사 또는 시행사가 지정하는 자가 대행하되 동 분양업무에 관한 사항은 상호 협의하여 시행
- 공사비 지불보장을 위하여 시공사와 시행사의 공동명의로 개설된 분양수입금관리용 예금계좌를 통하여 분양과 관련된 모든 금액이 입출금되도록 하여야 하며, 당일 직접 위 계좌에 입금되도록 분양계약서에 반영
- 공사대금 정산일시는 매월 말일을 기준으로 정산하며, 자동 이체지급 방식으로 지급.
- 선순위 분배감차감내역 등은 시행사가 작성한 '공사대금 지급액 계산 내역서'에 명기하여 세금계산서 발행청구 받을 것

❷ 부도타절 정산

부도란 기업체가 발행한 어음과 수표 등에 대해 지급요청을 받은 은행이 사건신고의 접수, 지급자금의 부족 및 지급요건의 불비 등의 사유로 그 지급을 거절하는 것을 의미한다.

타절이란 외주공사를 완료하지 못하고 계약을 해지하는 경우로서 ① 외주업체의 자금 사정 악화 등의 사유로 인하여 공사포기각서를 제출하거나 ② 현장미불금의 미지급 및 공정지연 등 외주사의 책임 있는 사유로 인하여 계약을 해지하거나 ③ 공사완료 전 원청

사와 합의정산(합의타절이라고 함)을 하는 경우가 있다.

1) 선급금 우선상계

직전 기성확정 이후 부도타절 정산일까지 진행된 기성금은 정상일까지 확정하여 선급과 상계하고 합의하는 것이 좋다. 건설업의 경우 선급금 지급시 세금계산서를 요청하여 지급하는 것이 일반적인 바, 해당세금계산서는 용역의 공급이 없는 특례 세금계산서이다. 따라서 부도타절로 용역의 공급이 완료되지 않은 경우 선급금잔액에 해당하는 공급가액에 대한 매입세액은 공제할 수 없다. 따라서 지급할 돈의 지급(기성금)에 갈음하여 회수할 돈(선급금)으로 정리하고 합의서를 작성하는 것이 타당하다.

2) 구상채권의 성립

부도타절 직불금이란 원도급사의 외주업체가 부도 등으로 공사를 중단하는 경우 외주업체의 채무(장비임차료 및 일용직인건비)를 외주업체의 동의를 얻어 원도급사가 대납하는 행위를 말한다. 원도급사의 직불의무는 아래처럼 다양한 법에서 규정하고 있다. 비단 법률상 의무가 없다고 하더라도 장비임차료 및 일용직노무비가 체납되는 경우 극심한 공사방해로 인한 공기지연이 우려되는바 대부분의 원도급사가 외주업체의 비용을 직불처리할 수밖에 없는 현실적인 이유도 있다.

이때 원도급사가 직불한 금액은 하도급사가 지급할 자금을 대신하여 지급한 것이므로 구상채권을 인식하는 것이 일반적이다(회계상 미래경제적 효익으로 자산성을 부정하거나 세무상 권리의무의 성숙확정을 이유로 손비처리하는 경우도 있다).

■ 강제직불의 법적근거 ■

법률규정	직불대상	직불요건
하도급법 제14조	1. 건설 재하도급 업체 2. 제조위탁 자재업체 (일반자재 제외) 3. 설계위탁 용역	1. 하도급업체 지급정지 · 파산 및 미불자 직접지급 요청 2. 3자 직불합의(직접 지급하기로 합의) 3. 대금의 2회분 이상을 미지급 및 미불자 직불 요청 4. 건설 재하도급의 경우 하도급대금지급보증 미 이행 및 재하도급 업체 직접지급 요청
건산법 제32조, 제35조	1. 제조위탁 자재업체 (일반자재 제외) 2. 건설장비 대여업자	1. 하도급업체 지급정지 · 파산 및 미불자 직접지급 요청 2. 3자 직불합의(직불 한다는 뜻과 방법 · 절차를 명백하게 합의) 3. 대금의 2회분 이상을 미지급 및 미불자 직불 요청 4. 확정판결 받은 경우

법률규정	직불대상	직불요건
근로기준법 제44조의 3	1. 노무자	1. 3자 직불합의(직불할 수 있다는 뜻과 그 지급방법 및 절차에 관하여 합의) 2. 지급명령, 집행증서 등 집행 권원 3. 하도급업체 파산 등 지급불능임을 당사가 인정, 하도급업체기 미불 노무비가 있음을 당사에 통지 4. 재하도급의 경우, 재하도급 받은 업체의 근로자가 하도급업체에 대한 집행 권원이 있는 경우

3) 보증보험금의 청구

부도타절이 발생한 시점에 원청사는 외주업체에게 지급할 대가로 외주업체의 채무를 상환('강제직불'이라고 함)하고 보증보험사(서울신용보증 또는 건설공제 조합 등)에 이행보증 및 선급금보증보험금의 수령을 요청하게 된다.

① 부도/타절 시점의 미지급기성금은 미정산 선급금과 우선상계 후 직불 등 처리하여야 한다(하자보수유보금, 가압류 등보다 우선함, 대법원2007.09.20. 선고 2007다40109 판결).

② 상기대법원 판례로 인하여 보증보험사는 선급금보증금 수금 관련 미상계액만큼 지급을 거절할 수 있다.

③ 선급금 지급 시 세금계산서를 수령하였을 것이므로, 선급금 상계 시 해당세금계산서 수령을 취소하여야 한다. 그러나 부도 난 외주업체가 마이너스세금계산서를 발부할 리 만무하므로 세금계산서 없이 불공제 처리하여야 한다(국심2003서2135, 2003.10.18.). 해당불공제액은 선급금보증보험사에 청구할 수 있다.

법률 Tip **부도타절 관련 법령 및 해석**

건설공사하도급계약서 제25조 제1항(계약해제, 해지)

① 갑 또는 을은 다음 각 호의 1에 해당하는 경우 서면으로 상당한 기간을 정하여 최고한 후 동 기간 내에 계약이 이행되지 아니하는 때에는 당해 계약의 전부 또는 일부를 해제 혹은 해지할 수 있다.

1. 갑 또는 을이 계약조건에 위반하여 그 위반으로 계약의 목적을 달성할 수 없다고 인정될 때
2. 부도 · 파산 등 을의 귀책사유로 공기 내에 공사를 완성할 수 없는 것이 명백히 인정될 때
3. 갑이 정당한 이유 없이 계약내용을 이행하지 아니하고 그 위반으로 공사를 완성하는 것이 불가능한 때
4. 을이 정당한 이유 없이 약정한 착공기간을 경과하고도 공사에 착공하지 아니한 때
8. 을이 정당한 이유 없이 제7조에 정한 계약이행보증을 하지 아니한 때 등

• **대법원 2007.09.20. 선고 2007다40109 판결** : 선급금은 자금사정이 좋지 않은 수급인으로 하여금 자재 확보 · 노임 지급 등에 어려움이 없이 공사를 원활하게 진행할 수 있도록 하기 위하여, 도급인이 장차 지급할 공사대금을 수급인에게 미리 지급하여 주는 선급 공사대금으로, 구체적인 기성고와 관련하여 지급된 공사대금이 아니라 전체 공사와 관련하여 지급된 선급 공사대금이므로, 선급금을 지급한 후 계약이 해제 또는 해지되는 등의 사유로 중도에 선급금을 반환하게 된 경우에는, 선급금이 공사대금의 일부로 지급된 것인 이상 선급금은 별도의 상계 의사표시 없이 그때까지의 기성고에 해당하는 공사대금에 당연 충당되고, 그래도 공사대금이 남는다면 그 금액만을 지급하면 되는 것이고, 거꾸로 선급금이 미지급 공사대금에 충당되고 남는다면 그 남은 선급금에 관하여 도급인이 반환채권을 가지게 된다고 보는 것이 선급금의 성질에 비추어 타당하다.

건설산업기본법 제35조 제1항, 하도급거래공정화에 관한 법률 제14조 제1항 등에서 하도급대금의 직접 지급에 관하여 규정을 두고 있는 것은 수급인이 파산하거나 그 외 사유로 하도급업자들에게 하도급대금을 지급하지 않거나 지급할 수 없는 사유가 생길 경우 약자의 지위에 있는 하도급업자들을 보호하고 공사 수행에 대한 대가를 실질적으로 보장하기 위함에 그 취지와 목적이 있는 것일 뿐이지 도급인과 하수급인과의 직접적인 도급계약관계의 설정을 전제로 한 것은 아니므로, 결국 하수급인이 시공한 부분은 수급인의 기성고로 볼 수밖에 없다. 또한, 하수급인은 수급인의 이행보조자에 불과하므로 수급인의 기성공사금액에는 그 이행보조자인 하수급인의 기성공사부분이 당연히 포함된다고 보아야 한다. 따라서 선급금을 지급한 후 계약의 해제 또는 해지 등의 사유가 발생한 경우에는 하수급인의 기성공사부분에 대한 공사대금도 포함한 수급인의 기성고를 선급금에서 공제하여야 하고, 그래도 남는 공사대금이 있는 경우에 한하여 하도급대금을 하수급인에게 직접 지급하여야 한다.

• **국심2003서2135, 2003.10.18.** : 부도로 공사가 중단된 경우에는 계속적인 공사용역의 제공을 기대할 수 없으므로 중단된 공사 부문에 대한 매입세액은 공제대상에서 제외되므로 처분청이 쟁점 세금계산서의 공급가액 중 용역을 공급받지 아니한 금액에 대한 매입세액을 불공제하여 과세한 이 건 처분은 달리 잘못이 없음.

4) 구상채권의 손금조정 쟁점

외주업체의 부도타절 시 원청사가 직불한 구상채권은 대위변제시점에 성립확정되었으므로 원청사의 민법상 채권이다. 따라서 채권을 인식하여야 한다는 의견이 있을 수 있다.

차변에는 비용 또는 자산이 오는바 채권(자산)을 인식하지 않는 경우 비용으로 처리한다는 뜻이다. 과연 이 비용이 손금으로 인정될 것인가가 쟁점이다.

물론 기업회계는 채권의 회수가능성을 따져 비용으로 처리하기를 권할 수 있다. 문제는 세법이 기업회계와 거의 결별수준의 법리를 가지고 있다는 점이다. 바로 권리의무확정주의이다.

국세기본법 제20조는 '국세의 과세표준을 조사결정함에 있어서 당해 납세의무자가 계속하여 적용하고 있는 기업회계의 기준 또는 관행으로서 일반적으로 공정 · 타당하다고 인정되는 것은 이를 존중하여야 한다. 다만, 세법에 특별한 규정이 있는 것은 그러하지 아니하다'라고 규정하여 기업회계존중의 원칙을 정하고 있다. 따라서 법인세법 등의 규정을 우선하여 적용하되, 법인세법 등의 규정이 결여되어 있는 부분에 한하여 보충적으로 기업회계의 기준 등의 적용을 허용하고 있는 것이다. 그런데 법인세법 제40조 제1항은 '내국법인의 각 사업연도의 익금과 손금의 귀속사업연도는 그 익금과 손금이 확정되는 날이 속하는 사업연도로 한다'라고 규정함으로써 손익의 귀속사업연도에 관하여 권리의무 확정주의를 따르고 있고, 법령 68조 등에서 예시하고 있지 않은 손익이라 할지라도 권리의무확정주의에 따라 손익의 귀속사업연도를 정하여야 한다.

따라서 세법에 대하여 보충적 성격을 갖고 있는 기업회계의 기준 또는 관행이 적용될 여지는 없다고 할 것이다. 사실상 세법은 기업회계기준과 결별을 하고 단순히 참조만 한다.

문제는 권리의무확정주의가 세법상 가장 불명확한 용어라는 점이다.

권리확정주의란, 과세대상이 되는 어느 소득이 발생하였다고 하기 위하여는 소득이 현실적으로 실현되었을 것까지는 필요 없다고 하더라도 소득이 발생할 권리가 그 실현의 가능성에 있어 상당히 높은 정도로 성숙·확정되어야 한다. 귀속시기를 권리의무 확정주의라는 법률적 기준으로 정하고 있는 것은 납세자의과세소득을 획일적으로 파악하여 과세의 공평을 기함과 동시에 납세자의 자의를 배제함에 있다.

채권의 행사에 법률상 제한이 없다면 일단 권리가 확정된 것으로 당해 사업연도의 익금으로 산입되는 것으로 보아야 할 것이지만(대법원 2005.05.13. 선고, 2004두3328 판결 등 참조), 시공사가 하도급업체의 부도로 채무를 대위변제하고 부도업체 등에 대하여 취득하는 구상채권은 수익행위로 인하여 취득하는 채권이 아니라, 비용의 지출과 동시에 그 비용의 회수를 위해 민법 제441조 등에 의해 취득하는 채권에 불과하여 그 실질적인 자산가치를 평가하기 어려우므로 이를 취득한 사업연도에는 그 실현의 가능성이 성숙되었다고 보기 어렵다(대법원 2011.09.29. 선고 2009두11157 같은 뜻).

회계에서는 수익은 인식기준에 따라 측정하고 대응하는 비용을 비용으로 인식한다. 즉, 수익과 비용의 인식기준이 다르다. 세법은 익금과 손금 모두에 권리의무확정주의가 적용된다. 그러나 소득과 필요경비의 구분은 분명히 있는 것이다. 수익은 돈을 벌려고 하는 것이니까 일을 하면 대가를 기대할 수 있다. 그러나 비용은 지출하면 그뿐이고 회수를 기대하기 어렵다. 매출채권과 구상채권의 차이는 실현가능성에 있는 것이다.

따라서 본건 쟁점에서 중요한 것은 87누737 판결보다는 2009두11157 판결이다. 권리의 확정보다는 권리의 실현가능성이 중요하다.

❸ 대물인수

건설사가 공사비를 충당하기 위하여 대물계약형식으로 계약을 체결하고 계약에 의하여 주택을 취득할 경우 단순 공사비지불계약형태에서는 발생되지 않는 다음과 같은 제세금 등을 부담하게 된다.

1) 취득가액 검토

법인세법 제41조 제1항 제3호 및 법인세법 시행령 제72조 제2항은 제7호에 따라 대물변제로 인하여 취득한 자산의 취득가액은 취득 당시의 시가로 하며, 이 경우 대물변제로 인하여 취득한 자산의 시가가 채권가액보다 적은 경우에는 법인세법 기본통칙 19의2-19의 2…5에 따라 기부금 또는 기업업무추진비로 보며, 대물변제로 인하여 취득한 자산의 시가가 채권가액보다 큰 경우에는 채권가액을 취득가액으로 본다(서면2팀-2173, 2004.10.27.).

민법 제466조에서 대물변제란 채무자가 채권자의 승낙을 얻어 본래의 채무이행에 갈음하여 다른 급여를 한 때에는 변제와 같은 효력이 있다고 규정하고 있고, 본래의 채무에 갈음하여 부동산을 취득하는 대물변제에 있어 소유권이전의 완료가 대물변제의 성립 요건인 경우에는 그 소유권이전등기 경료일이 부동산의 취득일이 된다(조심 2015지1779, 2016.8.18.).

취득한 금액이 향후 미분양에 따른 공사대금 조기정산 등을 위해 불가피하거나 정당한 사유가 있지 아니한 경우에는 대물변제로 취득한 아파트의 취득가액과 공사미수금과의 차액을 접대비 등으로 본다(법인세과-1364, 2009.12.03.).

2) 업무무관자산 검토

대물인수한 자산이 업무무관자산에 해당할 경우 관련비용 및 지급이자를 손금불산입(법인세법 §27, §28)으로 세무조정한다.

저당권의 실행 기타 채권을 변제받기 위하여 취득한 부동산 및 청산절차에 따라 잔여재산의 분배로 인하여 취득한 부동산으로서 취득일부터 5년이 경과되지 아니한 부동산은 업무와 관련없는 부동산에 해당하지 아니한다(법칙 §26 ⑤ 11호).

법인이 채권을 변제받기 위하여 취득한 부동산으로서 해당 부동산의 취득일로부터 5년이 경과하지 아니한 것은 법인세법시행규칙 제26조 제5항 제11호의 규정에 의하여 업무와 관련 없는 부동산에 해당하지 아니하며, 이 경우 대물변제받은 부동산의 취득가액은 법인세법시행령 제89조에 규정된 시가를 순차적으로 적용한 가액으로 하는 것이며 동 금액과 비교하여 고 · 저가양수 여부를 판단하는 것이다(서이-1729, 2004.8.18.).

3) 토지등 양도소득에 대한 법인세

저당권의 실행으로 인하여 취득(「민사집행법」상 저당권실행을 위한 경매방법에 의해 취득한 주택)하거나 채권변제를 대신하여 취득한 주택으로서 취득일부터 3년이 경과하지 아니한 주택은 토지 등 양도소득에 대한 과세특례를 적용하지 아니한다(법령 §92의 2 ② 3호). 저당권의 실행 그 밖에 채권을 변제받기 위하여 취득한 토지 및 청산절차에 따라 잔여재산의 분배로 인하여 취득한 토지는 취득일부터 2년은 비사업용토지에서 제외한다(법칙 §46의 2 ① 6호).

4) 종합부동산세토지등 양도소득에 대한 법인세

주택의 시공자가 제3호 가목 또는 나목의 자로부터 해당 주택의 공사대금으로 받은 제3호에 따른 미분양 주택(해당 주택을 공사대금으로 받은 날 이후 해당 주택의 주택분재산세의 납세의무가 최초로 성립한 날부터 5년이 경과하지 아니한 주택으로 한정한다)(종부령 §4 ① 5호). 해당 규정은 2022.8.2. 기존 단서(다만, 제3호 나목의 자로부터 받은 주택으로서 「주택법」 제54조에 따라 공급하지 아니한 주택의 경우에는 자기 또는 임대계약 등 권원을 불문하고 타인이 거주한 기간이 1년 이상인 주택은 제외한다)를 삭제한 바 있다.

5) 기업진단

매출채권을 건물(부속토지 포함)로 회수한 경우, 그 건물은 취득한 날부터 2년간 실질자산으로 본다(기업진단지침 §17 ⑤).

건설업 세무와 회계

건설업

세무와 회계

제 12 장

공동도급

제 12 장 공 동 도 급

제 1 절

공동도급의 의미

❶ 공동도급의 의의

국가계약법 및 지방계약법상 국가기관이나 지방자치단체가 경쟁이나 입찰에 의하여 공사계약을 체결하고자 하는 경우에는 2인 이상의 건설업자가 해당공사를 공동으로 수행하도록 규정하고 있으며, 특히 지역중소건설업체보호육성 및 지역경제활성화를 위해 일부 공사계약에 대하여는 공사현장을 관할하는 특별시 · 광역시 · 특별자치시 · 도 및 특별자치도에 법인등기부상 본점소재지가 있는 자 중 1인 이상과 해당공사를 공동으로 수행하도록 규정하고 있다.✎

✎ 국가계약법 제72조에 따른 공동계약의 체결방법 등을 정한 공동계약운용요령(계약예규), 지방계약법시행령 제88조에 따른 공동계약의 체결방법 등을 정한 공동계약운용요령(계약집행기준) 및 건설산업기본법시행령 제40조에 따른 공동도급운영기준(국토해양부 고시)에 의하면 공동도급계약이란 '공사의 도급계약에 있어서 발주관서와 당해 계약을 공동으로 수행하기 위하여 잠정적으로 결성한 실체와 체결하는 계약'이라고 정의하고 있다.

공동도급이란 1개의 건설공사 현장에서 여러 개의 건설사업자(이하 "공동수급체"라 한다)가 각각 자기의 지분 또는 공동의 지분에 대하여 건설공사를 수행하기 위하여 발주자와 공동수급체가 공사를 도급계약하는 것을 말한다.

이 경우 2인 이상의 건설사업자가 공동수급체를 구성하여 공동으로 공사를 도급받아 공동계약하여 공사를 수행하며, 공동수급체에서 대표자를 선임하여 그 선임된 주계약자(이하 "대표자"라 한다)가 도급공사의 발주관서 및 제3자에게 공동수급체를 대표한다. 한편, 공동도급계약 유형은 공동수급체가 도급받은 건설공사를 이행하는 방식에 따라 공동이행방식, 분담이행방식 및 주계약자관리방식 등이 있다.

❷ 공동수급협정서

1) 공동수급협정서의 작성

공동수급협정서 작성내용은 공사기간별, 공사형태별, 공사공정별 각각 회사의 실정에 맞는 내역을 명기하여야 하므로 통일된 실무표준약정서는 없다. 따라서 회사의 사정에 따라 공동도급공사 수행에 필요한 부분만 협약하여 작성하면 된다. 다음은 협약서 작성시 필수적으로 기재하여야 하는 내역이다.

① **공사명** : 현장공사 성격을 알 수 있는 공사명 기재

② **발주처** : 발주기관명

③ **공사기간** : 창공부터 공사준공일까지의 기간

④ **공사금액** : 발주처로부터 계약한 금액

⑤ **구성원지분비율** : 공사수급체에 대한 공사지분내역

⑥ **협약의 범위** : 공사착공부터 하자보수 완료시까지 적용

⑦ **공동수급체의 대표자** : 공동수급체 구성원 중 대표

⑧ **운영위원회 조직** : 공사가 장기간일 경우 상호의 의견조율 필요에 따라 조직

⑨ **공동수급체의 활동** : 공사지역의 분할 또는 공동시공범위 규정

⑩ **현장구성원 조직과 구성** : 공사를 수행하는 데 필요한 인원에 대하여 각사의 공사지분비율에 따라 구성

⑪ **공사수입금 및 인출**

- 은행구좌개설(각사의 예금구좌번호)
- 공사비청구(매월말 기준)
- 기성금청구(대표사 청구)

⑫ **세금계산서 발행**

- 각사의 지분율대로 세금계산서를 발급하되 기성금청구는 대표사가 청구
- 대표사가 일괄하여 발주처에 발행하고 차후 공동수급체 구성원이 대표사에 발행

⑬ **회계처리 및 정산**

- 현장의 자재, 장비, 경비 등에 투입된 공사비의 증명은 대표사명의로 징구
- 대표사가 이를 정산

⑭ **실행예산** : 운영위원회에서 합의하여 작성된 예산

⑮ **안전관리**

- 안전사고시 구성원 공동책임

• 산재보험은 각사가 지분율에 의하여 가입

⑯ 원천세신고

• 대표사가 총괄하여 신고 또는
• 공동수급체 구성원 각자가 신고
• 원천세납부대금은 매월말 기성청구시 공제

2) 공동수급협정서의 제출

국가를당사자로하는계약에관한법률시행령 제72조에 의하여 공동도급계약을 하는 공동수급체구성원은 동법 시행규칙 제40조의 규정에 의한 입찰참가 신청서류 제출시 공동수급협정서를 작성하여 함께 제출하도록 하고 있다(공동계약운용요령 §5).

❸ 공동수급체의 구성

공동수급체라 함은 구성원을 2인 이상으로 하여 수급인이 해당 계약을 공동으로 수행하기 위하여 잠정적으로 결성한 실체를 말하며, 이 공동수급체의 구성원 중 대표자로 선임된 자를 공동수급체 대표자로 보아 공동수급체 구성원 상호간의 권리 · 의무 등 공동도급계약의 수행에 관한 중요사항을 이행하게 하여야 한다.

❹ 공동수급체 대표자

공동도급에 있어서 공동수급체의 구성원은 상호협의하여 공동수급체를 대표하는 자를 선임하여 공동수급체협정서상에 명시하여야 한다.

공동수급체의 대표자는 기본적으로 발주자 및 제3자에 대하여 공동수급체를 대표하며, 원칙적으로 대금의 청구, 수령 및 공동수급체의 재산을 관리할 권한을 가진다. 국가계약법 제8조의 규정에 의한 입찰공고 등에서 요구한 자격을 갖춘 업체를 우선적으로 선임하여야 한다.

❺ 공동도급의 형태

1) 공동이행방식

공동이행방식이란 공동수급체의 각 구성원이 재정 · 경영 및 기술능력과 인원 및 기자재를 동원하여 공사 · 물자 또는 용역에 대한 계획, 입찰, 시공 등을 위하여 공동연대하여 사업을 이행하는 방식을 말한다. 따라서 공동수급체의 구성원은 발주자에 대한 계약상의 의무이행에 대하여 연대하여 책임을 지고 또한 공동수급체의 하도급업자 및 납품업자에 대해서도 공동연대로 책임을 진다(공동계약운용요령 §7). 즉, 전 구성원이 하나가 되어 공사를 수행해 나가는 것이며 기술과 경험도 상호보완적으로 협력하여 보다 생산성 있는 공사수행을 진행할 수 있는 이행방식이며 이는 분할하여 시공하기에는 어려운 일체의 건축구조물(건물 등)에 대하여 주로 이행하는 방식으로 건축공사에 적용되는 방식이다.

- 구성원 출자비율에 따른 권한과 책임 및 손익분배
- 발주기관에 대한 계약상 의무이행 및 공동으로 연대의무책임

2) 분담이행방식

분담이행방식이란 공동수급체의 각 구성원이 계약의 목적물을 분할하여 각자 그 분담부분에 대하여서만 각자의 책임하에 이행하고 공동비용에 대해서만 분담공사율에 따라 각각의 구성원이 분담하여 공사를 이행하는 방식을 말한다. 그러므로 이 분담이행방식의 공동수급협정서에는 각 구성원이 부담하여야 할 공통경비의 분담에 관한사항만 명시되고, 공동이행방식과 같이 출자비율과 손익배분에 관한 사항은 명시하지 않는다. 이는 공사의 전체 사업규모나, 전체의 공사원가가 구성되지 않은 관계로 공사의 실태를 정확히 표시하지 못하는 점이 있으나, 공사의 책임과 권한이 명확하기 때문에 공동수체의 각 구성원과의 분쟁의 소지가 적다. 즉 각자의 구성원이 자기가 맡은 공사부분만 책임지고 이행하면 된다. 단, 전체공사에 공통으로 발생되는 경비에 대해서는 각 분담률만큼 비율배분하여 분담한다. 이는 공사의 성격, 형태의 구분이 명확한 토목공사로 적용되는 방식이다.

- 구성원의 분담내용에 따른 이행권한과 책임
- 발주기관에 대한 계약상 의무이행의 분담책임

3) 주계약자관리방식

주계약자관리방식이란 건설산업기본법에 따른 건설공사를 시행하기 위한 공동급체의 구성원중 주계약자를 선정하고, 주계약자가 전체 건설공사 계약의 수행에 관하여 종합적인 계획 · 관리 및 조정을 하는 공동계약을 말한다. 이 경우에 종합건설업자(종합공사를 시공하는 업종의 등록을 한 건설업자를 말한다. 이하 같다)와 전문건설업자(전문공사를 시공하는 업종을 등록한 건설업자를 말한다. 이하 같다)가 공동으로 도급받은 경우에는 종합건설업자가 주계약자가 된다.

주계약자관리방식에 의한 경우에 구성원은 각자 자신이 분담한 부분에 대해서만 책임을 지되, 불이행시 그 구성원의 보증기관이 책임을 지며, 주계약자는 최종적으로 전체계약에 대하여 책임을 지되, 불이행시 주계약자의 보증기관이 책임을 진다. 다만, 주계약자가 탈퇴한 후에 주계약자의 계약이행의무 대행이 이루어지지 않은 경우에는 주계약자 이외의 구성원은 자신의 분담부분에 대하여 계약이행이 이루어지지 아니한 것으로 본다.

- 주계약자는 종합적인 계획 · 관리 및 분담시공, 부계약자는 분담내용에 따라 시공
- 발주기관에 대한 계약상 의무이행의 분담책임, 주계약자는 최종적으로 전체계약책임

4) 공동도급 비교표

공동도급 계약에 대한 공동이행방식, 분담이행방식과 주계약자관리방식의 업무 비교표는 다음과 같다.

구 분	공동이행방식	분담이행방식	주계약자관리방식	근 거
1. 공사목적	공동으로 연대하여 사업시행	공동으로 사업시행	좌 동	공동계약운영요령 §2의 2
2. 대표자구성	수급체와 협의하여 대표자선임	좌 동	주계약자가 대표자가 됨	공동계약운영요령 §4 ①
3. 대표자의 권한	발주자 및 제3자에 대하여 대금의 청구, 수령 및 공동수급체의 재산관리 권한부여	좌 동	좌 동	공동계약운영요령 §4 ②
4. 계약이행 책임	구성원 모두가 연대하여 책임을 진다.	구성원 각자가 분담된 공사내용만 책임진다.	구성원 각자가 분담된 공사내용만 책임지며, 대표자는 발주자에 대해 전체계약 이행의 책임을 진다.	공동계약운영요령 §7

구 분	공동이행방식	분담이행방식	주계약자관리방식	근 거
5. 하도급	다른 구성원의 동의 없이 분담부분 일부 하도급 불가	구성원 각자가 책임하여 일부 하도급 가능	부계약자 중 전문건설업자는 하도급 불가	표준협정서 : §7
6. 거래계좌	1) 회사(공동수급체 대표자) : 은행, 계좌번호, 예금주 2) 회사 : 은행, 계좌번호, 예금주	좌 동	좌 동	표준협정서 : §8
7. 구성원의 분담내용	출자비율로 표시 예) ○○회사 : % ○○회사 : %	* 분담공사별로 표시 예) ○○회사 : 토목공사 ○○회사 : 포장공사	* 분담공사별로 표시 예) ○○회사 : 토목공사 ○○회사 : 철강재설치공사	표준협정서 : §9
8. 손익의 배분	출자비율에 의한 배분 또는 분담	각자의 분담공사별 배분	좌 동	표준협정서 : §10
9. 공동비용의 분담	출자비율에 의한 배분 또는 분담	분담공사비율에 따라 각각부담	좌 동	표준협정서 : §10
10. 선금 및 대가 지급	구성원 각자에게 지급	좌 동	좌 동	공동계약운영요령 §11
11. 권리의무 양도 제한	협정서에 의한 권리의무를 제3자에게 양도할 수 없음.	좌 동	좌 동	표준협정서 : §11(공동), §12(분담, 주계약)
12. 중도탈퇴	1) 발주자 및 구성원 전원 동의 2) 파산 등 정당한 사유 없이 계약을 이행하지 아니하는 경우 구성원이 발주자 동의를 얻어 탈퇴조치 3) 파산 등 정당한 사유 없이 계약불이행으로 입찰참가자격제한조치를 받은 경우	좌의 1.과 2.	1) 발주자 및 구성원 전원 동의 2) 파산 등 정당한 사유 없이 계약을 이행하지 아니하는 경우 구성원이 발주자 동의를 얻어 탈퇴조치 3) 정당한 이유없이 계약을 불이행, 지체이행 또는 주계약자의 계획·관리 및 조정 등에 비협조	표준협정서 : §12 ①(공동), §13 ①(분담, 주계약)

✎ 국가계약법에 근거하여 기획재정부장관이 정하는 「공동계약 운영요령(회계예규)」와 건설산업기본법에 근거하여 국토교통부장관이 고시하는 「건설공사 공동도급 운영 규정(고시)」을 근거로 하며 전자가 우선한다.

구 분	공동이행방식	분담이행방식	주계약자관리방식	근 거
13. 일부구성원 파산·해산시	잔존 구성원 전원이 연대하여 계약이행. 다만, 잔존 구성원만으로 조건불비시 발주자승낙이나 구성원 추가하여 이행	분담공사구성원의 연대보증인이 계약대행. 연대보증인이 없거나 계약불이행시 잔존구성원이 이행. 다만, 잔존구성원만으로 조건불비시 발주자승낙 이행	해당 구성원의 분담부분을 주계약자가 이행할 수 있으며, 주계약자가 이행할 수 없는 경우에는 다른 구성원에게 재배분하거나 보증기관으로 하여금 이행	표준협정서 : §12(공동), §13 ②(분담, 주계약)
14. 하자담보책임	연대하여 책임을 이행하여야 함.	분담공사별 각자의 책임을 이행하여야 함.	좌 동	표준협정서 : §13(공동), §14(분담, 주계약
15. 운영위원회	설치하여 운영함.	좌 동	좌 동	표준협정서 : §14(공동), §15(분담, 주계약

건설 Tip 공동수급인의 책임시공

공동계약운용요령 제12조에 의하면 계약담당공무원은 공동도급계약을 체결한 후 구성원의 출자비율 또는 분담내용을 변경하게 할 수 없다고 규정하여 공동도급에 있어서는 원칙적으로 구성원의 출자비율 또는 분담내용을 변경할 수 없음을 명시하고 있다. 다만, 계약내용의 변경이나 파산, 해산, 부도, 법정관리, 워크아웃(기업구조조정촉진법에 따라 채권단이 구조조정 대상으로 결정하여 구조조정중인 업체), 중도탈퇴의 사유로 인하여 당초 협정서의 내용대로 계약이행이 곤란한 구성원이 발생하여 공동수급체구성원 연명으로 출자비율 또는 분담내용의 변경을 요청한 경우와 주계약자관리방식에서 주계약자는 구성원이 정당한 사유없이 계약을 이행하지 아니하거나 지체하여 이행하는 경우 또는 주계약자의 계획 · 관리 및 조정 등에 협조하지 않아 계약이행이 곤란하다고 판단되는 경우에는 변경을 허용하고 있다.

6 공동도급의 대가지급

1) 공동도급계약의 대가지급 및 선금정산

국가기관이 시행하는 공동도급계약에 있어서 계약담당공무원이 선금 · 대가 등을 지급함에 있어서는 '공동계약운용요령' 제11조의 규정에 의거 공동수급체 구성원별로 구분기재된 신청서를 공동수급체 대표자가 제출하도록 하여야 하며, 신청된 금액은 공동수급체 구성원 각자에게 지급하여야 하는 것이다. 다만, 주계약자관리방식에 의한 공동계약일 경우에 선금은 공동수급체 대표자에게 지급하여야 한다.

계약에 있어서 선금을 지급한 경우에는 회계예규 '정부입찰 · 계약 집행기준' 제11장 제36조의 규정에 의거 기성대가 또는 기납대가 지급시마다 정산하여야 한다.

2) 부정당업자 제재시 공동도급계약시 선급금 및 기성금의 청구 · 수령

국가기관이 체결한 계약에 있어 계약상대자가 부정당업자로 제재받고 그 기간이 종료되지 아니한 경우에는 회계예규 '정부입찰 · 계약 집행기준' 제11장 제33조의 규정에 의거 선금을 받을 수 없는바, 공동도급(공동이행방식)으로 체결한 계약에 있어 공사의 이행 중에 공동수급체 구성원 중 일부가 부정당업자 제재를 받았다면 동 구성원은 선금을 청구할 수 없을 것이다. 다만, 공사의 이행과 관련된 기성금은 부정당업자가 제재와 관련 없이 청구할 수 있는 것이다(회계 45107-194, 1995.2.17.).

3) 공동도급계약에 있어 대가지급신청

국가기관이 공동도급방식으로 체결한 계약에 있어 선금 및 기성대가의 청구는 회계예규 '공동계약운용요령' 제11조의 규정에 의거 공동수급체 구성원별로 구분기재된 신청서를 공동수급체 대표자가 제출하여야 하는바, 공동수급체 구성원간에 일부구성원은 불가피한 사정으로 인하여 추후 선금 및 기성대가를 청구키로 합의하고 동 구성원을 제외한 구성원의 신청내용을 구분기재하여 선금 및 기성대가지급신청서를 제출하였다면 신청된 구성원의 신청금액에 의하여 선금 및 기성대가의 지급이 가능하다.

4) 하도급대가의 지불

국가기관이 체결한 공사계약에 있어 계약상대자가 파산, 부도, 영업정지 및 면허취소 등으로 하도급대금을 하수급인에게 지급할 수 없게 된 경우 계약담당공무원은 회계예규 '공사계약일반조건' 제43조 제1항의 규정에 의거 하수급인이 직접 시공한 부분에 상당하는 금액에 대하여는 계약상대자가 하수급인에게 동 회계예규 제39조 내지 제40조의 규정에 의한 대가지급을 의뢰한 것으로 보아 당해 하수급인에게 직접 지급하여야 하며, 위의 규정 중 '하수급인이 직접 시공한 부분에 상당하는 금액'이라 함은 계약상대자에게 기지급된 기성대가가 아닌 기성부분에 대한 미지급금 중 하수급인이 직접 시공한 부분을 의미한다(회계 45101-476, 1997.3.5.)✎.

✎ 공동이행방식으로 계약체결한 '갑', '을', '병' 중에 '을'과 하수급업체인 '정' 간에 하도급계약을 체결하여 공사시공중에 '을'이 '정'에게 기성대금을 어음으로 지급하고 '정'은 이를 시중은행에서 할인, 현금화하였으나 어음결제지급기일에 '을'회사의 부도로 본 어음이 부도처리되자 '정'은 할인된 금액에 대하여 할인한 시중은행에 우선변제한 후 발주자에게 하도급대금 직불요청을 한 경우로서 '정'의 어음수령 및 할인에도 불구하고 본 하도급대

금에 대하여 직불하여야 하는지에 대한 회신임.

5) 기성지분확인 및 약정이자 산출방법

① 국가기관이 체결한 공동도급계약에 있어서 공동수급체는 회계예규 '공동도급계약 운용요령' 제5조 제1항의 규정에 의한 [별첨] 공동수급표준협정서에 구성원 간의 출자비율 · 분담내용을 정하여 이에 따라 이행하여야 하며, 기성인정은 구성원이 실제 시공한 부분을 대상으로 하는 것이나 전체적으로는 상기 협정서에서 정한 출자비율 · 분담내용과 일치하여야 한다.

② 국가기관이 체결한 계약에 있어서 선금을 지급한 후 회계예규 '정부입찰 · 계약 집행기준' 제9장 제37조 제1항 각호의 1에 해당하는 경우에는 당해 선금잔액에 대해서 계약상대자에게 지체없이 그 반환을 청구하여야 하고, 다만 계약상대자의 귀책사유에 의하여 반환하는 경우에는 당해 선금잔액에 대한 약정이자상당액을 가산하여 청구하여야 한다.

③ 회계예규 '정부입찰 · 계약 집행기준' 제9장 제37조 제1항의 규정에 의한 이자상당액의 계산방법은 매일의 선금잔액에 대한 일변계산에 의하며, 1997.1.1. 이후 선금반환사유가 발생하여 보증기관에 대하여 보증이행을 청구하는 경우에 계산기간은 동 예규 부칙 제3항의 규정에 의하여 반환시까지로 한다(회계 45101-255, 1997.2.5.).

제 1 2 장 공 동 도 급

제 2 절

공동도급의 회계처리

❶ 공동도급과 세무상 공동사업과의 관계

우리가 회계상 또는 세무상 실무적으로 공동사업이라 함은 둘 이상의 개인 또는 법인이 사업의 전부 또는 일부를 공동의 것으로 하여 공동으로 경영되고 당사자 전원이 그 사업의 성공 여부에 대하여 이해관계를 가지는 사업을 말하며, 여기에서 언급하는 국가계약법에 의한 공동도급계약은 발주관서와 당해 계약을 공동으로 수행하기 위하여 잠정적으로 법령에 의하여 결성한 수급체 계약이므로 세무 · 회계상 공동사업과는 전혀 별개의 개념이다. 즉, 둘 이상의 업체가 공동으로 공사를 수주받아 자기역할의 공사를 완료하고 준공과 동시에 공동도급계약 수급체의 관계는 자동 소멸된다. 따라서 각자의 책임 또는 분담내용에 의하여 회계 · 세무처리만 하면 되기 때문에 세무상 공동사업자가 아니다.

❷ 공동수급체의 공사수익 계상기준

현행 세법에서나 일반기업회계기준 제16장 제2조(건설형 공사계약)에 특별한 규정이 없으므로 보통의 다른 건설공사와 같이 개별공사에 대한 공사수익을 계상하면 된다. 다만, 공사수익인식의 기준 및 비용발생은 도급계약형태가 공동이행방식일 경우 대표사의 공사자료에 의하여 공사수익인식 및 비용처리를 할 수 있으므로 실무자들은 공동도급계약에 따른 협약서 작성시 이 부분을 명기하도록 하여야 한다. 다만, 엄격한 의미에서 공동도급이라고 보기가 어려운 분담이행방식의 공사인 경우 공동수급체의 구성원별 분담분에 대하여 각자의 독립적인 기준에 의하여 수익을 계상한다.

❸ 공동도급공사의 회계처리시 주의사항

공동도급은 수급체의 참여지분율만큼 분할하여 대표주간사가 공사원가를 배분하여 분배하고 그 분배받은 공사원가를 각 수급체의 참여지분만큼 공사원가에 반영하면 된다. 그러나 현행 공동이행방식의 공동도급계약일 경우 대표주간사가 발주처로부터 공사대금을 수령하여 수급체의 참여지분액만큼 공사비를 지급하지 않고 보류하였다가 전체 공정이 이상없이 진행될 경우에 한하여 자금을 집행하는 경우가 종종 있다. 이는 각 수급체 공사대금지급 자금결제조건 상이, 경영상태에 따라 공사대금이 타용도로 전용되어 공동이행방식의 도급공사의 어려움을 막기 위한 대표주간사의 실무적인 조치이다. 이 경우 수급체의 건설사는 대표주간사의 공사비지급지연등으로 인하여 공사원가 배분누락 또는 지연배분에 따른 회계처리상 불이익이 발생할 수 있다. 따라서 수급체인 건설사는 대표주간사에 원가배분을 청구하여야 한다.

❹ 공사수익 계상방법

총공사도급계약금액 중 수급체구성원별로 각각 지분에 해당하는 공사금액만큼 수익을 인식하는 방법으로 공동도급계약의 입법취지에 맞을 뿐 아니라, 공동도급공사실정에 맞는 회계처리로서 각 수급체구성원 책임지분에 따라 공사시공책임과 이익을 받는 부분이 가장 명확하게 나타낼 수 있다.

1) 공동이행방식 수익인식

대표사가 각 수급체구성원에게 완성된 기성고와 대응되는 원가를 각 수급체구성원회사의 지분별로 계상하여 통보하고 각 수급체구성원회사는 대표사가 통보한 자료에 의하여 수익과 비용을 계상한다.

2) 분담이행방식 수익인식

대표사가 각 수급체구성원에게 완성된 기성고와 대응되는 원가를 각 수급체구성원회사에게 지분별로 계상하여 통보하지 않고 각 수급체가 발주자에게 직접 기성고를 청구하며, 그에 대응원가로 각 수급체가 지출한 비용을 원가처리한다. 이 경우 공통으로 사용되는 비용만 협약서에 준하여 대표사가 처리한다.

3) 실시공정산 수익인식

건설공사를 공동수주받은 후 다른 공동건설업체의 공사지분을 시공하고 일정률의 이익을 받는 경우 익금산입대상 여부

법인이 특수관계 없는 타법인과 공동으로 건설공사를 수주한 후 당사자간의 약정에 의하여 당해 건설공사를 일방의 법인이 시행하고 그 이익금의 일부를 공동수주한 다른 법인에게 지급하는 경우 건설공사를 시행하는 법인은 그에 따른 매출액과 공사원가를 익금과 손금에 계상하고, 이익금의 일부를 지급받는 법인은 지급받은 금액을 수수료 등으로 계상하여 익금에 산입하는 것이다(법인 46012-3905, 1998.12.14.).

제 1 2 장 공 동 도 급

제 3 절

공동도급원가분담금

❶ 공사형태별 용역의 공급 범위

1) 공동도급공사

건설공사를 공동수주받은 공동수급업자들이 공동으로 건설용역을 제공하는 경우 동 공사에 소요되는 공사원가를 전액 공동비용으로 처리하고 원자재비, 외주비, 소모품비 등 각각의 공사원가에 대하여 공동수급자 중 대표사가 세금계산서를 교부받은 때에는 당해 대표사가 부가가치세법시행령 제69조 제15항 규정에 준하여 다른 공동수급업자들에게 각각의 지분비율에 따라 교부받은 세금계산서에 적힌 공급가액의 범위 안에서 세금계산서를 발급할 수 있는 것이나, 이 경우 발급한 세금계산서는 용역의 공급에 해당하지 않는다.

2) 공동도급공사의 지분초과분

공동수급업자가 각각 자기의 책임과 계산하에 각자가 도급받은 건설용역만을 제공함으로써 실질적인 공동도급공사에 해당하지 아니하는 때에는 공동수급업자간에 각자의 지분을 초과하여 비용을 부담하고 다른 공동수급업자로부터 그 초과공급분에 대한 대가를 받는 경우 해당 대가에 대하여는 용역의 공급으로 본다.

❷ 세금계산서 발급방법

국가계약법에 의하여 여러 건설사가 정부기관과 공동도급계약(공동이행방식, 분담이행방식, 주계약자관리방식)을 체결할 경우 원칙적으로 공동수급체 구성원은 공동도급계약에 준하는 지분별로 각자가 정부기관에 부가가치세법에 의하여 세금계산서를 교부하고 그 대가를 받아야 한다. 그러나 공동수급체의 대표자가 정부기관에 공동수급체구성원을 대표하여 세금계산서를 발급하고, 그 대가를 지급받은 경우 해당 공동수급체구성원은 공동수급체의 대표자에게 대가를 지급받기 위하여 공동수급체의 대표자에게 세금계산서를 발급할 수 있다(부가가치세법시행령 §69 ⑮).

1) 공동대표자 명의로 발급

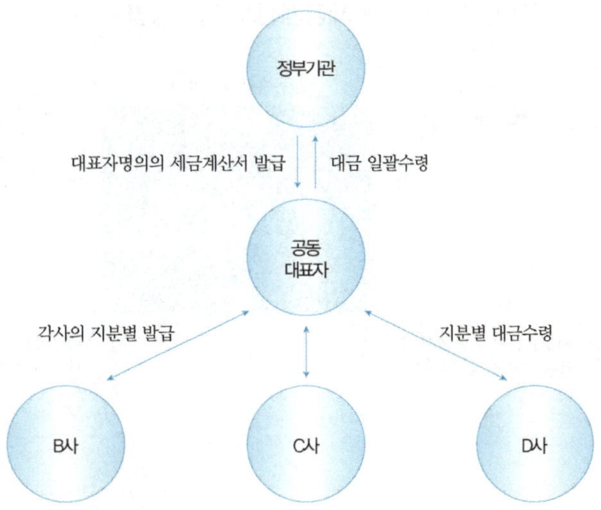

2) 각 공동수급체 명의로 발급

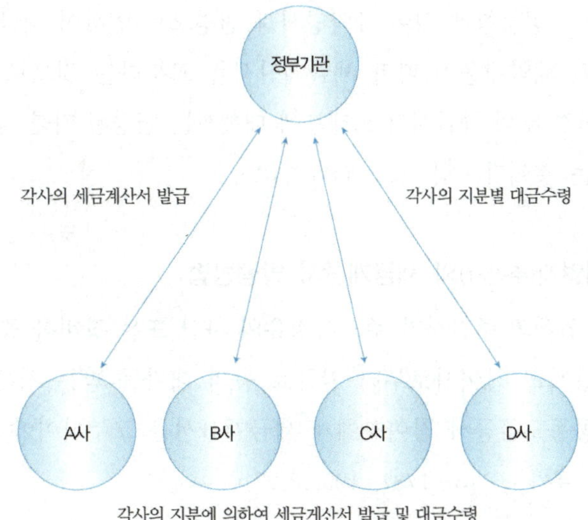

❸ 공동수급체의 공동매입

공동수급체의 대표자가 해당 공사에 소요되는 공동비용에 대한 세금계산서를 발급받은 경우로서 부가가치세법시행령 제69조 제15항의 규정에 의하여 공동지분에 따라 나머지 공동수급체에게 세금계산서를 발급하는 경우에는 동 세금계산서의 공급받은 날을 발행일자로 한 세금계산서를 발급하는 것이다(서면법령부가－4045, 2016.11.21.).

■ 세금계산서 발급방법 ■

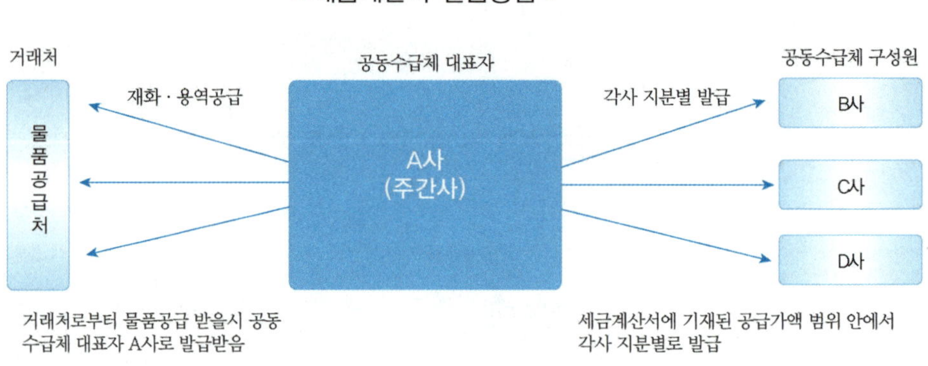

❹ 사례별 세금계산서 발급

1) 계약당사자 변경으로 인한 세금계산서 발급방법

건설용역을 공급함에 있어 계약당사자 변경으로 인하여 세금계산서를 교부하는 경우에는 변경된 계약내용에 따라 세금계산서를 교부하는 것으로 계약변경으로 공급받는 자의 명의변경 후의 공급시기 도래분에 대해서는 변경된 자를 공급받는 자로 세금계산서를 교부하는 것이다(서삼－82, 2006.1.13.).

2) 토지임대업자(주간사)의 세금계산서 발행방법

공동수주업체의 주간사가 주간사소유의 자산 또는 장비를 공동도급공사 참여사와 공동으로 사용하고 참여사로부터 임차료 등의 대가를 받는 경우에는 그 대가에 대하여 주간사가 공동도급공사 참여사에게 세금계산서를 교부하여야 하는 것이다(서삼－1102, 2005.7.14.; 부가 46015－1737, 1996.8.27.).

3) 과세 및 면세 용역을 공정별로 구분하여 공동도급받은 경우

부가가치세가 과세되는 용역은 '갑'이, 부가가치세가 면제되는 용역은 '을'이 공정별로 구분하여 분담이행방식으로 공동도급을 받아 각각 당해 용역을 공급하고 그 대가를 받는 경우 '갑'과 '을'은 각각 자기가 공급한 용역에 대하여 '갑'은 세금계산서를, '을'은 계산서를 교부하여야 하는 것이다(서삼-1019, 2005.7.5.; 부가 46015-2233, 1999.7.30.).

4) 공동건축용역 공급시 세금계산서 발급방법

지방자치단체와 재단법인 대덕전문연구단지관리본부가 '과학기술창조의 전당' 및 '대전컨벤션센터' 통합건립을 위한 협약에 의해 비용을 공동으로 부담하는 조건의 공동건축을 함에 있어서 지방자치단체명의로 건설용역계약을 체결한 경우에 당해 용역을 제공하는 사업자는 재단법인 대덕전문연구단지관리본부 부담분에 대하여는 동 관리본부를 공급받는 자로 하여 세금계산서를 교부할 수 있는 것이다(서삼-341, 2005.3.11.).

5) 공동도급공사시 대표사(주간사)의 면세사업과 관련된 세금계산서 교부방법과 신고방법

부가가치세가 면제되는 아파트건설공사를 공동으로 수주한 공동수급체가 당해 공사에 소요되는 공동비용에 대하여 세금계산서를 교부받음에 있어서 공동지분에 따라 각각 교부받을 수 있는 경우에는 그 지분금액대로 각각 교부받을 수 있는 것이며, 이 경우 공동수급체 중 대표사가 전체로 교부받아 부가가치세법시행규칙 제18조의 규정에 의하여 각 공동지분에 따라 나머지 공동수급체에게 세금계산서를 교부하는 경우 당해 규정에 따라 교부한 세금계산서는 당해 대표사가 재화 또는 용역을 공급한 대가로 교부한 것이 아니므로 부가가치세과세표준에는 포함되지 아니하는 것이나, 수수한 세금계산서에 대해서는 매출 및 매입처별 세금계산서합계표를 제출하는 것이다(서삼 46015-10405, 2001.10.6.).

6) 공동도급계약에 따른 수입금액 등의 조정방법

법인이 공동도급계약에 의하여 수주받은 건설용역을 수행하면서 공동으로 발생된 공사원가에 대한 세금계산서를 공동수급업체의 대표법인 명의로 교부받고, 이 중 다른 공동수급업자가 부담할 가액을 부가가치세법시행규칙 제18조의 규정을 준용하여 세금계산서를 교부하는 경우에 그 가액에 대하여는 공동수급업체 대표법인의 수입금액 또는 공사원가에서 차감하여 각사업연도 소득금액을 계산하는 것이다(법인 46012-2194, 2000.10.31.).

7) 건설회사 간 공동사업장의 비용배분시 계산서발행 여부

사업자가 재화 또는 용역을 공급하는 때에는 소득세법 제163조 제1항의 규정에 의하여 계산서를 작성하여 공급받는 자에게 교부하여야 하고, 공동사업장에 대하여는 소득세법 제43조 및 제87조의 규정에 의하여 당해 공동사업장을 1거주자로 보아 소득금액을 계산하며, 각 공동사업자의 소득금액은 그 지분 또는 손익분배의 비율에 따라 계산하므로 각 공동사업자가 그 지분 또는 손익분배의 비율에 따라 분담하는 공동사업장의 비용에 대하여는 공동사업자 간에 계산서를 발행하지 아니하는 것이다(소득 46011-21181, 2000.10.2.).

8) 공동도급공사의 공동비용에 대한 세금계산서 발급방법

건설업을 영위하는 2인 이상의 사업자(공동수급체)가 발주처로부터 건설공사를 공동으로 수주받아 각자의 책임과 계산하에 건설용역을 제공함에 있어 공동수급체의 대표자가 동 공사에 소요되는 재화 또는 용역을 구성원에게 공급하는 경우에 당해 재화 또는 용역의 공급에 대하여는 공동수급체의 대표자가 구성원에게 세금계산서를 교부하여야 하는 것이나, 동 공사에 소요되는 재화 또는 용역을 다른 사업자로부터 공급받고 공동수급체의 대표자가 세금계산서 또는 영수증을 교부받은 경우에는 당해 대표자가 부가가치세법시행규칙 제18조의 규정에 의하여 세금계산서를 교부받은 분은 그 교부받은 세금계산서에 기재된 공급가액의 범위 안에서 세금계산서를, 영수증을 교부받은 분은 같은 방법으로 영수증을 각각의 지분비율에 따라 공동수급체의 구성원에게 교부할 수 있는 것이며, 부가가치세가 과세되지 아니하는 공동비용에 대하여는 당해 대표자가 구성원에게 세금계산서를 교부할 수 없는 것이다(부가 46015-4870, 1999.12.11.).

9) 공동수급자로부터 받는 자기지분 초과 용역대가

발주처로부터 건설공사를 공동수주받아 '갑'·'을'·'병'회사가 건설용역을 제공함에 있어서 동 공사에 소요되는 공동비용 중 외주비 등에 대한 세금계산서를 대표사인 '갑'회사가 교부받은 경우에는 당해 '갑'회사가 부가가치세법시행규칙 제18조 규정에 준하여 세금계산서를 '을'과 '병'회사에게 교부할 수 있는 것이나, 이 경우 동 공사에 소요되는 노무용역을 '갑'회사가 자체인력으로 제공하고 그 소요된 비용(인건비) 중 자기지분을 초과한 분에 대하여 다른 공동수급자로부터 받는 경우 당해 금액은 용역제공대가로 보아 동법 제16조 규정에 의한 세금계산서를 교부하는 것이며, 또한 법인세법 및 소득세법에 의한 수입금액에 산입되는 것이다(재경원 소비 46015-355, 1997.12.16.; 부가 46015-2273, 1996.11.22.; 부가 22601-1700, 1990.12.26.).

10) 공동도급공사 도중 일부구성원의 지분포기와 신규참여시 당해 지분의 공통원가 배분 금액에 대한 세금계산서 발급방법

수개의 건설회사가 공동이행방식으로 도급공사를 수행하던 중에 지분참여회사 중의 일부가 자기의 지분을 포기하고 당해 지분을 새로운 참여회사에게 양도하는 때에는 당해 지분(당해 공사에 대하여 투입된 원가에 대한 미완성분)을 양도하고 받은 대가에 대하여 당해 지분을 양도하는 회사가 양수받는 회사를 공급받는 자로 하여 세금계산서를 교부하여야 하는 것이다(부가 46015-2744, 1997.12.6.).

11) 공동도급공사에서 발생한 공동비용 중 지분처리에 따른 금액의 세금계산서 발급 여부

발주처로부터 건설공사를 공동수주받아 갑, 을, 병 회사가 건설용역을 제공함에 있어서 동 공사에 소요되는 공동비용 중 외주비 등에 대한 세금계산서를 대표사인 갑회사가 교부받은 경우에는 당해 갑회사가 부가가치세법시행규칙 제18조의 규정에 준하여 세금계산서를 을과 병회사에게 교부할 수 있는 것이나, 이 경우 동 공사에 소요되는 노무용역을 갑회사가 자체인력으로 제공하고 그 소요된 비용(인건비) 중 자기지분을 초과한 분에 대하여 다른 공동수급업체로부터 받는 경우 당해 금액은 용역제공대가로 보아 동법 제16조의 규정에 의한 세금계산서를 교부한다(부가 46015-2641, 1997.11.25.).

제 4 절

공동수급협정서

다음은 국가를당사자로하는계약에관한법률시행령 제72조의 규정에 의한 공동계약운용요령 제5조(공동수급체약정서 작성 및 제출)에 관한 표준협정서이다. 현행 공동수급표준협정서는 기획재정부계약예규 제539호(2020.12.28.)로 3종(공동이행방식, 분담이행방식, 주계약자관리방식)이 제정되어 있다.

[별첨1] 공동수급표준협정서(공동이행방식)

제1조(목적) 이 협정서는 아래 계약을 공동수급체의 구성원이 재정, 경영 및 기술능력과 인원 및 기자재를 동원하여 공사 · 물품 또는 용역에 대한 계획 · 입찰 · 시공 등을 위하여 일정 출자비율에 따라 공동연대하여 계약을 이행할 것을 약속하는 협약을 정함에 있다.

1. 계약건명 :
2. 계약금액 :
3. 발주자명 :

제2조(공동수급체) 공동수급체의 명칭, 사업소의 소재지, 대표자는 다음과 같다.

1. 명 칭 : ㅇㅇㅇ
2. 주사무소소재지 :
3. 대 표 자 성 명 :

제3조(공동수급체의 구성원) ①공동수급체의 구성원은 다음과 같다.

1. ㅇㅇㅇ회사(대표자 :)
2. ㅇㅇㅇ회사(대표자 :)

② 공동수급체의 대표자는 ○○○로 한다.

③ 대표자는 발주자 및 제3자에 대하여 공동수급체를 대표하며, 공동수급체의 재산의 관리 및 대금청구 등의 권한을 가진다.

제4조(효력기간) 본 협정서는 당사자간의 서명과 동시에 발효하며, 해당계약의 이행으로 종결된다. 다만, 발주자 또는 제3자에 대하여 공사와 관련한 권리 · 의무관계가 남아 있는 한 본 협정서의 효력은 존속된다.

제5조(의무) 공동수급체구성원은 제1조에서 규정한 목적을 수행하기 위하여 성실 · 근면 및 신의를 바탕으로 하여 필요한 모든 지식과 기술을 활용할 것을 약속한다.

제6조(책임) 공동수급체의 구성원은 발주기관에 대한 계약상의 의무이행에 대하여 연대하여 책임을 진다. 다만, 공사이행보증서가 제출된 공사로서 계약이행요건을 충족하지 못하는 업체는 출자비율에 따라 책임을 진다. 〈단서신설 2014.1.10.〉

제7조(하도급) 공동수급체 구성원 중 일부 구성원이 단독으로 하도급계약을 체결하고자 하는 경우에는 다른 구성원의 동의를 받아야 한다.

제8조(거래계좌) 계약예규「공동계약운용요령」제11조에 정한 바에 의한 선금, 기성대가 등은 다음계좌로 지급받는다.

1. ○○○회사(공동수급체대표자) : ○○은행, 계좌번호 ○○○, 예금주 ○○○
2. ○○○회사 : ○○은행, 계좌번호 ○○○, 예금주 ○○○

제9조(구성원의 출자비율) ① 당 공동수급체의 출자비율은 다음과 같이 정한다.

1. ○○○ : %
2. ○○○ : %

② 제1항의 비율은 다음 각 호의 어느 하나에 해당하는 경우에 변경할 수 있다. 다만, 출자비율을 변경하는 경우에는 공동수급체 일부구성원의 출자비율 전부를 다른 구성원에게 이전할 수 없다.

1. 발주기관과의 계약내용 변경에 따라 계약금액이 증감되었을 경우
2. 공동수급체 구성원 중 파산, 해산, 부도, 법정관리, 워크아웃(기업구조조정촉진법에 따라 채권단이 구조조정 대상으로 결정하여 구조조정중인 업체), 중도탈퇴의 사유로 인하여 당초 협정서의 내용대로 계약이행이 곤란한 구성원이 발생하여 공동수급체구성원 연명으로 출자비율의 변경을 요청한 경우

③ 현금이외의 출자는 시가를 고려, 구성원이 협의 평가하는 것으로 한다.

제10조(손익의 배분) 계약을 이행한 후에 이익 또는 손실이 발생하였을 경우에는 제9조에서 정한 비율에 따라 배당하거나 분담한다.

제10조의 2(비용의 분담) ①본 계약이행을 위하여 발생한 하도급대금, 재료비, 노무비, 경비 등에 대하여 출자비율에 따라 각 구성원이 분담한다.

② 공동수급체 구성원은 각 구성원이 분담할 비용의 납부시기, 납부방법 등을 상호 협의하여 별도로 정할 수 있다.

③ 공동수급체 구성원이 제1항에 따른 비용을 미납할 경우에 출자비율을 고려하여 산정한, 미납금에 상응하는 기성대가는 공동수급체 구성원 공동명의의 계좌에 보관하며, 납부를 완료하는 경우에는 해당 구성원에게 지급한다.

④ 분담금을 3회 이상 미납한 경우에 나머지 구성원은 발주기관의 동의를 얻어 해당 구성원을 탈퇴시킬 수 있다. 다만, 탈퇴시킬 수 있는 미납 횟수에 대해서는 분담금 납부주기 등에 따라 발주기관의 동의를 얻어 다르게 정할 수 있다.

[본조신설 2012.4.2.]

제11조(권리 · 의무의 양도제한) 구성원은 이 협정서에 의한 권리 · 의무를 제3자에게 양도할 수 없다.

제12조(중도탈퇴에 대한 조치) ①공동수급체의 구성원은 다음 각호의 어느 하나에 해당하는 경우 외에는 입찰 및 해당계약의 이행을 완료하는 날까지 탈퇴할 수 없다. 다만, 제3호에 해당하는 경우에는 다른 구성원이 반드시 탈퇴조치를 하여야 한다.

1. 발주자 및 구성원 전원이 동의하는 경우
2. 파산, 해산, 부도 기타 정당한 이유없이 해당 계약을 이행하지 아니하거나 제10조의 2에 따른 비용을 미납하여 해당구성원 외의 공동수급체의 구성원이 발주자의 동의를 얻어 탈퇴조치를 하는 경우 〈신설 2012.4.2.〉
3. 공동수급체 구성원중 파산, 해산, 부도 기타 정당한 이유없이 해당 계약을 이행하지 아니하여 시행령 제76조 제1항 제6호에 따라 입찰참가자격제한조치를 받은 경우

② 제1항에 의하여 구성원중 일부가 탈퇴한 경우에는 잔존 구성원이 공동연대하여 해당계약을 이행한다. 다만, 잔존구성원만으로 면허, 실적, 시공능력공시액 등 잔여계약이행에 필요한 요건을 갖추지 못할 경우에는 잔존구성원이 발주기관의 승인을 얻어 새로운 구성원을 추가하는 등의 방법으로 해당 요건을 충족하여야 한다. 〈개정 2010.9.8.〉

③ 제2항 본문의 경우에 출자비율은 탈퇴자의 출자비율을 잔존구성원의 출자비율에 따라 분할하여 제9조의 비율에 가산한다.

④ 탈퇴하는 자의 출자금은 계약이행 완료 후에 제10조의 손실을 공제한 잔액을 반환한다.

제13조(하자담보책임) 공동수급체는 공동수급체가 해산한 후 해당공사에 관하여 하자가 발생하였을 경우에는 연대하여 책임을 진다. 다만, 공사이행보증서가 제출된 공사로서 계약이행요건을 충족하지 못하는 업체는 출자비율에 따라 책임을 진다. 〈단서신설 2014.1.10.〉

제14조(운영위원회) ① 공동수급체는 공동수급체구성원을 위원으로 하는 운영위원회를 설치하여 계약이행에 관한 제반사항을 협의한다.

② 이 협정서에 규정되지 아니한 사항은 운영위원회에서 정한다.

위와 같이 공동수급협정을 체결하고 그 증거로서 협정서 ㅇ통을 작성하여 각 통에 공동수급체 구성원이 기명날인하여 각자 보관한다.

년 월 일

ㅇㅇㅇ (인)

ㅇㅇㅇ (인)

[별첨2] 공동수급표준협정서(분담이행방식)

제1조(목적) 이 협정서는 아래 계약을 공동수급체의 구성원이 재정, 경영 및 기술능력과 인원 및 기자재를 동원하여 공사 · 물품 또는 용역에 대한 계획 · 시공 등을 위하여 일정 분담내용에 따라 나누어 공동으로 계약을 이행할 것을 약속하는 협약을 정함에 있다.

1. 계약건명 :
2. 계약금액 :
3. 발주자명 :

제2조(공동수급체) 공동수급체의 명칭, 사업소의 소재지, 대표자는 다음과 같다.

1. 명 칭 : ㅇㅇㅇ
2. 주사무소소재지 :
3. 대 표 자 성 명 :

Chapter 12

제3조(공동수급체의 구성원) ①공동수급체의 구성원은 다음과 같다.

1. ○○○회사(대표자 :   )
2. ○○○회사(대표자 :   )

② 공동수급체의 대표자는 ○○○로 한다.

③ 대표자는 발주자 및 제3자에 대하여 공동수급체를 대표하며, 공동수급체 재산의 관리 및 대금청구 등의 권한을 가진다.

제4조(효력기간) 본 협정서는 당사자간의 서명과 동시에 발효하며, 해당계약의 이행으로 종결된다. 다만, 발주자 또는 제3자에 대하여 공사와 관련한 권리의무관계가 남아 있는 한 본 협정서의 효력은 존속된다.

제5조(의무) 공동수급체구성원은 제1조에서 규정한 목적을 수행하기 위하여 성실 · 근면 및 신의를 바탕으로 하여 필요한 모든 지식과 기술을 활용할 것을 약속한다.

제6조(책임) 공동수급체의 구성원은 발주기관에 대한 계약상의 의무이행에 대하여 분담내용에 따라 각자 책임을 진다.

제7조(하도급) 공동수급체의 각 구성원은 자기 책임하에 분담부분의 일부를 하도급할 수 있다.

제8조(거래계좌) 계약예규「공동계약운용요령」제11조에 정한 바에 의한 선금, 기성대가 등은 다음 계좌로 지급받는다.

1. ○○○회사(공동수급체대표자) : ○○은행, 계좌번호 ○○○, 예금주 ○○○
2. ○○○회사 : ○○은행, 계좌번호 ○○○, 예금주 ○○○

제9조(구성원의 분담내용) ①각 구성원의 분담내용은 다음 예시와 같이 정한다.

[예시]

1. 일반공사의 경우
   - 가) ○○○건설회사 : 토목공사
   - 나) ○○○건설회사 : 포장공사
2. 환경설비설치공사의 경우
   - 가) ○○○건설회사 : 설비설치공사
   - 나) ○○○제조회사 : 설비제작

② 제1항의 분담내용은 다음 각호의 어느 하나에 해당하는 경우 변경할 수 있다. 다만, 분담내용을 변경하는 경우 공동수급체 일부구성원의 분담내용 전부를 다른

구성원에게 이전할 수 없다.

1. 발주기관과의 계약내용 변경에 따라 계약금액이 증감되었을 경우
2. 공동수급체 구성원중 파산, 해산, 부도, 법정관리, 워크아웃(기업구조조정촉진법에 따라 채권단이 구조조정 대상으로 결정하여 구조조정중인 업체), 중도탈퇴의 사유로 인하여 당초 협정서의 내용대로 계약이행이 곤란한 구성원이 발생하여 공동수급체구성원 연명으로 분담내용의 변경을 요청한 경우

제10조(공동비용의 분담) 본 계약이행을 위하여 발생한 공동의 경비 등에 대하여 분담공사금액의 비율에 따라 각 구성원이 분담한다.

제11조(구성원 상호간의 책임) ①구성원이 분담공사와 관련하여 제3자에게 끼친 손해는 해당 구성원이 분담한다.

② 구성원이 다른 구성원에게 손해를 끼친 경우에는 상호협의하여 처리하되, 협의가 성립되지 아니하는 경우에는 운영위원회의 결정에 따른다.

제12조(권리 · 의무의 양도제한) 구성원은 이 협정서에 의한 권리 · 의무를 제3자에게 양도할 수 없다.

제13조(중도탈퇴에 대한 조치) ①공동수급체의 구성원은 각호의 어느 하나에 해당하는 경우 외에는 입찰 및 해당 계약의 이행을 완료하는 날까지 탈퇴할 수 없다.

1. 발주자 및 구성원 전원이 동의하는 경우
2. 파산, 해산, 부도 기타 정당한 이유없이 해당계약을 이행하지 아니하여 해당 구성원 외의 공동수급체의 구성원이 발주자의 동의를 얻어 탈퇴조치를 하는 경우

② 구성원중 일부가 파산 또는 해산, 부도 등으로 계약을 이행할 수 없는 경우에는 잔존구성원이 이를 이행한다. 다만, 잔존구성원만으로는 면허, 실적, 시공능력공시액등 잔여계약이행에 필요한 요건을 갖추지 못할 경우에는 발주자의 승인을 얻어 새로운 구성원을 추가하는 등의 방법으로 해당요건을 충족하여야 한다. 〈개정 2010.9.8.〉

③ 제2항 본문의 경우에는 제11조 제2항을 준용한다.

제14조(하자담보책임) 공동수급체가 해산한 후 해당공사에 관하여 하자가 발행하였을 경우에는 분담내용에 따라 그 책임을 진다.

제15조(운영위원회) ①공동수급체는 공동수급체구성원을 위원으로 하는 운영위원회를 설치하여 계약이행에 관한 제반사항을 협의한다.

② 이 협정서에 규정되지 아니한 사항은 운영위원회에서 정한다.

위와 같이 공동수급협정을 체결하고 그 증거로서 협정서 ㅇ통을 작성하여 각 통에 공동수급체 구성원이 기명날인하여 각자 보관한다.

년 월 일

ㅇㅇㅇ (인)

ㅇㅇㅇ (인)

[별첨3] 공동수급표준협정서(주계약자관리방식)

〈신설 2009.4.8.〉

제1조(목적) 이 협정서는 아래 계약을 공동수급체의 구성원이 재정, 경영, 기술능력, 인원 및 기자재를 동원하여 아래의 공사, 물품 또는 용역에 대한 계획, 입찰, 시공 등을 위하여 주계약자가 전체사업의 수행에 관하여 계획·관리 및 조정을 하면서 공동으로 사업을 영위할 것을 약속하는 협약을 정함에 있다.

1. 계약건명 :
2. 계약금액 :
3. 발주자명 :

제2조(공동수급체) 공동수급체의 명칭, 주사무소의 소재지, 대표자는 다음과 같다.

1. 명 칭 :
2. 주사무소 소재지 :
3. 대표자 성명 :

제3조(공동수급체의 구성원) ① 공동수급체의 구성원은 다음과 같다.

1. ㅇㅇㅇ 회사(대표자 :)
2. ㅇㅇㅇ 회사(대표자 :)

② 공동수급체 대표자(주계약자)는 ㅇㅇㅇ로 한다.

③ 대표자는 발주자 및 제3자에 대하여 공동수급체를 대표하며, 공동수급체의 재산관리 및 대금청구 등의 권한을 가진다.

제4조(효력기간) 본 협정서는 당사자 간의 서명과 동시에 발효하며, 해당 계약의 이행으로 종결된다. 다만, 발주자 또는 제3자에 대하여 계약과 관련한 권리의무관계가 남아 있는 한 본 협정서의 효력은 존속된다.

제5조(의무) 공동수급체의 구성원은 제1조에서 정한 목적을 수행하기 위하여 성실, 근면 및 신의를 바탕으로 하여 필요한 모든 지식과 기술을 활용할 것을 약속하며, 주계약자

의 전체건설공사 수행을 위한 계획 · 관리 및 조정하는 사항에 적극 협조하여야 한다.

제6조(책임) 공동수급체의 구성원은 발주자에 대한 계약상의 의무이행에 대하여 분담내용에 따라 각자 책임을 지며, 대표자는 발주자에 대해 전체계약이행의 책임을 진다.

제7조(계약이행) ① 공동수급체의 구성원(주계약자는 제외한다.)은 자신의 분담한 부분을 직접 시공하여야 한다. 다만, 공동수급체 구성원이 종합건설업자인 경우에는 다른 법령이나 시공품질의 향상 및 현장사정 등 불가피한 사유가 있는 경우에는 주계약자와 합의하고 계약담당공무원의 승인을 얻어 하도급할 수 있다.

② 주계약자는 공사시방서 · 설계도면 · 계약서 · 예정공정표 · 품질보증계획 · 또는 품질시험계획 · 안전 및 환경관리계획 · 산출내역서 등에 의하여 품질 및 시공을 확인하고 적정하지 못하다고 인정되는 경우에는 재시공지시 등 필요한 조치를 할 수 있다.

③ 주계약자는 공사진행의 경제성 및 효율성 등을 감안하여 공동수급체 구성원과의 협의를 거쳐 자재 및 장비 등의 조달을 일원화하여 관리할 수 있다.

제8조(거래계좌) 계약예규 「공동계약운용요령」 제11조 대가지급 규정에 정한 바에 따라 선금, 기성대가 등은 다음 계좌로 지급받는다.

1. ○○○ 회사(공동수급체 대표자) : ○○은행, 계좌번호○○○, 예금주 ○○○
2. ○○○ 회사 : ○○은행, 계좌번호○○○, 예금주 ○○○

제9조(구성원의 분담내용) ① 각 구성원의 분담내용은 다음과 같이 정한다.

〔예시〕 일반공사의 경우

가) ○○○ 건설회사 : 토목공사

나) ○○○ 건설회사 : 철강재설치공사

② 제1항의 분담내용은 다음 각 호의 어느 하나에 해당하는 경우에는 변경할 수 있다. 〈단서삭제 2014.4.1.〉

1. 발주기관과의 계약내용 변경에 따라 계약금액이 증감되었을 경우
2. 공동수급체의 구성원중 파산, 해산, 부도, 법정관리, 워크아웃(기업구조조정촉진법에 따라 채권단이 구조조정 대상으로 결정하여 구조조정중인 업체), 중도탈퇴의 사유로 인하여 당초 협정서의 내용대로 계약이행이 곤란한 구성원이 발생하여 공동수급체의 구성원 연명으로 분담내용의 변경을 요청할 경우
3. 공동수급체 구성원이 정당한 이유없이 계약을 이행하지 아니하거나 지체하여 이행하는 경우 또는 주계약자의 계획 · 관리 및 조정 등에 협조하지 않아 계약이행이

Chapter 12

곤란하다고 판단되는 경우

제10조(공동비용의 분담) ① 본 계약이행을 위하여 발생한 공동의 경비 등에 대하여 분담내용의 금액비율에 따라 각 구성원이 분담하는 것을 원칙으로 하되, 전체계약의 보증금등의 일괄납부에 소요되는 비용의 재원은 공동수급체 구성원간의 합의에 의하여 별도로 정할 수 있다.

② 공동수급체 구성원은 각 구성원이 분담할 주계약자의 계획 · 관리 · 조정업무에 대한 대가와 지급시기, 지급방법 등을 상호 협의하여 별도로 정할 수 있다.

제11조(구성원 상호간의 책임) ① 구성원이 분담공사와 관련하여 제3자에게 끼친 손해는 해당 구성원이 분담한다.

② 구성원이 다른 구성원에게 손해를 끼친 경우에는 상호 협의하여 처리하되, 협의가 성립되지 아니하는 경우에는 운영위원회의 결정에 따른다.

제12조(권리 · 의무의 양도제한) 구성원은 이 협정서에 의한 권리 · 의무를 제3자에게 양도할 수 없다.

제13조(중도탈퇴에 대한 조치) ① 공동수급체의 구성원은 다음 각호의 어느 하나에 해당하는 경우 외에는 입찰 및 해당 계약의 이행을 완료하는 날까지 탈퇴할 수 없다.

1. 발주자 및 구성원 전원이 동의하는 경우
2. 파산, 해산, 부도 기타 정당한 이유없이 해당계약을 이행하지 아니하여 해당 구성원 외의 공동수급체의 구성원이 발주자의 동의를 얻어 탈퇴조치를 하는 경우
3. 공동수급체 구성원이 정당한 이유없이 계약을 이행하지 아니하거나 지체하여 이행하는 경우 또는 주계약자의 계획 · 관리 및 조정 등에 협조하지 않아 계약이행이 곤란하다고 판단되는 경우

② 공동수급체 구성원중 일부가 파산, 해산, 부도 등으로 계약을 이행할 수 없는 경우에는 해당 구성원의 분담부분을 주계약자가 이행할 수 있으며, 주계약자가 이행할 수 없는 경우에는 다른 구성원에게 재배분하거나 보증기관으로 하여금 이행하도록 하여야 한다. 〈개정 2014.4.1.〉

③ 주계약자가 탈퇴한 경우에는 보증기관이 해당 계약을 이행하여야 한다.

제14조(하자담보책임) ① 공동수급체가 해산한 후 해당 공사에 관하여 하자가 발행하였을 경우에는 해당 구성원이 분담내용에 따라 그 책임을 진다.

② 해당 구성원이 하자담보책임을 이행하지 않은 경우(부도, 파산 등으로 이행할 수 없는 경우를 포함한다)에는 해당 구성원의 보증기관이 하자담보 책임을 이행하여야 한다.

③ 구성원간(주계약자를 포함)에 하자책임 구분이 곤란한 경우에는 주계약자가 하자책임 구분에 대한 조정을 할 수 있으며, 조정이 불가능한 경우에는 하자와 관련 있는 구성원이 공동으로 하자담보책임을 이행하여야 한다.

제15조(운영위원회) ① 공동수급체는 공동수급체구성원을 위원으로 하는 운영위원회를 설치하여 계약이행에 관한 제반사항을 협의한다.

② 이 협정서에 규정되지 아니한 사항은 운영위원회에서 정한다.

위와 같이 공동수급협정을 체결하고 그 증거로서 협정서 ㅇ통을 작성하여 각 통에 공동수급체 구성원이 기명날인하여 각자 보관한다.

년 월 일

ㅇㅇㅇ (인)

ㅇㅇㅇ (인)

ㅇㅇㅇ (인)

건설업

세무와 회계

제 13 장

지주공동사업

제1절 지주공동사업의 의미

제2절 지주공동사업의 과세문제

제 1 3 장 지 주 공 동 사 업

제 1 절

지주공동사업의 의미

❶ 지주공동사업의 뜻

실무에서 사용하는 지주공동사업은 아래의 두 가지 중 한 가지를 의미하는 경우가 많다.

① 지주와 개발업자가 투자비를 출자하여 토지를 개발하여 공유하는 개발방식

② 지주와 건설사가 공동으로 주택 또는 상가를 건설하여 분양하는 사업

상기 두 가지 정의 또한 학문적인 정의 및 법률적인 정의가 아니다(①의 경우 디벨로퍼가 토지주의 진정한 파트너라는 의미를 숨기고 있다. ②의 경우 토지주의 진정한 파트너는 건설회사라는 의미를 숨기고 있다. 즉, 토지주와 함께하고자 하는 다른 개발주체가 지주공동사업이라는 용어를 만든 것으로 보인다). 사실 지주공동상업의 학문상 정의 또는 법률상 정의가 없다. 부동산개발사업에 있어서 지주 단독으로 추진하는 단독사업을 제외하고는 대부분이 지주공동사업이라고 할 수도 있고(즉, 지주공동체의 사업), 비지주인 제3자가 결합한 형태(지주와 비지주의 공동사업, 일본의 토지유효활용제도)를 지주공동사업이라고 부르기도 한다. 또한 도시정비법상 조합(재개발조합 등)은 단독법인인 조합이 사업시행자가 되므로 단독사업이라고 부를 수도 있지만, 대표적인 지주공동사업에 해당하기도 한다.

건설 Tip 지분제사업과 공동사업주체

아래의 사업은 지주공동사업이 아니다.

① 토지주가 건설업자와 도급계약하면서 신축건물의 권리등을 정하는 사업

② 토지주와 건설업자가 함께 인허가상 시행자가 되는 사업

①과 같은 사업을 지분제사업이라고 하는데, 지주가 단독으로 시행하고, 지분제계약은 도급계약의 공사비 조정조건일 뿐이므로 지주공동사업이 아니다. 지분제 사업의 경우 시공사의 역할은 모든 사업을 시공사의 책임으로 시행하고, 조합원에게 약속한 지분을 제외한 나머지의 손실 혹은 이익은 시공사의 몫이 된다. 하지만 지분제의 경우에도 사업시행자는 변함없이 조합이며, 조합원의 총회와 의결은 사업시행인가, 관리처분 등 모든 단계에서 도급제와 다르지 않다.

②는 인허가 또는 사업계획승인의 조건일 뿐이고, 시행이익을 나누지 않기 때문에 지주공동사업으로 볼 수 없다. 즉, 공동출자 및 공동경영이 아니므로 공동사업이라고 할 수 없는 것이다. 등록사업자는 조합설립인가 후 시공업무를 그 권한과 책임으로 하되 지역주택조합의 전문성 및 재정적 능력 부족을 보완하기 위하여 등록사업자가 지원 · 협조하기로 한 경우에는, 지역주택조합과 등록사업자는 「주택법」상 공동사업주체에 해당하지 아니할 뿐 아니라 「민법」상 조합관계에 의한 공동책임도 지지 아니한다(대법원 2012.4.26. 선고 2010다8709 판결). 그러나 민법상 조합 및 세법상 공동사업이 아니라는 의미일 뿐이고 다른 법률(주택법 제4조 및 부동산개발업법 제4조)상 공동사업주체에 해당한다.

❷ 지주공동사업의 구분

본서에서는 도시정비사업은 장을 달리하여 조합사업에서 살펴보기로 하고, 본 장에서는 지주간 공동사업과 지주/비지주 공동사업에 대하여 살펴보기로 한다. 도시정비사업등 조합사업은 도정법등에 의하여 법인격이 부여되어 있다. 조합사업은 장을 달리하여 살펴보기로 하고, 이하 법인격이 없는 조합형태(이하 '임의조합'이라고 한다.)의 과세문제에 대하여 살펴본다.

공공사업의 구성	사업형태
지주간 공동사업 (지주+지주)	토지등소유자가 지주공동체인 조합을 구성하여 사업주체가 되어 시행하는 방식으로 구성원인 각 지주가 현물출자하여 공동사업을 영위하는 형태(조합설립인가 또는 비인가 조합)
지지/비주주 공동사업 (지주+제3자)	토지등소유자는 토지를 현물출자하고, 비토지소유자의 경우에는 금전 및 노무를 출자하여 공동사업을 영위하는 형태(일본의 토지의 유효활용제도 형태로 우리나라에서 "지주공동사업"이라는 용어로 변형해서 사용하고 있는 공동사업의 형태이다.)

Chapter 13

1) 지주간 공동사업

■ 현행법상 지주공동체 분류 ■

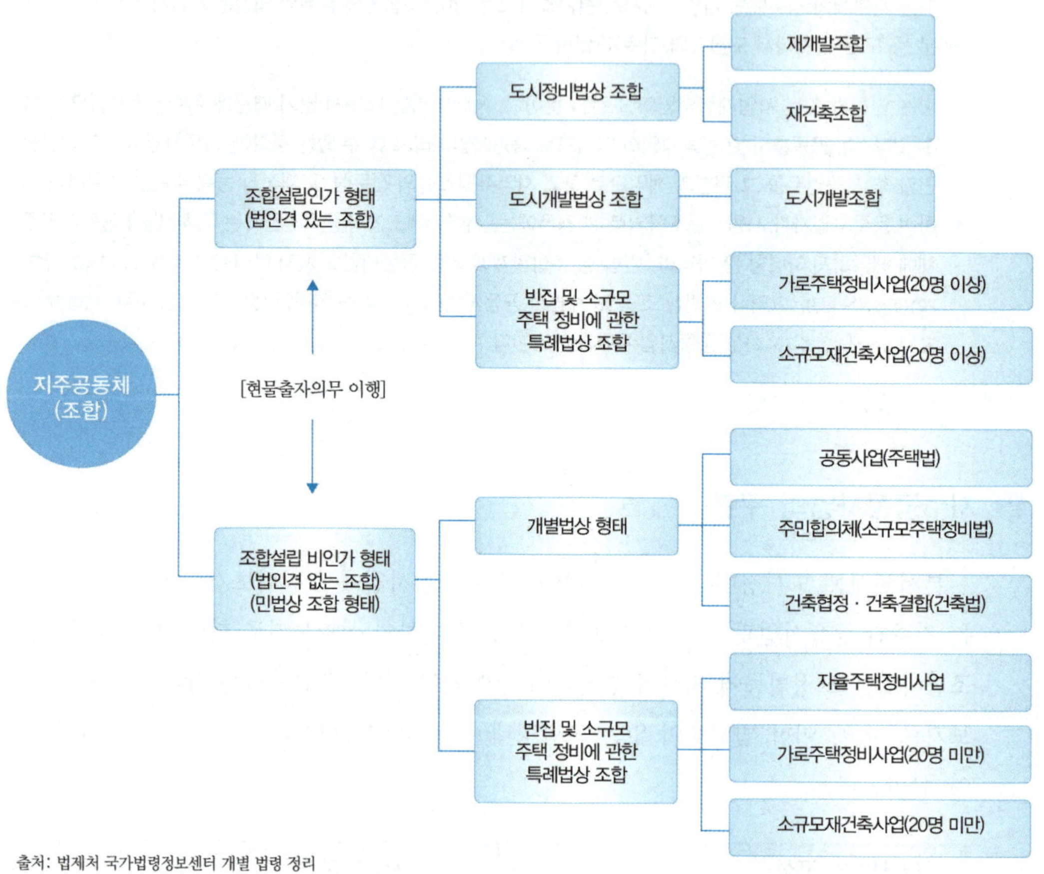

출처: 법제처 국가법령정보센터 개별 법령 정리

지주공동체의 유형은 현행법상 상기와 같이 조합설립인가 형태와 조합설립 비인가 형태로 구분된다. 조합설립인가를 받아 시행하는 지주공동체 형태는 도시 및 주거환경 정비법상 재개발사업 · 재건축사업과 최근 시행된 빈집 및 소규모주택 정비에 관한 특례법상 조합설립 인가 대상인 가로주택정비사업 및 소규모재건축사업 등이 있다.

조합설립인가를 받지 않고 시행하는 지주공동체 형태는 민법상 조합형태의 소규모 지주공동체사업 형태인 주택법상 사업계획승인을 받지 않고 시행하는 사업형태, 빈집 및 소규모주택정비에 관한 특례법상 자율주택정비사업과 조합설립 인가 대상이 아닌 가로주택정비사업 및 소규모재건축사업, 건축법상 건축협정(맞벽, 합벽) 사업 등이 있다.

두 유형의 공통점은 기본적으로 공동사업을 위하여 토지등소유자가 지주공동체를 구성하고 자신이 소유한 자산을 지주공동체에 현물출자를 해야 하는 의무를 지게 된다는 점이다. 따라서 현행 소득세법 적용상 현물출자를 양도로 간주하기 때문에 원칙적으로 양도소득세를 부담하여야 한다.

차이점은 조합설립인가를 득하여 사업을 주로 추진하고 있는 대규모 전면철거방식의 정비사업은 토지 등을 수용하거나 사용할 수 있는 권리 또는 개별 법률에 따라 매도청구권을 부여하고 있다(공익사업을 위한 토지 등의 취득 및 보상에 관한 법률 [별표] 제36호 도시정비사업. 제37호 도시개발사업, 소규모주택정비법 제36조 제2항 수용재결 신청 또는 매도청구 소송 제기 규정이 있다). 그러나 조합설립인가를 득할 필요가 없는 소규모 지주공동체사업은 토지 등 수용권이나 매도청구권이 없이 토지등소유자 스스로 전원의 동의를 거쳐 지주공동체를 구성하여 사업을 추진하여야 한다.

참고로 상기 표에서 개별법상 형태에서 공동사업(주택법), 건축협정 · 건축결합(건축법)을 제외한 사업은 도시개발법상 환지규정이 적용된다.

2) 지주/비지주 공동사업

지주/비지주 공동사업은 아래처럼 나눌 수 있다. 반드시 그러한 것은 아니지만 대체로 비지주의 역할에 따라 구분되고 있다.

① 등가교환방식

지주는 토지를 출자하고 개발업자는 사업비를 출자하는 공동사업으로, 토지는 공유하고 건물은 구분 소유하는 형태이다. 즉, 지주는 토지의 일부 또는 전부를 출자하여 개발업자에게 제공하고, 개발업자는 사업비를 출자하여 제공받은 토지에 건축물을 건설하여 개발한다. 토지를 개발한 후에 토지의 평가액과 개발업자의 사업비를 기준으로 지주와 개발업자는 각각의 해당 지분만큼 토지는 공동소유하고, 건물은 구분 소유한다.

② 공사비 대물변제형

지주가 건설공사의 도급발주시 공사비의 변제를 준공된 건축물의 일부로 주는 방식이다. 지주가 사업시행자가 되어 공사비로 개발업자에게 자금을 조달받고 개발업자에게 건축공사를 도급발주한다. 일반적으로 공사비에 해당하는 대물부분은 사업약정시 위치를 사전에 결정하며 대물부분은 원가 위주로 산정함으로써 다른 부분의 분양가보다 낮게 책정한다.

③ 사업위탁형

지주가 개발업자에게 사업시행을 의뢰하고 개발업자는 시행을 대행하는 것에 대한 수수료를 취하는 형태이다. 자금은 지주가 조달하거나 지주가 개발업자의 주선으로 차입하여 조달하며, 일반적으로 개발업자가 계획 · 설계 · 시공 · 분양 · 임대유치 및 운영관리에 이르는 업무를 위탁받아 대행하여 지주에게 사업수지를 보증한다.

④ 토지신탁형

지주가 토지를 신탁회사에 위탁하여 개발 · 관리 · 처분하는 방식으로 설계 · 시공 · 관리운영 등의 업무를 개발업자가 대행한다는 점에서 사업위탁 방식과 유사하지만 토지신탁형은 신탁약정으로 인해 신탁회사에 형식상 소유권이 이전된다는 차이점이 있다. 지주가 신탁회사에 형식상소유권을 이전하면 신탁회사는 약정에 의해 신탁 수익증권을 발행하며, 이후 신탁회사는 금융기관으로부터 자금을 차입하여 건설회사에 공사를 발주한다. 건물이 준공되면 신탁회사가 지주에게 수익을 배당하고 신탁기간이 종료되면 지주에게 토지와 건물을 반환한다.

⑤ 차지개발방식

지주가 개발업자에게 차지권을 설정해주고 개발업자는 자기자금으로 그 토지를 개발하고 건축물을 건설하여 보존등기를 하고 그 건축물을 제3자에게 양도 또는 임대하거나 개발업자가 직접 이용하여 지주에게 임차료를 지불하는 방식이다. 차지권의 기한이 종료되었을 때에 토지를 무상으로 원래 지주에게 반환하고 건물에 대하여는 지주와 개발업자간 협의에 따라 일정한 금액으로 지주에게 양도하는 방식이다.

❸ 조합사업

민법상 조합이란 2인 이상이 상호 출자하여 공동사업을 경영하기로 약정하는 계약을 말한다. 조합은 영리조합과 비영리조합으로 구분할 수 있고, 영리조합은 세법상 공동사업을 말한다. 세법상 공동사업은 대체로 민법상 조합, 기업회계상 조인트벤처에 해당하게 된다.

세법의 정의에서 공동사업은 조합이고 공동사업자는 조합원을 뜻한다. 국세기본법 및 지방세법은 이렇게 쓰고 있는데 부가세법에서 공동사업(조합)은 별도의 납세의무자 또는 사업장을 구성하므로 공동사업자 또는 공동사업장으로 쓰는 경우가 있다. 실제로 부가가치세법시행령 제14조는 "공동사업자의 구성원"이라고 하여, 공동사업자를 조합의 개념으로 사용하고 있다.

부가가치세법시행령 제14조【사업자등록사항의 변경】① 사업자가 다음 각 호의 어느 하나에 해당하는 경우에는 지체 없이 사업자의 인적사항, 사업자등록의 변경 사항 및 그밖의 필요한 사항을 적은 사업자등록 정정신고서를 세무서장(관할 세무서장 또는 그밖의 세무서장 중 어느 한 세무서장을 말한다)에게 제출(국세정보통신망에 따른 제출을 포함한다)하여야 한다. 6. 공동사업자의 구성원 또는 출자지분이 변경되는 경우

1) 공동사업의 자산취득

민법은 조합의 재산소유 방식을 조합원의 '합유'라는 독특한 형식으로 규정하고 있으며(민법 제271조 및 제704조), 부동산의 경우 조합원 전원의 명의로 '합유' 등기에 의하여 합유관계가 성립한다(민법 제186조, 부동산등기법 제44조 제2항). 조합의 재산 소유형태를 합유로 규정한 민법 제271조 제1항은 물권에 관한 규정으로 강행규정에 해당한다. 따라서, 조합재산을 합유등기가 아닌 조합원 단독명의 또는 조합원들의 공유로 등기하는 경우에는 명의신탁이 문제될 수 있다.

판례 또한 조합원 1인 명의로 조합재산을 취득한 경우 혹은 공유등기를 한 경우, 이는 조합이 조합원에게 명의신탁한 것으로 보아야 하고, 나아가 이러한 등기는 부동산 실권리자 명의 등기에 관한 법률(약칭 '부동산실명제법') 위반으로 무효라고 판단하고 있다(대법원 2006.4.13. 선고 2003다25256 판결 등). 과거 부동산실명법이 시행되기 전의 판례 중에는 업무집행조합원이 이를 취득한 경우에는 명의신탁이라고 함부로 단정할 수 없고, 업무집행조합원이 조합을 위하여 자기 명의로 취득한 권리로 조합에게 이전하여야 할 의무를 지는 재산으로 본 판례가 있다(대법원 1997.5.30. 95다4957판결). 그러나 부동산실명법 시행 이후 판례들은 조합원 1인 명의로 취득한 조합재산에 대한 권리관계를 명의신탁으로 보고 있다.

한편 민법이 정한 합유물의 처분 · 변경 및 합유지분 처분의 요건(조합원 전원의 동의)은 조합계약(민법상 통칭 '전형계약'이라고 불리는 14가지 계약 중 하나로 '조합계약'은 2인 이상이 상호출자하여 공동사업을 경영할 것을 약정하는 계약이다)으로 달리 정할 수 있다. 민법은 위 규정을

조합에 달리 정하지 않은 경우에만 적용한다고 규정하고 있기 때문이다(민법 제271조 제2항). 따라서, 조합계약으로 합유물의 처분 및 변경을 합유자의 과반수로 정할 수 있도록 하거나, 조합원 총회의 결의 또는 업무집행조합원의 결정에 따라 합유물에 대한 지분을 처분할 수 있다고 규정하는 경우 이러한 규정은 민법에 우선하여 효력을 갖는다. 다만, 등기 실무상, 합유물을 처분하거나 합유자가 변경되는 경우에는 합유자 전원의 인감증명서를 첨부하여 신청하여야 하므로, 실제로 특약에 따른 처분결정을 등기로 실현하기 위해서는 합유자 전원의 협조를 구해야 하는 문제가 있다.

2) 공동사업의 의사결정

조합의 업무집행은 조합원의 과반수로 결정하여 조합원 전부의 이름으로 하는 것이 원칙이며(민법 제706조 제1항), 통상의 사무는 조합원 각자가 전행(專行)할 수 있다(동조 제3항). 조합계약에서 업무집행조합원에게 업무집행을 맡기기로 한 경우나 조합원 3분의 2 이상의 찬성으로 업무집행조합원을 둔 경우에는 업무집행조합원이 조합의 업무집행 전반을 관장한다(민법 제706조 제1항). 이 경우 업무집행조합원은 조합의 목적을 달성하는 데에 필요한 범위 내에서 조합을 위하여 모든 행위를 할 수 있는 대리권이 있는 것으로 추정되며(민법 제709조), 이로 인해 다른 조합원은 통상의 사무에 대한 전행권을 상실한다.

3) 도관설과 집합설

도관설(conduit theory) 또는 집합설(aggregate theory)에 의하면 조합이란 공동사업을 영위하는 조합원의 집합(aggregate)에 불과하고, 조합의 모든 활동은 조합원 각자에 귀속되며, 조합은 조합활동으로 인한 소득이 조합원으로 통과되어가는 하나의 도관(conduit)에 불과하다는 것이다. 따라서 지주공동체인 조합은 구성원인 조합원과 독립하여 독자적으로 납세의무 주체가 될 수 없다는 것이다. 이러한 주장에 따르면 조합원이 조합에 부동산 등으로 현물출자하거나 반환받을 경우 적어도 자기지분에 해당하는 부분은 양도로 볼 수 없다는 결론에 이르게 된다. 이 이론에 따르면 토지등소유자 2인 이상이 상호 현물출자하기로 약정을 체결하고 지주공동체인 조합을 경영하면 그 단체는 실제로 존재하는 인격체로 납세의무자가 되는 것이 아니라 조합원의 집합에 불과할 뿐이라고 한다.

④ 공동사업의 세무 · 회계

일반적으로 공동시행사업시 공동사업장을 개설하여야 한다(서면3팀-148, 2006.01.20., 서면3팀-897, 2008.05.07., 서면3팀-1563, 2005.09.20.). 건설업자가 공동사업하는 경우 공동사업장을 개설하지 않아도 무방하다(부가, 조심2009서1637)는 심판례가 있으나 사실관계가 상이하며, 유사 심판례가 부족하고, 세무 리스크가 크므로 공동사업장을 개설하는 것이 타당하다.

공동사업이 손익분배비율을 정하지 않아 세법상 1거주자로 의제되는 경우 독립된 납세의무자가 성립하므로, 개별세목에 대한 납세의무는 물론 부당행위계산부인의 주체 또한 될 수 있다. 부동산개발사업에서 손익분배하지 않는 경우는 없으므로, 지주공동사업은 1거주자로 의제되지 않는 공동사업에 해당하게 된다.

1) 납세의무자의 구분

인격(또는 법인격)이란 권리 · 의무의 주체가 될 수 있는 자격을 말하며 민법상 모든 살아있는 사람(자연인)과 일정한 단체(법인)에 대하여 법인격을 인정하고 있다.

■ 납세의무자의 구분 ■

구분		내용
법인 (법인세)	일반법인	법인격이 있는 납세의무의 주체이며 법인세, VAT납세의무가 있다.
	법인으로 보는 단체	절차상 하자로 법인격이 없거나 신청한 경우 법인으로 의제하는 것으로 법인세, VAT납세의무가 있다
개인 (소득세)	일반개인 (자연인)	개인이라 함은 유기적인 육체를 가지고 자연적인 생활을 영위하는 인간으로 소득세, VAT납세의무가 있다.
	1거주자	손익분배비율이 불분명할 경우 1거주자로 의제하며 소득세, VAT납세의무가 있다.
	공동사업	손익분배비율이 있는 경우 개별조합원이 분배비율에 따라 손익을 분배하므로 소득세 납세의무는 없으며, VAT납세의무만 있다.

자료 : 강상원, 2019, 건설회사 세무, P199

2) 공동사업의 회계처리

공동사업의 수익은 참여자의 수익으로 직접인식(분양수익)하고 그 참여자에게 발생된 비용(분양원가)으로 수익과 대응하여 인식하는 것이다. 즉, 공동사업과 참여사 간의 용역을 제공하는 계약이 있다 하더라도 참여자는 수익(공사수익 또는 용역매출)이나 비용(공사원가 또는 용역원가)을 인식할 수 없다. 기준서에 따르면 공동지배되는 조인트벤처의 참여자는 ① 참여자가 발생시킨 비용과 ② 조인트벤처에 의한 재화 또는 용역의 판매 수익 중 참여자 지분을 재무제표에 인식하여야 한다(한국채택국제회계기준 제1111호 문단 20). 이와 같은 수익 및 비용인식에 대한 회계처리 기준은 조인트벤처는 단순히 도관이므로 참여자는 자신이 직접 그 공동지배되는 계약을 수행하는 것으로 보아 수익 및 비용을 인식하라는 것으로 이해된다. 따라서, 조인트벤처의 수익은 참여자의 수익으로 직접 인식하고, 조인트벤처 수행으로 그 참여자에게 발생된 비용을 조인트벤처 수익에 대응하여 인식하게 된다. 그러므로 조인트벤처와 참여자 간에 용역(예컨대, 공사용역 등)을 제공하는 계약을 하더라도, 참여자는 그 계약과 관련된 수익이나 비용은 인식할 수 없는 것이 일반 원칙이다.

⑤ 현물출자 이행방식

■ 지주공동체 사업의 단계별 절차 및 현물출자 이행방식 ■

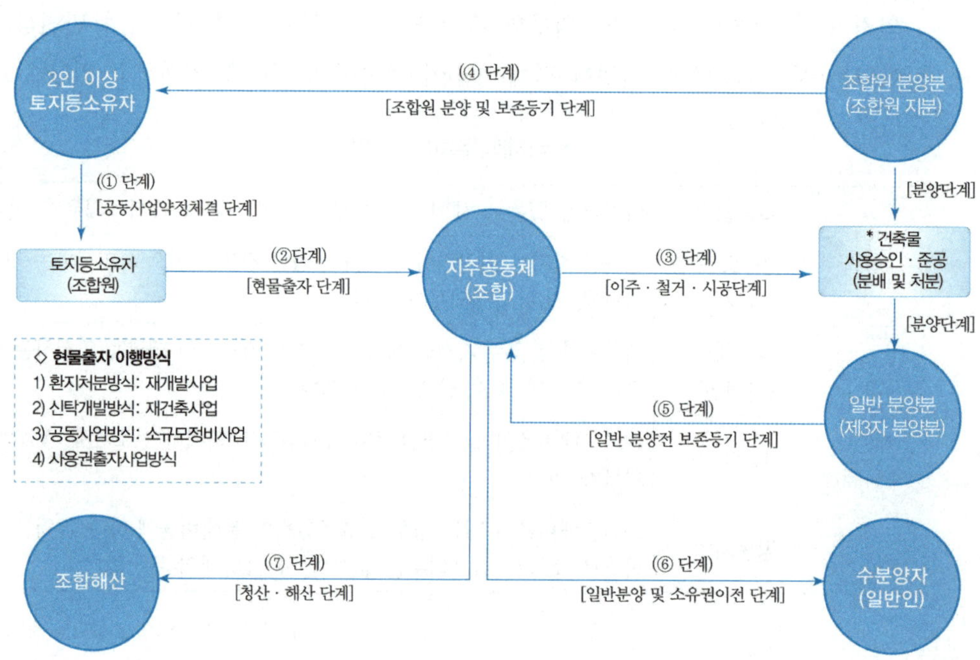

지주공동체사업은 위 그림에서 보는 바와 같이 토지등소유자가 지주공동체에 소유하고 있는 토지 또는 건물을 현물출자하는 의무 이행 방식은 다음과 같다.

1) 환지처분사업방식

토지등소유자의 부동산 소유권 변동은 없고, 지주공동체인 조합은 환지처분사업에 의하여 위치, 형상, 면적을 바꾸어 주는 사업을 말한다.

조합은 자금을 조달하여 공동주택을 신축하여 조합원에게 신축 공동주택과 종전 토지를 환지해 주고, 신축 공동주택 제공 대가로 취득한 대지상에 일반분양분을 신축 분양하여 사업비를 충당하는 사업방식이다.

2) 신탁사업방식

지주공동체 사업을 하기 위한 현물출자 의무이행 방식을 신탁법에 의한 조합에 신탁(관리 및 처분)하는 계약을 체결하여 사업 시행하는 방식을 말한다. 이 사업방식은 조합은 수탁자지위에서 신탁 목적에 따라 조합원을 위하여 새로운 공동주택을 신축하여 신탁재산을 위탁자인 조합원에게 신탁해지에 의하여 반환하는 사업을 말한다.

3) 공동사업방식

민법상 조합계약에 의하여 2인 이상이 상호출자하여 공동사업을 경영할 것을 약정하고 각종 사업을 공동으로 영위하는 사업을 말한다.

즉, 조합을 조합원 간의 공동사업관계로 보고, 조합원이 조합이라는 지주공동체를 구성하여 소유하고 있는 부동산을 조합에 출자하여 공동사업 목적에 사용하는 사업방식이다. 이때 재산소유형태는 합유 형태로 소유한다. 남기권 · 이홍구(2011)에 의하면 공동사업방식은 조합원이 출자한 부동산은 조합에 귀속되고, 공동사업 종료시에 사업자에게 출자자산을 반환하는 것이며, 공동사업에서 발생한 조합의 이익은 조합원에게 귀속된다고 한다.

4) 사용권출자사업방식

사용권 출자라 함은 부동산 등의 소유권은 출자자에게 유보한 채로 그 부동산 등의 사용권만을 출자하는 경우를 말한다. 이 경우에는 양도로 보지 아니한 것으로 해석하고 있다(부동산거래관리과-572). 그러면서 공동사업 목적으로 토지 등을 지주공동사업체인 조합에 제공하는 행위가 현물출자에 해당하는지 아니면 단순한 사용권 출자에 해당되는지 여부는 공동사업의 성격 및 토지등을 제공한 자의 의사 등을 감안하여 판단하여야 할 사항이다[조심2009서4094(4095)]. 사용권 출자라는 용어는 비법률적 용어로 구체적으로 정의한 규정이 없으나 사용권이란 일종의 "대여"이므로 이후 그 자산을 그대로 반환받는다는 것이 전제되어야 한다.

따라서 공동사업 종료 후에 당초 사용권으로 출자한 부분은 반환받을 수 없으므로 원칙적으로 사용권 출자는 개념상 허용될 수 없다라는 주장도 있다.

제  절

지주공동사업의 과세문제

❶ 공동사업의 양도소득세

지주공동사업방식에 있어 도정법상 조합이든 임의조합이든 토지등소유자는 조합에 현물출자를 한다. 현물출자는 현행 소득세법(제88조 제1호)상 양도에 해당된다. 다만, 도정법상 조합은 도시개발법상 환지(제40조)규정을 준용하기에 현물출자부터 이전고시까지 일련의 과정을 환지(행위)로 보아 국세청에서는 양도로 보고 있지 않는 반면, 임의조합은 도시개발법상 환지규정이 준용되지 않기에 양도로 보는 것이다.

1) 도정법상 조합의 경우

재개발사업은 정비구역에서 인가받은 관리처분계획에 따라 건축물을 건설 공급하거나 환지로 공급하는 방법으로 한다고 규정하고 있다(도시정비법 제23조 제2항). 소득세법 제88조 제1항에 의하면 법인에 대한 현물출자는 양도로 본다고 규정하고 있다. 도시정비법 제38조 제1항으로 '조합은 법인으로 한다.'라고 규정되어 있기 때문에 양도로 보아야 함에도 불구하고 환지처분으로 지목 또는 지번이 변경되거나 보류지로 충당되는 경우 법인에 현물출자를 하더라도 양도로 보지 않는다(동법 제1항 가목). 따라서 토지등소유자가 지주공동체인 조합에 현물출자에 따른 양도소득세 납부할 의무가 없다.

재개발사업과 동일한 법률 적용을 받는 재건축사업은 정비기반시설이 양호한 지역을 대상으로 정비사업을 시행하기 때문에 관리처분계획에 의한 공급만을 규정하고 있을 뿐 환지처분개발방식을 규정하고 있지 않다. 따라서 원칙적으로 조합원인 토지등소유자

가 조합에 현물출자하는 것은 양도소득세 과세 납부의무가 있다(국심 1998서1762, 1999. 6. 17.). 그러나 구 주택건설촉진법(§44의 3 ⑤)에 따라 도시재개발법(제39조 ②)을 준용하고 있었고, 현행 도정법하에서는 재건축사업도 정비조합이라는 공법인을 사업시행자로 할 수 있는 하나의 체계로 법제화하고 있기 때문에 양자의 취급은 특별한 사유가 없는 한 같게 보는 것이 타당하다. 또한 도정법 제23조에서는 재개발사업도 환지방식 이외에 관리처분방식을 따를 수 있도록 하고 있어서, 관리처분방식을 취하는 한 재개발사업과 재건축사업은 차이가 없어 보인다.

■ 도시개발법상 환지 규정이 적용되는 경우 ■

구분	조문 및 내용
재개발사업 (구 도시재개발사업)	도시정비법 제87조 ② : 도시개발법 제40조에 따라 행하여진 환지로 본다. 구 도시재개발법 제39조 ② : 토지구획정리사업에 의한 환지로 본다.
재건축사업 (구 주택건설촉진업)	도시정비법 제87조 ② : 도시개발법 제40조에 따라 행하여진 환지로 본다. 구 주택건설촉진법 제44조의 3 ⑤ : 도시재개발법 제33조 내지 제45조의 규정을 준용
가로주택정비사업 소규모재건축사업 자율주택정비사업	소규모주택정비법 제57조 ① : 소유권을 이전한 경우의 대지 및 건축물에 대한 권리확정등에 관하여는 도시정비법 제87조를 준용

기획재정부해석(기획재정부재산-328,2020.4.8.)에 따르면, “소규모주택정비법에 따른 자율주택정비사업 시행자가 사업시행계획서에 관리처분계획을 포함하여 사업시행계획 인가를 받고, 공사완료 후 사업시행계획에 따라 토지등소유자에게 소유권 이전고시를 한 경우, 환지처분에 해당”되는 것으로 보고 있다.

2) 임의조합✎ 의 경우

✎ 도시정비사업법상 조합과 비교하여 법인격이 없는 조합형태를 ‘임의조합’이라고 설면하기로 한다.

지주공동체사업에 있어서 지주공동체는 민법상의 조합 형태로 2인 이상의 토지등소유자가 상호 출자하여 공동사업을 경영할 것을 약정하여 결성한 단체로 민법 제703조에서 규정한 법인격이 없는 조합과 동일하다. 또한 국세기본법 제13조 규정을 적용하여 법인으로 의제할 수 없다. 따라서 지주공동체인 조합의 경우 공동사업자로 취급되는 것이 일반적이다. 토지 등을 법인이 아닌 공동사업체에 현물출자 하는 경우에는 대법원 판례와 같이 법규는 아니지만 소득세법 기본통칙에서 양도로 간주한다고 규정을 신설하였다.

최근 도시재생사업 일환으로 소규모주택정비사업 활성화 목적으로 빈집 및 소규모주택정비에 관한 특례법을 제정 · 시행하고 있다. 이 법률에 의해서 2인 이상의 토지등소유자가 자발적으로 구성한 소규모 지주공동체사업을 함에 있어서 현물출자 하는 토지등소유자는 양도소득세를 납부하여야 한다.

소득세법기본통칙 88-0…2 【토지등을공동사업체에현물출자한경우양도여부】 공동사업(주택신축판매업 등)을 경영할 것을 약정하는 계약에 따라 「소득세법」 제94조 제1항의 자산을 해당 공동사업체에 현물출자하는 경우에는 등기에 관계없이 현물출자한 날 또는 등기접수일 중 빠른 날에 해당 토지 등이 그 공동사업체에 유상으로 양도된 것으로 본다.

감사원 2010-감심-56, 2010.6.4. : 이 사건 빌라의 현물출자와 이 사건 아파트의 취득이 사실상 "환지처분"과 같은 것이라면 "실질과세의 원칙"에 따라 양도로 보지 않을 수 있을 것이다. 살피건대 공용환지(公用換地)는 "토지이용도를 높이기 위하여 일정한 지역안의 토지소유권이나 기타권리를 강제적으로 교환하거나 나누는 일"을 말하고, 도시개발법등 환지방식의 개발사업근거를 규정한 법령들의 규정을 보면, 환지는 ㉮환지계획수립 ㉯환지계획인가 ㉰환지처분의 과정을 거치도록 되어있으며, 환지처분이 되면 계약 등 법률행위 없이 법률상 당연히 환지처분의 내용에 따라 소유권 그 밖의 재산권이 이전되도록 되어 있다. 그러나, ①환지계획의 수립 · 인가와 환지처분이 없었던 점, ②이 사건빌라를 "주택재건축"이라는 공동사업에 현물출자한 것으로 보이는 점 ③신축한 아파트의 소유권보존등기를 청구인등이 아닌 부동산신탁회사명의로 한 점 ④청구인등이 이 사건아파트의 소유권을 "부동산신탁계약"에 의하여 취득한 점으로 보아 "환지처분"과 같은 성격을 찾아볼 수 없으므로 이를 "환지처분"으로 볼 수는 없다. (중략) 따라서, 이 건을 "환지처분"으로 보지 않고 "공동사업에 대한 현물출자"로서의 "양도"로 보아 이루어진 이 사건 부과처분은 적법하다고 할 것이다.

3) 전부양도설과 일부양도설

현행 소득세법상 소유한 토지를 지주공동체에 현물출자 하는 경우 이를 자산의 양도로 보기 때문에 과세의 범위 문제가 발생한다. 과세범위에 대해서는 전부양도설과 일부양도설이 대립하고 있다.

전부양도설은 지주공동체의 조합원인 지주가 출자한 재산은 조합재산으로 조합원의 재산과는 달리 별개의 지주공동체 재산으로 조합원의 합유재산이 된다. 출자자는 출자의 대가로 조합원의 지위를 갖게 되는 것임으로 지주공동체에 현물출자는 자산 전부를 양도하는 것으로 보아야 한다는 것이다.

일부양도설은 소득세법상 법인에 대한 현물출자와는 달리 민법상 조합 형태인 지주공동체에 대한 현물출자는 조합원의 합유 재산이 되므로 자기지분비율에 해당하는 부분은 양도로 보아서는 안 되며, 출자자산 중 출자자 지분을 제외한 자산만 양도하는 것으로 보는 입장이다.

우리의 판례의 태도는 조합계약에 따라 조합원이 출자한 재산은 그 출자자의 개인재산과 구별되는 조합재산을 이루게 되어 조합원의 합유로 된다. 그 출자는 출자자가 취득하는 조합원의 지위와 대가관계에 있는 것이므로 조합원의 조합에 대한 부동산 현물출자는 양도에 해당한다. 따라서 발생하는 소득은 양도소득세의 과세대상이 된다고 판시하였다(대법원 1984.12.26. 선고 84누392 판결, 대법원 2002.4.23. 선고 2000두5852 판결). 그러나 자기지분부분은 애초에 판결의 쟁점이 아니었으므로 현물출자자의 자기지분부분도 양도된 것으로 본다는 법원의 판단은 없었다는 견해가 있다.

❷ 공동사업의 취득세

1) 설립인가 조합에 현물출자하는 경우

주택재개발조합 등은 법인의 형태이기 때문에 지방세의 과세체계에 있어서 일관성을 유지하기 위해서는 취득세를 과세하는 것이 타당하다고 한다.

현행 지방세법 제7조 제8항은 「주택법」과 「도시 및 주거환경정비법」 및 「빈집 및 소규모주택 정비에 관한 특례법」에 따른 설립인가 조합에 대하여 '조합주택용부동산은 조합원이 취득한 것으로 본다.'라고 하여 취득세 문제를 해소하였고, 현행 지방세법 제9조 제3항 본문에서는 '비조합원용으로 취득하는 신탁재산을 비과세 제외대상에 추가'함으로서 적어도 비조합원용 부동산(일반 분양분)에 대해서는 조합이 취득한 것으로 보아 조합에게 취득세를 부과한다(지령 §20 ⑦).

구분	취득일	비고
주택조합사업 – 일반분양분	사용검사일	지령 §20 ⑦
도시정비사업 – 일반분양분	소유권이전 고시일의 익일	

이전고시일이란, 도시정비사업에서 관리처분계획에 따라 토지 또는 건축물의 소유권이 조합원에게 이전되었음을 법적으로 확정하는 고시일을 말한다. 이 고시가 이루어지면, 등기 절차 없이 법률상 소유권이전의 효력이 발생한다는 점이 핵심이다. 이는 관리처분계획이 있는 도시정비사업에 해당하는 소유권이전의 특례방식으로 일반적인 분양사업 또는 주택조합의 사업은 사용승인일 보존등기 및 이전등기를 통하여 소유권이 이전한다.

2) 임의조합에 현물출자 하는 경우

법인격 없거나 설립인가를 받지 않는 임의조합에 현물출자하는 경우 취득세 과세대상 여부에 대하여 긍정설과 부정설 및 절충설의 입장이 있다. 긍정설의 경우 현물출자한 자산에 대하여 합유등기를 한 경우는 물론이고 공유의 형태로 소유권이전등기를 이행한 경우에도 현물출자의 목적물의 전부가 조합으로 이전된 것으로 보아 취득세를 과세하여야 한다는 것이다. 부정설의 경우 일반적으로 조합원이 현물출자하는 토지 또는 건축물을 조합에게 소유권을 이전하는 절차 없이 조합이 조합원의 동의하에 그 출자된 부동산을 사업목적에 사용하는데, 이 경우 부동산은 조합원 명의로 남아있기 때문에 조합에게 취득세를 과세하는 것은 타당하지 않다고 한다. 또한 절충설의 경우 조합에 대한 현물출자는 조합원의 합유가 되므로 법인에의 현물출자와는 달리 자기지분비율에 해당하는 부분은 취득세의 과세대상으로 보지 아니하고, 지분비율을 제외한 부분만을 취득세의 과세대상으로 보아야 한다는 견해이다.

2015년 택지개발촉진법 개정으로 한국토지주택공사(지주)와 민간사업자(비지주, 주로 시공사)가 택지분양사업을 공동으로 진행하는 지주공동사업이 새로이 등장하였다. 이 경우 ① 부동산신탁에서 노무출자자인 비지주 등이 위탁자가 될 수 없으며, ② 택지개발촉진법상 이익분배내용에 비추어 우선수익권자도 될 수 없고, ③ 택지개발촉진법 제7조 제1항 제5호상 민간참여자는 6%를 한도로 동등한 순위에서 이익을 분배받게 되어 신탁을 이용할 수 없다. 따라서 취득세 과세문제가 발생한다.

이때 취득세문제는 아래 두 가지 안으로 정리될 수 있다.

(1안) 조합원(비지주공동사업자)이 다른 조합원(지주공동사업자) 소유의 부동산을 합유취득하는 경우 조합원(비지주공동사업자)에게 취득세 과세문제가 발생한다.

(2안) 지방세법상 현물출자는 법인에 대한 현물출자만 과세하므로 조합출자는 과세대상이 아니다.

본건 쟁점은 본 저자가 2015년 3월 아래 예규를 생성함으로써 일단은 해결되었다.

> 서울특별시 세제과-4189, 2015.3.20. : 지방세법기본통칙 지법 7-2 제3호에서는 현물출자를 통해 법인 설립을 하는 경우 재산의 취득시기는 법인설립 등기일로 규정하고 있으므로, 토지를 소유한 법인과 노무를 제공하는 법인이 별도의 법인 설립 없이 공동사업자등록만을 하여 사업을 시행하는 경우라면 당해 공동사업자에 대하여 토지분 취득세 납세의무가 없다.

앞서 언급한 바와 같이 세법상 정의에서 공동사업자는 조합원이고 공동사업은 조합이다. 그런데 이후 일부 참여자들이 공동사업(조합)과 공동사업자(조합원)를 동일한 것으로 오해하였다. 2015년 11월 법률용어에 관한 혼선 및 사실관계의 변동 등으로 다시 쟁점화되었으며, 관련한 사전답변을 행안부에 요청하였으나, 만족할 만한 답변을 얻지 못하였다. 이에 따라 비지주공동사업자는 취득세를 신고납부한 후 취득세 환급에 대한 이의신청을 구하였으나 기각되었다.

관련하여 유사한 지주공동사업인 "보금자리주택 민간참여 공동시행사업"에서 비지주 조합원의 취득세 납세의무가 없다고 판시한 바 있다. 2012년 및 2014년 민간사업자가 경기도지사로부터 사업계획승인을 받아 공동주택지 상에 공동주택을 건설하기 위한 공모에 참여하여 사업자로 선정된 후 2012.12.7. 및 2014.6.24. "보금자리주택 민간참여 공동시행 사업협약"을 체결한 사업에서 민간사업자를 사실상 고정된 회수비(공사비)를 수령할 뿐 경기도시공사가 사업의 실질적 주체임을 들어 민간사업자에게 취득세 납세의무가 없다고 판단하였다.

2020지0866. 2019.8.7. : 청구법인(대O산업, 대O건설)은 2019.11.12. 경기도지사에게 이의신청을 신청하였고, 2020.1.22. 기각됨

조심2019지2200, 2020.1.28. : 청구법인은 민간사업자로서 사실상 고정된 회수비(공사비)를 수령하고 경기도시공사는 분양대금에서 청구법인의 고정된 시공비를 제외한 나머지 금액을 회수하도록 되어 있고 당초 협약상 기준이 되는 분양대금을 초과하는 분양대금은 청구법인과 공사가 5 : 5로 나누도록 약정되어 있는 등 이 건 사업의 실질적인 위험부담 등은 대부분 공사에게 있는 구조이므로 이는 공동사업(공동시행)이라기보다는 사실상 청구법인은 시공사로, 공사는 건축주로서 각각 해당 사업에 참여하여 공사가 최종적으로 이 건 공동주택을 취득하였다고 보는 것이 합리적인 점, 쟁점사업협약 제19조 제4항 등에서 수분양자에 대한 분양 및 원활한 등기이전을 위하여 청구법인은 공사에게 이 건 공동주택에 대한 권리 일체를 양도하기로 약정하고 이 건 공동주택의 취득시기 이전에 해당 권리 등은 실제로 양도(이전)되어 경기도시공사의 명의로 그 소유권보존등기가 이루어짐에 따라 이 건 공동주택의 소유권은 최종적으로 공사에게 귀속된 것으로 볼 수 있는 점등에 비추어 도시공사를 이 건 공동주택의 원시취득자로 보는 것이 타당함.

조심2019지2370, 2020.1.31. : 경기도시공사는 쟁점공동주택을 신축하여 단독으로 사용승인을 받아 원시취득하였다고 보는 것이 타당하고, 청구법인이 이 건 사업협약에 따라 공동사업시행자가 되었다는 사실만으로 경기도시공사가 사용승인을 받아 소유권보존 등기한 쟁점공동주택 전체를 원시취득한 것으로 보기는 어려우므로 처분청이 이 건 취득세 등을 부과한 처분은 잘못이 있다고 판단됨.

취득세와 양도소득세는 기본적으로 유사한 쟁점을 담고 있지만, 취득세의 과세문제가 훨씬 더 심각하다. 만일 다수의 토지주가 동일한 지분으로 지주공동사업을 한다고 가정해 보자. A라는 토지주가 a라는 토지를 출자하고, B라는 토지주가 b라는 토지를 출자했다. 취득세가 과세되는 경우 A는 b토지의 50%에 해당하는 취득세를 부담해야 하고, B는 a토지의 50%에 해당하는 취득세를 부담해야 할 것이다. 이후 C라는 토지주가 c라는 토지를 현물출자하면 어떻게 될 것인가. 지주C는 a 및 b토지의 33%에 해당하는 지분이 생겼으므로, 취득세 납세의무가 생길 것이다. 그러면 기존의 A와 B의 취득세는 환급될 것인가 하면, 취득일 이후의 사건이 될 것이므로 환급 받지 못할 것으로 짐작할 수 있다. 뿐만 아니라 c토지의 33%에 해당하는 취득세를 추가로 납부하여야 할 것이다. 이후 C가 본인의 토지를 가지고 조합을 탈퇴하는 경우 조합원 A와 B는 각각 a토지와 B토지의 17%의 취득세를 납부하여야 할 것이다. 이후 비지주인 조합원D가 참여하는 경우 등 취득세에서 발생하는 세무문제는 가볍지 않다.

즉, 양도소득세의 경우 양도가액은 이후에 취득가액으로 반영되어 동일한 과세표준에 대하여 다시 과세되지 않지만, 취득세는 전체금액에 대하여 몇 번이고 다시 과세될 수 있는 것이다.

❸ 공동사업의 부가가치세

1) 노무출자 조합원에 대한 부가가치세

토지주와 비토지주가 공동으로 사업하여 주택이나 택지를 분양하는 경우 토지주는 토지를 출자하고 비토지주는 용역(주로 공사용역 및 개발용역)을 출자하여 주택이나 택지를 제3자(수분양자)에게 공급한다.

이 경우 비지주의 노무출자가 부가가치세 과세대상이 되는 지에 대한 이견이 있을 수 있다. 현물출자는 과세대상거래로 명시(부가가치세법시행령 §18 ① 4호)하고 있으나 과세대상용역을 노무출자하는 경우에는 명시가 없고, 무한책임사원이 합명회사나 합자회사에게 무한책임사원이 노무를 출자하는 경우 부가가치세가 과세되지 않기 때문이다.

도급은 고용, 현상광고, 위임, 임치와 더불어 '노무공급계약'의 일종이지만, '일의 완성'을 목적으로 하는 데에 그 특색이 있다. '일'은 물건의 제작이나 수리와 같은 유형적인 것일 수도 있고, 운반과 같은 무형적인 것일 수도 있으나, 노무 그 자체가 계약의 목적이 아니고, 노무에 의하여 이루어진 결과가 계약의 목적이다.

이에 반하여 '고용'은 노무자 자신에 의한 노무의 공급 그 자체를 목적으로 하는 계약이며, 제공되는 노무에 의한 어떤 일의 완성이나 또는 어떤 통일적인 사무의 처리와 같은 일정한 결과의 달성 여부는 고려되지 않는다는 점에서 도급과 구별이 된다. '위임'은 특정한 사건의 처리와 같은 일정한 사무를 처리하기 위한 통일적인 노무를 목적으로 하는 계약으로서, 어디까지나 신임을 기초로 하여 부탁한 사무를 처리한다는 데 주안이 있을 뿐, 사무처리에 따른 일의 완성을 목적으로 하지 않는 점에서 도급과 다르다.

오해가 발생할 수 있는 소지는 법학과 경제학의 노무의 개념차이 때문일 것이다. 법률상 '노무계약'이란 도급, 고용, 현상광고, 위임, 임차를 포함한다. 부가가치세법상 면세되는 노무란 부가가치를 창출하는 원본이 되는 생산요소를 의미한다. 따라서, 부가가치세법상 노무란 노동자등의 노동공급만을 의미한다고 해석된다.

따라서 부가가치세법은 현물출자를 과세대상거래로 명시(부가가치세법시행령 §18 ① 4호)하고, 과세대상용역을 노무출자하는 경우 명시가 없으나 부가가치세가 과세된다고 보는 것이 타당하다(재정경제부 소비세제과-23, 2005.01.11.).

현물출자를 과세하는 것은 과세대상인 현물을 출자 등의 사유로 공급하는 경우에도 과세한다는 의미로 보아야 한다. 일반적으로 노동공급은 과세대상이 아니나 공사용역등은 과세대상이므로 출자를 이유로 공급하는 경우에도 과세대상에 해당한다.

2) 공동사업과 공동사업자 간 거래

공동사업의 구성원이 공동사업에게 재화나 용역을 제공하는 경우에는 세금계산서는 수수하여야 한다. 부가가치세법상 납세의무자로 등록한 사업자가 재화 또는 용역을 공급하는 때에는 그 공급시기에 세금계산서를 교부하여야 한다(부가가치세법 제16조). 또한 부가가치세법상 납세의무자인 사업자는 재화 또는 용역을 공급 받은 경우 세금계산서를 수취하여야 매입세액을 공제 받을 수 있다(부가가치세법 제17조 제1항 제1호의 2). 그런데 동업계약에 의해 공동사업을 영위하는 경우 그 공동사업은 공동사업자와는 별개의 사업체로서 사업자등록을 하여야 한다(재소비46015-65, 2002.3.15. 외). 따라서, 공동사업체는 부가가치세법상 납세의무자이므로 공동사업체가 공급하는 재화나 용역에 대해서는 세금계산서를 교부하여야 하며, 공동사업을 공급받는 자로 하는 세금계산서를 교부받아야 한다. 이 경우 공동사업의 구성원이 공동사업에게 재화나 용역을 공급하는 경우에도 세금계산서를 수수하여야 한다(서면3팀-897, 2008.5.7., 서면3팀-1563, 2005.9.20.).

3) 부당행위계산부인 문제

부가가치세법 제29조 제4항은 부가가치세법상 독립된 납세의무자 간 거래에 해당하면 당연히 적용될 수 있음을 전제로 하는 것인바, 지주공동사업이 부가가치세법상 독립된 납세의무자에 해당하는 이상 법인세법 및 소득세법상 '법인', '개인' 또는 '거주자'로 보고 조합원들과의 특수관계 해당 여부를 판단함이 타당하다는 견해가 있을 수 있으나, ① 부가가치세법 시행령 제26조는 명문으로 법인세법 및 소득세법상 특수관계인을 의미한다고 규정하고 있는바, 공동사업은 법인세법 및 소득세법상 법인, 개인, 거주자 등에 해당하지 않으므로 조세법률주의 및 엄격해석의 원칙상 조합원들과 특수관계가 성립할 수 없고, ② 조세심판원은, 공동사업자인 청구인들이 다른 공동사업자인 배우자들에게 건물을 저가로 임대한 사안에서 공동사업자 간 거래를 특수관계 있는 자 간의 거래로 볼 수 없다는 입장인 점(조심2008서2389, 2008.11.07.), 특수관계자 간에 공동사업을 영위하는 경우로서 공동사업자가 당해 공동사업장에 토지를 무상제공하는 경우 자신의 토지를 자신에게 제공하는 결과가 되어 소득세법상 부당행위계산부인 대상이 될 수 없다는 입장인 점(국심 2002서3374, 2003.05.13., 대법원 2004두1261, 2005.03.11. 등 참조) 등에 비추어 보면, 쟁점 조합과 조합원들 간 거래는 부가가치세법상 부당행위계산 부인 규정의 적용대상이 아닌 것으로 봄이 타당하고, ③ 쟁점 조합의 조합원들은 공동사업에 관계되는 조세에 대하여 연대납세의무를 부담하고(국세기본법 제25조), 쟁점 조합이 민사상 별도의 법인격이 있는 단체도 아니므로, 조합원들과 쟁점 조합이 부담하는 세액에는 실질적인 차이도 없는 점을 고려하면 특수관계자에 해당하지 않는다.

④ 법인세 및 소득세

1) 유보추인의 경우

기존의 보유한 토지가 평가손익등을 인식하여 유보사항을 발생시킬 수 있다. 유보사항이 있는 토지를 지주공동사업체에 현물출자하는 경우 유보추인의 문제가 발생할 것이다. 이때에도 양도소득세와 같이 전부양도설 및 일부양도설에 따라 추인하는 비율이 정해질 것이다. 만약 양도소득세의 판결과 같이 전부양도설에 따르게 될 경우 아주 적은 비율을 포기하는 경우 전체유보를 추인할 수 있고, 손쉽게 귀속년도를 결정할 수 있다는 문제가 발생하게 된다.

2) 업무무관부동산

법인세법에는 업무와 관련 없는 비용의 손금불산입(법인세법 제27조)을 두고 있으며, 유예기간중 당해법인의 업무에 직접사용하지 아니하고 양도하는 부동산(법령 49조 1항 1호 나목)은 해당기간의 법인세를 부담하여야 한다.

이에 따라 부동산매매업[한국표준산업분류에 따른 부동산 개발 및 공급업(묘지분양업을 포함한다) 및 건물건설업(자영건설업에 한한다)을 말한다]이 아닌 법인은 유예기간(2년) 내에 양도해도 업무무관비용에 해당하는 법인세를 부담하게 한다. 부동산매매업의 경우 단서조항(법령 §49 ①1 1호 나목)으로 인하여 유예기간중 양도하는 경우에도 법인세의 추가부담이 발생하지 않는다. 문제는 부동산매매업을 영위하는 법인이 유예기간(일반법인의 유예기간은 2년이고 부동산매매업의 경우 유예기간이 5년임) 이후에 양도하는 경우에도 업무무관자산으로 보는 기산일이 일반법인과 달리 유예기간이 경과된 시점이 된다는 점이다. 과거 업무무관부동산의 기산일을 쟁점으로 다툰 사례에서 부동산매매업이 주업인 법인의 양도는 업무에 사용한 것이라고 판시(대법원 2018.5.11. 선고 2014두44342 판결)하였기 때문이다.

결국 부동산매매업을 주업으로 하는 법인이 매매용 부동산을 취득한 다음 유예기간이 지난 후 물적분할 등을 통해 양도한 경우는 법인세법 시행규칙 제26조 9항 단서의 '업무에 사용하지 않고 양도하는 경우'에 해당하지 않는다.

따라서 부동산매매업이 주업인 법인이 유예기간(5년)이 지난시점에서 지주공동사업에 현물출자하는 경우 (전부양도설에 의할 경우) 아주 작은 지분율만 포기하면 토지를 처분하지 않아도 추가적인 법인세 부담이 사라진다는 비합리적인 결과에 도달하게 된다.

건설업 세무와 회계

세무·회계 지식서비스 분야의 선두주자 조세통람

국내 재경실무분야를 선도하는 No 1. Knowledge Provider

건설업

세무와 회계

제 14 장

조합사업

제 1 절

조합의 종류

1 주택법상 조합

주택조합은 다수의 구성원을 모집하여 주택을 마련하거나 리모델링하기 위하여 조합원을 구성하고 주택법에 의한 자격요건을 갖추고 관할 특별자치시장, 특별자치도지사, 시장, 군수 또는 구청장(구청장은 자치구의 구청장을 말하며, 이하 "시장 · 군수 · 구청장"이라 한다)으로부터 주택조합설립인가를 받은 조합을 말한다.

지역 및 직장주택조합은 국민주택규모(전용면적 85㎡) 이하 주택 소유자 및 무주택주민의 내집마련과 주택공급의 촉진을 위해 일정한 자격요건을 갖춘 조합원에게 청약저축 가입여부와 관계없이 주택을 공급하기 위하여 도입된 제도이며, 건축물의 노후화 억제 또는 기능향상 등을 위하여 도입된 제도이다.

한편, 조합은 주택법에 의한 등록사업자가 아니므로 사업추진은 반드시 주택건설사업자와 공동으로 진행하여야 한다.

주택법상 조합은 도정법상 조합과 달리 "토지등소유자"의 사업이 아니다. 따라서 사용권원 확보가 중요하다. 주택법상 조합중 지역주택조합이 가장 흔하다고 할 수 있는데 지역주택조합의 경우 그 땅에 사는 사람들의 50%동의를 얻은 후, 조합원을 더 모집하여 80%의 토지를 확보하여 조합을 설립한다. 이후 95% 토지를 확보하면 나머지 5%는 강제매도청구를 통해 100%의 토지를 확보한 이후에만 착공할 수 있다. 이 때문에 주택법상 조합의 사업은 자주 차질이 발생되며, 탈퇴가 용이하지도 않다(2020년12월11일 이후

가입자는 가입일로부터 30일 내에 한번 탈퇴할 수 있다). 실재로 2021년 현재 5년동안 서울에서 조합설립된 지역주택조합조합 19곳 중에서 실제로 착공한 조합은 2곳에 불과하다.

때문에 "지역주택조합은 원수에게 소개한다."라는 말도 있다.

■ 주택조합의 종류 ■

종 류	내 역	비 고
지역주택조합	수도권 외 8개 지역으로 구분된 지역에 거주하는 주민이 주택을 마련하기 위하여 설립한 조합	법 §2 11호 가목, §11
직장주택조합	같은 직장의 근로자가 주택을 마련하기 위하여 설립한 조합	법 §2 11호 나목, §11
리모델링주택조합	공동주택의 소유자가 그 주택을 리모델링하기 위하여 설립한 조합	법 §2 11호 다목, §11

주택법상 조합에 대한 자세한 사항은 장을 달리하여 "주택법상 조합과 리모델링사업"에서 살펴보기로 한다.

❷ 도정법상 조합

정비사업이라 함은 도시정비법에서 정한 절차에 따라 도시기능을 회복하기 위하여 정비구역 또는 가로구역 안에서 정비기반시설을 정비하거나 주택 등 건축물을 개량하거나 건설하는 사업을 말한다(도시정비법 §2 2호). 도시의 기능이 상실되거나 정비기반시설이 부족한 낙후지역을 정비구역으로 지정하여 사업시행계획으로 주택단지를 설계 · 시공하며, 관리처분계획으로 권리를 배분하는 형태가 정비사업의 기본적인 특성이다.

정비사업에는 재건축사업, 재개발사업, 주거환경개선사업, 주거환경관리사업, 도시환경정비사업, 가로주택정비사업 등이 있다.

■ 도정법상 조합 ■

종 류	내 역	비 고
재개발정비사업조합	정비기반시설이 열악하고 노후 · 불량건축물이 밀집한 지역에서 주거환경을 개선하기 위하여 설립한 조합	도시정비법 §2 나목, §13
재건축정비사업조합	정비기반시설은 양호하나 노후 · 불량건축물이 밀집한 지역에서 주거환경을 개선하기 위하여 기존주택의 소유자가 설립한 조합	도시정비법 §2 다목, §13

❸ 도시정비법 의의

1) 도정법 제정의 취지

종전 주택건설촉진법(현 '주택법'), 종전 도시재개발법 및 종전 도시저소득주민의주거환경개선을위한임시조치법 등의 개별법들은 정비기반시설의 부족 여부, 주택의 노후화 정도, 저소득주민의 요구 등에 따라 그 요건이 충족되면 사업을 시행하는 형태로 규정되었다. 그 결과 종합적으로 보면 도시기능의 회복이라는 유사한 기능의 사업들임에도 불구하고, 도시재개발 · 재건축사업 및 주거환경개선사업 등이 상호간의 유사성을 무시한 채 혼란스럽게 시행되어 왔었다.

따라서 행정업무의 혼란성을 없애고 일관성 등을 확보하기 위하여 관련법규의 정비 및 통 · 폐합의 필요성이 대두됨에 따라 2003.7.1.부터 구 주택건설촉진법상의 주택재건축사업, 구 도시재개발법에 의한 재개발사업, 종전 도시저소득주민의주거환경개선을위한임시조치법에 의한 주거환경개선사업을 하나의 법률인 도시정비법으로 통합시켰다. 이전에는 재개발사업과 재건축사업은 전혀 다른 행정절차를 거쳐 진행하는 사업이었으나, 법률통합으로 재개발사업의 주된 흐름에 재건축사업을 포함시키는 방식으로 법이 제정되었다. 따라서 종전의 재건축사업은 조합설립인가와 사업계획승인이라는 비교적 단순한 절차에 따라 사업을 진행하였으나, 이후에는 재개발사업과 마찬가지로 정비구역지정, 사업시행의 인가, 비용부과처분, 관리처분계획의 인가 및 고시라는 절차를 따르게 된다.

참고로 구 주택건설촉진법에 의하여 시행된 재건축사업은 도시재개발사업의 엄격한 절차를 피하기 위한 우회적인 사업이라 할 수 있었다. 종전의 재건축사업에서는 재개발사업과는 다르게 사업시행계획, 토지수용재결, 관리처분계획, 분양처분과 같은 권리관계를 법률적으로 확정하거나 변동시키는 권한이 존재하지 않았다. 따라서 재건축사업의 주요 부분에 대한 결정권은 전적으로 조합원총회가 갖고 있었다 해도 조합원총회의 결의에 따르지 않는 조합원을 강제할 수 있는 법률적 지위권이 존재하지 않았다. 따라서 조합측이 조합원을 통제하거나 권한을 행사할 수 있는 유일한 방법은 민사소송뿐이었다.

2) 도시정비법과 도시기본계획 관련표

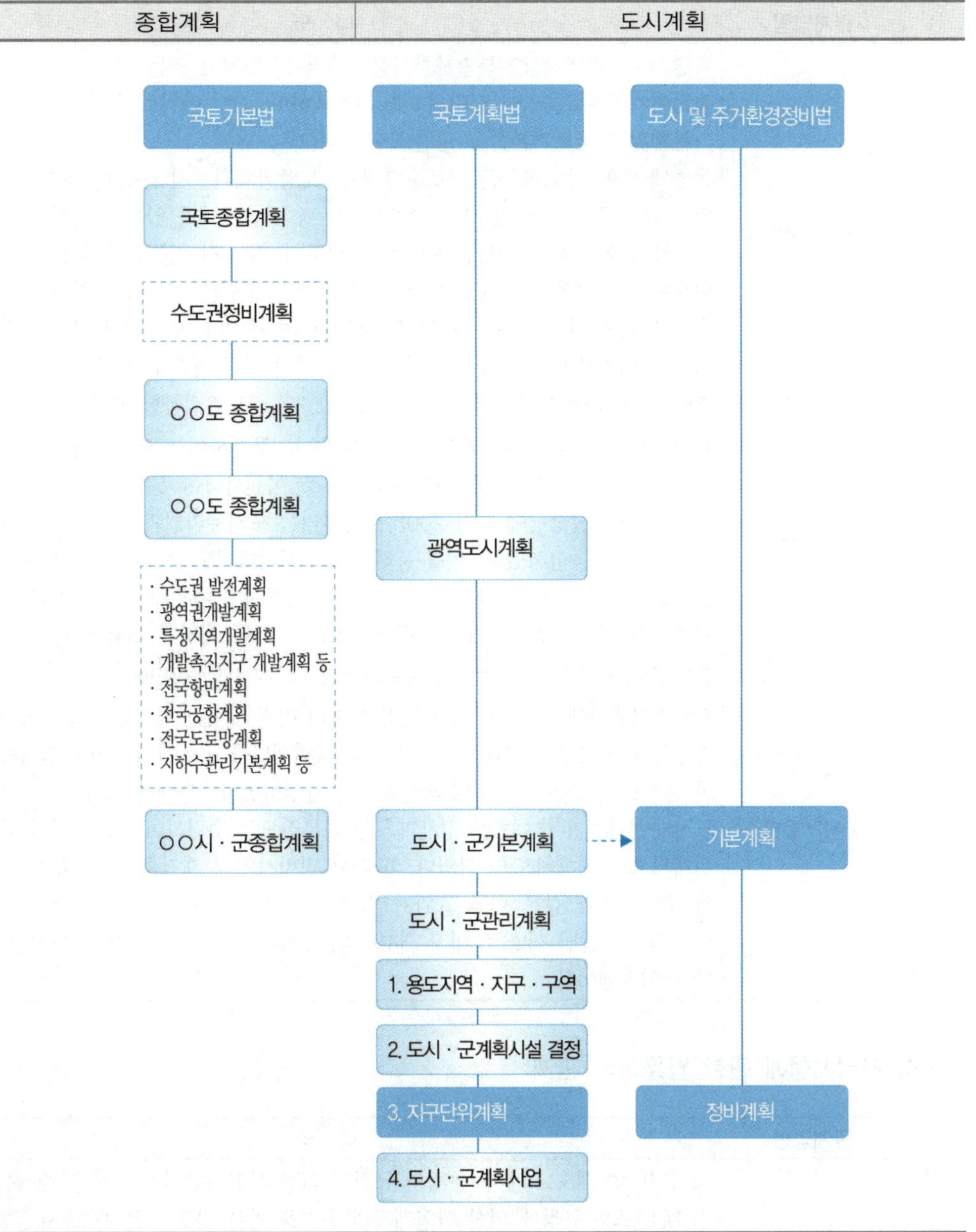

3) 도시계획에 관한 법률과의 관계

관계법령	내 역
국토기본법	특별시장 · 광역시장 · 특별자치시장 · 특별자치도지사 또는 시장은 도시 · 주거환경정비기본계획을 도시정비법 제3조에 의하여 10년 단위로 수립하여야 한다. 이 기본계획은 국토기본법을 근간으로 한다. 동법에 의한 국토계획은 국토종합계획 · 도종합계획 · 시 · 군종합계획 · 지역계획 및 부문별계획 등이 있으며, 상호간 상 · 중 · 하 관계가 있는 계획체계를 형성하여 국토종합계획은 20년을 단위로 수립하며, 도 · 시 · 군 종합계획의 기본이 되며 부문별계획과 지역계획은 국토종합계획과 조화를 이루어야 한다. 특히 동법에 따른 국토종합계획은 국토계획법에 의한 도시계획 및 도시정비법에 의한 정비기본계획 등을 포함한 다른 법령에 의한 계획보다 우선한다. 이 법은 2003.1.1.부터 시행되면서 2002.12. 31. 후 국토건설종합계획법은 폐지되었다.
국토계획법	종전에는 국토를 도시지역과 비도시지역으로 구분하여 도시지역에는 도시계획법으로, 비도시지역에는 국토이용관리법으로 이원화하여 운용하였으나 국토의 난개발 문제가 발생됨에 따라 2003.1.1.부터는 도시계획법과 국토이용관리법을 하나의 법률로 통합하였다. 이를 통하여 비도시지역에도 동법에 의한 도시계획기법을 도입할 수 있도록 하여 국토의 계획적, 체계적인 이용을 통한 난개발의 방지와 환경친화적인 국토이용체계를 구축하려는 의도로 제정된 법률이다.
도시개발법	종전의 도시계획법 · 토지구획정리사업법 및 도시재개발법에 규정된 도시개발 · 재개발사업간에 중복적이거나 관련 절차의 미비 및 업무영역중복으로 행정처리에 혼란을 가중시켰고, 재건축 · 재개발의 사업성만을 고려하여 기반시설 등을 무시한 용적률 상향으로 도시의 과밀문제가 발생하였다. 따라서 도시개발구역에서는 도시개발시(재건축 · 재개발) 상세계획을 의무적으로 수립하여 국토계획법의 지구단위계획으로 대체하도록 하였다. 따라서 정비사업의 재건축 · 재개발의 기본계획과 구역지정과 같은 법률 효과가 있다. 또한 도시개발법 제28조 내지 제49조의 규정은 도시환경정비법의 환지방식에 의한 사업진행이다.

4) 사업시행에 관한 법률과의 관계

관계법령	내 역
주택법	도시정비법 제32조에서 '동법의 규정에 의한 사업시행인가를 받은 때에는 주택법 제15조의 규정에 의한 사업계획의 승인을 얻은 것으로 본다.'고 규정하여 재개발사업의 시행인가를 받은 토지 등의 소유자 · 조합 · 지방자치단체 · 공사 등이 주택건설사업을 진행하는 경우, 도시정비법 및 동법 시행령에서 규정하거나, 동법에 대한 적용을 명시적으로 배제하는 특칙이 없는 한 주택법 · 동법 시행령 · 동법 시행규칙, 주택공급에 관한 규칙 등의 포괄적 적용을 받게 된다. 주택법은 2003.5.29. 공포되어, 2003.11.30.부터 시행되었다. 또한 주택법 제3조에서는 '주택의 건설 및 공급에 관하여 다른 법률에 특별한 규

관계법령	내 역
	정이 있는 경우를 제외하고는 이 법에서 정하는 바에 따른다.'라고 규정되어 있어 도시정비법의 보완적 기능관계를 가지고 있다.
건축법	도시정비법이 명시적으로 그 적용을 배제하지 않는 한, 동법에 따른 모든 건축행위에 적용된다. 아파트의 용도를 공동주택으로 정의하는 것을 포함하여, 예컨대 용적률 · 건폐율의 개념, 용적률산정의 기초로서 바닥면적의 계산(건축법시행령 §119) 등 아파트 및 상가의 건축과 관련된 가장 기초적인 개념들이 건축법에 의존하게 된다.

5) 제세 및 평가에 관한 법령

관계법령	내 역
조세특례제한법	① 개인사업자 적용 : 2003.6.30. 이전에 주택건설촉진법(법률 제6852호로 개정되기 전의 것을 말한다) 제44조 제1항에 따라 조합설립의 인가를 받은 재건축조합으로서 도시정비법 제38조에 따라 법인으로 등기한 조합(이하 이 조에서 "전환정비사업조합"이라 한다)에 대하여는 법인세법 제2조에도 불구하고 전환정비사업조합 및 그 조합원을 각각 소득세법 제87조 제1항 및 같은 법 제43조 제3항에 따른 공동사업장 및 공동사업자로 보아 소득세법을 적용한다. 다만, 전환정비사업조합이 법인세법 제60조에 따라 해당 사업연도의 소득에 대한 과세표준과 세액을 납세지관할세무서장에게 신고하는 경우에는 그러하지 아니하다(법 §104의 7). ② 비영리법인 적용 : 도시정비법 제35조에 따라 설립된 조합(전환정비사업조합을 포함하며, 이하 이 조에서 "정비사업조합"이라 한다)에 대해서는 법인세법 제1조에도 불구하고 비영리내국법인으로 보아 법인세법(같은 법 제29조의 규정을 제외한다)을 적용한다. 이 경우 전환정비사업조합은 제1항 단서의 규정에 따라 신고한 경우만 해당한다. ③ 재화의 공급 아님 : 정비사업조합이 도시정비법에 따라 해당 정비사업에 관한 공사를 마친 후에 그 관리처분계획에 따라 조합원에게 공급하는 것으로서 종전의 토지를 대신하여 공급하는 토지 및 건축물(해당 정비사업의 시행으로 건설된 것만 해당한다. 이하 이 조에서 같다)은 부가가치세법 제9조 및 제10조 따른 재화의 공급으로 보지 아니한다. ④ 체납처분자산가액 : 정비사업조합이란 관리처분계획에 따라 해당 정비사업의 시행으로 조성된 토지 및 건축물의 소유권을 타인에게 모두 이전한 경우로서 해당 정비사업조합이 납부할 국세 · 가산금 또는 체납처분비를 납부하지 아니하고 그 잔여재산을 분배 또는 인도한 때에는 해당 정비사업조합에 대하여 체납처분을 집행하여도 징수할 금액이 부족한 경우에 한하여 그 잔여재산의 분배 또는 인도를 받은 자가 그 부족액에 대하여 제2차납세의무를 진다. 이 경우 해당 제2차납세의무는 그 잔여재산을 분배 또는 인도를 받은 가액을 한도로 한다.

관계법령	내 역
	⑤ 수익사업의 범위 : 제2항의 규정을 적용함에 있어 정비사업조합에 대한 법인세법 제3조에 따른 과세소득의 범위에서 정비사업에 관한 관리처분계획에 따라 조합원에게 종전의 토지를 대신하여 토지 및 건축물을 공급하는 사업은 제외한다.
지방세법	토지 및 건축물 등 부동산을 취득할 경우 지방세법 제7조에 따라 취득세가 부과되는바, 동법 제7조 제8항에서 도시정비법 제35조 제3항에 따른 주택재건축조합이 해당 조합원용으로 취득하는 조합주택용 부동산(공동주택과 부대시설 · 복리시설 및 그 부속토지를 말한다)은 그 조합원이 취득한 것으로 본다. 다만, 조합원에게 귀속되지 않는 비조합원용 부동산은 제외한다.
부동산가격공시에 관한법률	도시정비법상의 관리처분계획서에 의한 자산평가시 적용되는 법률로서 법 제8조 제1항에서 '국가 · 지방자치단체, 공공기관의 운영에 관한 법률에 따른 공공기관, 그밖에 대통령령으로 정하는 공공단체가 공공용지의 매수 및 토지의 수용 · 사용에 대한 보상, 국유지 · 공유지의 취득 또는 처분, 그 밖에 대통령령으로 정하는 지가의 산정을 위하여 토지의 가격을 산정하는 경우에는 해당 토지와 유사한 이용가치를 지닌다고 인정되는 하나 또는 둘 이상의 표준지 공시지가를 기준으로 토지가격비준표를 사용하여 지가를 직접 산정하거나 감정평가업자에게 감정평가를 의뢰하여 산정할 수 있다.'고 규정하고 있고, 위의 '그 밖에 대통령령으로 정하는 지가의 산정'에 대해 동시행령 제13조에서는 '국토계획법 그밖의 법령에 따라 조성된 용지 등의 공급 또는 분양, 도시개발법에 의한 도시개발사업, 도시정비법에 의한 정비사업, 농어촌정비법에 의한 농업생산기반정비사업을 위한 환지 · 체비지의 매각 또는 환지신청, 토지의 관리 · 매입 · 매각 · 경매 · 재평가'의 목적을 위한 토지가격의 산정이라 정하고 있다.
국유재산법 및 공유재산 및 물품 관리법	국유재산 및 공유재산은 원칙적으로 국유재산법 및 공유재산 및 물품 관리법에 의하여 관리되지만 다른 법률에 특칙을 규정하여 그 법률에 따라 관리될 수 있도록 하고 있다. 이에 따라 도시정비법 제65조 제1항에서 '시장 · 군수 또는 주택공사 등이 정비사업의 시행으로 새로이 정비기반시설을 설치하거나 기존의 정비기반시설에 대체되는 정비기반시설을 설치한 경우에는 국유재산법 또는 공유재산 및 물품 관리법의 규정에 불구하고 종래의 정비기반시설은 사업시행자에게 무상으로 귀속되고, 새로이 설치된 정비기반시설은 그 시설을 관리할 국가 또는 지방자치단체에 무상으로 귀속된다.'고 규정하고 있다. 또한, 동법 제66조 제4항 · 제5항은 '정비구역 안의 국 · 공유재산은 국유재산법 제9조 또는 공유재산 및 물품 관리법 제10조에 따른 국유재산관리계획 또는 공유재산관리계획과 국유재산법 제43조 및 공유재산 및 물품 관리법 제29조에 따른 계약의 방법에 불구하고 사업시행자 또는 점유자 및 사용자에게 다른 사람에 우선하여 수의계약으로 매각 또는 임대할 수 있다. 이에 따라 다른 사람에 우선하여 매각 또는 임대할 수 있는 국 · 공유재산은 국유재산법 · 공유재산 및 물품 관리법 그밖에 국 · 공유지의 관리와 처분에 관하여 규정한 관계법령에도 불구하고 사업시행인가의 고시가 있은 날부터 종전의 용도가 폐지된 것으로 본

관계법령	내 역
	다.'고 규정하고 있다. 이에 따라 '정비사업을 목적으로 우선 매각하는 국유지 · 공유지의 평가는 사업시행인가의 고시가 있은 날을 기준으로 하여 행하며, 주거환경개선사업의 경우 매각가격은 이 평가금액의 100분의 80으로 한다. 다만, 사업시행인가의 고시가 있은 날부터 3년 이내에 매매계약을 체결하지 아니한 국유지 · 공유지는 국유재산법 또는 공유재산 및 물품 관리법에서 정하는 바에 따른다.'고 규정하고 있다.

6) 기타

관계법령	내 역
공익사업을위한 토지등의취득 및 보상에관한법률	동법은 손실보상에 관한 절차와 기준을 체계화하고 각종 불합리한 제도를 개선하여 국민의 재산권을 충실히 보호함과 아울러 공익사업의 효율적인 추진을 도모하려는 목적으로 제정되었다. 토지 등의 수용 또는 사용에 대하여 도시정비법 제38조에서 '사업시행자는 정비구역 안에서 정비사업(주택재건축사업의 경우에는 제8조 제4항 제1호에 해당하는 사업에 한한다)의 시행을 위하여 필요한 경우에는 법 제3조의 규정에 의한 토지 · 물건 또는 그밖의 권리를 수용 또는 사용할 수 있다.'고 규정하고 있으며, 종전의 재개발사업의 경우, 시행기간 및 재개발사업시행인가에 따른 토지수용권의 효력을 1년으로 한정하는 것은 재개발사업의 목적달성에 적합하지 않으므로, 도시정비법 제40조 제1항 및 제3항에서 '정비구역 안에서 정비사업의 시행을 위한 토지 또는 건축물의 소유권과 그 밖의 권리에 대한 수용 또는 사용에 관하여는 이 법에 특별한 규정이 있는 경우를 제외하고는 공익사업을 위한 토지 등의 취득보상에 관한 법률을 준용한다. 위의 수용 또는 사용에 대한 재결의 신청은 법 제23조 및 동법 제28조 제1항의 규정에 불구하고 사업시행인가를 할 때 정한 사업시행기간 이내에 이를 행하여야 한다.'고 규정함으로써 법에 대한 특칙을 두어 주택재개발정비사업에 따른 수용 등을 위한 재결신청은 재개발사업의 시행기간 내에 하도록 명시하였다.
공간정보의구축및 관리등에관한 법률	동법 제86조에서 '도시개발법에 따른 도시개발사업, 농어촌정비법에 따른 농어촌정비사업, 그 밖에 대통령령으로 정하는 토지개발사업의 시행자는 대통령령으로 정하는 바에 따라 그 사업의 착수 · 변경 및 완료 사실을 지적소관청에 신고하여야 한다.'고 규정하고 동법 시행령 제83조 제1항에서는 "위 대통령령으로 정하는 토지개발사업 등이라 함은 주택법에 따른 주택건설사업, 택지개발촉진법에 따른 택지개발사업, 산업입지 및 개발에 관한 법률에 따른 산업단지개발사업, 도시 및 주거환경정비법에 따른 정비사업, 지역개발 및 지원에 관한 법률에 따른 지역개발사업, 체육시설의 설치 · 이용에 관한 법률에 따른 체육시설 설치를 위한 토지개발사업, 관광진흥법에 따른 관광단지 개발사업, 공유수면 관리 및 매립에 관한 법률에 따른 매립사업, 항만법 및 신항만건설촉진법에 따른 항만개발사업, 공공주택특별법에 따른 공공주택지구 조성사업, 물류시설의 개발 및 운영에 관한 법률 및 경제자유구역의 지정 및 운영에 관한 특별법에 따른 개발사업, 철

관계법령	내 역
	도건설법에 따른 고속철도, 일반철도 및 광역철도 건설사업, 도로법에 따른 고속국도 및 일반국도 건설사업, 그밖에 위와 유사한 경우로서 국토교통부장관이 인정하는 토지개발사업" 등이라고 추가 설명하고 있으며, 동조 제2항 내지 제4항에서 "도시개발사업 등의 착수 · 변경 또는 완료 사실의 신고는 그 사유가 발생한 날부터 15일 이내에 하여야 하며, 토지의 이동 신청은 그 신청대상지역이 환지를 수반하는 경우에는 동법 제86조 제1항에 따른 사업완료 신고로써 이를 갈음할 수 있다. 이 경우 사업완료 신고서에 법 제86조 제2항에 따른 토지의 이동 신청을 갈음한다는 뜻을 적어야 한다. 주택법에 따른 주택건설사업의 시행자가 파산 등의 이유로 토지의 이동 신청을 할 수 없을 때에는 그 주택의 시공을 보증한 자 또는 입주예정자 등이 신청할 수 있다."고 규정하고 있다.

제  절

재건축조합사업

❶ 개요

건축물의 준공시점이 20년 경과된 주택 또는 건축물의 급수 · 배수 · 오수설비 등이 노후 등으로 건물의 가격에 비하여 과다한 수선 · 유지비나 관리비용이 소요되는 주택과 부근 토지의 이용 상황 등에 비추어 주거환경이 불량한 경우 건축물로서, 건물을 새로이 신축할 경우의 신축에 소요되는 비용보다 자산가치가 증가가 예상되는 주택 등을 철거하고 철거한 대지 위에 주택을 새로이 신축하는 것을 재건축이라 한다.

❷ 재건축사업 개정연혁

1) 주택건설촉진법에 근거(1987년~2003년 6월 30일까지)

일 자	내 용	내 역
법률 제3998호 (1987.12.4.)	1) 주택건설촉진법의 개정	재건축조합을 주택조합의 일종으로 하여 기존 노후 · 불량주택의 소유자인 조합원이 재건축조합을 결성하여 재건축사업을 추진할 수 있는 법적 근거를 마련함.
대통령령 제12461호 (1988.6.16.)	2) 주택건설촉진법시행령의 개정	노후 · 불량주택의 범위를 신설, 재건축사업이 실질적으로 가능하도록 요건의 구체화, 재건축조합 설립인가 신청을 받은 경우에 기존주택이 노후 · 불량주택의 범위에 해당하는지 여부를 확인할 필요가 있을시 기존주택에 대하여 기관의 진단을 받고 그 결과를 제출할 수 있도록 하고, 조합설립인가시 집합건물의소유및관리에관한법률 제47조의 규정에 의한 재건축결의를 증명할 수 있는 서류를 따로 제출하도록 규정

일 자	내 용	내 역
대통령령 제13850호 (1993.2.20.)	3) 주택건설촉진법시행령의 개정	노후 · 불량주택의 범위를 변경, 원칙적으로 단독주택을 재건축대상에서 제외하고, 공동주택 중 동당 연면적이 660㎡를 초과하는 주택으로 한정하였다. 사업계획승인 신청시 기존주택의 철거계획서를 추가제출하도록 하고, 사업계획승인을 얻은 후에는 조합원을 교체하거나 신규가입하게 할 수 없고 조합원의 사망 및 해외이주 또는 2년 이상 해외거주를 하게 되는 경우 교체가 가능하도록 하였다.
법률 제4723호 (1994.1.7.)	4) 주택건설촉진법의 개정	주택건설촉진법시행령에 규정되어 있던 안전진단 관련 규정을 주택건설촉진법으로 옮기고(제44조 제9항), 안전진단의 대상 · 기준 · 실시기관 · 수수료 기타 필요한 사항을 건설교통부령으로 정하였다.
대통령령 제14349호 (1994.7.30.)	5) 주택건설촉진법시행령의 개정	노후 · 불량주택의 범위를 변경하여 사실상 단독주택의 재건축이 가능하도록 하고 사업계획승인을 얻어 건설한 주택으로서 20세대 미만의 노후 · 불량주택의 재건축할 경우 재건축조합설립이 가능하도록 함. 사업계획승인 후에도 노후 · 불량주택의 소유자가 추가가입시 신규조합원가입이 가능하도록 하고, 재건축조합의 경우 조합이 건설하는 주택의 규모별 공급비율 적용대상에서 제외하였다.
법률 제5451 · 5453 · 5454호 (1997.12.13.)	6) 주택건설촉진법의 개정	종래 재건축사업에 대한 근거가 대통령령에 있던 것을 대부분 주택건설촉진법 자체로 이전하고, 특히 재건축조합에 대한 제44조의 3을 마련한 것이 특징이다. 그 외 주택조합에 대한 회계감사제도의 도입, 무분별한 재건축사업을 방지하기 위하여 안전진단절차의 대폭강화, 1세대가 2주택 이상을 소유하거나 1주택을 2인 이상이 공유지분으로 소유한 경우 1주택만 공급하도록 하였다. 철거되는 주택에 설정된 저당권 등 권리를 새로이 건설되는 주택에 설정된 것으로 간주하였다.
법률 제5908호 (1999.2.8.)	7) 주택건설촉진법의 개정	사업계획승인 관련 사전결정 절차를 폐지하고, 주택의 전매행위 제한규정을 삭제함으로써 주택전매행위를 허용하였다. 여러 동의 건물이 있는 집합건물의 경우 주택단지 안의 각 동별 구분소유자 및 의결권의 2/3 이상의 동의와 전체 구분소유자 및 의결권의 4/5 이상의 동의로 재건축할 수 있도록 재건축결의요건을 완화하였다.
대통령령 제16283호 (1999.4.30.)	8) 주택건설촉진법시행령의 개정	조합원의 교체요건을 조합원의 사망, 입주자로 선정된 지위가 양도 · 증여 또는 법원 판결로 변경된 경우와 노후 · 불량주택 소유자가 추가로 가입하는 경우로 확대하고, 조합설립인가 신청시 주택건설촉진법 제44조의 3 제7항에 의한 재건축결의사항을 증명할 수 있는 서류를 첨부하도록 하였다. 또한 조합원의 제명 · 탈퇴 및 교체에 관한 사항을 조합규약에

일 자	내 용	내 역
		반드시 포함하도록 하였다.
대통령령 제16611호 (1999.12.7.)	9) 주택건설촉진법시행령의 개정	재건축조합원의 수가 20인 미만이라도 노후·불량한 소규모 연립 등을 재건축하여 20세대 이상의 공동주택건설이 가능한 경우에는 조합원이 10인 이상이면 주택조합을 구성할 수 있도록 함.
법률 제6250호 (2000.12.8.)	10) 주택건설촉진법의 개정	아파트단지 내에 있는 여러 개의 상가·유치원 등 복리시설을 하나의 동으로 규정, 상가의 문제점을 없애기 위한 규정을 신설하였음.
법률 제6732호 (2002.8.26.)	11) 주택건설촉진법의 개정	아파트 청약경쟁의 과열을 방지하기 위해 투기과열지구로 지정할 수 있고 입주자로 선정된 지위에 관하여 일정기간 전매행위를 금지하고 이를 위반하는 경우 형사처벌규정을 신설하였음.

2) 도시정비법에 근거(2003년 7월 1일부터 현재)

일 자	내 용	내 역
법률 제6852호 (2002.12.30.)	12) 도시정비법의 제정	1970년대 이후 산업화·도시화 과정에서 대량 공급된 주택들이 노후화됨에 따라 이들을 체계적이고 효율적으로 정비할 필요성이 커지고 있으나, 현행 재개발사업·재건축사업 및 주거환경개선사업이 각각 개별법으로 규정되어 이에 관한 제도적 뒷받침이 미흡하므로, 이를 보완하여 일관성 있고 체계적인 단일·통합법을 제정하였으며 시행은 2003.6.1.부터임.
건교부령 제361호 (2003.6.27.)	13) 주택공급에 관한 규칙의 개정	집값 상승을 주도하고 있는 재건축시장을 안정시키기 위하여 투기과열지구 내에서 재건축조합이 주택을 일반에게 분양하는 경우 전체 공정의 80%에 달한 후 입주자를 모집하도록 함.
대법원규칙 제1833호 (2003.6.28. 공포)	14) 도시 및 주거환경 정비 등기 처리 규칙	각각 개별법으로 규정되어 있던 재개발사업·재건축사업 및 주거환경개선사업의 단일·통합법인 도시정비법이 제정되어 동법 제56조 제2항에서 등기에 필요한 사항은 대법원규칙으로 정하도록 규정하였다. 이 조문을 근거로 1) 도시재개발법·주거환경개선법 및 주택건설촉진법의 재건축 관련 법규정이 도시정비법으로 통합되어 이에 따른 용어를 정리, 2) 재건축사업에 따른 등기절차에 본 규칙을 적용(① 제2조 제1항, 제5조 제1항 및 제6조 제2항 등에서 '도시재개발사업'을 '정비사업'으로 변경함. ② 제5조, 제10조 제4항 및 제16조 중 '분양처분'을 '이전고시'로 변경함), 3) 이 규칙 시행 전의 도시재개발법에 의한 재개발사업 및 주택건설촉진법에 의한 재건축사업에 대한

Chapter 14

일 자	내 용	내 역
		규정을 신설함(부가가치세법 시행규칙 §2).
건교부고시 제164호	15) 재건축판정을 위한 안전진단기준	무분별한 재건축추진을 방지하기 위하여 안전진단 기준의 절차와 기준을 구체화, 합리화하였음.
건교부고시 제165호	16) 정비사업조합설립추진위원회 운영규정	공정하고 투명한 조합운영을 위해 각각 고시된 것으로 향후 재건축·재개발조합설립추진위원회는 건교부가 고시하는 운영규정에 따라 운영되어야 함. 이 법 시행 후 설립되는 추진위원회뿐 아니라 현재 활동중인 추진위원회도 이 운영규정에 따라 운영되어야 함.
건교부 (2003.6.)	17) 재건축·재개발 정비사업조합 표준정관	조합표준정관은 공정하고 투명한 조합운영을 위해 제정된 것으로 반드시 이에 따라야 하는 것은 아님.
건교부 (2003.6.)	18) 도시·주거환경 정비기본계획수립지침	인구 50만 이상의 시가 정비기본계획을 수립함에 있어 수립의 지침이 되는 구체적인 기준을 정하였음.
건교부 (2003.9.9.)	19) 재건축사업의 국민주택규모 건설비율에 관한 기준	도시정비법에 의하여 재건축정비사업에 대하여 국민주택규모 이하의 주택을 건설하여야 하는 기준
법률 제7056호 (2003.12.31.)	20) 도시정비법의 개정	투기과열지구 안에서 재건축조합설립인가 후에는 재건축사업단지 안의 주택 또는 토지를 양수하더라도 조합원 자격의 취득을 제한함으로써 재건축주택에 대한 투기수요를 차단하려는 것임. ① 투기과열지구 안에서 주택재건축조합설립인가 후 재건축단지 안의 주택 또는 토지를 양수한 자에 대하여는 조합원 자격을 취득할 수 없도록 하고 조합설립인가일을 기준으로 현금으로 청산하도록 하되, 생업상의 이유로 다른 특별시·광역시·시 또는 군으로 이전하는 때 등 불가피한 사유가 발생한 경우에는 예외를 인정하여 재산권 침해를 최소화함. ② 허위 또는 부정한 방법으로 조합원 자격을 취득한 자와 취득하게 해 준 조합의 임직원 등에 대하여는 3년 이하의 징역 또는 3천만원 이하의 벌금에 처하도록 함.
법률 제7959호 (2006.5.24.)	21) 재건축초과이익 환수에 관한 법률	주택재건축사업에서 과도한 개발이익이 발생하고 있음에도 이를 사회적으로 환수하는 장치가 미비하여 해당 개발이익을 누리고자 하는 투기적 수요가 증가하고 있음. 따라서 재건축사업으로 발생하는 개발이익을 사회적으로 환수하고 이를 적정하게 배분하기 위하여 해당 개발이익에 일정한 부담금을 부과할 필요가 있음. 이를 통해 개발이익의 사유화를 방지함으로써 주택가격의 안정과 사회적 형평을 기하고 국민경제의 건전한 발전과 사회통합에 이바지하

일 자	내 용	내 역
		고자 함.
법률 제9444호 (2009.2.6.)	22) 도시정비법의 개정 시공사 선정 시기 변경	① 조합은 제16조에 따른 조합설립인가를 받은 후 조합총회에서 국토교통부장관이 정하는 경쟁입찰의 방법으로 건설업자 또는 등록사업자를 시공자로 선정하여야 한다. 다만, 대통령령으로 정하는 규모 이하의 정비사업의 경우에는 조합총회에서 정관으로 정하는 바에 따라 선정할 수 있음. ② 제8조 제3항에 따라 도시환경정비사업을 토지 등 소유자가 시행하는 경우에는 사업시행인가를 받은 후 제2조 제11호 나목에 따른 규약으로 정하는 바에 따라 건설업자 또는 등록사업자를 시공자로 선정하여야 함. ③ 제8조 제4항에 따라 시장 · 군수가 직접 정비사업을 시행하거나 주택공사 등을 사업시행자로 지정한 경우 사업시행자는 제8조 제5항에 따른 사업시행자 지정 고시 후 건설업자 또는 등록사업자를 시공자로 선정하여야 한다. 이 경우 제26조에 따른 주민대표회의는 대통령령으로 정하는 경쟁입찰의 방법에 따라 시공자를 추천할 수 있으며, 주민대표회의가 시공자를 추천한 때에는 시장 · 군수 또는 주택공사 등은 「지방자치단체를 당사자로 하는 계약에 관한 법률」 제9조 또는 「공공기관의 운영에 관한 법률」 제39조에도 불구하고 추천한 자를 시공자로 선정하여야 함.
법률 제9444호 (2009.4.22.)	23) 도시정비법의 개정 임대주택건설 의무폐지 및 용적률 완화	재건축사업에 대한 임대주택 건설의무를 폐지하고 용적률을 완화함으로써 장기적인 주택 수급 안정을 통해 도심지 내 재건축 소형주택의 공급기반을 구축하고 경기를 활성화하기 위해 주택재건축사업의 주택규모 및 건설비율을 합리적으로 개선 · 보완
법률 제9729호 (2009.5.27.)	23) 도시정비법의 개정 세입자보호대책 및 임대주택 인수 의무	① 세입자 보호를 위해 세입자의 이주대책을 사업시행계획에 반영하도록 하였으며, 일정한 기준 이상의 세입자 보호대책을 마련한 정비사업의 경우에는 시 · 도 조례로 용적률을 완화하여 정할 수 있도록 함 ② 조합이 요청하는 경우에는 국토교통부장관 등이 주택재개발사업으로 건설된 임대주택을 의무적으로 인수하도록 하고, 인수한 재개발 임대주택을 정비구역 안의 세입자와 영세주택 소유자를 위한 토지임대부 분양주택으로 활용할 수 있도록 함
법률 제10268호 (2010.4.15.)	23) 도시정비법의 개정 공공관리제도 도입	① 정비사업의 투명성 강화와 효율성 제고를 위하여 공공관리제도를 운영할 수 있는 근거를 마련하고, 공공관리의 시행을 위한 방법과 절차는 시 · 도의 조례로 정하도록 함 ② 사업시행자가 시공자와 공사에 관한 계약을 체결할 때에

일 자	내 용	내 역
		는 기존건축물의 철거 공사에 관한 사항을 포함하도록 의무화함
법률 제11580호 (20012.12.18.)	23) 도시정비법의 개정 기준연한 완화	내진성능이 확보되지 않은 건축물 중 기능적·구조적 결함이 있는 대통령령으로 정하는 건축물을 노후·불량건축물로 새로이 규정하고 이 건축물의 경우 소유자 10분의 1 이상의 동의로 안전진단을 요청할 수 있도록 함
법률 제12957호 (2014.12.31.)	23) 도시정비법의 개정 3주택까지 우선 공급	정비구역의 조합원에 대해서는 주거의 안정성·연속성을 위하여 주택의 우선공급을 허용하나, 「수도권정비계획법」에 따른 과밀억제권역에서 시행되는 주택재건축사업의 경우에는 투기방지 등 차원에서 다른 지역과 달리 소유한 주택 수와 관계없이 일률적으로 1주택만을 공급받을 수 있도록 되어 있어 개인의 재산권을 과도하게 제한하는 측면이 있으므로, 다주택을 소유하고 있는 조합원이 원하는 경우 최대 3주택까지는 우선 공급받을 수 있도록 제도를 개선하여 정비사업의 원활한 추진 및 국민의 재산권 보호를 도모함
법률 제12958호 (2014.12.31.)	21) 재건축초과이익 환수에 관한 법률 재건축부담금 면제 연장	재건축부담금 부과대상 사업으로서 2017.12.31.까지 「도시 및 주거환경정비법」 제48조 제1항에 따른 관리처분계획의 인가를 신청한 재건축사업에 대하여는 재건축부담금을 면제함
법률 제13508호 (2015.9.1.)	23) 도시정비법의 개정 신탁업자를 사업 시행자로 추가	주택재개발사업 및 주택재건축사업의 조합설립을 위한 동의요건 이상에 해당하는 자가 신탁업자를 주택재개발사업 또는 주택재건축사업의 사업시행자로 지정하는 것에 동의하는 때
법률 제13912호 (2016.1.27.)	23) 도시정비법의 개정 오피스텔건축 허용	주택재개발사업 및 주택재건축사업에 의하여 건설하여 공급할 수 있는 건축물에 오피스텔을 추가하되, 준주거·상업지역에서 전체 건축물 연면적의 100분의 30 이하까지만 허용함
법률 제14567호 (2017.2.8.)	23) 도시정비법의 전부개정	법률 개정이 빈번하게 이루어졌으며, 법조문도 제정 당시 88개조 273개항에서 117개조 423개항으로 크게 증가하였음. 이로 인해 법률 규정이 지나치게 복잡하고 일반 국민이 이해하기가 어려울 뿐만 아니라, 정비사업을 둘러싼 분쟁이 다수 발생하고 있어, 법률을 알기 쉽게 개편하고 불필요한 분쟁을 저감할 수 있도록 법률 규정을 정비할 필요성이 증대되고 있음. 이에 따라 복잡한 정비사업 유형을 통합하여 단순화하고, 분쟁을 유발하는 불명확한 규정은 명확하게 개선하는 한편, 일반 국민들이 정비사업 제도를 알기 쉽게 정비함.

❸ 재건축정비사업대상 범위

1) 건축물의 범위

재건축대상이 되는 '노후 · 불량건축물'이라 함은 다음의 어느 하나에 해당하는 건축물을 말한다(도시정비법 §2 3호).

(1) 건축물이 훼손되거나 일부가 멸실되어 붕괴 그 밖의 안전사고의 우려가 있는 건축물

(2) 내진성능이 확보되지 아니한 건축물 중 중대한 기능적 결함 또는 부실 설계 · 시공으로 인한 구조적 결함 등이 있는 건축물로서 건축물을 건축하거나 대수선할 당시 건축법령에 따른 지진에 대한 안전 여부 확인 대상이 아닌 다음의 건축물

① 급수 · 배수 · 오수 설비 등의 설비 또는 지붕 · 외벽 등 마감의 노후화나 손상으로 그 기능을 유지하기 곤란할 것으로 우려되는 건축물

② 건축물의 내구성 · 내하력 등이 법 제12조 제4항에 따라 국토교통부장관이 정하는 기준에 미치지 못할 것으로 예상되어 구조 안전의 확보가 곤란할 것으로 우려되는 건축물

(3) 주변 토지의 이용상황 등에 비추어 주거환경이 불량한 곳에 소재하거나 건축물을 철거하고 새로운 건축물을 건설하는 경우 그에 소요되는 비용에 비하여 효용의 현저한 증가가 예상되는 건축물로서 다음의 건축물 중 시 · 도 조례로 정하는 건축물

① 건축법 제57조 제1항에 따라 해당 지방자치단체의 조례가 정하는 면적에 미달되거나 「국토의 계획 및 이용에 관한 법률」 제2조 제7호의 규정에 의한 도시계획시설(이하 "도시계획시설"이라 한다) 등의 설치로 인하여 효용을 다할 수 없게 된 대지에 있는 건축물

② 공장의 매연 · 소음 등으로 인하여 위해를 초래할 우려가 있는 지역 안에 있는 건축물로서 특별시 · 광역시 또는 도의 조례(이하 "시 · 도조례"라 한다)가 정하는 건축물

③ 해당 건축물을 준공일 기준으로 40년까지 사용하기 위하여 보수 · 보강하는 데 드는 비용이 철거 후 새로운 건축물을 건설하는 데 드는 비용보다 클 것으로 예상되는 건축물

(4) 도시미관을 저해하거나 노후화로 인하여 구조적 결함 등이 있는 건축물로서 다음의 건축물 중 시 · 도조례로 정하는 건축물

① 준공된 후 20년 이상 30년 이하의 범위에서 조례로 정하는 기간이 지난 건축물

② 국토계획법 제19조 제1항 제8호의 규정에 의한 도시 · 군기본계획의 경관에 관한

사항에 저촉되는 건축물

2) 정비계획수립 대상지역

기존의 공동주택을 재건축하기 위한 주택재정비사업 정비계획은 다음의 요건에 해당하는 지역에 대하여 수립할 수 있다(도시정비법 시행령 §10 ① [별표 1]).

(1) 건축물의 일부가 멸실되어 붕괴 그밖의 안전사고의 우려가 있는 지역

(2) 재해 등이 발생할 경우 위해의 우려가 있어 신속히 정비사업을 추진할 필요가 있는 지역

(3) 노후 · 불량건축물로서 기존 세대수 또는 재건축사업 후의 예정세대수가 300세대 이상이거나 그 부지면적이 10,000㎡ 이상인 지역

(4) 건축법 시행령 별표 1, 제2호 가목 또는 나목에 따른 3 이상의 아파트 또는 연립주택이 밀집되어 있는 지역으로서 영 제20조에 따른 안전진단 결과 2/3 이상의 주택 및 주택단지가 재건축 판정을 받은 지역으로서 시 · 도 조례로 정하는 면적 이상인 지역

3) 재건축허용연한(서울시 조례, 2017.3.23.)

(1) 공동주택

① 철근콘크리트 강구조물 :

연도기준	허용연한	
	5층 이상 건축물	4층 이하 건축물
① 1981년도 이전 준공된 건축물	20년	20년
② 1982	22년	21년
③ 1983	24년	22년
④ 1984	26년	23년
⑤ 1985	28년	24년
⑥ 1986	30년	25년
⑦ 1987		26년
⑧ 1988		27년
⑨ 1989		28년
⑩ 1990		29년
⑪ 1991.1.1. 이후 준공		30년

② "①" 이외의 건축물 : 20년

(2) 일반건축물

구 분	허용연한	비 고
① 철근콘크리트 강구조물	30년	
② "①" 이외의 건축물	20년	

❹ 재건축정비사업조합의 의의

재건축조합이란 도시정비법에 따른 노후 · 불량한 주택을 철거하고, 그 철거한 대지 위에 주택을 건설하기 위하여 기존주택의 소유자가 설립한 조합을 말한다.

여기에는 도시정비법에 따라 설립하는 조합과 기존의 주택이 공동주택일 경우 집합건물의 소유 및 관리에 관한 법률 제47조에 따른 재건축을 결의하는 경우의 조합이 있다.

❺ 재건축정비사업의 사업개요

1) 조합방식 재건축사업절차

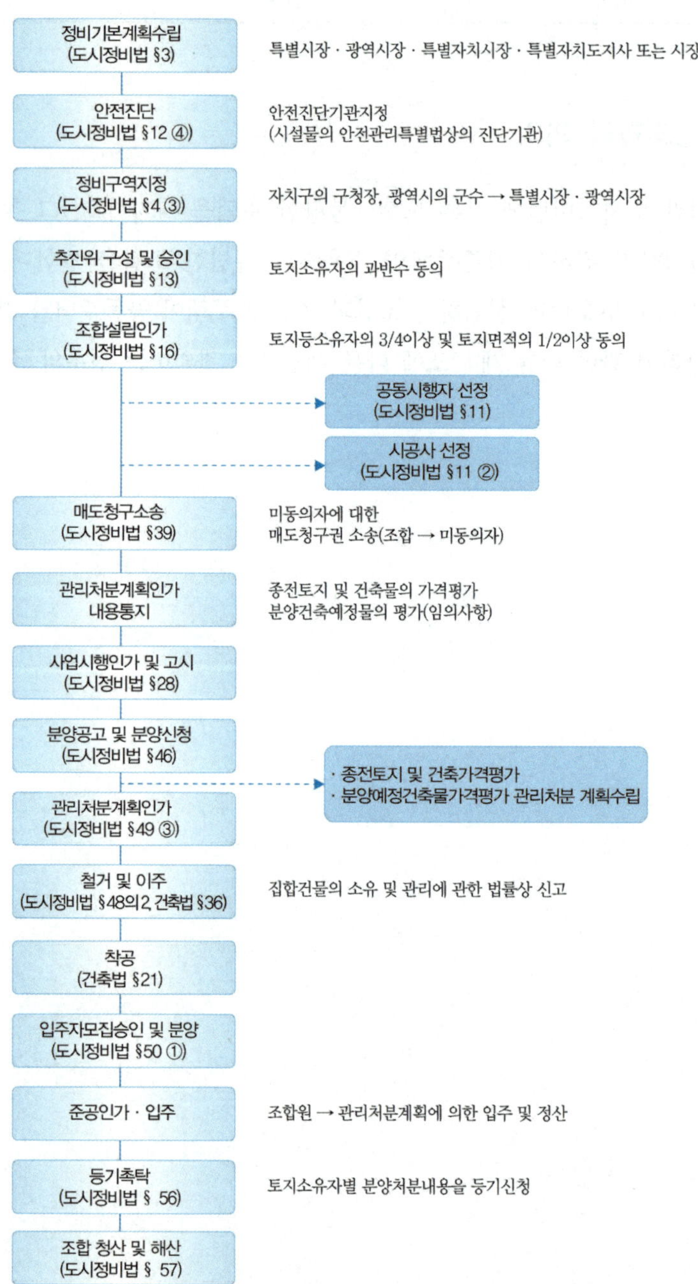

✎ 구역지정부터 조합설립인가 및 사업시행인가까지 약 3년의 기간 소요와 착공 후 준공 및 청산까지의 소요기간 약 3년이 소요되므로 최소 6년이 필요하다.

2) 조합방식과 신탁방식의 차이

구 분	주민대표기구	신탁시기	시공사역할	시공사선정
조합방식	조합	조합설립인가후	단순도급/공동시행	조합총회
신탁방식	정비사업위원회	사업시행사지정시	단순도급	신탁사

❻ 건설시공자의 참여 및 선정

1) 시공자의 역할 축소

구 주택건설촉진법에서는 건설시공자와 함께 재건축조합을 합하여 공동사업주체로서 규정하고 있었다.✎ 그러나 건설시공자는 사실상 공사시공권, 사업주체, 조합의 운영권 등 모든 권한을 가지고 역할을 수행하였으며 이 역할의 수행과정에서 건설시공자가 재건축을 과도하게 부추기고, 재건축사업의 개발이익에 대한 권한행위 등으로(지분제계약) 분양가를 과대하게 상승시키는 결과 및 조합의 추가부담문제로 민원 등이 야기되었다. 또한 조합이 구성되기 전부터 시공자가 참여하여 재건축의 추진위원장과 결탁하여 각종 비리 및 분쟁이 발생하기도 하였다.

✎ 기존의 재건축사업의 경우 종전 주택건설촉진법 제44조 제3항에 의하여 시공자는 재건축조합과 같이 공동사업주체로서 사업계획승인신청을 하게 하였고 또한, 재개발사업의 경우에도 조합과 시공자가 공동시행할 수 있도록 규정되어 있었다(종전 도시재개발법 §8 ②).

이를 해소하기 위하여 도시정비법(2009.2.6. 개정 전)을 개정하여 시공자는 사업시행인가 후 경쟁입찰로 선정 공동사업을 진행하게 함으로써 사업초기 시공자와 조합임원과의 부정한 거래 등이 발생되는 것을 원천적으로 봉쇄하여 초기 사업주체에서 배제하였고 대신 전문지식이 부족한 조합을 대신하여 자문역할을 수행하는 '정비사업전문관리업'의 제도를 새로이 도입하였다. 물론 새로운 자문역할자로서 정비사업전문관리업자가 시공자의 역할을 대신할 수 있도록 새롭게 규정되었으나, 이러한 법률의 규정만으로 종전에 시공자가 담당하던 역할이 모두 보완되기에는 한계가 있었다. 조합이 시공사의 도움없이 정비사업을 추진해야 하며 자금조달부족, 초기사업, 행정업무능력 미비 등 실질적인 정비사업 추진에 어려운 문제점이 새롭게 발생하여 도시정비법(2009.2.6. 개정 후)개정으로 시공자가 조합설립인가 후에 참여할 수 있도록 재개정하였다. 다만, 주거환경을 개선하고 주거생활의 질을 향상시키는 것이 사업목적인 이상 건설시공자의 중심이 아닌 조합중심으로 정비사업을 진행하도록 규정하였다.

① 조합은 제16조에 따른 조합설립인가를 받은 후 조합총회에서 국토교통부장관이 정하는 경쟁입찰의 방법으로 건설업자 또는 등록사업자를 시공자로 선정하여야 한다. 다만, 조합원 100명 규모 이하의 정비사업의 경우에는 조합총회에서 정관으로 정하는 바에 따라 선정할 수 있다.

② 제8조 제3항에 따라 도시환경정비사업을 토지등소유자가 시행하는 경우에는 사업시행인가를 받은 후 제2조 제11호 나목에 따른 규약으로 정하는 바에 따라 건설업자 또는 등록사업자를 시공자로 선정하여야 한다.

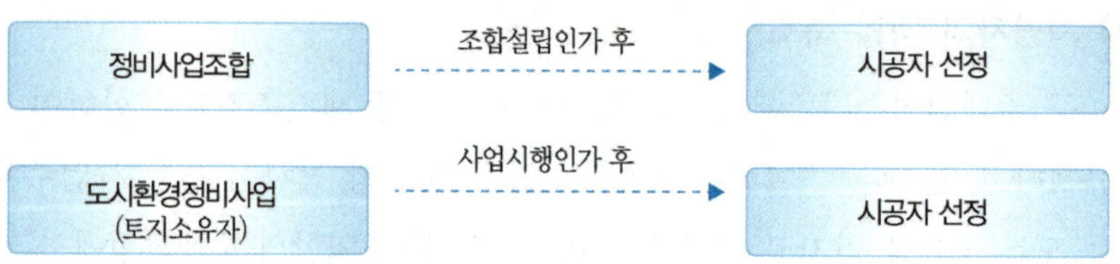

2) 정비사업 시공자 선정절차

정비사업조합은 자체 작성한 시공자선정 입찰지침에 따라 입찰공고 등 아래 절차를 거쳐 시공자를 선정(시공자는 철거공사를 포함 계약)한다.

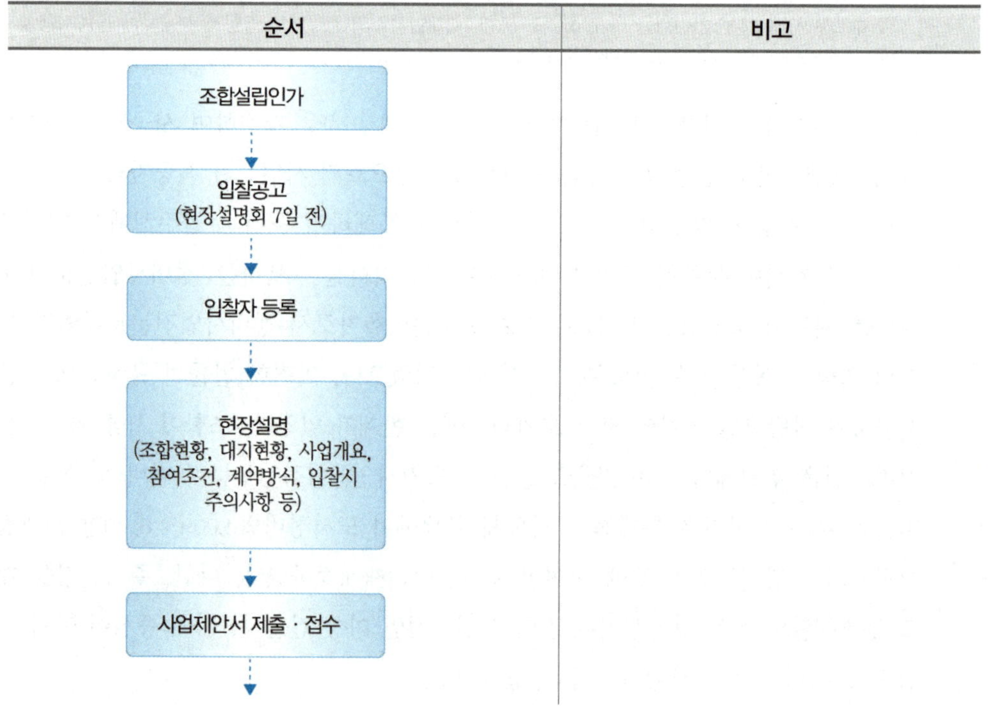

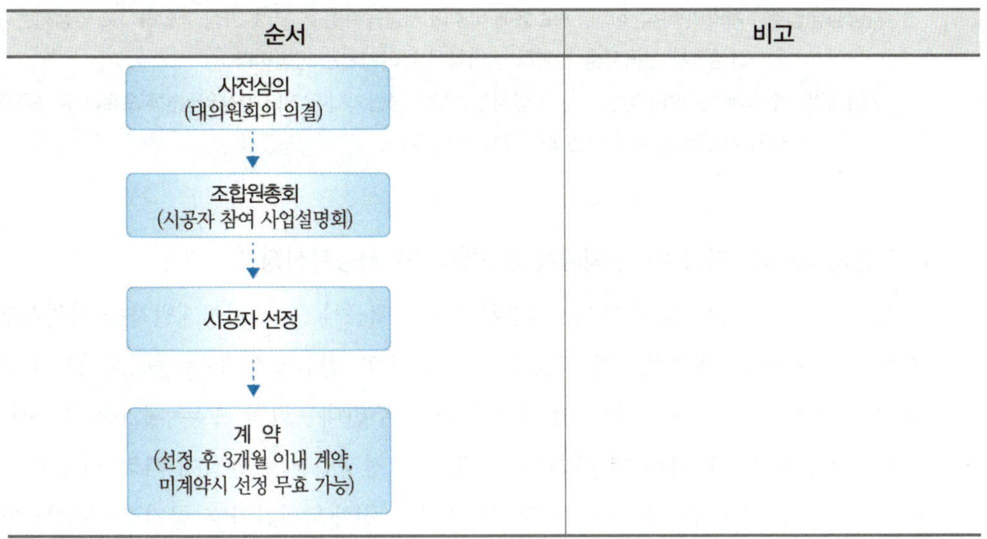

총회에서 시공자로 선정된 자는 조합과 공사계약을 체결하게 되는데, 이때 계약방식은 개발이익(총수입－총지출)의 배분방법에 따라 도급제와 지분제로 구분된다.

3) 시공자 선정방법

시공자를 선정하는 입찰방법에는 일반경쟁입찰 · 제한경쟁입찰 또는 지명경쟁입찰의 방법이 있으며, 경쟁입찰은 다음의 절차를 거친 방법을 말한다(도시정비법 시행령 §19의 2 ②).

① 일반경쟁입찰 · 제한경쟁입찰 또는 지명경쟁입찰로 할 것

② '①'의 입찰을 위한 입찰공고는 1회 이상 해당 지역에서 발간되는 일간신문에 하여야 하고 현장 설명회를 개최할 것

③ 입찰자로부터 제출받은 입찰제안서에 대하여 토지등소유자를 대상으로 투표를 실시할 것

건설 Tip **입찰의 방법**

일반경쟁입찰 : 특정계약에 있어서 입찰에 참가하고자 하는 모든 자격자가 입찰서를 제출할 수 있고 참가입찰자 중 가장 유리한 조건을 제시한 자를 선정하는 방법으로 보편적으로 많이 이용되고 있는 입찰방식이다.

제한경쟁입찰 : 시공능력평가액, 신용평가등급(회사채 기준), 해당 공사와 같은 종류의 공사실적 등 일정한 기준에 따라 입찰참가자를 제한하는 방법이다. 이 방법은 불성실하고 능력이 없는 자를 입찰에 참가하지 못하도록 하여 공개성, 공정성 및 경제성을 유지시키려는 데 목적이 있다.

지명경쟁입찰 : 계약의 목적, 성질, 규모 등에 비추어 시공능력 등을 고려, 가장 적합하다고 인정되는 여러 건설공사 시공자를 지명하여 입찰에 참여시키는 방법이다.

수의계약 : 수의계약은 일반경쟁 또는 지명경쟁입찰이 성립되지 않거나 경쟁입찰방식으로 시공자를 선정하기 곤란한 사정이 있는 경우 선정 방법이다.

4) 지방자치단체 · 한국토지주택공사의 시행자의 시공자선정

시장 · 군수가 직접 정비사업을 시행하거나 주택공사 또는 지정개발자를 사업시행자로 지정한 경우 사업시행자는 사업시행자 지정 고시 후 건설업자 또는 등록사업자를 시공자로 선정하여야 한다. 이 경우 제26조에 따른 주민대표회의 또는 제26조의 2에 따른 토지등소유자 전체회의는 대통령령으로 정하는 경쟁입찰의 방법에 따라 시공자를 추천할 수 있으며, 주민대표회의 또는 토지등소유자 전체회의가가 시공자를 추천한 때에는 시장 · 군수, 지정개발자 또는 주택공사 등은 「지방자치단체를 당사자로 하는 계약에 관한 법률」 제9조 또는 「공공기관의 운영에 관한 법률」 제39조에도 불구하고 추천한 자를 시공자로 선정하여야 한다.

7 안전진단

종전의 주택건설촉진법에서는 재건축사업도 다른 주택건설사업과 마찬가지로 주택건설의 구조에 편입되어 있었다. 따라서 재건축사업의 과열을 막기 위해 꼭 필요한 주택에 대해서만 재건축 사업을 진행시키기 위해 안전진단제도를 도입하였다. 그러나 정책적 필요에 따라 안전진단의 통과 여부가 결정되었다는 문제점이 제기되기도 하였다. 이후 도시정비법은 계획적인 도시개발을 전제로 이미 구역지정이라는 절차를 통해 재건축사업의 개시를 지방자치단체가 주도적으로 결정하도록 정하고 있다. 즉, '정비구역의 지정'이라는 제도가 마련되어 안전진단과 같은 불명확한 제도와는 달리 정비사업의 개시 여부를 지방자치단체가 통제할 수 있는 근거를 마련하고 있다.

1) 안전진단대상

정비계획을 입안하는 특별자치시장, 특별자치도지사, 시장, 군수 또는 구청장(이하 "정비계획의 입안권자"라 함)은 다음의 어느 하나에 해당하는 경우에 안전진단을 실시해야 한다(「도시 및 주거환경정비법」 제2조 제3호 나목, 제12조 제1항 및 제2항). 안전진단 실시요청에 따라 안전진단을 실시하게 되는 경우, 해당 안전진단 실시를 요청한 자는 안전진단에 드는 비용을 부담할 수 있다(「도시 및 주거환경정비법」 제12조 제2항 후단 참조).

「도시 및 주거환경정비법」에서 정하는 안전진단 실시요건

- 정비예정구역별 수립시기가 도래한 경우
- 정비계획의 입안을 제안하려는 자가 입안을 제안하기 전에 해당 정비예정구역에 위치한 건축물 및 그 부속토지의 소유자 10분의 1 이상의 동의를 받아 안전진단 실시를 요청하는 경우
- 정비예정구역을 지정하지 않은 지역에서 재건축사업을 하려는 자가 사업예정구역에 있는 건축물 및 그 부속토지의 소유자 10분의 1 이상의 동의를 받아 안전진단의 실시를 요청하는 경우
- 내진성능이 확보되지 않은 건축물 중 중대한 기능적 결함 또는 부실 설계 · 시공으로 구조적 결함 등이 있는 법령으로 정하는 건축물의 소유자로서 재건축사업을 시행하려는 자가 해당 사업예정구역에 위치한 건축물 및 그 부속토지의 소유자 10분의 1 이상의 동의를 받아 안전진단의 실시를 요청하는 경우

2) 실시요청

안전진단의 실시를 요청하려는 자는 안전진단 요청서(전자문서로 된 요청서를 포함)에 다음의 서류(전자문서를 포함)를 첨부하여 정비계획의 입안권자에게 제출해야 한다(「도시 및 주거환경정비법 시행규칙」 제3조 제1항 및 별지 제1호 서식).

- 사업지역 및 주변지역의 여건 등에 관한 현황도
- 결함부위의 현황사진

3) 실시절차

안전진단의 실시는 다음의 절차를 거쳐 이루어진다(국토교통부, 『도시 및 주거환경정비법 질의회신사례집』, 2017.10, p.378).

4) 실시결정

정비계획의 입안권자는 안전진단의 요청이 있는 경우 요청일부터 30일 이내에 실시여부를 결정하여 요청인에게 통보해야 한다(「도시 및 주거환경정비법 시행령」 제10조 제1항 전단).

정비계획의 입안권자는 현지조사 등을 통해 해당 건축물의 구조안전성, 건축마감, 설비노후도 및 주거환경 적합성 등을 심사하여 안전진단의 실시 여부를 결정해야 하며, 안전진단의 실시가 필요하다고 결정한 경우에는 안전진단기관에 안전진단을 의뢰해야 한다(「도시 및 주거환경정비법」 제12조 제4항).

5) 실시대상

재건축사업의 안전진단 대상 및 제외대상은 다음과 같다(「도시 및 주거환경정비법」 제12조 제3항, 「도시 및 주거환경정비법 시행령」 제10조 제3항 및 별표 1 제3호 다목).

안전진단 대상	안전진단 제외대상
주택단지의 건축물	• 정비계획의 입안권자가 천재지변 등으로 주택이 붕괴되어 신속히 재건축을 추진할 필요가 있다고 인정하는 주택단지의 건축물 • 주택의 구조안전상 사용금지가 필요하다고 정비계획의 입안권자가 인정하는 주택단지의 건축물 • 기존 세대수가 200세대 이상인 노후 · 불량건축물의 기준을 충족한 주택단지의 잔여 건축물 • 정비계획의 입안권자가 진입도로 등 기반시설 설치를 위하여 불가피하게 정비구역에 포함된 것으로 인정하는 주택단지의 건축물 •「시설물의 안전 및 유지관리에 관한 특별법」 제2조 제1호의 시설물로서 같은 법 제16조에 따라 지정받은 안전등급이 D(미흡) 또는 E(불량)인 주택단지의 건축물

6) 결과보고 등

안전진단을 의뢰받은 안전진단기관은 법령으로 정하는 기준(건축물의 내진성능 확보를 위한 비용을 포함)에 따라 안전진단을 실시해야 하며, 안전진단 결과보고서를 작성하여 정비계획의 입안권자 및 안전진단의 실시를 요청한 자에게 제출해야 한다(「도시 및 주거환경정비법」 제12조 제5항).

정비계획의 입안권자(특별자치시장 및 특별자치도지사는 제외)가 정비계획의 입안 여부를 결정한 경우 지체 없이 특별시장 · 광역시장 · 도지사에게 결정내용과 해당 안전진단 결과보고서를 제출해야 한다(「도시 및 주거환경정비법」 제13조 제1항).

특별시장 · 광역시장 · 특별자치시장 · 도지사 · 특별자치도지사는 필요한 경우 국토안전관리원 또는 한국건설기술연구원에 안전진단 결과의 적정성에 대한 검토를 의뢰할 수 있다(「도시 및 주거환경정비법」 제13조 제2항).

※ 재건축사업의 안전진단 실시방법 및 절차와 관련한 자세한 내용은「주택 재건축 판정을 위한 안전진단 기준」(국토교통부 고시 제2020-1182호, 2020. 12. 30. 발령, 2021. 1. 1. 시행)에서 확인하실 수 있다.

8 재건축정비사업시행 및 인가

1) 조합단독시행원칙

재건축사업은 재건축조합이 이를 단독시행하거나, 조합이 조합원 과반수의 동의를 얻어 시장 · 군수, 주택공사등, 건설업자 또는 등록사업자와 공동으로 이를 시행할 수 있다(도시정비법 §8 ②).

2) 시장 · 군수의 직접시행 또는 지정개발시행

(1) 시장 · 군수는 다음의 요건에 해당하는 경우 조합이 원칙적인 시행자임에도 불구하고 직접 정비사업(주거환경개선사업 제외)을 시행하거나 토지등소유자, 지정개발자(민관합동법인, 신탁업자) 또는 주택공사등을 사업시행자로 지정하여 시행 가능(도시정비법 §8 ④, 영 §14)

(2) 직접시행 또는 지정개발자의 시행 요건(지정개발자의 경우 '①', '②' 및 ⑨ 의 경우에 한함)

① 천재 · 지변 등 불가피한 사유로 정비사업을 긴급히 시행할 필요가 있는 경우

② 정비계획에서 정한 사업시행 예정일부터 2년 이내에 사업시행인가를 신청하지 아니하거나 사업시행인가 신청내용이 위법 또는 부당한 경우(재건축사업은 제외)

③ 추진위원회가 구성승인을 얻은 날부터 3년 이내에 조합설립인가를 신청하지 아니하거나 조합이 조합설립인가를 얻은 날부터 3년 이내에 사업시행인가를 신청하지 아니한 경우

④ 지자체장이 시행하는 도시계획사업과 병행하여 시행할 필요가 있는 경우

⑤ 정비사업을 순환정비방식으로 시행할 필요가 있는 경우

⑥ 사업시행인가가 취소된 때

⑦ 당해 정비구역안의 국 · 공유지면적 또는 국 · 공유지와 주택공사등이 소유한 토지를 합한 면적이 전체 토지면적의 2분의 1 이상으로서 토지등소유자의 과반수가 시장 · 군수 또는 주택공사등을 사업시행자로 지정하는 것에 동의하는 때

⑧ 당해 정비구역안의 토지면적 2분의 1 이상의 토지소유자와 토지등소유자의 3분의 2 이상에 해당하는 자가 시장 · 군수 또는 주택공사등을 사업시행자로 지정할 것을

요청하는 때. 이 경우 토지등 소유자가 정비계획의 수립에 대한 입안을 제안한 경우 입안제안에 동의한 토지등 소유자는 주택공사등의 사업시행자 지정에 동의한 것으로 본다. 다만, 사업시행자의 지정 요청 전에 시장 · 군수 및 주민대표회의에 사업시행자의 지정에 대한 반대의 의사표시를 한 토지등소유자의 경우에는 그러하지 아니하다.

⑨ 주택재개발사업 및 주택재건축사업의 조합설립을 위한 동의요건 이상에 해당하는 자가 신탁업자를 주택재개발사업 또는 주택재건축사업의 사업시행자로 지정하는 것에 동의하는 때

3) 사업인가

재건축사업은 도시정비법에 의하여 사업시행인가를 받으면, 주택법에 의한 사업계획승인을 받은 것으로 의제된다(도시정비법 §32 ① 1호). 과거 주택건설촉진법에 의한 재건축사업의 경우 사업계획승인과 관련하여 그 전제조건으로 소유권확보를 요구하여 왔는데 도시정비법에 의한 사업시행인가에서는 이러한 규정이 없다.

한편, 재건축사업은 도시정비법에 의할 때에도 재개발사업과는 달리 강제조합원의 규정이 없으며, 토지 등 소유자로서 조합설립에 동의한 자를 조합원으로 보고 있다(도시정비법 §19, 동법 시행령 §30).

4) 사업시행계획서 작성

사업시행자는 고시된 정비계획에 따라 다음 각호의 사항을 포함하여 사업시행계획서를 작성하여야 한다(도시정비법 §30, 동법 시행령 §41 ①).

① 토지이용계획(건축물 배치계획을 포함한다)

② 정비기반시설 및 공동이용시설의 설치계획

③ 임시수용시설을 포함한 주민이주대책

④ 세입자의 주거 및 이주 대책

⑤ 사업시행기간 동안의 정비구역 내 가로등 설치, 폐쇄회로 텔레비전 설치 등 범죄예방대책

⑥ 임대주택의 건설계획

⑦ 기업형임대주택 또는 임대관리 위탁주택의 건설계획(필요한 경우에 한정한다)

⑧ 건축물의 높이 및 용적률 등에 관한 건축계획

⑨ 정비사업의 시행과정에서 발생하는 폐기물의 처리계획

⑩ 교육시설의 교육환경 보호에 관한 계획(정비구역으로부터 200미터 이내에 교육시설이 설치되어 있는 경우에 한한다)

⑪ 시행규정(시장 · 군수, 주택공사등 또는 신탁업자가 단독으로 시행하는 정비사업에 한한다)

⑫ 정비사업비

⑬ 정비사업의 종류 및 명칭

⑭ 주된 사무소의 소재지

⑮ 비용부담에 관한 사항(사업시행자인 토지등소유자와 사업시행자가 아닌 토지등소유자의 비용부담이 균형을 잃지 아니하도록 하는 내용과 부담하는 비용의 납부시기 · 납부방법 등에 관한 사항이 포함되어야 한다)

⑯ 업무를 대표할 자 및 임원을 정하는 경우에는 그 자격 · 임기 · 업무분담 · 선임방법 및 업무대행에 관한 사항

⑰ 총회 및 대의원회 등의 조직에 관한 사항

⑱ 회의에 관한 사항

⑲ 토지 등 소유자의 권리 · 의무에 관한 사항

⑳ 정비사업의 공동시행에 관한 사항

㉑ 정비사업전문관리업자에 관한 사항

㉒ 정비사업의 시행에 따른 회계 및 계약에 관한 사항

㉓ 정비기반시설 및 공동이용시설의 부담에 관한 개략적인 사항

㉔ 공고 · 공람 및 통지의 방법

㉕ 토지 및 건축물에 관한 권리의 평가방법에 관한 사항

㉖ 관리처분계획 및 청산(분할징수 또는 납입에 관한 사항을 포함한다)에 관한 사항

㉗ 규약 및 사업시행계획서의 변경에 관한 사항

9 미동의자에 대한 처리

1) 매도청구

매도청구제도란 재건축사업에 있어 재건축에 동의하지 않는 자(① 재건축조합설립에 동의하지 않는 자 ② 건축물 또는 토지만 소유한 자 ③ 시장 · 군수 또는 주택공사등 또는 신탁업자의 사업시행자 지정에 동의하지 않는 자)들의 소유권을 확보하기 위한 것으로서, 사업시행자가 재건축에 동의하지 않은 자의 토지 및 건축물의 매도를 청구하는 제도를 말한다. 이러한 매도청구권은 형성권으로 상대방의 동의 없이 일방적으로 이루어지며 그 의사표시에 의해 법적

효과가 발생한다. 그러므로 매도청구의 의사가 적법하게 표시되면 사업시행자와 미동의자 사이에는 매매계약과 유사한 법률관계가 생기는 것이다. 과거 주택건설촉진법은 재건축결의(조합설립동의)의 비율에 대한 조문이 있었지만 매도청구권에 대해 별도의 조문이 없이 집합건물의소유및관리에관한법률에 전적으로 의존하였다. 그러나 도시정비법 제39조에서는 매도청구에 관한 조문을 별도로 두면서 집합건물의소유및관리에관한법률 제48조를 준용하는 형태를 취하고 있다. 그 외 재건축결의에 대한 조문은 조합설립동의에 관한 조항에서 별도로 정하고 있다.

2) 매도청구권

집합건물의소유및관리에관한법률 제48조에 의하면 조합이 설립된 후 사업시행자는 지체 없이 조합설립에 동의하지 않은 자에게 재건축에 참가할 것인지 여부를 회답할 것을 서면으로 촉구하여야 한다. 만약 촉구를 받은 날로부터 2개월 이내에 회답이 없으면 재건축에 참가하지 아니하겠다는 뜻을 회답한 것으로 보고, 사업시행자는 미동의자에게 토지 또는 건축물의 소유권과 그 밖의 권리를 시가에 따라 매도할 것을 청구할 수 있다. 기존의 주택건설촉진법상의 재건축사업에 있어서 사업초기단계에서부터 한 동의 건물은 집합건물의소유및관리에관한법률 제47조 제1항 내지 제2항을, 주택단지의 경우에는 주택건설촉진법의 규정에 의한 동의율을 충족하고(구주택건설촉진법 §44의 3 ⑦), 동시에 집합건물의소유및관리에관한법률에 따른 동의의 내용을 충족한 후(집합건물의소유및관리에관한법률 §47 ③) 재건축결의시 미동의자들에 대하여 매도청구권을 행사하여 왔다.

집합건물의소유및관리에관한법률에서는 재건축의 결의에 찬성한 각 구분소유자, 재건축의 결의내용에 따른 재건축에 참가할 뜻을 회답한 각 구분소유자 또는 이들 전원의 합의에 의하여 구분소유권 및 대지사용권을 매수하도록 지정된 자는 촉구를 받은 날로부터 2개월 이내에 재건축에 참가하지 아니하는 뜻을 회답한 구분소유자에 대하여 구분소유권 및 대지사용권을 시가에 따라 매도할 것을 청구할 수 있다고 규정하면서 유효한 재건축결의가 있으면 언제든지 매도청구를 할 수 있도록 하여, 이에 대하여 일부 재건축 불참자가 있으면 시가 상당의 금전을 지급, 그들을 합법적으로 배제한 후 재건축 참가자들만이 구분소유자로 남아 재건축사업을 실행할 수 있도록 하고 있다.

■ 매도청구소송 진행표 ■

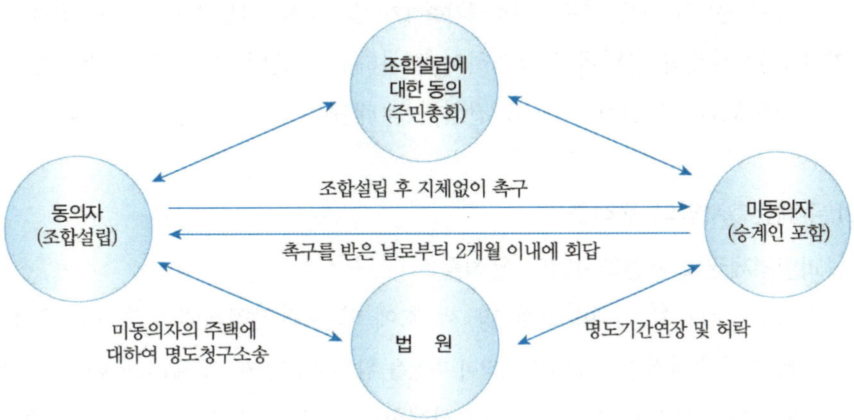

법률 Tip 재개발사업의 수용과 재건축사업의 매도청구

공공개발사업으로서 정비사업은 조합 또는 사업시행자가 대상지역의 토지소유권을 확보하고 그 지상에 아파트 등을 건설하여 조합원에게 배분하는 과정을 거친다. 이때 정비조합이 토지소유권을 확보하는 방법은 합의에 의해 이전하거나 반대하는 자들에 대해 소유권을 빼앗는 것이다. 이 중 정비사업에 반대하는 토지 등 소유자의 권리를 박탈할 수 있는 제도적 장치가 바로 재개발사업에 있어서의 토지수용 및 재건축사업에 있어서의 매도청구소송이다.

재개발사업의 경우에는 토지 등 소유자가 이를 자발적으로 이전하지 않는 경우 토지수용권을 발동할 수 있으나(도시정비법 §38), 재건축사업의 경우에는 토지수용권이 부여되지 않으므로 매도청구제도를 활용하여 반대하는 토지 등 소유자의 권리를 확보하게 되는 것이다(도시정비법 §39). 그러므로 매도청구제도는 재개발사업에 있어 토지수용과 매우 유사한 효과를 볼 수 있다.

⑩ 재건축정비조합의 주택건설규모 및 공급방법

1) 건설규모

아래 기준은 수도권정비계획법 제6조 제1항 제1호의 규정에 의한 과밀억제권역에 한하여 적용한다.

(1) 국민주택규모 이하 건설비율

건설하는 주택 전체 세대수의 60% 이상을 85㎡ 이하 규모의 주택으로 건설하여야 한다.

Chapter 14

(2) 기존 범위 면적의 10% 이내 확대 건설 정비

조합원 분양주택을 기존 주택(재건축하기 전의 주택면적을 말함)의 주거전용면적을 축소하거나 30퍼센트의 범위에서 확대하여 건설하고, 조합원 이외의 자에게 분양하는 주택을 모두 85제곱미터 이하 규모로 건설하는 때에는 (1)의 기준을 적용하지 아니한다.

2) 주택건축사업의 용적률

(1) 과밀억제권역 재건축사업의 용적률

수도권정비계획법 제6조 제1항 제1호에 따른 과밀억제권역 및 시 · 도조례로 정하는 지역에서 주택재건축사업(도시재정비 촉진을 위한 특별법 제2조 제1호에 따른 재정비촉진지구에서 시행되는 주택재건축사업은 제외한다)을 시행하는 경우 그 사업시행자는 도시정비법 제4조에 따라 정비계획(정비계획으로 의제되는 계획을 포함한다)으로 정하여진 용적률에도 불구하고 지방도시계획위원회의 심의를 거쳐 국토계획법 및 관계 법률에 따른 용적률의 상한(이하 이 조에서 "법적상한용적률"이라 한다)까지 건축할 수 있으며, 사업시행자가 정비계획으로 정하여진 용적률을 초과하여 건축하고자 하는 경우 다음의 적용을 받지 아니한다(도시정비법 §30의 3 ①).

① 국토계획법 제78조에 따라 특별시 · 광역시 · 특별자치시 · 특별자치도 · 시 또는 군의 조례로 정한 용적률 제한

② 정비계획으로 정한 허용세대수 제한

(2) 정비계획상 용적률

사업시행자는 법적상한용적률에서 정비계획으로 정하여진 용적률을 뺀 용적률의 다음에 따른 비율에 해당하는 면적에 주거전용면적 60제곱미터 이하의 소형주택을 건설하여야 한다(도시정비법 §30의 3 ②).

① 과밀억제권역에서 시행하는 주택재건축사업의 경우 100분의 30 이상 100분의 50 이하로서 시 · 도조례로 정하는 비율

② 과밀억제권역에서 시행하는 주택재개발사업의 경우 100분의 50 이상 100분의 75 이하로서 시 · 도조례로 정하는 비율

③ 과밀억제권역 외의 지역에서 시행하는 주택재건축사업의 경우 100분의 50 이하로서 시 · 도조례로 정하는 비율

④ 과밀억제권역 외의 지역에서 시행하는 주택재개발사업의 경우 100분의 75 이하로서 시 · 도조례로 정하는 비율

(3) 정비계획 용적률 초과시

사업시행자는 '(1)'에 따라 정비계획상 용적률을 초과하여 건축하는 경우 그 초과한 용적률에 '(2)'에 따라 시 · 도조례로 정하는 비율을 곱한 용적률에 해당하는 면적에 '(2)'에 따라 건설한 소형주택을 국토교통부장관, 시 · 도지사, 시장 · 군수 또는 주택공사등(이하 "인수자"라 한다)에 공급하여야 한다. 이 경우 소형주택의 공급가격은 공공주택 특별법 제50조의 2에 따라 국토교통부장관이 고시하는 공공건설임대주택의 표준건축비로 하며, 부속토지는 인수자에게 기부채납한 것으로 본다(도시정비법 §30의 3 ③).

(4) 용적률의 상한

'(1)'에 따른 관계법률에 따른 용적률의 상한은 다음의 어느 하나에 해당하여 건축행위가 제한되는 경우 건축이 가능한 용적률을 말한다(도시정비법 §30의 3 ④).

① 국토계획법 제76조에 따른 건축물의 층수제한

② 건축법 제60조에 따른 높이제한

③ 건축법 제61조에 따른 일조 등의 확보를 위한 건축물의 높이제한

④ 공항시설법 제34조에 따른 장애물 제한표면구역 내 건축물의 높이제한

⑤ 군사기지 및 군사시설 보호법 제10조에 따른 비행안전구역 내 건축물의 높이제한

⑥ 문화재보호법 제12조에 따른 건설공사 시 문화재보호를 위한 건축제한

⑦ 그밖에 건축 관계법률에 따른 건축제한으로 인하여 용적률의 완화가 불가능하다고 시장 · 군수가 관계법률의 근거를 제시하여 '(1)'에 따른 지방도시계획위원회 또는 건축법 제4조에 따라 시 · 도에 두는 건축위원회의 심의를 거쳐 용적률 완화가 불가능하다고 인정된 경우

(5) 용적률 초과시 사업시행계획서 반영

'(1)'에 따라 정비계획상 용적률을 초과하여 건축하고자 하는 경우 사업시행자는 사업시행인가를 신청하기 전에 미리 소형주택에 관한 사항을 인수자와 협의하여 사업시행계획서에 반영하여야 한다(도시정비법 §30의 3 ⑤).

(6) 임대주택 활용

① '(3)'에 따른 소형주택의 인수를 위한 절차와 방법은 다음과 같다.

㉮ 사업시행자는 조합원에게 공급되고 남은 주택을 대상으로 공개추첨의 방법에 의하여 도시정비법에 따라 공급하는 소형주택을 선정하여야 하며, 그 선정결과

를 지체없이 인수자에게 통보하여야 한다(도시정비법 시행령 §41의 2).

㉯ 사업시행자가 '①'에 따라 소형주택을 공급하는 경우에는 시 · 도지사, 시장 · 군수 순으로 우선하여 인수할 수 있다. 다만, 시 · 도지사 및 시장 · 군수가 소형주택을 인수할 수 없는 경우에는 시 · 도지사는 국토교통부장관에게 인수자 지정을 요청하여야 한다.

㉰ 국토교통부장관은 '②' 단서에 따라 시 · 도지사로부터 인수자 지정 요청이 있는 경우에는 30일 이내에 인수자를 지정하여 시 · 도지사에게 통보하여야 하며, 시 · 도지사는 지체없이 이를 시장 · 군수에게 보내어 그 인수자와 재건축소형주택의 공급에 관하여 협의하도록 하여야 한다.

② 인수된 소형주택은 장기공공임대주택으로 활용하여야 하며, "장기공공임대주택"이란 공공주택 특별법 제2조 제1호 가목의 공공임대주택으로서 같은 법 제50조의 2 제1항에 따른 임대의무기간(이하 "임대의무기간"이라 한다)이 20년 이상인 것을 말한다. 다만, 토지등소유자의 부담 완화 등 다음의 요건에 해당하는 경우에는 인수된 소형주택을 임대주택으로 활용할 수 있다.

㉮ 정비사업 후 대지 및 건축물의 총 가액에서 총사업비를 제외한 가액을 정비사업 전 토지 및 건축물의 총 가액으로 나눈 값이 100분의 80 미만인 경우

㉯ 시 · 도지사가 정비구역의 입지, 토지등소유자의 조합설립 동의율, 정비사업비의 증가규모, 사업기간 등을 고려하여 토지등소유자의 부담이 지나치게 높다고 인정하는 경우

③ 임대주택 인수자는 임대의무기간에 따라 감정평가액의 100분의 50 범위에서 다음의 가격으로 부속토지를 인수하여야 한다.

㉮ 임대의무기간이 10년 이상인 경우 : 감정평가액(시장 · 군수가 지정하는 2 이상의 감정평가업자가 평가한 금액을 산술평균한 금액을 말한다. 이하 제2호에서 같다)의 100분의 30에 해당하는 가격

㉯ 임대의무기간이 10년 미만인 경우 : 감정평가액의 100분의 50에 해당하는 가격

⑪ 추진위원회 구성

1) 의 의

조합설립추진위원회란 조합의 전단계로서 정비사업과 관련된 일반적인 준비행위를 하고, 그 행위의 결과가 조합에게 승계(도시정비법 §15 ④)되는 단체를 말한다. 종전 재개발 · 재건축 관련 조합설립추진위원회는 창립총회를 개최하는 등 조합설립인가를 추진하기 위한 사실상의 단체이었지만 기존의 법체계에서는 법적인 지위를 인정받지 못했던 것이다. 다만, 조합정관에 추진위원회가 조합으로 승계되도록 하는 규정이 있거나, 관례로 추진위원회가 행한 효력을 조합이 승계하는 정도로 인정받아 왔을 뿐이었다. 그러나 하나의 사업장에 여러 개의 추진위원회가 난립되어 서로의 이익을 차지하려는 분쟁으로 이어지면서 추진위원회에 대한 법적 규율이 불가피한 것으로 인식하게 되었다.

2) 추진위원회의 법적 성격

추진위원회는 정비구역지정 고시(정비구역이 아닌 구역에서의 주택재건축사업의 경우에는 주택재건축사업의 시행결정을 말한다)후 위원장을 포함한 5인 이상의 위원 및 추진위원회의 운영규정에 대한 토지등소유자 과반수의 동의를 받아 조합설립을 위한 추진위원회를 구성하므로 일정단계를 거치면 조합설립인가를 받기 전이라도 사실상 단체로서의 조직과 실체를 가진 '비법인사단'이라고 볼 수 있다✎.

✎ 판례는 '단체의 고유목적을 가지고 활동하게 되고 규약 및 단체로서의 조직을 갖추고 구성원의 가입탈퇴에 따른 변경에 관계없이 단체 그 자체가 존속하는 등 단체로서의 주요 사항이 확정되어 있다면, 이는 그 명칭과 상관없이 비법인사단에 해당한다(대법원 1994.6.28. 선고, 92다36052 판결)'며 대법원은 추진위원회를 비법인사단으로 보고 있다.

⑫ 정비사업전문관리업자

1) 개 요

기존의 재건축 · 재개발 등 정비사업은 시공자가 사업초기단계부터 추진위원회에 대하여 대여금을 지급하는 등 사업을 주도하며, 공사비 증액과 조합원들의 추가부담 문제로 갈등이 표출되었다. 이러한 문제점을 인식한 도시정비법은 시공자와 별개의 전문가를 조합의 자문역할자로 추가하였고 그 역할을 담당하게 되는 것이 바로 정비사업전문관리업자(이하 "정비관리업자")이다.

도시정비법 제69조 제1항에서는 '정비사업의 시행을 위하여 필요한 사항을 추진위원회 또는 조합으로부터 위탁받거나 이와 관련한 자문을 하고자 하는 자'로 규정하여 정비관리업자를 정의하고 있다.

이 조항이 중요한 의미를 갖는 것은 정비사업의 시행과 관련된 사항을 위탁받거나 자문하는 자는 반드시 등록을 하여야 하며, 등록 없이 이러한 행위를 하는 경우 2년 이하의 징역 등에 처해진다는 점 때문이다(도시정비법 §85 9호). 비록 법령에서 정하는 자격요건을 갖춘 자라 해도 이 법에 의해 등록해야 하므로 그렇지 않으면 역시 처벌대상이다.

2) 정비관리업의 등록

(1) 정비관리업의 등록

정비사업의 시행을 위하여 필요한 다음의 사항을 추진위원회 또는 조합으로부터 위탁받거나 이와 관련한 자문을 하고자 하는 자는 자본 · 기술인력 등의 기준을 갖춰 국토교통부장관에게 등록 또는 변경(자본금이 증액되거나 기술인력의 수가 증가된 경우를 제외)등록하여야 한다. 다만, 주택의 건설 · 감정평가 등 정비사업 관련 업무를 하는 정부투자기관 등으로 한국토지주택공사 · 한국감정원의 경우에는 그러하지 아니하다.

① **정비관리업자의 업무**(도시정비법 §69 ①)

- 조합설립의 동의 및 정비사업의 동의에 관한 업무의 대행
- 조합설립인가의 신청에 관한 업무의 대행
- 사업성 검토 및 정비사업의 시행계획서의 작성
- 설계자 및 시공자 선정에 관한 업무의 지원
- 사업시행인가의 신청에 관한 업무의 대행
- 관리처분계획의 수립에 관한 업무의 대행
- 시장 · 군수가 정비사업전문관리업자를 선정한 경우에는 추진위원회 설립에 필요한 동의서 징구, 운영규정 작성 지원, 그 밖에 조례로 정하는 사항의 업무

정비관리업자의 업무는 사업초기 조합설립인가에 필요한 업무(즉 동의서를 받는 업무, 사업성검토 및 사업시행계획서의 작성) 외에도 사업시행인가를 받은 후의 관리처분계획의 수립 및 공사비 변동내역의 검토 등 제반업무에 미친다. 시공자 선정시 공사진행과 관계되는 이주 · 조합운영비 문제, 관리처분계획의 업무 등에 대한 범위를 명확히 하여야 정비관리업자와 시공자 간 업무의 혼란 등을 예방할 수 있을 것이다.

② 정비관리업자의 업무제한

기존의 정비사업에서 정비관리업자와 유사한 기능을 수행하던 자들은 철거업자 · 세무사 및 건축사 등이었다. 이러한 직종의 전문가들은 중립성에 문제가 있을 수 있으므로 도시정비법은 그 업무의 중복을 제한하고 있는 것이다. 정비관리업자는 동일한 정비사업에 대하여 다음 각호의 업무를 병행하여 수행할 수 없다(도시정비법 §70).

- 건축물의 철거
- 정비사업의 설계
- 정비사업의 시공
- 정비사업의 회계감사
- 안전진단업무(도시정비법시행령 §65 ②)

제 1 4 장 조 합 사 업

제 3 절

재건축조합의 세무

❶ 계약형태

도시정비조합과 건설사와의 계약형태는 일정한 건축면적을 건설사(이하 "시공자"라고 한다)가 조합에 주택을 신축하여 제공하고 남은 잔여주택을 불특정다수인에게 일반분양하여 그 입금된 분양수입금액을 건축공사비로 충당하는 지분계약제와 조합의 주택을 시공자가 순수도급받아 시공하는 단순도급계약이 있다.

또한 지분도급계약제에서 약정된 조합측의 일정지분 외의 건축면적을 조합에 추가로 제공할 경우 추가로 제공하는 건축공사비를 조합측이 부담하는 형식은 혼합지분계약제라 한다. 구 주택건설촉진법에서는 조합의 시공자 선정 및 공사계약실무에 관하여 별도의 명문규정을 두고 있지 않았으나 도시정비법 제11조에서는 조합이 사업시행인가를 받은 후 건설산업기본법 제9조에 따른 건설업자 또는 주택법 제7조에 따른 건설업자로 보는 등록사업자를 시공자로 선정하도록 명문화하였으며, 조합의 행정능력수행 부재시에는 정비사업전문관리업자를 선정(법 §69)하여 시공자와의 계약 등에 대한 업무를 위임할 수 있게 하였다. 그러나 시공자의 참여시기 문제로 재건축사업이 부진해지자 이를 해소하기 위해 조합설립인가 후 시공자를 선정할 수 있도록 동 조를 개정하였다.

1) 지분계약형태

(1) 개요

기존 주택면적을 재건축하여 증가된 주택면적 중 일부면적을 조합에 무상으로 제공하고, 잔여 주택 면적을 일반분양하여 그 분양수입금으로 시공자의 공사비에 충당하는 형식이다.

이 계약형태는 현재 건설사와 조합측에서 가장 보편적으로 이루어지고 있는 형태로서 모든 건설자금 및 기타경비는 건설사가 제공하고 조합은 조합원이 보유하고 있는 토지를 제공하여 건설사와 공동사업을 하는 형태이다. 따라서 조합은 자체자금조달 없이 새로운 주택을 얻을 수 있으며, 건설사는 새로운 주택을 건설하기 위해서는 토지를 매입해야 하는 자금부담이 있으나 위 방식의 계약형태로 사업시행시 토지매입자금의 부담을 줄일 수 있어 건설사에서는 적은 부담(이주비, 운영경비만 지출)으로 주택을 건설할 수 있는 효과(공사수주)가 있다. 즉 조합원 부담금을 무상으로 확정시켜 주는 계약형태이다.

(2) 계약금액

기존주택에 새로운 건축관계 법률에 따른 용적률을 적용하여 건축연면적(세대수)을 증대시켜 신축하고, 그 신축된 건축연면적(세대수) 중 일부는 조합측에 제공하고 남은 세대수를 주택공급에관한규칙에 의하여 분양한 분양수입금액이 건설사의 공사도급금액이 된다.

2) 단순도급계약형태

(1) 개요

사업시행자인 주택조합이 사업시행에 따른 건축공사비, 사업경비 등의 모든 자금을 자체자금으로 조달하여 사업을 시행하는 방식으로서 시공자에 일정한 건축공사비를 지급하고 시공자는 단순도급 공사계약에 의하여 주택을 신축하여 제공하는 형식을 말한다.

그러나 단순도급계약형태의 재건축조합은 실무적으로 거의 발생하지 않는다. 왜냐하면, 재건축대상의 주택은 소형으로서 서민주택이 주종을 이루고 있으며, 이에 따라 입주자도 서민층이므로 이들이 재건축에 대한 공사비, 재건축기간에 대한 사업경비 등을 부담할 수 있는 경제적 여건이 안 되기 때문이다. 따라서 재건축조합이 자금을 조달하여 사업을 진행하는 단순도급계약형태는 실무에 적용되지 않고 있다.

그러나 재건축조합이 금융차입, 모기지론 또는 토지신탁 등을 통하여 재건축자금을 조달하여 사업을 직접 시행하는 경우에는 조합측이 많은 이익을 가져올 수 있는 형태이다.

(2) 계약흐름도표

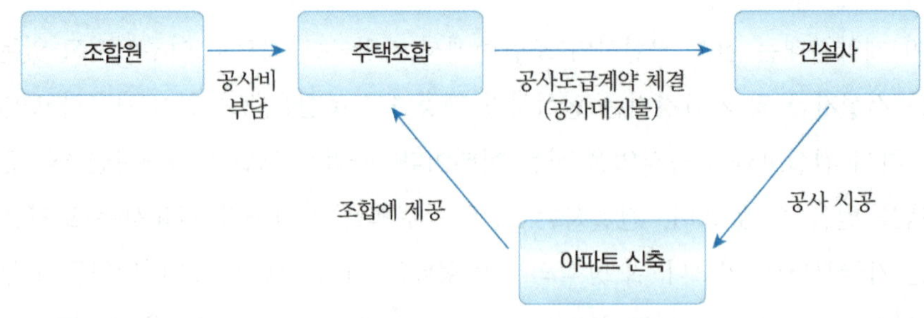

(3) 계약금액

주택조합과 시공자가 계약한 금액이 공사도급금액이 된다.

3) 지분계약과 단순도급계약과의 비교

(1) 계약형태 비교

재건축의 지분계약과 도급계약형태를 살펴보면 지분계약형식은 시공자가 외상으로 건축하여 차후에 공사비를 회수하는 형태이며, 도급계약은 시공자가 기성고에 따라 공사비를 회수하는 형태로서 양자의 계약형태는 도급계약의 범위에서 크게 벗어나지 않는다.

(2) 사업성 비교

① 지분제계약

지분계약형태는 원천적으로 시공자가 공사에 관한 일체의 비용을 부담하므로 조합원이 자금부담의 발생이 없어 사업시행이 용이하나, 조합측 입장에서는 시공자와 계약체결시 조합원 이익의 극대화를 위해 개발이익을 정확히 산출하여 조합의 이익을 계약시 반영시켜야 하는데 대체로 조합의 개발이익 산출능력이 부족하므로 시공자의 계약조건에 끌려갈 수밖에 없고, 지분계약형태상 사업비 지출 등이 시공자에 의하여 집행하는 관계로 조합의 입장을 대변하기 곤란하여 조합이 불리하게 계약하는 경우가 있다. 또한 사업추진과정에서 추가수익발생시에는 그 추가수익분은 조합측 귀속이 아닌 시공자의 귀속으로 처리되므로 추가수익의 기대는 어렵다.

② 도급제계약

도급계약형식은 조합이 남은 모든 사업수익을 얻을 수 있으나, 일차적으로 조합원들의 공사비지출이라는 자금부담과 사업이 순조롭게 진행되어 준공까지 별문제없이 진행되면 관계없지만, 경기불안 등으로 미분양발생, 조합분쟁, 물가상승 등으로 인한 공사비증액 등 불확실한 요소가 상존하게 된다.

(3) 검토

지분제계약은 건축공사비와 사업경비 일체를 시공자가 부담하기 때문에 조합원의 부담이 없다. 대신 사업진행과정에서 조합의 추가사업이익은 발생하지 않는다. 즉, 개발이익이 시공자에게 귀속되는 계약이다. 반면에 도급제계약은 건축공사비와 사업경비 등을 조합원이 부담하여 사업을 진행하여야 하며, 사업으로 인한 이익을 최대한 발생시켜 조합원의 개발이익을 극대화할 수 있다. 그러나 사업진행에 대한 불확실한 요소 발생시 순조롭게 사업을 진행할 수 없는 단점이 있으므로 어느 한쪽이 유리하다고 판단할 수 없다. 따라서 조합은 계약시에 여러 상황 등을 종합적으로 검토하여야 한다.

4) 혼합지분계약형태

이 계약형태는 지분계약과 단순도급계약의 복합형태로서 조합원이 건축비의 일부를 부담하는 경우의 계약을 말한다. 즉 조합측이 조합원의 남은 건축분을 일반 분양하여 공사비에 충당하려 하나, 조합의 사업성 결여 또는 조합원의 큰 면적의 주택소유요구 등으로 인하여 조합의 일반분양수입금액으로 전체공사비를 충당하지 못하고 별도로 조합원 각자에게 공사비를 추가 부담하는 경우의 계약을 말한다.

(1) 계약흐름도표

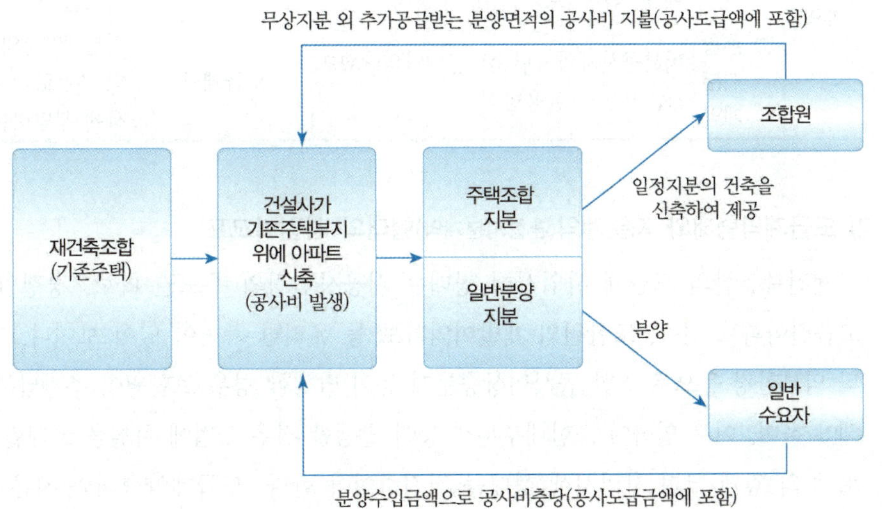

(2) 계약금액

조합측에 제공하고 남는 일반 수요자의 분양수입금액과 조합측(조합구성원)이 부담하는 추가공사비(조합원이 자기지분을 초과하여 주택을 취득할 경우 그 초과분의 주택부담금액)의 합계액이 건설사의 총공사도급금액이 된다.

❷ 계약형태 비교

건설사와 조합과의 건축계약형태는 크게 도급제와 지분제로 구분하고 지분제를 다시 지분공사계약과 혼합지분계약으로 세분할 수 있으며 구분된 계약형태의 내역은 다음과 같다.

1) 계약구분표

<table>
<tr><th colspan="2">구 분</th><th>내 역</th><th>조합과 시공자와 계약형태</th><th>비 고</th></tr>
<tr><td colspan="2">단순도급계약</td><td>주택조합사업시행자로서 건설사는 주택조합의 공사시공자로 선정되어 단순히 건축면적에 대한 순수건축공사 도급계약 형식</td><td>도급계약</td><td>건축공사 연면적에 대하여 3.3㎡당 건축공사비로 계약</td></tr>
<tr><td rowspan="2">지분 공사 계약</td><td>① 지분 공사 계약</td><td>일정분의 조합주택지분에 대하여 시공자가 주택을 건축하여 조합에 제공하고 남은 주택에 대하여 일반분양하여 그 분양수입금액을 조합이 시공자에게 공사비로 지급하는 형태</td><td>도급계약</td><td>기존 조합원이 보유한 주택면적으로 기준하여 결정 공급하는 무상지분
예 : 건축 3.3㎡당 개발이익을 산정하여 계약</td></tr>
<tr><td>② 혼합 지분 계약</td><td>지분공사계약+단순도급계약의(조합구성원 부담분) 혼용방식</td><td>도급계약</td><td>지분계약분의 무상지분 외 추가로 조합원이 건설사에 부담하는 공사금액</td></tr>
</table>

2) 도급계약형태와 지분계약(혼합지분계약)형태의 사업비교표

재건축조합의 도급제 사업시행 형태는 시공사선정의 주도권 확보, 경쟁입찰로 인한 고품질아파트 건축, 조합원의 개발이익확보 등 유리한 측면이 있어 보이나, 미분양문제 및 외부환경 등으로 인한 공사비상승문제 등이 발생할 경우 조합원이 추가납부금을 부담해야 하며, 이로 인하여 조합내부분쟁 등이 발생할 경우 사업에 차질을 초래할 수 있으므로 주의 깊게 살펴 사업시행 형태를 결정하여야 한다. 도급계약형태와 지분계약형태의 사업비교는 아래와 같다.

구 분	도급제	지분제 · 혼합지분제
계약방식	사업에 필요한 공사비를 산정하여 그 산정된 금액으로 공사금액을 계약하는 순수도급방식	시공사의 책임으로 모든 사업을 수행하고 계약 시 조합원의 무상지분을 확정(개발이익) 또는 조합원이 공사비를 일부 부담하여 계약하는 방식
공사금액조달	공사에 필요한 건축비 및 모든 경비는 조합에서 조달하고 시공자는 조달받은 건축비로 공사금액 결정함(시공사의 자금부담 없음)	공사에 필요한 건축공사비는 시공자가 우선부담하고 차후 일반분양분 수입액에서 보전 및 조합원 일부 부담금으로 충당
공사금액조정	공사기간 중 물가상승 등의 사유로 공사비 인상 및 설계변동시 공사비인상 요구	공사기간 중 공사비 조정 없음. 조합원추가부담금액 없음.
공사의 품질 및 공사진척도	공사진행 중 자재 및 아파트 내부 마감의 변화 및 디자인에 능동적으로 대처하여 아파트품질을 보장받을 수 있음.	• 사업초기 조합원의 지분확정으로 변화에 능동적인 대처가 곤란(조합원발언권 약화) • 인 · 허가시 계획보다 사업규모가 축소되거나 상승할 경우 시공자의 손실보전을 위하여 아파트 품질이 저하될 수 있음.
시공자와의 관계	• 사업주체가 조합인 관계로 도급계약서에 의한 조정 및 협의가 잘 진행됨 • 상호협조가 비교적 잘 되어 시공자와의 관계가 원만함	• 사실상 시공자가 시행주체가 되므로 조합은 시공자의 의견에 대부분 따라야 함. • 사업규모변동 및 물가상승 등의 이유로 시공자의 공사비 증액요인 발생시 공사진행속도 차질.
사업기간 중 추가수익발생시	사업의 변화에 따른 조합원 사업비의 추가이익발생시에는 무상지분 배분확대	초기 지분확정으로 추후 발생비용은 시공자가 부담하므로 사업의 변화에 따른 조합원 무상지분의 변동이 없음(추가이익발생시 배분 없음)
기 타	토지감정평가의 증가 및 건물 층고의 증감, 용적률 증가시 건축분양가 상승 등으로 추가수익기대	• 사업수익변동분에 대한 수익 또는 손실분은 시공자의 권한으로서 조합은 해당사항 없음 • 시공자의 부도사태를 대비하여 시공보증의 무화

③ 재건축정비사업에 따른 제세금 요약

재건축사업에 관련하여 조합 및 조합구성원이 부담하는 제세금의 종류는 다음과 같다.

■ 사업시행자(조합) 부담표 ■

<table>
<tr><th colspan="6">구 분</th><th>과세 여부</th><th>비 고</th></tr>
<tr><td rowspan="5" colspan="2">국세</td><td colspan="2">소득세</td><td colspan="2">사업소득</td><td>과세</td><td>• 전환정비사업조합은 원칙적으로 공동사업장 및 공동사업자임(조특법 §104의 7 ①)</td></tr>
<tr><td colspan="2">법인세</td><td colspan="2">각사업연도소득</td><td>과세</td><td>• 정비사업조합은 비영리내국법인임(조특법 §104의 7 ②)
• 조합원에게 종전의 토지를 대신하여 토지 및 건축물을 공급하는 사업은 비수익사업임(조특령 §104의 4)</td></tr>
<tr><td colspan="2" rowspan="3">부가가치세</td><td rowspan="2">주택</td><td>전용면적 85㎡ 이하</td><td>면세</td><td rowspan="3">• 관리처분계획에 따라 조합구성원에게 공급하는 건축분에 대해서는 부가가치세 과세대상에서 제외(조특법 §104의 7 ③)</td></tr>
<tr><td>전용면적 85㎡ 초과</td><td>과세</td></tr>
<tr><td colspan="2">주택 이외의 상가</td><td>과세</td></tr>
<tr><td rowspan="3">지방세</td><td rowspan="3">취득세</td><td>조합</td><td>잔여 일반분양</td><td colspan="2">전용면적 60㎡ 이하
〃 60㎡ 초과</td><td>면제
과세</td><td>• 2014.12.31.까지 취득분에 한해 면제(지특법 §33)</td></tr>
<tr><td>조합원</td><td>조합원 지분</td><td colspan="2">소유지분 면적</td><td>과세</td><td>• 조합주택용 부동산은 그 조합원이 취득한 것으로 봄(지방세법 §7 ⑧)</td></tr>
<tr><td>비조합원</td><td>조합으로부터 최초분양</td><td colspan="2">전용면적 40㎡ 이하
전용면적 40㎡ 초과</td><td>면제
과세</td><td>1억원 미만 & 1가구1주택
(지특법 §33 ②)</td></tr>
<tr><td rowspan="2" colspan="2">기타조세</td><td>조합</td><td>재건축 부담금</td><td colspan="2">재건축초과이익</td><td>$\frac{\text{재건축초과이익}}{\text{조합원수}}$ ×부과율</td><td>재건축초과이익환수에관한법률 §12</td></tr>
<tr><td>조합원</td><td>농어촌 특별세</td><td colspan="2">표준세율을 100분의 2로 적용하여 산출한 취득세액</td><td>10/100</td><td>• 전용면적 85㎡ 초과 주택분에만 과세
• 지방세법특례제한법 제4조의 조례에 따른 지방세의 감면분의 취득세에 대해서도 감면</td></tr>
</table>

④ 정비사업조합의 인격

1) 정비사업조합

도시정비법 제18조에서는 조합은 법인으로 한다고 규정하고 있으며, 조합설립의 인가를 받은 날로부터 30일 이내에 주된 사무소의 소재지에서 다음의 사항을 등기함으로서 성립한다고 규정하고 있다.

① 설립목적

② 조합의 명칭("정비사업조합"을 사용해야 함)

③ 주된 사무소의 소재지

④ 설립인가일

⑤ 임원의 성명 및 주소와 임원의 대표권을 제한하는 경우에는 그 내용

2) 전환정비사업조합

종전 주택건설촉진법에 의하여 조합설립인가를 받은 조합은 주된 사무소의 소재지에 등기함으로써 도시정비법에 의한 법인으로 설립(이하 "전환정비사업조합"이라 한다)된 것으로 본다. 다만, 종전 주택건설촉진법에 의하여 설립된 법인이 아닌 조합(준공인가를 받은 조합을 제외)은 이 법 시행일로부터 1월 이내에 등기하여 법인으로 전환하여야 한다(도시정비법 법률 제6852호, 2002.12.30. 부칙 §10).

3) 재건축정비사업조합의 법인등기

(1) 의 의

'재건축정비사업조합의 법인설립등기절차'란 법령에서 규정한 등기사항을 당사자의 신청에 의하여 등기관이 등기소에 비치된 법인등기부에 기재하는 절차를 말한다. 등기신청행위는 절차법상의 의사표시로서 당사자가 등기소에 대하여 신청한 내용의 등기를 실행하여 줄 것을 요구하는 행위이다.

도시정비법은 법인설립등기의 절차에 관하여 등기사항 외 특별한 규정이 없으나 민법의 사단법인에 관한 규정(법 §27)을 준용하도록 하고 있어 비송사건절차법과 법인 등의 등기사항에 관한 특례법, 민법법인 및 특수법인 등기처리규칙 등이 정한 바에 따라 법소정의 서면을 제출하는 방식에 의하여 등기를 신청한다.

(2) 등기내용

① 설립목적 : 정관에 규정된 사항을 기재한다.

② 조합의 명칭

상법상 회사는 유사상호금지의 규정(상법 §23)이 있으나 민법은 이에 관한 규정이 없다. 만약, 동일한 명칭으로 등기가 된 경우라면 대표자 또는 사무소의 소재지에 의하여 구별할 것이지만(대법원 84다카493) 법인의 동일성에 대한 혼란을 방지하기 위하여 동일 상호는 물론 유사명칭마저 사용하지 않는 것이 바람직하다.

조합의 명칭을 정할 때에는 정비사업의 종류로서 재개발, 재건축, 도시환경 등을 함께 사용함이 사업식별에 편의를 줄 것이며, 조합은 그 명칭 중에 '정비사업조합'이라는 문자를 도시정비법 제18조 제3항에 의하여 의무적으로 사용하여야 한다.

③ 주된 사무소의 소재지

④ 설립인가일

⑤ 임원의 성명 및 주소

정비사업조합의 대표자인 조합장은 그 성명과 주소를 기재하는 외에 주민등록번호를 기재하여야 하고, 이사 및 감사 등 기타 임원은 성명과 주민등록번호를 기재한다(법인등의등기에관한특례법 §2).

⑥ 임원의 대표권을 제한하는 경우에는 그 내용

정비사업조합의 임원은 조합장 1인과 3인 또는 5인 이상의 이사, 1인 이상 3인 이하의 감사를 두는 것이 원칙이어서(법 §21 ②, 영 §33) 수인의 임원이 있으나 조합을 대표하고 조합의 사무를 총괄하는 자의 대표권을 제한하는 경우 그 내용을 기재하여야 한다.

(3) 정비사업조합의 법인등기 의무

정비사업조합은 조합설립인가를 받은 날로부터 30일 이내에 주된 사무소의 소재지에서 설립의 등기를 하여야 한다(법 §18 ②). 기간의 계산은 민법에 의할 것이므로 초일을 산입하지 아니하고 기간 말일의 종료로 기간이 만료한다(민법 §157 · §159). 다만, 초일이 오전 영시로부터 시작하는 때에는 초일을 산입하고, 기간의 말일이 공휴일에 해당한 때에는 기간은 그 다음날로 만료한다(민법 §158 · §161).

설립등기기간이 지난 경우 인가가 취소되거나 설립준비행위가 실효되는 것은 아니며

(등기선례에서는 법인설립허가 후 장기간이 경과하였다 하더라도 그 허가서를 첨부하여 설립등기를 할 수 있다고 한다), 다만 등기해태에 따른 과태료가 부과될 것이다(민법 §97 1호).

등기실무는 설립근거가 된 법률에 법인등기가 늦어진 경우 과태료를 부과하는 조항이 없더라도 그 법률이 민법을 준용하도록 규정하고 있는 경우에는 등기지연시의 과태료에 관한 민법 제97조 제1호의 규정을 준용하고 있다(등기선례 3402-6).

(4) 주사무소 소재지 관할 등기소에 설립등기

정비조합법인은 주사무소 소재지를 관할하는 등기소에 설립등기를 신청하여야 한다(법 §18 ②, 비송사건절차법 §60). 등기소란 등기사무를 담당하는 국가기관으로서 현재는 지방법원, 동 지원 또는 등기소에서 등기사무를 처리하고 있고, 등기소의 관할구역은 대체로 행정구역을 기준으로 정하여져 있다(각급법원의설치와관할구역에관한법률, 등기소의설치와관할구역에관한규칙).

❺ 정비사업조합의 세법적용

1) 정비사업조합

도시정비법에 따라 설립된 조합에 대하여는 법인세법 제1조에도 불구하고 비영리내국법인으로 보아 법인세법을 적용한다. 다만, 법인세법 제29조에 따른 고유목적사업준비금의 손금산입규정은 적용하지 않는다.

2) 전환정비사업조합

(1) 소득세법 적용(공동사업자)

2003.6.30. 이전에 주택건설촉진법(법률 제6852호로 개정되기 전의 것을 말한다) 제44조 제1항에 따라 조합설립의 인가를 받은 재건축조합으로서 도시정비법 제18조에 따라 법인으로 등기한 조합에 대해서는 법인세법 제2조에도 불구하고 전환정비사업조합 및 그 조합원을 각각 소득세법 제43조 제3항에 따른 공동사업장 및 공동사업자로 보아 소득세법을 적용한다(조특법 §104의 7 ①).

(2) 법인세법 적용

전환정비사업조합이 법인세법 제60조에 따라 해당 사업연도의 소득에 대한 과세표준과 세액을 납세지 관할세무서장에게 신고하는 경우 해당 사업연도 이후부터는 법인세법을 적용한다. 이 경우 정비사업조합과 마찬가지로 비영리내국법인으로 보며, 고유목적사업준비금의 손금산입 규정은 적용하지 않는다.

(3) 전환정비사업조합의 법인세 · 소득세 선택가능표

구 분	법인세	소득세	비 고
전환정비사업조합	선택가능	선택가능(공동사업자)	2003.6.30. 이전 설립인가 조합
정비사업조합	법인	–	2003.7.1. 이후 설립인가 조합

3) 공동사업자 과세

2003.12.30. 조세특례제한법 개정 시 전환정비사업조합을 소득세법상 공동사업장으로 보는 조세특례제도를 신설하였다. 이에 따라 전환정비사업조합은 법인임에도 불구하고 소득세법을 적용할 수 있으며, 또한 소득세법 적용시 공동사업자로 보아 과세한다. 한편, 전환정비사업조합은 공동사업자로 보아 과세하는 것이나 참고로 1거주자로 보아 과세하는 것과 비교하여 설명한다.

(1) 거주자 과세

거주자에 해당하는 법인격 없는 단체가 대표자 또는 관리인이 선임되어 있고, 이익의 분배방법 및 분배비율이 정하여져 있지 아니한 경우에는 주택조합은 영업활동에서 생긴 소득에 대하여서는 거주자로 보아 과세한다(소득세법 §2 ③).

(2) 공동사업자 과세

재건축조합의 대표자가 선임되어 있고, 이익의 분배방법이나 분배비율이 정해져 있으면 주택조합은 공동사업자에 해당되어 각 조합원별 지분에 의하여 분배되었거나, 분배될 사업소득금액에 따라 각 조합원별로 종합소득세를 과세한다. 또한, 주택조합의 대표자 또는 관리인이 선임되어 있고 조합규약상 명문으로 이익의 분배방법이나 분배비율이 규정되어 있지 않더라도 조합원 각자의 출자지분이 있으면 조합의 이익을 분배하는 것으로 보아 공동사업자로 과세한다.

(3) 1 거주자 과세와 공동사업자 과세 구분

1인의 거주자와 공동사업자의 구분도표(소득세법 시행령 §3의 2)

① 1 거주자

주택조합원 전체를 거주자 1인으로 보아 사업소득세가 과세되는 경우와 주택조합원 전체를 공동사업으로 보아 각각 조합원 개인에게 사업소득세가 과세되는 경우로서 2가지로 구분할 수 있다. 이 경우 거주자 1인(주택조합원 전체)으로 보아 과세되는 경우와 조합원 각자(공동사업자)를 1인의 사업자로 보아 과세하는 경우에는 실제조합원들이 부담하는 세금은 큰 차이를 나타낼 수 있다.

왜냐하면 소득세법의 세율구조가 최저 6%에서 최고 40%의 초과누진세율을 적용하기 때문이다. 따라서 조합의 전체 소득금액을 거주자 1인으로 보아 과세할 경우와 조합의 소득을 조합원 각자에게 소득금액으로 배분하여 과세할 경우에 당연히 거주자 1인으로 보아 과세할 경우가 세금부담이 많아진다.

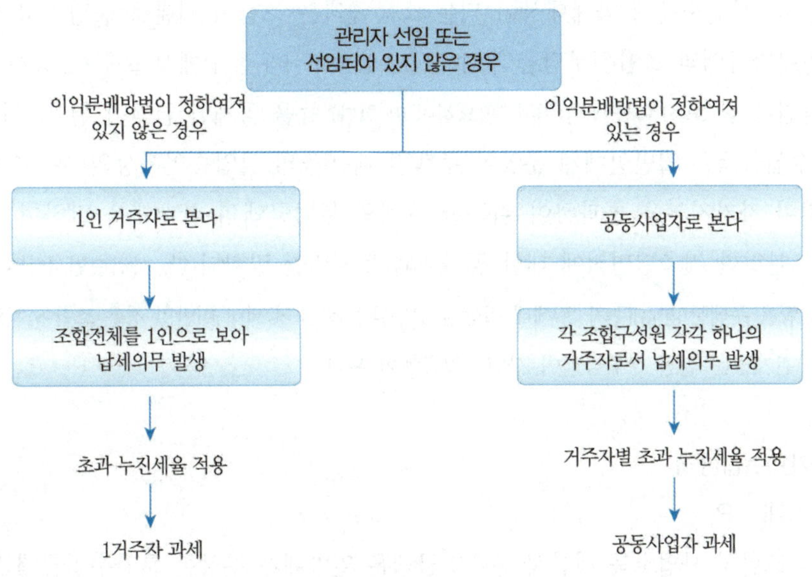

② 공동사업자

공동사업자로 볼 경우에는 조합 전체소득을 조합원 지분비율에 따라 각자 소득금액 계산하고 각 조합원에 대한 낮은 세율을 적용하며, 조합원 각자가 계산하여 납부한다.

Chapter 14

4) 공동사업자의 납세의무

(1) 사업소득 구분

① 주 택

재건축조합이 재건축 후 조합원에게 분배하고 남은 주택을 일반분양하는 경우 주택의 분양소득에 대하여서는 건설업으로 보아 소득세가 과세된다.

② 주택과 다른 목적의 상가 등

구 분	소득업종	비 고
주택	건설업	일반분양분
주택의 근린상가	부동산매매업	

(2) 사업소득금액 계산방법

재건축조합이 주택과 상가를 일반분양하는 경우 사업소득세를 계산하여 납부하여야 하는바, 사업소득세 과세대상이 되는 소득금액은 조합이 지분을 충당하고 남은 주택의 일반분양금액과 조합원부담금액(이하 "총수입금액"이라 한다)에서 조합이 공사비에 충당한 지출원가 및 토지취득가격(이하 "필요경비"라 한다) 등을 공제한 금액이 된다. 이때의 조합의 총 수입금액은 일반인에게 분양한 주택법 제15조의 사업승인서상의 분양수입금액과 조합원이 자기지분을 초과하여 취득한 주택의 부담금액의 합계액을 말하며, 필요경비라 함은 분양한 건축연면적에 대한 공사비와 토지비를 말한다(단, 사업승인서상의 분양수입금액이라 함은 주택분양세대수가 30세대 이상일 경우를 말하며 30세대 미만일 경우 조합이 분양한 사업승인서와 관계없는 일반 수입금액이 사업수입금액이 된다).

(가) 수입금액

① 개 요

조합의 사업소득 계산시 총수입금액은 일반에게 분양한 분양수입금액 또는 분양수입될 금액을 말한다. 여기서 일반분양수입금액이라 함은 주택공급에관한규칙에 의하여 표기된 토지·건축비의 합계액을 말하며, 부대시설 건축물일 경우 조합이 분양하고자 하는 금액을 조합의 수입금액으로 계산한다.

② 조합원 이외의 자의 공급분의 수입금액 계산

재건축한 아파트와 상가를 조합원 이외의 자에게 분양하여 얻은 소득은 사업소득세가 과세되는 것이며, 이때 소득금액은 조합원 이외의 자에게 분양한 분양수입금액에서 건축비와 토지가액을 필요경비로 공제하는 것이다(소득 46011-3125, 1994.11.15.).

③ 조합원부담금의 수입금액 계산

조합원이 자기의 무상공급지분을 초과하여 공급받고 그 초과분의 대가를 지불하는 것은 조합의 사업소득금액계산상 수입금액으로 보지 않는다. 즉 자기가 자기의 사업에 지출하는 것은 영리목적사업에 해당되지 않으며, 설령 수입금액에 포함하더라도 조합원이 초과로 부담한 건축비는 필요경비에 산입되므로 소득금액의 차액이 발생하지 않는다. 즉, 조합원이 자기건축물비용을 부담하는 경우의 수입금액은 자기의 사업을 위하여 지출하는 비용으로 보아, 수입금액에 산입되지 않는 것이 조세형평상 타당하다고 본다.

④ 자기지분 초과분에 대한 수입금액 산입 여부

㉮ 재건축조합의 총수입금액계산시 조합원이 자기지분에 상당하는 아파트를 분양받으면서 납부한 추가부담금은 소득세법 제24조 제1항의 규정에 의한 총수입금액에 해당하지 않는 것이나, 자기지분초과분에 대해 조합원으로부터 별도로 받는 대금은 총수입금액에 산입하는 것이다(제도 46011-10570, 2001.4.13.).

㉯ 재건축조합을 결성하여 기존건물을 철거하고 새로운 아파트 등을 신축하여 조합원들이 입주하고 잔여세대와 상가를 일반분양하는 경우, 일반분양하는 세대와 상가는 사업소득으로 소득세가 과세되는 것이며, 조합원들에게 약정에 의한 기준면적과 달리 분양하는 경우, 그 차이에 대하여 현금징수 또는 현금지급하는 금액은 일반분양하는 사업소득의 총수입금액 또는 필요경비에 해당한다(소득 46011-283, 1994.1.27.).

⑤ 재건축조합의 총수입금액계산 및 수입시기

재건축조합의 소득금액계산에 있어서 총수입금액은 소득세법 제24조 제1항의 규정에 의하여 일반분양하는 잔여세대의 아파트와 상가 등의 분양대금을 합계한 금액으로 하는 것이며, 그 수입시기는 소득세법시행령 제48조 제11호의 규정에 의하여 그 대금을 청산한 날로 하되 대금을 청산하기 전에 소유권 등의 이전에 관한 등기를 하거나 해당 자산을 사용수익하는 경우에는 그 등기일 또는 사용수익일로 하는 것이다(서면소득-235, 2015.5.28.)

(나) 필요경비

① 개요

조합주택의 필요경비 계산은 일반분양수입금액에 대응하는 공사원가로서 전체투입된 공사비용에서 조합원에 귀속되는 공사원가를 빼고 남은 건축공사비를 일반분양수입금액의 대응원가로 계산하며, 여기서 구성되는 공사원가는 크게, 건축비와 토지비 및 기타 경비로 구분한다. 일반분양분의 건축비의 공사원가 산출은 조합이 건설사에 도급계약한 금액 중에서 조합원 귀속이 분명한 공사비(조합원초과부담분)는 귀속별로 계산하고 나머지 금액을 기준으로 하여 조합원 건축면적 대 일반분양분 건축면적에 의하여 산출한다.

② 토지의 필요경비계산

재건축조합의 토지의 가격은 도시정비법 제48조 제1항에 의하여 분양대상자별 종전의 토지 또는 건축물의 명세 및 사업시행인가고시가 있는 날을 기준으로 감정평가업자가 평가한 금액을 산술평균(감정평가사 및 감정평가에 관한 법률에 의한 2인 이상 감정평가업자의 평가금액, 동법 §48 ⑤ · ⑥)하여 산정하며, 동 금액을 총건축연면적에서 일반분양연면적 비율로 나누어 토지비의 필요경비로 계산한다.

$$\text{토지가격} = \text{조합원 토지의 감정가격} \times \frac{\text{일반분양건축연면적(전용면적)}}{\text{총건축연면적(전용면적)}}$$

※ 건축설계시 각 세대당 대지지분이 표시되므로 정확한 토지가격계산을 위해서는 실무자는 설계도면에 나타난 대지면적을 확인하여야 한다.

㉮ 재건축조합의 현물출자토지에 대한 필요경비 계산방법재건축조합이 일반분양을 할 경우 필요경비에 산입하는 토지의 가액은 조합원이 현물출자한 당시의 가액으로 하는 것으로 공신력있는 감정기관이 평가한 감정가액이 있는 경우에는 해당 감정가액으로 계산하는 것이며, 이때 아파트인 경우 토지와 건물을 함께 감정평가하여 각각의 가액의 구분이 불분명한 때에는 현물출자당시의 기준시가에 의하여 안분계산하는 것이다(제도 46011-10702, 2001.4.20.).

㉯ 재건축사업 미동의 조합원에게 매입한 토지대금의 산정방법재건축조합의 사업소득금액을 계산함에 있어 재건축조합이 재건축사업에 동의하지 아니한 자로부터 현금을 지급하고 토지를 매입한 경우 소득세법 제27조 및 제39조 규정에 의하여 필요경비에 산입하는 취득가액은 해당 자산의 매입가액에 취득세 · 등록세 등 부대비용을 가산한 금액이다(소득세제과-62, 2005.9.5.).

③ 건축비의 필요경비계산

일반적으로 조합의 건축비라 함은 조합이 건설사와 도급계약한 금액에서 자기가 건설하는 건축물의 비용(조합원귀속분)과 이를 제외한 금액을 총건축연면적에서 일반분양연면적 비율로 나누어 산출된 금액을 건축비의 필요경비로 계산한다.

• 조합귀속이 분명한 경우

$$(\text{총공사도급액} - \text{조합원이 부담한 건축비}) \times \frac{\text{일반분양건축연면적}}{\text{총건축연면적} - \text{조합원이 부담한 건축연면적(조합원 초과부담 건축분)}}$$

• 조합귀속이 불분명한 경우

$$\text{총공사도급액} \times \frac{\text{일반분양건축연면적}}{\text{총건축연면적}}$$

5) 경비의 필요경비계산

조합이 지출하는 조합운영비, 철거비, 감리비, 안전진단비 등은 조합측 귀속이 분명한 비용은 제외하고 나머지 불분명한 비용은 총건축연면적에서 일반분양분 연면적비율로 나누어 산출된 금액을 경비의 필요경비로 계산하는 방법과 경비 등의 비용을 총공사도급액에 포함하여 건축비와 함께 계산하는 방법 등이 있다.

• 조합귀속이 분명한 경우

$$(\text{총경비} - \text{조합귀속이 분명한 비용}) \times \frac{\text{일반분양건축연면적}}{\text{총건축연면적}}$$

• 조합귀속이 불분명한 경우

$$\text{총경비} \times \frac{\text{일반분양건축연면적}}{\text{총건축연면적}}$$

① **토지**(양도소득세 비과세)

1994.7.30. 이전에는 재건축사업의 조합원의 토지지분 감소는 원칙적으로 토지양도로 간주하여 양도소득세를 과세하였다. 그 과세의 취지는 종전의 주택이 보유하고 있는 대지를 줄이고 그 남은 대지를 매각하여 건축비를 충당하는 것이므로 이 토지지분감소는 곧 토지의 양도에 해당되므로 과세를 하여야 한다는 입장이었다. 그러나 조합이 토지에 대하여 양도소득세를 납부하고 다시 조합의 사업소득 계산시 토지원가를 취득원가로 계산하도록 되어 있는바, 이는 양도소득세가 과세된 토지가 사업소득세 계산시 필요경비로 인정되지 않으므로 이중과세의 문제가 발생된다. 또한 사업의 형태만 다른 재개발조합은 양도소득세가 과세되지 않으므로 과세형평상 모순이 있어 실무적으로 논란이 많았다. 따라서 그러한 문제점을 해소하고자, 구주택건설촉진법 제32조의 규정에 의하여 재건축조합도 사업승인서 제출시 해당 주택을 건설하는데 환지처분계획을 포함하여 기존 주택의 철거계획서 및 건설된 주택의 처분계획서를 제출하도록 하여 환지처분(사업시행자가 사업완료 후에 사업구역내의 토지소유자 또는 관계인에게 종전의 토지대신에 그 구역내의 다른 토지로 바꾸어 주는 것)이 가능하도록 주택건설촉진법을 개정하였다. 따라서 주택건설촉진법상 재건축조합의 토지 환지처분은 소득세법 제88조 제2항에 의하여 양도소득세가 과세되지 않는다(현행 도시정비법 제48조 : 관리처분계획서 작성).

환지처분으로 보는 사업의 종류 및 관계법령은 다음과 같다.

사업별	관계법령	비 고
① 농업생산기반정비사업	농어촌정비법	소득세법시행령 §152
② 도시개발사업	도시개발법	〃
③ 재개발 · 재건축	도시정비법 (구주택건설촉진법)	〃

② **이자소득**

계약의 위약 또는 해약으로 인하여 받는 위약금과 배상금, 또 위약 또는 해약을 원인으로 법원의 판결에 의하여 지급받는 손해배상금에 대한 법정이자는 이자소득으로 보지 아니하고 기타소득으로 본다.

따라서 주택조합이 당초 유자격조합원으로 판정하여 토지대금 및 건축비 일부를 지급받았으나 추후 해당 조합원을 무자격조합원으로 판정하여 조합원자격을 박탈시키면서 당초의 계약에 따라 불입한 토지대금 및 건축비에 대한 이자상당액을 해당 조합원에게 배상금으로 지급하는 경우 해당 배상금은 이자소득으로 볼 수 없고 소득세법 제21조 제1항 제10호의 규정에 의한 기타소득으로 과세한다(소득46011-2641, 1996.9.19.).

이는 주택조합원자격상실로 인하여 조합원이 지급받은 이자상당액의 소득구분에 관한 것으로 주택조합으로부터 유자격자로 인정받아 토지구입비 및 건축비 일부를 약정에 의해 불입하던 조합원이 관할구청의 조합원자격재심사에서 무자격자로 판정되어 조합원자격을 상실당하면서 당초 불입대금 외에 조합으로부터 배상금으로 지급받는 이자상당액의 소득구분에 대한 것이다.

❻ 정비사업조합의 법인세

법인세의 납세의무는 도시정비법에 의하여 2003.7.1. 이후 설립인가받은 조합 또는 전환정비조합이 법인세법 제60조 규정에 의하여 해당 사업연도소득에 대한 과세표준을 납세지관할세무서장에게 신고한 조합에 한하여 적용한다.

1) 조합의 과세구분

조합의 사업은 조합구성원에게 공급하는 사업과 조합구성원 이외 자에게 일반공급하는 사업으로 구분된다.

■ 과세구분표 ■

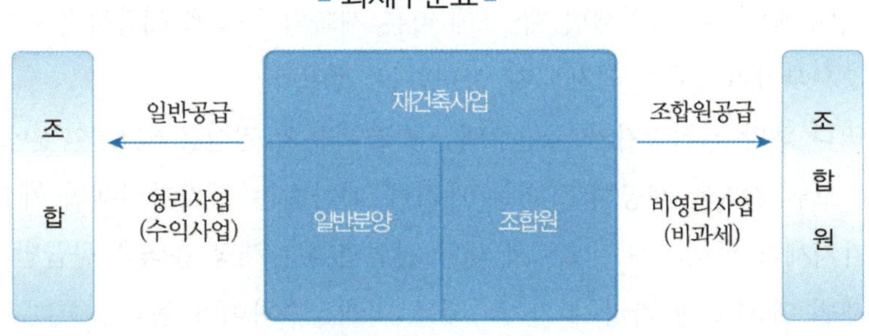

2) 수익사업과 비수익사업

재건축조합의 조합원귀속은 조세특례제한법 시행령 제104조의 4에 따라 비수익사업이나 일반분양분은 영업활동에 의하여 얻은 소득이므로 일반법인과 같이 법인세과세대상이다.

Chapter 14

❼ 정비사업조합의 부가가치세

1) 재건축조합의 부가가치세 납세의무

귀 속	내 역
조합구성원 귀속분	부가가치세법상의 납세의무자는 영리목적의 유무에 불구하고, 사업상 독립적으로 재화 또는 용역을 공급하는 자를 말하며, 납세의무자는 개인 · 법인(국가 · 지방자치단체와 지방자치단체조합을 포함)과 법인격 없는 사단 · 재단 기타 단체를 포함한다고 규정하고 있는데 여기에서 사업상 독립적으로 재화 또는 용역을 공급하는 자라 함은 부가가치를 창출해 낼 수 있는 정도의 사업형태를 갖추고 계속 반복적인 의사로 재화 또는 용역을 공급하는 자를 말하며 과세되는 재화 또는 용역의 공급은 해당 사업에서 생산한 재화나 용역의 공급에 대하여만 과세된다고 되어 있다. 따라서 재건축조합의 조합원귀속분은 재화나 용역의 공급이 아니므로 부가가치세가 과세되지 아니한다.
일반분양분	재건축조합은 재건축조합의 조합원이 인수하고 남은 주택 · 상가 등을 불특정다수인 일반인에게 분양할 경우 독립적으로 과세되는 재화의 공급자에 해당되어 부가가치세를 납부할 의무가 있다.

(1) 재건축조합원에게 주택분양시 부가가치세 과세 여부

재건축조합(이하 "조합"이라 함)이 건설업을 영위하는 사업자(이하 "건설업자"라 함)로부터 건설용역을 제공받아 건축한 주택을 조합원 및 일반인에게 분양하는 경우 국민주택규모를 초과하는 주택을 관리처분계획에 의하여 종전 주택의 소유자인 해당 조합원에게 분양하는 경우에는 부가가치세법 제9조에 따른 재화의 공급에 해당하지 아니하여(조특법 §104의 7 ③) 부가가치세가 과세되지 아니하는 것이다.

그러나 해당 건설업자가 국민주택규모 초과분의 건설용역(조합원 분양분이든 일반인 분양분이든 모두 포함)을 제공하고 받는 대가에 대하여는 부가가치세법 제11조 제1항 따라 부가가치세가 과세되는 것으로서 해당 건설업자는 해당 용역을 공급받는 자로부터 부가가치세법 제31조에 따라 부가가치세를 거래징수하여야 한다.

① 주택재건축조합을 통한 주택재건축사업의 경우 두 가지의 거래가 발생하게 된다. 하나는 조합원과 조합의 거래이며, 또 하나는 조합과 건설업자와의 거래이다. 조합이 조합원에게 완성된 주택을 분양하는 경우에는 부가가치세가 과세되지 아니하는 것이나, 건설업자가 조합에 대하여 국민주택규모를 초과하는 주택의 건설용역을 제공하는 경우에는 부가가치세가 과세되는 것이므로 해당 용역을 공급받는 자로부터 부가가치세를 거래징수하여야 한다(부가 46015-1243, 2000.5.30.).

② 주택건설촉진법에 의한 재건축조합이 재건축구역 안의 토지 또는 건축물을 인도받아서 종전의 건축물을 철거한 후에 재건축사업을 시행하여 신축한 주택 및 상가를 종전의 토지 또는 건축물의 소유자인 해당 조합원에게 관리처분계획에 의하여 분양하는 경우에는 부가가치세가 과세되지 아니하는 것이나, 해당 조합원이 아닌 일반인에게 분양하는 주택(국민주택규모 이하인 경우는 제외) 및 상가에 대하여는 부가가치세가 과세되는 것이며, 재건축조합이 해당 주택 등에 대한 건설용역을 제공받으면서 건설회사 등에게 거래징수당한 부가가치세는 사실상 주택(국민주택규모 이하인 경우는 제외) 및 상가를 분양받는 '조합원'이 부담하게 되는 것이다(부가 46015-824, 2001.5.31.; 부가 46015-249, 2001.2.7.; 부가 46015-2591, 1998.11.21.).

③ 공제되지 아니하는 매입세액의 계산은 건설회사로부터 교부받은 세금계산서의 매입세액 중 해당 세금계산서에 관련된 총예정건축면적(상가 및 국민주택규모를 초과하는 아파트의 예정건축면적)에 대하여 조합원에게 관리처분계획에 의하여 분양하는 예정건축면적의 비율에 의하는 것이다(부가 46015-1251, 1995.7.10.).

(2) 주택재개발 및 재건축에 관한 대행권을 양도하고 그 대가를 받는 경우 부가가치세과세 여부

주택재개발 및 재건축에 관한 대행업을 영위하는 사업자가 해당 주택재개발 및 재건축사업에 관한 대행권을 타사업자에게 양도하고 그 대가를 받는 경우에는 부가가치세법 제4조의 규정에 의하여 부가가치세가 과세된다(부가 46015-2572, 1994.12.20.).

(3) 공동사업자지분제계약에 의해 재건축조합의 조합원이 상가를 대물로 받을 경우 부가가치세과세대상 여부

건설업자가 자기책임과 계산하에 제공하는 국민주택규모(85평방미터) 초과분의 아파트와 상가의 신축용역대가 및 신축아파트와 상가의 공급대가에 대하여는 부가가치세법 제9조 제1항 및 제11조 제1항의 규정에 의하여 각각 해당 대가 전액(분양면적 전체금액)에 대하여 부가가치세가 과세되는 것이다(서면3팀-1449, 2005.9.5.; 부가 46015-1022, 1997.5.8.).

2) 사업자등록

재건축조합은 부가가치세법상의 사업자이므로 부가가치세법 제8조 제1항에 의거하여 사업개시일로부터 20일 이내에 사업장관할세무서장에게 사업자등록을 반드시 하여야 한다. 왜냐하면 조합은 사업시행 후 과세되는 재화의 공급이 있을 경우(일반분양공급분) 부가가치세 납세의무가 있을 뿐 아니라 사업자등록을 해야 세금계산서를 교부받아 이에 상응하는 매입세액을 공제받을 수 있기 때문이다.

3) 부가가치세 과세기간 및 신고납부

부가가치세의 과세기간 및 신고납부기간은 다음과 같다.

구 분	1 기		2 기	
	예 정	확 정	예 정	확 정
과세기간	1.1.~3.31.	1.1.~6.30.	7.1.~9.30.	7.1.~12.31.
신고 · 납부기간	4.25.	7.25.	10.25.	다음연도 1.25.

4) 재건축조합의 부가가치세 매출세액

귀 속	내 역
조합구성원 귀속분	• 비과세 : 원칙적으로 재건축조합의 부가가치세액은 전술한 바와 같이 부가가치세법 제9조에 따른 재화의 공급에 해당하지 아니하여 부가가치세가 과세되지 않는다. 따라서 재건축조합의 조합원에게 공급되는 주택은 국민주택규모 이하 또는 초과를 불문하고 부가가치세가 면제되며, 이에 상응되는 부가가치세 매입세액도 불공제대상이 된다. • 조합원에게 공급되는 국민주택규모 초과분 공급분 : 재건축조합이 재건축구역 안에 주택을 인도받아서 종전의 낡은 주택을 철거한 후에 재건축사업을 시행하여 신축한 국민주택규모 초과의 주택을 관리처분계획에 의하여 종전 주택의 소유자인 해당 조합원에게 분양하는 경우에는 부가가치세법 제6조(현행 §9)에 따른 재화의 공급에 해당되지 아니하며 부가가치세가 과세되지 아니하는 것이다. 또한 이 경우 조합이나 조합원이 교부받은 세금계산서상의 매입세액은 공제되지 아니한다(부가 46015-1855, 1994.9.10.).
조합구성원 이외의 공급분 (일반분양)	조합원 이외의 자(이하 "일반분양"이라 한다)에게 공급하는 주택이나 부수되는 건축물(이하 "상가 등"이라 한다)은 부가가치세법 제6조(현행 §9)에 따른 재화의 공급이므로 부가가치세가 과세되며 이에 상응하는 매입세액은 공제대상이다. 단, 전용면적 85㎡ 이하의 국민주택은 조세특례제한법 제106조에 따라 부가가치세가 면제된다.

(1) 매출세금계산서 발급

재건축조합의 일반분양분의 수입금액은 일반적인 건설사업자의 분양수입개념과 동일하므로 부가가치세법에 정한 과세표준계산과 세금계산서 발급의무가 있다. 따라서 조합의 일반분양분수입금액은 부가가치세법 시행령 제64조에 따라 토지 · 건물가격을 구분하여 계산하여야 한다. 이에 대한 자세한 내용은 제4장 건설업 부가가치세와 제7장 분양주택 실무와 세무를 참고하기로 한다.

(2) 매출세금계산서 발급 구분표

구 분			조합이 일반분양자에게 발행
			부가가치세 매출세액
조합원에게 공급	주택	국민주택규모 이하	비과세
		국민주택규모 초과	비과세
	상가 등		비과세
조합원 이외의 자에게 공급	주택	국민주택규모 이하	면세
		국민주택규모 초과	과세
	상가 등		과세

※ 위 도표는 건축비에 대한 과세 · 면세의 비교 구분이므로 토지분은 국민주택 초과 또는 상가 등을 불문하고 부가가치세의 면세대상이므로 토지공급금액은 비교표에서 제외하였음.

5) 재건축조합의 매입부가가치세

귀 속	내 역
조합구성원 귀속분	조합원에게 공급되는 건축물에 대한 일반사업자로부터 징수당한 부가가치세 매입세액은 공제되지 않는다.
조합구성원 이외의 공급분	일반 분양분의 건축비 매입세액은 국민주택규모 초과 또는 상가 등에 지출한 건축비에 대하여 매입세액을 공제받을 수 있다.

(1) 매입세액 안분계산 대상 구분

① 귀속별 구분

조합의 안분계산 대상 매입세액(공사도급액에 대한 조합이 부담한 매입부가가치세)은 건설사가 조합에게 발급한 세금계산서(조합이 부담한 공사비)를 기준으로 하여 계산한다. 이 경우 조합은 발급받은 세금계산서를 각 귀속별(사업종류별)로 구분하여 매입세액 공제 또는 불공제를 계산한다.

② 건설사의 발급

위의 경우 건설사는 조합에 세금계산서 발행시 통상적으로 과세분(세금계산서)과 면세분(계산서)으로 구분하여 발행한다.

③ 조합의 사업 종류별 세금계산서 발급 요구

조합은 매입세액 안분계산의 정확성과 실무편의를 위해 세금계산서(계산서)를 2가지(과세분, 면세분)로 발급받지 말고 조합의 사업종류별로 발급하여 줄 것을 요구하여야 한다. 왜냐하면 건설사가 발행한 세금계산서 중에 조합이 공제받을 수 없는 매입세액도 포함되어 있어(조합원에게 공급하는 국민주택규모 초과분 및 상가 등) 발급받은 세금계산서를 재 안분계산을 하여야 하기 때문이다. 즉 건설사가 시공중인 조합주택 중 조합구성원에게 배정되는 국민주택규모 초과분(조합원 유상공급 또는 무상공급분의 국민주택 초과분)이 발생할 경우 그 국민주택규모 초과분에 대한 매입세액은 공제를 받을 수 없기 때문이다.

(2) 매입세금계산서 발급 구분표

구 분			건설사가 조합측에 발행	비 고
			매입세액 공제여부	
조합원에게 공급	주택	국민주택규모 이하	불공제	조합원 귀속
		국민주택규모 초과	불공제	
	상가 등		불공제	
조합원 이외의 자에게 공급	주택	국민주택규모 이하	불공제	일반분양분
		국민주택규모 초과	공 제	
	상가 등		공 제	

(3) 매입세금계산서 발급받는 방법

조합이 건설사에서 매입세금계산서를 발급받을 때 통상적인 방법(과세분과 면세분의 구분)으로 발급받지 말고 조합의 사업종류별로 세금계산서 발행을 요구하여야 한다.

■ 통상적 세금계산서 발급내역 ■

구 분	매입계산서		공사비	비 고
	세금계산서	계 산 서	매입세액 안분계산	
국민주택규모 초과	세금계산서	–	안분계산대상	매입세액 불공제와 공제분 포함
국민주택규모 이하		계산서	–	–
상 가	세금계산서	–	안분계산대상	매입세액 불공제와 공제분 포함

위 표상의 세금계산서 발급내역별로 발급받은 국민주택규모 초과 또는 상가 매입세금계산서 중 일반분양분과 조합원귀속분이 포함되어 있을 경우 다시 세금계산서(매입세액분)를 재 안분계산하여야 하는 번거로움이 있다.

(4) 매입세액 안분계산

① **건축면적에 의한 안분계산**(부가가치세법 시행령 §81)

국민주택규모 이하와 국민주택규모 초과의 주택을 동시에 신축하거나 또는 상가 등을 조합원 및 일반인에게 분양함에 있어 건설산업기본법에 의한 건설업면허가 있는 사업자로부터 건설용역을 공급받고 과세되는 건설용역 및 면세되는 건설용역에 대하여 각각 세금계산서와 계산서로 구분하여 발급받은 경우에 공제되지 않는 매입세액의 계산(조합원에게 귀속되는 매입세액은 불공제대상임)은 해당 건설업자로부터 교부받은 세금계산서의 매입세액 중 해당 세금계산서에 관련된 총 예정건축면적에 대하여 관리처분계획에 의하여 조합원에게 분양하는 예정건축면적의 비율에 의하여 계산한다. 이에 대한 자세한 내용은 제4장 건설업 부가가치세를 참고하기로 한다.

6) 사업별(귀속별) 세금계산서 발급내역

<table>
<tr><th colspan="4" rowspan="3">구 분</th><th colspan="2">매입계산서발행구분</th><th colspan="3">공 사 비</th><th rowspan="3">비 고</th></tr>
<tr><th rowspan="2">세금계산서</th><th rowspan="2">계산서</th><th colspan="3">매입세액</th></tr>
<tr><th>매입세액부담</th><th>공제 대상</th><th>불공제 대상</th></tr>
<tr><td rowspan="6">조합원에게 공급</td><td rowspan="4">주택</td><td rowspan="2">유상 공급</td><td>국민주택 규모 초과</td><td>세금계산서</td><td></td><td>부가가치세 부담</td><td></td><td>불공제</td><td rowspan="2">조합원 초과 부담금분</td></tr>
<tr><td>국민주택 규모 이하</td><td></td><td>계산서</td><td>–</td><td></td><td></td></tr>
<tr><td rowspan="2">무상 공급</td><td>국민주택 규모 초과</td><td>세금계산서</td><td></td><td>부가가치세 부담</td><td></td><td>불공제</td><td></td></tr>
<tr><td>국민주택 규모 이하</td><td></td><td>계산서</td><td>–</td><td></td><td></td><td></td></tr>
<tr><td rowspan="2">상가</td><td>유상 공급</td><td>건 물</td><td>세금계산서</td><td></td><td>부가가치세 부담</td><td></td><td>불공제</td><td>조합원 초과 부담금분</td></tr>
<tr><td>무상 공급</td><td>건 물</td><td>세금계산서</td><td></td><td>부가가치세 부담</td><td></td><td>불공제</td><td></td></tr>
</table>

구 분				매입계산서발행구분		공 사 비			비 고
						매입세액			
				세금계산서	계산서	매입세액부담	공제 대상	불공제 대상	
조합원 이외 자에게 공급	주택	일반 분양	국민주택 규모 이하		계산서	–			
			국민주택 규모 초과	세금계산서		부가가치세 부담	공제		
	상가	일반 분양	건 물	세금계산서		부가가치세 부담	공제		

위 표상의 세금계산서 발급내역별로 발급받은 세금계산서는 조합이 매입세액에 대한 재안분계산이 필요없이 세금계산서 발행액이 매입세액불공제 또는 공제액으로 구분되므로 조합의 부가가치세 납부세액 계산이 간편해지며, 또한 조합의 일반분양수입에 대한 필요경비 계산시 별도의 구분경리가 필요 없다.

7) 기타의 교부예제

(1) 도급계약조건에 따라 도급금액을 변경한 경우 수정세금계산서의 교부

건설업을 영위하는 사업자가 재건축조합에게 건설용역, 분양대행업무 등의 용역을 제공하고 당초 도급금액에 대하여 거래시기에 세금계산서를 교부하였으나, 당초 도급계약조건에 따라 미분양분의 실제 분양가액 등의 증가 또는 감소 등의 사유로 도급금액을 변경하여 공급가액에 추가 또는 차감되는 금액이 발생한 경우에는 「부가가치세법 시행령」 제59조(현행 §70) 제3호의 규정에 따라 수정세금계산서를 교부할 수 있는 것이다(부가가치세과-1473, 2009.10.12.).

(2) 건설공제조합이 보증채무를 이행한 경우 세금계산서 교부방법

주택사업자(을)가 재건축조합(갑)과 공동주택을 시공하여 주는 계약을 체결하고 건설공제조합(병)과는 보증시공이행약정을 체결하여 건설용역을 진행하던 중 부도발생으로 공사가 중단되어 "병"이 보증시공을 통한 역무이행방식으로 보증책임을 이행하기 위하여 다른 건설업체(정)를 승계시공자로 선정하여 도급계약을 체결한 후 건설용역을 제공하는 경우, 승계시공한 건설용역에 대하여 "정"은 "병"에게 세금계산서를 교부하고 "병"은 "갑"에게 세금계산서를 교부하여야 하는 것이며, 이 경우 "병"이 "갑"에게 교부하는 세금계산서의 공급가액은 "갑"에게 제공한 건설용역의 대가(부가가치세 제외)로 하는 것이며,

"병"이 보증책임에 의하여 부담하는 금액은 제외하는 것이다(부가가치세과-3320, 2008.9.29.).

(3) 재건축사업과 관련된 부가가치세환급세액에 대한 귀속

재건축조합이 재건축사업을 시행함에 있어 건설회사와 도급계약을 체결하여 건물을 신축한 후 조합원이 아닌 일반인에게 국민주택규모 초과분의 아파트와 상가를 분양하고 그 분양대금을 공사비에 충당하기로 약정하는 경우 분양하는 해당 건축물의 공사와 관련된 매입세액은 해당 조합의 매출세액에서 공제받을 수 있는 것이나, 해당 관련매입세액공제에 따라 발생하는 환급세액의 공사비에의 충당 여부 등에 대하여는 거래당사자간의 약정내용에 따라 해결할 사항이다(서삼 46015-10660, 2001.11.13.).

(4) 당사자 간 합의로 계약해지 후 새롭게 계약하는 경우 세금계산서 교부방법

재건축조합이 건설업을 영위하는 사업자 갑으로부터 건설용역을 제공받던 중에 당사자간의 합의하에 계약해지하고, 건설업을 영위하는 사업자 을과 새로이 건설공사에 대한 계약을 체결하고 재건축사업을 시행하는 경우로서 해당 조합이 갑에게 지급하여야 할 공사미수금을 을이 조합에 대여하고 해당 조합이 갑에게 지급하는 경우에 있어, 갑은 자기가 제공한 용역에 대하여 부가가치세법 제16조(현행 §32)의 규정에 의한 세금계산서를 조합에 교부하여야 하는 것이다. 이 경우 갑의 과세표준은 조합에 제공된 건설용역의 확정된 대가로 하는 것이다(제도 46015-11790, 2001.6.30.).

(5) 계산서 등 교부

① 주택건설촉진법 제44조의 규정에 의하여 설립된 재건축조합이 관리처분계획에 따라 조합원에게 자기지분에 해당하는 주택이나 상가 등을 분양하는 경우에는 소득세법 제163조 제1항의 규정에 의하여 계산서 등을 교부하지 아니하는 것이며, 조합원에 대한 분양 후의 잔여분(부수토지 포함)을 최종소비자인 일반에게 분양하는 경우에는 소득세법시행령 제211조 제2항 및 부가가치세법시행령 제79조의 2 제1항의 규정에 의하여 영수증을 교부할 수 있는 것이다(소득 46011-253, 2000.2.21.).

② 재건축조합이 기존의 연립주택을 철거하고 아파트를 신축함에 있어 지질조사결과 고층아파트 및 지하주차장 건설시 예상되는 지반침하 및 붕괴의 방지를 위하여 설계도면에 따라 시공하는 데 소요된 기초보강공사비 및 차수벽공사비와 구건물의 철거비용은 해당 신축건물에 대한 자본적지출에 해당하는 것으로 해당 공사에 관련

된 세금계산서의 매입세액은 부가가치세법 제17조 제2항 제4호(현행 §39 ① 7호)에 규정하는 토지 관련 매입세액에 해당하지 아니한다(부가 46015-4043, 1999.10.4.).

8) 과세표준계산 포함 여부

(1) 조합원에게 무상대여한 이주비 등의 경우 과세표준 포함 여부

건설업자가 「도시 및 주거환경정비법」 제18조의 규정에 의하여 설립된 정비사업조합(이하 "조합"이라 함)과 주택재개발사업에 관한 공사계약을 체결하면서 조합원에게 무상으로 대여한 이주비의 이자상당액을 공사계약금액에 포함한 경우 건설용역제공의 대가로서 받기로 한 공사계약금액(국민주택규모 이하분 제외)을 부가가치세 과세표준으로 세금계산서를 교부하는 것이며, 조합이 교부받은 해당 세금계산서의 매입세액은 조합원분양분과 일반분양분의 공통매입세액에 해당하는 것이다(서면3팀-797, 2008.4.21.).

(2) 차입금에 대한 이자를 건설업자가 대납한 경우 동 이자의 과세표준 포함 여부

사업자가 부가가치세가 과세되는 재화 또는 용역을 공급하고 금전으로 대가를 받는 경우 부가가치세과세표준에는 부가가치세법시행령 제48조 제1항(현행 부가가치세법 §29 ③)의 규정에 의하여 거래상대자로부터 받은 대금 · 요금 · 수수료 기타 명목여하에 불구하고 대가관계에 있는 모든 금전적 가치있는 것을 포함하는 것으로, 건설업자가 공급받는 자가 부담하여야 할 금융기관의 차입금에 대한 이자를 대납하고 해당 금융이자에 상당하는 금액을 공사도급금액에 포함하여 공사도급계약을 체결한 경우에 해당 금융이자에 상당하는 금액은 부가가치세과세표준에 포함하는 것이다(서면3팀-323, 2006.2.21.).

(3) 상가재건축시 이주대여금에 대한 이자의 과세표준 포함 여부

건설업을 영위하는 사업자가 상가재건축공사를 수행함에 있어 공사계약과는 별도의 약정에 의하여 기존입주 상인들에게 이주비를 대여하고 입주시 동 이주비에 대한 이자와 원금을 함께 받는 경우 해당 이자는 건설공사의 부가가치세과세표준에 포함하지 않는다(서일 46011-11049, 2002.8.19; 부가 46015-2459, 1996.11.21.).

❽ 재건축조합의 취득세

1) 조합측의 지방세과세대상 범위

주택법 제32조에 따른 주택조합과 도시정비법 제35조 제3항 및 빈집 및 소규모주택 정비에 관한 특례법 제23조에 따른 주택재건축조합 및 소규모재건축조합(이하 "주택조합 등"이라 한다)이 해당 조합원용으로 취득하는 조합주택용 부동산(공동주택과 부대시설 · 복리시설 및 그 부속토지를 말한다)은 그 조합원이 취득한 것으로 본다. 다만, 조합원에게 귀속되지 아니하는 부동산(이하 "비조합원용 부동산"이라 한다)은 제외한다(지방세법 §7 ⑧). 즉 주택조합이 취득하는 부동산은 주택조합구성원의 원시취득으로 본다는 뜻이다.

다만, 조합원이 아닌 불특정다수인에게 분양되는 일반분양주택에 대해서는 취득세의 납세의무가 발생된다.

(1) 취득세 과세대상

주택조합의 취득세과세대상은 상가 및 일반분양분의 주택에 대해서만 취득세를 과세하도록 규정하고 있다(지방세법 §7 ⑧).

(가) 대상범위

구 분	면 적	내 역	비 고
조합구성원에게 공급하는 주택	건물지분	대상아님	지방세법 §7 ⑧
	토지지분	대상아님	
조합구성원 이외의 자에게 공급하는 주택	전용면적 60㎡ 초과	과세	지방세특례제한법 §33 ①
	전용면적 60㎡ 이하	면세	(2014.12.31.까지 취득에 한함)

① 신탁토지의 취득세납세의무

주택조합에 조합구성원이 당초 보유한 토지를 주택조합에 신탁하였다가 사업이 종료되어 신탁해지를 원인으로 하여 기존주택소유권을 되찾아가는 경우 이는 신탁해지를 원인으로 하는 조합주택구성원의 대지권취득으로 취득세 과세대상이 아니다(원시취득형태임).

종래 주택조합이 취득하는 토지소유권은 신탁에 의한 형식적인 소유권취득이라 하여 취득세를 100% 면제받아 왔다(자기지분 취득). 그러나 주택조합이 신탁에 의한 형식적인 소유권취득이라 하더라도 조합원용으로 취득하는 것이 아닌, 일반에게 분양하는 토지부분은 주택조합원용이 아니므로 조합이 취득세납세의무가 있다(세정 13407-679, 2002.7.24.)고 해석하였다. 이는 조합원용이 아닌 조합수익사업으로 취득하는 토지를 과세한다는 취지이다. 그동안 조합측에서는 조합수익사업으로 토지를 취득하여도 조합사업의 재산권 보호 및 안전성 확보를 위하여 신탁등기를 하였는바, 이를 행정관청에서는 인정할 수 없다는 뜻으로 풀이된다.

• 당초 조합원보유 부동산

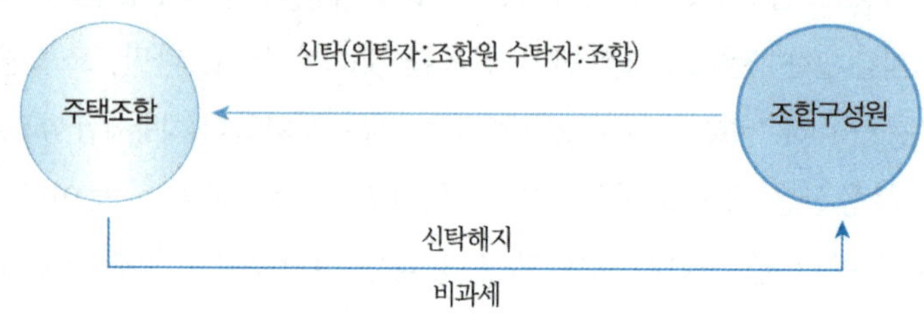

• 제3자 토지분

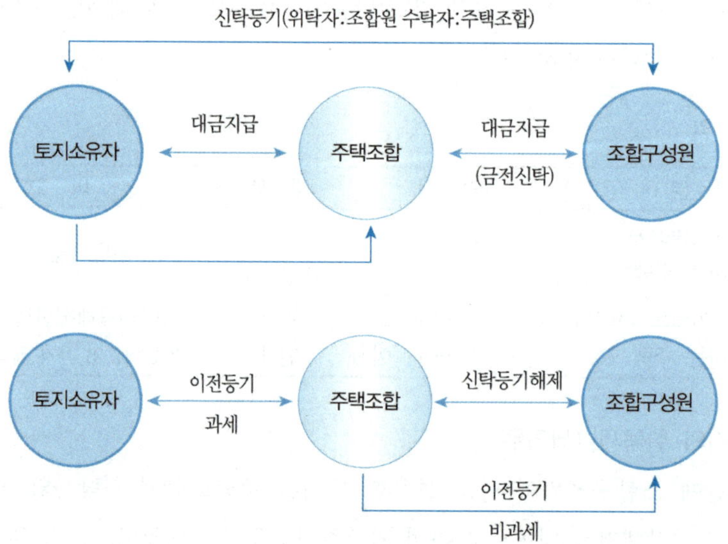

② 주택조합과 조합원의 신탁재산에 대한 비과세 제외

지방세법 제9조의 신탁으로 인한 신탁재산의 취득세 비과세 중 주택법 제11조의 규정에 의한 주택조합 및 도시정비법 제16조 제2항의 규정에 의한 주택재건축조합과 조합원간의 신탁재산 취득을 제외 한 것은 주택조합이 건축하여 조합원이 취득한 경우에 지방세법 제7조 제8항에 의하여 납세의무자를 조합원에게만 부여하였으며, 신탁재산의 취득을 인정하게 되면 조합명의로 신탁등기하였다가 조합원에게 신탁해제로 인한 이전을 하게 되면 조합측뿐 아니라 조합원에게도 비과세혜택을 주게 되는 이중혜택을 방지하기 위한 것이다.

(나) 주택조합의 취득세납세의무

주택법 제11조의 규정에 의하여 설립인가된 주택조합 및 도시정비법 제16조 제2항의 규정에 의한 주택재건축조합이 해당 조합원용으로 취득하는 조합주택용 부동산(공동주택과 부대 · 복리시설 및 그 부속토지를 말한다)은 지방세법 제7조 제8항에 의하여 그 조합원이 취득한 것으로 보기 때문에 조합은 납세의무가 없다. 그러나 조합원 이외의 자에게 공급하는 부동산에 대해서는 납세의무가 있다.

2) 취득세과세표준대상인 사실상 취득가격 범위

법인의 장부 등에 과세대상물건의 취득사실과 거래가액 등이 기재되어 있는 경우 그 사실상의 취득가액이 객관적으로 입증될 경우에는 그 입증되는 금액을 사실상 취득가액으로 보고 취득세과세표준으로 계산한다.

(1) 사실상 취득가액의 적용범위

법인의 장부가액을 사실상의 취득가액으로 보고 이를 과세표준으로 한 취지는 객관화된 조직체로서 거래가액을 조작할 염려가 적은 법인의 장부가액은 특별히 취득가액을 조작하였다고 인정되지 않는 한 원칙적으로 실제의 취득가격에 부합하는 것으로 볼 수 있는 신빙성이 있음을 전제로 하는 것이므로 법인의 장부가액이 사실상의 취득가격에 부합되는지 여부에 관계없이 무조건 법인의 장부가액을 취득세와 등록세의 과세표준으로 하여야 하는 것은 아니다. 지방세법 제111조 제5항 제3호 및 제130조 제3항에 따라 법인장부상의 취득가액을 사실상의 취득가격으로 인정하는 경우에도 취득당시의 장부가액을 과세표준으로 하여 1회에 한하여 취득세와 등록세를 부과하는 것이고, 그 후 자산재평가 등 방법에 의하여 법인의 장부가액이 증감 변동된다고 하여 취득세와 등록세를 추징하거나 환부하는 문제가 생기는 것은 아니다(대법원 92누15895, 1993.4.27.).

사실상 취득가격과 과세표준의 범위기준

- 법인✎과의 거래(도급계약서 등) 관계증빙

✎ 지방세법 제111조(현 §10) 제5항의 규정에 의한 법인이라 함은 관계법령에 의하여 설립등기를 함으로써 법인격을 취득한 단체를 말하며, 법인격 없는 사단 · 재단은 동 규정의 법인에 해당되지 아니한다(행자부 세정 13407-573, 2000.5.1.).

• 취득일기준 발생금액
• 지급원인행위기준
• 직 · 간접비 등 일체의 비용
• 대가성과 관련성
• 취득물건과의 관계성
• 신고납부와 관련성

(2) 취득세과세표준 계산

(가) 토 지

취득세가 과세되는 상가 및 일반주택 분양공급분의 부속되는 토지에 대하여는 토지의 실거래가액이 과세표준이 되나, 실거래가액이 불분명할 경우에는 지방세법상의 시가표준액이 과세표준이 된다.

(나) 건물분

과세기준은 '㈎'와 동일하고 과세표준은 실거래가액이며, 주택과세표준은 건축면적대비 과세건축면적의 비율로 계산하여 공사건축비(공사도급금액 또는 장부가액)에 곱한 금액이 과세표준이 된다.

$$\text{도급금액} \times \frac{\text{건축연면적(일반분양)}}{\text{총건축연면적}}$$

(다) 취득세율 : 과세표준의 1,000분의 28(원시취득)

(라) 취득세과세표준 계산

주택조합이 부담하는 주택규모별 내용 및 세액산출은 다음과 같다.

구 분	면 적	취득세	비 고
조합구성원 이외의 자에게 공급 (일반분양분)	주택	과세 28/1,000	• 관리처분계획에 의한 최초 취득분 • 보존등기세율 : 0.8% 포함
	상가 등	과세 28/1,000	

• 과세표준계산

$$- \text{도급금액(순수공사비)} \times \frac{\text{일반분양건축연면적}}{\text{건축연면적}} = \text{일반분양분 건축공사비}$$

− 일반분양분 건축공사비 × 취득세율(2.8%) = 취득세납부세액

① 재건축조합이 재건축사업시행으로 인하여 조합원의 건축물을 신축취득하는 경우 취득세납세의무자

재건축조합이 재건축사업시행으로 인하여 그 조합원의 건축물을 신축 취득하는 경우에는 지방세법 제7조 제8항 규정에 의하여 조합원에게 취득세납세의무가 있으며, 토지에 대하여는 각 조합원의 당초 지분 대비 증가분이 없다면 취득세 납세의무가 없다. 그리고 조합원분이 아닌 비조합원분 부동산에 대하여는 토지 및 건축물 모두 취득세 납세의무가 있다.

② 주택조합에 대한 취득세과세제도 변경내역

구 분	내 용	비 고
1991.12.31.~1992. 7.27.	조합주택용 부동산 취득에 대하여 조합과 조합원 모두에게 취득세를 과세함으로써 이중과세문제가 제기되었다.	
1992. 7.28.~1994.12.31.	지방자치단체 감면조례로서 조합에 대하여 취득세 납세의무를 면제하여 조합원에게만 취득세를 부과하게 됨으로써 이중과세문제가 해소되었다.	
1994.12.22.~1995. 1.15.	지방세법 제110조(신탁재산 비과세)의 개정으로 조합원은 동법 규정에 의하여 취득세가 비과세되고, 조합은 조례에 의하여 취득세가 면제됨으로써 조합과 조합원 둘 다 취득세가 과세되지 않는 모순이 발생되었다.	
1995. 1.16.~1997.10. 1.	지방자치단체 감면조례를 개정하여 주택조합용 부동산은 조합원에게 취득세를 부과할 수 있도록 하였다.	
1997.10. 1.~2005. 1. 4.	지방세법 제105조 제10항(납세의무자) 신설 및 동법 제110조 제1호 단서를 신설하여 조합주택용 부동산은 조합원에게만 취득세를 부과하도록 하였다.	
2005. 1. 5. 이후	주택건설촉진법 제44조의 규정에 의한 주택조합은 주택법 제32조의 규정에 의한 주택조합으로 이관되었으나 주택재건축조합은 2002년 말 도시정비법(법률 제6893호, 2003.7.1. 시행)이 제정되어 도시정비법 제16조 제2항으로 이관되었으므로 2005.1.5. 주택재건축조합에 대한 근거법령을 지방세법 제110조 제1호 단서에 추가시켜 개정하였다.	
2011. 1. 1. 이후	취득세와 등록세를 취득세로 통합하여 과세	

③ **흐름표**(건물분신규취득)

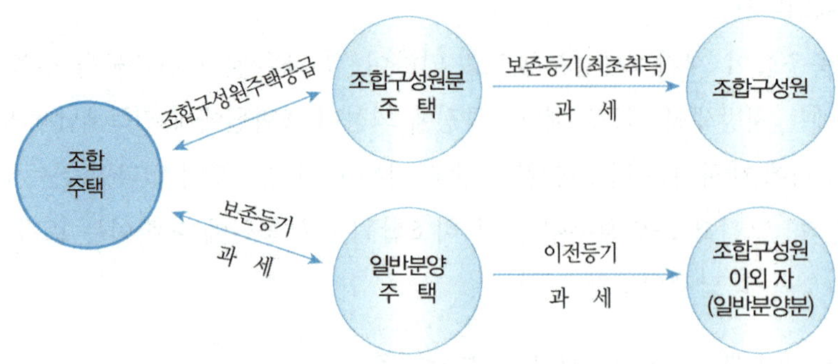

3) 재건축 조합구성원의 지방세 제세부담

주택법 제11조의 규정에 의하여 주택조합 및 도시정비법 제16조 제2항의 규정에 의한 주택재건축조합이 해당 조합원용으로 취득하는 조합부동산(공동주택과 부대 · 복리시설 및 그 부속토지를 포함한다)은 그 조합원이 취득한 것으로 본다. 따라서 주택조합이 토지 · 건물 등을 취득한 경우 조합구성원은 조합구성원의 지분에 대하여 최초로 취득한 것으로 보아 본인소유지분에 대하여 취득세를 부담하며, 당초 조합원들이 소유하고 있던 토지를 주택조합에게 신탁하였다가 신탁해지를 원인으로 재취득하는 것은 취득세과세대상이 아니며, 건축물에 대하여서만 취득세 2.8%(보존등기)만 부담한다.

구 분	면 적	내 역	비 고
조합구성원	본인 소유지분	과세	취득세 2.8%(보존등기)

⑨ 재건축조합의 농어촌특별세

농어업의 경쟁력강화와 농어촌 산업기반시설의 확충 및 농어촌지역 개발사업을 위하여 필요한 재원을 확보하기 위하여 1994.7.1. 이후 최초로 취득하는 부동산 등에 대하여 지방세법에 의한 취득세 과세표준의 2%에 상당하는 금액의 10%에 해당하는 농어촌특별세를 농어촌특별세법 제3조의 규정에 의하여 납부하여야 한다.

다만, 주택법 제2조 제6호의 규정에 의한 국민주택(전용면적 85㎡ 이하)에 대하여서는 농어촌특별세법 제4조의 규정에 의하여 농어촌특별세를 비과세한다. 또한 농어촌특별세법시행령 제4조 제4항 및 동조 제6항 제6호의 규정에 의하여 농어촌특별세가 비과세되는 지방세특례제한법 제4조의 조례에 따른 지방세 감면 중 제1호부터 제3호까지와 유사한 감면으로서 행정안전부장관이 기획재정부장관과 협의하여 고시하는 것도 비과세한다.

⑩ 재건축부담금

"재건축초과이익"이란 「도시 및 주거환경정비법」 제2조 제2호 다목에 따른 재건축사업 및 「빈집 및 소규모주택 정비에 관한 특례법」 제2조 제1항 제3호 다목에 따른 소규모재건축사업(이하 "재건축사업"이라 한함)으로 인하여 정상주택가격상승분을 초과하여 다음의 어느 하나에 귀속되는 주택가액의 증가분으로서 「재건축초과이익 환수에 관한 법률」 제7조에 의하여 산정된 금액을 말한다(「재건축초과이익 환수에 관한 법률」 제2조 제1호).

① 「도시 및 주거환경정비법」 제35조에 따라 설립된 재건축조합[「도시 및 주거환경정비법」 제26조 제1항에 따라 지정된 공공시행자(「도시 및 주거환경정비법」 제26조 제1항 제1호에 따라 지정된 경우는 제외. 이하 "공공시행자"라 함) 및 「도시 및 주거환경정비법」 제27조 제1항 제3호에 따라 지정된 신탁업자를 포함함] 및 「빈집 및 소규모주택 정비에 관한 특례법」 제23조에 따라 설립된 조합

② 조합원(사업시행자가 공공시행자인 경우 「도시 및 주거환경정비법」 제2조 제9호 나목에 따른 토지등소유자를 말하며, 사업시행자가 신탁업자인 경우 위탁자를 말함)

국토교통부장관은 재건축사업에서 발생되는 재건축초과이익을 재건축부담금으로 징수해야 한다(「재건축초과이익 환수에 관한 법률」 제3조).

1) 대상사업

사업종류	근거법률	비 고
주택재건축사업	재건축초과이익환수에관한법률 §5	도시정비법 제2조 제2호 다목의 규정에 의한 주택재건축사업

2) 부과기준

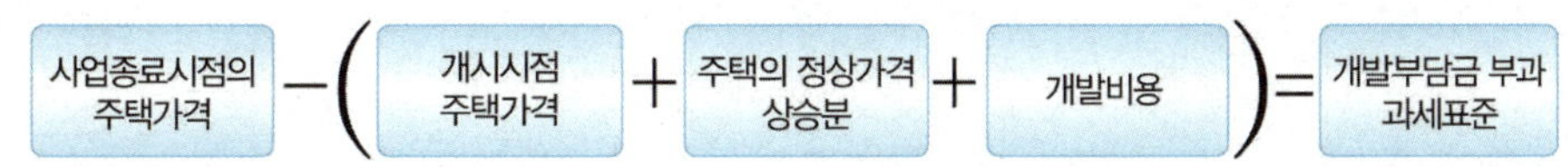

3) 부담률

재건축초과이익을 해당 조합원수로 나눈 금액에 다음의 부과율을 적용하여 계산한 금액을 그 부담금액으로 한다.

1인당 평균이익	세 율
3천만원 이하	면제
3천만원 초과 5천만원 이하	3천만원 초과금액의 10%×조합원수
5천만원 초과 7천만원 이하	200만원×조합원수+5천만원 초과금액의 20%×조합원수
7천만원 초과 9천만원 이하	600만원×조합원수+7천만원 초과금액의 30%×조합원수
9천만원 초과 1.1억원 이하	1,200만원×조합원수+9천만원 초과금액의 40%×조합원수
1.1억원 초과	2,000만원×조합원수+1.1억원 초과금액의 50%×조합원수

4) 납부시기

재건축부담금은 부담금 부과일로부터 6월 이내에 납부하여야 한다.

5) 재건축부담금 면제를 위한 임시특례

재건축부담금 부과대상 사업으로서 2017.12.31.까지 도시정비법 제48조 제1항에 따른 관리처분계획의 인가를 신청한 재건축사업에 대하여는 재건축부담금을 면제한다.

법률 Tip **재건축초과이익의 환수**

구 분	근거조문	내 용
대상 사업	(「재건축초과이익 환수에 관한 법률」 제5조)	•「도시 및 주거환경정비법」 제2조 제2호 다목에 따른 재건축사업 및 「빈집 및 소규모주택 정비에 관한 특례법」 제2조 제1항 제3호 다목에 따른 소규모재건축사업(「재건축초과이익 환수에 관한 법률」 제2조 제1호)
납부 의무자	(「재건축초과이익 환수에 관한 법률」 제6조)	•「도시 및 주거환경정비법」 제16조에 따라 설립된 조합
		• 다만, 종료시점 부과대상 주택을 공급받은 조합원(조합이 해산된 경우, 정비구역이 해제된 경우 또는 신탁이 종료된 경우에는 부과종료시점 당시의 조합원, 「도시 및 주거환경정비법」 제2조 제9호 나목에 따른 토지등소유자 또는 위탁자를 말함)이 다음의 어느 하나에 해당하는 경우에는 2차 납부의무를 부담함 1. 조합이 해산된 경우 2. 조합의 재산으로 그 조합에 부과되거나 그 조합이 납부할 재건축부담금 · 가산금 등에 충당하여도 부족한 경우 3. 정비구역이 해제된 경우 4. 신탁이 종료된 경우 5. 신탁업자가 해당 재건축사업의 신탁재산으로 납부할 재건축부담금 · 가산금 등에 충당하여도 부족한 경우
부과기준	(「재건축초과이익 환수에 관한 법률」 제7조)	• 종료시점의 부과대상 주택의 가격 총액(이하 "종료시점 주택가액"이라 함)에서 다음의 금액을 뺀 금액(다만, 부과대상 주택 중 일반분양분의 종료시점 주택가액은 분양시점 분양가격의 총액과 「재건축초과이익 환수에 관한 법률」 제9조 제3항에 따라 산정한 종료시점까지 미분양된 일반분양분의 가액을 반영한 총액으로 함) ▶ 개시시점의 부과대상 주택의 가격 총액 ▶ 부과기간의 동안의 개시시점 부과대상 주택의 정상주택가격상승분 총액 ▶ 「재건축초과이익 환수에 관한 법률」 제11조의 규정에 의한 개발비용 등
재건축부담금	(「재건축초과이익 환수에 관한 법률」 제12조)	•「재건축초과이익 환수에 관한 법률」 제12조에 따름
납부	(「재건축초과이익 환수에 관한 법률」 제17조)	• 재건축부담금의 납부의무자는 부과일부터 6개월 이내에 재건축부담금 납부

제 4 절

재개발조합사업

❶ 개 요

재개발정비사업이란 재개발정비구역 안에서 토지의 합리적이고 효율적인 이용과 도시기능 회복을 꾀하고 주택의 질적 개선을 위해 주거지역에서 필요로 하는 시설의 확충과 신설로 도시 서비스 수준을 높여가는 것을 목적으로 하는 사업이다.

도시정비법은 도시기능을 회복하기 위하여 정비구역 또는 가로구역에서 정비기반시설을 정비하거나 주택 등 건축물을 개량하거나 건설하는 정비사업을 ① 주거환경개선사업, ② 주택재개발사업, ③ 주택재건축사업, ④ 도시환경정비사업, ⑤ 주거환경관리사업, ⑥ 가로주택정비사업으로 분류하고 있다.

불량건축물의 개념은 지역이나 시대에 따라 다양한 개념을 갖게 되므로 일반적으로 생활의 질에 대응되는 주거 자체의 질적 수준으로 주거공간, 건축물의 구조상 안전성, 위생상 위해 여부, 도시미관 등 물리적 기준과 적법성 여부가 불량주택의 기준으로 사용되고 이와 같은 기준은 불량건축물을 대상으로 하는 정비사업에서 거주민의 사회경제적 수준과 함께 중요사항이 된다.

❷ 기존 재건축 · 재개발정비사업의 관련 법률 통합

기존의 주택 · 도심 · 공장재개발사업은 도시재개발법, 재건축사업은 주택건설촉진법, 주거환경개선사업은 도시저소득주민의주거환경개선을위한임시조치법에 근간을 두어 사업을 진행하다 2003.7.1.부터 도시정비법으로 통합되었다. 그간 재건축 · 재개발사업은 노후 · 불량주택을 정비한다는 취지의 사업목적 및 방식이 유사함에도 불구하고 관계법령이 서로 달라 행정업무가 혼란스럽게 시행되었다. 이에 대한 문제점 해결을 위해 재건축 · 재개발사업을 하나의 법률 속으로 통 · 폐합하면서 제도를 보완하였다.

■ 도시재개발사업의 통합 ■

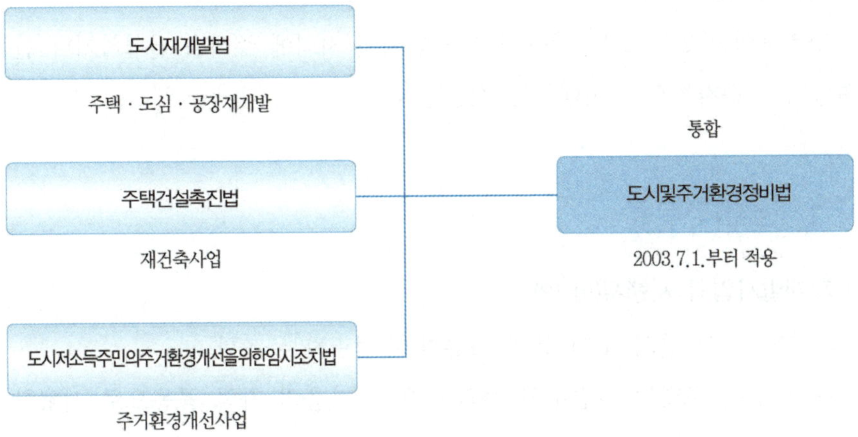

도시재개발법
주택 · 도심 · 공장재개발

주택건설촉진법
재건축사업

도시저소득주민의주거환경개선을위한임시조치법
주거환경개선사업

통합
도시및주거환경정비법
2003.7.1.부터 적용

❸ 재개발사업의 종류

주택재개발사업의 사업주체는 조합 · 지방자치단체(시장 · 군수) · 주택공사 등 · 건설업자 · 등록사업자 · 신탁업자 · 한국감정원 등이 있으며(법 §8), 서울시의 사업방법을 법정 시행자를 기준으로 할 때 자력개발은 지방자치단체, 합동개발은 조합이 시행자가 된다. 한편 주택재개발사업의 사업방식은 다음과 같다.

1) 전면재개발

기존건축물을 전반적으로 제거해서 새로운 건축물과 공공용지를 확보할 수 있는 시가지정비도시계획사업

2) 수복재개발

대상지에 보존할 가치가 있는 건축물에 대하여 증축 · 개량 등을 통하여 그 가치를 증진시키는 도시개발사업

3) 보존재개발

역사적 · 문화적으로 보존해야 할 건축물을 더 악화되는 것을 방지하는 개발사업

4) 개량재개발

지구 내의 주거환경을 점진적으로 개선해 나가는 재개발

5) 순환재개발

정비구역의 일부 또는 당해 정비구역 외의 지역에 주택을 건설하거나 건설된 주택을 활용하여 순차적으로 시행하는 개발방식

❹ 사업시행자의 분류

1) 재개발사업의 시행자(법 §8)

① 정비구역 안의 토지 등의 소유자가 설립하는 조합

② 조합이 조합원 과반수의 동의를 얻어 다음의 자와 공동으로 시행할 수 있다.

- 지방자치단체(시장 · 군수)
- 주택공사등(한국토지주택공사, 지방공사)
- 건설업자(건설산업기본법 §9)
- 등록사업자(주택법 §4)
- 신탁회사(자본시장과 금융투자업에 관한 법률 §8 ⑦)
- 한국감정원(한국감정원법)

2) 정비사업별 사업시행방법

(1) 재개발사업

① 관리처분 또는 환지방식

정비구역안에서 인가받은 관리처분계획에 따라 주택 및 부대 · 복리시설을 건설하여 공급(관리처분방식)하거나 도시개발법상 규정을 준용하여 환지로 공급하는 방법에 의한다(법 §6 ②).

② 시행방식의 전환

재개발사업의 경우 시장 · 군수의 승인을 얻어 환지방식으로 시행하는 정비구역의

전부 또는 일부에 대하여 관리처분방식으로 전환할 수 있다(법 §80, 영 §69).

(2) 재건축사업

재건축사업은 정비구역안 또는 정비구역이 아닌 구역에서 인가받은 관리처분계획에 따라 주택 및 부대 · 복리시설을 건설하여 공급하는 방식(관리처분 방식)에 의한다(법 §6 ③).

(3) 주거환경개선사업

주거환경개선사업은 다음의 어느 하나에 해당하는 방법 또는 이를 혼용하는 방법에 따른다(법 §6 ①).

① 현지개량 방식

사업시행자가 정비구역안에서 정비기반시설을 새로이 설치하거나 확대하고 토지 등 소유자가 스스로 주택을 개량하는 방법

② 공동주택건설 방식

사업시행자가 정비구역의 전부 또는 일부를 수용하여 주택을 건설한 후 토지 등 소유자에게 우선 공급하거나 토지를 토지등소유자 또는 토지등소유자 외의 자에게 공급하는 방법

③ 환지방식

사업시행자가 도시개발법상 환지의 규정에 따라 환지로 공급하는 방법

(4) 도시환경정비사업

사업시행자가 인가받은 관리처분계획에 따라 건축물을 건설하여 공급하는 환지방식에 의한다(법 §6 ④).

(5) 주거환경관리사업

사업시행자가 정비구역에서 정비기반시설 및 공동이용시설을 새로 설치하거나 확대하고 토지등소유자가 스스로 주택을 보전 · 정비하거나 개량하는 방법(법 §6 ⑤).

(6) 가로주택정비사업

사업시행자가 가로구역에서 제48조에 따라 인가받은 관리처분계획에 따라 주택

등을 건설하여 공급하거나 보전 또는 개량하는 방법(법 §6 ⑥).

(7) 도시개발사업과 도시정비사업의 비교

도시개발사업은 계획적 신도시 개발의 성격을 가지며, 환지 방식은 토지 소유자에게 대체 토지를 분배하는 물적 반환의 성격이다. 반면, 도시정비사업은 기존 주택지의 정비 · 재건축이 목적이며, 관리처분계획을 통해 종전자산이 종후자산으로 교환하는 구조로이다. 따라서 사실상 금전적 평가를 통한 재산권 이전이 동반된다. 도시개발사업과 도시정비사업의 절차를 비교하면 아래와 같다.

구분	도시개발사업		도시정비사업
의미	도시개발사업시행자가 주거, 상업 단지 또는 시가지를 조성하는 사업		정비사업시행자가 조합원이 보유한 기존 권리를 정비사업으로 조성하는 부동산에 관한 권리로 배분하는 계획
개발방식	수용방식	환지방식	관리처분 or 환지방식
계획수립	개발계획수립		기본계획수립
구역지정	도시개발 구역지정 -행위제한(건축, 형질)		정비구역 지정 -행위제한(건축, 형질)
시행자 선정	시행자 지정		조합설립 인가
계획인가고시	실시계획인가 고시 -지구단위계획 포함		사업시행계획 인가 고시 -건축허가 의제
배분계획인가	N/A	환지계획인가	관리처분인가
착공	착수		착공
준공	준공검사		준공검사
배분결과공고	N/A	환지처분공고	이전고시
등기	N/A	환지등기	보존등기

구체적으로 환지방식과 관리처분방식을 비교하면 아래와 같다.

구분	환지방식	관리처분방식
개념	종전토지의 토지형질변경 등을 통해 새롭게 조성된 토지를 종전 토지소유자에게 배분하는 방식	구분건물(아파트, 상가, 오피스텔 등)의 소유권을 분양해주는 방법
근거법	도시개발법	도시정비법
내용	토지소유권을 대상으로 함	건축물(토지,주택)을 대상으로 함
성격	주거환경/재개발사업만 해당 (재건축사업 해당 안 됨)	주거환경/재개발/재건축사업 모두 해당

세무 Tip **준공된 재건축아파트를 이전고시 전에 양도하는 경우 미등기양도자산에 해당하는지?**

도시정비사업에서 사업시행자는 관리처분계획에 의하여 대지 및 건축물의 소유권을 이전하고자 하는 때에는 그 내용을 당해 지방자치단체의 공보에 고시한 후 이를 시장 · 군수에게 보고하여야 한다. 이 경우 대지 또는 건축물을 분양받을 자는 고시가 있은 날의 다음날에 그 대지 또는 건축물에 대한 소유권을 취득한다(도시 및 주거환경정비법 제54조). 도시정비 사업시행자는 이전의 고시가 있은 때에는 지체없이 대지 및 건축물에 관한 등기를 지방법원지원 또는 등기소에 촉탁 또는 신청하여야 한다.

따라서 도시정비사업에서 이전고시는 실질적으로 소유권 변동의 효력 발생요건이며, 등기는 형식적 요건에 불과하다. 일반적인 매매계약에서 등기에 의하여 소유권을 취득하는 것(등기는 물권변동의 효력요건)과 비교하여 도시정비사업은 등기없이 이전고시에 의하여 소유권을 취득하는 것이다. 도시정비사업에서 실질적 소유권자의 처분 · 양도 · 담보 제공 등의 권리 행사를 원활히 하기 위하여 등기가 이루어진다.

「소득세법」 제104조 제3항에 따른 "미등기양도자산"이라 함은 같은 법 제94조 제1항 제1호 및 제2호에 규정하는 자산을 취득한 자가 그 자산의 취득에 관한 등기를 하지 아니하고 양도하는 것을 말하는 것이나, 법률의 규정 또는 법원의 결정에 의하여 양도당시 그 자산의 취득에 관한 등기가 불가능한 자산의 경우에는 미등기양도자산으로 보지 않는다. 재건축아파트의 경우 준공 후 이전고시 후에 등기가 가능한 바, 재건축 아파트의 매매계약상 잔금일까지 이전고시가 불가하여 부득이 양수인의 명의로 보존등기하는 경우에는 미등기 전매에 해당하지 않는다(부동산거래관리과-10 2010.1.5.).

⑤ 사업계획의 내용

정비사업계획에는 다음 사항이 포함되어야 한다(법 §4 ①).

① 정비사업의 명칭

② 정비구역 및 그 면적

③ 국토계획법 제2조 제7호의 규정에 의한 도시계획시설(이하 "도시계획시설"이라 한다)의 설치에 관한 계획

④ 공동이용시설 설치계획

⑤ 건축물의 주용도 · 건폐율 · 용적률 · 높이에 관한 계획

⑥ 환경보전 및 재난방지에 관한 계획

⑦ 정비구역 주변의 교육환경 보호에 관한 계획

⑧ 세입자 주거대책

⑨ 정비사업시행 예정시기

⑩ 기업형임대주택을 공급하거나, 임대할 목적으로 주택을 주택임대관리업자에게 위탁하려는 경우에는 다음의 사항. 다만, ㉯와 ㉰의 사항은 건설하는 주택 전체 세대수에서 기업형임대주택 또는 임대할 목적으로 주택임대관리업자에게 위탁하려는 주택이 차지하는 비율이 100분의 20 이상, 임대기간이 8년 이상에 해당하는 경우

로 한정한다.

㉮ 기업형임대주택 또는 임대관리 위탁주택에 관한 획지별 토지이용 계획

㉯ 주거 · 상업 · 업무 등의 기능을 결합하는 등 복합적인 토지이용을 증진시키기 위하여 필요한 건축물의 용도에 관한 계획

㉰ 국토계획법 제36조 제1항 제1호 가목에 따른 주거지역을 세분 또는 변경하는 계획과 용적률에 관한 사항

㉱ 건설하는 주택 전체 세대수에서 기업형임대주택 또는 임대관리 위탁주택이 차지하는 비율, 기업형임대주택 및 임대관리 위탁주택의 건축물 배치 계획, 주변지역의 여건 등을 고려한 입주예상 가구 특성 및 임대사업 운영방향 등 기업형임대주택 또는 임대관리 위탁주택의 원활한 공급 등을 위하여 필요한 사항

⑪ 국토계획법 제52조 제1항 각호의 사항에 관한 계획(필요한 경우에 한한다)

⑫ 그밖에 정비사업의 시행을 위하여 필요한 다음의 사항

㉮ 정비사업의 시행방법

㉯ 주거환경개선사업의 경우 사업시행자로 예정된 자

㉰ 기존 건축물의 정비 · 개량에 관한 계획

㉱ 정비기반시설의 설치계획, 현금납부에 관한 사항

㉲ 정비구역을 둘 이상의 구역으로 분할하거나 서로 떨어진 둘 이상의 구역 또는 정비구역을 하나의 구역으로 결합하여 정비사업을 시행하는 경우 그 분할 또는 결합에 관한 계획

㉳ 건축물의 건축선에 관한 계획

㉴ 홍수 등 재해에 대한 취약요인에 관한 검토결과

㉵ 정비구역 및 주변지역의 주택수급에 관한 사항, 안전 및 범죄예방에 관한 사항

❻ 사업계획의 절차와 권한

정비사업계획결정 절차는 크게 다음과 같이 4단계로 나누어진다.

① 1단계 : 정비구역지정과 정비계획

② 2단계 : 사업시행계획

③ 3단계 : 관리처분계획

④ 4단계 : 해산 및 청산

재개발정비사업은 자치구의 구청장 또는 광역시의 군수가 노후 · 불량건축물이 밀집된 지역에 대하여 정비계획을 수립하여 이를 주민에게 서면으로 통보한 후 주민설명회를 하고 30일 이상 주민에게 공람 후 지방의회의 의견을 들어 이를 첨부한 후 특별시장 · 광역시장에게 정비구역을 신청해야 하며, 특별시장 · 광역시장은 정비구역을 지정하여 지방자치단체의 공보에 고시하고 국토교통부장관에게 그 결정을 보고하여야 한다.

결정된 정비구역은 국토계획법 제49조 및 제51조 제1항에 따른 지구단위계획 및 지구단위계획구역으로 결정 · 고시된 것으로 본다. 또한 지구단위계획구역에 대하여 정비사업계획사항을 모두 포함한 지구단위계획을 결정 · 고시(변경결정 · 고시하는 경우를 포함한다)하는 경우 당해 지구단위계획구역은 정비구역으로 지정 · 고시된 것으로 본다.

한편, 특별자치시장, 특별자치도지사, 시장 또는 군수(광역시의 군수를 제외한다)는 정비계획을 수립 후 정비구역을 직접 지정한다.

(1) 조합의 사업시행에 따른 시행 절차도(도시정비법)

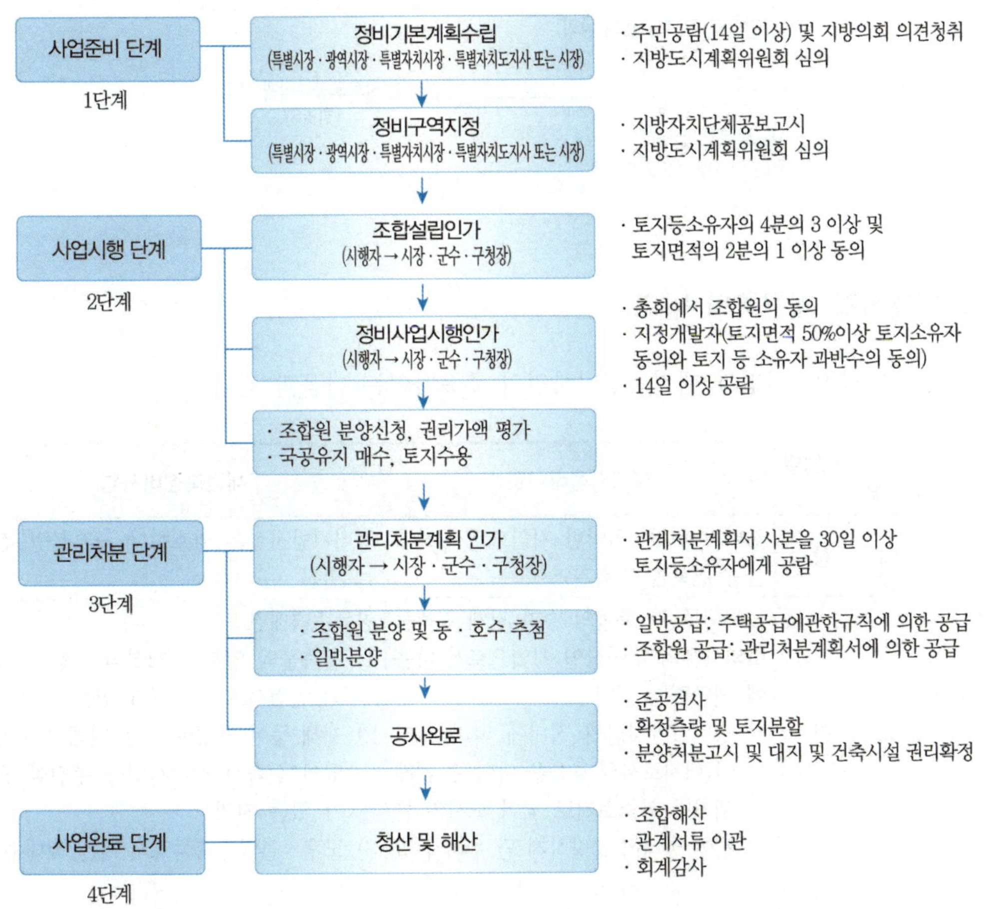

Chapter 14

(2) 사업시행을 위한 기본계획수립 절차

다음은 사업시행을 위한 기본계획수립절차 도표이다(도시및주거환경정비기본계획수립지침 2-2-1).

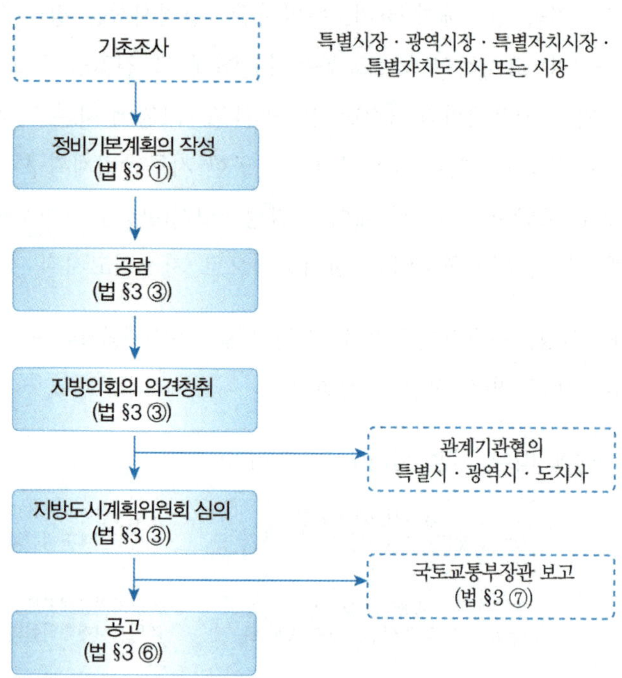

❼ 재개발과 재건축의 비교

재개발정비사업과 재건축정비사업의 주요차이는 다음과 같다.

사업별 / 항 목	재개발정비사업	재건축정비사업
1. 대 상	정비기반시설 열악한 지역으로서 노후불량 건축물 밀집지역	정비기반시설은 양호하나 노후불량 건축물 밀집
2. 요 건	노후 · 불량건축물의 수가 전체 건축물 수의 3분의 2 이상인 지역으로서 다음에 해당하는 지역 1) 정비기반시설의 정비에 따라 토지가 대지로서의 효용을 다할 수 없게 되거나 과소토지로 되어 도시의 환경이 현저히 불량하게 될 우려가 있	공동주택재건축 1) 건축물의 일부가 멸실되어 붕괴 그밖의 안전사고의 우려가 있는 지역 2) 재해 등이 발생한 경우 위해의 우려가 있어 신속히 정비사업을 추진할 필요가 있는 지역 3) 노후 · 불량건축물로서 기존 세대수 또

항 목 \ 사업별	재개발정비사업	재건축정비사업
	는 지역 2) 노후 · 불량건축물의 연면적의 합계가 전체 건축물의 연면적의 합계의 3분의 2 이상이거나 건축물이 과도하게 밀집되어 있어 그 구역 안의 토지의 합리적인 이용과 가치의 증진을 도모하기 곤란한 지역 3) 철거민이 50세대 이상 규모로 정착한 지역이거나 인구가 과도하게 밀집되어 있고 기반시설의 정비가 불량하여 주거환경이 열악하고 그 개선이 시급한 지역 4) 정비기반시설이 현저히 부족하여 재해발생시 피난 및 구조활동이 곤란한 지역	는 주택재건축사업 후의 예정세대수가 300세대 이상이거나 그 부지면적이 1만㎡ 이상인 지역 4) 3 이상의 아파트 또는 연립주택이 밀집되어 있는 지역으로서 안전진단 실시결과 전체 주택의 3분의 2 이상이 재건축이 필요하다는 판정을 받은 지역으로서 시 · 도조례로 정하는 면적 이상인 지역
3. 조합설립	1) 토지등소유자의 3/4 이상의 동의 2) 토지면적의 1/2 이상의 동의 • 조합과 주택공사 등이 공동 시행시 : 조합원과반수 • 주택공사 등이 단독 시행시 : 토지소유자 3/4 이상과 토지면적 1/2 이상의 토지 소유자 동의	1) 동별 구분 소유자의 과반수 동의 2) 전체구분소유자 3/4 이상 및 토지면적 3/4 이상 토지소유자 동의
4. 시행자지정	시공사	정비사업전문관리업을 등록한 자
5. 시행 및 계약의 방식	1) 조합시행방식 2) 도급계약	1) 조합시행방식 2) 도급계약(지분제방식, 도급제방식)
6. 사업성 검토 조건	1) 시공회사기준 도급단가에 의한 이윤검토 2) 조합기준 조합원 종전 토지 · 건물에 대한 권리 평가 ① 일반분양수입액 ② − 공사비 및 제경비 ─── ③ 잔여공사조달액 ④ ± 조합원배정액	1) 시공회사기준 도급단가에 의한 이윤검토 2) 조합기준 ① 일반분양수입액 ② − 공사비 및 제경비 ─── ③ 잔여공사조달액 ④ ± 조합원배정액 조합원 공급아파트를 제외한 잔여 건축물을 일반분양한 수입금액에 서 공사비 및 제경비를 제외한 금액에 과부족 발생시 조합원 권리를 기준으로 하여 균등분배

Chapter 14

항 목 \ 사업별	재개발정비사업	재건축정비사업
7. 토지수용권	토지수용권(대집행－강제철거)	토지수용권 없음. 다만 조합 설립 이후 매도 청구권 발동
8. 아파트배정 (조합원배정 기준)	1) 소유자의 종전 토지 · 건물평가 기준 2) 잔여분 주택 : 일반분양	1) 조합원 종전 소유 평형별 기준 2) 잔여분 주택 : 일반분양
9. 건설비율	분양을 목적으로 건설하는 주택은 국민주택규모의 주택이 건설하는 주택전체 세대수의 100분의 80이다.	국민주택 규모의 주택이 건설하는 주택 총 세대수의 60/100 이하로 건설하되, 전체 건축연면적 50/100 이하. 다만, 조합원에게 분양하는 주택은 기존 주택의 주거전용면적의 10% 범위 안에서 그 규모를 확대할 수 있다.
10. 사업성격	민 · 관합동 도시계획사업 (사업추진이 장기이고 복잡함)	민간개발사업 (사업기간이 단기적이고 간단함)
11. 안전진단	불필요	필수적으로 진단
12. 중요검토 사항 및 문제점	1) 장기간이 소요되는 사업이므로 원가 및 금리계산에 철저 2) 조합내분이 빈발하므로 조합관리에 역점 3) 공사비 과다투입 억제 4) 국 · 공유지 불하 관리계획 확정 5) 적정규모의 판매시설(상가) 수요판단	1) 안전진단 가능 여부 확인 후 자금투입 2) 도시계획사항 확인 3) 타인소유 토지 유무 확인 4) 국 · 공유지 불하 관리계획 확정 5) 적정규모의 판매시설(상가) 수요판단
13. 장 · 단점 비교	1) 장점 : 공사물량이 크다. 2) 단점 : 사업추진기간이 장기화되므로 금리부담 가중	1) 장점 : 사업추진이 빠르고 자금회수가 용이 2) 단점 : 공사물량이 대체로 적다.
14. 공공시설	국공유지처분혜택	없음
15. 세입자 대책	임대주택을 건설하여 공급	없음. 다만, 개인 간의 임대차계약에 의하여 임의처리

⑧ 관리처분계획

관리처분계획이란 재개발사업정비구역에 있는 종전의 토지 또는 건축물의 소유권과 지상권, 전세권, 임차권, 저당권 등 소유권 이외의 권리를 재개발사업으로 조성된 토지(대지)와 축조된 건축시설에 관한 권리로 변환시켜 배분하는 일련의 계획이다. 또한 손실보상, 계약, 수용 등에 의한 취득, 청산 또는 권리의 해지로 소멸시키거나 이행하는 관리계획과 공공시설의 귀속 및 시행자에게 귀속된 대지 또는 건축시설의 처분에 관한 과정의

계획으로 설명될 수 있다.

따라서 정비구역 안의 사업주체자에게는 주택재개발사업과정의 어느 절차보다도 가장 큰 이해관계를 가지는 단계이며, 당해 사업의 성패를 좌우하는 중요한 단계이다. 또한 관리처분계획은 그 계획을 통하여 대지 또는 건축시설의 합리적 이용을 도모하게 하고 재해의 방지, 위생의 향상, 기타 주거조건을 개선하도록 기여한다. 따라서 다양한 권리유형과 다양한 가치 및 이해관계를 어떤 기준과 방법으로 조정하고 관리하며 분배하고 처분할 것인가 하는 문제는 사업추진의 효율성과 정책목적 달성 여부에 직결되는 문제이므로 이러한 사항을 종합적으로 고려하여 대지 또는 건축시설이 균형 있게 배분되고 합리적으로 이용되도록 하여야 한다(법 §48).

1) 관리처분계획의 기준

공동주택을 건립하는 사업의 경우 시행구역 안의 토지는 합필되어 일필지의 토지가 되고 주택과 특정시설 또는 일부 분양복리시설은 부지정비계획에 따라 다시 분할되며 부지별 관리처분계획은 다음 기준에 의한다(영 §52).

① 시 · 도 조례로 분양주택의 규모를 제한하는 경우에는 그 규모 이하로 주택을 공급할 것

② 1개의 건축물의 대지는 1필지의 토지가 되도록 정할 것. 다만, 주택단지의 경우에는 그러하지 아니하다.

③ 정비구역 안의 토지 등 소유자(지상권자를 제외한다. 이하에서 같다)에게 분양할 것. 다만, 공동주택을 분양하는 경우 시 · 도조례가 정하는 금액 · 규모 · 취득시기 또는 유형에 대한 기준에 부합하지 아니하는 토지 등 소유자는 시 · 도조례가 정하는 바에 의하여 분양대상에서 제외할 수 있다.

④ 1필지의 대지 및 그 대지에 건축된 건축물(법 제48조 제3항에 의하여 보류지로 정하거나 조합원 외의 자에게 분양하는 부분을 제외한다)을 2인 이상에게 분양하는 때에는 기존의 토지 및 건축물의 가격(제69조의 규정에 의하여 사업시행방식이 전환된 경우에는 환지예정지의 권리가액을 말한다. 이하 '⑧'에서 같다)과 제41조 제1항 · 제4항 · 제5항, 제47조 제3항 및 제50조 제4호의 규정에 의하여 토지 등 소유자가 부담하는 비용(주택재개발사업의 경우에는 이를 고려하지 아니한다)의 비율에 따라 분양할 것

⑤ 분양대상자가 공동으로 취득하게 되는 건축물의 공용부분은 각 권리자의 공유로 하되, 당해 공용부분에 대한 각 권리자의 지분비율은 그가 취득하게 되는 부분의

위치 및 바닥면적 등의 사항을 고려하여 정할 것

⑥ 1필지의 대지위에 2인 이상에게 분양될 건축물이 설치된 경우에는 건축물의 분양면적의 비율에 의하여 그 대지소유권이 주어지도록 할 것. 이 경우 토지의 소유관계는 공유로 한다.

⑦ 법 제48조 제5항 각호의 규정은 도시환경정비사업에 대한 법 제48조 제1항 제3호 및 제4호의 규정에 의한 평가에 관하여 이를 준용할 것

⑧ 주택의 공급순위는 기존의 토지 또는 건축물의 가격을 고려하여 정할 것. 이 경우 그 구체적인 기준은 시 · 도조례로 정할 수 있다.

2) 관리처분계획의 절차

관리처분계획은 시행자가 수립하여 시장 · 군수의 인가를 받아야 하며 관리처분계획을 변경하고자 할 때도 같다.

시행자가 관리처분계획을 수립하기 위해서는 사업구역 안의 토지 등의 소유자로부터 분양신청과 소유권 이외의 권리자로부터 권리신고를 받아야 하고, 종전 토지 · 건축물에 관한 평가와 대지의 조성을 전제로 한 택지비 평가를 받아 이를 기초로 관리처분계획을 수립한 후 필요한 경우 인가권자의 사전검토를 받을 수 있다.

수립된 관리처분계획은 조합시행의 경우 조합총회의 결의를 거쳐야 하고 30일간 일반인에게 공람시켜 의견을 청취한 뒤 인가권자에게 관리처분계획의 인가를 신청하여야 한다.

관리처분계획의 인가신청서를 접수한 구청장은 신청서에 대한 검토와 관계기관 · 부서의 협의, 제출된 의견서를 심사처리한 후 관계법령에 적합하다고 판단된 때에는 그 계획을 인가하고 이를 고시한 후 지체없이 분양신청자에게 인가내용을 통지하여야 하며 관계기관 · 부서에 통보 및 보고하여야 한다.

분양시설이 공동주택인 경우 동 · 호수 추첨과 임대주택의 공급계약, 유상귀속 공공시설의 매각계약, 보류시설 처분을 위한 총회의결, 우선매수청구권의 공고, 그리고 체비시설에 대한 입주자모집 승인신청, 일반분양가격의 심의 및 투기과열지구지정 등의 절차를 이행하여야 한다.

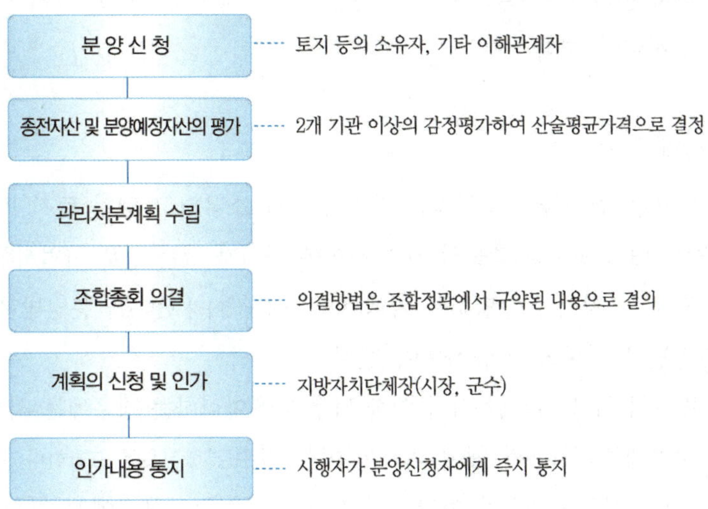

3) 권리변환일과 관리처분계획

종전부동산이 입주권으로 변경되는 기준일인 권리변환일에 관하여 다소 혼선이 있었다. 과거 재건축사업의 근거법은 주택법이나 그 방식은 재개발사업을 규정한 도시정비법과 유사하였다. 현재는 도시정비법이 적용되어 재개발 및 재건축사업의 권리변환일이 일치하고 있다. 재건축사업의 권리변환일의 변동은 아래와 같다.

구분		근거법	권리변환일					
재건축	2003.7.1. 이전	주택법	조합설립	사업계획승인	관리처분 (총회인준)	공사	이전고시	등기접수
	2005.5.31. 이후	도정법	조합설립	사업시행인가	관리처분 (구청인가)	공사	이전고시	등기접수
재개발		도정법	조합설립	사업시행인가	관리처분 (구청인가)	공사	이전고시	등기접수

9 사업의 완료조치

1) 사업의 완료와 소유권이전

사업시행자는 재개발사업에 관한 공사를 완료한 때에는 시장 · 군수에게 준공인가신청서를 제출하고 준공인가를 받아야 하며, 이때 공공시설의 귀속 또는 수용되는 공공시설의 양도에 관한 절차를 이행하여야 한다.

사업시행자는 준공인가 등의 고시가 있은 후 지체없이 대지확정측량과 토지의 분할절차를 거쳐 관리처분계획의 내용을 분양받을 자에게 통지하고 대지 또는 건축물의 소유권을 이전하여야 한다.

2) 청산과 등기

대지 또는 건축물을 분양받은 자가 종전에 소유하고 있던 토지 또는 건축물의 가격과 분양받은 대지 또는 건축물의 가격 사이에 차이가 있는 경우 사업시행자는 이전의 고시가 있은 후에 그 차액에 상당하는 금액(이하 "청산금"이라 한다)을 분양받은 자로부터 징수하거나 분양받은 자에게 지급하여야 한다.

한편, 청산금을 납부할 자가 이를 납부하지 아니하는 경우에는 시장 · 군수인 사업시행자는 지방세체납처분의 예에 의하여 이를 징수(분할징수를 포함한다. 이하 이 조에서 같다)할 수 있으며, 시장 · 군수가 아닌 사업시행자는 시장 · 군수에게 청산금의 징수를 위탁할 수 있다. 이때 청산금을 지급받을 자가 이를 받을 수 없거나 거부한 때에는 사업시행자는 그 청산금을 공탁할 수 있다.

등기는 이전의 고시가 있은 후 재개발사업의 등기절차를 규정한 대법원규칙에 따라 사업시행자의 신청으로 이행하게 되며, 소유권이전의 고시 후 등기가 있을 때까지는 저당권 등의 다른 등기를 하지 못한다(법 §56 · §57 · §58).

3) 조합의 해산과 청산방법

이전 고시 후 대지 및 건축시설의 등기에 관한 절차를 이행한 때에는 지체없이 대의원회를 소집하여 조합의 해산을 결의하여야 하며, 조합의 해산일로부터 2월 내에 ① 사업시행인가서, ② 규약 또는 정관 · 시행규정, ③ 사업시행계획서, ④ 관리처분계획인가서, ⑤ 관리처분서, ⑥ 청산관계서, ⑦ 총회 · 대의원회 및 이사회의 관계서류, ⑧ 재개발사업과 관련된 계약 및 분양관계서류, ⑨ 회계관계서류, ⑩ 건축법 등 다른 법령에 의한 인 · 허가 관계서류 등을 관할구청장에게 인계하여야 한다. 조합이 해산한 경우 해산법인의 청산에 관하여는 민법의 관련 규정을 따른다(민법 §85).

⑩ 회계감사

시장 · 군수 또는 주택공사 등이 아닌 사업시행자는 비용의 납부 및 지출내역에 대하여 조합원의 80% 이상의 동의를 얻지 아니한 경우에는 「주식회사의 외부감사에 관한 법률」 제3조에 의하여 감사인의 회계감사를 아래의 해당시기에 각각 받아야 하며, 그 감사결과를 회계감사가 종료된 날부터 15일 이내에 시장 · 군수에게 보고하고 이를 당해 조합에 보고하여 조합원이 공람할 수 있도록 하여야 한다(법 §76 ①).

① 추진위원회에서 조합으로 인계되기 전 7일 이내

② 사업시행인가의 고시일부터 20일 이내

③ 준공인가신청일부터 7일 이내

1) 회계감사대상

회계감사는 주택재개발조합의 결산서(재무상태표, 손익계산서, 이익잉여금처분계산서 및 이에 관련된 각종 부속명세서)가 회계감사기준에 입각하여 작성되었는지를 감사하는 것이다.

시장 · 군수 또는 주택공사 등이 아닌 사업시행자는 아래 ①~③에 해당하는 비용의 납부 및 지출내역에 대하여 조합원(조합이 구성되지 아니한 경우에는 토지 등 소유자를 말한다)의 80퍼센트 이상의 동의를 얻지 아니한 경우에는 위 ①~③의 기간 내에 외부감사인의 회계감사를 받아야 한다.

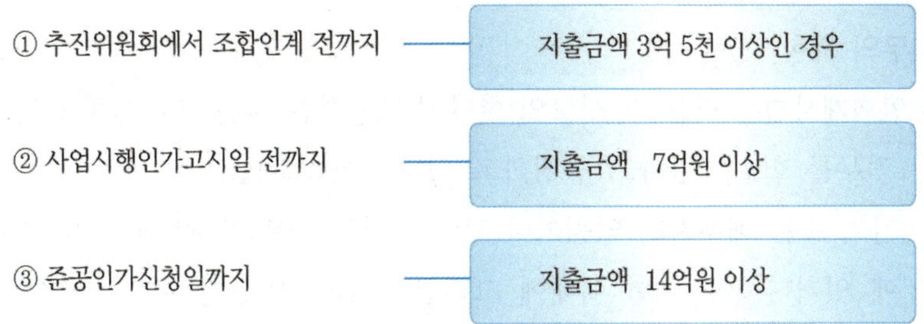

2) 감사인선정

사업시행자는 시장 · 군수에게 회계감사기관의 선정 · 계약을 요청하여야 하며, 그 요청이 있는 경우 시장 · 군수는 즉시 회계감사기관을 선정하여 회계감사가 이루어지도록 하여야 한다. 또한, 공정한 회계감사를 위하여 선정된 회계감사기관을 감독하여야 하며, 필요한 처분이나 조치를 명할 수 있다.

3) 회계감사기준

회계감사기준은 주식회사외부감에관한법률 제5조의 규정에 의한 감사기준을 적용하며, 이에 따르면 '감사인은 일반적으로 공정타당하다고 인정되는 감사기준에 따라 감사를 실시해야 한다', '감사기준은 감사인의 독립성 유지와 재무제표의 신뢰성 유지에 필요한 사항 등을 대통령령으로 정하는 바에 따라 한국공인회계사회가 정하되, 금융감독위원회의 사전승인을 얻어야 한다'고 규정하고 있다.

4) 회계감사 대상기간

재개발조합이 회계감사를 받아야 할 대상기간은 관계법령에 명시되어 있는 것은 없지만 다음과 같이 정한다.

① 처음으로 공인회계사의 감사를 받는 조합은 조합의 최초 회계상 거래가 있었던 시점부터 회계감사실시 직전일까지를 대상으로 한다. 그렇기 때문에 회계상 거래가 있으면 그 날부터 감사대상이 된다.

② 이미 1회 이상 공인회계사의 법정감사를 받은 적이 있는 조합원은 직전 감사대상이 되는 날 직후부터 위에서 말한 감사 실시 직전일까지를 감사대상기간으로 보아야 할 것이다.

5) 회계감사인

(1) 직무의 제한

공인회계사법은 다음 각 사항의 하나에 해당하는 자는 재무제표를 감사하거나 증명을 하는 직무를 할 수 없다고 규정하고 있다(공인회계사법 §21 ①).

① 자기 또는 배우자가 임원이나 그에 준하는 직위(직무에 관한 사무의 책임 있는 자 포함)에 있거나 과거 1년 이내에 그러한 직위에 있었던 자

② 자기 또는 배우자가 그 사용인이거나 과거 1년 이내에 사용인이었던 자

③ 위 두 사항 이외에 자기 또는 배우자와 뚜렷한 이해관계가 있어서 그 직무를 공정하게 행하는데 지장이 있다고 인정되는 공인회계사 또는 그 배우자와 다음의 어느 하나에 해당하는 관계에 있는 자(공인회계사법시행령 §14)

㉮ 당해 공인회계사 또는 그 배우자가 주식 또는 출자지분을 소유하고 있는 자

㉯ 당해 공인회계사 또는 그 배우자와 3천만원 이상의 채권 또는 채무관계에 있는 자. 다음의 어느 하나에 해당하는 채권 또는 채무를 제외한다.

- 법 제2조의 규정에 따른 공인회계사의 직무와 직접 관련된 채권
- 예금자보호법에 따라 보호되는 금액 한도 이내의 예금 · 적금 등 채권
- 표준약관에 따라 구입하거나 정상적인 가액으로 구입한 회원권 · 시설물이용권 등 채권
- 근로자퇴직급여보장법에 따른 퇴직연금 등 채권

- 금융감독기구의설치등에관한법률 제38조의 규정에 따른 기관으로부터 받은 주택담보대출 · 예금담보대출 등 통상의 절차에 따라 담보를 제공하고 성립된 채무
- 여신전문금융업법 제2조 제3호의 규정에 따른 신용카드의 사용에 의한 지급기일이 2월 이내인 채무 중 연체되지 아니한 채무
- 감사기간 중 합병 · 상속 또는 소송 등에 의하여 비자발적으로 발생된 채권 또는 채무

㉰ 당해 공인회계사에게 무상으로 또는 통상의 거래가격보다 현저히 낮은 대가로 공인회계사 사무소를 제공하고 있는 자

㉱ 당해 공인회계사에게 공인회계사 업무 이외의 업무로 인하여 계속적인 보수를 지급하거나 기타 경제상의 특별한 이익을 제공하고 있는 자

㉲ 당해 공인회계사에게 법 제2조의 규정에 의한 직무를 수행하는 대가로 자기회사의 주식 · 신주인수권부사채 · 전환사채 또는 주식매수선택권을 제공하였거나 제공하기로 한 자

(2) 회계감사인의 겸업금지

공인회계사법에 의하면 공인회계사는 특정회사의 재무제표를 감사하거나 증명하는 업무를 수행하는 계약을 체결하고 있는 기간 중에는 당해 회사에 대하여 다음에 해당하는 업무를 행할 수 없다고 규정하고 있다(공인회계사법 §21 ②).

① 회계기록과 재무제표의 작성

② 내부감사업무의 대행

③ 재무정보체제의 구축 또는 운영

④ 회사의 자산 · 자본, 그 밖의 권리 등(이하 "자산등"이라 한다)을 매도하기 위한 다음 각 목의 업무(부실채권의 회수를 목적으로 대통령령으로 정하는 사항은 제외한다)

가. 자산등에 대한 실사 · 재무보고 · 가치평가

나. 자산등의 매도거래 또는 계약의 타당성에 대한 의견제시

⑤ 회사의 인사 및 조직 등에 관한 지원업무

⑥ 재무제표에 계상되는 보험충당부채 금액 산출과 관련되는 보험계리업무

⑦ 회사의 민 · 형사 소송에 대한 자문업무

⑧ 그 밖에 재무제표의 감사 또는 증명업무와 이해상충의 소지가 있는 것으로서 대통령령으로 정하는 업무

6) 벌 칙

회계감사를 받아야 함에도 불구하고 이를 받지 않는 경우 도시정비법 제138조에 의하여 1년 이하의 징역 또는 1천만원 이하의 벌금에 처할 수 있다.

⑪ 개발부담금

1) 개발이익의 개념

"개발이익"이란 개발사업의 시행이나 토지이용계획의 변경, 그 밖에 사회적 · 경제적 요인에 따라 정상지가(正常地價)상승분을 초과하여 개발사업을 시행하는 자(이하 "사업시행자"라 함)나 토지 소유자에게 귀속되는 토지 가액의 증가분을 말한다(「개발이익환수에 관한 법률」 제2조 제1호).

2) 개발이익의 환수

국가는 개발부담금 부과 대상 사업이 시행되는 지역에서 발생하는 개발이익은 개발부담금으로 징수해야 한다(「개발이익환수에 관한 법률」 제3조, 제5조, 제6조, 제8조, 제11조, 제13조, 제18조 및 「개발이익환수에 관한 법률 시행령」 제4조, 제5조).

구분	내용
대상 사업	1. 택지개발사업(주택단지 조성 사업 포함) 2. 산업단지개발사업 3. 관광단지조성사업(온천 개발사업 포함) 4. 도시개발사업, 지역개발사업 및 도시환경정비사업 5. 교통시설 및 물류시설용지조성사업 6. 체육시설 부지조성사업(골프장 건설사업 및 경륜장 · 경정장 설치사업 포함) 7. 지목변경이 수반되는 사업으로서 「개발이익환수에 관한 법률 시행령」 별표 1로 정하는 사업 8. 위의 사업과 유사한 사업으로서 「개발이익환수에 관한 법률 시행령」 별표 1로 정하는 사업 등
납부 의무자	• 위의 대상 사업의 사업시행자 • 개발사업을 위탁하거나 도급한 경우에는 그 위탁이나 도급을 한 자 • 타인이 소유하는 토지를 임차해 개발사업을 시행한 경우에는 그 토지의 소유자 • 개발사업을 완료하기 전에 사업시행자의 지위나 위에 해당하는 자의 지위를 승계하는 경우에는 그 지위를 승계한 자 • 다음의 조합이 해산하거나 조합의 재산으로 그 조합에 부과되거나 그 조합이 납부할 개발부담금 · 가산금 등에 충당하여도 부족한 경우

구분	내용
	▶ 주택조합 ▶ 도시개발구역의 토지 소유자가 도시개발을 위해 설립한 조합 ▶ 재개발사업조합
부과기준	• 부과 종료 시점의 부과 대상 토지의 가액에서 다음의 금액을 뺀 금액 ▶ 부과 개시 시점의 부과 대상 토지의 가액 ▶ 부과 기간의 정상지가상승분 ▶ 개발비용[순 공사비, 조사비, 설계비, 일반관리비 및 그 밖의 경비 + 납부 의무자가 국가나 지방자치단체에 공공시설이나 토지 등을 기부채납하였을 경우에는 그 가액 또는 납부 의무자가 부담금을 납부하였을 경우에는 그 금액+ 해당 토지의 개량비, 각종 세금과 공과금, 보상비 및 그 밖에 「개발이익 환수에 관한 법률 시행령」 제12조에 따른 금액]
부담률	• 대상사업 1. ~ 6.의 경우 : 개발이익 × 20/100 • 대상사업 7. ~ 8.의 경우 : 개발이익 × 25/100 • 개발제한구역에서 개발사업을 시행하는 경우로서 납부 의무자가 개발제한구역으로 지정될 당시부터 토지 소유자인 경우 : 개발이익 × 20/100
납부	• 개발부담금의 납부 의무자는 부과일부터 6개월 이내에 개발부담금을 납부해야 함. • 현금 또는 「개발이익 환수에 관한 법률 시행령」 제21조의 2 제1항에서 정하는 납부대행기관을 통하여 신용카드 · 직불카드 등으로 납부할 수 있음. 다만, 시장 · 군수 · 구청장은 토지(해당 부과 대상 토지 및 그와 유사한 토지를 말함) 또는 건축물로 하는 납부를 인정할 수 있음.

제 5 절

재개발조합의 세무

1 법인세

1) 개요

법 제18조에서는 '조합은 법인으로 하고, 조합설립의 인가를 받은 날로부터 30일 이내에 주된 사무소 소재지에서 대통령령이 정하는 사항을 등기함으로써 조합이 성립한다'라고 규정되어 있으며, 조세특례제한법 제104조의 7 제2항에서는 '도시 및 주거환경정비법 제35조에 따라 설립된 조합(전환정비사업조합을 포함하며, 이하 이 조에서 "정비사업조합"이라 한다)에 대해서는 법인세법 제1조에도 불구하고 비영리내국법인으로 보아 법인세법(고유목적사업준비금 손금산입 규정은 제외)을 적용한다.'고 규정되어 있다. 따라서 재개발조합의 사업수익 계산(과세표준)은 법인세법을 준용하여 계산한다.

다만, 비영리법인은 영리를 목적으로 하는 사업을 하지 않으며, 원칙적으로 법인세 등을 납부할 의무는 없다. 그러나 조합원에게 분양하고 남은 주택을 일반분양할 경우에는 법인세법 제2조의 규정에 의하여 수익사업으로 보아 법인세가 과세된다. 따라서 일반분양수익분에 대해서는 법인세 납세의무가 있다.

비영리내국법인이 내야 할 세금 등은 다음 표에서 보는 바와 같이 수익사업을 하는지 여부에 따라 차이가 있다.

구 분		수익사업을 하는 경우	수익사업이 없는 경우
납세 의무	법인세	신고납부의무 있음.	신고납부의무 없음.
	부가가치세	〃	〃
	원천징수의무✎	〃	신고납부의무 있음.

✎ 모든 비영리법인은 수익사업을 하는지 여부와 관계없이 원천징수납부의무가 있다.

구 분		수익사업을 하는 경우	수익사업이 없는 경우
자료제출 의무	계산서 제출의무 지급명세서 제출의무	있음. 〃	있음. 〃

2) 종전 도시재개발조합의 법인 성격

구 도시재개발법(1995.12.29., 법률 제5116호로 전문개정되기 전의 것)상 주택개량재개발조합은 법인세법 제1조 제1항 소정의 특별법에 의하여 설립된 법인으로서 민법 제32조에 규정된 설립목적 및 그와 유사한 설립목적을 가진 비영리법인에 해당한다. 또한 구 도시재개발법(1995.12.29., 법률 제5116호로 전문개정되기 전의 것)상 주택개량재개발조합이 관리처분계획에서 보류시설로 지정된 아파트를 일반 분양한 것은 조합의 해산일 이후에 잔여재산인 위 보류시설을 환가하여 조합원들에게 분배하기 위한 것이어서 위 보류시설의 분양수입대금이 비영리내국법인의 청산소득에 해당하므로 법인세과세대상이 아니다(대법원 2004두7214, 2005.5.27.).

3) 구분경리(수익사업)

비영리법인은 정관 또는 규칙상의 사업목적에도 불구하고 법인세법에 열거된 수익사업에서 발생된 소득에 대해서만 각사업연도소득에 대한 법인세납세의무가 있으므로 재개발조합은 수익사업과 기타 사업(비수익사업)을 반드시 구분경리하여 법인세를 신고 · 납부하여야 한다.

이 경우 재개발사업에 있어서 주택을 신축하여 조합구성원의 지분에 해당되는 주택을 분양하는 것은 조합구성원 자신들이 자기 집을 신축 · 취득한 것이므로 법인세법의 수익사업의 범위에 해당되지 않는다.

4) 수익사업시 제반규정

조합구성원에게 배분되지 않은 일반분양분(주택 및 상가 등의 분양수입)의 수입금액발생분은 법인세법 제3조 제3항 제1호에 나열된 수익사업을 영위한 경우에 해당되므로 동 수익사업에서 발생된 소득금액에 대하여는 법인세법에 규정한 법인세를 납부하여야 한다.

■ 재개발조합의 법인세 제규정 ■

구 분	내 역	
납세의무	제한적 납세의무 : 법인세법상 열거된 수익사업 또는 수익에서 발생된 소득에 대하여서만 법인세 부과(청산소득에 대한 납세의무 없음)	
구분경리	공통익금	일반분양수입(매출액) 비례 안분계산
	공통손금	
	기 타	국세청장이 정하는 기준에 따라 안분계산

5) 수익사업개시 신고

① 비영리법인이 수익사업을 개시한 때에는 그 수익사업 개시일부터 2월 이내에 수익사업개시신고서를 관할세무서에 내야 한다.

② 수익사업개시신고서에는 다음의 사항을 기재하고, 그 사업을 시작한 날 현재의 수익사업에 관련된 재무상태표, 재산목록 등의 서류를 첨부해야 한다.

- 법인의 명칭, 본점 또는 주사무소의 소재지
- 수익사업의 종류 · 개시일 · 사업장 등

6) 조합의 양도소득에 대한 과세범위

법인세법 제55조의 2 제1항 토지의 양도 등의 범위에서 도시정비법 기타 법률의 규정에 의하여 환지처분으로 지목 또는 지번이 변경되거나 체비지로 충당되는 경우의 토지는 제외한다(법인세법 §55의 2 ④, 같은 법 시행령 §92의 2 ④). 즉, 양도소득에 대한 법인세 과세대상이 아니다.

① **환지처분** : 환지처분이라 함은 도시개발법에 의한 도시개발사업, 농어촌정비법에 의한 농업생산기반정비사업, 기타 법률에 의하여 사업시행자가 사업완료 후에 토지소유자 또는 관계인에게 종전의 토지에 갈음하여 그 사업구역 내의 다른 토지로 바꾸어 주는 것을 말한다. 또한 사업시행으로 인한 분할 · 합병 또는 교환의 경우를 포함한다(소득세법시행령 §152 ①).

② **보류지** : 보류지란 사업시행자가 해당 법률에 따라 일정한 토지를 환지로 정하지 아니하고 다음의 토지로 사용하기 위하여 보류한 토지를 말한다(소득세법시행령 §152 ②).

• 해당 법률에 따른 공공용지
• 해당 법률에 따라 사업구역 내의 토지소유자 또는 관계인에게 그 구역 내의 토지로 사업비용을 부담하게 하는 경우의 해당 토지인 체비지

❷ 부가가치세

1) 사업자등록신청

재개발조합은 영리목적의 유무를 불구하고, 법인으로서 사업상 독립적인 재화를 공급하는 사업자에 해당(조합원 이외의 자에게 공급하는 경우에 해당)되며, 부가가치세법 제3조의 규정에 의하여 부가가치세를 납부할 의무가 있다. 따라서 동법 제8조의 규정에 의하여 조합소재지 관할세무서장에게 조합의 인적사항 등 다음의 서류를 기재한 사업자등록신청서를 사업개시일(수익사업을 시작하는 날)로부터 20일 이내에 제출하면 특별한 사유가 없는 한 3일 이내에 사업자등록증을 발급받을 수 있다.

2) 부가가치세 매출세액

① 부가가치세 과세대상 범위 제외

도시정비법에 의한 재개발사업시행자가 정비구역 안의 토지 또는 건축물을 인도받아서 종전의 건축물을 철거한 후에 재개발사업을 시행하여 신축한 건축물 및 토지를 관리처분계획에 의하여 종전의 토지 등의 소유자, 당해 재개발사업의 시공자인 건설업자 또는 일반인에게 분양함에 있어서 종전의 건축물소유자가 당해 건축물을 재개발사업시행자에게 인도하거나 재개발사업시행자가 종전의 토지 등의 소유자에게 신축건축물을 분양하는 경우에는 부가가치세법 제9조의 '재화의 공급'에 해당하지 아니하여 부가가치세가 과세되지 않는다(조특법 §104의 7 ③).

② 잔여보류 건축물의 일반분양분 및 그 대가를 금전을 받을 경우

정비구역 안의 건축물소유자가 재개발사업시행자에게 당해 건축물을 양도하고 관리처분계획에 의하여 신축건축물을 분양받지 아니하고 그 대가로 금전을 지급받는 경우와, 재개발사업시행자가 재개발사업의 시공자인 건설업자에게 건설용역의 대가로 신축건축물을 분양하거나 기타 일반인에게 잔여보류건축물을 분양하는 경우에는 부가가치세법 제6조의 규정에 의하여 부가가치세가 과세된다.

조합구성원에게 공급하는 주택은 과세대상에서 제외되며, 일반분양분주택(전용면적

Chapter 14

85㎡ 초과), 상가 등의 공급에 한하여 부가가치세 납세의무가 있다.

③ 조합구성원에 공급하는 주택

조합구성원에게 공급하는 주택은 부가가치세 과세대상에서 제외하며, 재개발사업시행자가 조합원에게 종전의 건물평수보다 더 많은 평수를 분양한 경우에도 종전의 건물을 환지한 것으로 보아 부가가치세가 과세되는 재화의 공급으로 보지 아니한다.

④ 재개발공동시행과 관련 추가공사에 대한 재개발조합의 수입금액 산정방법 및 부가가치세 납세의무자 판단

건설업자가 재개발조합에 건설용역을 제공함에 있어 부가가치세과세표준은 기본약정에 의하여 받기로 한 대가가 되는 것이고 재개발조합이 공급받는 자가 되는 것이나, 건설업자가 조합원 등과 별도의 개별약정에 의하여 추가옵션용역을 제공하고 그 대가를 직접 받는 경우 공급받는 자는 조합원 등이 되는 것이며, 또한 건설업자가 조합원 등과 별도의 개별약정에 의하여 제공한 추가옵션용역의 수입금액은 당해 재개발조합의 법인세법 제15조 규정의 익금에 해당하지 아니하는 것이다(제도 46012-12372, 2001.7.25.).

3) 부가가치세 매입세액

① 매입세액불공제 대상금액 계산

도시정비법에 의한 재개발사업 시행자가 주택과 상가를 신축하여 조합원 및 일반인에게 분양함에 있어 건설업법에 의한 건설업 면허가 있는 사업자로부터 건설용역을 공급받고, 과세되는 건설용역 및 면세되는 건설용역에 대하여 각각 세금계산서와 계산서로 구분하여 교부받은 경우에 공제되지 않는 매입세액의 계산은 당해 건설업자로부터 교부받은 세금계산서의 매입세액 중 당해 세금계산서에 관련된 총예정건축면적에서 관리처분계획에 의하여 조합원에게 분양하는 예정건축면적이 차지하는 비율에 의하여 계산한다.

② 계산산식

$$\text{교부받은 세금계산서의 매입세액} \times \frac{\text{조합원 분양예정면적}}{\text{총예정건축면적}} = \text{매입세액불공제분}$$

4) 공급별 부가가치세납부 구분표

■ 공급별 부가가치세납부 구분표 ■

구 분		조합원귀속	조합원 이외의 자(일반분양)
주택	국민주택규모 이하	비과세	면세
	국민주택규모 초과	비과세	과세
상 가		비과세	과세
비 고		재화의 공급으로 보지 않음	

③ 취득세

① 도시정비법에 의한 재개발사업의 시행으로 해당 사업의 대상이 되는 부동산의 소유자(상속인을 포함)가 환지계획 및 토지상환채권에 따라 취득하는 토지 및 관리처분계획에 따라 취득하는 토지 및 건축물에 대해서는 취득세를 2022.12.31.까지 면제고 환지계획 등에 따른 취득부동산의 가액 합계액이 종전의 부동산 가액의 합계액을 초과하여 청산금을 부담하는 경우 및 환지계획 등에 따른 취득부동산의 가액 합계액이 종전의 부동산 가액 합계액을 초과하는 경우에는 그 초과액에 상당하는 부동산만 취득세를 부과하였다(지특법 §74 ①). 해당 재개발사업의 취득세의 특례는 2022년 일몰 종료하여 앞으로는 재건축주택과 동일하게 총 공사비에서 신축되는 주택 중 본인이 받는 면적(㎡)만큼 취득세를 부담하게 된다. 즉, 분담금이 없는 원조합원도 종전에는 낼 필요가 없던 취득세를 부담하여야 한다.

② 사업시행자가 주택재개발사업의 대지조성을 위하여 취득하는 부동산 및 관리처분계획에 따라 취득하는 주택에 대하여는 취득세의 75%를 감면한다(지특법 §74 ③).

③ 농어촌특별세

재개발조합은 취득세 과세표준의 2%에 상당하는 금액의 10%에 해당하는 농어촌특별세를 납부해야 한다. 다만, 국민주택규모(전용면적 85㎡ 이하) 아파트에 대하여는 비과세한다.

④ 지방교육세

재개발조합은 취득세 과세표준의 2% 또는 0.8%에 상당하는 금액의 20%에 해당하는 지방교육세를 납부해야 한다.

❹ 재개발조합구성원이 내는 세금

1) 양도소득세

① 도시정비법에 의한 관리처분계획에 따라 분양받은 아파트의 양도시 공사기간이 보유기간에 포함된다.

② 재개발조합원이 재개발사업기간 중 다른 주택을 취득하여 거주하다가 관리처분계획에 의해 취득하는 주택으로 세대전원이 이사하기 위해 다른 주택을 양도할 경우 3년 보유에 관계없이 비과세한다.

세무 Tip 조합원 양도세 관련 사례

(1) 관리처분계획과 다르게 분양받을 주택이 변경되는 경우

「도시정비법」(「구주택건설촉진법」 포함)에 의한 주택재개발사업 또는 주택재건축사업을 시행하는 정비사업조합의 조합원으로 참여한 자가 종전주택 및 토지를 당해 조합에 제공하고 관리처분계획에 따라 재건축하는 주택을 분양받는 것은 환지로 보아 양도에 해당하지 아니하는 것이나, 당초 관리처분계획의 변경없이 관리처분계획과 다르게 분양받을 주택이 변경되는 경우에는 교환으로 보아 양도소득세가 과세되는 것이다(재산세과-803, 2009.11.23.).

(2) 재개발조합으로부터 청산금을 교부받은 경우

「도시정비법」에 의한 주택재건축 정비사업조합에 참여한 조합원이 소유하던 토지 · 건물의 대가로 재건축조합으로부터 새로운 아파트를 취득할 수 있는 권리와 청산금을 교부받은 경우 그 청산금에 상당하는 종전의 토지 · 건물은 유상이전에 해당하여 양도소득세 과세대상에 해당된다(재산세과-172, 2009.1.14.).

(3) 부동산을 취득할 수 있는 권리

「도시정비법」 제2조 제2호 라목의 도시환경정비사업을 시행하는 정비사업조합의 조합원이 당해 조합에 기존건물 또는 그 부수토지를 제공하고 같은 법 제48조의 규정에 따른 관리처분계획의 인가로 인하여 취득한 입주자로 선정된 지위는 「소득세법」 제94조 제1항 제2호 가목의 "부동산을 취득할 수 있는 권리"로 보아 양도소득세를 과세하는 것이며, 이 경우 양도차익의 계산은 「소득세법 시행령」 제166조의 규정을 적용받지 않고 「소득세법」 제100조의 규정에 따라 산정하는 것이다(부동산거래관리과-641, 2010.4.30.).

(4) 청산금을 납부하고 취득한 재개발주택을 양도하는 경우 보유기간 계산

「도시정비법」에 따라 재건축한 주택을 양도하는 경우 「소득세법」 제89조 제1항 제3호 및 같은 법 시행령 제154조 제1항의 1세대1주택 비과세 요건의 보유기간 계산은 멸실된 구주택의 보유기간과 재건축기간 및 재건축한 신주택의 보유기간을 합산하는 것이나, 재건축사업계획에 따라 추가로 청산금을 납부한 경우로서 새로 취득한 재건축주택의 부수토지가 종전주택의 부수토지보다 증가한 경우 그 증가된 부수토지는 당해 재건축사업에 의하여 취득하는 주택의 사용검사필증 교부일(사용검사 전에 사실상 사용하거나 사용승인을 받은 경우에는 그 사실상 사용일 또는 사용승인일)부터 1세대1주택 비과세 요건의 보유기간을 계산하는 것이다(부동산거래관리과-417, 2010.3.18.).

(5) 환지청산금을 교부받은 경우

도시정비법(구주택건설촉진법)에 의한 환지처분으로 환지 전 토지 및 건축물의 평가액이 권리면적의 추산액을 초과하여 환지청산금을 교부받은 부분은 토지 등이 유상으로 이전된 것이므로 소득세법 제88조 제1항의 규정에 의한 양도에 해당하여 양도소득세를 신고 · 납부하여야 하는 것이다(서면4팀 – 2308, 2005.11.23.).

(6) 환지처분의 과세대상

「도시개발법」 기타 법률에 의한 환지처분으로 인하여 1필지는 환지청산금 교부대상(권리면적보다 교부면적이 감소)에 해당하고, 1필지는 환지청산금 납부대상(권리면적보다 교부면적이 증가)에 해당하는 경우 환지청산금 교부대상으로서 권리면적보다 교부면적이 감소한 부분에 대하여는 청산금 전액에 대하여 양도소득세가 과세되는 것이며, 환지청산금 납부대상으로서 권리면적보도 교부면적이 증가한 부분에 대하여는 환지전 토지와는 별도로 환지시에 새로이 취득한 것으로 보는 것이다(부동산거래관리과 – 311, 2010.3.2.).

(7) 환지청산금을 현금수령시 과세

「도시정비법」 제18조의 규정에 의한 정비사업조합이 같은 법 규정에 의한 주택재개발사업 또는 주택재건축사업을 시행하는 경우 조합원이 소유한 토지 · 건물을 정비사업조합에 현물출자하고 사업시행완료로 동 조합측으로부터 건설된 주택의 관리처분계획에 따라 재개발 · 재건축한 주택을 분양받은 것은 환지로 보아 양도에 해당하지 아니하는 것이나, 환지청산금을 교부받은 부분은 양도에 해당하여 양도소득세 과세대상이 되는 것이다(서면4팀 – 39, 2008.1.7.).

(8) 재개발아파트의 양도시 보유기간

- 「도시정비법」에 의한 재개발 또는 재건축한 주택을 양도하는 경우 「소득세법」 제89조 제1항 제3호 및 같은법 시행령 제154조 제1항의 1세대1주택 비과세 요건의 보유기간 계산은 멸실된 구주택의 보유기간과 재건축기간 및 재건축한 신주택의 보유기간을 합산하는 것이나, 재건축사업계획에 따라 추가로 청산금을 납부한 경우로서 새로 취득한 재건축주택의 부수토지가 종전주택의 부수토지보다 증가한 경우 그 증가된 부수토지는 당해 재건축사업에 의하여 취득하는 주택의 사용검사필증 교부일(사용검사 전에 사실상 사용하거나 사용승인을 받은 경우에는 그 사실상 사용일 또는 사용승인일)부터 1세대1주택 비과세요건의 보유기간을 계산하는 것이다(재산세과 – 1206, 2009.6.17.).
- 1세대2주택에 해당하는 자가 그중 하나의 주택이 도시정비법에 의한 주택재개발사업의 시행으로 멸실된 상태에서 소득세법 제89조 및 동법 시행령 제154조 제1항의 1세대1주택 비과세요건을 갖춘 나머지 1주택을 양도하는 경우에는 양도소득세가 과세되지 아니하는 것이며, 도시재개발사업지역 안에 주택을 소유하고 있던 자가 취득한 재개발아파트의 보유기간은 재개발아파트의 보유기간에 당초 주택의 보유기간과 재개발 공사기간을 통산하여 계산하는 것이다(서사 – 1843, 2004.11.15.).
- 도시재개발법에 의한 도시재개발사업지구 내에 1주택(무허가주택 포함)만을 소유하던 자가 동 재개발사업의 분양처분으로 취득한 아파트를 양도하는 경우 당해 아파트의 보유기간에 공사기간 및 종전 주택의 보유기간을 통산하여 3년 이상이면 소득세법시행령 제154조 제1항의 규정에 의하여 양도소득세를 비과세받을 수 있는 것이나, 주택의 부수토지가 국유지(시유지)인 주택(무허가주택 포함)을 재개발하는 경우로서 동 재개발사업시행 중에 토지의 분양대금 및 공사대금을 청산한 경우에는 주택의 부수토지와 청산금에 해당하는 건물부분은 당해 재개발아파트의 완성일(사용검사필증교부일, 사용검사 전에 사실상 사용하거나 사용승인을 얻은 경우에는 그 사실상의 사용일 또는 사용승인일)로부터 3년 이상 보유하고 양도하여야 위의 규정에 의하여 양도소득세를 비과세받을 수 있는 것이다(재일 46014 – 2950, 1997.12.15.).

> • 도시재개발법에 의한 재개발지구 내의 1주택을 소유하던 자가 도시재개발법 제41조의 규정에 의한 관리처분계획에 따라 분양받아 준공된 아파트를 양도하는 경우에는 동 사업시행에 따른 공사기간도 1세대 1주택의 보유기간에 포함된다(재일 01254-1225, 1991.5.7.).

2) 재개발조합원의 취득세 납부

① 2022년 이전 관리처분받은 재개발의 경우에는 추가분담금을 과세표준으로 하여 원시취득에 따른 2.8%의 취득세율이 적용된다(지특법 §74 ①). 이후 관리처분받은 재개발의 경우 재건축과 마찬가지로 공사도급금액을 면적별로 안분한 가액을 과세표준으로 하여 원시취득에 따른 2.8%의 취득세율이 적용된다.

② 재개발조합원의 취득세 감면
재개발조합원에 한하여 다음과 같이 취득세를 감면한다.

구분	2019.12.31. 이전 사업시행인가	2020.1.1. 이후 사업시행인가
전용 60㎡ 이하 전용 85㎡ 이하	면제	75% 50%
비고	정비구역 지정고시일 이전취득	정비구역 지정고시일 이전취득

❺ 국세 및 지방세 요약

재개발조합의 조합원귀속은 조세특례제한법 시행령 제104조의 4에 따라 비수익사업이나 일반분양분은 영업활동에 의하여 얻은 소득이므로 일반법인과 같이 법인세과세 대상이다.

1) 국세

구 분				과세 여부	비 고
국세	법인세	수익사업		과세	법인세법에 의하여 납세의무
	부가가치세	주택	전용면적 85㎡ 이하	면세	국민주택규모 이하
			전용면적 85㎡ 초과	과세	국민주택규모 초과
		주택 이외의 상가		과세	

2) 지방세

구 분					과세 여부	비 고
지방세	취득세	조 합	잔여 일반분양	전용면적 60㎡ 이하 전용면적 60㎡ 초과	면제 과세	2014.12.31. 이전 취득분에 한함
		조합원	조합원 지분	소유지분 면적	비과세	단, 청산금에 대하여 과세(85㎡ 초과시)
		비 조합원	조합원 승계	소유지분 면적	비과세	사업시행인가 이후 환지이전에 부동산을 승계취득한 자로 한정함

3) 재개발 · 재건축사업의 제세금비교표

사업별 / 항 목	재개발사업	재건축사업	비 고
1. 조합의 성격	법인(비영리법인)	1) 개인 - 2003.6.30. 이전 설립인가받은 조합(공동사업자) 2) 법인(비영리법인) - 2003.7.1. 이후 설립인가받은 조합	조세특례제한법 §104의 7
2. 사업소득	법인세 과세(일반분양분) -수익사업으로 보아 과세	소득세(공동사업자) 또는 법인세 과세	2003.6.30. 이후 재건축조합은 법인 설립의무
3. 양도소득세	조합원 양도분-환지(비과세)	조합원 양도분-환지(비과세)	

항 목 \ 사업별	재개발사업	재건축사업	비 고
4. 부가가치세	법인으로서의 납세의무 발생 ① 조합원귀속 : 과세대상 아님. ② 일반분양분 : 전용면적 85㎡ 이상인 주택과 상가 분양은 과세	법인으로서 납세의무 발생 ① 조합원귀속 : 과세대상 아님. ② 일반분양분 : 전용면적 85㎡ 이상인 주택과 상가분은 과세	
5. 취득세	① 조합원분양분 : 공사도급금액을 면적으로 안분한 가액에 대한 취득세 과세 ② 일반분양분 : 과세		지방세특례제한법 §74
6. 재건축부담금		종료시점의 부과대상 주택의 가격금액 - (개시시점부과대상주택가격금액 + 부과대상주택의 정상주택가격상승분총액 + 개발비용)	재건축초과이익환수에관한법률 §7

❻ 구분경리

법인세 과세표준의 계산에 있어서는 정비사업조합(비영리법인)의 경우에도 기타 다른 법인과 같이(영리법인) 법인세법 제13조의 과세표준에 관한 규정이 그대로 적용된다.

비영리법인이 수익사업을 영위하는 때에는 각 사업연도 수익사업 중 법인세법상 열거된 수익사업 소득에 대하여만 과세된다. 따라서 이를 산출하기 위하여 자산·부채와 손익을 수익사업과 비수익사업으로 구분하여 경리하여야 한다. 여기서 '구분하여 경리한다'는 것은 구분하여야 할 사업 또는 수입별로 자산과 부채 및 익금과 손금을 법인의 장부상 각각 독립된 계정과목에 의하여 구분기장하는 것을 말한다. 따라서 수익사업과 비수익사업의 구분경리라 함은 결국 수익사업에 속하는 자산·부채 및 손익과 비수익사업에 속하는 자산·부채 및 손익을 별개로 구분하는 회계처리를 말한다.

1) 수익사업의 자산과 부채

수익사업에 속하는 자산이라 함은 수익사업을 위하여 제공하는 자산을 말하며, 수익사업에 속하는 부채라 함은 수익사업을 위하여 발생된 부채를 말한다.

2) 공통자산과 공통부채

수익사업과 비수익사업에 공통으로 사용되는 자산과 부채를 말하며, 공통으로 사용되는 자산과 부채는 수익사업에 속하는 것으로 하나, 이에 발생하는 손금은 공통손금으로 보며, 이를 처분함으로써 발생하는 처분손익은 수익사업의 개별손익으로 처리한다(법인 22601-3867, 1989.10.20.).

(1) 공통익금과 공통손금

수익사업과 비수익사업에 공통되는 익금과 손금은 다음과 같이 구분하여 계산한다. 이 경우 공통익금은 과세표준이 되는 것에 한하며, 공통손금은 익금에 대응하는 것에 한한다.

다만, 공통익금 또는 공통손금의 구분계산에 있어서 개별손금이 없거나 기타의 사유로 다음의 규정을 적용하는 것이 불합리한 경우에는 공통익금의 수입항목 또는 공통손금의 비용항목에 따라 국세청장이 정하는 작업시간 · 사용시간 · 사용면적 등의 기준에 의하여 안분계산한다(법인세법시행규칙 §76 ⑥).

① 공통익금

수익사업과 비수익사업의 수입금액 또는 매출액에 비례하여 안분계산한다.

② 공통손금

- 수익사업과 비수익사업의 업종이 동일한 경우 : 수익사업과 비수익사업의 수입금액 또는 매출액에 비례하여 안분계산한다.
- 수익사업과 비수익사업의 업종이 다른 경우 : 수익사업과 비수익사업의 개별손금액에 비례하여 안분계산한다.

(2) 자본금 계산

영리법인은 상법상 등기하도록 되어 있으나, 비영리법인의 경우에는 등기를 요하지 않을 뿐 아니라 자본금의 개념이 없다. 다만, 재개발조합은 '도시정비법에 의하여 주된 사무소 · 소재지에서 대통령령이 정하는 사항으로 등기함으로써 성립한다'라는 규정에 의하여 법인등기의 의무는 있으나, 대통령령이 정하는 조합의 등기 의무규정 사항에는 자본금의 내역이 없다.

따라서 재개발조합의 자본금은 타 비영리법인의 자본금 계산방법에 준하여 계산한다.

① 계산내역

수익사업의 자본금＝수익사업의 자산－수익사업의 부채

② 자본금의 전입

금전 이외의 자산(예 : 토지)을 수익사업에 전입하는 경우에는 당해 자산을 시가로 평가하되, 시가가 불분명한 경우에는 법인세법시행령 제89조 제2항의 규정에 의하여 감정평가 및 감정평가사에 관한 법률에 의한 감정평가법인이 감정한 가액이 있는 경우 그 가액으로 하고 감정가액이 없을 경우 상속세및증여세법에 의한 평가액으로 한다.

③ 기타 비용 지출시 한도계산 준용

비영리법인의 기업업무추진비 · 지정기부금의 한도액계산을 할 경우 자본금의 계산은 수익사업용 자산에서 부채를 공제하는 것으로 한다.

(3) 토지가액의 계산(기준시가에 의하는 경우)

(가) 도시개발법 또는 농어촌정비법 등에 의한 환지예정지구의 토지 또는 환지처분된 토지를 양도할 경우

① 종전의 토지소유자가 환지예정지구 내의 토지 또는 환지처분된 토지를 양도할 경우

- 양도가액＝환지예정(교부)면적×양도당시의 단위당 기준시가
- 취득가액＝종전토지의 면적×취득당시의 단위당 기준시가

② 환지예정지구 내의 토지를 취득한 자가 당해 토지를 양도한 경우

- 양도가액＝환지예정(교부)면적×양도당시의 단위당 기준시가
- 취득가액＝환지예정면적×취득당시의 단위당 기준시가

(나) '(개)'의 규정을 적용함에 있어서 종전의 토지소유자가 환지청산금을 수령할 경우

① 환지청산금을 수령한 경우

- 양도가액＝환지청산금에 상당하는 면적×환지청산금 수령시의 단위당 기준시가
- 취득가액＝ $\left[\text{종전토지의 면적} \times \begin{matrix}\text{취득당시의}\\\text{단위당 기준시가}\end{matrix}\right] \times \dfrac{\text{환지청산금에 상당하는 면적}}{\text{권리면적}}$

② 환지예정지구의 토지 또는 환지처분된 토지를 양도한 경우

- 양도가액＝환지예정(교부)면적×양도당시의 단위당 기준시가
- 취득가액＝$\left[\text{종전토지의 면적}\times\dfrac{\text{취득당시의}}{\text{기준시가}}\right]\times\dfrac{\text{권리면적}-\text{환지청산금에 상당하는 면적}}{\text{권리면적}}$

위 '㈎'의 적용시 1984.12.31. 이전 취득한 토지로서 취득일 전후를 불문하고 1984. 12.31. 이전에 환지예정지로 지정된 토지의 경우에는 위 '㈎ ②'를 적용한다.

❼ 재개발정비사업조합의 회계

1) 조합의 회계

조합의 회계란 조합의 정관에 규정하고 있는 목적사업을 달성하기 위하여 조합과 조합에 위탁된 자산으로 운영하는 수익 및 비용을 계산하기 위한 목적으로 관리되는 회계절차를 말한다.

조합의 사업과 관련되어 발생되는 수입금액은 비영리법인의 수익사업에 해당되므로 여타법인과 마찬가지로 법인세법 및 기업회계기준(기업회계기준서 제1011호 건설계약, 일반기업회계기준 제16장 제2절 건설형 공사계약)에 의하여 처리하면 된다. 조합의 사업과 발생되는 수입금액(일반분양 수입금액)은 조합구성원의 입주시에 분담금을 결정하는 중요한 요소 및 법인세의 산출근거가 되므로 조합은 객관적인 증명(전표, 장부)에 의하여 명확히 회계처리가 되어야 한다.

① **과목분류** : 조합의 사업과 관련하여 조합 자산 · 부채 및 자본과 관련된 사업의 공사비용 등은 기업회계기준에 준하는 계정과목으로 처리한다.

② **신고방법** : 법인세법이 정하는 신고방법에 의한다.

2) 장부비치

재개발조합은 법인세법상 장부의 비치 · 기장의무에 의하여 조합에서 일어나는 모든 거래를 장부에 기록하여 일정기간 보관하여야 한다. 장부는 주요부와 보조부로 기록관리되며, 주요부는 거래의 내역을 복식부기의 방법(거래의 8요소)에 의하여 기장한다.

3) 표준 예산 · 회계규정

정비사업관련 회계처리기준으로는 2011.1.20.에 한국공인회계사에서 발표된 '정비사업조합 회계처리기준'의 공개초안이 있었으나 정식으로 제정되지는 않았다. 그러나 서울특별시에서는 상기 공개초안을 토대로 '서울특별시 정비사업 조합 등 표준 예산 · 회계규정'을 고시(2014.6.19.)하여 조합자율로 적용하도록 권장하던 중 서울특별시 도시 및 주거환경정비조례 제50조의 4를 신설(2015.1.2.)하여 추진위원회 · 조합에서 예산 및 회계처리규정을 의무적으로 정하여 운용하게 하였으며, 서울특별시가 표준규정을 고시하도록 하였다. 따라서 각 추진위원회 · 조합은 개정된 조례 및 표준규정에 따라 1년 이내에 운영규정(추진위원회의 회계) 및 정관(조합의 회계)이 정한 절차를 거쳐 예산 · 회계규정을 의무적으로 작성해 운영해야 한다.

(1) 회계규정

① 이 규정은 조합 등이 토지 등 소유자, 조합원, 감독기관 등 정보이용자에게 유용한 재무정보를 제공하기 위하여 예산 · 자금 · 계약 · 물품 · 수입 · 지출 · 결산 · 회계 · 정보제공 등 업무를 처리하거나 법 제76조의 회계감사를 위한 재무제표를 작성하는 경우에 적용한다.

② 이 규정은 법 제13조에 따른 조합설립추진위원회(이하 "추진위원회"라 한다)에도 적용하며, 법 제15조 4항에 따라 추진위원회의 자산, 부채, 자본은 조합이 포괄승계하는 것으로 회계처리한다.

③ 조합 등의 회계처리에 관하여 이 규정에서 정하지 아니한 사항은 중소기업회계기준을 준용한다.

(2) 재무제표 및 부속명세서

① 조합 등 기본 재무제표는 자금수지계산서, 재무상태표, 운영계산서 및 이에 대한 주석으로 하며, 서식은 서울특별시 정비사업 회계처리규정 세칙에 예시된 별지서식 제1호 내지 제3호와 같다. 다만, 법 제76조에 따른 회계감사를 위한 재무제표가 아닌 경우에는 주석을 생략할 수 있다.

② 재무제표는 기간별 비교가능성을 위하여 전기와 당기를 비교하는 방식으로 표시한다.

③ 재무제표의 부속명세서는 공사원가명세서, 자산부채명세서, 사업비명세서, 사업비 예산결산대비표, 운영비 예산결산대비표 및 예비비명세서로 하며, 서식은 서울특별시 정비사업 회계처리규정 세칙에 예시된 별지서식 제4호 내지 제9호와 같으며,

결산보고서로 재무제표 및 부속명세서를 작성하고 감사의 의견서를 첨부하여 대의원회에 보고하고 정관 및 운영규정에 따른 승인을 득하여야 한다.

④ 장부의 종류, 증빙서류, 재무제표 및 부속명세서의 작성 원칙은 서울특별시 정비사업 회계처리규정 세칙에 정하는바에 따른다.

(3) 계정과목

① 조합 등이 사업계획서, 관리처분계획서, 전표 또는 결의서 작성, 예산 및 결산서 등 작성 시 적용하는 계정과목은 조례 제54조에 의한 클린업시스템 운영지침 월별자금입출금내역 및 연간자금운영계획 서식의 과목에 의하되, 열거되지 아니한 과목은 중소기업회계기준에 의한다.

② 제1항 규정에 따른 계정과목 중 업무추진비, 판공비 등은 업무추진비로 일원화하며 기밀비 등 유사한 용도의 계정과목을 따로 구분하지 아니한다.

③ 지출 예산과목은 제1항에 의한 클린업시스템을 참고하여 별지서식 제2호 및 3호와 같이 관, 항, 목으로 단계적으로 구분하며, 지출금액은 상대처에 지급하는 총액인 공급대가(부가가치세 포함 금액)로 편성한다.

(4) 회계처리원칙

조합 등은 자금수지계산서는 현금주의로 하고, 자금수지계산서 이외에는 발생주의 회계원칙을 적용하여 재무제표를 작성한다.

(5) 자료의 보관

조합장 등은 법 제15조에 따라 인계받은 추진위원회의 회계장부 및 관계서류와 조합 설립인가일부터 사업종료일까지의 회계장부 및 관계서류를 법 제81조에 따라 시장 · 군수에게 인계하기 전까지 보관하여야 한다.

4) 예산규정

(1) 예산편성 및 성립

예산은 다음과 같이 편성하여야 한다.

① 모든 수입과 지출은 예산에 편성하여야 하며, 수입예산과 지출예산을 상계하거나 그 일부를 예산에서 제외하여서는 안 되며, 거래처에 지급하거나 수입하는 총액(부가가치세 포함 금액)에 의한다.

② 수입 예산 중 차입금은 차입 방법, 이율 및 상환방법을 반드시 명시하여 편성한다.

③ 지출 예산은 매 회계연도마다 조합장 등이 정비사업의 예상 추진일정을 고려하여 사업비와 운영비로 구분하여 예산을 편성하며, 예산과목은 제11조 계정과목에 따라 관, 항, 목으로 단계별로 구분한다.

(2) 예산의 작성

조합장 등은 매 회계연도 예산을 편성하여 회계연도개시일로부터 3월 이내에 총회 의결을 거쳐 최종 확정한다. 단, 부득이하게 회계연도개시일로부터 3월 이내에 총회를 개최할 수 없을 경우에는 다음에 따른다.

① 조합 등은 부득이한 사유로 회계연도 개시 전까지 당해연도 예산이 성립되지 아니한 때에는 전년도 동기간 예산에 준하여 집행할 수 있다. 다만, 준예산 적용기간은 1년으로 한정하며 이 기간을 초과하여 예산을 집행할 수 없다.

② 제1항 단서 규정에도 불구하고, 준예산 적용기간을 초과하여 예산을 집행하는 경우 사무실 운영을 위한 제세 · 공과금, 임차료, 수도광열비 등 불가피한 경비와 예산편성을 위한 총회비용의 집행은 그러지 아니할 수 있다. 다만, 예산편성을 위한 총회비용 중 총회 전에 소요된 비용은 당해 총회에서 추인을, 총회 이후에 소요될 비용은 당해 총회에서 승인을 받아야 한다.

③ 제1항에 의하여 집행된 예산은 당해 연도 예산이 성립되면 그 성립한 예산에 의하여 집행된 것으로 본다.

④ 조합 등은 제1항에 따라 전년도 예산에 준하여 집행할 사유가 생긴 때에는 사전에 추진위원회 또는 대의원회 의결을 거쳐 집행하여야 한다.

(3) 예산의 전용 및 이월

① 사업비 및 운영비 지출은 예산을 초과하여 지출하거나 예산으로 정한 목적 외에 이를 사용할 수 없다.

② 제1항의 규정에도 불구하고 지출예산의 전용이 필요할 경우 총회에서 승인된 총 지출예산 범위 내에서 대의원회의 의결을 거쳐 사용할 수 있다. 다만, 운영비 예산은 부득이한 경우 동일 항 내의 목 간에 예산의 과부족이 있을 때에는 상호 전용할 수 있다.

③ 제2항의 단서 규정에 의하여 예산을 전용할 때에는 회계책임자는 그 사유를 기재하여 추진위원회 또는 이사회에 전용한 예산을 보고하여야 한다.

(4) 예산집행 실적보고

조합 등은 사업비 및 운영비 예산 집행 내용을 명확하게 보고하기 위하여 당해 회계기간에 발생한 예산집행내용을 적정하게 표시하여야 하며, 사업비 및 운영비 집행에 대한 결산 부속명세서는 제10조 제3항에 의한 사업비 예산결산대비표, 운영비 예산결산대비표로하며, 결산보고를 할 때 정관 등에 따라 조합원 등에게 보고하여야 한다.

5) 정산 및 청산

사업시행자는 정비사업을 완료하거나 폐지한 때에는 시 · 도조례가 정하는 바에 따라 관계서류를 시장 · 군수에게 인계하여야 하며, 시장 · 군수는 당해 정비사업의 관계서류를 5년간 보관하여야 한다(법 §81 ④ · ⑤). 한편, 서울특별시 도시 및 주거환경정비조례 제64조에 따르면 다음의 서류를 이전고시일부터 3개월 또는 정비사업이 폐지되는 경우 폐지일부터 2개월 이내에 인계하여야 하며, 다만, 구청장이 부득이한 사정이 있다고 인정하는 때에는 사업시행자의 신청에 따라 연기할 수 있다.

① 이전고시 관계서류
② 확정측량 관계서류
③ 청산관계 서류
④ 등기신청 관계 서류
⑤ 감정평가 관계 서류
⑥ 손실보상 및 수용관계 서류
⑦ 공동구설치 비용부담 관계 서류
⑧ 회계 및 계약관계 서류
⑨ 회계감사 관계서류
⑩ 총회, 대의원회, 이사회 및 감사의 감사관계 서류
⑪ 보류지 및 체비시설의 처분과 우선매수청구권자에 대한 분양관계 서류

조합은 사업완료와 동시 조합 해산을 하게 되고 해산 당시의 임원은 청산인이 되며, 이때 청산은 민법에 관한 규정을 적용하며 또한 법인세법 제77조의 청산소득에 대한 내용을 세무서에 신고하여야 한다.

■ 관련 법규 ■

관련 법규 및 규정	주요 내용
도시정비법	• 주택개량 재개발사업의 계획 및 시행에 필요한 기준 및 절차 • 정비구역지정 절차에 필요한 규정 적용 • 구역 내 국 · 공유지의 처분제한, 공공시설 및 토지 등의 귀속규정 적용
주택법	• 공동주택을 건설하는 경우 시행규칙 관련 규정 적용
도시개발법	• 관리처분계획에서 필요한 환지규정 적용
건축법	• 시행계획 관련 규정 적용
공간정보의 구축 및 관리 등에 관한 법률	• 시행과 관련한 신고, 토지이용 관련 규정 적용
민법	• 사단법인 관련 규정 적용
행정대집행법	• 행정대집행절차 관련 규정 적용
조세특례제한법	• 토지 등에 대한 양도소득세 등 면제규정 적용
공익사업을위한토지등의취득및보상에관한법률	• 토지수용절차 관련 규정 적용 • 세입자대책 관련 규정 적용
도시교통정비촉진법	• 교통영향평가절차 및 내용 적용
수도권정비계획법	• 인구영향평가절차 및 내용 적용
환경 · 교통 · 재해등에관한 영향평가법	• 환경영향평가절차 및 내용 적용
도시계획시설기준에관한규칙	• 구역 내 공공시설 설치기준 적용
주택공급에관한규칙	• 일반분양시설의 공급관계규정 적용
주택건설기준에관한규칙	• 시행계획서의 시설규정 적용
도시및주거환경정비등기처리규칙	• 종전 토지건물, 건축시설 및 대지의 등기절차규정 적용
국민주택기금운영및관리규정 서울특별시재개발사업조례	• 국민주택기금 융자 관련 적용
서울특별시정비구역내토지및건축물에대한시세과세면제에관한조례	• 시세감면 관련 규정 적용
서울특별시자치구무허가건물정비사업에대한보상금지급조례	• 무허가건물 관련 규정 적용
서울특별시주택개량재개발사업업무지침	• 사업시행에 필요한 세부규정 적용

제  절

정비사업별 비교

❶ 정비사업별 비교

정비사업유형별 사업비교표는 다음과 같다.

구분	주택재개발사업	주택재건축사업	주거환경개선사업
사업방식	• 관리처분방식 • 환지방식	• 관리처분방식	• 현지개량방식 • 환지방식 • 수용방식 • 관리처분방식
주민동의	① 조합시행방식 • 추진위원회 : 토지 등소유자 1/2 초과 • 조합 : 토지 등 소유자 3/4 이상 및 토지면적 1/2 이상 ② 주택공사등시행방식 • 주민대표회의 : 토지 등 소유자 1/2 초과 • 시행자지정 : 토지 등 소유자 3/4 이상 및 토지면적 1/2 이상	① 조합시행방식 • 추진위원회 : 토지 등 소유자 1/2 초과 • 조합 : 동별 구분소유자의 2/3 이상, 전체 구분소유자의 3/4 이상 및 토지면적 3/4 이상 ② 주택공사등시행방식 • 주민대표회의 : 토지 등 소유자 1/2 초과 • 시행자지정 : 토지 등 소유자 3/4 이상 및 토지면적 1/2 이상	• 토지 등 소유자 2/3 이상 및 세입자 세대수 1/2 초과 • 토지 등 소유자 2/3 이상 (현지개량방식 등)
조합원자격 요건	• 토지 또는 건축물 소유자 • 지상권자	• 토지 및 건축물소유자	–

구분	주택재개발사업	주택재건축사업	주거환경개선사업
사업시행자	• 조합(단독시행) • 조합+시장 · 군수 · 주택공사등 · 건설업자 · 등록사업자 · 신탁업자 · 한국감정원(공동시행) • 시장 · 군수(직접시행) • 토지등소유자 · 민관합동법인 · 신탁업자 · 주택공사등(지정시행) : 토지 등 소유자 3/4 이상 및 토지면적의 1/2 이상 동의 외	• 조합(단독시행) • 조합+시장 · 군수 · 주택공사등 · 건설업자 · 등록사업자(공동시행) • 시장 · 군수(직접시행) • 토지등소유자 · 민관합동법인 · 신탁업자 · 주택공사등(지정시행) : 토지 등 소유자 3/4 이상 및 토지면적의 1/2 이상 동의 외	• 시장 · 군수(직접시행) • 주택공사등 / 국가 · 지방자치단체 · 주택공사등 또는 공공기관이 총지분의 100분의 50을 초과하는 출자로 설립한 법인(지정시행) • 지정시행자+건설업자 · 등록사업자(공동지정시행)
임시수용대책	• 임시수용시설 설치 또는 주택자금 융자알선	–	• 임시수용시설 설치 또는 주택자금 융자알선
주택공급	• 1세대 또는 1인이 하나 이상의 주택 또는 토지를 소유한 경우 1주택을 공급 • 같은 세대에 속하지 아니하는 2인 이상이 1주택 또는 1토지를 공유한 경우에는 1주택만 공급	• 1세대 또는 1인이 하나 이상의 주택 또는 토지를 소유한 경우 1주택을 공급 • 같은 세대에 속하지 아니하는 2인 이상이 1주택 또는 1토지를 공유한 경우에는 1주택만 공급	• 1세대1주택
주택건설규모	• 건설하는 주택 전체 세대수의 80% 이상을 85㎡ 이하로 건설 • 임대주택 : 15% ※ 수도권 이외지역 : 임대주택 50% 내 완화	• 건설하는 주택 전체 세대수의 60% 이상을 85㎡ 이하로 건설 • 법정상한용적률까지 건축을 허용하되, 완화용적률의 30~75%를 소형주택(60㎡ 이하)으로 건설	• 건설하는 주택 전체 세대수의 90% 이상을 85㎡ 이하로 건설 • 임대주택 : 30% 이하 (40㎡ 이하 임대주택 : 전체 임대주택의 50% 이하)

❷ 정비사업별 업무 추진표

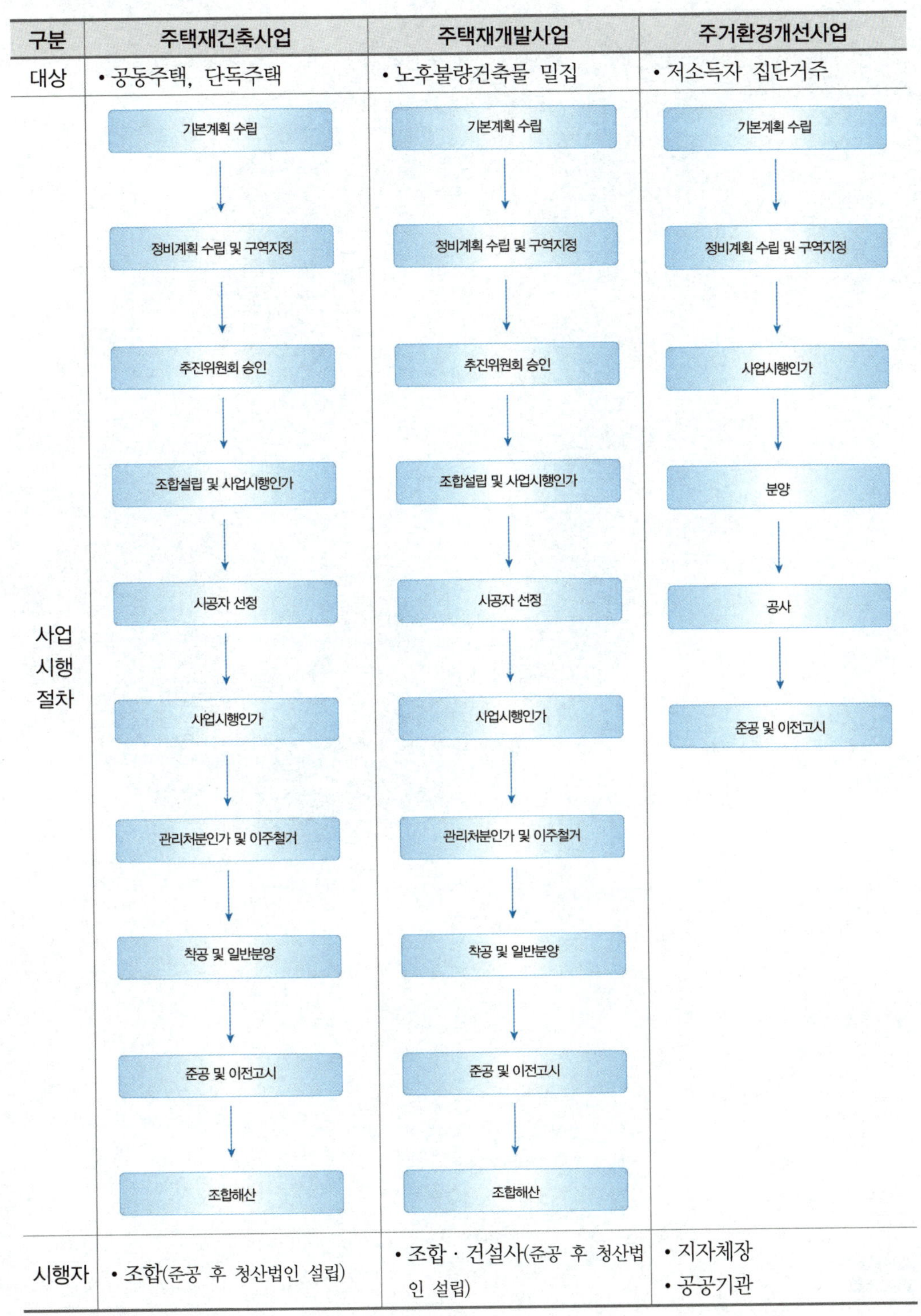

구분	주택재건축사업	주택재개발사업	주거환경개선사업
대상	• 공동주택, 단독주택	• 노후불량건축물 밀집	• 저소득자 집단거주
사업시행절차	기본계획 수립 ↓ 정비계획 수립 및 구역지정 ↓ 추진위원회 승인 ↓ 조합설립 및 사업시행인가 ↓ 시공자 선정 ↓ 사업시행인가 ↓ 관리처분인가 및 이주철거 ↓ 착공 및 일반분양 ↓ 준공 및 이전고시 ↓ 조합해산	기본계획 수립 ↓ 정비계획 수립 및 구역지정 ↓ 추진위원회 승인 ↓ 조합설립 및 사업시행인가 ↓ 시공자 선정 ↓ 사업시행인가 ↓ 관리처분인가 및 이주철거 ↓ 착공 및 일반분양 ↓ 준공 및 이전고시 ↓ 조합해산	기본계획 수립 ↓ 정비계획 수립 및 구역지정 ↓ 사업시행인가 ↓ 분양 ↓ 공사 ↓ 준공 및 이전고시
시행자	• 조합(준공 후 청산법인 설립)	• 조합 · 건설사(준공 후 청산법인 설립)	• 지자체장 • 공공기관

건설업

세무와 회계

제 15 장

주택법상 조합과 리모델링사업

제 1 절

주택조합

❶ 주택조합의 설립

주택조합의 설립 · 변경 또는 해산의 인가를 받고자 하는 자는 신청서에 다음의 구분에 따른 서류를 첨부하여 주택조합의 주택건설대지(리모델링 주택조합의 경우에는 해당 주택의 소재지)를 관할하는 시장 · 군수 또는 구청장에게 제출하여야 한다(법 §2 ①).

1) 지역 · 직장주택조합의 경우

① 창립총회의 회의록

② 조합장선출동의서

③ 조합원 전원이 자필로 연명한 조합규약

④ 조합원 명부

⑤ 사업계획서

⑥ 해당 주택건설대지의 80퍼센트 이상에 해당하는 토지의 사용권원을 확보하였음을 증명하는 서류

⑦ 고용자가 확인하는 근무확인서(직장주택조합의 경우만 해당한다)

⑧ 조합원 자격이 있는 자임을 확인하는 서류

2) 리모델링주택조합의 경우

① 위의 "(1) ① 내지 ⑤"의 서류

② 다음의 결의를 증명하는 서류. 이 경우 결의서에는 주택법시행령 제47조 제4항 제1호 각 목의 사항을 기재하여야 한다.

㉮ 주택단지 전체를 리모델링하고자 하는 경우에는 주택단지 전체의 구분소유자와 의결권의 각 3분의 2 이상의 결의 및 각 동의 구분소유자와 의결권의 각 과반수의 결의

㉯ 동을 리모델링하고자 하는 경우에는 그 동의 구분소유자 및 의결권의 각 3분의 2 이상의 결의

③ 건축법 제5조에 따라 건축기준의 완화적용이 결정된 경우에는 이를 증명할 수 있는 서류

④ 해당 주택이 주택법 제49조에 따른 사용검사일 또는 건축법 제22조에 따른 사용승인일로부터 10년[증축에 해당하는 경우에는 15년(15년 이상 20년 미만의 연수 중 시·도 조례가 정하는 경우 그 연수)] 이상의 기간이 지났음을 증명하는 서류

3) 최소조합원 구성

주택조합은 설립인가 당시의 사업계획서상 주택건설 예정 세대수의 50퍼센트 이상의 조합원으로 구성하되, 조합원은 20명 이상이어야 한다. 다만, 리모델링주택조합의 경우에는 그러하지 아니하다. 리모델링주택조합의 설립에 동의한 자로부터 건축물을 취득한 자는 조합의 설립에 동의한 것으로 본다(영 §20 ⑤).

4) 주택건설용지에 대한 검토

해당 주택건설대지에 대한 다음의 사항을 종합적으로 검토하여 주택조합의 설립인가 여부를 결정하여야 한다. 이 경우 그 주택건설대지가 이미 인가를 받은 다른 주택조합의 주택건설대지와 중복되지 아니하도록 하여야 한다(영 §20 ⑦).

① 법 또는 관계 법령에 따른 건축기준 및 건축제한 등을 고려하여 해당 주택건설대지에 주택건설이 가능한지 여부

② 국토계획법에 따라 수립되었거나 해당 주택건설사업기간에 수립될 예정인 도시·군계획에의 부합 여부

③ 이미 수립되어 있는 토지이용계획

④ 주택건설대지 중 토지사용에 관한 권원을 확보하지 못한 토지가 있는 경우 해당 토지의 위치가 사업계획서상의 사업시행에 지장을 초래할 우려가 있는지 여부

5) 등록업자 소유의 공공택지 사용 배제

주택조합은 등록사업자가 소유하는 공공택지를 주택건설대지로 사용해서는 아니 된다. 다만, 경매 또는 공매를 통하여 취득한 공공택지는 예외로 한다(영 §23 ②). 다만, 경매 또는 공매를 통하여 취득한 공공택지는 예외로 한다.

이 경우 건설등록사업자가 분양가상한제 등의 법망을 피하여 조합에게 토지를 양도한 후 도급받는 식으로 하는 건설사업을 막기 위한 조치이다.

❷ 조합원의 자격

1) 지역주택조합 조합원

① 조합설립인가신청일(해당 주택건설대지가 주택법 제63조에 따른 투기과열지구 안에 있는 경우에는 주택조합 설립인가신청일 1년 전의 날)부터 해당 조합주택의 입주가능일까지 주택을 소유(주택의 유형, 입주자 선정방법 등을 고려하여 국토교통부령이 정하는 지위에 있는 경우를 포함)하지 아니하거나 주거전용면적 85제곱미터 이하의 주택 1채를 소유한 세대주인 자[세대주를 포함한 세대원(세대주와 동일한 세대별 주민등록표상에 등재되어 있지 아니한 세대주의 배우자 및 배우자와 동일한 세대를 이루고 있는 세대원 포함) 전원이 주택을 소유하고 있지 아니하거나 세대원 중 1인에 한하여 주거전용면적 85제곱미터 이하의 주택 1채를 소유한 세대의 세대주를 말하며, 이에 해당하는지 여부에 관한 구체적인 기준은 국토교통부령으로 정한다]일 것(영 §21 ① 1호 가목)

② 조합설립인가신청일 현재 주택법 제2조 제11호 가목의 지역에 6개월 이상 계속 거주하여 온 사람일 것(영 §21 ① 1호 나목)

2) 직장주택조합 조합원

① 위의 "(1) ①"에 해당하는 자일 것. 다만, 국민주택을 공급받기 위한 직장주택조합의 경우에는 세대주를 포함한 세대원 전원이 주택을 소유하고 있지 아니한 세대의 세대주로 한정한다(영 §21 ① 2호 가목).

② 조합설립인가신청일 현재 동일한 특별시 · 광역시 · 특별자치시 · 특별자치도 · 시 또는 군(광역시의 관할구역에 있는 군 제외) 안에 소재하는 동일한 국가기관 · 지방자치단체 · 법인에 근무하는 자일 것(영 §21 ① 2호 나목)

3) 리모델링주택조합 조합원

다음의 어느 하나에 해당하는 자일 것. 이 경우 해당 공동주택 또는 복리시설의 소유권이 수인의 공유에 속하는 경우에는 그 수인을 대표하는 1인을 조합원으로 본다(영 §21 ① 3호).

① 주택법 제16조의 규정에 의한 사업계획승인을 얻어 건설한 공동주택의 소유자

② 복리시설을 함께 리모델링하는 경우에는 해당 복리시설의 소유자

③ 건축법 제11조에 따른 건축허가를 받아 분양을 목적으로 건설한 공동주택의 소유자와 그 건축물 중 공동주택 외의 시설의 소유자

4) 일시적인 자격유지

주택조합의 조합원이 근무 · 질병치료 · 유학 · 결혼 등 부득이한 사유로 인하여 세대주 자격을 일시적으로 상실한 경우로서 시장 · 군수 또는 구청장이 인정하는 경우에는 조합원 자격이 있는 것으로 본다(영 §21 ②).

5) 조합원의 자격확인

(1) 상속 · 유증 등의 경우

① 상속 · 유증 또는 주택소유자와의 혼인으로 인하여 주택을 취득한 때에는 사업주체로부터 「주택공급에 관한 규칙」 제52조 제3항에 따라 부적격자로 통보받은 날부터 3월 이내에 해당 주택을 처분한 경우에는 주택을 소유하지 아니한 것으로 볼 것(칙 §8 ② 1호)

② 위 "①" 외의 경우에는 「주택공급에 관한 규칙」 제53조의 규정을 준용할 것(칙 §8 ② 2호)

(2) 전산확인

시장 · 군수 또는 구청장은 지역주택조합 또는 직장주택조합에 대하여 다음 어느 하나의 행위를 하고자 하는 경우에는 국토교통부장관에게 주택전산망에 의한 전산검색을 의뢰하여 주택법시행령 제21조 제1항 제1호 및 동항 제2호의 규정에 의한 조합원 자격에의 해당 여부를 확인하여야 한다(칙 §8 ③).

① 주택조합의 설립인가를 하고자 하는 경우

② 해당 주택조합에 대한 사업계획을 승인하고자 하는 경우

③ 해당 조합주택에 대하여 사용검사 또는 임시사용승인을 하고자 하는 경우

❸ 조합원의 모집

1) 조합원의 모집신고 및 공개모집

지역주택조합 또는 직장주택조합의 설립인가를 받거나 인가받은 내용을 변경하기 위하여 조합원을 모집하려는 자는 관할 시장 · 군수 · 구청장에게 신고하고, 공개모집의 방법으로 조합원을 모집하여야 한다. 조합 설립인가를 받기 전에 신고한 내용을 변경하는 경우에도 또한 같다(법 §11의 3 ①). 다만, 공개모집 이후 조합원의 사망 · 자격상실 · 탈퇴 등으로 인한 결원을 충원하거나 미달된 조합원을 재모집하는 경우에는 신고하지 아니하고 선착순의 방법으로 조합원을 모집할 수 있다(법 §11의 3 ②).

2) 조합원의 모집 신고 거부

시장 · 군수 · 구청장은 다음 각 호의 어느 하나에 해당하는 경우에는 조합원 모집 신고를 수리할 수 없다(법 §11의 3 ⑤).

① 이미 신고된 사업대지와 전부 또는 일부가 중복되는 경우

② 이미 수립되었거나 수립 예정인 도시 · 군계획, 이미 수립된 토지이용계획 또는 이 법이나 관계 법령에 따른 건축기준 및 건축제한 등에 따라 해당 주택건설대지에 조합주택을 건설할 수 없는 경우

③ 조합업무를 대행할 수 있는 자가 아닌 자와 업무대행계약을 체결한 경우 등 신고내용이 법령에 위반되는 경우

④ 신고한 내용이 사실과 다른 경우

3) 조합원의 교체 · 신규가입

① 지역주택조합 또는 직장주택조합은 설립인가를 받은 후에는 해당 조합원을 교체하거나 신규로 가입하게 할 수 없다. 다만, 조합원수가 설립인가 당시의 사업계획서상 주택건설 예정 세대수를 초과하지 아니하는 범위에서 시장 · 군수 또는 구청장으로부터 국토교통부령이 정하는 바에 의하여 조합원 추가모집의 승인을 얻은 경우와 다음의 어느 하나에 해당하는 사유로 결원이 발생한 범위에서 충원하는 경우에는 그러하지 아니하다(영 §22 ①).

㉮ 조합원의 사망

㉯ 주택법 제15조의 규정에 의한 사업계획의 승인 이후에 입주자로 선정된 지위(해당 주택에 입주할 수 있는 권리 · 자격 또는 지위 등을 말한다)가 양도 · 증여 또는 판결 등으로 변경된 경우. 다만, 주택법 제64조에 따라 전매가 금지되는 경우를 제외한다.

㉰ 조합원의 탈퇴 등으로 조합원 수가 주택건설 예정 세대수의 50퍼센트 미만이 되는 경우

㉱ 조합원이 무자격자로 판명되어 자격을 상실하는 경우

㉲ 주택법 제15조에 따른 사업계획승인 등의 과정에서 주택건설 예정 세대수가 변경되어 조합원 수가 변경된 세대수의 50퍼센트 미만이 되는 경우

② 상기 "①"에 따라 조합원으로 추가모집 되거나 충원되는 자가 주택법 시행령 제21조 제1항 제1호 및 제2호에 규정된 조합원 자격요건 충족 여부의 판단은 해당 주택조합의 설립인가 신청일을 기준으로 한다(영 §22 ②).

③ 위의 "①"에 따른 조합원 추가모집의 승인과 조합원 추가모집에 따른 주택조합의 변경인가신청은 사업계획승인 신청일까지 하여야 한다(영 §22 ③).

4) 조합탈퇴 및 환급청구

조합원은 조합규약으로 정하는 바에 따라 조합에 탈퇴 의사를 알리고 탈퇴할 수 있으며(법 §11 ⑧), 탈퇴한 조합원(제명된 조합원을 포함한다)은 조합규약으로 정하는 바에 따라 부담한 비용의 환급을 청구할 수 있다(법 §11 ⑨).

④ 주택조합업무의 대행 등

1) 주택조합업무 대행자의 범위

주택조합(리모델링주택조합은 제외한다) 및 그 조합의 구성원(주택조합의 발기인을 포함한다)은 조합원 가입 알선 등 주택조합의 업무를 주택법 제5조 제2항에 따른 공동사업주체인 등록사업자 또는 다음의 어느 하나에 해당하는 자에게 대행하도록 할 수 있다(법 §11의 2 ①).

① 등록사업자

② 공인중개사법 제9조에 따른 중개업자

③ 도시정비법 제69조에 따른 정비사업전문관리업자

④ 부동산개발업의 관리 및 육성에 관한 법률 제4조에 따른 등록사업자

⑤ 자본시장과 금융투자업에 관한 법률에 따른 신탁업자

⑥ 그 밖에 다른 법률에 따라 등록한 자로서 대통령령으로 정하는 자

2) 주택조합업무 대행자의 업무범위(법 §11의 2 ②)

① 조합원 모집, 토지 확보, 조합설립인가 신청 등 조합설립을 위한 업무의 대행

② 사업성 검토 및 사업계획서 작성업무의 대행

③ 설계자 및 시공자 선정에 관한 업무의 지원

④ 주택법 제15조에 따른 사업계획승인 신청 등 사업계획승인을 위한 업무의 대행

⑤ 총회 일시 · 장소 및 안건의 통지 등 총회 운영업무 지원

⑥ 조합 임원 선거 관리업무 지원

3) 주택조합업무 대행자의 손해배상책임과 표준업무대행계약서

주택조합의 업무를 대행하는 자는 신의에 따라 성실하게 업무를 수행하여야 하고, 거짓 또는 과장 등의 방법으로 주택조합의 가입을 알선하여서는 아니 되며, 자신의 귀책사유로 조합 또는 조합원에게 손해를 입힌 경우에는 그 손해를 배상할 책임이 있다(법 §11의 2 ③). 한편, 국토교통부장관은 주택조합의 원활한 사업추진 및 조합원의 권리 보호를 위하여 공정거래위원회 위원장과 협의를 거쳐 표준업무대행 계약서를 작성 · 보급할 수 있다(법 §11의 2 ④).

❺ 주택조합사업의 시공보증

주택조합이 공동사업주체인 시공자를 선정한 경우 시공자의 파산 등으로 인한 조합원 피해를 방지하기 위하여 그 시공자는 공사의 시공보증(시공자가 공사의 계약상 의무를 이행하지 못하거나 의무이행을 하지 아니할 경우 보증기관에서 시공자를 대신하여 계약이행의무를 부담하거나 총 공사금액의 50퍼센트 이하에서 대통령령으로 정하는 비율 이상의 범위에서 주택조합이 정하는 금액을 납부할 것을 보증하는 것을 말한다)을 위하여 국토교통부령으로 정하는 기관의 시공보증서를 조합에 제출하여야 한다(법 §14의 2 ①).

❻ 주택조합의 회계감사

1) 회계감사 시기 등

주택조합은 주택법 제14조 제3항의 규정에 의하여 다음 어느 하나에 해당하는 날부터 30일 이내에 「주식회사의 외부감사에 관한 법률」 제3조의 규정에 의한 감사인의 회계감사를 받아야 하며, 회계감사는 주식회사의 외부감사에 관한 법률 제5조의 규정에 의한 감사기준을 적용하여야 한다(법 §14 ③).

① 주택법 제11조에 따른 주택조합 설립인가를 받은 날부터 3개월이 지난 날

② 주택법 제15조의 규정에 의한 사업계획승인을 얻은 날부터 3월이 경과한 날

③ 주택법 제49조의 규정에 의한 사용검사 또는 임시사용승인을 신청한 날

2) 회계감사 통보 및 시정요구

회계감사를 한 자는 회계감사 종료일부터 15일 이내에 회계감사결과를 관할시장 · 군수 또는 구청장과 해당 주택조합에 통보하여야 하며, 시장 · 군수 또는 구청장은 통보받은 회계감사 결과의 내용을 검토하여 위법 또는 부당한 사항이 있다고 인정되는 경우에는 그 내용을 해당 주택조합에 통보하고 시정을 요구할 수 있다(영 §26).

❼ 주택조합 규약

주택조합의 규약에는 다음 사항이 포함되어야 한다(영 §20 ②).

내 역
① 조합의 명칭 및 소재지
② 조합원의 자격에 관한 사항
③ 주택건설대지의 위치 및 면적
④ 조합원의 제명 · 탈퇴 및 교체에 관한 사항
⑤ 조합임원의 수 · 업무범위(권리 · 의무를 포함한다) · 보수 · 선임방법 · 변경 및 해임에 관한 사항
⑥ 조합원의 비용부담 시기 · 절차 및 조합의 회계
⑦ 조합원의 제명 · 탈퇴에 따른 환급금의 산정방식, 지급시기 및 절차에 관한 사항
⑧ 사업의 시행시기 및 시행방법
⑨ 총회의 소집절차 · 소집시기 및 조합원의 총회소집요구에 관한 사항
⑩ 총회의 의결을 요하는 사항과 그 의결정족수 및 의결절차. 이 경우 반드시 총회의 의결을 거쳐야 하는 사항은 국토교통부령으로 정한다.
⑪ 사업이 종결된 때의 청산절차, 청산금의 징수 · 지급방법 및 지급절차
⑫ 조합비의 사용내역과 총회의결사항의 공개 및 조합원에 대한 통지방법
⑬ 조합규약의 변경절차
⑭ 그밖에 주택조합의 사업추진 및 조합의 운영을 위하여 필요한 사항

8 주택조합별 비교표

구 분	지역주택조합	직장주택조합	리모델링주택조합
① 조합설립 허가권자	• 거주지관할시장 · 군수	• 직장소재지 관할시장 · 군수	• 건축소재지 관할시장 · 군수
② 조합원 자격	• 동일지역에 6개월 이상 거주자 • 신청일로부터 입주일까지 무주택자(전용면적 85㎡ 이하 1채 소유자 제외)	• 동일한 특별시 등 안에 소재하는 동일 법인 등에 근무 • 좌동(국민주택의 경우 무주택자에 한함)	• 기존주택의 소유자 • 기존주택의 구분소유자 및 의결권의 3분의 2 이상의 동의서
③ 설립요건	• 주택건설예정세대수의 50% 이상으로 구성하되, 조합원 20인 이상	• 좌동	• 사용검사를 받은 후 10년(증축에 해당하는 경우 15년)
④ 주택설립 규모	• 전용면적 85㎡ 이하를 75% 이상 건설	• 좌동	• 제한 없음(증축의 개념으로서 기존평수와 관계없이 건축이 가능)
⑤ 공급 잔여분 분양	• 잔여분 30세대 이상은 일반분양(주택법에 의거), 30세대 미만은 임의분양	• 좌동	–

건설 Tip **공동사업주체로서의 주택조합과 건설사와의 관계**

1) 공동사업주체의 사업시행

주택법 제5조의 규정에 의하여 토지소유자, 주택조합(세대수를 늘리지 아니하는 리모델링주택조합 제외) 및 고용자는 등록업자와 공동으로 주택을 건설할 수 있는 공동사업의 주체가 되어야 사업을 시행할 수 있다. 이는 세무상 공동사업자와의 관계와는 다른 개념이며 주택조합 명의로는 단독사업을 할 수가 없다. 만약 주택조합이 단독사업을 하기 위해서 주택법에 의한 주택사업자등록을 하고 그 등록기준에 맞는 조건을 갖추어야 하나, 현실적으로 주택조합이 주택법에 맞는 주택사업자등록도 여러 가지 법률적인 부분이 어려움이 있기 때문에 사실상 불가능하다. 따라서 주택사업승인절차를 위해서는 반드시 주택등록사업자와의 공동사업이 필수적이다.

2) 공동사업주체의 요건

주택법 제5조의 규정에 의하여 토지소유자 · 주택조합(세대수를 늘리지 아니하는 리모델링주택조합 제외) 또는 고용자와 등록사업자(주택조합의 경우 지방자치단체, 한국토지주택공사 및 지방공사 포함)가 공동으로 주택을 건설하고자 하는 경우에는 다음의 요건을 갖춘 사업계획승인을 신청하여야 한다(주택법시행령 §16).

① 등록사업자가 갖추어야 할 요건(기술능력 · 자본금 · 주택건설 실적)에 해당되거나, 건설산업기본법 제9조에 따른 건설업의 등록(건축공사업 또는 토목건축공사업에 한함)을 한 자일 것. 다만, 지방자치단체 · 한국토지주택공사 및 지방공사의 경우에는 그러하지 아니한다.

② 주택건설대지가 저당권 · 가등기담보권 · 가압류 · 전세금 · 지상권 등(이하 "저당권 등")의 목적으로 되어 있는 경우에는 그 저당권을 말소할 것. 다만, 저당권 등의 권리자로부터 해당 사업의 시행에 대한 동의를 받은 경우에는 그러하지 아니한다.

③ 토지소유자와 등록사업자 간에 대지 및 주택(부대시설 및 복리시설 포함)의 사용 · 처분, 사업비의 부담, 시공상의 책임, 공사기간, 하자보수책임 등에 관하여 약정을 체결할 것

(1) 토지소유자

토지소유자는 주택법 제4조의 규정에 불구하고 동령 제16조(공동사업주체의 사업시행)에서 정하는 바에 따라 등록사업자와 공동으로 주택을 건설할 수 있으며, 이때 토지소유자와 등록사업자를 공동사업주체로 본다.

(2) 주택조합 또는 고용자

주택법 제11조 및 동령 제20조의 규정에 의하여 설립인가를 받는 주택조합(세대수를 늘리지 아니하는 리모델링 주택조합 제외) 또는 고용자의 주택을 건설하는 경우에는 국토교통부령이 정하는 바에 따라 등록사업자와 공동으로 사업을 시행하여야 하며, 이때 주택조합 또는 고용자와 등록사업자를 공동사업주체로 본다.

(3) 등록사업자의 범위(건설사)

토지소유자, 주택조합 또는 고용자와 공동으로 주택을 건설할 수 있는 등록사업자의 범위는 주택법시행령 제14조 제3항 각호의 요건에 해당하는 시공권 있는 사업자이거나, 건설산업기본법 제9조의 규정에 의한 건설업등록을 받은 자로 한다.

⑨ 주택조합의 설립 및 사업시행절차

주택조합의 설립 및 사업시행절차는 다음의 도표와 같다.

■ 사업시행절차 ■

사업주체	절 차	내 역	인가자
조 합	주택조합설립인가 신청 ↓	1) 지역 · 직장조합 ① 창립총회의사록 ② 조합장선출동의서 ③ 조합규약 ④ 조합원명부 ⑤ 사업계획서 ⑥ 토지의 사용권 80% 이상 2) 리모델링조합 ① 위 ①~⑤ ② 구분소유자 및 의결권의 결의 ③ 건축기준완화서류 ④ 10, 15년 경과	
	설립인가 ↓	• 설립인가서 교부(법 §11, 영 §20, 칙 §7)	시장 · 군수
조 합	건축심사신청 (입지 · 건축 · 토목 등) ↓	• 시공회사 선정 • 주택소유권 확보 및 공제조합의 시공보증과 하자보증	
	사업승인 ↓	• 법 §15, 영 §16, 칙 §13	시장 · 군수
	회계감사 ↓	• 법 §14	시장 · 군수
시 공 사	사업시행 ↓		
	준공 · 입주 ↓		시장 · 군수 · 조합
조 합	회계감사 ↓	• 법 §14	
	해산인가 ↓	• 해산인가필증교부(법 §11, 영 §20, 칙 §7)	시장 · 군수

⑩ 주택조합의 납세의무

주택조합의 납세의무는 법인과 개인으로서의 납세의무가 발생되며, 법인인 경우 법인으로서 납세의무가 발생하며 이에 따라 제세금의 납세의무가 있으며, 법인이 아닌 개인조합인 경우 조합 입장에서의 납세의무와 조합구성원 입장에서의 납세의무가 있다.

따라서 주택조합의 과세 여부 검토는 반드시 조합(법인 또는 1거주자)로 보아 과세되는 부분과 개인(조합구성원)으로 보아 과세되는 부분을 검토하여야 한다.

제 2 절

리모델링사업

리모델링 사업은 주택법을 근간으로 주택의 유지 관리와 관련되어 건축물의 수명과 가치를 증가시키는 일련의 행위이다. 즉, 주거환경과 재산가치를 증가시키는 건축행위로서 조합설립의 인가와 건축행위허가를 제외하고는 대부분 법률의 규정이 아닌 리모델링 주택조합 자체의 규약에 따라 사업이 간편하게 진행되고 공사기간도 짧아 단기간 내 사업을 완성시킬 수 있는 장점이 있으나, 사업당사자의 이해관계에 다툼이 있을 경우 강제집행권이 없는 관계로 모든 법률관계가 민사소송을 통해 해결해야 하는 불리함과 공사비를 조합원들이 자체적으로 조달한 자금 등으로 진행하여야 하는 어려움이 있다. 따라서 이런 이유 등으로 기존 작은 규모 단지의 중 · 대형아파트 위주로 사업이 진행되고 있다.

■ 재건축사업과 리모델링사업의 비교표 ■

구 분	리모델링사업	재건축정비사업	비 고
1. 근거 법률	주택법	도시정비법	
2. 계획 수립	리모델링기본계획수립	도시 · 주거환경정비기본계획수립	
3. 정비구역 지정	–	지정고시	
4. 추진위원회 구성	임의사항	법적 단체 구성	
5. 시행자	입주자대표회의 또는 리모델링주택조합	재건축정비사업조합	
6. 사업기간	1년~1년 6개월 이내의 단기소요	3~6년 이상 장기소요	
7. 개발규모	소규모단지	대규모단지	동별개발

개발부담금 부과로 실제 재건축실익이 크게 줄어드는 아파트단지 및 이미 용적률 높아 재건축시 큰 개발이익의 발생이 없는 아파트단지는 재건축보다 리모델링의 유인이 높다.

구 분	리모델링사업	재건축정비사업	비 고
8. 안전진단	증축형리모델링 필요(안전진단시 위험있는 경우 재건축사업으로 진행)	법적 필요	
9. 관리처분계획	권리변동계획의 수립	계획수립 및 인가	환지처분
10. 가옥멸실	해당 사항 없음	철거 후 멸실신고	
11. 건축세대수	세대수증가(15%범위 이내)	세대수 증가	
12. 소유권 변동	세대수증가형리모델링시 발생함	이전 고시	
13. 사업비 부담	조합원부담, 개발이익부담	개발이익으로 부담	
14. 시공계약	단순도급, 지분계약	지분계약	
15. 지방세특례제한	감면 없음	감면 없음	
16. 부가가치세 면제	기존국민주택규모시 (기존면적 1.3배까지 부가가치세 면제)	-	조특법 §106 ① 4호

❶ 개 요

리모델링 사업은 공유면적비율이 높은 복도식아파트를 전용면적이 높은 계단식아파트로 변경하거나, 밀집된 소형아파트를 통합하여 중형아파트로 구조변경하여 아파트의 가치를 높이는 구조변경 형태가 대부분이다.

① 평형변경(소형에서 중형으로 변경)

② 구조형태 변경(복도식에서 계단식으로 변경)

1) 에너지 개선 및 자산가치증가 목적

'리모델링'이란 공동주택의 기능성 및 주거생활에 지장을 주는 노후화된 건축물을 건축물의 노후화 억제와 주거환경 및 에너지 기능개선으로 인한 관리비 절감과 자산가치 상승을 목적으로 대수선하거나 증축하는 행위를 말한다.

2) 증축의 범위

① 주택법 제49조에 따른 사용검사일(주택단지 안의 공동주택 전부에 대하여 임시사용승인을 받은 경우에는 그 임시사용승인일을 말한다) 또는 「건축법」 제22조에 따른 사용승인

일부터 15년(15년 이상 20년 미만의 연수 중 특별시 · 광역시 · 도 또는 특별자치도의 조례로 정하는 경우 그 연수)이 경과된 공동주택을 각 세대의 주거전용면적(「건축법」 제38조에 따른 건축물대장 중 집합건축물대장의 전유부분의 면적을 말한다)의 30퍼센트 이내(세대의 주거전용면적이 85제곱미터 미만인 경우에는 40퍼센트 이내)

② 각 세대의 증축 가능 면적을 합산한 면적의 범위에서 기존 세대수의 15퍼센트 이내에서 세대수 증가. 다만, 수직으로 증축할 경우에는 15층 이상에서는 3개층 이하, 14층 이하에서는 2개층 이하의 범위에서 가능하다.

❷ 리모델링에 관련한 건축법상의 용어

'리모델링'이라 함은 건축물의 노후화를 억제하거나 또는 기능향상 등을 위하여 대수선하거나 일부 증축하는 행위를 말한다(건축법 §2 ① 10호).

1) 대수선

'대수선'이라 함은 건축물의 기둥 · 보 · 내력벽 · 주계단 등의 구조나 외부형태를 수선 · 변경하거나 증설하는 것으로서 다음의 어느 하나에 해당하는 것을 말한다.

구 분	내 역	비 고
건축물의 주요구조부 변경	① 내력벽을 증설 · 해체하거나 내력벽의 벽면적을 30제곱미터 이상 수선 또는 변경하는 것 ② 기둥을 증설 · 해체하거나 기둥을 3개 이상 수선 또는 변경하는 것 ③ 보를 증설 · 해체하거나 보를 3개 이상 수선 또는 변경하는 것 ④ 지붕틀을 증설 · 해체하거나 지붕틀을 3개 이상 수선 또는 변경하는 것 ⑤ 방화벽 또는 방화구획을 위한 바닥 또는 벽을 증설 · 해체하거나 수선 · 변경하는 것 ⑥ 주계단 · 피난계단 또는 특별피난계단을 증설 · 해체하거나 수선 · 변경하는 것 ⑦ 다가구주택 및 다세대주택의 가구 및 세대간 경계벽을 증설 · 해체하거나 수선 · 변경하는 것	주거기능 향상
건축물의 외부형태변경	① 미관지구 안에서 건축물의 외부형태(담장을 포함한다)를 변경하는 것 ② 건축물의 외벽에 사용하는 마감재료를 증설 또는 해체하거나 벽면적 30제곱미터 이상 수선 또는 변경하는 것	외관형태 향상

2) 증축

'증축'이라 함은 기존건축물이 있는 대지 안에서 건축물의 건축면적 · 연면적 · 층수 또는 높이를 증가시키는 것을 말한다.

❸ 리모델링의 입법취지

1) 개 요

사회 · 경제적인 환경변화에 따라 주택에 대한 시각이 경제적 비용이 많은 신축개념이 아닌 주택건축의 제비용 · 고효율화를 위해 건축물을 개보수하여 수명을 연장시킴과 동시에 건축물의 자산가치 상승을 유발시키는 건축행위가 주택건설산업계의 새로운 이슈로 떠오르고 있다. 따라서 정부도 이에 부응하여 무분별한 공동주택의 재건축을 억제하고 기존 건축물의 수명연장을 적극 유도하여 자원의 낭비방지 및 효율성을 제고하는 한편, 재건축으로 인한 도시지역의 과밀화로 인한 부작용을 최대한 줄이기 위해 리모델링에 대한 법적 근거를 마련하여 시행하도록 하였다.

- 주요내용
  - ① 리모델링의 개념
  - ② 리모델링 주택조합설립인가
  - ③ 증축형 리모델링의 안전진단
  - ④ 수직증축형 리모델링의 구조기준
  - ⑤ 세대수 증가형 리모델링의 시기 조정
  - ⑥ 공동주택 리모델링에 따른 특례

2) 리모델링에 대한 법적 근거 및 안전진단

(1) 법적 근거

'리모델링'이라 함은 주택법 제66조 제1항 및 제2항에 따라 건축물의 노후화 억제 또는 기능향상 등을 위하여 대수선하거나 증축하는 행위를 말한다.

(2) 안전진단

증축하는 리모델링(이하 "증축형 리모델링"이라 한다)을 하려는 자는 시장 · 군수 · 구청장에게 안전진단을 요청하여야 하며, 안전진단을 요청받은 시장 · 군수 · 구청장은 해당 건축물의 증축 가능 여부의 확인 등을 위하여 안전진단을 실시하여야 한다. 안전진단

결과 건축물 구조의 안전에 위험이 있다고 평가되어 주택재건축사업의 시행이 필요하다고 결정한 공동주택의 경우에는 증축형 리모델링을 하여서는 아니된다(주택법 §68 ③).

❹ 리모델링사업 추진흐름표

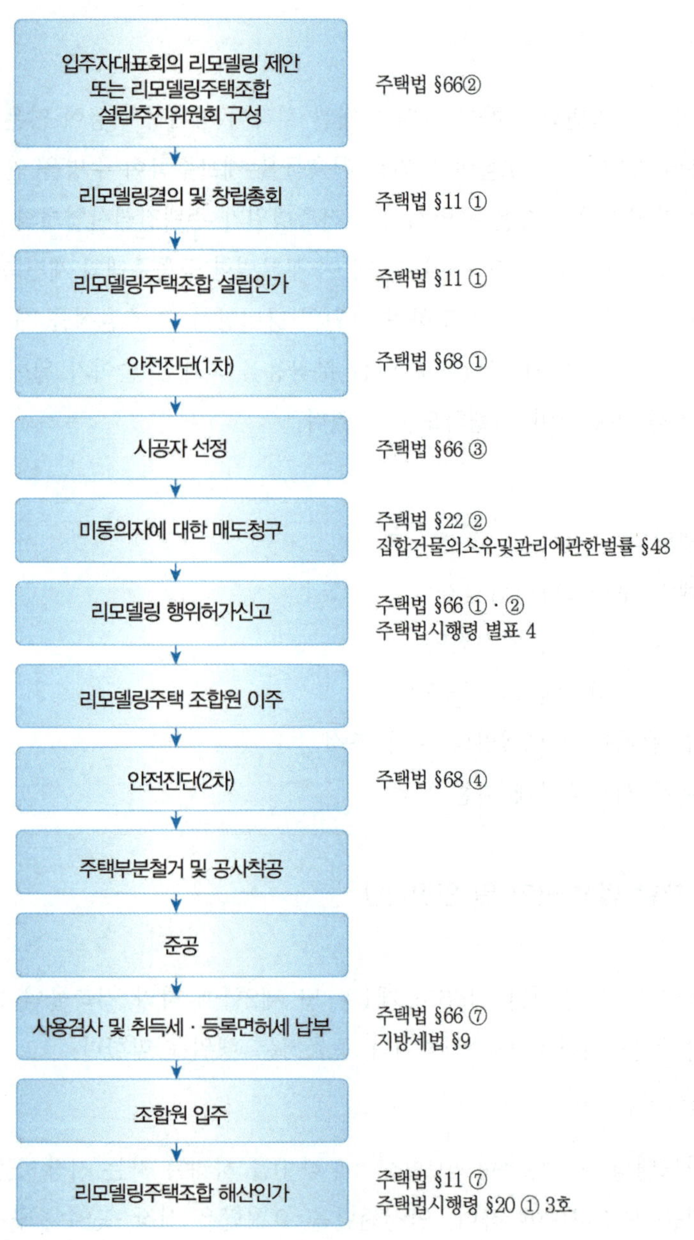

❺ 리모델링주택조합

(1) 개인(비법인사단)

'리모델링주택조합'이란 공동주택의 소유자가 당해 주택을 리모델링하기 위하여 설립한 조합이다(주택법 §2 11호 다목). 리모델링주택조합은 조합이라는 명칭에도 불구하고 민법상 조합이 아니라 비법인사단에 해당하는 것이므로 민법상의 사단법인에 관한 규정이 대부분 적용될 수 있을 것이다. 참고로 재건축주택조합과 재개발주택조합은 도시정비법에서 의무적으로 법인으로 설립하도록 되어 있다.

(2) 사업추진성격(재건축정비사업과 유사한 사업성격임)

리모델링주택조합은 주택법상의 다른 주택조합과 그 성격이 매우 다르다. 지역주택조합, 직장주택조합 모두 조합원 소유의 주택을 신축 · 취득하는 것에 주목적이 있는 것과 달리 리모델링주택조합은 기존 소유주택을 전제로 증축 또는 대수선을 하는 것이므로 리모델링 결의 및 동의, 미동의자에 대한 매도청구권 행사, 이주공사비에 대한 부담금 계산, 세입자와의 갈등 등이 기존 재건축조합과 유사한 상황이므로 사실상 재건축조합 설립절차 및 운영 · 관리를 준용하는 형태로 사업이 진행될 수밖에 없는 실정이다.

❻ 리모델링 행위허가

(1) 대 상

주택법 제66조 제1항에 따르면 '공동주택의 입주자 · 사용자 또는 관리주체가 공동주택을 리모델링하려고 하는 경우에는 허가와 관련된 면적, 세대수 또는 입주자 등의 동의비율에 관하여 대통령령으로 정하는 기준 및 절차 등에 따라 시장 · 군수 · 구청장의 허가를 받아야 한다.'라고 규정되어 있다.

(2) 공동주택의 행위허가기준

공동주택의 행위허가기준은 다음과 같다(주택법시행령 별표 4, 주택법 §66 ① · ② 관련).

구분	세부기준
1. 동의비율	① 입주자 · 사용자 또는 관리주체의 경우공사기간, 공사방법 등이 적혀 있는 동의서에 입주자 전체의 동의를 받아야 한다. ② 리모델링주택조합의 경우다음의 사항이 적혀 있는 결의서에 주택단지 전체를 리모델링하는 경우에는 주택단지 전체 구분소유자 및 의결권의 각 75퍼센트 이상의

Chapter 15

구분	세부기준
	동의와 각 동별 구분소유자 및 의결권의 각 50퍼센트 이상의 동의를 받아야 하며 (리모델링을 하지 않는 별동의 건축물로 입주자 공유가 아닌 복리시설 등의 소유자는 권리변동이 없는 경우에 한정하여 동의비율 산정에서 제외한다), 동을 리모델링하는 경우에는 그 동의 구분소유자 및 의결권의 각 75퍼센트 이상의 동의를 받아야 한다. ㉮ 리모델링 설계의 개요 ㉯ 공사비 ㉰ 조합원의 비용분담 명세 ③ 입주자대표회의 경우다음의 사항이 적혀 있는 결의서에 주택단지의 소유자 전원의 동의를 받아야 한다. ㉮ 리모델링 설계의 개요 ㉯ 공사비 ㉰ 소유자의 비용분담 명세
2. 허용행위	① 공동주택 ㉮ 리모델링은 주택단지별 또는 동별로 한다. ㉯ 복리시설을 분양하기 위한 것이 아니어야 한다. 다만, 1층을 필로티 구조로 전용하여 세대의 일부 또는 전부를 부대시설 및 복리시설 등으로 이용하는 경우에는 그렇지 않다. ㉰ ㉯에 따라 1층을 필로티 구조로 전용하는 경우 제13조에 따른 수직증축 허용범위를 초과하여 증축하는 것이 아니어야 한다. ㉱ 내력벽의 철거에 의하여 세대를 합치는 행위가 아니어야 한다. ② 입주자 공유가 아닌 복리시설 등 ㉮ 사용검사를 받은 후 10년 이상 지난 복리시설로서 공동주택과 동시에 리모델링하는 경우로서 시장 · 군수 · 구청장이 구조안전에 지장이 없다고 인정하는 경우로 한정한다. ㉯ 증축은 기존건축물 연면적 합계의 10분의 1 이내여야 하고, 증축 범위는 「건축법 시행령」 제6조 제2항 제2호 나목에 따른다. 다만, 주택과 주택 외의 시설이 동일 건축물로 건축된 경우는 주택의 증축 면적비율의 범위 안에서 증축할 수 있다.

(3) 리모델링의 사업유형

① 세대분할 및 증가로 인한 부가가치 창출

종전 공동주택의 리모델링은 세대수를 증가시키는 행위를 금지하고 있어 주민들이 과도한 비용을 부담할 수밖에 없는 구조였으며, 이로 인하여 제도의 실효성 확보가 어려웠다. 따라서 2012.1.26.에 주택법을 개정하여 리모델링에 의하여 증가되는 면적의 일부를 세대수를 증가시키는 데 활용할 수 있도록 하였으며, 2013.12. 24.

에 주택법을 개정하여 수직증축형 리모델링을 허용하였다. 이에 따라 주민의 비용 부담이 완화되었으며, 수직증축을 하지 않으면 세대수 증가로 인한 일반분양과 같은 실질적인 리모델링 혜택을 받을 수 없었던 단지들의 사업성이 높아질 것으로 보인다.

② 세대통합으로 인한 부가가치 창출

실무적으로 어렵지만, 기존건물이 존재하고 있는 리모델링건축사업지의 주변 주택가격과 현저히 차이가 나서 리모델링 후 주택가격의 급격한 상승을 꾀할 수 있는 지역일 경우 소형평수보다 중 · 대형평수로 전환하여 최대한 사업의 이익을 창출할 수 있으나, 이 경우 내력벽 철거로 세대를 합치는 문제 및 기존세대수의 조합원과의 협의 등이 문제가 될 수 있다.

❼ 도급계약 형태

리모델링주택조합과 건설사와의 계약형태는 종전에는 재건축정비사업의 지분제계약 형태보다는 단순도급계약 형태가 대부분이었으나, 15%의 세대수 증가로 인하여 일반분양이 가능해져 일부 지분제가 혼합된 방식이 가능해졌다.

■ 계약흐름도표 ■

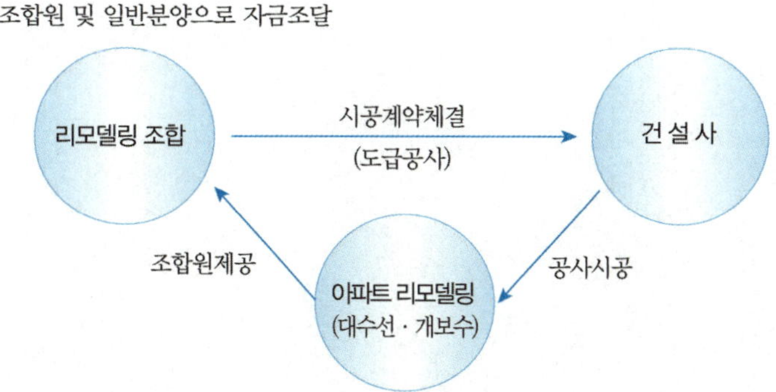

1) 도급계약금액 결정

리모델링공사는 기존건축물을 철거하고 신축하는 공사와 달리 기존건축물구조물을 그대로 사용하던가 보수 · 보강하여 공사를 진행해야 하므로 공사비에 대한 평당 개념이 불분명하다. 또한 아직까지 국내에서는 리모델링공사에 대한 기술축적 및 행정지원부분이 미약하며, 또한 건축공사비에 대한 구체적인 자료 등이 없기 때문에 공사진행 중의 변수에 따라 공사금액이 수시로 증감될 수 있음을 유의하여야 한다.

2) 계약내용

리모델링조합과 건설사간의 공사계약시 계약조건에 대하여는 재건축 · 재개발조합과는 달리 일반공사도급계약시에 작성하는 도급계약서 내용에 준하여 작성하면 되나, 리모델링에 동의하지 않는 조합원의 주택을 매입하기 위해서 미동의자의 주택구입자금을 건설사로부터 지원을 받을 경우 및 세대수 증가분에 대한 일반분양 등의 경우에는 단순도급계약의 범위를 벗어나 별도의 사업이익에 따른 이윤배분 또는 분담형식의 계약이 필요할 것이다.

제 15 장　주택법상 조합과 리모델링사업

제 3 절

주택조합 및 리모델링 조합의 세무회계

1 소득세 납세의무

주택조합은 국세기본법상 법인이 아닌 단체 중 법인으로 보지 않는 단체에 해당되어 소득세법이 적용되며, 이익의 분배방법 및 비율이 없는 경우에 해당되지 않아 공동으로 사업을 경영하는 것으로 본다. 즉, 주택조합의 대표자 또는 관리인이 선임되어 있고 조합규약상 명문으로 이익의 분배방법이나 분배비율이 규정되어 있지 않더라도 조합원 각자의 출자지분이 있으면 조합의 이익을 분배하는 것으로 보아 공동사업자로 과세한다. 따라서 각 조합원별 지분에 의하여 분배되었거나, 분배될 사업소득금액에 따라 각 조합원별로 종합소득세를 과세한다.

다만, 리모델링조합은 토지 또는 현금 등을 투자하여 건물을 증축하는 사업으로서 세대수 증가분과 미동의자에 대한 매도청구로 기존주택을 구입하여 리모델링 후 일반인에게 매매할 경우 그 매매에 대한 수익금액발생분에 대해서는 원칙적으로 납세의무가 발생할 수 있으나, 리모델링사업 자체가 토지의 효용가치를 극대화한 사업이 아니기 때문에 소득발생은 사실상 거의 없을 것이라 본다.

2 부가가치세

1) 세대수증가분

리모델링주택조합이 국민주택규모를 초과하는 아파트의 세대수를 증가시켜 제3자에게 분양하는 경우, 그 아파트의 공급은 부가가치세법 제9조 제1항에 따라 부가가치세가 과세된다.

한편 리모델링주택조합이 아파트의 리모델링 및 분양과 관련하여 지출한 전문용역비(법무용역, 감리용역, 감정평가 등) 중 부가가치세법 제17조 제2항 각 호에 해당하는 것이 있는 경우에는 매입세액이 공제되지 아니하나, 이에 해당하지 아니한 경우에는 부가가치세법 시행령 제81조에 따라 공통매입세액으로 안분계산하여 공제할 수 있다.

2) 미동의자 주택 매입분 리모델링 후 매매시 부가가치세 과세여부

리모델링주택조합이 리모델링을 반대하는 소유자로부터 매도청구권을 행사하여 취득한 아파트를 국민주택규모를 초과하는 아파트로 리모델링한 후 제3자에게 분양하는 경우, 그 아파트의 공급은 부가가치세법 제9조 제1항에 따라 부가가치세가 과세되는 것이다(부가-4872, 2008.12.18.).

3) 리모델링용역에 대한 부가가치세

리모델링에 대한 건축공사비에 대하여 조세특례제한법 제106조 및 동법 시행령 제106조 제5항에 의하여 기존건물을 주택법, 도시정비법 및 건축법에 의하여 리모델링하는 경우 기존주택이 국민주택규모 이하로서 리모델링 후 기존건물의 130%까지 건축하는 경우에 한하여 부가가치세를 면제한다.

■ 리모델링 후 과 · 면세비교 ■

구 분	리모델링공사 전	리모델링공사 후	
주택규모	국민주택규모 (전용면적 85㎡ 이하)	기존 85㎡ & 102㎡ (기존건물의 130% 미만)	85㎡ & 120㎡ (기존건물의 130% 초과)
과 · 면세	면세	면세	과세

※ 부가가치세 면제되는 국민주택 허용면적

1) 기존전용면적 18평(60㎡) & 전용면적 25.7평까지 면세
2) 기존전용면적 25.7평(85㎡) & 전용면적 33.41평까지 면세(기존면적의 130%), 이후 면적부터는 부가가치세가 과세됨.

❸ 취득세 납부

1) 취득세 납세의무

지방세법 제7조 제8항은 주택법 제11조에 따른 주택조합과 도시정비법 제16조 제2항 및 빈집 및 소규모주택 정비에 관한 특례법 제23조에 따른 주택재건축조합 및 소규모재건축조합(이하 "주택조합 등"이라 한다)이 해당 조합원용으로 취득하는 조합주택용 부동산(공동주택과 부대시설 · 복리시설 및 그 부속토지를 말한다)은 그 조합원이 취득한 것으로 본다. 다만, 조합원에게 귀속되지 아니하는 부동산(이하 "비조합원용 부동산"이라 한다)은 제외한다고 규정하고 있다. 따라서 리모델링에 따른 취득세 납세의무는 다음과 같다.

납세의무자	과세대상	비 고
조합	세대수 증가분 및 미동의자분	
조합원	조합원 귀속분	조합원의 원시취득으로 봄

2) 과세대상

(1) 대수선

지방세법 제6조 제1호는 "취득"이란 매매, 교환, 상속, 증여, 기부, 법인에 대한 현물출자, 건축, 개수, 공유수면의 매립, 간척에 의한 토지의 조성 등과 기타 이와 유사한 취득으로서 원시취득, 승계취득 또는 유상 · 무상을 불문한 일체의 취득을 말한다고 규정하고 있다.

또한 같은 법 제6조 제6호에서는 "개수"란 건축법 제2조 제1항 제9호에 따른 대수선과 건축물에 딸린 시설물 중 대통령령으로 정하는 시설물을 한 종류 이상 설치하거나 수선하는 것을 말한다라고 규정하고 있으며, 같은법 시행령 제6조에서 법 제6조 제6호에서 '대통령령으로 정하는 시설물'이라 함은 다음 각호의 1에 해당하는 시설물을 말한다고 하면서 제1호에 승강기, 제2호에 20킬로와트 이상의 발전시설, 제3호에 난방용 보일러& 제8호에 구내의 변전 · 배전시설을 규정하고 있다.

한편, 건축법 제2조 제1항 제9호에서는 "대수선"이라 함은 건축물의 기둥, 보, 내력벽, 주계단 등의 구조나 외부 형태를 수선 · 변경하거나 증설하는 것으로서 대통령령으로 정하는 것이라고 규정하고 있다.

(2) 대수선 사례

① 일부시설이 개수에 해당할 경우 과세대상 범위전체 리모델링 공사가 건축법상 대수선의 범위에 해당되지 않음이 명확한데도 불구하고 리모델링 공사 중 일부 시설물이 지방세법상 개수에 해당한다 하여 전체 리모델링 공사를 과세대상으로 하는 것은 아니다(지방세 심사 2004-23, 2004.1.29.).

② 2세대를 1세대로 통합시 대수선 해당 여부아파트의 노후화 억제와 기능향상 등을 위하여 리모델링을 하더라도 건축면적이 종전과 동일하고 아파트의 세대간 경계벽(비내력벽)만 철거한 후 2세대를 1세대로 통합한 경우라면 건축법시행령 제3조의2 제8호에서 규정한 대수선에 해당되지 않는다(행자부 세정-6474, 2006.12.26.).

③ 리모델링 공사와 관련하여 설치한 시설물 등의 취득세과세대상 해당 여부 리모델링 공사와 관련하여 설치한 시설물이 지방세법시행령 제6조에서 규정하고 있는 시설물에 해당된다면 취득세과세대상에 포함되는 것이며, 시설물의 설치 · 교체가 아닌 주된 시설물의 부수물 등을 교체하여 수익적지출로 처리한 시설물의 수선공사비는 취득세과세대상이 되지 않으며, 스프링클러가 인텔리젼트빌딩시스템의 일부로써 설치된 것이라면 취득세과세대상이나 단순히 스프링클러만 설치한 경우와 환풍기인 덕트는 취득세과세대상이 아니라고 판단되나 구체적인 사실관계는 과세권자가 판단할 사항이다(지방세정팀-1942, 2005.7.27.).

3) 과세표준

(1) 산정방법

① 건축물을 건축(신축과 재축은 제외)하거나 개수한 경우와 대통령령으로 정하는 선박, 차량 및 기계장비의 종류를 변경하거나 토지의 지목을 사실상 변경한 경우에는 그로 인하여 증가한 가액을 각각 과세표준으로 한다. 이 경우 신고 또는 신고가액의 표시가 없거나 신고가액이 다음에 정하는 시가표준액보다 적을 때에는 그 시가표준액으로 한다(지방세법 §10 ③).

㉮ 취득세 납세의무자나 그 취득물건에 관하여 그와 거래관계가 있었던 자가 관련 장부나 그밖의 증명서류를 갖추고 있는 경우에는 이에 따라 계산한 가액

㉯ '㉮'에 따른 관련 장부나 증명서류를 갖추고 있지 아니하거나 그 내용 중 취득경비 등의 금액이 해당 취득물건과 유사한 물건을 취득하는 경우에 일반적으로 드는 것으로 인정되는 자재비, 인건비, 그밖에 취득에 필요한 경비 등을 기준으로 시장 · 군수가 산정한 가액보다 부족한 경우에는 시장 · 군수가 산정한 가액

㉰ '㉮ 및 ㉯'에도 불구하고 토지의 지목변경의 경우에는 제17조에 따른 가액

② 공사도급계약서에 의한 취득세 과세표준 계산지방세의 취득세과세표준은 사실상 취득가액이 객관적이고 명확한 근거만 확보되면 그 확보가액이 취득세과세표준이 된다. 따라서 리모델링조합의 건축공사비용은 건설사(법인)의 도급계약에 의하여 객관적인 증빙자료가 되므로 그 도급계약서를 근간으로 하여 취득세를 신고한다. 이때 공사도급금액 전체로 볼 것이 아니라 사실상 증가한 건축면적에 대한 공사비를 정확히 계산하여야 함을 유념하기 바란다.

(2) 과세표준 사례

① 리모델링공사와 과세표준 적용

당해 리모델링사업 완료에 따른 취득세 과세표준을 산정함에 있어서는 각 세대별 공사분담금이 아닌 사업주체가 신고한 총공사비용에서 사업면적당 공사비용을 산출하고 이에 각 구분소유자 지분을 곱하여 산정한 가액으로 하는 것이 타당하다 하겠으므로, 이 사건 리모델링사업이 완료됨에 따라 건축주인 청구외 김○오 등 106인이 총공사비용에서 증축에 소요된 비용을 제외한 가액을 기준으로 사업면적당 공사비용을 산출한 후 이에 청구인소유 지분을 곱하여 산정한 가액을 과세표준으로 하여 산출한 취득세 등을 신고하자 처분청이 이에 따른 취득세 등 납세고지서를 교부한 것은 잘못이 없다(행자부 행심 2006-331, 2006.7.31.).

② 기존건축물을 리모델링하는 경우 재산세 과세대상 판단

기존건축물이 주요 구조부만 남겨놓은 채 전부 또는 일부 철거해서 공사기간 중 그 기능을 상실하였다 하더라도 기존건축물이 있는 가운데 이루어진 건축행위이고, 공사가 완료 전에는 등기부등본 등 제반공적장표상에 기존건축물의 존재에는 변동이 없음은 물론 이러한 건축물에 대한 재산가치를 부정한다고 보는 것은 사회통념상 무리가 있다고 할 것이며, 또한 이러한 때에도 부동산가격공시및감정평가에관한법률에 의거 국세청 기준시가가 공시되는 것이므로 새로이 건축물을 신·재축하는 것 이외의 대수선 등의 건축행위를 진행하고 있는 때는 기존건축물을 기준으로 재산세 과세대상으로 삼아야 하는 것이 합리성이 있다(행자부 행심 2006-194, 2006.5.29.).

4) 비과세

「주택법」 제2조 제2호에 따른 공동주택의 개수(「건축법」 제2조 제1항 제9호에 따른 대수선은 제외한다)로 인한 취득 중 개수로 인한 취득 당시 주택의 시가표준액이 9억원 이하인 주택과 관련된 개수로 인한 취득에 대해서는 취득세를 면제한다(지방세법 §9 ⑥).

건설업 세무와 회계

건설업

세무와 회계

제 16 장

프로젝트금융투자회사(PFV)사업

제 1 절

프로젝트금융투자회사의 의의

1 PFV의 개념

PFV(Project Financing Vehicle) 이하 PFV는 "프로젝트금융투자회사"로 칭하는 SPC의 일종이다. "PFV" 및 "프로젝트금융투자회사"라는 용어는 실정법상의 용어는 아니고 강학상 또는 실무상으로 사용되는 용어라고 보아야할 것이다. 2001년 11월 입법이 폐기된 이후로 현재까지 그 어느 법령에도 "PFV"나 "프로젝트금융투자회사"라는 용어는 없다.

즉, PFV는 PF대출을 받아 투자하는 회사라는 의미이므로, PF의 뜻을 먼저 알아보아야 한다. 프로젝트 파이낸싱(Project Financing)이란 "대주(貸主)가 개별사업 단위에 대해 대출을 함에 있어서 우선적으로 그 사업단위의 현금흐름과 수익을 대출의 상환 자금으로 검토하고, 대출에 대한 담보는 그 사업단위의 자산으로 하는 금융을 말한다. 즉 사업자체의 현금흐름을 근거로 자금을 조달하고, 사업시행자(Project Company)의 원리금 상환도 해당 프로젝트에서 발생하는 현금흐름(현금수입 및 프로젝트 자산)에 의존하는 금융방식이다.

요컨대, 프로젝트로부터 산출되는 수익이 현재의 기대에 미치지 못한다고 하더라도 프로젝트 사업주(Project Sponsor)는 프로젝트 시행회사(Project Company)가 법적으로 독립된 회사의 형태를 갖추고 있으므로 원칙적으로 프로젝트와 관련한 채무변제와 이자지급 의무를 지지 않는다. 즉 프로젝트 파이낸싱은 기업단위가 아닌 프로젝트 단위의 자산과 현금흐름을 담보로 이루어지는 대출을 말하며 따라서 사업주는 개인적인 변제책임이 없는 비소구금융(Non Recourse Financing)이다. 현재 우리나라에서 부동산 개발사업에서는 원칙적인 PF와 달리 건축주 또는 건설회사가 대출기관에 이행보증 또는 채무인수 등 신용보강을 제공하는 경우가 많다.

❷ PFV의 도입

2001년 하반기의 미국, 일본, 유럽연합(EU)등 세계 경제의 동반 침체 지속과 2001년 9월 11일 발생한 미국 테러사태의 영향 하에 침체가능성이 있는 국내 경제의 활성화를 목적으로 설비투자, 사회간접시설의 마련, 주택건설, 플랜트건설 등의 특정사업에 프로젝트금융을 통한 자금지원이 원활히 될 수 있도록 프로젝트금융투자회사의 설립 근거를 마련하고 설립 및 운영과정에서의 금융 및 세제상의 제약을 해소함으로써 국민경제 발전에 기여하고자 2001년 11월 24일 강운태 의원 등 33인이 '프로젝트금융투자회사법안'을 제안하였다.

'프로젝트금융투자회사법안'의 주요 골자는 ① 프로젝트금융투자회사는 본점 외의 영업소를 설치할 수 없으며 직원을 고용하거나 상근임원을 두지 못하도록 하고 ② 프로젝트금융투자회사는 납입자본금이 50억원 이상인 주식회사로 설립하여 금융감독위원회에 등록하도록 하며 ③ 프로젝트금융투자회사는 자기자본의 10배를 초과하지 않는 범위 안에서 사채를 발행할 수 있고 ④ 프로젝트금융투자회사는 자산운영업무를 자산관리회사에 위탁하도록 하고, 자산관리회사는 위탁받은 자산을 그 고유재산과 구분하여 관리하도록 하며 ⑤ 프로젝트금융투자회사는 신탁업법에 의한 신탁업을 겸영하는 금융기관에 자금관리업무를 위탁하도록 하고 ⑥ 금융감독위원회는 프로젝트금융투자회사의 건전한 운영을 위하여 필요할 경우 프로젝트금융투자회사, 자산관리회사, 자금관리사무수탁회사에 대하여 자료제출 및 보고를 요구할 수 있도록 하고, 금융감독위원회는 심사결과 등록취소 · 업무정지 등의 조치를 할 수 있도록 하며 ⑦ 금융기관은 은행법 · 보험업법 · 종합금융회사에 관한 법률 · 금융산업의 구조개선에 관한 법률 등에 규정된 출자한도 · 투자한도 등을 초과하여 프로젝트금융투자회사의 주식을 소유할 수 있도록 하는 것이었다.

그러나 위 법안은 2년 동안 국회에서 표류하다가 부동산 투기를 더욱 조장할 수 있다는 우려, 비정상적인 법인이나 부실법인 등에 불법적으로 돈이 유입될 수 있다는 우려로 인하여 상정 자체가 되지 못하고 폐지되었다.

정부는 명목회사에 대한 과세 체계를 일원화할 목적으로 2004년 1월 29일 법인세법 개정을 통하여 상법에 의하여 주식회사의 형태로 설립된 명목회사(paper company)가 상법 이외의 개별법에 의하여 설립된 명목회사와 유사한 요건을 갖추고 배당가능이익의 90% 이상을 배당하는 경우에는 투자자로부터 자금을 모집한 후 이를 투자하여 발생한 이익을 투자자에게 배분하는 도관(conduit)기능을 수행하고 있음에 비추어 개별법에 의하여 설립된 명목회사와 동일하게 배당금액을 소득공제하는 것을 허용하는 방법으로 이중과세를 조정할 수 있도록 법인세법 제51조의 2 제1항 제6호 및 동법 시행령 제86조의 2 제2항을 신설함으로서 프로젝트금융투자회사를 설립할 수 있는 법적 근거를 마련하였다. PFV는 개별 법률이 아닌 법인세법 1개 조문과 동법 시행령 1개 조문이 설립 및 법인세 면제의 근거가 되며, 조세특례제한법의 일부 조항에 의하여 취득세 등이 감면되는 것이다. 따라서 PFV는 설립과 관련하여 일부 사항만이 법인세법의 규정을 적용받고 나머지 법인 운영과 관련한 사항은 거의 대부분을 상법의 적용을 받는 구조로 되어있다.

법인세법 해당 조문 제51조의 2 제1항 제9호는 2020.12.22. 개정 삭제되었으며(시행일 2021.1.1.) 조세특례제한법 제104의 32로 이관되었다.

이하 구 법인세법 제51조의 2 및 조세특례제한법 제104조의 32에 의한 프로젝트금융투자회사(이하 'PFV'라 함) 및 자산관리회사(이하 'AMC'라 함)에 관하여 서술한다.

❸ SPC와 PFV

SPC(Special Purpose Company)는 문자 그대로 특수한 목적을 위하여 만들어진 회사를 말한다. 1997년의 외환위기 이후 이를 극복하는 과정에서 유동화전문회사 등 여러 가지 새로운 형태의 법인이 우리나라에 도입되었다. 새로 도입된 이들 법인은 특수한 사업목적 달성을 위한 방편으로 도입된 것이다. 즉 사회적으로 특수한 필요성에 의하여 일정한 금융시스템을 구축하고 그 시스템 안에 특수한 법인을 두고 그 법인이 사업목적과 관련하여 법률적으로 중심 역할을 하도록 하며 사업과 관련 한 이해관계인들이 이 법인을 고리로 하여 상호 연결되어 있다. 이러한 법인을 가리켜 특수목적법인이라 하는데 이는 실정법상의 개념이 아니고 강학상 또는 실무상의 개념이기 때문에 그 의미는 다의적일 수 있다.

우리나라 부동산시장에서 SPC라는 용어는 사용되는 분야에 따라 그 의미와 구조가 조금씩 상이하다. 그 종류는 "자산유동화에 관한 법률"에서 의한 유동화전문회사(ABS), "기업구조조정투자회사법"의 기업구조조정 투자회사(CRV), "간접 투자자산운용업법"에 의한 기업구조조정 증 권투자회사(CRF), "주택저당유동화회사법"의 주택저당채권유동화 회사(MBS), "산업발전법"의 기업구조조정전문회사(CRV), "부동산투자회사법"에 의한 부동산투자회사(REITs)와 기업구조조정부동산투자회사(CR-REITs), 그리고 "법인세법 제51조의 2 제1항 제6호"의 요건을 갖춘 프로젝트금융투자회사(PFV)가 있으며, 상법의 규정을 받는 일반SPC도 있을 수 있다.

특수목적법인과 명목회사(Paper Company)는 구별되는 것으로서, 특수목적법인의 경우 설립근거가 되는 법령이나 정관에 특수 목적 달성을 위하여 그 활동과 업무를 직접 수행하지 못하고 제3의 기관에게 위탁하도록 정한 경우가 대부분이지만 경우에 따라서는 그 특수목적법인이 실체적인 조직을 가지고 직접 목적 달성에 필요한 업무를 수행하도록 하는 경우도 있다. 즉 모든 특수목적법인이 명목회사의 형태를 취하는 것은 아니고 경우에 따라서는 실체가 있는 경우도 있다.

■ 부동산 관련 SPC의 분류 ■

<table>
<tr><th rowspan="2">구분</th><th colspan="2">부동산유동화 SPC</th><th colspan="2">부동산개발 SPC</th></tr>
<tr><th>영속성</th><th>한시적</th><th>영속성</th><th>한시적</th></tr>
<tr><td>명목회사
(법인세 면제)</td><td>위탁관리리츠</td><td>CR-리츠
ABS
회사형부동산펀드</td><td></td><td>PFV</td></tr>
<tr><td>실체회사</td><td>자기관리리츠
MBS</td><td></td><td colspan="2">일반 SPC
(프로젝트회사)</td></tr>
</table>

❹ PFV의 연혁

1) 2004년 법인세법

정부는 명목회사에 대한 과세 체계를 일원화할 목적으로 2004.1.29. 법인세법 개정을 통하여 상법에 의하여 주식회사의 형태로 설립된 명목회사(paper company)가 상법 이외의 개별법에 의하여 설립된 명목회사와 유사한 요건을 갖추고 배당가능이익의 90% 이상을 배당하는 경우에는 투자자로부터 자금을 모집한 후 이를 투자하여 발생한 이익을 투자자에게 배분하는 도관(conduit)기능을 수행하고 있음에 비추어 개별법에 의하여 설립된 명목회사와 동일하게 배당금액을 소득공제하는 것을 허용하는 방법으로 이중과세를 조정할 수 있도록 법인세법 제51조의 2 제1항 제6호 및 동법 시행령 제86조의 2 제2항을 신설함으로서 프로젝트금융투자회사를 설립할 수 있는 법적 근거를 마련하였다.

2) 2006년 법인세법

정부는 2005년 12월 31일 법인세법 개정을 통하여 명목회사가 소수 개인투자자들의 조세회피수단으로 악용되는 것을 방지하기 위해 사모방식으로 설립되고 개인 2인 또는 1인 및 그 친족의 지분이 95% 이상인 명목회사의 경우에는 개인유사회사로 보아 2006. 1.1. 이후 개시하는 사업연도의 이익(이월이익잉여금을 포함)을 최초로 배당하는 분부터 소득공제를 배제하도록 규정하였고 배당지급 법인이 법인세가 100% 면제되고 최저한세도 적용받지 아니하는 경우[유동화전문회사 등에 대한 소득공제가 적용되는 법인, 100% 감면(최저한세 적용 배제)이 적용되는 법인, 비과세 · 면제(최저한세적용 배제)가 적용되는 법인의 경우]에는 이중과세 조정의 필요성이 없음을 감안하여 수입배당금 익금불산입 적용배제 즉 소득공제 적용을 배제하도록 규정하였다.

한편 2004년도에 프로젝트금융투자회사 제도를 도입할 당시에는 프로젝트금융투자회사 설립시 발기인으로 참여하여야 하는 금융기관의 범위에 신탁업을 영위하고 있는 법인(은행, 증권사, 보험사, 부동산신탁사)중 부동산신탁사만을 제외하고 있었는 바, 형평성을 감안하여 부동산 신탁업을 영위하는 법인을 금융기관의 범위에 추가하여 2006년 2월 9일 이후 최초로 설립하는 분부터 적용하도록 하였다.

3) 2007년 법인세법

정부는 2007년 2월 28일 법인세법 시행령 제86조의 2 제3항을 신설하여 프로젝트금융투자회사가 토지를 취득하여 주택건설사업을 시행하고자 하는 경우 주택법에 부합하도록 하기 위하여 프로젝트금융투자회사가 주택건설사업자인 출자법인과 공동으로 주택건설사업을 수행하는 것을 특정사업에 포함되는 것으로 규정하여 2007년 2월 28일 이후 최초로 배당하는 분부터 적용하도록 하였다.

또한 명목회사가 내국법인 · 거주자에게 배당소득 지급시 3월이 되는 날 지급한 것으로 의제하고 있었으나 외국법인에게 배당소득 지급시 실제지급한 날을 원천징수 시기로 규정함에 따라 내국법인과의 형평성 문제가 발생하자 2007년 2월 28일 법인세법 시행령 제137조 제2항을 신설하여 2007년 2월 28일 이후 최초로 이익 또는 잉여금을 처분하는 분부터는 90% 이상 배당시 소득공제 가능한 명목회사가 외국법인에게 배당결의일로부터 3개월까지 배당소득을 미지급하는 경우 3월이 되는 날에 지급한 것으로 의제하는 규정을 신설하였다.

4) 2008년 법인세법

법인세법 시행령 제86조의 2 제3항에서 주택건설사업자의 출자법인 요건을 삭제함으로서 2008년 2월 22일 이후 배당하는 분부터는 프로젝트금융투자회사와 주택건설법인 사이에 출자관계가 없는 경우에도 배당소득 공제가 적용됨을 명확하게 하였다.

5) 2009년 법인세법

기획재정부가 2008년 세제개편안에 따라 2008년 9월 2일부터 같은 달 22일까지 입법예고한 법인세법 일부 개정 법률안(기획재정부 공고 제2008-64호)에 따르면 '프로젝트금융투자회사의 경우 특별법에 의해 설립 · 관리 · 감독되는 여타 명목회사들과 달리 근거법률이나 감독관청이 없어 관리 · 감독이 이루어지지 않고 법인세법에서 요건 등을 창설하여 지급배당 공제를 적용하는 점에서 전형적인 조세특례에 해당한다'는 이유로 프로젝트금융투자회사의 근거법인 법인세법 제51조의 2 제1항 제6호를 폐지함으로서 프로젝트금융투자회사에 적용되는 지급배당 소득공제를 2009년 1월 1일 개시하는 사업연도분부터 폐지하려고 하였으나 부처 협의 결과 관련업계의 의견을 반영하여 현재 운영 중인 프로젝트금융투자회사의 지속적인 사업추진을 지원하기 위해서 법인세법상 현행규정을 존치하기로 결정되었다.

6) 2020년 법인세법 및 조특법 이관과 일몰

법인세법 해당 조문 제51조의 2 제1항 제9호는 2020.12.22. 개정 삭제되었으며(시행일 2021.1.1.) 조세특례제한법 제104조의 31로 이관하였다. 조세특례제한법은 PFV법인이 2025년 12월 31일 이전에 끝나는 사업연도에 대하여 90% 이상을 배당한 경우 그 금액에서 공제한다.

PFV의 사업구조

① 유동화SPC의 구조

SPC의 구조는 기본적으로 부동산유동화와 부동산개발로 나누어 볼 수 있으나 각각의 구조는 자산의 성격 및 사업의 유형별로 조금씩 틀리지만 부동산유동화에 대한 기본적인 구조는 아래와 같다.

부동산 유동화는 부동산 자체의 현금흐름(cash flow)에 착안하여 이를 자산보유자로부터 분리하여 특수목적회사에 양도하게 하고, 그 자산을 기초로 SPC가 증권을 발행하며, 그 증권 발행으로 얻은 자금으로 자산보유자에게 자산 매각대금을 지급하여, 자산보유자가 자금을 조달하는 금융기법을 말한다.

자산보유자로부터 분리된 SPC를 설립하고 신용을 보강(credit enhancement)하는 구조를 취하므로 흔히 'Structured Financing'이라고도 부른다.

■ 부동산 유동화 SPC 기본 구조 ■

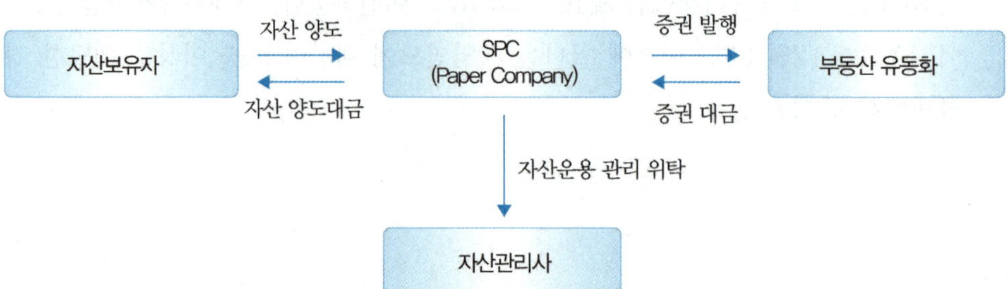

1) 부동산SPC의 구조

SPC를 이용한 개발사업의 일반적인 형태는 아래와 같다. 하지만 이 또한 그 구조가 표준화되어 있지는 않고, 프로젝트별로 다양하게 구성된다. 즉 사업의 유형별로 각 참여자들의 차이가 날 수 있으며 그 역할도 변할 수 있다. SPC가 실체회사의 경우에는 자산운용사의 참여가 없으며 개발사업과 관련하여 발생하는 모든 업무는 SPC 자체가 수행하여야 하며, 명목회사의 경우에는 본점이나 지점을 둘 수 없을 뿐만 아니라 상근 직원도 둘 수 없으므로 모든 업무는 자산운용사가 처리하여야 한다.

■ 부동산 개발 SPC 기본 구조 ■

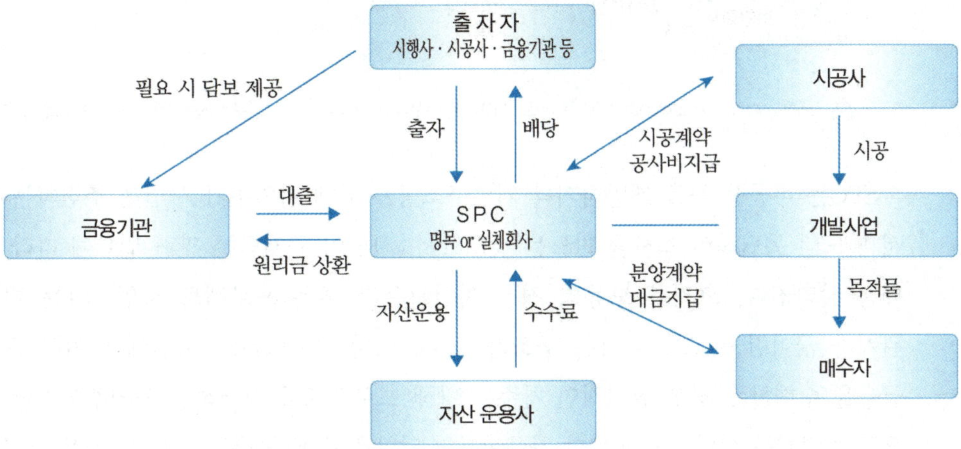

출자자
시행사 · 시공사 · 금융기관 등
필요 시 담보 제공
출자
배당
시공사
시공계약
공사비지급
시공
대출
금융기관
SPC
명목 or 실체회사
개발사업
원리금 상환
분양계약
대금지급
목적물
자산운용
수수료
매수자
자산 운용사

2) PF를 이용하는 SPC의 구조

프로젝트금융투자회사와 운용형태가 유사한 프로젝트금융이 많은데 대부분 특수목적회사(SPC)형태로 운용되고 있다. 일반적인 프로젝트파이낸싱을 이용한 부동산개발등의 기본구조는 아래와 같다.

■ SPC를 활용한 부동산 개발의 구조 ■

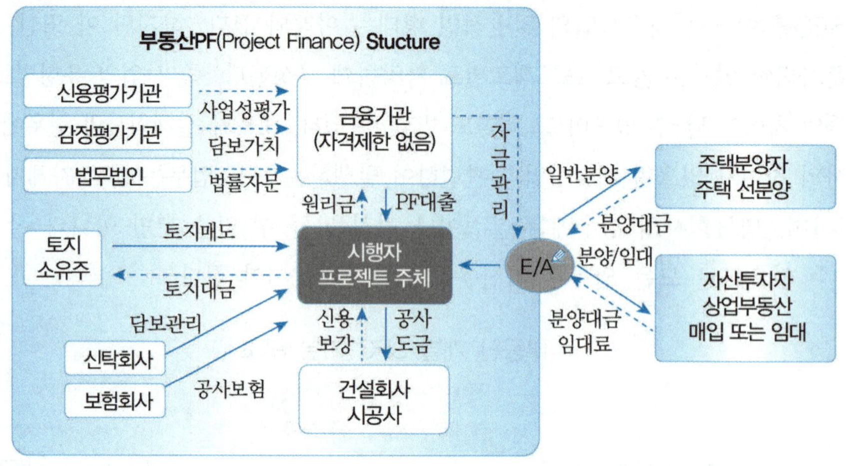

E/A(Escrow Account)란 프로젝트 참여자들로부터 독립적으로 존재하는 위탁관리계좌를 말한다.

SPC는 부동산 등을 개발하거나 기업구조정을 위해 사업주가 사업을 추진하는데 있어서 별도의 독립적인 회사를 만드는 것으로서, 사업이 규제받는 관련 법류에 따라 세부형태는 달라진다. 그러나 보통의 경우 자산보유자 혹은 프로젝트 사업주와는 법적으로 관계가 끊어진 구조를 취하는 구조가 대부분이다. 부동산개발사업에 있어서 프로젝트 금융을 수행하는 경우 실질적인 차주는 당해 프로젝트를 진행하는 사업주이지만 형식적으로는 SPC를 설립하여 법률상 차주회사의 역할을 수행하도록 한다. 이 경우 프로젝트를 진행하는 사업주의 신용도와 SPC의 신용도가 분리되기 때문에 신용도가 상승하는 효과를 가져와 자금조달 등을 상대적으로 용이하게 할 수 있다. 부동산개발등에 있어서 SPC를 활용한 프로젝트는 도로, 항만 등과 같은 대규모 사회기반시설 건설에서 흔히 사용되고 있고, 민간 부동산개발사업에서도 많이 찾아볼 수 있다.

3) PFV의 구조

반면 프로젝트금융투자회사(PFV)는 프로젝트파이낸싱의 일종으로 전체적인 구조는 부동산 프로젝트파이낸싱의 구조와 유사하다. 프로젝트금융투자회사의 기본적인 구조는 아래와 같다.

프로젝트파이낸싱을 이용하는 부동산개발 사업의 자금구조와 프로젝트금융투자회사를 이용한 부동산개발 사업의 자금구조는 대략적으로 유사하다. 다만 프로젝트 파이낸싱의 경우 시행사가 프로젝트의 주체가 되는 경우가 많지만, 프로젝트금융투자회사의 경우 시행사는 프로젝트금융투자회사의 주주로서의 지위를 가지고 있어, 프로젝트에서 발생할 수 있는 위험에 대해 전체를 책임지지는 않는다. 즉, 프로젝트가 중도에 사업지연 등으로 인해 중단된 경우에도 시행사는 출하한 지분에 의해 손실을 부담할 뿐이다.

■ PFV를 이용한 개발사업의 구조■

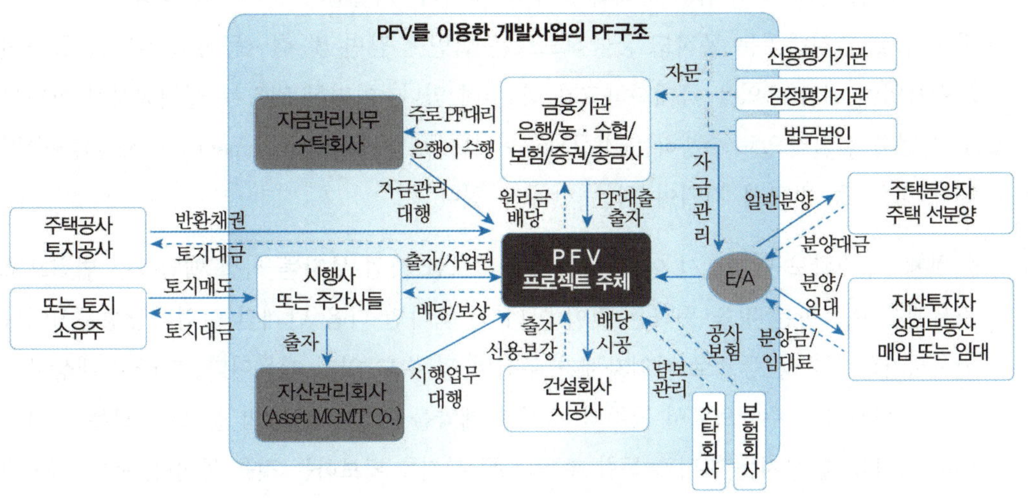

❷ PFV의 사업절차

PFV에 의한 부동산개발사업의 경우에도 정형화된 개발절차 단계가 존재하는 것은 아니지만 PFV의 특성을 감안하여 개발절차를 아래와 같이 나누어 볼 수 있다.

■ PFV에 의한 부동산개발절차■

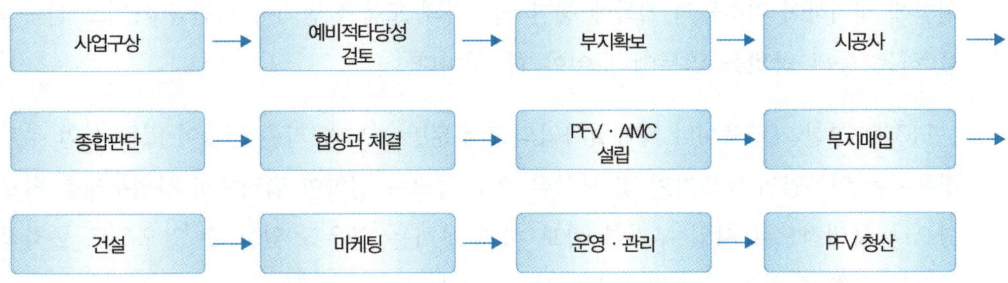

자료 : 윤영식, "부동산 개발학", 부연사, 2007년도, p.61 표. PFV모델로 수정

이러한 개발절차의 9단계는 일반적으로 진행되는 개발사업의 단계를 설명한 것이긴 하나 모든 개발 사업이 이와 같다는 이야기는 아니다.

PFV제도의 도입취지는 사업성은 있으나 자금력 및 기존 법인의 신용 등으로 인하여 개발 사업이 곤란한 경우, 별도 특수목적의 법인을 설립하여 개발 사업을 진행하도록 하여 부동산의 개발 사업을 촉진하고자 하는 것이며, 이 제도를 이용하여 부동산개발 사업을 하는 경우 세제 감면의 특혜를 주는 것이다. 개발업자가 PFV에 의하여 부동산개발 사업을 추진하려는 목적도 궁극적으로는 법인세 감면 및 취 · 등록세 감면을 통하여 개발사업에 대한 수익을 극대화하고자 하는 데 있다. 이러한 PFV는 실체회사가 아니므로 사업을 실질적으로 수행하는 자산관리회사(AMC : Asset Management Company)를 설립해야 하는 등 반드시 지켜야 하는 단계가 있다.

첫째, 부지확보 단계로서 이 단계의 부지확보란 사업 부지를 직접 매입하여 법적으로 소유권을 취득하는 것을 뜻하는 것이 아니다. 왜냐면 다음 단계인 사업타당성분석이나 인 · 허가의 불가능 등으로 사업자체가 무산이 될 수도 있기 때문이다. 따라서 대상사업 부지를 확보하는 수단으로서 지주와 조건부 계약을 체결하는 방법 등으로, 모든 조건이 충족 되었을 때 부지를 법적 취득할 수 있도록 부지를 확보하는 것을 뜻한다. 특히 PFV에 의한 개발 사업을 하는 경우에는 PFV명의로 부지를 취득해야 하므로 부지를 우선 확보한 후 사업타당성분석 및 인 · 허가에 이상이 없는 경우 PFV를 설립하고 PFV 명의로 법적 소유권을 취득하도록 하여야 할 것이다.

수 개의 필지 중 한 개의 필지를 확보하지 못하여 사업이 제대로 추진되지 못하는 경우가 비일 비재하며, 사업자체가 수년간 방치되는 경우도 있다. 이를 해결하기 위해서는 많은 시간과 노력이 필요하며 과다한 자금이 소요된다. 따라서 부지확보 단계에서는 가능한 소유주의 숫자가 적은 부지를 사업대상 부지로 선정하거나 그렇지 못할 경우는 위험에 대비하여 지주들의 설득에 능한 전문가의 도움을 받거나 시간을 가지고 설득작업을 하는 등의 방법을 염두에 두어야 할 것이다.

PFV를 통한 재건축이나 재개발사업의 경우뿐만 아니라 기존 건물이 있는 사업 부지인 경우에는 임차인의 명도지연 및 보상금 요구 등으로 인하여 법적으로 사업부지를 확보하였으나 물리적으로 사업 부지를 확보 하지 못하는 경우도 있을 수 있으므로 물리적인 사업부지 확보 방안도 마련해 두어야 할 것이다.

토지공사 및 주택공사, 지방자치단체에서 사업 부지를 보유하고 있으면서 개발 사업을 공모하는 경우가 점차 증가하는 추세이다. 이런 경우에는 부지를 쉽게 확보할 수 있으며, 또한 공모를 모집하는 자가 개발사 업의주체로서 일정 지분도 참여하기 매문에 PFV형태로 개발 사업을 영위하기에는 아주 적합한 개발 사업이라고 할 수 있다. 공모사업이 경쟁이 치열하기 때문에 참여가 쉽지는 않으나 개발 아이디어나 사업성에 의해 참여가 좌우되는 만큼 노력해볼 가치가 있다.

둘째, 협상과 체결단계는 PFV에 의한 사업개발을 하는 경우 매우 중요한 단계라 할 수 있다. 이 단계에서는 이미 사업타당성분석을 통하여 사업성이 검증되었을 것이며 종합판단을 통하여 재검토된 사업계획서를 가지고 PFV 개발 사업에 반드시 참여하여야 하는 금융기관 및 시공회사 등을 설득하여 개발 사업에 참여시키는 단계라고 말할 수 있다.

일반적인 개발사업의 경우에는 이 단계에서 시공사와 개발업자간의 시공계약 협상이나, PF대출을 위한 금융기관과의 협상 및 계약체결 등 2~3자 구조로 비교적 단순할 수 있지만 PFV의 경우에는 다소 복잡한 면이 있다. 개발업자는 우선 개발 사업에 투자할 일반적인 투자자 또는 전략적투자자 및 추후 PF 등 대출을 주도할 금융기관인 재무적투자자, 공사를 직접 수행할 건설출자자 등에게 이미 작성되어 종합판단까지 완료된 사업계획서를 설명하고 사업에 참여할 것을 권유하여야 한다. 물론 이 이전 단계에서 각 참여자와 접촉을 하여 어느 정도 윤곽은 정하여졌을 것이나 이 단계에서는 사업 참여 여부를 구체적으로 확정하는 단계로 볼 수 있다.

이 단계에서 결정되는 사항들에 의하여 다음 단계인 PFV 및 AMC를 설립하고, 그 후 PFV가 사업 부지를 취득하고 건설출자자와 체결한 시공계약에 의하여 건설 단계로 나아갈 수 있기 때문이다. 개발업자는 각 참여자들과 협의하여 발기인을 구성하고 발기인들이 PFV의 출자자로 참여함으로서 지켜야 할 내용들을 기재한 협약서 또는 약정서 형태로 체결하고, PFV설립 및 사업진행을 위한 약정서를 체결하는 형태로 진행한다. 출자자협약서 및 사업약정서를 하나로 작성할 수도 있으며 둘을 분리하여 작성할 수도 있으나, 출자자협약서 작성 시 주요 기재사항으로는 발기인의 구성현황 및 각 출자자의 지분비율, 출자자 간의 업무범위와 역할, 현물출자가 있는 경우 그에 관한 사항, 주식양도와 관련되는 사항, 배당 및 잔여계산의 분배에 관한 사항 등이 기재되어야 할 것이다. 사업과 관련한 약정서의 기재사항으로는 자산관리회사(AMC)의 설립방안 및 그 운영에 관한 사항, 자금관리수탁회사의 지정, 업무분담 및 협력의무사항, PFV설립과 관련한 각종 사항(PFV의 상호, 자본금, 신주발행, 주주총회, 이사회 등에 관한사항) 등이 포함되어야 할 것이다.

또한 PFV설립 후 PFV와 시공회사 간에 체결할 공사도급계약에 대해서도 시공회사와 협의를 하여야 할 것이다. 이 단계에서 협의한 내용들 이 공사도급계약서 내용의 초안이 되기 때문이다. 추후 사업진행 중 필요한 자금 대출을 위하여 대출조건, 상환조건, 이율 등을 대주와 협의하여 약정서를 체결해두는 것도 좋을 것이다.

셋째, PFV 및 AMC 설립단계로서 먼저 PFV 설립은 협상과 체결단계에서 맺은 협약서 및 약정서에 의거하여 발기인들이 정관을 작성하여 공증인의 인증을 받고, 발기인이 발행주식을 모두 인수하면서 주금을 납입하여야 한다. 그리고 주식 인수인으로 구성된 창립총회에서 다음 단계로 이사 · 감사를 선임하고 선임된 이사 · 감사는 바로 설립의 경과를 조사하여 발기인에게 보고한다. 변태설립사항이 없는 한 검사인의 조사를 받을 필요가 없으나, 현물출자와 같은 변태설립사항이 있는 경우는 검사인의 검사보고서도 제출하여야 한다.

이상의 절차가 종료되면 관할 등기소에 법인 설립등기를 함으로써 법인은 설립되나, PFV로서 인정을 받기 위해서는 법인설립등기일부터 2월 이내에 법인세법 시행령 제86조의 2 제5항 제5호 규정에 의하여 정관의 목적사업, 이사 및 감사의 성명 · 주민등록번호, 자산관리회사의 명칭, 자금관리사무수탁회사의 명칭을 기재한 명목회사설립신고서에 정관, 회사의 자산을 운용하는 특정사업 의 내용, 자금의 조달 및 운영계획, 주금의 납입을 증명할 수 있는 서류, 자산관리회사 및 자금관리사무수탁회사와 체결한 업무위탁계약서 사본 등을 첨부하여 납세지 관할 세무서장에게 신고함으로써 PFV 설립이 완료된다. AMC 설립은 협상 및 체결단계에서 AMC를 설립하지 않고 PFV에 출자한 법인이 자산운용을 담당하기로 하였다면 AMC를 신규 설립할 필요가 없으나, 신규설립하기로 협의하였다면 이행을 하여야 한다. AMC설립과 관련하여서는 특별한 규정이 없으므로 상법에서 정한 일반법인의 설립절차를 따르면 될 것이며, 납세지 관할 세무서에 신고할 필요도 없다.

넷째, 부지매입단계로서 PFV가 정식 설립된 이후에 이미 확보된 사업부지를 PFV명의로 취득하는 절차를 이행하며, 시공회사와 공사도급 계약도 체결한다. 이러한 업무는 이미 설립된 AM가 업무를 수행한다.

다섯째, 건설 이후 청산단계인데 건설 이후 청산단계까지의 업무 중 자금 입출금에 관한 업무를 제외한 모든 업무는 AMC가 PFV명의로 대행한다.

제 3 절 PFV에 대한 조세특례

❶ 이중과세조정의 필요성

투자자와는 별도로 회사를 납세의무자로 삼고 있는 경우에는 동일한 투자수익에 대하여 법인 단계에서 법인세가 한번 과세되고 그 소득이 투자자에게 배당되는 주주 단계에서 소득세(또는 법인세)로 또 한번 과세되는 이중과세 문제가 발생할 수 있는데 이는 조세의 중립성을 저해하고 경제행위의 왜곡을 초래하므로 이를 해소하는 조치를 마련할 필요가 있다.

현행 이중과세 조정방식은 개인의 경우 배당소득공제(Gross-up), 법인의 경우 수입배당금 익금불산입 및 외국납부세액공제 등 배당을 받는 쪽에서 조정하는 것이 대부분이다. 이와 비교여 유동화전문회사등에 대한 소득공제는 배당을 지급하는 쪽에서 조정하는 것이므로 특징이 있다.

❷ 프로젝트금융투자회사의 이중과세조정방식

1) 지급배당공제방식 채택

프로젝트금융투자회사는 특정사업을 수행하여 발생한 이익을 특정주주들에게 분배하기 위하여만 설립되고 존재하는 특수목적법인(Special Purpose Company : SPC)으로서 특수목적법인에 출자한 주주들의 수익을 위한 도관체(Conduit)로서의 성격을 갖고 있다는 점에서 일반법인과는 다른 이중과세조정방법을 취하고 있다.

프로젝트금융투자회사에 대하여는 이중과세 조정을 위하여 지급배당공제방식을 채택하였는데 이에 따를 경우 프로젝트금융투자회사가 배당가능이익의 100분의 90 이상을 배당하면 그 금액은 당해 사업연도의 소득금액에서 공제되어 배당한 만큼 법인의 과세소득이 줄게 되므로 사실상 법인 단계의 과세를 하지 않게 된다. 만일 배당금액이 해당 사업연도의 소득금액에서 이월결손금을 뺀 금액을 최초로 초과하는 경우에는 그 초과하는 금액을 해당 사업연도의 다음 사업연도 개시일부터 5년 이내에 끝나는 각 사업연도로 이월하여 그 이월된 사업연도의 소득금액에서 공제할 수 있다(조특법 제104조의 31 제3항. 2024년 개정).

(1) 상법상 배당가능이익

프로젝트금융투자회사의 20X1.1.1부터 20X2.12.31까지 순자산 변동내역 및 FY 20X2의 상법상 배당가능이익 한도는 아래와 같다(단, 소득공제 이외에 세무조정사항은 없는 것으로 가정).

구 분	금 액	비 고
20X1.1.1 설립당시 자본금	1,000,000	①
FY 20X1 당기순손실	(800,000)	②
FY 20X2 법인세 차감전 당기순이익	1,900,000	③
FY 20X2 법인세	(24,444)	④
20X2.12.31 순자산액	2,075,556	⑤=①+②+③+④
자본금의 액	1,000,000	⑥
적립된 자본준비금과 이익준비금	0	⑦
「상법」 제458조에 따라 적립한 이익준비금	97,778	⑧
상법상 배당가능이익	977,778	⑨

상법 제462조(이익의 배당)

① 회사는 대차대조표의 순자산액으로부터 다음의 금액을 공제한 금액을 한도로 하여 이익배당을 할 수 있다.

1. 자본금의 금액
2. 그 결산기까지 적립된 자본준비금과 이익준비금의 합계액
3. 그 결산기에 적립하여야 할 이익준비금의 금액
4. 대통령령으로 정하는 미실현이익

(2) 「법인세법 시행령」 제86조의 2 제1항에 따른 배당가능이익

구 분	금 액	비 고
20X2 법인세비용차감후당기순이익	1,875,556	①
이월결손금	800,000	②
적립한 이익준비금	97,778	③
법인세법상 배당가능이익	977,778	④=①-②-③

법인세법 시행령 제86조의 2【유동화전문회사 등에 대한 소득공제】① 법 제51조의 2 제1항 각 호 외의 부분에서 "대통령령으로 정하는 배당가능이익"이란 기업회계기준에 따라 작성한 재무제표상의 법인세비용 차감 후 당기순이익에 이월이익잉여금을 가산하거나 이월결손금을 공제하고, 「상법」 제458조에 따라 적립한 이익준비금을 차감한 금액을 말한다. 이 경우 다음 각 호의 어느 하나에 해당하는 금액은 제외한다(2016.2.12. 개정).

1. 법 제18조 제8호에 해당하는 배당(2016.2.12. 개정)
2. 당기순이익, 이월이익잉여금 및 이월결손금 중 제73조 제2호 가목부터 다목까지의 규정에 따른

자산의 평가손익. 다만, 제75조 제3항에 따라 시가법으로 평가한 투자회사 등의 제73조 제2호 다목에 따른 자산의 평가손익은 배당가능이익에 포함한다(2016.2.12. 개정).

그런데, 법인세법상 배당가능이익의 100%를 배당하더라도 과세표준 122,222원이 발생되는데, 이는 「상법」 제458조에 따라 적립한 이익준비금 97,778원과 법인세 24,444원의 합계에 상당하는 금액이다. 즉, 「상법」 제458조에 따라 적립한 이익준비금으로 인하여 법인세법배당가능이익의 100%를 배당하더라도 100% 소득공제 효과를 얻지는 못한다.

구 분	금 액	비 고
소득공제 전 소득금액	2,000,000	①
법인세법 제51조의 2 소득공제	977,778	②
각사업연도소득금액	1,022,222	③=①-②
이월결손금	900,000	④
과세표준	122,222	⑤=③-④
법인세	24,444	⑥=⑤*20%

2) 배당가능이익의 100분의 90 이상 배당 의무

배당과 관련하여 세법에 일정액의 배당을 강제하는 규정을 두는 방법과 일정액의 배당을 강제하지는 않지만 세제상 혜택을 받으려면 일정액을 배당하도록 규정을 두는 방법이 있을 수 있는데 프로젝트금융투자회사의 근거법률인 법인세법 제51조의 2는 후자의 입장을 취하고 있다. 따라서 법률상으로 프로젝트금융투자회사에 대하여 배당가능이익의 100분의 90 이상을 배당할 의무가 있는 것은 아니라고 할 것이지만(부동산투자회사법 제28조 제1항에서는 '부동산투자회사는 당해연도 이익배당한도의 100분의 90 이상을 주주에게 배당하여야 한다'라고 규정하여 부동산투자회사에 배당의무를 부여하고 있다), 세제상 소득공제의 혜택을 받으려면 배당가능이익의 100분의 90 이상을 배당하여야 하므로 사실상 배당의무가 강제되어 있다. 상법 제458조에서 금전에 의한 이익배당액의 10% 이상의 금액을 이익준비금으로 적립하도록 규정하고 있기 때문에 배당기능이익의 90% 이상을 배당한다는 것은 사실상 상법상 인정되는 이익 배당액을 전부를 배당하도록 하는 것이다.

한편 프로젝트금융투자회사가 배당가능이익의 90% 미만을 배당하는 경우에는 법인단계에서 그 배당액에 대하여 소득공제 혜택을 받지 못하게 되어 법인 단계에서 이중과세가 조정되지 않기 때문에 주주 단계에서라도 이중과세를 조정할 필요성이 있다. 이러한 경우에는 이중과세 조정에 관한 세법상의 원칙에 따라 일반회사와 동일하게 개인 주주의 경우 법인세 주주귀속방식으로, 법인 주주의 경우 수입배당금 익금불산입방식으로 이중과세를 조정하여야 한다.

3) 배당가능이익의 의미

법인세법 시행령 제86조의 2 제1항에서 규정하는 배당가능이익은 기업회계기준에 따라 작성한 재무제표상의 법인세비용 차감 후 당기순이익에 이월이익잉여금을 가산하거나 이월결손금을 공제하고 상법 제458조에 따라 적립한 이익준비금을 차감한 금액이다.

배당가능이익 = 법인세비용 차감 후 당기순이익 + 이월이익잉여금 − 이월결손금
− 이익준비금

배당가능이익을 계산함에 있어 법인이 상법 제454조 및 기업회계기준 제72조 제1호의 규정에 따라 주식할인발행차금과 상계한 이익잉여금은 당해 배당가능이익에 포함되지 않는다고 할 것이다(국세청 서면2팀-591, 2006.4.5.).

한편 배당가능이익의 100분의 90 이상을 배당하였으나 그 후 회계상의 착오 등에

의하여 배당가능이익이 증가하는 경우 그 증가된 이익의 범위 내에서 이사회의 결의에 의한 추가배당이나 상법 제462조의 3에 의한 중간배당을 하는 경우에도 법인세법 제51조의 2 제1항 본문의 '배당한 경우'에 해당되는 것으로 보며 이 경우 추가적인 소득공제와 소득공제신청서의 제출은 국세기본법 제45조의 규정에 의한 수정신고 및 같은 법 제45조의 2의 규정에 의한 경정청구의 방법에 따른다고 할 것이다(국세청 서면2팀-1367, 2005.8.24).

4) 미지급배당 문제

배당가능이익의 100분의 90 이상을 배당처분 결의하고 당해 배당금을 미지급금으로 계상한 경우에도 배당 자체는 이루어진 것이므로 당해 잉여금처분의 대상이 되는 사업연도의 소득금액 계산에 있어서는 법인세법 제51조의 2 규정에 의한 소득공제를 적용한다(국세청 법인 46012-720, 2000.3.16.).

5) 의제배당 문제

청산기간 중에 발생한 의제사업연도의 소득금액을 출자자에게 잔여재산분배 방식으로 분배함에 따라 발생하는 출자금을 초과하는 금액이 법인세법 제16조 제1항의 규정에 의한 의제배당에 해당하는 경우 법인으로부터의 이익배당 또는 잉여금 분배와 동일하게 법인세법을 적용하는 것이므로 당해 의제배당소득도 의제배당소득을 지급하는 명목회사의 소득금액계산에 있어서 소득공제 대상에 해당하는 것이다(국세청 서면2팀-1598, 2005.10.5.).

또한 사업연도 종료일에 해산등기를 한 후부터는 상법상 청산 중의 회사에 해당하게 되므로 이익배당을 할 수 없어 잔여재산분배의 형태로 잉여금을 배분하는 경우 이를 분배받은 주주의 취득가액을 초과하는 금액은 법인세법 제16조 제1항 제4호의 규정에 의한 의제배당에 해당하는 바, 이익잉여금을 해산등기 후 출자자에게 잔여재산분배 방식으로 분배함에 따라 발생하는 출자금을 초과하는 금액은 의제배당에 해당하는 것으로서 해당 의제배당소득은 해당 잉여금이 발생한 사업연도의 명목회사의 소득금액계산에 있어서 소득공제대상에 해당하는 것이라고 할 것이다(국세청 서면2팀-1696, 2005.10.21.).

유상감자를 행함에 따라 발생하는 감자차손이 법인세법 제16조 제1항의 규정에 의한 의제배당에 해당하는 경우 의제배당에 대하여도 법인으로부터의 이익배당 또는 잉여금의 분배와 동일하게 법인세법을 적용하는 것이므로 해당 의제배당소득도 의제배당 대상소득이 발생한 사업연도의 소득금액계산에 있어서 소득공제 대상에 해당한다(국세청 서면2팀-878, 2005.6.21.).

6) 주식배당 문제

법인세법 제51조의 2 제1항에서 규정하고 있는 배당과 관련하여 프로젝트금융투자회사의 경우 부동산투자회사와는 달리 주식배당을 금지하고 있는 규정이 없으므로 주식배당도 허용된다고 할 것이다. 비교하여 부동산투자회사법 제28조 제2항은 '부동산투자회사의 이익배당은 금전배당으로 한다'라고 규정하여 주식배당을 허용하지 않고 있다.

7) 이익준비금 문제

프로젝트금융투자회사는 상법 제458조가 규정하는 이익준비금 적립의 예외에 해당하지 않으므로 프로젝트금융투자회사가 배당가능이익의 90%를 배당한 경우 배당가능이익의 10%는 이익준비금으로 적립하여야 하기 때문에 이 금액에 대하여는 법인세를 납부하여야 한다.

비교하여 프로젝트금융투자회사와 유사한 부동산투자회사의 경우 이익준비금을 적립하지 않아도 되는 예외조항(부동산투자회사법 제28조 제1항)이 있다.

8) 법인 주주에 대한 수입배당금 익금불산입방식 적용 배제

프로젝트금융투자회사가 배당가능이익의 90% 이상을 배당하여 소득공제의 혜택을 받는 경우 프로젝트금융투자회사 단계에서 이중과세가 조정되므로 주주는 프로젝트금융투자회사로부터 받은 수입배당금에 대하여 이중과세조정을 받을 필요가 없고 이러한 경우까지 법인 주주에게 수입배당금 익금불산입 혜택을 준다면 프로젝트금융투자회사단계 및 법인주주 단계에 걸쳐서 법인세를 전혀 내지 않는 부당한 결과가 생기기 때문에 프로젝트금융투자회사의 법인 주주에 대하여는 수입배당금 익금불산입 조항이 적용되지 아니한다(법인세법 제18조의 3 제2항, 제18조의 2 제2항 제2호).

9) PF계약상 배당금지조항과의 충돌 문제

실무상 부동산개발사업과 관련하여 시행사가 대주단과 PF계약을 체결하는 경우 대주단이 대출원리금 채권을 확보할 수 있도록 '대주단에 대한 대출원리금 상환이 완료되기 전에는 시행사의 출자자들에게 사업이익을 배당할 수 없다'는 취지의 배당금지조항이 계약서에 규정되는 것이 일반적이다. 그런데 프로젝트금융투자회사의 경우 조세상 혜택을 보기 위하여는 배당가능이익의 90% 이상을 출자자들에게 배당하여야 하기 때문에 대주단에 대한 대출원리금 상환이 완료되기 전이라도 배당가능금액의 90%를 배당하여야만 하는 문제가 발생한다.

이 문제는 실무상 PF계약시 대주단과의 협상을 통하여 해결하여야 할 문제인바, PF 계약서 작성시 프로젝트금융투자회사의 본질상 배당가능이익의 90% 이상을 출자자들에게 배당할 수 있도록 허용한 후 ① 출자자들에 대한 배당금을 실제로는 출자자들에게 지급하지 않고 배당소득세를 제외한 나머지 금액을 별도의 보관계좌(escrow account)에 유보시켜 놓은 다음 대주단에 위 보관계좌를 담보로 제공하는 방안, ② 출자자들이 배당받은 금액 중배당소득세를 제외한 나머지 금액을 다시 프로젝트금융투자회사에 자본금으로 재투자하거나 프로젝트금융투자회사에 대한 후순위대출로 제공하여 자금보충의 재원으로 활용하는 방안 등을 통하여 해결하여야 할 것이다.

❸ 취득세 감면 등

1) 취득세 감면

프로젝트금융투자회사가 2014년 12월 31일까지 취득하는 부동산에 대하여는 취득세의 100분의 50에 상당하는 세액을 감면하였다. 해당조세특례는 일몰도래로 감면조항 폐지되었다.

2) 취득세 중과 배제

2027년 12월 31일까지 과밀억제권역 내 부동산의 취득에 대하여는 취득세중과 규정 및 대도시에서 법인을 설립하는 경우에도 등기에 따른 등록면허세 중과규정을 적용하지 않는다(지특법 §180의 2).

프로젝트금융투자회사(PFV)는 주택건설사업자로 등록한 자가 아니어서 대도시내 법인 중과세의 예외대상에 해당되지 않는다(서울세제-1252 2017.1.24.). 따라서 지방세제한특례법이 일몰되는 2027년 이후에 PFV가 취득하는 부동산은 중과세된다. 즉, PFV는 주택법상 주택건설사업자의 등록요건을 충족할 수 없는바 주택건설사업자가 아니다.

최근 조세심판원 판결(조심2020지1267 2021.3.29.)에는 "지방세특례제한법 제2조 제1항 제6호에서 '지방세 특례'를 세율의 경감, 세액감면, 세액공제, 과세표준 공제(중과세 배제, 재산세 과세대상 구분전환을 포함)로 각각 규정하고 있고 이들은 모두 납세자가 납부하여야 하는 세액을 감소시키는 것으로 넓은 의미에서 모두 감면에 해당된다고 볼 수 있다"고 언급하였다. 세무당국은 중과세 '배제'가 넓은 의미에서 '감면'으로 볼 수 있다는 해석을 추징 근거로 삼았다.

취득세 중과배제가 감면으로 해석되면 농어촌특별세법상 감면분의 20%를 징수할 수 있기 때문이다. 이에 따라 중과세를 배제하는 것은 조세특례를 적용한 것으로 보아 과세관청은 부동산 취득세 중과에서 '배제'해줬던 세금 일부를 농어촌특별세로 다시 내라는 취지의 공문을 개발업계에 일괄 발송했다.

예를 들어 부동산을 취득한 리츠(REITs), 펀드, 프로젝트금융회사(PFV) 등이 과거에 취득한 부동산의 취득세가 4%라면 이중 20%에 해당하는 0.8%를 농어촌특별세로 추징하겠다는 뜻이다.

중과세의 배제한다는 것은 일반세율로 과세한다는 의미이지 조세특례로 보기 어려운 면이 있다. 또한 기획재정부 조세지출예산과는 당시 지방세법상 중과세 대상이 조세특례제한법 제119조 제7항에 의해 일반세율로 과세되면 농어촌특별세 과세대상인 '감면'에 해당하지 않는다고 회신한 바 있다(재조예-190, 2007.3.27.). 이에 따라 '대도시 중과배제를 적용함에 따라 경감된 취득세액이 농어촌특별세 과세대상임을 전제로 청구법인에게 이 건 농어촌특별세를 부과한 처분은 잘못이 있다고 판단됨(조심2023지5596, 2024.3.14., 조심2023지4411, 2024.1.17.)'으로 결정한바 있다.

세무 Tip **주요 취득세 중과세 배제 업종**

1. 「사회기반시설에 대한 민간투자법」 제2조 제2호에 따른 사회기반시설사업

3. 「주택법」 제4조에 따라 국토교통부에 등록된 주택건설사업(주택건설용으로 취득한 후 3년 이내에 주택건설에 착공하는 부동산만 해당한다).

16. 「산업집적활성화 및 공장설립에 관한 법률」 제28조에 따른 도시형공장을 경영하는 사업

28. 「도시 및 주거환경정비법」 제35조에 따라 설립된 조합이 시행하는 「도시 및 주거환경정비법」 제2조 제2호의 정비사업

31. 「민간임대주택에 관한 특별법」 제5조에 따라 등록을 한 임대사업자 또는 「공공주택 특별법」 제4조에 따라 지정된 공공주택사업자가 경영하는 주택임대사업

3) 재산세 분리과세 적용불가

주택법에 따라 주택건설사업자 등록을 한 주택건설사업자가 주택을 건설하기 위하여 사업계획승인 받은 토지를 주택사업에 사용하는 경우, 재산세 부과 시 저율의 분리과세를 적용받게 되나, 프로젝트금융투자회사는 주택법에 따라 주택건설사업자 등록을 한 주택건설사업자에 해당되지 않아 분리과세를 적용할 수 없다. 따라서 건설기간 중 재산세

추가 부담이 발생한다.

또한 재산세 분리과세 적용 불가로 종부세 부담도 증가한다. 재산세가 분리과세되는 토지는 종합부동산세 납부의무가 없으나, 상기 사유로 분리과세 적용이 불가하여 종합부동산세를 부담하여야 한다. 그러나 건설사가 주택건설사업자이고 사업계획의 승인을 받은 경우 분리과세 여부는 달라질 수 있다. 주택법 제16조 제2항은 주택건설사업계획의 승인을 얻고자 하는 사업자로 하여금 당해 주택건설대지의 소유권을 확보하거나 또는 이를 사용할 수 있는 권원 등을 확보하도록 정하고 있으므로 타인 소유의 토지라고 하더라도 그 사용권 등을 확보하여 주택건설사업계획의 승인을 받으면 주택건설사업에 공여되는 토지라고 볼 수 있다고 할 것이다. 따라서 재산세의 분리과세대상인 주택건설사업토지가 주택건설사업자가 소유하고 있는 토지에 한정된다고 볼 수 없다(대법원 2012.4.26., 선고 2010두28632 판결).

4) 법인설립등기등의 등록면허세

명목회사로서 수도권과밀 유발요인이 없기 때문에 프로젝트금융투자회사의 대규모 투자사업 활성화를 지원하기 위하여 2004년 7월 26일 조세특례제한법 개정시 2006년 12월 31일을 일몰기한으로 하여 프로젝트금융투자회사가 설립등기(설립 후 5년 이내에 자본 또는 출자액을 증가하는 경우를 포함한다)하는 경우 그 등기에 대하여는 대도시 지역 내 법인등기 등의 중과를 적용하지 아니하는 규정을 도입한 후 2007년 1월 1일 조세특례제한법 개정으로 일몰기한을 2009년 12월 31일까지로 연장하였다가 2010년 1월 1일 조세특례제한법 개정으로 일몰기한을 2012년 12월 31일까지로 재연장하였다. 2018년 12월 31일까지 과밀억제권역 내 부동산의 취득에 대하여는 취득세중과 규정 및 대도시에서 법인을 설립하는 경우에도 등기에 따른 등록면허세 중과규정을 적용하지 않는다.

한편 자산관리회사에 대하여는 대도시 지역 내 법인등기 등의 중과를 배제하는 규정이 없으므로 대도시 지역 내 법인등기 등에 관한 3배 중과 규정이 그대로 적용된다.

제16장 프로젝트금융투자회사(PFV)사업

PFV의 과세쟁점

PFV의 조세특례는 PFV일 것을 요건으로 하고, PFV의 요건은 조세특례제한법 등에만 존재한다. 따라서 PFV과세쟁점은 PFV가 법인세법 또는 조세특례제한법상 요건을 충족하였는지가 주로 문제가 된다.

❶ 특정사업관련 판례

1) 공익성 사업의 여부

프로젝트금융투자회사는 회사의 자산을 설비투자, 사회간접자본시설투자, 자원개발 그 밖에 상당한 기간과 자금이 소요되는 특정사업에 운용하고 그 수익을 주주에게 배분하는 회사인바, '상당한'이라는 불확정개념을 사용하고 있어 구체적으로 어느 정도의 기간과 자금이 소요되어야 하는 사업인지에 관한 명확한 기준이 없을 뿐만 아니라 사업 종류를 불문하고 상당한 기간과 자금만 소요되면 특정사업에 해당하는지도 의문이기 때문에 특정사업의 범위 획정에 관하여 논란이 있다.

프로젝트금융투자회사는 그 명칭에서부터 알 수 있듯이 프로젝트금융을 전제로 한 회사로서 장기적으로 높은 수익을 기대하고 사업 초기에 대량의 자금이 투자되는 개발사업의 초기 단계에서 프로젝트금융을 원활히 할 수 있도록 한시적인 기구로 고안된 것이므로 프로젝트금융을 목적으로 하지 않는 사업을 수행하기 위한 기구로 사용할 수는 없을 것이다.

국세청에서는 사회기반시설에 대한 민간투자법(이하 '민간투자법')에 의하여 도로를 건설하고 시행할 수 있는 사업시행자로 지정됨에 따라 '도로'라는 사회간접자본시설에 투자하여 그 운용수익으로 금융기관의 대출원리금을 상환하고 잔여이익을 주주에게 배분하고자 설립하는 경우에는 특정사업에 해당하나 시유지를 매입한 다음 주상복합건물, 대형상가 및 오피스텔 빌딩등을 건설 및 분양하기 위하여 설립한 경우에는 특정사업에 해당되지 않는 것이라고 회신을 한 적이 있었다(국세청 서면2팀-2065, 2004.10.11.).

그러나 그 후 입장을 변경하여 특정사업에 해당한다고 하거나 특정사업 요건에 위배되지 않는다고 하여 특정사업의 허용 범위를 넓게 인정하고 있다.

- 토지를 취득하여 상업용 건물을 완공한 후 신축건물을 존속기간의 범위 내에서 임대한 후 양도하는 경우(국세청 서면2팀-152, 2007.1.22.)
- 정관상 존속기간 범위 내에서 수익성 제고 등을 위하여 신축한 상가를 일시 임대한 후 양도하는 경우, 신축 판매용 건물을 일시 임대한 후 매각하는 경우(국세청 서면2팀-2593, 2006.12.14.)
- 주택법에 따라 주택건설사업자인 출자법인과 공동으로 타운하우스 신축분양사업이나 빌라 신축 분양사업 등 주택건설사업을 수행하는 경우(국세청 서면2팀-891, 2007.5.10.)
- 보유 토지에 주택건설 등 부동산 개발 사업을 영위하는 경우(국세청 서면2팀-691, 2006.4.28.; 서면2팀-1622, 2005.10.10.),
- 보유 토지에 아파트와 같은 주택건설(단지 내 상가 건설 포함) 등 부동산개발사업을 하는 경우(국세청 서면2팀-1673, 2005.10.19)
- 주택법에 의한 주택건설사업자주상복합건물을 신축 · 분양하는 경우(국세청 서면2팀-1439, 2005.9.8.)
- 외국투자자와 내국법인이 투자한 회사가 내국인으로부터 지상권을 취득하여 상업용 건물(호텔 · 사무실 · 상점 · 할인점 · 복합영화관 등)을 건축하는 프로젝트를 수행하는 경우(국세청 서면2팀-197, 2005.1.28.),
- 프로젝트금융투자회사가 토지의 지상권을 취득하여 상업용 건물을 신축하고 당해 법인의 정관상 존속기간 범위 내에서 수익성 제고 등을 위해 신축된 건물을 일시 임대한 후 양도하는 경우(국세청 법인-891, 2009.8.3.)
- 온천 · 스파 · 골프장 · 콘도 및 부대시설을 구비한 종합리조트 개발을 하는 경우(국세청 서면2팀-1219, 2007.6.25.)
- 골프장을 건설하여 매각함에 있어 당해 법인의 정관상 존속기간 범위 내에서 수익성 제고 등을 위하여 당해 골프장을 일시 운영한 후 매각하는 경우(국세청 법인-1550,

2008.7.14.)

- 지방자치단체가 추진하는 도시개발사업(아파트 신축분양 일부 포함)에 참여하여 토지를 취득하여 건물을 신축 완공하여 분양하고 미분양분에 대하여 존속기간의 범위 내에서 일시 임대한 후 양도하는 경우(국세청 서면2팀-208, 2008.1.31.)
- 인천경제자유구역 송도지구 국제업무단지 개발사업을 목적사업으로 수행하던 중 관광진흥법 개정등에 따른 목적사업의 원활한 진행을 위하여 목적사업 중 일부인 관광숙박시설 신축 · 분양업을 주거시설 신축 · 분양업으로 변경함에 따라 주택법 등관련 법령의 규정에 의하여 부득이하게 개발부지 중 일부를 제3자에게 양도하는 경우(국세청 법인-1448, 2009.12.30.)
- 토지공급계약상 매수인 지위를 승계하는 방법으로 경제자유구역 내 개발 부지를 취득한 후 경제자유구역개발계획에 따라 단계적으로 개발하는 경우(국세청 법인-92, 2010.1.29.)
- 복합상업시설 통합 개발 사업자선정 당시 민간사업자 공모지침서 및 사업협약서에 따라 개발사업 부지 내 하천공사를 위탁받아 시행하는 경우(국세청 법인-225, 2010.3.12.)
- 부동산개발사업을 위한 부지 매입단계에서 부도 · 파산한 부동산개발사업자로부터 당해 부동산개발사업과 관련한 자산 · 부채 일체를 양수하여 부동산개발사업에 운용하는 경우(국세청 법인-312, 2010.3.31.)

법인세법에서 '설비투자, 사회간접자본시설투자, 자원개발 그 밖에 상당한 기간과 자금이 소요되는 특정사업'이라고 규정하고 있으므로 설비투자, 사회간접자본시설투자, 자원개발에 준하는 공익성이 있는 사업으로 특정사업의 범위를 제한해서 해석할 수 있는 여지가 있어 보이지만 ① 법인세법에서 공익성을 명시적으로 요구하는 규정을 두고 있지 아니한 점, ② 공익성의 개념이 명확하지 않을 뿐만 아니라 공익성이 있는지 여부를 판단할 주체 및 기준도 불분명한 점, ③ 법인세법에서는 프로젝트금융투자회사가 자산유동화에 관한 법률에 따른 유동화전문회사, 자본시장과 금융투자업에 관한 법률에 따른 투자회사 · 투자목적회사 · 투자유한회사 및 투자합자회사, 기업구조조정 투자회사법에 따른 기업구조조정투자회사, 부동산투자회사법에 따른 기업구조조정부동산투자회사 및 위탁관리부동산투자회사, 선박투자회사법에 따른 선박투자회사, 임대주택법에 따른 특수목적법인 등으로서 대통령령이 정하는 법인, 문화산업진흥 기본법에 따른 문화산업전문회사, 해외자원개발사업법에 따른 해외자원개발투자회사와 유사한 투자회사일 것을 규정하고 있는데 이들 회사의 업무에도 공익성이 반드시 요구되는 것은 아니라는 점, ④ 법인세법 시행령 제86조의 2 제4항 제1호 나목, 제5항 제1호 단서에서 사회기반시설에 대한 민간투자법 제4조 제2호의 규정에 의한 방식으로 민간투자사업을 시행하는 프로젝트금융투자회사의 경우 공익성이 있는 특정사업을 추진하기 때문에 국민연금법에 의한 국민연금관리공단이 발기인으로 참여할 수 있도록 하고 있고 최소자본금도 10억원으로 할 수 있도록 특례를 인정하고 있는 점에 비추어 보면 법률 해석에 있어 명확성의 원칙 및 법적 안정성의 원칙상 특정사업에 공익성이 필수적으로 요구된다고 해석할 수는 없다고 생각된다.

2) 수 개의 사업 여부

수 개의 사업을 하나의 특정사업으로 묶기만 하면 특정사업으로서 허용되는지 여부에 대하여 의문이 있는 바, 상호 관련성이 없는 수 개의 사업을 하나의 특정사업이라는 명목 하에 묶는 것을 허용할 경우 특정사업의 범위를 무한히 확대하여 프로젝트금융투자회사 제도를 악용할 수 있는 가능성이 있으므로 하나의 실시계획에 따라 다수의 건물 및 시설로 구성되는 국제업무단지시설을 단계적으로 개발하는 경우나 공모형 PF사업에서 보는 바와 같이 상호 관련성이 있는 수 개의 사업을 하나의 특정사업으로 묶는 것은 허용되지만 상호 관련성이 없는 수 개의 사업을 하나의 특정사업으로 묶는 것은 허용되지 않는다고 할 것이다.

국세청도 다른 개발사업을 기존 개발사업에 추가하여 수행하는 등 회사의 자산을 2개 이상의 특정사업에 운용하는 경우(국세청 서면2팀-677, 2005.5.12.; 서면2팀 717, 2005.5.23.; 서면2팀-701, 2006.4.28.), 산업입지 및 개발에 관한 법률에 의한 일반산업단지개발사업과 신항만건설촉진법에 의한 신항만건설사업을 병행하는 경우(국세청 서면2팀-1056. 2008.5.30.), 국제업무지구개발사업지구 내에 역사를 신축하여 다른 법인에게 현물출자하는 경우(국세청 법인-1882, 2008.8.7.)에는 특정사업의 요건을 충족하지 못하는 것으로 보고 있다.

3) 공동사업의 경우

국세청은 '프로젝트금융투자회사가 다른 법인과 공동으로 건물을 신축하는 사업을 수행하는 경우에는 특정사업에 해당하지 않는다'라고 회신(국세청 서면2팀-1850, 2005.11.21.)하였다가 '프로젝트금융투자회사가 주택건설등록사업자와 주택법 제10조에 따라 공동사업주체로 등록하고 주택건설사업을 시행하되 양자간에 협약을 체결하여 주택건설사업에 따른 실질적인 권리 및 의무의 경제적 손익이 프로젝트금융투자회사에 귀속되고 주택건설등록사업자는 시공사로서 프로젝트금융투자회사로부터 일정한 시공대가만을 받게 되는 경우에는 프로젝트금융투자회사와 주택건설등록사업자는 공동사업에 해당되지 않는 것이다'라고 하여 실질적인 권리 및 의무의 경제적 손익이 프로젝트금융투자회사에 귀속된다면 프로젝트금융투자회사가 공동사업주체로 주택사업을 할 수 있는 것처럼 회신(국세청 서면2팀 −1676, 2006.8.31.)을 하였다.

그 이후에는 '프로젝트금융투자회사가 주택법에 의한 주택건설사업자인 출자법인과 공동으로 주택건설사업을 수행하는 것은 가능하다'는 취지로 입장을 변경(국세청 재법인 −878, 2006.12.6.)하였다. 이에 따라 2007년 2월 28일 법인세법 시행령 제86조의 2 제3항을 신설하여 프로젝트금융투자회사가 주택건설사업자인 출자법인과 공동으로 주택건설사업을 수행하는 경우 특정사업에 해당한다고 명시하였고 2008년 2월 22일 법인세법 시행령 제86조의 2 제3항의 개정을 통하여 주택건설사업자인 출자법인 요건을 삭제함으로서 프로젝트금융투자회사와 주택건설사업자 사이에 출자관계가 없는 경우도 프로젝트금융투자회사가 주택법에 따라 주택건설사업자와 공동으로 주택건설사업을 수행하는 경우 특정사업에 해당한다고 봄으로써 주택건설사업자와의 출자관계와 상관없이 주택건설사업도 특정사업에 해당함을 입법적으로 해결하였다.

4) 임대사업의 경우

프로젝트금융투자회사가 특정사업으로서 임대업 등 자산운영사업을 할 수 있는지 여부에 관하여 논란이 있다. 프로젝트금융투자회사는 특정한 개발사업(프로젝트금융투자회사와 유사한 부동산투자회사에 적용되는 부동산투자회사법 제2조 제4항에 의하면 '부동산개발사업이라 함은 토지를 택지 · 공장용지 등으로 개발하거나 건축물 그 밖의 공작물을 신축 또는 재축하는 사업을 말한다'라고 정의되어 있다)의 완수 및 그에 따른 청산을 전제로 한 한시적인 회사인바, 이미 건설이 완료된 건물이나 골프장 등을 인수하여 이를 제3자에게 임대하거나 자신이 직접 운영하는 등의 방법은 계속 기업임을 전제로 한 것으로서 그 사업의 성격 자체가 한시적이지 않을 뿐만 아니라 사업의 성격도 개발이 아닌 자산운영 정도에 한정되어 프로젝트금융투자회사의 도입 취지에 부합하지 않는다고 할 것이므로 임대업 등 자산운영 사업만을 위한 프로젝트금융투자회사는 허용되지 않는다고 할 것이다.

다만 임대주택법에서 프로젝트금융투자회사가 임대주택 사업을 단지별로 독립적으로 시행하는 것을 허용하고 있는 점, 일정기간 동안의 시설 관리 운영을 수반하는 민간투자법 제4조 제2호 방식에 의한 민간투자사업을 프로젝트금융투자회사가 할 수 있는 점, 공모형 PF사업에 있어서 공모지침서상 시설물 건설 후 일정기간 동안 의무적으로 직영할 것을 조건으로 하는 경우도 있는 점 등에 비추어 보면 '건설 후 한시적 운영'을 전제로 당해 프로젝트금융투자회사의 목적에 반하지 않도록 양도를 하기 전까지 정관상 존속기간 범위 내에서 수익성 제고 등을 위하여 일시적으로 임대나 직영을 하는 것은 허용된다고 할 것이다.

② 성립요건관련 판례

1) 본점 이외의 영업소 설치 불가

프로젝트금융투자회사는 실체회사가 아닌 명목회사이기 때문에 본점 이외에 영업소를 설치할 수 없다. 또한 프로젝트금융투자회사는 명목회사로서 사무실을 가질 수도 없기 때문에 사무실을 임차하는 경우에도 한정적인 목적을 분명히 하는 것이 좋다.

한편 프로젝트금융투자회사가 철거 예정 건물이 있는 토지를 취득함에 따라 당해 건물이 멸실되기 전까지 임대수입이 발생하는 경우 위 임대 장소가 '본점 외의 영업소'에 해당하는지 여부는 당해 부동산의 취득 및 철거와 관련된 특정사업의 목적과 사업내용 및 범위 등에 의하여 판단할 사항이며 본점 이외의 지역 내에 철거 목적으로 건물을 취득할 때 부득이하게 일시적인 임대수입이 발생하는 경우에는 부가가치세법 시행령 제4조 제1항 제4호 규정에 의하여 당해 부동산의 등기부상 소재지를 사업장으로 해서 각각 사업자등록을 하여야 한다(국세청 서면2팀-1883, 2005.11.23.; 서면2팀-1891, 2005.11.24.; 국세청 법인-949, 2009.8.31.).

2) 직원 및 상근 임원 부존재

프로젝트금융투자회사는 실체회사가 아닌 명목회사이기 때문에 직원 및 상근 임원을 둘 수 없다. 한편 국세청은 상근인지 여부는 실질적인 업무수행 장소, 수행하는 업무의 내용, 근무형태, 보수지급방법 등을 종합적으로 고려하여 사실 판단할 사항이라고 하고 있는바, 현행법상 '상근'이 무엇을 의미하는지에 대하여는 아무런 규정이 없으나 근무형태를 기준으로 정기적으로 회사에 출근하여 업무에 종사하는 경우를 상근이라고 하여야 할 것이다.

3) 주택건설사업자 등록불가

주택법은 20호 이상의 단독주택 건설사업 또는 20세대 이상의 공동주택건설사업을 시행하고자 하는 자는 33㎡ 이상인 사무실, 건축분야기술자 1인(주택건설사업)또는 토목분야기술자 1인(대지조성사업)을 갖추어 국토교통부장관에게 등록할 것을 요구하는데(주택법 제9조 제1항, 동법 시행령 제10조 제1항, 제2항) 프로젝트금융투자회사는 사무실을 가질 수도 없고 직원과 상근임원을 둘 수 없기 때문에 현행법상 주택건설사업자로 등록할 수는 없다고 할 것이다.

4) 비상근임원에 대한 보수 지급 불가

한편 프로젝트금융투자회사의 비상근 임원에 대하여 보수를 지급하는 것이 허용되는지에 대한 논란이 있는바, 국세청에서는 해당 임원에 대하여 직무집행을 위한 실비(예; 회의를 위한 교통비, 식대)를 지급하는 경우에는 프로젝트금융투자회사의 요건을 충족하는 것으로 보고 있으나(국세청 서면2팀-2231, 2004.11.3.; 법인-1549, 2008.7.14.; 법인-1576, 2008.7.15.), 비상근대표이사에게 보수를 지급하는 경우에는 프로젝트금융투자회사의 요건을 충족하지 않는 것으로 보고 있다(국세청 법인-3375, 2008.11.13.).

5) 존속기간 한시적

프로젝트금융투자회사는 특정사업을 수행하는 기간 동안만 존재하는 것을 전제로 설립한 명목회사로서 그 최소 존속기간은 2년이므로 정관 및 법인등 기부상에 특정사업을 위하여 한시적으로 설립된 회사라는 것과 회사의 존속 기간이 2년 이상이라는 것을 명시할 필요가 있다. 또한 국세청은 법인등기부상에 최대 존속기간이 등재되지 않더라도 정관에 회사존립기간을 설립등기일로부터 2년 이상으로 규정하고 명목회사 설립신고서에 특정사업의 개시일과 종료일을 기재하여 존립기간이 2년 이상인 한시적인 회사임이 확인되는 경우에는 한시성 요건을 충족하고 있는 것으로 보고 있다(국세청 법인-94, 2009. 1.29.).

6) 현물출자 가능

부동산투자회사의 경우 투자자 보호를 위하여 회사 설립시 현물출자를 제한하고 있으며 기업구조조정부동산투자회사의 경우에도 자본금의 100분의 30 이내에서만 현물출자가 가능(부동산투자회사법 제11조, 제49조의 2 제1항)하나 프로젝트금융투자회사의 경우 현물출자를 금지하고 있는 규정이 없는 점, 일반투자자를 상대로 한 공모를 전제로 하고 있는 부동산투자회사에 비하여 사모를 전제로 하고 있는 프로젝트금융투자회사의 경우 투자자 보호의 요청이 부동산투자회사보다 강하지 않은 점 등에 비추어 보면 프로젝트금융투자회사의 설립에 있어서는 현물출자가 제한되지 않는다고 할 것이다.

7) 존속요건

프로젝트금융투자회사가 최소자본금 50억원을 유지하는 것이 프로젝트금융투자회사의 존속요건인지 여부에 관하여 논란이 있는바, 이에 대하여 국세청은 '프로젝트금융투자회사가 목적사업 수행을 완료하기 이전에 유상감자를 실시함에 따라 법인세법 시행령 제86조의 2 제5항 제1호 소정의 최소자본금 50억원 요건을 충족시키지 못하는 경우에는 소득공제를 받을 수 없다'라고 하여 50억원 이상의 최소자본금은 성립요건이자 존속요건으로 보고 있다(국세청 법인-1051, 2009.9.2).

8) 우선주 및 무의결권 주식 허용

국세청은 프로젝트금융투자회사의 설립요건을 정함에 있어 자본금은 출자금의 성격과 관계없이 상법 제451조에 의한 발행주식의 액면총액을 뜻하는 것으로서 보통주나 우선주나 관계없다고 보고 있다(국세청 서면2팀-197, 2005.1.28.; 서면2팀-810, 2005.6.13.; 서면2팀-1837, 2006.9.20.; 법인-1052, 2009.9.25.).

프로젝트금융투자회사의 자본충실의 관점에서 우선주나 보통주가 차이가 없는 점, 프로젝트금융투자회사도 상법상 주식회사의 일종이고 달리 우선주를 금지하는 규정이 존재하지 않는 점, 특정사업 수행을 위한 다양한 자본조달 구조 구축을 위하여는 우선주 발행이 오히려 요구된다는 점 등에 비추어 볼 때 우선주의 발행을 허용하는 국세청의 입장은 타당하다고 생각된다.

금융기관이 보유하고 있는 프로젝트금융투자회사의 주식에 대하여 의결권도 보유하고 있어야 하는지 여부에 대하여 논란이 있으나 법인세법 시행령 제86조의 2 제4항 제2호에서 규정한 '금융기관이 100분의 5 이상의 자본금을 출자할 것'의 요건은 출자금의 성격을 구분하여 그 충족 여부를 판정하는 것이 아닌 점, 실무상 금융기관 주주는 금융기관 출자 제한을 피하기 위하여 의결권이 없더라도 배당에 있어서 우선순위가 보장되는 무의결권 우선주를 선호하는 점 등에 비추어 보면 발기인인 금융기관에게 의결권이 없는 우선주를 발행하는 것도 가능하다고 할 것이다(국세청 서면2팀-1167, 2006.6.20.; 서면2팀

-2173, 2006.10.27.).

9) 금융기관 발기인 및 주주요건

금융기관에 대한 신뢰도를 활용하여 프로젝트금융투자회사의 신뢰도를 높이기 위하여 발기인 및 주주 중 1인 이상이 은행법에 의한 인가를 받아 설립된 금융기관, 한국산업은행법에 의한 한국산업은행, 중소기업은행법에 의한 중소기업은행, 한국수출입은행법에 의한 한국수출입은행, 한국정책금융공사법에 따른 한국정책금융공사, 농업협동조합법에 의한 농업협동조합중앙회, 수산업협동조합법에 의한 수산업협동조합중앙회, 자본시장과 금융투자업에 관한 법률에 따른 투자매매업자 및 투자중개업자, 자본시장과 금융투자업에 관한 법률에 따른 종합금융회사, 상호저축은행법에 의한 상호저축은행중앙회(지급준비예탁금에 한한다) 및 상호저축은행, 보험업법에 따른 보험회사, 자본시장과 금융투자업에 관한 법률에 따른 신탁업자, 여신전문금융업법에 따른 여신전문금융회사, 새마을금고법에 따른 새마을금고연합회 또는 국민연금법에 의한 국민연금관리공단(사회기반시설에 대한 민간투자법 제4조 제2호의 규정에 의한 방식으로 민간투자사업을 시행하는 투자회사의 경우에 한한다)이어야 하며 100분의 5 이상의 자본금을 출자하여야 한다.

10) 이사 감사의 요건

프로젝트금융투자회사의 이사는 미성년자 · 금치산자 · 한정치산자, 파산선고를 받은 자로서 복권되지 아니한 자, 금고 이상의 실형의 선고를 받거나 이 법 기타 대통령령이 정하는 금융관련법령(이에 상당하는 외국의 법령을 포함한다. 이하 같다)에 의하여 벌금형 이상의 형을 선고받고 그 집행이 종료(집행이 종료된 것으로 보는 경우를 포함한다)되거나 면제된 후 5년이 경과되지 아니한 자, 금고 이상의 형의 집행유예의 선고를 받고 그 유예기간 중에 있는 자, 이 법 기타 대통령령이 정하는 금융관련법령에 의하여 영업의 허가인가 또는 등록 등이 취소된 법인 또는 회사의 임직원이었던 자(그 허가 등의 취소사유의 발생에 관하여 직접 또는 이에 상응하는 책임이 있는 자로서 대통령령이 정하는 자에 한한다)로서 당해 법인 또는 회사에 대한 취소가 있은 날부터 5년이 경과되지 아니한 자, 이 법 기타 대통령령이 정하는 금융관련법령을 위반하여 해임되거나 면직된 후 5년이 경과되지 아니한 자에 해당되지 아니하며 자산관리회사의 발행주식총수의 100분의 1 이상의 주식을 소유하고 있는 자(이하 "주요주주"라고 한다), 주요주주의 배우자 및 직계존비속도 아니며 자산관리회사로부터 계속적으로 보수를 지급받고 있는 자가 아니어야 한다(구 법인세법 시행령 제86조의 2 제4항 제1호, 제61조 제2항).

프로젝트금융투자회사의 감사는 공인회계사법에 의한 회계법인에 소속된 공인회계사이어야 하는바, 미성년자 · 금치산자 · 한정치산자, 파산선고를 받은 자로서 복권되지 아니한 자, 금고 이상의 실형의 선고를 받거나 이 법 기타 대통령령이 정하는 금융관련법령에 의하여 벌금형 이상의 형을 선고받고 그 집행이 종료(집행이 종료된 것으로 보는 경우를 포함한다)되거나 면제된 후 5년이 경과되지 아니한 자, 금고 이상의 형의 집행유예의 선고를 받고 그 유예기간 중에 있는 자, 이 법 기타 대통령령이 정하는 금융관련법령에 의하여 영업의 허가인가 또는 등록 등이 취소된 법인 또는 회사의 임직원이었던 자(그 허가 등의 취소사유의 발생에 관하여 직접 또는 이에 상응하는 책임이 있는 자로서 대통령령이 정하는 자에 한한다)로서 당해 법인 또는 회사에 대한 취소가 있은 날부터 5년이 경과되지 아니한 자, 이 법 기타 대통령령이 정하는 금융관련법령을 위반하여 해임되거나 면직된 후 5년이 경과되지 아니한 자에 해당되지 아니하며 프로젝트금융투자회사와 관련하여 공인회계사법 제21조의 규정에 의하여 감사가 제한되거나 동법 제33조의 규정에 의하여 직무가 제한되는 회계법인에 소속된 자가 아니고 직무정지기간 중에 있는 자가 아니며 업무정지기간 중인 회계법인에 소속된 자가 아니고 프로젝트금융투자회사의 발행주식총수의 100분의 1 이상의 주식을 소유하고 있는 자 또는 프로젝트금융투자회사의 이사, 프로젝트금융투자회사의 업무를 위탁받은 자산관리회사, 자산보관회사 또는 일반사무수탁회사로부터 공인회계사업무 외의 업무와 관련하여 계속적으로 보수를 받고 있는 자 및 그 배우자에 해당하지 아니하여야 한다.

11) AMC 및 FMC위탁요건

부동산투자회사의 경우 자산관리회사에 있어 이른바 '대리인 문제'가 발생할 것에 대비하여 자산관리회사의 설립인가기준을 매우 엄격하게 규정하고 있으며 법령에 의하여 허용된 경우를 제외하고는 다른 업무를 수행하지 못하도록 하고 있는 점(부동산투자회사법 §22의 3), 프로젝트금융투자회사의 경우에도 자산관리회사와의 관계에서 '대리인 문제'가 발생할 수 있는 가능성이 높은 점에 비추어 보면 프로젝트금융투자회사의 경우에도 동일한 요건이 필요하나 관련한 규정은 없다.

프로젝트금융투자회사는 직원 및 상근임원이 없는 명목회사이므로 자산관리 · 운용 및 처분에 관한 업무를 당해 회사에 출자한 법인(국세청 법인-841, 2009.7.22.) 또는 당해 회사에 출자한 자가 단독 또는 공동으로 설립한 법인에게 위탁하여야 한다.

따라서 프로젝트금융투자회사에 출자한 자와 출자하지 않은 자가 공동으로 설립한 법인은 자산관리회사가 될 수 없다(국세청 서면2팀-1954, 2006.9.28.; 법인-2199, 2008.8.29.).

자산관리회사를 반드시 새로 설립하여야 하는지에 관하여 국세청은 '자산관리회사가 프로젝트금융투자회사보다 먼저 설립되었는지 여부는 자산관리회사의 요건에 해당하지 않는다'고 하여 자산관리회사를 새로 설립하지 않아도 된다는 입장(국세청 서면2팀-73, 2006.1.10.; 법인-488, 2009.2.6.)인바, 법인세법 및 동법 시행령에서 당해 회사에 출자한 법인 자체도 자산관리회사가 될 수 있도록 규정하고 있는 점에 비추어 보면 자산관리회사를 반드시 새로 설립할 필요가 없다는 국세청의 입장은 타당하다고 생각된다.

국세청은 '프로젝트금융투자회사가 그 소유 부동산을 신탁회사에 위탁하여 관리형 토지신탁 방식으로 사업을 수행하는 경우 위 신탁회사는 프로젝트금융투자회사의 자산관리회사로서의 요건을 충족하여야 한다고 한다(국세청 법인-2459, 2008.9.16.; 법인-587, 2009.5.18.).

한편 국세청은 자산관리회사와 신탁회사의 분리를 전제로 '프로젝트금융투자회사가 특정사업에 소요되는 자금을 금융기관으로부터 대출 받으면서 당해 회사의 부동산에 대하여 대출 금융기관을 우선수익자로 하는 담보신탁을 설정한 경우 특정사업에서 발생되는 수익이 프로젝트금융투자회사에 귀속되고 특정사업과 관련된 자산관리 · 운용 및 처분에 관한 업무를 자산관리회사가 수행하며 신탁회사는 단지 신탁재산의 담보가치 보전을 위한 관리만을 한정하여 수행한다면 법인세법 제51조의 2에 기한 소득공제를 적용받을 수 있다(국세청 법인-1030, 2009.9.21.)'고 하였다가 '프로젝트금융투자회사가 특정사업에 운용할 토지를 신탁회사에 담보 신탁을 하여 등기부상 토지 소유권이 신탁을 원인으로 신탁회사에 이전되더라도 프로젝트금융투자회사가 사업 인 · 허가, 공사계약체결, 분양계약 체결 등 특정사업을 실질적으로 수행하고 그로 인한 수익이 프로젝트금융투자회사에 귀속되는 경우에는 그 신탁회사가 당해 프로젝트금융투자회사에 출자한 법인이거나 당해 프로젝트금융투자회사에 출자한 자가단독 또는 공동으로 설립한 법인에 해당하면 그 신탁회사를 자산관리회사로지정할 수 있다'라고 하여 자산관리회사와 신탁회사(담보수탁회사)의 겸병을 인정하고 있다(국세청 법인-312, 2010.3.3.).

세무 Tip 단일 AMC가 다수 PFV의 자산관리를 수행할 수 있는지

현행 법률상 자산관리회사는 아래처럼 다양한 법률로서 규정되어 있으나 구 법인세법 제52조의 2에 해당하는 AMC는 다른 법률에서 규정하는 자산관리화사와 구별되는 별도의 AMC이다.

(구)법인세법	부동산투자회사법	기업구조조정투자회사법
아. 자본금 규모, 자산관리업무와 자금관리업무의 위탁 및 설립신고 등에 관하여 대통령령으로 정하는 요건을 충족할 것 2. 자산관리 · 운용 및 처분에 관한 업무를 다음 각 목의 어느 하나에 해당하는 자 (이하 이 조에서 "자산관리회사"라 한다)	5. "자산관리회사"란 위탁관리 부동산투자회사 또는 기업구조조정 부동산투자회사의 위탁을 받아 자산의 투자 · 운용업무를 수행하는 것을 목적으로 제22조의 3에 따라 설립된 회사를 말한다.	4. "자산관리회사"라 함은 기업구조조정투자회사의 위탁을 받아 그 자산의 관리 · 운용 및 처분에 관한 업무를 행하는 자로서 제42조 제1항의 규정에 의하여 금융감독위원회에 등록한 자를 말한다.
국토부 및 금감위의 감독이 없음.	국토부가 감독함(설립인가, 내부통제, 겸영금지 등)	금감위 감독함(설립인가, 내부통제, 겸영금지 등)

가칭 '프로젝트금융투자회사법안'에는 자산관리회사와 관련하여 자산관리회사의 행위 준칙, 미공개자산운영정보의 이용금지, 책임, 위탁받은 자산의 관리, 자산운영위탁계약의 해지 등에 관한 규정이 있었으나 구 법인세법에는 자산관리회사의 설립 요건 이외에는 별다른 규정이 없으므로 PFV와 AMC 사이의 법률관계는 PFV와 AMC 사이의 계약 또는 민 · 상법 규정을 통하여 해결할 수밖에 없다.

그러나 부동산투자회사의 경우 자산관리회사에 있어 이른바 '대리인 문제'가 발생할 것에 대비하여 자산관리회사의 설립인가기준을 매우 엄격하게 규정하고 있으며 법령에 의하여 허용된 경우를 제외하고는 다른 업무를 수행하지 못하도록 하고 있으나(부동산투자회사법 제22조의 3), PFV의 경우에도 AMC와의 관계에서 '대리인 문제'가 발생할 수 있는 가능성이 높으나 이러한 겸영금지의무가 없다.

또한 자산관리회사를 반드시 새로 설립하여야 하는지에 관하여 국세청은 '자산관리회사가 프로젝트금융투자회사보다 먼저 설립되었는지 여부는 자산관리회사의 요건에 해당하지 않는다'고 하여 자산관리회사를 새로 설립하지 않아도 된다는 입장인바(국세청 서면2팀-73, 2006.1.10.; 법인-488, 2009.2.6.) 신규 PFV를 위하여 신규 AMC를 설립할 이유가 없어 보인다.

따라서 하나의 AMC가 다수의 PFV의 자산관리 업무를 수행할 수 있는 여지가 생기게 된다.

AMC가 다수의 PFV와 계약할 수 있는지에 관하여 검토하여 보면 아래와 같은 이유로 현행법률상 금지되지 않는다고 해석하는 것이 타당하다.

첫째, 자산관리회사가 2개 이상의 특수목적법인과 자산관리 수탁계약을 체결하였는지 여부는 법인세법 시행령 제86조의 2 제3항 제2호 각 목에서 규정한 요건에 해당되지 않는 것(국세청 서면2팀-73, 2006.1.10.; 서면2팀-982, 2006.5.30.; 법인-439, 2009.4.10.)으로 해석하고 있으며,

둘째, 특정 PFV의 자산관리 · 운용 및 처분에 관한 업무를 수행하는 자산관리회사가 다른 PFV의 자산관리 업무를 수행하더라도 소득공제요건을 충족한 자산관리회사에 해당하는 것 (법인-577, 2010. 6. 23.)으로 회신하였다.

셋째, 현실적으로 1개의 금융기관이 다수의 PFV에 대한 자금수탁을 하고 있는 점 등을 고려하면 AMC도 다수의 PFV에 대한 자산관리를 할 수 있다고 해석함이 타당하다.

12) 설립신고의무

프로젝트금융투자회사는 법인설립등기일부터 2월 이내에 명목회사 설립신고서에 정관의 목적사업, 이사 및 감사의 성명 · 주민등록번호, 자산관리회사의 명칭 및 자금관리사무수탁회사의 명칭을 기재하고 정관, 회사의 자산을 운용하는 특정사업의 내용, 자금의 조달 및 운영계획, 주금의 납입을 증명할 수 있는 서류, 자산관리회사 및 자금관리사무수탁회사와 체결한 업무위탁계약서 사본을 첨부하여 납세지 관할세무서장에게 명목회사 설립신고를 하여야 한다.

신고 후 변경사항이 발생한 경우에는 변경사항이 발생한 날부터 2주 이내에 납세지 관할세무서장에게 명목회사 변경신고를 하여야 하는바, 2주 이내에 변경신고를 하지 못한 경우의 효과에 대하여 논란이 있다.

국세청은 '프로젝트금융투자회사의 등기이사 중 1인이 사임하고 임시주주총회에서 이사가 신규로 선임된 경우 그 변경사항이 발생한 날로부터 2주를 경과하여 명목회사 변경신고서를 제출하더라도 법인세법 제51조의 2 제1항 제6호에 기한 소득공제는 계속 적용되는 것이다'라고 하고 있다(국세청 법인-111, 2010.2.4.).

제16장 프로젝트금융투자회사(PFV)사업

제 5 절

PFV이관과 폐지

❶ PFV폐지 주장

프로젝트금융투자회사는 각급 관할 세무서에 명목회사 설립신고 및 변경신고를 하는 것 이외에 공정거래법상 공정거래위원회에 기업결합신고를 하는 것, 부동산개발업법상 국토해양부장관에게 부동산개발업 등록을 하는 것을 제외하고는 공식적으로 신고·등록되는 경우가 없는데다가 명목회사 설립신고 및 변경신고도 각급 관할세무서에 하다 보니 프로젝트금융투자회사에 대한 실질적인 주무부처인 국세청에서도 프로젝트금융투자회사를 체계적으로 관리·감독하기 위한 제도가 마련되어 있지 않다.

이러한 사정으로 말미암아 프로젝트금융투자회사의 설립 현황 및 운영 실태가 공식적으로 파악되지 않고 있는바, 이는 대규모 PF 대출과 연계되어 있는 프로젝트금융투자회사에 대한 관리·감독 소홀을 초래하여 프로젝트금융투자회사의 부실이 PF부실로 전이되고 이것이 곧 국가 경제적으로 금융위기를 불러올 수 있는 금융권 부실로 이어질 우려가 있다.

한편 프로젝트금융투자회사에 대한 실질적인 주무부처인 국세청은 부동산개발사업에 대한 전문부처가 아니므로 부동산개발을 위한 도관체라는 관점에서 프로젝트금융투자회사를 보는 것이 아니라 조세 특혜라는 관점에서 프로젝트금융투자회사를 보기 때문에 프로젝트금융투자회사를 활성화하기보다는 세수 확보를 하기 위하여 프로젝트금융투자회사에 대한 조세혜택을 축소하려는 방향으로 관리·감독을 하게 된다.

이런 문제는 프로젝트금융투자회사의 관리방안에 관한 법률을 제정하는 방법으로 해결될 수 있었을 것이라고 여겨지지만, 결과적으로 조세특례제한법으로 이관(조특법 §104의 31)되었으며 2025년 일몰이 예정되어 있다.

❷ 명목회사의 배당소득공제 비교

명목회사는 주로 ① 자금을 조달, ② 리스크의 단절, ③ 사업 이익의 배분을 위하여 만들게 된다. 설립 요건만 다를 뿐 내용이 거의 동일하고 적용되는 세법도 동일하다. 그러나 명목회사의 종류별로 실제 법인세의 부담은 다르다.

부동산 펀드 : 부동산 펀드는 자본시장 및 금융투자업에 관한 법률(2009.02.04.)에 근거하여 등장하였다. 투자자로부터 자금을 모아 수익증권을 발행하고 부동산 관련 자산을 운용하여 수익을 돌려주는 펀드이다. 흔히 투자신탁, 투자회사, 투자유한회사, 투자합자회사, 투자조합, 투자익명조합이 부동산펀드이다.

REIT's(Real Estate Investment Trust) : 부동산 투자를 전문으로 하는 회사 또는 뮤추얼 펀드가 주식 발행으로 투자자를 모집하여 회사 설립 후 수익형 부동산을 매입하고 운용하여 투자수익을 주주에게 배당하는 회사 형태의 펀드이다. 기업 공개를 통해 주식시장에 상장할 수 있다. 리츠는 형태에 따라 ① 자기관리리츠, ② 위탁관리리츠, ③ 기업구조조정리츠로 구분되는데, ① 자기관리리츠가 실제로 임직원이 상근하는 회사인 반면, ② 위탁관리리츠는 AMC(자산운용사)가 위탁관리하는 페이퍼컴퍼니이다. ③ 기업구조조정리츠는 투자 대상이 기업구조조정 부동산으로 제한되며, 존속 기간이 영속적인 자기관리리츠, 선택적인 위탁관리리츠와 달리 한시적이다.

PFV(Project Financing Vehicle) : PFV는 SPC, PF, 세제혜택을 결합한 형태이다. 일반적으로 은행 등 재무적 투자자들이 대주단으로 참여하고 시행사, 건설사, 운영사 등이 출자자로 참여하여 PFV를 구성하고, 이러한 PFV는 명목회사형태로서 자산관리사(AMC)에게 사업의 관리를 위탁한다(자산관리사는 출자자들이 별도의 법인을 세워 만든다). 일반 SPC는 상법상 회사에 관한 적용을 받았기 때문에 제약이 있고, 자산유동화법(ABS)에 의한 SPC와 달리 세제혜택이 없었으나, PFV는 일정 요건을 충족시키면 법인세 이중과세를 면제하는 세제혜택(배당소득공제)을 받는다.

종전에는 상법 이외의 개별적인 설치근거법률이 있는 명목회사만이 이익의 90%를 배당하는 경우 배당금액을 과표에서 공제하였으나 2004년 개정으로 설치근거법률에 관계없도록 함으로서 주식회사인 PFV도 세제혜택을 받을 수 있게 된 것이다. 즉, ABS,

CRV, CR-REITs 등은 부동산유동화SPC이며 세제혜택을 먼저 받고 있었고, 부동산개발SPC인 PFV는 이보다 늦게 세제혜택을 받을 수 있게 되었다.

■ 페이퍼컴퍼니의 법인세 비교 ■

구분	리츠	PFV	펀드	비고
수익	100,000,000	100,000,000	100,000,000	
비용	30,000,000	30,000,000	30,000,000	
감가상각비	10,000,000	10,000,000	0	펀드는 감가상각비가 없다.
익금산입 (세무상 부인되는 비용)	15,000,000	15,000,000	15,000,000	세무조정한 소득은 배당할 수 없으므로 법인세 부담이 발생한다.
세전이익	45,000,000	45,000,000	55,000,000	
배당	55,000,000	40,500,000	55,000,000	리츠는 초과배당이 가능하므로 법인세 부담이 적다. PFV는 이익준비금을 배당할 수 없으므로 항상 법인세 부담이 발생한다.
각사업년도 소득금액	60,000,000	60,000,000	70,000,000	당기순이익+익금산입
소득공제	55,000,000	40,500,000	55,000,000	배당금액을 소득에서 공제
과세표준	5,000,000	19,500,000	15,000,000	과표 : 각사소-소득금액
법인세	1,210,000	4,719,000	3,630,000	법인세율 24.2% 가정
법인세/당기순이익	3%	10%	7%	유동화회사라도 법인세가 아주 없는 것은 아니며 리츠가 법인세 부담이 가장 적다.
비고	초과배당가능 : 감가상각비를 배당할 수 있다.	초과배당불가	DEF가 발생하지 않음	
	이익준비금 적립 의무가 없다.	이익준비금 적립 의무	회사형 펀드만 법인세 납세 의무가 있다.	
과세표준계산 TIP	익금산입-DEF	익금산입 +이익준비금	익금산입	

배당소득공제란 배당가능이익의 90% 이상을 배당하면 소득이 흘러가는 통로에 불과하고 담세력이 있는 주체가 아니므로 법인세를 부과하지 않겠다는 제도이다. 그러나 상기처럼 법인세가 부과된다. 기업도 배당을 하려면 상법(이익준비금), 부동산투자회사법

(초과배당)을 고려하여야 한다. 소득과 적용되는 세법이 같음에도 세부담이 달라지는 것은 세법이 산업에서 다양하게 적용된다는 사실을 보여 준다.

법률 Tip 이익준비금과 초과배당

- **이익준비금** : 매 결산기의 이익을 재원으로 하여 적립되는 법정준비금이다. 회사의 영업 활동으로부터 생기는 이익은 전부 주주에게 배당하여도 반드시 자본충실의 원칙에 반하는 것은 아니나, 그렇게 하면 불시의 손실이 생겼을 때에는 회사의 재산적 기초가 위태롭게 될 우려가 있다. 이와 같이 기업의 건전화와 회사채권 자보호의 고려에서 법은 이익준비금의 적립을 명하고 있다. 회사는 주식배당의 경우를 제외하고 그 자본금의 2분의 1이 될 때까지 매 결산기 이익배당액의 10분의 1 이상을 이익준비금으로 적립하여야 한다(상법 458).

- **부동산투자회사법 제28조**(배당) : ① 부동산투자회사는 「상법」 제462조 제1항에 따른 해당 연도 이익배당한도의 100분의 90 이상을 주주에게 배당하여야 한다. 이 경우 「상법」 제458조에 따른 이익준비금은 적립하지 아니한다.
③ 위탁관리 부동산투자회사가 제1항에 따라 이익을 배당할 때에는 「상법」 제462조 제1항에도 불구하고 이익을 초과하여 배당할 수 있다. 이 경우 초과배당금의 기준은 해당 연도 감가상각비의 범위에서 대통령령으로 정한다.

- **부동산투자회사법 시행령 제32조**(초과배당의 범위 등) : ① 위탁관리 부동산투자회사가 법 제28조 제3항에 따라 초과배당을 하려는 경우 초과배당금의 분배 절차 및 시기 등을 포함하여 필요한 사항을 정관으로 미리 정하여야 한다.
② 초과배당은 해당 연도의 감가상각비의 범위에서 배당하되, 초과배당으로 인하여 전기(前期)에서 이월된 결손금(缺損金)은 당기(當期)의 배당가능이익 산정 시 포함하지 아니한다.
③ 초과배당은 금전으로 하여야 한다.

세무사 **강상원** • taxenc@naver.com

(현) 세무법인 이안컨설팅 강남지점 대표세무사
국토부 전문인력(부동산개발, 자산운용)
경기도청 국선대리인
GH공사 감평선정위원
한국세무사고시회 조직부회장
서울지방세무사회 상임감리위원
서울시립대학교 세무학과 총동창회 감사
서울여자간호대학교 감사

(전) 세무법인 다솔 파트너
대우건설 재직
포스코이앤씨 상담
대창기업 감사
국세심사위원 강남세무서
세무사고시회 연수센터장
서울시립대학교 세무전문대학원 원우회장

〈주요 저서〉

- 건설회사 세무실무(삼일인포마인)
- 세무실무편람(한국세무사고시회, 9인 공저)
- 한눈에 보는 건설업 세무원리(삼일인포마인)
- 꼭지로 짚은 자영업 세무원리(삼일인포마인)
- 내 꿈을 펴는 청년창업 세무원리(삼일인포마인)
- 수습세무사매뉴얼(한국세무사고시회, 4인 공저)
- 건설업 세무와 회계(㈜조세통람)

〈주요 논문〉

- 지주공동사업의 과세문제(한국세무포럼)
- 취득세 과세표준 사전검증제도 도입에 관한 연구(한국세무사회, 3인 공동)
- 개발사업을 통한 이익의 증여 연구(세무사전문분야 포럼)
- 취득세 일반신고 후 중과세 사유 발생 시 취득세 신고의 쟁점과 개선방안(한국세무사회, 5인 공동)

변호사 **조상연** • withme95@naver.com

(현) 법무법인 대륙아주(조세그룹) 파트너 변호사
숭실대학교 금융경제학과 겸임교수
메이슨캐피탈 주식회사 사외이사
대한변호사협회 세법특별연수 강사(세무조사)
서울변호사협회 조세연수원 강사(전심절차)

(전) 서울지방국세청 송무국 송무3과장
스포츠윤리센터 심의위원
대한법률구조공단 공익법무관
법무법인 충정 변호사

〈주요 학력〉

- 사법연수원 제33기(제43회 사법시험)
- 서울대학교 법학과 및 동대학원 박사
- University of Southern California School of Law (LL.M.)

〈주요 칼럼〉

- 한국의 국제조세 판례의 동향
- 한미조세조약상 소위 "미등록특허"에 대한 과세를 중심으로(2020, 몬닥)
- 소위 '이익소각' 사건들과 거래의 재구성(2023)

건설업 세무와 회계

저　　자　강상원, 조상연
발 행 인　서원진
편집·교정　류현수, 김영림
편집디자인　이은희, 이미영, 황자애
발 행 처　㈜조세통람
펴 낸 날　2022년 6월 29일 초 판 발행
　　　　　2025년 7월 15일 제2판 발행

저자와의 협의하에 인지생략

주　　소　서울특별시 중구 동호로 14길 5-6(신당동)
등　　록　1976. 11. 5. 제9-81호
대표전화　02) 2231-7027
F A X　02) 2234-1754
구입문의　02) 2231-7027
I S B N　979-11-6064-359-6　13320
정　　가　**85,000원**

(주)조세통람은 좋은 책을 만들기 위해 독자 여러분의 의견을 기다립니다.

• 독자 의견 및 도서 문의 메일 : josetop@inaus.co.kr